PAULI
REZEPTBUCH DER KÜCHE

PAULI REZEPTBUCH DER KÜCHE

Für Theorie und Praxis
der modernen Koch- und Küchentechnik

Produktionsleitung	Philip Pauli, Salenstein
Fachliche Gesamtkoordination	Carlos Egli, Baden-Rütihof
Texterfassung	mit Stämpfli PublishBox®
Fotoregie	Dieter Beyerle, Basel
Fotografie und Bildkonzept	Martin Friedli, Basel
Koordination Lehrbuch der Küche	Walter Schudel, Dachsen
Koordination Software	Marcel Wissmann, Wabern
Konzept und Erstellung Software	Karl Saxer, Eschenbach
Grafische Gestaltung	Markus Lehmann Stämpfli AG, Publikationen, Bern
Layout und Grafik	Simon Zaugg Stämpfli AG, Publikationen, Bern
Gesamtherstellung	Stämpfli AG, Publikationen, Bern
Ausrüstung	Schumacher AG, Schmitten
Umschlaggestaltung	Sainer Werbeagentur GmbH Gräfelfing/Germany
Verlag und Vertrieb	www.pauliph.com

Die Deutsche Bibliothek verzeichnet diese Publikation in der Deutschen Nationalbibliografie; detaillierte bibliografische Daten sind im Internet über http://dnb.ddb.de abrufbar.

© 2005, Pauli Fachbuchverlag AG
3. Auflage

ISBN 3-9523024-1-4

Printed in Switzerland

**Meinem Großvater Ernst und meinem Vater Eugen Pauli
in Dankbarkeit und Verehrung gewidmet.**

Dem Berufsnachwuchs als Ansporn, der Fachwelt zum täglichen Gebrauch
mit Dank und Hochachtung gewidmet.

Porträts

Philip Pauli, geb. 1957, ist VR-Präsident der Pauli Fachbuchverlag AG *www.pauliph.com.* Er wuchs im gastgewerblichen Umfeld auf, absolvierte die «Ecole supérieure de commerce» in Neuenburg und die «Ecole Hôtelière de Lausanne (EHL).

Nach dem frühen Tod seines Vaters Eugen übernahm er 1981 die Verantwortung für das Lehrbuch der Küche. In regelmäßigen Abständen erschienen Neuauflagen sowie Ausgaben in französischer, englischer und italienischer Sprache. 1992 übernahm Philip Pauli anlässlich der 11. Auflage das Werk im Eigenverlag. Es erschien erstmals mit einem eigenen Rezeptband. 1999 folgte die 12. Auflage, und mit ihr wurde die Vierteljahreszeitschrift Pauli Cuisine *www.pauli-cuisine.ch* lanciert, als deren Herausgeber Philip Pauli fungiert. Hauptberuflich ist Philip Pauli Treuhänder und Mehrheitsaktionär der Pauli & Partner Treuhand AG in Winterthur. Seine Tätigkeit im Gastgewerbe und der Hotellerie lässt ihn stets am Puls des Geschehens mitfühlen.
Kontakt: pauli@pauliph.com

Carlos Egli, geb. 1949, ist eidg. dipl. Küchenchef und dipl. Berufsschullehrer. Nach der Kochlehre im Jahre 1968 war er in verschiedenen Erstklassbetrieben in der Schweiz (Palace Hotel, St. Moritz, Suvretta House, St. Moritz, Dolder Grand Hotel, Zürich, Hotel Baur au Lac, Zürich, Kongresshaus, Zürich, Montreux Palace, Hotel Nova Park, Zürich) und im Ausland tätig. Er war Teamchef der Ausstellungsmannschaft des Cercle des Chefs de cuisine Zürich, welche den «Culinary World Cup» 1990 in Luxemburg gewann. Ebenso leitete er als Teamchef zweimal die Schweizer Kochnationalmannschaft. Diese erkämpfte unter seiner Führung zahlreiche Gesamtsiege und Goldmedaillen in Basel (IGEHO), Chicago und Singapur.

Carlos Egli ist Prüfungsexperte an Lehrabschlussprüfungen, Höheren Fachprüfungen und Berufsprüfungen. Seit über 15 Jahren ist er Mitautor des Lehrbuchs der Küche. Als Fachautor war er auch am Lehrmittel «Denken beim Essen» mitverantwortlich. Ebenfalls ist er Redaktionsmitglied der Fachzeitschrift «Pauli Cuisine». Hauptberuflich ist Carlos Egli Fachlehrer an der BBB (BerufsBildungBaden) für Kochklassen.
Kontakt: egli@pauliph.com

Walter Schudel, geb. 1942, eidg. dipl. Küchenchef, war nach der Kochlehre in verschiedenen Erstklassbetrieben tätig. Unter anderem auch als Küchenchef im kulinarischen Informationszentrum in Zürich. In der Zeit von 1966 bis 1976 wurde er einer breiteren Öffentlichkeit als Olympia- und als Fernsehkoch bekannt.

Als Produktionsleiter erarbeitete er sich die notwendigen Kenntnisse für verschiedene Verfahren in der Großküche. Von 1976 bis 1988 war er als fachtechnischer Mitarbeiter bei der Schweizerischen Fachkommission für die Berufsbildung im Gastgewerbe tätig und prägte während dieser Zeit mit der Erarbeitung von Konzepten, Lehrmitteln und Unterrichtshilfen die Ausbildung im Kochberuf. Er amtete als Experte bei Lehrabschluss- und Höheren Fachprüfungen und an internationalen Berufswettbewerben. Er war Fachlehrer und Abteilungsvorsteher im Berufsbildungszentrum Schaffhausen. Während langer Jahre präsidierte er die Schweizerische Gastronomiefachlehrer-Vereinigung. Seit über 24 Jahren ist er der verantwortliche Fachautor für das Lehrbuch der Küche.
Kontakt: schudel@pauliph.com

Vorwort zur 3. Auflage

Rezepte bedeuten die Basis für die Küche, dies braucht wohl nicht besonders betont zu werden. Es war mit ein Grund, warum ich mich bereits bei der 11. Auflage des Lehrbuchs der Küche 1992 entschloss, einen separaten Rezeptband herauszugeben, der nun in dritter Auflage vorliegt.

Das vollständig überarbeitete und aktualisierte Rezeptbuch enthält 1250 klassische und neuzeitliche Rezepte. Die im Lehrbuch der Küche, 13. Auflage, vermittelte Theorie ist vollumfänglich berücksichtigt worden. Die Rezepte wurden durch ein Team von über 30 Fachleuten gekocht und gründlich getestet. Ihnen gilt mein besonderer Dank. Sie sind am Schluss des Buches mit Foto aufgeführt. Die Mengenangaben sind für 10 und 4 Personen berechnet. Als wichtigste Neuerung sind sämtliche Zutaten mit dem Nettogewicht konsequent in Gramm angegeben. Sämtliche Rezepte sind mit einer ausführlichen Beschreibung der Zubereitung in chronologischer Reihenfolge versehen. Zur Aktivierung des Lesers ist das Buch mit 65 Stimmungs- und 280 Ablaufbildern abgerundet, die schwierig zu beschreibende Arbeitsschritte darstellen und das Buch dadurch attraktiver erscheinen lassen. Die Benennung der Rezepte ist neu in Deutsch und Französisch. Das Buch bietet praxisorientiertes Wissen und vermittelt neben fachbezogenen Fertigkeiten viele Sachinformationen, die zugleich Impulse in praxistypischen Situationen geben. Meinen herzlichen Dank möchte ich Carlos Egli aussprechen, der die fachliche Gesamtverantwortung für die 3. Auflage trug. Er und seine Fachmitarbeiter leisteten eine hervorragende Arbeit. Ebenso danke ich Herrn Walter Schudel, der für die Koordination mit dem Lehrbuch der Küche verantwortlich war.

Alle Rezepte sind auch auf CD der 3. Auflage beigelegt. Diese erlaubt ein effizientes Suchen, Umrechnen und Ausdrucken der Rezepte. Die Koordination zwischen den Fachmitarbeitern und den Softwareverantwortlichen leitete Marcel Wissmann *www.foodtechnic.ch*. Auf der gleichen CD ist die Probeversion des Programms «Kochtopf» enthalten. Dieses ist das ultimative Tool für die aktive Planung der Angebote, Rezepturen, Kalkulationen und den Warenfluss. Das digitale Erfolgsrezept wurde durch Karl Saxer von der Firma Carosoft geschaffen *www.carosoft.ch*. Ich danke den Herren Wissmann und Saxer für ihre wegweisende Innovation.

Das Rezeptbuch ist von *Profis für Profis* erarbeitet worden. Es richtet sich aber auch an alle Kochbegeisterten und gibt einen tiefen Einblick in die Welt der Rezepte. Unter *www.pauliph.com* ist ein öffentliches Forum eingerichtet, das zur Diskussion untereinander anregen und ein Netzwerk für Interessierte werden soll.

Meinen speziellen Dank möchte ich Carlos Egli aussprechen, der mit seinen Kollegen dafür sorgte, dass das vorliegende Rezeptbuch zu einem einzigartigen Werk gewachsen ist. Zusammen mit dem Lehrbuch der Küche, 13. Auflage, ist der neue «Pauli» auch nach 75 Jahren der modernste Klassiker unserer Zeit.

Philip Pauli
dipl. EHL / Verleger
Pauli Fachbuchverlag AG

Zum Geleit

Klaus Künzli
Zentralpräsident GastroSuisse

Das Lehrbuch und das Rezeptbuch der Küche sind seit Jahren bewährte und viel beachtete Schulungsmittel sowie begehrte Nachschlagewerke. Sie halten heute die völlig neu erarbeiteten Standardwerke in den Händen, die Ihnen neben erprobtem Wissen auch Informationen vermitteln, die auf den aktuellsten Erkenntnissen basieren.

Gastronomie und Hotellerie sind trendige Märkte. Trends entstehen aus kulturellen Strömungen und sind ein Bestandteil unserer gesellschaftlichen und kulturellen Entwicklung. Die Vielfalt der Angebote in unserer Branche sind der Beweis dafür, dass es sich lohnt, aktuelle Trends und Entwicklungen zu berücksichtigen. Die neuen Lehrbücher setzen genau da an: Sie ermöglichen nicht nur den Auszubildenden einen praxisbezogenen Einstieg in einen anspruchsvollen, befriedigenden Beruf, sondern stellen auch für bewährte Fachleute geschätzte Nachschlagewerke dar.

Fachliche Kompetenz und das Wissen sind aber nicht allein ausschlaggebend für den Erfolg. Mit Leidenschaft für das Gastgewerbe, einem netten Wort und einem Lächeln auf den Lippen erreicht man oft, dass der Gast seinen Alltag für eine Weile hinter sich lässt.

Wir wünschen Ihnen viel Begeisterung für und in Ihrem Beruf!

Zum Geleit

Kochen macht Spaß. Aber nur demjenigen, der es auch kann. Mit seinem «Rezeptbuch der Küche» trägt Philip Pauli maßgeblich dazu bei. Er greift Trends auf, erläutert die Zubereitungsarten, gibt praxisorientierte Tipps.

Kochen tut gut. Den Köchen und natürlich den Gästen. Wer sich in der Kochwelt aber von der Masse absetzen möchte, muss nicht nur mit kreativen Ideen aufwarten, um seine Gäste zu verwöhnen, sondern muss diese auch produktschonend, qualitätssteigernd und gewinnbringend umsetzen.

Pauli liefert dazu das notwendige Rüstzeug – in der Printversion und in zeitgemäßer digitaler Form. So lassen sich Angebote, Rezeptionen und Kalkulationen noch besser planen.

Im Sinne von Jean A. Brillat-Savarin, der einmal sagte: «Die Entdeckung eines neuen Gerichts ist für das Glück der Menschheit von größerem Nutzen als die Entdeckung eines neuen Gestirns», wünsche ich dem «Rezeptbuch der Küche» viel Erfolg und allen Köchen gutes Gelingen sowie zufriedene Gäste.

Ernst Fischer
Präsident des
DEHOGA Bundesverbandes

Kochen ist Kunst. Kochen ist die älteste Kunstform und zugleich diejenige, die wirklich lebensnotwenig ist. Die Vielfalt der Küche spiegelt in geradezu einzigartiger Weise die regionale und kulturelle Vielfalt eines Landes wider.

Philip Pauli ist es gelungen, den Reichtum der unterschiedlichsten Küchenrichtungen einzufangen. Er hat die Rezepte zusammengetragen, ausgewertet und in das «Rezeptbuch der Küche» aufgenommen. Das Werk ermöglicht einen faszinierenden Blick in die Welt der Rezepte.

Aber nicht nur dies: Das Rezeptbuch von Profis für Profis bietet darüber hinaus detaillierte Erklärungen, vermittelt Zubereitungstipps und gibt dem Künstler am Herd wichtige Impulse.

Ich wünsche der 3. Auflage des «Rezeptbuches der Küche» viele begeisterte Leser und allen Profi- und Hobbyköchen gutes Gelingen beim Nachkochen!

Ludwig Hagn
Stellv. Präsident
des DEHOGA Bundesverbandes

Dank an Mitarbeiter und Institutionen

Im Weiteren gilt der Dank folgenden Personen, Firmen und Institutionen:

BBB BerufsBildungBaden
BBZL Berufsbildungszentrum Luzern, Zentrum Heimbach
Belvoirpark Hotelfachschule Zürich HF
Calida AG, Sursee
Comestibles La Curuna, St. Moritz
DCT-International Hotel & Business Management School, Viznau/Luzern
G'ART, Gastgewerbliches Ausbildungszentrum Luzern
Gasthof Bären, Birmenstorf
Gastro Aargau, Unterentfelden
Hotel Walther, Pontresina
Kantonsspital Baden
Pistor, Gastro-Service, Rothenburg
Rageth Comestibles, Landquart
SALVIS AG, Grossküchen, Aarburg
Schule für Ernährungsberatung, Zürich
Spital Zofingen
Swiss Re, Guest Services, Zürich

Fachgruppenleiter
Bayl Dieter, Littau
Bühlmann Bernhard, Baden-Dättwil
Diethelm Patrick, Luzern
Gall Erhard, Bern
Gick Alfred, Sisikon
Grossert Fritz, Altstätten
Hitz Werner, Adliswil
Schuhmacher Werner, Dintikon

Fachtechnische Mitarbeiter/ Mitarbeiterin
Amberg Hans, Hausen am Albis
Bättig Pascal, Schenkon
Eberli Oscar, Villars-sur-Glâne
Freudrich Michael, Pontresina
Hofmann René, Uerkheim
Hunn Anita, Stetten
Jöhri Roland, Champfèr
Keller Hans, Greifensee
Kemmler Hansruedi, Näfels
Lang Richard, Lachen SZ
Ludwig Silvio, Biel
Lutz Dieter, Udligenswil
Reiser Edgar, Buochs
Rickert Christian, Ebikon
Roth Marcel, Basel
Rüfli Roland, Horw
Stalder Josef, Würenlingen
Wissmann Marcel, Wabern
Zigerli René, Sils Maria
Zimmermann Gregor, Thun

Food Styling
Benz Sébastien, Saint Louis, F
Boillat Thierry, Basel
Gonzales Armando, Basel
Wandeler Anton, Basel
Wicky Jean-Claude, Michelbach, F
Wöhrle Hansjörg, Weil am Rhein, D

Verlusttabellen

■ RÜSTVERLUSTE BEIM GEMÜSE

Gemüse wird in der Regel in unbearbeitetem Zustand angeliefert. Durch Rüsten und Schälen entstehen Abfälle, die bei der Berechnung der Warenkosten berücksichtigt werden müssen. Bei den folgenden Werten handelt es sich um Richtwerte, die je nach Qualität, Verarbeitung, Saison und Herkunft variieren können.

Artischocken (Böden) Prince de Bretagne	75%
Auberginen	8%
Blumenkohl	33%
Bohnen, frisch (Buschbohnen)	5%
Broccoli, frisch	40%
Brunnenkresse	5%
Brüsseler Endivien	20%
Chinakohl	10%
Cicorino rosso/Radicchio rosso	15%
Coco-Bohnen	15%
Eisbergsalat	15%
Endivie, Frisée	20%
Fenchel	35%
Gartenkresse	5%
Gurken (Feld), entkernt	30%
Gurken (Treibhaus), nicht entkernt	8%
Weißkabis/Weißkohl	10%
Kardy	35%
Karotten	15%
Kefen	12%
Knollensellerie	25%
Kohlrabi, mit Blatt	25%
Kohlrabi	20%
Kopfsalat	33%
Krautstiele, mit Blättern	8%
Krautstiele, nur Blattrippen	40%
Kürbis	45%
Lattich, zum Schmoren	25%
Lauch, gebleicht	5%
Lauch, grün	15%
Lollo, grün und rot	15%
Löwenzahn, grün	25%
Nüsslisalat, vorgerüstet	5%
Peperoni	15%
Radieschen, Bund	20%

Randen/rote Bete, ganz, gedämpft	15%
Randen/rote Bete, roh	20%
Rettich	15%
Rosenkohl	20%
Rotkabis/Rotkohl	10%
Rucola	20%
Schalotten	10%
Schnittsalat	5%
Schwarzwurzeln, frisch	30%
Spargeln, grün	15%
Spargeln, weiß	30%
Spinat/Winterspinat	30%
Spinat/Frühlingsspinat	8%
Stangensellerie/Staudensellerie	20%
Tomaten	5%
Tomaten für Concassé	45%
Wirz/Wirsing	25%
Zucchetti/Zucchini	8%
Zuckerhut	6%
Zwiebeln	10%

■ RÜSTVERLUSTE BEI KRÄUTERN UND GEWÜRZEN

Bei den folgenden Werten handelt es sich um Richtwerte, die je nach Qualität, Verarbeitung, Saison und Herkunft stark variieren können.

Basilikum, frisch, Blätter gezupft	2%
Dill, frisch, gezupft	15%
Estragon, frisch, gezupft	5%
Kerbel frisch, gezupft	20%
Knoblauch, ganze Knolle	25%
Koriander, frisch, gezupft	15%
Majoran, frisch, gezupft	30%
Meerrettich, frisch, geschält	25%
Petersilie, frisch, gezupft	30%
Pfefferminze, frisch, gezupft	20%
Rosmarin, frisch, gezupft	20%
Schnittlauch	2%
Thymian, frisch, gezupft	30%
Zitronenmelisse, gezupft	20%

■ RÜSTVERLUSTE BEI PILZEN

Bei den folgenden Werten handelt es sich um Richtwerte, die je nach Qualität, Verarbeitung, Saison und Herkunft stark variieren können.

Austernpilze/Austernseitlinge, fein	12%
Austernpilze/Austernseitlinge, fein, geschält	30%
Champignons, Stiel entfernt	15%
Eierschwämme/Pfifferlinge	15%
Herbsttrompeten	22%
Maronenröhrlinge	20%
Shitakes	10%
Speisemorcheln, Spitzmorcheln	15%
Steinpilze	15%

■ RÜSTVERLUSTE BEI KARTOFFELN UND KARTOFFELVERWANDTEN

Bei den folgenden Werten handelt es sich um Richtwerte, die je nach Qualität, Verarbeitung, Saison und Herkunft variieren können.

Kartoffeln, handgeschält	20%
Kartoffeln, maschinengeschält	28%
Süßkartoffeln	15%
Topinambur	30%
Yamswurzeln	20%

■ RÜSTVERLUSTE BEIM OBST

Bei den folgenden Werten handelt es sich um Richtwerte, die je nach Qualität, Verarbeitung, Saison und Herkunft variieren können.

Ananas	45%
Äpfel, 1. Qualität	15%
Äpfel, zum Kochen	20%
Aprikosen	10%
Avocados	35%
Bananen	20%
Birnen	25%
Cherimoyas, geschält, entkernt	45%
Datteln	8%
Erdbeeren	5%
Feigen	5%
Granatäpfel, Kerne	68%
Grapefruits, filetiert	55%
Johannisbeeren, rot	5%
Johannisbeeren, schwarz/Cassis	5%
Kaktusfeigen	20%
Karambolen/Sternfrüchte	12%
Kirschen, entsteint	8%
Kiwis, geschält	22%
Klementinen	30%
Kokosnuss, ohne Milch	35%
Limonen, Saft	60%
Litschis	25%
Kastanien	35%
Mandarinen, geschält	25%
Mangos	20%
Mangostanen	45%
Mirabellen	10%
Nektarinen	15%
Orangen, Saft	40%
Orangen, Filets	60%
Papayas	25%
Passionsfrüchte	40%
Pfirsiche	15%
Pflaumen	15%
Quitten	30%
Rambutane	35%
Reineclauden	10%
Weintrauben/Tafeltrauben, entbeert	22%
Zitronen, Saft	50%
Zwetschgen	15%

FILETIERVERLUSTE BEI FISCHEN

Beim Bearbeiten von Fischen, Krusten- und Weichtieren fallen Abfälle an wie Eingeweide, Gräten, Karkassen, Schalen, Kopf und Haut, die bei der Berechnung der Warenkosten berücksichtigt werden müssen. Bei den folgenden Werten handelt es sich um Richtwerte, die je nach Herkunft, Laichzeit, Jahreszeit und Verarbeitung der Tiere variieren können.

Süßwasserfische

Äsche	30%
Felchen	35%
Flussbarsch/Egli	60%
Forelle	45%
Hecht	60%
Karpfen	65%
Lachs/Salm	45%
Lachsforelle	45%
Wels/Waller	62%
Zander	55%

Salzwasserfische

Dorsch/Kabeljau	50%
Goldbrasse	55%
Meerhecht/Seehecht/Hechtdorsch	40%
Petersfisch/Heringskönig	70%
Rotbarbe	50%
Seeteufel, ohne Kopf	33%
Seezunge	50%
Steinbutt	70%
Wittling/Weißling/Merlan	50%
Wolfsbarsch/Meerbarsch	55%

VERLUSTE BEIM AUSLÖSEN VON KRUSTEN- UND WEICHTIEREN

Flusskrebs	80%
Hummer, ganz	75%
Kalmar/Tintenfisch	20%
Krabben	75%
Languste, ganz	80%
Miesmuscheln, spanische	80%
Riesenkrevetten, mit Kopf	75%
Riesenkrevetten, ohne Kopf	15%
Scampi, mit Kopf	75%
Scampi, ohne Kopf	20%

■ GARVERLUSTE

Bei verschiedenen Garmethoden entstehen unterschiedliche Gewichtsverluste. Ihre Größe ist von verschiedenen Faktoren abhängig:
- Qualität der Nahrungsmittel
- Zustand und Beschaffenheit
- Oberfläche des Kochgutes
- Zubereitungsart und Garmethode
- Einhalten der korrekten Temperatur
- Einsatz unterschiedlicher Kochapparate

Bei der Rezeptierung und der Preisberechnung müssen die Gewichtsverluste berücksichtigt werden, das heißt, die Verluste müssen bekannt sein.

Bei den in der folgenden Tabelle aufgeführten Werten handelt es sich um Richtwerte.

Am Stück gegarte Fleischstücke	Zarte Stücke	Weniger zarte Stücke
Braten (Garstufe blutig/*saignant*)	15–20%	–
Braten (Garstufe durchgegart/*bien cuit*)	ca. 25%	ca. 30%
Niedertemperaturgaren: helles Schlachtfleisch	ca. 10%	ca. 15%
Niedertemperaturgaren: dunkles Schlachtfleisch	ca. 8%	ca. 15%
Schmoren: dunkles Schlachtfleisch	ca. 30%	ca. 35%
Glasieren: helles Schlachtfleisch	ca. 25%	ca. 30%
Sieden	ca. 35%	ca. 40%
Pochieren	ca. 10%	ca. 15%
Garen im Vakuum (*cuisson sous vide*): helles Schlachtfleisch	ca. 12%	ca. 20%
Garen im Vakuum (*cuisson sous vide*): dunkles Schlachtfleisch	ca. 5%	ca. 25%

Vor dem Garen geschnittene Fleischstücke	Zarte Stücke	Weniger zarte Stücke
Kurzbraten (Sautieren)	ca. 10%	ca. 15%
Grillieren	ca. 10%	ca. 15%
Pochieren	ca. 10%	ca. 15%
Sieden	ca. 20%	ca. 25%
Dünsten	ca. 15%	ca. 20%
Glasieren	ca. 20%	ca. 25%
Schmoren	ca. 25%	ca. 30%
Garen im Vakuum (*cuisson sous vide*): helles Schlachtfleisch	ca. 12%	ca. 20%
Garen im Vakuum (*cuisson sous vide*): dunkles Schlachtfleisch	ca. 5%	ca. 25%

Geflügel	Zarte Stücke	Weniger zarte Stücke
Ente	ca. 30%	ca. 40%
Gans	ca. 35%	ca. 40%
Masthuhn/Poularde, Poulet	ca. 15%	ca. 20%

Inhalt

1 GRUNDLAGEN FÜR DIE WARME UND DIE KALTE KÜCHE

32 Produktions-Mise-en-place

SCHNITTARTEN
- 32 Gemüsebündel für Bouillon
- 32 Gemüsebündel für weiße Fonds
- 32 Buntes Matignon
- 32 Weißes Matignon
- 33 Buntes Mirepoix
- 33 Weißes Mirepoix

AROMATEN
- 33 Bärlauchpesto
- 33 Basilikumpesto
- 34 Currymischung Sri Lanka
- 34 Gewürzsäcklein
- 35 Gewürzsalzmischung für Fisch
- 35 Gewürzsalzmischung für Fleisch
- 35 Gewürzsalzmischung für Geflügel
- 35 Gewürzsalzmischung für Lamm
- 36 Gewürzsalzmischung für Wild
- 36 Kräuterbündel
- 36 Pesto Genueser Art

MARINADEN
- 36 Marinade für Geflügel
- 38 Marinade für Gravad Lax
- 38 Marinade für Lammfleisch
- 38 Marinade für Rindfleisch
- 38 Marinade für sautierte oder frittierte Fische
- 39 Marinade für sautierte oder grillierte Krustentiere
- 39 Marinade für Schweinefleisch
- 40 Marinade/Beize für Schlachtfleisch und Wildbret

HILFSMITTEL
- 40 Gesalzene Löffelbiskuits
- 41 Laugenbrötchenmasse mit Rohschinken und Mascarpone
- 41 Semmelmasse mit getrockneten Tomaten, Oliven und Basilikum
- 41 Semmelmasse mit Philadelphia-Frischkäse und Kräutern

42 Fonds

- 42 Bouillon
- 43 Brauner Geflügelfond
- 43 Heller Geflügelfond
- 44 Fischfond
- 44 Gemüsefond
- 46 Gewöhnlicher Fischsud
- 46 Hummerfond
- 47 Krustentierfond
- 48 Brauner Kalbsfond
- 48 Heller Kalbsfond
- 50 Weißer Fischsud
- 50 Wildfond

51 Buttermischungen

- 51 Café de Paris-Butter
- 51 Currybutter mit schwarzem Sesam
- 52 Danieli-Butter
- 52 Dreifarbige Pfefferbutter mit Rotweinschalotten
- 53 Haselnussbutter
- 53 Kräuterbutter
- 54 Krustentierbutter
- 54 Meaux-Senf-Butter
- 55 Morchelbutter
- 55 Quarkbutter mit Margarine, getrockneten Tomaten und Basilikum
- 56 Rotweinbutter
- 56 Schneckenbutter
- 57 Thai-Limonen-Gewürzbutter
- 57 Zuger Kräuterbutter (für Fischgerichte Zuger Art)

58 Farcen

- 58 Raviolifüllung mit Auberginen
- 58 Raviolifüllung mit Quark
- 59 Raviolifüllung mit Rindfleisch
- 59 Raviolifüllung mit Steinpilzen
- 59 Raviolifüllung mit Zander
- 60 Raviolifüllung mit Ziegenkäse
- 60 Rohe Fisch-Mousseline-Farce
- 61 Rohe Fisch-Mousseline-Farce (Pacojet)
- 61 Rohe Kalbfleisch-Mousseline-Farce (Pacojet)
- 62 Rohe Kalbfleisch-Mousseline-Farce
- 64 Wildfarce
- 65 Wildfarce (Pacojet)

66 Saucen

BECHAMEL-SAUCE, CREMESAUCE, GEMÜSERAHMSAUCE UND ABLEITUNGEN
- 66 Bechamel-Sauce
- 66 Cremesauce
- 66 Gemüserahmsauce
- 67 Gemüserahmsauce mit Gemüsewürfelchen und Safran

67	Kerbelrahmsauce	88	Vinaigrette-Sauce
67	Mornay-Sauce	90	Vinaigrette-Sauce mit gerösteten Kernen

FISCHRAHMSAUCE UND ABLEITUNGEN

- 68 Fischrahmsauce
- 68 Fischrahmsauce mit Fenchel und Safranfäden
- 69 Fischrahmsauce mit Trauben
- 69 Krevettensauce

GEFLÜGEL- UND KALBSRAHMSAUCE UND ABLEITUNGEN

- 69 Albufera-Sauce
- 70 Geflügelrahmsauce
- 70 Geflügelrahmsauce mit Champignons
- 71 Kalbsrahmsauce
- 71 Kalbsrahmsauce mit Senf
- 71 Kräutersauce
- 72 Paprikasauce

BRAUNE KALBS-, GEFLÜGEL- UND WILDSAUCE UND ABLEITUNGEN

- 72 Balsamico-Sauce
- 73 Bordeleser Sauce (Rotweinsauce)
- 73 Braune Champignonsauce
- 74 Demi-glace
- 74 Gebundener Kalbsjus
- 75 Jägersauce
- 75 Knoblauchsauce
- 76 Madeira-Sauce
- 76 Morchelrahmsauce
- 77 Orangensauce mit Portwein
- 77 Pikante Sauce
- 78 Senfsauce
- 78 Steinpilzrahmsauce
- 78 Tamarindensauce
- 79 Trüffelsauce
- 79 Wild-Demi-glace
- 80 Wildpfeffersauce
- 80 Wildrahmsauce
- 80 Zwiebelsauce

TOMATENSAUCEN UND ABLEITUNGEN

- 81 Neapolitanische Sauce
- 81 Portugiesische Sauce
- 81 Provenzalische Sauce
- 82 Tomaten-Concassé
- 82 Tomaten-Coulis
- 83 Tomatensauce

BUTTERSAUCEN UND ABLEITUNGEN

- 83 Bearner Sauce
- 84 Choron-Sauce
- 84 Dijon-Sauce
- 84 Holländische Sauce
- 86 Foyot-Sauce
- 86 Malteser Sauce
- 86 Schaumsauce

VINAIGRETTE-SAUCE UND ABLEITUNGEN

- 87 Eier-Vinaigrette
- 87 Gemüse-Vinaigrette
- 88 Ravigote-Sauce
- 88 Tomaten-Vinaigrette

MAYONNAISE-SAUCE UND ABLEITUNGEN

- 90 Cocktailsauce
- 90 Dill-Senf-Sauce
- 91 Grüne Sauce
- 91 Mayonnaise-Sauce
- 91 Mayonnaise-Sauce mit Gemüsewürfelchen
- 91 Mayonnaise-Sauce mit Oliven und Sardellen
- 92 Mayonnaise-Sauce mit Tomatenwürfeln
- 92 Quarkmayonnaise
- 92 Remouladensauce
- 93 Senfmayonnaise
- 93 Tatarensauce

DIVERSE KALTE SAUCEN UND CHUTNEYS

- 93 Aïoli-Sauce
- 94 Cumberland-Sauce
- 94 Fenchel-Kräuter-Sauce
- 95 Hagebuttensauce
- 95 Holundersauce
- 95 Joghurt-Nuss-Sauce
- 96 Kürbis-Chutney
- 96 Kürbis-Ketchup
- 96 Meerrettichschaum
- 97 Melonen-Relish
- 97 Preiselbeersauce
- 98 Quitten-Chutney
- 98 Rhabarber-Papaya-Chutney
- 99 Rouille-Sauce
- 99 Senfsauce für Gravad Lax
- 100 Süßsaure Sauce

DIVERSE WARME SAUCEN

- 100 Apfelcremesauce
- 101 Currysauce
- 101 Erdnusssauce
- 102 Fisch-Sabayon
- 102 Hellbraune Rahmsauce
- 103 Hummersauce
- 103 Kakao-Lebkuchen-Sabayon
- 104 Krustentierbuttersauce
- 104 Krustentiersauce
- 105 Kürbisschaumsauce
- 105 Meerrettichsauce
- 106 Quittensauce
- 106 Rote Buttersauce
- 107 Rotes Peperoni-Coulis
- 107 Sauerrahmsauce
- 108 Schalotten-Confit
- 108 Weiße Buttersauce
- 109 Zwiebelpüreesauce zum Gratinieren

2 SUPPEN

Klare Suppen

- 112 Doppelte Kraftbrühe
- 112 Fischkraftbrühe
- 113 Fleischbouillon

113 Geflügelkraftbrühe
114 Kraftbrühe
114 Kraftbrühe (Herstellung im Drucksteamer)
116 Hummerkraftbrühe
117 Muschelessenz
118 Perlhuhnessenz
119 Spargelessenz mit Kaffir-Limonen-Blättern
120 Steinpilzessenz mit Blätterteighaube
121 Tomatenessenz mit Seeteufelmedaillons
122 Wildkraftbrühe

SUPPENEINLAGEN
122 Backerbsen
123 Eierstich
123 Grießklößchen
124 Käseschnittchen
124 Kleine Windbeutel
124 Mille fanti
125 Pfannkuchenstreifen/Flädli
125 Quarkklößchen mit Speck
126 Steinpilzklößchen

128 Gemüsesuppen

128 Asiatische Gemüsesuppe mit geräuchertem Tofu
128 Gemüsesuppe dörfliche Art
129 Suppe Bauernart
129 Suppe flämische Art
130 Suppe Hausfrauenart
130 Suppe Pflanzerart

131 Fleisch- und Fischcremesuppen

131 Fischcremesuppe
131 Fischcremesuppe mit Muscheln
132 Geflügelcremesuppe
132 Geflügelcremesuppe mit Curry
133 Kalbfleischcremesuppe
133 Kaninchencremesuppe mit Rosmarin
134 Weincremesuppe mit Auvernier
134 Wildcremesuppe mit Herbsttrompeten

135 Gemüsecremesuppen

135 Artischockencremesuppe
136 Austernpilzcremesuppe mit Steinpilz-Cornet
137 Bärlauchcremesuppe mit Morcheln
138 Blumenkohlcremesuppe
138 Brennnesselsuppe mit Blätterteigstreifen
139 Broccolicremesuppe
140 Champignoncremesuppe
141 Fenchelcremesuppe
142 Eierschwämmchensuppe/Pfifferlingsuppe mit Brandteigdekor
144 Frühlingszwiebelsuppe mit sautierter Entenbrust
145 Gratinierte Schwarzwurzelcremesuppe mit Äpfeln und Speck
146 Ingwercremesuppe
147 Karottencremesuppe
147 Karottencremesuppe (Herstellung im Drucksteamer)
148 Kartoffelcremesuppe
148 Kressecremesuppe (Pacojet)
149 Kürbiscremesuppe mit Orangenrahm
149 Maiscremesuppe mit Seeteufelfiletwürfeln
150 Nüsslisalatcremesuppe/Feldsalatcremesuppe mit geräuchertem Wildschweinschinken
151 Ratatouille-Cremesuppe (Pacojet)
152 Ratatouillesuppe mit geräucherten Riesenkrevetten
153 Rucola-Cremesuppe
154 Sauerampfercremesuppe mit Lachs und kandierten Orangen
155 Sauerkrautcremesuppe
155 Spargelcremesuppe
156 Spinatcremesuppe
156 Topinambur-Cremesuppe mit Haselnüssen
157 Tomatencremesuppe
158 Zweifarbige Karottencremesuppe mit Kaninchenfilet

159 Hülsenfrüchtesuppen

159 Gelberbsensuppe
160 Grünerbsensuppe
160 Grünerbsensuppe (Pacojet)
161 Linsensuppe
161 Rote-Bohnen-Suppe
162 Weiße-Bohnen-Suppe

163 Getreidesuppen

163 Gerstensuppe
163 Grießsuppe mit Gemüsewürfelchen
164 Grünkernsuppe mit Passionsfrucht
164 Haferflockensuppe
165 Hafer-Lauch-Suppe mit Croûtons
165 Maisgrießsuppe mit Oliven und Knoblauch-Croûtons
166 Reiscremesuppe mit Kokosmilch

167 Spezialsuppen

167 Apfel-Ingwer-Suppe
167 Germiny-Suppe
168 Hummer-Bisque
169 Klare Ochsenschwanzsuppe
170 Kokosmilchsuppe mit Shitake-Pilzen und Meerbrassenstreifen
171 Kokosschaumsuppe
172 Mais-Cappuccino mit Kaninchen und getrockneten Aprikosen
173 Miesmuschel-Germiny mit frischem Koriander
174 Parmesan-Schaumsuppe
174 Petersiliensuppe mit Spinat und Gemüse
175 Petersilienwurzelsuppe mit frittierten Krevetten
176 Rahmsuppe mit gelben Peperoni, Ingwer und Zitronengras
176 Rhabarbercremesuppe mit Ingwer
177 Senfschaumsuppe mit Zitronenmelisse
178 Zitronengrassuppe mit Jakobsmuscheln

179	**Nationalsuppen**	207	Roher Fenchelsalat
		207	Roher Randensalat/Rote-Bete-Salat
179	Basler Mehlsuppe (Schweiz)	207	Roher Zucchettisalat
179	Berner Märitsuppe (Schweiz)	208	Rotkohlsalat/Rotkabissalat
180	Borschtsch (Russland)	208	Sauerkrautsalat
180	Bündner Gerstensuppe (Schweiz)	208	Selleriesalat
181	Caldo verde (Portugal)	210	Tomatensalat mit Basilikum
182	Gemüsesuppe mit Muscheln (Spanien)	210	Waldorf-Salat
183	Gratinierte Zwiebelsuppe (Frankreich)	210	Weißkohlsalat/Weißkabissalat

179 Nationalsuppen

- 179 Basler Mehlsuppe (Schweiz)
- 179 Berner Märitsuppe (Schweiz)
- 180 Borschtsch (Russland)
- 180 Bündner Gerstensuppe (Schweiz)
- 181 Caldo verde (Portugal)
- 182 Gemüsesuppe mit Muscheln (Spanien)
- 183 Gratinierte Zwiebelsuppe (Frankreich)
- 183 Griechische Bohnensuppe
- 184 Gulaschsuppe (Ungarn)
- 184 Harira (Marokko)
- 185 Minestrone (Italien)
- 186 Mulligatawny-Suppe (Indien)
- 187 New England Clam Chowder (USA)
- 187 Sopa de almendras (Spanien)
- 188 Zitronensuppe (Griechenland)

3 KALTE KÜCHE

192 Kalte Suppen

- 192 Gazpacho
- 193 Kalte Karotten-Rhabarber-Suppe
- 193 Kalte Kartoffelsuppe
- 194 Kalte Tomatensuppe mit Ananas und Gin

195 Kaltschalen

- 195 Apfelkaltschale mit Champagner
- 196 Birnenkaltschale mit Williamine
- 196 Holunderblütenkaltschale mit Champagner
- 197 Melonen-Mango-Kaltschale mit Zitronenmelisse
- 197 Nektarinenkaltschale mit Prosecco
- 198 Zwetschgenkaltschale mit Joghurt

199 Salate

BLATTSALAT-KOMBINATIONEN (SALADES TIÈDES)

- 199 Blattsalat mit Frühlingsrollen
- 199 Brüsseler Endivien mit Krevetten und rosa Grapefruit
- 200 Cäsar-Salat mit Pouletbrüstchen
- 200 Eisbergsalat mit Pouletbruststreifen und exotischen Früchten
- 201 Gemüsesalat mit Poulet-Satay-Spießchen
- 201 Grüner Papaya-Salat
- 202 Nüsslisalat/Feldsalat mit Ziegenfrischkäse
- 202 Roter Chicorée-Salat mit Falafel
- 204 Rucola-Salat mit panierten, sautierten Mozzarellascheiben
- 204 Salatbukett mit sautierten Jakobsmuscheln
- 205 Sommerlicher Salat mit Honigmelonen und sautierten Pouletbruststreifen

ROHE GEMÜSESALATE

- 206 Gurkensalat
- 206 Rettichsalat mit kandierter Papaya
- 206 Roher Karottensalat
- 207 Roher Fenchelsalat
- 207 Roher Randensalat/Rote-Bete-Salat
- 207 Roher Zucchettisalat
- 208 Rotkohlsalat/Rotkabissalat
- 208 Sauerkrautsalat
- 208 Selleriesalat
- 210 Tomatensalat mit Basilikum
- 210 Waldorf-Salat
- 210 Weißkohlsalat/Weißkabissalat

GEGARTE GEMÜSESALATE

- 211 Blumenkohlsalat
- 211 Gegarter Karottensalat
- 211 Gekochter Randensalat/Rote-Bete-Salat
- 212 Gemischter Spargelsalat mit Scampi
- 212 Kartoffelsalat mit Speck
- 213 Kartoffelsalat mit Mayonnaise
- 213 Russischer Salat
- 214 Salat von grünen Bohnen
- 214 Süßmaissalat
- 214 Zweifarbiger Zucchettisalat

HÜLSENFRÜCHTESALATE

- 215 Kichererbsensalat mit Pfefferminze
- 215 Salat aus gemischten Bohnenkernen
- 215 Salat aus grünen Linsen
- 216 Salat aus weißen Bohnen

DIVERSE SALATE

- 217 Andalusischer Salat
- 217 Asiatischer Thunfischsalat
- 218 Avocadosalat mit Krevetten
- 218 Früchte-Curry-Salat
- 220 Griechischer Salat
- 220 Griechischer Salat mit Safran
- 221 Meeresfrüchtesalat mit Balsamessig
- 221 Mexikanischer Salat
- 222 Nizza-Salat
- 222 Peperonisalat mit Omelettenwürfeln
- 223 Pikanter Bananen-Mais-Salat
- 223 Pilzsalat
- 224 Rustikaler Siedfleischsalat
- 224 Siedfleischsalat
- 225 Tomaten mit Mozzarella und Basilikum

226 Salatsaucen und Dressings

- 226 Amerikanische Salatsauce (French Dressing)
- 226 Apfeldressing
- 226 Avocado-Dressing
- 227 Baumnussdressing mit Orangensaft
- 227 Blanc-battu-Salatsauce
- 227 Cäsar-Salatsauce
- 228 Curry-Apfel-Dressing
- 228 Einfache Salatsauce
- 228 Französische Salatsauce
- 229 Himbeerdressing mit Haselnussöl
- 229 Italienische Salatsauce
- 229 Rahmsalatsauce mit Orangen
- 230 Roquefort-Salatsauce
- 230 Salatsauce mit Speckstreifen
- 231 Sauerrahmsalatsauce

231 Thai-Dressing
232 Tomatensalatsauce

233 Kalte Gerichte aus Fischen, Krustentieren und Weichtieren

GERÄUCHERTE UND MARINIERTE FISCHE UND MEERESFRÜCHTE
233 Eingerolltes Carpaccio von Steinbutt und Lachsforelle mit Salatbukett
234 Geräucherter Stör mit Pilzklößchen und Blinis
234 Heringssalat nach isländischer Art
236 Kreation von Lachs- und Zanderfilet im Pfannkuchenmantel
237 Lachs-Zander-Tatar mit Gemüsesalat und Radieschen-Vinaigrette
238 Lasagne von Saibling und Kohlrabi mit Macadamia-Papaya-Dressing
239 Räucherforellenfilet auf Saisonsalat mit Tomaten-Vinaigrette
240 Räucherlachs mit Maisflocken, Apfel-Stangensellerie-Salat mit Baumnüssen
240 Räucherlachsrosen mit Sauerrahm im Nudelnest
241 Roh marinierter Lachs mit Linsensalat und Salatbukett
242 Royale von Eierschwämmen/Pfifferlingen und Romanesco mit Lachs-Carpaccio
243 Tuna-Tataki mit Gurken-Rettich-Spaghetti

POCHIERTE FISCHE UND MEERESFRÜCHTE
244 Marinierte Calamares mit Peperoni-Basilikum-Vinaigrette
245 Seezungenfiletrolle mit roten Bohnen

DIVERSE FISCHE UND KRUSTENTIERE
246 Asiatischer Glasnudelsalat mit grillierten Riesenkrevetten
247 Felchenfilets in Rotweinmarinade
247 Gepfefferter Heilbutt auf roh mariniertem Gemüse
248 Krevetten-Cocktail mit Avocado
248 Lauwarmer Forellensalat mit Sprossen und Zucchetti
249 Lauwarmer Meeresfrüchtesalat Talvo
250 Marmor von Seeforelle und Seezunge im grünen Kleid mit Fisch-Tatar und Salatbukett
251 Riesenkrevetten mit exotischen Früchten und Limonenjoghurt
251 Riesenkrevetten-Cocktail
252 Rocklobster-Salat mit grillierten Jakobsmuscheln und feinen Bohnen
253 Sautierte Rocklobster mit Rosmarin und Speck mit Frühlingskarotten-Pickles
254 Seeteufelsalat mit grünen Spargeln

255 Pasteten, Terrinen, Galantinen

PASTETEN
255 Fischpastete asiatische Art
256 Damhirschpastete
258 Kalbfleischpastete mit getrockneten Früchten
260 Rehpastete
262 Schweinsfiletpastete mit Dörrpflaumen

TERRINEN
264 Fasanenterrine mit Waldpilzen
266 Forellenmosaik mit frischem Basilikum
267 Gämsterrine mit Rot- und Weißweinbirnen
268 Gemüseterrine
269 Hausterrine im Lauchmantel
270 Kalbfleischterrine mit Apfelsalat
271 Kaninchenterrine mit Melonen-Kürbis-Chutney
272 Linsen-Lauch-Terrine
274 Mediterrane Gemüseterrine mit Senfpüreesauce
275 Mozzarella-Terrine
276 Pilzterrine im Pfälzer-Rüben-Mantel
277 Wachtelterrine mit Morcheln
278 Seeteufelterrine mit Jakobsmuscheln und Riesenkrevetten im Seetangkleid
280 Zander-Lachs-Terrine im Karottenkleid
281 Zanderterrine mit Ratatouille und Miesmuscheln im Pfälzer-Rüben-Mantel

GALANTINEN
282 Geflügelgalantine mit getrockneten Früchten
284 Hechtgalantine
286 Taubengalantine mit Gänseleber und Weinbeeren
287 Zandergalantine nach moderner Art

288 Mousses und Aspike

MOUSSES
288 Artischockenparfait mit Trutenbrustrollen und Gemüsesalat
290 Dreifarbige Frühlingsgemüsemousse mit Forellenfilet auf Roggenbrot
291 Karottenmousse
291 Kartoffelmousse mit Kaviar
292 Karottenmousse mit geräuchertem Kaninchenfilet, Salatbukett und Kürbis-Datteln-Pickles
293 Kürbismousse mit roh marinierten Randen/Roten Beten und Sprossen
293 Schabzigermousse mit Mostbröckli
294 Schinkenmousse mit Linsen- und Stangenseleriesalat
296 Spargelmousse mit geräuchertem Stör
297 Tilsitermousse
298 Tomatenmousse mit Kaninchenfiletröllchen
300 Weißes Spargelmousse mit Schillerlocken

ASPIKE
301 Artischocken-Räucherlachs-Aspik mit Flusskrebsen und Pernod
302 Aspiktorte mit Seezungenröllchen und Rauchlachsmousse
303 Meerfische in Champagnersulze

304 Kalte Fleischgerichte

RINDFLEISCH
304 Carpaccio mit frischen Steinpilzen
305 Kaltes Siedfleisch mit Linsensalat und Meerrettich-Senf-Sauce
306 Kaltes Siedfleisch mit marinierten Gemüsen
307 Siedfleischterrine mit Sauerkraut
308 Tatar-Beefsteak

KALBFLEISCH
- 309 Kalter Kalbsbraten mit Haselnüssen
- 310 Salat mit Kalbsmilken/Kalbsbries und Eierschwämmchen/Pfifferlingen
- 312 Vitello tonnato

SCHWEINEFLEISCH
- 313 Mariniertes kaltes Rippchen mit Kichererbsensalat
- 314 Rohschinken mit Zigerschaum und Nüssen mit frittiertem Basilikum
- 314 Wollschweinspeck mit lauwarmem Kartoffelsalat

LAMMFLEISCH
- 315 Blätterteigschnitte mit Hüttenkäse und Lamm-Carpaccio
- 316 Gebratene Lammhuft mit Hummus
- 316 Geräuchertes Lammrückenfilet mit Kürbis-Chutney
- 317 Lauwarmes Lammrückenfilet mit Tomaten und Oliven auf Eisbergsalat
- 317 Tempura von Lammhuft auf Mango-Avocado-Salat

GEFLÜGEL
- 318 Geräucherte Entenbrust mit Zwergorangen
- 318 Lauwarme Entenbrust mit mediterranen Gemüsen
- 319 Perlhuhnkreation (Tiramisu)
- 320 Pouletbrustrolle mit Ananasfächer
- 321 Poulet-Melonen-Cocktail

WILD
- 321 Hirschmostbröckli-Salat mit Eierschwämmen/Pfifferlingen und Makkaroni
- 322 Rehfiletroulade mit Pilzsalat und Cumberland-Sauce
- 324 Sautierte Wildentenbrust mit Orangen-Himbeer-Vinaigrette
- 324 Sommerreh-Sashimi mit Wasabi-Creme
- 325 Wildhasen-Kaninchen-Geflügel-Marmor

326 Kalte Gerichte aus Gemüse, Obst und diverse

- 326 Avocadoschaum mit Blutorangen
- 326 Crostini mit Olivenpaste
- 327 Frische Steinpilze in Olivenöl
- 327 Gefüllte Feigen mit Ziegenfrischkäse
- 328 Gemüse-Cocktail mit Sesam
- 328 Getrocknete-Tomaten-Tatar auf Pariser Brot
- 329 Grillierte Steinpilze mit Basilikumpesto und Parma-Schinken
- 329 Hummus (arabisches Kichererbsenpüree)
- 330 Marinierte Gemüsescheiben mit geräuchertem Tempeh
- 330 Marinierter Tofu mit Gemüsetatar
- 331 Melonentrio mit Zander und Papaya-Chutney
- 332 Parmesan-Espuma
- 332 Pilzcocktail
- 333 Tzaziki

4 WARME KÜCHE

336 Warme Snacks

GEBACKENE SNACKS AUS TEIG
- 336 Blätterteigkissen mit Spargelfüllung
- 337 Blätterteigkrapfen mit Meeresfrüchten
- 338 Blätterteigkrapfen mit Pilzfüllung
- 338 Blätterteigkrapfen mit Wildfüllung
- 340 Flammkuchen mit Gemüsestreifen und Fetakäse
- 341 Flammkuchen mit Zwiebeln und Speck
- 342 Focaccini mit Kartoffeln und Thymian
- 343 Knusprige Pilzrolle
- 344 Meeresfrüchtekuchen mit Safran
- 346 Lothringer Speckkuchen
- 347 Pastetchen mit feinen Gemüsen
- 348 Pizza mit Schinken und Champignons
- 349 Pizza mit Spinat, Lachs und Riesenkrevetten
- 350 Pizza mit Tomaten und Büffelmozzarella

FRITTIERTE SNACKS
- 351 Frittierte malaysische Fleisch-Kartoffel-Taschen
- 352 Frühlingsrollen mit Schweinefleischfüllung
- 354 Frittierte Pouletflügel amerikanische Art
- 354 Gemüse-Samosas
- 355 Geflügelkroketten
- 356 Gemüsekroketten
- 357 Gemüse-Tempura
- 358 Kichererbsen-Spinat-Kugeln
- 359 Mexikanische Empanadas mit Rindfleischfüllung
- 360 Mexikanische Maismehlkrapfen mit Käse und Chili
- 360 Riesenkrevetten im Tempura-Teig
- 361 Scampi im Backteig
- 362 Vegetarische Frühlingsrollen
- 363 Wontons mit Schweinefleisch und Krevettenfüllung

DIVERSE SNACKS
- 363 Cevapcici
- 364 Couscous mit Gemüse und Kräutern
- 365 Eierschwämme/Pfifferlinge-Tofu-Gulasch mit Serviettenknödeln
- 366 Fünfkornpfannkuchen mit Spinatfüllung
- 366 Gedämpfte Reisbällchen mit Schweinefleischfüllung
- 367 Gedämpfte Teigtaschen mit Krevettenfüllung
- 368 Gedämpfte Teigtaschen mit Rind- und Schweinefleischfüllung
- 369 Indischer Hülsenfrüchteeintopf
- 369 Kichererbsencurry
- 370 Kichererbsenschnitten
- 370 Kleine Fleischburger
- 371 Kleine marinierte Geflügelspießchen vom Grill
- 371 Marinierte Pouletflügel nach asiatischer Art
- 372 Puy-Linsen-Küchlein
- 372 Satay-Spießchen mit Rindfleisch
- 373 Schinkenauflauf
- 374 Spinatauflauf
- 374 Warmes Kartoffel-Trüffel-Espuma
- 375 Zander-Krevetten-Küchlein

376 Eiergerichte

- 376 Eier im Töpfchen mit Pilzen und Kräutern
- 377 Omelette
- 378 Pochierte und gratinierte Eier auf Blattspinat
- 378 Rührei
- 379 Spanische Tortilla

380 Käsegerichte

- 380 Basler Zwiebelwähe
- 380 Fondue mit Gruyère und Emmentaler
- 382 Fondue mit Gruyère, Tilsiter und Appenzeller
- 382 Fondue moitié-moitié
- 383 Frittierter Camembert
- 383 Gebackene Käsebuchteln
- 384 Käsekroketten mit Peperonata
- 386 Käseauflauf
- 386 Käsekuchen mit Birnen
- 387 Käseschnitte mit Tomaten und Rohschinken
- 387 Käse-Speck-Kuchen
- 388 Pfannkuchen mit Käsefüllung
- 388 Pfannkuchen mit Spinat-Quark-Füllung

389 Gemüse- und Pilzgerichte

GARMETHODE SIEDEN
- 389 Krautstiele an Rahmsauce
- 389 Maiskolben
- 389 Pikante Kichererbsen
- 390 Schwarzwurzeln mit Rahmsauce
- 390 Spargeln Mailänder Art
- 390 Topinambur mit Kräutern

GARMETHODE DÄMPFEN/GAREN IM VAKUUM
- 392 Artischockenböden (vakuumgegart)
- 392 Brüsseler Endivien (vakuumgegart)
- 393 Fenchel (vakuumgegart)
- 393 Gedämpfter Broccoli mit Parmesan
- 393 Karamellisierte Kastanien (vakuumgegart)
- 394 Karottenflan
- 394 Kohlrabi mit Butter

GARMETHODE SCHMOREN
- 395 Geschmorte Brüsseler Endivien
- 395 Geschmorte Dörrbohnen mit getrockneten Birnen
- 396 Geschmorter Fenchel
- 396 Geschmorter Lattich mit Gemüsen
- 397 Geschmorter Rotkohl
- 398 Geschmorter Stangensellerie mit Tomatenwürfeln
- 398 Geschmorter Weißkohl
- 399 Sauerkraut

GARMETHODE DÜNSTEN/GLASIEREN
- 399 Artischockenragout
- 400 Gedünstete Kefen
- 400 Gedünstete Morcheln
- 400 Gedünsteter Blattspinat mit Pinienkernen
- 401 Gedünsteter Kürbis mit Kokosmilch
- 401 Gedünsteter Blattmangold mit Lauch
- 401 Glasierte Gurken
- 402 Glasierte Karotten
- 402 Glasierte Kastanien
- 402 Glasierte Perlzwiebeln
- 404 Glasierte Randen/Rote Bete
- 405 Glasierter Kürbis
- 405 Gurken mit Dillrahmsauce
- 405 Junge Erbsen französische Art
- 406 Kastanien-Kürbis-Curry
- 406 Ratatouille
- 407 Spinat mit Rahmsauce
- 407 Süßsaure Pilze
- 408 Vichy-Karotten
- 408 Zucchetti provenzialische Art

GARMETHODE GRATINIEREN
- 409 Gefüllte Tomaten provenzialische Art
- 409 Gratinierter Blattspinat mit Champignons
- 410 Gratinierter Blumenkohl
- 410 Gratinierter Lauch

GARMETHODE FRITTIEREN
- 411 Frittierte Auberginen mit Haselnüssen mit rotem Peperoni-Coulis
- 411 Frittierte Champignons
- 412 Frittierte Schwarzwurzeln
- 412 Frittierter Blumenkohl
- 413 Frittierter Knollensellerie
- 413 Gemüse-Fritto-Misto im Tempura-Teig
- 414 Im Backteig frittierte Auberginen
- 414 Im Ei frittierter Blumenkohl
- 415 Pakoras (frittierte Kartoffel-Gemüse-Nocken)

GARMETHODE SAUTIEREN
- 416 Kürbis-Mais-Galetten
- 416 Sauerkrautküchlein
- 416 Sautierte Auberginen im Ei mit Kräutern
- 417 Sautierte Randen/Rote Bete mit Baumnüssen
- 417 Sautierte Steinpilze mit Knoblauch und Kräutern
- 417 Sautierte Zucchetti mit Rucolapesto
- 418 Sautierte, panierte Zucchettischeiben
- 418 Sautierter Broccoli mit Austernsauce
- 418 Sautierter Fenchel in der Sesamkruste
- 419 Sautierter Rosenkohl
- 419 Sellerie-Piccata
- 420 Süßsaure Gemüse mit Tofu
- 420 Süßmaisgaletten
- 421 Wok-Gemüse

GARMETHODE GRILLIEREN
- 421 Gemüsespieß vom Grill
- 422 Grillierte Auberginenscheiben
- 422 Grillierte Steinpilze

GEFÜLLTE GEMÜSE
- 424 Gefüllte Auberginen
- 425 Gefüllte Champignons
- 426 Gefüllte Kohlrabi
- 427 Gefüllte Peperoni
- 428 Gefüllte Wirz-/Wirsingrouladen
- 429 Gefüllte Zucchetti
- 430 Lattichroulade
- 433 Kohlköpfchen

434 Kartoffelgerichte

GARMETHODE SIEDEN/DÄMPFEN
- 434 Gratiniertes Kartoffelpüree
- 434 Kartoffelpüree
- 436 Salzkartoffeln
- 436 Schneekartoffeln

GARMETHODE SCHMOREN
- 436 Schmelzkartoffeln
- 438 Bouillonkartoffeln
- 438 Gratinierte Kartoffelscheiben
- 439 Lauchkartoffeln

GARMETHODE BACKEN IM OFEN
- 439 Gebackene Kartoffeln (Baked potatoes)
- 440 Duchesse-Kartoffeln
- 440 Gebackene Kartoffelrosetten mit Tomaten
- 442 Gestürzte Kartoffeln
- 442 Kartoffelgratin
- 443 Mit Gemüse gefüllte Kartoffeln
- 443 Rosmarinkartoffeln

GARMETHODE BRATEN
- 444 Bäckerinkartoffeln
- 444 Bratkartoffeln
- 445 Gebratene Kartoffelkugeln
- 445 Gebratene Kartoffelwürfel
- 445 Haselnusskartoffeln
- 446 Maxime-Kartoffeln
- 446 Schlosskartoffeln

GARMETHODE SAUTIEREN
- 446 Kartoffelgaletten
- 447 Berner Rösti
- 447 Lyoner Kartoffeln
- 448 Rösti aus rohen Kartoffeln
- 448 Röstkartoffeln

GARMETHODE FRITTIEREN
- 449 Birnenkartoffeln
- 449 Chips-Kartoffeln
- 450 Dauphine-Kartoffeln
- 450 Frittierte Kartoffelkrapfen mit Käse
- 452 Frittierte Kartoffelkugeln mit Schinken
- 452 Frittierte Kartoffelstäbe
- 453 Frittierte Kartoffelwürfel
- 453 Frittierte Mandelkartoffelkugeln
- 454 Kartoffelecken mit Nüssen und Thymian
- 454 Kartoffelkroketten
- 455 Kartoffelstangen mit Ingwer
- 455 Strohkartoffeln
- 456 Waffelkartoffeln
- 456 Zündholzkartoffeln

DIVERSE GERICHTE VON KARTOFFELN UND SÜSSKARTOFFELN
- 457 Gefüllte neue Kartoffeln
- 458 Kartoffelauflauf
- 458 Kartoffelklöße
- 459 Kartoffel-Kräuter-Waffeln
- 459 Kartoffelküchlein im Knusperteig
- 460 Kartoffelnocken
- 460 Kartoffelpfannkuchen
- 462 Kartoffelmaultaschen
- 462 Kartoffel-Sellerie-Schiffchen mit Baumnüssen
- 463 Kartoffel-Pizokel
- 464 Kartoffelstangen mit Marroni/Esskastanien
- 464 Kartoffel-Timbales
- 465 Kartoffeltorte mit Artischocken
- 465 Süßkartoffelkreation im Röstimantel
- 466 Schupfnudeln
- 466 Süßkartoffelcurry
- 467 Süßkartoffelküchlein mit Kräutern
- 467 Tarte Tatin von neuen Kartoffeln

468 Gerichte aus Getreide

TEIGWAREN
- 468 Basilikumnudeln
- 469 Buchweizennudeln
- 470 Kakaonudeln
- 471 Marroninudeln/Kastaniennudeln
- 472 Nudeln
- 474 Pilznudeln
- 475 Safrannudeln
- 476 Spinatnudeln
- 477 Tintennudeln
- 478 Spaghetti Bologneser Art
- 478 Spaghetti Mailänder Art
- 480 Spaghetti mit Gorgonzola-Sauce
- 480 Spaghetti mit Miesmuscheln
- 481 Spaghetti mit Tomatensauce

TEIGGERICHTE
- 481 Brandteignocken
- 482 Cannelloni mit Rindfleischfüllung
- 483 Capuns
- 484 Dinkelspätzli
- 484 Glarner Spätzli
- 486 Halbmonde mit Ziegenkäsefüllung und rotem Peperoni-Coulis
- 488 Lasagne verdi mit Fleischfüllung
- 488 Marroni/Kastanien-Spätzli
- 489 Marroni/Kastanien-Teigtaschen mit Kürbisfüllung und Tamarindensauce
- 490 Pfannengerührtes Nudelgericht
- 491 Pizokel Puschlaver Art
- 492 Quarkpizokel
- 492 Quarkspätzli
- 493 Ravioli mit Quarkfüllung und Salbeibutter
- 494 Ravioli mit Rindfleischfüllung
- 495 Ravioli mit Steinpilzen
- 496 Ravioli mit Zanderfüllung und weißer Buttersauce
- 497 Ravioliteig
- 497 Spätzli
- 498 Schlutzkrapfen
- 499 Tomatenspätzli
- 500 Tortellini mit Ricotta-Spinat-Füllung und Pesto

REIS-, MAIS- UND WEIZENGERICHTE
- 501 Bulgur-Pilaw mit Gemüse
- 501 Camargue-Reis
- 502 Ebly mit Kokosmilch und Gewürzen
- 502 Gedämpfter Parfümreis
- 503 Grieß-Dinkel-Ecken
- 503 Grießnocken

504	Grieß-Timbale mit Champignons
505	Indischer Gewürzreis
505	Kokosreis
506	Mais-Auberginen-Lasagne
507	Maisroulade mit Spinatfüllung
507	Mais-Timbale
508	Merlot-Risotto
508	Pilaw-Reis
509	Polenta
509	Polenta mit Mascarpone
510	Randenrisotto/Rote-Bete-Risotto mit Gorgonzola
510	Rheintaler Ribelmaisschnitten
511	Rheintaler Ribelmaisstangen
511	Risotto
512	Süßmaiskroketten
512	Trockenreis/Kreolenreis
513	Weizen-Hirse-Schnitten mit getrockneten Tomaten und Oliven

VOLLWERT-GETREIDEGERICHTE UND DIVERSE

514	Dinkelpizokel
514	Grünkernbratlinge
515	Haferküchlein
515	Hirseklößchen mit Tomaten-Coulis
516	Hirse-Pilz-Kreation
516	Hirsotto
517	Rollgerstenküchlein
518	Siebenkornküchlein
518	Vollkornspätzli
519	Vollreis-Risotto
519	Wildreisschnitten

520 Gerichte aus Schlachtfleisch

GARMETHODE SAUTIEREN

520	Fohlenfiletgulasch Nowgorod
521	Geschnetzeltes Kalbfleisch Zürcher Art
522	Geschnetzeltes Kaninchenrückenfilet mit Rosmarinrahmsauce und Sauerkirschen
523	Im Ei sautiertes gefülltes Kalbsschnitzel mit Spinat und Gorgonzola
524	Im Wok sautierte Kalbsfiletstreifen asiatische Art
524	Piccata alla milanese
525	Rindsfiletgulasch Stroganow
525	Saltimbocca alla romana
526	Sautierte Engadiner Kalbfleischröllchen
526	Sautierte Kalbsfilet-Mignons mit Steinpilzrahmsauce
527	Sautierte Kalbsleberstreifen mit Lauch und Schalotten
527	Sautierte Kalbslebertranchen auf gedünsteten Äpfeln und Rosinen
528	Sautierte Kalbsmilken/Kalbsbries mit saurem Rahmgemüse
528	Sautierte Kalbsnierentranchen mit Rotweinschalotten und knusprigen Knoblauchscheiben
529	Sautierte Kalbsschnitzel mit Rahmsauce
529	Sautierte Kalbsschnitzel mit Zitronensauce
530	Sautierter Kaninchenschenkel mit Sauternes
530	Sautierte Lamm-Chops provenzalische Art
531	Sautierte Lammhuft mit Pommery-Senf-Jus und Origano
532	Sautierte Lammrückenfilets auf Fenchelpüree
533	Sautierte Rindsfilet-Mignons mit jungem Knoblauch und Majoran
534	Sautierte Rindsfilet-Mignons mit Rotweinsauce
534	Sautierte Tournedos mit dreifarbigem Pfefferbutter mit Rotweinschalotten
535	Sautierte Schweinsfilet-Medaillons mit Äpfeln und Calvados-Sauce
535	Sautiertes Entrecôte Café de Paris
536	Sautiertes Kalbsschnitzel Cordon bleu
536	Sautiertes Kalbssteak mit Morchelrahmsauce
537	Sautiertes Pfeffersteak vom Pferd
537	Sautiertes Schweinskotelett mit Senfsauce
538	Sautiertes Schweinskotelett Walliser Art
538	Sautiertes Schweinssteak mit Paprikarahmsauce
539	Wiener Schnitzel

GARMETHODE GRILLIEREN

540	Grilliertes Chateaubriand mit Bearner Sauce
540	Grilliertes doppeltes Kalbskotelett mit Tomatenquarkbutter mit Basilikum
542	Grilliertes doppeltes Entrecôte Contadino
542	Grilliertes Kalbspaillard mit Zitrone
543	Grilliertes Rumpsteak mit Tomaten und Zwiebeln

GARMETHODE BRATEN

544	Gebratene Kaninchenrolle mit Eierschwämmchen/Pfifferlingen und Salbei
545	Gebratener Lammgigot mit rotem Zwiebel-Ingwer-Confit
546	Gebratene Spareribs
546	Gebratenes Kalbskarree mit Portweinsauce und getrockneten Tomaten
547	Gebratenes Lammkarree in der Kräuterkruste
548	Gebratenes Rindsfilet am Stück auf mediterranem Bratgemüse
549	Roastbeef englische Art (nach traditioneller Methode zubereitet)
550	Schweinsbraten mit Dörrfrüchten

GAREN BEI NIEDERTEMPERATUR

551	Gebratenes Kalbsnierstück mit Grapefruits
552	Gebratenes Schweinskotelettstück mit Estragon-Bier-Sauce
553	Roastbeef englische Art (Garen bei Niedertemperatur)

GARMETHODE POELIEREN

554	Poeliertes Kalbsfilet mit Steinpilzen
555	Poeliertes Kalbsnierstück mit Pilzen

GARMETHODE BACKEN IM OFEN

556	Berner Zungenwurst im Gewürzbrotteig
557	Lammrückenfilet mit Kartoffelkruste
558	Kalbsfilet mit Morcheln und Mascarpone im Sesam-Blätterteig
560	Rindsfilet Wellington
562	Rippchen im Brotteig
563	Schweinsfilet im Birnbrotteig Glarner Art
564	Waadtländer Saucisson im Brioche-Teig

GARMETHODE SCHMOREN/GLASIEREN

565	Fohlensauerbraten mit Luzerner Lebkuchensauce
566	Geschmorte Rindfleischröllchen Appenzeller Art
567	Glasierte gefüllte Kalbsbrust mit Laugenbrötchenmasse
568	Geschmorter Rindshuftspitz mit Gemüsen
570	Glasierte gefüllte Lammschulter
571	Glasierte Kalbsbrustschnitten mit Ratatouille
572	Glasierte Kalbshaxe bürgerliche Art

573	Glasierte Kalbskopfbäckchen in Barolo
574	Glasierte Kalbsmilken/Kalbsbries in weißem Portwein mit Äpfeln und Eierschwämmen/Pfifferlingen
575	Glasierter Bauernschinken mit süßer Kruste
576	Glasierter Kaninchenschenkel mit Cantadou-Basilikum-Sauce
578	Glasierter Münchner Bierbraten
579	Kalbsragout Großmutterart
580	Kalbsragout mit Gemüsen
581	Kaninchenragout Tessiner Art
582	Karbonade von Rindfleisch mit Peperonistreifen
583	Lammragout mit kleinen Gemüsen
584	Ossobuco cremolata
585	Rindsragout mit Balsamico-Sauce
586	Rindsschmorbraten Burgunder Art

GARMETHODE DÜNSTEN

587	Kalbsfrikassee mit Herbsttrompeten
588	Lammcurry mit Kichererbsen und roten Peperoni
589	Lammfrikassee mit Curry
590	Rindsdünstragout mit Sojasprossen und Gemüsestreifen
591	Rindsdünstragout mit Tomaten und Oliven
592	Szegediner Gulasch
593	Ungarisches Gulasch
593	Wiener Kalbsrahmgulasch

GARMETHODE POCHIEREN/GAREN IM DAMPF/GAREN IM VAKUUM

594	Gedämpftes Schweinsfilet im Karottenmantel auf Sherry-Rahmsauce mit Ingwer
595	Geräuchertes Schweinsnierstück mit Grapparahmsauce
595	Im Rosmarindampf gegartes Lammrückenfilet auf Karotten-Sauerrahm-Sauce
596	Im Rotwein pochiertes Rindsfilet
597	Kalbfleischkugeln mit Champignonsauce
598	Königsberger Klopse
598	Kutteln mit Weißweinsauce (vakuumgegart)
599	Pochiertes Kalbsfilet mit Zitronenschaum
599	Schweinshaxe mit Gemüsewürfeln (vakuumgegart)

GARMETHODE SIEDEN

600	Gesottene Lammkeule mit Kapernsauce
601	Irish Stew Gourmet Style
602	Kalbsblankett mit buntem Gemüse
603	Kalbsblankett mit Gemüsestroh
604	Kalbszunge mit Schnittlauchrahmsauce
605	Lammblankett mit Minze
606	Lammblankett mit Tomaten und Kräutern
607	Siedfleisch mit Gemüse-Vinaigrette
608	Überbackene Kutteln
609	Überbackenes Siedfleisch mit Zwiebelsauce

610 Geflügelgerichte

610	Challans-Ente in der Salzkruste
612	Frittierte Pouletbrüstchen japanische Art
613	Gebratene Ente asiatische Art
614	Gebratene marinierte Gänsebrust
615	Gedämpfte Poulardenbrust mit Gemüsestreifen
616	Geflügelblankett mit frittierten Glasnudeln
617	Geflügelfrikassee mit Estragon
618	Geflügelfrikassee mit sautiertem Gemüse
619	Gefüllte Maispoulardenbrust mit Roquefort
620	Geschmortes Masthuhn in Rotwein mit grünen Spargeln, Coco-Bohnen und Morcheln
622	Grilliertes Hähnchen amerikanische Art
623	Grillierte Pouletbrüstchen Teufelsart
624	Maispoulardenbrust gefüllt mit getrockneten Tomaten im Cornflakes-Kleid
625	Mit Sesam panierte Pouletbrustfilets mit asiatischem Gemüse
626	Pochiertes Pouletbrüstchen mit Gurken
627	Poelierte junge Trutenbrust mit Nussfüllung und Portweinsauce
628	Poeliertes junges Perlhuhn mit Gemüsen und Dörrfrüchten
631	Poeliertes Masthuhn mit Morcheln
632	Pouletbrüstchenroulade mit Riesenkrevetten
633	Pouletroulade mit Mandel-Zitronen-Füllung
634	Pouletbrüstcheneintopf
634	Poulet-Satay-Spießchen
635	Sautierte Entenbruststreifen mit Ingwer
636	Sautierte Poulardenbrust und grillierte Riesenkrevetten an Krustentiersauce
637	Sautierte Straußenmedaillons mit Rhabarber
638	Sautiertes Entenbrüstchen mit Cassis-Sauce
638	Straußenfiletwürfel mit Peperoni, Oliven und Tomaten
640	Straußenfilet im Brickteigmantel mit Kefen, Shitake-Pilzen und Maniok-Chips
641	Truthahncurry mit Riesenkrevetten und Gemüsebananen

642 Wildgerichte

642	Dombes-Wachtel-Crepinette mit Sommertrüffeln
645	Gebratene Dombes-Wachteln mit Steinpilzen und Tomaten
646	Gebratener Rehschlegel mit frischen Feigen
647	Gebratenes Damhirschrückenfilet provenzalische Art mit Lavendelblüten
648	Gebratenes Frischlingskarree mit Meerrettichkruste
649	Gebratenes Hirschkarree mit Eierschwämmen/Pfifferlingen
649	Geschnetzelte Wildentenbrust mit Wacholderrahmsauce
650	Gesottene Rehschulter auf grünen Linsen mit Champignons-Tomaten-Ragout
652	Glasiertes Frischlingseckstück gespickt mit Dörrbirnen und Glühweinsauce
653	Rehhackbraten mit Waldhonigsauce
654	Rehpfeffer Jägerart
655	Rehpfeffer mit Speckpflaumen
656	Rehragout à la minute mit grünen Spargeln und Rosmarinsauce
656	Rehrücken mit frischen Steinpilzen und Preiselbeerbirne
657	Rehrückenfilet mit frischen Feigen und Muskattrauben
657	Rehrückenfilet mit Waldmeistersabayon, Pak-choi und Wildreisküchlein
658	Sautierte Fasanenbrust mit Rahmäpfeln
658	Sautierte gefüllte Fasanenbrust mit Blattspinat und schwarzen Trüffeln
659	Sautierte Hirschkoteletts mit Heidelbeeren
659	Sautierte Rebhuhnbrüstchen auf Portweinrisotto
660	Sautierte Reh-Mignons mit Senfkruste
660	Sautierte Rehnuss Mirza
662	Sautierte Rehschnitzel mit verschiedenen Pilzen

663 Sautierte Wildtaubenbrüstchen mit glasierten Marroni/ Kastanien und Pinienkernen
664 Sautierte Rebhuhnbrüstchen mit Rahmlauch und weißen Trüffeln

665 Gerichte aus exotischen Tieren

665 Bison-Mignons mit Thymiankruste und Frühlingszwiebelpüree
666 Blessbockschnitzel auf Kenia-Bohnen und Ananas mit Kokos-Sesam-Sabayon
666 Gebratene Springbocknuss mit Pfefferkruste auf Tamarillos und Kakaosauce
667 Känguru-Geschnetzeltes mit Macadamia-Nüssen und Frühlingszwiebeln
667 Kudu-Entrecôte mit Mohnkruste und Okra-Gemüse auf Peperoni-Coulis
668 Sautierte Krokodilschwanzwürfel mit Gemüsestreifen, Shitake-Pilzen und Kokosnussmilch

669 Nationalgerichte

669 Berner Platte
670 Bollito misto mit Salsa verde
671 Dolmades Avgolemono (gefüllte Weinblätter mit Eier-Zitronen-Sauce)
672 Bouillabaisse marseillaise
674 Luzerner Chügelipastete
676 Moussaka (griechischer Auberginenauflauf)
677 Nasi Goreng
678 Paella valenciana
678 Wiener Backhendl
679 Pollo a la chilindrón
679 Stifado (griechisches Rindsragout mit kleinen Zwiebeln)

680 Fischgerichte

GARMETHODE POCHIEREN IM SUD
680 Mittelstück vom Lachs im Sud mit Schaumsauce
680 Pochierte Meerhechttranchen mit Kapern
681 Steinbuttschnitten im weißen Sud mit Kerbelsauce

GARMETHODE POCHIEREN IM FOND
682 Flunterner Zunft-Fischgericht
683 Hecht-Lachs-Capuns mit frischer Tomatensauce
684 In Rotwein pochierte Zanderfilets auf Blattspinat
685 Mit Hummersauce glasierte Hechtklößchen auf Blattspinat
686 Pochierte Eglifilets/Barschfilets mit Limonensauce
687 Pochierte Forellenfilets Hausfrauenart
688 Pochierte Forellenfilets Zuger Art
689 Pochierte Hechtklößchen Lyoner Art
690 Pochierte Lachsröllchen mit Forellenmousse, Spargeln und Fischrahmsauce
691 Pochierte Rotzungenfilets mit weißer Portweinsauce und Melonenkugeln
692 Pochierte Rotzungenröllchen mit grünen Spargelspitzen
693 Pochierte Seeteufelmedaillons Matrosenart
694 Pochierte Seeteufelmedaillons mit Tomaten
696 Pochierte Seezungenfilets mit Hummermedaillons in Champagner
697 Pochierte Seezungenfilets mit Krevetten und Miesmuscheln
698 Pochierte Seezungenfilets mit Spargeln
700 Pochierte Steinbuttfilets mit Safranfäden
701 Pochierte Zanderfilets mit Flusskrebsen und Champignons
702 Pochiertes Lachskotelett schottische Art

GARMETHODE SAUTIEREN
702 Panierte und sautierte Wittlingsfilets
703 Sautierte Rotzungenfilets mit Kartoffelkugeln und grünen Spargeln
704 Sautierte Äschenfilets mit Thymiankruste auf Tomaten-Peperoni-Glace
705 Sautierte Eglifilets/Barschfilets auf Avocadocreme
705 Sautierte Eglifilets/Barschfilets auf Melissensauce mit Gemüsestreifen
706 Sautierte Eglifilets/Barschfilets mit Steinpilzen
706 Sautierte Felchenfilets mit Kapern und Tomaten
707 Panierte und sautierte Felchenfilets mit Kartoffelkugeln und gefüllten Tomaten
707 Sautierte Junghechtschnitzel mit Meaux-Senf-Sauce und Blattspinat
708 Sautiertes Lachskotelett mit Räucherlachs-Meerrettich-Kruste
709 Sautierte Meerhechtfilets an zwei Senfsaucen
709 Sautierte Petersfischschnitzel mit Karottencreme
710 Sautierte Seezungenfilets mit Bananen und Joghurtsauce
710 Sautiertes Pangasiusfilet mit Tomaten und Steinpilzen
711 Sautiertes Kabeljaurückenfilet mit Karottenkruste auf Kerbelsauce
712 Sautiertes Welsfilet mit Zitronen und Kapern
712 Sautiertes Zanderfilet mit Kräuter-Sesam-Kruste
713 Seezungenstreifen Murat
714 Zander-Saltimbocca mit Eierschwämmchen/Pfifferlingen

GARMETHODE FRITTIEREN
715 Frittierte Eglifilets/Barschfilets im Backteig
716 Frittierte Felchenfilets im Bierteig
717 Frittierte Seezungenstreifen mit Currysauce und Seeigelaroma
718 Seezunge Colbert

GARMETHODE GRILLIEREN
719 Fisch-Potpourri vom Grill mit Blattsalaten und Gemüse-Vinaigrette
720 Grillierte Goldbrassenschnitzel mit Nudeln mit Meerrettichsauce
721 Grillierte Rotbarben mit Ratatouille Nizzaer Art
722 Grillierte Seeteufelmedaillons im Zucchettimantel auf Pestospaghetti
722 Grillierte Seeteufeltranche auf Lauchbett
723 Grillierte Lachsschnitzel mit Rotweinbutter
723 Red-Snapper-Filets vom Grill mit Mangosauce und rosa Pfeffer
724 Steinbutttranchen vom Grill mit Choron-Sauce

GARMETHODE BACKEN IM OFEN/GAREN IM HEISSRAUCH/GAREN IM DAMPF/GAREN IN EINER HÜLLE
724 Heiß geräucherter Stör mit Kaviar auf Lauch
725 Petersfischfilets aus dem Dampf mit Kaviarsauce
725 Wolfsbarschfilet mit Kartoffelkruste

726 Wolfsbarsch in der Salzkruste mit frischen Kräutern
727 Wolfsbarschfilet mit Lachsschaum im Blätterteig

GARMETHODE SCHMOREN

728 Geschmorter kleiner Steinbutt mit Buttersauce
729 Im Rotwein geschmortes Mittelstück vom Junghecht mit rotem Zwiebel-Confit

730 Gerichte aus Krustentieren und Weichtieren

730 Abalonen mit Mu-Err-Pilzen
731 Bärenkrebse mit Ingwer, Frühlingszwiebeln und chinesischen Eiernudeln
732 Flusskrebse Bordeleser Art
733 Gefüllte Calamares mediterrane Art
734 Gratinierte Austern
735 Hummer amerikanische Art
736 Hummer Armoricaine
738 Hummer Thermidor
739 Hummerfrikassee mit Noilly Prat
740 Jakobsmuscheln auf Lauch mit Champagnersauce und Kaviar
741 Miesmuscheln in Safransauce
742 Miesmuscheln nach Seemannsart
743 Miesmuschelkuchen
744 Sautierte Scampi und Kalbsmilken/Kalbsbries auf Gemüsebett mit Morchelbutter
745 Scampi auf Brüsseler Endivien mit schwarzen Trüffeln
745 Scampi mit Kaviarrahmsauce
746 Scampi mit Erbsenravioli auf Krebsbuttersauce
747 Scampi mit Papaya-Sauce
748 Scampi vom Grill in der Zucchettiblüte auf Kalbskopf mit Tomaten
750 Scampi-Frikassee mit Morcheln und Ingwer
750 Schwertmuscheln in weißer Schalottenbuttersauce
751 Spaghetti mit Venusmuscheln
752 Teppichmuschelgratin mit Spinat
752 Überbackene Miesmuscheln
753 Warme Austern mit Sherry
753 Weinbergschnecken mit Steinpilzen und Knoblauch

5 PATISSERIE, PRODUKTIONS-MISE-EN-PLACE

756 Teige

756 Backteig/Biertreig
756 Berliner (Hefesüßteig)
757 Blinis
757 Blitzblätterteig/holländischer Blätterteig
757 Brandteig (gesalzen)
758 Brandteig (für Süßspeisen)
758 Brioches
759 Dänisch-Plunder-Teig
760 Deutscher Blätterteig
760 Geriebener Teig
761 Halbblätterteig
761 Linzer Teig
761 Pastetenteig

762 Pfannkuchenteig, gesalzen
762 Pfannkuchenteig, süß
762 Pizzateig
763 Savarin-Teig (Hefesüßteig)
763 Strudelteig
764 Tourierter Hefeteig
764 Zuckerteig

765 Massen

765 Genueser Biskuit
765 Gratinmasse
766 Hüppenmasse/Hippenmasse, Variante 1
766 Hüppenmasse/Hippenmasse, Variante 2
767 Japonais-Masse
767 Kalte Schneemasse/Meringuemasse
767 Löffelbiskuits
768 Rouladenbiskuit
768 Schokoladenbiskuit
769 Tulipes-Masse
769 Warme Schneemasse

770 Cremen

770 Bayerische Creme
770 Buttercreme mit Eiweiß
771 Buttercreme mit Vollei
771 Creme mit Marc de Champagne
771 Diplomatencreme
772 Englische Creme
772 Gebrannte Creme
772 Heidelbeer-Joghurtcreme
773 Joghurtcreme
773 Kaffeecreme
774 Mandelcreme
774 Quarkcreme
775 Schaumcreme
775 Vanillecreme
775 Zitronencreme

776 Saucen

776 Aprikosensauce
776 Cassis-Sauce
776 Erdbeersauce
776 Himbeersauce
777 Johannisbeersauce
777 Kalte Weinschaumsauce
777 Orangensauce mit Honig
777 Rotweinsauce
778 Schokoladensauce
778 Vanillesauce
778 Weinschaumsauce

779 Hilfsmittel

779 Blätterteigkonfektfüllung mit Lachs
779 Blätterteigkonfektfüllung mit Schinken
779 Blätterteigkonfektfüllung mit Speck
779 Exotischer Gewürzsud

780	Glühwein
780	Holunderblütensirup
780	Käse-Birnen-Kuchenguss
780	Kuchenguss, gesalzen
781	Kuchenguss, süß
781	Rahmkuchenguss
781	Savarin-Sirup
781	Schnee-Eier
782	Waldmeistersirup
782	Weißweingelee
782	Zitronenstrauchsirup

6 KALTE SÜSSSPEISEN

786 Pochierte Cremen

- 786 Creme französische Art
- 786 Gestürzte Karamellcreme

787 Gestürzte Getreidepuddinge

- 787 Flammeri mit Erdbeeren
- 788 Grieß Viktoria
- 789 Reis Kaiserinart

790 Mousses und Schäume

- 790 Apfelmousse
- 791 Dattelmousse
- 791 Dunkle Schokoladenmousse
- 792 Erdbeermousse
- 793 Himbeermousse
- 793 Mango-Joghurt-Espuma
- 794 Pina-Colada-Espuma
- 794 Rummousse
- 795 Weißes Schokolade-Joghurt-Espuma
- 795 Weiße Schokoladenmousse

796 Rahm- und Cremesüßspeisen

- 796 Charlotte königliche Art
- 798 Charlotte russische Art
- 800 Cremeschnitten
- 801 Eugenia-Torte Melba
- 802 St-Honoré-Torte
- 804 Windbeutel mit Rahm

805 Diverse kalte Süßspeisen

- 805 Birchermüesli
- 805 Creme katalanische Art
- 806 Dörrpflaumenkompott
- 806 Erdbeerquarkschnitte
- 806 Frische Feigen in Cassis-Likör mit Vanilleglace
- 807 Fruchtsalat
- 807 Joghurtschnitte mit Birnen
- 808 Panna cotta
- 808 Pfirsichkompott
- 808 Portweinbirnen
- 809 Rote Grütze
- 809 Rumtopf
- 810 Tiramisu
- 811 Trifle

7 WARME SÜSSSPEISEN

814 Warme Süßspeisen

- 814 Apfelauflauf
- 814 Äpfel Basler Art
- 815 Apfelcharlotte
- 815 Apfelkrapfen
- 816 Apfelküchlein
- 816 Apfelstrudel
- 818 Apfel im Schlafrock
- 818 Auflaufomelette
- 819 Auflaufpudding
- 819 Auflauf Rothschild
- 820 Birnenjalousie
- 820 Blätterteigkrapfen mit Konfitüre
- 822 Brandteigkrapfen
- 822 Brot-und-Butter-Pudding
- 823 Chriesiprägel
- 823 Dörraprikosen-Ravioli
- 824 Englischer Grießpudding
- 824 Frankfurter Pudding
- 825 Grand-Marnier-Auflauf
- 825 Kaiserschmarrn
- 826 Grieß-Quark-Knödel mit Dörrzwetschgen
- 826 Omelette Stephanie
- 827 Orangengratin mit Vanilleglace
- 827 Pfannkuchen mit Äpfeln
- 828 Pfannkuchen Suzette
- 828 Pudding Diplomatenart
- 829 Quarkauflauf
- 829 Quarkauflaufpudding
- 830 Quarkknödel
- 830 Quarkkrapfen
- 831 Quarkstrudel
- 831 Reisauflaufpudding
- 832 Salzburger Nockerln
- 832 Vanilleauflauf

8 GEFRORENE SÜSSSPEISEN

836 Gefrorene Süßspeisen

- 836 Apfelsorbet
- 836 Aprikosenglace
- 836 Bananen-Sauerrahmglace (Pacojet)
- 837 Basilikumglace (Pacojet)
- 837 Brombeerglace
- 837 Caipirinha-Sorbet
- 838 Cassata napoletana
- 838 Champagnersorbet

839 Eisauflauf Grand Marnier
839 Eisbiskuit Jamaika
840 Eisbombe Aida
840 Erdbeerglace/Erdbeereis
840 Himbeersorbet (Pacojet)
840 Joghurtglace (Pacojet)
841 Joghurtglace mit Cassis
841 Mangosorbet
841 Melonensorbet
841 Pfirsichglace
842 Quarkglace (Pacojet)
842 Rahmgefrorenes mit Eiercognac
842 Rahmgefrorenes mit Haselnüssen
843 Rahmgefrorenes mit Safran
843 Rahmgefrorenes mit Schokolade
844 Rahmgefrorenes mit Trüffeln
844 Rahmgefrorenes mit Zimt
844 Rhabarbersorbet (Pacojet)
845 Rosenglace
845 Rotwein-Granité
845 Sausersorbet
846 Schaumgefrorenes
846 Schaumgefrorenes mit Cassis
846 Schaumgefrorenes mit Joghurt und Zitrone
847 Schaumgefrorenes mit Mango
847 Schaumgefrorenes mit Rhabarber
848 Überraschungsomelette
848 Vanilleglace/Vanilleeis
849 Waldmeistersorbet
849 Zitronensorbet
849 Zitronenstrauchsorbet

9 KUCHEN UND TORTEN

852 Kuchen und Torten

852 Aargauer Rüeblitorte
852 Apfelkuchen
853 Apple Pie
853 Aprikosenkuchen mit Guss
854 Aprikosenquarktorte
854 Erdbeerkuchen
855 Gerührter Gugelhopf
855 Gleichschwercake
856 Hefegugelhopf
857 Hefekranz
858 Königskuchen
859 Linzer Torte
859 Osterkuchen
860 Pfarrhaustorte
860 Plum-Cake
861 Sachertorte
862 Schokoladen-Birnentorte
863 Schwarzwälder Torte
863 Tarte Tatin
864 Tiroler Cake
864 Weihnachtsstollen
865 Zitronencake
865 Zuger Kirschtorte

10 KONFEKT UND PRALINEN

868 Konfekt

868 Amaretti
868 Badener Chräbeli
869 Brownies
869 Brunsli
870 Butterplätzchen
870 Cornets und Rollen
871 Gianduja-Züngli
871 Haselnuss-Cantucci
872 Haselnussbögli
872 Haselnussmakronen
873 Heidelbeer-Muffins
873 Karamell-Tuiles
874 Katzenzüngli
874 Kokosmakronen
875 Kokos-Tuiles
875 Mailänderli
876 Mandelbiskuits
876 Mandel-Marmeladenplätzchen
877 Mit Cointreau-Ganache gefüllte Törtchen
877 Ochsenaugen
878 Preußen
878 Sablés
879 Schenkeli
879 Schokoladenrosetten
880 Spitzbuben
880 Spritzkonfekt
881 Vanillebrezeln
881 Vanillegipfel
882 Vanillemüscheli
882 Zimtsterne

883 Pralinen

883 Duchesses
884 Framboises
885 Früchtegeleewürfel
886 Ganache-Rollen
887 Gianduja
888 Mandel-Rochers
889 Rahm-Truffes, dunkel
890 Rahm-Truffes, hell
891 Rahm-Truffes, weiß

11 BROTE

894 **Brote**

894 Baumnussbrot
895 Focaccia
895 Früchtebrot
896 Grissini
896 Haferflockenbrot
897 Mandelgupfbrot
898 Roggenbrot
899 Ruchbrot
900 Sesambrot
901 Sonnenblumenbrot
902 Zopf

ANHANG

904 Folgende Fachmitarbeiterin und folgende Fachmitarbeiter haben mitgewirkt
908 Glossar
915 Index

Grundlagen für die Warme und die Kalte Küche

32	**Produktions-Mise-en-place**
32	Schnittarten
33	Aromaten
36	Marinaden
40	Hilfsmittel
42	**Fonds**
51	**Buttermischungen**
58	**Farcen**
66	**Saucen**
66	Bechamel-Sauce, Cremesauce, Gemüserahmsauce und Ableitungen
68	Fischrahmsauce und Ableitungen
69	Geflügel- und Kalbsrahmsauce und Ableitungen
72	Braune Kalbs-, Geflügel- und Wildsauce und Ableitungen
81	Tomatensaucen und Ableitungen
83	Buttersaucen und Ableitungen
87	Vinaigrette-Sauce und Ableitungen
90	Mayonnaise-Sauce und Ableitungen
93	Diverse kalte Saucen und Chutneys
100	Diverse warme Saucen

Produktions-Mise-en-place

■ SCHNITTARTEN

Gemüsebündel für Bouillon · Bouquet garni pour bouillon

Zutaten	1 kg
Zwiebeln, geschält	200 g
Lauch, grün, gerüstet	200 g
Karotten, geschält	180 g
Knollensellerie, geschält	180 g
Stangensellerie, gerüstet	100 g
Weißkohl, gerüstet	100 g
Petersilienstiele	30 g
Liebstöckel, frisch	10 g

Zubereitung
- Zwiebeln quer halbieren und die Schnittflächen in einer Lyoner Pfanne oder auf der Griddleplatte dunkelbraun rösten.
- Lauch längs halbieren und waschen.
- Stangensellerie und Kräuter waschen.
- Gemüse längs schneiden und mit Bindfaden zusammenbinden.

Hinweise für die Praxis
Die Zusammensetzung und das Verhältnis der Zutaten können variiert werden. Wird das Gemüsebündel aus Tournierabschnitten hergestellt oder mit Tournierabschnitten ergänzt, sollten diese in ein Passiertuch eingebunden werden.

Gemüsebündel für weiße Fonds · Bouquet garni pour fonds blancs

Zutaten	1 kg
Zwiebeln, geschält	300 g
Lauch, gebleicht, gerüstet	300 g
Knollensellerie, geschält	250 g
Pfälzer Rüben, geschält	120 g
Petersilienstiele	30 g

Zubereitung
- Lauch längs halbieren und waschen.
- Gemüse längs halbieren oder vierteln und zusammen mit den Petersilienstielen mit Bindfaden zusammenbinden.

Hinweise für die Praxis
Die Zusammensetzung und das Verhältnis der Zutaten können variiert werden (Pfälzer Rüben können durch Karotten ersetzt werden). Wird das Gemüsebündel aus Tournierabschnitten hergestellt oder mit Tournierabschnitten ergänzt, sollten diese in ein Passiertuch eingebunden werden.

Buntes Matignon · Matignon coloré

Zutaten	1 kg
Karotten, geschält	300 g
Knollensellerie, geschält	270 g
Zwiebeln, geschält	300 g
Lauch, grün, gerüstet	100 g
Knoblauch, geschält	20 g
Thymian, frisch	10 g

Zubereitung
- Lauch längs halbieren und waschen.
- Kräuter waschen.
- Gemüse in Würfelchen (oder feinblättrig) schneiden und mit den Kräutern und dem Knoblauch ergänzen.

Hinweise für die Praxis
Die Zusammensetzung und das Verhältnis der Zutaten können je nach Verwendung variiert werden. Nach Belieben kann auch Speck beigegeben werden.

Weißes Matignon · Matignon blanc

Zutaten	1 kg
Zwiebeln, geschält	350 g
Lauch, gebleicht, gerüstet	350 g
Knollensellerie, geschält	300 g

Zubereitung
- Lauch längs halbieren und waschen.
- Gemüse in Würfelchen (oder feinblättrig) schneiden.

Hinweise für die Praxis
Die Zusammensetzung und das Verhältnis der Zutaten können je nach Verwendung variiert werden.

Buntes Mirepoix · Mirepoix coloré

Zutaten	1 kg
Zwiebeln, geschält	350 g
Karotten, geschält	350 g
Knollensellerie, geschält	250 g
Petersilienstiele	50 g

Zubereitung
- Zwiebeln, Karotten und Knollensellerie in Würfel schneiden.
- Petersilienstiele waschen.

Hinweise für die Praxis
Die Größe der Gemüsewürfel richtet sich nach der Garzeit. Die Zusammensetzung und das Verhältnis der Zutaten können je nach Verwendung variiert werden. Je nach Verwendungszweck kann auch Knoblauch oder Speckschwarte beigegeben werden, nach Belieben auch Lauch. Allerdings sollte Lauch nur angedünstet werden, denn beim Rösten bilden sich Bitterstoffe.

Weißes Mirepoix · Mirepoix blanc

Zutaten	1 kg
Zwiebeln, geschält	400 g
Knollensellerie, geschält	200 g
Lauch, gebleicht, gerüstet	380 g
Petersilienstiele	20 g

Zubereitung
- Lauch längs halbieren und waschen.
- Gemüse in Würfel schneiden; Lauch separat bereitstellen.
- Mit den Petersilienstielen ergänzen.

Hinweise für die Praxis
Die Größe der Gemüsewürfel richtet sich nach der Garzeit. Die Zusammensetzung und das Verhältnis der Zutaten können variiert werden.

■ AROMATEN

Bärlauchpesto · Pesto à l'ail d'ours (ail sauvage)

Zutaten	100 g
Bärlauch, gerüstet	25 g
Pinienkerne	5 g
Knoblauch, geschält	5 g
Salz	5 g
Sesamöl	5 g
Olivenöl, kaltgepresst	70 g
Pfeffer, weiß, aus der Mühle	
Limonenraps	
Limonensaft	10 g

Vorbereitung
- Bärlauch waschen und trockentupfen.
- Pinienkerne in einer antihaftbeschichteten Pfanne trocken rösten.

Zubereitung
- Alle Zutaten sehr fein mixen oder im Mörser zerstoßen.
- Mit weißem Pfeffer, Limonenraps und Limonensaft abschmecken.
- Pesto in Gläser abfüllen und kühl aufbewahren.

Hinweise für die Praxis
Es lohnt sich, Bärlauchpesto auf Vorrat herzustellen.

Basilikumpesto · Pesto au basilic

Zutaten	100 g
Basilikum, frisch	30 g
Pinienkerne	5 g
Knoblauch, geschält	5 g
Salz	5 g
Haselnussöl	5 g
Olivenöl, kaltgepresst	70 g
Pfeffer, weiß, aus der Mühle	
Limonenraps	
Limonensaft	10 g

Vorbereitung
- Basilikum waschen, zupfen und trockentupfen.
- Pinienkerne in einer antihaftbeschichteten Pfanne trocken rösten.

Zubereitung
- Alle Zutaten sehr fein mixen oder im Mörser fein zerstoßen.
- Mit Salz, weißem Pfeffer, Limonenraps und Limonensaft abschmecken.
- Pesto in Gläser abfüllen und kühl aufbewahren.

1 Muskatnuss 2 Safranfäden 3 Chilischoten, diverse
4 Gewürznelken 5 Lorbeer 6 Mohn 7 Koriandersamen 8 Kurkuma (Gelbwurz) 9 Wacholderbeeren 10 Kümmel 11 Bockshornklee 12 Meerrettich 13 Anis 14 Paprika 15 Kardamom 16 Sternanis 17 Zimt 18 Weiße Pfefferkörner 19 Ingwer

Currymischung Sri Lanka · Mélange de curry Sri Lanka

Zutaten	200 g
Koriandersamen, ganz	10 g
Chili, ganz, getrocknet	30 g
Reis, Vialone	20 g
Fenchelsamen	30 g
Kurkuma, gemahlen	10 g
Kreuzkümmel, gemahlen	10 g
Pfeffer, schwarz, gemahlen	10 g
Senfkörner	15 g
Curryblätter	1 g
Lorbeerblätter	1 g
Ingwer, gemahlen	10 g
Zimt, gemahlen	10 g
Gewürznelken	1 g

Vorbereitung
- Koriander, Chilischoten und Vialone-Reis in einer antihaftbeschichteten Pfanne trocken rösten.

Zubereitung
- Alle Zutaten mischen und im Mörser fein zerstoßen oder in einer Gewürzmühle fein mahlen.
- In einem Glasgefäß verschlossen aufbewahren.

Hinweise für die Praxis
Es lohnt sich nicht, Currypulver auf Vorrat herzustellen, da es sehr rasch an Geschmack verliert.

Gewürzsäcklein · Sachet d'épices

Zutaten	1 Stück
Lorbeerblätter	2
Pfefferkörner	10
Gewürznelken	3
Majoran, gerebelt	1 g
Thymian, gerebelt	1 g

Zubereitung
- Pfefferkörner zerdrücken.
- Alle Zutaten in einen Zellstoffbeutel einbinden.

Hinweise für die Praxis
Die Zusammensetzung der Gewürze kann je nach Verwendungszweck variiert werden.

Gewürzsalzmischung für Fisch · Sel épicé pour poisson

Zutaten	200 g
Meersalz, fein	140 g
Streuwürze	20 g
Pfeffer, weiß, gemahlen	10 g
Estragon, gemahlen	4 g
Kurkuma, gemahlen	4 g
Dill, gemahlen	6 g
Thymian, gemahlen	4 g
Basilikum, gemahlen	4 g
Senfpulver, englisches	6 g
Knoblauchpulver	2 g

Zubereitung
- Alle Zutaten vermischen und gut verschlossen aufbewahren.

Hinweise für die Praxis
Die Zusammensetzung und das Verhältnis der Zutaten können unterschiedlich sein. Als Variante kann das Kurkuma durch Currypulver ersetzt werden.

Gewürzsalzmischung für Fleisch · Sel épicé pour viande

Zutaten	200 g
Tafelsalz	120 g
Glutamat	10 g
Pfeffer, weiß, gemahlen	30 g
Paprika, delikatess	30 g
Thymian, gemahlen	4 g
Majoran, gemahlen	4 g
Rosmarin, gemahlen	4 g

Zubereitung
- Alle Zutaten vermischen und gut verschlossen aufbewahren.

Hinweise für die Praxis
Die Zusammensetzung und das Verhältnis der Zutaten können variiert werden.

Gewürzsalzmischung für Geflügel · Sel épicé pour volaille

Zutaten	200 g
Tafelsalz	120 g
Streuwürze	20 g
Pfeffer, weiß, gemahlen	10 g
Curry, Madras	20 g
Paprika, delikatess	10 g
Rosmarin, gemahlen	10 g
Salbei, gemahlen	10 g

Zubereitung
- Alle Zutaten gut vermischen und gut verschlossen aufbewahren.

Hinweise für die Praxis
Die Zusammensetzung und das Verhältnis der Zutaten können variiert werden.

Gewürzsalzmischung für Lamm · Sel épicé pour viande d'agneau

Zutaten	200 g
Tafelsalz	130 g
Glutamat	10 g
Streuwürze	10 g
Pfeffer, weiß, gemahlen	10 g
Senfpulver, englisches	16 g
Paprika, delikatess	10 g
Thymian, gemahlen	2 g
Majoran, gemahlen	2 g
Rosmarin, gemahlen	4 g
Knoblauchpulver	2 g
Pfefferminztee, Beutel	6 g

Vorbereitung
- Pfefferminzteebeutel (Beutel zu 1,5 g) öffnen und den Inhalt herausnehmen.

Zubereitung
- Alle Zutaten vermischen und gut verschlossen aufbewahren.

Hinweise für die Praxis
Die Zusammensetzung und das Verhältnis der Zutaten können variiert werden.

Gewürzsalzmischung für Wild · Sel épicé pour gibier

Zutaten	200 g
Tafelsalz	140 g
Glutamat	20 g
Wacholderbeeren, gemahlen	6 g
Pfeffer, schwarz, gemahlen	10 g
Majoran, gemahlen	2 g
Rosmarin, gemahlen	2 g
Gewürznelken, gemahlen	2 g
Cayenne-Pfeffer, gemahlen	2 g
Muskatblüte, gemahlen	2 g
Muskatnuss, gemahlen	
Thymian, gemahlen	4 g
Koriander, gemahlen	4 g
Kardamom, gemahlen	2 g
Ingwer, gemahlen	2 g

Zubereitung
– Alle Zutaten gut vermischen und verschlossen aufbewahren.

Hinweise für die Praxis
Die Zusammensetzung und das Verhältnis der Zutaten sind sehr spezifisch und eignen sich ausschließlich für Wildgerichte.

Kräuterbündel · Bouquet aromatique

Zutaten	100 g
Petersilienstiele	30 g
Majoran, frisch	15 g
Thymian, frisch	15 g
Liebstöckel, frisch	10 g
Rosmarin, frisch	10 g
Estragon, frisch	10 g

Zubereitung
– Kräuter waschen und mit einem Bindfaden zusammenbinden.

Hinweise für die Praxis
Die Zusammensetzung des Kräuterbündels kann je nach Verwendung variiert werden.

Pesto Genueser Art · Pesto génoise

Zutaten	100 g
Basilikum, frisch	20 g
Pinienkerne	5 g
Knoblauch, geschält	5 g
Salz	5 g
Haselnussöl	5 g
Olivenöl, kaltgepresst	40 g
Parmesan, gerieben	10 g
Pecorino romano, gerieben	10 g
Pfeffer, weiß, aus der Mühle	
Limonenraps	
Limonensaft	5 g

Vorbereitung
– Basilikum waschen, zupfen und trockentupfen.
– Pinienkerne in einer antihaftbeschichteten Pfanne trocken rösten.

Zubereitung
– Alle Zutaten sehr fein mixen oder im Mörser zerstoßen.
– Geriebenen Parmesan und Pecorino romano beigeben.
– Mit Salz, weißem Pfeffer, Limonenraps und Limonensaft abschmecken.
– Pesto in Gläser abfüllen und kühl aufbewahren.

■ MARINADEN

Marinade für Geflügel · Marinade pour volaille

Zutaten	2 dl
Sonnenblumenöl, high oleic	170 g
Limonenraps	2 g
Limonensaft	6 g
Sojasauce	6 g
Mango-Chutney	20 g
Curry, Madras	6 g
Knoblauch, geschält	2 g

Vorbereitung
– Mango-Chutney hacken.
– Knoblauchzehen fein hacken.

Zubereitung
– Alle Zutaten vermischen.
– Das Geflügel 24 Stunden marinieren.

Hinweise für die Praxis
Besonders geeignet für asiatische Geflügelgerichte.

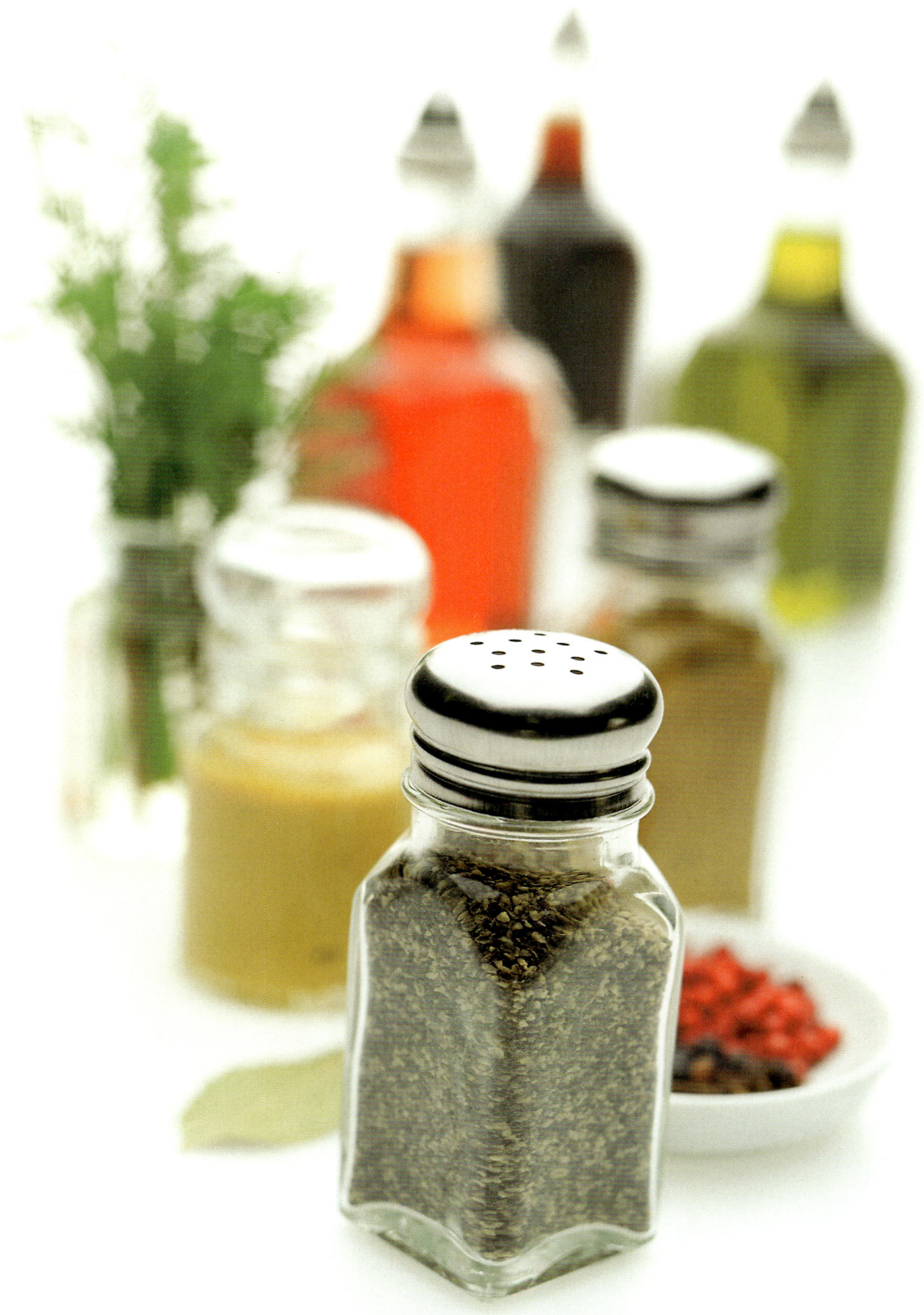

Marinade für Gravad Lax · Marinade pour saumon mariné (gravad lax)

Zutaten	200 g
Meersalz, grob	80 g
Zucker	60 g
Pfefferkörner, weiß, zerdrückt	7 g
Pfefferkörner, schwarz, zerdrückt	7 g
Dill, frisch	50 g

Vorbereitung
– Dill waschen, zupfen, trockentupfen und grob hacken.

Zubereitung
– Lachsfilet vollständig von Fett befreien, allenfalls vorhandene Gräten mit einer Zange entfernen.
– Meersalz, Zucker, zerdrückte Pfefferkörner und Dill mischen.
– Die Hälfte der Gewürzsalzmischung auf ein flaches Chromstahlblech streuen.
– Lachsfilet darauf legen und mit restlicher Gewürzsalzmischung bestreuen.
– Mit Plastikfolie abdecken und im Kühlschrank ca. 8 Stunden marinieren.
– Lachsfilet von Zeit zu Zeit mit der sich bildenden Flüssigkeit übergießen.

Hinweise für die Praxis
Die Marinade reicht für eine Lachsmenge von ca. 1 kg.

Marinade für Lammfleisch · Marinade pour viande d'agneau

Zutaten	200 g
Sonnenblumenöl, high oleic	150 g
Olivenöl	40 g
Thymian, frisch	15 g
Pfefferminze, frisch	2 g
Senfpulver, englisches	2 g
Paprika, delikatess	2 g
Aceto balsamico di Modena (Balsamessig)	10 g

Vorbereitung
– Pfefferminze waschen, trockentupfen, zupfen und fein hacken.
– Thymian waschen, trockentupfen, zupfen und hacken.

Zubereitung
– Alle Zutaten vermischen.
– Das Lammfleisch 24 Stunden marinieren.

Marinade für Rindfleisch · Marinade pour viande de bœuf

Zutaten	200 g
Sonnenblumenöl, high oleic	170 g
Paprika, delikatess	6 g
Rosmarin, frisch	10 g
Sambal Oelek	4 g
Schalotten, geschält	20 g
Pfeffer, schwarz, aus der Mühle	2 g

Vorbereitung
– Rosmarin waschen, trockentupfen, zupfen und fein hacken.
– Schalotten fein hacken.

Zubereitung
– Alle Zutaten vermischen.
– Das Rindfleisch 24 Stunden marinieren.

Marinade für sautierte oder frittierte Fische · Marinade pour poissons sautés ou frits

Zutaten	200 g
Dill, frisch	10 g
Halbrahm, 25%	170 g
Limonensaft	10 g
Limonenraps	3 g
Worcestershire-Sauce	4 g
Pfeffer, weiß, aus der Mühle	1 g

Vorbereitung
– Dill waschen, zupfen, trockentupfen und fein hacken.

Zubereitung
– Alle Zutaten vermischen.

1 Majoran **2** Thymian **3** Zitronenmelisse **4** Lorbeerblätter **5** Estragon
6 Koriander **7** Origano **8** Sauerampfer **9** Rosmarin **10** Krause Petersilie
11 Liebstöckel **12** Basilikum **13** Dill **14** Wilder Origano
15 Rotblättriges Basilikum **16** Salbei **17** Bohnenkraut

Marinade für sautierte oder grillierte Krustentiere · Marinade pour crustacés sautés ou grillés

Zutaten	200 g
Dill, frisch	10 g
Olivenöl, kaltgepresst	160 g
Limonenraps	2 g
Limonensaft	10 g
Sojasauce	15 g
Sambal Oelek	3 g
Pfeffer, weiß, aus der Mühle	2 g

Vorbereitung
– Dill waschen, zupfen, trockentupfen und klein schneiden.

Zubereitung
– Alle Zutaten vermischen und mindestens 1 Stunde ziehen lassen.

Hinweise für die Praxis
Vor dem Grillieren von Krustentieren den geschnittenen Dill mit dem Messerrücken entfernen (abschaben).

Marinade für Schweinefleisch · Marinade pour viande de porc

Zutaten	200 g
Sonnenblumenöl, high oleic	150 g
Dijon-Senf	30 g
Paprika, delikatess	6 g
Kümmel, gemahlen	2 g
Majoran, frisch	10 g
Knoblauch, geschält	4 g

Vorbereitung
– Majoran waschen, zupfen, trockentupfen und fein hacken.
– Knoblauch fein hacken.

Zubereitung
– Alle Zutaten verrühren.
– Das Fleisch 24 Stunden marinieren.

Hinweise für die Praxis
Zum Marinieren der Innenseite eines Spanferkels oder für Bratenstücke.

PRODUKTIONS-MISE-EN-PLACE

Marinade/Beize für Schlachtfleisch und Wildbret
Marinade pour viande de boucherie et pour gibier

Zutaten — 1 kg

Rotwein	800 g
Rotweinessig	100 g
Zwiebeln, geschält	70 g
Karotten, geschält	50 g
Knollensellerie, geschält	30 g
Knoblauch, geschält	2 g
Gewürzsäcklein	1
Thymianzweig	1
Rosmarinzweig	1

Zubereitung
- Gemüse in Mirepoix (ca. 2 cm große Würfel) schneiden.
- Mirepoix mit Gewürzen, Rotwein und Essig vermischen.
- Über das zu marinierende Fleisch gießen.
- Das Fleisch leicht beschweren, sodass das Fleisch mit der Flüssigkeit bedeckt ist.
- Im Kühlschrank einige Tage marinieren (beizen).

Hinweise für die Praxis
Um die Marinierdauer zu verkürzen, die Marinade ohne Essig aufkochen, abkühlen, Essig beigeben und zum Fleisch geben.
Je nach Fleischart können die Gewürze variieren. So werden z. B. für Wild noch Wacholderbeeren beigegeben. Für helles Fleisch werden anstelle von Rotwein und Rotweinessig Weißwein und Weißweinessig verwendet.

■ HILFSMITTEL

Gesalzene Löffelbiskuits · Pélerines salées

Zutaten — 1 kg

Weißmehl, Typ 550	160 g
Kartoffelstärke	140 g
Eiweiß, frisch	300 g
Zucker	40 g
Salz (1)	10 g
Eigelb, frisch	280 g
Salz (2)	10 g
Sesamkörner	20 g

Vorbereitung
- Weißmehl und Kartoffelstärke mischen und sieben.
- Backblech mit Backtrennpapier belegen.
- Backofen auf 220 °C vorheizen.

Zubereitung
- Eiweiß mit Zucker und Salz (1) zu steifem Schnee schlagen.
- Eigelb mit Salz (2) schaumig schlagen.
- Eiweiß- und Eigelbmasse vorsichtig vermischen.
- Weißmehl-Kartoffelstärke-Mischung sorgfältig unter die Masse melieren.
- Masse in einen Dressiersack (Lochtülle Nr. 10) füllen und ca. 6 cm lange Löffelbiskuits dressieren.
- Löffelbiskuits mit Sesam bestreuen und bei 220 °C und offenem Dampfabzug backen.

Hinweise für die Praxis
Ergibt ca. 170 Stück Löffelbiskuits (ca. 600 g gebacken). Wird für die Perlhuhnkreation (Tiramisu) verwendet.

Laugenbrötchenmasse mit Rohschinken und Mascarpone
Masse à base de petits pains à la saumure au jambon cru et au mascarpone

Zutaten — 1 kg

Zutat	Menge
Semmeln	125 g
Laugenbrötchen	375 g
Vollmilch	250 g
Vollei, pasteurisiert	60 g
Mascarpone	125 g
Rohschinken	80 g
Butter	15 g
Schalotten, geschält	75 g
Salbei, frisch	6 g
Salz	
Pfeffer, weiß, aus der Mühle	

Vorbereitung
- Semmeln und Laugenbrötchen in 1 cm große Würfel schneiden.
- Den Rohschinken in Brunoise (Würfelchen) schneiden.
- Salbei waschen, zupfen, trockentupfen und fein hacken.
- Schalotten fein hacken und in Butter goldgelb sautieren.

Zubereitung
- Die Vollmilch aufkochen, über die geschnittenen Brotwürfel gießen und 30 Minuten ziehen lassen.
- Die Brotwürfelmasse und die restlichen Zutaten mit einem Kochspatel gut vermischen und abschmecken.
- Die fertige Masse mindestens 2 Stunden abstehen lassen.

Hinweise für die Praxis
Die Masse kann als Füllung für Kaninchenschlegel oder für gefüllte Schweinsbrust verwendet werden.

Semmelmasse mit getrockneten Tomaten, Oliven und Basilikum
Masse à base de petits pains aux tomates séchées, olives et basilic

Zutaten — 1 kg

Zutat	Menge
Semmeln	220 g
Pariser Brot	220 g
Vollmilch	180 g
Vollei, frisch	55 g
Vollrahm, 35%	100 g
Butter	10 g
Schalotten, geschält	60 g
Tomaten, getrocknet, in Öl, abgetropft	100 g
Oliven, schwarz, entsteint	100 g
Basilikum, frisch	10 g
Salz	
Pfeffer, weiß, aus der Mühle	

Vorbereitung
- Die Semmeln und das Pariser Brot in 1 cm große Würfel schneiden.
- Getrocknete Tomaten und Oliven in 5 mm große Würfelchen schneiden.
- Das Basilikum waschen, zupfen, trockentupfen und in Chiffonnade (kurze Streifen) schneiden.
- Die Schalotten fein hacken und in Butter andünsten.

Zubereitung
- Die Vollmilch aufkochen, über die geschnittenen Brotwürfel gießen und 30 Minuten ziehen lassen.
- Die Brotwürfelmasse und die restlichen Zutaten mit einem Spatel gut vermischen und abschmecken.
- Die fertige Masse mindestens 2 Stunden ziehen lassen.

Hinweise für die Praxis
Verwendung: zum Füllen verschiedener Fleischgerichte.

Semmelmasse mit Philadelphia-Frischkäse und Kräutern
Masse à base de petits pains au fromage frais et aux fines herbes

Zutaten — 1 kg

Zutat	Menge
Semmeln	370 g
Vollmilch	220 g
Vollei, pasteurisiert	90 g
Frischkäse Philadelphia mit Kräutern	170 g
Vollrahm, 35%	60 g
Butter	20 g
Zwiebeln, geschält	60 g
Küchenkräuter, frisch	25 g
Salz	
Pfeffer, weiß, aus der Mühle	
Muskatnuss, gemahlen	

Vorbereitung
- Die Semmeln in 1 cm große Würfel schneiden.
- Zwiebeln fein hacken und in Butter goldgelb sautieren.
- Kräuter waschen, zupfen, trockentupfen und fein hacken.

Zubereitung
- Die Vollmilch aufkochen und über die geschnittenen Brotwürfel gießen.
- Anschließend 30 Minuten ziehen lassen.
- Die Brotwürfelmasse und die restlichen Zutaten mit einem Kochspatel gut vermischen und abschmecken.
- Die fertige Masse mindestens 2 Stunden abstehen lassen.

Hinweise für die Praxis
Die Kräuterauswahl ist dem jeweiligen Verwendungszweck anzupassen. Verwendung: zum Füllen von Fleischgerichten und als Stärkebeilage zu Fleisch- und Pilzgerichten, wobei die Semmelmasse zu Klößen geformt und im Salzwasser pochiert wird.

Fonds

Bouillon · Bouillon

Zutaten	5 Liter
Rindsknochen	5000 g
Rindfleisch, Abschnitte	500 g
Wasser	7500 g
Salz	30 g
Gemüsebündel (Bouquet garni) für Bouillon	1000 g
Gewürzsäcklein	1

Vorbereitung
- Zersägte Rindsknochen und Fleischabschnitte blanchieren.
- Zuerst mit heißem, dann mit kaltem Wasser abspülen.
- Gemüsebündel mit gerösteten Zwiebeln bereitstellen oder eventuell vorhandene Gemüsabschnitte in ein Passiertuch einbinden.
- Gewürzsäcklein aus Lorbeer, Gewürznelken, Pfefferkörnern, Majoran und Thymian bereitstellen.

Zubereitung
- Die blanchierten Rindsknochen und Fleischabschnitte in kaltem Wasser aufsetzen und zum Siedepunkt bringen.
- Das Salz beigeben, öfters abschäumen und abfetten.
- 3 Stunden langsam sieden.
- Während der letzten Stunde Gemüsebündel, Petersilienstiele und das Gewürzsäcklein zugeben.
- Vorsichtig durch ein Passiertuch passieren.
- Zur weiteren Verwendung rasch abkühlen.

Hinweise für die Praxis
Fleischige Knochen vom Rindsnierstück eignen sich besonders gut zur Fondherstellung. Je nach Verwendungszweck der Bouillon kann der Anteil an gerösteten Zwiebeln erhöht werden. Mitsieden eines Fleischstückes: Soll ein Fleischstück zur späteren Weiterverwendung mitgesotten werden (z.B. Siedfleisch), wird es dem Blanchierwasser kurz vor dem Aufkochen beigegeben; dem angesetzten Fond wird es nach dem Aufkochen und dem Abschäumen zugegeben.

Brauner Geflügelfond · Fond de volaille brun

Zutaten	5 Liter
Erdnussöl	50 g
Geflügelkarkassen	4000 g
Mirepoix, bunt	750 g
Tomatenpüree	80 g
Tomaten, Abschnitte	200 g
Weißwein	500 g
Wasser	7000 g
Salz	50 g
Gewürzsäcklein	1
Salbei, frisch	5 g
Rosmarin, frisch	5 g

Vorbereitung
- Geflügelkarkassen zerkleinern.
- Gewürzsäcklein aus Lorbeer, Gewürznelken, Pfefferkörnern, Thymian, Salbei und Rosmarin bereitstellen.

Zubereitung
- Bratgeschirr mit Erdnussöl ausstreichen und erhitzen.
- Geflügelkarkassen langsam braun rösten.
- Mirepoix beigeben und mitrösten.
- Überflüssigen Fettstoff ableeren und entsorgen.
- Tomatenpüree beigeben und mitrösten.
- Tomatenabschnitte beigeben.
- 2 bis 3 Mal mit wenig Wasser ablöschen und bis zur Glace einkochen.
- Weißwein beigeben und einkochen.
- Mit Wasser auffüllen und zum Siedepunkt bringen, Salz beigeben.
- Öfters abschäumen und abfetten.
- 1½ Stunden am Siedepunkt sieden lassen.
- Während der letzten Stunde das Gewürzsäcklein beigeben.
- Abschmecken, durch ein Passiertuch passieren und nochmals abfetten.
- Zur weiteren Verwendung rasch abkühlen.

Hinweise für die Praxis
Gebundener brauner Geflügelfond: Braunen Geflügelfond mit braunem Roux binden und ca. 20 Minuten sieden (oder mit in kalter Flüssigkeit angerührtem Stärkemehl binden). Nach dem gleichen Prinzip wird mit den entsprechenden Grundzutaten und kleinen Änderungen im Gewürzsäcklein der braune Lammfond hergestellt.

Heller Geflügelfond · Fond de volaille blanc

Zutaten	5 Liter
Erdnussöl	50 g
Geflügelkarkassen	4000 g
Poulet, frisch, pfannenfertig	1500 g
Mirepoix, weiß	800 g
Weißwein	500 g
Wasser	7000 g
Salz	40 g
Gewürzsäcklein	1
Salbei, frisch	5 g
Rosmarin, frisch	5 g

Vorbereitung
- Geflügelkarkassen zerkleinern.
- Poulet halbieren und blanchieren.
- Gewürzsäcklein aus Lorbeer, Gewürznelken, Pfefferkörnern, Thymian, Salbei und Rosmarin bereitstellen.

Zubereitung
- Geflügelkarkassen im Erdnussöl andünsten.
- Weißes Mirepoix beigeben und mitdünsten.
- Mit Weißwein ablöschen und mit kaltem Wasser auffüllen.
- Auf den Siedepunkt bringen und Salz beigeben.
- Das halbierte Poulet beigeben und bis zum Garpunkt im Fond belassen.
- Öfters abschäumen und abfetten.
- 1½ Stunden sieden.
- Während der letzten Stunde das Gewürzsäcklein beigeben.
- Vorsichtig durch ein Passiertuch passieren.
- Zur weiteren Verwendung rasch abkühlen.

Hinweise für die Praxis
Das Pouletfleisch kann für Geflügelsalat, als Suppeneinlage oder zur Herstellung von Geflügelkroketten weiterverwendet werden.

Fischfond · Fond de poisson/fumet de poisson

Zutaten	5 Liter
Butter	100 g
Schalotten, geschält	100 g
Matignon, weiß	500 g
Champignonabschnitte	100 g
Fischgräten/Abschnitte von Meeresfischen	3000 g
Weißwein	1000 g
Wasser	4500 g
Salz	30 g
Gewürzsäcklein	1
Dillzweige	25 g
Petersilienstiele	30 g
Thymian, frisch	10 g

Vorbereitung
– Köpfe und blutige Stellen der Fischgräten entfernen.
– Fischgräten zerkleinern, wässern und abtropfen lassen.
– Gewürzsäcklein aus Pfefferkörnern, Lorbeer und Gewürznelken bereitstellen.
– Petersilienstiele, Dill und Thymian zusammenbinden.
– Schalotten emincieren (in feine Scheiben schneiden).

Zubereitung
– Schalotten in Butter andünsten.
– Matignon und Champignonabschnitte beigeben und mitdünsten.
– Abgetropfte Fischgräten und Abschnitte beigeben und mitdünsten.
– Mit Weißwein ablöschen und mit Wasser auffüllen.
– Zum Siedepunkt bringen und abschäumen.
– Salz, Kräuter und Gewürzsäcklein beigeben.
– 30 Minuten am Siedepunkt ziehen lassen.
– Regelmäßig abschäumen.
– Vorsichtig durch ein Passiertuch passieren.
– Zur weiteren Verwendung rasch abkühlen.

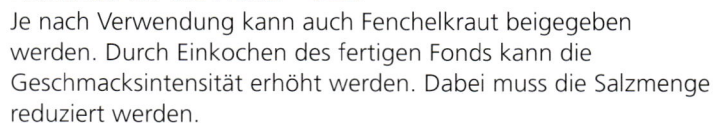

Hinweise für die Praxis
Je nach Verwendung kann auch Fenchelkraut beigegeben werden. Durch Einkochen des fertigen Fonds kann die Geschmacksintensität erhöht werden. Dabei muss die Salzmenge reduziert werden.

Gemüsefond · Fond de légumes

Zutaten	5 Liter
Rapsöl	100 g
Zwiebeln, geschält	300 g
Knoblauch, geschält	10 g
Lauch, grün, gerüstet	400 g
Knollensellerie, geschält	400 g
Stangensellerie, gerüstet	200 g
Karotten, geschält	400 g
Weißkohl, gerüstet	200 g
Fenchel, gerüstet	100 g
Kohlrabi, geschält	100 g
Petersilienstiele	50 g
Wasser	6000 g
Salz	40 g
Gewürzsäcklein	1

Vorbereitung
– Lauch und Stangensellerie längs halbieren und waschen.
– Gemüse in Matignon (kleinwürfelig) schneiden.
– Gewürzsäcklein aus Pfefferkörnern, Gewürznelken, Lorbeer und Thymian herstellen.

Zubereitung
– Zwiebeln, Knoblauch und Lauch in Rapsöl andünsten.
– Restliches Gemüse und Petersilienstiele dazugeben und mitdünsten.
– Mit Wasser auffüllen, aufkochen und abschäumen.
– Salz und das Gewürzsäcklein beigeben.
– 45 Minuten langsam sieden lassen.
– Vorsichtig durch ein Passiertuch passieren.
– Zur weiteren Verwendung rasch abkühlen.

Hinweise für die Praxis
Je nach Verwendungszweck des Gemüsefonds können die Gemüsezutaten sowie die Gewürze variieren.

FISCHFOND – STEP BY STEP

1
2
3
4
5
6
7
8

FONDS 45

Gewöhnlicher Fischsud · Court-bouillon ordinaire

Zutaten	5 Liter
Wasser	5000 g
Weißweinessig	550 g
Salz	60 g
Matignon, weiß	1000 g
Thymianzweige	15 g
Pfefferkörner, weiß	20 g
Lorbeerblätter	

Vorbereitung
– Thymianzweige waschen.

Zubereitung
– Alle Zutaten außer Pfeffer aufkochen und 30 Minuten sieden.
– Die letzten 5 Minuten die Pfefferkörner beigeben.
– Sud durch ein Drahtspitzsieb passieren.

Hinweise für die Praxis
Statt Essig kann auch Weißwein zugesetzt werden. Geeignet für ganze Fische, Fischstücke und Tranchen von Süßwasserfischen.

Hummerfond · Fond de homard

Zutaten	5 Liter
Sonnenblumenöl, high oleic	100 g
Hummerkarkassen	4000 g
Cognac	100 g
Wasser	500 g
Butter	100 g
Knoblauch, geschält	20 g
Tomaten, getrocknet	40 g
Karotten, geschält	100 g
Zwiebeln, geschält	100 g
Stangensellerie, gebleicht, gerüstet	100 g
Lauch, gerüstet	100 g
Tomatenpüree	100 g
Estragon, frisch	10 g
Wacholderbeeren	1 g
Thymian, frisch	10 g
Tomaten-Concassé	150 g
Weißwein	200 g
Fischfond	3000 g
Wasser	3000 g
Salz	
Pfeffer, weiß, aus der Mühle	
Cayenne-Pfeffer, gemahlen	

Vorbereitung
– Hummerkarkassen zerkleinern (im Mörser zerstoßen).
– Knoblauch hacken.
– Getrocknete Tomaten, Karotten, Zwiebeln, Stangensellerie und Lauch in Matignon (kleinwürfelig) schneiden.
– Estragonblätter waschen, trockentupfen und grob hacken.
– Thymian waschen, trockentupfen und zupfen.
– Wacholderbeeren zerdrücken.

Zubereitung
– Sonnenblumenöl erhitzen und die Karkassen gleichmäßig bis zur gewünschten Farbe anrösten.
– Mit Cognac ablöschen und flambieren, 500 g Wasser beigeben und aufkochen.
– In einer zweiten Kasserolle Butter erhitzen, Knoblauch, getrocknete Tomaten und Matignon beigeben und andünsten.
– Tomatenpüree und Kräuter beigeben und mitdünsten, Tomaten-Concassé beigeben.
– Die gerösteten Karkassen beigeben und mitdünsten.
– Mit Weißwein ablöschen und auf die Hälfte einkochen.
– Mit dem kalten Fischfond und Wasser auffüllen und würzen.
– Am Siedepunkt 1 Stunde sieden, öfters abschäumen und abfetten.
– Den Hummerfond durch ein Passiertuch passieren und abschmecken.

Hinweise für die Praxis
Je nach Verwendungszweck des Hummerfonds werden die Karkassen mehr oder weniger stark angeröstet. Wird gleichzeitig eine Hummerbutter hergestellt, wird die Buttermenge auf 2000 g erhöht und nach dem Passieren des Fonds an der Fondoberfläche abgeschöpft.

Krustentierfond · Fond de crustacés

Zutaten

	5 Liter
Sonnenblumenöl, high oleic	100 g
Krustentierkarkassen	4000 g
Cognac	100 g
Wasser	500 g
Butter	100 g
Knoblauch, geschält	20 g
Tomaten, getrocknet	40 g
Karotten, geschält	100 g
Zwiebeln, geschält	100 g
Stangensellerie, gebleicht, gerüstet	100 g
Lauch, gerüstet	100 g
Estragon, frisch	10 g
Thymian, frisch	10 g
Wacholderbeeren	1 g
Tomatenpüree	100 g
Tomaten-Concassé	150 g
Weißwein	200 g
Fischfond	3000 g
Wasser	3000 g
Salz	
Pfeffer, weiß, aus der Mühle	
Cayenne-Pfeffer, gemahlen	

Vorbereitung
- Krustentierkarkassen zerkleinern (im Mörser zerstoßen).
- Gemüse in Matignon (kleinwürfelig) schneiden.
- Knoblauch hacken.
- Estragonblätter waschen, trockentupfen und grob hacken.
- Thymian waschen, trockentupfen und zupfen.
- Wacholderbeeren zerdrücken.

Zubereitung
- Sonnenblumenöl erhitzen und die Karkassen gleichmäßig bis zur gewünschten Farbe anrösten.
- Mit Cognac ablöschen und flambieren, wenig Wasser beigeben und aufkochen.
- In einer zweiten Kasserolle Butter erhitzen, Knoblauch, getrocknete Tomaten und Matignon beigeben und andünsten.
- Kräuter und Tomatenpüree beigeben und mitdünsten, Tomaten-Concassé beigeben.
- Die gerösteten Karkassen beigeben und mitdünsten.
- Mit Weißwein ablöschen und auf die Hälfte einkochen.
- Mit dem kalten Fischfond und Wasser auffüllen und würzen.
- Am Siedepunkt 1 Stunde sieden, öfters abschäumen und abfetten.
- Den Krustentierfond durch ein Passiertuch passieren und abschmecken.

Hinweise für die Praxis
Zur Fondherstellung können Hummerkarkassen, Körper und Scheren von Scampi, Körper von Riesenkrevetten oder Schalen und Abschnitte von Taschenkrebsen verwendet werden. Je nach Verwendungszweck des Krustentierfonds werden die Karkassen mehr oder weniger stark geröstet.

Brauner Kalbsfond · Fond de veau brun

Zutaten	5 Liter
Erdnussöl	50 g
Kalbsknochen	4000 g
Kalbsfüße	1000 g
Mirepoix, bunt	800 g
Tomatenpüree	120 g
Weißwein	1000 g
Wasser	7000 g
Salz	40 g
Gewürzsäcklein	1
Thymian, frisch	10 g
Majoran, frisch	10 g

Vorbereitung
- Die Kalbsknochen möglichst klein hacken.
- Die Kalbsfüße tiefgekühlt in kleine Stücke zersägen.
- Gewürzsäcklein aus Pfefferkörnern, Gewürznelken, Thymian, Lorbeer, Rosmarin, Thymian und Majoran bereitstellen.

Zubereitung
- Bratgeschirr mit Erdnussöl ausgießen und erhitzen.
- Kalbsknochen und Kalbsfüße langsam braun rösten.
- Mirepoix beigeben und mitrösten.
- Fettstoff ableeren und entsorgen.
- Tomatenpüree beigeben und mitrösten.
- 2–3 Mal mit wenig Wasser ablöschen und bis zur Glace einkochen.
- Weißwein zugeben und vollständig einkochen lassen.
- Mit Wasser auffüllen und zum Siedepunkt bringen, Salz beigeben.
- Öfters abschäumen und abfetten.
- 3 Stunden am Siedepunkt sieden lassen.
- Während der letzten Stunde das Gewürzsäcklein beigeben.
- Abschmecken, durch ein Passiertuch passieren und nochmals abfetten.
- Zur weiteren Verwendung rasch abkühlen.

Hinweise für die Praxis
Klein gehackte Knochen bewirken eine größere aroma- und farbgebende Röstfläche; der daraus entstehende Fond hat eine schönere Farbe und einen intensiveren Geschmack. Für das Anrösten der Knochen im Umluftofen wird kein Fettstoff benötigt. Stiele von frischen Kräutern sowie Tomatenabschnitte können dem Fond individuell beigegeben werden.

Heller Kalbsfond · Fond de veau blanc

Zutaten	5 Liter
Kalbsknochen	4000 g
Kalbsfüße	1000 g
Kalbfleischparüren	500 g
Wasser	7500 g
Salz	40 g
Gemüsebündel (Bouquet garni) für weiße Fonds	800 g
Gewürzsäcklein	1

Vorbereitung
- Zerkleinerte Kalbsknochen, Kalbsfüße und Parüren blanchieren.
- Zuerst heiß, dann kalt abspülen.
- Gewürzsäcklein aus Lorbeer, Gewürznelken, Pfefferkörnern und Thymian bereitstellen.

Zubereitung
- Kalbsknochen, Kalbsfüße und Parüren in kaltem Wasser aufsetzen und zum Siedepunkt bringen.
- Salz beigeben und des Öfteren abschäumen und abfetten.
- Während 3 Stunden leicht sieden lassen.
- Während der letzten Stunde das weiße Gemüsebündel und das Gewürzsäcklein beigeben.
- Vorsichtig durch ein Passiertuch passieren.
- Zur weiteren Verwendung rasch abkühlen.

Hinweise für die Praxis
Die Verwendung von Brustknorpeln, Gelenkknochen und allenfalls vorhandenen Kalbskopfabschnitten ergibt einen gehaltvolleren Fond.

BRAUNER KALBSFOND – STEP BY STEP

1

2

3

4

5

6

7

8

FONDS 49

Weißer Fischsud · Court-bouillon blanc

Zutaten	5 Liter
Wasser	4500 g
Zitronenscheiben, ohne Schale	30 g
Dill, frisch	10 g
Vollmilch	500 g
Lorbeerblätter	2
Pfefferkörner, weiß, zerdrückt	5 g
Salz	50 g

Vorbereitung
- Dill waschen.

Zubereitung
- Wasser und Salz aufkochen.
- Restliche Zutaten beigeben und aufkochen.

Hinweise für die Praxis
Der weiße Fischsud eignet sich speziell für das Sieden/Pochieren von Meeresfischtranchen.

Wildfond · Fond de gibier

Zutaten	5 Liter
Erdnussöl	50 g
Wildknochen, fleischig	3000 g
Wildparüren	800 g
Mirepoix, bunt	1000 g
Tomatenpüree	50 g
Tomaten, Abschnitte	250 g
Rotwein	1000 g
Kalbsfond, braun	6000 g
Salz	25 g
Gewürzsäcklein	1
Wacholderbeeren	10 g
Rosmarin, frisch	10 g

Vorbereitung
- Wildknochen klein hacken.
- Gewürzsäcklein aus Pfefferkörnern, zerdrückten Wacholderbeeren, Thymian und Rosmarin bereitstellen.

Zubereitung
- Bratgeschirr mit Erdnussöl ausgießen und erhitzen.
- Wildknochen und Parüren langsam braun rösten.
- Mirepoix zugeben und mitrösten.
- Tomatenpüree beigeben und sorgfältig mitrösten.
- Tomatenabschnitte beigeben und mitrösten.
- Mit wenig Wasser 2–3 Mal ablöschen und bis zur Glace einkochen.
- Rotwein beigeben und einkochen lassen.
- Mit braunem Kalbsfond auffüllen, aufkochen, salzen, abschäumen und abfetten.
- 3 Stunden langsam sieden lassen.
- Gewürzsäcklein 1 Stunde vor dem Passieren beigeben.
- Abschmecken und durch ein Passiertuch passieren.
- Zur weiteren Verwendung rasch abkühlen.

Hinweise für die Praxis
Je nach Verwendungszweck kann zum Ablöschen auch Weißwein verwendet werden.

Buttermischungen

Café de Paris-Butter · Beurre Café de Paris

Zutaten	1 kg
Butter	600 g
Sonnenblumenöl, high oleic	10 g
Schalotten, geschält	100 g
Knoblauch, geschält	5 g
Weißwein	50 g
Majoran, frisch	10 g
Thymian, frisch	10 g
Rosmarin, frisch	10 g
Paprika, delikatess	3 g
Curry, Madras	3 g
Pfeffer, weiß, gemahlen	2 g
Streuwürze	10 g
Meersalz, fein	7 g
Zitronensaft, frisch	10 g
Worcestershire-Sauce	10 g
Cognac	10 g
Madeira	10 g
Vollei, pasteurisiert	30 g
Eigelb, pasteurisiert	30 g
Petersilie, glattblättrig, frisch	50 g
Schnittlauch, frisch	30 g

Vorbereitung
- Schalotten und Knoblauch fein hacken.
- Sonnenblumenöl erhitzen, fein gehackte Schalotten und Knoblauch glasig dünsten und auskühlen lassen.
- Majoran, Thymian und Rosmarin waschen, zupfen, trockentupfen und fein hacken.
- Majoran, Thymian und Rosmarin im Weißwein aufkochen, leicht einreduzieren und auskühlen lassen.
- Petersilie waschen, zupfen, trockentupfen und fein hacken.
- Schnittlauch fein schneiden.

Zubereitung
- Die Butter im Schlagkessel schaumig rühren und alle Zutaten der Reihe nach zugeben.
- Petersilie, Schnittlauch und Eier am Schluss beigeben und nochmals durchrühren.

Hinweise für die Praxis
Wird die Buttermischung nicht zum Überbacken verwendet, können die Eier weggelassen werden. Alle Zutaten außer der Butter können vakuumiert, tiefgekühlt und bei Bedarf der schaumigen Butter beigefügt werden. CCP-Vorsichtsmaßnahme: ausschließlich pasteurisierte Eier verwenden!

Currybutter mit schwarzem Sesam · Beurre au curry et au sésame noir

Zutaten	1 kg
Butter	750 g
Weißwein	250 g
Curry, Madras	30 g
Zitronenraps	3 g
Mango-Chutney	65 g
Chilisauce, süß	65 g
Sojasauce, gesalzen	15 g
Sesamkörner, schwarz	30 g
Salz	15 g
Pfeffer, weiß, aus der Mühle	

Vorbereitung
- Butter auf Zimmertemperatur bringen.
- Mango-Chutney fein hacken.
- Schwarzen Sesam in antihaftbeschichteter Pfanne leicht rösten.
- Aus Weißwein, Currypulver, Mango-Chutney und Zitronenraps eine Reduktion herstellen.
- Reduktion auf ein Drittel einkochen, Salz beigeben und auflösen.

Zubereitung
- Butter im Schlagkessel schaumig rühren.
- Lauwarme Reduktion und schwarzen Sesam mit einem Rührspatel unter die Masse mischen.
- Mit süßer Chilisauce, Sojasauce und Pfeffer abschmecken.

Hinweise für die Praxis
Currybutter eignet sich besonders für Fisch- und Geflügelgerichte sowie für lakto-vegetabile Speisen.

Danieli-Butter · Beurre Danieli

Zutaten	1 kg
Butter	650 g
Schalotten, geschält	60 g
Peperoni, rot, entkernt	100 g
Riesenkrevetten, geschält	140 g
Sardellenfilets, abgetropft	15 g
Eigelb, pasteurisiert	100 g
Cognac	10 g
Zitronensaft, frisch	10 g
Salz	15 g
Pfeffer, weiß, aus der Mühle	5 g
Tabasco, rot	

Vorbereitung
- Butter aus dem Kühlschrank nehmen.
- Schalotten fein hacken.
- Rote Peperoni in Brunoise (Würfelchen) schneiden.
- Riesenkrevetten vom Rücken her einschneiden, Darm entfernen und in 5 mm große Würfel schneiden.
- Schalotten in 20 g Butter glasig dünsten, Peperoni-Brunoise und Riesenkrevettenwürfel beigeben.
- Die Zutaten weich dünsten und erkalten lassen.
- Sardellenfilets fein hacken.

Zubereitung
- Die weiche Butter im Rührkessel schaumig rühren.
- Eigelb schaumig schlagen und unter die schaumige Butter heben.
- Die restlichen Zutaten beigeben und mit Salz, Pfeffer und Tabasco abschmecken.
- Buttermischung zu Rosetten dressieren oder zu Stangen formen und kühl stellen oder tiefkühlen.

Hinweise für die Praxis
Danieli-Butter wird vor allem zu grillierten Krusten- und Weichtieren serviert.

Dreifarbige Pfefferbutter mit Rotweinschalotten
Beurre aux trois poivres, échalotes et vin rouge

Zutaten	1 kg
Butter	600 g
Schalotten, geschält	125 g
Rotwein, Shiraz	700 g
Pfefferkörner, schwarz, feinkörnig	5 g
Aceto balsamico di Modena (Balsamessig)	50 g
Pfefferkörner, rosa, getrocknet	50 g
Pfefferkörner, grün (Konserve), abgetropft	25 g
Salz	13 g

Vorbereitung
- Butter auf Zimmertemperatur bringen.
- Schalotten fein hacken.
- Grüne und rosa Pfefferkörner grob hacken.
- Rotwein zur Hälfte einkochen und Salz beigeben.
- Schalotten, Aceto balsamico und schwarze Pfefferkörner beigeben und fast vollständig einreduzieren.

Zubereitung
- Weiche Butter im Schlagkessel schaumig rühren.
- Lauwarme Reduktion und gehackte Pfefferkörner mit einem Rührspatel unter die Masse mischen.

Hinweise für die Praxis
Die Schalotten über Nacht im Rotwein einlegen. Ergibt einen besseren Geschmack und eine intensivere Farbe. Das Salz am besten mit der flüssigen Reduktion vermischen. Die Pfefferbutter passt sehr gut zu grilliertem Rindfleisch.

Haselnussbutter · Beurre aux noisettes

Zutaten
	1 kg
Butter	550 g
Zwiebeln, geschält	60 g
Knoblauch, geschält	15 g
Haselnusskerne, gemahlen	170 g
Mie de pain/weißes Paniermehl	80 g
Eigelb, pasteurisiert	150 g
Limonensaft	15 g
Kartoffelstärke	10 g
Paprika, delikatess	5 g
Kurkuma, gemahlen	5 g
Salz	10 g
Pfeffer, weiß, aus der Mühle	5 g
Tabasco, rot	

Vorbereitung
- Butter aus dem Kühlschrank nehmen.
- Schalotten und Knoblauch fein hacken, in wenig Butter glasig dünsten und auskühlen lassen.
- Geriebene Haselnüsse in einer antihaftbeschichteten Pfanne trocken goldbraun rösten und erkalten lassen.
- Kartoffelstärke, Paprika, Kurkuma, Salz und Pfeffer vermischen.

Zubereitung
- Die Butter im Schlagkessel schaumig rühren.
- Eigelb schaumig rühren und unter die schaumige Butter heben.
- Zwiebeln, Knoblauch, Haselnüsse, Mie de pain, Gewürzmischung, Limonensaft und Tabasco beigeben und gut verrühren.
- Buttermischung zu Stangen formen und kühl stellen oder tiefkühlen.

Hinweise für die Praxis
Verwendung: zum Gratinieren von Schlachtfleisch-, Geflügel- und Wildgerichten sowie zu Gemüsen wie Fenchel oder Brüsseler Endivien.

Kräuterbutter · Beurre aux fines herbes

Zutaten
	1 kg
Butter	650 g
Schalotten, geschält	50 g
Knoblauch, geschält	15 g
Weißwein	200 g
Aceto balsamico bianco (weißer Balsamessig)	50 g
Lorbeerblätter	
Petersilie, gekraust, frisch	50 g
Estragon, frisch	10 g
Majoran, frisch	10 g
Basilikum, frisch	10 g
Meaux-Vollkornsenf	50 g
Meerrettichpaste	10 g
Fleischglace	20 g
Paprika, delikatess	5 g
Pfeffer, weiß, gemahlen	5 g
Salz	15 g
Limonensaft	10 g
Cognac	20 g
Worcestershire-Sauce	5 g

Vorbereitung
- Butter aus dem Kühlschrank nehmen.
- Schalotten und Knoblauch fein hacken, in wenig Butter glasig dünsten und auskühlen lassen.
- Weißwein, Balsamessig und Lorbeerblatt auf 100 g einkochen, passieren und auskühlen lassen.
- Petersilie, Estragon, Majoran und Basilikum waschen, zupfen, trockentupfen und fein hacken.

Zubereitung
- Die Butter im Schlagkessel schaumig rühren.
- Gedünstete Schalotten und Knoblauch, Reduktion, gehackte Kräuter, Senf, Meerrettich, Fleischglace, Pfeffer und Paprika beigeben und verrühren.
- Kräuterbutter mit Salz, Limonensaft, Cognac und Worcestershire-Sauce abschmecken.
- Kräuterbutter zu Stangen formen oder zu Rosetten dressieren und kühlen oder tiefkühlen.

Hinweise für die Praxis
Verwendung: hauptsächlich zu grilliertem Rindfleisch.

Krustentierbutter · Beurre de crustacés

Zutaten

	1 kg
Olivenöl	30 g
Knoblauch, geschält	15 g
Zwiebeln, geschält	160 g
Knollensellerie, geschält	60 g
Hummerkarkassen	1000 g
Scampi-Karkassen	1000 g
Petersilienstiele	15 g
Thymian, frisch	5 g
Rosmarin, frisch	10 g
Cognac	100 g
Weißwein	300 g
Krustentierfond	300 g
Butter	1000 g

Vorbereitung

- Knoblauch, Zwiebeln und Knollensellerie in Matignon (kleinwürfelig) schneiden.
- Hummer- und Scampi-Karkassen im Kutter mit der Butter zerstoßen.
- Petersilienstiele, Thymian und Rosmarin waschen.

Zubereitung

- Matignon im Olivenöl rösten.
- Hummer- und Scampi-Karkassen beigeben und langsam rösten, bis sich am Boden eine kleine Kruste bildet.
- Petersilienstiele, Thymian und Rosmarin beigeben und kurz dünsten.
- Mit Cognac flambieren.
- Mit Weißwein ablöschen und mit Krustentierfond auffüllen.
- Aufkochen und 30 Minuten leicht sieden.
- Durch ein Drahtspitzsieb passieren.
- Flüssigkeit erkalten lassen und in den Kühlschrank stellen.
- Die erstarrte Butter entfernen und in eine Kasserolle geben.
- Zum Siedepunkt erhitzen, bis die Krustentierbutter geklärt ist, und durch ein Passiertuch passieren.
- In kleine Einheiten abfüllen und im Kühlschrank oder Tiefkühler aufbewahren.

Hinweise für die Praxis

Auch Karkassen von anderen Krustentieren (Krebse, Krabben) können verwendet werden. Der zurückbleibende Fond dient als Krustentierfond und kann zur Herstellung einer Krustentiersuppe (Bisque) weiterverwendet werden.

Meaux-Senf-Butter · Beurre à la moutarde de Meaux

Zutaten

	1 kg
Butter	600 g
Weißwein	250 g
Senfkörner	6 g
Schalotten, geschält	60 g
Pfefferkörner, weiß, zerdrückt	4 g
Petersilie, glattblättrig, frisch	125 g
Meaux-Vollkornsenf	125 g
Savora-Senf	25 g
Meerrettichpaste	25 g
Salz	10 g
Pfeffer, weiß, aus der Mühle	
Tabasco, rot	

Vorbereitung

- Butter auf Zimmertemperatur bringen.
- Schalotten fein hacken.
- Petersilie waschen und Blätter abzupfen.
- Petersilienblätter und Stiele separat fein hacken.
- Reduktion aus Weißwein, Pfefferkörnern, Schalotten und Petersilienstielen herstellen.
- Reduktion durch ein Haarsieb streichen, Salz beigeben und auflösen.

Zubereitung

- Die weiche Butter im Schlagkessel schaumig rühren.
- Die noch warme Reduktion mit Senf und restlichen Zutaten vermischen.
- Mit einem Rührspatel unter die Butter mischen.
- Mit Pfeffer aus der Mühle und rotem Tabasco abschmecken.

Hinweise für die Praxis

Meaux-Senf-Butter passt zu grilliertem Rind- und Schweinefleisch. Das Salz wird mit Vorteil mit der flüssigen Reduktion vermischt.

Morchelbutter · Beurre aux morilles

Zutaten	1 kg
Butter	800 g
Schalotten, geschält	50 g
Knoblauch, geschält	5 g
Morcheln, ohne Stiele, getrocknet	150 g
Weißwein	100 g
Cognac	30 g
Zitronensaft, frisch	20 g
Salz	
Pfeffer, weiß, aus der Mühle	

Vorbereitung
- Butter aus dem Kühlschrank nehmen.
- Morcheln in lauwarmem Wasser einweichen.
- Morcheln längs halbieren und mehrmals gründlich waschen, bis keine Sandrückstände mehr vorhanden sind.
- Morcheln auspressen und in feine Streifen schneiden.
- Schalotten und Knoblauch fein hacken.

Zubereitung
- Schalotten und Knoblauch in wenig Butter dünsten.
- Morchelstreifen beigeben und mitdünsten.
- Mit Cognac flambieren und mit Weißwein ablöschen.
- Morcheln zugedeckt weich dünsten und erkalten lassen.
- Weiche Butter mit Zitronensaft und Morchelkochflüssigkeit im Rührkessel schaumig schlagen.
- Morcheln beigeben und mit Salz und Pfeffer abschmecken.
- In Pergamentpapier zu Rollen formen und kühl stellen.

Quarkbutter mit Margarine, getrockneten Tomaten und Basilikum
Beurre au séré avec margarine, aux tomates séchées et basilic

Zutaten	1 kg
Butter	350 g
Pflanzenmargarine, 10% Butter	150 g
Quark, mager	200 g
Weißwein	150 g
Pfefferkörner, weiß, zerdrückt	4 g
Tomatenpüree	50 g
Tomaten, getrocknet, in Öl, abgetropft	150 g
Basilikum, frisch	50 g
Salz	6 g
Pfeffer, weiß, aus der Mühle	
Tabasco, rot	

Vorbereitung
- Butter, Margarine und Quark auf Zimmertemperatur bringen.
- Basilikum waschen, mit Küchenpapier trockentupfen und die Blätter abzupfen.
- Basilikumstiele und Basilikumblätter separat fein hacken.
- Getrocknete Tomaten abtropfen lassen und fein hacken.
- Aus Weißwein, Pfefferkörnern, Tomatenpüree und Basilikumstielen eine Reduktion herstellen.
- Reduktion durch ein Haarsieb streichen, Salz beigeben und auflösen.

Zubereitung
- Butter und Margarine im Schlagkessel schaumig rühren.
- Reduktion, gehackte Tomaten, Basilikum und Quark mit einem Rührspatel unter die Masse mischen.
- Mit Pfeffer aus der Mühle und Tabasco abschmecken.

Hinweise für die Praxis
Das Basilikum unmittelbar vor dem Mischprozess hacken, damit die schöne grüne Farbe erhalten bleibt. Das Salz mit Vorteil mit der flüssigen Reduktion mischen.

Rotweinbutter · Beurre au vin rouge

Zutaten — 1 kg

Butter	650 g
Schalotten, geschält	100 g
Rotwein, Shiraz	700 g
Portwein, rot	100 g
Cassis-Likör	30 g
Petersilie, gekraust, frisch	50 g
Paprika, delikatess	10 g
Salz	10 g
Pfeffer, weiß, gemahlen	5 g
Tabasco, rot	

Vorbereitung

- Butter auf Zimmertemperatur bringen.
- Petersilie waschen und fein hacken.
- Schalotten fein hacken und in wenig Butter glasig dünsten.
- Mit Portwein ablöschen, Rotwein beigeben und auf 130 g reduzieren.
- Auskühlen lassen.

Zubereitung

- Die weiche Butter im Schlagkessel schaumig rühren.
- Reduktion, Cassis-Likör, Petersilie und restliche Zutaten beigeben und mit Salz und Pfeffer würzen.
- Mit wenig rotem Tabasco abschmecken.

Hinweise für die Praxis

Rotweinbutter eignet sich besonders gut zu grilliertem Rindfleisch. Für die Zubereitung der Rotweinbutter sollte ein kräftiger Rotwein verwendet werden.

Schneckenbutter · Beurre pour escargots

Zutaten — 1 kg

Butter	700 g
Schalotten, geschält	100 g
Weißwein	80 g
Curry, Madras	2 g
Petersilie, gekraust, frisch	100 g
Majoran, frisch	8 g
Thymian, frisch	8 g
Basilikum, frisch	10 g
Knoblauch, geschält	50 g
Limonensaft	50 g
Worcestershire-Sauce	20 g
Tabasco, rot	5 g
Salz	
Pfeffer, weiß, aus der Mühle	

Vorbereitung

- Butter auf Zimmertemperatur bringen.
- Schalotten fein hacken und in wenig Butter andünsten.
- Mit Weißwein ablöschen, auf die Hälfte einkochen, Curry beigeben und erkalten lassen.
- Petersilie, Majoran, Thymian und Basilikum waschen, zupfen, trockentupfen und fein hacken.
- Knoblauch durch die Knoblauchpresse drücken.

Zubereitung

- Butter im Schlagkessel schaumig rühren.
- Reduktion, gehackte Kräuter, Schalotten und Knoblauch beigeben und verrühren.
- Buttermischung mit Limonensaft, Worcestershire-Sauce, Tabasco, Salz und Pfeffer abschmecken.

Thai-Limonen-Gewürzbutter · Beurre épicé thaï à la limette

Zutaten — 1 kg

Zutat	Menge
Butter	600 g
Schalotten, geschält	50 g
Knoblauch, geschält	10 g
Senfkörner, gelbe	10 g
Ingwer, frisch, geschält	15 g
Zitronengras, gerüstet	15 g
Lorbeerblätter	
Kaffir-Limonen-Blätter	1 g
Pfefferkörner, weiß, zerdrückt	
Weißwein, Chablis	500 g
Aceto balsamico bianco (weißer Balsamessig)	30 g
Orangensaft, frisch gepresst	200 g
Limonenzesten	20 g
Limonensaft	70 g
Kokosmilchpulver	20 g
Currypaste, grün	40 g
Sesamöl, fermentiert	30 g
Paprika, delikatess	5 g
Kurkuma, gemahlen	5 g
Salz	15 g
Pfeffer, weiß, aus der Mühle	5 g
Tabasco, rot	

Vorbereitung
- Butter aus dem Kühlschrank nehmen.
- Schalotten und Knoblauch fein hacken.
- Ingwer und Zitronengras in Scheiben schneiden.
- Kaffir-Limonen-Blätter waschen und trockentupfen.
- Schalotten, Knoblauch, Senfkörner, Ingwer, Zitronengras, Lorbeerblatt, Limonenblätter und zerdrückte Pfefferkörner mit Weißwein, Balsamessig und Orangensaft auf 150 g einreduzieren.
- Reduktion passieren und erkalten lassen.
- Limonenzesten blanchieren, in Eiswasser abschrecken und leicht auspressen.
- Limonenzesten fein hacken.

Zubereitung
- Die weiche Butter im Rührkessel schaumig schlagen.
- Reduktion, Limonenzesten, Limonensaft, Kokosmilchpulver, Currypaste, Sesamöl, Paprika und Kurkuma beigeben.
- Buttermischung mit Salz, weißem Pfeffer und Tabasco würzen.
- Rosetten dressieren oder Stangen formen und kühl stellen oder tiefkühlen.

Hinweise für die Praxis
Thai-Limonen-Gewürzbutter eignet sich besonders zu grillierten Fischen und Krustentieren sowie zu Geflügel- und Kalbfleischgerichten. Limonensaftmenge richtet sich nach dem gewünschten Säuregehalt. Als Alternative können 50 g Limonensaft durch 50 g Passionsfruchtsaft ersetzt werden.

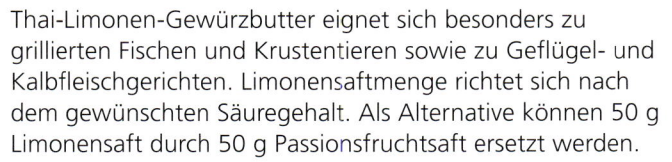

Zuger Kräuterbutter (für Fischgerichte Zuger Art)
Beurre aux fines herbes zougoise (pour mets de poisson zougoise)

Zutaten — 1 kg

Zutat	Menge
Butter	750 g
Salz	30 g
Schnittlauch, frisch	30 g
Kerbel, frisch	20 g
Estragon, frisch	20 g
Petersilie, glattblättrig, frisch	30 g
Fenchelkraut	10 g
Thymian, frisch	15 g
Majoran, frisch	15 g
Salbei, frisch	10 g
Worcestershire-Sauce	5 g
Zitronensaft, frisch	30 g
Eigelb, pasteurisiert	50 g

Vorbereitung
- Butter aus dem Kühlschrank nehmen.
- Schnittlauch fein schneiden.
- Restliche Kräuter waschen, zupfen, trockentupfen und fein hacken.

Zubereitung
- Butter mit Salz, Zitronensaft und Worcestershire-Sauce in der Rührmaschine schaumig schlagen.
- Eigelb beigeben und gut vermischen.
- Die fein gehackten Kräuter beigeben und abschmecken.
- In Pergamentpapier zu Stangen einrollen.

Hinweise für die Praxis
Auf diese Weise lässt sich eine größere Menge Kräutermischung auf Vorrat für Fischgerichte Zuger Art herstellen. Die Buttermischung kann im Tiefkühler aufbewahrt werden.

Farcen

Raviolifüllung mit Auberginen · Farce aux aubergines pour ravioli

Zutaten — 1 kg

Auberginen, gerüstet	900 g
Olivenöl	35 g
Schalotten, geschält	35 g
Knoblauch, geschält	15 g
Tomaten, geschält, entkernt	180 g
Basilikum, frisch	25 g
Parmesan, gerieben	90 g
Salz	
Pfeffer, weiß, aus der Mühle	

Vorbereitung
- Auberginen längs halbieren und auf der Innenseite kreuzweise einschneiden.
- Mit Olivenöl bestreichen.
- Auf ein Backblech legen und bei einer Temperatur von 180 °C im Ofen weich garen.
- Herausnehmen und leicht auskühlen lassen.
- Schalotten und Knoblauch fein hacken.
- Tomaten in 5 mm große Würfel schneiden und gut abtropfen lassen.
- Basilikum waschen, zupfen, trockentupfen und fein hacken.

Zubereitung
- Das Auberginenfleisch mit einem Esslöffel aus der Schale kratzen und grob hacken.
- Schalotten und Knoblauch im Olivenöl andünsten.
- Die gehackten Auberginen und die Tomatenwürfel beigeben und kurz mitdünsten.
- Basilikum zugeben, leicht auskühlen lassen, den Parmesan beigeben und abschmecken.

Raviolifüllung mit Quark · Farce au séré pour ravioli

Zutaten — 1 kg

Quark, halbfett	260 g
Ricotta	260 g
Parmesan, gerieben	160 g
Eigelb, pasteurisiert	70 g
Butter	35 g
Schalotten, geschält	40 g
Karotten, geschält	60 g
Lauch, gebleicht, gerüstet	60 g
Knollensellerie, geschält	50 g
Petersilie, gekraust, frisch	10 g
Salz	
Pfeffer, weiß, aus der Mühle	

Vorbereitung
- Ricotta durch ein Haarsieb streichen.
- Schalotten fein hacken.
- Lauch längs halbieren und waschen.
- Karotten, Lauch und Knollensellerie in Brunoise (Würfelchen) schneiden.
- Schalotten in Butter andünsten, Gemüse-Brunoise beigeben und würzen, weich dünsten und erkalten lassen.
- Petersilie waschen, zupfen, trockentupfen und fein hacken.

Zubereitung
- Quark mit Ricotta, Parmesan und Eigelb vermischen.
- Gemüse-Brunoise und gehackte Petersilie beigeben und abschmecken.

Raviolifüllung mit Rindfleisch · Farce à la viande de bœuf pour ravioli

Zutaten

	1 kg
Rindsschulter, dressiert	750 g
Olivenöl	80 g
Schalotten, geschält	80 g
Knoblauch, geschält	15 g
Rotwein	160 g
Kalbsjus, gebunden	480 g
Blattspinat, frisch, gerüstet	320 g
Petersilie, glattblättrig, frisch	8 g
Thymian, frisch	8 g
Majoran, frisch	8 g
Eigelb, pasteurisiert	125 g
Salz	
Pfeffer, weiß, aus der Mühle	

Vorbereitung
- Rindsschulter in ca. 1,5 cm große Würfel schneiden.
- Schalotten und Knoblauch fein hacken.
- Blattspinat waschen, blanchieren, in Eiswasser abschrecken und gut abtropfen lassen.
- Petersilie, Thymian und Majoran waschen, zupfen, trockentupfen und fein hacken.

Zubereitung
- Rindfleischwürfel würzen und in Olivenöl anbraten.
- Schalotten und Knoblauch beigeben und dünsten.
- Mit Rotwein ablöschen und bis zu sirupartiger Konsistenz einkochen.
- Mit dem gebundenen Kalbsjus auffüllen und zugedeckt weich schmoren.
- Das Fleisch herausnehmen, den Jus passieren und danach bis zu sirupartiger Konsistenz einreduzieren.
- Die geschmorten Rindfleischwürfel mit dem ausgepressten Blattspinat durch den Fleischwolf treiben (Scheibe H3).
- Die gehackten Kräuter und den stark reduzierten Jus zugeben.
- Raviolifüllung mit Eigelb binden, abschmecken und erkalten lassen.

Raviolifüllung mit Steinpilzen · Farce aux bolets pour ravioli

Zutaten

	1 kg
Olivenöl	85 g
Schalotten, geschält	85 g
Steinpilze, frisch, gerüstet	765 g
Basilikum, frisch	
Vollei, pasteurisiert	85 g
Eigelb, pasteurisiert	40 g
Sbrinz, gerieben	85 g
Salz	
Pfeffer, weiß, aus der Mühle	

Vorbereitung
- Schalotten fein hacken.
- Steinpilze mit einem Tuch abreiben und in Paysanne (feinblättrig) schneiden.
- Basilikum waschen, zupfen, trockentupfen und fein hacken.

Zubereitung
- Steinpilze im Olivenöl in einer Lyoner Pfanne mit leichter Farbgebung sautieren.
- Schalotten beigeben und mitsautieren.
- Gehacktes Basilikum beigeben, herausnehmen und erkalten lassen.
- Steinpilze mit Vollei, Eigelb und Sbrinz vermischen und abschmecken.

Raviolifüllung mit Zander · Farce au sandre pour ravioli

Zutaten

	1 kg
Zanderfilet, pariert	550 g
Vollrahm, 35%	455 g
Eiweiß, pasteurisiert	65 g
Dill, frisch	10 g
Salz	
Pfeffer, weiß, aus der Mühle	

Vorbereitung
- Zanderfilets in ca. 5 mm große Würfel schneiden und kühl stellen.
- Dill waschen, zupfen, trockentupfen und fein hacken.

Zubereitung
- Die gekühlten Fischwürfel mit Salz und der Hälfte des Vollrahms im Kutter fein mixen.
- Die Farce aus dem Kutter nehmen und in eine Chromstahlschüssel geben.
- Im Eiswasserbad abrühren und den restlichen Vollrahm beigeben.
- Die Farce durch ein nicht zu feines Haarsieb (Tamis) streichen und im Eiswasserbad kühlen.
- Das Eiweiß leicht schlagen und unter die Farce ziehen.
- Den gehackten Dill beigeben, mit Salz und Pfeffer abschmecken.

Raviolifüllung mit Ziegenkäse · Farce au fromage de chèvre pour ravioli

Zutaten — 1 kg
- Ziegenfrischkäse, Dallenwiler — 675 g
- Eigelb, pasteurisiert — 100 g
- Sbrinz, gerieben — 200 g
- Petersilie, glattblättrig, frisch — 10 g
- Schnittlauch, frisch — 10 g
- Salz
- Pfeffer, weiß, aus der Mühle

Vorbereitung
- Petersilie waschen, zupfen, trockentupfen und fein hacken.
- Schnittlauch fein schneiden.

Zubereitung
- Ziegenfrischkäse in einer Schüssel verrühren.
- Eigelb, Sbrinz, Petersilie, Schnittlauch beigeben und mit Salz und Pfeffer abschmecken.

Rohe Fisch-Mousseline-Farce · Farce mousseline de poisson

Zutaten — 1 kg
- Hechtfilets, pariert, ohne Haut — 300 g
- Zanderfilets, pariert — 200 g
- Vollrahm, 35% — 450 g
- Salz — 10 g
- Noilly Prat — 40 g
- Salz
- Pfeffer, weiß, aus der Mühle

Vorbereitung
- Fischfilets in 5 mm große Würfel schneiden und kühl stellen.
- Vollrahm, Salz und Noilly Prat bereitstellen.

Zubereitung
- Die gekühlten Fischwürfel mit Salz und 200 g Vollrahm im Kutter mixen.
- Die Farce aus dem Kutter nehmen und in eine Chromstahlschüssel geben.
- Im Eiswasserbad abrühren und mit dem restlichen Vollrahm aufmontieren.
- Die Farce durch ein nicht zu feines Haarsieb (Tamis) streichen und nochmals im Eiswasserbad kühlen.
- Mit Noilly Prat parfümieren.
- Mit Salz und weißem Pfeffer aus der Mühle abschmecken.

Hinweise für die Praxis
Alle Zutaten müssen immer gut durchgekühlt verarbeitet werden, sonst trennen sich die Inhaltsstoffe des Fischfleisches, die Bindefähigkeit lässt nach und die Farce gerinnt. Vor der Verwendung jeweils ein Klößchen formen und pochieren, um zu überprüfen, ob die Farce die richtige Konsistenz aufweist.
Für Fischklößchen kann ein zu Schnee geschlagenes Eiweiß unter die Farce meliert werden. Wird eine festere Farce gewünscht, kann der Anteil an Vollrahm um 100 g reduziert werden. Geeignete Einlagen: gedünstete Pilze wie Morcheln, Herbsttrompeten, Steinpilze oder Eierschwämme oder geröstete Pistazienkerne.

Rohe Fisch-Mousseline-Farce (Pacojet) · Farce mousseline de poisson (Pacojet)

Zutaten — 1 kg

Hechtfilets, pariert, ohne Haut	350 g
Zanderfilets, pariert	200 g
Vollrahm, 35% (1)	170 g
Salz	10 g
Vollrahm, 35% (2)	230 g
Noilly Prat	40 g
Salz	
Pfeffer, weiß, aus der Mühle	

Vorbereitung
- Die Fischfilets in 1 cm große Würfel schneiden und in einen Pacojet-Becher geben.
- Vollrahm (1) und Salz beigeben, mischen und glatt streichen.
- Im Tiefkühler oder im Schock-Freezer tiefkühlen.

Zubereitung
- 20 g flüssigen Vollrahm (2) in den vorbereiteten Pacojet-Becher geben.
- Den Inhalt 2 Mal pacossieren.
- Die Farce in eine Chromstahlschüssel geben.
- Im Eiswasserbad abrühren und mit dem restlichen Vollrahm (2) aufmontieren.
- Mit Noilly Prat parfümieren.
- Mit Salz und weißem Pfeffer aus der Mühle abschmecken.

Hinweise für die Praxis

Vor der Verwendung jeweils ein Klößchen formen und pochieren, um zu überprüfen, ob die Farce die richtige Konsistenz aufweist. Für Fischklößchen kann ein zu Schnee geschlagenes Eiweiß unter die Farce meliert werden. Wird eine festere Farce gewünscht, kann der Anteil an Vollrahm um 100 g reduziert werden.

Rohe Kalbfleisch-Mousseline-Farce (Pacojet) · Farce mousseline de veau (Pacojet)

Zutaten — 1 kg

Kalbsschulter, pariert	500 g
Vollrahm, 35% (1)	170 g
Salz	10 g
Vollrahm, 35% (2)	250 g
Sherry, trocken	40 g
Salz	
Pfeffer, weiß, aus der Mühle	

Vorbereitung
- Die parierte Kalbsschulter in 1 cm große Würfel schneiden und in einen Pacojet-Becher geben.
- Vollrahm (1) und Salz beigeben, mischen und glatt streichen.
- Im Tiefkühler oder Schock-Freezer tiefkühlen.

Zubereitung
- 20 g flüssigen Vollrahm (2) in den vorbereiteten Pacojet-Becher geben.
- Den Inhalt 2 Mal pacossieren.
- Die Farce in eine Chromstahlschüssel geben.
- Im Eiswasserbad abrühren und mit dem restlichen Vollrahm (2) aufmontieren.
- Mit trockenem Sherry parfümieren.
- Mit Salz und weißem Pfeffer aus der Mühle abschmecken.

Hinweise für die Praxis

Vor der Verwendung jeweils ein Klößchen formen und pochieren, um zu überprüfen, ob die Farce die richtige Konsistenz aufweist. Wird eine festere Farce gewünscht, kann der Anteil an Vollrahm um 100 g reduziert werden.

Rohe Kalbfleisch-Mousseline-Farce · Farce mousseline de veau

Zutaten 1 kg
Kalbsschulter, pariert 600 g
Vollrahm, 35% 400 g
Sherry, trocken 40 g
Salz 10 g
Pfeffer, weiß, aus der Mühle

Vorbereitung
- Die parierte Kalbsschulter in 5 mm große Stücke schneiden und kühl stellen.
- Vollrahm, Salz und Sherry bereitstellen.

Zubereitung
- Die gekühlten Fleischwürfel mit Salz und 200 g Vollrahm im Kutter mixen.
- Die Farce in eine Chromstahlschüssel geben.
- Im Eiswasserbad abrühren und mit dem restlichen Vollrahm aufmontieren.
- Die Farce durch ein nicht zu feines Haarsieb streichen und nochmals im Eiswasserbad kühlen.
- Mit trockenem Sherry parfümieren.
- Mit Salz und weißem Pfeffer aus der Mühle abschmecken.

Hinweise für die Praxis
Alle Zutaten müssen immer gut durchgekühlt verarbeitet werden, sonst trennen sich die Inhaltsstoffe des Fleisches (Protein und Fett), die Bindefähigkeit lässt nach, und die Farce gerinnt. Vor der Verwendung jeweils ein Klößchen formen und pochieren, um zu überprüfen, ob die Farce die richtige Konsistenz aufweist. Wird eine festere Farce gewünscht, kann der Anteil an Vollrahm um 100 g reduziert werden.
Geeignete Einlagen:
- Gedünstete Pilze wie Morcheln, Eierschwämme, Steinpilze oder Herbsttrompeten.
- Geröstete Pistazien- oder Pinienkerne.
- Brunoise (Würfelchen) von gekochtem Schinken oder Rohschinken.

ROHE KALBFLEISCH-MOUSSELINE-FARCE – STEP BY STEP

Wildfarce · Farce de gibier

Zutaten — 1 kg

Zutat	Menge
Rehfleisch, dressiert	450 g
Schweinshals, dressiert	100 g
Rückenspeck	100 g
Butter	20 g
Schalotten, geschält	40 g
Äpfel, Golden Delicious, geschält, ohne Kerngehäuse	80 g
Kaninchenleber	80 g
Wacholderbeeren	2 g
Cognac	30 g
Madeira	25 g
Vollrahm, 35%	120 g
Salz	6 g
Pfeffer, weiß, aus der Mühle	

Vorbereitung

- Rehfleisch, Schweinefleisch und Rückenspeck in 1 cm große Würfel schneiden und kühl stellen.
- Schalotten in feine Streifen schneiden.
- Äpfel in feine Scheiben schneiden.
- Kaninchenleber (oder ersatzweise Geflügelleber) parieren und in 1 cm große Würfel schneiden.
- Wacholderbeeren zerdrücken.

Zubereitung

- Lyoner Pfanne erhitzen, den Rückenspeck glasig sautieren und kühl stellen.
- Butter erhitzen, Schalotten und Apfelscheiben beigeben und weich dünsten.
- Kurz vor Ende der Garzeit Kaninchenleber und Wacholderbeeren beigeben und kurz schwenken.
- Mit Cogac und Madeira ablöschen und flambieren.
- Im Kühlschrank kalt stellen.
- Zum Rehfleisch, Schweinefleisch und Rückenspeck geben.
- Die gut gekühlten Zutaten durch den Fleischwolf (Scheibe H3) treiben.
- Die passierten Zutaten im Kutter mit ⅔ des Vollrahms und Salz mixen.
- Die Farce durch ein nicht zu feines Haarsieb streichen.
- In eine Chromstahlschüssel geben und im Eiswasserbad kühlen.
- Die Farce abrühren und mit dem restlichen Vollrahm sowie Salz und Pfeffer abschmecken.

Hinweise für die Praxis

Alle Zutaten müssen immer gut durchgekühlt verarbeitet werden, sonst trennen sich die Inhaltsstoffe des Fleisches (Protein und Fett), die Bindefähigkeit lässt nach, und die Farce gerinnt. Vor der Verwendung jeweils ein Klößchen formen und pochieren, um zu überprüfen, ob die Farce die richtige Konsistenz aufweist. Geeignete Einlagen:

- Gedünstete Pilze wie Eierschwämme, PfifferlingeMorcheln oder Herbsttrompeten.
- Geröstete Pinien- oder Pistazienkerne.
- Brunoise (Würfelchen) von gekochtem Schinken.

Wildfarce (Pacojet) · Farce de gibier (Pacojet)

Zutaten 1 kg

Rehfleisch, dressiert	450 g
Schweinshals, dressiert	90 g
Rückenspeck	80 g
Butter	20 g
Schalotten, geschält	40 g
Äpfel, Golden Delicious, geschält, ohne Kerngehäuse	80 g
Kaninchenleber	80 g
Wacholderbeeren	2 g
Cognac	30 g
Madeira	25 g
Vollrahm, 35%	100 g
Salz	6 g
Pfeffer, weiß, aus der Mühle	

Vorbereitung
- Rehfleisch, Schweinefleisch und Rückenspeck in 1 cm große Würfel schneiden und kühl stellen.
- Schalotten in feine Streifen schneiden.
- Äpfel in feine Scheiben schneiden.
- Kaninchenleber (oder ersatzweise Geflügelleber) parieren und in 1 cm große Würfel schneiden.
- Wacholderbeeren zerdrücken.
- Lyoner Pfanne erhitzen, den Rückenspeck glasig sautieren und kühl stellen.
- Butter erhitzen, Schalotten und Apfelscheiben beigeben und weich dünsten.
- Kurz vor Ende der Garzeit Kaninchenleber und Wacholderbeeren beigeben und kurz schwenken.
- Mit Cogac und Madeira ablöschen und flambieren.
- Im Kühlschrank kalt stellen.
- Zum Rehfleisch, Schweinefleisch und Rückenspeck geben.
- Alle Zutaten zusammen mit dem Vollrahm in einen Pacojet-Becher geben und im Tiefkühler oder im Schock-Freezer tiefkühlen.

Zubereitung
- Masse 2 Mal pacossieren.
- Die Farce in eine Chromstahlschüssel geben.
- Im Eiswasserbad abrühren und mit Salz und Pfeffer abschmecken.

Hinweise für die Praxis
Vor der Verwendung jeweils ein Klößchen formen und pochieren, um zu überprüfen, ob die Farce die richtige Konsistenz aufweist.
Geeignete Einlagen:
- Gedünstete Pilze wie Eierschwämme/Pfifferlinge, Morcheln oder Herbsttrompeten.
- Geröstete Pinien- oder Pistazienkerne.
- Brunoise (Würfelchen) von gekochtem Schinken.

Saucen

■ BECHAMEL-SAUCE, CREMESAUCE, GEMÜSERAHMSAUCE UND ABLEITUNGEN

Bechamel-Sauce · Sauce béchamel

Zutaten — 1 Liter

Zutat	Menge
Vollmilch	1200 g
Butter	50 g
Zwiebeln, geschält	40 g
Weißmehl	60 g
Salz	
Lorbeerblatt	
Gewürznelken	
Cayenne-Pfeffer, gemahlen	
Muskatnuss, gemahlen	

Vorbereitung
- Milch aufkochen.
- Zwiebeln emincieren (in feine Scheiben schneiden).

Zubereitung
- Zwiebeln in Butter andünsten.
- Weißmehl beigeben, zu einem hellen Roux anschwitzen und erkalten lassen.
- Heiße Milch unter Rühren beigeben, aufkochen, Lorbeer und Gewürznelken beigeben.
- 30 Minuten leicht sieden lassen, des Öfteren rühren und abschäumen.
- Sauce durch ein feines Drahtspitzsieb passieren und nochmals aufkochen.
- Mit Salz, Cayenne-Pfeffer und Muskatnuss abschmecken.

Hinweise für die Praxis
Verwendung: als Bindesauce für Krapfenfüllungen oder Kroketten von Gemüse und Pilzen, wobei der Roux-Anteil um 100% erhöht werden muss.

Cremesauce · Sauce crème

Zutaten — 1 Liter

Zutat	Menge
Bechamel-Sauce	800 g
Vollrahm, 35%	200 g
Salz	
Pfeffer, weiß, aus der Mühle	
Cayenne-Pfeffer, gemahlen	

Zubereitung
- Bechamel-Sauce aufkochen und Vollrahm beigeben.
- Mit Salz, weißem Pfeffer und Cayenne-Pfeffer abschmecken.

Hinweise für die Praxis
Verwendung: zur Herstellung verschiedener Ableitungen.

Gemüserahmsauce · Sauce crème de légumes

Zutaten — 1 Liter

Zutat	Menge
Gemüsefond	1400 g
Weißwein	100 g
Olivenöl, kaltgepresst	50 g
Weißmehl	60 g
Vollrahm, 35%	200 g
Salz	
Pfeffer, weiß, aus der Mühle	
Cayenne-Pfeffer, gemahlen	

Vorbereitung
Gemüsefond und Weißwein auf 900 g einreduzieren.

Zubereitung
- Olivenöl und Weißmehl zu einem hellen Roux anschwitzen und erkalten lassen.
- Heißen eingekochten Gemüsefond unter Rühren beigeben und aufkochen.
- 30 Minuten leicht sieden lassen, des Öfteren rühren und abschäumen.
- Sauce durch ein feines Drahtspitzsieb passieren und nochmals aufkochen.
- Vollrahm beigeben und mit Salz, weißem Pfeffer und Cayenne-Pfeffer abschmecken.

Hinweise für die Praxis
Verwendung: für Gemüserahmsaucen und lacto-vegetarische Gerichte.

Gemüserahmsauce mit Gemüsewürfelchen und Safran
Sauce crème de légumes à la brunoise de légumes et safran

Zutaten — 1 Liter

Olivenöl	20 g
Zwiebeln, geschält	80 g
Lauch, grün, gerüstet	50 g
Karotten, geschält	50 g
Pfälzer Rüben, geschält	50 g
Knollensellerie, geschält	20 g
Safran, gemahlen	0,5 g
Weißwein	50 g
Gemüserahmsauce	800 g
Salz	
Pfeffer, weiß, aus der Mühle	

Vorbereitung
- Zwiebeln fein hacken.
- Lauch längs halbieren und waschen.
- Gemüse in Brunoise (Würfelchen) schneiden.

Zubereitung
- Zwiebeln in Olivenöl andünsten.
- Gemüse-Brunoise beigeben und mitdünsten.
- Safran beigeben, kurz mitdünsten und mit Weißwein ablöschen.
- Zugedeckt weich dünsten und mit der Gemüserahmsauce auffüllen.
- Aufkochen, mit Salz und Pfeffer abschmecken.

Kerbelrahmsauce · Sauce crème au cerfeuil

Zutaten — 1 Liter

Gemüserahmsauce	950 g
Kerbel, frisch	100 g
Salz	
Pfeffer, weiß, aus der Mühle	

Vorbereitung
- Kerbel waschen, zupfen, trockentupfen und hacken.

Zubereitung
- Gemüserahmsauce aufkochen.
- Gehackten Kerbel kurz vor der Verwendung beigeben und abschmecken.

Mornay-Sauce · Sauce Mornay

Zutaten — 1 Liter

Cremesauce	800 g
Vollrahm, 35 %	100 g
Eigelb, pasteurisiert	75 g
Sbrinz, gerieben	100 g
Salz	
Pfeffer, weiß, aus der Mühle	
Cayenne-Pfeffer, gemahlen	

Vorbereitung
- Cremesauce aufkochen und vom Herd ziehen.
- Vollrahm und Eigelb zu einer Liaison verrühren.

Zubereitung
- Liaison unter Rühren mit dem Schneebesen unter die heiße Cremesauce rühren.
- Geriebenen Sbrinz beigeben und mit Salz, weißem Pfeffer und Cayenne-Pfeffer abschmecken.
- Sauce nicht mehr über 80 °C erhitzen, da sie sonst gerinnt.

Hinweise für die Praxis
Statt einer Liaison kann auch etwas holländische Sauce beigegeben werden. Verwendung: als Gratiniersauce für Gemüse, Teigwaren und Teiggerichte.

■ FISCHRAHMSAUCE UND ABLEITUNGEN

Fischrahmsauce · Sauce crème de poisson/Sauce au vin blanc

Zutaten	1 Liter
Fischfond	1700 g
Geflügelfond, hell	200 g
Champignonfond	100 g
Weißwein	300 g
Noilly Prat	100 g
Butter	50 g
Weißmehl	60 g
Vollrahm, 35%	400 g
Pernod	5 g
Zitronensaft, frisch	10 g
Salz	
Pfeffer, weiß, aus der Mühle	
Cayenne-Pfeffer, gemahlen	

Vorbereitung
– Fischfond, Geflügelfond, Champignonfond, Weißwein und Noilly Prat zusammen auf ⅓ einreduzieren.

Zubereitung
– Butter und Weißmehl zu hellem Roux anschwitzen und erkalten lassen.
– Heißen, eingekochten Fond unter Rühren beigeben und aufkochen.
– 30 Minuten leicht sieden, des Öfteren rühren und abschäumen.
– Sauce durch ein feines Drahtspitzsieb passieren und nochmals aufkochen.
– Vollrahm, Pernod und Zitronensaft beigeben, mit Salz, weißem Pfeffer und Cayenne-Pfeffer abschmecken.

Hinweise für die Praxis
Werden Convenience-Fonds zum Einkochen verwendet, ist dem Salzgehalt besondere Aufmerksamkeit zu schenken. Verwendung: zur Herstellung von Ableitungen der weißen Fischsaucen.

Fischrahmsauce mit Fenchel und Safranfäden
Sauce crème de poisson au fenouil et pistils de safran

Zutaten	1 Liter
Butter	30 g
Schalotten, geschält	20 g
Fenchel, gerüstet	120 g
Noilly Prat	80 g
Fischrahmsauce	650 g
Vollrahm, 35%	250 g
Dill, frisch	10 g
Safranfäden, getrocknet	1 g
Zitronensaft, frisch	5 g
Meersalz, fein	
Pfeffer, weiß, aus der Mühle	
Cayenne-Pfeffer, gemahlen	

Vorbereitung
– Schalotten fein hacken.
– Fenchel in Brunoise (Würfelchen) schneiden.
– Fischrahmsauce aufkochen.
– Vollrahm steif schlagen und kühl stellen.
– Dill waschen, zupfen, trockentupfen und fein hacken.

Zubereitung
– Schalotten in Butter andünsten.
– Fenchel-Brunoise beigeben, leicht salzen und weich dünsten.
– Mit Noilly Prat ablöschen und zu sirupartiger Konsistenz einkochen.
– Heiße Fischrahmsauce beigeben und aufkochen.
– Schlagrahm unter die Sauce mischen.
– Gehackten Dill und Safranfäden beigeben.
– Sauce mit Zitronensaft, Meersalz, weißem Pfeffer und Cayenne-Pfeffer abschmecken.

Hinweise für die Praxis
Verwendung: zu pochierten Fisch- und Krustentiergerichten.

Fischrahmsauce mit Trauben · Sauce crème de poisson aux raisins

Zutaten — 1 Liter
- Trauben, weiß — 300 g
- Traubensaft, weiß — 250 g
- Sultaninen, hell — 30 g
- Fischrahmsauce — 550 g
- Vollrahm, 35% — 200 g
- Grappa — 20 g
- Zitronensaft, frisch — 5 g
- Meersalz, fein
- Pfeffer, weiß, aus der Mühle
- Cayenne-Pfeffer, gemahlen

Vorbereitung
- Trauben in heißes Wasser einlegen, schälen, vierteln und entkernen.
- Sultaninen waschen.
- Fischrahmsauce aufkochen.
- Vollrahm steif schlagen und kühl stellen.

Zubereitung
- Traubensaft und Sultaninen auf 100 g einkochen.
- Heiße Fischrahmsauce beigeben und aufkochen.
- Geschlagenen Vollrahm unter die Sauce mischen und die Traubenviertel beigeben.
- Sauce mit Grappa parfümieren.
- Mit Zitronensaft, Meersalz, weißem Pfeffer und Cayenne-Pfeffer abschmecken.

Hinweise für die Praxis
Verwendung: zu pochierten Fisch- und Krustentiergerichten.

Krevettensauce · Sauce aux crevettes

Zutaten — 1 Liter
- Fischrahmsauce — 900 g
- Hummerbutter — 80 g
- Krevetten, gekocht, geschält, in Lake — 200 g
- Cognac — 100 g
- Salz
- Cayenne-Pfeffer, gemahlen

Vorbereitung
- Hummerbutter in Würfel schneiden und kühl stellen.
- Krevetten auf Küchenpapier abtropfen lassen.

Zubereitung
- Fischrahmsauce aufkochen und mit der Hummerbutter aufschwingen.
- Krevetten im Cognac erwärmen und der Sauce beigeben.
- Sauce mit Salz und Cayenne-Pfeffer abschmecken.

■ GEFLÜGEL- UND KALBSRAHMSAUCE UND ABLEITUNGEN

Albufera-Sauce · Sauce Albuféra

Zutaten — 1 Liter
- Geflügelrahmsauce — 850 g
- Fleischglace — 120 g
- Peperoni-Coulis, rot — 50 g
- Salz
- Pfeffer, weiß, aus der Mühle

Zubereitung
- Geflügelrahmsauce aufkochen.
- Fleischglace und Peperoni-Coulis unter die Sauce rühren.
- Kurz aufkochen und abschmecken.

Geflügelrahmsauce · Sauce crème de volaille/Sauce suprême

Zutaten	1 Liter
Geflügelfond, hell	1400 g
Weißwein	100 g
Butter	50 g
Weißmehl	60 g
Zitronensaft, frisch	10 g
Vollrahm, 35%	200 g
Salz	
Pfeffer, weiß, aus der Mühle	
Cayenne-Pfeffer, gemahlen	

Vorbereitung
- Geflügelfond und Weißwein auf 900 g einreduzieren.

Zubereitung
- Butter und Weißmehl zu einem hellen Roux anschwitzen und erkalten lassen.
- Heißen, eingekochten Geflügelfond unter Rühren beigeben und aufkochen.
- 30 Minuten leicht sieden lassen, des Öfteren rühren und abschäumen.
- Sauce durch ein feines Drahtspitzsieb passieren und nochmals aufkochen.
- Vollrahm und Zitronensaft beigeben und mit Salz, weißem Pfeffer und Cayenne-Pfeffer abschmecken.

Hinweise für die Praxis
Verwendung: zur Herstellung der Ableitungen der weißen Geflügelrahmsaucen, zum Binden von Teigwaren, für Geflügelpastetchenfüllungen usw.

Geflügelrahmsauce mit Champignons · Sauce crème de volaille aux champignons de Paris

Zutaten	1 Liter
Butter	50 g
Schalotten, geschält	30 g
Champignons, frisch, gerüstet	400 g
Weißwein	100 g
Geflügelrahmsauce	700 g
Salz	
Pfeffer, weiß, aus der Mühle	
Cayenne-Pfeffer, gemahlen	
Zitronensaft, frisch	5 g

Vorbereitung
- Schalotten fein hacken.
- Champignons waschen, gut abtropfen lassen und in Scheiben schneiden.
- Geflügelrahmsauce aufkochen.

Zubereitung
- Schalotten in Butter andünsten.
- Champignons beigeben und mitdünsten.
- Mit Weißwein ablöschen und Pilze zugedeckt dünsten.
- Pilze in ein Sieb schütten, leicht auspressen und den Fond auffangen.
- Pilzfond bis zur Glace einkochen.
- Geflügelrahmsauce und Pilze beigeben und aufkochen.
- Sauce mit Salz, weißem Pfeffer, Cayenne-Pfeffer und Zitronensaft abschmecken.

Hinweise für die Praxis
Die Sauce kann je nach Verwendungszweck auch mit Kalbsrahmsauce oder Fischrahmsauce hergestellt werden.
Verwendung: als zweite Sauce (neben dem Jus) zu gebratenem, poeliertem und glasiertem hellem Fleisch, zu Gemüse und Teiggerichten.

Kalbsrahmsauce · Sauce crème de veau/Sauce allemande

Zutaten — 1 Liter
- Kalbsfond, hell — 1400 g
- Weißwein — 100 g
- Butter — 50 g
- Weißmehl — 60 g
- Zitronensaft, frisch — 10 g
- Vollrahm, 35% — 200 g
- Salz
- Pfeffer, weiß, aus der Mühle
- Cayenne-Pfeffer, gemahlen

Vorbereitung
- Kalbsfond mit Weißwein auf 900 g einreduzieren.

Zubereitung
- Butter und Weißmehl zu einem hellen Roux anschwitzen und erkalten lassen.
- Heißen, eingekochten Kalbsfond unter Rühren beigeben und aufkochen.
- 30 Minuten leicht sieden lassen, des Öfteren rühren und abschäumen.
- Sauce durch ein feines Drahtspitzsieb passieren und nochmals aufkochen.
- Vollrahm und Zitronensaft beigeben, mit Salz, weißem Pfeffer und Cayenne-Pfeffer abschmecken.

Hinweise für die Praxis
Verwendung: zum Herstellen von Ableitungen der weißen Schlachtfleischsaucen, zum Binden von Teigwaren, Kalbspastetchenfüllungen usw.

Kalbsrahmsauce mit Senf · Sauce crème de veau à la moutarde

Zutaten — 1 Liter
- Butter — 50 g
- Schalotten, geschält — 60 g
- Weißwein — 100 g
- Kalbsrahmsauce — 900 g
- Senf, mild — 50 g
- Meaux-Vollkornsenf — 50 g
- Salz
- Pfeffer, weiß, aus der Mühle

Vorbereitung
- Schalotten fein hacken.
- Kalbsrahmsauce aufkochen.

Zubereitung
- Schalotten in Butter weich dünsten.
- Mit Weißwein ablöschen und sirupartig einkochen.
- Mit der heißen Kalbsrahmsauce auffüllen und kurz aufkochen.
- Sauce vom Herd ziehen und die Senfsorten unterrühren und abschmecken.

Hinweise für die Praxis
Nach der Senfbeigabe darf die Sauce nicht mehr kochen, da sie sonst scheidet.

Kräutersauce · Sauce aux fines herbes

Zutaten — 1 Liter
- Kalbsrahmsauce — 900 g
- Küchenkräuter, frisch — 120 g
- Butter — 100 g

Vorbereitung
- Kräuter waschen, zupfen, trockentupfen und fein hacken.
- Butter in Würfel schneiden und kühl stellen.

Zubereitung
- Kalbsrahmsauce aufkochen und mit Butterflocken verfeinern.
- Die gehackten Kräuter beigeben und abschmecken.

Hinweise für die Praxis
Die Kräutersauce wird je nach Verwendung von der entsprechenden Grundsauce abgeleitet. Die verwendeten Kräuter variieren je nach Verwendung der Sauce.

Paprikasauce · Sauce au paprika

Zutaten — 1 Liter
- Butter — 40 g
- Schalotten, geschält — 50 g
- Peperoni, rot, entkernt — 200 g
- Paprika, delikatess — 40 g
- Kalbsfond, hell — 200 g
- Kalbsrahmsauce — 800 g
- Salz
- Pfeffer, weiß, aus der Mühle

Vorbereitung
- Schalotten fein hacken.
- Peperoni waschen und in 1 cm große Würfel schneiden.
- Kalbsrahmsauce aufkochen.

Zubereitung
- Schalotten in Butter andünsten.
- Peperoniwürfel beigeben und mitdünsten.
- Mit Paprika stäuben, kurz dünsten und mit hellem Kalbsfond ablöschen.
- Flüssigkeit auf 200 g einkochen lassen und mit dem Stabmixer fein pürieren.
- Heiße Kalbsrahmsauce beigeben, aufkochen und abschmecken.
- Durch ein feines Drahtspitzsieb passieren.

■ BRAUNE KALBS-, GEFLÜGEL- UND WILDSAUCE UND ABLEITUNGEN

Balsamico-Sauce · Sauce au vinaigre balsamique

Zutaten — 1 Liter
- Rapsöl — 30 g
- Schalotten, geschält — 60 g
- Rotwein, Bordeaux — 100 g
- Aceto balsamico di Modena (Balsamessig) — 50 g
- Demi-glace — 900 g
- Rosmarin, frisch — 5 g
- Aceto balsamico tradizionale di Modena (Balsamessig) — 40 g
- Salz
- Pfeffer, weiß, aus der Mühle

Vorbereitung
- Schalotten fein hacken.
- Rosmarin waschen.

Zubereitung
- Schalotten im Rapsöl andünsten.
- Mit Rotwein und Aceto balsamico ablöschen und auf ¼ einkochen.
- Mit Demi-glace auffüllen und kurze Zeit kochen lassen.
- Rosmarin beigeben und kurze Zeit in der Sauce ziehen lassen.
- Sauce durch ein Drahtspitzsieb passieren.
- Mit Aceto balsamico tradizionale verfeinern, mit Salz und weißem Pfeffer abschmecken.

Hinweise für die Praxis
Wird die Sauce im Anschluss an ein A-la-minute-Gericht hergestellt, kann auf die Ölzugabe verzichtet und der Restfettstoff zum Andünsten der Schalotten verwendet werden. Die Sauce kann nach Belieben mit kalten Butterwürfeln aufmontiert werden.

Bordeleser Sauce (Rotweinsauce) · Sauce bordelaise (sauce au vin rouge)

Zutaten — 1 Liter

Butter	20 g
Schalotten, geschält	80 g
Rotwein, Bordeaux	600 g
Pfefferkörner, schwarz, zerdrückt	1 g
Lorbeerblätter	0,5
Thymian, frisch	10 g
Demi-glace	900 g
Butter	30 g
Rindsmark, ausgelöst	350 g
Salz	
Pfeffer, weiß, aus der Mühle	

Vorbereitung
- Schalotten fein hacken.
- Mark wässern und in 5 mm große Würfel schneiden.
- Thymian waschen.
- Butter in Würfel schneiden und kühl stellen.

Zubereitung
- Schalotten in Butter andünsten und mit Rotwein ablöschen.
- Pfefferkörner, Lorbeerblatt und Thymian beigeben und fast vollständig einkochen lassen.
- Demi-glace beigeben und 5 Minuten leicht kochen lassen.
- Durch ein feines Drahtspitzsieb passieren.
- Sauce mit Butterflocken verfeinern und abschmecken.
- Markwürfel in heißem Wasser erwärmen, abtropfen lassen und im letzten Moment der Sauce beigeben.

Hinweise für die Praxis
Aus ernährungsphysiologischen Gründen kann auf die Zugabe von Mark verzichtet werden. Stattdessen können 100 g Butterflocken beigegeben werden. Verwendung: zu grilliertem oder sautiertem Rindfleisch, zu geschmortem Gemüse wie Lattich, Stangensellerie, Fenchel usw.

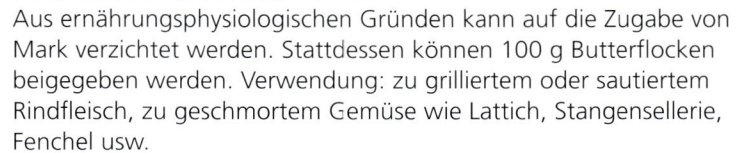

Braune Champignonsauce · Sauce aux champignons de Paris

Zutaten — 1 Liter

Butter	50 g
Schalotten, geschält	30 g
Champignons, frisch, gerüstet	400 g
Weißwein	100 g
Demi-glace	500 g
Vollrahm, 35 %	200 g
Salz	
Pfeffer, weiß, aus der Mühle	

Vorbereitung
- Schalotten fein hacken.
- Champignons waschen, gut abtropfen lassen und in Scheiben schneiden.
- Demi-glace aufkochen.

Zubereitung
- Schalotten in Butter dünsten.
- Champignons beigeben und mitdünsten.
- Mit Weißwein ablöschen und die Pilze zugedeckt dünsten.
- Pilze in ein Sieb schütten, leicht auspressen und den Fond auffangen.
- Pilzfond zu Glace einkochen.
- Demi-glace und Pilze beigeben und aufkochen.
- Sauce mit Vollrahm verfeinern und abschmecken.

Demi-glace · Demi-glace

Zutaten	5 Liter
Sonnenblumenöl, high oleic	80 g
Kalbsbrustknochen, fleischig	2500 g
Kalbsknochen	1500 g
Kalbsfüße	1000 g
Kalbfleischparüren	500 g
Mirepoix, bunt	750 g
Tomatenpüree	100 g
Wasser	2500 g
Weißwein	1000 g
Kalbsfond, braun	1200 g
Gewürzsäcklein	1
Salz	
Pfeffer, schwarz, aus der Mühle	
Weißmehl	150 g
Butter	100 g

Vorbereitung
- Kalbsknochen und Kalbsfüße in möglichst kleine Stücke sägen oder hacken.
- Gewürzsäcklein bereitstellen (Pfefferkörner, Lorbeer, Gewürznelke, Majoran, Thymian)
- Butter und Weißmehl zu einem hellblonden Roux schwitzen und erkalten lassen.

Zubereitung
- Öl in einer Kippbratpfanne oder im Bratgeschirr erhitzen.
- Kalbsknochen, Kalbsfüße und Kalbfleischparüren langsam allseitig anrösten.
- Mirepoix beigeben und mitrösten.
- Überschüssiges Öl abgießen.
- Tomatenpüree beigeben und mitrösten.
- Mit Wasser 2–3 Mal ablöschen und zu Glace einkochen.
- Mit Weißwein ablöschen und mit dem braunen Kalbsfond auffüllen.
- Aufkochen, des Öfteren abfetten und abschäumen.
- Während 3 Stunden sieden lassen, Gewürzsäcklein 1 Stunde vor dem Passieren beigeben.
- Durch ein Passiertuch passieren. Falls die Flüssigkeitsmenge nicht 5 Liter ergibt, mit Wasser auffüllen oder einreduzieren.
- Flüssigkeit zum kalten Roux geben und unter Rühren zum Siedepunkt bringen.
- 20 Minuten sieden, abfetten und abschmecken.
- Demi-glace durch ein Drahtspitzsieb passieren.

Hinweise für die Praxis
Zum Binden der Demi-glace kann auch ein Convenience-Roux verwendet werden.

Gebundener Kalbsjus · Jus de veau lié

Zutaten	5 Liter
Sonnenblumenöl, high oleic	80 g
Kalbsbrustknochen, fleischig	2500 g
Kalbsknochen	1500 g
Kalbsfüße	1000 g
Kalbfleischparüren	500 g
Mirepoix, bunt	750 g
Tomatenpüree	100 g
Weißwein (1)	1000 g
Wasser	2500 g
Kalbsfond, braun	1200 g
Gewürzsäcklein	1
Salz	
Pfeffer, weiß, aus der Mühle	
Stärkemehl	50 g
Weißwein (2)	100 g

Vorbereitung
- Kalbsknochen und Kalbsfüße in möglichst kleine Stücke sägen oder hacken.
- Gewürzsäcklein herstellen (Pfefferkörner, Lorbeer, Gewürznelke, Majoran, Thymian)
- Stärkemehl mit dem Weißwein (2) anrühren.

Zubereitung
- Öl in einer Kippbratpfanne oder in einem Rôtissoire erhitzen.
- Kalbsknochen, Kalbsfüße und Kalbfleischparüren langsam allseitig anrösten.
- Mirepoix beigeben und mitrösten.
- Überschüssiges Öl abgießen.
- Tomatenpüree beigeben und mitrösten.
- Mit Wasser 2–3 Mal ablöschen und zu Glace einkochen.
- Mit Weißwein (1) ablöschen und mit dem braunen Kalbsfond auffüllen.
- Aufkochen, des Öfteren abfetten und abschäumen.
- Während 3 Stunden sieden lassen, Gewürzsäcklein 1 Stunde vor dem Passieren beigeben.
- Durch ein Passiertuch passieren. Falls die Flüssigkeitsmenge nicht 5 Liter ergibt, mit Wasser auffüllen oder einreduzieren.
- Flüssigkeit mit dem angerührten Stärkemehl binden und aufkochen.
- Kalbsjus abfetten und abschmecken.

Jägersauce · Sauce chasseur

Zutaten

	1 Liter
Champignons, frisch, gerüstet	350 g
Butter	60 g
Schalotten, geschält	40 g
Knoblauch, geschält	1 g
Tomatenpüree	20 g
Weißwein	100 g
Demi-glace	800 g
Butter	30 g
Salz	
Pfeffer, weiß, aus der Mühle	
Petersilie, gekraust, frisch	10 g

Vorbereitung

- Champignons waschen, abtropfen lassen und in Scheiben schneiden.
- Die Champignonscheiben in der Hälfte der Butter dünsten.
- Gedünstete Champignons in ein Sieb ableeren, leicht auspressen und den Dünstfond auffangen.
- Schalotten und Knoblauch fein hacken.
- Demi-glace aufkochen.
- Petersilie waschen, zupfen, trockentupfen und fein hacken.

Zubereitung

- Schalotten und Knoblauch in der restlichen Butter andünsten.
- Tomatenpüree beigeben und mitdünsten.
- Mit Weißwein und dem passierten Champignondünstfond ablöschen.
- Zu sirupartiger Konsistenz einkochen und die Demi-glace beigeben.
- 5 Minuten leicht kochen lassen und die Champignons beigeben.
- Sauce abschmecken und mit Butterflocken verfeinern.
- Unmittelbar vor dem Gebrauch die gehackte Petersilie beigeben.

Hinweise für die Praxis
Verwendung: zu sautiertem Schlachtfleisch.

Knoblauchsauce · Sauce à l'ail

Zutaten

	1 Liter
Butter	30 g
Knoblauch, geschält	150 g
Rotwein	200 g
Demi-glace	900 g
Butter	30 g
Salz	
Pfeffer, weiß, aus der Mühle	
Petersilie, glattblättrig, frisch	30 g

Vorbereitung

- Knoblauch halbieren und den Keimling entfernen, anschließend der Länge nach in feine Scheibchen schneiden.
- Demi-glace aufkochen.
- Butter in Würfel schneiden und kühl stellen.
- Petersilie waschen, zupfen, trockentupfen und fein hacken.

Zubereitung

- Knoblauchscheiben in Butter dünsten.
- Mit Rotwein ablöschen und zu sirupartiger Konsistenz einkochen.
- Demi-glace beigeben und kurz aufkochen.
- Sauce mit Butterflocken verfeinern und abschmecken.
- Unmittelbar vor Gebrauch die gehackte Petersilie beigeben.

Hinweise für die Praxis
Verwendung: zu kurz gebratenem Lamm- und Rindfleisch.

Madeira-Sauce · Sauce madère

Zutaten — 1 Liter
Butter	20 g
Schalotten, geschält	50 g
Rotwein	250 g
Demi-glace	1000 g
Madeira	150 g
Butter	50 g
Salz	
Pfeffer, weiß, aus der Mühle	

Vorbereitung
- Schalotten fein hacken.
- Butter in Würfel schneiden und kühl stellen.

Zubereitung
- Schalotten in Butter andünsten, mit Rotwein ablöschen und fast vollständig einkochen lassen.
- Mit Demi-glace auffüllen und 5 Minuten leicht kochen lassen.
- Durch ein feines Drahtspitzsieb passieren.
- Sauce mit Madeira und Butterflocken verfeinern und abschmecken.

Hinweise für die Praxis
Nach dem gleichen Verfahren können alle braunen Saucen mit Süßweinen (Malaga, Marsala) hergestellt werden, wobei sich die Benennung der Saucen nach dem jeweils verwendeten Süßwein richtet. Verwendung: zu heißem Schinken, gekochter Rindszunge und kurz gebratenem Schlachtfleisch.

Morchelrahmsauce · Sauce crème aux morilles

Zutaten — 1 Liter
Butter	50 g
Schalotten, geschält	30 g
Morcheln, ohne Stiele, getrocknet	50 g
Cognac	20 g
Weißwein	100 g
Demi-glace	500 g
Vollrahm, 35%	200 g
Salz	
Pfeffer, weiß, aus der Mühle	

Vorbereitung
- Morcheln in lauwarmem Wasser einweichen, größere Exemplare der Länge nach vierteln, kleine halbieren.
- Morcheln mehrmals gründlich waschen (sie sind stets sehr sandig).
- Schalotten fein hacken.

Zubereitung
- Schalotten in Butter andünsten.
- Ausgepresste Morcheln beigeben und mitdünsten.
- Mit Cognac flambieren und mit Weißwein ablöschen.
- Morcheln zugedeckt unter gleichzeitigem Einkochen der Flüssigkeit weich dünsten.
- Demi-glace beigeben und kurze Zeit kochen.
- Sauce mit Vollrahm verfeinern und abschmecken.

Hinweise für die Praxis
Frische Morcheln halbieren und die Stielenden entfernen. Unter fließendem Wasser gründlich waschen. In kochendem Wasser 3 Minuten blanchieren, abschütten und gut abtropfen lassen. Anschließend zubereiten, wie oben beschrieben. Für 1 Liter Morchelsauce werden 400 g frische Morcheln benötigt. Verwendung: zu gebratenem, poeliertem oder glasiertem hellem Fleisch.

Orangensauce mit Portwein · Sauce à l'orange au porto

Zutaten	1 Liter
Zucker	40 g
Orangensaft, frisch gepresst	120 g
Portwein, rot	100 g
Aceto balsamico bianco (weißer Balsamessig)	10 g
Orangenzesten	10 g
Demi-glace	900 g
Curaçao	40 g
Butter	30 g
Salz	
Pfeffer, weiß, aus der Mühle	

Vorbereitung
– Orangenzesten in siedendem Wasser blanchieren, in Eiswasser abschrecken und abtropfen lassen.
– Butter in Würfel schneiden und kühl stellen.

Zubereitung
– Zucker hell karamellisieren und mit Orangensaft, Portwein und weißem Balsamessig ablöschen.
– Sobald der Zucker aufgelöst ist, die Orangenzesten beigeben und zu sirupartiger Konsistenz einkochen lassen.
– Die Demi-glace beigeben und kurz kochen lassen.
– Sauce mit Curaçao und Butterflocken verfeinern und abschmecken.

Hinweise für die Praxis
Verwendung: zu kurz gebratenem Kalbfleisch und unter Verwendung des entsprechenden Bratensatzes auch zu Geflügel- und Wildgerichten.

Pikante Sauce · Sauce piquante

Zutaten	1 Liter
Butter	10 g
Schalotten, geschält	40 g
Weißwein	400 g
Pfefferkörner, weiß	40 g
Demi-glace	900 g
Butter	30 g
Cornichons, abgetropft	80 g
Kapern, abgetropft	30 g
Petersilie, glattblättrig, frisch	10 g
Estragon, frisch	5 g
Salz	

Vorbereitung
– Schalotten fein hacken.
– Weiße Pfefferkörner zerdrücken.
– Butter in Würfel schneiden und kühl stellen.
– Cornichons und Kapern fein hacken.
– Petersilie und Estragon waschen, zupfen, trockentupfen und fein hacken.

Zubereitung
– Schalotten in Butter andünsten.
– Mit Weißwein ablöschen und die zerdrückten Pfefferkörner beigeben.
– Reduktion auf 200 g einkocher.
– Demi-glace beigeben und 10 Minuten leicht sieden.
– Sauce durch ein Drahtspitzsieb passieren und mit Butterflocken verfeinern.
– Die gehackten Zutaten beigeben und abschmecken.

Hinweise für die Praxis
Verwendung: zu grilliertem und sautiertem Schweinefleisch und zu gekochter Rinds- oder Kalbszunge.

Senfsauce · Sauce à la moutarde

Zutaten	1 Liter
Butter (1)	30 g
Schalotten, geschält	100 g
Weißwein	200 g
Demi-glace	900 g
Butter (2)	40 g
Dijon-Senf	30 g
Meaux-Vollkornsenf	30 g
Salz	
Pfeffer, weiß, aus der Mühle	

Vorbereitung
– Schalotten fein hacken.
– Butter (2) aus dem Kühlschrank nehmen.
– Weiche Butter mit den Senfsorten verrühren.

Zubereitung
– Schalotten in Butter (1) andünsten.
– Mit Weißwein ablöschen und zu sirupartiger Konsistenz einkochen.
– Demi-glace beigeben und 5 Minuten leicht kochen lassen.
– Sauce durch ein feines Drahtspitzsieb passieren.
– Sauce vom Herd ziehen und mit der Senfbutter aufschwingen.
– Sauce abschmecken und nicht mehr kochen.

Hinweise für die Praxis
Verwendung: zu sautiertem Schweinefleisch.

Steinpilzrahmsauce · Sauce crème aux bolets

Zutaten	1 Liter
Butter	50 g
Schalotten, geschält	30 g
Steinpilze, frisch, gerüstet	400 g
Weißwein	100 g
Demi-glace	500 g
Vollrahm, 35%	200 g
Salz	
Pfeffer, weiß, aus der Mühle	

Vorbereitung
– Schalotten fein hacken.
– Steinpilze mit einem Tuch abreiben und in gleichmäßige Scheiben schneiden.
– Demi-glace aufkochen.

Zubereitung
– Schalotten in Butter andünsten.
– Steinpilze beigeben und mitdünsten.
– Mit Weißwein ablöschen und die Steinpilze zugedeckt garen.
– Steinpilze in ein Sieb abschütten, leicht auspressen und den Fond auffangen.
– Pilzfond zu Glace einkochen.
– Demi-glace beigeben und aufkochen.
– Steinpilze wieder beigeben und kurz kochen lassen.
– Sauce mit Vollrahm verfeinern und abschmecken.

Tamarindensauce · Sauce au tamarin

Zutaten	1 Liter
Butter	20 g
Sesamöl, fermentiert	10 g
Schalotten, geschält	50 g
Knoblauch, geschält	10 g
Rotwein, Shiraz	50 g
Orangensaft, frisch gepresst	150 g
Demi-glace	800 g
Tamarinden-Paste	120 g
Ingwer, frisch, geschält	5 g
Sojasauce, süß	20 g
Aceto balsamico di Modena (Balsamessig)	40 g
Salz	
Pfeffer, weiß, aus der Mühle	

Vorbereitung
– Schalotten und Knoblauch fein hacken.
– Ingwer fein reiben.

Zubereitung
– Schalotten und Knoblauch in Butter und Sesamöl andünsten.
– Mit Rotwein und Orangensaft ablöschen und auf ¼ einkochen.
– Mit Demi-glace auffüllen und kurze Zeit kochen lassen.
– Sauce durch ein Drahtspitzsieb passieren.
– Tamarinden-Paste, geriebenen Ingwer, Sojasauce und Balsamessig beigeben.
– Sauce nochmals aufkochen, mit Salz und weißem Pfeffer abschmecken.

Hinweise für die Praxis
Wird die Sauce im Anschluss an ein A-la-minute-Gericht hergestellt, kann auf die Butterzugabe verzichtet und der Restfettstoff sowie das Sesamöl zum Andünsten verwendet werden. Verwendung: zu sautiertem Lamm- und Geflügelfleisch.

Trüffelsauce · Sauce aux truffes

Zutaten — 1 Liter

Zutat	Menge
Périgord-Trüffel, Konserve, abgetropft	50 g
Madeira	50 g
Butter (1)	20 g
Schalotten, geschält	40 g
Rotwein	200 g
Trüffelfond	50 g
Demi-glace	1100 g
Butter (2)	30 g
Trüffelöl	10 g
Salz	
Pfeffer, weiß, aus der Mühle	

Vorbereitung
- Trüffel in Brunoise (Würfelchen) schneiden und mit dem Madeira fast vollständig einreduzieren.
- Schalotten fein hacken.
- Butter (2) und Trüffelöl vermischen.

Zubereitung
- Schalotten in Butter (1) andünsten.
- Mit Rotwein und Trüffelfond ablöschen und stark einkochen lassen.
- Mit der Demi-glace auffüllen und kurz aufkochen.
- Sauce durch ein feines Drahtspitzsieb passieren und zu den Trüffeln geben.
- Nochmals 5 Minuten leicht kochen lassen.
- Butterflocken und Trüffelöl mit dem Schneebesen unter die Sauce mischen und abschmecken.

Hinweise für die Praxis
Während der Saison können frische Périgord-Trüffel verwendet werden. Verwendung: zu kurz gebratenem Schlacht- und Geflügelfleisch.

Wild-Demi-glace · Demi-glace de gibier

Zutaten — 5 Liter

Zutat	Menge
Sonnenblumenöl, high oleic	80 g
Wildknochen, fleischig	4000 g
Kalbsfüße	1000 g
Wildparüren	500 g
Mirepoix, bunt	750 g
Tomatenpüree	100 g
Wasser	2500 g
Weißwein	1000 g
Wildfond	1200 g
Gewürzsäcklein	1
Wacholderbeeren	10 g
Salz	
Pfeffer, weiß, aus der Mühle	
Weißmehl	150 g
Butter	100 g

Vorbereitung
- Wildknochen und Kalbsfüße in möglichst kleine Stücke sägen oder hacken.
- Gewürzsäcklein herstellen (Pfefferkörner, Lorbeer, Gewürznelke, Majoran, Thymian) und mit den Wacholderbeeren ergänzen.
- Butter und Weißmehl zu einem hellblonden Roux schwitzen und erkalten lassen.

Zubereitung
- Öl in einer Kippbratpfanne oder in einem Rôtissoire erhitzen.
- Wildknochen, Kalbsfüße und Wildparüren langsam allseitig anrösten.
- Mirepoix beigeben und mitrösten.
- Überschüssiges Öl abgießen.
- Tomatenpüree beigeben und mitrösten.
- Mit Wasser 2–3 Mal ablöschen und zu Glace einkochen.
- Mit Weißwein ablöschen und mit dem Wildfond auffüllen.
- Aufkochen, des Öfteren abfetten und abschäumen.
- Während 3 Stunden sieden lassen, Gewürzsäcklein 1 Stunde vor dem Passieren beigeben.
- Durch ein Passiertuch passieren. Falls die Flüssigkeitsmenge nicht 5 Liter ergibt, mit Wasser auffüllen oder einreduzieren.
- Flüssigkeit zum kalten Roux geben und unter Rühren zum Siedepunkt bringen.
- 20 Minuten sieden, abfetten und abschmecken.
- Sauce durch ein Drahtspitzsieb passieren.

Hinweise für die Praxis
Zum Binden der Wild-Demi-glace kann auch ein Convenience-Roux verwendet werden.

Wildpfeffersauce · Sauce poivrade

Zutaten	1 Liter
Schalotten, geschält	50 g
Butter	40 g
Pfefferkörner, weiß	10 g
Marinade/Beize für Schlachtfleisch und Wildbret	130 g
Wild-Demi-glace	1100 g
Salz	

Vorbereitung
- Schalotten fein hacken.
- Weiße Pfefferkörner zerdrücken.
- Marinade aufkochen und durch ein Passiertuch passieren.

Zubereitung
- Schalotten in Butter dünsten.
- Pfefferkörner beigeben und mit der Wildmarinade ablöschen.
- Die Reduktion zu sirupartiger Konsistenz einkochen.
- Mit Wild-Demi-glace auffüllen und 10 Minuten leicht kochen lassen.
- Die Sauce durch ein feines Drahtspitzsieb passieren.
- Sauce abschmecken und mit Butterflocken verfeinern.

Wildrahmsauce · Sauce crème de gibier

Zutaten	1 Liter
Butter	30 g
Schalotten, geschält	60 g
Knoblauch, geschält	10 g
Weißwein, Chablis	100 g
Aceto balsamico di Modena (Balsamessig)	40 g
Pfefferkörner, weiß, zerdrückt	
Wacholderbeeren	
Gewürznelken	
Sauser, weiß	120 g
Wild-Demi-glace	700 g
Doppelrahm, 45%	50 g
Vollrahm, 35%	250 g
Salz	
Pfeffer, weiß, aus der Mühle	
Lebkuchengewürz	

Vorbereitung
- Schalotten und Knoblauch fein hacken.
- Wild-Demi-glace aufkochen.
- Vollrahm steif schlagen und kühl stellen.

Zubereitung
- Schalotten und Knoblauch in Butter andünsten.
- Mit Weißwein und Balsamessig ablöschen, Gewürze beigeben und fast vollständig einkochen lassen.
- Weißen Sauser und heiße Wild-Demi-glace beigeben, aufkochen und 10 Minuten leicht kochen lassen.
- Sauce durch ein Drahtspitzsieb passieren.
- Doppelrahm und geschlagenen Vollrahm beigeben, mit Salz, Pfeffer und Lebkuchengewürz abschmecken.

Hinweise für die Praxis
Als Ergänzung kann der Reduktion 10 g Steinpilzpulver beigegeben werden. Am Schluss kann die Sauce mit etwas Gin verfeinert werden. Verwendung: zu Wildgerichten aller Art.

Zwiebelsauce · Sauce aux oignons/Sauce lyonnaise

Zutaten	1 Liter
Zwiebeln, geschält	400 g
Butter	80 g
Rotwein	150 g
Demi-glace	800 g
Petersilie, gekraust, frisch	40 g
Salz	
Pfeffer, weiß, aus der Mühle	

Vorbereitung
- Zwiebeln längs des Wurzelansatzes halbieren und in feine Streifen schneiden.
- Petersilie waschen, zupfen, trockentupfen und fein hacken.

Zubereitung
- Zwiebeln in Butter 10 Minuten dünsten.
- Mit Rotwein ablöschen und zu sirupartiger Konsistenz einkochen.
- Demi-glace beigeben und weitere 10 Minuten leicht kochen lassen.
- Mit Salz und Pfeffer abschmecken.
- Unmittelbar vor der Verwendung die gehackte Petersilie beigeben.

Hinweise für die Praxis
Verwendung: zu gebratenen Würsten aller Art.

TOMATENSAUCEN UND ABLEITUNGEN

Neapolitanische Sauce · Sauce napolitaine

Zutaten	1 Liter
Olivenöl, kaltgepresst	20 g
Schalotten, geschält	20 g
Knoblauch, geschält	5 g
Tomaten-Concassé	600 g
Tomatensauce	350 g
Meersalz, fein	
Pfeffer, weiß, aus der Mühle	
Rohzucker	

Vorbereitung
– Schalotten und Knoblauch fein hacken.

Zubereitung
– Schalotten und Knoblauch im erhitzten Olivenöl weich dünsten.
– Tomaten-Concassé und Tomatensauce beigeben und aufkochen.
– Mit Meersalz, Pfeffer und Rohzucker abschmecken.

Hinweise für die Praxis
Verwendung: passt vor allem zu Teigwarengerichten aller Art.

Portugiesische Sauce · Sauce portugaise

Zutaten	1 Liter
Butter	50 g
Zwiebeln, geschält	100 g
Knoblauch, geschält	10 g
Tomaten-Concassé	800 g
Fleischglace	40 g
Petersilie, glattblättrig, frisch	10 g
Meersalz, fein	
Pfeffer, weiß, aus der Mühle	
Rohzucker	
Cayenne-Pfeffer, gemahlen	
Limonensaft	

Vorbereitung
– Zwiebeln und Knoblauch fein hacken.
– Petersilie waschen, zupfen, trockentupfen und fein hacken.

Zubereitung
– Zwiebeln und Knoblauch in Butter weich dünsten.
– Tomaten-Concassé beigeben und kurz durchkochen lassen.
– Mit Fleischglace verfeinern und mit Meersalz, Pfeffer, Rohzucker, Cayenne-Pfeffer und Limonensaft abschmecken.
– Gehackte Petersilie beigeben.

Hinweise für die Praxis
Verwendung: zu sautiertem oder grilliertem Schlachtfleisch.

Provenzalische Sauce · Sauce provençale

Zutaten	1 Liter
Butter	50 g
Zwiebeln, geschält	100 g
Knoblauch, geschält	10 g
Tomaten-Concassé	800 g
Oliven, schwarz, entsteint	80 g
Petersilie, glattblättrig, frisch	10 g
Meersalz, fein	
Pfeffer, weiß, aus der Mühle	
Rohzucker	
Cayenne-Pfeffer, gemahlen	

Vorbereitung
– Zwiebeln und Knoblauch fein hacken.
– Oliven in 5 mm große Würfel schneiden.
– Petersilie waschen, zupfen, trockentupfen und fein hacken.

Zubereitung
– Zwiebeln und Knoblauch in Butter weich dünsten.
– Tomaten-Concassé beigeben und kurz durchkochen.
– Olivenwürfel und gehackte Petersilie beigeben.
– Sauce mit Meersalz, Pfeffer, Rohzucker und Cayenne-Pfeffer abschmecken.

Hinweise für die Praxis
Verwendung: zu sautierten oder grillierten Fischen, Krusten- und Weichtieren.

Tomaten-Concassé · Tomates concassées

Zutaten	1 Liter
Olivenöl, kaltgepresst	40 g
Schalotten, geschält	40 g
Knoblauch, geschält	10 g
Tomaten, getrocknet	30 g
Tomatenpüree	80 g
Tomaten, Peretti, geschält, entkernt	1000 g
Meersalz, fein	
Pfeffer, weiß, aus der Mühle	
Rohzucker	

Vorbereitung
− Schalotten und Knoblauch fein hacken.
− Getrocknete Tomaten blanchieren und in Brunoise (Würfelchen) schneiden.
− Peretti-Tomaten in Würfel schneiden.

Zubereitung
− Schalotten und Knoblauch im erhitzten Olivenöl weich dünsten.
− Getrocknete Tomaten beigeben und dünsten.
− Tomatenpüree und Tomatenwürfel beigeben und kurz mitdünsten, ohne dass die Tomatenwürfel zerfallen.
− Mit Meersalz, weißem Pfeffer und Rohzucker abschmecken.

Hinweise für die Praxis
Fällt nach dem Dünsten zu viel Flüssigkeit an, das Tomaten-Concassé vorsichtig in ein Rundsieb geben, um die Flüssigkeit aufzufangen. Diese einkochen und wieder zu den Tomatenwürfeln gegeben. Getrocknete Tomaten sind häufig unterschiedlich gesalzen; je nachdem kann die Salzzugabe variieren.

Tomaten-Coulis · Coulis de tomates

Zutaten	1 Liter
Olivenöl	40 g
Zwiebeln, geschält	150 g
Knoblauch, geschält	10 g
Tomaten, getrocknet	50 g
Tomatenpüree	100 g
Tomaten, Peretti, geschält, entkernt	1200 g
Meersalz, fein	
Limonenblätter	
Limonensaft	
Pfeffer, weiß, aus der Mühle	
Rohzucker	
Butter	40 g

Vorbereitung
− Zwiebeln und Knoblauch fein hacken.
− Getrocknete Tomaten in Würfel schneiden.
− Peretti-Tomaten in Würfel schneiden.
− Limonenblätter waschen.

Zubereitung
− Zwiebeln und Knoblauch im Olivenöl andünsten.
− Getrocknete Tomaten beigeben und dünsten.
− Tomatenpüree und Tomatenwürfel beigeben und mitdünsten.
− Leicht salzen, Limonenblätter beigeben und zugedeckt 30 Minuten weich dünsten.
− Limonenblätter entfernen und das Coulis mit dem Mixer pürieren.
− Durch ein Spitzsieb passieren.
− Coulis mit Meersalz, Pfeffer, Limonensaft und Rohzucker abschmecken.
− Butter in einer Sauteuse leicht bräunen und zum Coulis geben.

Hinweise für die Praxis
Außerhalb der Saison am besten Peretti-Tomaten aus der Dose verwenden, da diese in optimalem Reifezustand geerntet und verarbeitet werden. Getrocknete Tomaten sind häufig unterschiedlich gesalzen; je nachdem kann die Salzzugabe variieren.

Tomatensauce · Sauce tomate

Zutaten — 1 Liter
Butter	80 g
Matignon, bunt	150 g
Knoblauch, geschält	5 g
Speck, geräuchert	30 g
Tomaten, getrocknet	50 g
Tomatenpüree	250 g
Tomaten, Peretti	800 g
Gemüsefond	700 g
Gewürzsäcklein	1
Rohzucker	
Meersalz, fein	
Pfeffer, weiß, aus der Mühle	

Vorbereitung
- Knoblauch hacken.
- Speck in Würfel schneiden.
- Getrocknete Tomaten in Würfel schneiden.
- Vollreife Peretti-Tomaten waschen, entkernen und in grobe Würfel schneiden.
- Gewürzsäcklein (Basilikum, Oriçano, Lorbeerblatt, Pfefferkörner) bereitstellen.

Zubereitung
- Matignon in Butter andünsten.
- Knoblauch, Speckwürfel und getrocknete Tomaten beigeben und dünsten.
- Tomatenpüree und Tomatenwürfel beigeben und mitdünsten.
- Mit Gemüsefond auffüllen und zum Siedepunkt bringen.
- Gewürzsäcklein beigeben, abschmecken und 30 Minuten sieden.
- Des Öfteren abschäumen.
- Sauce durch ein Drahtspitzsieb passieren und mit Meersalz, Pfeffer und Rohzucker abschmecken.

Hinweise für die Praxis
Für vegetarische Zubereitungen den Speck weglassen. Außerhalb der Saison am besten Peretti-Tomaten aus der Dose verwenden, da diese in optimalem Reifezustand geerntet und verarbeitet werden. Getrocknete Tomaten sind häufig unterschiedlich gesalzen; je nachdem kann die Salzzugabe variieren. Wird eine konsistentere Tomatensauce gewünscht, kann sie mit wenig angerührtem Stärkemehl gebunden werden.

■ BUTTERSAUCEN UND ABLEITUNGEN

Bearner Sauce · Sauce béarnaise

Zutaten — 1 Liter
Holländische Sauce	950 g
Estragonessig	60 g
Weißwein	30 g
Estragon, frisch	15 g
Kerbel, frisch	10 g
Salz	
Pfeffer, weiß, aus der Mühle	
Cayenne-Pfeffer, gemahlen	

Vorbereitung
- Estragon waschen, zupfen, trockentupfen und fein hacken.
- Kerbel waschen, zupfen, trockentupfen und fein hacken.

Zubereitung
- Estragonessig, Weißwein und gehackten Estragon fast vollständig reduzieren.
- Reduktion unter die holländische Sauce rühren.
- Gehackten Kerbel beigeben, m t Salz, Pfeffer und Cayenne-Pfeffer abschmecken.

Hinweise für die Praxis
Verwendung: zu Grilladen von Schlachtfleisch und Fisch sowie zu Gemüsegerichten.

Choron-Sauce · Sauce Choron

Zutaten — 1 Liter
- Estragonessig — 60 g
- Weißwein — 40 g
- Holländische Sauce — 900 g
- Tomatenpüree — 60 g
- Tomaten-Ketchup — 15 g
- Estragon, frisch — 15 g
- Zucker
- Salz
- Pfeffer, weiß, aus der Mühle
- Cayenne-Pfeffer, gemahlen

Vorbereitung
– Estragon waschen, zupfen, trockentupfen und fein hacken.

Zubereitung
– Estragonessig, Weißwein und gehackten Estragon fast vollständig reduzieren und zur holländischen Sauce geben.
– Tomatenpüree und Tomaten-Ketchup erwärmen und unter die Sauce rühren.
– Mit Zucker, Salz, weißem Pfeffer und Cayenne-Pfeffer abschmecken.

Hinweise für die Praxis
Verwendung: zu sautiertem, gebratenem oder grilliertem Rindfleisch sowie zu Gemüsegerichten.

Dijon-Sauce · Sauce dijonnaise

Zutaten — 1 Liter
- Holländische Sauce — 900 g
- Dijon-Senf, grobkörnig — 100 g
- Salz
- Pfeffer, weiß, aus der Mühle
- Cayenne-Pfeffer, gemahlen

Zubereitung
– Dijon-Senf etwas erwärmen und unter die Sauce rühren.
– Mit Salz, weißem Pfeffer und Cayenne-Pfeffer abschmecken.

Hinweise für die Praxis
Verwendung: zu im Sud pochierten oder grillierten Meerfischen.

Holländische Sauce · Sauce hollandaise

Zutaten — 1 Liter
- Schalotten, geschält — 50 g
- Pfefferkörner, weiß
- Weißweinessig — 30 g
- Weißwein — 30 g
- Wasser — 80 g
- Salz
- Eigelb, pasteurisiert — 200 g
- Butter, geklärt — 750 g
- Pfeffer, weiß, aus der Mühle
- Tabasco, rot
- Cayenne-Pfeffer, gemahlen
- Zitronensaft, frisch

Vorbereitung
– Schalotten fein hacken.
– Pfefferkörner zerdrücken.
– Geklärte Butter auf 45 °C erwärmen.

Zubereitung
– Schalotten, Pfefferkörner, Weißweinessig, Weißwein und die Hälfte der Wassermenge fast vollständig reduzieren.
– Die restliche Wassermenge zur Reduktion geben, leicht salzen und durch ein Sieb passieren.
– Passierte Reduktion zusammen mit dem Eigelb im Wasserbad zu einer cremigen Masse schlagen.
– Außerhalb des Wasserbades die geklärte Butter (Temperatur 45 °C) in regelmäßigem feinem Faden unter die Eigelbmasse schwingen.
– Sauce mit Salz, weißem Pfeffer, Cayenne-Pfeffer, Tabasco und etwas Zitronensaft abschmecken.
– Die holländische Sauce während der Ausgabezeit (Service) zugedeckt an einem warmen Ort aufbewahren.

Hinweise für die Praxis
Die Butter stets im Wasserbad klären, wodurch der Buttergeschmack besser erhalten bleibt. Butter anschließend vorsichtig dekantieren und durch ein Passiertuch passieren. Sollte die Sauce gerinnen, etwas Eigelb mit Wasser im Wasserbad schaumig schlagen und die Sauce tropfenweise dazugeben. Eine weitere Möglichkeit ist, der geronnenen Sauce ein wenig heißes (bei zu kalter geronnener Sauce) oder kaltes Wasser (bei zu heißer geronnener Sauce) beizugeben und am Rand beginnend langsam einzurühren.

HOLLÄNDISCHE SAUCE – STEP BY STEP

1
2
3
4
5
6
7
8

SAUCEN

Foyot-Sauce · Sauce Foyot

Zutaten — 1 Liter
- Holländische Sauce — 850 g
- Estragonessig — 60 g
- Weißwein — 35 g
- Estragon, frisch — 15 g
- Kerbel, frisch — 5 g
- Fleischglace — 100 g
- Salz
- Pfeffer, weiß, aus der Mühle
- Cayenne-Pfeffer, gemahlen

Vorbereitung
- Estragon waschen, zupfen, trockentupfen und fein hacken.
- Kerbel waschen, zupfen, trockentupfen und fein hacken.

Zubereitung
- Estragonessig, Weißwein und gehackten Estragon fast vollständig reduzieren.
- Reduktion unter die holländische Sauce rühren.
- Fleischglace erwärmen und zusammen mit dem Kerbel unter die Sauce rühren.
- Mit Salz, weißem Pfeffer und Cayenne-Pfeffer abschmecken.

Hinweise für die Praxis
Beim Zugeben der Fleischglace verdickt sich die Sauce.
Verwendung: zu Grilladen von Schlachtfleisch.

Malteser Sauce · Sauce maltaise

Zutaten — 1 Liter
- Holländische Sauce — 900 g
- Orangenzesten — 25 g
- Orangensaft, frisch gepresst — 400 g
- Salz
- Pfeffer, weiß, aus der Mühle
- Cayenne-Pfeffer, gemahlen

Vorbereitung
- Orangenzesten blanchieren, abschrecken, abtropfen lassen und grob hacken.

Zubereitung
- Orangensaft passieren und zu sirupartiger Konsistenz einkochen.
- Nach der Hälfte der Kochzeit die Orangenzesten beigeben.
- Die Reduktion leicht auskühlen lassen und unter die holländische Sauce rühren.
- Mit Salz, weißem Pfeffer und Cayenne-Pfeffer abschmecken.

Hinweise für die Praxis
Sollte die Reduktion bitter werden, kann mit etwas Zucker neutralisiert werden. Während der Saison können Blutorangen verwendet werden. Verwendung: zu Spargelgerichten und grillierten Fischen.

Schaumsauce · Sauce mousseline

Zutaten — 1 Liter
- Holländische Sauce — 750 g
- Vollrahm, 35% — 250 g
- Salz
- Pfeffer, weiß, aus der Mühle
- Zitronensaft, frisch
- Cayenne-Pfeffer, gemahlen

Vorbereitung
- Vollrahm steif schlagen und kühl stellen.

Zubereitung
- Geschlagenen Vollrahm unter die holländische Sauce melieren.
- Mit Salz, Pfeffer, Zitronensaft und Cayenne-Pfeffer abschmecken.

Hinweise für die Praxis
Verwendung: zu Fisch aus dem Sud sowie zu gedämpftem oder gesottenem Gemüse.

VINAIGRETTE-SAUCE UND ABLEITUNGEN

Eier-Vinaigrette · Sauce vinaigrette aux œufs

Zutaten	1 Liter
Schnittlauch, frisch	20 g
Petersilie, glattblättrig, frisch	40 g
Basilikum, frisch	10 g
Kerbel, frisch	10 g
Estragon, frisch	20 g
Zwiebeln, geschält	120 g
Kräuteressig	200 g
Rapsöl	480 g
Eier, gekocht	280 g
Salz	
Pfeffer, weiß, aus der Mühle	

Vorbereitung
− Schnittlauch waschen und fein schneiden.
− Restliche Kräuter waschen, zupfen, trockentupfen und fein hacken.
− Zwiebeln fein hacken.
− Eier schälen und hacken.

Zubereitung
− Kräuter und Zwiebeln mit Essig, Salz und Pfeffer vermischen.
− Rapsöl unter Rühren in feinem Faden beigeben.
− Gehackte Eier beigeben und verrühren.
− Vor jedem Gebrauch gut aufrühren.

Hinweise für die Praxis
Sauce nur für den unmittelbaren Gebrauch herstellen, da sonst die Kräuter ihre schöne grüne Farbe verlieren und die Zwiebeln einen unangenehmen Geschmack entwickeln.

Gemüse-Vinaigrette · Sauce vinaigrette aux légumes

Zutaten	1 Liter
Karotten, geschält	80 g
Lauch, gebleicht, gerüstet	60 g
Knollensellerie, geschält	60 g
Zucchetti, grün, gerüstet	80 g
Peperoni, rot, entkernt	80 g
Peperoni, gelb, entkernt	80 g
Olivenöl	20 g
Kerbel, frisch	10 g
Basilikum, frisch	10 g
Schnittlauch, frisch	15 g
Sojasauce	40 g
Olivenöl, kaltgepresst	300 g
Rotweinessig	200 g
Salz	
Pfeffer, weiß, aus der Mühle	

Vorbereitung
− Die Gemüse in Brunoise (kleine Würfelchen) schneiden, im Olivenöl dünsten und erkalten lassen.
− Kerbel und Basilikum waschen, zupfen, trockentupfen und fein hacken.
− Schnittlauch fein schneiden.

Zubereitung
− Sojasauce, Essig und kaltgepresstes Olivenöl verrühren.
− Gemüsewürfelchen und Kräuter beigeben.
− Mit Salz und Pfeffer aus der Mühle abschmecken.
− Sauce vor jedem Gebrauch stets aufrühren.

Hinweise für die Praxis
Verwendung: zu Salatkombinationen mit sautierten lauwarmen Fischen, Auberginen, Kalbsmilken (Bries), Geflügelbrust usw.

Ravigote-Sauce · Sauce ravigote

Zutaten	1 Liter
Schnittlauch, frisch	10 g
Petersilie, glattblättrig, frisch	30 g
Basilikum, frisch	10 g
Kerbel, frisch	10 g
Estragon, frisch	20 g
Zwiebeln, geschält	80 g
Kräuteressig	200 g
Sonnenblumenöl	500 g
Cornichons, abgetropft	100 g
Kapern, abgetropft	50 g
Salz	
Pfeffer, weiß, aus der Mühle	

Vorbereitung
- Schnittlauch waschen und fein schneiden.
- Restliche Kräuter waschen, zupfen, trockentupfen und fein hacken.
- Zwiebeln fein hacken.
- Cornichons und Kapern fein hacken.

Zubereitung
- Kräuter und Zwiebeln mit Essig, Salz und Pfeffer vermischen.
- Sonnenblumenöl unter Rühren in feinem Faden beigeben.
- Gehackte Cornichons und Kapern beigeben.
- Vor jedem Gebrauch gut aufrühren.

Hinweise für die Praxis
Sauce nur für den unmittelbaren Gebrauch herstellen, da sonst die Kräuter ihre schöne grüne Farbe verlieren und die Zwiebeln einen unangenehmen Geschmack entwickeln.

Tomaten-Vinaigrette · Sauce vinaigrette aux tomates

Zutaten	1 Liter
Schnittlauch, frisch	20 g
Petersilie, glattblättrig, frisch	30 g
Basilikum, frisch	10 g
Kerbel, frisch	10 g
Estragon, frisch	20 g
Zwiebeln, geschält	80 g
Kräuteressig	160 g
Rapsöl	400 g
Salz	
Pfeffer, weiß, aus der Mühle	
Tomaten, geschält, entkernt	280 g

Vorbereitung
- Schnittlauch waschen und fein schneiden.
- Restliche Kräuter waschen, zupfen, trockentupfen und fein hacken.
- Zwiebeln fein hacken.
- Tomaten in 5 mm große Würfel schneiden.

Zubereitung
- Kräuter und Zwiebeln mit Essig, Salz und Pfeffer vermischen.
- Rapsöl unter Rühren in feinem Faden beigeben.
- Tomatenwürfel beigeben.
- Vor jedem Gebrauch gut aufrühren.

Hinweise für die Praxis
Sauce nur für den unmittelbaren Gebrauch herstellen, da sonst die Kräuter ihre schöne grüne Farbe verlieren und die Zwiebeln einen unangenehmen Geschmack entwickeln.

Vinaigrette-Sauce · Sauce vinaigrette

Zutaten	1 Liter
Schnittlauch, frisch	20 g
Petersilie, glattblättrig, frisch	30 g
Basilikum, frisch	10 g
Kerbel, frisch	10 g
Estragon, frisch	20 g
Zwiebeln, geschält	130 g
Kräuteressig	230 g
Sonnenblumenöl, kaltgepresst	580 g
Salz	
Pfeffer, weiß, aus der Mühle	

Vorbereitung
- Schnittlauch waschen und fein schneiden.
- Restliche Kräuter waschen, zupfen, trockentupfen und fein hacken.
- Zwiebeln fein hacken.

Zubereitung
- Kräuter und Zwiebeln mit Essig, Salz und Pfeffer vermischen.
- Sonnenblumenöl unter Rühren in feinem Faden beigeben.
- Vor jedem Gebrauch gut aufrühren.

Hinweise für die Praxis
Sauce nur für den unmittelbaren Gebrauch herstellen, da sonst die Kräuter ihre schöne grüne Farbe verlieren und die Zwiebeln einen unangenehmen Geschmack entwickeln.

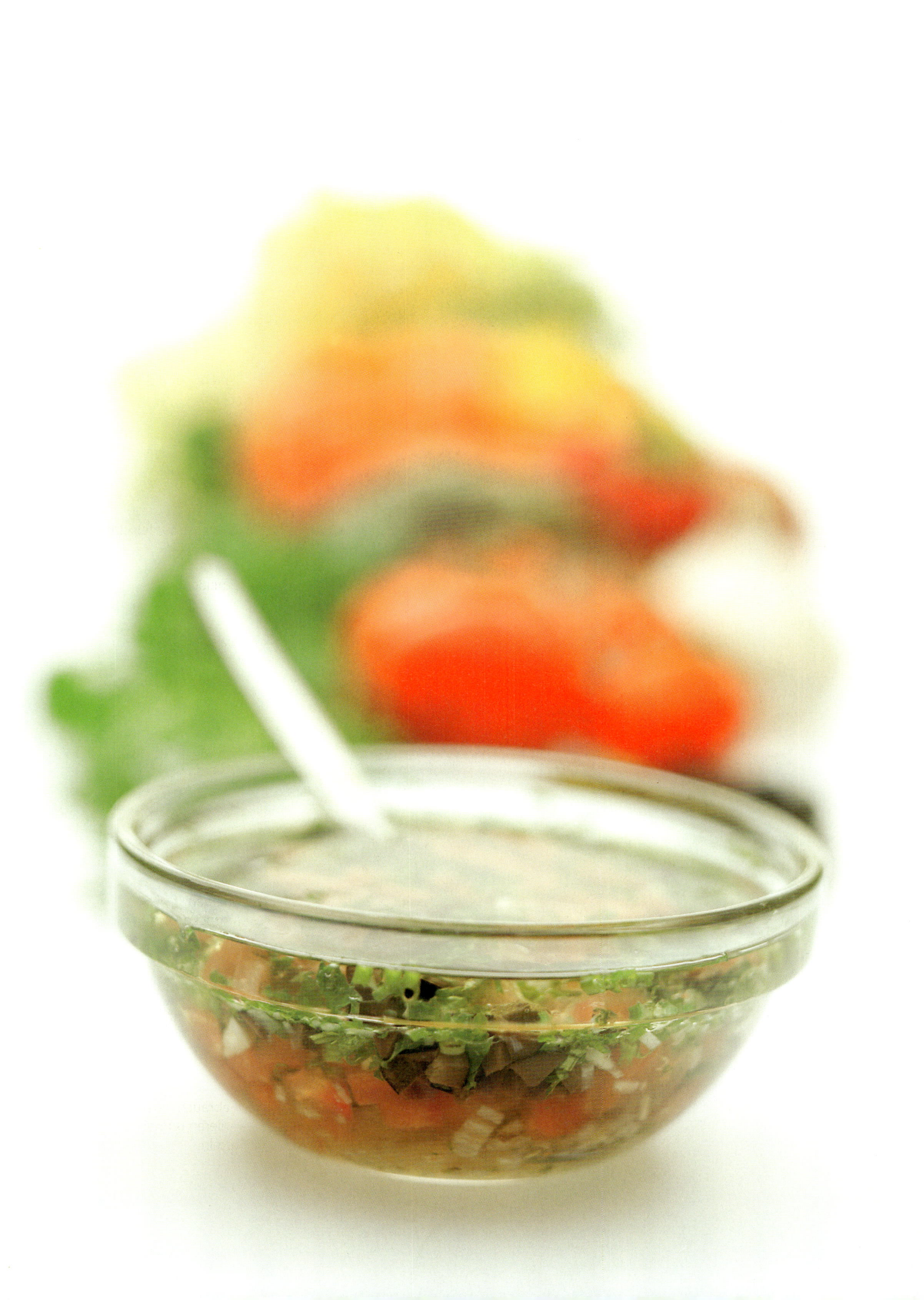

Vinaigrette-Sauce mit gerösteten Kernen · Sauce vinaigrette aux graines grillées

Zutaten	1 Liter
Vinaigrette-Sauce	800 g
Sonnenblumenkerne	70 g
Pistazienkerne, geschält	50 g
Pinienkerne	50 g
Kürbiskerne, geschält	30 g

Vorbereitung
- Sonnenblumen-, Pistazien-, Pinien- und Kürbiskerne in einer antihaftbeschichteten Pfanne ohne Fettstoff goldgelb rösten.

Zubereitung
- Die gerösteten Kerne der Vinaigrette beigeben und abschmecken.
- Sauce vor jedem Gebrauch gut aufrühren.

Hinweise für die Praxis
Die Kerne erst unmittelbar vor dem Gebrauch der Sauce beigeben, damit ihre knusprige Konsistenz erhalten bleibt.

■ MAYONNAISE-SAUCE UND ABLEITUNGEN

Cocktailsauce · Sauce cocktail

Zutaten	1 Liter
Mayonnaise	570 g
Tomaten-Ketchup	260 g
Quark, mager	100 g
Meerrettich, frisch, geschält	30 g
Zitronensaft, frisch	10 g
Cognac	30 g
Paprika, delikatess	
Tabasco, rot	
Salz	
Pfeffer, weiß, aus der Mühle	

Vorbereitung
- Meerrettich fein reiben und mit dem Zitronensaft vermischen.

Zubereitung
- Alle Zutaten miteinander verrühren.
- Mit Cognac, Paprika, Tabasco, Zitronensaft, Salz und Pfeffer abschmecken.

Hinweise für die Praxis
Verwendung: zu pochierten kalten Krustentieren und Fischen, Speisecocktails und Sandwiches.

Dill-Senf-Sauce · Sauce mayonnaise à la moutarde et à l'aneth

Zutaten	1 Liter
Senf, scharf	200 g
Senf, mild	60 g
Eigelb, pasteurisiert	50 g
Sonnenblumenöl	650 g
Dill, frisch	30 g
Bienenhonig	30 g
Zitronensaft, frisch	
Salz	
Pfeffer, weiß, aus der Mühle	

Vorbereitung
- Dill waschen, zupfen, trockentupfen und fein hacken.

Zubereitung
- Senfsorten mit Eigelb verrühren.
- Mit dem Sonnenblumenöl wie eine Mayonnaise aufmontieren.
- Gehackten Dill beigeben.
- Mit Honig, Zitronensaft, Salz und Pfeffer abschmecken.

Hinweise für die Praxis
Verwendung: hauptsächlich zu Gravad Lax.

Grüne Sauce · Sauce verte

Zutaten	1 Liter
Mayonnaise	800 g
Blattspinat, tiefgekühlt	80 g
Estragon, frisch	10 g
Kerbel, frisch	10 g
Sauerampfer, frisch, gerüstet	20 g
Basilikum, frisch	20 g
Brunnenkresse	100 g
Salz	
Pfeffer, weiß, aus der Mühle	
Zitronensaft, frisch	

Vorbereitung
- Spinat gut auspressen und fein hacken.
- Estragon, Kerbel, Sauerampfer und Basilikum waschen, zupfen und trockentupfen.
- Brunnenkresse waschen, von den groben Stielen befreien und gut abtropfen lassen.

Zubereitung
- Spinat, Estragon, Kerbel, Sauerampfer und Brunnenkresse mit 200 g Mayonnaise fein mixen.
- Restliche Mayonnaise darunterrühren.
- Mit Salz, Pfeffer und Zitronensaft abschmecken.

Hinweise für die Praxis
Verwendung: zu pochiertem kaltem Fisch.

Mayonnaise-Sauce · Sauce mayonnaise

Zutaten	1 Liter
Eigelb, pasteurisiert	100 g
Wasser	15 g
Senf, mild	15 g
Sonnenblumenöl	850 g
Weißweinessig	30 g
Salz	
Pfeffer, weiß, aus der Mühle	
Zitronensaft, frisch	

Zubereitung
- Eigelb und Öl auf Zimmertemperatur erwärmen.
- Eigelb, Wasser und Senf in Schüssel gut schaumig rühren.
- Öl in feinem Faden unter Rühren mit dem Schneebesen unter die Masse rühren.
- Am Schluss den Essig beifügen.
- Mit Salz, Pfeffer und Zitronensaft abschmecken.

Hinweise für die Praxis
Anstelle von Sonnenblumenöl kann auch Rapsöl verwendet werden.

Mayonnaise-Sauce mit Gemüsewürfelchen · Sauce mayonnaise aux brunoises de légumes

Zutaten	1 Liter
Mayonnaise	600 g
Vollmilchjoghurt, nature	100 g
Karotten, geschält	100 g
Knollensellerie, geschält	60 g
Peperoni, grün, entkernt	50 g
Peperoni, gelb, entkernt	50 g
Lauch, gebleicht, gerüstet	40 g
Olivenöl, kaltgepresst	30 g
Salz	
Pfeffer, weiß, aus der Mühle	
Zitronensaft, frisch	20 g

Vorbereitung
- Lauch längs halbieren und waschen.
- Sämtliche Gemüse in Brunoise (Würfelchen) schneiden.
- Gemüse im Olivenöl weich dünsten, leicht salzen und erkalten lassen.

Zubereitung
- Alle Zutaten verrühren und die Sauce mit der Dünstflüssigkeit zur gewünschten Konsistenz verdünnen.
- Mit Salz und weißem Pfeffer abschmecken.

Mayonnaise-Sauce mit Oliven und Sardellen · Sauce mayonnaise aux olives et aux anchois

Zutaten	1 Liter
Mayonnaise	650 g
Vollmilchjoghurt, nature	100 g
Oliven, grün, entsteint	100 g
Oliven, schwarz, entsteint	100 g
Sardellenfilets, abgetropft	30 g
Zitronensaft, frisch	40 g
Salz	
Pfeffer, weiß, aus der Mühle	

Vorbereitung
- Grüne und schwarze Oliven in kleine Würfel schneiden.
- Sardellenfilets fein hacken.

Zubereitung
- Alle Zutaten vermischen.
- Mit Zitronensaft, Salz und weißem Pfeffer abschmecken.

Mayonnaise-Sauce mit Tomatenwürfeln · Sauce mayonnaise aux tomates concassées

Zutaten — 1 Liter

Mayonnaise	600 g
Vollmilchjoghurt, nature	100 g
Tomaten, geschält, entkernt	200 g
Petersilie, gekraust, frisch	60 g
Zitronensaft, frisch	40 g
Salz	
Pfeffer, weiß, aus der Mühle	

Vorbereitung
- Tomaten in 5 mm große Würfel schneiden.
- Petersilie waschen, zupfen, trockentupfen und fein hacken.

Zubereitung
- Alle Zutaten sorgfältig vermischen.
- Mit Salz und weißem Pfeffer abschmecken.

Quarkmayonnaise · Sauce mayonnaise au séré

Zutaten — 1 Liter

Mayonnaise	600 g
Quark, mager	400 g
Salz	
Cayenne-Pfeffer, gemahlen	
Zitronensaft, frisch	

Zubereitung
- Mayonnaise mit dem Magerquark glatt rühren.
- Mit Salz, Cayenne-Pfeffer und Zitronensaft pikant abschmecken.

Remouladensauce · Sauce rémoulade

Zutaten — 1 Liter

Mayonnaise	760 g
Sardellenfilets, abgetropft	10 g
Zwiebeln, geschält	50 g
Kapern, abgetropft	40 g
Schnittlauch, frisch	20 g
Petersilie, gekraust, frisch	10 g
Estragon, frisch	10 g
Quark, mager	100 g
Salz	
Cayenne-Pfeffer, gemahlen	

Vorbereitung
- Sardellenfilets sehr fein hacken.
- Zwiebeln und Kapern fein hacken.
- Schnittlauch fein schneiden.
- Petersilie und Estragon waschen, zupfen, trockentupfen und fein hacken.

Zubereitung
- Alle Zutaten mit der Mayonnaise vermischen.
- Mit Salz und Cayenne-Pfeffer pikant abschmecken.

Hinweise für die Praxis
Die gehackten Zwiebeln und den Schnittlauch erst unmittelbar vor Gebrauch beigeben. Durch die Zugabe von Essigzwiebeln wird die Sauce länger haltbar. Verwendung: hauptsächlich zu frittierten Fischen.

Senfmayonnaise · Sauce mayonnaise à la moutarde de Meaux

Zutaten — 1 Liter
- Mayonnaise — 700 g
- Vollmilchjoghurt, nature — 100 g
- Meaux-Vollkornsenf — 100 g
- Dijon-Senf — 60 g
- Zitronensaft, frisch — 40 g
- Salz
- Pfeffer, weiß, aus der Mühle

Zubereitung
- Alle Zutaten verrühren.
- Mit Salz und weißem Pfeffer abschmecken.

Tatarensauce · Sauce tartare

Zutaten — 1 Liter
- Mayonnaise — 600 g
- Eier, gekocht — 180 g
- Cornichons, abgetropft — 120 g
- Quark, mager — 80 g
- Schnittlauch, frisch — 20 g
- Salz
- Cayenne-Pfeffer, gemahlen

Vorbereitung
- Eier schälen und hacken.
- Cornichons fein hacken.
- Schnittlauch fein schneiden.

Zubereitung
- Alle Zutaten mit der Mayonnaise vermischen.
- Mit Salz und Cayenne-Pfeffer pikant abschmecken.

Hinweise für die Praxis
Verwendung: zu frittiertem Fisch, kaltem Braten und kalten Eierspeisen.

■ DIVERSE KALTE SAUCEN UND CHUTNEYS

Aïoli-Sauce · Sauce aïoli/Sauce ailloli

Zutaten — 1 Liter
- Knoblauch, geschält — 80 g
- Salz — 5 g
- Kartoffeln, Typ B, in Schale — 250 g
- Eigelb, pasteurisiert — 75 g
- Olivenöl, kaltgepresst — 580 g
- Zitronensaft, frisch — 20 g
- Salz
- Cayenne-Pfeffer, gemahlen

Vorbereitung
- Kartoffeln waschen, kochen oder dämpfen, etwas abkühlen lassen, schälen und pürieren.
- Knoblauch durch die Knoblauchpresse drücken und anschließend im Mörser mit dem Salz zerreiben.
- Eigelb und Olivenöl auf Zimmertemperatur bringen.

Zubereitung
- Kartoffelpüree, Eigelb und Knoblauch zu einer glatten Paste verrühren.
- Olivenöl in feinem Faden unter tüchtigem Schwingen unterrühren (wie für eine Mayonnaise).
- Mit Zitronensaft, Salz und Cayenne-Pfeffer abschmecken.

Hinweise für die Praxis
Für den Knoblauchliebhaber eine Universalsauce, klassisch unter anderem zur Bouillabaisse (französische Fischsuppe).

Cumberland-Sauce · Sauce Cumberland

Zutaten	1 Liter
Orangenzesten	15 g
Zitronenzesten	20 g
Orangensaft, frisch gepresst	200 g
Zitronensaft, frisch	120 g
Rotwein	120 g
Portwein, rot	250 g
Senfpulver, englisches	8 g
Johannisbeergelee	600 g
Meerrettich, frisch, geschält	35 g
Ingwer, frisch, geschält	15 g
Worcestershire-Sauce	20 g
Cayenne-Pfeffer, gemahlen	

Vorbereitung
– Orangen- und Zitronenzesten blanchieren, in Eiswasser abschrecken und abschütten.
– Meerrettich und Ingwer fein reiben.

Zubereitung
– Orangen- und Zitronenzesten im Rotwein weich kochen.
– Orangen- und Zitronensaft beigeben und etwas einkochen.
– Johannisbeergelee beigeben.
– Senfpulver mit Portwein anrühren und ebenfalls beigeben.
– Ingwer und Meerrettich beigeben und zum Siedepunkt bringen.
– Abschäumen, mit Worcestershire-Sauce und Cayenne-Pfeffer abschmecken und erkalten lassen.

Hinweise für die Praxis
Verwendung: zu kalten Geflügel- und Wildgerichten, Fleischpasteten und Terrinen.

Fenchel-Kräuter-Sauce · Sauce au fenouil et aux fines herbes

Zutaten	1 Liter
Olivenöl, kaltgepresst	40 g
Schalotten, geschält	60 g
Knoblauch, geschält	10 g
Fenchel, gerüstet	600 g
Gemüsefond	350 g
Rahmquark	200 g
Meersalz, grob	10 g
Petersilie, glattblättrig, frisch	20 g
Fenchelkraut	15 g
Kerbel, frisch	15 g
Limonensaft	5 g
Pfeffer, weiß, aus der Mühle	
Tabasco, rot	

Vorbereitung
– Schalotten und Knoblauch fein hacken.
– Fenchel waschen und in feine Streifen schneiden.
– Petersilie, Fenchelkraut und Kerbel waschen, zupfen, trockentupfen und fein hacken.

Zubereitung
– Schalotten und Knoblauch im Olivenöl andünsten.
– Fenchel beigeben und andünsten, leicht salzen.
– Mit Gemüsefond ablöschen und zugedeckt weich dünsten.
– Mit einem Standmixer fein pürieren und durch ein Haarsieb streichen.
– Rahmquark und Meersalz unter Rühren beigeben.
– Gehackte Kräuter beigeben, mit Limonensaft, weißem Pfeffer und Tabasco abschmecken.
– Kühl stellen.

Hinweise für die Praxis
Verwendung: als Dip-Sauce, zu kalten Fischgerichten und kalten vegetarischen Gerichten.

Hagebuttensauce · Sauce cynorrhodon (aux églantines)

Zutaten — 1 Liter

Zutat	Menge
Orangenzesten	5 g
Zitronenzesten	5 g
Orangensaft, frisch gepresst	200 g
Ingwer, frisch, geschält	10 g
Rotwein, Shiraz	200 g
Hagebutten, getrocknet	20 g
Portwein, rot	200 g
Hagebuttensirup	350 g
Meerrettich, gerieben, Konserve	5 g
Meaux-Vollkornsenf	20 g
Kartoffelstärke	14 g
Meersalz, fein	
Pfeffer, weiß, aus der Mühle	

Vorbereitung
- Orangen- und Zitronenzesten blanchieren, in Eiswasser abschrecken und abschütten.
- Ingwer fein reiben.
- Getrocknete Hagebutten im Mörser zerstoßen.
- Kartoffelstärke mit etwas Rotwein kalt anrühren.

Zubereitung
- Orangen- und Zitronenzesten im Orangensaft weich kochen.
- Ingwer beigeben.
- Rotwein aufkochen und die getrockneten Hagebutten 10 Minuten ziehen lassen.
- Durch ein Drahtspitzsieb passieren.
- Alle Zutaten mischen, aufkochen und mit der angerührten Kartoffelstärke binden.
- Sauce mit Meersalz und weißem Pfeffer abschmecken und abkühlen.

Hinweise für die Praxis
Verwendung: zu Wild- und Fleischpasteten sowie Terrinen.

Holundersauce · Sauce au sureau

Zutaten — 1 Liter

Zutat	Menge
Schalotten, geschält	40 g
Knoblauch, geschält	10 g
Senfkörner, gelb	5 g
Pfefferkörner, weiß, zerdrückt	
Lorbeerblätter	
Gewürznelken	
Sternanis	
Himbeeressig	20 g
Rotwein, Shiraz	100 g
Portwein, rot	200 g
Orangensaft, frisch gepresst	200 g
Holundermark	500 g
Holunderblütensirup	120 g
Meersalz, fein	
Pfeffer, weiß, aus der Mühle	
Cayenne-Pfeffer, gemahlen	

Vorbereitung
- Schalotten und Knoblauch fein hacken.

Zubereitung
- Schalotten, Knoblauch, Senfkörner, Pfefferkörner, Lorbeerblatt, Gewürznelken und Sternanis zusammen mit Rotwein und Himbeeressig fast vollständig einkochen.
- Mit Portwein auffüllen und durch ein Drahtspitzsieb passieren.
- Restliche Zutaten beigeben und aufkochen.
- Mit Meersalz, weißem Pfeffer und Cayenne-Pfeffer abschmecken.
- Erkalten lassen.

Hinweise für die Praxis
Verwendung: zu Wild- und Fleischpasteten sowie Terrinen.

Joghurt-Nuss-Sauce · Sauce au yogourt et aux noix

Zutaten — 1 Liter

Zutat	Menge
Vollmilchjoghurt, nature	650 g
Mayonnaise	100 g
Sesampaste	50 g
Erdnussbutter	50 g
Currypaste, rot	5 g
Limonensaft	5 g
Erdnüsse, geschält, ungesalzen	50 g
Baumnusskerne, halbiert	30 g
Pistazienkerne, geschält	30 g
Pinienkerne	30 g
Meersalz, fein	
Cayenne-Pfeffer, gemahlen	
Meerrettichpaste	5 g
Pfeffer, weiß, aus der Mühle	

Vorbereitung
- Nüsse grob hacken und in einer antihaftbeschichteten Pfanne trocken rösten.

Zubereitung
- Vollmilchjoghurt, Mayonnaise, Sesampaste, Erdnussbutter, Currypaste und Limonensaft verrühren.
- Geröstete Nüsse beigeben.
- Sauce mit Meersalz, Cayenne-Pfeffer, Meerrettichpaste und weißem Pfeffer abschmecken.

Hinweise für die Praxis
Verwendung: als Dip-Sauce, zu kalten Vorspeisen aus Kaninchen, Wild und Geflügel oder zu Terrinen und Pasteten.

Kürbis-Chutney · Chutney à la courge

Zutaten	1 Liter
Rapsöl	30 g
Zwiebeln, geschält	100 g
Knoblauch, geschält	10 g
Kürbis, rotfleischig, geschält	800 g
Äpfel, Boskop, ohne Kerngehäuse	200 g
Weißweinessig	200 g
Bienenhonig	200 g
Meerrettich, frisch, geschält	40 g
Zimtstängel	0,5
Sambal Oelek	
Curry, Madras	
Salz	

Vorbereitung
- Zwiebeln und Knoblauch fein hacken.
- Kürbis in 8 mm große Würfel schneiden.
- Äpfel mit der Schale in 8 mm große Würfel schneiden.
- Meerrettich fein reiben.

Zubereitung
- Zwiebeln und Knoblauch im Rapsöl andünsten.
- Kürbis- und Apfelwürfel beigeben und kurz mitdünsten.
- Mit Essig ablöschen und die restlichen Zutaten beigeben.
- Zugedeckt ca. 30 Minuten weich dünsten und abschmecken.
- Zimtstängel entfernen.

Hinweise für die Praxis
Das Chutney heiß in Gläser abfüllen, verschließen, erkalten lassen und im Kühlschrank aufbewahren.

Kürbis-Ketchup · Ketchup à la courge

Zutaten	1 Liter
Zwiebeln, geschält	170 g
Holunderblütensirup	90 g
Orangensaft, frisch gepresst	90 g
Kürbis, rotfleischig, geschält	700 g
Chilischoten, rot, entkernt	
Meersalz, grob	10 g
Sultaninen, hell	110 g
Rohzucker	165 g
Aceto balsamico bianco (weißer Balsamessig)	280 g
Senfkörner, gelbe	10 g
Ingwer, frisch, geschält	15 g
Zitronengras, gerüstet	10 g
Lorbeerblätter	
Sternanis	
Pfeffer, weiß, aus der Mühle	
Nesvital (vegetabiles Bindemittel)	2 g

Vorbereitung
- Zwiebeln in Paysanne (feinblättrig) schneiden.
- Kürbisfleisch in kleine Würfel schneiden.
- Chilischote waschen und hacken.
- Ingwer und Zitronengras in Stücke schneiden.

Zubereitung
- Zwiebeln mit Holunderblütensirup und Orangensaft weich sieden.
- Kürbisstücke, Chili und Meersalz beigeben und zugedeckt 30 Minuten sieden.
- Leicht auskühlen lassen und durch ein Passe-vite passieren.
- Kürbismasse mit den restlichen Zutaten (ausser Nesvital) aufkochen und 30 Minuten leicht sieden.
- Ingwer, Zitronengras, Lorbeerblatt und Sternanis entfernen.
- Mit Nesvital binden und das Kürbis-Ketchup mit dem Stabmixer fein mixen.
- Abschmecken, nochmals aufkochen und in Gläser abfüllen und verschliessen.
- Bis zur Verwendung bei einer Temperatur unter 5 °C lagern.

Meerrettichschaum · Mousse au raifort

Zutaten	1 Liter
Meerrettich, frisch, geschält	160 g
Zitronensaft, frisch	50 g
Vollrahm, 35%	800 g
Salz	
Cayenne-Pfeffer, gemahlen	

Vorbereitung
- Meerrettich fein reiben und Zitronensaft beigeben.
- Vollrahm steif schlagen und kühl stellen.

Zubereitung
- Vollrahm und Meerrettich vorsichtig vermischen.
- Mit Salz und Cayenne-Pfeffer abschmecken.

Hinweise für die Praxis
Verwendung: hauptsächlich zu geräucherten Fischen.

Melonen-Relish · Relish de melon

Zutaten
	1 Liter
Aceto balsamico bianco (weißer Balsamessig)	100 g
Kalamansi-Mark, Boiron	40 g
Rohzucker	30 g
Glukosesirup	70 g
Melonen, Cavaillon, Fruchtfleisch	300 g
Galia-Melone, Fruchtfleisch	300 g
Äpfel, Golden Delicious, geschält, ohne Kerngehäuse	100 g
Peperoni, rot, entkernt	120 g
Pfefferkörner, rosa, getrocknet	1 g
Ingwer, frisch, geschält	5 g
Chilischoten, rot, entkernt	
Frühlingszwiebeln, gerüstet	100 g
Nesvital (vegetabiles Bindemittel)	2 g
Koriander, frisch	1 g
Pfeffer, weiß, aus der Mühle	
Cayenne-Pfeffer, gemahlen	
Salz	

Vorbereitung
- Melonenfleisch und Peperoni in Jardiniere (5 mm große Würfel) schneiden.
- Ingwer fein reiben.
- Chilischoten waschen und fein hacken.
- Frühlingszwiebeln (nur die Stängel) in Paysanne (feinblättrig) schneiden.
- Koriander waschen, zupfen, trockentupfen und grob hacken.
- Äpfel mit einer Bircherraffel fein reiben.

Zubereitung
- Weißen Balsamessig, Kalamansi-Mark, Rohzucker und Glukose aufkochen.
- Melonen- und Peperoniwürfel, geriebene Äpfel, rosa Pfeffer, Ingwer und Chili beigeben.
- Zugedeckt 15 Minuten leicht sieden.
- Frühlingszwiebeln, Nesvital und Koriander beigeben und nochmals aufkochen.
- Rassig abschmecken und rasch abkühlen.
- Im Kühlschrank aufbewahren.

Hinweise für die Praxis
Anstelle von Kalamansi-Mark kann auch frischer Limonensaft verwendet werden. Statt weißer Balsamessig kann auch Holunderblütenessig verwendet werden: 15 g Holunderblüten zwei Tage in 100 g weißen Balsamessig einlegen, anschließend durch einen Kaffeefilter passieren. Das Relish entfaltet sein volles Aroma, wenn es bei Zimmertemperatur serviert wird. Verwendung: zu Wild- und Geflügelgerichten, Grilladen und Krustentieren.

Preiselbeersauce · Sauce aux airelles rouges

Zutaten
	1 Liter
Preiselbeeren, frisch	500 g
Wasser	120 g
Zucker	300 g
Rotwein	100 g
Rotweinessig	75 g

Vorbereitung
- Preiselbeeren verlesen und waschen.

Zubereitung
- Wasser, Zucker, Rotwein und Rotweinessig vermischen.
- Flüssigkeit aufkochen und des Öfteren abschäumen.
- Die Beeren in den nicht mehr kochend heißen Sirup geben, kurz ziehen lassen und erkalten lassen.

Hinweise für die Praxis
Es können auch tiefgekühlte Preiselbeeren verwendet werden. Verwendung: zu Siedfleisch, gebratenem Schweinefleisch, Geflügel und Wildgerichten.

Quitten-Chutney · Chutney aux coings

Zutaten	1 Liter
Quitten, geschält, ohne Kerngehäuse	850 g
Wasser	500 g
Zitronensaft, frisch	50 g
Butter	40 g
Sesamöl, fermentiert	10 g
Ingwer, frisch, geschält	10 g
Schalotten, geschält	80 g
Zucker	120 g
Orangensaft, frisch gepresst	170 g
Quittensaft	170 g
Orangenraps	
Salz	
Pfeffer, schwarz, aus der Mühle	
Chilischoten, rot, entkernt	1 g
Zitronenthymian, frisch	
Aceto balsamico bianco (weißer Balsamessig)	40 g
Quittengelee	60 g
Bienenhonig	20 g

Vorbereitung
- Quitten in 5 mm große Würfel schneiden.
- In Zitronenwasser einlegen, um ein Verfärben zu verhindern.
- Ingwer in grobe Scheiben schneiden.
- Schalotten fein hacken.
- Zitronenthymian waschen, trockentupfen und zupfen.
- Chilischote hacken.

Zubereitung
- Quittenwürfel abschütten.
- Schalotten in Butter und Sesamöl andünsten, Quittenwürfel beigeben.
- Ingwerscheiben, Schalotten und Zucker beigeben und mitdünsten.
- Mit Orangen- und Quittensaft ablöschen und aufkochen.
- Langsam unter gelegentlichem Rühren ca. 1½ Stunden einkochen.
- Ingwerstücke entfernen.
- Zum Schluss Orangenraps, Salz, Gewürze, Essig, Quittengelee, Zitronenthymian und Honig beigeben.
- Rasch abkühlen und im Kühlschrank aufbewahren.

Hinweise für die Praxis
Das Chutney sollte eine dickflüssige, homogene Konsistenz aufweisen.

Rhabarber-Papaya-Chutney · Chutney à la rhubarbe et à la papaye

Zutaten	1 Liter
Zucker (1)	50 g
Rhabarber, gerüstet (1)	450 g
Äpfel, Golden Delicious, geschält, ohne Kerngehäuse	150 g
Papaya, Fruchtfleisch (1)	150 g
Ingwer, frisch, geschält	10 g
Rhabarber, gerüstet (2)	100 g
Papaya, Fruchtfleisch (2)	200 g
Nesvital (vegetabiles Bindemittel)	5 g
Zucker (2)	50 g
Gelierzucker	30 g
Aceto balsamico bianco (weißer Balsamessig)	20 g
Limonensaft	5 g
Chilischoten, rot, entkernt	1
Salz	
Pfeffer, weiß, aus der Mühle	

Vorbereitung
- Rhabarber (1), Äpfel und Papaya-Fruchtfleisch (1) in 1 cm große Würfel schneiden.
- Ingwer fein reiben.
- Rhabarber (2) und Papaya-Fruchtfleisch (2) in 5 mm große Würfelchen schneiden.
- Chilischote in feine Streifen schneiden.

Zubereitung
- Rhabarber-, Apfel- und Papaya-Würfel mit Ingwer und 50 g Zucker 1 Stunde marinieren.
- Die zweiten 50 g Zucker karamellisieren.
- Rhabarber-, Apfel-, Papaya-Würfel und Ingwer beigeben und zugedeckt 30 Minuten weich dünsten.
- Rhabarber- und Papaya-Würfelchen mit Nesvital trocken mischen.
- Zusammen mit Gelierzucker, Balsamessig, Limonensaft und Chili der Rhabarbermasse beigeben.
- Nochmals 1 Minute durchkochen lassen.
- Mit Salz und Pfeffer abschmecken, in Gläser abfüllen und erkalten lassen.

Hinweise für die Praxis
Verwendung: als Dip-Sauce, zu Grilladen, Meerfischen, Geflügel und Wild sowie als Beilage zu Pasteten und Terrinen.

Rouille-Sauce · Sauce rouille

Zutaten — 1 Liter

Zutat	Menge
Olivenöl, kaltgepresst (1)	50 g
Peperoni, rot, entkernt	400 g
Knoblauch, geschält	30 g
Chilischoten, rot, entkernt	5 g
Safranfäden, getrocknet	1 g
Meersalz, grob	10 g
Kartoffeln, gekocht, geschält	350 g
Eigelb, pasteurisiert	60 g
Olivenöl, kaltgepresst (2)	100 g
Limonensaft	5 g

Vorbereitung
- Peperoni waschen und in 1 cm große Würfel schneiden.
- Knoblauch durch die Knoblauchpresse drücken.

Zubereitung
- Peperoni, Knoblauch und Chilischoten im Olivenöl (1) weich dünsten.
- Safranfäden und Meersalz beigeben und fein mixen.
- Die Masse in eine Schüssel geben.
- Geschälte, noch heiße Kartoffeln durch ein Passe-vite treiben und vorsichtig unter die Peperonimasse rühren.
- Eigelb unterrühren.
- Das Olivenöl (2) mit dem Schneebesen langsam unter ständigem Rühren beigeben, bis die Sauce die Konsistenz einer Mayonnaise aufweist.
- Mit Limonensaft abschmecken.

Hinweise für die Praxis
Verwendung: als Beilage zu Bouillabaisse, zum Abbinden und Verfeinern von Fisch- und Krustentiersaucen sowie Suppen.

Senfsauce für Gravad Lax · Sauce à la moutarde pour saumon mariné (gravad lax)

Zutaten — 1 Liter

Zutat	Menge
Senf, mild	280 g
Eigelb, pasteurisiert	75 g
Zucker	80 g
Rapsöl	290 g
Weißweinessig	140 g
Johannisbeergelee	100 g
Dill, frisch	50 g
Salz	
Pfeffer, weiß, aus der Mühle	

Vorbereitung
- Eigelb und Rapsöl auf Zimmertemperatur erwärmen.
- Dill waschen, zupfen, trockentupfen und hacken.

Zubereitung
- Senf, Eigelb und Zucker in einer Schüssel schaumig rühren.
- Rapsöl in feinem Faden mit einem Schwingbesen unter die Masse rühren.
- Am Schluss Essig, Johannisbeergelee und gehackten Dill beigeben und mit Salz und weißem Pfeffer aus der Mühle abschmecken.

Hinweise für die Praxis
Johannisbeergelee erwärmen und mit dem Schwingbesen gut verrühren; dadurch lassen sich die Zutaten besser vermischen.

Süßsaure Sauce · Sauce aigre-douce

Zutaten	1 Liter
Sonnenblumenöl, high oleic	20 g
Zwiebeln, geschält	120 g
Knoblauch, geschält	20 g
Ingwer, frisch, geschält	10 g
Peperoni, rot, entkernt	100 g
Peperoni, grün, entkernt	100 g
Sojasauce, dunkel, gesalzen	40 g
Reiswein, Mirin, süß	40 g
Tomaten-Ketchup	150 g
Weißweinessig	50 g
Ananassaft (1)	350 g
Bienenhonig	50 g
Ananas, frisch, geschält	100 g
Maisstärke	10 g
Ananassaft (2)	30 g
Cayenne-Pfeffer, gemahlen	

Vorbereitung
- Zwiebeln in 1 cm große Würfel schneiden.
- Knoblauch durch die Knoblauchpresse drücken.
- Ingwer in Brunoise (Würfelchen) schneiden.
- Peperoni in 1 cm große Würfel schneiden.
- Ananasfruchtfleisch in 1 cm große Würfel schneiden.

Zubereitung
- Sonnenblumenöl erhitzen.
- Zwiebeln, Knoblauch und Ingwer beigeben und ohne Farbgebung leicht ansautieren.
- Peperoni beigeben und dünsten.
- Sojasauce, Reiswein, Tomaten-Ketchup, Essig, Ananassaft (1) und Bienenhonig beigeben und aufkochen.
- Ananaswürfel beigeben und zugedeckt auf kleinster Hitze 10 Minuten sieden lassen.
- Maisstärke mit Ananassaft (2) anrühren und die Sauce binden.
- Weitere 5 Minuten ohne Deckel sieden lassen und zur gewünschten Konsistenz einkochen.
- Mit Cayenne-Pfeffer abschmecken und erkalten lassen.

Hinweise für die Praxis
Verwendung: kalt zu frittierten asiatischen Gerichten oder als Saucenkomponente für unzählige süßsaure Gerichte.

■ DIVERSE WARME SAUCEN

Apfelcremesauce · Sauce aux pommes à la crème

Zutaten	1 Liter
Butter	30 g
Zwiebeln, geschält	40 g
Äpfel, Rubinette, geschält, ohne Kerngehäuse	450 g
Sultaninen	40 g
Rotwein, Shiraz	80 g
Portwein, rot	80 g
Apfelsaft, süß	250 g
Wildfond	250 g
Rosmarinzweige	5 g
Vollrahm, 35%	200 g
Zimt, gemahlen	
Salz	
Pfeffer, weiß, aus der Mühle	
Calvados	5 g

Vorbereitung
- Zwiebeln fein hacken.
- Äpfel in 1 cm große Würfel schneiden.
- Sultaninen waschen und trockentupfen.
- Rosmarinzweig waschen und trockentupfen.
- Vollrahm steif schlagen und kühl stellen.

Zubereitung
- Zwiebeln in Butter andünsten.
- Apfelwürfel und Sultaninen beigeben und mitdünsten.
- Mit Rotwein ablöschen.
- Portwein, Apfelsaft und Wildfond beigeben und aufkochen.
- Unter öfterem Abschäumen 30 Minuten sieden.
- Rosmarinzweig beigeben, 5 Minuten darin ziehen lassen und wieder herausnehmen.
- Sauce mit einem Stabmixer pürieren und durch ein Drahtspitzsieb passieren.
- Geschlagenen Vollrahm sorgfältig unterrühren.
- Mit Zimt, Salz, Pfeffer und Calvados abschmecken.

Hinweise für die Praxis
Außerhalb der Apfelsaison können statt Rubinette-Äpfel auch Golden Delicious verwendet werden. Verwendung: vor allem zu Wildgerichten, aber auch zu Geflügelgerichten (Wildfond durch braunen Geflügelfond ersetzen).

Currysauce · Sauce curry

Zutaten	1 Liter
Kokosfett	50 g
Zwiebeln, geschält	120 g
Knoblauch, geschält	10 g
Ingwer, frisch, geschält	10 g
Äpfel, Golden Delicious, geschält, ohne Kerngehäuse	100 g
Curry, Madras	30 g
Geflügelfond, hell	650 g
Kokosmilch, ungesüßt	250 g
Limonenblätter	5 g
Bananen, geschält	50 g
Erdnussbutter	30 g
Tomaten-Ketchup	20 g
Currypaste, rot	20 g
Salz	
Pfeffer, weiß, aus der Mühle	
Limonensaft	5 g

Vorbereitung
- Zwiebeln und Knoblauch fein hacken.
- Ingwer fein reiben.
- Äpfel in 1 cm große Würfel schneiden.
- Bananen in Scheiben schneiden.

Zubereitung
- Zwiebeln, Knoblauch und Ingwer im erhitzten Kokosfett andünsten.
- Apfelwürfel beigeben und mitdünsten.
- Mit Currypulver stäuben und kurz bei geringer Temperatur dünsten.
- Mit Geflügelfond und Kokosmilch auffüllen und 20 Minuten leicht sieden.
- Während der letzten 5 Minuten die Limonenblätter mitsieden und anschließend herausnehmen.
- Mit Bananen, Erdnussbutter, Tomaten-Ketchup und Currypaste fein mixen.
- Durch ein Drahtspitzsieb passieren und nochmals aufkochen.
- Mit Salz, Pfeffer und Limonensaft abschmecken.

Hinweise für die Praxis
Currypulverzugabe richtet sich nach der gewünschten Schärfe der Sauce. Limonenblätter nicht zu lange mitkochen, da sie sonst einen bitteren Geschmack abgeben. Wird eine luftige Currysauce gewünscht, 250 g geschlagenen Vollrahm unter die Sauce melieren. Verwendung: für Currysuppe und Currygerichte sowie als Saucenbestandteil von Ableitungen der weißen Saucen.

Erdnusssauce · Sauce aux cacahuètes

Zutaten	1 Liter
Erdnussöl	50 g
Erdnüsse, geschält, ungesalzen	300 g
Sesamkörner	30 g
Schalotten, geschält	100 g
Knoblauch, geschält	20 g
Ingwer, frisch, geschält	40 g
Zitronengras, gerüstet	40 g
Zucker	80 g
Salz	8 g
Kokosmilch, ungesüßt	150 g
Tamarinden-Paste	40 g
Reisessig	60 g
Gemüsefond	240 g
Limonensaft	60 g
Chilischoten, rot, entkernt	10 g

Vorbereitung
- Erdnüsse zusammen mit den Sesamkörnern im Kutter grob hacken.
- Schalotten, Knoblauch, Ingwer und Zitronengras fein schneiden und zusammen mit Zucker, Salz, Kokosmilch, Tamarinden-Mark und Reisessig im Kutter zu einer feinen Paste pürieren.
- Chilischoten von den Samen befreien und fein hacken.

Zubereitung
- Gehackte Erdnüsse und Sesamköner im Öl goldgelb rösten.
- Gewürzpaste und Gemüsefond beigeben und aufkochen.
- Auf kleiner Hitze 10–20 Minuten leicht kochen lassen, des Öfteren abschäumen.
- Mit Limonensaft abschmecken und die gehackten Chilischoten beigeben.

Hinweise für die Praxis
Die Sauce sollte dickflüssig sein. Je nach Verwendungszweck kann sie allenfalls mit wenig Wasser leicht verdünnt werden. Die Menge der Chilischoten richtet sich nach der gewünschten Schärfe der Sauce. Verwendung: heiß zu grillierten Satay-Spießchen.

Fisch-Sabayon · Sabayon de poisson

Zutaten — 1 Liter

Schalotten, geschält	50 g
Estragon, frisch	10 g
Senfkörner, gelb	5 g
Lorbeerblätter	
Pfefferkörner, weiß, zerdrückt	
Gewürznelken	
Fenchelsamen	
Weißweinessig	20 g
Weißwein, Chablis	150 g
Fischfond	650 g
Eigelb, pasteurisiert	300 g
Pernod	10 g
Meersalz, fein	
Pfeffer, weiß, aus der Mühle	
Cayenne-Pfeffer, gemahlen	
Limonensaft	

Vorbereitung
- Schalotten fein hacken.
- Estragon waschen, zupfen, trockentupfen und hacken.

Zubereitung
- Essig und Weißwein mit Schalotten, Estragon, Senfkörnern, Lorbeerblättern, Gewürznelken, Pfefferkörnern und Fenchelsamen fast vollständig einkochen.
- Reduktion mit etwas Fischfond verdünnen, leicht salzen und durch ein Sieb passieren.
- Reduktion zusammen mit Eigelb im Wasserbad zum Band schlagen.
- Mit Pernod, Meersalz, Cayenne-Pfeffer und Limonensaft abschmecken.

Hinweise für die Praxis
Für pochierte Fischgerichte den Pochierfond für das Sabayon verwenden. Je nach Geschmack kann die Hälfte des Fischfonds durch Geflügelfond ersetzt werden. Verwendung: zu Fisch- und Krustentiergerichten.

Hellbraune Rahmsauce · Sauce crème (base fond brun et fond blanc)

Zutaten — 1 Liter

Butter	50 g
Weißmehl	60 g
Kalbsfond, hell	40 g
Kalbsfond, braun	350 g
Bouillon	400 g
Saucenhalbrahm, 25%, eingedickt	400 g
Weißwein	100 g
Worcestershire-Sauce	10 g
Streuwürze	10 g
Salz	5 g
Paprika, delikatess	2 g
Majoran, frisch	1 g
Thymian, frisch	1 g
Lorbeerblätter	0,5
Vollrahm, 35%	200 g
Zitronensaft, frisch	10 g
Pfeffer, weiß, aus der Mühle	

Vorbereitung
- Butter und Weißmehl zu einem hellen Roux andünsten und erkalten lassen.
- Weißen und braunen Kalbsfond sowie Bouillon auf ½ Liter einkochen.
- Majoran und Thymian waschen und trockentupfen.

Zubereitung
- Reduzierten Fond und Saucenhalbrahm aufkochen.
- Weißwein beigeben.
- Heiße Flüssigkeit unter Rühren zum Roux geben und aufkochen.
- Kräuter, Worcestershire-Sauce, Würzmittel und Gewürze beigeben und 30 Minuten leicht sieden.
- Des Öfteren rühren und abschäumen.
- Durch ein Drahtspitzsieb passieren und nochmals aufkochen.
- Vollrahm und Zitronensaft beigeben und nochmals abschmecken.

Hinweise für die Praxis
Verwendung: zu Hackbraten und sautiertem hellem Schlachtfleisch.

Hummersauce · Sauce de homard

Zutaten — 1 Liter

Zutat	Menge
Butter (1)	35 g
Schalotten, geschält	125 g
Tomatenpüree	50 g
Weißwein, Chablis	250 g
Limonensaft	30 g
Champagneressig	80 g
Hummerfond	1800 g
Vollrahm, 35%	250 g
Gewürzsäcklein	1
Butter (2)	100 g
Hummerbutter	100 g
Meersalz, fein	
Pfeffer, weiß, aus der Mühle	
Armagnac	5 g

Vorbereitung
- Schalotten fein hacken.
- Aus Zellstoff ein Gewürzsäcklein mit Gewürznelke, Lorbeerblatt, zerdrückten Pfefferkörnern und Fenchelsamen bereitstellen.
- Butter (2) und die Hummerbutter in Würfel schneiden und kühl stellen.

Zubereitung
- Schalotten in Butter (1) dünsten.
- Tomatenpüree beigeben und mitdünsten.
- Mit Weißwein ablöschen und zusammen mit Limonensaft und Champagneressig einkochen.
- Hummerfond beigeben und auf die Hälfte einkochen, gelegentlich abschäumen.
- Vollrahm und das Gewürzsäcklein beigeben und alles nochmals auf die Hälfte einkochen.
- Gewürzsäcklein entfernen und die Sauce durch ein Drahtspitzsieb passieren.
- Butter- und Hummerbutterwürfel mit einem Stabmixer einmontieren.
- Mit Meersalz, Pfeffer und Armagnac abschmecken.

Hinweise für die Praxis
Nach dem Einmontieren der Butter sollte die Sauce nicht mehr kochen, da sie sonst gerinnt. Um den Energiewert etwas zu senken, kann die Butterzugabe reduziert und stattdessen am Schluss etwas geschlagener Vollrahm unter die Sauce gemischt werden. Verwendung: zu Fisch-, Krusten- und Weichtiergerichten sowie für Krustentiersuppen.

Kakao-Lebkuchen-Sabayon · Sabayon au cacao et au pain d'épice

Zutaten — 1 Liter

Zutat	Menge
Portwein, rot	50 g
Rotwein, Shiraz	175 g
Lebkuchengewürz	
Kaffir-Limonen-Blätter	
Kalbsfond, braun	80 g
Kakaoschalen, Bruch	10 g
Holunderblütensirup	125 g
Rotwein, Shiraz	60 g
Champagner, brut	200 g
Eigelb, pasteurisiert	320 g
Salz	
Pfeffer, weiß, aus der Mühle	
Kardamom, gemahlen	
Limonensaft	5 g

Zubereitung
- Portwein, Rotwein, Lebkuchengewürz, Limonenblätter und Kalbsfond aufkochen.
- Kakaoschalen beigeben und 10 Minuten am Herdrand ziehen lassen.
- Kakaoessenz durch ein Sieb passieren.
- Kakaoessenz, Holunderblütensirup, Rotwein, Champagner und Eigelb im Wasserbad zum Band schlagen.
- Mit Salz, Pfeffer, Kardamom und Limonensaft abschmecken.

Hinweise für die Praxis
Kakaoschalen in der Essenz nicht länger als die angegebene Zeit ziehen lassen, sonst wird die Flüssigkeit bitter. Das Volumen variiert je nachdem, wie stark das Sabayon zum Band geschlagen wird. Verwendung: zu grilliertem, gebratenem oder heiß geräuchertem Lammfleisch.

Krustentierbuttersauce · Sauce de crustacés au beurre blanc

Zutaten	1 Liter
Butter (1)	35 g
Schalotten, geschält	125 g
Tomatenpüree	50 g
Weißwein, Chablis	250 g
Limonensaft	30 g
Champagneressig	80 g
Krustentierfond	1800 g
Vollrahm, 35%	250 g
Gewürzsäcklein	1
Butter (2)	200 g
Krebsbutter	50 g
Rouille-Sauce	30 g
Meersalz, fein
Pfeffer, weiß, aus der Mühle
Armagnac	5 g

Vorbereitung
- Schalotten fein hacken.
- Aus Zellstoff Gewürzsäcklein mit Gewürznelke, Lorbeer, zerdrückten Pfefferkörnern und Fenchelsamen bereitstellen.
- Butter (2) sowie Krebsbutter in Würfel schneiden und kühl stellen.

Zubereitung
- Schalotten in Butter (1) weich dünsten.
- Tomatenpüree beigeben und mitdünsten.
- Mit Weißwein ablöschen und zusammen mit Limonensaft und Champagneressig einkochen.
- Krustentierfond beigeben und auf die Hälfte einkochen.
- Des Öfteren abschäumen.
- Vollrahm und Gewürzsäcklein beigeben und nochmals um die Hälfte einkochen.
- Das Gewürzsäcklein herausnehmen und die Sauce durch ein Drahtspitzsieb passieren.
- Sauce mit Butterwürfeln, Krebsbutterwürfeln und Rouille-Sauce mit einem Stabmixer sorgfältig aufmontieren.
- Mit Meersalz, Pfeffer und Armagnac abschmecken.

Hinweise für die Praxis

Nach dem Einmontieren der Butter sollte die Sauce nicht mehr kochen, da sie sonst gerinnt. Um den Energiewert etwas zu senken, kann die Butterzugabe reduziert und stattdessen am Schluss etwas geschlagener Vollrahm unter die Sauce gemischt werden. Verwendung: zu grillierten Fischen sowie Krusten- und Weichtieren.

Krustentiersauce · Sauce de crustacés

Zutaten	1 Liter
Butter (1)	35 g
Schalotten, geschält	125 g
Tomatenpüree	50 g
Weißwein, Chablis	250 g
Limonensaft	30 g
Champagneressig	80 g
Krustentierfond	1800 g
Vollrahm, 35%	250 g
Gewürzsäcklein	1
Butter (2)	100 g
Krebsbutter	100 g
Meersalz, fein
Pfeffer, weiß, aus der Mühle
Armagnac	5 g

Vorbereitung
- Schalotten fein hacken.
- Aus Zellstoff ein Gewürzsäcklein mit Gewürznelke, Lorbeerblatt, zerdrückten Pfefferkörnern und Fenchelsamen bereitstellen.
- Butter (2) und Krebsbutter in Würfel schneiden und kühl stellen.

Zubereitung
- Schalotten in Butter (1) dünsten.
- Tomatenpüree beigeben und mitdünsten.
- Mit Weißwein ablöschen und zusammen mit Limonensaft und Champagneressig einkochen.
- Krustentierfond beigeben und auf die Hälfte einkochen, gelegentlich abschäumen.
- Vollrahm und Gewürzsäcklein beigeben und alles nochmals auf die Hälfte einkochen.
- Gewürzsäcklein entfernen und die Sauce durch ein Drahtspitzsieb passieren.
- Butter- und Krebsbutterwürfel mit einem Stabmixer einmontieren.
- Mit Meersalz, Pfeffer und Armagnac abschmecken.

Hinweise für die Praxis

Nach dem Einmontieren der Butter sollte die Sauce nicht mehr kochen, da sie sonst gerinnt. Um den Energiewert etwas zu senken, kann die Butterzugabe reduziert und stattdessen am Schluss etwas geschlagener Vollrahm unter die Sauce gemischt werden. Verwendung: zu Fisch-, Krusten- und Weichtiergerichten sowie für Krustentiersuppen.

Kürbisschaumsauce · Sauce mousseline à la courge

Zutaten

	1 Liter
Butter	20 g
Zwiebeln, geschält	20 g
Lauch, gebleicht, gerüstet	20 g
Kürbis, rotfleischig, geschält	400 g
Salz	
Weißwein, Chablis	50 g
Weißmehl	5 g
Zucker	5 g
Orangensaft, frisch gepresst	100 g
Gemüsefond	250 g
Ingwer, frisch, geschält	10 g
Vanilleschote	0,5
Pernod	5 g
Vollrahm, 35%	250 g
Pfeffer, weiß, aus der Mühle	
Cayenne-Pfeffer, gemahlen	
Sesamöl, fermentiert	
Limonensaft	
Bienenhonig	30 g

Vorbereitung
– Zwiebeln fein hacken.
– Lauch längs halbieren, waschen und in Paysanne (feinblättrig) schneiden.
– Kürbisfleisch in kleine Würfel schneiden.
– Ingwer in Scheiben schneiden.
– Vanilleschote längs einschneiden.
– Weißmehl und Zucker vermischen.
– Vollrahm steif schlagen und kühl stellen.

Zubereitung
– Zwiebeln und Lauch in Butter glasig dünsten.
– Kürbiswürfel beigeben, salzen und mitdünsten.
– Mit Mehl-Zucker-Mischung stäuben.
– Mit Weißwein ablöschen.
– Orangensaft, Gemüsefond, Ingwer und Vanille beigeben und aufkochen.
– 20 Minuten sieden, anschließend Ingwer und Vanilleschote herausnehmen.
– Pernod beigeben und mit dem Stabmixer fein mixen.
– Durch ein Spitzsieb passieren.
– Geschlagenen Vollrahm unterziehen.
– Mit Pfeffer, Cayenne-Pfeffer, Sesamöl, Limonensaft und Honig abschmecken.

Hinweise für die Praxis
Sauce kann ohne Zugabe von Vollrahm in sinnvollen Einheiten tiefgekühlt werden. Zugabe des geschlagenen Vollrahms erst vor der Verwendung (à la minute). Verwendung: zu Wild- und Geflügelgerichten.

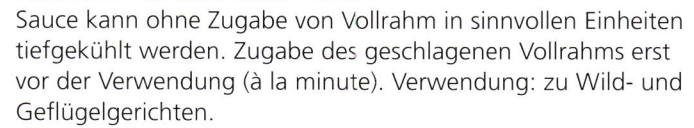

Meerrettichsauce · Sauce raifort

Zutaten

	1 Liter
Butter	40 g
Matignon, weiß	120 g
Knoblauch, geschält	10 g
Weißmehl	50 g
Gemüsefond	800 g
Gewürzsäcklein	1
Meerrettich, gerieben, Konserve	200 g
Vollrahm, 35%	100 g
Meersalz, fein	
Pfeffer, weiß, aus der Mühle	
Cayenne-Pfeffer, gemahlen	
Limonensaft	5 g

Vorbereitung
– Knoblauch emincieren (in feine Scheiben schneiden).
– Aus Zellstoff ein Gewürzsäcklein mit Lorbeerblatt, Gewürznelke und zerdrückten Pfefferkörnern bereitstellen.
– Gemüsefond aufkochen.
– Vollrahm steif schlagen und kühl stellen.

Zubereitung
– Butter erhitzen, Matignon und Knoblauch andünsten.
– Mit Weißmehl stäuben und etwas abkühlen lassen.
– Mit heißem Gemüsefond auffüllen und unter Rühren aufkochen.
– Gewürzsäcklein beigeben und des Öfteren abschäumen.
– 20 Minuten sieden.
– Durch ein Drahtspitzsieb passieren.
– Meerrettich und geschlagenen Vollrahm unter die Sauce mischen.
– Mit Meersalz, weißem Pfeffer, Cayenne-Pfeffer und Limonensaft abschmecken.

Hinweise für die Praxis
Wird frisch geriebener Meerrettich verwendet, je nach gewünschter Schärfe die Menge reduzieren. Nach der Zugabe von Meerrettich und geschlagenem Vollrahm die Sauce nicht mehr kochen. Je nach Verwendung kann der Gemüsefond durch weißen Kalbfond oder Fleischbouillon ersetzt werden. Verwendung: zu Roastbeef, gekochter Zunge, Siedfleisch oder Schinken.

Quittensauce · Sauce aux coings

Zutaten — 1 Liter

Zutat	Menge
Quitten, geschält, ohne Kerngehäuse	400 g
Wasser	200 g
Zitronensaft, frisch	30 g
Butter	40 g
Schalotten, geschält	20 g
Weißwein, Chablis	300 g
Salz	
Quittensaft	250 g
Gemüsefond	300 g
Quittengelee	120 g
Sesamöl, fermentiert	10 g
Vollrahm, 35%	300 g
Limonensaft	
Pfeffer, weiß, aus der Mühle	
Cayenne-Pfeffer, gemahlen	
Aceto balsamico bianco (weißer Balsamessig)	

Vorbereitung
- Quitten in 5 mm große Würfel schneiden.
- In Zitronenwasser einlegen, um ein Verfärben zu vermeiden.
- Schalotten fein hacken.
- Vollrahm steif schlagen und kühl stellen.

Zubereitung
- Quittenwürfel abschütten.
- Butter erhitzen, Schalotten glasig dünsten.
- Quittenwürfel beigeben und dünsten, leicht salzen.
- Mit Weißwein ablöschen und etwas einkochen.
- Quittensaft und Gemüsefond beigeben und ca. 45 Minuten sieden.
- Im Mixer zusammen mit dem Quittengelee und dem Sesamöl fein pürieren.
- Durch ein Drahtsieb passieren.
- Vor dem Servieren den geschlagenen Vollrahm darunterheben.
- Mit Limonensaft, Pfeffer, Cayenne-Pfeffer und weißem Balsamessig abschmecken.

Hinweise für die Praxis
Sauce kann ohne Zugabe von Vollrahm in sinnvollen Einheiten tiefgekühlt werden. Zugabe von geschlagenem Vollrahm erst vor der Verwendung (à la minute). Verwendung: zu Wild- und Geflügelgerichten.

Rote Buttersauce · Sauce au beurre rouge

Zutaten — 1 Liter

Zutat	Menge
Schalotten, geschält	120 g
Butter (1)	35 g
Rotwein, Shiraz	600 g
Portwein, rot	250 g
Limonensaft	25 g
Aceto balsamico bianco (weißer Balsamessig)	35 g
Fischfond	1400 g
Gewürzsäcklein	1
Butter (2)	400 g
Meersalz, fein	
Pfeffer, weiß, aus der Mühle	

Vorbereitung
- Schalotten fein hacken.
- Gewürzsäcklein mit Gewürznelke, Lorbeerblatt, zerdrückten Pfefferkörnern und Fenchelsamen bereitstellen.
- Butter (2) in Würfel schneiden und kühl stellen.

Zubereitung
- Schalotten in Butter (1) weich dünsten.
- Mit Rotwein ablöschen und zusammen mit Portwein, Limonensaft und Balsamessig auf die Hälfte einkochen.
- Fischfond beigeben, auf die Hälfte einkochen und des Öfteren abschäumen.
- Gewürzsäcklein beigeben und alles um $1/3$ einkochen.
- Gewürzsäcklein herausnehmen.
- Durch ein Sieb passieren.
- Gekühlte Butterwürfel mit einem Stabmixer unter die Sauce montieren.
- Mit Meersalz und weißem Pfeffer abschmecken.

Hinweise für die Praxis
Weißer Balsamessig kann durch Weißweinessig ersetzt werden. Nach dem Aufmontieren mit Butter sollte die Sauce nicht mehr kochen, da sie sonst gerinnt. Um den Energiewert der Sauce zu senken, kann die Butterzugabe reduziert und stattdessen etwas geschlagener Vollrahm beigegeben werden. Verwendung: zu sautierten oder grillierten Fischen, Krusten- und Weichtieren.

Rotes Peperoni-Coulis · Coulis de poivrons rouges

Zutaten — 1 Liter

Olivenöl, kaltgepresst	40 g
Zwiebeln, geschält	100 g
Tomaten, getrocknet	50 g
Peperoni, rot, entkernt	1200 g
Salz	
Zucker	
Butter	100 g
Pfeffer, weiß, aus der Mühle	
Cayenne-Pfeffer, gemahlen	

Vorbereitung
- Zwiebeln fein hacken.
- Getrocknete Tomaten in Würfel schneiden.
- Rote Peperoni feinblättrig schneiden.
- Butter in Würfel schneiden und kühl stellen.

Zubereitung
- Gehackte Zwiebeln im Olivenöl andünsten.
- Tomatenwürfel beigeben und dünsten.
- Peperoni beigeben, leicht salzen und wenig Zucker beigeben.
- 30 Minuten zugedeckt auf kleiner Flamme weich dünsten.
- Im Mixer fein pürieren und durch ein Drahtspitzsieb passieren.
- Mit Butterwürfeln aufmontieren.
- Mit Salz, Pfeffer und Cayenne-Pfeffer abschmecken.

Hinweise für die Praxis
Nach dem Aufmontieren mit Butter darf das Coulis nicht mehr kochen. Nach der gleichen Methode kann gelbes und grünes Peperoni-Coulis hergestellt werden, jedoch ohne getrocknete Tomaten. Verwendung: zu grillierten Meerfischen, Geflügelgerichten und als Bestandteil von Saucen und Suppen.

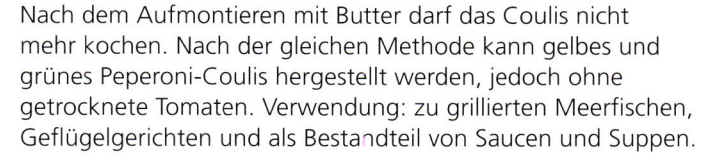

Sauerrahmsauce · Sauce à la crème acidulée

Zutaten — 1 Liter

Butter	50 g
Zwiebeln, geschält	300 g
Knoblauch, geschält	10 g
Thymian, frisch	2 g
Weißwein	200 g
Kalbsfond, hell	800 g
Sauerrahm, 35%	400 g
Weißwein	50 g
Stärkemehl	40 g
Salz	
Pfeffer, weiß, aus der Mühle	
Cayenne-Pfeffer, gemahlen	

Vorbereitung
- Zwiebeln und Knoblauch fein hacken.
- Thymian waschen und trockentupfen.

Zubereitung
- Zwiebeln, Knoblauch und Thymian in Butter dünsten.
- Mit Weißwein ablöschen und zu sirupartiger Konsistenz einkochen.
- Mit Kalbsfond auffüllen und 5 Minuten kochen.
- Sauerrahm beigeben und aufkochen.
- Stärkemehl mit Weißwein anrühren und die Sauce damit binden.
- Durch ein Spitzsieb passieren und nochmals aufkochen.
- Mit Salz, weißem Pfeffer und Cayenne-Pfeffer abschmecken.

Hinweise für die Praxis
Verwendung: zu kurz gebratenem Wild- und Kalbfleisch. Die Sauerrahmsauce kann auch mit etwas Delikatess-Paprika ergänzt werden.

Schalotten-Confit · Confit d'échalotes

Zutaten — 1 Liter

Zutat	Menge
Zucker	60 g
Butter (1)	80 g
Schalotten, kleine, geschält	900 g
Orangensaft, frisch gepresst	120 g
Portwein, rot	120 g
Rotwein, Shiraz	120 g
Holunderblütensirup	230 g
Zitronenthymian, frisch	3 g
Aceto balsamico di Modena (Balsamessig)	20 g
Butter (2)	50 g
Meersalz, fein	
Pfeffer, weiß, aus der Mühle	

Vorbereitung
- Butter (2) in Würfel schneiden und kühl stellen.
- Zitronenthymian waschen, zupfen, trockentupfen und fein hacken.

Zubereitung
- Zucker karamellisieren.
- Butter (1) beigeben und aufschäumen.
- Schalotten beigeben, andünsten und leicht salzen.
- Mit Orangensaft ablöschen und zu sirupartiger Konsistenz einkochen.
- Portwein, Rotwein und Holunderblütensirup beigeben.
- Schalotten zugedeckt ca. 30 Minuten weich garen.
- Deckel entfernen und die Flüssigkeit zu sirupartiger Konsistenz einkochen.
- Zitronenthymian und Balsamessig beigeben, vom Herd ziehen.
- Mit dem Schneebesen die gekühlten Butterwürfel einmontieren.
- Mit Meersalz und weißem Pfeffer abschmecken.

Hinweise für die Praxis
Nach dem Einmontieren der Butterwürfel darf das Confit nicht mehr kochen.

Weiße Buttersauce · Beurre blanc à la crème

Zutaten — 1 Liter

Zutat	Menge
Schalotten, geschält	125 g
Butter (1)	35 g
Weißwein, Chablis	250 g
Limonensaft	35 g
Aceto balsamico bianco (weißer Balsamessig)	80 g
Fischfond	1800 g
Vollrahm, 35%	250 g
Gewürzsäcklein	1
Butter (2)	250 g
Meersalz, fein	
Pfeffer, weiß, aus der Mühle	
Pernod	5 g

Vorbereitung
- Schalotten fein hacken.
- Gewürzsäcklein mit Gewürznelke, Lorbeerblatt, zerdrückten Pfefferkörnern und Fenchelsamen bereitstellen.
- Butter (2) in Würfel schneiden und kühl stellen.

Zubereitung
- Schalotten in Butter (1) weich dünsten.
- Mit Weißwein ablöschen und zusammen mit Limonensaft und Balsamessig einkochen.
- Fischfond beigeben, auf die Hälfte einkochen und des Öfteren abschäumen.
- Vollrahm und Gewürzsäcklein beigeben und auf die Hälfte einkochen.
- Gewürzsäcklein herausnehmen.
- Durch ein Sieb passieren.
- Gekühlte Butterwürfel mit einem Stabmixer unter die Sauce montieren.
- Mit Meersalz, Pfeffer und Pernod abschmecken.

Hinweise für die Praxis
Der weiße Balsamessig kann durch Weißweinessig ersetzt werden. Nach dem Aufmontieren mit Butter sollte die Sauce nicht mehr kochen, da sie sonst gerinnt. Um den Energiewert der Sauce zu reduzieren, kann die Butterzugabe reduziert und stattdessen etwas geschlagener Vollrahm beigegeben werden. Werden Eigelb und geschlagener Vollrahm zugegeben, kann die Sauce zum Gratinieren von Fischgerichten verwendet werden. Verwendung: zu grillierten Meerfischen, Krusten- und Schalentieren sowie Fischen aus dem Sud.

Zwiebelpüreesauce zum Gratinieren · Sauce soubise à gratiner

Zutaten

	1 Liter
Zwiebeln, geschält	600 g
Reis, Vialone	200 g
Vollmilch	100 g
Gemüsefond	100 g
Eigelb, pasteurisiert	80 g
Vollrahm, 35%	50 g
Salz	
Pfeffer, weiß, aus der Mühle	
Cayenne-Pfeffer, gemahlen	

Vorbereitung
- Zwiebeln fein emincieren (in feine Scheiben schneiden).
- Vollrahm steif schlagen und kühl stellen.

Zubereitung
- Zwiebeln und Vialone-Reis 5 Minuten in siedendem Wasser blanchieren und in ein Sieb abschütten.
- Milch, Gemüsefond und Reis-Zwiebel-Gemisch im Drucksteamer zugedeckt weich garen.
- Herausnehmen und fein mixen.
- Unter ständigem Rühren um 10% einkochen.
- Vom Herd ziehen, Eigelb und geschlagenen Vollrahm unter die heiße Sauce mischen.
- Mit Salz, Pfeffer und Cayenne-Pfeffer abschmecken.

Hinweise für die Praxis
Statt Gemüsefond kann für die klassischen Garmethoden des Kalbsrückens weißer Kalbsfond verwendet werden. Das Zwiebel-Reis-Gemisch kann auch im Ofen im Wasserbad bei 150 °C zu Püree gekocht werden. Verwendung: zu Kalb- und Lammfleisch sowie Gemüse.

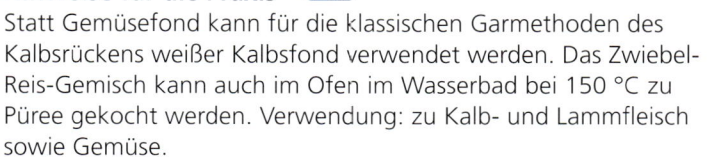

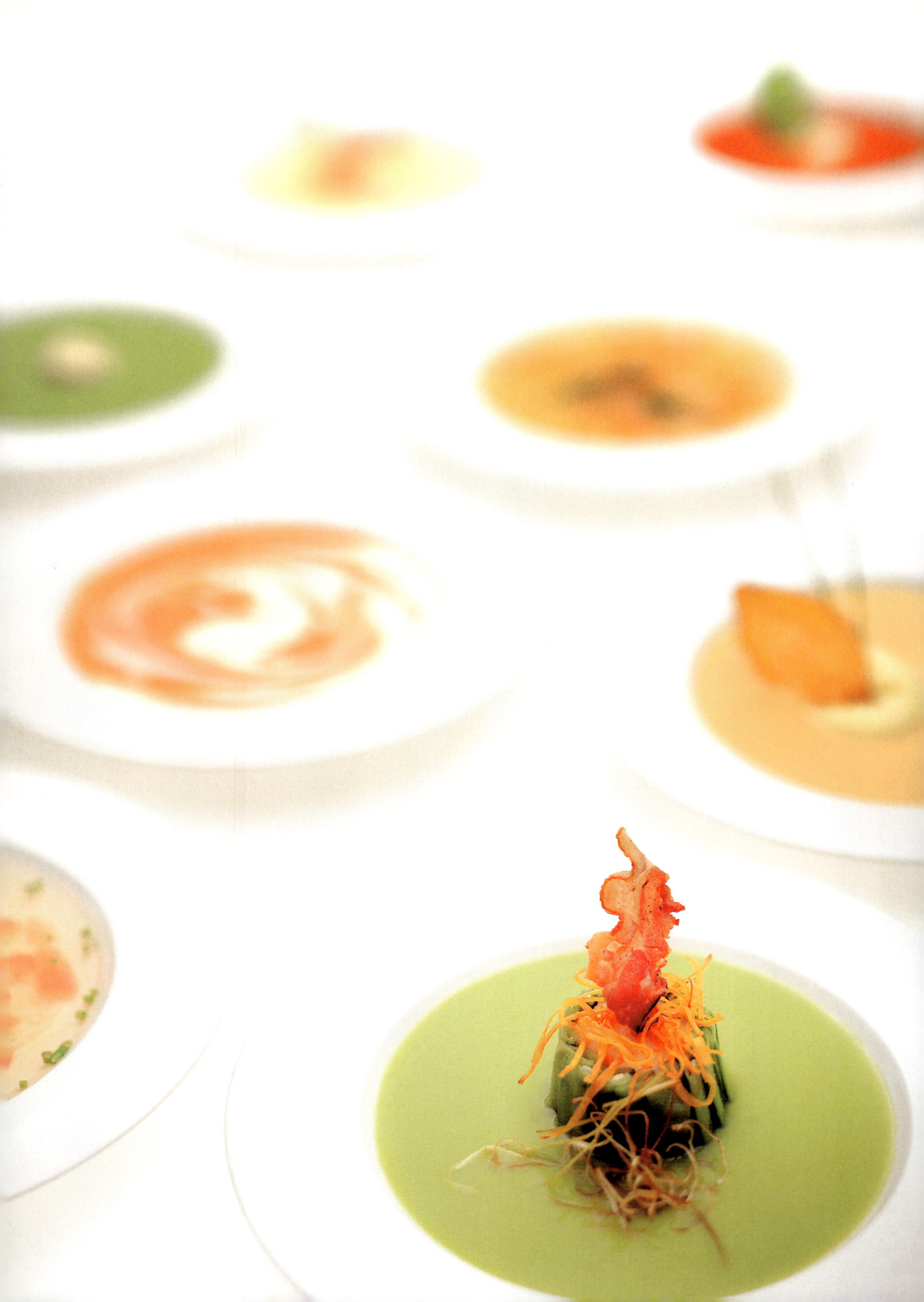

Suppen

112 **Klare Suppen**
122 Suppeneinlagen
128 **Gemüsesuppen**
131 **Fleisch- und Fischcremesuppen**
135 **Gemüsecremesuppen**
159 **Hülsenfrüchtesuppen**
163 **Getreidesuppen**
167 **Spezialsuppen**
179 **Nationalsuppen**

Klare Suppen

Doppelte Kraftbrühe · Consommé double

Zutaten — 2,5 Liter

Zutat	Menge
Bouillon	3200 g
Klärfleisch (mageres Kuhfleisch)	900 g
Wasser	200 g
Karotten, geschält	120 g
Knollensellerie, geschält	70 g
Lauch, grün, gerüstet	80 g
Zwiebeln, geschält	150 g
Tomaten	100 g
Eiweiß, frisch	30 g
Lorbeerblätter	
Pfefferkörner, weiß	1 g
Salz	

Vorbereitung
- Kuhfleisch durch die grobe Scheibe (5 mm) des Fleischwolfs treiben.
- Zwiebeln halbieren, Schnittflächen in einer Lyoner Pfanne zur Farbgebung ohne Fettstoff rösten.
- Lauch längs halbieren und waschen.
- Gemüse zu Matignon (kleinwürfelig) schneiden, Tomaten in Stücke schneiden.
- Kuhfleisch, Matignon, Eiweiß, Gewürze, Tomatenstücke und Wasser kräftig vermischen (= Klarifikation) und mindestens 1 Stunde im Kühlschrank ruhen lassen.
- Kalte fettfreie Bouillon bereitstellen.

Zubereitung
- Klarifikation in die kalte Bouillon geben und gut verrühren.
- Angeröstete Zwiebelhälften beigeben.
- Unter vorsichtigem Rühren mit einer Bratschaufel langsam zum Siedepunkt bringen.
- Nach dem Aufkochen nicht mehr rühren.
- Abschmecken, des Öfteren abschäumen und abfetten.
- 1 Stunde leicht sieden lassen.
- Sorgfältig durch ein Passiertuch passieren.
- Mit Küchenpapier restlos entfetten und abschmecken.

Hinweise für die Praxis

Doppelte Kraftbrühen werden mit der doppelten Menge Klärfleisch hergestellt, weshalb auf die Zugabe von Eiweiß verzichtet oder diese auf ein Minimum beschränkt werden kann.

Fischkraftbrühe · Consommé de poisson

Zutaten — 2,5 Liter

Zutat	Menge
Fischfond	3000 g
Wittlingsfilets	500 g
Lauch, gebleicht, gerüstet	120 g
Schalotten, geschält	50 g
Champignons, frisch, gerüstet	300 g
Dill, frisch	5 g
Eiweiß, frisch	70 g
Salz	
Pfeffer, weiß, aus der Mühle	
Noilly Prat	30 g

Vorbereitung
- Wittlingsfilets mit dem Messer grob hacken (oder im Kutter kurz hacken).
- Lauch längs halbieren und waschen.
- Champignons waschen.
- Dill waschen und grob hacken.
- Lauch, Schalotten und Champignons in Matignon (kleinwürfelig) schneiden.
- Wittlingsfleisch, Matignon, Dill und Eiweiß (= Klarifikation) kräftig vermischen und mindestens 1 Stunde im Kühlschrank ruhen lassen.
- Kalten fettfreien Fischfond bereitstellen.

Zubereitung
- Klarifikation in den kalten Fischfond geben und gut verrühren.
- Unter vorsichtigem Rühren mit einer Bratschaufel langsam zum Siedepunkt bringen.
- Nach dem Aufkochen nicht mehr rühren.
- Abschmecken, des Öfteren abschäumen und abfetten.
- 30 Minuten leicht sieden lassen.
- Sorgfältig durch ein doppeltes Passiertuch passieren.
- Mit Küchenpapier restlos entfetten und abschmecken.
- Vor dem Servieren Noilly Prat beigeben.

Fleischbouillon · Bouillon de viande

Zutaten — 2,5 Liter

Rindsknochen	2500 g
Rindfleisch, Abschnitte	250 g
Wasser	4200 g
Meersalz, grob	15 g
Rindsbrust (Brustkern), dressiert	1000 g
Gemüsebündel (Bouquet garni) für Bouillon	500 g
Petersilienstiele	100 g
Tomaten	120 g
Gewürzsäcklein	1
Pfeffer, weiß, aus der Mühle	

Vorbereitung
- Zersägte Rindsknochen und Rindfleischabschnitte blanchieren.
- Zuerst mit heißem, dann mit kaltem Wasser abspülen.
- Gemüsebündel bereitstellen und mit den Petersilienstielen ergänzen.
- Tomaten waschen.
- Gewürzsäcklein aus Lorbeer, Gewürznelken, zerdrückten Pfefferkörnern, Majoran und Thymian bereitstellen.

Zubereitung
- Die blanchierten Knochen und Parüren in kaltem Wasser aufsetzen und zum Siedepunkt bringen.
- Das Fleisch beigeben, salzen und weich sieden.
- Des Öfteren abschäumen und abfetten.
- Während der letzten Stunde das Gemüsebündel, die Tomaten und das Gewürzsäcklein beigeben.
- Fleisch herausnehmen und anderweitig verwenden (Siedfleisch, Siedfleischsalat usw.).
- Fleischbouillon sorgfältig durch ein Passiertuch passieren und nochmals abschmecken.

Hinweise für die Praxis
Fleischbouillon fällt bei der Zubereitung von Siedfleisch an. Fleischige Knochen vom Rindsnierstück eignen sich besonders gut zur Fondherstellung. Je nach Verwendungszweck der Fleischbouillon kann der Anteil an gerösteten Zwiebeln und Tomaten erhöht werden.

Geflügelkraftbrühe · Consommé de volaille

Zutaten — 2,5 Liter

Geflügelfond, hell	3000 g
Geflügelkarkassen	300 g
Sonnenblumenöl, high oleic	20 g
Klärfleisch (mageres Kuhfleisch)	150 g
Pouletschenkelfleisch	350 g
Wasser	200 g
Karotten, geschält	70 g
Knollensellerie, geschält	50 g
Tomaten	50 g
Lauch, grün, gerüstet	70 g
Eiweiß, frisch	70 g
Rosmarin, frisch	2 g
Salz	

Vorbereitung
- Geflügelkarkassen grob zerhacken und zur Farbgebung in wenig Öl rösten, auf Küchenpapier entfetten und erkalten lassen.
- Kuh- und Geflügelschenkelfleisch durch die grobe Scheibe des Fleischwolfs (5 mm) treiben.
- Lauch längs halbieren und waschen.
- Gemüse in Matignon (kleinwürfelig) schneiden, Tomaten in Stücke schneiden.
- Kuhfleisch, Geflügelfleisch, Karkassen, Matignon, Eiweiß, Gewürze, Tomatenstücke und Wasser (=Klarifikation) kräftig vermischen und mindestens 1 Stunde im Kühlschrank ruhen lassen.
- Kalten fettfreien hellen Geflügelfond bereitstellen.

Zubereitung
- Klarifikation in den kalten Geflügelfond geben und gut verrühren.
- Unter vorsichtigem Rühren mit einer Bratschaufel langsam zum Siedepunkt bringen.
- Nach dem Aufkochen nicht mehr rühren.
- Abschmecken und des Öfteren abschäumen und abfetten.
- 1 Stunde leicht sieden.
- Sorgfältig durch ein Passiertuch passieren.
- Mit Küchenpapier restlos entfetten und abschmecken.

Hinweise für die Praxis
Geflügelkraftbrühen werden oft mit Madeira, Sherry oder Portwein parfümiert.

Kraftbrühe · Consommé

Zutaten	2,5 Liter
Bouillon	3200 g
Klärfleisch (mageres Kuhfleisch)	450 g
Wasser	200 g
Karotten, geschält	60 g
Knollensellerie, geschält	40 g
Lauch, grün, gerüstet	70 g
Zwiebeln, geschält	70 g
Tomaten	50 g
Eiweiß, frisch	60 g
Lorbeerblätter	
Pfefferkörner, weiß	1 g
Salz	

Vorbereitung
- Kuhfleisch durch die grobe Scheibe des Fleischwolfes (5 mm) treiben.
- Zwiebeln halbieren, Schnittflächen in einer Lyoner Pfanne zur Farbgebung ohne Fettstoff rösten.
- Lauch längs halbieren und waschen.
- Gemüse in Matignon (kleinwürfelig) schneiden, Tomaten in Stücke schneiden.
- Kuhfleisch, Matignon, Eiweiß, Gewürze, Tomatenstücke und Wasser (= Klarifikation) kräftig vermischen und mindestens 1 Stunde im Kühlschrank ruhen lassen.
- Kalte fettfreie Bouillon bereitstellen.

Zubereitung
- Klarifikation in die kalte Bouillon geben und gut verrühren.
- Angeröstete Zwiebelhälften beigeben.
- Unter vorsichtigem Rühren mit einer Bratschaufel langsam zum Siedepunkt bringen.
- Nach dem Aufkochen nicht mehr rühren.
- Abschmecken, des Öfteren abschäumen und abfetten.
- 1 Stunde leicht sieden lassen.
- Sorgfältig durch ein Passiertuch passieren.
- Mit Küchenpapier restlos entfetten und abschmecken.

Hinweise für die Praxis
Kraftbrühen werden oft mit Madeira, Sherry oder Portwein parfümiert.

Kraftbrühe (Herstellung im Drucksteamer)
Consommé (cuiseur à vapeur sous pression, steamer)

Zutaten	2,5 Liter
Bouillon	2500 g
Klärfleisch (mageres Kuhfleisch)	450 g
Wasser	350 g
Karotten, geschält	60 g
Knollensellerie, geschält	40 g
Lauch, grün, gerüstet	70 g
Zwiebeln, geschält	70 g
Tomaten	50 g
Eiweiß, frisch	60 g
Lorbeerblätter	
Pfefferkörner, weiß	
Salz	

Vorbereitung
- Kuhfleisch durch die grobe Scheibe des Fleischwolfes (5 mm) treiben.
- Lauch längs halbieren und waschen.
- Gemüse in Matignon (kleinwürfelig) schneiden, Tomaten in Stücke schneiden.
- Kuhfleisch, Matignon, Eiweiß, Gewürze, Tomatenstücke und Wasser (= Klarifikation) kräftig vermischen und mindestens 1 Stunde im Kühlschrank ruhen lassen.
- Kalte fettfreie Bouillon bereitstellen.

Zubereitung
- Klarifikation und die kalte Bouillon in eine ½-Gastronorm-Schale, 150 mm, geben und gut verrühren.
- Im Drucksteamer zum Siedepunkt bringen: 104 °C, 10 Minuten.
- Klärvorgang: 102 °C, 40 Minuten.
- Ausgaren: 94 °C, 10 Minuten.
- Kraftbrühe anschließend vorsichtig durch ein Passiertuch passieren.
- Mit Küchenpapier restlos entfetten und abschmecken.

Hinweise für die Praxis
Bei einer Menge ab 5 l Gastronorm 1/1, 200–300 mm, benutzen. Die Ausgarungszeit muss entsprechend verlängert werden.

KRAFTBRÜHE – STEP BY STEP

2

1

2

3

4

5

6

7

8

KLARE SUPPEN   115

Hummerkraftbrühe · Consommé de homard

Klarifikation
2,5 Liter

Meerhechtfilets	450 g
Lauch, gebleicht, gerüstet	120 g
Schalotten, geschält	60 g
Champignons, weiß, frisch	30 g
Stangensellerie, gerüstet	20 g
Fenchel, gerüstet	20 g
Eiweiß, frisch	50 g
Meersalz, grob	20 g
Weißwein, Chablis	100 g
Wasser	100 g
Dill, frisch	5 g
Zitronenthymian, frisch	5 g

Weitere Zutaten

Hummerfond	2800 g
Armagnac	20 g
Hummerfleisch	100 g
Salz	
Pfeffer, weiß, aus der Mühle	

Vorbereitung
- Meerhechtfleisch mit dem Messer grob hacken.
- Lauch längs halbieren und waschen.
- Stangensellerie, Champignons und Fenchel waschen.
- Lauch, Schalotten, Champignons, Stangensellerie und Fenchel in Matignon (kleinwürfelig) schneiden.
- Dill und Zitronenthymian waschen, zupfen und trockentupfen.
- Meerhechtfleisch, Matignon, Eiweiß, Meersalz, Weißwein, Wasser, Dill und Zitronenthymian (= Klarifikation) kräftig vermischen und mindestens 1 Stunde kühl stellen.
- Hummerfleisch in gleichmäßige Stücke schneiden.

Zubereitung
- In einer Kasserolle die Klarifikation mit dem kalten Hummerfond gut verrühren.
- Unter vorsichtigem Rühren mit einer Bratschaufel langsam zum Siedepunkt bringen.
- Aufkochen und abschäumen.
- Während 30 Minuten leicht sieden lassen, gelegentlich abschäumen und nicht mehr rühren.
- Sorgfältig durch ein doppeltes Passiertuch passieren.
- Nochmals aufkochen und mit Küchenpapier vollständig entfetten.
- Mit Salz und weißem Pfeffer abschmecken, mit Armagnac parfümieren.
- Hummerfleisch separat mit wenig Hummerkraftbrühe erhitzen.

Anrichten
- Hummerfleisch in Suppentassen oder Suppentellern anrichten.
- Mit der heißen Hummerkraftbrühe übergießen und servieren.

Hinweise für die Praxis
Statt Meerhechtfilets können Wittlingsfilets verwendet werden. Schweben nach dem Passieren noch Proteinpartikel in der Kraftbrühe, diese vorsichtig durch einen Kaffeefilter passieren.

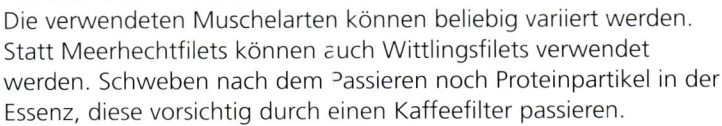

Muschelessenz · Essence de moules

Zutaten 2,5 Liter

Olivenöl	40 g
Schalotten, geschält	50 g
Schwertmuscheln, frisch, in Schale, geputzt	600 g
Miesmuscheln, frisch, in Schale, geputzt	500 g
Weißwein	150 g
Dill, frisch	15 g

Klarifikation

Meerhechtfilets, pariert	900 g
Lauch, gebleicht, gerüstet	120 g
Schalotten, geschält	60 g
Champignons, frisch, gerüstet	30 g
Stangensellerie, gerüstet	20 g
Fenchel, gerüstet	20 g
Eiweiß, frisch	50 g
Meersalz, grob	20 g
Weißwein, Chablis	100 g
Wasser	100 g
Dill, frisch	5 g
Zitronenthymian, frisch	5 g

Weitere Zutaten

Fischfond	2500 g
Safranfäden, getrocknet	1 g
Noilly Prat	10 g
Pfeffer, weiß, aus der Mühle	

Vorbereitung
- Schalotten fein hacken.
- Muscheln gründlich waschen und die Byssus-Fäden der Miesmuscheln entfernen.
- Dill waschen und zupfen.
- Schalotten im Olivenöl andünsten, Muscheln beigeben und mitdünsten.
- Mit Weißwein ablöschen und mit 500 g Fischfond auffüllen.
- Dill beigeben und die Muscheln zugedeckt dünsten, bis sie sich öffnen.
- Muscheln herausnehmen, aus den Schalen lösen und für die Suppeneinlage in wenig Fischfond beiseite stellen.
- Dünstflüssigkeit sorgfältig dekantieren und durch ein Passiertuch passieren, mit dem restlichen Fischfond mischen und erkalten lassen.
- Meerhechtfilets für die Klarifikation mit dem Messer grob hacken.
- Lauch, Schalotten, Champignons, Stangensellerie und Fenchel in Matignon (kleinwürfelig) schneiden.
- Dill und Zitronenthymian für die Klarifikation waschen und zupfen.
- Meerhechtfleisch, Matignon, Eiweiß, Meersalz, Weißwein, Wasser und Kräuter (= Klarifikation) gründlich vermischen und mindestens 1 Stunde kühl stellen.

Zubereitung
- In einer Kasserolle Klarifikation mit dem kalten Fischfond gut verrühren.
- Unter vorsichtigem Rühren mit einer Bratschaufel langsam zum Siedepunkt bringen.
- Aufkochen und abschäumen.
- Während 30 Minuten leicht sieden, gelegentlich abschäumen und nicht mehr rühren.
- Essenz sorgfältig durch ein doppeltes Passiertuch passieren.
- Nochmals aufkochen und mit Küchenpapier vollständig entfetten.
- Mit Safranfäden durchsetzen, mit Salz und weißem Pfeffer abschmecken und mit Noilly Prat parfümieren.

Anrichten
- Muschelfleisch erhitzen (Schwertmuscheln halbieren) und in Tassen oder Tellern anrichten.
- Essenz sorgfältig anrichten und sofort servieren.

Hinweise für die Praxis
Die verwendeten Muschelarten können beliebig variiert werden. Statt Meerhechtfilets können auch Wittlingsfilets verwendet werden. Schweben nach dem Passieren noch Proteinpartikel in der Essenz, diese vorsichtig durch einen Kaffeefilter passieren.

Perlhuhnessenz · Essence de pintade

Klarifikation   2,5 Liter

Klärfleisch (mageres Kuhfleisch)	300 g
Perlhuhnschenkelfleisch, ohne Haut	600 g
Karotten, geschält	30 g
Knollensellerie, geschält	80 g
Lauch, grün, gerüstet	40 g
Tomaten, getrocknet	20 g
Rosmarin, frisch	5 g
Zitronenthymian, frisch	5 g
Pfefferkörner, weiß, zerdrückt	
Lorbeerblätter	
Gewürznelken	
Eiweiß, pasteurisiert	100 g
Wasser	200 g
Meersalz, grob	20 g

Weitere Zutaten

Perlhuhnfond	2900 g
Salz	
Pfeffer, weiß, aus der Mühle	

Vorbereitung

- Klärfleisch und Perlhuhnschenkelfleisch durch die grobe Scheibe des Fleischwolfes (5 mm) treiben.
- Karotten, Knollensellerie und Lauch in Matignon (kleinwürfelig) schneiden.
- Getrocknete Tomaten in kleine Würfel schneiden.
- Rosmarin und Zitronenthymian waschen und zupfen.
- Klärfleisch, Perlhuhnfleisch, Matignon, getrocknete Tomaten, Gewürze, Eiweiß, Wasser und Meersalz (= Klarifikation) kräftig vermischen und mindestens 1 Stunde kühl stellen.

Zubereitung

- In einer Kasserolle Klarifikation mit dem kalten Perlhuhnfond gut verrühren.
- Unter vorsichtigem Rühren mit einer Bratschaufel langsam zum Siedepunkt bringen.
- Aufkochen und abschäumen.
- Während 1 Stunde leicht sieden lassen, gelegentlich abschäumen und nicht mehr rühren.
- Sorgfältig durch ein doppeltes Passiertuch passieren.
- Nochmals aufkochen und mit Küchenpapier vollständig entfetten.
- Essenz mit Salz und weißem Pfeffer abschmecken.

Hinweise für die Praxis

Allenfalls vorhandene Schenkelknochen zur Farbgebung anrösten, auf Küchenpapier entfetten, erkalten lassen und der Klarifikation beigeben. Schweben nach dem Passieren noch Proteinpartikel in der Essenz, diese vorsichtig durch einen Kaffeefilter passieren.

Spargelessenz mit Kaffir-Limonen-Blättern · Essence d'asperges aux feuilles de combava

Zutaten
	2,5 Liter
Butter	45 g
Zwiebeln, geschält	150 g
Knoblauch, geschält	20 g
Ingwer, frisch, geschält	20 g
Knollensellerie, geschält	75 g
Lauch, gebleicht, gerüstet	20 g
Zitronengras, gerüstet	20 g
Petersilienstiele	20 g
Spargeln, weiß, geschält	500 g
Spargeln, grün, geschält	500 g
Wasser	3000 g
Meersalz, grob	20 g
Zucker	20 g
Weißwein, Chablis	100 g
Orangensaft, frisch gepresst	300 g
Kartoffeln, Typ B, geschält	100 g
Limonenzesten	5 g
Orangenzesten	5 g
Limonenblätter	5 g
Gewürzsäcklein	1
Sternanis	

Klarifikation
Kichererbsen, getrocknet	40 g
Eiweiß, frisch	300 g
Meersalz, grob	15 g
Knollensellerie, geschält	30 g
Lauch, gebleicht, gerüstet	20 g
Zwiebeln, geschält	10 g
Eiswürfel	150 g
Pfeffer, weiß, aus der Mühle	

Vorbereitung
- Zwiebeln und Knoblauch fein hacken.
- Ingwer in Scheiben schneiden.
- Knollensellerie und Lauch in Paysanne (feinblättrig) schneiden.
- Zitronengras und Petersilienstiele in Stücke schneiden.
- 5 cm der Spargelspitzen (weiß und grün) wegschneiden, in den 3000 g Salzwasser knackig sieden und im Eiswasser abschrecken (werden als Einlage verwendet), Kochflüssigkeit aufbewahren.
- Die restlichen Spargeln in 1 cm breite Rondellen schneiden.
- Kartoffeln vierteln.
- Aus Zellstoff ein Gewürzsäcklein mit zerdrückten Pfefferkörnern, Lorbeerblatt, Gewürznelken und Sternanis bereitstellen.
- Kichererbsen im kalten Wasser 12 Stunden quellen lassen.

Zubereitung
- Zwiebeln und Knoblauch in Butter andünsten.
- Ingwer, Knollensellerie und Zitronengras beigeben und mitdünsten.
- Lauch, Petersilienstiele und Spargelrondellen beigeben, leicht salzen und mitdünsten.
- Zucker beigeben, mit Weißwein und Orangensaft ablöschen und mit der Kochflüssigkeit der Spargeln auffüllen.
- Aufkochen und abschäumen.
- Kartoffeln, Limonen- und Orangenzesten, Limonenblätter und das Gewürzsäcklein zugeben.
- 25 Minuten sieden lassen und des Öfteren abschäumen.
- Spargelfond durch ein doppeltes Passiertuch passieren und auf 5 °C abkühlen.
- Kichererbsen abschütten, abspülen und grob hacken.
- Kichererbsen mit Eiweiß, Meersalz, Sellerie, Lauch, Zwiebeln und Eiswürfeln zu einer Klarifikation vermischen und 2 Stunden kühl stellen.
- Spargelfond und Klarifikation vermischen und unter Rühren zum Siedepunkt bringen.
- Abschäumen und 15 Minuten am Siedepunkt ziehen lassen, nicht mehr rühren.
- Vorsichtig durch ein doppeltes Passiertuch passieren.
- Nochmals aufkochen, abfetten und abschmecken.

Anrichten
- Spargelspitzen (weiß und grün) erhitzen und in mundgerechte Stücke schneiden.
- In Suppentellern oder Suppentassen anrichten.
- Spargelessenz beigeben und servieren.

Hinweise für die Praxis
Die Zugabe von Kartoffeln bewirkt, dass Bitterstoffe eingeschlossen werden. Kichererbsen nicht zu fein hacken, da sonst Rückstände in der Suppe bleiben. Schweben nach dem Passieren noch Proteinpartikel in der Essenz, diese vorsichtig durch einen Kaffeefilter passieren.

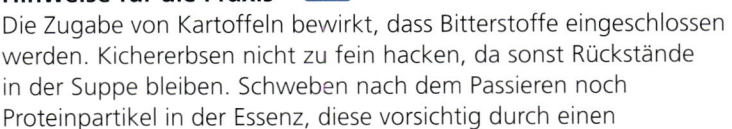

Steinpilzessenz mit Blätterteighaube · Essence de bolets en feuilletée

Zutaten 2,5 Liter
Steinpilze, getrocknet	90 g
Wasser	550 g
Weißwein, Chablis	200 g
Butter	30 g
Zwiebeln, geschält	50 g
Knoblauch, geschält	5 g
Tomaten, getrocknet (1)	10 g
Geflügelfond, hell	2900 g

Klarifikation
Klärfleisch (mageres Kuhfleisch)	300 g
Geflügelschenkelfleisch, pariert	600 g
Karotten, geschält	30 g
Knollensellerie, geschält	80 g
Lauch, grün, gerüstet	40 g
Tomaten, getrocknet (2)	20 g
Pfefferkörner, weiß, zerdrückt	
Lorbeerblätter	
Gewürznelken	
Steinpilzpulver	3 g
Rosmarin, frisch	3 g
Zitronenthymian, frisch	5 g
Eiweiß, frisch	100 g
Wasser	200 g
Meersalz, grob	20 g

Weitere Zutaten
Blätterteig	700 g
Eigelb, pasteurisiert	50 g

Vorbereitung
- Steinpilze 6 Stunden in kaltem Wasser und Weißwein einweichen.
- Zwiebeln und Knoblauch fein hacken.
- Getrocknete Tomaten (1) in Würfel schneiden.
- Steinpilze auspressen und die Einweichflüssigkeit zum Geflügelfond geben.
- Zwiebeln und Knoblauch in Butter andünsten.
- Getrocknete Tomaten (1) und Steinpilze beigeben und mitdünsten.
- Mit dem Geflügelfond auffüllen und zum Siedepunkt bringen.
- Während 20 Minuten leicht sieden lassen und gelegentlich abschäumen.
- Anschließend durch ein Passiertuch passieren und auf 5 °C abkühlen.
- Die passierten Steinpilzrückstände im Kutter zu feiner Paste mixen und erkalten lassen.
- Klärfleisch und Geflügelschenkelfleisch durch die grobe Scheibe des Fleischwolfes (5 mm) treiben.
- Karotten, Knollensellerie und Lauch zu Matignon (kleinwürfelig) schneiden.
- Rosmarin und Zitronenthymian waschen und zupfen.
- Klärfleisch, Geflügelfleisch, Matignon, getrocknete Tomaten (2), Gewürze, Steinpilzpulver, Eiweiß, Wasser und Meersalz kräftig vermischen und mindestens 1 Stunde kühl stellen.
- Blätterteig 1,5 mm dick rechteckig auswallen.
- Die eine Hälfte des Blätterteigs mit der Steinpilzpaste dünn bestreichen und mit der anderen Hälfte abdecken. Mindestens 20 Minuten kühl stellen. Das Format so wählen, dass Quadrate von 13 x 13 cm geschnitten werden können.
- Quadrate (13 x 13 cm) ausschneiden und kühl stellen.

Zubereitung
- In einer Kasserolle Klarifikation mit dem kalten Geflügelfond gut vermischen.
- Unter vorsichtigem Rühren mit einer Bratschaufel langsam zum Siedepunkt bringen.
- Aufkochen und abschäumen.
- Während 1 Stunde leicht sieden lassen, gelegentlich abschäumen und nicht mehr rühren.
- Sorgfältig durch ein doppeltes Passiertuch passieren.
- Nochmals aufkochen und mit Küchenpapier vollständig entfetten.
- Essenz in Suppentassen abfüllen und erkalten lassen.
- Die Ränder der Suppentassen mit Eigelb bestreichen.
- Blätterteigquadrate mit Eigelb bestreichen, die Suppentassen vorsichtig damit abdecken und die Ränder gut andrücken.
- Im vorgeheizten Backofen bei 170 °C und offenem Dampfabzug 20 Minuten goldgelb backen und sofort servieren.

Hinweise für die Praxis
Schweben nach dem Passieren noch Proteinpartikel in der Essenz, diese vorsichtig durch einen Kaffeefilter passieren. Die Menge des Blätterteiges richtet sich nach dem Durchmesser der Suppentassen. Suppe muss nach dem Backen sofort serviert werden, sonst wird der Dampf vom Teig aufgesogen. Steinpilzpulver kann selber hergestellt werden, indem getrocknete Steinpilze im Kutter fein zerkleinert werden.

Tomatenessenz mit Seeteufelmedaillons · Essence de tomates aux médaillons de baudroie

Zutaten 2,5 Liter

Olivenöl, kaltgepresst	30 g
Zwiebeln, geschält	100 g
Knoblauch, geschält	20 g
Knollensellerie, geschält	50 g
Lauch, gebleicht, gerüstet	50 g
Karotten, geschält	50 g
Tomaten, getrocknet (1)	80 g
Petersilienstiele	20 g
Tomaten, Peretti	800 g
Meersalz, grob	10 g
Zucker	20 g
Tomatenpüree	100 g
Rotwein, Merlot	100 g
Tomatensaft	150 g
Wasser	3000 g
Gewürzsäcklein	1

Klarifikation

Kichererbsen, getrocknet	40 g
Eiweiß, frisch	300 g
Tomaten, getrocknet (2)	50 g
Meersalz, grob	10 g
Petersilienstiele	20 g
Eiswürfel	100 g
Tomatensaft	100 g
Knollensellerie, geschält	30 g
Lauch, gebleicht, gerüstet	20 g
Zwiebeln, geschält	20 g
Pfeffer, weiß, aus der Mühle	

Einlage

Seeteufelfilet, pariert	200 g
Limonensaft	5 g
Basilikumpesto	25 g
Pfeffer, weiß, aus der Mühle	
Butter	10 g

Vorbereitung

- Zwiebeln und Knoblauch fein hacken.
- Knollensellerie, Lauch und Karotten in Paysanne (feinblättrig) schneiden.
- Getrocknete Tomaten (1) in Würfel schneiden.
- Petersilienstiele zerkleinern.
- Tomaten waschen und in grobe Würfel schneiden.
- Aus Zellstoff ein Gewürzsäcklein mit zerdrückten Pfefferkörnern, Lorbeerblatt und Gewürznelken bereitstellen.
- Kichererbsen 12 Stunden in kaltem Wasser quellen lassen.
- Seeteufel in 20 g schwere Medaillons schneiden.

Zubereitung

- Zwiebeln und Knoblauch im Olivenöl andünsten.
- Knollensellerie, Lauch, Karotten und getrocknete Tomaten beigeben und mitdünsten.
- Petersilienstiele und Tomatenwürfel beigeben, mit Meersalz und Zucker würzen und mitdünsten.
- Tomatenpüree beigeben und ebenfalls mitdünsten.
- Mit Rotwein ablöschen, mit Tomatensaft und Wasser auffüllen.
- Aufkochen, abschäumen und das Gewürzsäcklein beigeben.
- Tomatenfond 20 Minuten kochen und des Öfteren abschäumen.
- Tomatenfond durch ein doppeltes Passiertuch passieren und auf 5 °C abkühlen.
- Kichererbsen abschütten, abspülen und grob hacken.
- Kichererbsen mit Eiweiß, getrockneten Tomaten (2), Meersalz, Petersilienstielen, Eiswürfeln, Tomatensaft, Sellerie, Lauch und Zwiebeln zu einer Klarifikation vermischen und 2 Stunden kühl stellen.
- Tomatenfond mit der Klarifikation mischen und unter Rühren zum Siedepunkt bringen.
- Abschäumen und 15 Minuten am Siedepunkt ziehen lassen, nicht mehr rühren.
- Durch ein doppeltes Passiertuch passieren.
- Nochmals aufkochen, entfetten und abschmecken.

Anrichten

- Seeteufelmedaillons mit Salz und Limonensaft würzen und mit Basilikumpesto bepinseln.
- Auf einer gebutterten Eierplatte anrichten und unter dem Salamander gar ziehen lassen.
- Tomatenessenz in Suppenteller oder Suppentassen gießen.
- Seeteufelmedaillons auf Küchenpapier trockentupfen und in die Suppe geben.

Hinweise für die Praxis

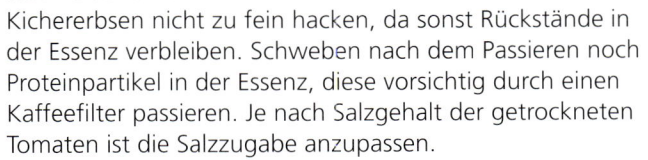

Kichererbsen nicht zu fein hacken, da sonst Rückstände in der Essenz verbleiben. Schweben nach dem Passieren noch Proteinpartikel in der Essenz, diese vorsichtig durch einen Kaffeefilter passieren. Je nach Salzgehalt der getrockneten Tomaten ist die Salzzugabe anzupassen.

Wildkraftbrühe · Consommé de gibier

Zutaten	2,5 Liter
Erdnussöl	10 g
Wildparüren	350 g
Klärfleisch (mageres Kuhfleisch)	160 g
Wasser	250 g
Karotten, geschält	80 g
Knollensellerie, geschält	80 g
Lauch, grün, gerüstet	80 g
Tomaten	50 g
Steinpilze, getrocknet	15 g
Eiweiß, frisch	60 g
Pfefferkörner, weiß	1 g
Lorbeerblätter	
Wildfond	3000 g
Salz	

Vorbereitung
– Wildparüren zur Farbgebung im Öl ansautieren, auf Küchenpapier entfetten und erkalten lassen.
– Klärfleisch und Wildparüren durch die grobe Scheibe des Fleischwolfs (5 mm) treiben.
– Lauch längs halbieren und waschen.
– Gemüse in Matignon (kleinwürfelig) schneiden, Tomaten in Stücke schneiden.
– Gehacktes Fleisch, Matignon, Tomatenstücke, Steinpilze, Eiweiß, Gewürze und Wasser (= Klarifikation) kräftig vermischen und mindestens 1 Stunde im Kühlschrank ruhen lassen.
– Kalten fettfreien Wildfond bereitstellen.

Zubereitung
– Klarifikation in den kalten Wildfond geben und gut verrühren.
– Unter vorsichtigem Rühren mit einer Bratschaufel langsam zum Siedepunkt bringen.
– Nach dem Aufkochen nicht mehr rühren.
– Abschmecken und des Öfteren abschäumen und abfetten.
– 1 Stunde leicht sieden.
– Sorgfältig durch ein Passiertuch passieren.
– Mit Küchenpapier restlos entfetten und abschmecken.

Hinweise für die Praxis
Wildkraftbrühen werden oft mit Madeira, Sherry oder Portwein parfümiert.

■ SUPPENEINLAGEN

Backerbsen · Pois frits

Zutaten	10 Pers
Weißmehl, Typ 550	70 g
Salz	1 g
Vollmilch	80 g
Vollrahm, 35%	30 g
Vollei, frisch	35 g
Ölverlust beim Frittieren	30 g

Vorbereitung
– Weißmehl sieben.

Zubereitung
– Weißmehl, Salz, Vollmilch, Vollrahm und Vollei verrühren, bis eine knollenfreie Masse entsteht.
– Masse durch ein Spitzsieb passieren und zugedeckt etwas ruhen lassen.
– Vor dem Gebrauch nochmals aufrühren.
– Die Masse durch eine Schaumkelle in die heiße Fritteuse tropfen lassen, sodass erbsengroße goldgelbe Kugeln entstehen.
– Mit einer Frittürekelle herausheben und auf Küchenpapier entfetten.

Hinweise für die Praxis
Pro Person werden 30 g Backerbsen benötigt.
Verwendung: als Suppeneinlage für klare Suppen.

Eierstich · Royale

Zutaten — 10 Pers
Vollmilch	250 g
Vollei, frisch	160 g
Salz	

Vorbereitung
- Porzellanförmchen mit kaltem Wasser ausspülen oder mit Klarsichtfolie faltenfrei auslegen.
- Vollei verrühren.

Zubereitung
- Vollmilch aufkochen, unter Rühren zum Vollei geben und abschmecken.
- Eiermilch durch ein feines Sieb passieren und in die vorbereiteten Förmchen füllen.
- Im Drucksteamer bei 104 °C 4 Minuten garen und weitere 6 Minuten nachziehen lassen (oder im Ofen in einem Wasserbad pochieren).
- Eierstich erkalten lassen und auf eine mit Wasser benetzte Chromstahlfläche stürzen.
- Eierstich vorsichtig in gleichmäßige Würfel (1 cm Kantenlänge) oder in Rauten (1 cm Seitenlänge) schneiden und in Salzwasser aufbewahren.

Hinweise für die Praxis
Eierstich in heißem Salzwasser vorsichtig erhitzen und der klaren Suppe beigeben. Pro Person werden 40 g Eierstich benötigt.

Grießklößchen · Quenelles de semoule

Zutaten — 10 Pers
Butter	80 g
Vollei, frisch	100 g
Hartweizengrieß	170 g
Salz	
Pfeffer, weiß, aus der Mühle	
Bouillon	500 g

Vorbereitung
- Butter aus dem Kühlschrank nehmen.
- Bouillon aufkochen.

Zubereitung
- Butter schaumig rühren, Vollei und Hartweizengrieß beigeben und verrühren.
- Masse abschmecken und kühl stellen.
- Mit 2 Kaffeelöffeln Klößchen formen und in der heißen Bouillon 20 Minuten pochieren (die Klößchen gehen dabei auf das Doppelte auf).
- Herausnehmen und in die Suppe geben oder im Salzwasser abkühlen lassen.

Hinweise für die Praxis
Pro Person werden 3 Klößchen zu je 20 g benötigt.
Verwendung: als Einlage für klare Suppen.

Käseschnittchen · Diablotins

Zutaten — 10 Pers
- Englischbrot, entrindet — 200 g
- Vollei, frisch — 100 g
- Parmesan, gerieben — 125 g
- Paprika, delikatess — 5 g
- Salz
- Cayenne-Pfeffer, gemahlen

Vorbereitung
- Englischbrot in 4 mm dicke Scheiben schneiden.
- Vollei, Parmesan und Paprika zu einer Masse verrühren, mit Salz und Cayenne-Pfeffer pikant abschmecken.

Zubereitung
- Englischbrotscheiben gleichmäßig mit der Käsemasse bestreichen.
- Unter dem Salamander goldbraun gratinieren.
- Erkalten lassen und in Rauten schneiden.

Hinweise für die Praxis
Pro Person werden 40 g Diablotins benötigt.
Verwendung: als Suppeneinlage für klare Suppen.

Kleine Windbeutel · Profiteroles

Zutaten — 10 Pers
- Vollmilch — 40 g
- Wasser — 40 g
- Butter — 25 g
- Salz — 1 g
- Weißmehl — 40 g
- Vollei, frisch — 70 g

Vorbereitung
- Weißmehl sieben.
- Backblech mit Backtrennpapier belegen.

Zubereitung
- Vollmilch, Wasser, Butter und Salz zusammen rasch aufkochen.
- Weißmehl und Salz im Sturz auf einmal beigeben und mit einem Spatel abrühren, bis sich die Masse vom Pfannenboden löst.
- Die Masse in eine Schüssel geben und leicht abkühlen lassen.
- Die Eier nach und nach mit einem Rührspatel unter die Masse geben.
- Die Masse in einen Dressiersack mit Lochtülle (Nr. 4) füllen.
- Auf das vorbereitete Backblech kleine runde Klößchen dressieren.
- Im Ofen bei 220 °C und offenem Dampfabzug ca. 8 Minuten backen.

Hinweise für die Praxis
Wegen der geringen Menge die Flüssigkeit rasch aufkochen, das Mehl sofort beigeben, abrühren und den Brandteig fertig stellen!
Pro Person werden 5 g gebackene kleine Windbeutel benötigt (das Rezept ergibt 60–80 g gebackene kleine Windbeutel). Sie werden mit Vorteil separat serviert.
Verwendung: als Suppeneinlage für klare Suppen.

Mille fanti · Mille fanti

Zutaten — 10 Pers
- Vollei, frisch — 180 g
- Mie de pain/weißes Paniermehl — 100 g
- Parmesan, gerieben — 50 g
- Petersilie, gekraust, frisch — 40 g
- Salz
- Pfeffer, weiß, aus der Mühle

Vorbereitung
- Petersilie waschen, zupfen, trockentupfen und fein hacken.

Zubereitung
- Alle Zutaten in eine Schüssel geben, mit dem Schneebesen verrühren und abschmecken.
- In kochende Bouillon einrühren, aufkochen lassen und mit dem Schneebesen zu kleinen Flocken (mille fanti) verrühren.

Hinweise für die Praxis
Als Einlage für Kraftbrühen die Eimasse in Convenience-Bouillon einrühren, anschließend in ein Spitzsieb abschütten und der Kraftbrühe beigeben (verhindert eine leichte Trübung der Kraftbrühe). Pro Person werden 70 g pochierte Einlage benötigt.

Pfannkuchenstreifen/Flädli · Célestine (crêpes en lanières)

Zutaten	10 Pers
Weißmehl, Typ 550	80 g
Salz	2 g
Vollmilch	190 g
Vollrahm, 35%	60 g
Vollei, frisch	80 g
Butter (1)	20 g
Petersilie, gekraust, frisch	15 g
Pfeffer, weiß, aus der Mühle	
Butter (2)	50 g

Vorbereitung
- Weißmehl sieben.
- Butter (1) schmelzen.
- Petersilie waschen, zupfen, trockentupfen und fein hacken.

Zubereitung
- Weißmehl, Salz, Vollmilch, Vollrahm, Vollei und flüssige Butter gut verrühren, bis eine knollenfreie Masse entsteht.
- Masse durch ein Spitzsieb passieren und gehackte Petersilie beigeben.
- Die Masse zugedeckt etwas ruhen lassen.
- In einer antihaftbeschichteten Pfanne mit wenig Butter (2) dünne Pfannkuchen unter leichter Farbgebung backen.
- Herausnehmen und auf einem Gitterrost abkühlen lassen.
- Pfannkuchen in 3,5 cm lange Streifen schneiden.

Hinweise für die Praxis
Pro Person werden 30 g Pfannkuchenstreifen benötigt.
Verwendung: als Suppeneinlage für klare Suppen.

Quarkklößchen mit Speck · Quenelles de séré au lard

Zutaten	10 Pers
Butter	50 g
Zwiebeln, geschält	25 g
Knoblauch, geschält	10 g
Speck, geräuchert	35 g
Tomaten, getrocknet	10 g
Haselnusskerne, gemahlen	25 g
Kartoffelstärke	15 g
Rahmquark	250 g
Eigelb, frisch	50 g
Salz	
Pfeffer, weiß, aus der Mühle	
Cayenne-Pfeffer, gemahlen	

Vorbereitung
- Zwiebeln und Knoblauch fein hacken.
- Speck (ohne Knorpel) und getrocknete Tomaten in Brunoise (Würfelchen) schneiden.
- Gemahlene Haselnüsse in einer antihaftbeschichteten Pfanne trocken rösten, erkalten lassen und mit der Kartoffelstärke vermischen.
- Rahmquark in einem Kaffeefilter abtropfen lassen.

Zubereitung
- Zwiebeln und Knoblauch in Butter andünsten.
- Speck- und Tomaten-Brunoise beigeben, mitdünsten und erkalten lassen.
- Alle Zutaten vermischen und mit Salz, Pfeffer und Cayenne-Pfeffer abschmecken.
- Mindestens 30 Minuten ruhen lassen.
- Mit 2 Kaffeelöffeln Klößchen formen und in heißer Bouillon pochieren.

Hinweise für die Praxis
Pro Person werden 3 Klößchen zu je 20 g benötigt.
Verwendung: als Einlage für Grün- oder Gelberbsensuppe oder für klare Suppen.

Steinpilzklößchen · Quenelles aux bolets

Zutaten — 10 Pers
Weißbrot	750 g
Vollrahm, 35%	250 g
Vollmilch	320 g
Butter	220 g
Vollei, frisch	220 g
Steinpilze, getrocknet	150 g
Knoblauch, geschält	7 g
Weißmehl	40 g
Schnittlauch, frisch	15 g
Salz	
Pfeffer, weiß, aus der Mühle	

Vorbereitung
- Altbackenes Weißbrot in 5 mm große Würfel schneiden.
- Butter schmelzen.
- Steinpilze in kaltem Wasser einweichen, auspressen und hacken.
- Knoblauch durch eine Knoblauchpresse drücken.
- Schnittlauch fein schneiden.

Zubereitung
- Gehackte Steinpilze mit Knoblauch in Butter dünsten.
- Weißbrotwürfel mit restlicher zerlassener Butter, Vollmilch und Eiern vermischen.
- Gedünstete Steinpilze, Mehl und Schnittlauch zur Brotmasse geben und vermischen.
- 20 Minuten quellen lassen.
- Klößchen formen und in Salzwasser ca. 15 Minuten pochieren.

Hinweise für die Praxis
Als Suppeneinlage für Kraftbrühen: Mit 2 Kaffeelöffeln Klößchen formen, in Salzwasser pochieren. Pro Person 5 Klößchen zu 10 g.
Als Sättigungsbeilage zu Hauptgerichten: Große Klöße formen, in Salzwasser pochieren. Pro Person 3 Klöße zu 60 g.

SUPPENEINLAGEN

Backerbsen

Grießklößchen

Käseschnittchen/Diablotins

Mille fanti

Eierstich

Kleine Windbeutel

Pfannkuchenstreifen/Flädli

Quarkklößchen mit Speck

Gemüsesuppen

Asiatische Gemüsesuppe mit geräuchertem Tofu · Potage de légumes asiatique au tofu fumé

Zutaten	2,5 Liter
Butter	30 g
Zwiebeln, violett, geschält	40 g
Knoblauch, geschält	5 g
Knollensellerie, geschält	110 g
Karotten, geschält	90 g
Frühlingszwiebeln, gerüstet	70 g
Rosenkohl, klein, tiefgekühlt	210 g
Shitake-Pilze, frisch, gerüstet	70 g
Zucker	5 g
Rotwein	100 g
Gemüsefond	900 g
Sojasauce, hell	10 g
Weißwein	10 g
Chilischoten, rot, entkernt	10 g
Tofu, geräuchert	90 g
Petersilie, glattblättrig, frisch	10 g

Vorbereitung
- Zwiebeln hacken.
- Knoblauch durch die Knoblauchpresse drücken.
- Knollensellerie, Karotten und Frühlingszwiebeln in Paysanne (feinblättrig) schneiden.
- Rosenkohlröschen vierteln.
- Shitake-Pilze entstielen und in feine Scheiben schneiden.
- Chilischoten in feine Streifen schneiden.
- Tofu in 5 mm große Würfel schneiden.
- Petersilie waschen, zupfen, trockentupfen und fein hacken.

Zubereitung
- Butter erhitzen, Zwiebeln und Knoblauch andünsten.
- Gemüse und Pilze beigeben, mitdünsten, Zucker beigeben.
- Mit Rotwein ablöschen und mit Gemüsefond auffüllen.
- Sojasauce und Weißwein beigeben.
- Aufkochen, abschmecken und 15 Minuten sieden.
- Des Öfteren abschäumen, kurz vor Ende der Garzeit die Chilischoten beigeben.
- Suppe nochmals abschmecken.
- Tofuwürfel in die Suppe geben und mit Petersilie bestreuen.

Gemüsesuppe dörfliche Art · Potage villageoise

Zutaten	2,5 Liter
Butter	30 g
Zwiebeln, geschält	80 g
Lauch, grün, gerüstet	600 g
Wirz/Wirsing, gerüstet	340 g
Weißmehl	30 g
Gemüsefond	2100 g
Salz	
Pfeffer, weiß, aus der Mühle	
Fideli/Fadennudeln	40 g
Kerbel, frisch	5 g
Sbrinz, gerieben	80 g

Vorbereitung
- Zwiebeln hacken.
- Lauch und Wirz in Paysanne (feinblättrig) schneiden, waschen und abtropfen lassen.
- Fideli in Salzwasser sieden, kalt abspülen und abtropfen lassen.
- Gemüsefond aufkochen.
- Kerbel waschen, trockentupfen, zupfen und hacken.

Zubereitung
- Zwiebeln, Lauch und Wirz in Butter dünsten.
- Mit Weißmehl stäuben und etwas abkühlen lassen.
- Mit heißem Gemüsefond auffüllen und zum Siedepunkt bringen.
- Mit Salz und Pfeffer würzen, des Öfteren abschäumen.
- 20 Minuten sieden, abschmecken.
- Unmittelbar vor dem Servieren Fideli beigeben und Suppe mit Kerbel bestreuen.
- Geriebenen Sbrinz separat dazu servieren.

Hinweise für die Praxis
Die Suppe kann auch ohne Weißmehlzugabe hergestellt werden.

Suppe Bauernart · Potage paysanne

Zutaten	2,5 Liter
Butter	30 g
Speck, geräuchert	80 g
Zwiebeln, geschält	100 g
Lauch, grün, gerüstet	150 g
Karotten, geschält	150 g
Knollensellerie, geschält	100 g
Wirz/Wirsing, gerüstet	150 g
Kohlrabi, geschält	100 g
Weißmehl	30 g
Bouillon	2100 g
Kartoffeln, Typ A, geschält	150 g
Salz	
Pfeffer, weiß, aus der Mühle	
Petersilie, gekraust, frisch	10 g
Sbrinz, gerieben	80 g

Vorbereitung
- Speck ohne Knorpel in Würfelchen schneiden.
- Zwiebeln fein hacken.
- Restliches Gemüse in Paysanne (feinblättrig) schneiden.
- Kartoffeln ebenfalls in Paysanne (feinblättrig) schneiden.
- Bouillon aufkochen.
- Petersilie waschen, zupfen und fein hacken.

Zubereitung
- Speckwürfelchen in Butter andünsten.
- Zwiebeln, Lauch und Wirz beigeben und mitdünsten.
- Restliche Gemüse beigeben und ebenfalls mitdünsten.
- Mit Weißmehl stäuben und etwas abkühlen lassen.
- Mit heißer Bouillon auffüllen und zum Siedepunkt bringen.
- Mit Salz und Pfeffer abschmecken, des Öfteren abschäumen.
- 20 Minuten sieden, anschließend Kartoffeln beigeben.
- Nochmals 10 Minuten sieden und abschmecken.
- Suppe unmittelbar vor dem Servieren mit gehackter Petersilie bestreuen.
- Geriebenen Sbrinz separat dazu servieren.

Hinweise für die Praxis
Für vegetarische Zubereitungen kann der Speck weggelassen und die Bouillon durch einen Gemüsefond ersetzt werden. Soll die Suppe einer leichten Vollkost entsprechen, die blähenden Gemüse (Lauch, Wirz und Zwiebeln) durch Zucchetti und Pfälzer Rüben ersetzen. Die Suppe kann auch ohne Weißmehlzugabe zubereitet werden.

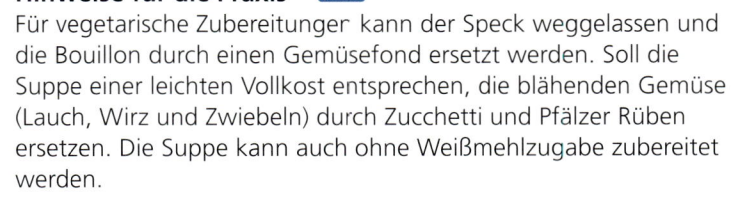

Suppe flämische Art · Potage flamande

Zutaten	2,5 Liter
Butter	40 g
Zwiebeln, geschält	100 g
Lauch, grün, gerüstet	100 g
Rosenkohl, frisch, gerüstet	300 g
Kartoffeln, Typ A, geschält	300 g
Gemüsefond	2400 g
Salz	
Pfeffer, weiß, aus der Mühle	
Kerbel, frisch	5 g

Vorbereitung
- Zwiebeln fein hacken.
- Rosenkohl waschen, blanchieren und in Eiswasser abschrecken.
- Abtropfen lassen und vierteln (größere sechsteln).
- Lauch und Kartoffeln in Paysanne (feinblättrig) schneiden.
- Gemüsefond aufkochen.
- Kerbel waschen, trockentupfen, zupfen und hacken.

Zubereitung
- Zwiebeln und Lauch in Butter dünsten.
- Rosenkohl beigeben und mitdünsten.
- Mit heißem Gemüsefond auffüllen und zum Siedepunkt bringen.
- Mit Salz und Pfeffer würzen, des Öfteren abschäumen.
- Nach 20 Minuten Kochzeit die Kartoffeln beigeben.
- Weitere 10 Minuten sieden, abschäumen und abschmecken.
- Suppe unmittelbar vor dem Servieren mit gehacktem Kerbel bestreuen.

Hinweise für die Praxis
Es kann auch tiefgekühlter Rosenkohl verwendet werden. Nach Belieben geriebenen Sbrinz oder Parmesan separat dazu servieren.

Suppe Hausfrauenart · Potage bonne femme

Zutaten	2,5 Liter
Butter	30 g
Zwiebeln, geschält	90 g
Lauch, grün, gerüstet	580 g
Weißmehl	20 g
Gemüsefond	2000 g
Kartoffeln, Typ A, geschält	330 g
Vollrahm, 35%	90 g
Salz	
Pfeffer, weiß, aus der Mühle	
Schnittlauch, frisch	15 g

Einlage

Semmeln	120 g
Butter	20 g

Vorbereitung

– Zwiebeln fein hacken.
– Lauch längs halbieren und waschen.
– Lauch und Kartoffeln in Paysanne (feinblättrig) schneiden.
– Gemüsefond aufkochen.
– Schnittlauch fein schneiden.
– Semmeln in dünne Scheiben schneiden und mit Butter beträufeln.
– Unter dem Salamander goldgelb rösten.

Zubereitung

– Zwiebeln und Lauch in Butter dünsten.
– Mit Weißmehl stäuben und etwas abkühlen lassen.
– Mit heißem Gemüsefond auffüllen und zum Siedepunkt bringen.
– Mit Salz und Pfeffer würzen, des Öfteren abschäumen.
– Nach 10 Minuten Kochzeit die Kartoffeln beigeben.
– Nochmals 10 Minuten sieden und abschäumen.
– Suppe mit Vollrahm verfeinern und abschmecken.
– Anrichten und mit Schnittlauch bestreuen.
– Geröstete Brotscheiben separat dazu servieren.

Suppe Pflanzerart · Potage cultivateur

Zutaten	2,5 Liter
Butter	25 g
Speck, geräuchert	50 g
Zwiebeln, geschält	100 g
Lauch, grün, gerüstet	150 g
Karotten, geschält	150 g
Knollensellerie, geschält	100 g
Pfälzer Rüben, geschält	150 g
Kohlrabi, geschält	100 g
Zucchetti, grün, gerüstet	150 g
Bouillon	2100 g
Salz	
Pfeffer, weiß, aus der Mühle	
Petersilie, gekraust, frisch	15 g
Sbrinz, gerieben	80 g

Vorbereitung

– Speck ohne Knorpel in Würfelchen schneiden.
– Zwiebeln fein hacken.
– Restliches Gemüse in Paysanne (feinblättrig) schneiden.
– Bouillon aufkochen.
– Petersilie waschen, zupfen und fein hacken.

Zubereitung

– Speckwürfelchen in Butter andünsten.
– Zwiebeln und Lauch beigeben und mitdünsten.
– Restliches Gemüse beigeben und mitdünsten.
– Mit heißer Bouillon auffüllen und zum Siedepunkt bringen.
– Mit Salz und Pfeffer abschmecken, des Öfteren abschäumen.
– 20 Minuten sieden und nochmals abschmecken.
– Suppe unmittelbar vor dem Servieren mit gehackter Petersilie bestreuen.
– Geriebenen Sbrinz separat dazu servieren.

Hinweise für die Praxis

Für vegetarische Zubereitungen kann der Speck weggelassen und die Bouillon durch einen Gemüsefond ersetzt werden.

Fleisch- und Fischcremesuppen

Fischcremesuppe · Crème de poisson

Zutaten — 2,5 Liter

Zutat	Menge
Butter (1)	50 g
Matignon, weiß	250 g
Weißmehl	75 g
Fischfond	2300 g
Butter (2)	50 g
Vollrahm, 35%	300 g
Limonensaft	10 g
Noilly Prat	10 g
Meersalz, fein	
Pfeffer, weiß, aus der Mühle	

Vorbereitung
- Fischfond aufkochen.
- Butter (2) in Würfel schneiden und kühl stellen.
- Vollrahm steif schlagen und kühl stellen.

Zubereitung
- Matignon in Butter (1) andünsten und leicht salzen.
- Mit Weißmehl stäuben und etwas abkühlen lassen.
- Heißen Fischfond zugeben und unter Rühren aufkochen.
- 15 Minuten sieden, des Öfteren abschäumen.
- Durch ein Drahtspitzsieb passieren und nochmals aufkochen.
- Butterwürfel mit einem Stabmixer einmontieren.
- Geschlagenen Vollrahm unter die Suppe melieren und mit Limonensaft, Noilly Prat, Meersalz und weißem Pfeffer abschmecken.

Fischcremesuppe mit Muscheln · Crème de poisson aux moules

Garnitur — 2,5 Liter

Olivenöl, kaltgepresst	20 g
Schalotten, geschält	50 g
Miesmuscheln, frisch, in Schale, geputzt	500 g
Weißwein	150 g
Olivenöl, kaltgepresst	20 g
Riesenkrevetten, Schwänze, roh, geschält	120 g
Meersalz, fein	
Pfeffer, weiß, aus der Mühle	
Dill, frisch	15 g

Zutaten

Butter	50 g
Matignon, weiß	250 g
Weißmehl	75 g
Fischfond	2200 g
Butter	50 g
Vollrahm, 35%	300 g
Limonensaft	10 g
Noilly Prat	10 g
Meersalz, fein	
Pfeffer, weiß, aus der Mühle	

Vorbereitung
- Schalotten fein hacken.
- Muscheln gründlich reinigen und die Byssusfäden entfernen.
- Riesenkrevetten entdarmen und in 8 mm große Würfel schneiden.
- Dill waschen und zupfen.
- Fischfond aufkochen.
- Vollrahm steif schlagen und kühl stellen.

Zubereitung
- Schalotten in 20 g Olivenöl andünsten.
- Muscheln beigeben und kurze Zeit mitdünsten.
- Mit Weißwein ablöschen, mit 200 g Fischfond auffüllen und zugedeckt dünsten, bis sich die Muscheln öffnen.
- Muscheln herausnehmen und aus den Schalen lösen.
- Muscheln mit wenig Fond für die Einlage bereitstellen.
- Muschelfond vorsichtig durch ein Passiertuch passieren und für die Suppe weiterverwenden.
- Matignon in Butter andünsten und leicht salzen.
- Mit Weißmehl stäuben und etwas abkühlen lassen.
- Heißen Fisch- und Muschelfond zugeben und unter Rühren aufkochen.
- Während 15 Minuten sieden, des Öfteren abschäumen.
- Suppe durch ein Drahtspitzsieb passieren und nochmals aufkochen.
- Butterwürfel mit einem Stabmixer einmontieren.
- Geschlagenen Vollrahm unter die Suppe melieren und mit Limonensaft, Noilly Prat, Meersalz und weißem Pfeffer abschmecken.

Anrichten
- Riesenkrevettenwürfel würzen und in 20 g Olivenöl knackig sautieren.
- Muscheln nochmals erwärmen.
- Riesenkrevetten und Muscheln in Suppentellern oder Suppentassen anrichten.
- Fischcremesuppe beigeben und mit Dillspitzen bestreuen.

Geflügelcremesuppe · Crème de volaille

Zutaten — 2,5 Liter
- Butter — 50 g
- Zwiebeln, geschält — 80 g
- Lauch, gebleicht, gerüstet — 80 g
- Knollensellerie, geschält — 30 g
- Weißmehl — 100 g
- Geflügelfond, hell — 2500 g
- Vollrahm, 35% — 300 g
- Butter — 20 g
- Salz
- Pfeffer, weiß, aus der Mühle

Einlage
- Pouletbrüstchen, ohne Haut — 200 g

Vorbereitung
- Gemüse in Matignon (kleinwürfelig) schneiden.
- Geflügelfond aufkochen.
- Pouletbrüstchen in wenig Geflügelfond pochieren und im Fond erkalten lassen.
- Pouletfleisch in Julienne (Streifchen) schneiden und als Suppeneinlage verwenden.

Zubereitung
- Matignon in Butter andünsten.
- Mit Weißmehl stäuben, mitdünsten und etwas auskühlen lassen.
- Heißen Fond beigeben und unter Rühren aufkochen.
- Abschmecken und des Öfteren abschäumen.
- 30 Minuten sieden lassen.
- Durch ein Drahtspitzsieb passieren, nochmals aufkochen und abschmecken.
- Pouletstreifen beigeben und mit Vollrahm und Butterflocken verfeinern.

Hinweise für die Praxis
Es ist von Vorteil, die Garnitur (Geflügelstreifchen) separat zu erhitzen und in Suppentassen oder Suppenteller zu verteilen.

Geflügelcremesuppe mit Curry · Crème de volaille au curry

Zutaten — 2,5 Liter
- Butter — 50 g
- Zwiebeln, geschält — 100 g
- Curry, Madras — 40 g
- Weißmehl — 110 g
- Geflügelfond, hell — 3200 g
- Pouletbrüstchen, ohne Haut — 300 g
- Reis, Siam Patna — 30 g
- Vollrahm, 35% — 150 g
- Salz
- Pfeffer, weiß, aus der Mühle

Vorbereitung
- Pouletbrüstchen in wenig Geflügelfond pochieren und erkalten lassen.
- Pouletfleisch in Julienne (Streifchen) schneiden.
- Zwiebeln fein hacken.
- Reis körnig kochen, mit kaltem Wasser abspülen und abschütten.

Zubereitung
- Zwiebeln in Butter dünsten.
- Mit Curry stäuben, kurz mitdünsten.
- Mit Weißmehl bestäuben und mit Geflügelfond auffüllen.
- Aufkochen, abschäumen, abschmecken und etwa 45 Minuten sieden lassen.
- Durch ein Drahtspitzsieb passieren.
- Geflügelstreifen und Reis als Einlage zur Suppe geben.
- Mit Vollrahm verfeinern und abschmecken.

Kalbfleischcremesuppe · Crème de veau

Zutaten 2,5 Liter
Butter	50 g
Zwiebeln, geschält	80 g
Lauch, gebleicht, gerüstet	80 g
Knollensellerie, geschält	30 g
Weißmehl	100 g
Kalbsfond, hell	2500 g
Vollrahm, 35 %	300 g
Butter	20 g
Salz	
Pfeffer, weiß, aus der Mühle	

Einlage
Kalbsschulter, dressiert	200 g

Vorbereitung
- Gemüse in Matignon (kleinwürfelig) schneiden.
- Hellen Kalbsfond aufkochen.
- Kalbfleisch (Schulter) in wenig hellem Kalbsfond weich sieden und im Fond erkalten lassen.
- Fleisch in Julienne (Streifen) schneiden und als Suppeneinlage verwenden.

Zubereitung
- Matignon in Butter andünsten.
- Mit Weißmehl stäuben, mitdünsten und etwas auskühlen lassen.
- Heißen Fond beigeben und unter Rühren aufkochen.
- Abschmecken und des Öfteren abschäumen.
- 30 Minuten sieden lassen.
- Durch ein feines Drahtspitzsieb passieren, nochmals aufkochen und abschmecken.
- Kalbfleischstreifen beigeben und mit Vollrahm und Butterflocken verfeinern.

Hinweise für die Praxis
Es ist von Vorteil, die Garnitur (Kalbfleischstreifen) separat zu erhitzen und in Suppentassen oder Suppenteller zu verteilen.

Kaninchencremesuppe mit Rosmarin · Crème de lapin au romarin

Zutaten 2,5 Liter
Butter	50 g
Matignon, bunt	250 g
Knoblauch, geschält	30 g
Tomatenpüree	30 g
Weißmehl	75 g
Kaninchenfond, braun	2300 g
Rosmarin, frisch	20 g
Portwein, rot	100 g
Vollrahm, 35 %	350 g
Limonensaft	10 g
Salz	
Pfeffer, weiß, aus der Mühle	
Cayenne-Pfeffer, gemahlen	

Einlage
Kaninchenrückenfilet, dressiert	400 g
Salz	
Pfeffer, weiß, aus der Mühle	
Sonnenblumenöl, high oleic	30 g

Vorbereitung
- Knoblauch in feine Scheiben schneiden.
- Kaninchenfond aufkochen.
- Rosmarin waschen und trockentupfen.

Zubereitung
- Matignon und Knoblauchscheiben in erhitzter Butter andünsten.
- Tomatenpüree beigeben und mitdünsten.
- Mit Weißmehl stäuben, dünsten und etwas auskühlen lassen.
- Heißen Kaninchenfond unter Rühren beigeben und zum Siedepunkt bringen.
- Mit Salz, Pfeffer und Cayenne-Pfeffer würzen, des Öfteren abschäumen.
- 30 Minuten sieden lassen.
- Während der letzten 5 Minuten den Rosmarin beigeben.
- Suppe durch ein Drahtspitzsieb passieren und nochmals aufkochen.
- Portwein, Vollrahm und Limonensaft beigeben und abschmecken.
- Kaninchenrückenfilets mit Salz und Pfeffer würzen und in heißem Öl rosa sautieren.
- Herausnehmen, etwas abstehen lassen und in Lamellen schneiden.
- Suppe in vorgewärmten Tassen oder Tellern anrichten und die Lamellen in die Suppe geben.

Hinweise für die Praxis
Eine noch gehaltvollere Suppe erhält man, wenn man einen eingekochten Kaninchenfond verwendet.

Weincremesuppe mit Auvernier · Crème au vin d'Auvernier

Zutaten	2,5 Liter
Butter	50 g
Zwiebeln, geschält	80 g
Lauch, gebleicht, gerüstet	70 g
Weißmehl	85 g
Weißwein, Auvernier	500 g
Kalbsfond, hell	2500 g
Vollrahm, 35%	330 g
Salz	
Pfeffer, weiß, aus der Mühle	
Trauben, weiß	300 g
Petersilie, glattblättrig, frisch	20 g

Vorbereitung
- Lauch längs halbieren und waschen.
- Zwiebeln und Lauch in Matignon (kleinwürfelig) schneiden.
- Weiße Trauben schälen, entkernen und vierteln.
- Petersilie waschen, trockentupfen und hacken.

Zubereitung
- Matignon in Butter dünsten.
- Mit Weißmehl stäuben und mitdünsten.
- Mit der Hälfte des Auvernier-Weißweins ablöschen und mit dem Kalbsfond auffüllen.
- Mit Salz und Pfeffer abschmecken.
- 30 Minuten sieden, öfters abschäumen.
- Suppe durch ein Drahtspitzsieb passieren.
- Den restlichen Auvernier langsam beigeben.
- Suppe mit Vollrahm verfeinern und abschmecken.
- Traubenviertel erhitzen und in vorgewärmte Suppentassen oder Suppenteller geben.
- Suppe beigeben und mit gehackter Petersilie bestreuen.

Wildcremesuppe mit Herbsttrompeten · Crème de gibier aux cornes d'abondance

Zutaten	2,5 Liter
Butter	50 g
Zwiebeln, geschält	80 g
Lauch, gebleicht, gerüstet	80 g
Knollensellerie, geschält	30 g
Champignons, frisch, gerüstet	300 g
Weißmehl	100 g
Weißwein	200 g
Kalbsfond, hell	1500 g
Wildfond	1500 g
Vollrahm, 35%	300 g
Salz	
Pfeffer, weiß, aus der Mühle	

Einlage

Butter	30 g
Rehschnitzelfleisch, dressiert	100 g
Herbsttrompeten, getrocknet	10 g
Schnittlauch, frisch	10 g

Vorbereitung
- Gemüse in Matignon (kleinwürfelig) schneiden.
- Champignons waschen und in Scheiben schneiden.
- Kalbs- und Wildfond aufkochen.
- Rehschnitzelfleisch in 5 mm große Würfel schneiden.
- Herbsttrompeten in lauwarmem Wasser einweichen, gründlich waschen, rüsten und in kleine Stücke schneiden.

Zubereitung
- Matignon und Champignons in Butter andünsten.
- Mit Weißmehl stäuben und etwas abkühlen lassen.
- Mit Weißwein sowie heissem Kalbs- und Wildfond auffüllen und unter Rühren aufkochen.
- Mit Salz und Pfeffer würzen, des Öfteren abschäumen.
- 45 Minuten sieden.
- Mixen und durch ein feines Drahtspitzsieb passieren.
- Nochmals aufkochen, mit Vollrahm verfeinern und abschmecken.

Anrichten
- Rehfleischwürfel in Butter sautieren.
- Herbsttrompeten auspressen, in Butter dünsten und zum Rehfleisch geben.
- Rehfleisch und Herbsttrompeten in Suppentassen oder Suppentellern anrichten.
- Mit der heißen Suppe übergießen und mit Schnittlauch bestreuen.

Gemüsecremesuppen

Artischockencremesuppe · Crème d'artichauts

Zutaten	2,5 Liter
Butter	40 g
Zwiebeln, geschält	110 g
Lauch, gebleicht, gerüstet	110 g
Artischockenböden, frisch	300 g
Zitronensaft, frisch	20 g
Weißmehl	110 g
Gemüsefond	2600 g
Vollmilch	190 g
Vollrahm, 35%	250 g
Salz	
Pfeffer, weiß, aus der Mühle	

Vorbereitung
- Lauch längs halbieren und waschen.
- Zwiebeln und Lauch in Matignon (kleinwürfelig) schneiden.
- 20% der Artischockenböden in Lamellen schneiden und mit Zitronensaft beträufeln.
- Artischockenlamellen ohne Farbgebung in Butter knackig sautieren.
- Restliche Artischockenböden in 5 mm große Würfel schneiden und mit Zitronensaft beträufeln.
- Gemüsefond aufkochen.

Zubereitung
- Zwiebeln und Lauch in Butter dünsten.
- Artischockenwürfel beigeben und mitdünsten.
- Mit Weißmehl stäuben und etwas abkühlen lassen.
- Mit Gemüsefond auffüllen und zum Siedepunkt bringen.
- Mit Salz und Pfeffer würzen, des Öfteren abschäumen.
- 30 Minuten sieden.
- Suppe pürieren und durch ein Passiertuch passieren.
- Nochmals aufkochen, mit Vollrahm und Vollmilch verfeinern und abschmecken.
- Artischockenlamellen erhitzen und in vorgewärmte Suppentassen oder Suppenteller geben.
- Mit der heißen Suppe übergießen.

Hinweise für die Praxis
Die Tournierabschnitte der Artischocken (Blätter) können auch zu einem Fond verarbeitet und der Suppe beigegeben werden (Anteil Gemüsefond entsprechend reduzieren). Als Alternative können gehackte Baumnüsse oder Schinken-Brunoise (Würfelchen) als Einlage verwendet werden.

Austernpilzcremesuppe mit Steinpilz-Cornet · Crème de pleurotes et cornet aux cèpes

Zutaten
2,5 Liter

Butter	40 g
Zwiebeln, geschält	140 g
Knollensellerie, geschält	60 g
Lauch, gebleicht, gerüstet	90 g
Austernpilze, frisch, gerüstet	1200 g
Weißmehl	70 g
Gemüsefond	3400 g
Salz	
Pfeffer, weiß, aus der Mühle	
Vollrahm, 35%	300 g

Einlage
Butter	20 g
Austernpilze, frisch, gerüstet	200 g

Garnitur
Butter	20 g
Schalotten, geschält	20 g
Steinpilze, frisch, gerüstet	150 g
Petersilie, glattblättrig, frisch	20 g
Brickteigblätter	3

Vorbereitung
- Lauch längs halbieren und waschen.
- Zwiebeln, Knollensellerie und Lauch in Matignon (kleinwürfelig) schneiden.
- Gemüsefond aufkochen.
- Austernpilze für die Suppe in kleine Würfel schneiden.
- Austernpilze für die Einlage in 5 mm große Würfel schneiden (harte Stiele für die Suppe verwenden).
- Schalotten fein hacken.
- Steinpilze mit einem Tuch abreiben und in Brunoise (Würfelchen) schneiden.
- Petersilie waschen, zupfen, trockentupfen und fein hacken.
- Brickteigblätter mit Wasser befeuchten und mit einem runden Ausstecher (15 cm) ausstechen, vierteln und zu Cornets drehen (1 Stück pro Person).

Zubereitung
- Matignon in Butter andünsten.
- Austernpilze für die Suppe beigeben und mitdünsten.
- Mit Weißmehl stäuben und etwas abkühlen lassen.
- Mit heißem Gemüsefond auffüllen und unter Rühren aufkochen.
- Mit Salz und Pfeffer würzen, des Öfteren abschäumen.
- 45 Minuten sieden.
- Mixen und durch ein Drahtspitzsieb passieren.
- Nochmals aufkochen, mit Vollrahm verfeinern und abschmecken.
- Austernpilze für die Suppeneinlage in Butter dünsten.
- Steinpilz-Brunoise und gehackte Schalotten für die Garnitur in Butter dünsten.
- Gehackte Petersilie beigeben und mit Salz und Pfeffer abschmecken.
- Steinpilze in die vorbereiteten Cornets füllen.
- Cornets in einer antihaftbeschichteten Pfanne allseitig goldgelb sautieren.

Anrichten
- Gedünstete Austernpilze in vorgewärmte Suppentassen oder Suppenteller verteilen.
- Mit der heißen Suppe übergießen.
- Steinpilz-Cornets separat dazu servieren.

Bärlauchcremesuppe mit Morcheln · Crème à l'ail des ours aux morilles

Zutaten 2,5 Liter

Butter	60 g
Zwiebeln, geschält	60 g
Lauch, gebleicht, gerüstet	60 g
Knollensellerie, geschält	30 g
Kartoffeln, Typ C, geschält	500 g
Speckschwarten	50 g
Weißmehl	30 g
Gemüsefond	1900 g
Majoran, frisch	2 g
Bärlauch, gerüstet	150 g
Vollrahm, 35%	250 g
Salz	
Pfeffer, weiß, aus der Mühle	
Muskatnuss, gemahlen	

Einlage

Butter	30 g
Schalotten, geschält	25 g
Morcheln, frisch, gerüstet	200 g
Cognac	10 g
Salz	
Pfeffer, weiß, aus der Mühle	
Englischbrot, entrindet	100 g
Butter	20 g
Kerbel, frisch	5 g

Vorbereitung

- Lauch längs halbieren und waschen.
- Zwiebeln, Lauch und Knollensellerie in Matignon (feinwürfelig) schneiden.
- Kartoffeln in 8 mm große Würfel schneiden.
- Speckschwarten mit Bindfaden zusammenbinden.
- Majoran waschen.
- Bärlauch waschen und mit 50 g kaltem Gemüsefond sehr fein mixen.
- Restlichen Gemüsefond aufkochen.
- Vollrahm steif schlagen und kühl stellen.
- Schalotten fein hacken.
- Morcheln längs halbieren, gründlich waschen, gut blanchieren, auf Küchenpapier gut trockentupfen und in Streifen schneiden.
- Englischbrot in 5 mm große Würfel schneiden und in Butter goldgelb rösten.
- Kerbel waschen, trockentupfen und zupfen.

Zubereitung

- Matignon in Butter dünsten und leicht salzen.
- Kartoffeln und Speckschwarten beigeben und mitdünsten.
- Mit Weißmehl stäuben und dünsten, anschließend etwas abkühlen lassen.
- Unter Rühren mit dem heißen Gemüsefond auffüllen und zum Siedepunkt bringen.
- Majoran beigeben, mit Salz und Pfeffer würzen und unter gelegentlichem Abschäumen 25 Minuten sieden lassen.
- Speckschwarte und Majoran herausnehmen.
- Bärlauchpüree beigeben, Suppe pürieren und durch ein Spitzsieb passieren.
- Nochmals aufkochen, geschlagenen Vollrahm vorsichtig untermelieren und abschmecken.

Zubereitung Einlage

- Schalotten in Butter dünsten.
- Morcheln beigeben, zugedeckt weich dünsten und mit Salz und Pfeffer würzen.
- Am Schluss mit Cognac parfümieren und abschmecken.

Anrichten

- Gedünstete Morcheln in vorgewärmten Suppentellern oder Suppentassen anrichten.
- Mit der heißen Suppe übergießen und mit Kerbelblättchen garnieren.
- Geröstete Brotwürfelchen separat dazu servieren.

Hinweise für die Praxis

Gemüsefond kann auch durch Bouillon ersetzt werden. Die Bärlauchmenge variiert je nach gewünschter Intensität des Geschmacks.

Blumenkohlcremesuppe · Crème de chou-fleur/Crème Dubarry

Zutaten — 2,5 Liter
Butter	30 g
Zwiebeln, geschält	80 g
Lauch, gebleicht, gerüstet	90 g
Knollensellerie, geschält	30 g
Blumenkohl, gerüstet	700 g
Weißmehl	70 g
Gemüsefond	2000 g
Salz	
Pfeffer, weiß, aus der Mühle	
Vollrahm, 35%	80 g

Vorbereitung
- Lauch längs halbieren und waschen.
- Zwiebeln, Lauch und Knollensellerie in Matignon (kleinwürfelig) schneiden.
- 10% des Blumenkohls in kleine Röschen schneiden.
- Im Drucksteamer knackig dämpfen und als Einlage verwenden.
- Restlichen Blumenkohl in kleine Stücke schneiden.
- Gemüsefond aufkochen.

Zubereitung
- Matignon in Butter dünsten.
- Blumenkohl beigeben und mitdünsten.
- Mit Weißmehl stäuben und etwas abkühlen lassen.
- Mit heißem Gemüsefond auffüllen und unter Rühren aufkochen.
- Mit Salz und Pfeffer würzen und des Öfteren abschäumen.
- 30 Minuten sieden.
- Pürieren und durch ein Drahtspitzsieb passieren.
- Nochmals aufkochen, mit Vollrahm verfeinern und abschmecken.
- Blumenkohlröschen erhitzen und in vorgewärmte Suppentassen oder Suppenteller geben.
- Mit der heißen Suppe übergießen.

Brennnesselsuppe mit Blätterteigstreifen · Crème d'orties et brindilles de pâte feuilletée

Zutaten — 2,5 Liter
Butter	60 g
Zwiebeln, geschält	60 g
Lauch, grün, gerüstet	60 g
Knollensellerie, geschält	30 g
Kartoffeln, Typ B, geschält	150 g
Weißmehl	50 g
Brennnesselblätter, jung	700 g
Gemüsefond	2000 g
Vollrahm, 35%	250 g
Salz	
Pfeffer, weiß, aus der Mühle	

Beilagen
Blätterteig	250 g
Eigelb, pasteurisiert	40 g
Sesamkörner	15 g

Vorbereitung
- Lauch längs halbieren und waschen.
- Zwiebeln, Lauch und Knollensellerie in Matignon (kleinwürfelig) schneiden.
- Kartoffeln in Scheiben schneiden.
- Brennnesselblätter waschen, in Salzwasser blanchieren, in Eiswasser abschrecken, abtropfen lassen und leicht auspressen.
- Gemüsefond aufkochen.
- Vollrahm steif schlagen und kühl stellen.
- Blätterteig 3 mm dick rechteckig auswallen, mit Eigelb bepinseln und mit Sesamkörnern bestreuen.

Zubereitung
- Matignon in Butter andünsten und leicht salzen.
- Kartoffelscheiben beigeben und mitdünsten.
- Mit Weißmehl stäuben und dünsten, anschließend etwas abkühlen lassen.
- Unter Rühren mit heißem Gemüsefond auffüllen und zum Siedepunkt bringen.
- Während 20 Minuten leicht sieden und des Öfteren abschäumen.
- Blanchierte Brennnesselblätter beigeben und nochmals 5 Minuten sieden.
- Suppe fein mixen und durch ein Drahtspitzsieb passieren.
- Geschlagenen Vollrahm beigeben, mit Salz und weißem Pfeffer abschmecken.
- Blätterteig in 8 mm breite und 14 cm lange Streifen schneiden.
- Je 2 Streifen gekreuzt übereinander legen, ruhen lassen, bei 180 °C knusprig backen und als Dekoration auf den Rand der Suppentassen/Suppenteller legen.

Hinweise für die Praxis
Die Suppe sollte sofort serviert werden, da sich durch das Warmhalten Geschmack und Farbe schnell verändern. Format und Größe der Teigdekoration richten sich nach der Größe der Suppentassen bzw. der Suppenteller.

Broccolicremesuppe · Crème de brocoli

Zutaten — 2,5 Liter

Zutat	Menge
Butter	30 g
Zwiebeln, geschält	70 g
Lauch, grün, gerüstet	70 g
Knollensellerie, geschält	30 g
Broccoli, gerüstet	900 g
Weißmehl	70 g
Gemüsefond	1800 g
Vollrahm, 35% (1)	140 g
Vollmilch	70 g
Salz	
Pfeffer, weiß, aus der Mühle	
Vollrahm, 35% (2)	40 g
Mandelkerne, gehobelt	20 g

Vorbereitung
- Lauch längs halbieren und waschen.
- Zwiebeln, Lauch und Sellerie in Matignon (kleinwürfelig) schneiden.
- 10% des Broccoli in kleine Röschen (Einlage) schneiden.
- In Salzwasser knackig blanchieren, in Eiswasser abschrecken und abschütten.
- Restlichen Broccoli in Stücke schneiden.
- Gemüsefond aufkochen.
- Vollrahm (2) steif schlagen und kühl stellen.
- Gehobelte Mandeln in einer Lyoner Pfanne ohne Fettstoff goldgelb rösten.

Zubereitung
- Matignon in Butter dünsten.
- Broccolistücke beigeben und mitdünsten.
- Mit Weißmehl stäuben und etwas abkühlen lassen.
- Mit heißem Gemüsefond auffüllen und unter Rühren aufkochen.
- Mit Salz und Pfeffer würzen, des Öfteren abschäumen.
- 30 Minuten sieden.
- Mixen und durch ein Drahtspitzsieb passieren.
- Nochmals aufkochen, mit Vollrahm (1) und Vollmilch verfeinern und abschmecken.
- Broccoliröschen als Einlage erhitzen und in vorgewärmte Suppentassen oder Suppenteller geben.
- Mit der heißen Suppe übergießen.
- Mit geschlagenem Vollrahm garnieren und mit gerösteten Mandeln bestreuen.

Hinweise für die Praxis

Die Broccoliröschen als Einlage können auch im Drucksteamer gegart werden.

Champignoncremesuppe · Crème de champignons de Paris

Zutaten 2,5 Liter
Butter	60 g
Zwiebeln, geschält	60 g
Lauch, gebleicht, gerüstet	60 g
Knollensellerie, geschält	30 g
Champignons, frisch, gerüstet	700 g
Zitronensaft, frisch	15 g
Weißmehl	80 g
Gemüsefond	2000 g
Vollrahm, 35 %	250 g
Salz	
Pfeffer, weiß, aus der Mühle	
Cayenne-Pfeffer, gemahlen	

Einlage
Champignons, frisch, gerüstet	150 g
Butter	40 g
Salz	
Kerbel, frisch	10 g

Vorbereitung
– Lauch längs halbieren und waschen.
– Zwiebeln, Lauch und Knollensellerie in Matignon (kleinwürfelig) schneiden.
– Champignons waschen, gut abtropfen lassen und in Scheiben schneiden.
– Gemüsefond aufkochen.

Zubereitung Einlage
– Champignons für die Einlage waschen und in dünne Scheiben schneiden.
– Champignonscheiben in Butter dünsten und mit Salz und Pfeffer abschmecken.
– In ein Sieb abschütten und den Fond für die Suppe verwenden.
– Kerbel waschen, zupfen und trockentupfen.

Zubereitung Suppe
– Matignon in Butter andünsten und leicht salzen.
– Champignons beigeben und mitdünsten, Zitronensaft beigeben.
– Mit Weißmehl stäuben, dünsten und etwas auskühlen lassen.
– Mit heißem Gemüse- und Champignonfond auffüllen und zum Siedepunkt bringen.
– Mit Salz, Pfeffer und Cayenne-Pfeffer würzen, des Öfteren abschäumen.
– 30 Minuten sieden.
– Mit einem Stabmixer mixen und durch ein Drahtspitzsieb passieren.
– Nochmals aufkochen, mit Vollrahm verfeinern und abschmecken.
– Gedünstete Champignons in vorgewärmte Suppentassen oder Suppenteller geben.
– Mit der Suppe übergießen.
– Mit Kerbelblättchen bestreuen.

Fenchelcremesuppe · Crème de fenouil

Zutaten

	2,5 Liter
Butter	30 g
Zwiebeln, geschält	40 g
Lauch, gebleicht, gerüstet	40 g
Knollensellerie, geschält	40 g
Fenchel, gerüstet	1200 g
Weißmehl	50 g
Weißwein	300 g
Gemüsefond	1700 g
Vollrahm, 35% (1)	300 g
Salz	
Pfeffer, weiß, aus der Mühle	
Vollrahm, 35% (2)	40 g
Pinienkerne	20 g

Vorbereitung

- Lauch längs halbieren und waschen.
- Zwiebeln, Lauch und Sellerie in Matignon (kleinwürfelig) schneiden.
- Fenchel längs halbieren und waschen, Fenchelkraut beiseite legen und hacken.
- 10% der Fenchelherzblätter in Julienne (Streifchen) schneiden.
- Fenchel-Julienne in wenig Butter weich dünsten und als Suppeneinlage beiseite stellen.
- Restlichen Fenchel in Matignon (kleinwürfelig) schneiden.
- Gemüsefond aufkochen.
- Vollrahm (2) steif schlagen und kühl stellen.
- Pinienkerne in einer Lyoner Pfanne ohne Fettstoff goldgelb rösten.

Zubereitung

- Gemüse-Matignon in Butter andünsten.
- Fenchel-Matignon beigeben und mitdünsten.
- Mit Weißmehl stäuben und etwas abkühlen lassen.
- Mit Weißwein ablöschen und mit heißem Gemüsefond auffüllen.
- Mit Salz und Pfeffer würzen, des Öfteren abschäumen.
- 30 Minuten sieden.
- Mit einem Stabmixer mixen und durch ein Drahtspitzsieb passieren.
- Nochmals aufkochen, mit Vollrahm verfeinern und abschmecken.
- Fenchel-Julienne erhitzen und n vorgewärmte Suppentassen oder Suppenteller geben.
- Mit heißer Suppe übergießen.
- Mit geschlagenem Vollrahm garnieren.
- Mit gerösteten Pinenkernen und Fenchelkraut bestreuen.

Eierschwämmchensuppe/Pfifferlingsuppe mit Brandteigdekor
Crème de chanterelles (décoration de pâte à choux)

Zutaten
	2,5 Liter
Butter	40 g
Zwiebeln, geschält	140 g
Lauch, gebleicht, gerüstet	100 g
Knollensellerie, geschält	40 g
Eierschwämme/Pfifferlinge, frisch, gerüstet	800 g
Weißmehl	80 g
Gemüsefond	2200 g
Vollrahm, 35% (1)	200 g
Vollmilch	100 g

Garnitur
Gesalzener Brandteig	100 g
Vollrahm, 35% (2)	100 g
Schnittlauch, frisch	10 g

Vorbereitung
- Aus Brandteig mit einer Lochtülle (Nr. 4) pro Person ein Gitterchen (je 4 Streifen längs und 4 Streifen quer von je 3 cm Länge) dressieren und im heißen Backofen goldgelb backen.
- Lauch längs halbieren und waschen.
- Zwiebeln, Lauch und Sellerie in Matignon (kleinwürfelig) schneiden.
- Pro Person 20 g Eierschwämme waschen, abtropfen lassen und in 8 mm große Würfel schneiden (Suppeneinlage).
- Restliche Eierschwämme waschen, abtropfen lassen und in Scheiben schneiden.
- Vollrahm (2) steif schlagen und kühl stellen.
- Schnittlauch fein schneiden.

Zubereitung
- Matignon in Butter andünsten.
- Eierschwämme beigeben und mitdünsten.
- Mit Weißmehl stäuben und mit Gemüsefond auffüllen.
- Unter Rühren aufkochen und abschmecken.
- 30 Minuten sieden und des Öfteren abschäumen.
- Mit einem Stabmixer fein mixen und durch ein feines Drahtspitzsieb passieren.
- Nochmals aufkochen, mit Vollrahm (1) und Vollmilch verfeinern und abschmecken.

Anrichten
- Eierschwammwürfel kurz in Butter dünsten und in vorgewärmte Suppenteller oder Suppentassen verteilen.
- Mit der Suppe übergießen.
- Mit einer Rosette aus geschlagenem Vollrahm und Schnittlauch garnieren.
- Brandteiggitter auf der Schlagrahmrosette anrichten.

**EIERSCHWÄMMCHENSUPPE/PFIFFERLINGSUPPE
MIT BRANDTEIGDEKOR – STEP BY STEP**

1
2 
3 
4 
5 
6 
7 
8 

GEMÜSECREMESUPPEN 143

Frühlingszwiebelsuppe mit sautierter Entenbrust
Crème d'oignons de printemps au magret de canard sauté

Zutaten 2,5 Liter

Butter	60 g
Zwiebeln, geschält	60 g
Lauch, grün, gerüstet	60 g
Knollensellerie, geschält	30 g
Weißmehl	80 g
Frühlingszwiebeln, Stängel	600 g
Gemüsefond	1900 g
Vollrahm, 35%	300 g
Salz	
Pfeffer, weiß, aus der Mühle	

Einlage

Sonnenblumenöl, high oleic	20 g
Entenbrust, dressiert	300 g
Salz	
Pfeffer, weiß, aus der Mühle	
Bienenhonig	10 g
Limonensaft	5 g
Zitronenthymian, frisch	5 g

Vorbereitung

- Lauch längs halbieren und waschen.
- Zwiebeln, Lauch und Knollensellerie in Matignon (kleinwürfelig) schneiden.
- Die grünen Stängel der Frühlingszwiebeln waschen und in 1 cm lange Rondellen schneiden.
- Rondellen in Salzwasser blanchieren, in Eiswasser abschrecken, abtropfen lassen und leicht auspressen.
- Gemüsefond aufkochen.
- Vollrahm steif schlagen und kühl stellen.
- Die Entenbrust auf der Hautseite einschneiden.
- Zitronenthymian waschen, trockentupfen und hacken.
- Bienenhonig, Limonensaft und Zitronenthymian vermischen.

Zubereitung

- Matignon in Butter andünsten und leicht salzen.
- Mit Weißmehl stäuben und dünsten, anschließend etwas abkühlen lassen.
- Unter Rühren mit heißem Gemüsefond auffüllen und zum Siedepunkt bringen.
- Während 20 Minuten leicht sieden und des Öfteren abschäumen.
- Blanchierte Zwiebelstängel beigeben und nochmals 5 Minuten sieden.
- Suppe fein mixen und durch ein Drahtspitzsieb passieren.
- Geschlagenen Vollrahm beigeben, mit Salz und weißem Pfeffer abschmecken.
- Entenbrust mit Salz und Pfeffer würzen und im Sonnenblumenöl auf der Hautseite zuerst sautieren. Die Hautseite sollte knusprig gebraten sein.
- Etwas abstehen lassen.
- Hautseite mit dem Honiggemisch bestreichen und die Entenbrust in feine Scheiben schneiden.

Anrichten

Suppe in vorgewärmten Suppentassen oder Suppentellern anrichten und die Entenbrustscheiben in die Suppe geben.

Hinweise für die Praxis

Die Suppe sollte sofort serviert werden, da sich durch das Warmhalten Geschmack und Farbe schnell verändern.

Gratinierte Schwarzwurzelcremesuppe mit Äpfeln und Speck
Crème de salsifis gratinée aux pommes et au lard

Zutaten

	2,5 Liter
Butter	60 g
Zwiebeln, geschält	60 g
Lauch, gebleicht, gerüstet	60 g
Knollensellerie, geschält	30 g
Weißmehl	80 g
Schwarzwurzeln, geschält	700 g
Vollmilch	400 g
Gemüsefond	1600 g
Vollrahm, 35% (1)	100 g
Salz	
Pfeffer, weiß, aus der Mühle	
Muskatnuss, gemahlen	

Garnitur

Sonnenblumenöl, high oleic	20 g
Speck, geräuchert	150 g
Äpfel, Golden Delicious, geschält, ohne Kerngehäuse	200 g
Zitronensaft, frisch	10 g
Zitronenmajoran, frisch	5 g
Vollrahm, 35% (2)	300 g
Eigelb, pasteurisiert	150 g
Salz	
Pfeffer, weiß, aus der Mühle	

Vorbereitung
- Lauch längs halbieren und waschen.
- Zwiebeln, Lauch und Knollensellerie in Matignon (kleinwürfelig) schneiden.
- Schwarzwurzeln in 1 cm große Rondellen schneiden und in Vollmilch einlegen.
- Gemüsefond aufkochen.
- Vollrahm (1) und (2) steif schlagen und kühl stellen.
- Speck (ohne Knorpel) in feine Streifen schneiden und im Sonnenblumenöl knusprig sautieren.
- Speck auf Küchenpapier entfetten und erkalten lassen.
- Äpfel mit der Röstiraffel reiben und mit wenig Zitronensaft vermischen.
- Zitronenmajoran waschen und zupfen.

Zubereitung
- Matignon in Butter andünsten und leicht salzen.
- Schwarzwurzeln abschütten (Vollmilch aufbewahren) und mitdünsten.
- Mit Weißmehl stäuben und dünsten, anschließend etwas abkühlen lassen.
- Unter Rühren mit heißem Gemüsefond und Vollmilch auffüllen und zum Siedepunkt bringen.
- Während 25 Minuten leicht sieden und des Öfteren abschäumen.
- Fein mixen und durch ein Drahtspitzsieb passieren.
- Geschlagenen Vollrahm (1) beigeben und mit Salz, weißem Pfeffer und Muskatnuss abschmecken.
- In vorgewärmten Suppentassen oder Suppentellern anrichten.

Fertigstellung
- Geschlagenen Vollrahm (2), Eigelb, Speckstreifen und Äpfel vorsichtig vermischen.
- Zitronenmajoran beigeben, mit Salz und Pfeffer abschmecken.
- Vorsichtig über die angerichtete heiße Suppe geben und unter dem Salamander gratinieren.

Ingwercremesuppe · Crème de gingembre

Zutaten 2,5 Liter

Zutat	Menge
Butter	60 g
Zwiebeln, geschält	60 g
Lauch, gebleicht, gerüstet	60 g
Knollensellerie, geschält	30 g
Knoblauch, geschält	20 g
Gemüsebananen, geschält	400 g
Champignons, frisch, gerüstet	200 g
Weißmehl	60 g
Geflügelfond, hell	2000 g
Ingwer, frisch, geschält	150 g
Vanilleschote	1
Lorbeerblätter	
Pfefferkörner, weiß, zerdrückt	
Gewürznelken	
Sternanis	
Orangensaft, frisch gepresst	400 g
Vollrahm, 35%	250 g
Limonensaft	25 g
Meersalz, fein	
Pfeffer, weiß, aus der Mühle	
Cayenne-Pfeffer, gemahlen	

Vorbereitung

- Lauch längs halbieren und waschen.
- Zwiebeln, Lauch und Knollensellerie in Matignon (kleinwürfelig) schneiden.
- Knoblauch fein hacken.
- Gemüsebananen in Scheiben schneiden.
- Champignons waschen und in Scheiben schneiden.
- Ingwer in Scheiben schneiden.
- Vanilleschote längs halbieren und das Mark herauskratzen.
- Geflügelfond mit Ingwer, Vanilleschote, Vanillemark, Lorbeerblatt, zerdrückten Pfefferkörnern, Gewürznelken und Sternanis aufkochen.
- Unter öfterem Abschäumen um 25% einkochen und durch ein Drahtspitzsieb passieren.
- Vollrahm steif schlagen und kühl stellen.

Zubereitung

- Matignon und Knoblauch in Butter andünsten.
- Gemüsebananen und Champignons beigeben und mitdünsten.
- Mit Weißmehl stäuben und dünsten, anschließend etwas abkühlen lassen.
- Unter Rühren mit heißem Gewürzfond und Orangensaft auffüllen und zum Siedepunkt bringen.
- Während 20 Minuten leicht sieden und des Öfteren abschäumen.
- Suppe fein mixen und durch ein Drahtspitzsieb passieren.
- Geschlagenen Vollrahm und Limonensaft beigeben und mit Meersalz, weißem Pfeffer und Cayenne-Pfeffer abschmecken.

Hinweise für die Praxis

Die Ingwermenge richtet sich nach der gewünschten Schärfe der Suppe. Der Geflügelfond kann auch durch einen Gemüsefond ersetzt werden.

Karottencremesuppe · Crème de carottes

Zutaten — 2,5 Liter

Butter	30 g
Zwiebeln, geschält	80 g
Lauch, gebleicht, gerüstet	90 g
Knollensellerie, geschält	30 g
Karotten, geschält	850 g
Weißmehl	40 g
Gemüsefond	1800 g
Vollrahm, 35%	130 g
Vollmilch	90 g
Salz	
Pfeffer, weiß, aus der Mühle	
Liebstöckelblätter	5 g

Vorbereitung
- Lauch längs halbieren und waschen.
- Zwiebeln, Lauch und Knollensellerie in Matignon (kleinwürfelig) schneiden.
- 10% der Karotten in 3 mm große Würfel schneiden und unter Zugabe von wenig Gemüsefond in wenig Butter weich dünsten (Einlage).
- Restliche Karotten und Abschnitte in Scheiben schneiden.
- Gemüsefond aufkochen.
- Liebstöckelblätter waschen, trockentupfen und hacken.

Zubereitung
- Matignon in Butter dünsten.
- Karottenscheiben beigeben und mitdünsten.
- Mit Weißmehl stäuben und etwas abkühlen lassen.
- Mit heißem Gemüsefond auffüllen und unter Rühren aufkochen.
- Mit Salz und Pfeffer abschmecken, des Öfteren abschäumen.
- 30 Minuten sieden.
- Suppe fein mixen und durch ein Drahtspitzsieb passieren.
- Nochmals aufkochen, mit Vollrahm und Vollmilch verfeinern und abschmecken.
- Karottenwürfel erhitzen und in vorgewärmte Suppentassen oder Suppenteller geben.
- Mit heißer Suppe übergießen und mit gehacktem Liebstöckel bestreuen.

Karottencremesuppe (Herstellung im Drucksteamer)
Crème de carottes (cuiseur à vapeur sous pression, steamer)

Zutaten — 2,5 Liter

Zwiebeln, geschält	70 g
Lauch, gebleicht, gerüstet	40 g
Knollensellerie, geschält	30 g
Karotten, geschält	650 g
Kartoffeln, Typ C, geschält	110 g
Gemüsefond	1500 g
Vollrahm, 35% (1)	170 g
Salz	
Pfeffer, weiß, aus der Mühle	
Vollrahm, 35% (2)	80 g

Vorbereitung
- Lauch längs halbieren und waschen.
- Zwiebeln, Lauch, Knollensellerie, Karotten und Kartoffeln in Matignon (kleinwürfelig) schneiden.
- Vollrahm (2) steif schlagen und kühl stellen.

Zubereitung
- Matignon in gelochte 1/1-Gastronorm-Schale, 55 mm, geben.
- Auffangschale (1/1-Gastronorm, 65 mm) darunterlegen.
- Im Drucksteamer 10 Minuten bei 119 °C (1 bar) dämpfen.
- Gemüsefond in einer Kasserolle aufkochen.
- Das weich gedämpfte Gemüse mit der Garflüssigkeit dazugeben.
- Suppe mit einem Stabmixer fein mixen und durch ein Drahtspitzsieb passieren.
- Mit Salz und Pfeffer abschmecken.
- Nochmals aufkochen und mit Vollrahm verfeinern.
- Vor dem Servieren mit Rosetten von geschlagenem Vollrahm garnieren.

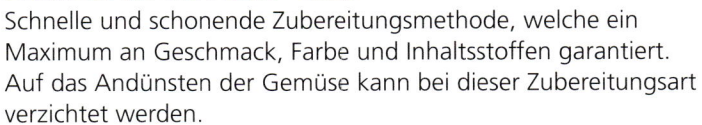

Hinweise für die Praxis
Schnelle und schonende Zubereitungsmethode, welche ein Maximum an Geschmack, Farbe und Inhaltsstoffen garantiert. Auf das Andünsten der Gemüse kann bei dieser Zubereitungsart verzichtet werden.

Kartoffelcremesuppe · Crème de pommes de terre/Crème Parmentier

Zutaten — 2,5 Liter

Butter	50 g
Zwiebeln, geschält	70 g
Lauch, gebleicht, gerüstet	70 g
Knollensellerie, geschält	40 g
Kartoffeln, Typ C, geschält	680 g
Speckschwarten	50 g
Weißmehl	40 g
Bouillon	2200 g
Majoran, frisch	2 g
Vollrahm, 35%	80 g
Salz	
Pfeffer, weiß, aus der Mühle	
Englischbrot, entrindet	100 g
Butter	20 g
Kerbel, frisch	5 g

Vorbereitung
- Lauch längs halbieren und waschen.
- Zwiebeln, Lauch und Knollensellerie in Matignon (kleinwürfelig) schneiden.
- Kartoffeln in kleine Würfel schneiden.
- Speckschwarten mit einem Bindfaden zusammenbinden.
- Bouillon aufkochen.
- Englischbrot in kleine Würfel schneiden und in Butter goldgelb rösten.
- Kerbel waschen, trockentupfen und zupfen.

Zubereitung
- Matignon in Butter dünsten.
- Kartoffeln und Speckschwarte beigeben und mitdünsten.
- Mit Weißmehl stäuben und etwas abkühlen lassen.
- Mit heißer Bouillon auffüllen und zum Siedepunkt bringen.
- Mit Salz und Pfeffer würzen, des Öfteren abschäumen.
- Majoran beigeben und ca. 45 Minuten sieden.
- Speckschwarte und Majoran herausnehmen.
- Suppe pürieren und durch ein Drahtspitzsieb passieren.
- Nochmals aufkochen, mit Vollrahm verfeinern und abschmecken.
- Suppe anrichten und mit gezupften Kerbelblättchen garnieren.
- Brot-Croûtons separat dazu servieren.

Kressecremesuppe (Pacojet) · Crème de cresson (Pacojet)

Zutaten Gemüsecreme — 2,5 Liter

Butter	40 g
Weißmehl	60 g
Gemüsefond	1300 g
Salz	
Pfeffer, weiß, aus der Mühle	

Weitere Zutaten

Gartenkresse, gerüstet	600 g
Butter	40 g
Schalotten, geschält	50 g
Wasser	200 g

Fertigung

Vollrahm, 35%	300 g
Salz	
Pfeffer, weiß, aus der Mühle	

Vorbereitung Gemüsecreme
- Weißmehl in Butter andünsten und erkalten lassen.
- Mit heißem Gemüsefond auffüllen, 20 Minuten sieden, abschmecken und erkalten lassen.

Vorbereitung Suppe
- Kresse waschen, in Salzwasser blanchieren, in Eiswasser abschrecken und abschütten.
- Blanchierte Kresse etwas auspressen und grob hacken.
- Schalotten fein hacken.
- Schalotten in Butter andünsten, gehackte Kresse beigeben und kurz dünsten, Wasser beigeben und erkalten lassen.
- Kalte Gemüsecreme mit der Kressemischung vermengen, in Pacojet-Becher abfüllen und tiefkühlen.

Fertigstellung
- Die tiefgekühlte Suppe einmal pacossieren, zum Vollrahm geben und aufkochen.
- Mit Salz und Pfeffer abschmecken.

Hinweise für die Praxis

Wird die Suppe im A-la-carte-Service portionenweise verwendet, müssen die Gemüsecreme und der Aromaträger separat in Pacojet-Bechern tiefgekühlt werden.

Kürbiscremesuppe mit Orangenrahm · Crème de courge à l'orange

Zutaten — 2,5 Liter

Butter	30 g
Zwiebeln, geschält	75 g
Knollensellerie, geschält	50 g
Lauch, grün, gerüstet	50 g
Kürbis, rotfleischig, geschält	900 g
Weißmehl	30 g
Gemüsefond	1200 g
Orangensaft, frisch gepresst	500 g
Vollrahm, 35 %	200 g
Vollmilch	100 g
Salz	
Pfeffer, weiß, aus der Mühle	

Garnitur

Kürbiskugeln	150 g
Kürbiskernöl	30 g
Vollrahm, 35 %	200 g
Orangenzesten	5 g
Kerbel, frisch	10 g
Kürbiskerne, geschält	80 g

Vorbereitung
– Orangenzesten blanchieren, in Eiswasser abschrecken und abschütten.
– Zwiebeln, Knollensellerie und Lauch in Matignon (kleinwürfelig) schneiden.
– Aus dem Kürbisfleisch pro Person 3 Kürbiskugeln (Noisette-Ausstechlöffel) ausstechen.
– Kürbiskugeln in Salzwasser weich sieden und für die Einlage beiseite stellen.
– Restliches Kürbisfleisch in 1 cm große Würfel schneiden.
– Vollrahm für die Garnitur steif schlagen und kühl stellen.
– Kürbiskerne in einer antihaftbeschichteten Pfanne trocken rösten und grob hacken.

Zubereitung
– Butter erhitzen und Matignon andünsten.
– Kürbiswürfel beigeben und mitdünsten.
– Mit Weißmehl stäuben, mit Gemüsefond und Orangensaft auffüllen.
– Abschmecken und des Öfteren abschäumen.
– Während 45 Minuten sieden.
– Mit einem Stabmixer fein pürieren und durch ein Spitzsieb passieren.
– Mit Vollrahm und Vollmilch verfeinern und abschmecken.

Anrichten
– Kürbiskugeln erhitzen und pro Person 3 Kürbiskugeln in vorgewärmten Suppentellern oder Suppentassen anrichten.
– Kürbissuppe beigeben und mit Kürbiskernöl beträufeln.
– Mit einer Rosette aus geschlagenem Vollrahm, Orangenzesten und Kerbelblättchen garnieren.
– Mit den gerösteten Kürbiskernen bestreuen.

Maiscremesuppe mit Seeteufelfiletwürfeln · Crème de maïs aux petits dés de filet de baudroie

Zutaten — 2,5 Liter

Butter	50 g
Zwiebeln, geschält	100 g
Lauch, gebleicht, gerüstet	1100 g
Knollensellerie, geschält	40 g
Maiskörner (Konserve), abgetropft	800 g
Weißmehl	90 g
Gemüsefond	2500 g
Salz	
Pfeffer, weiß, aus der Mühle	
Vollrahm, 35 % (1)	100 g
Seeteufelfilet, pariert	200 g
Salz	
Butter	10 g
Vollrahm, 35 % (2)	40 g
Pistazienkerne, geschält	20 g

Vorbereitung
– Lauch längs halbieren und waschen.
– Zwiebeln, Lauch und Knollensellerie in Matignon (kleinwürfelig) schneiden.
– Seeteufel in 5 mm große Würfel schneiden.
– Gemüsefond aufkochen.
– Vollrahm (2) steif schlagen und kühl stellen.
– Pistazien fein hacken.

Zubereitung
– Matignon in Butter andünsten.
– Abgetropfte Maiskörner beigeben und mitdünsten.
– Mit Weißmehl stäuben und etwas abkühlen lassen.
– Mit heißem Gemüsefond auffüllen und unter Rühren aufkochen.
– Mit Salz und Pfeffer würzen, des Öfteren abschäumen.
– 30 Minuten sieden.
– Pürieren und durch ein Drahtspitzsieb passieren.
– Nochmals aufkochen, mit Vollrahm verfeinern und abschmecken.
– Seeteufelwürfel in Butter sautieren, salzen und in vorgewärmten Suppentassen oder Suppentellern anrichten.
– Mit der heißen Suppe übergießen.
– Mit einer Rosette aus geschlagenem Vollrahm garnieren und mit gehackten Pistazien bestreuen.

Nüsslisalatcremesuppe/Feldsalatcremesuppe mit geräuchertem Wildschweinschinken
Crème de mâche/doucette au jambon de sanglier fumé

Zutaten	2,5 Liter
Butter	60 g
Zwiebeln, geschält	60 g
Lauch, grün, gerüstet	60 g
Knollensellerie, geschält	30 g
Weißmehl	80 g
Nüsslisalat/Feldsalat, gerüstet	700 g
Gemüsefond	1900 g
Vollrahm, 35%	250 g
Limonensaft	20 g
Salz	
Pfeffer, weiß, aus der Mühle	

Einlage

Wildschweinschinken, gekocht, geräuchert	150 g

Vorbereitung
- Lauch längs halbieren und waschen.
- Zwiebeln, Lauch und Knollensellerie in Matignon (kleinwürfelig) schneiden.
- Nüsslisalat gründlich waschen, in Salzwasser blanchieren, in Eiswasser abschrecken, abtropfen lassen und leicht auspressen.
- Gemüsefond aufkochen.
- Vollrahm steif schlagen und kühl stellen.
- Wildschweinschinken in Julienne (Streifchen) schneiden.

Zubereitung
- Matignon in Butter andünsten und leicht salzen.
- Mit Weißmehl stäuben und dünsten, anschließend etwas abkühlen lassen.
- Unter Rühren mit heißem Gemüsefond auffüllen und zum Siedepunkt bringen.
- Während 20 Minuten leicht sieden und des Öfteren abschäumen.
- Blanchierten Nüsslisalat beigeben und nochmals 5 Minuten sieden.
- Fein mixen und durch ein Drahtspitzsieb passieren.
- Geschlagenen Vollrahm und Limonensaft beigeben und mit Salz und weißem Pfeffer abschmecken.

Anrichten
Suppe in vorgewärmten Suppentassen oder Suppentellern anrichten und die Wildschweinschinken-Julienne beigeben.

Hinweise für die Praxis
Die Suppe sollte sofort serviert werden, da sich durch das Warmhalten Geschmack und Farbe schnell verändern. Der Wildschweinschinken kann vorgängig mit Haselnussöl, weißem Balsamessig und Orangenraps mariniert werden.

Ratatouille-Cremesuppe (Pacojet) · Crème de ratatouille (Pacojet)

Zutaten Kalbfleischcreme	2,5 Liter
Butter	30 g
Weißmehl	40 g
Kalbsfond, hell	1200 g

Weitere Zutaten

Olivenöl	20 g
Zwiebeln, geschält	70 g
Knoblauch, geschält	15 g
Auberginen, gerüstet	100 g
Zucchetti, grün, gerüstet	220 g
Peperoni, gelb, entkernt	60 g
Peperoni, grün, entkernt	60 g
Peperoni, rot, entkernt	60 g
Tomaten, geschält, entkernt	100 g
Tomatenpüree	40 g
Salz	
Pfeffer, weiß, aus der Mühle	
Basilikum, frisch	2 g

Einlage

Olivenöl, kaltgepresst	40 g
Peperoni, bunt, entkernt	100 g
Zucchetti, grün, gerüstet	100 g
Tomaten, geschält, entkernt	100 g
Vollrahm, 35%	250 g

Vorbereitung Kalbfleischcreme
- Weißmehl in Butter andünsten und etwas auskühlen lassen (Roux).
- Weißen Kalbsfond aufkochen.
- Heißen Kalbsfond zum kalten Roux geben und unter Rühren zum Siedepunkt bringen.
- 15 Minuten sieden lassen.

Vorbereitung Suppe
- Zwiebeln und Knoblauch hacken.
- Auberginen, Zucchetti und Peperoni in 1 cm große Würfel schneiden.
- Tomaten in 1 cm große Würfel schneiden.
- Basilikum waschen, zupfen, trockentupfen und hacken.
- Peperoni und Zucchetti für die Einlage in Brunoise (Würfelchen) schneiden.
- Tomaten für die Einlage in Würfelchen schneiden.

Zubereitung Suppe
- Zwiebeln und Knoblauch im Olivenöl andünsten.
- Auberginen-, Zucchetti- und Peperoniwürfel beigeben und weich dünsten.
- Tomatenwürfel und Tomatenpüree beigeben und kurz mitdünsten.
- Mit der Kalbfleischcreme auffüllen und zum Siedepunkt bringen.
- Mit Salz, Pfeffer und Basilikum abschmecken.
- In Pacojet-Becher abfüllen und tiefkühlen.

Fertigstellung
- Peperoni- und Zucchetti-Brunoise im Olivenöl weich dünsten.
- Tomatenwürfel beigeben und mit Salz und Pfeffer abschmecken.
- Vollrahm aufkochen.
- Suppe pacossieren, zum Vollrahm geben und aufkochen.
- Die Einlage beigeben und die Suppe mit Salz und Pfeffer abschmecken.

Hinweise für die Praxis
Wird nicht der gesamte Becherinhalt auf einmal benötigt, kann die ganze Menge pacossiert und der Rest wieder tiefgekühlt werden.

Ratatouillesuppe mit geräucherten Riesenkrevetten
Soupe de ratatouille aux crevettes géantes fumées

Zutaten

	2,5 Liter
Olivenöl, kaltgepresst	60 g
Zwiebeln, geschält	80 g
Lauch, grün, gerüstet	40 g
Knollensellerie, geschält	30 g
Knoblauch, geschält	20 g
Peperoni, rot, entkernt	125 g
Peperoni, gelb, entkernt	125 g
Tomaten, getrocknet, in Öl, abgetropft	30 g
Zucchetti, grün, gerüstet	150 g
Auberginen, gerüstet	50 g
Tomaten, Peretti, geschält, entkernt	120 g
Tomatenpüree	40 g
Weißmehl	60 g
Gemüsefond	1900 g
Thymian, frisch	5 g
Rosmarin, frisch	10 g
Origano, frisch	5 g
Vollrahm, 35%	250 g
Limonensaft	15 g
Meersalz, fein	
Pfeffer, weiß, aus der Mühle	
Cayenne-Pfeffer, gemahlen	

Einlage

Riesenkrevetten, Schwänze, roh, geschält	200 g
Olivenöl, kaltgepresst	15 g
Meersalz, fein	
Pfeffer, weiß, aus der Mühle	
Limonensaft	5 g
Peperoni, rot, entkernt	50 g
Peperoni, gelb, entkernt	50 g
Olivenöl, kaltgepresst	20 g
Meersalz, fein	
Pfeffer, weiß, aus der Mühle	

Vorbereitung Suppe

- Zwiebeln, Lauch und Knollensellerie zu Matignon schneiden.
- Knoblauch fein hacken.
- Rote und gelbe Peperoni kurz heiß frittieren und schälen.
- Peperoni, getrocknete Tomaten, Zucchetti und Auberginen in 1 cm große Würfel schneiden.
- Tomaten in 8 mm große Würfel schneiden.
- Gemüsefond aufkochen.
- Thymian, Rosmarin und Origano waschen und mit einem Bindfaden zusammenbinden.
- Vollrahm steif schlagen und kühl stellen.

Vorbereitung Einlage

- Riesenkrevetten am Rücken auf der ganzen Länge einschneiden und den Darm entfernen.
- Riesenkrevetten mit Olivenöl, weißem Pfeffer und Limonensaft marinieren.
- Rote und gelbe Peperoni kurz heiß frittieren, schälen und in Julienne (Streifchen) schneiden.

Zubereitung Suppe

- Matignon in Butter andünsten und leicht salzen.
- Peperoni, getrocknete Tomaten, Zucchetti, Auberginen und Tomaten beigeben und mitdünsten.
- Tomatenpüree beigeben und weiterdünsten.
- Mit Weißmehl stäuben und dünsten, anschließend etwas abkühlen lassen.
- Unter Rühren mit dem heißen Gemüsefond auffüllen und zum Siedepunkt bringen.
- Während 20 Minuten leicht sieden lassen und des Öfteren abschäumen.
- Während der letzten 5 Minuten das Kräuterbündel beigeben und anschließend entfernen.
- Suppe fein mixen und durch ein Drahtspitzsieb passieren.
- Geschlagenen Vollrahm und Limonensaft beigeben und mit Salz, weißem Pfeffer und Cayenne-Pfeffer abschmecken.

Zubereitung Einlage

- Riesenkrevettenschwänze salzen und im Heißrauch garen und vierteln.
- Peperoni-Julienne im heißen Olivenöl weich dünsten und abschmecken.

Anrichten

- Riesenkrevetten und Peperoni-Julienne im Suppenteller oder in der Tasse anrichten.
- Mit der heißen Suppe übergießen und servieren.

Hinweise für die Praxis

Die Riesenkrevetten können auch in Würfel geschnitten und im Olivenöl sautiert der Suppe beigegeben werden (falls kein Räucherapparat vorhanden ist).

Rucola-Cremesuppe · Crème de roquette

Zutaten 2,5 Liter
Butter	60 g
Zwiebeln, geschält	60 g
Lauch, grün, gerüstet	60 g
Knollensellerie, geschält	30 g
Weißmehl	80 g
Rucola, gerüstet	700 g
Gemüsefond	2000 g
Vollrahm, 35 %	300 g
Salz	
Pfeffer, weiß, aus der Mühle	

Vorbereitung
- Lauch längs halbieren und waschen.
- Zwiebeln, Lauch und Knollensellerie in Matignon (kleinwürfelig) schneiden.
- Rucola waschen und gröbere Stiele entfernen, in Salzwasser blanchieren, in Eiswasser abschrecken, abtropfen lassen und leicht auspressen.
- Gemüsefond aufkochen.
- Vollrahm steif schlagen und kühl stellen.

Zubereitung
- Matignon in Butter andünsten und leicht salzen.
- Mit Weißmehl stäuben und dünsten, anschließend etwas abkühlen lassen.
- Unter Rühren mit heißem Gemüsefond auffüllen und zum Siedepunkt bringen.
- Während 20 Minuten leicht sieden und des Öfteren abschäumen.
- Blanchierten Rucola beigeben und nochmals 5 Minuten sieden.
- Fein mixen und durch ein Drahtspitzsieb passieren.
- Geschlagenen Vollrahm beigeben und mit Salz und weißem Pfeffer abschmecken.

Hinweise für die Praxis
Die Suppe sollte sofort serviert werden, da sich durch das Warmhalten Geschmack und Farbe schnell verändern.

Sauerampfercremesuppe mit Lachs und kandierten Orangen
Crème d'oseille au saumon et à l'orange confite

Zutaten	2,5 Liter
Butter	60 g
Zwiebeln, geschält	60 g
Lauch, grün, gerüstet	60 g
Knollensellerie, geschält	30 g
Weißmehl	80 g
Sauerampfer, frisch, gerüstet	400 g
Blattspinat, frisch, gerüstet	200 g
Gemüsefond	1900 g
Vollrahm, 35 %	300 g
Limonensaft	20 g
Salz	
Pfeffer, weiß, aus der Mühle	

Einlage

Lachsfilet, ohne Haut	300 g
Meersalz, fein	
Pfeffer, weiß, aus der Mühle	
Olivenöl, kaltgepresst	10 g
Limonensaft	5 g
Zitronenthymian, frisch	
Sesamöl, fermentiert	5 g
Orangenscheiben, kandiert	20 g
Cointreau, 60 Vol.-%	10 g

Vorbereitung
- Lauch längs halbieren und waschen.
- Zwiebeln, Lauch und Knollensellerie in Matignon (kleinwürfelig) schneiden.
- Sauerampfer und Blattspinat waschen und gröbere Stiele entfernen.
- In Salzwasser blanchieren, in Eiswasser abschrecken, abtropfen lassen und leicht auspressen.
- Gemüsefond aufkochen.
- Vollrahm steif schlagen und kühl stellen.
- Lachsfilet vollständig vom Fett befreien und in 1 cm große Würfel schneiden.
- Zitronenthymian waschen, zupfen und fein hacken.
- Kandierte Orangen in 5 mm große Würfel schneiden, mit Sesamöl und Cointreau marinieren.

Zubereitung
- Matignon in Butter andünsten und leicht salzen.
- Mit Weißmehl stäuben und dünsten, anschließend etwas abkühlen lassen.
- Unter Rühren mit heißem Gemüsefond auffüllen und zum Siedepunkt bringen.
- Während 20 Minuten leicht sieden und des Öfteren abschäumen.
- Blanchierten Sauerampfer und Blattspinat beigeben und nochmals 5 Minuten sieden.
- Fein mixen und durch ein Drahtspitzsieb passieren.
- Geschlagenen Vollrahm und Limonensaft beigeben, mit Salz und weißem Pfeffer abschmecken.
- Lachswürfel mit Meersalz, Pfeffer, Olivenöl und Limonensaft würzen und mit Zitronenthymian bestreuen.
- Auf einem gebutterten Backblech zugedeckt im Ofen bei niedriger Temperatur garen.

Anrichten
- Sauerampfersuppe in vorgewärmten Suppentassen oder Suppentellern anrichten.
- Lachswürfel in die angerichtete Suppe geben und mit den Orangenwürfeln bestreuen.

Hinweise für die Praxis
Die Suppe sollte sofort serviert werden, da sich durch das Warmhalten Geschmack und Farbe schnell verändern. Der Lachs kann auch im Niedertemperaturgargerät gegart werden. Dabei ist zu berücksichtigen, dass der Lachs in der Suppe noch weitergart.

Sauerkrautcremesuppe · Crème de choucroute

Zutaten — 2,5 Liter

Butter	30 g
Zwiebeln, geschält	40 g
Lauch, gebleicht, gerüstet	40 g
Knollensellerie, geschält	40 g
Sauerkraut, roh	1200 g
Weißmehl	50 g
Weißwein	300 g
Gemüsefond	1700 g
Saucenrahm, 35%	300 g
Salz	
Pfeffer, weiß, aus der Mühle	
Vollrahm, 35%	40 g

Vorbereitung
- Lauch längs halbieren und waschen.
- Zwiebeln, Lauch und Knollensellerie in Matignon schneiden.
- Sauerkraut abtropfen lassen, Flüssigkeit aufbewahren.
- Gemüsefond aufkochen.
- Vollrahm steif schlagen und kühl stellen.

Zubereitung
- Matignon in Butter dünsten.
- Sauerkraut beigeben und mitdünsten.
- Mit Weißmehl stäuben und etwas abkühlen lassen.
- Mit Weißwein ablöschen, Gemüsefond und Sauerkrautflüssigkeit beigeben.
- Mit Salz und Pfeffer würzen, des Öfteren abschäumen.
- 30 Minuten sieden.
- Mit einem Stabmixer mixen und durch ein Drahtspitzsieb passieren.
- Nochmals aufkochen, mit Vollrahm verfeinern und abschmecken.
- Suppe in vorgewärmten Suppentassen oder Suppentellern anrichten und mit geschlagenem Vollrahm garnieren.

Spargelcremesuppe · Crème d'asperges

Zutaten — 2,5 Liter

Butter	30 g
Zwiebeln, geschält	80 g
Lauch, gebleicht, gerüstet	80 g
Spargeln, weiß, geschält	300 g
Weißmehl	100 g
Spargelfond	2400 g
Vollmilch	170 g
Vollrahm, 35%	250 g
Salz	
Pfeffer, weiß, aus der Mühle	

Einlage

Spargeln, weiß, geschält	300 g
Kerbel, frisch	5 g

Vorbereitung
- Lauch längs halbieren und waschen.
- Zwiebeln und Lauch in Matigon (kleinwürfelig) schneiden.
- Spargeln waschen und in kleine Stücke schneiden (für die Suppe können die hinteren Teile verwendet werden).
- Spargelfond aufkochen.
- Kerbel waschen, zupfen und trockentupfen.
- Spargelspitzen für die Suppeneinlage in Rondellen schneiden, in wenig Spargelfond sieden oder im Drucksteamer garen.

Zubereitung
- Das Matignon in Butter andünsten.
- Spargelstücke beigeben und mitdünsten.
- Mit Weißmehl stäuben, mitdünsten und etwas auskühlen lassen.
- Mit dem heißen Spargelfond auffüllen und aufkochen.
- Abschmecken und des Öfteren abschäumen.
- 30 Minuten sieden lassen.
- Suppe mixen und durch ein feines Drahtspitzsieb passieren.
- Suppe nochmals aufkochen, Vollmilch und Vollrahm beigeben und abschmecken.
- Spargelspitzen erhitzen und in die vorgewärmten Tassen/Teller geben.
- Mit der heißen Suppe übergießen und mit Kerbelblättchen bestreuen.

Hinweise für die Praxis
Dieselbe Suppe kann auch mit grünen Spargeln zubereitet werden.

Spinatcremesuppe · Crème d'épinards

Zutaten — 2,5 Liter

Butter	50 g
Zwiebeln, geschält	80 g
Lauch, grün, gerüstet	80 g
Knollensellerie, geschält	30 g
Weißmehl	80 g
Blattspinat, frisch, gerüstet	700 g
Bouillon	2000 g
Vollrahm, 35 %	170 g
Salz	
Pfeffer, weiß, aus der Mühle	

Vorbereitung

- Spinat waschen, kurz blanchieren, in Eiswasser abkühlen und abtropfen lassen.
- Lauch längs halbieren und waschen.
- Zwiebeln, Lauch und Knollensellerie in Matignon (kleinwürfelig) schneiden.
- Bouillon aufkochen.

Zubereitung

- Matignon in Butter dünsten.
- Mit Weißmehl stäuben, dünsten und etwas abkühlen lassen.
- Mit heißer Bouillon auffüllen und zum Siedepunkt bringen.
- Mit Salz und Pfeffer abschmecken, des Öfteren abschäumen.
- 30 Minuten sieden, anschließend den gut abgetropften Spinat beigeben.
- Aufkochen und nochmals 5 Minuten sieden.
- Mit einem Stabmixer mixen und durch ein Spitzsieb passieren.
- Nochmals aufkochen, mit Vollrahm verfeinern und abschmecken.

Hinweise für die Praxis

Spinatcremesuppe sollte sofort verwendet werden, da sich durch das Warmhalten Geschmack und Farbe schnell verändern.

Topinambur-Cremesuppe mit Haselnüssen · Crème de topinambours aux noisettes

Zutaten — 2,5 Liter

Butter	60 g
Zwiebeln, geschält	60 g
Lauch, gebleicht, gerüstet	60 g
Knollensellerie, geschält	30 g
Weißmehl	80 g
Topinambur, geschält	700 g
Gemüsefond	2000 g
Vollrahm, 35 %	250 g
Limonensaft	25 g
Salz	
Pfeffer, weiß, aus der Mühle	
Muskatnuss, gemahlen	
Haselnusskerne, gemahlen	70 g

Vorbereitung

- Lauch längs halbieren und waschen.
- Zwiebeln, Lauch und Knollensellerie in Matignon (kleinwürfelig) schneiden.
- Topinambur in Paysanne (feinblättrig) schneiden.
- Gemüsefond aufkochen.
- Vollrahm steif schlagen und kühl stellen.
- Geriebene Haselnusskerne in einer antihaftbeschichteten Pfanne trocken hellbraun rösten.

Zubereitung

- Matignon in Butter andünsten und leicht salzen.
- Topinambur beigeben und mitdünsten.
- Mit Weißmehl stäuben und dünsten, anschließend etwas abkühlen lassen.
- Unter Rühren mit heißem Gemüsefond auffüllen und zum Siedepunkt bringen.
- Während 25 Minuten leicht sieden und des Öfteren abschäumen.
- Mit einem Stabmixer fein mixen und durch ein Drahtspitzsieb passieren.
- Geschlagenen Vollrahm und Limonensaft beigeben, mit Salz, weißem Pfeffer und Muskatnuss abschmecken.
- Suppe anrichten und mit den gerösteten Haselnüssen bestreuen.

Tomatencremesuppe · Crème de tomates

Zutaten 2,5 Liter

Butter	30 g
Zwiebeln, geschält	80 g
Lauch, grün, gerüstet	60 g
Knollensellerie, geschält	30 g
Karotten, geschält	50 g
Knoblauch, geschält	4 g
Tomaten, entkernt	700 g
Zucker	15 g
Tomatenpüree	270 g
Weißmehl	50 g
Gemüsefond	1800 g
Kräuterbündel	1
Vollrahm, 35 %	160 g
Salz	
Pfeffer, weiß, aus der Mühle	

Einlage

Tomaten, geschält, entkernt	200 g
Basilikumblätter, frisch	2 g

Vorbereitung

- Lauch längs halbieren und waschen.
- Zwiebeln, Lauch, Knollensellerie und Karotten in Matignon (kleinwürfelig) schneiden.
- Knoblauch hacken.
- Tomaten vierteln.
- Gemüsefond aufkochen.
- Kräuterbündel aus Rosmarin, Thymian, Majoran und Basilikum bereitstellen.
- Geschälte und entkernte Tomaten für die Einlage in kleine Würfel schneiden.
- Basilikumblätter waschen, trockentupfen und hacken.

Zubereitung

- Matignon in Butter dünsten, Knoblauch beigeben.
- Tomatenstücke beigeben und mitdünsten, etwas Zucker beigeben.
- Tomatenpüree beigeben und kurz mitdünsten.
- Mit Weißmehl stäuben und etwas abkühlen lassen.
- Mit heißer Bouillon auffüllen und unter Rühren aufkochen.
- Mit Salz und Pfeffer abschmecken, des Öfteren abschäumen.
- 30 Minuten sieden, Kräuterbündel beigeben und nochmals 10 Minuten sieden.
- Kräuterbündel herausnehmen.
- Suppe mit einem Stabmixer mixen und durch ein Drahtspitzsieb passieren.
- Nochmals aufkochen, mit Vollrahm verfeinern und abschmecken.
- Tomatenwürfel kurz in Butter dünsten und in vorgewärmten Suppentassen oder Suppentellern anrichten, mit heißer Suppe übergießen und mit gehacktem Basilikum bestreuen.

Hinweise für die Praxis

Außerhalb der Tomatensaison muss zur Farbgebung der Anteil an Tomatenpüree erhöht werden. Während der Tomatensaison kann der Anteil an frischen Tomaten erhöht und die Zugabe von Tomatenpüree unterlassen oder auf ein Minimum reduziert werden. Zur Intensivierung des Geschmacks können auch ein paar Tropfen Balsamessig beigegeben werden.

Zweifarbige Karottencremesuppe mit Kaninchenfilet
Crème de carottes bicolore au filet de lapin

Zutaten 2,5 Liter

Butter	30 g
Zwiebeln, geschält	90 g
Knollensellerie, geschält	70 g
Lauch, grün, gerüstet	70 g
Pfälzer Rüben, geschält	720 g
Weißmehl	40 g
Bouillon	1700 g
Rosmarin, frisch	2 g
Thymian, frisch	5 g
Vollrahm, 35%	150 g
Karotten, geschält	150 g
Salz	
Pfeffer, weiß, aus der Mühle	

Garnitur

Kaninchenrückenfilet, dressiert	200 g
Olivenöl	20 g
Salz	
Vollrahm, 35%	200 g
Schnittlauch, frisch	5 g
Schlüsselblumen	2 g
Dill, frisch	2 g

Vorbereitung
- Lauch längs halbieren und waschen.
- Zwiebeln, Knollensellerie und Lauch in Matignon (kleinwürfelig) schneiden.
- Pfälzer Rüben in kleine Würfel schneiden.
- Rosmarin und Thymian waschen, zupfen, trockentupfen und fein hacken.
- Karotten in kleine Würfel schneiden.
- Kaninchenfilet in 5 mm große Würfel schneiden.
- Vollrahm steif schlagen und kühl stellen.
- Schnittlauch fein schneiden.
- Schlüsselblumen und Dill waschen, zupfen und trockentupfen.

Zubereitung
- Butter erhitzen und das Matignon andüsten.
- Pfälzer Rüben, Rosmarin und Thymian beigeben und mitdünsten.
- Mit Weißmehl stäuben und mit Gemüsefond auffüllen.
- Abschmecken und des Öfteren abschäumen.
- Ca. 45 Minuten sieden.
- Mit einem Stabmixer fein mixen und durch ein Spitzsieb passieren.
- Mit Vollrahm verfeinern und abschmecken.
- Karotten (tiefrote aussortieren) im Drucksteamer garen und mit der Hälfte der Suppe mixen.
- Suppe abschmecken.

Anrichten
- Kaninchenfilet mit Salz und Pfeffer würzen und im Olivenöl sautieren.
- Fleisch auf einem Küchenpapier entfetten und in vorgewärmte Suppentassen oder Suppenteller verteilen.
- Mit zwei Krügen die Suppen gleichzeitig in die Suppenteller oder Suppentassen gießen.
- Suppe mit einer Rosette aus geschlagenem Vollrahm garnieren und mit Schnittlauch bestreuen.
- Mit Schlüsselblumen und Dill ausgarnieren.

Hülsenfrüchtesuppen

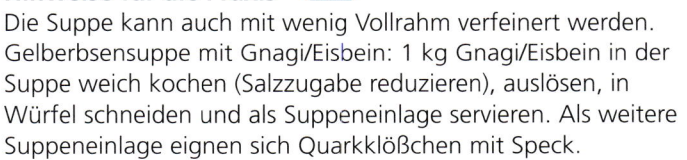

Gelberbsensuppe · Potage aux pois jaunes

Zutaten   2,5 Liter

Butter	30 g
Zwiebeln, geschält	80 g
Lauch, grün, gerüstet	80 g
Knollensellerie, geschält	40 g
Karotten, geschält	40 g
Speckschwarten	50 g
Erbsen, gelb, halb (Spalterbsen)	300 g
Kartoffeln, Typ C, geschält	350 g
Bouillon	2500 g
Salz	
Pfeffer, weiß, aus der Mühle	

Einlage

Englischbrot, entrindet	100 g
Butter	30 g

Vorbereitung

– Erbsen 4 Stunden in kaltem Wasser quellen lassen und abschütten.
– Lauch längs halbieren und waschen.
– Gemüse in Matignon (kleinwürfelig) schneiden.
– Kartoffeln in 1 cm große Würfel schneiden.
– Speckschwarten mit Bindfaden zusammenbinden.
– Bouillon aufkochen.
– Englischbrot in kleine Würfel (Croûtons) schneiden und in Butter goldgelb rösten.

Zubereitung

– Matignon in Butter andünsten.
– Erbsen beigeben und mitdünsten.
– Kartoffelwürfel und Speckschwarten beigeben.
– Mit heißer Bouillon auffüllen.
– Zum Siedepunkt bringen.
– Mit Salz und Pfeffer würzen, des Öfteren abschäumen.
– 2 Stunden sieden, anschließend Speckschwarten herausnehmen.
– Suppe pürieren und durch ein Spitzsieb passieren.
– Nochmals aufkochen und abschmecken.
– Anrichten und Brot-Croûtons separat dazu servieren.

Hinweise für die Praxis

Die Suppe kann auch mit wenig Vollrahm verfeinert werden. Gelberbsensuppe mit Gnagi/Eisbein: 1 kg Gnagi/Eisbein in der Suppe weich kochen (Salzzugabe reduzieren), auslösen, in Würfel schneiden und als Suppeneinlage servieren. Als weitere Suppeneinlage eignen sich Quarkklößchen mit Speck.

Grünerbsensuppe · Potage aux pois verts

Zutaten 2,5 Liter
Butter	30 g
Zwiebeln, geschält	80 g
Lauch, gebleicht, gerüstet	80 g
Knollensellerie, geschält	40 g
Karotten, geschält	40 g
Speckschwarten	50 g
Erbsen, grün, halb (Spalterbsen)	300 g
Kartoffeln, Typ C, geschält	350 g
Bouillon	2500 g
Salz	
Pfeffer, weiß, aus der Mühle	
Vollrahm, 35%	50 g

Einlage
Englischbrot, entrindet	100 g
Butter	30 g

Vorbereitung
- Erbsen 4 Stunden in kaltem Wasser quellen lassen und abschütten.
- Lauch längs halbieren und waschen.
- Gemüse in Matignon (kleinwürfelig) schneiden.
- Kartoffeln in kleine Würfel schneiden.
- Speckschwarten mit Bindfaden zusammenbinden.
- Bouillon aufkochen.
- Englischbrot in kleine Würfel (Croûtons) schneiden und in Butter goldgelb rösten.

Zubereitung
- Matignon in Butter dünsten.
- Erbsen beigeben und mitdünsten.
- Kartoffelwürfel und Speckschwarten beigeben.
- Mit heißer Bouillon auffüllen und zum Siedepunkt bringen.
- Mit Salz und Pfeffer würzen, des Öfteren abschäumen.
- 2 Stunden sieden, anschließend Speckschwarten herausnehmen.
- Suppe pürieren und durch ein Spitzsieb passieren.
- Nochmals aufkochen, mit Vollrahm verfeinern und abschmecken.
- Anrichten und Brot-Croûtons separat dazu servieren.

Hinweise für die Praxis
Als Suppeneinlage eignen sich Quarkklößchen mit Speck. Die Suppe kann auch mit gehackter Pfefferminze ergänzt werden. Mit etwas Kraftbrühe verdünnt kann die Suppe im Sommer auch kalt serviert werden.

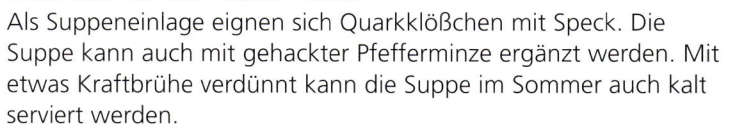

Grünerbsensuppe (Pacojet) · Potage aux pois verts (Pacojet)

Zutaten Gemüsecreme 2,5 Liter
Butter	30 g
Weißmehl	50 g
Gemüsefond	1000 g
Salz	
Pfeffer, weiß, aus der Mühle	

Weitere Zutaten
Butter	20 g
Speck, geräuchert	30 g
Zwiebeln, geschält	50 g
Knoblauch, geschält	10 g
Erbsen, tiefgekühlt	500 g
Gemüsefond	300 g
Salz	
Pfeffer, weiß, aus der Mühle	

Fertigung
Gemüsefond	500 g
Vollrahm, 35%	150 g
Salz	
Pfeffer, weiß, aus der Mühle	

Vorbereitung Gemüsecreme
- Weißmehl in Butter andünsten und erkalten lassen.
- Mit heißem Gemüsefond auffüllen, 20 Minuten sieden, abschmecken und erkalten lassen.

Vorbereitung Suppe
- Geräucherten Speck in 5 mm große Würfel schneiden.
- Zwiebeln und Knoblauch fein hacken.
- Speckwürfel, Zwiebeln und Knoblauch in Butter weich dünsten.
- Erbsen und 300 g Gemüsefond beigeben und aufkochen.
- Gemüsecreme mit der Erbsenmischung vermengen, in Pacojet-Becher abfüllen und tiefkühlen.

Fertigstellung
- Die tiefgekühlte Suppe einmal pacossieren.
- Gemüsefond aufkochen und das Konzentrat beigeben.
- Vollrahm beigeben und die Suppe mit Salz und Pfeffer abschmecken.

Hinweise für die Praxis
Wird die Suppe im A-la-carte-Service portionenweise verwendet, müssen die Gemüsecreme und der Aromaträger separat tiefgekühlt werden. Als Suppeneinlage eignen sich Quarkklößchen mit Speck.

Linsensuppe · Potage aux lentilles

Zutaten — 2,5 Liter
Rapsöl	40 g
Zwiebeln, geschält	100 g
Lauch, grün, gerüstet	100 g
Knollensellerie, geschält	40 g
Kartoffeln, Typ C, geschält	200 g
Linsen, braun, getrocknet	350 g
Gemüsefond	3500 g
Salz	
Pfeffer, weiß, aus der Mühle	
Butter	30 g
Kerbel, frisch	2 g

Einlage
Englischbrot, entrindet	100 g
Butter	30 g

Vorbereitung
- Linsen 4 Stunden in kaltem Wasser quellen lassen.
- Lauch längs halbieren und waschen.
- Zwiebeln, Lauch und Knollensellerie in Matignon (kleinwürfelig) schneiden.
- Kartoffeln in kleine Würfel schneiden.
- Gemüsefond aufkochen.
- Kerbel waschen, trockentupfen und zupfen.
- Englischbrot in Würfel (Croûtons) schneiden und in Butter goldgelb rösten.

Zubereitung
- Rapsöl erhitzen und das Matignon andünsten.
- Abgetropfte Linsen beigeben und mitdünsten.
- Mit heißem Gemüsefond auffüllen.
- Aufkochen, mit Salz und Pfeffer abschmecken.
- Des Öfteren abschäumen.
- Nach 1½ Stunden Kochzeit die Kartoffelwürfel beigeben.
- Nochmals ½ Stunde sieden.
- Suppe pürieren und durch ein Spitzsieb passieren.
- Nochmals aufkochen, abschmecken und mit Butterflocken verfeinern.
- Anrichten und mit gezupften Kerbelblättchen garnieren.
- Brot-Croûtons separat dazu servieren.

Hinweise für die Praxis
Am Schluss kann auch wenig saurer Vollrahm in die Suppe gegeben werden.

Rote-Bohnen-Suppe · Potage aux haricots rouges

Zutaten — 2,5 Liter
Rapsöl	30 g
Zwiebeln, geschält	80 g
Lauch, grün, gerüstet	80 g
Knollensellerie, geschält	40 g
Karotten, groß, geschält	40 g
Kartoffeln, Typ C, geschält	250 g
Kidney-Bohnen/rote Bohnen, getrocknet	350 g
Rotwein	200 g
Gemüsefond	2500 g
Salz	
Pfeffer, weiß, aus der Mühle	
Vollrahm, 35%	100 g

Einlage
Englischbrot, entrindet	100 g
Butter	30 g

Vorbereitung
- Bohnen 4 Stunden in kaltem Wasser quellen lassen und abschütten.
- Lauch längs halbieren und waschen.
- Gemüse in Matignon (kleinwürfelig) schneiden.
- Kartoffeln in kleine Würfel schneiden.
- Gemüsefond aufkochen.
- Englischbrot in kleine Würfel (Croûtons) schneiden und in Butter goldgelb rösten.

Zubereitung
- Matignon im Rapsöl andünsten.
- Bohnen beigeben und mitdünsten.
- Kartoffelwürfel beigeben.
- Mit Rotwein ablöschen und mit heißem Gemüsefond auffüllen.
- Zum Siedepunkt bringen.
- Mit Salz und Pfeffer würzen, des Öfteren abschäumen.
- 2 Stunden sieden.
- Suppe pürieren und durch ein Spitzsieb passieren.
- Nochmals aufkochen, mit Vollrahm verfeinern und abschmecken.
- Anrichten und Brot-Croûtons separat dazu servieren.

Weiße-Bohnen-Suppe · Potage aux haricots blancs

Zutaten 2,5 Liter

Butter	30 g
Zwiebeln, geschält	80 g
Lauch, gebleicht, gerüstet	80 g
Knollensellerie, geschält	40 g
Karotten, geschält	40 g
Bohnen, weiß, getrocknet	300 g
Speckschwarten	50 g
Kartoffeln, Typ C, geschält	250 g
Weißwein	200 g
Bouillon	2500 g
Salz	
Pfeffer, weiß, aus der Mühle	
Vollrahm, 35%	150 g

Einlage

Englischbrot, entrindet	100 g
Butter	30 g

Vorbereitung

- Bohnen 4 Stunden in kaltem Wasser quellen lassen und abschütten.
- Lauch längs halbieren und waschen.
- Gemüse in Matignon schneiden.
- Kartoffeln in kleine Würfel schneiden.
- Speckschwarten mit Bindfaden zusammenbinden.
- Bouillon aufkochen.
- Englischbrot in kleine Würfel (Croûtons) schneiden und in Butter goldgelb rösten.

Zubereitung

- Matignon in Butter dünsten.
- Weiße Bohnen beigeben und mitdünsten.
- Kartoffelwürfel und Speckschwarten beigeben.
- Mit Weißwein ablöschen und mit heißer Bouillon auffüllen.
- Zum Siedepunkt bringen.
- Mit Salz und Pfeffer würzen, des Öfteren abschäumen.
- 2 Stunden sieden, anschließend Speckschwarten herausnehmen.
- Suppe pürieren und durch ein Spitzsieb passieren.
- Nochmals aufkochen, mit Vollrahm verfeinern und abschmecken.
- Anrichten und die Brot-Croûtons separat dazu servieren.

Getreidesuppen

Gerstensuppe · Potage à l'orge

Zutaten	2,5 Liter
Butter	30 g
Zwiebeln, geschält	60 g
Karotten, geschält	60 g
Lauch, grün, gerüstet	60 g
Knollensellerie, geschält	40 g
Rollgerste	120 g
Weißmehl	50 g
Gemüsefond	2300 g
Vollrahm, 35%	150 g
Salz	
Pfeffer, weiß, aus der Mühle	
Schnittlauch, frisch	5 g

Vorbereitung
- Zwiebeln fein hacken.
- Lauch längs halbieren und waschen.
- Karotten, Lauch und Knollensellerie in Brunoise (Würfelchen) schneiden.
- Gemüsefond aufkochen.
- Schnittlauch fein schneiden.

Zubereitung
- Zwiebeln und Gemüse-Brunoise in Butter dünsten.
- Rollgerste beigeben und mitdünsten.
- Mit Weißmehl stäuben und mit heißem Gemüsefond auffüllen.
- Zum Siedepunkt bringen, mit Salz und Pfeffer würzen.
- Des Öfteren abschäumen.
- 40 Minuten sieden.
- Mit Vollrahm verfeinern und abschmecken.
- Anrichten und mit Schnittlauch bestreuen.

Hinweise für die Praxis
Vitaminschonende Zubereitung: angedünstete Gemüse-Brunoise die letzten 10 Minuten mitkochen.

Grießsuppe mit Gemüsewürfelchen · Potage à la semoule aux brunoises de légumes

Zutaten	2,5 Liter
Butter	30 g
Zwiebeln, geschält	80 g
Lauch, grün, gerüstet	40 g
Knollensellerie, geschält	40 g
Karotten, geschält	40 g
Hartweizengrieß	120 g
Gemüsefond	2400 g
Salz	
Pfeffer, weiß, aus der Mühle	
Vollrahm, 35%	120 g
Sauerampferblätter	20 g
Kerbel, frisch	5 g

Vorbereitung
- Zwiebeln fein hacken.
- Lauch längs halbieren und waschen.
- Lauch, Knollensellerie und Karotten in Brunoise (Würfelchen) schneiden.
- Gemüsefond aufkochen.
- Sauerampferblätter waschen, trockentupfen und in Chiffonnade (Streifen) schneiden.
- Kerbel waschen, trockentupfen und zupfen.

Zubereitung
- Butter erhitzen, Zwiebeln und Gemüse-Brunoise dünsten.
- Grieß beigeben und mitdünsten.
- Mit heißem Gemüsefond auffüllen.
- Aufkochen und mit Salz und Pfeffer abschmecken.
- Des Öfteren abschäumen.
- 20 Minuten sieden.
- Suppe mit Vollrahm verfeinern und abschmecken.
- Sauerampfer-Chiffonnade im letzten Moment in die Suppe geben.
- Suppe anrichten und mit gehacktem Kerbel bestreuen.

Hinweise für die Praxis
Der Getreidegeschmack kann intensiviert werden, wenn der Grieß in einer Lyoner Pfanne ohne Fettstoff goldgelb geröstet wird.

Grünkernsuppe mit Passionsfrucht · Potage au blé vert et fruits de la Passion

Zutaten	2,5 Liter
Butter	40 g
Zwiebeln, geschält	100 g
Lauch, gebleicht, gerüstet	140 g
Grünkern	140 g
Grünkernmehl	40 g
Gemüsefond	2100 g
Passionsfruchtmark (Boiron)	120 g
Currypaste, grün	30 g
Bienenhonig	30 g
Eigelb, pasteurisiert	60 g
Vollrahm, 35%	250 g
Salz	
Pfeffer, weiß, aus der Mühle	
Kerbel, frisch	5 g

Vorbereitung
- Zwiebeln fein hacken.
- Lauch in Brunoise (Würfelchen) schneiden.
- Gemüsefond aufkochen.
- Currypaste, Bienenhonig und Eigelb verrühren und kühl stellen.
- Vollrahm steif schlagen und kühl stellen.
- Kerbel waschen, trockentupfen und zupfen.

Zubereitung
- Zwiebeln in Butter andünsten.
- Lauch-Brunoise beigeben, mitdünsten und leicht salzen.
- Grünkern beigeben und ebenfalls dünsten.
- Mit Grünkernmehl stäuben, dünsten und etwas auskühlen lassen.
- Mit heißem Gemüsefond auffüllen und unter Rühren aufkochen.
- Passionsfruchtmark beigeben.
- Während 40 Minuten leicht sieden und des Öfteren abschäumen.
- Geschlagenen Vollrahm und Eigelb zu einer Liaison verrühren.
- Etwas heiße Suppe unter Rühren zur Liaison geben und anschließend unter Rühren die Suppe binden (Suppe darf nicht mehr über 80 °C erhitzt werden).
- Mit Salz und Pfeffer abschmecken.
- Vor dem Servieren gezupfte Kerbelblättchen beigeben.

Hinweise für die Praxis
Der Gemüsefond kann durch Bouillon oder Geflügelfond ersetzt werden.

Haferflockensuppe · Potage aux flocons d'avoine

Zutaten	2,5 Liter
Butter	30 g
Zwiebeln, geschält	100 g
Lauch, grün, gerüstet	50 g
Knollensellerie, geschält	50 g
Karotten, geschält	50 g
Haferflocken, fein	140 g
Gemüsefond	2700 g
Vollrahm, 35%	300 g
Salz	
Pfeffer, weiß, aus der Mühle	
Kerbel, frisch	2 g

Vorbereitung
- Zwiebeln fein hacken.
- Lauch längs halbieren und waschen.
- Lauch, Knollensellerie und Karotten in Brunoise (Würfelchen) schneiden.
- Gemüsefond aufkochen.
- Kerbel waschen, trockentupfen, zupfen und hacken.

Zubereitung
- Butter erhitzen, Zwiebeln und Gemüse-Brunoise andünsten.
- Haferflocken beigeben und mitdünsten.
- Mit heißem Gemüsefond auffüllen.
- Aufkochen und mit Salz und Pfeffer abschmecken.
- Des Öfteren abschäumen.
- 30 Minuten sieden.
- Mit Vollrahm verfeinern und abschmecken.
- Anrichten und mit gehacktem Kerbel bestreuen.

Hinweise für die Praxis
Der Getreidegeschmack kann intensiviert werden, wenn die Haferflocken in einer Lyoner Pfanne ohne Fettstoff goldgelb geröstet werden.

Hafer-Lauch-Suppe mit Croûtons · Potage à l'avoine aux poireaux et croûtons

Zutaten — 2,5 Liter

Butter	40 g
Zwiebeln, geschält	100 g
Lauch, gebleicht, gerüstet	140 g
Haferflocken, mittelfein	120 g
Hafermehl	35 g
Bouillon	2200 g
Vollrahm, 35%	250 g
Salz	
Pfeffer, weiß, aus der Mühle	
Muskatnuss, gemahlen	

Garnitur

Englischbrot, entrindet	100 g
Butter	20 g
Kerbel, frisch	5 g

Vorbereitung
- Zwiebeln fein hacken.
- Lauch längs halbieren, waschen und in Brunoise (Würfelchen) schneiden.
- Bouillon aufkochen.
- Vollrahm steif schlagen und kühl stellen.
- Englischbrot in 5 mm große Würfel (Croûtons) schneiden und in Butter goldgelb rösten.
- Kerbel waschen, trockentupfen und zupfen.

Zubereitung
- Zwiebeln in Butter andünsten.
- Lauch-Brunoise beigeben, mitdünsten und leicht salzen.
- Haferflocken beigeben und ebenfalls mitdünsten.
- Mit Hafermehl stäuben und dünsten, anschließend etwas abkühlen lassen.
- Unter Rühren mit heißer Bouillon auffüllen und zum Siedepunkt bringen.
- Während 20 Minuten leicht sieden und des Öfteren abschäumen.
- Vollrahm beigeben, mit Salz, weißem Pfeffer und Muskatnuss abschmecken.
- Unmittelbar vor dem Servieren die Kerbelblättchen beigeben.
- Brot-Croûtons separat dazu servieren.

Hinweise für die Praxis

Die Bouillon kann durch Gemüsefond ersetzt werden. Wird eine dickflüssigere Suppe gewünscht, muss die Haferflockenmenge erhöht werden.

Maisgrießsuppe mit Oliven und Knoblauch-Croûtons
Potage à la semoule de maïs aux olives et croûtons à l'ail

Zutaten — 2,5 Liter

Butter	30 g
Schalotten, geschält	50 g
Maisgrieß, fein	140 g
Weißwein	220 g
Gemüsefond	3400 g
Vollrahm, 35%	450 g
Lorbeerblätter	
Salz	
Pfeffer, weiß, aus der Mühle	

Einlage

Vollrahm, 35%	200 g
Oliven, schwarz, entsteint	50 g
Oliven, grün, entsteint	50 g
Englischbrot, entrindet	150 g
Olivenöl	30 g
Knoblauch, geschält	10 g

Vorbereitung
- Schalotten fein hacken.
- Vollrahm für Einlage steif schlagen und kühl stellen.
- Schwarze und grüne Oliven in dünne Scheiben schneiden.
- Englischbrot in 5 mm große Würfel (Croûtons) schneiden.
- Olivenöl in einer Lyoner Pfanne erhitzen und Knoblauch andünsten.
- Brot-Croûtons beigeben und goldbraun rösten.

Zubereitung
- Schalotten in Butter andünsten.
- Maisgrieß beigeben und mitdünsten.
- Mit Weißwein ablöschen und mit Gemüsefond auffüllen.
- Aufkochen, Lorbeerblatt beigeben, mit Salz und Pfeffer würzen.
- 30 Minuten sieden und des Öfteren abschäumen.
- Vollrahm beigeben, Lorbeerblatt herausnehmen.
- Suppe mit einem Stabmixer mixen und abschmecken.

Anrichten
- Suppe in Suppentassen oder Suppentellern anrichten.
- Rosette aus geschlagenem Vollrahm auf die Suppe dressieren und mit Olivenscheiben bestreuen.
- Knoblauch-Croûtons separat dazu servieren.

Reiscremesuppe mit Kokosmilch · Crème de riz au lait de coco

Zutaten 2,5 Liter

Butter	60 g
Zwiebeln, geschält	100 g
Lauch, gebleicht, gerüstet	100 g
Knollensellerie, geschält	50 g
Reismehl	100 g
Gemüsefond	1850 g
Kokosmilch, ungesüßt	550 g
Vollrahm, 35 %	250 g
Limonensaft	20 g
Salz	
Pfeffer, weiß, aus der Mühle	
Cayenne-Pfeffer, gemahlen	

Garnitur

Kokosflocken	5 g
Zitronenmelisse, frisch	15 g

Vorbereitung

– Lauch längs halbieren und waschen.
– Zwiebeln, Lauch und Knollensellerie zu Matignon (kleinwürfelig) schneiden.
– Gemüsefond aufkochen.
– Vollrahm steif schlagen und kühl stellen.
– Kokosflocken in einer antihaftbeschichteten Pfanne trocken goldgelb rösten.
– Zitronenmelisse waschen, zupfen, trockentupfen und in feine Streifen schneiden.

Zubereitung

– Matignon in Butter andünsten und leicht salzen.
– Mit Reismehl stäuben und dünsten, anschließend etwas abkühlen lassen.
– Unter Rühren mit heißem Gemüsefond auffüllen und zum Siedepunkt bringen.
– Kokosmilch beigeben und unter gelegentlichem Abschäumen 20 Minuten leicht sieden lassen.
– Durch ein Drahtspitzsieb passieren.
– Nochmals aufkochen, geschlagenen Vollrahm und Limonensaft beigeben.
– Mit Salz, Pfeffer und Cayenne-Pfeffer abschmecken.

Anrichten

– Suppe in vorgewärmten Suppentassen oder Suppentellern anrichten.
– Mit gerösteten Kokosflocken und Zitronenmelissestreifen bestreuen.

Hinweise für die Praxis

Der Gemüsefond kann durch Bouillon oder hellen Geflügelfond ersetzt werden.

Spezialsuppen

Apfel-Ingwer-Suppe · Soupe aux pommes et au gingembre

Zutaten	1,5 Liter
Butter	40 g
Zwiebeln, geschält	35 g
Ingwer, frisch, geschält	25 g
Äpfel, Golden Delicious, geschält, ohne Kerngehäuse	400 g
Weißmehl	35 g
Geflügelfond, hell	1000 g
Apfelsaft, süß	200 g
Kokosmilch, ungesüßt	100 g
Limonenblätter	
Vollrahm, 35%	280 g
Salz	
Pfeffer, weiß, aus der Mühle	
Limonensaft	10 g

Vorbereitung
- Zwiebeln fein hacken.
- Ingwer in dünne Scheiben schneiden.
- Äpfel in 5 mm große Würfel schneiden.
- Vollrahm steif schlagen und kalt stellen.

Zubereitung
- Butter erhitzen und die Zwiebeln andünsten.
- Ingwerscheiben und Apfelwürfel beigeben und weich dünsten.
- Mit Weißmehl stäuben.
- Geflügelfond, Apfelsaft und Kokosmilch beigeben und unter Rühren aufkochen.
- Limonenblätter beigeben und unter öfterem Abschäumen 20 Minuten kochen.
- Ingwerscheiben und Limonenblätter herausnehmen.
- Suppe fein mixen und durch ein Drahtspitzsieb passieren.
- Mit Salz, Pfeffer, Cayenne-Pfeffer und Limonensaft abschmecken.
- Vor dem Servieren den geschlagenen Vollrahm vorsichtig unter die Suppe melieren.

Hinweise für die Praxis
Durch die Beigabe einiger Tropfen fermentierten Sesamöls (unmittelbar vor dem Servieren) erhält man eine spezielle Geschmacksnote. Der Geflügelfond kann durch Gemüsefond ersetzt werden. Limonenblätter nicht zu lange mitkochen, sie entwickeln sonst einen bitteren Nachgeschmack.

Germiny-Suppe · Potage Germiny

Zutaten	1,5 Liter
Butter	30 g
Sauerampfer, frisch, gerüstet	40 g
Kraftbrühe	1400 g
Vollrahm, 35%	80 g
Eigelb, pasteurisiert	130 g
Kerbel, frisch	5 g
Salz	
Pfeffer, weiß, aus der Mühle	

Vorbereitung
- Sauerampfer waschen, Stiele entfernen, trockentupfen und in Chiffonnade (Streifen) schneiden.
- Kraftbrühe erhitzen.
- Vollrahm und Eigelb zu einer Liaison verrühren.
- Kerbel waschen, zupfen und trockentupfen.

Zubereitung
- Sauerampfer-Chiffonnade in Butter dünsten und in vorgewärmte Suppentassen oder Suppenteller verteilen.
- Kraftbrühe aufkochen.
- Etwas heiße Kraftbrühe unter Rühren zur Liaison geben.
- Die Liaison unter Rühren zur Kraftbrühe geben und vom Herd ziehen.
- Suppe durch ein Passiertuch passieren und abschmecken.
- In die vorbereiteten Tassen oder Teller füllen und mit Kerbelblättchen bestreuen.
- Sofort servieren.

Hinweise für die Praxis
Suppen, welche mit einer Liaison (Eigelb und Rahm) gebunden werden, dürfen nicht über 80 °C erhitzt werden, da sie sonst gerinnen.

Hummer-Bisque · Bisque de homard

Zutaten
	1,5 Liter
Butter	45 g
Schalotten, geschält	80 g
Knoblauch, geschält	20 g
Stangensellerie, gerüstet	50 g
Lauch, grün, gerüstet	50 g
Fenchel, gerüstet	20 g
Petersilienstiele	20 g
Tomaten, getrocknet, in Öl, abgetropft	10 g
Tomatenpüree	75 g
Weißwein, Chablis	350 g
Passionsfruchtmark (Boiron)	40 g
Champagneressig	50 g
Hummerfond	2700 g
Vollrahm, 35% (1)	150 g
Gewürzsäcklein	1
Hummerbutter	100 g
Meersalz, fein	
Pfeffer, weiß, aus der Mühle	
Vollrahm, 35% (2)	300 g
Armagnac	20 g
Hummerfleisch	100 g

Vorbereitung
– Schalotten und Knoblauch hacken.
– Lauch längs halbieren und waschen.
– Stangensellerie, Lauch und Fenchel in Matignon (kleinwürfelig) schneiden.
– Petersilienstiele zerkleinern.
– Getrocknete Tomaten in kleine Würfel schneiden.
– Aus Zellstoff ein Gewürzsäcklein mit Gewürznelken, Lorbeer, zerdrückten Pfefferkörnern und Fenchelsamen bereitstellen.
– Hummerbutter in Würfel schneiden und kühl stellen.
– Vollrahm (2) steif schlagen und kühl stellen.
– Hummerfleisch für die Suppeneinlage in Würfel schneiden.

Zubereitung
– Schalotten und Knoblauch in Butter andünsten.
– Stangensellerie, Lauch, Fenchel, Petersilienstiele und getrocknete Tomaten beigeben und mitdünsten.
– Tomatenpüree beigeben und zur Farbgebung leicht rösten.
– Mit Weißwein ablöschen und zusammen mit Passionsfruchtmark und Champagneressig etwas einkochen.
– Hummerfond beigeben und auf die Hälfte einreduzieren, des Öfteren abschäumen.
– Vollrahm und Gewürzsäcklein beigeben und nochmals um die Hälfte einreduzieren.
– Gewürzsäcklein herausnehmen und die Suppe durch ein Drahtspitzsieb passieren.
– Krustentierbutter mit einem Stabmixer einmontieren.
– Mit Meersalz und Pfeffer abschmecken.

Anrichten
– Kurz vor dem Servieren den geschlagenen Vollrahm vorsichtig einmelieren und mit Armagnac vollenden.
– Hummerfleisch erhitzen, in vorgewärmten Suppentassen oder Suppentellern anrichten und mit Suppe übergießen.

Hinweise für die Praxis
Hummerfleisch nur leicht erwärmen; bei zu starker Hitze wird das Fleisch zäh.

Klare Ochsenschwanzsuppe · Oxtail clair

Zutaten
1,5 Liter

Sonnenblumenöl, high oleic	25 g
Ochsenschwanz	600 g
Kalbsfüße	180 g
Mirepoix, bunt	90 g
Tomatenpüree	10 g
Rotwein	120 g
Kalbsfond, braun	2400 g

Klarifikation

Klärfleisch (mageres Kuhfleisch)	270 g
Matignon	90 g
Eiswasser	120 g
Eiweiß, frisch	40 g
Tomaten	30 g
Salz	

Einlage

Rapsöl	5 g
Karotten, geschält	50 g
Knollensellerie, geschält	50 g
Lauch, junger, gerüstet	30 g
Sherry, trocken	30 g
Salz	

Vorbereitung
- Ochsenschwanz in Scheiben schneiden oder sägen.
- Kalbsfüße längs halbieren.
- Klärfleisch durch die grobe Scheibe (5 mm) des Fleischwolfs treiben.
- Mit Klärfleisch, Eiswasser, Matignon, Tomatenstücken und Eiweiß eine Klarifikation herstellen.
- Klarifikation mindestens 1 Stunde im Kühlschrank ruhen lassen.
- Lauch für die Einlage längs halbieren und waschen.
- Karotten, Sellerie und Lauch für die Einlage in 3 mm große Würfelchen schneiden.
- Gemüse knackig dünsten oder dämpfen.

Zubereitung
- Ochsenschwanzstücke und Kalbsfüße im Ofen allseitig gut anrösten.
- Mirepoix dazugeben und mitrösten; überschüssiges Fett abgießen.
- Tomatenpüree beigeben und braun rösten.
- Mit Rotwein ablöschen und gut einkochen.
- In eine Kasserolle umleeren und mit braunem Kalbsfond auffüllen.
- Etwa 3 Stunden sieden, bis das Ochsenschwanzfleisch weich ist.
- Kalbsfüße und Ochsenschwanz herausnehmen.
- Fond durch ein Passiertuch passieren und abkühlen lassen.
- Ochsenschwanzfleisch von den Knochen lösen und das Fett wegschneiden.
- Fleisch in 5 mm große Würfel schneiden und für Einlage bereitstellen.
- Kalten Fond mit der Klarifikation gut vermischen und wie eine Kraftbrühe klären.
- Durch ein Passiertuch passieren und vollständig entfetten.
- Oxtail mit Wasser auf 1,5 Liter ergänzen, mit Sherry parfümieren und abschmecken.

Anrichten
- Ochsenschwanz- und Gemüsewürfel erhitzen und in vorgewärmten Suppentassen oder Suppentellern anrichten.
- Heiße Oxtail darübergießen.

Kokosmilchsuppe mit Shitake-Pilzen und Meerbrassenstreifen
Soupe de lait de coco aux shitakés et goujons de dorade

Zutaten 1,5 Liter

Kokosfett	30 g
Zwiebeln, geschält	50 g
Äpfel, Golden Delicious, geschält, ohne Kerngehäuse	50 g
Kokosmilchpulver	15 g
Weißmehl	30 g
Gemüsefond	600 g
Kokosmilch, ungesüßt	600 g
Zitronengras, gerüstet	10 g
Ingwer, frisch, geschält	10 g
Limonenblätter	
Vollrahm, 35%	300 g
Salz	
Pfeffer, weiß, aus der Mühle	
Limonensaft	5 g

Einlage

Meerbrassenfilets, pariert	300 g
Meersalz, fein	
Pfeffer, weiß, aus der Mühle	
Sesamöl, fermentiert	5 g
Limonensaft	5 g
Olivenöl, kaltgepresst	30 g
Butter	20 g
Zwiebeln, geschält	20 g
Shitake-Pilze, frisch, gerüstet	100 g
Sojasauce, hell	20 g
Koriander, frisch	10 g
Meersalz, fein	
Pfeffer, weiß, aus der Mühle	

Vorbereitung
- Zwiebeln für die Suppe und die Einlage fein hacken.
- Äpfel in 1 cm große Würfel schneiden.
- Kokosmilchpulver und Weißmehl vermischen.
- Zitronengras längs halbieren und in 5 cm lange Stücke schneiden.
- Ingwer in Scheiben schneiden.
- Zitronengras, Ingwerscheiben und Limonenblätter mit einem Bindfaden zusammenbinden.
- Meerbrassenfilet in 8 mm breite Streifen schneiden.
- Shitake-Pilze ebenfalls in 8 mm breite Streifen schneiden.
- Koriander waschen, zupfen, trockentupfen und fein hacken.

Zubereitung
- Zwiebeln im Kokosfett andünsten.
- Apfelwürfel beigeben und weich dünsten.
- Mit der Kokosmilchpulver-Mehl-Mischung stäuben.
- Mit Gemüsefond auffüllen und unter Rühren aufkochen, des Öfteren abschäumen.
- Kokosmilch beigeben und während 20 Minuten kochen.
- Während 15 Minuten das Zitronengrasbündel mitkochen und anschließend wieder herausnehmen.
- Suppe mixen und durch ein Drahtspitzsieb passieren.
- Suppe mit Salz, weißem Pfeffer und Limonensaft abschmecken.
- Vor dem Servieren den geschlagenen Vollrahm vorsichtig unter die Suppe melieren.

Zubereitung Einlage
- Fischstreifen mit Meersalz, Pfeffer, Sesamöl und Limonensaft würzen.
- Im Olivenöl kurz und heiß ansautieren, herausnehmen und bei 70 °C im Rechaud gar ziehen lassen.
- Butter im restlichen Olivenöl aufschäumen, Zwiebeln beigeben und ansautieren.
- Pilzstreifen beigeben und mitsautieren, mit Salz und Pfeffer abschmecken und mit Sojasauce ablöschen.
- Gehackten Koriander beigeben und abschmecken.

Anrichten
- Pilze in vorgewärmten Suppentassen oder Suppentellern anrichten.
- Meerbrassenstreifen darauf anrichten und mit der Suppe umgießen.

Hinweise für die Praxis
Fischfilets nur knapp auf den Punkt garen, da sie in der Suppe noch weiterziehen.

Kokosschaumsuppe · Crème de coco mousseline

Zutaten — 1,5 Liter

Zutat	Menge
Sesamöl, fermentiert	15 g
Zwiebeln, geschält	25 g
Knoblauch, geschält	15 g
Tomaten, getrocknet, in Öl, abgetropft	15 g
Champignons, frisch, gerüstet	40 g
Weißmehl	30 g
Fischfond	950 g
Kokosmilch, ungesüßt	450 g
Ingwer, frisch, geschält	10 g
Zitronengras, gerüstet	20 g
Kokosmilchpulver	15 g
Kurkuma, gemahlen	5 g
Thai-Currypaste, grün	25 g
Vollrahm, 35%	400 g
Salz	
Pfeffer, weiß, aus der Mühle	
Limonensaft	5 g

Vorbereitung
- Zwiebeln und Knoblauch fein hacken.
- Getrocknete Tomaten in Brunoise (Würfelchen) schneiden.
- Champignons waschen und in feine Scheiben schneiden.
- Ingwer in Scheiben schneiden.
- Zitronengras längs halbieren und in 5 cm lange Stücke schneiden.
- Zitronengras und Ingwer mit Bindfaden zusammenbinden.
- Kokosmilchpulver und Kurkuma mit der Currypaste verrühren.
- Vollrahm steif schlagen und kühl stellen.

Zubereitung
- Zwiebeln und Knoblauch im Sesamöl andünsten.
- Getrocknete Tomatenwürfel beigeben und mitdünsten.
- Champignons beigeben, leicht salzen und ebenfalls mitdünsten.
- Mit Weißmehl stäuben.
- Mit Fischfond auffüllen und unter Rühren aufkochen.
- Kokosmilch beigeben und 20 Minuten sieden, des Öfteren abschäumen.
- Während 15 Minuten das Zitronengrasbündel mitkochen, anschließend herausnehmen.
- Suppe fein mixen und durch ein Drahtspitzsieb passieren.
- Nochmals aufkochen.
- ¼ der Suppe zur Currypaste geben, mit dem Schneebesen gut verrühren und wieder zurück in die Suppe geben.
- Mit Salz, Pfeffer und Limonensaft abschmecken.
- Vor dem Servieren den geschlagenen Vollrahm vorsichtig unter die Suppe melieren.

Hinweise für die Praxis
Je nach verwendeter Currypaste kann die Menge variieren.

Mais-Cappuccino mit Kaninchen und getrockneten Aprikosen
Cappuccino de maïs aux médaillons de lapin et aux abricots séchés

Zutaten 1,5 Liter

Butter	20 g
Zwiebeln, geschält	20 g
Knoblauch, geschält	15 g
Maiskörner (Konserve), abgetropft	700 g
Geflügelfond, hell	1100 g
Zitronengras, gerüstet	20 g
Limonenblätter	
Vollrahm, 35%	600 g
Limonensaft	10 g
Meersalz, fein	
Pfeffer, weiß, aus der Mühle	
Cayenne-Pfeffer, gemahlen	

Einlage

Sonnenblumenöl, high oleic	30 g
Kaninchenrückenfilet, dressiert	250 g
Aprikosen, getrocknet	60 g
Salbei, frisch	
Rohschinken, dünn geschnitten	25 g
Meersalz, fein	
Pfeffer, weiß, aus der Mühle	

Vorbereitung
- Zwiebeln und Knoblauch fein hacken.
- Maiskörner abspülen und auf Küchenpapier gut abtropfen lassen.
- Zitronengras längs halbieren, in 5 cm lange Stücke schneiden und mit den Limonenblättern mit einem Bindfaden zusammenbinden.
- Vollrahm steif schlagen und kühl stellen.

Vorbereitung Einlage
- Aprikosen waschen, trockentupfen, plattieren und längs halbieren.
- Rohschinkentranchen in 10 Stücke von 1 cm Breite schneiden.
- Kaninchenrückenfilets in 10 gleichmäßige Medaillons schneiden.
- Kaninchenmedaillons längs einschneiden, aufklappen, leicht plattieren, mit Salz und Pfeffer würzen.
- Aprikosenhälften darauf legen und einklappen.
- Mit Salbeiblatt belegen und in die Rohschinkentranche einschlagen.

Zubereitung
- Zwiebeln und Knoblauch in Butter andünsten.
- Maiskörner beigeben, leicht salzen und mitdünsten.
- Mit Geflügelfond auffüllen und unter Rühren aufkochen.
- 30 Minuten kochen und des Öfteren abschäumen.
- Während der letzten 20 Minuten das Zitronengrasbündel mitkochen und anschließend wieder herausnehmen.
- Suppe sehr fein mixen und durch ein Drahtspitzsieb passieren.
- Nochmals aufkochen und mit Limonensaft, Meersalz, weißem Pfeffer und Cayenne-Pfeffer abschmecken.
- Vor dem Servieren den geschlagenen Vollrahm vorsichtig unter die Suppe melieren.

Zubereitung Einlage
- Gefüllte Kaninchenmedaillons leicht würzen und im Sonnenblumenöl sautieren.
- Herausnehmen, kurze Zeit abstehen lassen und diagonal halbieren.

Anrichten
- Halbierte Kaninchenmedaillons in vorgewärmten Suppentassen oder Suppentellern anrichten.
- Mit heißer schaumiger Suppe umgießen und sofort servieren.

Hinweise für die Praxis

Geschwefelte Aprikosen wirken farblich schöner. Sind die Aprikosen zu hart, sollten sie kurz blanchiert werden. Bratensatz kann mit 40 g Weißwein abgelöscht, mit 200 g braunem Kalbsfond aufgefüllt und mit 10 g Balsamessig zur Glace eingekocht werden, anschließend über die angerichtete Suppe träufeln.

Miesmuschel-Germiny mit frischem Koriander · Germiny de moules à la coriandre fraîche

Zutaten — 1,5 Liter

Zutat	Menge
Miesmuscheln, frisch, in Schale, geputzt	750 g
Olivenöl	25 g
Schalotten, geschält	50 g
Weißwein	25 g
Fischfond	500 g
Noilly Prat	75 g
Eigelb, pasteurisiert	200 g
Vollrahm, 35%	380 g
Schnittlauch, frisch	10 g
Koriander, frisch	10 g
Salz	
Pfeffer, weiß, aus der Mühle	

Vorbereitung
- Miesmuscheln gründlich reinigen und die Byssusfäden entfernen.
- Schalotten fein hacken.
- Schnittlauch fein schneiden.
- Koriander waschen, zupfen, trockentupfen und fein hacken.

Zubereitung
- Schalotten im Olivenöl andünsten.
- Miesmuscheln beigeben, mitdünsten und mit Weißwein ablöschen.
- Muscheln zugedeckt bei großer Hitze unter gelegentlichem Schütteln dünsten, bis sie sich öffnen.
- Muscheln mit der Garflüssigkeit in ein Sieb schütten und die Garflüssigkeit auffangen.
- Garflüssigkeit etwas abstehen lassen, dekantieren und durch ein Passiertuch passieren.
- Muschelfleisch aus den Schalen lösen und beiseite stellen.
- Garflüssigkeit, Fischfond und Noilly Prat aufkochen und vom Herd ziehen.
- Eigelb und Vollrahm verrühren, unter Rühren der Suppe beigeben und auf maximal 80 °C erhitzen.
- Suppe mit Salz und Pfeffer abschmecken, Schnittlauch und Koriander beigeben.

Anrichten
- Muschelfleisch aufwärmen und in vorgewärmte Suppentassen oder Suppenteller verteilen.
- Die fertige Germiny darübergießen und sofort servieren.

Parmesan-Schaumsuppe · Crème mousseline au parmesan

Zutaten	1,5 Liter
Olivenöl, kaltgepresst	50 g
Schalotten, geschält	60 g
Knoblauch, geschält	15 g
Reis, Carnaroli	70 g
Weißwein, Chablis	120 g
Noilly Prat	80 g
Gewürzsäcklein	1
Bouillon	1000 g
Parmesan Reggiano, am Stück	200 g
Vollrahm, 35%	250 g
Eigelb, pasteurisiert	60 g
Limonensaft	30 g
Meersalz, fein	
Pfeffer, weiß, aus der Mühle	
Muskatnuss, gemahlen	
Cayenne-Pfeffer, gemahlen	

Vorbereitung
- Schalotten und Knoblauch fein hacken.
- Aus Zellstoff ein Gewürzsäcklein mit Lorbeerblatt, Gewürznelke, zerdrückten Pfefferkörnern, Origano und Thymian bereitstellen.
- Parmesan fein reiben.
- Vollrahm steif schlagen und kühl stellen.

Zubereitung
- Schalotten und Knoblauch im Olivenöl andünsten.
- Reis beigeben und glasig dünsten.
- Mit Weißwein und Noilly Prat ablöschen, mit Bouillon auffüllen und zum Siedepunkt bringen.
- Während 20 Minuten unter gelegentlichem Abschäumen sieden.
- Gewürzsäcklein während der letzten 15 Minuten beigeben und anschließend wieder herausnehmen.
- Parmesan einrühren und auflösen.
- Suppe mixen und durch ein Drahtspitzsieb passieren.
- Geschlagenen Vollrahm mit Eigelb und Limonensaft verrühren.
- Heiße Suppe mit der Liaison binden und nicht mehr über 80 °C erhitzen.
- Mit Meersalz, weißem Pfeffer, Muskatnuss und Cayenne-Pfeffer abschmecken.

Hinweise für die Praxis
Parmesanmenge richtet sich nach dem Reifegrad des Käses. Als geschmackliche Ergänzung kann der Suppe wenig Trüffelöl, Limonenraps und wenig Aceto balsamico tradizionale di Modena (Balsamessig) beigegeben werden. Als Garnitur eignen sich Parmesan-Crackers oder Parmesan-Chips.

Petersiliensuppe mit Spinat und Gemüse · Potage de persil aux épinards et julienne de légumes

Zutaten	1,5 Liter
Butter	30 g
Schalotten, geschält	70 g
Blattspinat, frisch, gerüstet	70 g
Sherry, trocken	40 g
Gemüsefond	900 g
Petersilie, glattblättrig, frisch	130 g
Vollrahm, 35%	270 g
Eigelb, pasteurisiert	50 g
Salz	
Pfeffer, weiß, aus der Mühle	

Garnitur	
Butter	20 g
Karotten, geschält	50 g
Pfälzer Rüben, geschält	50 g
Knollensellerie, geschält	30 g
Salz	
Vollrahm, 35%	80 g

Vorbereitung
- Schalotten fein hacken.
- Blattspinat waschen, Stiele entfernen und grob hacken.
- Petersilie waschen, zupfen, trockentupfen und fein hacken.
- Vollrahm und Eigelb zu Liaison verrühren.
- Gemüse für die Garnitur in Julienne (Streifchen) schneiden.
- Gemüse-Julienne in Butter andünsten, salzen und zugedeckt weich dünsten.
- Vollrahm für die Garnitur steif schlagen und kühl stellen.

Zubereitung
- Butter erhitzen und die Schalotten andünsten.
- Blattspinat beigeben und mitdünsten.
- Mit Sherry ablöschen und mit Gemüsefond auffüllen.
- Suppe 5 Minuten kochen lassen und mit einem Stabmixer fein mixen.
- 1/3 der Suppe mit Petersilie und Liaison fein mixen.
- Zur restlichen Suppe geben und mit Salz und Pfeffer abschmecken.
- Gemüse-Julienne beigeben.
- Anrichten und mit Rosette aus geschlagenem Vollrahm garnieren.

Hinweise für die Praxis
Suppe nur für den unmittelbaren Bedarf herstellen, da sich sonst Farbe und Geschmack verändern. Da die Suppe mit einer Liaison gebunden ist, darf sie nicht über 80 °C erhitzt werden.

Petersilienwurzelsuppe mit frittierten Krevetten
Potage de racines de persil aux crevettes frites

Zutaten
1,5 Liter

Petersilienwurzeln, geschält	350 g
Butter (1)	35 g
Matignon, weiß	110 g
Geflügelfond, hell	1300 g
Vollrahm, 35% (1)	400 g
Butter (2)	60 g
Vollrahm, 35% (2)	120 g
Kerbel, frisch	10 g

Teig

Weißmehl	125 g
Wasser	100 g
Weißwein	50 g
Olivenöl	10 g
Safran, gemahlen	
Salz	
Pfeffer, weiß, aus der Mühle	
Eiweiß, frisch	50 g

Einlage

Riesenkrevetten, Schwänze, roh, geschält	300 g
Salz	
Ölverlust beim Frittieren	30 g

Vorbereitung
- Petersilienwurzeln in 8 mm große Würfel schneiden.
- Butter (2) in Würfel schneiden und kühl stellen.
- Vollrahm (2) steif schlagen und kühl stellen.
- Kerbel waschen, trockentupfen und zupfen.
- Kleine Riesenkrevetten (Stück zu ca. 15 g) bis zum Schwanzende halbieren, den Darm entfernen, würzen und leicht mehlen.

Vorbereitung Teig
- Weißmehl sieben und mit Wasser und Weißwein glatt rühren.
- Olivenöl und Safran beigeben und mit Salz und Pfeffer abschmecken.
- Backteig zugedeckt ruhen lassen.
- Vor Gebrauch Eiweiß zu Schnee schlagen und unter den Teig melieren.

Zubereitung
- Matignon in Butter (1) andünsten.
- Petersilienwurzel beigeben und mitdünsten.
- Mit Geflügelfond ablöschen, Vollrahm (1) beigeben und zum Siedepunkt bringen.
- 30 Minuten sieden und des Öfteren abschäumen.
- Fein mixen und durch ein Drahtspitzsieb passieren.
- Kalte Butter flockenweise mit einem Stabmixer einmontieren.
- Suppe abschmecken.
- Riesenkrevetten am Schwanzende festhalten und in den Backteig tauchen, ohne dass die geteilten Riesenkrevetten zusammenkleben.
- In der Frittüre goldgelb und knusprig frittieren und auf Küchenpapier entfetten.

Anrichten
- Suppe mit geschlagenem Vollrahm (2) vermischen und in vorgewärmten Suppentassen oder Suppentellern anrichten.
- Je 2 frittierte Riesenkrevetten hineinstellen.
- Suppe mit Kerbelblättchen bestreuen und sofort servieren.

Rahmsuppe mit gelben Peperoni, Ingwer und Zitronengras
Crème de poivrons jaunes au gingembre et citronnelle

Zutaten 1,5 Liter

Butter (1)	40 g
Zwiebeln, geschält	90 g
Ingwer, frisch, geschält	12 g
Zitronengras, gerüstet	60 g
Peperoni, gelb, entkernt	600 g
Chilischoten, rot, entkernt	1 g
Weißwein, Chablis	120 g
Gemüsefond	900 g
Butter (2)	100 g
Vollrahm, 35%	200 g
Meersalz, fein	
Pfeffer, weiß, aus der Mühle	
Cayenne-Pfeffer, gemahlen	
Limonensaft	5 g

Vorbereitung
- Zwiebeln fein hacken.
- Ingwer in Scheiben schneiden.
- Zitronengras längs halbieren und in 5 cm lange Stücke schneiden.
- Ingwer und Zitronengras mit einem Bindfaden zusammenbinden.
- Peperoni in 1 cm große Würfel schneiden.
- Chilischote in Würfelchen schneiden.
- Butter (2) in Würfel schneiden und kühl stellen.
- Vollrahm steif schlagen und kühl stellen.

Zubereitung
- Zwiebeln in Butter (1) andünsten.
- Zitronengrasbündel beigeben und mitdünsten.
- Peperoniwürfel beigeben, leicht salzen und mitdünsten.
- Mit Weißwein ablöschen und mit heißem Gemüsefond auffüllen.
- Aufkochen und des Öfteren abschäumen.
- Während 20 Minuten sieden, anschließend das Zitronengrasbündel herausnehmen.
- Suppe fein mixen und durch ein Drahtspitzsieb passieren.
- Nochmals aufkochen und die Butterwürfel mit einem Stabmixer einmontieren.
- Geschlagenen Vollrahm beigeben, mit Meersalz, weißem Pfeffer, Cayenne-Pfeffer und Limonensaft abschmecken.

Hinweise für die Praxis
Als geschmackliche Ergänzung über die angerichtete Suppe einige Tropfen fermentiertes Sesamöl geben und mit frischen Zitronenmelisseblättern bestreuen.

Rhabarbercremesuppe mit Ingwer · Crème de rhubarbe au gingembre

Zutaten 1,5 Liter

Butter	35 g
Zwiebeln, geschält	90 g
Ingwer, frisch, geschält	35 g
Rhabarber, gerüstet	600 g
Zucker	80 g
Orangensaft, frisch gepresst	100 g
Gemüsefond	650 g
Sternanis	
Vollrahm, 35% (1)	180 g
Vollrahm, 35% (2)	350 g
Salz	
Pfeffer, weiß, aus der Mühle	

Vorbereitung
- Zwiebeln fein hacken.
- Ingwer in Scheiben schneiden.
- Rhabarber in 1 cm große Würfel schneiden.
- Vollrahm (2) steif schlagen und kühl stellen.

Zubereitung
- Butter erhitzen und Zwiebeln andünsten.
- Ingwer und Rhabarber beigeben, leicht salzen und mitdünsten.
- Zucker beigeben und mit Orangensaft ablöschen.
- Mit Gemüsefond auffüllen, Sternanis beigeben und zum Siedepunkt bringen.
- Unter öfterem Abschäumen 10 Minuten leicht kochen lassen.
- Vollrahm (1) beigeben und weitere 10 Minuten leicht kochen lassen.
- Ingwer und Sternanis herausnehmen.
- Suppe im Mixer fein pürieren und durch ein Drahtspitzsieb passieren.
- Nochmals aufkochen, mit Salz und Pfeffer abschmecken.
- Vor dem Servieren den geschlagenen Vollrahm (2) vorsichtig unter die Suppe melieren.

Hinweise für die Praxis
Die Zuckerzugabe variiert je nach Säuregehalt des Rhabarbers. Rhabarber langsam bei geringer Hitze dünsten, damit ein genügender Fruchtsäureabbau gewährleistet ist.

Senfschaumsuppe mit Zitronenmelisse · Crème mousseline à la moutarde et mélisse citronnée

Zutaten   1,5 Liter

Zutat	Menge
Geflügelfond, hell	1600 g
Holunderblütenessig	40 g
Holunderblütensirup	50 g
Meerrettichpaste	20 g
Kurkuma, gemahlen	5 g
Meaux-Vollkornsenf	120 g
Eigelb, pasteurisiert	210 g
Vollrahm, 35%	280 g
Zitronenmelisse, frisch	15 g
Meersalz, fein	
Cayenne-Pfeffer, gemahlen	
Limonensaft	5 g

Vorbereitung
– Meerrettichpaste, Kurkuma und Vollkornsenf vermischen.
– Vollrahm steif schlagen und kühl stellen.
– Zitronenmelisse waschen, zupfen, trockentupfen und in feine Streifen schneiden.

Zubereitung
– Geflügelfond unter gelegentlichem Abschäumen auf die Hälfte einkochen.
– Holunderblütenessig und Holunderblütensirup beigeben und aufkochen.
– Senfgemisch mit ¼ der Suppe anrühren und in die Suppe geben.
– Geschlagenen Vollrahm mit Eigelb vermischen und in die heiße Suppe rühren.
– Suppe auf höchstens 80 °C erhitzen, sonst gerinnt sie.
– Mit Meersalz, Cayenne-Pfeffer und Limonensaft abschmecken.
– Vor dem Servieren die Zitronenmelissestreifen beigeben.

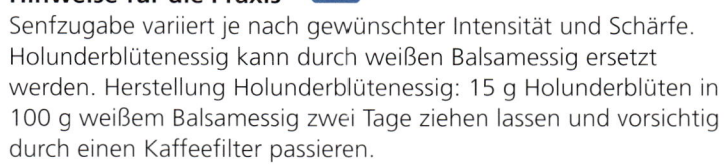

Hinweise für die Praxis
Senfzugabe variiert je nach gewünschter Intensität und Schärfe. Holunderblütenessig kann durch weißen Balsamessig ersetzt werden. Herstellung Holunderblütenessig: 15 g Holunderblüten in 100 g weißem Balsamessig zwei Tage ziehen lassen und vorsichtig durch einen Kaffeefilter passieren.

Zitronengrassuppe mit Jakobsmuscheln · Soupe à la citronnelle et aux coquilles Saint-Jacques

Zutaten	1,5 Liter
Noilly Prat	250 g
Portwein, weiß	90 g
Zitronengras, gerüstet	60 g
Butter (1)	20 g
Curry, Madras	12 g
Currypaste, grün	8 g
Geflügelfond, hell	800 g
Vollrahm, 35% (1)	500 g
Äpfel, geschält, ohne Kerngehäuse	80 g
Ananas, frisch, geschält	120 g
Petersilie, glattblättrig, frisch	20 g
Butter (2)	200 g
Vollrahm, 35% (2)	160 g
Kerbel, frisch	10 g

Einlage

Jakobsmuscheln, ausgelöst, ohne Corail	200 g
Salz	
Pfeffer, weiß, aus der Mühle	
Weißmehl	10 g
Bratbutter	20 g

Vorbereitung

- Noilly Prat und weißen Portwein aufkochen und auf die Hälfte reduzieren.
- Zitronengras in feine Streifen schneiden.
- Petersilie waschen und zupfen.
- Äpfel, Ananas und Petersilie zusammen fein hacken.
- Vollrahm (2) steif schlagen und kühl stellen.
- Butter (2) in Würfel schneiden und kühl stellen.
- Kerbel waschen, zupfen und trockentupfen.

Zubereitung

- Zitronengras in Butter (1) andünsten.
- Currypulver und grüne Currypaste beigeben und mitdünsten.
- Mit der Reduktion von Noilly Prat und Portwein ablöschen.
- Mit Geflügelfond und Vollrahm (1) auffüllen und zum Siedepunkt bringen.
- Unter öfterem Abschäumen 20 Minuten auf kleiner Flamme kochen.
- Ananas, Äpfel und Petersilie beigeben und weitere 15 Minuten kochen.
- Suppe durch ein Drahtspitzsieb passieren.
- Kalte Butterflocken unter kräftigem Rühren mit dem Schneebesen in die Suppe rühren und abschmecken.
- Jakobsmuscheln in Scheiben schneiden, mit Salz und Pfeffer würzen und mehlen.
- In heißer Bratbutter glasig sautieren und auf Küchenpapier entfetten.

Anrichten

- Die Hälfte des geschlagenen Vollrahms in die Suppe geben.
- Sautierte Jakobsmuscheln in der Tellermitte anrichten (20 g pro Person).
- Die Suppe vorsichtig darübergießen und eine Haube geschlagenen Vollrahm darauf setzen.
- Mit Kerbelblättchen garnieren und sofort servieren.

Nationalsuppen

Basler Mehlsuppe (Schweiz) · Potage bâlois (Suisse)

Zutaten — 2,5 Liter

Bratbutter	100 g
Zwiebeln, geschält	1200 g
Halbweißmehl	330 g
Bouillon	5000 g
Rotwein	340 g
Salz	
Pfeffer, weiß, aus der Mühle	
Sbrinz, gerieben	150 g

Vorbereitung
- Zwiebeln fein hacken.
- Halbweißmehl in einer Lyoner Pfanne ohne Fettstoff langsam braun rösten und erkalten lassen.
- Bouillon aufkochen.

Zubereitung
- Zwiebeln in Bratbutter langsam braun rösten und mit Rotwein ablöschen.
- Geröstetes Mehl in eine Kasserolle geben und unter Rühren die heiße Bouillon beigeben.
- Zwiebeln mit Rotwein beigeben und unter Rühren zum Siedepunkt bringen.
- Mit Salz und Pfeffer abschmecken, 1 Stunde sieden lassen und abschmecken.
- Des Öfteren abschäumen und abfetten.
- Suppe anrichten und geriebenen Sbrinz separat dazu servieren.

Berner Märitsuppe (Schweiz) · Potage bernois du marché (Suisse)

Zutaten — 2,5 Liter

Erbsen, gelb, halb (Spalterbsen)	100 g
Bouillon	2400 g
Schweinshaxe, gepökelt	1000 g
Speck, geräuchert	120 g
Zwiebeln, geschält	100 g
Lauch, grün, gerüstet	120 g
Karotten, geschält	130 g
Knollensellerie, geschält	100 g
Kartoffeln, Typ A, geschält	300 g
Lorbeerblätter	
Thymianzweige	1 g
Schnittlauch, frisch	3 g
Salz	
Pfeffer, weiß, aus der Mühle	

Vorbereitung
- Getrocknete Erbsen 4 Stunden in kaltem Wasser quellen lassen.
- Lauch waschen und in 5 mm dicke Ringe schneiden.
- Karotten in gleichmäßige Scheiben schneiden.
- Sellerie in 1 cm große Würfel schneiden.
- Kartoffeln in 1,5 cm große Würfel schneiden.
- Zwiebeln fein hacken.
- Speck in 1 cm große Würfel schneiden.
- Schnittlauch fein schneiden.

Zubereitung
- Schwach gesalzene Bouillon aufkochen.
- Gepökelte Schweinshaxe beigeben und weich kochen (ca. 2½ Stunden).
- Nach ca. 1½ Stunden Kochzeit die abgetropften Gelberbsen beigeben.
- In einer Flachkasserolle den Speck im eigenen Fett sautieren.
- Zwiebeln, Lauch, Karotten und Sellerie beigeben und dünsten.
- Nach 2 Stunden Kochzeit der Schweinshaxe die Gemüse in die Suppe geben.
- Kartoffelwürfel, Lorbeer und Thymian beigeben und nochmals 30 Minuten sieden.
- Fleisch herausnehmen, etwas erkalten lassen, in 1 cm große Würfel schneiden und in die Suppe geben.
- Lorbeerblätter und Thymianzweig entfernen.
- Suppe abschmecken und mit Schnittlauch bestreuen.

Hinweise für die Praxis
Je nach Kochzeit der Schweinshaxe muss noch etwas Bouillon nachgegossen werden.

Borschtsch (Russland) · Bortsch russe

Zutaten — 2,5 Liter
Butter	50 g
Zwiebeln, geschält	60 g
Lauch, grün, gerüstet	110 g
Wirz/Wirsing, gerüstet	110 g
Stangensellerie, gerüstet	60 g
Fenchel, gerüstet	30 g
Randen/Rote Bete, roh, geschält	160 g
Bouillon	1300 g
Rindshohrücken, 2. Qualität, dressiert	270 g
Entenbrust, dressiert	130 g
Chipolatas	150 g
Speck, geräuchert	110 g
Sauerrahm, 35%	200 g
Randensaft/Rote-Bete-Saft	160 g
Petersilie, gekraust, frisch	30 g
Salz	
Pfeffer, weiß, aus der Mühle	

Vorbereitung
– Lauch längs halbieren und waschen.
– Gemüse in Julienne (Streifchen) schneiden.
– Siedfleisch (Hohrücken) blanchieren und in der Bouillon weich sieden.
– Herausnehmen, erkalten lassen und in 8 mm große Würfel schneiden.
– Bouillon mit Wasser auf 1300 g ergänzen.
– Entenbrust würzen, in einer Lyoner Pfanne beidseitig sautieren und im Ofen bei 170 °C fertig garen.
– Entenbrust erkalten lassen und in 8 mm große Würfel schneiden.
– Chipolatas in 3 mm dicke Rädchen schneiden.
– Speck in 5 mm große Würfel schneiden und blanchieren.
– Randensaft frisch pressen.
– Petersilie waschen, zupfen, trockentupfen und fein hacken.

Zubereitung
– Butter erhitzen und die Speckwürfel ansautieren.
– Gemüse beigeben und dünsten.
– Mit der Bouillon ablöschen und aufkochen.
– Des Öfteren abschäumen und abschmecken.
– 10 Minuten sieden lassen.
– Siedfleischwürfel, Entenfleischwürfel und Chipolata-Rädchen beigeben und nochmals aufkochen.
– Randensaft beigeben, die Suppe abschmecken und mit Petersilie bestreuen.
– Sauerrahm in einer Sauciere separat dazu reichen.

Hinweise für die Praxis
Sofort servieren, sonst geht die rote Farbe der Randen verloren.

Bündner Gerstensuppe (Schweiz) · Potage des Grisons (Suisse)

Zutaten — 2,5 Liter
Butter	40 g
Zwiebeln, geschält	130 g
Lauch, grün, gerüstet	130 g
Karotten, geschält	80 g
Knollensellerie, geschält	40 g
Rohschinken, luftgetrocknet	60 g
Bündner Fleisch	60 g
Gerste, mittel	80 g
Bohnen, weiß, getrocknet	40 g
Weißmehl	25 g
Bouillon	2500 g
Vollrahm, 35%	250 g
Petersilie	10 g
Salz	
Pfeffer, weiß, aus der Mühle	

Vorbereitung
– Weiße Bohnen 3 Stunden in kaltem Wasser quellen lassen.
– Zwiebeln fein hacken.
– Lauch längs halbieren und waschen.
– Gemüse in Brunoise (Würfelchen) schneiden.
– Rohschinken und Bündner Fleisch in Brunoise (Würfelchen) schneiden.
– Petersilie waschen, zupfen, trockentupfen und fein hacken.
– Bouillon aufkochen.

Zubereitung
– Die gehackten Zwiebeln und die Gemüse-Brunoise in Butter andünsten.
– Rohschinken und Bündner Fleisch beigeben und mitdünsten.
– Gerste und abgetropfte Bohnen beigeben und mitdünsten.
– Mit heißer Bouillon auffüllen, abschmecken und sieden, bis die Bohnen weich sind.
– Des Öfteren abfetten und abschäumen.
– Vollrahm beigeben und die Suppe nicht mehr kochen lassen.
– Suppe nochmals abschmecken und mit gehackter Petersilie bestreuen.

Hinweise für die Praxis
Statt Bünder Fleisch und Rohschinken kann eine Bündner Beinwurst mitgekocht, in Würfel geschnitten und der Suppe wieder zugefügt werden. Die Bouillon kann durch Schinken- oder Kalbsfond ersetzt werden.

Caldo verde (Portugal) · Caldo verde (Portugal)

Zutaten — 2,5 Liter

Zwiebeln, geschält	40 g
Knoblauch, geschält	15 g
Kartoffeln, Typ B, geschält	670 g
Geflügelfond, hell	1400 g
Federkohl, gerüstet	330 g
Meersalz, grob	
Pfeffer, weiß, aus der Mühle	

Einlage

Olivenöl, kaltgepresst	35 g
Zwiebeln, geschält	50 g
Knoblauch, geschält	15 g
Tomaten, Peretti, geschält, entkernt	250 g
Chorizo (scharfe Paprikawurst)	330 g
Koriander, frisch	15 g
Meersalz, fein	
Pfeffer, weiß, aus der Mühle	

Vorbereitung
- Zwiebeln und Knoblauch für die Suppe und die Einlage fein hacken.
- Kartoffeln in 8 mm große Würfel schneiden.
- Federkohl waschen und in Chiffonnade (feine Streifen) schneiden.
- Tomaten in 5 mm große Würfel schneiden.
- Chorizo-Wurst enthäuten und in 2 mm dicke Scheiben schneiden.
- Koriander waschen, zupfen, trockentupfen und fein hacken.

Zubereitung
- Geflügelfond aufkochen.
- Zwiebeln und Knoblauch für die Suppenherstellung sowie die Kartoffeln beigeben.
- Zum Siedepunkt bringen und 20 Minuten sieden, des Öfteren abschäumen.
- Mit einem Stabmixer fein mixen, mit Meersalz und Pfeffer würzen.
- Federkohl-Chiffonnade beigeben und weitere 10 Minuten leicht kochen lassen.
- Nochmals abschmecken.
- Olivenöl erhitzen und Zwiebeln sowie Knoblauch für die Einlage weich dünsten.
- Tomatenwürfel und Chorizo-Wurst beigeben und kurz mitdünsten.

Anrichten
- Suppe in vorgewärmten Suppentellern oder Suppentassen anrichten.
- Einlage beigeben und mit gehacktem Koriander bestreuen.

Hinweise für die Praxis
Chorizo: mit Paprika und Knoblauch gewürzte Wurst, die in spanischen Comestibles-Läden erhältlich ist.

Gemüsesuppe mit Muscheln (Spanien) · Soupe aux légumes et aux moules (Espagne)

Einlage	2,5 Liter
Schwertmuscheln, frisch, in Schale, geputzt	1700 g
Olivenöl, kaltgepresst	70 g
Zwiebeln, geschält	170 g
Lorbeerblätter	1
Petersilienstiele	

Weitere Zutaten	
Olivenöl, kaltgepresst	70 g
Zwiebeln, geschält	80 g
Knoblauch, geschält	35 g
Karotten, geschält	170 g
Lauch, grün, gerüstet	140 g
Stangensellerie, gerüstet	90 g
Safranfäden, getrocknet	1,5 g
Meersalz, fein	
Pfeffer, weiß, aus der Mühle	
Fischfond	1850 g
Langkornreis, parboiled	100 g
Eigelb, pasteurisiert	85 g
Zitronensaft, frisch	35 g
Petersilie, glattblättrig, frisch	25 g

Vorbereitung
- Muscheln unter fließendem kaltem Wasser gründlich waschen und abtropfen lassen.
- Zwiebeln und Knoblauch für die Einlage und für die weitere Zubereitung fein hacken.
- Lauch längs halbieren und waschen.
- Karotten, Lauch und Stangensellerie in Julienne (StreifCHen) schneiden.
- Petersilie waschen, zupfen, trockentupfen und fein hacken (Stiele für die Muschelzubereitung verwenden).
- Eigelb und Zitronensaft verrühren.

Zubereitung Einlage
- Olivenöl für die Einlage erhitzen und Zwiebeln andünsten.
- Muscheln beigeben und mitdünsten.
- Mit so viel Fischfond ablöschen, dass die Muscheln knapp bedeckt sind.
- Lorbeerblatt und Petersilienstiele beigeben.
- Muscheln zugedeckt garen, bis sie sich öffnen.
- Muscheln herausnehmen und das Muschelfleisch aus den Schalen herauslösen und halbieren.
- Muschelfond vorsichtig passieren und mit dem restlichen Fischfond mischen.

Zubereitung Suppe
- Zwiebeln und Knoblauch im Olivenöl andünsten.
- Karotten-, Lauch- und Stangenselleriestreifen beigeben, leicht salzen und mitdünsten.
- Safranfäden beigeben, mit Fisch-Muschel-Fond auffüllen.
- Aufkochen lassen und Reis einstreuen.
- 15 Minuten sieden, des Öfteren abschäumen, mit Salz und Pfeffer würzen.
- Muscheln beigeben und weitere 5 Minuten auf kleiner Flamme kochen.
- Suppe vom Herd ziehen und mit Eigelb-Zitronensaft-Mischung unter ständigem Rühren binden.
- Suppe nicht mehr über 80 °C erhitzen, da sie sonst gerinnt.
- In vorgewärmten Suppentassen oder Suppentellern anrichten und mit gehackter Petersilie bestreuen.

Hinweise für die Praxis
Schwertmuscheln sind sehr sandig. Daher ist es wichtig, die Muscheln gut zu waschen, die Kochflüssigkeit abstehen zu lassen und vorsichtig zu dekantieren.

Gratinierte Zwiebelsuppe (Frankreich) · Soupe à l'oignon gratinée (France)

Zutaten 2,5 Liter

Sonnenblumenöl, high oleic	30 g
Zwiebeln, geschält	500 g
Weißwein	300 g
Bouillon	2200 g
Salz	
Pfeffer, weiß, aus der Mühle	

Garnitur

Pariser Brot	150 g
Bratbutter	30 g
Parmesan, gerieben	80 g

Vorbereitung
– Zwiebeln halbieren und quer zum Wurzelansatz in feine Streifen schneiden.
– Bouillon aufkochen.
– Pariser Brot in Scheiben schneiden und in Butter goldbraun rösten.

Zubereitung
– Zwiebeln im Sonnenblumenöl braun sautieren.
– Mit Weißwein ablöschen und den Bratensatz auflösen.
– In eine Kasserolle geben und mit heißer Bouillon auffüllen.
– Abschmecken und 20 Minuten sieden.
– Abschäumen und abfetten.
– Anrichten und mit den Pariser-Brot-Scheiben belegen.
– Mit Parmesan bestreuen.
– Unter dem Salamander überbacken.

Griechische Bohnensuppe · Potage aux haricots (Grèce)

Zutaten 2,5 Liter

Soissons-Bohnenkerne, getrocknet	300 g
Olivenöl	30 g
Zwiebeln, geschält	100 g
Knoblauch, geschält	10 g
Knollensellerie, geschält	80 g
Karotten, geschält	120 g
Lauch, gebleicht, gerüstet	120 g
Meersalz, grob	15 g
Tomatensaft	100 g
Geflügelfond, braun	1600 g
Tomaten, Peretti, geschält, entkernt	300 g
Petersilie, glattblättrig, frisch	15 g
Origano, frisch	10 g
Salz	
Pfeffer, weiß, aus der Mühle	

Vorbereitung
– Soissons-Bohnenkerne 12 Stunden in kaltem Wasser quellen lassen.
– Zwiebeln und Knoblauch fein hacken.
– Sellerie und Karotten in 5 mm große Würfel schneiden.
– Lauch längs halbieren, waschen und feinblättrig schneiden.
– Tomaten in 5 mm große Würfel schneiden.
– Petersilie und Origano waschen, zupfen, trockentupfen und fein hacken.
– Braunen Geflügelfond aufkochen.

Zubereitung
– Bohnen im Einweichwasser 1½ Stunden weich sieden, kalt abspülen, anschließend von den Häuten befreien.
– Zwiebeln und Knoblauch im Olivenöl andünsten.
– Knollensellerie, Karotten und Lauch beigeben, mitdünsten und mit Meersalz würzen.
– Mit Tomatensaft ablöschen und mit heißem braunem Geflügelfond auffüllen.
– Aufkochen, abschäumen und 20 Minuten sieden.
– Tomatenwürfel und Bohnen beigeben und weitere 5 Minuten sieden.
– Suppe mit Salz und weißem Pfeffer abschmecken.
– Vor dem Servieren die gehackten Kräuter beigeben.

Gulaschsuppe (Ungarn) · Potage goulache (Hongrie)

Zutaten — 2,5 Liter

Zutat	Menge
Bratbutter	60 g
Rindsschulterspitz, dressiert	400 g
Zwiebeln, geschält	250 g
Peperoni, gelb, entkernt	40 g
Peperoni, grün, entkernt	40 g
Peperoni, rot, entkernt	40 g
Knoblauch, geschält	30 g
Kümmel, gemahlen	2 g
Majoran, frisch	4 g
Paprika, delikatess	50 g
Tomatenpüree	120 g
Weißmehl	30 g
Rotwein	300 g
Bouillon	2400 g
Kartoffeln, Typ A, geschält	300 g
Tomaten, geschält, entkernt	100 g
Zitronenraps	1 g
Salz	
Pfeffer, weiß, aus der Mühle	
Tabasco, rot	

Vorbereitung
- Rindsschulter in ca. 8 mm große Würfel schneiden.
- Zwiebeln und Knoblauch fein hacken.
- Peperoni waschen und in ca. 8 mm große Würfel schneiden.
- Majoran waschen, zupfen, trockentupfen und fein hacken.
- Kartoffeln in 8 mm große Würfel schneiden.
- Tomaten in kleine Würfel schneiden.

Zubereitung
- Bratbutter erhitzen und die Zwiebeln andünsten.
- Rindfleischwürfel beigeben, salzen und mitdünsten.
- Knoblauch, Kümmel und Majoran beigeben.
- Mit Paprikapulver stäuben und kurz weiterdünsten.
- Tomatenpüree beigeben, mitdünsten und mit dem Weißmehl stäuben.
- Mit Rotwein ablöschen und mit Bouillon auffüllen.
- Abschmecken und ca. 1½ Stunden sieden.
- Des Öfteren abschäumen und abfetten.
- Kartoffelwürfel beigeben und weitere 30 Minuten sieden.
- Mit Wasser auf 2,5 l ergänzen.
- Tomatenwürfel und Zitronenraps beigeben, mit Tabasco, Salz und Pfeffer abschmecken.

Hinweise für die Praxis
Die Kochzeit kann je nach Fleischqualität variieren.

Harira (Marokko) · Harira (Maroc)

Zutaten — 2,5 Liter

Zutat	Menge
Kichererbsen, getrocknet	70 g
Linsen, braun, getrocknet	140 g
Lammfond	2200 g
Langkornreis, parboiled	70 g
Weißmehl	15 g
Wasser	30 g
Sonnenblumenöl, high oleic	50 g
Lammschulter, ohne Knochen, dressiert	450 g
Zwiebeln, geschält	200 g
Knoblauch, geschält	25 g
Ingwer, frisch, geschält	15 g
Zimt, gemahlen	1 g
Kurkuma, gemahlen	1 g
Kreuzkümmel, gemahlen	1 g
Tomaten, geschält, entkernt	250 g
Petersilie, glattblättrig, frisch	15 g
Koriander, frisch	15 g
Vollei, pasteurisiert	80 g
Zitronensaft, frisch	25 g
Meersalz, fein	
Pfeffer, weiß, aus der Mühle	

Vorbereitung
- Kichererbsen und Linsen getrennt in kaltem Wasser 6 Stunden quellen lassen.
- Weißmehl mit Wasser anrühren.
- Lammschulter in 1 cm große Würfel schneiden.
- Zwiebeln und Knoblauch fein hacken.
- Ingwer fein reiben.
- Tomaten in 5 mm große Würfel schneiden.
- Petersilie und Koriander waschen, zupfen, trockentupfen und fein hacken.
- Vollei und Zitronensaft verrühren.

Zubereitung
- Kichererbsen im Einweichwasser weich sieden und abtropfen lassen.
- Die Hälfte des Lammfonds aufkochen, leicht salzen, Linsen und Langkornreis 5 Minuten sieden.
- Mit angerührtem Weißmehl binden und weitere 15 Minuten sieden.
- Sonnenblumenöl erhitzen und die Lammfleischstücke allseitig kräftig ansautieren.
- Zwiebeln, Knoblauch und Ingwer beigeben und dünsten.
- Zimt, Kurkuma und Kreuzkümmel beigeben, mit dem restlichen Lammfond auffüllen und ca. 45 Minuten kochen lassen.
- Tomatenwürfel, Linsen-Reis-Mischung und Kichererbsen beigeben und kurz durchkochen.
- Suppe vom Herd ziehen und mit der Ei-Zitronensaft-Mischung binden.
- Mit Salz und Pfeffer abschmecken, gehackte Petersilie und gehackten Koriander beigeben.
- Suppe nicht mehr über 80 °C erhitzen, da sie sonst gerinnt.

Minestrone (Italien) · Minestrone (Italie)

Zutaten

	2,5 Liter
Olivenöl	50 g
Speck, geräuchert	50 g
Zwiebeln, geschält	80 g
Lauch, grün, gerüstet	150 g
Wirz/Wirsing, gerüstet	100 g
Knollensellerie, geschält	80 g
Karotten, geschält	120 g
Tomatenpüree	30 g
Bouillon	2100 g
Kartoffeln, Typ A, geschält	150 g
Spaghetti	40 g
Bohnen, Borlotti, getrocknet	40 g
Tomaten, geschält, entkernt	80 g
Salz	
Pfeffer, weiß, aus der Mühle	
Parmesan, gerieben	100 g

Pesto

Olivenöl, kaltgepresst	30 g
Pinienkerne	20 g
Knoblauch, geschält	6 g
Petersilie, glattblättrig, frisch	4 g
Basilikum, frisch	4 g

Vorbereitung

- Borlotti-Bohnen 4–6 Stunden in kaltes Wasser einlegen und in Wasser weich sieden.
- Zwiebeln fein hacken.
- Speck in Würfelchen schneiden.
- Lauch längs halbieren und waschen.
- Gemüse in Paysanne (feinblättrig) schneiden.
- Kartoffeln ebenfalls in Paysanne schneiden.
- Spaghetti in Stücke brechen, indem man sie in ein Tuch dreht und über eine Tischkante zieht.
- Tomaten in kleine Würfel schneiden.
- Petersilie und Basilikum waschen, trockentupfen und zupfen.
- Zutaten für Pesto (Olivenöl, Pinienkerne, Knoblauch, Petersilie und Basilikum) fein mixen oder im Mörser fein zerstoßen.

Zubereitung

- Speck und Zwiebeln in Olivenöl andünsten.
- Zuerst Lauch und Wirz, dann restliches Gemüse mitdünsten.
- Tomatenpüree beigeben und mitdünsten, mit Bouillon auffüllen.
- Aufkochen, abschäumen, abschmecken und 20 Minuten sieden.
- Kartoffeln und Spaghetti beigeben und weitere 10 Minuten sieden.
- Weich gekochte Bohnen und Tomatenwürfel beigeben und abschmecken.
- Kurz vor dem Servieren Pesto in die Suppe einrühren.
- Geriebenen Parmesan separat dazu servieren.

Hinweise für die Praxis

Wird die Minestrone nicht sofort serviert, ist es von Vorteil, die Spaghetti separat zu sieden, in kaltem Wasser abzuschrecken und bei Bedarf der heißen Suppe beizugeben.

Mulligatawny-Suppe (Indien) · Potage Mulligatawny (Inde)

Zutaten

	2,5 Liter
Poulet, frisch	1000 g
Zwiebeln, geschält	400 g
Butter	140 g
Gewürznelken	2 g
Salz	
Geflügelfond, hell	2000 g
Zitronensaft, frisch	80 g
Zitronengras, gerüstet	100 g
Quark, mager	600 g
Kokoscreme, ungesüßt	150 g
Vollmilchjoghurt, nature	250 g

Zutaten Currypaste

Zwiebeln, gehackt	300 g
Kurkuma, gemahlen	15 g
Chilipulver	8 g
Ingwer, frisch, geschält	10 g
Knoblauch, geschält	12 g
Koriandersamen, ganz	15 g
Kreuzkümmel, ganz	15 g
Reis, Siam Patna	100 g

Vorbereitung

- Poulet in 4 Teile schneiden.
- Zwiebeln fein hacken.
- Ingwer fein reiben, Knoblauch hacken.
- Koriandersamen und Kreuzkümmel in einer Lyoner Pfanne hellbraun trocken rösten.
- Rohen Reis in einer antihaftbeschichteten Pfanne ohne Fettstoff goldgelb rösten.
- Alle Zutaten für die Currypaste im Mörser zu einer Paste zerstoßen.

Zubereitung

- Poulet mit einem Teil der Butter in einer Lyoner Pfanne hellbraun sautieren.
- Zwiebeln beigeben und unter leichter Farbgebung mitsautieren.
- Currypaste, Quark und wenig Salz beigeben und so lange dünsten, bis sich am Boden der Pfanne eine helle Kruste bildet.
- Mit wenig Geflügelfond ablöschen und den Bratensatz auflösen.
- In eine Kasserolle umleeren, restlichen Geflügelfond und Zitronengras beigeben und zum Siedepunkt bringen.
- In einer Flachkasserolle die restliche Butter erhitzen, Gewürznelken beigeben und dünsten.
- Mit einer Holzkelle die Gewürznelken zerdrücken, mit Zitronensaft ablöschen und in die Suppe geben.
- Suppe bei schwacher Hitze ca. 40 Minuten sieden.
- Poulet herausnehmen und erkalten lassen, häuten und die Knochen entfernen.
- In kleine Würfel schneiden und als Suppeneinlage verwenden.
- Suppe durch ein Drahtspitzsieb passieren.
- Kokoscreme mit Joghurt vermischen und zur Suppe geben.
- Suppe nicht mehr aufkochen, da sie sonst gerinnt.
- Suppeneinlage erwärmen, in vorgewärmten Suppentassen anrichten und mit der heißen Suppe auffüllen.

New England Clam Chowder (USA) · New England Clam Chowder (USA)

Zutaten 2,5 Liter

Venusmuscheln, frisch, in der Schale	10 000 g
Rückenspeck	250 g
Zwiebeln, geschält	250 g
Kartoffeln, Typ B, geschält	500 g
Wasser	1100 g
Vollmilch	1100 g
Butter	300 g
Meersalz, fein	
Pfeffer, weiß, aus der Mühle	

Vorbereitung
- Die Muscheln unter fließendem Wasser gut bürsten und abtropfen lassen.
- Ein Messer zwischen die Schalen schieben, durch drehende Bewegungen den Muskel durchtrennen und die Schalen öffnen.
- Muskelfleisch von der unteren Schalenhälfte lösen und die Flüssigkeit auffangen.
- Muschelflüssigkeit durch Kaffeefilter passieren.
- Das Muskelfleisch in 5 mm große Würfel schneiden.
- Rückenspeck durch den Fleischwolf (Scheibe 5 mm) drehen.
- Zwiebeln fein hacken.
- Kartoffeln in 8 mm große Würfel schneiden.

Zubereitung
- Rückenspeck in Kasserolle auslassen.
- Zwiebeln beigeben und andünsten.
- Kartoffelwürfel beigeben und kurz mitdünsten.
- Wasser, Milch, Muschelflüssigkeit und Butter beigeben und 20 Minuten leicht sieden.
- Muscheln beigeben und 2 Minuten auf kleiner Flamme sieden.
- Mit Salz und Pfeffer abschmecken.

Hinweise für die Praxis
Muscheln nur kurze Zeit leicht sieden, sonst werden sie zäh.

Sopa de almendras (Spanien) · Sopa de almendras (Espagne)

Zutaten 2,5 Liter

Mandeln, gehobelt, extrafein	420 g
Olivenöl, kaltgepresst	100 g
Englischbrot, entrindet	160 g
Knoblauch, geschält	15 g
Peperoni, rot, entkernt	330 g
Meersalz, fein	
Pfeffer, schwarz, aus der Mühle	
Wasser	330 g
Safranfäden, getrocknet	1 g
Petersilie, gekraust, frisch	25 g
Gemüsefond	1500 g
Meersalz, fein	
Pfeffer, weiß, aus der Mühle	
Pfefferminzblätter, frisch	30 g

Vorbereitung
- Mandelscheiben in 20 g Olivenöl goldgelb rösten.
- Auf Küchenpapier entfetten und auskühlen lassen, 80 g als Garnitur beiseite legen.
- 340 g Mandeln mit Wasser im Mixer zu einer feinen Paste verarbeiten.
- Englischbrot in 8 mm große Würfel schneiden.
- Knoblauch fein hacken.
- Peperoni waschen und in 1 cm große Würfel schneiden.
- Petersilie waschen, zupfen, trockentupfen und fein hacken.
- Pfefferminze waschen, zupfen, die Spitzen als Garnitur beiseite legen, restliche Blätter trockentupfen und fein hacken.

Zubereitung
- Restliches Olivenöl erhitzen und die Brotwürfel goldgelb rösten.
- Knoblauch und Peperoni beigeben und weitere 2 Minuten rösten.
- Mit Salz und Pfeffer würzen.
- Safranfäden beigeben und im Mixer zu einer feinen Paste verarbeiten.
- Mit Gemüsefond ablöschen und aufkochen.
- Nach und nach Mandelpaste unter Rühren beigeben.
- Suppe 10 Minuten kochen lassen, abschäumen, mit Salz und Pfeffer abschmecken.
- Gehackte Petersilie unmittelbar vor dem Servieren in die Suppe geben.

Anrichten
- Suppe in vorgewärmten Suppentellern oder Suppentassen anrichten.
- Mit gerösteten Mandelscheiben, gehackter Minze und Pfefferminzblättchen garnieren.

Zitronensuppe (Griechenland) · Soupe au citron (Grèce)

Zutaten 2,5 Liter
Geflügelfond, hell	1600 g
Pouletbrüstchen, ohne Haut	420 g
Langkornreis, parboiled	140 g
Meersalz, fein	
Vollei, pasteurisiert	140 g
Eigelb, pasteurisiert	150 g
Zitronensaft, frisch	130 g
Meersalz, fein	
Pfeffer, weiß, aus der Mühle	
Pfefferminze, frisch	15 g

Vorbereitung
- Reis springend kochen, abschrecken und abtropfen lassen.
- Pfefferminze waschen, zupfen, trockentupfen und fein hacken (Blattspitzen als Garnitur beiseite legen).

Zubereitung
- Geflügelfond aufkochen und abschäumen.
- Gewürzte Pouletbrüstchen beigeben und im Fond pochieren.
- Pouletbrüstchen herausnehmen und in Streifen von 3 mm Breite und 3 cm Länge schneiden.
- Pouletstreifen in wenig Geflügelfond warm stellen.
- Geflügelfond nochmals aufkochen.
- Eier, Eigelb und Zitronensaft verrühren.
- Geflügelfond vom Herd ziehen und Ei-Zitronensaft-Gemisch unter Rühren zum Geflügelfond geben.
- Suppe durch ein Drahtspitzsieb passieren, mit Meersalz und Pfeffer abschmecken.
- Suppe auf höchstens 80 °C erhitzen, sonst gerinnt sie.

Anrichten
- Pouletbruststreifen und Reis in vorgewärmten Suppentellern oder Suppentassen anrichten.
- Heiße Suppe darübergießen, mit gehackter Pfefferminze und Pfefferminzblättchen garnieren.

Hinweise für die Praxis
Die Suppe kann auch mit Suppenhuhn hergestellt werden. Das Fleisch des Suppenhuhns wird als Einlage verwendet. Die Menge des Zitronensaftes richtet sich nach dem gewünschten Säuregehalt der Suppe.

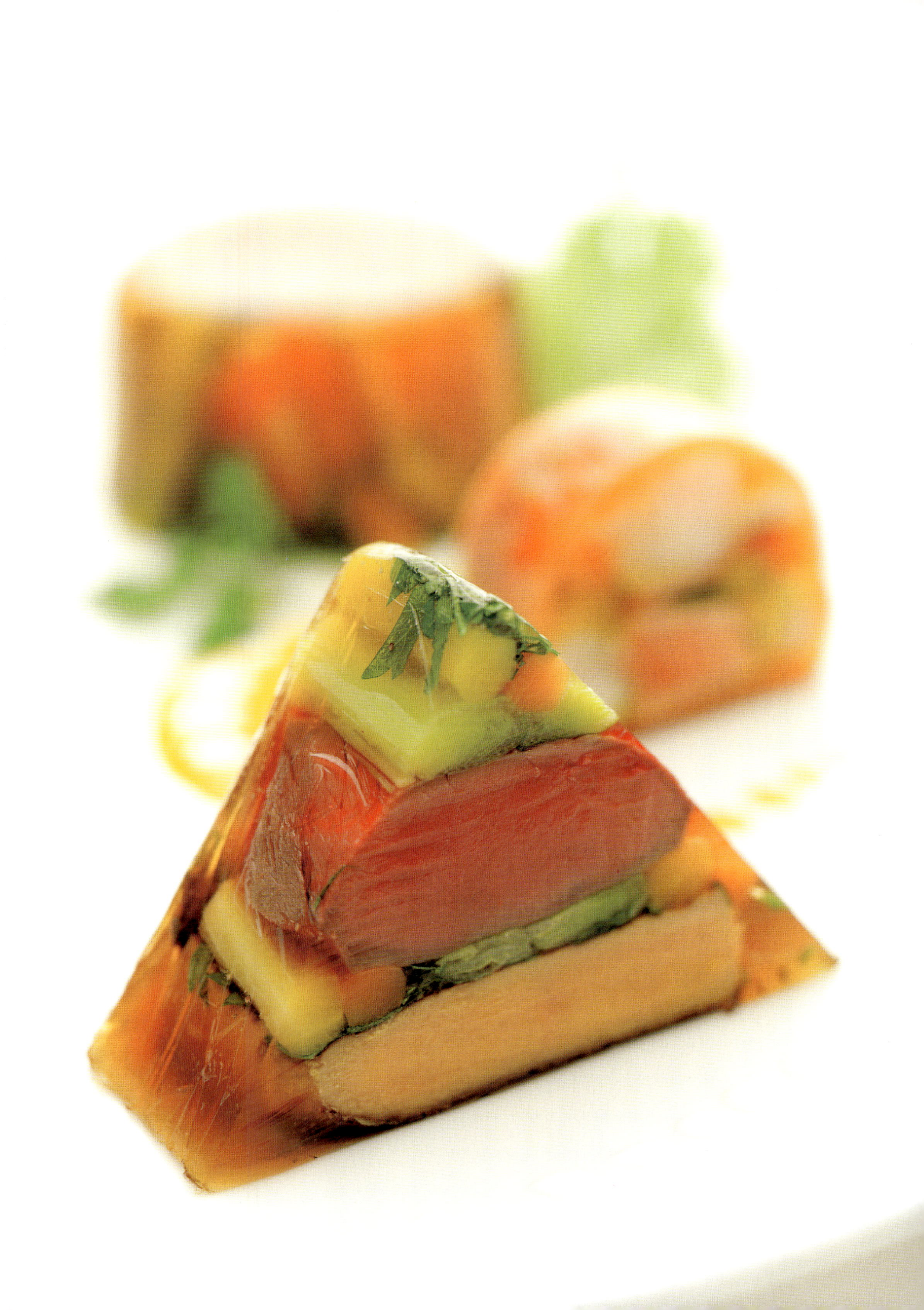

Kalte Küche

192	**Kalte Suppen**
195	**Kaltschalen**
199	**Salate**
199	Blattsalat-Kombinationen (Salades tièdes)
206	Rohe Gemüsesalate
211	Gegarte Gemüsesalate
215	Hülsenfrüchtesalate
217	Diverse Salate
226	**Salatsaucen und Dressings**
233	**Kalte Gerichte aus Fischen, Krustentieren und Weichtieren**
233	Geräucherte und marinierte Fische und Meeresfrüchte
244	Pochierte Fische und Meeresfrüchte
246	Diverse Fische und Krustentiere
255	**Pasteten, Terrinen, Galantinen**
255	Pasteten
264	Terrinen
282	Galantinen
288	**Mousses und Aspike**
288	Mousses
301	Aspike
304	**Kalte Fleischgerichte**
304	Rindfleisch
309	Kalbfleisch
313	Schweinefleisch
315	Lammfleisch
318	Geflügel
321	Wild
326	**Kalte Gerichte aus Gemüse, Obst und diverse**

Kalte Suppen

Gazpacho · Gazpacho

Zutaten — 2,5 Liter

Zutat	Menge
Gurken, geschält, entkernt	930 g
Tomaten, entkernt	1000 g
Zwiebeln, geschält	100 g
Peperoni, gelb, entkernt	60 g
Peperoni, rot, entkernt	70 g
Peperoni, grün, entkernt	60 g
Knoblauch, geschält	15 g
Englischbrot, entrindet (1)	100 g
Gemüsefond	1000 g
Rotweinessig	160 g
Olivenöl, kaltgepresst	80 g
Vollrahm, 35%	70 g
Tabasco, rot	3 g
Salz	
Pfeffer, weiß, aus der Mühle	

Garnitur

Peperoni, bunt, entkernt	30 g
Gurken, geschält, entkernt	50 g
Tomaten, geschält, entkernt	50 g
Englischbrot, entrindet (2)	100 g
Olivenöl, kaltgepresst	10 g
Knoblauch, geschält	5 g

Vorbereitung

- Gurken, Tomaten, Zwiebeln, Peperoni und Knoblauch in kleine Würfel schneiden.
- Gemüse mit Salz und Pfeffer würzen.
- Englischbrot (1) für die Suppe in Würfel schneiden und im Gemüsefond einweichen.

Zubereitung Garnitur

- Peperoni, Gurken und Tomaten für die Einlage in 3 mm große Würfel schneiden.
- Englischbrot (2) für die Einlage in 5 mm große Würfel schneiden.
- Knoblauch durch die Knoblauchpresse drücken und mit Olivenöl mischen.
- Knoblauchöl mit den Brot-Croûtons vermischen und in einer Lyoner Pfanne goldgelb rösten.

Zubereitung Suppe

- Alle Zutaten für die Suppe mit einem hochtourigen Mixer mixen.
- Suppe durch ein Spitzsieb passieren.
- Mit Salz, Pfeffer und Tabasco abschmecken und kalt stellen.

Anrichten

- Peperoni-, Gurken- und Tomatenwürfelchen in gekühlten Suppentassen oder Suppentellern anrichten (oder separat zur Suppe reichen).
- Gut gekühlte Suppe beigeben.
- Lauwarme Knoblauch-Croûtons separat dazu servieren.

Kalte Karotten-Rhabarber-Suppe · Potage froid de carottes et rhubarbe

Zutaten	2,5 Liter
Rhabarber, gerüstet	650 g
Zucker	80 g
Karotten, geschält	830 g
Rapsöl	40 g
Chilischoten, rot, entkernt	1 g
Holunderblütensirup	60 g
Gemüsefond	900 g
Karottensaft, Biotta	200 g
Ingwer, frisch, geschält	40 g
Zitronengras, gerüstet	30 g
Orangensaft, frisch gepresst	410 g
Bienenhonig	80 g
Meersalz, fein	
Pfeffer, weiß, aus der Mühle	

Vorbereitung
– Rhabarber in 1 cm große Würfel schneiden und 1 Stunde mit Zucker marinieren.
– Karotten in 1 cm große Würfel schneiden.
– Chilischote in feine Streifen schneiden.
– Ingwer in Scheiben schneiden.
– Zitronengras längs halbieren und in 5 cm lange Stücke schneiden.
– Zitronengras und Ingwerscheiben mit Bindfaden zusammenbinden.

Zubereitung
– Karottenwürfel im Rapsöl andünsten und leicht salzen.
– Rhabarberwürfel und Chili beigeben und mitdünsten.
– Holunderblütensirup, Gemüsefond, Karotten- und Orangensaft beigeben.
– Aufkochen und 30 Minunten kochen, des Öfteren abschäumen.
– Während der letzten 15 Minuten Zitronengrasbündel mitkochen und anschließend wieder herausnehmen.
– Suppe mixen und durch ein Drahtspitzsieb passieren.
– Honig beigeben, mit Salz und weißem Pfeffer aus der Mühle abschmecken.
– Suppe auf 5 °C abkühlen und nochmals abschmecken.

Hinweise für die Praxis
Als Ergänzung kann die Suppe vor dem Servieren mit Champagner angereichert werden.

Kalte Kartoffelsuppe · Vichyssoise

Zutaten	2,5 Liter
Rapsöl	40 g
Zwiebeln, geschält	100 g
Lauch, gebleicht, gerüstet	400 g
Kartoffeln, Typ C, geschält	800 g
Bouillon	2500 g
Vollrahm, 35%	300 g
Salz	
Pfeffer, weiß, aus der Mühle	
Schnittlauch, frisch	10 g
Englischbrot, entrindet	100 g
Butter	30 g

Vorbereitung
– Lauch längs halbieren und waschen.
– Zwiebeln und Lauch in Matignon (kleinwürfelig) schneiden.
– Kartoffeln in kleine Würfel schneiden.
– Bouillon aufkochen.
– Schnittlauch fein schneiden.
– Englischbrot in Würfel (Croûtons) schneiden und in einer Lyoner Pfanne in Butter goldgelb rösten.

Zubereitung
– Matignon im Rapsöl andünsten.
– Kartoffeln beigeben, mit heißer Bouillon auffüllen und zum Siedepunkt bringen.
– Abschmecken, des Öfteren abschäumen und abfetten.
– 45 Minuten sieden.
– Pürieren und durch ein Drahtspitzsieb passieren.
– Suppe nochmals aufkochen, abschmecken und mit Vollrahm verfeinern.
– Kalt stellen und des Öfteren umrühren.
– In vorgekühlten Suppentassen oder Suppentellern anrichten und mit Schnittlauch bestreuen.
– Croûtons separat dazu servieren.

Kalte Tomatensuppe mit Ananas und Gin · Potage froid de tomates à l'ananas et au gin

Zutaten — 2,5 Liter

Zutat	Menge
Sesamöl, fermentiert	30 g
Matignon, bunt	250 g
Knoblauch, geschält	15 g
Tomaten, getrocknet, in Öl, abgetropft	30 g
Tomaten, Peretti, geschält, entkernt	750 g
Chilischoten, rot, entkernt	
Meersalz, fein	15 g
Rohzucker	20 g
Tomatenpüree	100 g
Weißmehl	50 g
Gemüsefond	1300 g
Ananasmark	660 g
Ingwer, frisch, geschält	15 g
Zitronengras, gerüstet	15 g
Limonenblätter	
Pfeffer, weiß, aus der Mühle	
Tabasco, rot	
Limonensaft	25 g
Gin	30 g

Einlage

Holunderblütensirup	50 g
Ananas, frisch, geschält	90 g
Tomaten, geschält, entkernt	120 g
Pfefferminze, frisch	1 g
Limonensaft	10 g

Vorbereitung

- Knoblauch fein hacken.
- Getrocknete Tomaten in kleine Würfel schneiden.
- Peretti-Tomaten in 1 cm große Würfel schneiden.
- Chilischote in feine Streifen schneiden.
- Gemüsefond aufkochen.
- Ingwer in Scheiben schneiden, Zitronengras längs halbieren und in 5 cm lange Stücke schneiden.
- Ingwer, Zitronengras und Limonenblätter mit Bindfaden zusammenbinden.

Vorbereitung Einlage

- Ananas in 5 mm große Würfel schneiden, im Holunderblütensirup weich garen und erkalten lassen.
- Tomaten für die Einlage in 5 mm große Würfel schneiden und beigeben.
- Pfefferminze waschen, zupfen, trockentupfen, in feine Streifen schneiden und beigeben.
- Limonensaft beigeben und abschmecken.

Zubereitung

- Matignon im heißen Sesamöl andünsten.
- Knoblauch und getrocknete Tomaten beigeben und mitdünsten.
- Tomatenwürfel, Chilischote, Meersalz und Rohzucker beigeben und mitdünsten.
- Tomatenpüree beigeben und kurze Zeit mitdünsten.
- Mit Weißmehl stäuben und etwas auskühlen lassen.
- Mit heißem Gemüsefond auffüllen, Ananasmark zugeben und zum Siedepunkt bringen.
- Gewürzbündel beigeben und des Öfteren abschäumen.
- Suppe während 30 Minuten sieden.
- Gewürzbündel herausnehmen.
- Suppe fein mixen und durch ein Drahtspitzsieb passieren.
- Auf 5 °C abkühlen und mit Salz, Pfeffer, Limonensaft und Tabasco abschmecken.
- Vor dem Servieren mit Gin parfümieren und zusammen mit der Einlage in vorgekühlte Suppentassen oder Suppenteller füllen.

Hinweise für die Praxis

Da sich kalte Suppen geschmacklich verändern, sollten sie erst in kaltem Zustand abgeschmeckt werden. Kalte Suppen stets eisgekühlt servieren.

Kaltschalen

Apfelkaltschale mit Champagner · Soupe froide de pommes au champagne

Zutaten	2 Liter
Äpfel, geschält, ohne Kerngehäuse	1000 g
Weißwein	400 g
Wasser	400 g
Zucker	100 g
Zitronensaft, frisch	20 g
Vanilleschote	0,5
Champagner, brut	400 g
Calvados	20 g

Einlage

Äpfel, geschält	150 g
Wasser	100 g
Zucker	30 g
Pfefferminzblätter, frisch	5 g

Garnitur

Äpfel	150 g
Puderzucker	20 g
Pfefferminze, Blattspitzen	5 g

Vorbereitung
- Äpfel für die Kaltschale in Schnitze schneiden.
- Vanilleschote längs halbieren und das Mark herauskratzen.
- Äpfel für die Einlage in 8 mm große Würfel schneiden, in Zuckerwasser mit etwas Zitronensaft und Pfefferminzblättern weich kochen und in der Flüssigkeit erkalten lassen.
- Ungeschälte Äpfel für die Garnitur auf der Aufschnittmaschine in hauchdünne Scheiben schneiden.
- Apfelscheiben auf einem mit Backtrennpapier ausgelegten Backblech auslegen.
- Mit einem Kaffeesieb etwas Puderzucker über die Apfelscheiben streuen und diese im Ofen bei ca. 80 °C trocknen.
- Pfefferminze zupfen, waschen und trockentupfen.

Zubereitung
- Weißwein, Wasser, Zucker, Zitronensaft, Vanilleschote und Vanillemark aufkochen.
- Apfelschnitze beigeben und weich kochen, Vanilleschote herausnehmen.
- Im Mixbecher sehr fein pürieren und abkühlen, zum vollständigen Erkalten in den Kühlschrank stellen.
- Apfelwürfel (Garnitur) abschütten und auf Küchenpapier abtropfen lassen.

Anrichten
- Vor dem Servieren Champagner und Calvados beigeben.
- Kaltschale in gekühlten Suppentassen oder Suppentellern anrichten.
- Apfelwürfel als Einlage in die Kaltschale geben und mit Pfefferminzblattspitzen garnieren.
- Zwei getrocknete Apfelscheiben als Garnitur dazu servieren.

Hinweise für die Praxis
Kaltschalen stets gut gekühlt servieren.

Birnenkaltschale mit Williamine · Soupe froide de poires à la Williamine

Zutaten — 2 Liter

Birnen, geschält, ohne Kerngehäuse	1000 g
Weißwein	400 g
Wasser	400 g
Zucker	100 g
Zitronensaft, frisch	20 g
Limonenraps	5 g
Zimtstängel	0,5
Zitronenmelisse, frisch	10 g
Prosecco	400 g
Williamine	40 g

Einlage

Birnen, geschält, ohne Kerngehäuse	150 g
Wasser	100 g
Zucker	30 g
Zitronenmelisse, frisch	5 g

Garnitur

Birnen, Gute Luise	150 g
Puderzucker	20 g
Pfefferminze, Blattspitzen	5 g

Vorbereitung

- Birnen für die Kaltschale in Schnitze schneiden.
- Birnen für die Einlage in 8 mm große Würfel schneiden, in Zuckerwasser mit Zitronenmelisse weich kochen und in der Flüssigkeit erkalten lassen.
- Ungeschälte Birnen für die Garnitur auf der Aufschnittmaschine in hauchdünne Scheiben schneiden.
- Birnenscheiben auf einem mit Backtrennpapier ausgelegten Backblech auslegen.
- Mit einem Kaffeesieb etwas Puderzucker über die Birnenscheiben streuen.
- Im Backofen bei ca. 80 °C trocknen.
- Pfefferminze zupfen, waschen und trockentupfen.

Zubereitung

- Weißwein, Wasser, Zucker, Zitronensaft, Limonenraps, Zimtstängel und Zitronenmelisse aufkochen.
- Birnenschnitze beigeben und weich kochen, Zimtstängel und Zitronenmelisse herausnehmen.
- Im Mixbecher sehr fein pürieren und abkühlen, zum vollständigen Erkalten in den Kühlschrank stellen.
- Birnenwürfel (Garnitur) abschütten und auf Küchenpapier abtropfen lassen.

Anrichten

- Vor dem Servieren Prosecco und Williamine beigeben.
- In gekühlten Suppentassen oder Suppentellern anrichten.
- Birnenwürfel als Einlage in die Kaltschale geben und mit Pfefferminzblattspitzen garnieren.
- Zwei getrocknete Birnenscheiben als Garnitur dazu servieren.

Hinweise für die Praxis

Kaltschalen stets gut gekühlt servieren.

Holunderblütenkaltschale mit Champagner · Soupe froide de fleurs de sureau au champagne

Zutaten — 2 Liter

Holunderblütensirup	525 g
Vollmilchjoghurt, nature	600 g
Champagner, brut	400 g
Vollrahm, 35%	500 g
Orangenraps	
Limonenraps	
Pfeffer, schwarz, aus der Mühle	
Pfefferminze, frisch	5 g
Haselnussöl	5 g

Vorbereitung

- Vollrahm steif schlagen und kühl stellen.
- Pfefferminze waschen, zupfen und trockentupfen.

Zubereitung

- Im Eiswasserbad Holunderblütensirup und Joghurt verrühren.
- Kurz vor dem Anrichten Champagner und geschlagenen Vollrahm beigeben und mit einem Stabmixer aufmixen.
- Mit wenig Orangen- und Zitronenraps sowie gemahlenem schwarzem Pfeffer abschmecken.
- Suppe in gekühlten Suppentassen oder Suppentellern anrichten und mit Orangenraps, Zitronenraps und gemahlenem Pfeffer bestreuen.
- Ein paar Tropfen Haselnussöl auf die Suppe geben und mit Pfefferminzblättchen garnieren.

Hinweise für die Praxis

Kaltschalen stets gut gekühlt servieren.

Melonen-Mango-Kaltschale mit Zitronenmelisse
Soupe froide de melon et mangue à la mélisse citronnée

Zutaten — 2 Liter

Zutat	Menge
Wasser	700 g
Zucker	125 g
Limonenraps	10 g
Maisstärke	15 g
Limonensaft	50 g
Melonen, Cavaillon, Fruchtfleisch	450 g
Mangos, geschält, ohne Stein	350 g
Weißwein	100 g
Vollrahm, 35% (1)	100 g
Vollrahm, 35% (2)	100 g
Zitronenmelisse, frisch	15 g

Vorbereitung
- Wasser, Zucker und Limonenraps aufkochen.
- Maisstärke mit wenig kaltem Wasser anrühren, Flüssigkeit binden und 10 Minuten ziehen lassen.
- Erkalten lassen und den Limonensaft beigeben.
- Melonen und Mangos in 1 cm große Würfel schneiden.
- Zitronenmelisse waschen, zupfen, trockentupfen und fein hacken.
- Vollrahm (2) steif schlagen, mit der gehackten Zitronenmelisse vermischen und kalt stellen.

Zubereitung
- Melonen- und Mangowürfel fein mixen.
- Mit Zuckersirup vermischen und Weißwein beigeben.
- Vollrahm (1) beigeben und kühl stellen.

Anrichten
- Die gut gekühlte Kaltschale in Suppentellern anrichten.
- Vom geschlagenen Vollrahm mit Zitronenmelisse Klößchen formen und diese in die Kaltschale geben.

Hinweise für die Praxis
Falls die Kaltschale eine zu feste Konsistenz aufweist (je nach Reifegrad der verwendeten Früchte), kann sie mit etwas Weißwein oder Zuckersirup verdünnt werden.

Nektarinenkaltschale mit Prosecco · Soupe froide de nectarines au Prosecco

Zutaten — 2 Liter

Zutat	Menge
Nektarinen, Fruchtfleisch	1000 g
Weißwein	400 g
Wasser	400 g
Zucker	125 g
Zitronensaft, frisch	20 g
Vanilleschote	0,5
Pfefferminze, frisch	10 g
Prosecco	400 g
Pfirsichlikör, White Peach	40 g

Einlage

Zutat	Menge
Nektarinen, Fruchtfleisch	200 g
Wasser	150 g
Zucker	40 g
Zitronensaft, frisch	5 g
Pfefferminzblätter, frisch	

Garnitur

Zutat	Menge
Vollrahm, 35%	80 g
Pfefferminze, Blattspitzen	5 g

Vorbereitung
- Nektarinenfruchtfleisch für die Kaltschale in Würfel schneiden.
- Vanilleschote längs halbieren und das Mark herauskratzen.
- Nektarinen für die Einlage in 8 mm große Würfel schneiden, in Zuckerwasser mit Zitrone und Pfefferminze kurz aufkochen und zur Seite stellen.
- Vollrahm steif schlagen und kühl stellen.
- Pfefferminze waschen, zupfen und trockentupfen.

Zubereitung
- Weißwein, Wasser, Zucker, Zitronensaft, Vanilleschote, Vanillemark und Pfefferminze aufkochen.
- Nektarinen beigeben und weich kochen.
- Vanilleschote und Pfefferminze herausnehmen.
- Im Mixbecher sehr fein pürieren, abkühlen und zum vollständigen Erkalten kühl stellen.
- Nektarinenwürfel (Garnitur) abschütten und auf Küchenpapier abtropfen lassen.

Anrichten
- Vor dem Servieren Prosecco und Pfirsichlikör beigeben.
- In gekühlten Suppentassen oder Suppentellern anrichten.
- Nektarinenwürfel als Einlage in die Kaltschale geben.
- Mit Kaffeelöffel kleine Nocken aus geschlagenem Vollrahm in die Kaltschale geben und mit Pfefferminzblattspitzen garnieren.

Hinweise für die Praxis
Kaltschalen stets gut gekühlt servieren.

Zwetschgenkaltschale mit Joghurt · Soupe froide de quetsches au yogourt

Zutaten

	2 Liter
Zwetschgen, frisch, entsteint	1000 g
Weißwein	400 g
Wasser	400 g
Zucker	200 g
Zitronensaft, frisch	40 g
Vanilleschote	0,5
Zimtstängel	0,5
Pfefferminzblätter, frisch	5 g
Mineralwasser, mit viel Kohlensäure	500 g
Vieille Prune	40 g

Einlage

Zwetschgen, frisch, entsteint	120 g
Wasser	100 g
Zucker	30 g
Zitronensaft, frisch	10 g
Pfefferminzblätter, frisch	

Garnitur

Brandteig (für Süßspeisen)	100 g
Hagelzucker	20 g
Vollmilchjoghurt, nature	50 g

Vorbereitung

- Zwetschgen für die Kaltschale in Würfel schneiden.
- Vanilleschote längs halbieren und das Mark herauskratzen.
- Zwetschgen für die Einlage in 8 mm große Würfel schneiden, im Zuckerwasser mit Zitronensaft und Pfefferminze weich kochen und in der Flüssigkeit erkalten lassen.
- Backblech mit Backtrennpapier auslegen.
- Brandteig in Dressiersack füllen und mit Lochtülle (Nr. 4) gitterartig auf das Backtrennpapier spritzen.
- Mit Hagelzucker bestreuen und goldgelb backen.

Zubereitung

- Weißwein, Wasser, Zucker, Zitronensaft, Vanilleschote, Vanillemark, Zimtstängel und Pfefferminze aufkochen.
- Zwetschgen beigeben und weich kochen.
- Vanilleschote, Zimtstängel und Pfefferminze herausnehmen.
- Im Mixbecher sehr fein pürieren, abkühlen und zum vollständigen Erkalten in den Kühlschrank stellen.
- Zwetschgenwürfel (Einlage) abschütten und auf Küchenpapier abtropfen lassen.

Anrichten

- Vor dem Servieren eisgekühltes Mineralwasser und Vieille Prune beigeben.
- In gekühlten Suppentassen oder Suppentellern anrichten.
- Zwetschgenwürfel als Einlage in die Kaltschale geben.
- Vollmilchjoghurt in ein Plastikfläschchen füllen und schneckenförmig auf die Kaltschale dressieren.
- Mit einem Zahnstocher je 4 Mal nach innen und nach außen ziehen.
- Brandteigdekoration in Stücke brechen und zur Kaltschale servieren.

Hinweise für die Praxis

Kaltschalen stets gut gekühlt servieren.

Salate

■ BLATTSALAT-KOMBINATIONEN (SALADES TIÈDES)

Blattsalat mit Frühlingsrollen · Salades en feuilles et rouleaux de printemps

Zutaten	4 Pers	10 Pers
Endivien, gekraust, gerüstet	40 g	100 g
Kopfsalat, gerüstet	40 g	100 g
Chicorée, rot, gerüstet	20 g	50 g
Eichblattsalat, rot, gerüstet	40 g	100 g
Sojasprossen	20 g	50 g
Frühlingsrollen mit Schweinefleischfüllung	320 g	800 g
Ölverlust beim Frittieren	30 g	60 g
Sauce		
Baumnussöl	30 g	70 g
Aceto balsamico di Modena (Balsamessig)	25 g	60 g
Salz	2 g	5 g
Pfeffer, weiß, aus der Mühle		
Schnittlauch, frisch	2 g	5 g

Vorbereitung
– Blattsalate waschen und trockenschleudern.
– Sojasprossen blanchieren, kalt abspülen und gut abtropfen lassen.
– Schnittlauch fein schneiden.

Zubereitung
– Zutaten für die Salatsauce verrühren und abschmecken.
– Frühlingsrollen (4 Stück zu 20 g pro Person) in der Frittüre bei 170 °C goldbraun frittieren.
– Herausnehmen und auf Küchenpapier entfetten.

Anrichten
– Blattsalate mit der Salatsauce vermengen und in der Tellermitte anrichten.
– Sojasprossen mit wenig Sauce vermengen und darauf verteilen.
– Frühlingsrollen um den Salat legen.

Hinweise für die Praxis
Zu den frittierten Frühlingsrollen passt süßsaure Sauce.

Brüsseler Endivien mit Krevetten und rosa Grapefruit
Salade de chicorée aux crevettes et pamplemousses roses

Zutaten	4 Pers	10 Pers
Brüsseler Endivien, gerüstet	140 g	350 g
Krevetten, gekocht, geschält, in Lake	120 g	300 g
Grapefruitfilets, rosa	60 g	150 g
Sauce		
Maiskeimöl	30 g	70 g
Zitronensaft, frisch	15 g	40 g
Noilly Prat	15 g	30 g
Dill, frisch	2 g	5 g
Salz		
Pfeffer, weiß, aus der Mühle		
Tabasco, rot		

Vorbereitung
– Brüsseler Endivien in die einzelnen Blätter zerteilen, waschen und abtropfen lassen.
– Grapefruitfilets abschütten, Saft aufbewahren.
– Dill waschen, zupfen, trockentupfen und fein hacken.

Zubereitung
– Grapefruitsaft zu sirupartiger Konsistenz einkochen.
– Zitronensaft, Noilly Prat, Salz, Pfeffer und Maiskeimöl unter Rühren beigeben.
– Sauce mit Tabasco abschmecken und am Schluss Dill beigeben.

Anrichten
– Endivienblätter fächerförmig anrichten.
– Krevetten und Grapefruitfilets darauf verteilen.
– Salat mit der Sauce beträufeln.

Cäsar-Salat mit Pouletbrüstchen · Salade César au suprême de poulet

Zutaten

	4 Pers	10 Pers
Pouletbrüstchen, ohne Haut	240 g	600 g
Salz	4 g	10 g
Pfeffer, weiß, aus der Mühle		
Sonnenblumenöl, high oleic	4 g	10 g
Englischbrot, entrindet	40 g	100 g
Eisbergsalat, gerüstet	160 g	400 g
Chicorée, rot, gerüstet	40 g	100 g
Cäsar-Salatsauce	80 g	200 g
Eier, gekocht	50 g	100 g
Parmesan, gerieben	20 g	50 g

Vorbereitung
- Pouletbrüstchen (Stückgewicht ca. 120 g) mit Pfeffer und Sonnenblumenöl marinieren.
- Englischbrot in 5 mm große Würfel schneiden.
- Brotwürfel in einer antihaftbeschichteten Pfanne oder unter dem Salamander ohne Fettstoff goldbraun rösten und warm stellen.
- Gekochte Eier schälen und hacken.
- Eisbergsalat in 2 cm große Stücke schneiden, waschen und trockenschleudern.
- Brüsseler-Endivien-Blätter waschen und trockenschleudern.

Zubereitung
- Pouletbrüstchen salzen und auf dem heißen Grill beidseitig grillieren.
- Vom Grill nehmen und warm stellen.

Anrichten
- Eisbergsalat mit Cäsar-Salatsauce vermengen und abschmecken.
- Brüsseler-Endivien-Blätter auf Teller dressieren und Eisbergsalat darauf anrichten.
- Salat mit warmen Brotwürfeln, gehackten Eiern und Parmesan bestreuen.
- Grillierte Pouletbrüstchen fächerförmig dünn tranchieren und zum Salat anrichten.

Eisbergsalat mit Pouletbruststreifen und exotischen Früchten
Salade iceberg aux aiguillettes de poulet et fruits exotiques

Zutaten

	4 Pers	10 Pers
Pouletbrüstchen, ohne Haut	240 g	600 g
Teriyaki-Sauce	20 g	50 g
Sesamöl	4 g	10 g
Salz		
Pfeffer, schwarz, aus der Mühle		
Macadamia-Nusskerne, halbiert	20 g	50 g
Eisbergsalat, gerüstet	160 g	400 g
Baby-Ananas, geschält	80 g	200 g
Papaya, Fruchtfleisch	20 g	50 g

Sauce

	4 Pers	10 Pers
Mayonnaise	80 g	200 g
Tomaten-Ketchup	20 g	50 g
Tabasco, rot		
Salz		
Pfeffer, weiß, aus der Mühle		

Vorbereitung
- Pouletbrüstchen in 5–6 cm lange und 1 cm dicke Streifen schneiden.
- Pouletbruststreifen mit Teriyaki-Sauce marinieren.
- Eisbergsalat in 5 mm breite Streifen schneiden, waschen und gut trockenschleudern.
- Baby-Ananas (ohne Strunk) in 20 g schwere Scheiben schneiden.
- Papaya-Fruchtfleisch in 5 mm große Würfel schneiden.
- Mayonnaise mit Tomaten-Ketchup vermischen, mit Tabasco würzen und abschmecken.

Zubereitung
- Sesamöl in einer Wok-Pfanne erhitzen.
- Marinierte Pouletbruststreifen unter Schwenken sautieren, mit Salz und Pfeffer würzen.
- Kurz vor Ende der Garzeit die Macadamia-Nusskerne kurz mitsautieren.
- Aus der Pfanne nehmen und warm stellen.
- Eisbergsalat mit der Sauce vermischen und abschmecken.

Anrichten
- Ananasscheiben in der Tellermitte anrichten.
- Eisbergsalat mithilfe eines runden Ausstechers vorsichtig auf den Ananasscheiben anrichten.
- Papaya-Würfel darauf anrichten.
- Pouletbruststreifen und Macadamia-Nusskerne um den Salat herum anrichten.

Gemüsesalat mit Poulet-Satay-Spießchen · Salade de légumes et brochettes de poulet satay

Zutaten

	4 Pers	10 Pers
Mu-Err-Pilze, getrocknet	3 g	10 g
Blumenkohl, gerüstet	40 g	100 g
Broccoli, gerüstet	40 g	100 g
Peperoni, rot, entkernt	20 g	50 g
Stangensellerie, gebleicht, gerüstet	40 g	100 g
Karotten, geschält	40 g	100 g
Pfälzer Rüben, geschält	40 g	100 g
Maiskölbchen/Baby-Mais, frisch	40 g	100 g
Sojasprossen	60 g	150 g
Wasserkastanien (Konserve), abgetropft	20 g	50 g
Kefen, gerüstet	40 g	100 g
Peperoncini, rot, frisch	3 g	10 g
Sojaöl	10 g	20 g
Gemüsefond	40 g	100 g
Reisessig	10 g	20 g
Salz		
Pfeffer, weiß, aus der Mühle		

Weitere Zutaten

	4 Pers	10 Pers
Pouletbrüstchen, ohne Haut	400 g	1000 g
Erdnussbutter	40 g	100 g
Erdnussöl	20 g	50 g
Sojasauce, gesalzen	10 g	25 g
Zitronenraps		
Wasser	20 g	50 g
Salz		
Pfeffer, weiß, aus der Mühle		

Vorbereitung Salat
− Mu-Err-Pilze im kalten Wasser einweichen und in gleichmäßige Stücke schneiden.
− Blumenkohl und Broccoli in gleichmäßige Röschen (5 g) schneiden.
− Peperoni in 5 mm dicke Streifen schneiden.
− Karotten, Pfälzer Rüben und Wasserkastanien in Bâtonnets (Stäbchen, 0,5 × 3 cm) schneiden.
− Stangensellerie waschen, mit dem Sparschäler allenfalls vorhandene Fasern entfernen und in 5 mm dicke Scheiben schneiden.
− Maiskölbchen schräg in 3 cm große Stücke schneiden.
− Kefen schräg halbieren.
− Peperoncini waschen und in feine Scheiben schneiden.

Vorbereitung Spießchen
− Pouletbrüstchen in 10 g schwere Würfel schneiden.
− Erdnussbutter, Erdnussöl, Sojasauce, Zitronenraps und Wasser verrühren und die Pouletstücke 30 Minuten marinieren.
− Je 5 Pouletstücke an einen Holzspieß stecken (2 Spießchen pro Person)

Zubereitung Salat
− Sojaöl in einer Wok-Pfanne erhitzen.
− Sämtliche Gemüse und Pilze beigeben und unter Schwenken ca. 2 Minuten sautieren.
− Gemüsefond beigeben und weitergaren, bis die Flüssigkeit verdampft ist.
− Reisessig beigeben, gut durchschwenken und mit Salz und Pfeffer abschmecken.

Zubereitung Spießchen
− Die Pouletspießchen würzen und in einer antihaftbeschichteten Pfanne sautieren.

Anrichten
− Warmen Gemüsesalat anrichten.
− Sautierte Pouletspießchen auf dem Salat anrichten.

Grüner Papaya-Salat · Salade de papaye verte

Zutaten

	4 Pers	10 Pers
Papaya, Fruchtfleisch, grün	160 g	400 g
Bohnen, fein, gerüstet	160 g	400 g
Peperoncini, rot, frisch	4 g	10 g
Erdnüsse, geschält, ungesalzen	40 g	100 g
Krevetten, gekocht, geschält, in Lake	80 g	200 g

Sauce

	4 Pers	10 Pers
Erdnussbutter	20 g	50 g
Fischsauce, thailändische	20 g	50 g
Limonensaft	10 g	25 g
Salz		
Pfeffer, weiß, aus der Mühle		

Vorbereitung
− Grünes Papaya-Fleisch in 1 cm große Würfel schneiden.
− Bohnen im Salzwasser knackig sieden, im Eiswasser abschrecken und abschütten.
− Gekochte Bohnen in 2 cm lange Stücke schneiden.
− Peperoncini waschen und in Brunoise (Würfelchen) schneiden.
− Krevetten auf Küchenpapier abtropfen.

Zubereitung
− Erdnussbutter, Fischsauce und Limonensaft miteinander verrühren und mit Salz und Pfeffer würzen.
− Salatzutaten vorsichtig mit der Sauce vermengen und abschmecken.

Hinweise für die Praxis
Anstelle von grünen Papayas können als Variante auch reife, süße Papayas verwendet werden (das Fruchtfleisch der Papayas sollte aber nicht zu weich sein).

Nüsslisalat/Feldsalat mit Ziegenfrischkäse
Salade de mâche/doucette au fromage de chèvre frais

Zutaten	4 Pers	10 Pers
Nüsslisalat/Feldsalat, gerüstet	160 g	400 g
Ziegenfrischkäse	140 g	350 g
Ciabatta-Brot	120 g	300 g
Zwiebeln, geschält	15 g	40 g
Knoblauch, geschält	2 g	5 g
Petersilie, glattblättrig, frisch	2 g	5 g
Pfeffer, schwarz, aus der Mühle		
Paprika, delikatess	1 g	2 g
Cayenne-Pfeffer, gemahlen		

Sauce		
Kräuteressig	15 g	30 g
Dijon-Senf	5 g	10 g
Knoblauch, geschält	2 g	5 g
Rapsöl	35 g	80 g
Salz	2 g	5 g
Pfeffer, weiß, aus der Mühle		
Sojasauce	1 g	2 g

Vorbereitung
- Nüsslisalat waschen und trockenschleudern.
- Zwiebeln fein hacken.
- Knoblauch (für die Käsemasse und die Salatsauce) durch die Knoblauchpresse drücken.
- Petersilie waschen, zupfen, trockentupfen und fein hacken.
- Ciabatta-Brot in Parisette-Form in 5 mm dicke Scheiben schneiden (4 Scheiben pro Person)
- Ziegenfrischkäse mit Zwiebeln, Knoblauch und gehackter Petersilie vermischen.
- Käsemasse mit Paprika, Pfeffer und Cayenne-Pfeffer würzen.
- Brotscheiben mit je 10 g Käsemasse bestreichen und auf ein Backblech geben.
- Zutaten für die Salatsauce verrühren und abschmecken.

Zubereitung
- Brotscheiben unter dem Salamander oder im Backofen goldbraun überbacken.
- Nüsslisalat mit der Salatsauce vermengen und abschmecken.

Anrichten
- Nüsslisalat auf Teller anrichten.
- Pro Person 4 überbackene Brotscheiben auf der Seite oder separat anrichten.

Roter Chicorée-Salat mit Falafel · Salade de chicorée rouge au falafel

Zutaten	4 Pers	10 Pers
Kichererbsen, getrocknet	100 g	250 g
Knoblauch, geschält	2 g	5 g
Zwiebeln, rot, geschält	20 g	50 g
Sesamöl	4 g	10 g
Koriander, gemahlen		
Kreuzkümmel, gemahlen		
Chilipulver		
Gemüsefond	300 g	750 g
Kichererbsenmehl	20 g	50 g
Salz		
Pfeffer, weiß, aus der Mühle		
Sonnenblumenöl, high oleic	8 g	20 g
Chicorée, rot, gerüstet	160 g	400 g
Rettichsprossen	4 g	10 g
Thai-Dressing	60 g	150 g

Vorbereitung
- Kichererbsen ca. 6 Stunden im kalten Wasser quellen lassen.
- Knoblauch durch die Knoblauchpresse drücken.
- Zwiebeln fein hacken.
- Kichererbsenmehl sieben.
- Ganze rote Chicorée-Köpfe halbieren und waschen.
- Salat in Schnitze schneiden und trockenschleudern.
- Rettichsprossen waschen und trockenschleudern.

Zubereitung
- Zwiebeln und Knoblauch im Sesamöl andünsten.
- Kichererbsen beigeben, mitdünsten und mit Koriander, Kreuzkümmel und Chili würzen.
- Gemüsefond beigeben und zugedeckt weich sieden (die Kichererbsen müssen sehr weich und die Garflüssigkeit muss restlos verdunstet sein).
- Mit einer Lochkelle oder Presse die Kichererbsen gut zerdrücken.
- Kichererbsenmehl beigeben, verrühren und mit Salz und Pfeffer abschmecken.
- Falafel von einem Stückgewicht von 25 g formen (2 Stück pro Person).
- Sonnenblumenöl in einer antihaftbeschichteten Pfanne erhitzen und die Falafel beidseitig goldbraun sautieren.
- Herausnehmen und warm stellen.

Anrichten
- Salatschnitze in der Tellermitte anrichten.
- Salat mit Thai-Dressing nappieren.
- Je 2 Stück Falafel anrichten.
- Mit Rettichsprossen ausgarnieren.

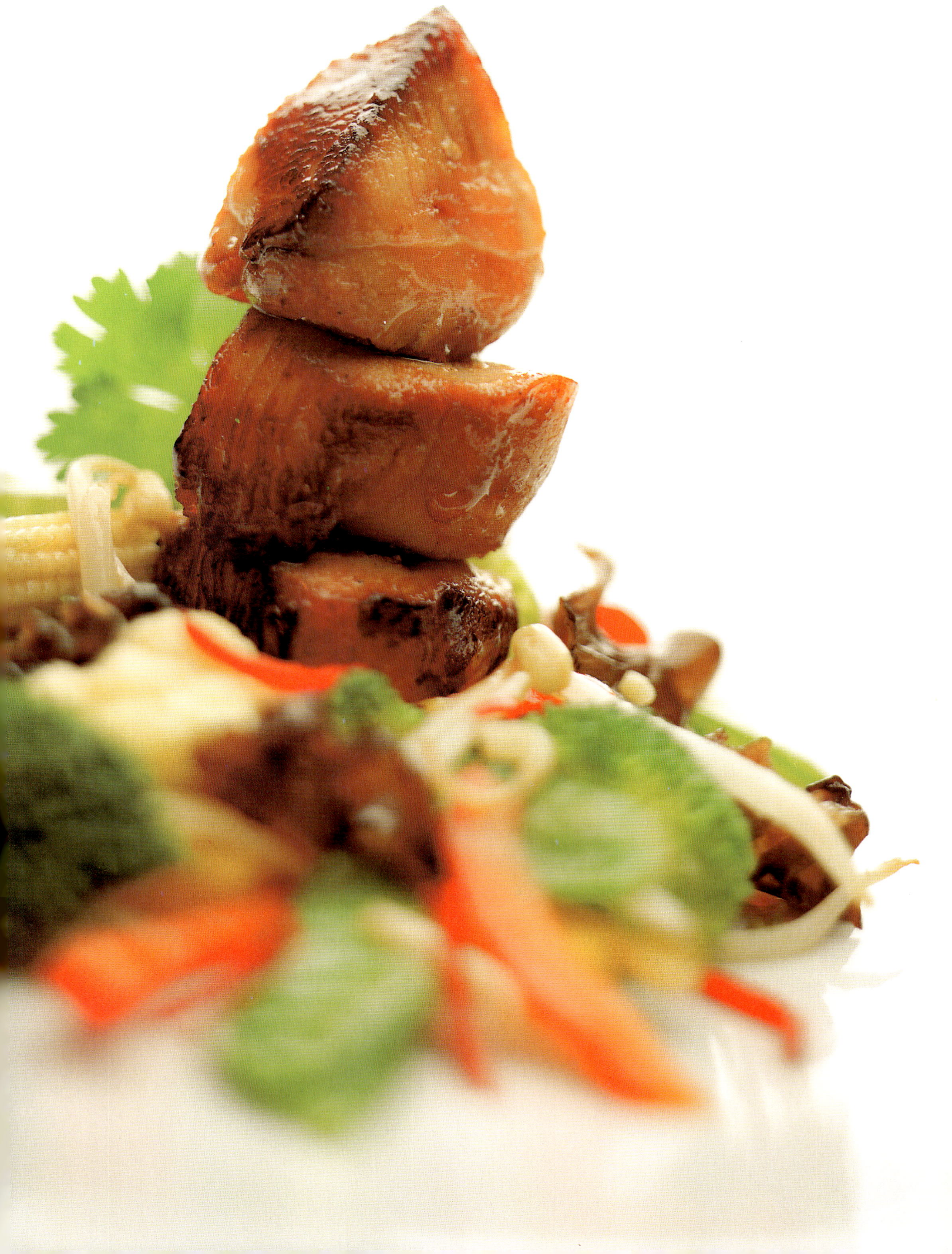

Rucola-Salat mit panierten, sautierten Mozzarellascheiben
Salade de roquette aux tranches de mozzarella panées et sautées

Zutaten	4 Pers	10 Pers
Rucola, gerüstet	60 g	150 g
Chicorée Castelfranco, gerüstet	40 g	100 g
Mozzarella	200 g	500 g
Weißmehl	10 g	30 g
Vollei, frisch	30 g	60 g
Paniermehl	30 g	70 g
Sonnenblumenöl, high oleic	20 g	50 g
Sauce		
Haselnussöl	20 g	50 g
Aceto balsamico di Modena (Balsamessig)	20 g	50 g
Rotweinessig	5 g	15 g
Zwiebeln, rot, geschält	10 g	30 g
Salz		
Pfeffer, weiß, aus der Mühle		

Vorbereitung
- Rucola-Salat und Castelfranco-Salat getrennt waschen und trockenschleudern.
- Mozarella in Scheiben zu 25 g schneiden (2 Scheiben pro Person).
- Mozarellascheiben mehlen, durch das Ei ziehen und im Paniermehl panieren.
- Rote Zwiebeln fein hacken.

Zubereitung
- Saucenzutaten miteinander verrühren.
- Mozarellascheiben im Sonnenblumenöl sautieren.

Anrichten
- Castelfranco-Blätter auf dem Teller auslegen.
- Rucola-Blätter darauf anrichten.
- Salat mit der Sauce beträufeln.
- Sautierte, warme Mozarellascheiben darauf anrichten.

Hinweise für die Praxis
Castelfranco, Winterradicchio, Orchideensalat: milde Varietät des roten Chicorées, es gibt ihn in vielen Arten.

Salatbukett mit sautierten Jakobsmuscheln
Bouquet de salades aux coquilles Saint-Jacques sautées

Zutaten	4 Pers	10 Pers
Eichblattsalat, rot, gerüstet	40 g	100 g
Brüsseler Endivien, gerüstet	40 g	100 g
Endivien, gekraust, gerüstet	40 g	100 g
Lollo, grün, gerüstet	40 g	100 g
Gurken, gerüstet	80 g	200 g
Jakobsmuscheln, ausgelöst, ohne Corail	240 g	600 g
Meersalz, fein	2 g	5 g
Pfeffer, weiß, aus der Mühle		
Sonnenblumenöl, high oleic	10 g	25 g
Aceto balsamico di Modena (Balsamessig)	40 g	100 g
Sauce		
Limonenraps	1 g	3 g
Limonensaft	4 g	10 g
Ingwer, frisch, geschält	4 g	10 g
Sesamöl	40 g	100 g
Reisessig	20 g	50 g
Bienenhonig	10 g	25 g
Salz	2 g	5 g
Pfeffer, weiß, aus der Mühle		

Vorbereitung
- Salate sortengetrennt waschen und trockenschleudern.
- Gurken auf der Aufschnittmaschine längs in 3 mm dicke und 20 cm lange Scheiben schneiden (1 Scheibe pro Person).
- Jakobsmuscheln halbieren, sodass ca. 1,5 cm dicke Scheiben entstehen.
- Balsamessig sirupartig einreduzieren.
- Ingwer fein reiben.

Zubereitung
- Saucenzutaten zu einer Salatsauce verrühren und abschmecken.
- Die Blattsalate zu Buketts zusammenstellen und mit der Gurkenscheibe satt zu einem Blattsalatstrauß einrollen (auf der Unterseite abschneiden, sodass die Buketts standfest sind).
- Jakobsmuschelscheiben mit Salz und Pfeffer würzen.
- Jakobsmuscheln in einer antihaftbeschichteten Pfanne mit Sonnenblumenöl glasig sautieren und warm stellen.

Anrichten
- Salatbukett auf die Teller stellen.
- Sautierte Jakobsmuschelscheiben rundherum anrichten.
- Salatbukett mit der Sauce beträufeln.
- Reduzierten Balsamessig in ein Pergamentpapier-Cornet füllen und Streifen über den Salat und die Jakobsmuscheln ziehen.

Hinweise für die Praxis
Je nach Jahreszeit können die Blattsalate beliebig variiert werden.

1 Gartenkresse **2** Löwenzahn, gebleicht **3** Kopfsalat **4** Cicorino rosso/Trevisano
5 Zuckerhut **6** Lollo rossa **7** Eisbergsalat **8** Lollo bionda **9** Eichblattsalat, grün und rot **10** Eichblattsalat, grün **11** Brüsseler Endivie **12** Cicorino rosso/Radicchio rosso
13 Nüsslisalat/Feldsalat/Ackersalat **14** Kopfsalat, rot **15** Lattich **16** Portulak

Sommerlicher Salat mit Honigmelonen und sautierten Pouletbruststreifen
Salade estivale de melon miel aux aiguillettes de poulet sautées

Salat	4 Pers	10 Pers
Lollo, grün, gerüstet	40 g	100 g
Eichblattsalat, rot, gerüstet	40 g	100 g
Chicorée, rot, gerüstet	40 g	100 g
Gartenkresse, gerüstet	40 g	100 g
Galia-Melone, Fruchtfleisch	100 g	250 g
Sauce		
Sonnenblumenöl	40 g	100 g
Sherry-Essig	20 g	50 g
Knoblauch, geschält	4 g	10 g
Ingwer, frisch, geschält	2 g	10 g
Bienenhonig	10 g	30 g
Salz		
Pfeffer, weiß, aus der Mühle		
Weitere Zutaten		
Pouletbrüstchen, ohne Haut	120 g	300 g
Salz		
Pfeffer, weiß, aus der Mühle		
Sonnenblumenöl, high oleic	30 g	80 g
Sojasprossen	40 g	100 g
Koriander, frisch	2 g	10 g
Ingwer, frisch, geschält	8 g	20 g
Sojasauce, süß	25 g	60 g
Limonensaft	10 g	30 g

Vorbereitung
– Salate sortenweise waschen und trockenschleudern.
– Melonenfruchtfleisch in 5 mm dicke Scheiben schneiden.
– Knoblauch durch die Knoblauchpresse drücken.
– Ingwer für die Sauce fein reiben.
– Zutaten für die Salatsauce gut verrühren und mit Salz und Pfeffer abschmecken.
– Pouletbrüstchen in feine Streifen schneiden.
– Koriander waschen, zupfen, trockentupfen und fein hacken.
– Ingwer für die Marinade fein reiben.
– Pouletstreifen mit Koriander, Ingwer, Sojasauce und Limonensaft ca. 30 Minuten marinieren.

Zubereitung
– Sonnenblumenöl erhitzen.
– Marinierte Pouletstreifen mit Salz und Pfeffer würzen, im heißen Öl sautieren und warm stellen.
– Die Sojasprossen in der gleichen Pfanne knackig sautieren und mit dem Pouletfleisch mischen.

Anrichten
– Salate bukettartig in der Tellermitte anrichten.
– Salate mit der Salatsauce beträufeln.
– Die geschnittenen Melonenscheiben anrichten.
– Das Pouletfleisch und die Sojasprossen über den Salat geben.
– Mit der restlichen Salatsauce beträufeln und sofort servieren.

SALATE

■ ROHE GEMÜSESALATE

Gurkensalat · Salade de concombres

Zutaten	4 Pers	10 Pers
Gurken, gerüstet	360 g	900 g
Sauce		
Quark, mager	100 g	250 g
Knoblauch, geschält	4 g	10 g
Zitronensaft, frisch	6 g	15 g
Dill, frisch	4 g	10 g
Pfeffer, weiß, aus der Mühle		
Tabasco, rot		
Worcestershire-Sauce	1 g	2 g

Vorbereitung
- Gurken waschen und längs halbieren.
- Mit einem Kaffeelöffel die Kerne entfernen (kleine Gurken ganz belassen, da sie kaum Kerne enthalten).
- Die Gurken in 3 mm dicke Scheiben schneiden.
- Knoblauch durch die Knoblauchpresse drücken.
- Dill waschen, zupfen, trockentupfen und fein hacken.

Zubereitung
- Magerquark mit den restlichen Saucenzutaten verrühren.
- Gurken mit der Sauce vermengen und abschmecken.

Hinweise für die Praxis
Gurken erst unmittelbar vor dem Servieren mit der Sauce vermengen, da das Salz den Gurken Wasser entzieht. Um dies zu verhindern, kann etwas Nesvital (Johannisbrotkernmehl, für 10 Personen 1 g) zugegeben werden.

Rettichsalat mit kandierter Papaya · Salade de radis à la papaye confite

Zutaten	4 Pers	10 Pers
Rettich, geschält	350 g	850 g
Sauce		
Estragonessig	30 g	70 g
Sonnenblumenöl, kaltgepresst	30 g	70 g
Zwiebeln, geschält	10 g	40 g
Papaya, Fruchtfleisch, kandiert	20 g	50 g
Sesamkörner	10 g	25 g
Zitronenraps		
Salz		
Pfeffer, weiß, aus der Mühle		

Vorbereitung
- Rettich in grobe Julienne (Streifen) schneiden.
- Zwiebeln fein hacken.
- Kandierte Papaya in 2 mm große Würfel schneiden.
- Sesamkörner in einer antihaftbeschichteten Pfanne goldgelb rösten.

Zubereitung
- Saucenzutaten zu einer Sauce vermischen.
- Rettichstreifen und Papaya-Würfel mit der Sauce vermengen und mit Salz und Pfeffer abschmecken.

Roher Karottensalat · Salade de carottes crues

Zutaten	4 Pers	10 Pers
Karotten, geschält	400 g	1000 g
Sauce		
Maiskeimöl	25 g	60 g
Zitronensaft, frisch	25 g	60 g
Apfelsaft, süß	20 g	50 g
Apfelessig	15 g	30 g
Zucker		
Pistazienkerne, geschält	10 g	25 g
Salz		
Pfeffer, weiß, aus der Mühle		

Vorbereitung
- Karotten in Julienne (Streifchen) schneiden.
- Die Pistazienkerne fein hacken.

Zubereitung
- Saucenzutaten zu einer Salatsauce verrühren.
- Die Karotten mit der Sauce vermischen und abschmecken.

Hinweise für die Praxis
Die Karotten können auch mit einer Bircherraffel geraffelt werden.

Roher Fenchelsalat · Salade de fenouil cru

Zutaten

	4 Pers	10 Pers
Fenchel, gerüstet	400 g	1000 g
Kopfsalatblätter	40 g	100 g

Sauce

Kräuteressig	30 g	75 g
Dijon-Senf	10 g	25 g
Knoblauch, geschält	4 g	10 g
Salz	2 g	5 g
Pfeffer, weiß, aus der Mühle		
Rohzucker	2 g	5 g
Sonnenblumenöl, kaltgepresst	20 g	50 g
Petersilie, glattblättrig, frisch	4 g	10 g

Vorbereitung
- Fenchel waschen und den Strunk entfernen (Fenchelkraut aufbewahren).
- Fenchelkraut waschen und fein hacken.
- Fenchel halbieren und in 2 mm dünne Scheiben schneiden.
- Kopfsalatblätter waschen und trockenschleudern.
- Petersilie waschen, zupfen, trockentupfen und fein hacken.
- Knoblauch durch die Knoblauchpresse drücken.

Zubereitung
- Kräuteressig, Dijon-Senf, Knoblauch, Salz, Pfeffer und Zucker verrühren.
- Sonnenblumenöl langsam unter Rühren beigeben.
- Fenchelstreifen, Fenchelkraut und Petersilie mit der Sauce vermengen.

Anrichten
- Teller mit Kopfsalatblättern auslegen.
- Fenchelsalat auf den Salatblättern anrichten.

Hinweise für die Praxis
Nach Möglichkeit kleine, junge, faserfreie Fenchelknollen verwenden.

Roher Randensalat/Rote-Bete-Salat · Salade de betteraves rouges crues

Zutaten

	4 Pers	10 Pers
Randen/Rote Bete, roh, geschält	400 g	1000 g
Äpfel, säuerliche Sorte, ohne Kerngehäuse	125 g	250 g

Sauce

Meerrettich, frisch, geschält	8 g	20 g
Rotweinessig	50 g	125 g
Haselnussöl	40 g	100 g
Dijon-Senf	3 g	8 g
Apfelsaft, süß	10 g	25 g
Salz		
Pfeffer, weiß, aus der Mühle		

Vorbereitung
- Randen und Äpfel in Julienne (Streifchen) schneiden oder raffeln.
- Meerrettich fein reiben.

Zubereitung
- Zutaten für die Sauce miteinander vermischen.
- Randen- und Äpfel-Julienne mit der Sauce vermischen und abschmecken.

Roher Zucchettisalat · Salade de courgettes crues

Zutaten

	4 Pers	10 Pers
Zucchetti, grün, gerüstet	360 g	900 g

Sauce

Olivenöl, kaltgepresst	30 g	70 g
Rotweinessig	30 g	70 g
Senf, mild	2 g	5 g
Knoblauch, geschält	5 g	10 g
Tomaten, getrocknet, in Öl, abgetropft	20 g	50 g
Basilikum, frisch	2 g	5 g
Salz		
Pfeffer, weiß, aus der Mühle		

Vorbereitung
- Zucchetti waschen und mit der Maschine oder mit dem Gemüsehobel (Mandoline) zu Gaufrettes (Waffeln) schneiden.
- Knoblauch durch die Knoblauchpresse drücken.
- Getrocknete Tomaten in Streifen schneiden.
- Basilikum waschen, zupfen, trockentupfen und in Streifen schneiden.

Zubereitung
- Saucenzutaten zu einer Salatsauce verrühren.
- Die Zucchettischeiben mit der Salatsauce vermengen und abschmecken.

Hinweise für die Praxis
Die Zucchetti können auch mit dem Buntmesser (Demidoff-Messer) in 2 mm dicke Scheiben geschnitten werden.

Rotkohlsalat/Rotkabissalat · Salade de chou rouge

Zutaten	4 Pers	10 Pers
Rotkohl, gerüstet	320 g	800 g
Salz	2 g	6 g
Baumnusskerne, halbiert	20 g	50 g
Sauce		
Baumnussöl	20 g	50 g
Schalotten, geschält	20 g	50 g
Knoblauch, geschält	2 g	5 g
Ingwer, frisch, geschält	10 g	25 g
Pfefferkörner, rosa, getrocknet	2 g	5 g
Meersalz, fein	2 g	5 g
Orangensaft, frisch gepresst	40 g	100 g
Rotwein	80 g	200 g
Rotweinessig	20 g	50 g
Garnitur		
Orangen, Filets	80 g	200 g

Vorbereitung
– Rotkohl in dünne Streifen schneiden oder hobeln.
– Anschließend Salz beigeben und gut vermischen.
– Baumnusskerne grob hacken.
– Schalotten fein hacken.
– Knoblauch durch die Knoblauchpresse drücken.
– Ingwer fein reiben.

Zubereitung
– Gesalzenen Rotkohl gut abtropfen lassen.
– Baumnussöl in einer Sauteuse erhitzen, gehackte Baumnusskerne beigeben und leicht rösten.
– Schalotten, Knoblauch, Ingwer und Pfefferkörner beigeben, kurz dünsten und mit Meersalz abschmecken.
– Orangensaft, Rotwein und Rotweinessig beigeben und auf die Hälfte einkochen lassen.
– Sauce noch heiß über den abgetropften Rotkohl geben, gut vermischen und etwas ziehen lassen.
– Anrichten und mit den Orangenfilets garnieren.

Sauerkrautsalat · Salade de choucroute

Zutaten	4 Pers	10 Pers
Sauerkraut, roh	280 g	700 g
Äpfel, rotschalig, ohne Kerngehäuse	50 g	120 g
Ananas, frisch, geschält	50 g	120 g
Sultaninen	30 g	70 g
Sauce		
Vollrahm, 35%	40 g	100 g
Vollmilchjoghurt, nature	80 g	200 g
Tomaten-Ketchup	15 g	40 g
Senf, mild	2 g	5 g
Schnittlauch, frisch	2 g	5 g
Salz	2 g	5 g
Streuwürze	2 g	5 g
Worcestershire-Sauce	1 g	2 g
Tabasco, rot		
Pfeffer, weiß, aus der Mühle		

Vorbereitung
– Äpfel und Ananas in 3 mm große Würfel schneiden.
– Schnittlauch fein schneiden.

Zubereitung
– Sauerkraut mit den Apfel- und Ananaswürfeln und den Sultaninen mischen.
– Zutaten für die Sauce verrühren, den Salat damit vermengen und abschmecken.

Hinweise für die Praxis
Sauerkraut sollte aus ernährungsphysiologischen Gründen nicht gewaschen werden.

Selleriesalat · Salade de céleri

Zutaten	4 Pers	10 Pers
Knollensellerie, geschält	320 g	800 g
Sauce		
Zitronensaft, frisch	12 g	30 g
Mayonnaise	80 g	200 g
Halbrahm, sauer, 25%	40 g	100 g
Salz		
Cayenne-Pfeffer, gemahlen		

Vorbereitung
– Sellerie in feine Julienne (Streifchen) schneiden.

Zubereitung
– Mayonnaise mit dem sauren Halbrahm vermischen und mit Salz und Cayenne-Pfeffer würzen.
– Die Selleriestreifen rasch und kräftig mit der Sauce vermischen (Einweghandschuhe benützen).

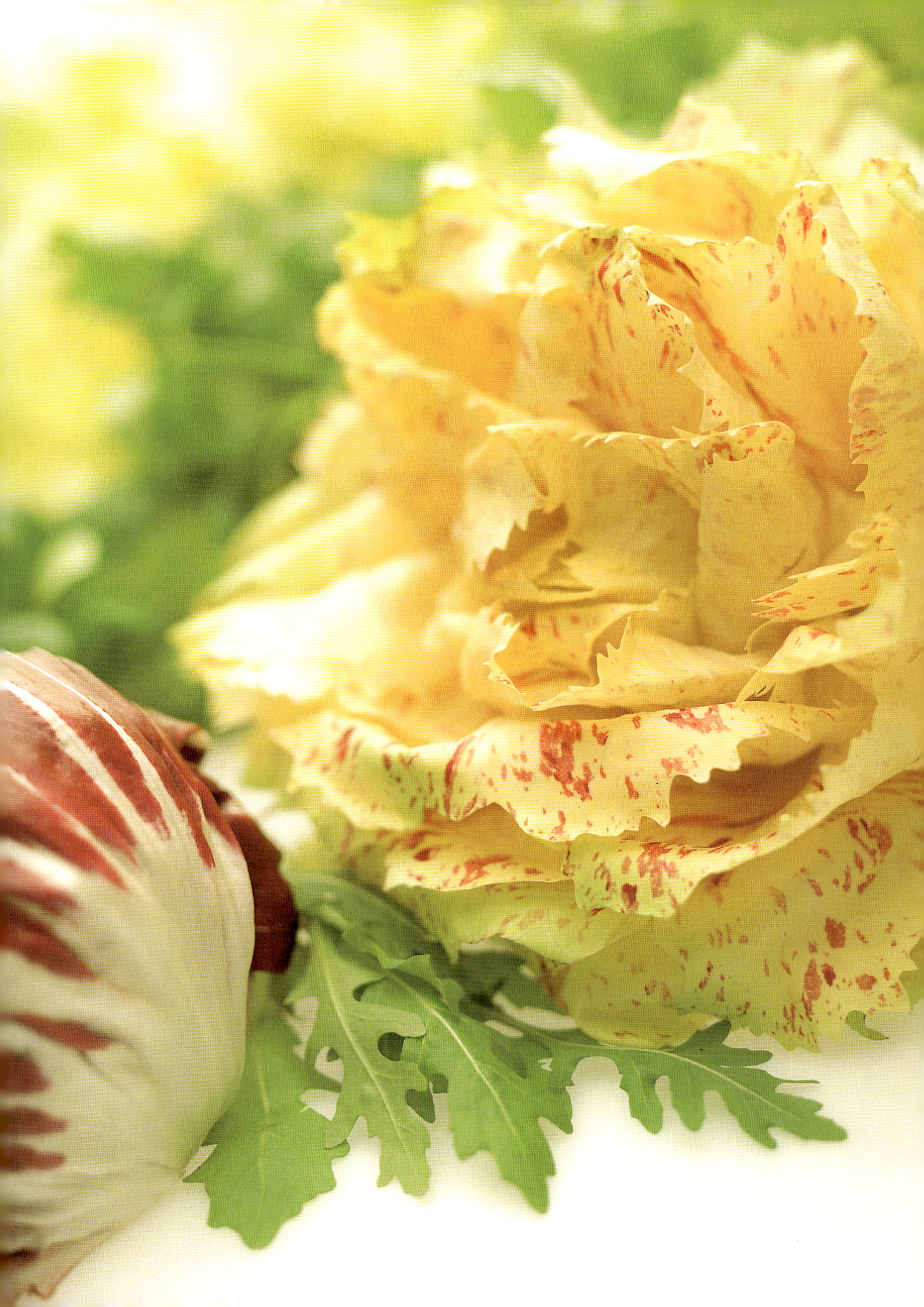

Tomatensalat mit Basilikum · Salade de tomates au basilic

Zutaten	4 Pers	10 Pers
Tomaten	400 g	1000 g
Salz	4 g	10 g
Pfeffer, weiß, aus der Mühle		
Basilikum, frisch	5 g	10 g
Sauce		
Aceto balsamico di Modena (Balsamessig)	30 g	80 g
Zwiebeln, geschält	20 g	50 g
Knoblauch, geschält	5 g	10 g
Olivenöl, kaltgepresst	35 g	80 g
Salz		
Pfeffer, weiß, aus der Mühle		

Vorbereitung
- Tomaten waschen und den Stielansatz ausstechen.
- Basilikum waschen, zupfen, trockentupfen und in Streifen schneiden.
- Zwiebeln fein hacken.
- Knoblauch durch die Knoblauchpresse drücken.

Zubereitung
- Tomaten in 3–4 mm dicke Scheiben schneiden, auf Teller anrichten und mit Salz und Pfeffer aus der Mühle würzen.
- Zutaten für die Sauce miteinander verrühren.
- Tomaten mit der Sauce nappieren (übergießen) und mit Basilikumstreifen bestreuen.

Hinweise für die Praxis
Tomatensalat nur während der Sommermonate (Saison) anbieten.

Waldorf-Salat · Salade Waldorf

Zutaten	4 Pers	10 Pers
Knollensellerie, geschält	240 g	600 g
Salz	2 g	5 g
Zitronensaft, frisch	2 g	5 g
Äpfel, geschält, ohne Kerngehäuse	50 g	120 g
Baumnusskerne, halbiert	20 g	50 g
Ananas, frisch, geschält	40 g	100 g
Sauce		
Mayonnaise	80 g	200 g
Vollmilchjoghurt, nature	40 g	100 g
Cayenne-Pfeffer, gemahlen		

Vorbereitung
- Knollensellerie in feine Julienne (Streifchen) schneiden.
- Salz und Zitronensaft beigeben und kräftig mit den Händen vermischen (Einweghandschuhe benützen).
- Die Äpfel in 5 mm große Würfel schneiden und mit Zitronensaft beträufeln.
- Baumnüsse grob hacken.
- Ananas in 5 mm große Würfel schneiden.

Zubereitung
- Mayonnaise mit Vollmilchjoghurt und Cayenne-Pfeffer vermischen.
- Sellerie-Julienne, Apfelwürfel, Baumnüsse und Ananaswürfel mit der Sauce gut vermengen, um eine Braunfärbung zu vermeiden, und abschmecken.

Weißkohlsalat/Weißkabissalat · Salade de chou blanc

Zutaten	4 Pers	10 Pers
Weißkohl, gerüstet	320 g	800 g
Salz	2 g	5 g
Speck, geräuchert	80 g	200 g
Zwiebeln, geschält	40 g	100 g
Bouillon	40 g	100 g
Kräuteressig	40 g	100 g
Sonnenblumenöl	20 g	50 g
Pfeffer, schwarz, aus der Mühle		1 g

Vorbereitung
- Weißkohl in 2 mm dünne Streifen schneiden oder mit dem Gemüsehobel (Mandoline) hobeln.
- Salz beigeben und mit den Weißkohlstreifen gründlich vermischen.
- Nach ca. 15 Minuten abschütten und die Flüssigkeit abtropfen lassen.
- Speck (ohne Knorpel) in 3 mm dicke Streifen schneiden.
- Zwiebeln fein hacken.

Zubereitung
- Speckstreifen in einer Sauteuse im eigenen Fett rösten und etwas abkühlen lassen.
- Gehackte Zwiebeln beigeben und mitdünsten.
- Mit Bouillon ablöschen und den Bratensatz auflösen.
- Kräuteressig und Sonnenblumenöl beigeben und verrühren.
- Warme Sauce über die Kabisstreifen gießen und vermengen.
- Mit Salz und Pfeffer abschmecken.

Hinweise für die Praxis
Rotkohlsalat kann nach der gleichen Methode zubereitet werden (Speck weglassen, Kräuteressig durch Rotweinessig ersetzen).

GEGARTE GEMÜSESALATE

Blumenkohlsalat · Salade de chou-fleur

Zutaten	4 Pers	10 Pers
Blumenkohl, gerüstet	480 g	1200 g
Kürbiskerne, geschält	4 g	10 g

Sauce		
Sonnenblumenöl, kaltgepresst	20 g	50 g
Kürbiskernöl	10 g	20 g
Estragonessig	20 g	50 g
Salz	4 g	10 g
Pfeffer, weiß, aus der Mühle		

Vorbereitung
- Blumenkohl waschen und in 10 g schwere Röschen zerteilen.
- Blumenkohlröschen im Drucksteamer knackig garen.
- Kürbiskerne in einer antihaftbeschichteten Pfanne ohne Fettstoff rösten.

Zubereitung
- Warme Blumenkohlröschen mit Sonnenblumenöl, Kürbiskernöl und Estragonessig vorsichtig vermengen, mit Salz und Pfeffer abschmecken.
- Salat anrichten und mit den gerösteten Kürbiskernen bestreuen.

Hinweise für die Praxis
Gekochte Gemüsesalate immer leicht warm mit der Sauce vermengen, gut marinieren und nie direkt aus dem Kühlschrank servieren. Weitere mögliche Salatsaucen: Sauerrahmsalatsauce, Vinaigrette-Sauce.

Gegarter Karottensalat · Salade de carottes cuites

Zutaten	4 Pers	10 Pers
Karotten, geschält	400 g	1000 g

Sauce		
Maiskeimöl	30 g	70 g
Apfelessig	30 g	70 g
Zwiebeln, geschält	20 g	50 g
Mohnsamen	5 g	10 g
Salz		
Pfeffer, weiß, aus der Mühle		

Vorbereitung
- Karotten im Drucksteamer weich garen.
- Karotten herausnehmen und etwas abkühlen lassen.
- Mit einem Buntschneidemesser in 5 mm dicke Scheiben schneiden.
- Die Zwiebeln fein hacken.

Zubereitung
- Die Saucenzutaten zu einer Salatsauce verrühren.
- Die noch warmen Karottenscheiben mit der Sauce vermengen und abschmecken.

Hinweise für die Praxis
Gekochte Gemüsesalate immer im lauwarmen Zustand mit der Sauce vermengen und servieren.

Gekochter Randensalat/Rote-Bete-Salat · Salade de betteraves rouges cuites

Zutaten	4 Pers	10 Pers
Randen/Rote Bete, gekocht, geschält	400 g	1000 g
Schnittlauch, frisch		10 g

Sauce		
Rotweinessig	35 g	80 g
Sonnenblumenöl	30 g	75 g
Zwiebeln, geschält	20 g	50 g
Rohzucker	2 g	5 g
Salz		
Pfeffer, weiß, aus der Mühle		

Vorbereitung
- Randen mit einem Buntschneidemesser in 4 mm dicke Scheiben schneiden (oder mit der Röstiraffel reiben).
- Schnittlauch fein schneiden.
- Zwiebeln fein hacken.

Zubereitung
- Zutaten für die Sauce miteinander vermischen.
- Die geschnittenen Randen mit der Sauce vermengen und anrichten.
- Salat mit Schnittlauch bestreuen.

Hinweise für die Praxis
Es ist von Vorteil, die Randen im warmen Zustand mit der Sauce zu vermischen.

Gemischter Spargelsalat mit Scampi · Salade d'asperges blanches et vertes aux scampi

Zutaten	4 Pers	10 Pers
Spargeln, weiß, geschält	140 g	350 g
Spargeln, grün, geschält	140 g	350 g
Scampi, Schwänze, geschält, roh	80 g	200 g
Sonnenblumenöl, high oleic (1)	8 g	20 g
Salz		
Cherry-Tomaten	60 g	150 g
Artischockenherzen, frisch	50 g	125 g
Zitronensaft, frisch	10 g	20 g
Sonnenblumenöl, high oleic (2)	8 g	20 g
Salz		
Pistazienkerne, geschält	8 g	20 g
Schinken, gekocht	40 g	100 g
Schnittlauch, frisch	8 g	20 g
Kopfsalatblätter, gerüstet	40 g	100 g

Sauce

	4 Pers	10 Pers
Kräuteressig	25 g	60 g
Dijon-Senf	4 g	10 g
Salz	2 g	5 g
Worcestershire-Sauce		
Pfeffer, weiß, aus der Mühle		
Tabasco, rot		
Maiskeimöl	35 g	80 g

Vorbereitung
- Spargeln im Salzwasser knackig sieden oder im Drucksteamer knackig garen.
- Spargeln im Eiswasser abschrecken, abschütten und in 2 cm lange Stücke schneiden.
- Scampi trockentupfen, längs halbieren, den Darm entfernen, im Sonnenblumenöl (1) kurz sautieren und salzen.
- Cherry-Tomaten waschen, Stielansatz entfernen und halbieren.
- Pistazien grob hacken.
- Artischockenherzen vierteln und mit Zitronensaft beträufeln.
- Artischockenherzen im Sonnenblumenöl (2) knackig sautieren und abschmecken.
- Schinken in Streifen schneiden.
- Schnittlauch fein schneiden.
- Kopfsalatblätter waschen und trockenschleudern.
- Zutaten für die Salatsauce verrühren und abschmecken.

Zubereitung
- Alle Salatzutaten vorsichtig mit der Sauce vermengen und abschmecken.

Anrichten
- Salatblätter auf Teller auslegen.
- Spargelsalat darauf anrichten.

Hinweise für die Praxis
Gemischten Spargelsalat stets frisch zubereiten und erst unmittelbar vor dem Servieren mit der Sauce vermengen.

Kartoffelsalat mit Speck · Salade de pommes de terre au lard

Zutaten	4 Pers	10 Pers
Kartoffeln, Typ A, in Schale	320 g	800 g
Salz	4 g	10 g
Schnittlauch, frisch	2 g	5 g

Sauce

	4 Pers	10 Pers
Speck, geräuchert	40 g	100 g
Zwiebeln, geschält	40 g	100 g
Bouillon	100 g	250 g
Sonnenblumenöl	10 g	25 g
Kräuteressig	20 g	50 g
Salz		
Pfeffer, weiß, aus der Mühle		

Vorbereitung
- Kartoffeln in der Schale in Salzwasser sieden oder dämpfen.
- Kartoffeln im warmen Zustand schälen und in 2–4 mm dicke Scheiben schneiden.
- Schnittlauch fein schneiden.
- Speck (ohne Knorpel) in 3 mm große Würfelchen schneiden.
- Zwiebeln fein hacken.

Zubereitung
- Speckwürfel in einer Sauteuse knusprig rösten.
- Die gehackten Zwiebeln beigeben und dünsten.
- Mit der Bouillon ablöschen, Sonnenblumenöl und Essig beigeben und aufkochen.
- Mit Salz und Pfeffer würzen und über die Kartoffelscheiben geben.
- Sauce während 15 Minuten einziehen lassen.
- Kartoffelsalat nochmals abschmecken.
- Kartoffelsalat lauwarm servieren und vor dem Servieren mit Schnittlauch bestreuen.

Hinweise für die Praxis
Kartoffelsalat nie kalt aus dem Kühlschrank servieren und nur für den Tagesgebrauch herstellen.

Kartoffelsalat mit Mayonnaise · Salade de pommes de terre à la mayonnaise

Zutaten	4 Pers	10 Pers
Kartoffeln, Typ A, in Schale	320 g	800 g
Salz	4 g	10 g
Schnittlauch, frisch	2 g	5 g
Sauce		
Zwiebeln, geschält	40 g	100 g
Bouillon	100 g	250 g
Sonnenblumenöl	15 g	30 g
Kräuteressig	20 g	50 g
Senf, mild	15 g	40 g
Salz		
Pfeffer, weiß, aus der Mühle		
Mayonnaise	80 g	200 g

Vorbereitung
- Kartoffeln in der Schale in Salzwasser sieden oder dämpfen.
- Kartoffeln im warmen Zustand schälen und in 2–4 mm dicke Scheiben schneiden.
- Schnittlauch fein schneiden.
- Zwiebeln fein hacken.

Zubereitung
- Die gehackten Zwiebeln mit wenig Sonnenblumenöl andünsten und mit der Bouillon ablöschen.
- Das restliche Sonnenblumenöl und den Essig beigeben und aufkochen.
- Mit Salz und Pfeffer würzen und über die Kartoffelscheiben geben.
- Sauce während 15 Minuten einziehen lassen.
- Mayonnaise beigeben, gut vermengen und abschmecken.
- Kartoffelsalat stets lauwarm servieren und vor dem Servieren mit Schnittlauch bestreuen.

Hinweise für die Praxis
Kartoffelsalat nie kalt aus dem Kühlschrank servieren und nur für den Tagesgebrauch herstellen. Kartoffelsalat kann auch ohne Mayonnaise zubereitet werden. Saucenzutaten: Bouillon, Sonnenblumenöl, Essig, Senf, Salz und Pfeffer (Menge Sonnenblumenöl und Essig entsprechend erhöhen).

Russischer Salat · Salade russe

Zutaten	4 Pers	10 Pers
Karotten, geschält	90 g	220 g
Knollensellerie, geschält	65 g	160 g
Kartoffeln, Typ A, geschält	65 g	160 g
Bohnen, fein, gerüstet	65 g	160 g
Erbsen, tiefgekühlt	60 g	150 g
Sauce		
Mayonnaise	110 g	270 g
Vollmilchjoghurt, nature	25 g	60 g
Worcestershire-Sauce	1 g	2 g
Salz		
Pfeffer, weiß, aus der Mühle		

Vorbereitung
- Karotten, Knollensellerie und Kartoffeln in 8 mm große Würfel schneiden.
- Gemüse im Salzwasser knackig sieden oder im Drucksteamer dämpfen und abkühlen lassen.
- Bohnen im Salzwasser knackig sieden, im Eiswasser abschrecken und abtropfen lassen.
- Bohnen in 8 mm lange Stücke schneiden.

Zubereitung
- Gemüse auf Küchenpapier gut abtropfen lassen.
- Dicke Mayonnaise mit Vollmilchjoghurt vermischen.
- Salat mit der Sauce vermengen und mit Salz, Pfeffer und Worcestershire-Sauce abschmecken.

Hinweise für die Praxis
Die Gemüse (Karotten, Knollensellerie, Kartoffeln) können auch ganz gekocht und anschließend geschnitten werden.

Salat von grünen Bohnen · Salade de haricots verts

Zutaten	4 Pers	10 Pers
Bohnen, fein, gerüstet	400 g	1000 g
Salz	5 g	10 g
Sauce		
Rapsöl	35 g	80 g
Weißweinessig	25 g	60 g
Zwiebeln, geschält	10 g	30 g
Senf, scharf	2 g	5 g
Worcestershire-Sauce	1 g	2 g
Streuwürze	1 g	2 g
Salz		
Pfeffer, weiß, aus der Mühle		

Vorbereitung
- Bohnen im Salzwasser knackig sieden, im Eiswasser abschrecken, abschütten und abtropfen lassen.
- Gekochte Bohnen in ca. 6 cm lange Stücke schneiden.
- Zwiebeln fein hacken.

Zubereitung
- Saucenzutaten vermischen und abschmecken.
- Die gut abgetropften Bohnen mit der Sauce vermengen und abschmecken.

Hinweise für die Praxis
Um die schöne grüne Farbe zu erhalten, die Bohnen erst unmittelbar vor dem Servieren mit der Sauce vermengen.

Süßmaissalat · Salade de maïs

Zutaten	4 Pers	10 Pers
Maiskörner (Konserve), abgetropft	240 g	600 g
Äpfel, säuerliche Sorte	50 g	120 g
Gurken, gerüstet	40 g	100 g
Sultaninen	20 g	50 g
Sauce		
Quark, mager	80 g	200 g
Vollmilchjoghurt, nature	40 g	100 g
Zitronensaft, frisch	6 g	15 g
Curry, Madras	1 g	2 g
Tabasco, rot		
Worcestershire-Sauce	1 g	2 g
Salz	4 g	10 g
Pfeffer, weiß, aus der Mühle		

Vorbereitung
- Maiskörner kalt abspülen und gut abtropfen lassen.
- Gurken längs halbieren, Kerne entfernen und in 5 mm große Würfel schneiden.
- Äpfel in 5 mm große Würfel schneiden.

Zubereitung
- Magerquark und Vollmilchjoghurt mit den restlichen Saucenzutaten verrühren.
- Maiskörner mit den Apfel- und Gurkenwürfeln und den Sultaninen vermischen.
- Salat mit der Sauce vermengen und abschmecken.

Zweifarbiger Zucchettisalat · Salade de courgettes bicolores

Zutaten	4 Pers	10 Pers
Zucchetti, grün, gerüstet	200 g	500 g
Zucchetti, gelb, gerüstet	200 g	500 g
Olivenöl	10 g	30 g
Salz		
Basilikum, frisch	2 g	5 g
Petersilie, glattblättrig, frisch	2 g	5 g
Sauce		
Olivenöl, kaltgepresst	35 g	80 g
Aceto balsamico di Modena (Balsamessig)	20 g	50 g
Oliven, gefüllt, abgetropft	20 g	50 g
Salz		
Pfeffer, weiß, aus der Mühle		

Vorbereitung
- Gleichmäßig große grüne und gelbe Zucchetti waschen und in 5 mm dicke Scheiben schneiden.
- Basilikum und Petersilie waschen, zupfen, trockentupfen und fein hacken.
- Gefüllte Oliven in Scheiben schneiden.

Zubereitung
- Kaltgepresstes Olivenöl, Balsamessig, Salz und Pfeffer zu einer Salatsauce verrühren.
- Olivenöl in einer antihaftbeschichteten Pfanne erhitzen und die Zucchettischeiben knackig sautieren.
- Leicht salzen, warm mit der Salatsauce, den Olivenscheiben und den gehackten Kräutern vermischen und abschmecken.

HÜLSENFRÜCHTESALATE

Kichererbsensalat mit Pfefferminze · Salade de pois chiches à la menthe poivrée

Zutaten	4 Pers	10 Pers
Kichererbsen, getrocknet	160 g	400 g
Gemüsefond	500 g	1200 g
Sauce		
Vollmilchjoghurt, nature	160 g	400 g
Zimt, gemahlen		
Limonensaft	10 g	25 g
Pfefferminzblätter, frisch	1 g	2 g
Salz	2 g	5 g
Pfeffer, schwarz, aus der Mühle		

Vorbereitung
- Kichererbsen ca. 6 Stunden im kalten Wasser quellen lassen.
- Pfefferminzblätter waschen, trockentupfen und in Chiffonnade (feine Streifen) schneiden.

Zubereitung
- Kichererbsen abschütten und im kalten Gemüsefond aufsetzen.
- Zugedeckt weich sieden und des Öfteren abschäumen.
- Kichererbsen etwas abkühlen lassen und abschütten.
- Vollmilchjoghurt, Zimt, Limonensaft und Pfefferminzstreifen vermischen.
- Kichererbsen dazugeben, vermengen und mit Salz und Pfeffer abschmecken.

Salat aus gemischten Bohnenkernen · Salade de légumineuses méli-mélo

Zutaten	4 Pers	10 Pers
Bohnen, weiß, getrocknet	50 g	125 g
Bohnen, Brasil, schwarz, getrocknet	50 g	125 g
Bohnen, Borlotti, getrocknet	50 g	125 g
Bohnen, Kidney, getrocknet	50 g	125 g
Salz	5 g	10 g
Sauce		
Rapsöl	20 g	50 g
Weißweinessig	40 g	100 g
Knoblauch, geschält	5 g	10 g
Streuwürze	2 g	5 g
Salz	2 g	5 g
Pfeffer, weiß, aus der Mühle		
Tabasco, rot		

Vorbereitung
- Bohnenkerne ca. 6 Stunden im kalten Wasser quellen lassen.
- Bohnenkerne im Einweichwasser weich sieden und am Schluss leicht salzen.
- Bohnenkerne etwas abkühlen lassen, abschütten und abtropfen lassen.
- Knoblauch durch die Knoblauchpresse drücken.

Zubereitung
- Zutaten für die Salatsauce verrühren.
- Die Bohnenkerne im warmen Zustand mit der Sauce vermischen und mit Salz und Pfeffer abschmecken.

Hinweise für die Praxis
Gekochte Gemüsesalate immer im lauwarmen Zustand mit der Sauce vermengen und servieren.

Salat aus grünen Linsen · Salade de lentilles vertes

Zutaten	4 Pers	10 Pers
Puy-Linsen, getrocknet	200 g	500 g
Salz	5 g	10 g
Sauce		
Rapsöl	30 g	70 g
Karotten, geschält	20 g	50 g
Pfälzer Rüben, geschält	20 g	50 g
Lauch, junger, gerüstet	20 g	50 g
Knollensellerie, geschält	20 g	50 g
Weißweinessig	60 g	150 g
Streuwürze	1 g	2 g
Salz		
Pfeffer, weiß, aus der Mühle		

Vorbereitung
- Linsen im kalten Wasser aufsetzen und sieden, erst am Schluss salzen.
- Linsen ewas abkühlen lassen, abschütten und abtropfen lassen.
- Lauch längs halbieren, waschen und in Brunoise (Würfelchen) schneiden.
- Restliche Gemüse ebenfalls in Brunoise (Würfelchen) schneiden.

Zubereitung
- Gemüse-Brunoise im Rapsöl andünsten und mit dem Weißweinessig ablöschen.
- Mit Salz, Pfeffer und Streuwürze abschmecken und kurz zugedeckt dünsten.
- Mit den noch warmen Linsen vermischen und abschmecken.

Hinweise für die Praxis
Gekochte Gemüsesalate immer im lauwarmen Zustand mit der Sauce vermengen und servieren.

1 Weisse Zwiebeln 2 Speisezwiebeln 3 Rote Zwiebel 4 Knoblauch 5 Lauch
6 Schalotten 7 Schnittlauch 8 Frühlingszwiebeln/Bund-Zwiebeln/Cipollotte

Salat aus weißen Bohnen · Salade de haricots blancs

Zutaten

	4 Pers	10 Pers
Bohnen, weiß, getrocknet	200 g	500 g
Salz	5 g	10 g

Sauce

	4 Pers	10 Pers
Rapsöl	20 g	50 g
Weißweinessig	40 g	100 g
Zwiebeln, geschält	20 g	50 g
Oliven, schwarz, entsteint	30 g	70 g
Tomaten, getrocknet, in Öl, abgetropft	30 g	70 g
Majoran, frisch	1 g	2 g
Salz		
Pfeffer, weiß, aus der Mühle		

Vorbereitung

– Bohnenkerne ca. 6 Stunden im kalten Wasser quellen lassen.
– Bohnen im Einweichwasser kalt aufsetzen und weich sieden, erst am Schluss leicht salzen.
– Die Bohnenkerne etwas abkühlen lassen, abschütten und abtropfen lassen.
– Zwiebeln, Oliven und Tomaten hacken.
– Majoran waschen, zupfen, trockentupfen und fein hacken.

Zubereitung

– Aus den gehackten Zutaten, dem Essig und Öl eine Salatsauce zubereiten.
– Die Bohnenkerne im warmen Zustand mit der Sauce vermischen und mit Salz und Pfeffer abschmecken.

Hinweise für die Praxis

Gekochte Gemüsesalate immer im lauwarmen Zustand mit der Sauce vermengen und servieren.

■ DIVERSE SALATE

Andalusischer Salat · Salade andalouse

Zutaten	4 Pers	10 Pers
Tomaten	160 g	400 g
Peperoni, gelb, entkernt	60 g	150 g
Peperoni, grün, entkernt	60 g	150 g
Langkornreis, parboiled	60 g	150 g
Salz	2 g	5 g
Sauce		
Sherry-Essig	10 g	20 g
Weißweinessig	20 g	40 g
Olivenöl, kaltgepresst	35 g	80 g
Knoblauch	2 g	5 g
Petersilie, gekraust, frisch	2 g	5 g
Salz	4 g	10 g
Pfeffer, weiß, aus der Mühle		
Tabasco, rot		

Vorbereitung
– Stielansatz der Tomaten ausstechen, Tomaten kreuzweise einschneiden, blanchieren und in Eiswasser abschrecken.
– Tomaten schälen und in gleichmäßige Schnitze schneiden.
– Peperoni waschen und in 3 cm lange und 3 mm breite Streifen schneiden.
– Reis in Salzwasser weich sieden, abschütten, abkühlen und gut abtropfen lassen.
– Knoblauch durch die Knoblauchpresse drücken.
– Petersilie waschen, zupfen, trockentupfen und fein hacken.

Zubereitung
– Tomatenschnitze, Peperonistreifen und Reis vermischen.
– Essig, Öl, Knoblauch, Salz und Pfeffer zu einer Salatsauce verrühren.
– Salat mit der Sauce vermengen, abschmecken und Sauce einziehen lassen.
– Anrichten und mit gehackter Petersilie bestreuen.

Asiatischer Thunfischsalat · Salade de thon asiatique

Zutaten	4 Pers	10 Pers
Thunfischfilet, dressiert	240 g	600 g
Sojasauce	20 g	50 g
Wasabi-Pulver	1 g	3 g
Sesamöl	10 g	25 g
Cherry-Tomaten	80 g	200 g
Gurken, geschält, entkernt	120 g	300 g
Chicorée Castelfranco, gerüstet	40 g	100 g
Sauce		
Limonensaft	15 g	40 g
Rohzucker	8 g	20 g
Sesamkörner, schwarz	4 g	10 g
Sojasauce	30 g	70 g

Vorbereitung
– Thunfischfilet in 3 cm lange und 1,5 cm dicke Streifen schneiden.
– Sojasauce mit Wasabi-Pulver vermischen und Fischstreifen darin marinieren.
– Cherry-Tomaten waschen, Stielansatz entfernen und vierteln.
– Gurken waschen und mit der Schale in Stäbchen von 3 cm Länge und 0,5 cm Dicke schneiden.
– Castelfranco-Blätter waschen und trockenschleudern.

Zubereitung
– Sesamöl in einem Wok erhitzen und die marinierten Thunfischstreifen kurz sautieren (Fisch sollte inwendig noch roh sein).
– Herausnehmen und warm stellen.
– Zutaten für die Salatsauce verrühren.
– Tomaten und Gurkenstäbchen mit der Sauce vermischen.
– Gemüsesalat auf den Castelfranco-Blättern anrichten.
– Sautierte Thunfischstreifen auf dem Salat verteilen.

Hinweise für die Praxis
Statt Thunfisch kann auch Schwertfisch verwendet werden.

Avocadosalat mit Krevetten · Salade d'avocats aux crevettes

Zutaten

	4 Pers	10 Pers
Avocadofruchtfleisch	280 g	700 g
Krevetten, gekocht, geschält, in Lake	100 g	250 g
Grapefruitfilets, rosa	40 g	100 g
Zitronensaft, frisch	6 g	15 g
Kopfsalatblätter, gerüstet	40 g	100 g

Sauce

	4 Pers	10 Pers
Himbeeressig	35 g	80 g
Traubenkernöl	25 g	60 g
Salz	2 g	5 g
Pfeffer, weiß, aus der Mühle		
Pfefferminze, frisch	2 g	5 g

Vorbereitung
- Avocadofruchtfleisch in 1 cm große Würfel schneiden und mit der Hälfte des Zitronensafts marinieren.
- Krevetten mit restlichem Zitronensaft marinieren.
- Kopfsalatblätter waschen und trockenschleudern.
- Pfefferminze waschen, zupfen und trockentupfen.
- Die Hälfte der Pfefferminzblätter in Streifen schneiden, einige dekorative Blätter für die Garnitur beiseite legen.

Zubereitung
- Die Saucenzutaten miteinander verrühren.
- Avocadowürfel, Krevetten und Pfefferminzstreifen vorsichtig mit der Sauce vermengen und abschmecken.

Anrichten
- Kopfsalatblätter auf Teller auslegen.
- Avocadosalat auf den Salatblättern anrichten.
- Mit den Grapefruitfilets und den Pfefferminzblättern ausgarnieren.

Hinweise für die Praxis
Reife Avocados verwenden. Salat erst bei Bedarf mit der Sauce vermischen.

Früchte-Curry-Salat · Fruits en salade au curry

Zutaten

	4 Pers	10 Pers
Apfel, Gala, ohne Kerngehäuse	60 g	150 g
Papaya, Fruchtfleisch	80 g	200 g
Ananas, frisch, geschält	80 g	200 g
Orangen, Filets	80 g	200 g
Bananen, geschält	40 g	100 g
Pinienkerne	20 g	50 g

Sauce

	4 Pers	10 Pers
Mayonnaise	40 g	100 g
Zitronensaft, frisch	8 g	20 g
Curry, Madras	15 g	40 g
Tomaten-Ketchup	10 g	30 g
Worcestershire-Sauce	2 g	5 g
Tabasco, rot		
Sojasauce		

Vorbereitung
- Alle Früchte in 1 cm große, gleichmäßige Würfel schneiden.
- Pinienkerne in einer antihaftbeschichteten Pfanne ohne Fettstoff goldbraun rösten.

Zubereitung
- Mayonnaise mit den restlichen Saucenzutaten vermischen.
- Zu den Früchten geben und vorsichtig vermengen.
- Salat anrichten und mit den gerösteten Pinienkernen bestreuen.

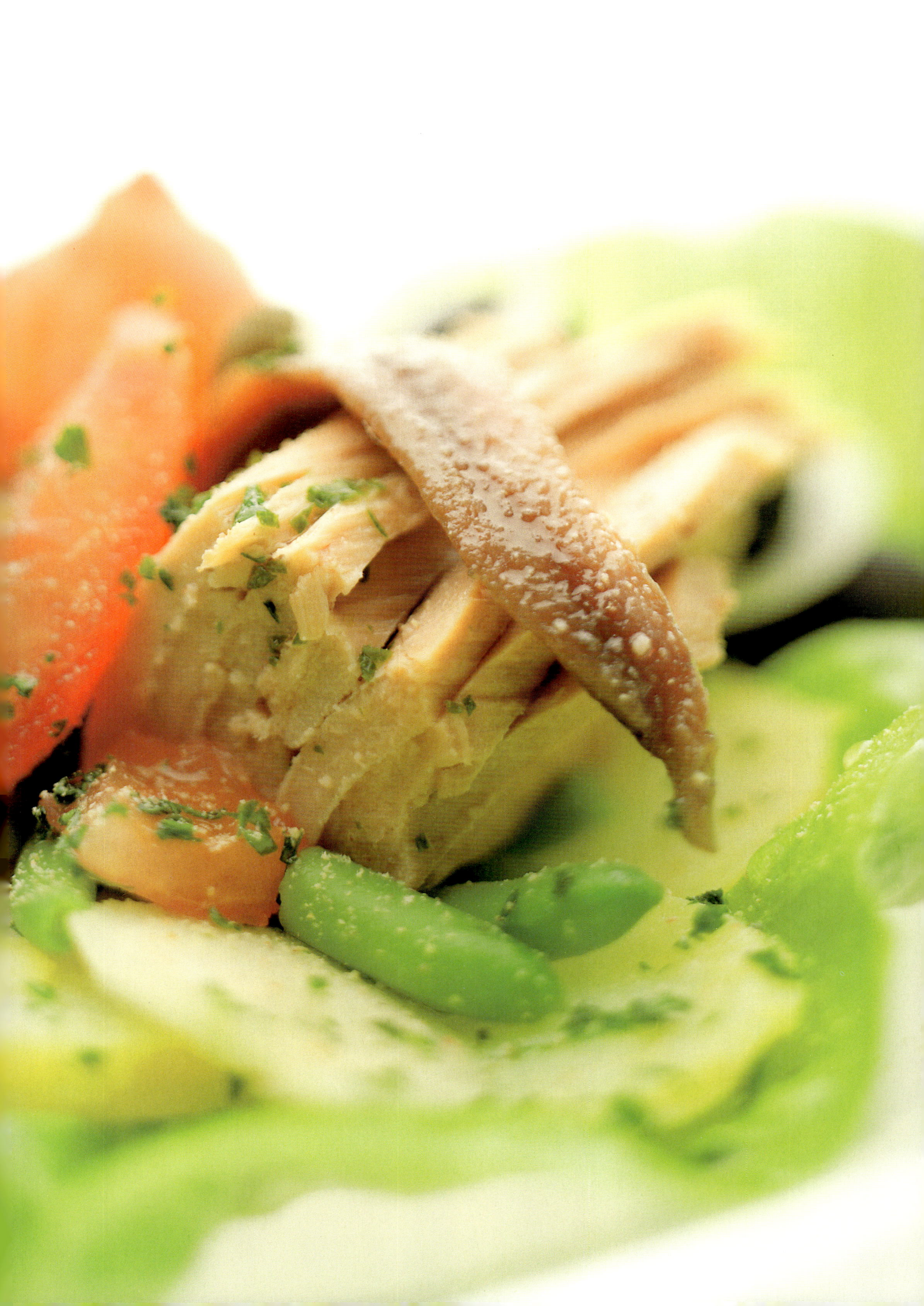

Griechischer Salat · Salade grecque

Zutaten

	4 Pers	10 Pers
Tomaten	100 g	250 g
Peperoni, bunt, entkernt	80 g	200 g
Gurken, gerüstet	80 g	200 g
Zwiebeln, rot, geschält	20 g	50 g
Oliven, schwarz, abgetropft	20 g	50 g
Kapern, abgetropft	15 g	40 g
Feta (griechischer Schafskäse)	100 g	250 g
Eier, gekocht	50 g	100 g
Kopfsalatblätter, gerüstet	40 g	100 g

Sauce

	4 Pers	10 Pers
Olivenöl, kaltgepresst	35 g	80 g
Rotweinessig	35 g	80 g
Zitronensaft, frisch	15 g	30 g
Origano, frisch	1 g	2 g
Salz	5 g	10 g

Vorbereitung

- Tomaten waschen, Stielansatz entfernen und in 1 cm große Würfel schneiden.
- Peperoni waschen und ebenfalls in 1 cm große Würfel schneiden.
- Gurken schälen, längs halbieren, entkernen und in 1 cm große Würfel schneiden.
- Zwiebeln feinblättrig schneiden.
- Fetakäse auf Küchenpapier trockentupfen und in 1 cm große Würfel schneiden.
- Eier schälen und in Sechstel schneiden.
- Origano waschen, zupfen, trockentupfen und fein hacken.
- Kopfsalatblätter waschen und trockenschleudern.

Zubereitung

- Kopfsalatblätter auf Tellern anrichten.
- Gemüse, Oliven, Kapern und Fetakäse sorgfältig mit der Sauce vermengen und abschmecken.
- Salat auf den vorbereiteten Salatblättern anrichten und mit den Ei-Sechsteln garnieren.

Griechischer Salat mit Safran · Salade grecque au safran

Zutaten

	4 Pers	10 Pers
Artischockenböden, frisch	60 g	150 g
Stangensellerie, gebleicht, gerüstet	80 g	200 g
Blumenkohl, gerüstet	80 g	200 g
Karotten, geschält	60 g	150 g
Peperoni, bunt, entkernt	40 g	100 g
Champignons, frisch, gerüstet	40 g	100 g
Zucchetti, grün, gerüstet	60 g	150 g
Olivenöl	20 g	50 g
Zitronensaft, frisch	10 g	25 g
Fenchelkraut	2 g	5 g
Thymian, frisch	1 g	2 g
Safran, gemahlen		
Wasser	20 g	50 g
Salz	4 g	10 g
Pfeffer, weiß, aus der Mühle		
Lorbeerblätter		
Kopfsalatblätter, gerüstet	40 g	100 g

Garnitur

	4 Pers	10 Pers
Oliven, schwarz, entsteint	20 g	50 g
Oliven, grün, entsteint	20 g	50 g

Vorbereitung

- Artischockenböden in Schnitze schneiden und mit Zitronensaft beträufeln.
- Stangensellerie in Bâtonnets (Stäbchen) schneiden.
- Blumenkohl waschen und in mundgerechte Röschen (ca. 5 g) schneiden.
- Karotten, Peperoni und Zucchetti in Bâtonnets (Stäbchen) schneiden.
- Champignons waschen und je nach Größe vierteln oder sechsteln.
- Fenchelkraut waschen und fein hacken.
- Thymian waschen, zupfen, trockentupfen und hacken.
- Kopfsalatblätter waschen und trockenschleudern.

Zubereitung

- Olivenöl in einer Sauteuse erhitzen.
- Zuerst die Gemüse mit fester Struktur (Artischocken, Stangensellerie, Karotten, Peperoni) beigeben und zugedeckt bei geringer Hitze ca. 4 Minuten dünsten.
- Anschließend die restlichen Gemüse (Blumenkohl, Champignons, Zucchetti) beigeben und kurz mitdünsten.
- Fenchelkraut, Thymian, Safran und Lorbeerblätter beigeben und kurz mitdünsten.
- Mit Wasser und Zitronensaft ablöschen, mit Salz und Pfeffer würzen und weitere 3 Minuten zugedeckt knackig dünsten.
- In der Garflüssigkeit etwas abkühlen lassen und abschmecken.

Anrichten

- Kopfsalatblätter auf Teller anrichten.
- Lauwarmen Salat darauf anrichten und mit den Oliven ausgarnieren.

Meeresfrüchtesalat mit Balsamessig · Salade de fruits de mer au vinaigre balsamique

Zutaten	4 Pers	10 Pers
Scampi, Schwänze, geschält, roh	80 g	200 g
Riesenkrevetten, Schwänze, geschält, roh	80 g	200 g
Tintenfische, geputzt	80 g	200 g
Miesmuscheln, ohne Schale	40 g	100 g
Meersalz, fein	2 g	5 g
Pfeffer, weiß, aus der Mühle		
Olivenöl	20 g	50 g
Knoblauch, geschält	4 g	10 g
Kopfsalatblätter, gerüstet	40 g	100 g

Sauce		
Olivenöl, kaltgepresst	35 g	80 g
Aceto balsamico di Modena (Balsamessig)	30 g	70 g
Schalotten, geschält	20 g	50 g
Tomaten, geschält, entkernt	40 g	100 g
Basilikum, frisch	1 g	2 g
Salz	2 g	5 g
Pfeffer, weiß, aus der Mühle		
Petersilie, glattblättrig, frisch	2 g	5 g

Vorbereitung
- Bei den Scampi- und Riesenkrevettenschwänzen (Stückgewicht je 20 g) den allenfalls vorhandenen Darm entfernen.
- Tintenfische in 3 mm dicke Ringe schneiden.
- Knoblauch durch die Knoblauchpresse drücken.
- Schalotten fein hacken.
- Tomaten in 1 cm große Würfel schneiden.
- Basilikum waschen, zupfen, trockentupfen und in Chiffonnade (Streifen) schneiden.
- Petersilie waschen, zupfen, trockentupfen und fein hacken.
- Kopfsalatblätter waschen und trockenschleudern.

Zubereitung
- Saucenzutaten (ohne Petersilie) zu einer Sauce verrühren und abschmecken.
- Scampi, Riesenkrevetten und Tintenfischringe mit Meersalz und Pfeffer würzen.
- Olivenöl in einer Lyoner Pfanne erhitzen und Scampi, Riesenkrevetten und Tintenfische sautieren.
- Knoblauch und Miesmuscheln beigeben und abschmecken.
- Meeresfrüchte herausnehmen, etwas abkühlen lassen und lauwarm mit der Sauce vermischen.

Anrichten
- Kopfsalatblätter auf Teller anrichten.
- Meeresfrüchtesalat darauf anrichten.
- Salat mit der gehackten Petersilie bestreuen.

Mexikanischer Salat · Salade mexicaine

Zutaten	4 Pers	10 Pers
Kidney-Bohnen, getrocknet	60 g	150 g
Salz	2 g	5 g
Maiskörner (Konserve), abgetropft	120 g	300 g
Peperoni, rot, entkernt	60 g	150 g
Peperoni, grün, entkernt	60 g	150 g
Bohnen, fein, gerüstet	80 g	200 g

Sauce		
Weißweinessig	20 g	50 g
Sonnenblumenöl, kaltgepresst	20 g	50 g
Chilisauce	20 g	50 g
Knoblauch, geschält	2 g	5 g
Bohnenkraut, frisch	2 g	5 g
Salz	2 g	5 g
Pfeffer, weiß, aus der Mühle		

Vorbereitung
- Rote Kidney-Bohnen ca. 6 Stunden im kalten Wasser quellen lassen.
- Im kalten Salzwasser aufsetzen und zugedeckt weich sieden, des Öfteren abschäumen.
- Bohnen leicht abkühlen lassen und abschütten.
- Peperoni waschen und in 3 cm lange und 3 mm breite Streifen schneiden.
- Grüne Bohnen im Salzwasser knackig sieden, im Eiswasser abschrecken und abtropfen lassen.
- Gekochte Bohnen in 3 cm lange Stücke schneiden.
- Knoblauch durch die Knoblauchpresse drücken.
- Bohnenkraut waschen, zupfen, trockentupfen und fein hacken.

Zubereitung
- Kidney-Bohnen, Maiskörner, Peperonistreifen und grüne Bohnen vermischen.
- Essig, Öl, Chilisauce, Knoblauch, Bohnenkraut, Salz und Pfeffer zu einer Sauce verrühren.
- Salat mit der Sauce vermengen, abschmecken und die Sauce einziehen lassen.

Hinweise für die Praxis
Anstelle von roten Kidney-Bohnen können auch schwarze Bohnen verwendet werden.

Nizza-Salat · Salade niçoise

Zutaten

	4 Pers	10 Pers
Kartoffeln, Typ A, in Schale	100 g	250 g
Bohnen, fein, gerüstet	40 g	80 g
Salz		
Tomaten	80 g	200 g
Zwiebeln, geschält	30 g	50 g
Kapern, abgetropft	10 g	25 g
Petersilie, gekraust, frisch	2 g	5 g
Kopfsalatblätter, gerüstet	40 g	100 g
Sardellenfilets, abgetropft	20 g	50 g
Thunfisch, in Olivenöl, abgetropft	120 g	300 g
Oliven, schwarz, abgetropft	20 g	50 g

Sauce

Olivenöl, kaltgepresst	20 g	50 g
Kräuteressig	30 g	80 g
Salz	2 g	5 g
Pfeffer, weiß, aus der Mühle		

Vorbereitung
- Kartoffeln in der Schale im Salzwasser sieden oder dämpfen, schälen und in 4 mm dicke Scheiben schneiden.
- Tomaten waschen, Stielansatz entfernen und in Schnitze schneiden.
- Bohnen im Salzwasser knackig sieden, im Eiswasser abschrecken und abtropfen lassen.
- Abgetropfte Bohnen in 3 cm lange Stücke schneiden.
- Zwiebeln in 2 mm dicke Ringe schneiden.
- Petersilie waschen, zupfen, trockentupfen und fein hacken.
- Salatblätter waschen und trockenschleudern.

Zubereitung
- Olivenöl, Kräuteressig, Salz und Pfeffer zu einer Sauce verrühren.
- Bohnen, Tomaten, Kartoffeln, Kapern und die Hälfte der Zwiebeln mit der Salatsauce vermengen.
- Kopfsalatblätter auf Teller anrichten und den Salat darauf verteilen.
- Thunfisch in Stücke teilen und auf dem Salat verteilen.
- Mit Sardellenfilets, den restlichen Zwiebelringen und Oliven garnieren und mit der gehackten Petersilie bestreuen.

Peperonisalat mit Omelettenwürfeln · Salade de poivrons et omelette en dés

Zutaten

	4 Pers	10 Pers
Peperoni, bunt, entkernt	320 g	800 g
Vollei, pasteurisiert	80 g	200 g
Salz		
Pfeffer, weiß, aus der Mühle		
Schnittlauch, frisch	2 g	5 g

Sauce

Olivenöl, kaltgepresst	30 g	70 g
Senf, scharf	10 g	25 g
Zwiebeln, rot, geschält	20 g	50 g
Knoblauch, geschält	2 g	5 g
Rotweinessig	30 g	70 g
Salz	2 g	5 g
Pfeffer, schwarz, aus der Mühle		

Vorbereitung
- Peperoni waschen und in feine Streifen schneiden.
- Schnittlauch fein schneiden.
- Zwiebeln fein hacken.
- Knoblauch durch die Knoblauchpresse drücken.
- Eier verrühren, Schnittlauch beigeben und mit Salz und Pfeffer abschmecken.

Zubereitung
- In einer antihaftbeschichteten Pfanne 1 cm dicke Omeletten beidseitig backen, ohne einzurollen.
- Herausnehmen, auf einem Gitter auskühlen lassen und in 1 cm große Würfel schneiden.
- Senf und Olivenöl gut verrühren, restliche Salatsaucenzutaten beigeben und abschmecken.
- Peperonistreifen mit der Salatsauce vermischen und die Omelettenwürfel vorsichtig darunterheben.

Pikanter Bananen-Mais-Salat · Salade piquante de bananes et maïs

Zutaten	4 Pers	10 Pers
Bananitos (Zwergbananen), geschält	200 g	500 g
Limonensaft	10 g	25 g
Maiskörner (Konserve), abgetropft	120 g	300 g
Schalotten, geschält	20 g	50 g
Peperoni, grün, entkernt	40 g	100 g
Peperoncini, rot, frisch	4 g	10 g
Granatapfelkerne	40 g	100 g
Sauce		
Birnel	20 g	50 g
Fischsauce, thailändische	40 g	100 g
Salz		
Pfeffer, weiß, aus der Mühle		

Vorbereitung
- Bananitos schräg in 1 cm dicke Scheiben schneiden.
- Limonensaft zu den Bananenscheiben geben.
- Maiskörner kalt abspülen und gut abtropfen lassen.
- Schalotten fein hacken.
- Peperoni waschen und in 5 mm große Würfel schneiden.
- Peperoncini waschen, entkernen und in Brunoise (Würfelchen) schneiden.

Zubereitung
- Birnel und Fischsauce verrühren.
- Sämtliche Zutaten vorsichtig miteinander verrühren und mit Salz und Pfeffer abschmecken.

Hinweise für die Praxis
Granatäpfel mit etwas Druck über die Arbeitsfläche rollen, Schale rundherum einschneiden und die Hälften trennen, die Kerne mit einem Esslöffel herauslösen.

Pilzsalat · Salade de champignons

Zutaten	4 Pers	10 Pers
Champignons, frisch, gerüstet	80 g	200 g
Eierschwämme/Pfifferlinge, frisch, gerüstet	60 g	150 g
Austernpilze, frisch, gerüstet	60 g	150 g
Olivenöl, kaltgepresst	10 g	25 g
Zitronensaft, frisch	4 g	10 g
Salz		
Pfeffer, weiß, aus der Mühle		
Sauce		
Rotweinessig	20 g	50 g
Olivenöl, kaltgepresst	20 g	50 g
Schalotten, geschält	20 g	50 g
Petersilie, glattblättrig, frisch	1 g	2 g
Schnittlauch, frisch	1 g	2 g
Salz	2 g	5 g
Pfeffer, weiß, aus der Mühle		
Kopfsalatblätter, gerüstet	40 g	100 g

Vorbereitung
- Pilze unter fließendem Wasser abspülen, gut abtropfen lassen und in gleichmäßige Stücke schneiden.
- Schalotten fein hacken.
- Petersilie waschen, zupfen, trockentupfen und fein hacken.
- Schnittlauch fein schneiden.
- Kopfsalatblätter waschen und trockenschleudern.

Zubereitung
- Olivenöl in einer Sauteuse erhitzen und die Pilze andünsten.
- Zitronensaft beigeben, mit Salz und Pfeffer würzen und zugedeckt dünsten.
- Die Pilze etwas abkühlen lassen.
- Essig, Öl, Schalotten, Petersilie, Schnittlauch, Salz und Pfeffer zu einer Sauce verrühren.
- Pilze mit der Sauce vermengen.
- Kopfsalatblätter auf Teller anrichten und den Pilzsalat darauf anrichten.

Rustikaler Siedfleischsalat · Salade de bœuf bouilli rustique

Zutaten

	4 Pers	10 Pers
Siedfleisch, Hohrücken, gekocht	320 g	800 g
Peperoni, gelb, entkernt	20 g	80 g
Essiggurken, abgetropft	15 g	60 g

Sauce

	4 Pers	10 Pers
Kräuteressig	35 g	80 g
Bouillon von Siedfleisch	15 g	60 g
Rapsöl	25 g	60 g
Zwiebeln, geschält	20 g	50 g
Knoblauch, geschält	5 g	15 g
Senf, scharf	5 g	15 g
Petersilie, gekraust, frisch	1 g	3 g
Thymian, frisch	1 g	2 g
Tabasco, rot		
Meersalz, fein	6 g	15 g
Pfeffer, weiß, aus der Mühle		

Garnitur

	4 Pers	10 Pers
Eier, gekocht	100 g	250 g
Tomaten	140 g	350 g
Schnittlauch, frisch	2 g	5 g

Vorbereitung

- Siedfleisch, Peperoni und Essiggurken in 2 cm lange und 0,5 cm dicke Stäbchen schneiden.
- Zwiebeln fein hacken.
- Knoblauch durch die Knoblauchpresse drücken.
- Petersilie und Thymian waschen, zupfen, trockentupfen und fein hacken.
- Die gekochten Eier schälen und sechsteln.
- Tomaten waschen, Stielansatz ausstechen und in Schnitze schneiden.
- Schnittlauch fein schneiden.

Zubereitung

- Aus den Saucenzutaten eine Salatsauce herstellen.
- Siedfleisch, Peperoni und Essiggurken mit der Sauce vermischen und abschmecken.
- Anrichten, mit Ei-Sechsteln und Tomatenschnitzen garnieren und mit Schnittlauch bestreuen.

Siedfleischsalat · Salade de bœuf bouilli

Zutaten

	4 Pers	10 Pers
Siedfleisch, Hohrücken, gekocht	240 g	600 g
Champignons, frisch, gerüstet	80 g	200 g
Kefen, gerüstet	60 g	150 g
Bohnen, fein, gerüstet	60 g	150 g
Zwiebeln, rot, geschält	20 g	50 g
Knoblauch, geschält	2 g	5 g

Sauce

	4 Pers	10 Pers
Olivenöl, kaltgepresst	40 g	100 g
Aceto balsamico bianco (weißer Balsamessig)	40 g	100 g
Meaux-Vollkornsenf	10 g	20 g
Salz		
Pfeffer, weiß, aus der Mühle		

Weitere Zutaten

	4 Pers	10 Pers
Schnittlauch, frisch	2 g	5 g
Petersilie, gekraust, frisch	1 g	2 g

Vorbereitung

- Siedfleisch auf der Aufschnittmaschine in 3 mm dicke Scheiben schneiden.
- Anschließend die Scheiben in 1,5 cm große Quadrate schneiden.
- Champignons waschen, gut abtropfen lassen und vierteln.
- Kefen und Bohnen in 2 cm lange Stücke schneiden.
- Kefen im Salzwasser blanchieren, im Eiswasser abschrecken und abschütten.
- Bohnen im Salzwasser sieden, im Eiswasser abschrecken und abschütten.
- Zwiebeln auf der Aufschnittmaschine in 3 mm dicke Ringe schneiden.
- Knoblauch durch die Knoblauchpresse drücken.
- Schnittlauch fein schneiden.
- Petersilie waschen, zupfen, trockentupfen und fein hacken.

Zubereitung

- Zwiebelringe und Knoblauch im Olivenöl andünsten.
- Champignonsviertel, Kefen und Bohnen beigeben und knackig dünsten.
- Zum geschnittenen Siedfleisch geben und mit den Salatsaucenzutaten sorgfältig vermischen.
- Siedfleischsalat abschmecken und anrichten.
- Mit Schnittlauch und gehackter Petersilie bestreuen.

Tomaten mit Mozzarella und Basilikum · Tomates à la mozzarella et au basilic

Zutaten

	4 Pers	10 Pers
Tomaten	240 g	600 g
Büffelmozzarella	160 g	400 g

Sauce

Aceto balsamico di Modena (Balsamessig)	20 g	50 g
Olivenöl, kaltgepresst	40 g	100 g
Zwiebeln, violett, geschält	10 g	25 g
Basilikum, frisch	4 g	10 g
Salz	2 g	5 g
Pfeffer, weiß, aus der Mühle		

Garnitur

Basilikumblätter, frisch	2 g	5 g

Vorbereitung

– Tomaten waschen, Stielansatz entfernen und in 4 mm dicke Scheiben schneiden.
– Büffelmozzarella auf Küchenpapier trockentupfen und in 4 mm dicke Scheiben schneiden.
– Zwiebeln fein hacken.
– Basilikum waschen, zupfen, trockentupfen und in Chiffonnade (feine Streifen) schneiden.
– Basilikumblätter für die Garnitur waschen und trockentupfen.

Zubereitung

– Tomaten- und Mozzarellascheiben abwechslungsweise anrichten.
– Saucenzutaten vermischen und mit Salz und Pfeffer würzen.
– Die Tomaten- und Mozzarellascheiben mit der Sauce beträufeln und mit den Basilikumblättern garnieren.

Hinweise für die Praxis

Das Gericht sollte nur während der Saison (Sommermonate) angeboten werden.

Salatsaucen und Dressings

Amerikanische Salatsauce (French Dressing) · Sauce à salade américaine (French Dressing)

Zutaten	1 Liter
Zwiebeln, geschält	100 g
Senf, mild	40 g
Eigelb, pasteurisiert	40 g
Cayenne-Pfeffer, gemahlen	
Pfeffer, weiß, gemahlen	
Zucker	10 g
Streuwürze	12 g
Worcestershire-Sauce	10 g
Zitronensaft, frisch	40 g
Estragonessig	200 g
Wasser	150 g
Sonnenblumenöl	500 g

Vorbereitung
– Zwiebeln grob hacken.

Zubereitung
– Zwiebeln, Senf, Eigelb, Gewürze, Zucker, Streuwürze, Worcestershire-Sauce, Zitronensaft und Essig im Mixer oder im Kutter zu einer dickflüssigen Masse mixen.
– Öl und Wasser bei hoher Tourenzahl beigeben, zu einer homogenen Sauce aufmontieren und abschmecken.

Hinweise für die Praxis
Wenn diese Sauce zum Voraus hergestellt wird, Zwiebeln allenfalls in Pulverform beigeben.

Apfeldressing · Sauce à salade aux pommes

Zutaten	1 Liter
Äpfel, säuerliche Sorte ohne Kerngehäuse	200 g
Zwiebeln, geschält	100 g
Meerrettich, frisch, geschält	30 g
Apfelessig	200 g
Apfelsaft, süß	150 g
Salz	12 g
Cayenne-Pfeffer, gemahlen	
Pfeffer, weiß, aus der Mühle	
Traubenkernöl	300 g

Vorbereitung
– Äpfel in kleine Stücke schneiden.
– Zwiebeln grob hacken.
– Meerrettich fein reiben.

Zubereitung
– Äpfel, Zwiebeln, Meerrettich, Essig, Apfelsaft, Salz und Gewürze im Mixer oder im Kutter fein mixen.
– Öl bei hoher Tourenzahl beigeben, zu homogener Sauce aufmontieren und abschmecken.

Avocado-Dressing · Sauce à salade à l'avocat

Zutaten	1 Liter
Vollmilchjoghurt, nature	360 g
Avocadofruchtfleisch	200 g
Zitronensaft, frisch	10 g
Pfeffer, schwarz, aus der Mühle	1 g
Meersalz, fein	10 g
Tabasco, rot	
Haselnussöl	100 g
Gemüsefond	300 g

Vorbereitung
– Avocadofruchtfleisch mit Zitronensaft beträufeln.

Zubereitung
– Alle Zutaten außer Gemüsefond in einen Mixbecher geben und fein mixen.
– Mit Gemüsefond auf die gewünschte Konsistenz bringen und abschmecken.

Hinweise für die Praxis
Statt Vollmilchjoghurt kann auch Sauerrahm verwendet werden. Nach Belieben kann auch gepresster Knoblauch beigegeben werden. Verwendung: Die Sauce passt speziell zu Lattich, Kopfsalat und Eisbergsalat.

Baumnussdressing mit Orangensaft · Sauce à salade aux noix et jus d'oranges

Zutaten	1 Liter
Baumnusskerne, halbiert	50 g
Orangensaft, frisch gepresst	300 g
Aceto balsamico di Modena (Balsamessig)	150 g
Salz	10 g
Pfeffer, schwarz, aus der Mühle	2 g
Baumnussöl	500 g

Vorbereitung
- Baumnusskerne grob hacken.
- Frisch gepressten Orangensaft mit einem Stabmixer mixen.

Zubereitung
- Sämtliche Zutaten außer dem Baumnussöl mit dem Schneebesen kräftig verrühren.
- Baumnussöl in feinem Faden unter Rühren langsam einlaufen lassen, bis eine homogene Sauce entsteht.

Hinweise für die Praxis
Je nach Saison kann der Saft von Blut- oder Blondorangen verwendet werden. Nach Belieben können auch Orangenraps oder Orangenfilets beigegeben werden.

Blanc-battu-Salatsauce · Sauce à salade au blanc battu

Zutaten	1 Liter
Blanc battu	800 g
Gemüsefond	150 g
Zitronensaft, frisch	40 g
Petersilie, glattblättrig, frisch	5 g
Zitronenmelisse, frisch	5 g
Salz	12 g
Muskatnuss, gemahlen	
Pfeffer, weiß, aus der Mühle	

Vorbereitung
- Petersilie und Zitronenmelisse waschen, zupfen, trockentupfen und fein hacken.

Zubereitung
- Blanc battu in eine Schüssel geben und unter Rühren Gemüsefond und Zitronensaft beigeben.
- Restliche Zutaten beigeben und Sauce abschmecken.

Hinweise für die Praxis
Diese Salatsauce eignet sich für energiereduzierte Salate.

Cäsar-Salatsauce · Sauce à salade César

Zutaten	1 Liter
Eigelb, pasteurisiert	40 g
Weißweinessig	50 g
Senf, mild	20 g
Zitronensaft, frisch	10 g
Tabasco, rot	
Worcestershire-Sauce	2 g
Pfeffer, schwarz, aus der Mühle	1 g
Salz	5 g
Rapsöl	350 g
Sardellenfilets, abgetropft	20 g
Knoblauch, geschält	10 g
Olivenöl, kaltgepresst	100 g
Parmesan, gerieben	100 g
Gemüsefond	300 g

Vorbereitung
- Sardellenfilets hacken.
- Knoblauch durch die Knoblauchpresse drücken.

Zubereitung
- Eigelb, Essig, Senf, Zitronensaft, Tabasco, Worcestershire-Sauce, Pfeffer und Salz im Rührkessel zu einer cremigen Masse rühren.
- Rapsöl unter Rühren in feinem Faden beigeben und zu einer Mayonnaise aufmontieren.
- Sardellenfilets, Knoblauch, Olivenöl und geriebenen Parmesan beigeben.
- Sauce mit Gemüsefond verdünnen und abschmecken.

Hinweise für die Praxis
Die Salatsauce kann auch ausschließlich mit Zitronensaft gesäuert werden (ohne Zugabe von Weißweinessig). Wird die Sauce in größeren Mengen zum Voraus hergestellt, ist es von Vorteil, den Knoblauch frisch (à la minute) oder in Pulverform beizugeben.
Verwendung: Die Sauce passt speziell zu Eisbergsalat (Cäsar-Salat), Kopfsalaten und Lattich.

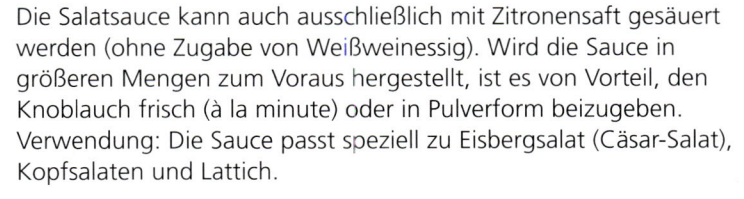

Curry-Apfel-Dressing · Sauce à salade aux pommes et au curry

Zutaten	1 Liter
Eigelb, pasteurisiert	40 g
Wasser	20 g
Senf, mild	10 g
Weißweinessig	40 g
Zitronensaft, frisch	5 g
Worcestershire-Sauce	1 g
Tabasco, rot	
Salz	5 g
Pfeffer, schwarz, aus der Mühle	1 g
Rapsöl	300 g
Äpfel, rotschalig, geschält, ohne Kerngehäuse	200 g
Apfelsaft, süß	250 g
Apfelessig	50 g
Curry, Madras	5 g

Vorbereitung
– Äpfel waschen, in 3 mm große Würfelchen schneiden und mit Zitronensaft beträufeln.

Zubereitung
– Eigelb, heißes Wasser, Senf, Weißweinessig, Zitronensaft, Worcestershire-Sauce, Tabasco, Salz und Pfeffer im Rührkessel zu einer cremigen Masse rühren.
– Rapsöl unter Rühren in feinem Faden beigeben und zu einer Mayonnaise aufmontieren.
– Apfelsaft, Apfelessig und Currypulver unter die Mayonnaise rühren.
– Zum Schluss die Apfelwürfelchen beigeben, verrühren und abschmecken.

Einfache Salatsauce · Sauce à salade simple

Zutaten	1 Liter
Senf, mild	20 g
Weißweinessig	260 g
Wasser	170 g
Salz	12 g
Zucker	5 g
Pfeffer, weiß, aus der Mühle	
Worcestershire-Sauce	
Sonnenblumenöl, kaltgepresst	550 g

Zubereitung
– Senf, Weißweinessig und Wasser mit Salz, Pfeffer und Wocestershire-Sauce verrühren, bis sich das Salz auflöst.
– Sonnenblumenöl in feinem Faden unter Rühren beigeben und abschmecken.
– Vor Gebrauch gut aufrühren.

Hinweise für die Praxis
Öl- und Essigzugabe können beliebig variiert werden.

Französische Salatsauce · Sauce à salade française

Zutaten	1 Liter
Weißweinessig	240 g
Wasser	160 g
Salz	15 g
Pfeffer, weiß, aus der Mühle	
Schalotten, geschält	50 g
Dijon-Senf	25 g
Rapsöl	400 g
Thymian, frisch	3 g
Schnittlauch, frisch	10 g
Petersilie, glattblättrig, frisch	5 g

Vorbereitung
– Schalotten fein hacken.
– Thymian und Petersilie waschen, zupfen, trockentupfen und fein hacken.
– Schnittlauch fein schneiden.

Zubereitung
– Weißweinessig, Wasser und Dijon-Senf mit Salz und Pfeffer verrühren, bis sich das Salz auflöst.
– Gehackte Schalotten beigeben.
– Rapsöl unter stetem Rühren mit dem Schwingbesen langsam beigeben.
– Vor dem Gebrauch Thymian, Schnittlauch und Petersilie beigeben und gut aufrühren.

Hinweise für die Praxis
Die Ölzugabe kann beliebig variiert werden. Die Salatsauce kann zusätzlich mit wenig Tabasco und Worcestershire-Sauce ergänzt werden.

Himbeerdressing mit Haselnussöl · Sauce à salade aux framboises et à l'huile de noisettes

Zutaten — 1 Liter

Waldhonig	150 g
Meaux-Vollkornsenf	50 g
Himbeeressig	200 g
Salz	10 g
Pfeffer, schwarz, aus der Mühle	2 g
Haselnussöl	600 g

Zubereitung
- Alle Zutaten außer dem Haselnussöl mit dem Schwingbesen kräftig verrühren.
- Haselnussöl in feinem Faden unter Rühren langsam einlaufen lassen, bis eine homogene Sauce entsteht.

Hinweise für die Praxis
Haselnussöl ist leicht verderblich und sollte nur in kleinen Mengen eingekauft werden. Angebrochene Flaschen verschlossen und kühl aufbewahren und rasch verbrauchen.

Italienische Salatsauce · Sauce à salade italienne

Zutaten — 1 Liter

Zwiebeln, geschält	80 g
Knoblauch, geschält	5 g
Basilikum, frisch	5 g
Salz	5 g
Pfeffer, schwarz, aus der Mühle	
Streuwürze	10 g
Rotweinessig	180 g
Aceto balsamico di Modena (Balsamessig)	150 g
Wasser	120 g
Olivenöl, kaltgepresst	450 g

Vorbereitung
- Zwiebeln und Knoblauch grob hacken.
- Basilikum waschen und zupfen.

Zubereitung
- Zwiebeln, Knoblauch, Basilikum, Salz, Pfeffer, Streuwürze, Rotweinessig, Balsamessig und Wasser im Mixer oder Kutter fein mixen.
- Öl nach und nach bei hoher Tourenzahl beigeben und abschmecken.
- Vor jedem Gebrauch gut aufrühren.

Rahmsalatsauce mit Orangen · Sauce à salade à la crème et aux oranges

Zutaten — 1 Liter

Eigelb, pasteurisiert	100 g
Zitronensaft, frisch	25 g
Salz	15 g
Zucker	5 g
Orangensaft, frisch gepresst	80 g
Pfeffer, weiß, aus der Mühle	
Senf, mild	25 g
Orangenraps	15 g
Haselnussöl	380 g
Bouillon	100 g
Vollrahm, 35%	130 g
Orangenfilets	100 g
Cayenne-Pfeffer, gemahlen	

Vorbereitung
- Frischen Orangensaft mit einem Stabmixer fein mixen.
- Die Orangenfilets in 5 mm große Stücke schneiden.

Zubereitung
- Eigelb, Zitronensaft, Salz, Zucker, Orangensaft und Senf in einen Rührkessel geben.
- Masse ca. 3 Minuten schaumig schlagen (Volumen sollte sich verdoppeln).
- Langsam das Haselnussöl beigeben, bis die Sauce eine Mayonnaise-ähnliche Konsistenz aufweist.
- Orangenraps, Wasser und Vollrahm unterrühren und mit Cayenne-Pfeffer abschmecken.
- Vor dem Gebrauch die Orangenstücke beigeben.

Hinweise für die Praxis
Die Sauce sollte eine solche Konsistenz aufweisen, dass beim Eintauchen mit einem Löffel dieser gut behaftet ist. Sauce passt speziell zu Kopfsalaten und Brüsseler Endivien.

Roquefort-Salatsauce · Sauce à salade au roquefort

Zutaten — 1 Liter

Zutat	Menge
Eigelb, pasteurisiert	20 g
Dijon-Senf	10 g
Wasser, heiß	20 g
Salz	12 g
Sonnenblumenöl, kaltgepresst	50 g
Apfelessig	20 g
Roquefort (Schafskäse)	400 g
Knoblauch, geschält	5 g
Zitronensaft, frisch	30 g
Weißwein	100 g
Bouillon	60 g
Wasser	20 g
Vollrahm, 35%	150 g
Petersilie, glattblättrig, frisch	10 g
Salz	
Pfeffer, weiß, aus der Mühle	
Sojasauce	
Äpfel, geschält, ohne Kerngehäuse	60 g

Vorbereitung
- Roquefort-Käse durch ein Haarsieb streichen.
- Knoblauch durch die Knoblauchpresse drücken.
- Petersilie waschen, zupfen, trockentupfen und fein hacken.
- Apfel in Brunoise (Würfelchen) schneiden.

Zubereitung
- Eigelb mit Dijon-Senf, Salz und wenig heißem Wasser mit dem Schwingbesen verrühren.
- Sonnenblumenöl in feinem Faden unter stetem Rühren einlaufen lassen.
- Den etwas angewärmten Apfelessig beigeben (dadurch wird die Mayonnaise fester).
- Mayonnaise mit dem passierten Roquefort-Käse und dem Knoblauch verrühren.
- Zitronensaft, Weißwein, Bouillon, Wasser und Vollrahm langsam unter Rühren beigeben.
- Sauce mit Salz, Pfeffer und Sojasauce abschmecken.
- Vor dem Gebrauch gehackte Petersilie und Apfel-Brunoise beigeben.

Hinweise für die Praxis
Der Roquefort-Käse enthält reichlich Salz, daher zurückhaltend salzen. Die Sauce kann auch mit Roquefort-Würfelchen ergänzt werden. Die Sauce passt zu feinen Blattsalaten, Kopfsalaten und Brüsseler Endivien.

Salatsauce mit Speckstreifen · Sauce à salade au lard

Zutaten — 1 Liter

Zutat	Menge
Speck, geräuchert	100 g
Schalotten, geschält	100 g
Salz	10 g
Pfeffer, schwarz, aus der Mühle	2 g
Rotweinessig	240 g
Traubenkernöl	600 g

Vorbereitung
- Speck in 3 mm dünne Streifen schneiden.
- Speckstreifen in einer Lyoner Pfanne knusprig rösten.
- In ein Sieb gießen und das auslaufende Fett abgießen.
- Schalotten fein hacken.

Zubereitung
- Sämtliche Zutaten außer dem Öl mit dem Schneebesen kräftig verrühren.
- Traubenkernöl unter Rühren langsam einlaufen lassen.
- Abschmecken.
- Sauce vor jedem Gebrauch gut aufrühren.

Hinweise für die Praxis
Passt speziell zu Nüsslisalat, Spinatsalat, Bohnensalat sowie Salaten aus Hülsenfrüchten.

Sauerrahmsalatsauce · Sauce à salade à la crème acidulée

Zutaten — 1 Liter

Zutat	Menge
Sauerrahm, 35%	800 g
Zitronensaft, frisch	80 g
Wasser	100 g
Salz	10 g
Pfeffer, weiß, aus der Mühle	
Cayenne-Pfeffer, gemahlen	
Petersilie, gekraust, frisch	5 g
Kerbel, frisch	5 g
Dill, frisch	5 g
Schnittlauch, frisch	5 g

Vorbereitung
- Petersilie, Kerbel und Dill waschen, zupfen, trockentupfen und fein hacken.
- Schnittlauch fein schneiden.

Zubereitung
- Sauerrahm mit den restlichen Zutaten verrühren.
- Am Schluss die Kräuter beigeben und abschmecken.

Hinweise für die Praxis
Aus energetischen Gründen kann der saure Vollrahm auch durch sauren Halbrahm ersetzt werden.

Thai-Dressing · Sauce à salade thaï

Zutaten — 1 Liter

Zutat	Menge
Knoblauch, geschält	10 g
Peperoncini, rot, frisch	20 g
Koriander, frisch	20 g
Zitronensaft, frisch	100 g
Rohzucker	50 g
Fischsauce, thailändische	200 g
Sesamöl	200 g
Sonnenblumenöl, kaltgepresst	400 g

Vorbereitung
- Knoblauch durch die Knoblauchpresse drücken.
- Peperoncini waschen und in Brunoise (Würfelchen) schneiden.
- Koriander waschen, zupfen, trockentupfen und fein hacken.

Zubereitung
- Sämtliche Zutaten außer dem Öl und dem Koriander mit dem Schwingbesen kräftig verrühren.
- Sesamöl und Sonnenblumenöl unter Rühren in feinem Faden einlaufen lassen und abschmecken.
- Koriander unmittelbar vor Gebrauch beigeben.
- Vor dem Gebrauch gut aufrühren.

Hinweise für die Praxis
Das Dressing benötigt kein Salz, da die Fischsauce genügend Salz enthält.

Tomatensalatsauce · Sauce à salade aux tomates

Zutaten

	1 Liter
Tomaten, geschält, entkernt	380 g
Schalotten, geschält	40 g
Knoblauch, geschält	10 g
Salz	20 g
Pfeffer, weiß, aus der Mühle	
Aceto balsamico di Modena (Balsamessig)	60 g
Olivenöl, kaltgepresst	420 g
Wasser	70 g
Worcestershire-Sauce	2 g
Tabasco, rot	
Basilikum, frisch	10 g

Vorbereitung

- Schalotten fein hacken.
- Knoblauch durch die Knoblauchpresse drücken.
- Basilikum waschen, zupfen, trockentupfen und hacken.

Zubereitung

- Tomaten, Knoblauch, Balsamessig, Salz, Pfeffer, Worcestershire-Sauce und Tabasco im Mixer pürieren.
- In eine Schüssel geben und in feinem Faden das Olivenöl und zum Schluss das Wasser beigeben.
- Gehackte Schalotten beigeben und abschmecken.
- Vor dem Gebrauch das gehackte Basilikum beigeben.

Hinweise für die Praxis

Das Tomatendressing vor allem während der Tomatensaison in den Sommermonaten verwenden. Sauce passt speziell zu etwas bitteren Blattsalaten wie rotem und grünem Chicorée. Als Ergänzung können auch getrocknete Tomatenwürfel oder Würfel von frischen Tomaten beigegeben werden.

Kalte Gerichte aus Fischen, Krustentieren und Weichtieren

■ GERÄUCHERTE UND MARINIERTE FISCHE UND MEERESFRÜCHTE

Eingerolltes Carpaccio von Steinbutt und Lachsforelle mit Salatbukett
Carpaccio de turbot et de truite saumonée en roulade avec bouquet de salades

Zutaten	4 Pers	10 Pers
Steinbuttfilet, pariert	120 g	300 g
Lachsforellenfilet, pariert	120 g	300 g
Seetangblätter (Nori)	2 g	5 g
Fleur de sel	2 g	5 g
Marinade		
Olivenöl, kaltgepresst	50 g	120 g
Limonensaft	20 g	50 g
Petersilie, glattblättrig, frisch	2 g	5 g
Kerbel, frisch	2 g	5 g
Fleur de sel		
Pfeffer, weiß, aus der Mühle		
Salat		
Lollo, rot, gerüstet	30 g	75 g
Löwenzahn, gerüstet	30 g	75 g
Chicorée, rot, gerüstet	30 g	75 g
Baumnussdressing mit Orangensaft	60 g	150 g
Salz		
Pfeffer, schwarz, aus der Mühle		

Vorbereitung
- Steinbutt- und Lachsforellenfilet auf eine Plastikfolie legen, mit einer zweiten Folie bedecken und mit dem Fleischklopfer plattieren (Dicke der Filets 4–5 mm).
- Plattiertes Lachsforellenfilet auf Plastikfolie legen und mit Seetangblättern (Nori) belegen.
- Plattiertes Steinbuttfilets darauf legen und straff in die Plastikfolie einrollen.
- Im Tiefkühler leicht anfrieren lassen.
- Petersilie und Kerbel waschen, zupfen, trockentupfen und fein hacken.
- Zutaten für die Marinade vermischen und abschmecken.
- Salate waschen und gut abtropfen lassen.

Zubereitung
- Wenig Marinade gleichmäßig auf die Teller verteilen.
- Carpaccio-Roulade mit einem Lachsmesser fein schneiden und auf der Marinade anrichten.
- Carpaccio mit der restlichen Marinade beträufeln und wenn nötig mit Fleur de sel und Pfeffer würzen.
- Salatbukett gefällig anrichten und mit Baumnussdressing mit Orangensaft beträufeln.

Hinweise für die Praxis
Bei der Herstellung von Fisch-Carpaccio die Hygieneregeln peinlichst beachten und das Carpaccio nur für den unmittelbaren Gebrauch herstellen.

Geräucherter Stör mit Pilzklößchen und Blinis
Esturgeon fumé aux quenelles de champignons et blinis

Zutaten

	4 Pers	10 Pers
Butter	35 g	60 g
Zwiebeln, geschält	40 g	100 g
Knoblauch, geschält	5 g	10 g
Champignons, frisch, gerüstet	50 g	120 g
Eierschwämme/Pfifferlinge, frisch, gerüstet	50 g	120 g
Steinpilze, frisch, gerüstet	50 g	120 g
Sherry, trocken	10 g	20 g
Rahmquark	30 g	80 g
Mascarpone	30 g	80 g
Petersilie, glattblättrig, frisch	5 g	10 g
Estragon, frisch	2 g	5 g
Majoran, frisch	2 g	5 g
Meersalz, fein		
Cayenne-Pfeffer, gemahlen		
Pfeffer, weiß, aus der Mühle		
Buchweizenpfannkuchen (Blinis)	400 g	1000 g
Störfilet, geräuchert	320 g	800 g
Gartenkresse, gerüstet	20 g	50 g
Olivenöl, kaltgepresst	10 g	25 g
Aceto balsamico bianco (weißer Balsamessig)	5 g	10 g
Zitronensaft, frisch		
Salz		
Pfeffer, weiß, aus der Mühle		

Vorbereitung
– Zwiebeln und Knoblauch fein hacken.
– Champignons und Eierschwämme gründlich waschen und fein hacken.
– Steinpilze mit einem Tuch abreiben und fein hacken.
– Petersilie, Estragon und Majoran waschen, zupfen, trockentupfen und fein hacken.
– Gartenkresse waschen und trockenschleudern.
– Olivenöl und Balsamessig vermischen und mit Zitronensaft, Salz und Pfeffer abschmecken.

Zubereitung
– Zwiebeln und Knoblauch in Butter andünsten.
– Gehackte Pilze beigeben, leicht salzen und mitdünsten.
– Mit Sherry ablöschen, die Flüssigkeit vollständig verdampfen und erkalten lassen.
– Quark, Mascarpone und gehackte Kräuter beigeben und mit Meersalz, Cayenne-Pfeffer und Pfeffer abschmecken.
– Pilzmasse in eine Schüssel geben und erkalten lassen.
– Blinis mit einem Durchmesser von ca. 8 cm bei 180 °C in einer antihaftbeschichteten Pfanne backen und warm stellen.
– Störfilet in gleichmäßige, dünne Tranchen schneiden.
– Gartenkresse mit dem Dressing vermengen.

Anrichten
– Pilzmasse mit zwei Esslöffeln zu Klößchen formen (2 Klößchen pro Person) und anrichten.
– Stör fächerartig anrichten und mit einem Kressebukett garnieren.
– Lauwarme Blinis mit wenig Butter bepinseln und separat dazu servieren.

Hinweise für die Praxis
Nach Belieben kann separat zu den Blinis Sauerrahm gereicht werden.

Heringssalat nach isländischer Art · Salade de hareng islandaise

Zutaten

	4 Pers	10 Pers
Matjesheringsfilets	320 g	800 g
Gurken, gerüstet	80 g	200 g
Äpfel, säuerliche Sorte, geschält	120 g	300 g
Radieschen, gerüstet	80 g	200 g
Birnen, geschält, ohne Kerngehäuse	70 g	180 g

Sauce

	4 Pers	10 Pers
Peperoncini, rot, frisch	2 g	6 g
Wasser	20 g	50 g
Sherry-Essig	40 g	100 g
Salz		
Zucker		

Vorbereitung
– Matjesheringsfilets je nach Salzgehalt wässern.
– Heringsfilets in 1 cm breite Streifen schneiden.
– Gurken, Äpfel, Radieschen und Birnen in Julienne (Streifchen) schneiden.
– Peperoncini in feine Streifen schneiden.

Zubereitung
– Peperoncini, Sherry-Essig, Wasser, Salz und Zucker miteinander verrühren.
– Heringsfilets, Gemüse- und Früchte-Julienne mit der Sauce vermischen und abschmecken.
– Vor dem Servieren etwa 1 Stunde in der Sauce marinieren.

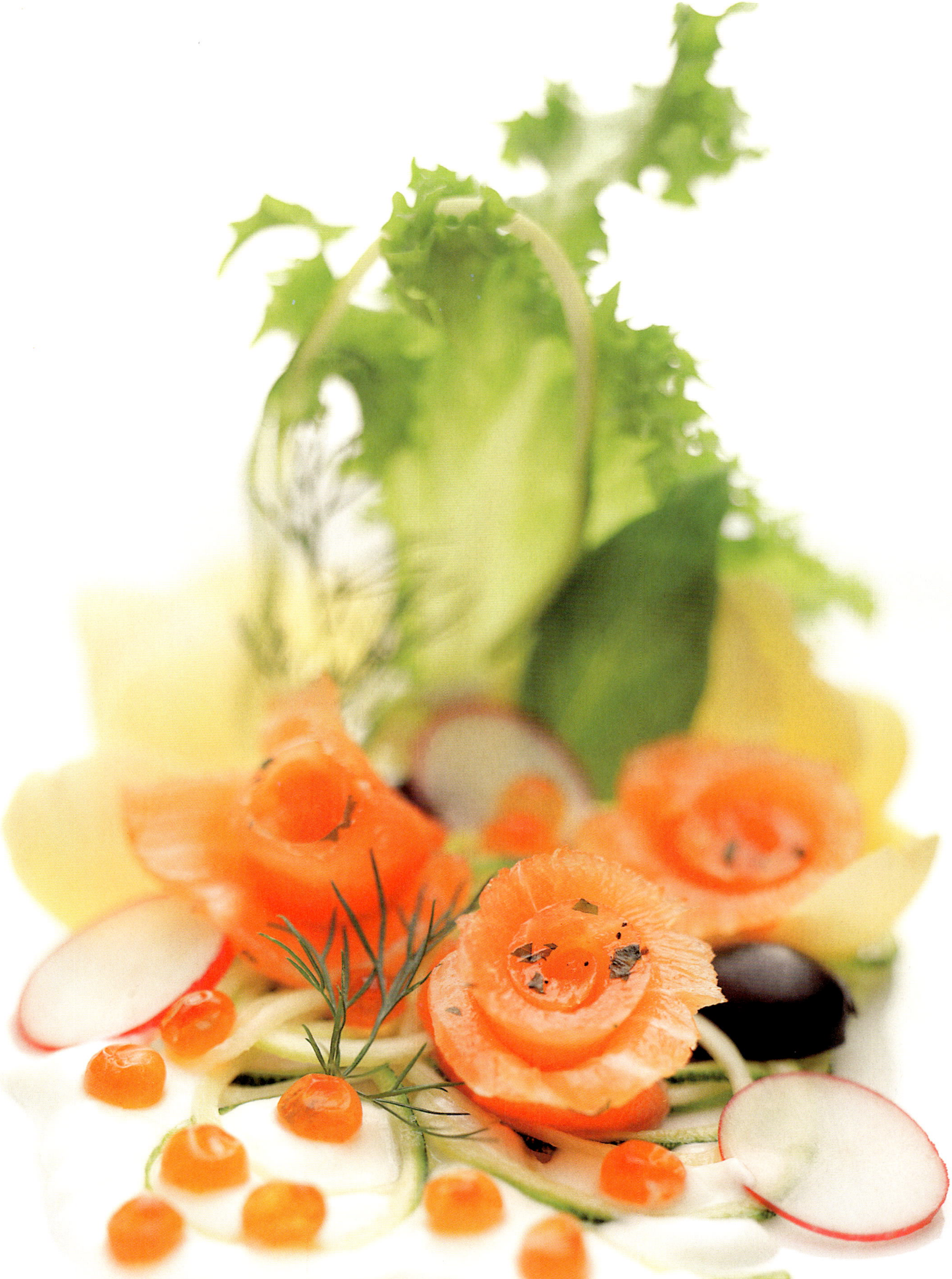

Kreation von Lachs- und Zanderfilet im Pfannkuchenmantel
Création de filets de saumon et de sandre en crêpe

Zutaten	4 Pers	10 Pers
Lachsfilet, ohne Haut	140 g	350 g
Meersalz, fein		
Pfeffer, weiß, aus der Mühle		
Limonensaft	20 g	50 g
Pernod	10 g	25 g
Räucherlachs, Royale-Filet	80 g	200 g
Zanderfilet, pariert	150 g	370 g
Meersalz, fein		
Pfeffer, weiß, aus der Mühle		
Limonensaft	10 g	25 g
Zitronenmelisse, frisch	2 g	5 g
Senfpfannkuchen	100 g	250 g

Salat

Gurken, geschält, entkernt	160 g	400 g
Salz		
Ingwer, frisch, geschält	5 g	10 g

Sauce

Aceto balsamico bianco (weißer Balsamessig)	60 g	150 g
Lindenblüten, getrocknet	1 g	2 g
Zitronenraps	2 g	5 g
Zucker	5 g	15 g
Meaux-Vollkornsenf	10 g	20 g
Sonnenblumenöl	35 g	80 g
Olivenöl, kaltgepresst	35 g	80 g
Salz		
Pfeffer, weiß, aus der Mühle		

Vorbereitung
- Lachs- und Räucherlachsfilet in 2 cm dicke Streifen schneiden.
- Lachsfilet mit Limonensaft marinieren und mit Salz und Pfeffer würzen.
- Zanderfilet mit einer Pinzette von allen Gräten befreien, leicht plattieren, mit Limonensaft marinieren und mit Salz und Pfeffer würzen.
- Zitronenmelisse zupfen, im Salzwasser blanchieren, im Eiswasser abschrecken und abschütten.
- Gurken mit einem Buntschneidemesser in 1 cm dicke Keile schneiden.
- Gurken im Salzwasser blanchieren, im Eiswasser abschrecken und abschütten.
- Ingwer fein reiben.

Zubereitung Roulade
- Senfpfannkuchen (Ø 20 cm) auslegen und mit plattierten Zanderfilets belegen.
- Mit Lachs- und Räucherlachsstreifen belegen.
- Blanchierte Zitronenmelissenblätter trockentupfen und auf die Räucherlachsstreifen legen.
- Fischfilets satt in den Pfannkuchen einrollen.
- Zuerst straff in eine Plastikfolie einrollen und anschliessend in eine Alufolie einrollen.
- Die Enden eindrehen und die Roulade mit einem Zahnstocher in gleichmäßigen Abständen einstechen.
- Im Ofen bei einer Temperatur von 70 °C bis zu einer Kerntemperatur von 56 °C garen.
- Herausnehmen und erkalten lassen.

Zubereitung Sauce
- Balsamessig aufkochen, Zitronenraps und Lindenblüten beigeben und kurze Zeit ziehen lassen.
- Durch ein Drahtspitzsieb passieren und erkalten lassen.
- Zucker, Senf, Sonnenblumenöl und Olivenöl beigeben und mit dem Stabmixer aufmixen.
- Mit Salz und Pfeffer abschmecken.

Zubereitung Salat
- Blanchierte Gurken mit dem geriebenen Ingwer und der Salatsauce vermengen und mit Salz und Pfeffer würzen.

Anrichten
- Roulade auspacken, in gleichmäßige Tranchen schneiden und auf Teller anrichten.
- Gurkensalat dazu anrichten und servieren.

Hinweise für die Praxis
Senfpfannkuchen: Pfannkuchenteig mit Meaux-Vollkornsenf mischen und in einer antihaftbeschichteten Pfanne beidseitig backen.

Lachs-Zander-Tatar mit Gemüsesalat und Radieschen-Vinaigrette
Tartare de saumon et de sandre avec salade de légumes et vinaigrette aux radis roses

Tatar	4 Pers	10 Pers
Lachsfilet, pariert	200 g	500 g
Zanderfilet, pariert	120 g	300 g
Meersalz, fein		
Pfeffer, weiß, aus der Mühle		
Limonensaft	40 g	100 g
Olivenöl, kaltgepresst	40 g	100 g
Schalotten, geschält	40 g	100 g
Dill, frisch	4 g	10 g
Kerbel, frisch	2 g	5 g

Salat		
Stangensellerie, gebleicht, gerüstet	40 g	100 g
Peperoni, rot, entkernt	40 g	100 g
Zucchetti, gelb, gerüstet	40 g	100 g
Bohnen, fein, gerüstet	50 g	120 g
Radieschen, gerüstet	40 g	100 g
Olivenöl, kaltgepresst	60 g	150 g
Sherry-Essig	35 g	90 g
Meersalz, fein		
Pfeffer, weiß, aus der Mühle		
Petersilie, glattblättrig, frisch	2 g	5 g

Vorbereitung Tatar
- Lachs- und Zanderfilet mit einem scharfen Messer in kleine Würfelchen schneiden.
- Schalotten fein hacken.
- Kerbel und Dill waschen, zupfen, trockentupfen und fein hacken.

Zubereitung Tatar
- Fein geschnittene Fische mit dem Olivenöl mischen.
- Gehackte Schalotten, Dill und Kerbel beigeben und mit Meersalz und Pfeffer würzen.
- Limonensaft erst unmittelbar vor dem Anrichten beigeben.

Vorbereitung Salat
- Stangensellerie waschen, allenfalls vorhandene Fasern mit dem Sparschäler entfernen und schräg in 1 cm lange Stücke schneiden.
- Peperoni waschen und in gleichmäßige Streifen schneiden.
- Zucchetti waschen, längs halbieren und mit einem Buntschneidemesser in gleichmäßige Keile schneiden.
- Radieschen in Brunoise (Würfelchen) schneiden.
- Petersilie waschen, zupfen, trockentupfen und fein hacken.

Zubereitung Salat
- Die Gemüse (Stangensellerie, Peperoni, Zucchetti) sortengetrennt im Drucksteamer knackig garen.
- Bohnen im Salzwasser knackig sieden, abschrecken und abschütten.
- Aus Radieschen, Olivenöl, Sherry-Essig, Meersalz und Pfeffer eine Vinaigrette herstellen.
- Vinaigrette mit den noch warmen Gemüsen vermischen und abschmecken.

Anrichten
- Fisch-Tatar mit dem Limonensaft vermischen.
- Mit zwei Esslöffeln Klöße vom Fisch-Tatar formen und anrichten.
- Den Gemüsesalat anrichten.

Hinweise für die Praxis
Wird der Limonensaft zu früh beigegeben, verliert der Lachs seine schöne rote Farbe und wird blass. Bei der Herstellung von Fisch-Tatar die Hygieneregeln peinlichst beachten und Fisch-Tatar nur für den unmittelbaren Gebrauch herstellen. Als Beilage passen neben Toast auch Blinis.

Lasagne von Saibling und Kohlrabi mit Macadamia-Papaya-Dressing
Lasagne d'omble et de choux-raves avec sauce à salade à la papaye et à l'huile de noix de macadamia

Zutaten	4 Pers	10 Pers
Saiblingsfilets, ohne Haut, pariert	350 g	850 g
Kerbel, frisch	2 g	5 g
Petersilie, gekraust, frisch	2 g	5 g
Pfefferminzblätter, frisch	1 g	2 g
Aceto balsamico bianco (weißer Balsamessig)	20 g	50 g
Olivenöl, kaltgepresst	20 g	50 g
Limonensaft	10 g	20 g
Meersalz, fein		
Pfeffer, weiß, aus der Mühle		
Glasnudeln, getrocknet	5 g	10 g
Bärlauch, gerüstet	2 g	5 g
Kohlrabi, geschält	150 g	370 g
Kartoffelstärke	10 g	20 g
Ölverlust beim Frittieren	10 g	20 g
Macadamia-Öl	60 g	150 g
Sherry-Essig	20 g	50 g
Papaya, Fruchtfleisch	60 g	150 g
Macadamia-Nusskerne, halbiert	20 g	50 g
Salz		
Pfeffer, weiß, aus der Mühle		
Kerbel, frisch	5 g	10 g

Vorbereitung
– Mit einer Pinzette sämtliche Gräten der Saiblingsfilets entfernen.
– Kerbel, Petersilie und Pfefferminze waschen, zupfen, trockentupfen und fein hacken.
– Bärlauch in Streifen schneiden.
– Glasnudeln in 3 cm lange Stücke schneiden.
– Papaya in 5 mm große Würfel schneiden.
– Kohlrabi auf der Aufschnittmaschine in 1 mm dicke Scheiben schneiden und rund ausstechen (Durchmesser 6 cm, pro Person 3 Scheiben).
– Kohlrabi im Salzwasser weich sieden, im Eiswasser abschrecken und abschütten.
– Macadamia-Nusskerne grob hacken.
– Kerbel für die Garnitur waschen, trockentupfen und zupfen.

Zubereitung
– Saiblingsfilet mit einem scharfen Messer mittelfein hacken, Kerbel, Petersilie und Pfefferminze beigeben.
– Balsamessig, Olivenöl und Limonensaft beigeben und mit Meersalz und Pfeffer abschmecken.
– Saiblingstatar kühl stellen.
– Glasnudeln mit Bärlauchstreifen mischen, mit etwas Kartoffelstärke bestäuben und mit wenig Wasser befeuchten.
– Aus den Glasnudeln kleine Häufchen formen und im heißen Öl knusprig frittieren.
– Herausnehmen und auf Küchenpapier entfetten.
– Kohlrabischeiben auf Küchenpapier trockentupfen und leicht salzen.
– Kohlrabischeiben mit Saiblingstatar belegen und schichtweise aufeinander anrichten (3 Schichten Kohlrabi).
– Die oberste Schicht mit der Glasnudel-Garnitur abschließen.
– Macadamia-Öl mit den Papayawürfeln etwas erwärmen, Sherry-Essig und Macadamia-Nusskerne beigeben und mit Salz und Pfeffer würzen.

Anrichten
– Saiblingslasagne auf Teller anrichten und mit Papaya-Dressing umgießen.
– Mit Kerbelblättchen ausgarnieren und servieren.

Hinweise für die Praxis
Bei der Herstellung von Fisch-Tatar die Hygieneregeln peinlichst beachten und Fisch-Tatar nur für den unmittelbaren Gebrauch herstellen.

Räucherforellenfilet auf Saisonsalat mit Tomaten-Vinaigrette
Filet de truite fumé sur salade de saison et vinaigrette aux tomates

Zutaten

	4 Pers	10 Pers
Forellenfilets, geräuchert, ohne Haut	280 g	700 g
Vollrahm, 35%	40 g	100 g
Meerrettich, frisch, geschält	5 g	10 g
Salz		
Pfeffer, weiß, aus der Mühle		
Gurken	140 g	350 g
Lollo, rot, gerüstet	40 g	100 g
Lollo, grün, gerüstet	20 g	50 g
Endivien, gekraust, gerüstet	10 g	25 g
Chicorée, rot, gerüstet	10 g	20 g
Brüsseler Endivien, gerüstet	20 g	40 g

Sauce

	4 Pers	10 Pers
Schalotten, geschält	10 g	25 g
Petersilie, glattblättrig, frisch	5 g	10 g
Schnittlauch, frisch	10 g	20 g
Tomatensalz	5 g	10 g
Senf, mild	5 g	10 g
Aceto balsamico bianco (weißer Balsamessig)	10 g	30 g
Zucker	1 g	2 g
Sonnenblumenkerne	5 g	10 g
Haselnussöl	60 g	150 g
Tomaten, geschält, entkernt	30 g	75 g
Salz		
Pfeffer, weiß, aus der Mühle		

Weitere Zutaten

	4 Pers	10 Pers
Sonnenblumenkerne	10 g	20 g
Limonenfilets	80 g	200 g
Cherry-Tomaten	60 g	150 g

Vorbereitung
- Vollrahm steif schlagen und kühl stellen.
- Meerrettich fein reiben.
- Salate sortengetrennt gründlich waschen und trockenschleudern.
- Roten Chicorée in 2 cm breite Streifen schneiden.
- Blätter der Brüsseler Endivien längs vierteln.
- Restliche Blattsalate auf eine Länge von ca. 8 cm zurechtschneiden.
- Salatgurke waschen und der Länge nach auf der Aufschnittmaschine in 1,5 mm dicke Bänder schneiden.
- Die Bänder zusammenrollen, sodass Ringe von 5 cm Durchmesser entstehen (1 Ring pro Person).
- Die Salate bukettartig bunt ineinander drehen und in die Gurkenringe stellen.
- Salatbuketts auf der Unterseite zuschneiden, sodass ihre Standfestigkeit gewährleistet ist.
- Schalotten fein hacken.
- Petersilie waschen, zupfen, trockentupfen und fein hacken.
- Schnittlauch fein schneiden.
- Tomaten in 5 mm große Würfel schneiden.
- Sonnenblumenkerne in einer antihaftbeschichteten Pfanne trocken rösten.
- Cherry-Tomaten waschen und halbieren.

Zubereitung
- Geräucherte Forellenfilets (1 Filet pro Person) leicht schräg in 3 Teile schneiden.
- Meerrettich und geschlagenen Vollrahm vermischen, abschmecken und in einen Dressiersack mit Lochtülle füllen.
- Saucenzutaten für die Tomaten-Vinaigrette verrühren und abschmecken.

Anrichten
- Salatbukett im Gurkenring auf den Teller stellen.
- Die geräucherten Forellenstücke vor dem Salatbukett ziegelartig aufeinander legen.
- Meerrettichrahm tupfenartig auf die Forellenstücke dressieren.
- Die Limonenfilets und die Cherry-Tomaten dazu anrichten.
- Salat mit wenig Tomaten-Vinaigrette beträufeln und mit den Sonnenblumenkernen bestreuen.
- Restliche Tomaten-Vinaigrette separat dazu servieren.

Hinweise für die Praxis
Je nach Saison können die Salate beliebig variiert werden. Geräucherte Forellenfilets können durch andere geräucherte Fische ersetzt werden. Ein gut geschliffenes Messer verhindert das unschöne Ausfransen der Forellenfilets beim Aufschneiden.

Räucherlachs mit Maisflocken, Apfel-Stangensellerie-Salat mit Baumnüssen
Saumon fumé aux pétales de maïs, salade de céleri en branches et pommes aux noix

Zutaten	4 Pers	10 Pers
Räucherlachs, Royale-Filet	280 g	700 g
Meaux-Vollkornsenf	20 g	50 g
Cornflakes, ungesüßt	20 g	50 g
Salat		
Stangensellerie, gebleicht, gerüstet	160 g	400 g
Apfel, Gala, geschält, ohne Kerngehäuse	130 g	320 g
Zitronensaft, frisch	20 g	50 g
Olivenöl, kaltgepresst	40 g	100 g
Aceto balsamico bianco (weißer Balsamessig)	20 g	50 g
Salz		
Pfeffer, weiß, aus der Mühle		
Weitere Zutaten		
Apfel-Chips, gedörrt	5 g	10 g
Baumnusskerne, halbiert	20 g	50 g
Kürbiskerne, geschält	10 g	25 g
Stangensellerieblätter	10 g	25 g

Vorbereitung
- Ungesüßte Cornflakes leicht zerdrücken.
- Stangensellerie waschen und mit einem Sparschäler von den Fasern befreien.
- In Rauten schneiden, im Salzwasser blanchieren, im Eiswasser abschrecken und abschütten.
- Äpfel in Schnitze schneiden, die Kanten leicht abtournieren und wenig Zitronensaft zugeben.
- Baumnusskerne und Kürbiskerne in einer antihaftbeschichteten Pfanne trocken rösten.
- Stangensellerieblätter waschen.

Zubereitung
- Räucherlachs in dicke Tranchen schneiden (pro Person 70 g).
- Die Oberseite der Tranchen mit Senf bestreichen, mit Cornflakes panieren und leicht andrücken.
- Apfelschnitze kurz in wenig Olivenöl und Zitronensaft dünsten.
- Äpfel und Stangensellerie mit Olivenöl und Balsamessig vermengen und mit Salz und Pfeffer würzen.

Anrichten
- Salat anrichten und mit Baumnusskernen und Kürbiskernen bestreuen.
- Räucherlachs anrichten und mit Apfel-Chips und Stangensellerieblatt garnieren.

Räucherlachsrosen mit Sauerrahm im Nudelnest
Rosettes de saumon fumé à la crème acidulée sur nid de nouilles

Zutaten	4 Pers	10 Pers
Fideli/Fadennudeln, roh	120 g	300 g
Salz		
Räucherlachs, pariert	320 g	800 g
Linsensprossen	80 g	200 g
Weizensprossen	80 g	200 g
Zwiebelsprossen	60 g	150 g
Schnittlauch, frisch	4 g	10 g
Ölverlust beim Frittieren	20 g	40 g
Sauce		
Sauerrahm, 35%	80 g	200 g
Tomaten, geschält, entkernt	80 g	200 g
Zitronenfilets	75 g	180 g
Worcestershire-Sauce		
Salz		
Pfeffer, weiß, aus der Mühle		

Vorbereitung
- Fadennudeln im Salzwasser al dente kochen, abschrecken, abschütten und auf Küchenpapier gut trocknen.
- Räucherlachs in dünne Tranchen schneiden und pro Person 2 Rosen formen.
- Tomaten im 5 mm große Würfel schneiden.
- Sprossen vermischen, waschen und gut abtropfen lassen.
- Schnittlauch fein schneiden.

Zubereitung
- Frittierkörbchen mit wenig Nudeln auslegen und mit dem kleineren Sieb zuspannen.
- In der Frittüre goldgelb frittieren (pro Person 2 Nestchen).
- Auf Küchenpapier entfetten und erkalten lassen.

Anrichten
- Nudelnester (2 Stück pro Person) mit Sprossen füllen und auf Teller anrichten.
- Sauerrahm mit Tomatenwürfeln, Zitronenfilets, Salz, Pfeffer und Worcestershire-Sauce sorgfältig vermischen.
- Sauce über und neben die Sprossen träufeln.
- Jedes Nest mit einer Räucherlachsrose belegen, mit Schnittlauch bestreuen und servieren.

Roh marinierter Lachs mit Linsensalat und Salatbukett
Saumon cru mariné avec salade de lentilles et bouquet de salades

Zutaten	4 Pers	10 Pers
Lachsfilet, pariert	320 g	800 g
Dill, frisch	10 g	30 g
Meersalz, grob	15 g	40 g
Zucker	10 g	25 g
Pfefferkörner, weiß	1 g	3 g
Pfefferkörner, schwarz	1 g	3 g
Sauce		
Senf, mild	25 g	65 g
Wasser	10 g	30 g
Eigelb, pasteurisiert	40 g	100 g
Zucker	10 g	25 g
Weißweinessig	10 g	30 g
Sonnenblumenöl, kaltgepresst	60 g	150 g
Johannisbeergelee	10 g	30 g
Dill, frisch	3 g	8 g
Salz		
Pfeffer, weiß, aus der Mühle		
Salat		
Brüsseler Endivien, gerüstet	20 g	50 g
Endivien, gekraust, gerüstet	20 g	50 g
Eichblattsalat, rot, gerüstet	20 g	50 g
Salatsauce, italienische	45 g	120 g
Zwiebelkeimlinge	10 g	30 g
Puy-Linsen, getrocknet	25 g	60 g
Lauch, gebleicht, gerüstet	120 g	300 g
Dill, frisch	10 g	20 g

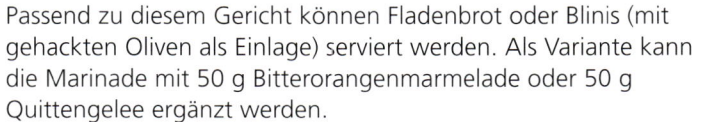

Vorbereitung
– Linsen im kalten Wasser einweichen.
– Dill waschen, trockentupfen, zupfen und fein hacken.
– Pfefferkörner (weiß und schwarz) fein zerdrücken.
– Gebleichten Lauch schräg in 5 mm dicke Rondellen schneiden und waschen.
– Salate waschen, trockenschleudern und in mundgerechte Stücke schneiden.

Zubereitung Lachs
– Lachsfilet vollständig von Fett befreien, allenfalls vorhandene Gräten mit einer Zange entfernen.
– Meersalz, Zucker, zerdrückte Pfefferkörner und Dill mischen.
– Die Hälfte der Gewürzsalzmischung auf ein flaches Chromstahlblech streuen.
– Lachsfilet darauf legen und mit restlicher Gewürzsalzmischung bestreuen.
– Mit Plastikfolie abdecken und im Kühlschrank 8 Stunden ziehen lassen.
– Von Zeit zu Zeit mit der sich bildendenden Flüssigkeit übergießen.

Zubereitung Sauce
– Eigelb und Senf mit lauwarmem Wasser schaumig schlagen.
– Mit Sonnenblumenöl wie eine Mayonnaise aufmontieren.
– Weißweinessig, gehackten Dill, Zucker und Johannisbeergelee beigeben.
– Mit Salz und Pfeffer abschmecken.

Zubereitung Salat
– Linsen im Wasser (ohne Salz) weich sieden und abschütten.
– Lauchrondellen im Drucksteamer oder in wenig Gemüsefond garen.
– Linsen mit der Salatsauce vermengen.

Anrichten
– Lachs aus der Marinade nehmen und mit dem Messerrücken das Gewürzsalz entfernen.
– Pro Person 3 Stück Lauchrondellen und Linsensalat in der Mitte des Tellers anrichten.
– Lauchrondellen mit etwas italienischer Salatsauce beträufeln.
– Lachs in 4 mm dicke Tranchen schneiden und fächerförmig anrichten.
– Salatbukett mit Zwiebelkeimlingen anrichten.
– Mit wenig Salatsauce beträufeln.
– Senfsaucenspiegel dressieren.
– Mit Dillzweig oder Dillblütendolden ausgarnieren.

Hinweise für die Praxis
Passend zu diesem Gericht können Fladenbrot oder Blinis (mit gehackten Oliven als Einlage) serviert werden. Als Variante kann die Marinade mit 50 g Bitterorangenmarmelade oder 50 g Quittengelee ergänzt werden.

Royale von Eierschwämmen/Pfifferlingen und Romanesco mit Lachs-Carpaccio
Royale de chanterelles et romanesco au carpaccio de saumon

Royale	10 Pers
Schalotten, geschält	30 g
Butter	20 g
Eierschwämme/Pfifferlinge, frisch, gerüstet	300 g
Weißwein	100 g
Salz	
Pfeffer, weiß, aus der Mühle	
Muskatnuss, gemahlen	
Romanesco, gerüstet	200 g
Vollei, pasteurisiert	240 g
Vollrahm, 35% (1)	200 g

Weitere Zutaten

Gravad Lax, ohne Haut	400 g
Pfeffer, schwarz, aus der Mühle	
Kürbiskernöl	50 g
Vollrahm, 35% (2)	150 g
Meerrettich, frisch, geschält	10 g
Lollo, rot, gerüstet	50 g
Endivien, gekraust, gerüstet	50 g
Zitronen	300 g

Vorbereitung
- Schalotten fein hacken.
- Eierschwämme unter fließendem Wasser abspülen, abtropfen lassen und in 1 cm große Stücke schneiden.
- Romanesco in kleine Röschen zerteilen.
- Terrinenform (Inhalt 800 g) mit wenig Wasser befeuchten und mit PE-Halbschlauchfolie überlappend auskleiden.
- Vollrahm (2) steif schlagen und kühl stellen.
- Meerrettich fein reiben.
- Lollo und gekrauste Endivie waschen und trockenschleudern.
- Zitronen vierteln und die Kerne entfernen.

Zubereitung Royale
- Schalotten in Butter glasig dünsten.
- Pilze beigeben und mitdünsten.
- Mit Weißwein ablöschen und mit Salz und Pfeffer würzen.
- Alle Flüssigkeit einkochen lassen, Pilze anschließend zum Aufsaugen der Restflüssigkeit auf Küchenpapier legen.
- Romanesco-Röschen im Salzwasser knackig sieden, abschütten und auf Küchenpapier trockentupfen.
- Eier und Vollrahm (1) verrühren und mit Salz, Pfeffer und Muskatnuss abschmecken.
- Die Pilze mit dem Romanesco vermischen und gleichmäßig in der Terrine verteilen.
- Den Eierguss darübergeben und mit der überlappenden Folie dicht abschließen.
- Im Kombisteamer bei 85 °C bis zu einer Kerntemperatur von 80 °C garen.
- Herausnehmen und auskühlen lassen, zum vollständigen Erkalten in den Kühlschrank stellen.

Weitere Zubereitung
- Royale aus der Form stürzen, Folie entfernen und mit einem scharfen Messer mit dünner Klinge in gleichmäßige Tranchen schneiden.
- Gravad Lax in 3 mm dicke Scheiben schneiden.
- Geschlagenen Vollrahm und geriebenen Meerrettich vermischen.

Anrichten
- Royale vorsichtig auf Teller anrichten.
- Marinierte Lachstranchen fächerartig dazu anrichten.
- Mit gemahlenem Pfeffer bestreuen und mit Kürbiskernöl am Rand beträufeln.
- Salatbukett und Zitronenviertel anrichten.
- Meerrettichschaum in einen Dressiersack mit Lochtülle füllen und kleine Tupfen dressieren.

Hinweise für die Praxis
Der Gravad Lax kann durch beliebige marinierte Fische, kaltes Fleisch oder durch luftgetrocknete Fleischspezialitäten ersetzt werden.

Tuna-Tataki mit Gurken-Rettich-Spaghetti
Tuna-Tataki aux spaghetti de concombres et de radis

Zutaten	4 Pers	10 Pers
Thunfischfilet, dressiert	320 g	800 g
Sesamöl	40 g	100 g
Fleur de sel		
Pfeffer, weiß, aus der Mühle		
Salat		
Gurken, gerüstet	200 g	500 g
Rettich, geschält	200 g	500 g
Salz		
Limonensaft	50 g	80 g
Mushroom-Sojasauce	40 g	100 g
Sesamkörner	4 g	40 g
Schalotten, geschält	50 g	120 g
Koriander, frisch	1 g	3 g
Chilischoten, rot, entkernt	3 g	8 g

Vorbereitung
- Frisches Thunfischfilet in 2 cm große Würfel schneiden und mit Sesamöl marinieren.
- Gurken schälen, Kerngehäuse entfernen und in 10 cm lange, feine Streifen schneiden.
- Rettich ebenfalls in 10 cm lange Streifen schneiden.
- Gurken und Rettich leicht salzen und 30 Minuten stehen lassen.
- Sesamkörner in einer antihaftbeschichteten Pfanne ohne Fettstoff rösten.
- Schalotten in feine Ringe schneiden.
- Koriander waschen, zupfen, trockentupfen und grob hacken.
- Chilischoten waschen und in feine Streifen schneiden.

Zubereitung
- Marinierte Thunfischwürfel mit Fleur de sel und Pfeffer würzen.
- Auf einem heißen Grill allseitig rasch grillieren (Thunfischwürfel müssen innen noch roh sein).
- Herausnehmen und warm stellen.
- Gurken- und Rettichstreifen auspressen.
- Limonensaft, Mushroom-Sojasauce, die Hälfte der Sesamkörner sowie Koriander beigeben.
- Salat vermischen und mit Salz und Pfeffer abschmecken.

Anrichten
- Die Gurken- und Rettichstreifen mit einer Fleischgabel aufrollen und in der Tellermitte anrichten.
- Die lauwarmen Thunfischwürfel dazu anrichten.
- Mit Schalottenringen und Chilistreifen ausgarnieren und mit den restlichen Sesamkörnern bestreuen.

Hinweise für die Praxis
Keinesfalls eine salzige Sojasauce verwenden.
Die Menge der Chilischoten kann individuell reduziert oder allenfalls erhöht werden. Die Thunfischwürfel können statt grilliert auch sautiert werden.

■ POCHIERTE FISCHE UND MEERESFRÜCHTE

Marinierte Calamares mit Peperoni-Basilikum-Vinaigrette
Calamares marinés et vinaigrette aux poivrons et basilic

Zutaten	4 Pers	10 Pers
Calamares-Tubes	400 g	1000 g
Limonensaft	20 g	50 g
Fleur de sel		
Pfeffer, weiß, aus der Mühle		
Olivenöl	50 g	100 g
Schalotten, geschält	40 g	100 g
Knoblauch, geschält	20 g	50 g
Peperoni, bunt, entkernt	150 g	380 g
Tomaten, geschält, entkernt	160 g	400 g
Basilikum, frisch	5 g	12 g
Rucola, gerüstet	60 g	150 g

Sauce

	4 Pers	10 Pers
Schalotten, geschält	15 g	40 g
Knoblauch, geschält	2 g	5 g
Rotweinessig	20 g	50 g
Aceto balsamico di Modena (Balsamessig)	15 g	30 g
Olivenöl, kaltgepresst	60 g	150 g
Basilikum, frisch	5 g	10 g
Salz		
Pfeffer, weiß, aus der Mühle		

Vorbereitung
– Calamares in 5 mm große Ringe schneiden und mit Limonensaft marinieren.
– Schalotten und Knoblauch fein hacken.
– Farbige Peperoni waschen und in Julienne (Streifchen) schneiden.
– Tomaten in 5 mm dicke Streifen schneiden.
– Basilikum waschen, zupfen, trockentupfen und fein hacken.
– Rucola-Salat waschen und trockenschleudern.
– Zwiebeln und Knoblauch für die Salatsauce fein hacken.

Zubereitung Sauce
– Schalotten, Knoblauch, Salz, Pfeffer und Essige verrühren.
– Olivenöl unter Rühren beigeben.
– Basilikum vor dem Servieren beigeben.

Zubereitung
– Olivenöl in einer Lyoner Pfanne erhitzen.
– Calamares mit Fleur de sel und Pfeffer würzen und weich sautieren.
– Kurz vor Schluss Schalotten und Knoblauch beigeben und herausnehmen.
– In derselben Pfanne die Peperonistreifen knackig sautieren und abschmecken.
– Am Schluss die Tomatenstreifen beigeben, kurz schwenken und zu den Calamares geben.
– Salatsauce aufrühren, beigeben und die Zutaten vermischen.

Anrichten
– Rucola-Salat auf Teller anrichten.
– Calamares-Salat abschmecken, auf dem Rucola-Salat anrichten und lauwarm servieren.

Hinweise für die Praxis
Calamares-Tubes: Fachbezeichnung für den pfannenfertigen, enthäuteten Calamares-Körper (ohne Kopf, Fangarme, Flossensaum).

Seezungenfiletrolle mit roten Bohnen · Paupiette de sole aux haricots rouges

Zutaten

	4 Pers	10 Pers
Seezungenfilets, pariert	200 g	500 g
Lachsfilet, pariert	40 g	100 g
Eiweiß, pasteurisiert	10 g	20 g
Vollrahm, 35 %	40 g	100 g
Salz		
Pfeffer, weiß, aus der Mühle		
Kidney-Bohnen, gekocht	40 g	100 g
Basilikum, frisch	5 g	10 g
Pfälzer Rüben, geschält	100 g	300 g
Mandelkerne, gehobelt	5 g	10 g

Salat

	4 Pers	10 Pers
Fenchel, gerüstet	320 g	800 g
Kräuteressig	20 g	50 g
Dijon-Senf	10 g	20 g
Salz		
Pfeffer, weiß, aus der Mühle		
Sonnenblumenöl	35 g	80 g
Petersilie, gehackt	4 g	10 g
Eichblattsalatblätter, gerüstet	40 g	100 g

Sauce

	4 Pers	10 Pers
Mayonnaise-Sauce mit Tomatenwürfeln	120 g	300 g

Vorbereitung

- Seezungenfilets auf eine einheitliche Länge von ca. 18 cm zurechtschneiden.
- Filets leicht plattieren und dicht nebeneinander auf eine Alufolie legen (Hautseite nach oben).
- Seezungenabschnitte und Lachsfilet in 5 mm große Würfel schneiden und kühl stellen (4 Personen = ca. 60 g, 10 Personen = ca. 150 g).
- Kidney-Bohnen abspülen, abschütten und auf Küchenpapier trockentupfen.
- Pfälzer Rüben im Drucksteamer garen, mit dem Apfelausstecher walzenförmig ausstechen, die Abschnitte in Brunoise (Würfelchen) schneiden.
- Die Hälfte der Basilikumblätter in 1 cm breite Streifen schneiden, den Rest ganz belassen.
- Fenchel waschen, Strunkstücke entfernen, halbieren und in 2 mm dünne Scheiben schneiden.
- Eichblattsalatblätter waschen und trockenschleudern.

Zubereitung

- Fischwürfel mit Eiweiß, Salz und wenig Vollrahm im Kutter fein pürieren.
- Die Masse durch ein Tamis (Haarsieb) streichen.
- Auf einem Eiswasserbad abrühren und den restlichen Vollrahm unterrühren.
- Kidney-Bohnen, Basilikumstreifen, Pfälzer-Rüben-Brunoise und Mandeln beigeben.
- Fischfarce gut vermischen und abschmecken.
- Die Seezungenfilets mit wenig Fischfarce bestreichen und mit den Basilikumblättern belegen.
- Die Fischfarce mit einem Dressiersack am oberen Rand der Filets zur Hälfte andressieren.
- Pfälzer-Rüben-Stangen darauf legen und mit der restlichen Fischfarce rundherum zustreichen.
- Mithilfe der Alufolie die Seezungenfilets satt einrollen und die Enden gut eindrehen.
- Seezungenröllchen im Kombisteamer bei 70 °C bis zu einer Kerntemperatur von 55 °C garen.
- Herausnehmen und auskühlen lassen, zum vollständigen Erkalten in den Kühlschrank stellen.

Zubereitung Salat

- Kräuteressig, Dijon-Senf, Salz und Pfeffer verrühren.
- Sonnenblumenöl langsam unter Rühren beigeben.
- Fenchel mit der Sauce vermischen, abschmecken und die gehackte Petersilie beigeben.

Anrichten

- Fenchelsalat bukettartig auf Eichblattsalatblättern anrichten.
- Seezungenrolle leicht schräg in gleichmäßige Tranchen schneiden und an den Salat anrichten.
- Wenig Sauce an die Seite anrichten, restliche Sauce separat dazu servieren.

Hinweise für die Praxis

Dicke Alufolie verhindert ein Reißen der Folie beim satten Einrollen. Darauf achten, dass die Hautseite der Filets ins Rolleninnere zu liegen kommt.

■ DIVERSE FISCHE UND KRUSTENTIERE

Asiatischer Glasnudelsalat mit grillierten Riesenkrevetten
Salade de nouilles transparentes asiatique aux crevettes géantes grillées

Salat	4 Pers	10 Pers
Glasnudeln, getrocknet	100 g	250 g
Erdnüsse, geschält, ungesalzen	20 g	50 g
Sesamkörner	10 g	30 g
Grapefruitfilets, rosa	100 g	250 g
Peperoni, rot, entkernt	120 g	300 g
Zwiebeln, rot, geschält	40 g	100 g
Pfefferminze, frisch	4 g	10 g
Peperoncini, rot, frisch	6 g	15 g
Limonensaft	30 g	80 g
Fischsauce, thailändische	40 g	100 g
Salz		
Pfeffer, weiß, aus der Mühle		
Knoblauch, geschält (1)	4 g	10 g
Sonnenblumenöl, high oleic	20 g	50 g

Weitere Zutaten		
Riesenkrevetten, Schwänze, roh, geschält	320 g	800 g
Knoblauch, geschält (2)	4 g	10 g
Sojasauce, hell	20 g	50 g
Reiswein, Sake	20 g	50 g
Misopaste	20 g	50 g
Bambusspieße	4	10
Salz		
Pfeffer, weiß, aus der Mühle		
Sonnenblumenöl, high oleic	20 g	50 g

Vorbereitung
– Glasnudeln ca. 10 Minuten in heißem Wasser einweichen, bis sie weich sind.
– Mit einer Schere in ca. 6 cm lange Stücke schneiden.
– Peperoni und Zwiebeln in feine Streifen schneiden.
– Pfefferminze waschen, zupfen, trockentupfen und in Streifen schneiden.
– Peperoncini in Brunoise (Würfelchen) schneiden.
– Knoblauch (1) für den Salat in feine Scheiben schneiden.
– Riesenkrevetten vom Rücken her einschneiden und den Darm entfernen.
– Knoblauch (2) fein hacken
– Gehackten Knoblauch, Sojasauce, Reiswein und Misopaste verrühren (Marinade).
– Riesenkrevetten mit der Marinade vermischen und ca. 30 Minuten marinieren.
– Bambusspieße in Wasser einlegen.

Zubereitung
– Glasnudeln abschütten und auf Küchenpapier trockentupfen.
– Glasnudeln, Erdnüsse, Sesam, Grapefruitfilets, Peperoni, Zwiebeln, Pfefferminze und Peperoncini mischen.
– Limonensaft und Fischsauce beigeben, mit Salz und Pfeffer abschmecken.
– Knoblauchscheibchen in heißem Öl goldgelb sautieren und auf Küchenpapier entfetten.
– Riesenkrevetten an Bambusspieße stecken (80 g pro Spieß).
– Riesenkrevetten mit Salz und Pfeffer würzen und auf dem heißen Grill grillieren.

Anrichten
– Glasnudelsalat anrichten und mit den sautierten Knoblauchscheiben bestreuen.
– Riesenkrevettenspieße auf dem Salat anrichten.

Felchenfilets in Rotweinmarinade · Filets de féra marinés au vin rouge

Zutaten	4 Pers	10 Pers
Felchenfilets, mit Haut	320 g	800 g
Zitronensaft, frisch	30 g	80 g
Pfeffer, weiß, aus der Mühle		
Weißmehl	25 g	60 g
Olivenöl	80 g	200 g
Schalotten, geschält	120 g	300 g
Rotwein, Merlot	160 g	400 g
Aceto balsamico di Modena (Balsamessig)	20 g	50 g
Petersilie, gekraust, frisch	10 g	30 g
Salz		
Pfeffer, weiß, aus der Mühle		

Vorbereitung
- Mit einer Pinzette die Gabelgräten der Felchenfilets entfernen.
- Fischfilets mit Zitronensaft und weißem Pfeffer marinieren.
- Petersilie waschen, zupfen, trockentupfen und fein hacken.
- Schalotten in feine Scheiben schneiden.

Zubereitung
- Felchenfilets salzen, im Weißmehl wenden und das überschüssige Mehl abklopfen.
- Felchenfilets in einem Teil des Olivenöls beidseitig goldgelb sautieren.
- Herausnehmen und in einer Gratinplatte anrichten, Bratpfanne mit Küchenpapier ausreiben.
- Schalotten im restlichen Olivenöl glasig dünsten.
- Mit Rotwein und Balsamessig ablöschen, aufkochen und etwas einkochen lassen.
- Gehackte Petersilie beigeben und abschmecken.
- Heiße Flüssigkeit über die Felchenfilets gießen und zugedeckt erkalten lassen.
- Felchenfilets mindestens 6 Stunden in der Weinmarinade belassen.

Hinweise für die Praxis
Die marinierten Felchenfilets werden mit einem bunten Saisonsalat serviert.

Gepfefferter Heilbutt auf roh mariniertem Gemüse · Flétan poivré aux légumes crus marinés

Zutaten	4 Pers	10 Pers
Heilbuttfilets, pariert, ohne Haut	320 g	800 g
Pfefferkörner, schwarz, gebrochen	8 g	20 g
Salz		
Olivenöl	25 g	60 g
Gurken, gerüstet	50 g	120 g
Zucchetti, grün, gerüstet	50 g	120 g
Fenchel, gerüstet	50 g	120 g
Moschuskürbis, geschält, entkernt	40 g	100 g
Peperoni, rot, entkernt	30 g	80 g
Petersilie, gekraust, frisch	5 g	10 g
Sauce		
Zitronensaft, frisch	35 g	90 g
Aceto balsamico bianco (weißer Balsamessig)	10 g	40 g
Salz		
Zucker		
Pfeffer, weiß, aus der Mühle		
Olivenöl, kaltgepresst	60 g	140 g

Vorbereitung
- Heilbuttfilets in 80 g schwere Tranchen schneiden.
- Alle Gemüse in hauchdünne Scheiben hobeln.
- Petersilie waschen, zupfen, trockentupfen und grob hacken.

Zubereitung
- Heilbutttranchen auf der Hautseite mit dem gebrochenen Pfeffer bestreuen und andrücken.
- Mit der mit Pfeffer bestreuten Seite nach unten im Olivenöl sautieren und wenden.
- Fertig sautieren, herausnehmen, leicht salzen und auskühlen lassen.
- Zitronensaft, Balsamessig, Salz, Zucker und Pfeffer verrühren und das Olivenöl unter Rühren beigeben.
- Die Gemüse auf einem Blech flach ausbreiten und mit der Sauce 30 Minuten marinieren.

Anrichten
- Marinierte Gemüse auf Teller anrichten und mit grob gehackter Petersilie bestreuen.
- Heilbuttfilet darauf anrichten und servieren.

Hinweise für die Praxis
Statt mit gebrochenem Pfeffer können die Heilbuttfilets auch mit Mohn oder Sesamkörnern bestreut werden.

Krevetten-Cocktail mit Avocado · Cocktail de crevettes à l'avocat

Zutaten

	4 Pers	10 Pers
Krevetten, gekocht, geschält, in Lake	240 g	600 g
Tequila	20 g	50 g
Limonensaft	15 g	30 g
Limonen	60 g	160 g

Avocadopüree

Avocadofruchtfleisch	160 g	400 g
Zwiebeln, geschält	15 g	40 g
Knoblauch, geschält	5 g	15 g
Sauerrahm, 35%	100 g	250 g
Peperoncini, rot, frisch	6 g	15 g
Limonensaft	15 g	40 g
Olivenöl, kaltgepresst	45 g	120 g

Vorbereitung

- Krevetten mit Tequila und Limonensaft marinieren.
- Avocadofruchtfleisch in Würfel schneiden und mit wenig Limonensaft marinieren.
- Zwiebeln und Knoblauch fein hacken.
- Peperoncini in feine Streifen schneiden.
- Limonen ziselieren und für die Garnitur in dünne Scheiben schneiden.

Zubereitung

- Zutaten für das Avocadopüree im Mixer fein pürieren und abschmecken.
- Das Avocadopüree in einen Einwegdressiersack füllen.
- Die marinierten Krevetten und das Avocadopüree abwechslungsweise in ein Cocktailglas füllen.
- Am Schluss eine Limonenscheibe am Glasrand anhängen und mit einer Krevette garnieren.

Lauwarmer Forellensalat mit Sprossen und Zucchetti
Salade tiède de truite aux pousses et courgettes

Zutaten

	4 Pers	10 Pers
Forellenfilets, pariert	250 g	600 g
Salz		
Pfeffer, weiß, aus der Mühle		
Limonensaft	40 g	100 g
Worcestershire-Sauce	30 g	80 g
Kerbel, frisch	2 g	5 g
Petersilie, glattblättrig, frisch	5 g	10 g
Weißmehl	20 g	50 g
Sonnenblumenöl, high oleic	50 g	80 g
Butter	40 g	80 g

Salat

Alfalfa-Sprossen	30 g	80 g
Zwiebelsprossen	20 g	40 g
Zucchetti, gelb, gerüstet	60 g	150 g
Zucchetti, grün, gerüstet	60 g	150 g
Olivenöl, kaltgepresst	40 g	100 g

Sauce

Olivenöl, kaltgepresst	60 g	150 g
Aceto balsamico bianco (weißer Balsamessig)	50 g	100 g
Kürbis, rotfleischig, geschält	40 g	100 g
Kürbiskerne, geschält	10 g	25 g
Petersilie, glattblättrig, frisch	2 g	10 g
Salz		
Pfeffer, weiß, aus der Mühle		

Vorbereitung

- Forellenfilets in 1,5 cm breite Streifen schneiden.
- Kerbel und Petersilie waschen, zupfen, trockentupfen und fein hacken.
- Limonensaft, Worcestershire-Sauce, Kerbel, Petersilie und Pfeffer zu einer Marinade verrühren.
- Marinade über die Fischstreifen geben.
- Sprossen waschen und trockenschleudern.
- Zucchetti auf der Aufschnittmaschine längs in 3 mm dicke Scheiben schneiden.
- Zucchettischeiben mit Pfeffer und Olivenöl marinieren.
- Kürbis in Brunoise (Würfelchen) schneiden, im Drucksteamer kurz blanchieren.
- Im Eiswasser abkühlen, abschütten und auf Küchenpapier trocknen.
- Petersilie für die Sauce waschen, zupfen, trockentupfen und fein hacken.
- Kürbiskerne in einer antihaftbeschichteten Pfanne ohne Fettstoff rösten.

Zubereitung

- Forellenfiletstreifen salzen, im Weißmehl wenden und überschüssiges Mehl abklopfen.
- Sonnenblumenöl in einer Lyoner Pfanne erhitzen.
- Forellenfiletstreifen goldgelb sautieren, am Schluss des Garprozesses in Butter fertig sautieren.
- Herausnehmen, auf Küchenpapier entfetten und warm stellen.
- Zuchettischeiben salzen und auf einem heißen Grill beidseitig grillieren und warm stellen.
- Saucenzutaten (Olivenöl, Balsamessig, Kürbiswürfel, Kürbiskerne, Petersilie, Salz und Pfeffer) zu einer Vinaigrette vermischen und abschmecken.

Anrichten

Die gebratenen Forellenfiletstreifen mit den Zuchettischeiben um die Sprossen anrichten und mit der Vinaigrette sorgfältig beträufeln.

Lauwarmer Meeresfrüchtesalat Talvo · Salade tiède de fruits de mer Talvo

Zutaten

	4 Pers	10 Pers
Miesmuscheln, frisch, in Schale, geputzt	80 g	200 g
Venusmuscheln in der Schale, geputzt	40 g	100 g
Herzmuscheln in Schale, geputzt	80 g	200 g
Olivenöl	20 g	50 g
Matignon, weiß	160 g	400 g
Weißwein	40 g	100 g
Kraken, kleine, pfannenfertig	80 g	200 g
Tintenfische, kleine, pfannenfertig	60 g	160 g
Weißwein	40 g	100 g
Fischfond	200 g	500 g
Wolfsbarschfilets, mit Haut, pariert	120 g	300 g
Seeteufelfilet, pariert	120 g	300 g
Riesenkrevetten, Schwänze, ungeschält	80 g	200 g
Jakobsmuscheln, ausgelöst, ohne Corail	60 g	150 g
Salz		
Pfeffer, weiß, aus der Mühle		
Olivenöl	40 g	100 g
Spargeln, grün, geschält	300 g	750 g
Salz		
Zucker		
Olivenöl, kaltgepresst	60 g	140 g
Limonensaft	10 g	30 g
Salz		
Pfeffer, weiß, aus der Mühle		
Basilikum, frisch	10 g	30 g
Oliven, schwarz, entsteint	30 g	75 g
Mandelkerne, geschält	20 g	50 g
Kapernäpfel, abgetropft	30 g	75 g

Vorbereitung

- Miesmuscheln, Venusmuscheln und Herzmuscheln gründlich waschen (bei den Miesmuscheln die Byssusfäden entfernen).
- Olivenöl erhitzen und die Hälfte des Matignons andünsten.
- Die Muscheln beigeben, mit Weißwein ablöschen und zugedeckt dünsten, bis sich die Schalen öffnen.
- Das restliche Matignon im Olivenöl andünsten.
- Mit Weißwein ablöschen und mit Fischfond auffüllen.
- Zuerst die Kraken und anschließend die Tintenfische beigeben (unterschiedliche Garzeiten), weich garen und im Fond etwas abkühlen lassen.
- Wolfsbarsch- und Seeteufelfilet in gleichmäßige Medaillons von 30 g schneiden.
- Riesenkrevetten längs halbieren und den Darm entfernen.
- Jakobsmuscheln in gleichmäßige, 5 mm dicke Scheiben schneiden.
- Grüne Spargeln im Wasser mit Salz und Zucker knackig sieden.
- Basilikum waschen, zupfen, trockentupfen und in Julienne (Streifen) schneiden.
- Schwarze Oliven grob hacken.

Zubereitung

- Von den Muscheln die eine Schalenhälfte entfernen.
- Spargeln leicht schräg in 3 cm lange Stücke schneiden.
- Einen Teil des Spargelfonds stark einkochen, etwas abkühlen lassen, mit kaltgepresstem Olivenöl aufmontieren und wenig Limonensaft beigeben.
- Die grob gehackten Oliven und Basilikumstreifen beigeben und mit Salz und Pfeffer abschmecken.
- Seeteufel- und Wolfsbarschmedaillons, Jakobsmuscheln und Riesenkrevetten mit Salz und Pfeffer würzen und im heißen Olivenöl sautieren.
- Herausnehmen und auf Küchenpapier entfetten.
- Kraken und Tintenfische aus dem Fond nehmen, auf Küchenpapier abtropfen und in gleichmäßige Stücke schneiden.
- Kapernäpfel, Mandeln und Spargelstücke leicht erwärmen.

Anrichten

- Fische, Riesenkrevetten, Muscheln, Kraken und Tintenfische anrichten.
- Mit Spargelstücken, Mandeln und Kapernäpfeln ausgarnieren.
- Mit der Olivenölmarinade beträufeln und lauwarm servieren.

Marmor von Seeforelle und Seezunge im grünen Kleid mit Fisch-Tatar und Salatbukett
Marbré de truite du lac et de sole en robe verte, tartare de poisson et bouquet de salade

Marmor
	10 Pers
Lauch, gerüstet	120 g
Karotten, geschält	100 g
Krautstielblätter, gerüstet	50 g
Krautstielrippen, gerüstet	60 g
Seeforellenfilets, pariert	280 g
Seezungenfilets, pariert	120 g
Salz	
Pfeffer, weiß, aus der Mühle	

Tatar
Seezungenfilets, pariert	200 g
Seeforellenfilets, pariert	230 g
Salz	
Pfeffer, weiß, aus der Mühle	
Dill, frisch	1 g
Kerbel, frisch	1 g
Baumnussöl	50 g
Sherry-Essig	10 g
Limonensaft	10 g

Salat
Endivien, gekraust, gerüstet	80 g
Chicorée, rot, gerüstet	80 g
Salatsauce, italienische	80 g
Zwiebelkeimlinge	20 g
Melonenkugeln	100 g
Dill, frisch	20 g

Sauerrahmsauce
Vollrahm, 35%, sauer	100 g
Vollrahm, 35%	50 g
Salz	
Pfeffer, weiß, aus der Mühle	
Limonensaft	10 g

Vorbereitung Marmor
- Lauch längs einschneiden, in die einzelnen Segmente zerteilen und waschen.
- Lauch weich sieden, im Eiswasser abkühlen und mit Küchenpapier trockentupfen.
- Terrinenpressform (Inhalt 500 g) mit Wasser befeuchten und mit Plastikfolie überlappend auslegen.
- Lauchsegmente gleichmäßig überlappend in die Form einlegen.
- Karotten längs achteln und knackig dämpfen.
- Krautstielblätter waschen, blanchieren, im Eiswasser kühlen und mit Küchenpapier trockentupfen.
- Krautstielrippen längs in Streifen schneiden und knackig sieden.
- Fischfilets längs in Streifen schneiden (Seeforellenfilets vollständig von Fett befreien).

Zubereitung Marmor
- Fischfilets würzen und lagenweise mit den Gemüsen in die Form einschichten, sodass ein buntes Muster entsteht.
- Die Form soll etwa 1 cm über den Rand gefüllt sein, damit sie nach dem Garen gepresst werden kann.
- Mit dem überlappenden Lauch abdecken, mit Plastikfolie einschlagen und mit dem Deckel verschließen.
- Marmor bei einer Temperatur von 70 °C im Kombisteamer garen (Kerntemperatur 55–57 °C).
- Etwas abkühlen lassen.
- Durch Anziehen der Deckelschrauben leicht pressen und erkalten lassen.

Vorbereitung Tatar
- Fischfiletabschnitte von Seezunge und Seeforelle mit dem Messer mittelfein schneiden.
- Dill und Kerbel waschen, trockentupfen, zupfen und fein hacken.

Vorbereitung Salat
- Salate waschen und mundgerecht schneiden.
- Verschiedenfarbige Melonenkugeln bereitstellen.
- Dill waschen und Dillsträußchen bereitstellen.

Zubereitung Tatar
- Geschnittene Fische mit Kerbel und Dill mischen.
- Baumnussöl, Sherry-Essig und Limonensaft beigeben und mit Salz und Pfeffer würzen.

Zubereitung Sauerrahmsauce
- Sauerrahm mit dem Vollrahm mischen.
- Mit Salz, Pfeffer und Limonensaft abschmecken.

Anrichten
- Salatbukett mit italienischer Salatsauce vermengen und mit den Zwiebelsprossen auf Teller platzieren.
- Marmor schneiden und eine Tranche vor dem Salatbukett anrichten.
- Tatarklößchen mit 2 Esslöffeln formen und anrichten.
- Mit den Melonenkugeln und Dillzweig garnieren.
- Wenig Sauerrahmsauce an die Seite dressieren.

Hinweise für die Praxis
Form: Pressform, 500 g Inhalt. Temperatur Kombisteamer: 70 °C.
Kerntemperatur Marmor: 55–57 °C.
Fisch-Tatar nur für den sofortigen Gebrauch herstellen, Hygieneregeln peinlichst beachten!

Riesenkrevetten mit exotischen Früchten und Limonenjoghurt
Crevettes géantes aux fruits exotiques et yaourt au citron vert

Zutaten	4 Pers	10 Pers
Riesenkrevetten, Schwänze, roh, geschält	320 g	800 g
Zitronensaft, frisch	10 g	30 g
Salz		
Pfeffer, weiß, aus der Mühle		
Olivenöl	30 g	60 g
Kefen, gerüstet	40 g	100 g
Papaya, Fruchtfleisch	70 g	180 g
Mangos, geschält, ohne Stein	40 g	90 g
Karambole, gerüstet	30 g	80 g
Endivien, gekraust, gerüstet	60 g	150 g

Sauce

	4 Pers	10 Pers
Sherry-Essig	20 g	50 g
Salz		
Pfeffer, weiß, aus der Mühle		
Limonensaft	15 g	40 g
Schnittlauch, frisch	10 g	20 g
Estragon, frisch	4 g	10 g
Vollmilchjoghurt, nature	80 g	200 g
Distelöl	30 g	80 g

Vorbereitung
- Riesenkrevetten am Rücken einschneiden und den Darm entfernen.
- Kefen im Salzwasser knackig blanchieren, im Eiswasser abschrecken und abschütten.
- Papaya-Fruchtfleisch und Mango-Fruchtfleisch in dünne Scheiben schneiden.
- Karambole in dünne Scheiben schneiden.
- Gekrauste Endivien waschen und trockenschleudern.
- Schnittlauch fein schneiden.
- Estragon waschen, zupfen, trockentupfen und fein hacken.

Zubereitung
- Riesenkrevetten mit Zitronensaft marinieren und mit Salz und Pfeffer würzen.
- Im Olivenöl knackig sautieren, etwas abkühlen lassen (lauwarm) und längs halbieren.
- Aus Sherry-Essig, Salz, Pfeffer, Limonensaft, Estragon, Schnittlauch, Joghurt und Distelöl eine Salatsauce herstellen.

Anrichten
- Früchte und Kefen fächerförmig anrichten.
- Endivien bukettartig anrichten.
- Lauwarme Riesenkrevetten auf den Endivien anrichten.
- Mit der Joghurtsauce beträufeln.

Riesenkrevetten-Cocktail · Cocktail de crevettes géantes

Zutaten	4 Pers	10 Pers
Riesenkrevetten, Schwänze, roh, geschält	320 g	800 g
Salz		
Pfeffer, weiß, aus der Mühle		
Olivenöl	30 g	70 g
Schalotten, geschält	20 g	50 g
Knoblauch, geschält	5 g	10 g
Basilikum, frisch	3 g	6 g
Noilly Prat	30 g	75 g
Limonensaft	10 g	20 g
Weißwein	40 g	100 g
Safran, gemahlen		
Mayonnaise	80 g	200 g
Vollrahm, 35 %	20 g	50 g
Salz		
Pfeffer, weiß, aus der Mühle		
Grapefruitfilets, rosa	160 g	400 g
Orangenfilets	120 g	300 g
Lollo, rot, gerüstet	20 g	50 g
Endivien, gekraust, gerüstet	20 g	50 g
Pfefferminze, Blattspitzen	2 g	5 g

Vorbereitung
- Riesenkrevetten vom Rücken her einschneiden und den Darm entfernen.
- Schalotten fein hacken.
- Knoblauch durch die Knoblauchpresse drücken.
- Basilikum waschen, zupfen und trockentupfen.
- Vollrahm steif schlagen und kühl stellen.
- Salatblätter waschen und trockenschleudern.
- Pfefferminzblätter waschen und trockentupfen.

Zubereitung
- Riesenkrevetten mit Salz und Pfeffer würzen.
- Im heißen Olivenöl zusammen mit Schalotten und Knoblauch glasig sautieren.
- Basilikumblätter beigeben und mit Noilly Prat ablöschen.
- Riesenkrevetten sofort aus der Pfanne nehmen.
- Basilikumblätter grob hacken.
- Limonensaft, Weißwein und Safran beigeben und auf die Hälfte einkochen lassen.
- Eingekochte Flüssigkeit und gehacktes Basilikum zur Mayonnaise geben und gut verrühren.
- Den geschlagenen Vollrahm unter die Sauce mischen und abschmecken.

Anrichten
- Gezupfte Salatblätter in Cocktailgläsern arrangieren.
- Grapefruits- und Orangenfilets darauf legen.
- Die Riesenkrevetten in der Mitte auftürmen.
- Mit der Sauce nappieren und mit den restlichen Orangenfilets und Pfefferminzblattspitzen ausgarnieren.

Rocklobster-Salat mit grillierten Jakobsmuscheln und feinen Bohnen
Salade de langoustines de roche aux coquilles Saint-Jacques grillées et aux haricots fins

Zutaten	4 Pers	10 Pers
Rocklobster-Schwänze, ganz	400 g	1000 g
Jakobsmuscheln, ausgelöst, ohne Corail	160 g	400 g
Olivenöl	40 g	50 g
Limonensaft	20 g	50 g
Fleur de sel		
Pfeffer, weiß, aus der Mühle		
Bohnen, extrafein, gerüstet	200 g	400 g
Lollo, rot, gerüstet	60 g	150 g
Macadamia-Nusskerne, halbiert	40 g	100 g

Sauce

	4 Pers	10 Pers
Aceto balsamico bianco (weißer Balsamessig)	35 g	80 g
Olivenöl, kaltgepresst	60 g	150 g
Petersilie, glattblättrig, frisch	3 g	10 g
Salz		
Pfeffer, weiß, aus der Mühle		

Vorbereitung
- Rocklobster-Schwänze ausbrechen, am Rücken einschneiden und den Darm entfernen.
- Rocklobster-Schwänze und Jakobsmuscheln mit Limonensaft und Pfeffer marinieren.
- Feine Bohnen im Salzwasser knackig garen, im Eiswasser abschrecken und abschütten.
- Roten Lollosalat waschen und trockenschleudern.
- Macadamia-Nüsse in einer antihaftbeschichteten Pfanne trocken goldgelb rösten.
- Petersilie waschen, zupfen, trockentupfen und grob hacken.

Zubereitung Sauce
- Balsamessig und Olivenöl verrühren, Petersilie beigeben und mit Salz und Pfeffer würzen.

Zubereitung
- Rocklobster-Schwänze und Jakobsmuscheln mit Fleur de sel würzen und mit Olivenöl bepinseln.
- Auf dem heißen Grill knapp durchgaren (inwendig sollten die Rocklobster und Muscheln noch leicht glasig sein) und warm stellen.

Anrichten
- Lollosalat bukettartig auf Teller anrichten.
- Bohnen mit der Salatsauce vermischen, abschmecken und anrichten.
- Grillierte Rocklobster-Schwänze und Jakobsmuscheln auf dem Bohnensalat anrichten.
- Lollosalat, Rocklobster-Schwänze und Jakobsmuscheln mit Salatsauce beträufeln und mit den gerösteten Macadamia-Nüssen garnieren.

Hinweise für die Praxis
Das Gericht kann auch mit Melonenkugeln ergänzt werden.
Die Rocklobster-Schwänze und Jakobsmuscheln können auch mit einem dickflüssigen Aceto balsamico tradizionale beträufelt werden.
Rocklobster-Schwänze: Handelsbezeichnung für kleine, kalibrierte Langustenschwänze.

Sautierte Rocklobster mit Rosmarin und Speck mit Frühlingskarotten-Pickles
Langoustines de roche sautées au romarin et au lard avec pickles de carottes printanières

Zutaten	4 Pers	10 Pers
Rocklobster-Schwänze, geschält	320 g	800 g
Meersalz, fein		
Pfeffer, weiß, aus der Mühle		
Limonensaft	20 g	50 g
Rosmarin, frisch	2 g	5 g
Speck, geräuchert	60 g	150 g
Olivenöl, kaltgepresst	20 g	50 g
Pickles		
Karotten, jung, geschält	180 g	450 g
Sherry, trocken	60 g	150 g
Aceto balsamico bianco (weißer Balsamessig)	60 g	150 g
Zitronengras, gerüstet	5 g	10 g
Ingwer, frisch, geschält	5 g	10 g
Senfkörner, gelb	2 g	5 g
Orangenblüten, getrocknet	1 g	2 g
Pfefferkörner, schwarz, gebrochen	1 g	2 g
Orangenraps	2 g	5 g
Salz	6 g	15 g
Zucker	70 g	175 g
Nesvital (vegetabiles Bindemittel)	1 g	2 g
Salat		
Eichblattsalat, rot, gerüstet	40 g	100 g
Brunnenkresse, gerüstet	20 g	50 g
Lollo, grün, gerüstet	40 g	100 g
Vinaigrette	50 g	120 g
Sauce		
Sauerrahm, 35%	80 g	200 g
Mayonnaise	40 g	100 g
Meersalz, fein		
Pfeffer, weiß, aus der Mühle		
Limonensaft	10 g	50 g

Vorbereitung
- Rocklobster-Schwänze vom Rücken her leicht einschneiden und den Darm entfernen.
- Rosmarin waschen, zupfen, trockentupfen und fein hacken.
- Speck (ohne Knorpel) mit der Aufschnittmaschine in sehr dünne Scheiben schneiden.
- Rocklobster mit Limonensaft und Rosmarin marinieren und in die Speckscheiben einwickeln.
- Karotten in gleichmäßige Keile schneiden.
- Zitronengras halbieren und in 4 cm lange Stücke schneiden.
- Ingwer fein reiben.
- Salate bukettweise waschen und trockenschleudern.
- Zutaten für die Sauerrahmsauce verrühren und abschmecken.

Zubereitung Pickles
- Sherry, Balsamessig, Zitronensaft, Ingwer, Senfkörner, Orangenblüten, Pfeffer und Orangenraps aufkochen.
- Karotten beigeben und knackig sieden, herausnehmen und in Einmachgläser füllen.
- Zitronengras entfernen, Flüssigkeit zur gewünschten Konsistenz einkochen und mit Nesvital binden.
- Flüssigkeit heiß über die Karotten gießen, verschließen und erkalten lassen.

Zubereitung
- Rocklobster-Schwänze leicht salzen und im Olivenöl sautieren und warm stellen.

Anrichten
- Salate bukettartig anrichten und mit Vinaigrette-Sauce beträufeln.
- Sauerrahmspiegel anrichten und die lauwarmen Rocklobster-Schwänze darauf anrichten.
- Karottenpickles mit etwas Flüssigkeit anrichten und servieren.

Hinweise für die Praxis
Rocklobster-Schwänze: Handelsbezeichnung für kleine, kalibrierte Langustenschwänze. Pickles sollten ein paar Tage vor der Verwendung zubereitet werden, sie gewinnen dadurch an Geschmack.

Seeteufelsalat mit grünen Spargeln · Salade de baudroie aux asperges vertes

Zutaten

	4 Pers	10 Pers
Seeteufelfilet, pariert	350 g	800 g
Salz		
Pfeffer, weiß, aus der Mühle		
Weißmehl	10 g	20 g
Eiweiß, pasteurisiert	20 g	50 g
Tomaten, getrocknet	40 g	100 g
Petersilie, gekraust, frisch	15 g	40 g
Olivenöl	15 g	40 g

Salat

	4 Pers	10 Pers
Spargeln, grün, geschält	300 g	700 g
Salz		
Pfälzer Rüben, geschält	30 g	80 g
Karotten, geschält	30 g	80 g
Kohlrabi, geschält	30 g	80 g
Salz		

Sauce

	4 Pers	10 Pers
Schalotten, geschält	20 g	50 g
Schnittlauch, frisch	10 g	20 g
Petersilie, gekraust, frisch	10 g	20 g
Senf, mild	5 g	10 g
Zucker		2 g
Aceto balsamico bianco (weißer Balsamessig)	20 g	50 g
Weißwein	10 g	25 g
Haselnussöl	35 g	80 g

Vorbereitung

- Getrocknete Tomaten fein hacken.
- Petersilie waschen, zupfen, trockentupfen und fein hacken.
- Tomaten und Petersilie vermischen und auf ein Blech streuen.
- Spargeln auf die gleiche Länge zuschneiden (pro Person 2 Stück Spargeln), im Salzwasser knackig sieden und im Eiswasser abschrecken und abtropfen lassen.
- Spargelspitzen von 10 cm Länge bereitstellen, den restlichen Teil leicht schräg in 1 cm dicke Rädchen schneiden.
- Pfälzer Rüben, Karotten und Kohlrabi in 5 mm dicke und 2 cm lange Stäbchen schneiden.
- Gemüsestäbchen im Salzwasser knackig sieden oder dämpfen, im Eiswasser abschrecken und abtropfen lassen.
- Schalotten fein hacken.
- Schnittlauch fein schneiden.
- Petersilie für die Salatsauce waschen, zupfen und fein hacken.

Zubereitung

- Seeteufelfilet mit Salz und Pfeffer würzen und mit wenig Weißmehl bestäuben.
- Im Eiweiß wenden und über die Tomaten-Petersilien-Mischung rollen und leicht andrücken.
- Seeteufelfilet in einer antihaftbeschichteten Pfanne bei mittlerer Hitze im Olivenöl rundherum ansautieren.
- Im Ofen bei einer Temperatur von 125 °C fertig garen und mit dem Fettstoff arrosieren (begießen); der Fisch sollte innen noch eine glasige Struktur aufweisen.
- Fisch herausnehmen und im warmen Rechaud warm stellen.
- Mit den Saucenzutaten eine Vinaigrette-Sauce herstellen.
- Spargelrädchen, Pfälzer Rüben, Karotten und Kohlrabi mit ¾ der Sauce vermengen und abschmecken.

Anrichten

- Spargelspitzen längs halbieren und auf Teller anrichten.
- Gemüsesalat in der Tellermitte dressieren.
- Lauwarmen Seeteufel in gleichmäßige Tranchen schneiden und an den Gemüsesalat anrichten.
- Fisch vor dem Servieren mit der restlichen Vinaigrette-Sauce beträufeln.

Hinweise für die Praxis

Der Seeteufel kann auch durch einen anderen festfleischigen Fisch ersetzt werden.

Pasteten, Terrinen, Galantinen

■ PASTETEN

Fischpastete asiatische Art · Pâté de poisson asiatique

Pastetenteig	10 Pers
Weißmehl, Typ 550	250 g
Schweinefett	100 g
Vollei, aufgeschlagen	60 g
Salz	6 g
Wasser	80 g

Weitere Zutaten	
Erdnussöl	10 g
Seetangblätter (Nori)	2
Ei-Streiche	50 g

Füllung	
Hechtfilets, pariert, ohne Haut	150 g
Vollrahm, 35 %	150 g
Salz	
Pfeffer, weiß, aus der Mühle	
Dill, frisch	1 g
Kerbel, frisch	1 g
Pernod	30 g

Einlage	
Lachsfilet, pariert	130 g
Butter	10 g
Pinienkerne	20 g
Riesenkrevetten, geschält	50 g

Fertigung	
Fischsulze	150 g

Vorbereitung Teig
- Weißmehl mit dem Schweinefett verreiben und zu einem Kranz formen.
- Vollei, Wasser und Salz in die Kranzmitte geben und zu einem Teig verkneten.
- Je nach Klebergehalt des Mehls wird weniger Wasser benötigt.
- Teig abdecken und kühl stellen (mit Vorteil am Vortag herstellen).

Vorbereitung Pastete
- Hechtfleisch in 5 mm große Würfel schneiden.
- Lachsfilet vollständig von Fett befreien und ebenfalls in 5 mm große Würfel schneiden.
- Pinienkerne in Butter goldbraun rösten.
- Dill und Kerbel waschen, trockentupfen, zupfen und hacken.
- Vollrahm kühl stellen.
- Ei-Streiche herstellen (50 % Vollrahm, 50 % Eigelb).
- Pastetenform mit wenig Erdnussöl bepinseln.
- Aus Alufolie Kamine formen und bereitstellen.
- Backofen auf 240 °C vorheizen.

Zubereitung Pastete
- Pastetenteig ca. 3 mm dick auswallen.
- Pastetenform mit Erdnussöl auspinseln und überlappend mit Teig auslegen.
- Seetangblätter überlappend auf den Teig legen.
- Gekühltes Hechtfleisch mit Salz und Vollrahm im Kutter fein mixen.
- Fischfarce durch ein nicht zu feines Haarsieb streichen und auf Eis abrühren.
- Mit Salz und Pfeffer würzen, Dill und Kerbel beigeben und mit Pernod parfümieren.
- Die Einlage daruntermischen und die Form mit der Füllung ausstreichen.
- Mit den überlappenden Seetangblättern abdecken.
- Pastete mit einem Teigdeckel abschließen, Dampföffnungen anzeichnen.
- Pastete mit Ei-Streiche bepinseln, mit Teigresten garnieren und ebenfalls mit Ei-Streiche bepinseln.
- Im Backofen bei 240 °C 10 Minuten backen, Dampflöcher ausschneiden und Kamine einsetzen.
- Weitere 10 Minuten bei 220 °C fertig backen.
- 10 Minuten abstehen lassen und etwas Fischsulze einfüllen.
- Nach dem Erkalten der Pastete vollständig mit Fischsulze füllen.

Hinweise für die Praxis
Form: 800 g Inhalt. Ofentemperatur (Backofen, Kombisteamer, Umluftofen): 220 °C/240 °C. Kerntemperatur: 55 °C. Statt Fischsulze kann auch eine helle Fleischsulze verwendet werden.

Damhirschpastete · Pâté de daim

Pastetenteig
	10 Pers
Weißmehl, Typ 550	250 g
Schweinefett	100 g
Vollei, aufgeschlagen	60 g
Salz	6 g
Wasser	80 g

Weitere Zutaten
Erdnussöl	10 g
Spickspeck	100 g
Ei-Streiche	50 g

Füllung
Damhirschschulter, dressiert	150 g
Schweinshals, dressiert	50 g
Spickspeck	50 g
Geflügelleber, pariert	50 g
Äpfel, Golden Delicious, geschält, ohne Kerngehäuse	50 g
Schalotten, geschält	20 g
Sonnenblumenöl, high oleic	50 g
Cognac	20 g
Madeira	20 g
Pastetengewürz	1 g
Vollrahm, 35%	100 g
Salz	
Pfeffer, weiß, aus der Mühle	

Einlage
Damhirschrückenfilet, dressiert, ohne Silberhaut	100 g
Sonnenblumenöl, high oleic	20 g
Herbsttrompeten, getrocknet	2 g
Eierschwämme/Pfifferlinge, frisch, gerüstet	60 g
Butter	30 g
Pistazienkerne, geschält	20 g
Salz	
Pfeffer, weiß, aus der Mühle	

Fertigung
Portweinsulze	200 g

Vorbereitung Teig
- Weißmehl mit dem Schweinefett verreiben und zu einem Kranz formen.
- Vollei, Wasser und Salz in die Kranzmitte geben und zu einem Teig verkneten.
- Je nach Klebergehalt des Mehls wird weniger Wasser benötigt.
- Teig mit Plastikfolie zudecken und kühl stellen (mit Vorteil am Vortag herstellen).

Vorbereitung Pastete
- Pastetenform mit Erdnussöl auspinseln.
- Spickspeck kurz anfrieren und auf der Aufschnittmaschine 1–2 mm dick schneiden.
- Damhirschschulterfleisch und Schweinshals in 5 mm große Würfel schneiden.
- Spickspeck in 1 cm große Würfel schneiden und in Lyoner Pfanne glasig sautieren.
- Geflügelleber von allfällig vorhandenen Gallenresten befreien und vierteln.
- Äpfel und Schalotten emincieren (in feine Scheiben schneiden).
- Geflügelleber, Äpfel und Schalotten im Sonnenblumenöl sautieren.
- Fleischzutaten für die Füllung mit Geflügelleber, Äpfeln und Schalotten mischen und kühl stellen.
- Damhirschrückenfilet längs in 1 cm dicke Streifen schneiden (Streifen sollten die Länge der Pastetenform aufweisen), mit Salz und Pfeffer würzen und im heißen Öl rundum kurz anbraten.
- Herbsttrompeten in lauwarmem Wasser einweichen, rüsten, waschen, auspressen und in Butter dünsten.
- Eierschwämme unter fließendem Wasser abspülen, abschütten, in gleichmäßige Würfel schneiden und in Butter sautieren.
- Pistazienkerne in Butter goldbraun rösten.
- Ei-Streiche herstellen (50% Vollrahm, 50% Eigelb).
- Aus Alufolie Kamine formen und bereitstellen.

Zubereitung Pastete
- Pastetenteig 3 mm dick auswallen, Pastetenform überlappend mit Teig auskleiden.
- Teig mit den Spickspeckscheiben überlappend auslegen.
- Fleisch, Geflügelleber, Äpfel und Schalotten durch den Fleischwolf (Scheibe H 3) treiben.
- Fleisch in eine Chromstahlschüssel geben und im Eiswasserbad abrühren.
- Farce mit Salz und Vollrahm im Kutter fein mixen.
- Farce durch nicht zu feines Haarsieb streichen und im Eiswasserbad kühlen.
- Pastetengewürz, Cognac und Madeira beigeben, mit Salz und Pfeffer abschmecken.
- Pistazien, Herbsttrompeten und Eierschwämme zur Farce geben.
- Farce in einen Dressiersack (Lochtülle 10 mm) füllen und die Pastetenform zur Hälfte füllen.
- Damhirschrückenfilet-Streifen in die Farce einlegen und leicht andrücken.
- Mit der restlichen Farce bis 5 mm unter den Rand füllen und mit Spickspeck abdecken.
- Teigrand mit Ei-Streiche bepinseln, Teigdeckel darauf legen und zuschneiden.
- Mit der Pastetenzange andrücken und die Dampföffnungen anzeichnen.
- Pastete mit Ei-Streiche bepinseln, mit Teigresten verzieren und ebenfalls mit Ei-Streiche bepinseln.
- Im auf 240 °C vorgeheizten Backofen bei 240 °C 10 Minuten backen.
- Dampflöcher ausschneiden, Kamine einsetzen.
- Weitere 10 Minuten bei 220 °C fertig backen.
- 10 Minuten abstehen lassen und etwas Portweinsulze einfüllen.
- Nach dem Erkalten der Pastete vollständig mit Portweinsulze füllen.

Hinweise für die Praxis
Form: Pastetenform, Inhalt 800 g. Ofentemperatur (Backofen, Kombisteamer, Umluftofen): 220 °C/240 °C. Kerntemperatur: 60 °C. Bei größeren Pasteten ist es von Vorteil, die Damhirschrückenfilet-Streifen in dünne Spickspeckscheiben einzupacken. So wird verhindert, dass die Filets durchgaren.

Kalbfleischpastete mit getrockneten Früchten · Pâté de veau aux fruits secs

Pastetenteig
10 Pers

Weißmehl, Typ 550	250 g
Schweinefett	100 g
Vollei, aufgeschlagen	60 g
Salz	6 g
Wasser	80 g

Weitere Zutaten

Erdnussöl	10 g
Spickspeck	100 g
Ei-Streiche	50 g

Füllung

Kalbsschulter, pariert	200 g
Schweinshals, dressiert	50 g
Spickspeck	50 g
Kalbsleber	50 g
Äpfel, Golden Delicious, geschält, ohne Kerngehäuse	50 g
Schalotten, geschält	20 g
Sonnenblumenöl, high oleic	50 g
Cognac	20 g
Madeira	20 g
Pastetengewürz	1 g
Vollrahm, 35%	100 g
Salz	
Pfeffer, weiß, aus der Mühle	

Einlage

Aprikosen, getrocknet	40 g
Datteln, getrocknet	40 g
Pflaumen, getrocknet	40 g

Fertigung

Portweinsulze	200 g

Vorbereitung Teig
- Weißmehl mit dem Schweinefett verreiben und zu einem Kranz formen.
- Vollei, Wasser und Salz in die Kranzmitte geben und zu einem Teig verkneten.
- Je nach Klebergehalt des Mehls wird weniger Wasser benötigt.
- Teig mit Plastikfolie zudecken und kühl stellen (mit Vorteil am Vortag herstellen).

Vorbereitung Pastete
- Pastetenform mit Erdnussöl auspinseln.
- Spickspeck tiefkühlen und auf der Aufschnittmaschine 1–2 mm dick schneiden.
- Kalbsschulter und Schweinshals in 5 mm große Würfel schneiden.
- Spickspeck in 1 cm große Würfel schneiden und in einer Lyoner Pfanne glasig sautieren.
- Kalbsleber von Haut und Blutgefäßen befreien und in 1 cm große Würfel schneiden.
- Äpfel und Schalotten emincieren (in feine Scheiben schneiden).
- Kalbsleber, Äpfel und Schalotten im Sonnenblumenöl sautieren (Leber darf nicht durchgegart sein).
- Fleischzutaten für die Füllung mit der Kalbsleber, den Äpfeln und Schalotten mischen und kühl stellen.
- Aprikosen, Datteln und Pflaumen in 5 mm große Würfel schneiden.
- Ei-Streiche herstellen (50% Vollrahm, 50% Eigelb).
- Kamine aus Alufolie herstellen, Backofen auf 240 °C vorheizen.

Zubereitung Pastete
- Pastetenteig 3 mm dick ausrollen, Pastetenform mit Erdnussöl auspinseln und überlappend mit Teig auskleiden.
- Teig mit dünn geschnittenem Spickspeck überlappend auslegen.
- Fleisch, Kalbsleber, Äpfel und Schalotten durch den Fleischwolf (Scheibe H 3) treiben.
- Das Fleisch in eine Chromstahlschüssel geben und auf einem Eiswasserbad abrühren.
- Die Farce mit Salz und Vollrahm im Kutter fein mixen.
- Farce durch ein nicht zu feines Tamis (Haarsieb) streichen und auf dem Eiswasserbad kühlen.
- Pastetengewürz, Cognac und Madeira beigeben, mit Salz und Pfeffer abschmecken, getrocknete Früchte zur Farce geben.
- Die Farce in einen Dressiersack (Lochtülle 10 mm) füllen, die Pastetenform bis 5 mm unter den Rand füllen und mit dem überlappenden Spickspeck abdecken.
- Teigrand mit Ei-Streiche bepinseln und den Teigdeckel darauf legen und zuschneiden.
- Mit der Pastetenzange andrücken und die Dampföffnungen anzeichnen.
- Pastete mit Ei-Streiche bepinseln, mit Teigabschnitten verzieren und ebenfalls mit Ei-Streiche bepinseln.
- Bei 240 °C Ofentemperatur 10 Minuten backen, Dampflöcher ausschneiden, Kamine einsetzen.
- Weitere 10 Minuten bei 220 °C fertig backen.
- 10 Minuten abstehen lassen und etwas Portweinsulze einfüllen.
- Nach dem Erkalten der Pastete vollständig mit Portweinsulze auffüllen.

Hinweise für die Praxis
Form: Pastetenform, Inhalt 800 g. Ofentemperatur (Backofen, Kombisteamer, Umluftofen): 220 °C/240 °C. Kerntemperatur: 65 °C. Als Einlage können auch Streifen von Kalbsfilet hinzugefügt werden.

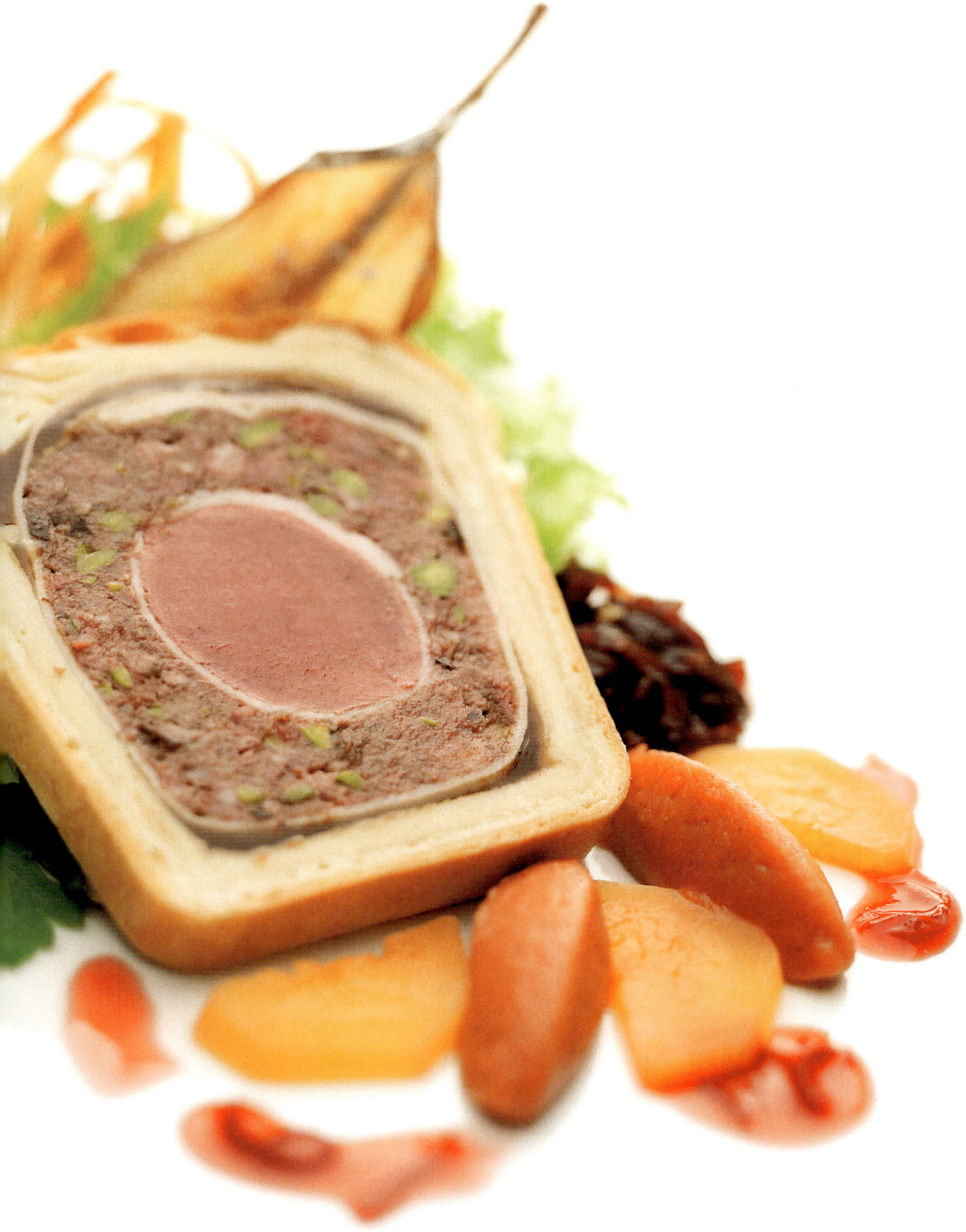

Rehpastete · Pâté de chevreuil

Pastetenteig

	10 Pers
Weißmehl, Typ 550	250 g
Schweinefett	100 g
Vollei, aufgeschlagen	60 g
Salz	6 g
Wasser	80 g

Weitere Zutaten

Erdnussöl	10 g
Spickspeck	100 g
Ei-Streiche	50 g

Füllung

Rehschulter ohne Knochen, dressiert	100 g
Schweinshals, dressiert	50 g
Spickspeck	60 g
Sonnenblumenöl, high oleic	40 g
Geflügelleber, pariert	50 g
Äpfel, Golden Delicious, geschält, ohne Kerngehäuse	50 g
Schalotten, geschält	20 g
Wacholderbeeren	4
Pfefferkörner, weiß	4
Lorbeerblätter	1
Cognac	20 g
Portwein, rot	20 g
Wildglace	50 g
Vollrahm, 35%	100 g

Einlage

Butter	20 g
Schinken, gekocht	20 g
Pistazienkerne, geschält	10 g
Pinienkerne	10 g
Herbsttrompeten, getrocknet	3 g
Sonnenblumenöl, high oleic	50 g
Rehfilet, pariert	100 g
Spickspeck	50 g
Salz	
Pfeffer, weiß, aus der Mühle	

Fertigung

Portweinsulze	200 g

Vorbereitung Teig

– Weißmehl mit Schweinefett verreiben, zu einem Kranz formen.
– Vollei, Wasser und Salz in die Kranzmitte geben und zu einem Teig verkneten.
– Teig mit Plastikfolie zudecken und kühl stellen (mit Vorteil am Vortag herstellen).

Vorbereitung Pastete

– Pastetenform mit Erdnussöl auspinseln.
– Spickspeck tiefkühlen und auf der Aufschnittmaschine 1–2 mm dick schneiden.
– Rehschulterfleisch, Schweinshals und Spickspeck in 3 cm große Würfel schneiden.
– Geflügelleber von allfällig vorhandenen Gallenresten befreien und zum Fleisch geben.
– Äpfel und Schalotten emincieren (in feine Scheiben schneiden) und zum Fleisch geben.
– Mit Cognac, Portwein und den Gewürzen 2 Stunden marinieren.
– Schinken in Brunoise (Würfelchen) schneiden.
– Pinien- und Pistazienkerne in Butter goldbraun rösten.
– Herbsttrompeten im lauwarmen Wasser einweichen, rüsten, waschen, auspressen und in Butter dünsten.
– Rehfilet mit Salz und Pfeffer würzen, im Öl rundum kurz anbraten; auskühlen lassen und mit Spickspeck einwickeln.
– Ei-Streiche herstellen (50% Vollrahm, 50% Eigelb).
– Kamine aus Alufolie herstellen, Backofen auf 240 °C vorheizen.

Zubereitung Pastete

– Pastetenteig 3 mm dick ausrollen, Pastetenform überlappend mit Teig auskleiden.
– Teig mit dem dünn geschnittenen Spickspeck überlappend auslegen.
– Das Fleisch aus der Marinade nehmen und abtropfen lassen.
– Sonnenblumenöl erhitzen, Rehschulterfleisch, Schweinshals und Spickspeck kurz anbraten und herausnehmen (das Fleisch muss nach dem Anbraten inwendig noch roh sein).
– Das Fleisch zusammen mit der rohen Geflügelleber durch den Fleischwolf (Scheibe H 3) treiben.
– Bratensatz mit der Marinade ablöschen, Wildglace und Vollrahm beigeben und auf die Hälfte einkochen.
– Zur Farce geben, im Kutter mixen und in eine Chromstahlschüssel geben.
– Die Einlage (außer dem Rehfilet) beigeben und abschmecken.
– Die Farce in einen Dressiersack (Lochtülle 10 mm) füllen und die Pastetenform zur Hälfte füllen.
– Das Rehfilet in die Farce einlegen und leicht andrücken.
– Mit der restlichen Farce bis 5 mm unter den Rand füllen und mit dem überlappenden Spickspeck abdecken.
– Mit einem Teigdeckel abschließen, mit dem Pastetenkneifer andrücken und die Dampföffnungen anzeichnen.
– Pastete mit Ei-Streiche bepinseln, mit Teigresten ausgarnieren und ebenfalls mit Ei-Streiche bepinseln.
– Bei 240 °C Ofentemperatur 10 Minuten backen, Dampflöcher ausschneiden, Kamine einsetzen.
– Weitere 10 Minuten bei 220 °C fertig backen.
– 10 Minuten abstehen lassen und etwas Portweinsulze einfüllen.
– Nach dem Erkalten der Pastete vollständig mit Portweinsulze auffüllen.

Hinweise für die Praxis

Form: Pastetenform, Inhalt 800 g. Ofentemperatur (Backofen, Kombisteamer): 220 °C/240 °C. Kerntemperatur: 60 °C.

REHPASTETE – STEP BY STEP

1 2

3 4

5 6

7 8

PASTETEN, TERRINEN, GALANTINEN   261

Schweinsfiletpastete mit Dörrpflaumen · Pâté de filet mignon de porc aux pruneaux

Pastetenteig   10 Pers
Weißmehl, Typ 550	250 g
Schweinefett	100 g
Vollei, aufgeschlagen	60 g
Salz	6 g
Wasser	80 g

Weitere Zutaten
Erdnussöl	10 g
Spickspeck	100 g
Ei-Streiche	50 g

Füllung
Kalbsschulter, dressiert	100 g
Schweinshals, dressiert	100 g
Spickspeck	100 g
Sonnenblumenöl, high oleic	50 g
Geflügelleber, pariert	100 g
Schalotten, geschält	50 g
Vollrahm, 35%	150 g
Salz	
Pfeffer, weiß, aus der Mühle	
Madeira	20 g
Cognac	20 g
Pastetengewürz	1 g

Einlage
Schweinsfilet, dressiert	100 g
Salz	
Pfeffer, weiß, aus der Mühle	
Sonnenblumenöl, high oleic	30 g
Pflaumen, getrocknet	80 g
Pistazienkerne, geschält	20 g

Fertigung
Sherry-Sulze	200 g

Vorbereitung Teig
- Weißmehl und Schweinefett verreiben und zu einem Kranz formen.
- Vollei, Wasser und Salz in die Kranzmitte geben und zu einem Teig verkneten.
- Je nach Klebergehalt des Mehls wird weniger Wasser benötigt.
- Teig mit Plastikfolie zudecken und kühl stellen (mit Vorteil am Vortag herstellen)

Vorbereitung Pastete
- Pastetenform mit Erdnussöl auspinseln.
- Ei-Streiche bereitstellen (50% Vollrahm, 50% Eigelb).
- Spickspeck tiefkühlen und auf der Aufschnittmaschine 1–2 mm dick schneiden.
- Spickspecktranchen nebeneinander auf ein Blech legen und kühl stellen.
- Kalbfleisch und Schweinefleisch in 5 mm große Würfel schneiden.
- Spickspeck für die Füllung in 1 cm große Würfel schneiden und in einer Lyoner Pfanne glasig sautieren.
- Geflügelleber von allfällig vorhandenen Gallenresten befreien und halbieren.
- Schalotten emincieren (in feine Scheiben schneiden).
- Sonnenblumenöl erhitzen und die Geflügelleber und die Schalotten kurz sautieren.
- Kalbfleisch, Schweinefleisch, Spickspeck, Geflügelleber und Schalotten mischen und kühl stellen.
- Schweinsfilet für die Einlage in 1 cm dicke Streifen schneiden; die Streifen sollten die Länge der Pastetenform aufweisen.
- Schweinsfiletstreifen mit Salz und Pfeffer würzen und im Öl kurz allseitig sautieren.
- Dörrpflaumen leicht plattieren und in 5 mm breite Streifen schneiden.
- Pistazien in einer antihaftbeschichteten Pfanne trocken rösten und grob hacken.
- Aus Alufolie Kamine formen und bereitstellen.
- Backofen auf 240 °C vorheizen.

Zubereitung Pastete
- Pastetenteig 3 mm dick ausrollen, Pastetenform überlappend mit Teig auskleiden.
- Teig mit dem dünn geschnittenen Spickspeck überlappend auslegen.
- Das Fleisch für die Füllung durch den Fleischwolf (Scheibe H 3) treiben.
- In eine Chromstahlschüssel geben und auf einem Eiswasserbad abrühren.
- Die Farce mit Vollrahm und Salz im Kutter fein mixen und durch ein nicht zu feines Tamis (Haarsieb) streichen.
- Die Farce auf Eis abrühren und mit Salz, Pfeffer, Madeira, Cognac und Pastetengewürz abschmecken.
- Die gehackten Pistazien und die Pflaumenstreifen zur Farce geben und vermischen.
- Die Farce in einen Dressiersack mit Lochtülle (Nr. 10) füllen und die Pastetenform zur Hälfte füllen.
- Die Schweinsfiletstreifen einlegen und die restliche Farce bis 5 mm unter den Rand einfüllen.
- Die Farce mit dem überlappenden Spickspeck abdecken.
- Die Teigränder mit Ei-Streiche bepinseln und den Pastetenteigdeckel darauf legen.
- Überschüssigen Teig abschneiden und den Teig mit dem Pastetenkneifer andrücken.
- Pastete mit Ei-Streiche bepinseln, mit Teigresten verzieren und ebenfalls mit Ei-Streiche bepinseln.
- Pastete bei einer Temperatur von 240 °C 10 Minuten backen, Dampflöcher ausschneiden und Kamine einsetzen.
- Weitere 10 Minuten bei 220 °C fertig backen.
- Aus dem Ofen nehmen, 10 Minuten abstehen lassen und etwas Sherry-Sulze einfüllen.
- Nach dem Erkalten der Pastete vollständig mit der Sherry-Sulze auffüllen.

Hinweise für die Praxis
Form: Pastetenform, Inhalt 800 g. Ofentemperatur (Backofen, Kombisteamer, Umluftofen): 220 °C/240 °C. Kerntemperatur: 65 °C.

■ TERRINEN

Fasanenterrine mit Waldpilzen · Terrine de faisan aux champignons des bois

Terrine — 10 Pers

Wildschweinschinken, gekocht, geräuchert	60 g
Fasan, pfannenfertig	900 g
Schweinshals, dressiert	100 g
Spickspeck	80 g
Vollrahm, 35%	150 g
Madeira	20 g
Cognac	20 g
Pastetengewürz	1 g
Salz	
Pfeffer, weiß, aus der Mühle	

Fasanenfond

Sonnenblumenöl, high oleic	20 g
Fasanenkarkassen	400 g
Schalotten, geschält	50 g
Tomatenpüree	10 g
Wasser	100 g
Rotwein, Shiraz	150 g
Wildfond	200 g
Pfefferkörner, schwarz	1 g
Wacholderbeeren	1 g
Lorbeerblätter	
Gewürznelken	
Rosmarin, frisch	1 g
Salz	

Einlage

Fasanenbrust, ohne Haut, dressiert	200 g
Sonnenblumenöl, high oleic	40 g
Eierschwämme/Pfifferlinge, frisch, gerüstet	50 g
Morcheln, ohne Stiel, getrocknet	3 g
Butter	20 g
Krautstielblätter, gerüstet	40 g

Vorbereitung Terrine

- Vom Fasan die Schenkel und die Brüstchen auslösen.
- Brüstchen dressieren, die Haut entfernen und beide Brüstchen für die Einlage bereitstellen.
- Schenkelfleisch auslösen und parieren (Gewicht ca. 250 g).
- Schenkelfleisch in 5 mm große Würfel schneiden und kühl stellen.
- Schweinshals in 5 mm große Würfel schneiden und kühl stellen.
- Spickspeck in 5 mm große Würfel schneiden, glasig sautieren und kühl stellen.
- Terrinenform mit Wasser befeuchten und überlappend mit PE-Halbschlauchfolie auslegen.
- Wildschweinschinken dünn aufschneiden und die Form damit überlappend auslegen.
- Fasanenkarkassen in Stücke hacken.

Vorbereitung Einlage

- Fasanenbrüstchen mit Salz und Pfeffer würzen.
- In Öl saignant braten und erkalten lassen.
- Bratensatz mit wenig Wasser ablösen und zum Wildfond geben.
- Morcheln in lauwarmem Wasser einweichen, halbieren, gründlich waschen und in gleichmäßige Stücke schneiden.
- Eierschwämme waschen und in gleichmäßige Stücke schneiden.
- Morcheln und Eierschwämme in Butter weich dünsten.
- Krautstielblätter in Salzwasser blanchieren, abschrecken, abschütten und trockentupfen.

Zubereitung Fond

- Fasanenkarkassen im Öl allseitig anrösten.
- Schalotten und Tomatenpüree beigeben und mitrösten.
- 2 Mal mit Wasser ablöschen und zu Glace einkochen.
- Mit Rotwein ablöschen und einkochen.
- Wildfond und Gewürze beigeben und zum Siedepunkt bringen.
- Unter öfterem Abschäumen 20 Minuten sieden.
- Fond durch ein Passiertuch passieren, auf 100 g einkochen und erkalten lassen.

Zubereitung Terrine

- Fasanenschenkelfleisch, Schweinshals und Spickspeck mit Salz und der Hälfte des Vollrahms im Kutter fein mixen.
- Kurz vor Schluss restlichen Vollrahm und kalte Fasanenglace beigeben.
- Farce in einer Chromstahlschüssel im Eiswasserbad abrühren.
- Durch ein nicht zu feines Haarsieb streichen und auf Eis kühlen.
- Mit Salz, Pfeffer, Madeira und Cognac abschmecken.
- Gedünstete Eierschwämme und Morcheln zur Farce geben und vermischen.
- Fertige Farce in einen Dressiersack mit Lochtülle (10 mm) füllen.
- Farce bis zur Hälfte in die vorbereitete Terrinenform füllen.
- Mit einem nassen Esslöffel glatt streichen.
- Fasanenbrüstchen längs halbieren, satt in Krautstielblätter einpacken und leicht in die Farce drücken.
- Form mit der restlichen Farce füllen und glatt streichen.
- Terrine mit dem überlappenden Wildschweinschinken bedecken.
- Mit der überlappenden Folie abdecken.
- Im Kombisteamer bei 75 °C pochieren.

Hinweise für die Praxis

Form: 800 g Inhalt. Kerntemperatur: 62 °C.

BEISPIELE VON TERRINEN, GALANTINEN, MARMOR UND ASPIK

Lachs-Zander-Terrine im Karottenmantel

Forellenterrine im Krautstielmantel

Hechtgalantine mit Riesencrevetten und Gemüsewürfelchen im Seetang

Geflügelterrine mit Eierschwämmen

Marmor von Zander, Lachs und Riesenkrevetten

Kaninchenterrine mit Kaninchenfilet im Nussmantel

Marmor von Lachs und verschiedenen Gemüsen im Lauchmantel

Aspiktorte mit Seezungenröllchen und Räucherlachsmousse

PASTETEN, TERRINEN, GALANTINEN

Forellenmosaik mit frischem Basilikum · Mosaïque de truites au basilic

Zutaten 10 Pers

Lachsforellenfilet, pariert	300 g
Forellenfilets, pariert	300 g
Basilikum, großblättrig	30 g
Vollrahm, 35%	150 g
Wodka	10 g
Salz	
Pfeffer, weiß, aus der Mühle	

Einlage

Kürbiskerne, geschält	50 g
Zucchetti, grün, gerüstet	100 g

Vorbereitung

- Terrinenform (800 g Inhalt) mit PE-Halbschlauchfolie überlappend auslegen.
- Lachsforellenfilets parieren und auf etwa 4 cm Breite zuschneiden.
- Forellenfilets (weißfleischig) parieren und auf etwa 4 cm Breite zuschneiden.
- Schwanz- und Kopfstücke der Filets großzügig wegschneiden; die Filets sollten gut in die Terrinenform passen, den Rand aber nirgends berühren (220 g Lachsforellen- und 220 g Forellenfilets als Einlage).
- Fischabschnitte (ca. 150–180 g) in Würfel schneiden, mit Salz und Pfeffer würzen und gut kühlen.
- Basilikum waschen, zupfen, die Blätter ganz kurz in heißes Wasser tauchen und im Eiswasser abschrecken.
- Basilikumblätter auf Küchenpapier trockentupfen.
- Von den Zucchetti 2 mm dicke Schalenstreifen wegschneiden und in Brunoise (Würfelchen) schneiden.
- Zucchetti-Brunoise im Salzwasser kurz blanchieren, abschrecken und trockentupfen.
- Kürbiskerne 5 Minuten im Salzwasser sieden, abschrecken und trockentupfen.

Zubereitung

- Forellenfilets in blanchierte Basilikumblätter einwickeln.
- Gekühlte Forellenfiletwürfel im Kutter mit Vollrahm fein mixen.
- Die Farce durch ein nicht zu feines Tamis (Haarsieb) streichen und auf Eiswasser abrühren.
- Kürbiskerne und Zucchetti-Brunoise beigeben, die Farce abschmecken und mit Wodka parfümieren.
- Die Fischfarce in einen Dressiersack mit Lochtülle füllen.
- Die Ecken der Terrine sowie den Terrinenboden etwa 5 mm dick mit Farce ausstreichen.
- Die ersten beiden Lachsforellenfilets satt darauf legen.
- Etwas Farce in die Ecken und ganz wenig Farce auf die Filets dressieren.
- Anschließend die beiden Forellenfilets darauf legen.
- Wiederum sehr wenig Farce an den Rand und zwischen die Filets dressieren und die letzten Filets darauf legen.
- Die Terrine mit der restlichen Farce auffüllen, glatt streichen und mit der überlappenden Folie abschließen.
- Im Kombisteamer bei einer Temperatur von 70 °C bis zu einer Kerntemperatur von 55 °C garen.
- Gut auskühlen lassen.

Hinweise für die Praxis

Vor dem Auslegen die Terrinenform mit etwas Wasser befeuchten, dann erst die Halbschlauchfolie auslegen und mit einem trockenen Tuch glätten. Anstelle von Kürbiskernen können als Variante auch geröstete Pinienkerne verwendet werden. Form: 800 g Inhalt. Kerntemperatur: 55 °C.

Gämsterrine mit Rot- und Weißweinbirnen
Terrine de chamois aux poires aux vins rouge et blanc

Zutaten

	10 Pers
Gämsrückenfilet, dressiert	150 g
Bratbutter	20 g
Gämsschnitzelfleisch, dressiert	200 g
Kalbsleber	80 g
Spickspeck	60 g
Eiweiß, pasteurisiert	20 g
Vollrahm, 35%	180 g
Gewürzsalzmischung für Wild	
Rohschinken, dünn geschnitten	30 g
Schinken, gekocht	50 g
Pinienkerne	50 g
Kürbiskerne, geschält	40 g
Aprikosen, getrocknet	40 g
Thymian, frisch	5 g
Basilikum, frisch	5 g
Cognac	20 g

Garnitur

Birnen, geschält	600 g
Rotwein	400 g
Randensaft/Rote-Bete-Saft	100 g
Zucker	50 g
Weißwein	400 g
Zitronensaft, frisch	20 g
Zucker	50 g
Melonenkugeln, Wassermelone	150 g
Melonenkugeln, Galia-Melone	150 g
Oreganoblüten	

Sauce

Hagebuttengelee	250 g
Portwein, rot	80 g
Rotweinessig	20 g

Vorbereitung

- Gämsrückenfilet von allen Sehnen befreien und der Länge nach in 2 gleich dicke Stücke schneiden (die Stücke sollten die Länge der Terrinenform aufweisen).
- Gämsrückenfilet würzen und in heißer Bratbutter rundherum kurz anbraten.
- Fleisch herausnehmen und auf einem Gitter abkühlen lassen.
- Gämsschnitzelfleisch, Kalbsleber und Spickspeck in 8 mm große Würfel schneiden und kühl stellen.
- Gekochten Schinken und Aprikosen in 5 mm große Würfel schneiden.
- Pinienkerne in einer antihaftbeschichteten Pfanne trocken rösten.
- Kürbiskerne im Salzwasser 5 Minuten kochen, abschütten und auf Küchenpapier trockentupfen.
- Thymian und Basilikum waschen, zupfen, trockentupfen und hacken.
- Terrinenform (800 g Inhalt) mit Wasser befeuchten und mit PE-Halbschlauchfolie überlappend auslegen.
- Terrinenform mit dünnen Rohschinkenscheiben auslegen.

Zubereitung

- Gämsschnitzelfleisch, Kalbsleber und Spickspeck salzen.
- Mit wenig Vollrahm und Eiweiß im Kutter fein pürieren.
- Die Masse durch ein Tamis (Haarsieb) streichen.
- Auf einem Eiswasserbad abrühren, den restlichen Vollrahm beigeben und abschmecken.
- Gekochten Schinken, Pinienkerne, Kürbiskerne, Aprikosen, Thymian und Basilikum beigeben und mit Cognac parfümieren.
- Ein Drittel der Farce in die vorbereitete Terrinenform geben.
- Das Gämsrückenfilet in die Mitte einlegen, die restliche Farce einfüllen und glatt streichen.
- Die Terrine mit der überlappenden PE-Halbschlauchfolie abdecken.
- Im Kombisteamer bei einer Temperatur von 75 °C bis zu einer Kerntemperatur von 55 °C garen.
- Herausnehmen und auskühlen lassen, zum vollständigen Erkalten in den Frigor stellen.

Zubereitung Garnitur

- Rotwein, Randensaft und Zucker aufkochen.
- 5 Stück kleine Birnen (Stückgewicht 60 g) beigeben, weich kochen und in der Garflüssigkeit erkalten lassen.
- Weißwein, Zitronensaft und Zucker aufkochen.
- 5 Stück kleine Birnen (Stückgewicht 60 g) beigeben, weich kochen und in der Garflüssigkeit erkalten lassen.
- Birnen vierteln und das Kerngehäuse herausschneiden.
- In die Vertiefung je eine Melonenkugel einsetzen (Rotweinbirnen mit Galia-Melonenkugeln, Weißweinbirnen mit Wassermelonenkugeln).
- Gefüllte Birnen mit je einer Oreganoblüte verzieren.

Zubereitung Sauce

- Hagebuttengelee mit Portwein und Rotweinessig aufkochen, gut verrühren und erkalten lassen.

Hinweise für die Praxis
Form: 800 g Inhalt. Kerntemperatur: 55 °C.

Gemüseterrine · Terrine de légumes

Zutaten 10 Pers

Broccoliröschen	50 g
Karotten, geschält	100 g
Peperoni, gelb, entkernt	50 g
Peperoni, rot, entkernt	50 g
Champignons, frisch, gerüstet	50 g
Bohnen, fein, gerüstet	80 g
Zucchetti, grün, gerüstet	100 g
Brunnenkresse, gerüstet	50 g
Pouletbrust, dressiert	120 g
Vollrahm, 35%	150 g
Sherry, trocken	30 g
Salz	
Pfeffer, weiß, aus der Mühle	

Vorbereitung

- Gemüse waschen und so schneiden, dass es gefällig in die Terrinenform eingeschichtet werden kann.
- Alle Gemüse außer Brunnenkresse separat im Drucksteamer knackig dämpfen und erkalten lassen.
- Alle Gemüse auf Küchenpapier trockentupfen.
- Die Pouletbrust in 5 mm große Würfel schneiden und kühl stellen.
- Pouletfleisch mit kaltem Vollrahm und Salz im Kutter mixen und durch ein nicht zu feines Haarsieb (Tamis) streichen.
- Die Geflügelfarce in einer Chromstahlschüssel in ein Eiswasserbad stellen und gut durchkühlen lassen.
- Mit Salz und weißem Pfeffer aus der Mühle würzen und mit Sherry parfümieren.
- Brunnenkresse waschen und fein pürieren.

Zubereitung

- Die Terrinenform mit etwas Wasser bepinseln und mit PE-Halbschlauchfolie überlappend auskleiden.
- Ein Drittel der Geflügelfarce mit dem Brunnenkressepüree vermischen.
- Den Boden der Terrine mit der Geflügel-Brunnenkresse-Farce bedecken.
- Abwechslungsweise das Gemüse einschichten, würzen, zusammen mit der restlichen Geflügelfarce in die Terrine einfüllen und glatt streichen.
- Die Terrine mit der überlappenden Folie abdecken.
- Im Kombisteamer bei einer Temperatur von 75 °C ca. 20 Minuten garen.
- Herausnehmen und abkühlen lassen.

Hinweise für die Praxis

Form: 800 g Inhalt. Ofentemperatur beim Pochieren im Wasserbad: 140 °C, Kerntemperatur: 62 °C. Die Terrinenform kann auch mit gedämpftem Lauch, Karotten oder Lattich ausgelegt werden.

Hausterrine im Lauchmantel · Terrine maison en manteau de poireaux

Terrine

	10 Pers
Lauch, gebleicht, gerüstet	150 g
Schweinshals, dressiert	200 g
Kalbsschulter, dressiert	100 g
Kalbsleber	80 g
Spickspeck	80 g
Vollrahm, 35%	100 g
Schalotten, geschält	50 g
Butter	10 g
Rosmarin, frisch	2 g
Thymian, frisch	1 g
Pastetengewürz	1 g
Salz	
Pfeffer, weiß, aus der Mühle	
Portwein, rot	50 g
Cognac	50 g
Sonnenblumenöl, high oleic	20 g

Einlage

Pistazienkerne, geschält	20 g
Pinienkerne	20 g
Schinken, gekocht	50 g
Rindszunge, gekocht	50 g

Vorbereitung

- Schweinshals, Kalbsschulter und Kalbsleber in 5 mm große Würfel schneiden.
- Spickspeck in 5 mm große Würfel schneiden, glasig sautieren und zum Fleisch geben.
- Schalotten in Streifen schneiden, in Butter dünsten und ebenfalls zum Fleisch geben.
- Rosmarinzweig, Thymian, Pastetengewürz, Portwein und Cognac beigeben.
- Alle Zutaten gut vermischen und 12 Stunden marinieren.
- Große Lauchstängel aufschneiden, in die einzelnen Segmente zerteilen und waschen.
- Lauch im Drucksteamer weich garen, im Eiswasser abschrecken und abschütten.
- Lauchsegmente auf Küchenpapier trockentupfen.
- Die Terrinenform mit wenig Wasser befeuchten und überlappend mit PE-Halbschlauchfolie auslegen.
- Terrinenform mit dem Lauch überlappend auslegen.

Vorbereitung Einlage

- Pistazien und Pinienkerne halbieren und in einer antihaftbeschichteten Pfanne ohne Fettstoff rösten.
- Gekochten Schinken und Rindszunge in 5 mm große Würfel schneiden.

Zubereitung Terrine

- Die Fleischzutaten aus der Marinade nehmen und abtropfen lassen, Gewürze entfernen.
- Marinade passieren.
- Öl in einer Lyoner Pfanne erhitzen, die Fleischzutaten kurz sautieren und herausnehmen.
- Bratensatz mit der Marinade ablöschen und zum Fleisch geben.
- Die warmen Farce-Zutaten durch den Fleischwolf (Scheibe H 3) treiben.
- Die Farce in eine Chromstahlschüssel geben und auf ein Eiswasserbad stellen.
- Die Farce kalt rühren und mit dem Vollrahm aufmontieren.
- Mit Salz und Pfeffer abschmecken und die Einlage zur Farce geben.
- Die Farce in einen Dressiersack mit Lochtülle (10 mm) füllen und in die vorbereitete Terrinenform dressieren.
- Oberfläche mit einem Esslöffel glatt streichen und mit dem überlappenden Lauch abdecken.
- Die Terrine mit der überlappenden Folie abdecken.
- Die Terrine im Kombisteamer bei einer Temperatur von 75 °C garen.

Hinweise für die Praxis
Form: 800 g Inhalt.
Kerntemperatur: 65 °C.

Kalbfleischterrine mit Apfelsalat · Terrine de veau et salade de pommes

Zutaten
	10 Pers
Kalbsschulter, dressiert	350 g
Eiweiß, pasteurisiert	40 g
Salz	
Pfeffer, weiß, aus der Mühle	
Vollrahm, 35 %	300 g
Bündner Fleisch	50 g
Rohschinken	50 g
Aprikosen, getrocknet	50 g
Haselnusskerne, ganz	50 g
Basilikum, frisch	5 g

Salat
Rosinen	50 g
Baileys Cream	40 g
Vollrahm, 35 %	200 g
Äpfel, geschält, ohne Kerngehäuse	350 g
Zitronensaft, frisch	20 g
Zucker	20 g

Sauce
Holundergelee	240 g
Portwein, rot	120 g
Rotweinessig	20 g

Vorbereitung
- Kalbfleisch in 5 mm große Würfel schneiden und kühl stellen.
- Bündner Fleisch und Rohschinken in Brunoise (Würfelchen) schneiden.
- Aprikosen in kleine Würfel schneiden.
- Kleine Haselnüsse ca. 15 Minuten im Salzwasser kochen und erkalten lassen.
- Basilikum waschen, zupfen, trockentupfen und grob hacken.
- Terrinenform (800 g Inhalt) mit Wasser befeuchten und überlappend mit PE-Halbschlauchfolie auslegen.
- Rosinen in Baileys Cream einlegen.
- Vollrahm steif schlagen und kühl stellen.

Zubereitung Terrine
- Kalbfleisch mit Eiweiß, Salz und wenig Vollrahm im Kutter fein pürieren.
- Masse durch ein Tamis (Haarsieb) streichen.
- Auf einem Eiswasserbad abrühren, den restlichen Vollrahm beigeben und die Farce abschmecken.
- Bündner Fleisch, Rohschinken, Aprikosen, Haselnüsse und Basilikum unter die Farce rühren.
- In die vorbereitete Form abfüllen und glatt streichen.
- Terrinenform mit der überlappenden PE-Halbschlauchfolie abdecken.
- Im Kombisteamer bei einer Temperatur von 70 °C bis zu einer Kerntemperatur von 65 °C garen.
- Herausnehmen und auskühlen lassen, zum vollständigen Erkalten in den Kühlschrank stellen.

Zubereitung Salat
- Äpfel mit einer Röstiraffel reiben, mit Zitronensaft beträufeln und mit dem Zucker vermischen.
- Den geschlagenen Vollrahm sowie die in Baileys Cream eingelegten Rosinen beigeben und vermischen.

Zubereitung Sauce
- Holundergelee mit Portwein und Rotweinessig aufkochen, bis sich der Gelee vollständig aufgelöst hat.
- Rotweinessig beigeben und erkalten lassen.

Anrichten
- Terrine stürzen, die Folie entfernen und in gleichmäßige Tranchen schneiden.
- Apfelsalat anrichten, Terrine an den Apfelsalat anrichten.
- Wenig Sauce anrichten, restliche Sauce separat in einer Sauciere servieren.

Hinweise für die Praxis
Form: 800 g Inhalt. Kerntemperatur: 65 °C.

Kaninchenterrine mit Melonen-Kürbis-Chutney
Terrine de lapin au chutney de melon et courge

Terrine	10 Pers
Kaninchenschenkelfleisch, dressiert	400 g
Lauch, junger, gerüstet	100 g
Basilikum, frisch	5 g
Estragon, frisch	5 g
Weißwein, Riesling	200 g
Lauch, gebleicht, gerüstet	100 g
Sulzpulver, extrahell	30 g

Chutney	
Butter	50 g
Zwiebeln, geschält	40 g
Knoblauch, geschält, gehackt	20 g
Kürbis, rotfleischig	400 g
Melonen, Fruchtfleisch	300 g
Weißweinessig	100 g
Zucker	50 g
Curry, Madras	30 g
Kokosnuss, gerieben	40 g
Kürbiskerne, geschält	50 g
Ingwer, frisch, geschält	5 g
Salz	
Pfeffer, weiß, aus der Mühle	
Kürbiskernöl	50 g

Vorbereitung Terrine
- Basilikum und Estragon waschen, zupfen, trockentupfen und fein hacken.
- Kaninchenschenkelfleisch zerteilen, von allen Sehnen befreien und in eine Schüssel geben.
- Fleisch mit den Kräutern und dem Riesling 3 Stunden marinieren.
- Jungen Lauch waschen, weich sieden und im Eiswasser kühlen, mit Küchenpapier trockentupfen.
- Gebleichten Lauch längs aufschneiden, in die einzelnen Segmente zerteilen und waschen.
- Im Drucksteamer weich garen, im Eiswasser kühlen, abschütten und mit Küchenpapier trockentupfen.
- Pressform mit wenig Wasser auspinseln und mit Plastikfolie überlappend auslegen.
- Form mit den Lauchsegmenten überlappend auslegen.

Zubereitung Terrine
- Das marinierte Kaninchenfleisch mit Salz und Pfeffer würzen.
- Die vorbereitete Form zur Hälfte satt mit Kaninchenfleisch belegen, mit Sulzpulver bestreuen.
- Jungen Lauch längs einlegen.
- Restliches Kaninchenfleisch einlegen und mit Sulzpulver bestreuen.
- Terrine mit dem überlappenden Lauch und der Folie abdecken, Deckel verschrauben.
- Im Kombisteamer bei einer Temperatur von 75 °C garen (Kerntemperatur 65 °C).
- Nach dem Garen etwas abkühlen lassen.
- Durch Anziehen der Deckelschrauben leicht pressen und vollständig erkalten lassen.

Vorbereitung Chutney
- Zwiebeln und Knoblauch fein hacken.
- Kürbis- und Melonenfleisch in 5 mm große Würfel schneiden.
- Kürbiskerne trocken rösten.
- Ingwer in Brunoise (Würfelchen) schneiden.

Zubereitung Chutney
- Zwiebeln und Knoblauch in Butter andünsten.
- Melonen- und Kürbiswürfel beigeben und mitdünsten.
- Mit Weißweinessig ablöschen und den Zucker beigeben.
- Die restlichen Zutaten (außer Kürbiskernöl) beigeben und 10 Minuten dünsten.
- Mit Salz und Pfeffer aus der Mühle abschmecken.
- Vor der Verwendung das Kürbiskernöl untermischen.

Hinweise für die Praxis
Form: Pressform, 500 g Inhalt. Kerntemperatur: 65 °C. Statt einer Pressform kann auch eine übliche Terrinenform verwendet werden. Bei dieser Variante sollte jedoch zwischen das Kaninchenfleisch etwas rohe Kalbfleisch-Mousseline-Farce gestrichen werden. Als weitere Einlagen eignen sich Streifen von getrockneten Aprikosen oder Pflaumen. Als Einlage kann auch Kaninchenleber verwendet werden (die Leber vor der Verwendung mit wenig Nitritpökelsalz pökeln).

Linsen-Lauch-Terrine · Terrine de lentilles et poireaux

Zutaten

	10 Pers
Linsen, braun, getrocknet	100 g
Lauch, gebleicht, gerüstet	400 g
Knollensellerie, geschält	40 g
Karotten, geschält	50 g
Karotten, groß, geschält	250 g
Zwiebeln, geschält	80 g
Knoblauch, geschält	10 g
Olivenöl, kaltgepresst	50 g
Gemüsefond	500 g
Weißwein	150 g
Gelatine	5 g
Sherry-Essig	25 g
Salz	
Pfeffer, weiß, aus der Mühle	

Sauce

Tomaten-Vinaigrette	200 g

Vorbereitung

- Linsen im Salzwasser blanchieren und abschütten.
- Lauch längs halbieren, waschen und im Salzwasser weich sieden.
- Karotten und Knollensellerie in Brunoise (Würfelchen) schneiden.
- Große Karotten in dünne Scheiben schneiden, im Salzwasser knapp weich sieden und erkalten lassen.
- Terrinenform mit Wasser befeuchten und mit PE-Halbschlauchfolie überlappend auslegen.
- Karottenscheiben auf Küchenpapier trockentupfen.
- Terrinenform überlappend mit den Karottenscheiben auslegen.
- Zwiebeln und Knoblauch fein hacken.
- Gelatine im kalten Wasser quellen lassen.

Zubereitung

- Zwiebeln und Knoblauch im Olivenöl andünsten.
- Karotten- und Sellerie-Brunoise beigeben und mitdünsten.
- Linsen beigeben, kurz mitsautieren, mit Weißwein ablöschen und mit Gemüsefond auffüllen.
- Die Linsen knackig sieden und vom Herd ziehen.
- Gelatine auspressen, beigeben und auflösen.
- Linsen mit Salz, Pfeffer und Sherry-Essig abschmecken.
- Eine Schicht Linsen in die Terrinenform einfüllen.
- Lauchstangen trockentupfen, in die Form einlegen und mit einer Schicht Linsen bedecken.
- Die Terrine mit den überlappenden Karottenscheiben abdecken.
- Mit der überlappenden Folie abdecken und kalt stellen.

Anrichten

- Linsenterrine aus der Form nehmen und die Folie entfernen.
- In gleichmäßige Tranchen schneiden, anrichten und mit einer Tomaten-Vinaigrette servieren.

Hinweise für die Praxis

Form: 1,2 l Inhalt.

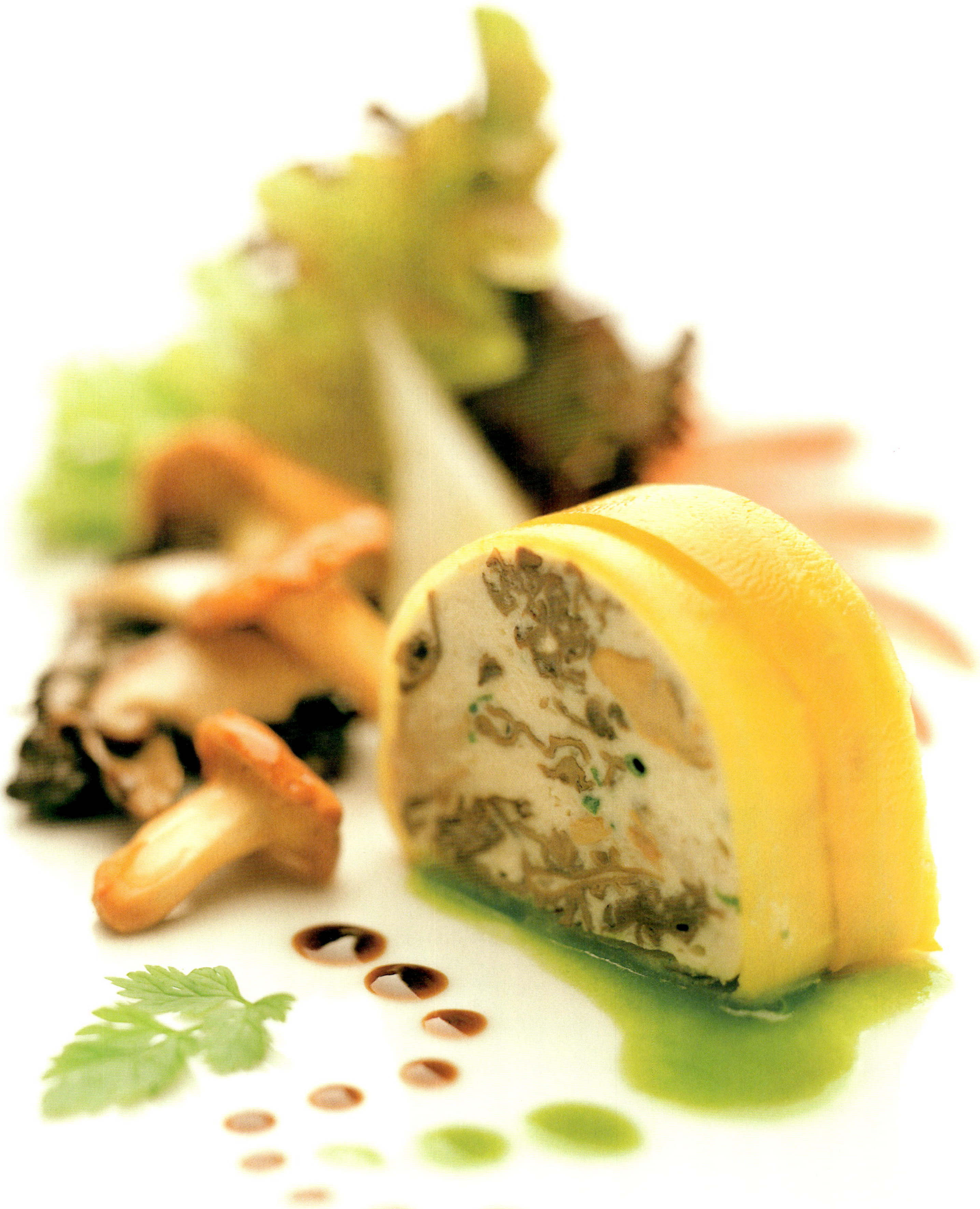

Mediterrane Gemüseterrine mit Senfpüreesauce
Terrine de légumes méditerranéens à la purée de moutarde

Zutaten   10 Pers

Fenchel, gerüstet	100 g
Peperoni, rot, entkernt	60 g
Zucchetti, grün, gerüstet	150 g
Auberginen, gerüstet	150 g
Tomaten, geschält, entkernt	200 g
Knoblauch, geschält	12 g
Agar-Agar	12 g
Pernod	40 g
Thymian, frisch	
Salz	
Pfeffer, weiß, aus der Mühle	

Sauce

Zwiebeln, geschält	80 g
Knoblauch, geschält	10 g
Fenchel, gerüstet	50 g
Karotten, geschält	80 g
Champignons, frisch, gerüstet	50 g
Senf, mild	20 g
Meaux-Vollkornsenf	20 g
Weißwein	100 g
Olivenöl	10 g
Meersalz, fein	

Vorbereitung Schichtschnitten
– Terrinenpressform mit Wasser bepinseln und mit PE-Halbschlauchfolie überlappend auslegen.
– Fenchel in seine Segmente zerlegen und die Fasern mit einem Sparschäler abschälen.
– Rote Peperoni schälen und in gleichmäßige Stücke schneiden.
– Zucchetti und Auberginen längs in 4 mm dicke Scheiben schneiden und dritteln.

Vorbereitung Sauce
– Zwiebeln und Knoblauch fein hacken.
– Fenchel, Karotten und Champignons in 8 mm große Würfel schneiden.

Zubereitung Schichtschnitten
– Knoblauch in wenig Olivenöl andünsten.
– Tomatenstücke kurz schwenken und mit Thymian, Salz und Pfeffer würzen.
– Alles auf ein Backblech geben und im Ofen bei 80 °C zwei Stunden trocknen lassen.
– Fenchelsegmente in wenig Olivenöl andünsten, leicht salzen, mit Pernod ablöschen und zugedeckt ca. 20 Minuten dünsten.
– Peperonistücke mit Salz und Pfeffer in wenig Olivenöl zugedeckt weich dünsten.
– Zucchettischeiben und Auberginenscheiben in wenig Olivenöl beidseitig sautieren und mit Salz und Pfeffer würzen.
– Gemüse auf Küchenpapier trockentupfen und lagenweise einschichten (Aubergine, Zucchetti, Fenchel, Peperoni, Fenchel usw.); zwischen jede Schicht kommt eine Schicht Tomaten, die zuvor mit Agar-Agar bestreut wurde.
– Die Terrinenform mit der überlappenden Folie abdecken und verschließen.
– In einem Wasserbad im Ofen bei einer Temperatur von 175 °C 15 Minuten garen.
– Herausnehmen, in der Form erkalten lassen und pressen.

Zubereitung Sauce
– Zwiebeln und Knoblauch im Olivenöl andünsten.
– Fenchel, Karotten und Champignons beigeben und mitdünsten.
– Mit Weißwein ablöschen, Senf beigeben und mit Meersalz abschmecken.
– Zugedeckt ca. 15 Minuten weich dünsten.
– Anschließend pürieren, erkalten lassen und nochmals abschmecken.

Anrichten
– Gemüseterrine aus der Form nehmen, Folie entfernen, in Tranchen schneiden und anrichten.
– Senfpüreesauce dazu anrichten oder separat servieren.

Mozzarella-Terrine · Terrine de mozzarella

Zutaten 10 Pers
Mozzarella	600 g
Tomaten, getrocknet, in Öl, abgetropft	100 g
Steinpilze, in Olivenöl, abgetropft	100 g
Zucchetti, in Olivenöl, abgetropft	100 g
Oliven, schwarz, entsteint	50 g
Basilikum, frisch	10 g
Pfeffer, weiß, aus der Mühle	
Eichblattsalat, rot, gerüstet	100 g
Lollo, grün, gerüstet	100 g
Chicorée, rot, gerüstet	100 g
Brüsseler Endivien, gerüstet	100 g
Salatsauce, italienische	150 g

Vorbereitung
- Rechteckigen Mozzarella auf der Aufschnittmaschine in dünne Scheiben schneiden.
- Tomaten, Steinpilze und Zucchetti auf Küchenpapier abtropfen lassen.
- Basilikum waschen, zupfen und trockentupfen.
- Schwarze Oliven vierteln.
- Salate sortengetrennt waschen und trockenschleudern.
- Terrinenform (1,2 l Inhalt) mit Wasser bepinseln und mit PE-Halbschlauchfolie überlappend auslegen.

Zubereitung
- Die Terrinenform mit Mozzarellascheiben auslegen.
- Die Steinpilze auf dem Terrinenboden verteilen.
- Eine passgenaue Schicht Mozzarella einlegen.
- Die Zucchettischeiben darauf verteilen.
- Wieder eine passgenaue Schicht Mozzarella einlegen.
- Tomatenstücke und Olivenviertel darauf verteilen und mit Basilikumblättern belegen.
- Zum Schluss nochmals eine passgenaue Schicht Mozzarella einlegen.
- Nach jeder Schicht mit etwas frisch gemahlenem Pfeffer aus der Mühle würzen.
- Terrine mit der überlappenden Folie abdecken und ca. 2 Stunden stark pressen.
- Terrine aus der Form nehmen und die Folie entfernen.

Anrichten
- Salate bukettartig anrichten und mit der Salatsauce beträufeln.
- Mozzarella-Terrine in Tranchen schneiden, anrichten und mit wenig Sauce beträufeln.

Pilzterrine im Pfälzer-Rüben-Mantel · Terrine de champignons en manteau de carottes jaunes

Zutaten 10 Pers

Pfälzer Rüben, geschält	150 g
Pouletbrüstchen, ohne Haut	120 g
Vollrahm, 35 %	150 g
Salz	
Pfeffer, weiß, aus der Mühle	
Sonnenblumenöl, high oleic	80 g
Schalotten, geschält	50 g
Knoblauch, geschält	20 g
Steinpilze, frisch, gerüstet	300 g
Eierschwämme/Pfifferlinge, frisch, gerüstet	300 g
Austernpilze, frisch, gerüstet	200 g
Morcheln, ohne Stiel, getrocknet	5 g
Petersilie, glattblättrig, frisch	5 g
Schnittlauch, frisch	10 g
Salz	
Pfeffer, weiß, aus der Mühle	
Sulzpulver	15 g

Vorbereitung

- Pouletbrust in 5 mm große Würfel schneiden und kühl stellen.
- Schalotten und Knoblauch fein hacken.
- Steinpilze mit Küchenpapier abreiben und in 5 mm große Scheiben schneiden.
- Eierschwämme waschen, gut abtropfen und in gleichmäßige Stücke schneiden.
- Austernpilze in gleichmäßige Stücke schneiden.
- Morcheln im lauwarmen Wasser einweichen, vierteln und gründlich waschen.
- Petersilie waschen, zupfen, trockentupfen und fein hacken.
- Schnittlauch fein schneiden.
- Grosse Pfälzer Rüben der Länge nach auf der Aufschnittmaschine in 2 mm dicke Scheiben schneiden.
- Im Drucksteamer weich garen, im Eiswasser abschrecken und abschütten.
- Pfälzer-Rüben-Scheiben auf Küchenpapier trockentupfen.
- Die Terrinenform mit wenig Wasser befeuchten und überlappend mit PE-Halbschlauchfolie auslegen.
- Terrinenform mit den Pfälzer-Rüben-Scheiben überlappend auslegen.

Zubereitung

- Pouletbrustwürfel mit der Hälfte des Vollrahms und Salz im Kutter fein mixen.
- Restlichen Vollrahm beigeben.
- Die Farce in eine Chromstahlschüssel geben, auf ein Eiswasserbad stellen und abrühren.
- Die Farce durch ein nicht zu feines Tamis (Haarsieb) streichen und wieder auf Eis kühlen.
- Sonnenblumenöl erhitzen und die Pilze unter Farbgebung sautieren.
- Schalotten und Knoblauch beigeben.
- Am Schluss Petersilie und Schnittlauch beigeben und mit Salz und Pfeffer würzen.
- Die Pilze in ein Sieb schütten und abkühlen lassen; die Flüssigkeit auffangen.
- Die Flüssigkeit auf 80 g einkochen lassen und abkühlen.
- Die Geflügelfarce mit den Pilzen und dem Pilzfond vermischen.
- Sulzpulver beigeben, gut vermischen und mit Salz und Pfeffer abschmecken.
- Die Farce in einen Dressiersack mit Lochtülle (10 mm) füllen und in die vorbereitete Terrinenform dressieren.
- Oberfläche mit einem Esslöffel glatt streichen und mit den überlappenden Pfälzer Rüben abdecken.
- Die Terrine mit der überlappenden Folie abdecken.
- Im Kombisteamer bei einer Temperatur von 75 °C garen.

Hinweise für die Praxis

Form: 800 g Inhalt.
Kerntemperatur: 65 °C.

Wachtelterrine mit Morcheln · Terrine de caille aux morilles

Zutaten

	10 Pers
Tofu	130 g
Wirz-/Wirsingblätter, gerüstet	150 g
Wachteln, pfannenfertig	1000 g
Schweinsschulter, dressiert	150 g
Spickspeck	100 g
Geflügelleber	50 g
Äpfel, geschält, ohne Kerngehäuse	25 g
Schalotten, geschält	25 g
Morcheln, ohne Stiel, getrocknet	5 g
Nitritpökelsalz	10 g
Wachtelfond	50 g
Vollrahm, 35%	50 g
Cognac	30 g
Salz	
Pfeffer, weiß, aus der Mühle	
Butter	25 g
Wacholderbeeren	1 g
Thymian, frisch	2 g

Wachtelfond

Sonnenblumenöl, high oleic	10 g
Wachtelkarkassen	150 g
Schalotten, gehackt	25 g
Tomatenpüree	5 g
Wasser	100 g
Rotwein	80 g
Wildfond	300 g
Pfefferkörner	
Rosmarin, frisch	
Salz	

Vorbereitung

- Terrinenform mit wenig Wasser befeuchten und mit PE-Halbschlauchfolie überlappend auslegen.
- Tofu auf der Aufschnittmaschine dünn aufschneiden und die Form damit überlappend auslegen.
- Wirsingblätter vom Stielansatz befreien, im Salzwasser blanchieren und im Eiswasser abschrecken.
- Die Wachteln ausbeinen, die Haut entfernen, Schenkelfleisch und Brüstchen beiseite legen.
- Schenkelfleisch parieren (enthäuten und von den Sehnen befreien).
- Wachtelbrüstchen enthäuten.
- Wachtelkarkassen in Stücke hacken.
- Wachtelschenkelfleisch, Schweinefleisch und Spickspeck in 5 mm große Würfel schneiden und kühlen.
- Geflügelleber vom Gallengang befreien.
- Wachtelschenkelfleisch, Schweinefleisch und Geflügelleber mit Cognac marinieren.
- Äpfel in feine Scheiben schneiden.
- Schalotten fein hacken.
- Morcheln im warmen Wasser einweichen, längs halbieren und gründlich waschen.
- Morcheln und Schalotten in Butter weich dünsten und mit wenig Cognac flambieren.
- Apfelscheiben in Butter weich dünsten.
- Wachtelbrüstchen würzen und in Butter leicht sautieren.

Zubereitung Fond

- Wachtelkarkassen und Abschnitte im Öl allseitig anrösten.
- Schalotten und Tomatenpüree beigeben und kurz mitrösten.
- 2 Mal mit Wasser ablöschen und zu Glace einkochen.
- Mit Rotwein ablöschen und einkochen.
- Wildfond und Gewürze beigeben und aufkochen.
- Unter öfterem Abschäumen 20 Minuten sieden.
- Den Fond durch ein Sieb passieren.
- Auf 50 g einkochen, abschmecken und erkalten lassen.

Zubereitung Terrine

- Spickspeck durch die Scheibe H 3 des Fleischwolfs drehen.
- Wachtelschenkelfleisch, Schweinsschulter, Gefügelleber und Äpfel ebenfalls durch den Fleischwolf drehen.
- Farce in eine Schüssel geben und auf einem Eiswasserbad abrühren.
- Eingekochten Wachtelfond, Vollrahm, Morcheln und Nitritpökelsalz beigeben und abschmecken.
- Wirsingblätter auf Küchenpapier trockentupfen.
- Wachtelbrüstchen in Wirsingblätter einhüllen.
- Terrinenfarce bis zu ⅔ in die vorbereitete Terrinenform einfüllen.
- Wachtelbrüstchen einlegen, mit der restlichen Farce auffüllen und glatt streichen.
- Die Terrine mit Tofu abdecken und mit Wacholderbeeren und Thymian belegen.
- Mit der überlappenden Folie abdecken.
- Terrine im Kombisteamer bei einer Temperatur von 75 °C bis zu einer Kerntemperatur von 62 °C garen.

Hinweise für die Praxis

Form: Tunnelform, Inhalt 1200 g. Kerntemperatur: 62 °C.

Seeteufelterrine mit Jakobsmuscheln und Riesenkrevetten im Seetangkleid
Terrine de baudroie aux coquilles St-Jacques et aux crevettes géantes en robe d'algues de mer

Zutaten	10 Pers
Seetangblätter (Nori)	5 g
Seeteufelfilet, pariert	200 g
Vollrahm, 35%	250 g
Salz	
Pfeffer, weiß, aus der Mühle	
Pernod	50 g

Einlage

Krautstielblätter, gerüstet	50 g
Riesenkrevetten, geschält	150 g
Jakobsmuscheln, ausgelöst, mit Corail	100 g
Sulzpulver, extrahell	20 g
Salz	
Pfeffer, weiß, aus der Mühle	
Butter	20 g
Mu-Err-Pilze, getrocknet	3 g
Karotten, geschält	50 g

Vorbereitung Terrine
- Seeteufelfilet in 5 mm große Würfel schneiden und kühl stellen.
- Terrinenform mit etwas Wasser befeuchten und mit PE-Halbschlauchfolie überlappend auslegen.
- Seetangblätter (Nori) mit wenig Wasser befeuchten und überlappend in die Terrinenform legen.

Vorbereitung Einlage
- Krautstielblätter waschen, im Salzwasser blanchieren, im Eiswasser abkühlen, abschütten und auf Küchenpapier trockentupfen.
- Riesenkrevetten entdarmen und auf gleiche Länge zuschneiden (Schwanzspitzen wegschneiden und für die Farce verwenden).
- Mu-Err-Pilze in kaltem Wasser einlegen, rüsten und abtropfen.
- Die Pilze in Butter dünsten und mit Salz und Pfeffer würzen.
- Das Corail der Jakobsmuscheln (unbedingt frische verwenden) wegschneiden und in 5 mm große Würfel schneiden.
- Die zähen Teile der Jakobsmuscheln entfernen und das Muskelfleisch in 5 mm große Würfel schneiden.
- Karotten in Stäbchen von 5 mm Kantenlänge schneiden.
- Karottenstäbchen im Drucksteamer weich garen, im Eiswasser abkühlen, abschütten und auf Küchenpapier trockentupfen.

Zubereitung Terrine
- Das gekühlte Seeteufelfleisch, Krevettenabschnitte, Vollrahm und Salz im Kutter fein mixen.
- Die Farce durch ein nicht zu feines Tamis (Haarsieb) streichen.
- Auf Eis abrühren und mit Pernod, Salz und Pfeffer abschmecken.
- Mu-Err-Pilze und Jakobsmuschelwürfel beigeben und verrühren.
- 50 g der Seeteufelfarce herausnehmen und die Corail-Würfel sowie das Sulzpulver daruntermischen und in einen Dressiersack mit Lochtülle einfüllen.
- Riesenkrevetten vom Rücken her längs aufschneiden und leicht plattieren.
- Jede plattierte Riesenkrevette mit blanchierten Krautstielblättern belegen.
- Mit dem Dressiersack die Farce auf die vorbereiteten Krevetten dressieren.
- Riesenkrevetten zusammenfalten und in eine Plastikfolie einrollen (die Rolle sollte die gleiche Länge aufweisen wie die Terrine).
- Anschließend in eine Alufolie einrollen und mit einem Zahnstocher kleine Löcher stechen.
- Rollen im Drucksteamer oder im Fischfond glasig garen und erkalten lassen.
- Alufolie und Plastikfolie entfernen und trockentupfen.
- Seeteufelfarce in einen Dressiersack mit Lochtülle (Größe 10 mm) einfüllen.
- Wenig Farce auf die mit Seetangblättern ausgelegte Form dressieren und mit einem nassen Esslöffel glatt streichen.
- Die Riesenkrevettenrolle vorsichtig auf die Farce legen und leicht andrücken.
- Karottenstäbchen links und rechts neben die Rolle legen.
- Die Terrinenform mit der restlichen Farce füllen, glatt streichen und mit den überlappenden Seetangblättern bedecken.
- Die Terrine mit der überlappenden Folie abdecken.
- Im Kombisteamer bei einer Temperatur von 70 °C garen.

Hinweise für die Praxis
Form: 800 g Inhalt. Ofentemperatur beim Pochieren im Wasserbad: 150 °C, Kerntemperatur 55 °C.

SEETEUFELTERRINE MIT JAKOBSMUSCHELN UND RIESENKREVETTEN IM SEETANGKLEID – STEP BY STEP

1

2

3

4

5

6

7

8

PASTETEN, TERRINEN, GALANTINEN

Zander-Lachs-Terrine im Karottenkleid · Terrine de sandre et saumon en robe de carottes

Zutaten (10 Pers)

Karotten, groß, geschält	150 g
Lachsfilet, pariert	100 g
Zanderfilet, pariert	150 g
Vollrahm, 35%	250 g
Salz	
Pfeffer, weiß, aus der Mühle	
Dill, frisch	2 g
Kerbel, frisch	2 g
Limonensaft	20 g
Sherry, trocken	40 g

Einlage

Lachsrückenfilet, pariert	130 g
Zanderfilet, pariert	100 g
Krautstielblätter, gerüstet	40 g
Mu-Err-Pilze, getrocknet	2 g
Eierschwämme/Pfifferlinge, frisch, gerüstet	80 g
Butter	20 g
Salz	
Pfeffer, weiß, aus der Mühle	

Vorbereitung Terrine

– Lachsfilet vollständig von Fett befreien, zusammen mit Zanderfilet in 5 mm große Würfel schneiden und kühl stellen.
– Mu-Err-Pilze im lauwarmen Wasser einweichen, waschen und halbieren.
– Eierschwämme waschen, abtropfen und in gleichmäßige Stücke schneiden.
– Pilze in Butter andünsten, mit Salz und Pfeffer würzen und erkalten lassen.
– Dill und Kerbel waschen, trockentupfen, zupfen und fein hacken.
– Krautstielblätter blanchieren und im Eiswasser abkühlen, mit Küchenpapier trockentupfen.
– Karotten der Länge nach auf der Aufschnittmaschine 2 mm dick schneiden.
– Im Drucksteamer knapp weich garen, im Eiswasser abkühlen und mit Küchenpapier trockentupfen.
– Terrinenform mit etwas Wasser befeuchten und mit PE-Halbschlauchfolie überlappend auslegen.
– Terrinenform mit den Karottenscheiben überlappend auslegen.

Vorbereitung Einlage

– Lachsrückenfilet vollständig von Fett befreien.
– Mit Limonensaft marinieren, mit Salz und Pfeffer würzen und mit den gehackten Kräutern panieren.
– Zanderfilet längs halbieren, mit Limonensaft marinieren, mit Salz und Pfeffer würzen und in Krautstielblätter einhüllen.

Zubereitung Terrine

– Die gekühlten Lachs- und Zanderwürfel mit Salz und Vollrahm im Kutter fein mixen.
– Die Fischfarce durch ein nicht zu feines Tamis (Haarsieb) streichen und auf Eis abrühren.
– Mit Salz und Pfeffer würzen und mit Sherry parfümieren.
– Farce in einen Dressiersack mit Lochtülle 10 mm füllen.
– Wenig Farce auf die mit Karotten ausgelegte Form dressieren und mit einem nassen Esslöffel glatt streichen.
– Lachs- und Zanderfilets einlegen und leicht andrücken.
– Die restliche Farce mit den Pilzen mischen, die Form mit der Farce füllen und glatt streichen.
– Mit den überlappenden Karotten bedecken.
– Die Terrine mit der überlappenden Folie abdecken.
– Im Kombisteamer bei einer Temperatur von 70 °C garen.

Hinweise für die Praxis

Form: 800 g Inhalt. Ofentemperatur beim Pochieren im Wasserbad: 140 °C. Kerntemperatur: 55–57 °C. Statt Mu-Err-Pilzen können auch Herbsttrompeten verwendet werden.

Zanderterrine mit Ratatouille und Miesmuscheln im Pfälzer-Rüben-Mantel
Terrine de sandre à la ratatouille et aux moules en manteau de carottes jaunes

Zutaten	**10 Pers**
Pfälzer Rüben, geschält	150 g
Zanderfilet, pariert	200 g
Vollrahm, 35%	200 g
Salz	
Pfeffer, weiß, aus der Mühle	
Limonensaft	20 g
Noilly Prat	40 g

Einlage

Miesmuscheln, ohne Schale	50 g
Olivenöl, kaltgepresst	20 g
Auberginen, gerüstet	30 g
Peperoni, rot, entkernt	30 g
Peperoni, gelb, entkernt	30 g
Zucchetti, grün, gerüstet	20 g
Tomaten, geschält, entkernt	20 g
Salz	
Pfeffer, weiß, aus der Mühle	
Sulzpulver, extrahell	10 g

Vorbereitung Terrine
– Zanderfilet in 5 mm große Würfel schneiden und kühl stellen.
– Große Pfälzer Rüben längs auf der Aufschnittmaschine in 2 mm dicke Tranchen schneiden.
– Im Drucksteamer weich garen, im Eiswasser abkühlen, abschütten und auf Küchenpapier trockentupfen.
– Terrinenform mit etwas Wasser befeuchten und mit PE-Halbschlauchfolie überlappend auslegen.
– Terrinenform mit den Pfälzer Rüben überlappend auslegen und leicht salzen.

Vorbereitung Einlage
– Gemüse waschen und gründlich abtropfen.
– Auberginen, Peperoni, Zucchetti und Tomaten in 5 mm große Würfel schneiden.
– Olivenöl in einer Sauteuse erhitzen und die Peperoniwürfel andünsten.
– Nach ca. 3 Minuten Zucchetti und Auberginen beigeben und ohne Deckel weich dünsten.
– Zum Schluss Tomatenwürfel und Sulzpulver beigeben, mit Salz und Pfeffer würzen (das Gemüse soll eine trockene Konsistenz aufweisen).
– In einer Plastikfolie zu einer Rolle von ca. 1 cm Durchmesser formen und kühl stellen (die Rolle soll die Länge der Terrinenform aufweisen).

Zubereitung Terrine
– Die gekühlten Zanderwürfel mit Salz und Vollrahm im Kutter fein mixen.
– Die Farce durch ein nicht zu feines Tamis (Haarsieb) streichen.
– Auf Eis abrühren und mit Salz, Pfeffer, Limonensaft und Noilly Prat abschmecken.
– Die gut abgetropften Miesmuscheln vorsichtig unter die Farce mischen.
– Farce in einen Dressiersack mit Lochtülle (Durchmesser 10 mm) füllen.
– Wenig Farce auf die mit Pfälzer Rüben ausgelegte Form dressieren und mit einem nassen Esslöffel glatt streichen.
– Die Ratatouillerolle aus der Plastikfolie nehmen, vorsichtig auf die Farce legen und leicht andrücken.
– Die restliche Farce satt einfüllen, glatt streichen und mit den überlappenden Pfälzer Rüben bedecken.
– Die Terrine mit der überlappenden Folie abdecken.
– Im Kombisteamer bei einer Temperatur von 70 °C garen (Kerntemperatur 55 °C).

Hinweise für die Praxis
Form: 800 g Inhalt. Ofentemperatur beim Pochieren im Wasserbad: 140 °C. Anstelle von Pfälzer Rüben können auch Zucchettischeiben oder Seetangblätter (Nori) verwendet werden. Die Einlage kann auch mit Jakobsmuscheln ergänzt werden.

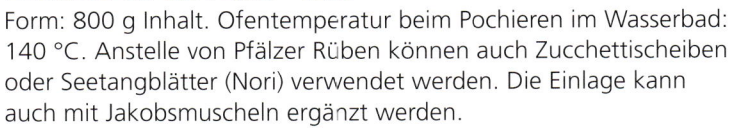

■ GALANTINEN

Geflügelgalantine mit getrockneten Früchten · Galantine de volaille aux fruits secs

Zutaten	10 Pers
Poulet, frisch	1000 g

Geflügelfond

Matignon, bunt	150 g
Gewürzsäcklein	1
Weißwein	100 g
Wasser	3000 g
Salz	

Marinade

Sherry, trocken (1)	30 g
Pastetengewürz	
Pfeffer, weiß, aus der Mühle	

Füllung

Vollrahm, 35%	150 g
Sherry, trocken (2)	40 g
Salz	
Pfeffer, weiß aus der Mühle	

Einlage

Pflaumen, getrocknet	30 g
Aprikosen, getrocknet	30 g
Datteln, getrocknet	20 g
Maraschino	50 g

Vorbereitung
- Das Poulet innen und außen mit Küchenpapier sauber reinigen.
- Flügelspitzen und Fettdrüse wegschneiden.
- Das Poulet vom Rücken her beidseits des Rückgrats bis zum Brustknochen auslösen, ohne die Haut zu verletzen.
- Geflügelkarkassen zerhacken und für den Geflügelfond verwenden.
- Das Schenkel- und Brustfleisch von der Poulethaut lösen.
- Schenkelfleisch von Sehnen und Fett befreien und in 5 mm große Würfel schneiden (ca. 180 g), kühl stellen.
- Das Brustfleisch auf der gesamten Poulethaut verteilen.
- Eine Plastikfolie darauf legen und gleichmäßig plattieren.
- Mit Sherry (1), Pastetengewürz und Pfeffer aus der Mühle marinieren und kühl stellen.
- Trockenfrüchte vierteln und mit Maraschino marinieren.
- Vollrahm bereitstellen und kühlen.
- Mit den Geflügelkarkassen, Matignon, Gewürzsäcklein, Weißwein, Salz und Wasser einen hellen Geflügelfond herstellen.

Zubereitung
- Das gekühlte Geflügelschenkelfleisch mit Salz und Vollrahm im Kutter fein mixen.
- Die Farce durch ein nicht zu feines Tamis (Haarsieb) streichen und auf Eis abrühren.
- Mit Salz und Pfeffer würzen und mit Sherry (2) parfümieren.
- Die Einlage ohne Flüssigkeit unter die Farce mischen.
- Vorbereitete Poulethaut mit Brustfleisch auf eine Plastikfolie legen und mit Salz würzen.
- Die Farce in einen Dressiersack ohne Tülle einfüllen und auf das Brustfleisch dressieren.
- Zu einer Rolle formen, auf eine Alufolie legen und straff einrollen.
- Folie mit einer Nadel oder einem Zahnstocher in gleichmäßigen Abständen einstechen und im heißen Geflügelfond pochieren.
- Nach dem Pochieren die Galantine nochmals straff in Alufolie einrollen.
- Galantine im Gelfügelfond erkalten lassen.

Hinweise für die Praxis
Bei der Verwendung für eine kalte Platte kann das Endstück der Galantine mit gehackten Kräutern oder mit gerösteten Pistazien- oder Pinienkernen paniert werden. Die Galantine kann auch bei einer Garraumtemperatur von 75 °C im Kombisteamer gegart werden. Es ist aber aus geschmacklichen Gründen empfehlenswert, die Galantine im Geflügelfond zu pochieren. Kerntemperatur: 65 °C.

GEFLÜGELGALANTINE MIT GETROCKNETEN FRÜCHTEN – STEP BY STEP

1

2

3

4

5

6

7

8

PASTETEN, TERRINEN, GALANTINEN

Hechtgalantine · Galantine de brochet

Zutaten 10 Pers

Hecht, ganz, ohne Kopf und Schwanz	1000 g
Salz	
Pfeffer, weiß, aus der Mühle	
Vollrahm, 35%	170 g
Kerbel, frisch	2 g
Limonensaft	20 g
Noilly Prat	20 g

Einlage

Mangos, geschält, ohne Stein	100 g
Karotten, geschält	100 g
Pistazienkerne, geschält	20 g
Salz	
Pfeffer, weiß, aus der Mühle	

Weitere Zutaten

Fischfond	3000 g

Vorbereitung

- Kerbel waschen, zupfen, trockentupfen und fein hacken.
- Mangofruchtfleisch in 1 cm dicke Streifen schneiden.
- Karotten in 1 cm dicke Streifen schneiden, im Drucksteamer garen, im Eiswasser abschrecken und auf Küchenpapier trockentupfen.
- Pistazienkerne in einer antihaftbeschichteten Pfanne trocken rösten und grob hacken.
- Hecht schuppen (ohne die Haut zu verletzen), waschen und mit Küchenpapier trockentupfen.
- Hecht vorsichtig von den Gräten befreien; feine Gabelgräten mit der Zange entfernen.
- Fischfleisch 1 cm dick an der Haut belassen, restliches Fleisch wegschneiden und für die Farce verwenden.
- Hecht leicht plattieren und mit wenig Limonensaft marinieren.
- Hechtfleisch und Abschnitte (ca. 150 g) in 5 mm große Würfel schneiden und kühl stellen.
- Die Fischwürfel mit Salz und Vollrahm im Kutter fein mixen.
- Die Fischfarce durch ein nicht zu feines Tamis (Haarsieb) streichen und auf Eis abrühren.
- Kerbel, restlicher Limonensaft, Noilly Prat und Pistazien beigeben und abschmecken.

Zubereitung

- Den vorbereiteten Hecht mit Salz und Pfeffer würzen und auf eine Plastikfolie legen (Hautseite außen).
- Mit wenig Farce bestreichen und die Mango- und Karottenstreifen darauf legen.
- Mit der restlichen Farce bedecken und satt einrollen.
- In Alufolie einrollen und beide Enden straff eindrehen.
- Mit einer Nadel oder einem Zahnstocher in gleichmäßigen Abständen einstechen.
- Im Fischfond oder im Kombisteamer bis zu einer Kerntemperatur von 57 °C pochieren/dampfgaren.
- Nach dem Garen die Alufolie nochmals straff anziehen.
- Wird die Hechtgalantine im Kombisteamer gegart, im Eiswasser abschrecken.

Hinweise für die Praxis

Ofentemperatur Kombisteamer: 70 °C. Kerntemperatur: 57 °C. Anstelle von Hecht eignen sich auch Zander oder Seeforelle zur Herstellung einer Galantine. Es ist aus geschmacklichen Gründen empfehlenswert, die Galantine im Fischfond zu pochieren. Übrig gebliebene Farce kann in Plastikfolie und Alufolie eingerollt pochiert werden und lässt sich als Garnitur verwenden.

GARNITUREN ZU PASTETEN, TERRINEN UND GALANTINEN

Fisch-Gemüse-Tatar-Kugel mit Reisflocken paniert auf Karottenboden mit Kartoffelstroh

Fischtatar-Kugel mit Reisflocken paniert und Paprikaquark auf Stangensellerie

Zander-Mousseline mit gelben Peperoni, Tomatenquark und frittierten Glasnudeln

Kürbismousse mit getrockneten Zwetschgen auf Peperoniboden mit frittierten Teigstreifen

Karottenmousse auf gesalzenem Pilzbiskuit mit Mohn und Süßkartoffel-Chips

Kurz sautierter Thunfisch mit Senfquark auf Kürbisboden mit Kartoffel-Chips

Joghurtcreme mit Hülsenfrüchten, gelben Peperoni und frittiertem Teigdekor

Roher Thunfisch mit Mascarpone- und Mu-Err-Pilzfüllung auf Kürbisboden

PASTETEN, TERRINEN, GALANTINEN

Taubengalantine mit Gänseleber und Weinbeeren
Galantine de pigeon au foie gras et aux raisins secs

Zutaten

	4 Pers	10 Pers
Tauben, vollfleischig, pfannenfertig	800 g	2000 g

Geflügelfond

	4 Pers	10 Pers
Geflügelfond, hell	1000 g	2500 g
Matignon, bunt	60 g	150 g
Gewürzsäcklein	1	1
Salz		

Marinade

	4 Pers	10 Pers
Pfeffer, weiß, aus der Mühle		
Cognac	20 g	50 g
Pastetengewürz		

Füllung

	4 Pers	10 Pers
Kalbsschulter, pariert	30 g	80 g
Spickspeck	20 g	50 g
Butter	10 g	20 g
Schalotten, geschält	10 g	25 g
Vollrahm, 35%	50 g	120 g
Salz		
Pfeffer, weiß, aus der Mühle		
Pastetengewürz		

Einlage

	4 Pers	10 Pers
Rosinen	10 g	25 g
Maraschino	20 g	50 g
Gänseleber, frisch	40 g	100 g
Pouletbrüstchen, ohne Haut	30 g	80 g
Pistazienkerne, geschält	8 g	40 g

Vorbereitung

– Die Tauben vom Rücken her beidseits des Rückgrats bis zum Brustknochen auslösen, ohne die Haut zu verletzen.
– Das Schenkelfleisch von der Haut der Taube wegschneiden und von den Sehnen befreien.
– Das Schenkelfleisch in 5 mm große Würfel schneiden und kühl stellen.
– Das Brustfleisch auf der gesamten Taubenhaut verteilen.
– Eine Plastikfolie darauf legen und gleichmäßig plattieren.
– Mit Cognac, wenig Pfeffer und Pastetengewürz marinieren.
– Das Kalbfleisch und den Spickspeck in 5 mm große Würfel schneiden und kühl stellen.
– Die Schalotten emincieren (in feine Scheiben schneiden) und in heißer Butter dünsten.
– Rosinen in Maraschino marinieren.
– Die Gänseleber in 5 mm große Würfel schneiden.
– Die Pouletbrust in 5 mm dicke Streifen schneiden.
– Die Pistazien halbieren.
– Aus den Taubenkarkassen, Geflügelfond, Matignon und dem Gewürzsäcklein einen hellen Fond herstellen.

Zubereitung

– Kalbfleisch, Taubenschenkelfleisch, Spickspeck und Schalotten mit der Hälfte des Vollrahms und Salz im Kutter fein mixen.
– Die Farce durch ein nicht zu feines Tamis (Haarsieb) streichen und auf Eis abrühren.
– Farce mit Salz, Pfeffer, Pastetengewürz und dem restlichen Vollrahm abschmecken.
– Auf einem Eiswasserbad abrühren und die Einlage außer den Pouletbruststreifen beigeben und verrühren (den Maraschino von den Rosinen nicht zur Farce geben).
– Zum Füllen die vorbereiteten Tauben nebeneinander leicht überlappend auf Plastikfolie legen.
– Die Farce in einen Dressiersack mit Lochtülle (Nr. 10) füllen.
– Die Farce in die Mitte der Tauben dressieren.
– Die Pouletbruststreifen leicht in die Farce drücken und mit der restlichen Farce bedecken.
– Die Tauben in einem Stück überschlagen und an den Enden straff anziehen.
– Die eingerollten Tauben satt in Alufolie einrollen und an den Enden straff anziehen.
– Mit einem Zahnstocher in gleichmäßigen Abständen einstechen.
– Die Galantine im vorbereiteten Geflügelfond bis zu einer Kerntemperatur von 63 °C pochieren und im Fond erkalten lassen.

Hinweise für die Praxis

Wird die Taubengalantine nach dem Aufschneiden geliert, muss bis zu einer Kerntemperatur von 65 °C pochiert werden, ansonsten verfärbt sich das Fleisch der Galantine beim Gelieren rot.

Zandergalantine nach moderner Art · Galantine de sandre nouvelle façon

Zutaten
10 Pers

Zander, ohne Kopf und Schwanz	1000 g
Salz	
Pfeffer, weiß, aus der Mühle	
Vollrahm, 35%	150 g
Fenchelkraut	2 g
Pernod	20 g

Einlage

Tomaten, getrocknet, in Öl, abgetropft	40 g
Oliven, schwarz, entsteint	30 g
Salz	
Pfeffer, weiß, aus der Mühle	
Lachsfilet, pariert	80 g
Seetangblätter (Nori)	1

Weitere Zutaten

Fischfond	3000 g

Vorbereitung
- Fenchelkraut waschen, trockentupfen und hacken.
- Getrocknete Tomaten und Oliven auf Küchenpapier abtropfen lassen und in Streifen schneiden.
- Zander schuppen (ohne die Haut zu verletzen), waschen und mit Küchenpapier trockentupfen.
- Zander vorsichtig von den Gräten befreien; feine Gabelgräten mit der Zange entfernen.
- Fischfleisch 1 cm dick an der Haut belassen, restliches Fleisch wegschneiden und für Farce verwenden.
- Zander leicht plattieren und mit der Hälfte des Fenchelkrauts und Pfeffer marinieren.
- Zanderabschnitte (ca. 150 g) in 5 mm große Würfel schneiden und kühlen.
- Die Fischwürfel mit Salz und Vollrahm im Kutter fein mixen.
- Die Fischfarce durch ein nicht zu feines Tamis (Haarsieb) streichen und auf Eis abrühren.
- Mit Salz, Pfeffer und restlichem Fenchelkraut würzen und mit Pernod parfümieren.
- Die Einlage (Tomaten und Oliven) unter die Farce mischen.
- Lachsfilet vollständig von Fett befreien, mit Salz und Pfeffer würzen und in Seetangblatt einwickeln.

Zubereitung
- Den vorbereiteten Zander mit Salz und Pfeffer würzen und auf eine Plastikfolie legen (Hautseite aussen).
- Mit wenig Farce bestreichen und das eingerollte Lachsfilet einlegen.
- Mit der restlichen Farce bedecken und satt einrollen.
- In Alufolie einrollen und beide Enden straff anziehen.
- Mit einer Nadel oder einem Zahnstocher in gleichmäßigen Abständen einstechen.
- Im Fischfond oder im Kombisteamer bis zu einer Kerntemperatur von 57 °C pochieren/dampfgaren.
- Nach dem Garen die Alufolie nochmals straff anziehen.
- Wurde die Galantine im Fischfond pochiert, im Fond erkalten lassen.
- Wurde die Galantine im Kombisteamer gegart, im Eiswasser abschrecken.

Hinweise für die Praxis
Ofentemperatur Kombisteamer: 70 °C. Kerntemperatur: 57 °C. Anstelle von Zander eignen sich auch Hecht und Seeforelle zur Herstellung einer Galantine. Es ist aus geschmacklichen Gründen empfehlenswert, die Galantine im Fischfond zu pochieren. Übrig gebliebene Farce kann in Plastikfolie und Alufolie eingerollt pochiert werden und lässt sich als Garnitur verwenden.

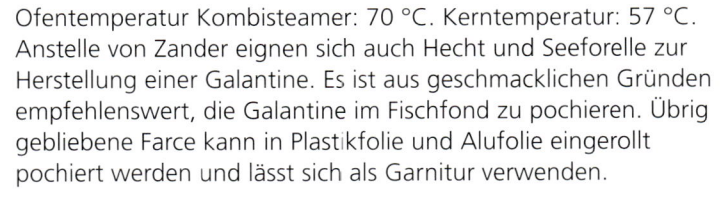

Mousses und Aspike

■ MOUSSES

Artischockenparfait mit Trutenbrustrollen und Gemüsesalat
Parfait d'artichauts avec roulade de dinde et salade de légumes

Parfait	10 Pers
Artischockenböden, gegart (1)	400 g
Vollrahm, 35%	300 g
Butter	20 g
Eigelb, pasteurisiert	120 g
Salz	
Pfeffer, weiß, aus der Mühle	
Petersilie, glattblättrig, frisch	20 g
Karotten, geschält	100 g

Trutenbrustrollen

Trutenbrust, dressiert	400 g
Vollrahm, 35%	200 g
Salz	
Pfeffer, weiß, aus der Mühle	
Krautstielblätter, gerüstet	50 g
Oliven, schwarz, entsteint	20 g
Oliven, grün, entsteint	50 g
Tomaten, getrocknet	50 g
Thymian, frisch	5 g

Salat

Randen/Rote Bete, roh, geschält	150 g
Rettich, geschält	150 g
Artischockenböden, gegart (2)	300 g
Tomaten	500 g
Pfälzer Rüben, geschält	250 g
Weißweinessig	50 g
Olivenöl, kaltgepresst	100 g
Schnittlauch, frisch	5 g
Petersilie, gekraust, frisch	10 g
Salz	
Pfeffer, weiß, aus der Mühle	

Sauce

Grüne Sauce	300 g

Vorbereitung

– Petersilie waschen, zupfen, trockentupfen und in feine Streifen schneiden.
– Karotten in Brunoise (Würfelchen) schneiden und im Salzwasser blanchieren.
– Terrinentunnelform (Inhalt 800 g) mit wenig Wasser bepinseln und mit PE-Halbschlauchfolie überlappend auslegen.
– Trutenbrust rechteckig zuschneiden und zwischen zwei Plastikfolien 3 mm dick plattieren.
– Auf eine Größe von 15 × 30 cm zuschneiden und auf Alufolie legen.
– Trutenfleischabschnitte (ca. 200 g) in 5 mm große Würfel schneiden und kühl stellen.
– Krautstielblätter in Salzwasser blanchieren, in Eiswasser abschrecken und abschütten.
– Oliven und getrocknete Tomaten in 3 mm große Würfel schneiden.
– Thymian waschen, zupfen, trockentupfen und hacken.
– Randen und Rettich mit einem Gemüsehobel in spaghettiähnliche Bänder schneiden.
– Artischockenböden (2) in kleine spitze Dreiecke schneiden.
– Pfälzer Rüben in kleine spitze Dreiecke schneiden und im Drucksteamer knackig garen.
– Tomaten waschen und vierteln, das Innere herausschneiden, die Viertel halbieren und ebenfalls in schmale Dreiecke schneiden.
– Schnittlauch fein schneiden.
– Petersilie waschen, zupfen, trockentupfen und fein hacken.

Zubereitung Parfait

– Vollrahm auf 200 g einkochen.
– Die Hälfte der Artischockenböden (1) im Kutter fein pürieren und durch ein Tamis (Haarsieb) streichen.
– Restliche Artischockenböden (1) in feine Lamellen schneiden.
– Artischockenpüree zusammen mit Vollrahm, Butter und Eigelb bei schwacher Hitze mit einem Spatel vorsichtig abrühren, bis die Masse leicht zu stocken beginnt.
– Masse sofort in Eiswasser stellen und Artischockenlamellen, Karotten-Brunoise und Petersilienstreifen beigeben, verrrühren und abschmecken.
– Masse in die vorbereitete Terrinenform füllen und mit überlappender Folie abdecken.
– Im Kombisteamer mit wenig Befeuchtung bei 90 °C bis zu einer Kerntemperatur von 80 °C garen.
– Herausnehmen und auskühlen lassen, zum vollständigen Erkalten in den Kühlschrank stellen.

Zubereitung Trutenbrustrollen
- Trutenfleischwürfel mit der Hälfte des Vollrahms und Salz im Kutter fein pürieren.
- Durch ein Haarsieb streichen, in Eiswasserbad abrühren und den restlichen Vollrahm beigeben.
- Oliven- und Tomatenwürfel sowie gehackten Thymian unter die Farce rühren und abschmecken.
- Vorbereitete plattierte Trutenbrust leicht würzen und mit wenig Farce bestreichen.
- Krautstielblätter auf Küchenpapier trockentupfen und gleichmäßig auf die Farce legen.
- Restliche Farce am oberen Rand hineindressieren und die Trutenbrust satt auf der Alufolie einrollen.
- Beide Enden der Alufolie eindrehen und festdrücken.
- Trutenbrustrolle im Kombisteamer bei 75 °C bis zu einer Kerntemperatur von 65 °C garen.
- Herausnehmen und auskühlen lassen, zum vollständigen Erkalten in den Kühlschrank stellen.

Zubereitung Salat
- Alle Salatzutaten mit Essig, Olivenöl und Kräutern zu einem Salat vermengen.
- Mit Salz und Pfeffer abschmecken.

Anrichten
- Salatbukett auf Teller arrangieren.
- Trutenbrustrolle in gleichmäßige Tranchen schneiden und anrichten.
- Artischockenparfait mit einem heißem Messer in gleichmäßige Tranchen schneiden und anrichten.
- Wenig grüne Sauce darübergeben, die restliche Sauce in einer Sauciere separat servieren.

Hinweise für die Praxis
Es können auch tiefgekühlte Artischockenböden verwendet werden. Statt Trutenbrust kann für die Rollen auch Landrauchschinken oder geräucherte Entenbrust verwendet werden.

Dreifarbige Frühlingsgemüsemousse mit Forellenfilet auf Roggenbrot
Mousse tricolore aux légumes printaniers et filets de truite sur pain de seigle

Mousse	10 Pers
Spargeln, grün, geschält	150 g
Pfälzer Rüben, geschält	150 g
Karotten, geschält	150 g
Salz	
Pfeffer, weiß, aus der Mühle	
Vollrahm, 35% (1)	300 g
Gelatine	12 g

Weitere Zutaten	
Roggenbrot	400 g
Butter	100 g
Forellenfilets, geräuchert, ohne Haut	700 g
Vollrahm, 35% (2)	150 g
Meerrettich, frisch, geschält	30 g
Zwiebelsprossen	50 g
Radieschen, gerüstet	50 g

Vorbereitung
- Pfälzer Rüben und Karotten in gleichmäßige Würfel schneiden.
- Je 2 Gelatineblätter zusammen in kaltem Wasser quellen lassen (3 Gefäße).
- Terrinenform (800 g Inhalt) mit wenig Wasser befeuchten und mit PE-Halbschlauchfolie überlappend auslegen.
- Roggenbrot in 5 mm dicke und ca. 18 cm lange Scheiben schneiden.
- Vollrahm (1) und (2) separat steif schlagen.
- Meerrettich fein reiben.
- Zwiebelsprossen waschen und auf Küchenpapier legen.
- Radieschen in feine Streifen schneiden.

Zubereitung Mousse
- Spargeln, Pfälzer Rüben und Karotten im Drucksteamer weich garen.
- Jede Sorte Gemüse separat im Mixer fein pürieren und durch ein Tamis (Haarsieb) streichen.
- Pro Gemüsesorte 2 Gelatineblätter auspressen und im heißen Wasserbad schmelzen.
- ¼ des jeweiligen Gemüsepürees zur flüssigen Gelatine geben und gut verrühren.
- Die restlichen ¾ des jeweiligen Gemüsepürees beigeben, verrühren und abschmecken.
- Masse in Eiswasserbad stellen und unter Rühren erkalten lassen.
- Kurz vor dem Stocken der Masse jeweils 100 g geschlagenen Vollrahm (1) unterheben.
- Masse mit einem Dressiersack in die vorbereitete Form füllen.
- Mit den restlichen 2 Gemüsesorten wie oben beschrieben verfahren.
- Terrinenform am Schluss mit einem Spatel glatt streichen, mit der überlappenden Folie abdecken und im Kühlschrank fest werden lassen.

Weitere Zubereitung
- Roggenbrotscheiben mit Butter bestreichen, mit Salz und Pfeffer bestreuen.
- Geräucherte Forellenfilets darauf legen, leicht anpressen und kühl stellen.
- Geschlagenen Vollrahm (2) mit dem geriebenen Meerrettich mischen und abschmecken.

Anrichten
- Teller mit Zwiebelsprossen und Radieschenstreifen ausstreuen.
- Gemüsemousse schneiden und anrichten.
- Forellenfilets auf Roggenbrot leicht schräg in 3 cm breite Streifen schneiden und anrichten.
- Mit einem Dressiersack Tupfen von Meerrettichschaum auf die Forellenstreifen dressieren.

Hinweise für die Praxis
Mithilfe eines Eierkartons lässt sich die Schräge des Einfüllwinkels beim Einfüllen der verschiedenen Gemüsemousses sehr gut verstellen.

Karottenmousse · Mousse de carottes

Zutaten
	10 Pers
Karotten, geschält	400 g
Vollrahm, 35%	250 g
Gelatine	10 g
Kerbel, frisch	2 g
Salz	
Pfeffer, weiß, aus der Mühle	
Tabasco, rot	

Vorbereitung
- Gelatine im kalten Wasser quellen lassen.
- Karotten in 1 cm große Würfel schneiden.
- Vollrahm steif schlagen und kühl stellen.
- Kerbel waschen, trockentupfen, zupfen und hacken.
- Terrinenform mit wenig kaltem Wasser bepinseln und mit PE-Halbschlauch-Folie überlappend auslegen.

Zubereitung
- Karotten im Drucksteamer oder in einer Kasserolle mit Siebeinsatz weich garen.
- Gegarte, noch heiße Karotten im Kutter fein pürieren, ausgepresste Gelatine beigeben und auflösen.
- Das Püree im Eiswasserbad kaltrühren.
- Kurz vor dem Stocken den geschlagenen Vollrahm vorsichtig untermischen.
- Mit Salz, Pfeffer, Kerbel und wenig Tabasco abschmecken.
- Karottenmousse in die vorbereitete Terrinenform füllen und mit der überlappenden Folie abdecken.
- Im Kühlschrank bei 1–2 °C fest werden lassen.

Hinweise für die Praxis
Form: Tunnelform mit 800 g Inhalt. Die Terrinenform kann auch mit gegarten Scheiben von Pfälzer Rüben ausgelegt werden. Passend zu diesem Gericht kann ein saisonaler Blattsalat mit Curry-Dressing serviert werden, als Beilagen passen Blinis oder Brioches.

Kartoffelmousse mit Kaviar · Mousse de pommes de terre au caviar

Zutaten
	4 Pers	10 Pers
Kartoffeln, Typ B, in Schale	320 g	800 g
Olivenöl, kaltgepresst	120 g	300 g
Vollrahm, 35%	40 g	100 g
Kaviar, Ossietra, Malossol	40 g	100 g
Salz	4 g	12 g
Pfeffer, weiß, aus der Mühle		
Muskatnuss, gemahlen		
Kerbel, frisch	2 g	6 g
Sesamkörner	10 g	30 g
Sauerrahm, 35%	200 g	500 g

Vorbereitung
- Vollrahm steif schlagen und kühl stellen.
- Kerbel waschen, zupfen, trockentupfen und grob hacken.
- Sesamkörner in einer antihaftbeschichteten Pfanne goldgelb rösten.

Zubereitung
- Kartoffeln in der Schale weich sieden oder dämpfen, schälen und im warmen Zustand durch ein Passe-vite passieren und etwas auskühlen lassen (lauwarm).
- Passierte Kartoffeln in eine Chromstahlschüssel geben und mit dem Olivenöl luftig verrühren.
- Geschlagenen Vollrahm, Kerbel und Kaviar sorgfältig unterheben (wenig Kerbel und Kaviar für die Garnitur beiseite legen).
- Kartoffelmasse mit Salz, weißem Pfeffer und Muskatnuss abschmecken und in eine Schüssel füllen.
- Mousse im Kühlschrank erkalten lassen.

Anrichten
- Von der Kartoffelmousse gleichmäßige Klößchen abstechen oder mit dem Dressiersack Rosetten dressieren.
- Auf Teller auf einem Sauerrahmspiegel anrichten und mit Kerbel und Kaviar garnieren.
- Mit gerösteten Sesamkörnern bestreuen.

Karottenmousse mit geräuchertem Kaninchenfilet, Salatbukett und Kürbis-Datteln-Pickles
Mousse de carottes et filet de lapin fumé, bouquet de salades et pickles de dattes et courge

Mousse   10 Pers

Karotten, geschält	400 g
Vollrahm, 35 %	250 g
Gelatine	10 g
Kerbel, frisch	2 g
Salz	
Pfeffer, weiß, aus der Mühle	
Tabasco, rot	

Pickles

Apfelessig	200 g
Zucker	350 g
Szechuan-Pfeffer	5 g
Sternanis	
Kürbis, rotfleischig, geschält	200 g
Datteln, getrocknet	200 g
Sherry, trocken	80 g
Salz	10 g

Beilagen

Brüsseler Endivien, gerüstet	60 g
Nüsslisalat/Feldsalat, gerüstet	40 g
Salatsauce, italienische	80 g
Kaninchenrückenfilets, geräuchert	500 g

Vorbereitung Mousse
- Gelatine im kalten Wasser quellen lassen.
- Karotten in 1 cm große Würfel schneiden.
- Vollrahm steif schlagen und kühl stellen.
- Kerbel waschen, zupfen, trockentupfen und hacken.
- Terrinenform mit wenig kaltem Wasser bepinseln und mit PE-Halbschlauchfolie überlappend auslegen.

Zubereitung Mousse
- Karotten im Drucksteamer oder in einer Kasserolle mit Siebeinsatz weich garen.
- Gegarte, noch heiße Karotten im Kutter fein pürieren, ausgepresste Gelatine beigeben und auflösen.
- Das Püree im Eiswasserbad kaltrühren und kurz vor dem Stocken den geschlagenen Vollrahm vorsichtig untermischen.
- Mit Salz, Pfeffer, Kerbel und wenig Tabasco abschmecken.
- Karottenmousse in die vorbereitete Terrinenform füllen und mit der überlappenden Folie abdecken.
- Im Kühlschrank bei 1–2 °C fest werden lassen.

Vorbereitung Pickles
- Datteln entsteinen und halbieren, mit Sherry marinieren.
- Kürbis in 5 mm große Würfel schneiden.
- Szechuan-Pfeffer in einer Lyoner Pfanne trocken rösten, bis der Duft wahrgenommen wird.

Zubereitung Pickles
- Apfelessig, Zucker und Gewürze aufkochen.
- Kürbiswürfel beigeben und bissfest garen.
- Datteln mit Marinade beigeben und 5 Minuten ziehen lassen.
- Datteln und Kürbis auf einem Sieb abschütten und in Einmachgläser füllen.
- Flüssigkeit nochmals aufkochen und in die Einmachgläser passieren.
- Die Gläser luftdicht verschließen und erkalten lassen.

Zubereitung Beilagen
- Salate waschen, trockenschleudern und in mundgerechte Portionen schneiden.
- Kleine Salatbuketts anrichten und mit italienischer Salatsauce beträufeln.
- Karottenmousse mit einem heißen Messer portionieren.
- Kaninchenrückenfilets dünn aufschneiden und fächerförmig anrichten.
- Chutney auf Tellern anrichten oder separat dazu reichen.

Hinweise für die Praxis
Form: Terrinenform mit 800 g Inhalt.
Besitzer eines Räucherofens können die Kaninchenrückenfilets selber räuchern und lauwarm servieren. Zu diesem Gericht passen warme Blinis. Chutney kann auf Vorrat hergestellt werden und lässt sich längere Zeit gekühlt aufbewahren.

Kürbismousse mit roh marinierten Randen/Roten Beten und Sprossen
Mousse de courge aux betteraves rouges et pousses crues marinées

Zutaten	4 Pers	10 Pers
Kürbis, rotfleischig, geschält	140 g	350 g
Vollrahm, 35% (1)	20 g	50 g
Vollrahm, 35% (2)	40 g	100 g
Gemüsefond	20 g	50 g
Curry, Madras	2 g	5 g
Safran, gemahlen		0,1 g
Agar-Agar	2 g	4 g
Butter	10 g	25 g
Salz		
Pfeffer, weiß, aus der Mühle		
Randen/Rote Bete, roh, geschält	160 g	400 g
Zwiebelsprossen	40 g	100 g
Weizensprossen	60 g	150 g
Alfalfa-Sprossen	40 g	100 g
Linsensprossen	60 g	150 g

Sauce

Himbeeressig	30 g	70 g
Distelöl	65 g	160 g
Salz		
Pfeffer, weiß, aus der Mühle		
Zucker		

Vorbereitung
- Kürbis in 1 cm große Würfel schneiden.
- Vollrahm (2) steif schlagen und kühl stellen.
- Butter in Würfel schneiden und kühl stellen.
- Aus Himbeeressig, Distelöl, Salz, Pfeffer und Zucker eine Salatsauce herstellen.
- Randen auf der Aufschnittmaschine in hauchdünne Scheiben schneiden (Ø ca. 10 cm).
- Randenscheiben mit wenig Salatsauce vermischen und eine halbe Stunde marinieren.
- Sprossen waschen und gut abtropfen lassen.

Zubereitung
- Vollrahm (1), Gemüsefond, Curry, Safran und Agar-Agar im kalten Zustand verrühren.
- Kürbiswürfel im Drucksteamer weich garen und im Kutter fein pürieren.
- Kürbispüree durch ein Tamis (Haarsieb) streichen.
- Kürbispüree mit dem Rahmgemisch verrühren und aufkochen.
- Die Masse mit Butterwürfeln aufmontieren und mit Salz und weißem Pfeffer abschmecken.
- Erkalten lassen und kurz vor dem Stocken den geschlagenen Vollrahm untermelieren.
- In einer tiefen Schüssel im Kühlschrank kalt stellen.

Anrichten
- Randenscheiben in der Tellermitte arrangieren.
- Sprossen mit der restlichen Salatsauce vermischen und sockelförmig anrichten.
- Aus der Kürbismousse mit 2 heißen Esslöffeln Klöße formen und neben den Sprossen anrichten.

Schabzigermousse mit Mostbröckli
Mousse au Schabziger et Mostbröckli (viande de bœuf sechée et fumée)

Zutaten	4 Pers	10 Pers
Schabziger	50 g	120 g
Quark, halbfett	30 g	70 g
Gelatine	2 g	5 g
Mascarpone	35 g	80 g
Petersilie, glattblättrig, frisch	5 g	15 g
Kerbel, frisch	3 g	8 g
Vollrahm, 35%	120 g	300 g
Salz		
Pfeffer, weiß, aus der Mühle		
Mostbröckli, pariert	100 g	250 g

Vorbereitung
- Schabziger fein reiben.
- Gelatine im kalten Wasser quellen lassen.
- Petersilie und Kerbel waschen, zupfen, trockentupfen und fein hacken.
- Vollrahm steif schlagen und kühl stellen.
- Mostbröckli auf der Aufschnittmaschine in dünne Scheiben schneiden.

Zubereitung
- Mascarpone und Quark zusammen leicht schaumig rühren.
- Sorgfältig Schabziger, Petersilie und Kerbel unter die Masse mischen.
- Gelatine auspressen, im Wasserbad auflösen und rasch unter die Masse mischen.
- Den geschlagenen Vollrahm unter die Masse heben und mit Salz und Pfeffer abschmecken.
- In eine tiefe Schüssel geben und kühl stellen.

Anrichten
- Mit 2 heißen Esslöffeln Klöße von der Schabzigermousse formen und in der Tellermitte anrichten.
- Mostbröckli kreisförmig um die Klöße anrichten.

Schinkenmousse mit Linsen- und Stangenselleriesalat
Mousse de jambon, aux lentilles et au céleri en branches

Schinkenmousse — 10 Pers

Schinken, gekocht	400 g
Vollrahm, 35%	300 g
Geflügelfond, hell	150 g
Gelatine	8 g
Salz	
Pfeffer, weiß, aus der Mühle	

Salat

Puy-Linsen, getrocknet	200 g
Stangensellerie, gebleicht, gerüstet	300 g
Olivenöl, kaltgepresst	120 g
Aceto balsamico di Modena (Balsamessig)	80 g
Schnittlauch, frisch	40 g
Salz	
Pfeffer, weiß, aus der Mühle	

Vorbereitung Mousse
- Gelatineblätter im kalten Wasser quellen lassen.
- Schinken in 1 cm große Würfel schneiden.
- Terrinenform mit wenig kaltem Wasser bepinseln und mit PE-Halbschlauchfolie überlappend auslegen.

Zubereitung Mousse
- Schinken durch den Fleischwolf (Scheibe H 4) treiben.
- Vollrahm zusammen mit dem Geflügelfond aufkochen, ausgepresste Gelatine beigeben und auflösen.
- Flüssigkeit mit dem Schinken mischen.
- Im Kutter fein mixen, mit Salz und Pfeffer würzen und im Eiswasserbad kaltrühren.
- Kurz vor dem Stocken sorgfältig in die bereitstehende Form gießen.
- Im Kühlschrank bei 1–2 °C fest werden lassen.

Vorbereitung Salat
- Linsen im kalten Wasser einweichen, im Einweichwasser ohne Salz weich sieden und abschütten.
- Stangensellerie waschen, mit dem Sparschäler von den Fasern befreien und in 2 cm breite Rauten schneiden.
- Im Drucksteamer oder im Salzwasser weich garen.
- Schnittlauch fein schneiden.

Zubereitung Salat
- Aus Olivenöl und Balsamessig eine Salatsauce zubereiten.
- Lauwarme Linsen und Stangensellerie beigeben.
- Mit Salz und Pfeffer abschmecken, vor dem Servieren Schnittlauch beigeben.

Hinweise für die Praxis
Form: Tunnelform mit 800 g Inhalt. Die Mousse kann entweder mit einem heißen Messer in Tranchen geschnitten werden oder mit 2 heißen Esslöffeln zu Klößchen geformt werden. Der Linsensalat sollte lauwarm serviert werden.

SCHINKENMOUSSE – STEP BY STEP

1 2

3 4

5 6

7 8

MOUSSES UND ASPIKE   295

Spargelmousse mit geräuchertem Stör · Mousse d'asperges et esturgeon fumé

Mousse
	10 Pers
Spargeln, grün, geschält	200 g
Spargeln, weiß, geschält	200 g
Zucker	5 g
Spargelfond	150 g
Mehlbutter	20 g
Gelatine	12 g
Salz	
Pfeffer, weiß, aus der Mühle	
Vollrahm, 35 % (1)	300 g

Weitere Zutaten
Störfilet, geräuchert	400 g
Vollrahm, 35 % (2)	150 g
Meerrettich, frisch, geschält	15 g
Dill, frisch	5 g
Lollo, rot, gerüstet	50 g
Lollo, grün, gerüstet	50 g
Nüsslisalat/Feldsalat, gerüstet	20 g
Endivien, gekraust, gerüstet	50 g

Sauce
Eigelb, pasteurisiert	15 g
Senf, mild	10 g
Weißweinessig	50 g
Haselnussöl	120 g
Petersilie, gekraust, frisch	10 g
Basilikum, frisch	20 g
Schnittlauch, frisch	5 g
Noilly Prat	40 g
Pernod	5 g
Salz	
Pfeffer, weiß, aus der Mühle	

Vorbereitung
- Spargeln sortengetrennt im Salzwasser mit wenig Zucker weich sieden und auf Küchenpapier abtropfen lassen.
- Vollrahm (1) steif schlagen und kühl stellen.
- 150 g Spargelfond mit Mehlbutter (Beurre manié) binden und kurze Zeit kochen.
- Jeweils 3 Gelatineblätter (6 g) zusammen im kalten Wasser quellen lassen.
- Terrinenform (Inhalt 800 g) mit wenig Wasser befeuchten und mit PE-Halbschlauchfolie überlappend auslegen.
- Vollrahm (2) für die Garnitur steif schlagen und kühl stellen.
- Meerrettich fein reiben.
- Dill waschen, zupfen, trockentupfen und fein hacken.
- Salate sortengetrennt waschen und trockenschleudern.
- Petersilie und Basilikum waschen, zupfen, trockentupfen und fein hacken.
- Schnittlauch fein schneiden.

Zubereitung Mousse
- Gekochte grüne Spargeln zusammen mit 50 g gebundenem Spargelfond im Mixer fein pürieren.
- Pro Spargelsorte 3 Gelatineblätter auspressen und auf einem heißen Wasserbad auflösen.
- ¼ des grünen Spargelpürees zur flüssigen Gelatine geben und gut verrühren.
- Die restlichen ¾ des grünen Spargelpürees beigeben, verrühren und abschmecken.
- Masse im Eiswasserbad unter Rühren erkalten lassen.
- Kurz vor dem Stocken 150 g geschlagenen Vollrahm (1) darunterheben.
- Mousse in einen Dressiersack füllen und in die vorbereitete Form einfüllen.
- Mit den weißen Spargeln genau gleich wie oben beschrieben verfahren.
- Terrinenform am Schluss mit einem Spatel glatt streichen, mit der überlappenden Folie abdecken und im Kühlschrank fest werden lassen.

Zubereitung Gericht
- Geräucherten Stör in dünne Scheiben schneiden.
- Geschlagenen Vollrahm (2) mit Meerrettich und gehacktem Dill vermischen.
- Aus den Salaten (Lollo, Nüsslisalat und gekrauste Endivien) kleine bunte Buketts bereitstellen.
- Eigelb, Senf und Essig verrühren und das Haselnussöl unter Rühren beigeben.
- Die gehackten Kräuter beigeben und abschmecken.
- Die Salatsauce mit Noilly Prat und Pernod parfümieren.

Anrichten
- Spargelmousse mit einem in heißes Wasser getauchten Messer in gleichmäßige Tranchen schneiden, und anrichten
- Kleine Tupfen von Meerrettichschaum mit Dill zur Mousse dressieren.
- Geräucherten Stör fächerartig anrichten.
- Salatbukett dazu anrichten und mit der Salatsauce beträufeln.

Hinweise für die Praxis
Anstelle von geräuchertem Stör können beliebige geräucherte Fische verwendet werden.

Tilsitermousse · Mousse au Tilsit

Zutaten

	4 Pers	10 Pers
Tilsiter aus Rohmilch, entrindet	140 g	350 g
Quark, mager	40 g	100 g
Mascarpone	40 g	100 g
Gelatine	2 g	6 g
Petersilie, gekraust, frisch	6 g	15 g
Basilikum, frisch	4 g	10 g
Vollrahm, 35%	160 g	400 g
Salz		
Pfeffer, weiß, aus der Mühle		
Gartenkresse, gerüstet	160 g	400 g
Radieschen, gerüstet	60 g	150 g

Vorbereitung
- Tilsiter fein reiben.
- Gelatine im kalten Wasser quellen lassen.
- Petersilie und Basilikum waschen, zupfen, trockentupfen und fein hacken.
- Vollrahm steif schlagen und kühl stellen.
- Gartenkresse waschen und trockenschleudern.
- Radieschen halbieren und in feine Scheiben schneiden.

Zubereitung
- Magerquark und Mascarpone in einer Schüssel luftig rühren.
- Sorgfältig den geriebenen Tilsiter, die Petersilie und das Basilikum unter die Masse mischen.
- Die Gelatine auspressen, im Wasserbad auflösen und unter die Masse mischen.
- Den geschlagenen Vollrahm vorsichtig unterheben und mit Salz und Pfeffer abschmecken.
- In eine tiefe Schüssel abfüllen und ca. 2 Stunden kühl stellen.

Anrichten
- Mit 2 heißen Esslöffeln oder mit dem Glaceportionierer Klößchen formen.
- Auf einem Bett von Gartenkresse anrichten und mit Radieschenscheiben ausgarnieren.

Tomatenmousse mit Kaninchenfiletröllchen
Mousse de tomates et paupiettes de filet de lapin

Mousse — 10 Pers
Zwiebeln, geschält	100 g
Knoblauch, geschält	10 g
Olivenöl	40 g
Tomatenpüree	30 g
Tomaten, Pelati, Würfel	350 g
Rosmarin, frisch	10 g
Thymian, frisch	10 g
Basilikum, frisch (1)	10 g
Gewürzsalzmischung für Fleisch	
Gelatine	8 g
Vollrahm, 35%	200 g

Röllchen
Kaninchenrückenfilet, dressiert	500 g
Eiweiß, pasteurisiert	20 g
Vollrahm, 35%	50 g
Salz	
Pfeffer, weiß, aus der Mühle	
Basilikum, frisch (2)	10 g
Petersilie, glattblättrig, frisch	20 g
Pinienkerne	40 g
Salz	
Pfeffer, weiß, aus der Mühle	
Bratbutter	30 g

Sauce
Vinaigrette mit gerösteten Kernen	300 g

Vorbereitung
- Zwiebeln und Knoblauch fein hacken.
- Pelati-Tomaten abtropfen lassen.
- Rosmarin, Thymian und Basilikum (1) waschen und mit Bindfaden zusammenbinden.
- Gelatine im kalten Wasser quellen lassen.
- Vollrahm steif schlagen und kühl stellen.
- Terrinenform (800 g Inhalt) mit wenig Wasser befeuchten und mit PE-Halbschlauchfolie überlappend auskleiden.
- Das vordere Drittel des Kaninchenrückenfilets (ca. 130 g) wegschneiden und in 5 mm große Würfel schneiden.
- Fleischwürfel kühl stellen.
- Basilikum (2) waschen, zupfen, trockentupfen und grob schneiden.
- Petersilie waschen, zupfen, trockentupfen und fein hacken.

Zubereitung Mousse
- Zwiebeln und Knoblauch im Olivenöl glasig dünsten.
- Tomatenpüree und Pelati-Tomaten beigeben und kurz mitdünsten.
- Das Kräuterbündel beigeben, würzen und zu einer dickflüssigen Tomatensauce verkochen.
- Kräuterbündel entfernen und die Tomatenmasse mit dem Stabmixer fein pürieren.
- Gelatine auspressen und in der heißen Masse auflösen.
- Tomatenmasse in eine Chromstahlschüssel geben und im Eiswasserbad unter Rühren abkühlen lassen.
- Kurz bevor die Masse zu stocken beginnt, den geschlagenen Vollrahm vorsichtig unterheben.
- In die vorbereitete Form füllen, mit der überlappenden Folie abdecken und im Kühlschrank fest werden lassen.

Zubereitung Röllchen
- Kaninchenfleischwürfel (ca. 130 g) mit Eiweiß, Salz und wenig Rahm im Kutter fein pürieren.
- Die Masse durch ein Tamis (Haarsieb) streichen.
- Auf einem Eiswasserbad abrühren und den restlichen Vollrahm daruntermischen.
- Geschnittenes Basilikum, gehackte Petersilie und Pinienkerne beigeben, daruntermischen und abschmecken.
- Farce in einen Einwegdressiersack mit kleiner Öffnung füllen.
- Kaninchenrückenfilet mit einem langen schmalen Messer durchstossen.
- Mit dem Dressiersack die Farce in die Rückenfilets füllen und die Öffnungen mit Zahnstochern verschließen.
- Die Rückenfilets mit Salz und Pfeffer würzen und in der Bratbutter allseitig anbraten.
- Im Ofen bei 125 °C bis zu einer Kerntemperatur von 65 °C garen.
- Herausnehmen, auskühlen lassen und die Zahnstocher entfernen.
- Zum vollständigen Erkalten kühl stellen.
- Nach dem Erkalten leicht schräg in gleichmäßige Röllchen schneiden.

Anrichten
- Tomatenmousse aus der Form stürzen, die Plastikfolie entfernen, in gleichmäßige Tranchen schneiden und anrichten.
- Mit wenig Vinaigrette mit gerösteten Kernen rundherum beträufeln, restliche Sauce separat in einer Sauciere dazu servieren.
- Gefülltes Kaninchenrückenfilet fächerartig zur Tomatenmousse anrichten.

TOMATENMOUSSE – STEP BY STEP

1
2
3
4
5
6
7
8

MOUSSES UND ASPIKE

Weißes Spargelmousse mit Schillerlocken · Mousse d'asperges blanches et Schillerlocken

Zutaten	4 Pers	10 Pers
Spargelfond	80 g	200 g
Maisstärke	8 g	20 g
Spargeln, weiß, gekocht	80 g	200 g
Salz		
Gelatine	3,5 g	8 g
Vollrahm, 35 %	80 g	200 g
Schnittlauch, frisch	4 g	10 g
Spargeln, grün, geschält	280 g	700 g
Salz		
Pfeffer, weiß, aus der Mühle		
Schillerlocken	280 g	700 g

Vorbereitung
- Weiße Spargeln in 1 cm lange Stücke schneiden, 30% der weißen Spargelspitzen für die Garnitur beiseite legen (4 Personen = 25 g, 10 Personen = 65 g).
- Gelatine im kalten Wasser quellen lassen.
- Vollrahm steif schlagen und kühl stellen.
- Schnittlauch fein schneiden.
- Die grünen Spargeln im Salzwasser knackig sieden und im Eiswasser abschrecken.
- Schillerlocken leicht schräg in Stücke schneiden.

Zubereitung
- Spargelfond erhitzen, die ausgepresste Gelatine beigeben und auflösen.
- Maisstärke mit wenig kaltem Wasser anrühren, unter Rühren in den Spargelfond geben und und den Fond binden.
- Die Spargelstücke beigeben und im Mixer fein pürieren.
- Spargelmasse durch ein Tamis (Haarsieb) streichen und auskühlen lassen.
- Kurz bevor die Masse zu stocken beginnt, geschlagenen Vollrahm und Schnittlauch vorsichtig unterheben und abschmecken.
- In eine tiefe Schüssel füllen und im Kühlschrank 2 Stunden kalt stellen.

Anrichten
- Mit 2 heißen Esslöffeln Klößchen formen und anrichten.
- Schillerlocken anrichten.
- Die weißen Spargelspitzen auf Küchenpapier trockentupfen und auf den Klößen anrichten.
- Grüne Spargeln auf Küchenpapier trockentupfen und ebenfalls anrichten.

ASPIKE

Artischocken-Räucherlachs-Aspik mit Flusskrebsen und Pernod
Aspic d'artichauts et saumon fumé aux écrevisses et au Pernod

Zutaten	4 Pers	10 Pers
Räucherlachs, pariert	100 g	250 g
Olivenöl, kaltgepresst	20 g	50 g
Schalotten, geschält	20 g	50 g
Artischockenböden, gegart	150 g	370 g
Flusskrebsschwänze, gekocht	120 g	300 g
Hummerkraftbrühe	180 g	450 g
Gelatine	5 g	12 g
Dill, frisch	2 g	5 g
Pernod	15 g	35 g
Limonensaft	10 g	20 g
Salz		
Pfeffer, weiß, aus der Mühle		

Salat

	4 Pers	10 Pers
Eichblattsalat, rot, gerüstet	40 g	80 g
Endivien, gekraust, gerüstet	40 g	80 g
Chicorée, rot, gerüstet	40 g	80 g
Olivenöl, kaltgepresst	50 g	120 g
Aceto balsamico bianco (weißer Balsamessig)	25 g	60 g
Salz		
Pfeffer, weiß, aus der Mühle		

Weitere Zutaten

	4 Pers	10 Pers
Kartoffeln, Typ B, geschält	50 g	120 g
Pfefferminze, frisch	2 g	5 g
Olivenöl	30 g	75 g
Meerrettichschaum	50 g	125 g

Vorbereitung

- Chromstahlringe (Ø 7 cm, Höhe 3 cm) mit PE-Halbschlauchfolie auskleiden.
- Ringe nebeneinander auf ein mit Backtrennpapier ausgelegtes Blech legen.
- Räucherlachs dünn schneiden und die Böden der Ringformen damit auskleiden.
- Gelatine in kaltem Wasser quellen lassen.
- Artischockenböden in Lamellen schneiden.
- Schalotten fein hacken.
- Dill waschen, zupfen und trockentupfen.
- Salate bukettweise waschen und trockenschleudern.
- Kaltgepresstes Olivenöl, Balsamessig, Salz und Pfeffer für die Salatsauce verrühren.
- Pfefferminze waschen, zupfen und trockentupfen.

Zubereitung

- Schalotten im Olivenöl weich dünsten, Artischockenböden und Flusskrebse beigeben und kurz dünsten.
- Hummerkraftbrühe beigeben, erhitzen und die ausgepresste Gelatine beigeben und auflösen.
- Dill, Pernod und Limonensaft beigeben, mit Salz und Pfeffer würzen.
- In Eiswasser abkühlen, kurz vor dem Stocken in die vorbereiteten Chromstahlringe füllen und im Kühlschrank kühl stellen.
- Kartoffeln in 1 mm dünne Scheiben schneiden und auf Küchenpapier legen.
- Zwischen zwei Kartoffelscheiben je ein Pfefferminzblatt legen und leicht andrücken.
- Im heißen Olivenöl beidseitig braten und auf Küchenpapier entfetten (pro Person 2 Stück).

Anrichten

- Aspik aus den Chromstahlringen drücken und anrichten.
- Salate bukettartig anrichten und mit Sauce beträufeln.
- Gebratene Kartoffelscheiben und Meerrettichschaum anrichten.

Aspiktorte mit Seezungenröllchen und Rauchlachsmousse
Aspic en tourte aux paupiettes de sole et à la mousse de saumon fumé

Seezungenröllchen	10 Pers
Seezungenfilets, pariert	400 g
Zanderfilet, pariert	50 g
Vollrahm, 35%	50 g
Noilly Prat	10 g
Salz	
Pfeffer, weiß, aus der Mühle	
Seetangblätter (Nori)	20 g

Mousse	
Räucherlachs, pariert	300 g
Fischrahmsauce	300 g
Gelatine	20 g
Fischfond	80 g
Vollrahm, 35%	220 g
Salz	
Pfeffer, weiß, aus der Mühle	
Pernod	40 g
Kerbel, frisch, gehackt	2 g

Fischsulze	
Fischfond	250 g
Sulzpulver, extrahell	20 g

Vorbereitung Seezungenröllchen
- Seezungenfilets leicht plattieren, die Enden wegschneiden und die Filets kühl stellen.
- Zanderfilets in 5 mm große Würfel schneiden und kühl stellen.
- Seezungenabschnitte und Zanderwürfel mit Vollrahm und Salz im Kutter fein pürieren.
- In Eiswasserbad abrühren und durch ein nicht zu feines Tamis (Haarsieb) streichen.
- Farce mit Noilly Prat parfümieren, mit Salz und Pfeffer würzen.
- Salzarmen Fischfond für die Fischsulze aufkochen und das Sulzpulver mit einem Schwingbesen auflösen.

Vorbereitung Mousse
- Räucherlachs in 5 mm große Würfel schneiden.
- Fischrahmsauce erhitzen.
- Gelatine in kaltem Wasser quellen lassen, Fischfond erhitzen.
- Vollrahm steif schlagen und kühl stellen.

Zubereitung Seezungenröllchen
- Die plattierten Seezungenfilets nebeneinander auf Plastikfolie legen und leicht salzen.
- Mit Seetangblättern (Nori) belegen, mit wenig Fischfarce bestreichen und satt einrollen (die Roulade sollte einen Durchmesser von ca. 3 cm aufweisen).
- Roulade in eine Alufolie einrollen und mit Zahnstocher in gleichmäßigen Abständen einstechen.
- Im Kombisteamer bei 70 °C garen, bis eine Kerntemperatur von 55 °C erreicht ist.
- Roulade herausnehmen und in Eiswasser abkühlen.
- Blech mit Klarsichtfolie auslegen und einen Tortenring (Ø 18 cm) darauf legen.
- In den Tortenring bis zu einer Höhe von 5 mm kalte, aber flüssige Fischsulze gießen und fest werden lassen.
- Seezungenroulade auspacken, trockentupfen und in 5 mm dicke Tranchen schneiden.
- Boden der Ringform mit den Röllchen satt auslegen.

Zubereitung Mousse
- Gelatine auspressen und im warmen Fischfond auflösen.
- Räucherlachs, Fischrahmsauce und Fischfond im Mixer fein pürieren.
- Durch ein Haarsieb streichen und in Eiswasserbad abrühren.
- Kurz vor dem Stocken der Masse den geschlagenen Vollrahm unterheben.
- Mit Salz, Pfeffer, Pernod und Kerbel abschmecken.
- Mousse in einen Dressiersack mit Lochtülle (Ø 2 cm) füllen und in den mit Seezugenröllchen ausgelegten Tortenring dressieren.
- In den Kühlschrank stellen und gut durchkühlen lassen.

Fertigstellung
- Mit einem heißen Messer dem Tortenring entlangschneiden.
- Glasplatte auf das Blech mit Tortenring legen und die Aspiktorte auf die Glasplatte stürzen.
- Aspiktorte nochmals kühlen und mit einem scharfen heißen Messer in Stücke schneiden.

Hinweise für die Praxis
Dazu können Sauerrahmsauce und ein Gemüsesalat serviert werden.

Meerfische in Champagnersulze · Poissons de mer en gelée de champagne

Zutaten

	10 Pers
Seeteufelfilet, pariert	80 g
Petersfischfilets, pariert	60 g
Meerbrassenfilets, pariert	60 g
Zucchetti, grün, gerüstet	25 g
Lauch, gerüstet	25 g
Karotten, geschält	25 g
Knollensellerie, geschält	20 g
Fenchel, gerüstet	25 g
Tomaten, geschält	30 g
Gelatine	15 g
Safran, gemahlen	
Champagner, trocken	200 g
Krautstielblätter, gerüstet	50 g

Fischfond

Butter	30 g
Fischgräten/Abschnitte von Meeresfischen	500 g
Lauch, gerüstet	50 g
Champignons, frisch	80 g
Schalotten, geschält	40 g
Weißwein	100 g
Wasser	500 g
Dill, frisch	
Estragon, frisch	
Kerbel, frisch	
Salz	

Sauce

Vollmilchjoghurt, nature	250 g
Sauerrahm, 35%	50 g
Fenchelkraut	5 g
Safran, gemahlen	
Salz	
Pfeffer, weiß, aus der Mühle	

Vorbereitung

- Fischfilets in 1 cm große Würfel schneiden, Abschnitte für den Fischfond verwenden.
- Gelatine in kaltem Wasser quellen lassen.
- Lauch längs halbieren und waschen, Champignons waschen.
- Lauch, Champignons und Schalotten für den Fischfond in Matignon (kleinwürfelig) schneiden.
- Fischgräten in Butter andünsten, Matignon, Kräuter und Salz beigeben, mit Weißwein ablöschen, Wasser beigeben und 30 Minuten am Siedepunkt ziehen lassen.
- Vorsichtig durch ein Passiertuch passieren und auf 150 g einkochen.
- Zucchetti, Lauch, Karotten, Knollensellerie und Fenchel in Julienne (Streifen) schneiden und im Fischfond knackig sieden.
- Gemüse-Julienne herausnehmen und auf Küchenpapier abtropfen lassen.
- Tomaten in kleine Würfel schneiden.
- Fischwürfel im Fischfond auf den Punkt pochieren, herausnehmen und auf Küchenpapier abtropfen lassen.
- Ausgepresste Gelatine in den Fond geben und auflösen.
- Fischfond durch ein Passiertuch passieren und abschmecken.
- Krautstielblätter blanchieren, in Eiswasser kühlen und mit Küchenpapier trockentupfen.
- Tunnelform mit kaltem Wasser bepinseln und mit PE-Halbschlauchfolie überlappend auslegen.
- Blanchierte Krautstielblätter überlappend einlegen.

Zubereitung

- Champagner und Safran zum leicht abgekühlten Fischfond geben.
- Gegarte Fischwürfel, Gemüsestreifen und Tomaten abwechslungsweise in die Form schichten.
- Mit der anziehenden Champagnersulze auffüllen und kalt stellen.
- Kurz vor dem Festwerden mit den überlappenden Krautstielblättern abdecken.
- Mit der überlappenden Folie abdecken.
- 3 Stunden im Kühlschrank kalt stellen.

Zubereitung Sauce

- Fenchelkraut fein hacken.
- Mit Joghurt und Sauerrahm vermischen.
- Mit Salz, Pfeffer und Safran abschmecken.

Hinweise für die Praxis

Ergibt eine Form mit 800 g Inhalt. Empfehlenswert ist eine Tunnelform.

Kalte Fleischgerichte

■ RINDFLEISCH

Carpaccio mit frischen Steinpilzen · Carpaccio aux bolets frais

Zutaten	4 Pers	10 Pers
Rindsfilet, 1. Qualität, dressiert	300 g	750 g
Fleur de sel		
Pfeffer, weiß, aus der Mühle		
Olivenöl, kaltgepresst	60 g	150 g
Parmesan, gerieben	30 g	75 g
Garnitur		
Steinpilze, frisch, gerüstet	160 g	400 g
Olivenöl, kaltgepresst	40 g	100 g
Salz		
Pfeffer, weiß, aus der Mühle		
Schalotten, geschält	30 g	80 g
Petersilie, glattblättrig, frisch	15 g	40 g
Zitronensaft, frisch	15 g	30 g

Vorbereitung
- Steinpilze mit einem Tuch abreiben und in gleichmäßig dünne Scheiben schneiden.
- Schalotten fein hacken.
- Petersilie waschen, zupfen, trockentupfen und fein hacken.

Zubereitung
- Olivenöl in einer Lyoner Pfanne erhitzen.
- Steinpilze unter Farbgebung sautieren, Schalotten beigeben und mitsautieren.
- Steinpilze mit Salz und Pfeffer würzen, Petersilie beigeben.
- Aus der Pfanne nehmen und erkalten lassen.
- Flache Teller mit Olivenöl bepinseln.
- Mit wenig Fleur de sel und Pfeffer bestreuen.
- Gut gekühltes Rindsfilet sehr dünn aufschneiden und die Teller damit auslegen.
- Fleisch mit Olivenöl bepinseln, mit Fleur de sel und Pfeffer würzen.
- Steinpilze auf das Fleisch verteilen und mit geriebenem Parmesan bestreuen.
- Unmittelbar vor dem Servieren das Gericht mit Zitronensaft beträufeln.

Hinweise für die Praxis
Bei der Herstellung von Carpaccio die Hygieneregeln peinlichst beachten und Carpaccio nur für den unmittelbaren Gebrauch herstellen.

Kaltes Siedfleisch mit Linsensalat und Meerrettich-Senf-Sauce
Bœuf bouilli froid et salade de lentilles sauce raifort-moutarde

Zutaten

	4 Pers	10 Pers
Rindsbrust (Brustkern), dressiert	560 g	1400 g
Bouillon	1200 g	3000 g
Gemüsebündel (Bouquet garni) für Bouillon	1	1
Gewürzsäcklein	1	1
Salz		
Pfeffer, weiß, aus der Mühle		
Salat aus grünen Linsen	240 g	600 g

Sauce

Quark, mager	80 g	200 g
Mayonnaise	80 g	200 g
Meerrettich, frisch, geschält	10 g	30 g
Meaux-Vollkornsenf	8 g	20 g
Eier, gekocht	80 g	200 g
Salz		
Pfeffer, weiß, aus der Mühle		
Schnittlauch, frisch	6 g	15 g
Tomaten, getrocknet, in Öl, abgetropft	40 g	100 g

Vorbereitung
– Rindsbrust im heißen Wasser blanchieren, abschütten, zuerst heiß, dann kalt abspülen.
– Meerrettich fein reiben.
– Eier schälen und mit dem Eierschneider in kleine Würfel schneiden.
– Schnittlauch fein schneiden.
– Getrocknete Tomaten in Streifen schneiden.

Zubereitung
– Bouillon aufkochen und das Fleisch in die leicht siedende Bouillon geben.
– Knapp am Siedepunkt unter gelegentlichem Abschäumen und Abfetten weich sieden.
– Gemüsebündel und Gewürzsäcklein 1 Stunde vor Ende der Kochzeit beifügen.
– Das Fleisch in der Bouillon erkalten lassen.
– Nach dem Erkalten das Fleisch parieren, vom überschüssigen Fett befreien und in dünne Tranchen schneiden.
– Saucenzutaten verrühren, mit wenig Bouillon verdünnen und mit Salz und weißem Pfeffer abschmecken.

Anrichten
– Linsensalat auf Teller gehäuft anrichten.
– Fleisch anrichten und mit wenig Sauce am Rand nappieren.
– Mit den Tomatenstreifen bestreuen.
– Restliche Sauce separat dazu servieren.

Hinweise für die Praxis
Die Fleischbouillon kann als Suppe weiterverwendet werden.

Kaltes Siedfleisch mit marinierten Gemüsen · Bœuf bouilli froid aux légumes marinés

Zutaten

	4 Pers	10 Pers
Rindsbrust (Brustkern), dressiert	560 g	1400 g
Bouillon	1200 g	3000 g
Gemüsebündel (Bouquet garni) für Bouillon	80 g	200 g
Gewürzsäcklein	1	1

Marinade

	4 Pers	10 Pers
Schalotten, geschält	10 g	25 g
Olivenöl, kaltgepresst	20 g	50 g
Thymian, frisch	2 g	5 g
Salz		
Pfeffer, weiß, aus der Mühle		
Weißwein	40 g	100 g
Sherry-Essig	10 g	30 g
Bouillon von Siedfleisch	60 g	150 g

Garnitur

	4 Pers	10 Pers
Knollensellerie, geschält	30 g	80 g
Stangensellerie, gebleicht, gerüstet	50 g	120 g
Karotten, geschält	50 g	120 g
Blumenkohl, gerüstet	50 g	120 g
Zucchetti, gelb, gerüstet	50 g	120 g
Peperoni, rot, entkernt	30 g	70 g

Weitere Zutaten

	4 Pers	10 Pers
Meerrettichschaum	120 g	300 g

Vorbereitung

- Rindsbrust im heißen Wasser blanchieren, abschütten, zuerst heiß, dann kalt abspülen.
- Schalotten fein hacken.
- Thymian waschen, zupfen, trockentupfen und hacken.
- Knollensellerie und Karotten in 1 cm große Würfel schneiden.
- Stangensellerie mit dem Sparschäler von den Fasern befreien und leicht schräg in 1,5 cm lange Stäbchen schneiden.
- Blumenkohl in Röschen schneiden.
- Gelbe Zucchetti mit einem Buntschneidemesser in 8 mm dicke Scheiben schneiden.
- Peperoni in 1 cm große Würfel schneiden.

Zubereitung

- Bouillon aufkochen und das Fleisch in die leicht siedende Bouillon geben.
- Knapp am Siedepunkt unter gelegentlichem Abschäumen und Abfetten weich sieden.
- Gemüsebündel und Gewürzsäcklein 1 Stunde vor Ende der Kochzeit beifügen.
- Fleisch in der Bouillon erkalten lassen.
- Schalotten im Olivenöl andünsten, Thymian, Salz und Pfeffer beigeben.
- Mit Weißwein, Sherry-Essig ablöschen und mit Bouillon auffüllen und aufkochen.
- Flüssigkeit etwas einkochen lassen.
- Gemüse sortenweise beigeben, knackig sieden und herausnehmen.
- Garflüssigkeit einkochen und erkalten lassen, anschließend die Gemüse wieder beigeben.
- Das Fleisch parieren, vom überschüssigen Fett befreien und in dünne Tranchen schneiden.

Anrichten

- Fleisch anrichten und mit den abgetropften Gemüsen garnieren.
- Meerrettichschaum separat dazu servieren.

Hinweise für die Praxis

Die restliche Fleischbouillon kann als Suppe weiterverwendet werden.

Siedfleischterrine mit Sauerkraut · Terrine de bœuf bouilli et choucroute

Zutaten

	10 Pers
Rindsbrust (Brustkern), dressiert	1000 g
Bouillon	3000 g
Gemüsebündel (Bouquet garni) für Bouillon	1
Gewürzsäcklein	1
Salz	
Pfeffer, weiß, aus der Mühle	
Weißwein	400 g
Noilly Prat	200 g
Bouillon von Siedfleisch	100 g
Wasser	100 g
Schalotten, geschält	50 g
Knoblauch, geschält	10 g
Estragon, frisch	1 g
Pfefferkörner, weiß, zerdrückt	
Sulzpulver, extrahell	50 g
Sauerkraut, gekocht	250 g

Sauce

Tomaten-Vinaigrette	300 g

Vorbereitung
- Rindsbrust im heißen Wasser blanchieren, abschütten, zuerst heiß, dann kalt abspülen.
- Knoblauch und Schalotten in feine Scheiben schneiden.
- Estragon waschen, zupfen, trockentupfen.
- Gekochtes Sauerkraut abtropfen lassen und etwas auspressen.
- Terrinenform mit Wasser bepinseln und mit PE-Halbschlauchfolie überlappend auslegen.

Zubereitung
- Bouillon aufkochen und das Fleisch in die leicht siedende Bouillon geben.
- Knapp am Siedepunkt unter gelegentlichem Abschäumen und Abfetten weich sieden.
- Gemüsebündel und Gewürzsäcklein 1 Stunde vor Ende der Kochzeit beifügen.
- Das Fleisch in der Bouillon erkalten lassen.
- Nach dem Erkalten das Fleisch parieren, vom überschüssigen Fett befreien und in dünne Tranchen schneiden (für das Auskleiden der Form das Fleisch auf der Aufschnittmaschine dünn schneiden).
- Weißwein, Noilly Prat, passierte Siedfleischbouillon, Wasser, Schalotten, Knoblauch, Estragon und Pfefferkörner auf 500 g einkochen lassen.
- Das Sulzpulver einrühren und rühren, bis die Flüssigkeit klar ist.
- Flüssigkeit durch ein Etamine (Passiertuch) passieren und etwas abkühlen lassen.
- Die Hälfte der Sulze mit dem Sauerkraut vermischen.
- Terrinenform mit dünnen Siedfleischtranchen überlappend auslegen.
- Lagenweise Sauerkraut und Siedfleisch einfüllen, bis die Terrinenform gefüllt ist.
- Mit den überlappenden Siedfleischtranchen bedecken und mit der restlichen Sulz auffüllen.
- Mit der überlappenden Kunststofffolie abdecken und unter leichtem Druck auskühlen lassen.

Anrichten
- Siedfleischterrine aus der Form nehmen und die Folie entfernen.
- In Tranchen schneiden und mit einer Tomaten-Vinaigrette servieren.

Hinweise für die Praxis
Die restliche Fleischbouillon kann als Suppe weiterverwendet werden.

Tatar-Beefsteak · Tartare

Zutaten

	4 Pers	10 Pers
Rindsfilet, 1. Qualität, dressiert	320 g	800 g
Schalotten, geschält	35 g	80 g
Essiggurken, abgetropft	40 g	100 g
Kapern, abgetropft	20 g	50 g
Sardellenfilets, abgetropft	8 g	20 g
Petersilie, glattblättrig, frisch	8 g	20 g
Eigelb, pasteurisiert	40 g	100 g
Dijon-Senf	10 g	25 g
Olivenöl, kaltgepresst	20 g	50 g
Tomaten-Ketchup	60 g	150 g
Paprika, delikatess	4 g	10 g
Cognac	20 g	50 g
Zitronensaft, frisch	5 g	10 g
Salz		
Pfeffer, weiß, aus der Mühle		
Tabasco, rot		

Vorbereitung

- Rindsfilet mit einem scharfen Messer fein schneiden (Würfelchen).
- Schalotten fein hacken.
- Essiggurken, Kapern und Sardellen hacken.
- Petersilie waschen, zupfen, trockentupfen und fein hacken.

Zubereitung

- Das Eigelb mit dem Dijon-Senf und dem Olivenöl gut verrühren.
- Fleisch, gehackte Zutaten, Tomaten-Ketchup, Paprika, Cognac und Zitronensaft beigeben und vermischen.
- Mit Salz, Pfeffer und Tabasco pikant abschmecken.
- Fleischmasse zu Tatar formen und servieren.

Hinweise für die Praxis

Bei der Herstellung von Tatar die Hygieneregeln peinlichst beachten und Tatar nur für den unmittelbaren Gebrauch herstellen. Für Tatar ausschließlich pasteurisiertes Eigelb verwenden. Als Beilagen werden Toastbrotscheiben und Butter serviert. Als kostengünstige Variante kann anstelle von Rindsfilet auch ein Eckstück (Bäggli) verwendet werden.

KALBFLEISCH

Kalter Kalbsbraten mit Haselnüssen · Rôti de veau froid aux noisettes

Zutaten	4 Pers	10 Pers
Runder Mocken, Kalb, dressiert	400 g	1000 g
Eiweiß, pasteurisiert	8 g	20 g
Salz		
Pfeffer, weiß, aus der Mühle		
Vollrahm, 35%	40 g	100 g
Haselnusskerne, geschält	20 g	50 g
Thymian, frisch	1 g	3 g
Petersilie, gekraust, frisch	10 g	30 g
Basilikum, frisch	4 g	10 g
Pfälzer Rüben, geschält	30 g	75 g
Gewürzsalzmischung für Fleisch	4 g	10 g
Bratbutter	10 g	30 g

Weitere Zutaten

	4 Pers	10 Pers
Fenchel, gerüstet	200 g	400 g
Haselnussöl	40 g	100 g
Aceto balsamico bianco (weißer Balsamessig)	20 g	50 g
Orangenfilets	160 g	400 g
Salz		
Pfeffer, weiß, aus der Mühle		
Thymianzweige	4	10

Vorbereitung

- Vom runden Mocken hinten und vorne insgesamt 60 g Fleisch wegschneiden (für 10 Personen 150 g).
- Das weggeschnittene Fleisch in 5 mm große Würfel schneiden und kühl stellen.
- Runden Mocken mit einem langen Messer durchstossen, ohne seitlich aufzuschneiden.
- Haselnüsse im Salzwasser 15 Minuten kochen, abschütten und erkalten lassen.
- Thymian, Petersilie und Basilikum waschen, zupfen, trockentupfen und fein hacken.
- Pfälzer Rüben in Brunoise (Würfelchen) schneiden, blanchieren und abtropfen lassen.
- Fenchel waschen und auf der Aufschnittmaschine hauchdünn aufschneiden.

Zubereitung

- Kalbfleischwürfel mit Eiweiß, Salz und wenig Vollrahm im Kutter fein pürieren.
- Die Masse durch ein Tamis (Haarsieb) streichen.
- Auf einem Eiswasserbad abrühren, den restlichen Vollrahm beigeben und abschmecken.
- Haselnüsse, Pfälzer-Rüben-Brunoise und die gehackten Kräuter beigeben und verrühren.
- Die Farce in einen Dressiersack geben und den runden Mocken füllen.
- An den Enden je 2 Holzspießli übers Kreuz durch die Öffnungen stoßen und mit Bindfaden zubinden.
- Das überstehende Holz abschneiden.
- Das Fleisch würzen und in einem Rondeau auf dem Herd in der Bratbutter rundherum goldbraun anbraten.
- In den Ofen schieben und bei 125 °C bis zu einer Kerntemperatur von 65 °C garen.
- Des Öfteren wenden und mit der Bratbutter und dem Fleischsaft arrosieren (begießen).
- Herausnehmen, erkalten lassen, Holzspieße entfernen und auf der Aufschnittmaschine in dünne Tranchen schneiden.

Anrichten

- Fenchelscheiben kreisförmig auf Teller anrichten.
- Mit Salz und Pfeffer würzen und mit Haselnussöl, Balsamessig und wenig Orangensaft beträufeln.
- Gefüllten Kalbsbraten im Halbkreis anrichten und mit Thymianzweig garnieren.
- Orangenfilets fächerartig anrichten.

Salat mit Kalbsmilken/Kalbsbries und Eierschwämmchen/Pfifferlingen
Salade de ris de veau aux chanterelles

Zutaten

	4 Pers	10 Pers
Herzmilken vom Kalb/Kalbsbries	320 g	800 g
Wasser	500 g	1000 g
Gemüsebündel (Bouquet garni) für weiße Fonds	50 g	100 g
Lorbeerblätter		
Salz		
Weißmehl	40 g	120 g
Butter	60 g	150 g

Salat

	4 Pers	10 Pers
Olivenöl	30 g	80 g
Eierschwämme/Pfifferlinge, frisch, gerüstet	160 g	400 g
Schalotten, geschält	20 g	50 g
Petersilie, glattblättrig, frisch	4 g	10 g
Haselnussöl	40 g	80 g
Weißweinessig	50 g	120 g
Salz		
Pfeffer, weiß, aus der Mühle		
Lollo, rot, gerüstet	40 g	100 g

Vorbereitung

- Herzmilken im Salzwasser kurz blanchieren, herausnehmen und im Eiswasser abschrecken.
- Blanchierte Kalbsmilken straff in Plastikfolie einrollen.
- Anschließend in Alufolie einrollen und mit einem Zahnstocher in gleichmäßigen Abständen einstechen.
- Eierschwämme waschen, gut abtropfen lassen und in gleichmäßige Stücke schneiden.
- Schalotten fein hacken.
- Petersilie waschen, zupfen, trockentupfen und fein hacken.
- Roten Lollosalat waschen und trockenschleudern.

Zubereitung

- Wasser aufkochen, Gemüsebündel, Salz und Gewürze beigeben und 20 Minuten sieden.
- Kalbsmilkenrolle beigeben und in der Flüssigkeit pochieren und erkalten lassen.
- Kalbsmilken aus der Alu- und Plastikfolie nehmen und in gleichmäßige Tranchen schneiden.
- Tranchen mit Salz und Pfeffer würzen, im Weißmehl wenden und in Butter goldbraun sautieren.
- Herausnehmen, auf Küchenpapier entfetten und warm stellen.
- Eierschwämme und Schalotten im heißen Olivenöl sautieren.
- Mit Salz und Pfeffer abschmecken und die gehackte Petersilie beigeben.
- Pilze in eine Schüssel geben.
- Haselnussöl und Weißweinessig beigeben, vermischen und mit Salz und Pfeffer abschmecken.

Anrichten

- Eierschwämme in die Tellermitte dressieren.
- Die sautierten Kalbsmilken anrichten und mit dem roten Lollosalat garnieren.
- Lollosalat mit der restlichen Sauce beträufeln.

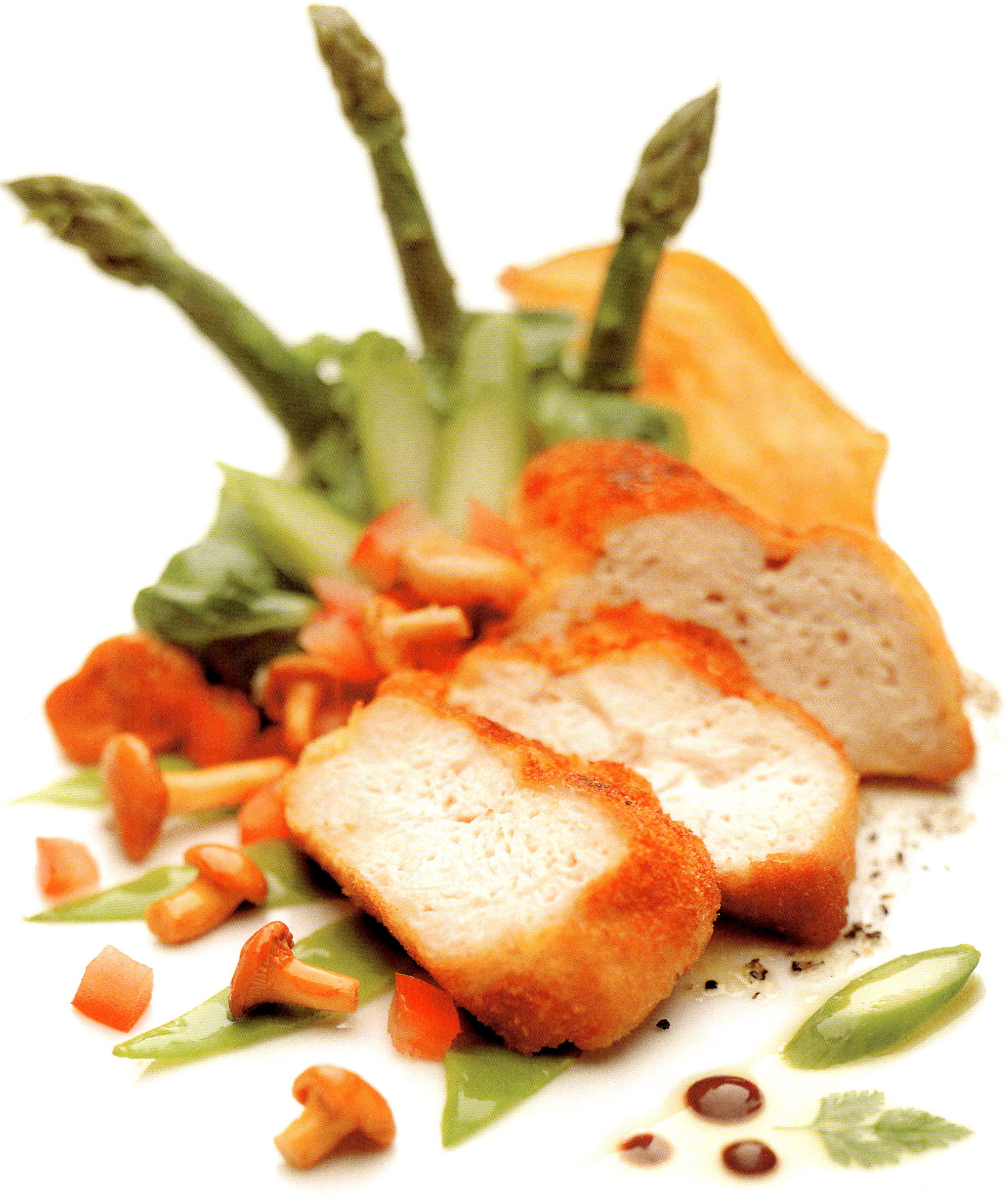

Vitello tonnato · Vitello tonnato

Zutaten

	4 Pers	10 Pers
Kalbsunterspälte, dressiert	400 g	1000 g
Olivenöl	10 g	30 g
Gewürzsalzmischung für Fleisch	4 g	10 g
Matignon, bunt	60 g	150 g
Weißwein	60 g	150 g

Sauce

Thunfisch, in Olivenöl, abgetropft	40 g	100 g
Mayonnaise	100 g	250 g
Zitronensaft, frisch	5 g	10 g
Weißwein	10 g	25 g
Salz		
Pfeffer, weiß, aus der Mühle		

Garnitur

Cherry-Tomaten	60 g	150 g
Kapern, abgetropft	30 g	75 g
Oliven, grün, entsteint	25 g	60 g
Oliven, schwarz, entsteint	25 g	60 g
Zwiebeln, rot, geschält	40 g	100 g
Endivien, gekraust, gerüstet	40 g	100 g
Lollo, rot, gerüstet	40 g	100 g

Vorbereitung

- Kalbsunterspälte binden.
- Rote Zwiebeln auf der Aufschnittmaschine in dünne Ringe schneiden.
- Salate waschen und trockenschleudern.

Zubereitung

- Kalbfleisch würzen und in einem Rondeau im Olivenöl rundherum anbraten.
- Im Ofen bei einer Temperatur von 125 °C bis zu einer Kerntemperatur von 65 °C braten.
- 15 Minuten vor Ende der Garzeit das Matignon beigeben.
- Fleisch herausnehmen, auf einem Gitter erkalten lassen und Bindbaden entfernen.
- Fettstoff abgießen und den Bratensatz mit Weißwein ablöschen.
- Fond durch ein Spitzsieb passieren und auf die Hälfte einkochen.
- Reduktion mit dem Thunfisch im Kutter fein mixen und in eine Schüssel geben.
- Mayonnaise und Zitronensaft beigeben und verrühren.
- Sauce mit Weißwein zur gewünschten Konsistenz verdünnen und mit Salz und Pfeffer abschmecken.
- Erkaltetes Kalbfleisch auf der Aufschnittmaschine in dünne Scheiben schneiden.

Anrichten

- Saucenspiegel auf Teller dressieren.
- Das Fleisch locker gefaltet auf dem Saucenspiegel zu einer Rosette anrichten.
- Mit den Salaten kleine Buketts formen und zum Fleisch stellen.
- Mit Cherry-Tomaten, Kapern, grünen und schwarzen Oliven und Zwiebelringen ausgarnieren.
- Restliche Sauce in einer Sauciere separat dazu servieren.

■ SCHWEINEFLEISCH

Mariniertes kaltes Rippchen mit Kichererbsensalat
Carré de porc fumé et mariné avec salade de pois chiches (mets froid)

Zutaten	4 Pers	10 Pers
Rippchen vom Nierstück, (gepökelt, geräuchert), pochiert	320 g	800 g
Sesamöl, fermentiert	20 g	50 g
Zitronengras, gerüstet	10 g	30 g
Gewürzdekor, rustikales	4 g	10 g
Bienenhonig	20 g	50 g
Aceto balsamico bianco (weißer Balsamessig)	5 g	10 g

Salat		
Kichererbsen, getrocknet	60 g	150 g
Ananas, frisch, geschält	60 g	150 g
Trauben, blau	60 g	150 g
Äpfel, geschält, ohne Kerngehäuse	60 g	150 g
Zitronensaft, frisch	5 g	10 g
Mayonnaise	30 g	75 g
Curry, Madras	2 g	5 g
Vollmilchjoghurt, nature	20 g	50 g
Salz		
Pfeffer, weiß, aus der Mühle		

Garnitur		
Pfefferminze, Blattspitzen	3 g	5 g

Vorbereitung
– Zitronengras (nur das weiche Innere) in hauchdünne Scheibchen schneiden.
– Kichererbsen im kalten Wasser quellen lassen, weich sieden, auskühlen lassen und abschütten.
– Ananas und Äpfel in 8 mm große Würfel schneiden und mit Zitronensaft vermischen.
– Trauben waschen, halbieren und entkernen.

Zubereitung
– Rippchen auf der Aufschnittmaschine in dünne Tranchen schneiden.
– Sesamöl, Zitronengras, Gewürzdekor, Honig und Balsamessig zu einer Marinade verrühren.
– Früchte und gekochte Kichererbsen mit den restlichen Salatzutaten vermischen und abschmecken.

Anrichten
– Salat in die Tellermitte dressieren.
– Rippchen rosettenartig zu einem fast geschlossenen Kreis anrichten.
– Rippchen mit der Marinade beträufeln.
– Gericht mit Pfefferminzblattspitzen ausgarnieren.

Hinweise für die Praxis
Rustikales Gewürzdekor: Gewürzmischung bestehend aus geschrotetem Pfeffer, Koriander, Petersilie, Kümmel und Paprikagranulat.

Rohschinken mit Zigerschaum und Nüssen mit frittiertem Basilikum
Jambon cru à la mousse de sérac, aux noix et au basilic frit

Zutaten

	4 Pers	10 Pers
Schabziger	50 g	120 g
Petersilie, gekraust, frisch	8 g	20 g
Salz		
Pfeffer, weiß, aus der Mühle		
Vollrahm, 35%	120 g	300 g
Quimiq®	120 g	300 g
Rohschinken	320 g	800 g
Haselnusskerne, geschält	20 g	50 g
Baumnusskerne, halbiert	20 g	50 g
Erdnüsse, geschält, ungesalzen	20 g	50 g
Basilikum, frisch	40 g	100 g
Ölverlust beim Frittieren	10 g	20 g
Salz		

Vorbereitung

- Schabziger fein reiben.
- Petersilie waschen, zupfen, trockentupfen und fein hacken.
- Vollrahm steif schlagen und kühl stellen.
- Rohschinken in dünne Tranchen schneiden (pro Person 4 Tranchen à 20 g)
- Nüsse in einer antihaftbeschichteten Pfanne trocken goldgelb rösten.
- Basilikum waschen, zupfen und trockentupfen.
- Basilikumblätter im heißen Fettstoff kurz frittieren, auf Küchenpapier entfetten und leicht salzen.

Zubereitung

- Quimiq® in einer Schüssel zu einer knollenfreien Masse verrühren.
- Geriebenen Ziger und gehackte Petersilie beigeben und verrühren.
- Schlagrahm sorgfältig unterheben und mit Salz und weißem Pfeffer abschmecken.
- Masse in einen Dressiersack füllen und in die Rohschinkentranchen füllen.
- Rohschinkentranchen anschließend zu einem Bündel formen.
- Anrichten und mit den gerösteten Nüssen und den frittierten Basilikumblättern bestreuen.

Hinweise für die Praxis

Quimiq® bei Raumtemperatur verarbeiten, ansonsten bilden sich in der Masse Knollen.

Wollschweinspeck mit lauwarmem Kartoffelsalat
Lard de cochon laineux et salade tiède de pommes de terre

Zutaten

	10 Pers
Wollschweinbrust, dressiert	1000 g
Meersalz, fein	700 g
Nitritpökelsalz	1 g
Passionsfruchtmark (Boiron)	50 g
Limonenblätter	1 g
Zitronengras, gerüstet	50 g
Pfefferkörner, schwarz, gebrochen	10 g
Süßholz, gerieben	5 g

Sud

Wasser	3000 g
Gemüsebündel (Bouquet garni) für weiße Fonds	250 g

Salat

Kartoffelsalat mit Mayonnaise	1000 g
Schnittlauch, frisch	10 g
Tomaten	200 g
Kopfsalatblätter, gerüstet	150 g

Vorbereitung

- Zitronengras in Scheiben schneiden und mit den restlichen Zutaten vermischen.
- Die Wollschweinbrust mit der Salzmischung einreiben.
- Jeden Tag die Fleischstücke wenden und mit den Zutaten einreiben (insgesamt 5 Tage salzen).
- Kartoffelsalat bereitstellen.
- Schnittlauch fein schneiden.
- Tomaten waschen, Stielansatz ausstechen und in Schnitze schneiden.
- Kopfsalatblätter waschen und trockenschleudern.

Zubereitung

- Salzmischung vom Fleisch abwaschen und trockentupfen.
- Wollschweinspeck 12 Stunden kalt räuchern.
- Wasser mit Gemüsebündel aufkochen.
- Speck beigeben und ca. 45 Minuten pochieren.

Anrichten

- Lauwarmen Kartoffelsalat auf Kopfsalatblättern anrichten.
- Salat mit Schnittlauch bestreuen und mit Tomatenschnitzen garnieren.
- Warmen Speck in Tranchen schneiden und anrichten.

Hinweise für die Praxis

Das Kalträuchern kann auch beim Metzger oder beim Räucherlachslieferanten durchgeführt werden.

LAMMFLEISCH

Blätterteigschnitte mit Hüttenkäse und Lamm-Carpaccio
Mille-feuille au cottage cheese et carpaccio d'agneau

Zutaten Blätterteigschnitte

	4 Pers	10 Pers
Blätterteig	80 g	200 g
Hüttenkäse	120 g	300 g
Äpfel, geschält, ohne Kerngehäuse	80 g	200 g
Zitronensaft, frisch	5 g	10 g
Schnittlauch, frisch	5 g	10 g
Salz		
Pfeffer, weiß, aus der Mühle		
Vollrahm, 35%	80 g	200 g
Weißwein	10 g	30 g
Gelatine	5 g	12 g
Petersilie, gekraust, frisch	2 g	5 g
Mohnsamen	2 g	5 g

Zutaten Carpaccio

	4 Pers	10 Pers
Lammnierstück, geräuchert	160 g	400 g
Sbrinz	20 g	50 g
Salz		
Pfeffer, weiß, aus der Mühle		
Trüffelöl	20 g	50 g

Weitere Zutaten

	4 Pers	10 Pers
Endivien, gekraust, gerüstet	20 g	50 g
Lollo, rot, gerüstet	20 g	50 g
Cherry-Tomaten	60 g	150 g
Spargeln, grün, geschält	120 g	300 g
Aceto balsamico bianco (weißer Balsamessig)	20 g	40 g
Olivenöl, kaltgepresst	40 g	100 g
Salz		
Pfeffer, weiß, aus der Mühle		

Vorbereitung
– Blätterteig ca. 2 mm dick ausrollen (oder ausgerollten Blätterteig verwenden) und mit einer Gabel in gleichmäßigen Abständen einstechen.
– Zwei Bahnen von 9 × 35 cm schneiden.
– Backblech mit Backtrennpapier belegen und die Teigbahnen darauf legen.
– Blätterteigbahnen im Backofen bei 220 °C goldgelb backen.
– Äpfel in 3 mm große Würfel schneiden und mit Zitronensaft beträufeln.
– Schnittlauch fein schneiden.
– Vollrahm steif schlagen und kühl stellen.
– Gelatine in kaltem Wasser quellen lassen.
– Petersilie waschen, zupfen, trockentupfen und hacken.
– Sbrinz in feine Scheiben hobeln.
– Salate waschen und trockenschleudern.
– Cherry-Tomaten waschen.
– Spargeln auf ca. 18 cm Länge zuschneiden, in Salzwasser knackig sieden oder dämpfen, abschrecken und abtropfen lassen.

Zubereitung Blätterteigschnitten
– Hüttenkäse mit Apfelwürfeln und Schnittlauch vermischen, mit Salz und Pfeffer abschmecken.
– ¾ des geschlagenen Vollrahms vorsichtig unter die Masse mischen.
– Gelatine leicht auspressen, Weißwein beigeben und Gelatine im Wasserbad auflösen.
– Mit einem Fünftel der Masse vermischen und im Eiswasser abrühren, bis die Masse leicht zu stocken beginnt.
– Sofort die restliche Frischkäsemasse beigeben und verrühren.
– Masse zwischen die Teigstreifen geben, mit einem Spatel die Ränder senkrecht nachstreichen und im Kühlschrank fest werden lassen.
– Restlichen geschlagenen Vollrahm auf dem Teigdeckel verstreichen und mit Mohn und Petersilie bestreuen.

Zubereitung Gericht
– Blätterteigschnitte längs halbieren und in 4,5 cm breite Stücke schneiden.
– Geräuchertes Lammnierstück in dünne Scheiben schneiden.
– Spargeln längs halbieren.

Anrichten
– Blätterteigschnitten auf Teller anrichten.
– Lamm-Carpaccio fächerartig anrichten und mit gehobeltem Sbrinz bestreuen.
– Mit Salz und Pfeffer würzen und mit Trüffelöl beträufeln.
– Ein kleines Bukett gekrauste Endivie und Lollosalat dazulegen.
– Spargeln und Cherry-Tomaten anrichten.
– Salat, Spargeln und Tomaten mit einem Dressing aus Olivenöl und Balsamessig beträufeln.

Hinweise für die Praxis
Das Lamm-Carpaccio kann durch geräucherten Fisch, Bündner Fleisch, Rohschinken oder Mostbröckli ersetzt werden.

Gebratene Lammhuft mit Hummus · Quasi d'agneau rôti et houmous

Zutaten Hummus	4 Pers	10 Pers
Kichererbsen, getrocknet	35 g	80 g
Sesampaste	15 g	30 g
Meersalz, grob	2 g	4 g
Paprika, delikatess	1 g	2 g
Knoblauch, geschält	5 g	10 g
Limonensaft	5 g	10 g
Olivenöl, kaltgepresst	25 g	60 g
Sesamöl, fermentiert	5 g	15 g
Kreuzkümmel, gemahlen		
Sumach-Pulver		
Pfeffer, weiß, aus der Mühle		
Weitere Zutaten		
Olivenöl	20 g	50 g
Lammhuft, dressiert, ohne Zapfen	320 g	800 g
Salz		
Pfeffer, schwarz, aus der Mühle		
Koriander, frisch	5 g	10 g

Vorbereitung Hummus
- Kichererbsen im kalten Wasser quellen lassen.
- Knoblauch durch die Knoblauchpresse drücken.
- Koriander waschen, zupfen und trockentupfen.

Zubereitung Hummus
- Kichererbsen im Einweichwasser zugedeckt weich sieden, gelegentlich abschäumen.
- Kichererbsen herausnehmen und mit Kochwasser (100 g für 10 Personen, 40 g für 4 Personen), Sesampaste, Meersalz und Paprika fein pürieren.
- Masse durch ein Tamis (Haarsieb) streichen.
- Knoblauch und Limonensaft beigeben.
- Olivenöl und Sesamöl in feinem Faden unter ständigem Rühren beigeben.
- Mit Kreuzkümmel, Sumach-Pulver (Frucht des Färberbaums) und weißem Pfeffer abschmecken.

Weitere Zubereitung
- Lammhuft mit Salz und schwarzem Pfeffer würzen und in einer Lyoner Pfanne im Olivenöl anbraten.
- Im Ofen fertig braten (Garstufe rosa, Kerntemperatur 58 °C).
- Fleisch 15 Minuten abstehen lassen.

Anrichten
- Hummus auf Teller anrichten.
- Lammhuft in dünne Scheiben schneiden und fächerförmig zum Hummus anrichten.
- Mit Korianderblättern ausgarnieren.

Geräuchertes Lammrückenfilet mit Kürbis-Chutney · Filet d'agneau fumé au chutney de courge

Zutaten	4 Pers	10 Pers
Lammrückenfilets, dressiert	400 g	1000 g
Salz		
Pfeffer, weiß, aus der Mühle		
Thymian, frisch	4 g	10 g
Olivenöl	30 g	60 g
Beilagen		
Kürbis-Chutney	160 g	400 g

Vorbereitung
- Mit Tannenholz in einem verschließbaren Behälter im Freien ein Feuer brennen lassen.
- Lammrückenfilets mit wenig Olivenöl, weißem Pfeffer und Thymian marinieren.

Zubereitung
- Wenn das Feuer zu einem Gluthaufen abgebrannt ist, diesen rasch mit grünen Tannenzweigen, Wacholderbeeren und Rosmarinzweigen bedecken.
- Einen Rost darüberlegen und die Lammrückenfilets darauf legen und sofort verschliessen, sodass der sich bildende Rauch nicht entweichen kann.
- Die Lammrückenfilets nach 4 Minuten herausnehmen und auskühlen lassen.
- Anschließend die Lammrückenfilets im Olivenöl rosa braten und erkalten lassen.

Anrichten
- Lammrückenfilets leicht schräg in dünne Scheiben schneiden.
- Fächerförmig auf Kürbis-Chutney anrichten und kalt servieren.

Lauwarmes Lammrückenfilet mit Tomaten und Oliven auf Eisbergsalat
Filet d'agneau tiède aux tomates et aux olives sur salade iceberg

Zutaten	4 Pers	10 Pers
Lammrückenfilets, pariert	320 g	800 g
Salz		
Pfeffer, weiß, aus der Mühle		
Sonnenblumenöl, high oleic	30 g	80 g

Zutaten Salat	4 Pers	10 Pers
Oliven, schwarz, entsteint	50 g	125 g
Tomaten, geschält, entkernt	200 g	500 g
Basilikum, frisch	4 g	10 g
Eisbergsalat, gerüstet	160 g	400 g
Schalotten, geschält	30 g	75 g
Knoblauch, geschält	5 g	10 g
Rotweinessig	20 g	50 g
Aceto balsamico di Modena (Balsamessig)	10 g	20 g
Olivenöl, kaltgepresst	65 g	160 g
Meersalz, fein		
Pfeffer, weiß, aus der Mühle		

Vorbereitung
- Oliven halbieren.
- Tomaten in Dreiecke schneiden.
- Basilikum waschen, zupfen, trockentupfen und grob hacken.
- Eisbergsalat in Schnitze schneiden, vorsichtig waschen und gut abtropfen lassen.
- Schalotten in 3 mm dicke Ringe schneiden.
- Knoblauch durch die Knoblauchpresse drücken.

Zubereitung
- Lammrückenfilet mit Salz und Pfeffer würzen und im heissen Öl rosa braten.
- Fleisch herausnehmen und an der Wärme 5 Minuten abstehen lassen.

Anrichten
- Oliven mit den Tomaten vorsichtig vermischen.
- Basilikum, Schalotten, Knoblauch, Essig und Olivenöl beigeben, vermischen und mit Salz und Pfeffer abschmecken.
- Eisbergsalat in der Tellermitte anrichten und mit der Sauce beträufeln.
- Tomaten und Oliven um den Eisbergsalat anrichten.
- Lammrückenfilet gleichmäßig tranchieren und zum Salat arrangieren.

Tempura von Lammhuft auf Mango-Avocado-Salat
Tempura de quasi d'agneau sur salade de mangues et avocats

Zutaten	4 Pers	10 Pers
Eigelb, pasteurisiert	40 g	100 g
Eiswasser	200 g	500 g
Weißmehl, Typ 550	60 g	150 g
Maisstärke	60 g	150 g
Salz		
Lammhuft, dressiert, ohne Zapfen	320 g	800 g
Ölverlust beim Frittieren	60 g	150 g

Salat	4 Pers	10 Pers
Avocadofruchtfleisch	300 g	750 g
Zitronensaft, frisch	20 g	40 g
Mangos, geschält, ohne Stein	160 g	400 g
Mangomark	40 g	100 g
Sesamöl	150 g	60 g
Ahornsirup	25 g	60 g
Limonensaft	15 g	30 g
Limonenraps	2 g	5 g
Salz		
Pfeffer, weiß, aus der Mühle		
Cayenne-Pfeffer, gemahlen		
Koriander, frisch	6 g	15 g
Endivien, gekraust, gerüstet	50 g	120 g

Vorbereitung
- Eigelb, Eiswasser, Weißmehl, Maisstärke und Salz zu einem glatten Teig verrühren.
- Lammhüftli in 4 cm lange und 5 mm breite Streifen schneiden.
- Avocado im 1 cm große Würfel schneiden und mit Zitronensaft beträufeln.
- Mangofruchtfleisch in 1 cm große Würfel schneiden.
- Mangomark, Sesamöl, Ahornsirup, Limonensaft, Limonenraps, Salz, Pfeffer und Cayenne-Pfeffer verrühren.
- Avocado- und Mangowürfel sorgfältig mit der Mangosauce vermischen.
- Koriander waschen, zupfen, trockentupfen und fein hacken.
- Gekrauste Endivien waschen und trockenschleudern.

Zubereitung
- Lammhuftstreifen mit Salz und Pfeffer würzen und mit wenig Weißmehl stäuben.
- Fleisch durch den Tempura-Teig ziehen, leicht abstreifen und im heißen Öl goldgelb frittieren.
- Auf einem Küchenpapier entfetten.

Anrichten
- Gekrauste Endivienblätter in der Tellermitte anrichten.
- Den Mango-Avocado-Salat darauf anrichten.
- Die frittierten Lammhuftstreifen auf dem Salat anrichten und mit gehacktem Koriander bestreuen.

Hinweise für die Praxis
Das Gericht kann mit beliebigen Fleischsorten oder auch mit Fisch zubereitet werden.

GEFLÜGEL

Geräucherte Entenbrust mit Zwergorangen · Magret de canard fumé aux kumquats

Zutaten	4 Pers	10 Pers
Entenbrust, geräuchert	240 g	600 g
Kumquats	160 g	400 g
Weißwein	50 g	120 g
Wasser	50 g	120 g
Weißweinessig	50 g	120 g
Zucker	80 g	200 g
Zimtstängel	0,5	1
Lorbeerblätter		
Gewürznelken		
Ingwer, frisch, geschält	10 g	20 g

Vorbereitung
– Kumquats waschen, längs halbieren und entkernen.
– Ingwer in Brunoise (Würfelchen) schneiden.
– Weißwein, Wasser, Essig und Zucker aufkochen, Zimtstängel, Lorbeer, Gewürznelke(n) und Ingwer beigeben.
– Kumquats beigeben und weich sieden.
– Kumquats herausnehmen und die Kochflüssigkeit auf die Hälfte einkochen lassen (Lorbeer, Gewürznelke[n] und Zimtstängel entfernen).
– Kumquats wieder beigeben und in der Flüssigkeit erkalten lassen.

Zubereitung
– Entenbrust mit der Aufschnittmaschine dünn aufschneiden und kreisförmig auf einem flachen Teller dressieren.
– Kumquat-Kompott in der Tellermitte anrichten.

Lauwarme Entenbrust mit mediterranen Gemüsen
Magret de canard tiède aux légumes méditerranéens

Zutaten	4 Pers	10 Pers
Entenbrust, dressiert	280 g	700 g
Salz		
Pfeffer, weiß, aus der Mühle		
Sonnenblumenöl, high oleic	20 g	50 g

Zutaten Salat	4 Pers	10 Pers
Peperoni, rot, entkernt	50 g	125 g
Peperoni, gelb, entkernt	50 g	125 g
Zucchetti, grün, gerüstet	50 g	125 g
Tomaten, geschält, entkernt	50 g	125 g
Oliven, schwarz, entsteint	30 g	80 g
Zwiebeln, rot, geschält	30 g	80 g
Olivenöl, kaltgepresst	55 g	140 g
Aceto balsamico bianco (weißer Balsamessig)	30 g	70 g
Basilikum, frisch	2 g	5 g
Rucola, gerüstet	10 g	25 g
Salz		
Pfeffer, weiß, aus der Mühle		

Vorbereitung
– Die Fettseite der Entenbrüstchen mit einem scharfen Messer kreuzweise einschneiden.
– Rote und gelbe Peperoni waschen und in gleichmäßige Streifen schneiden.
– Zuchetti waschen und in 5 mm große Würfel schneiden.
– Tomaten in Streifen schneiden.
– Oliven halbieren.
– Zwiebeln in dünne Ringe schneiden.
– Basilikum waschen, zupfen, trockentupfen und grob hacken.
– Rucola waschen und trockenschleudern.

Zubereitung
– Sonnenblumenöl in einer Lyoner Pfanne erhitzen.
– Entenbrust mit Salz und Pfeffer würzen und auf der Fettseite zuerst anbraten.
– Entenbrust rosa braten, herausnehmen und warm stellen.
– Zucchetti und Peperoni im Drucksteamer knackig dämpfen.
– Lauwarmes Gemüse mit Olivenöl und Balsamessig vermischen.
– Tomatenstreifen, Oliven, Zwiebelringe und Basilikum beigeben und mit Salz und Pfeffer würzen.

Anrichten
– Gemüsesalat in der Tellermitte anrichten.
– Entenbrust fächerartig dünn tranchieren und an den Gemüsesalat anrichten.
– Mit Rucola-Blättern ausgarnieren.

Hinweise für die Praxis
Als knusprige Brotbeilagen passen Grissini oder ein lauwarmes, mit Origano gewürztes Pizzabrot.

Perlhuhnkreation (Tiramisu) · Création de pintade (Tiramisù)

Zutaten

	10 Pers
Eigelb, pasteurisiert	50 g
Vollei, pasteurisiert	100 g
Perlhuhnbrust, ohne Haut	100 g
Vollrahm, 35 %	100 g
Geflügelfond, hell (1)	50 g
Salz	
Pfeffer, weiß, aus der Mühle	
Mascarpone	250 g
Gelatine	10 g
Geflügelfond, hell (2)	100 g
Cognac	40 g
Löffelbiskuits, gesalzen	150 g
Eiweiß, pasteurisiert	120 g
Zucker	20 g

Vorbereitung
- Gelatine im kalten Wasser quellen lassen.
- Pastetenform (800 g Inhalt) mit Wasser bepinseln und mit PE-Halbschlauchfolie überlappend auslegen.
- Perlhuhnbrust in 5 mm große Würfel schneiden.
- Vollrahm und Geflügelfond (1) aufkochen, Perlhuhnwürfel beigeben und pochieren.
- Gelatine auspressen, beigeben und auflösen.
- Masse fein mixen, durch ein Tamis (Haarsieb) streichen und mit Salz und Pfeffer abschmecken.
- Perlhuhnpüree mit dem Mascarpone vermischen und glatt rühren.
- Geflügelfond (2) mit dem Cognac mischen.
- Eiweiß mit Zucker zu einem steifen Schnee schlagen.

Zubereitung
- Eigelb und Vollei auf einem Wasserbad zuerst warm und dann kalt schlagen.
- Perlhuhn-Mascarpone-Püree mit der Eigelb-Vollei-Masse sorgfältig vermischen.
- Eischnee vorsichtig unter die Masse melieren.
- Pastetenform mit einer Lage gesalzener Löffelbiskuits auslegen und mit Geflügelfond mit Cognac tränken.
- Eine Lage Perlhuhnmasse einfüllen und glatt streichen.
- Wieder eine Lage Löffelbiskuits einlegen und mit Geflügelfond mit Cognac tränken.
- Restliche Perlhuhnmasse einfüllen und glatt streichen.
- Pastetenform mit der überlappenden Folie abdecken und kühl stellen.

Anrichten
Perlhuhnkreation aus der Form stürzen, mit heißem Messer in Tranchen schneiden und anrichten.

Hinweise für die Praxis
Als Beilage passen ein Salat aus süßsauren Maiskölbchen, ein beliebiger Blattsalat und kaltes Peperoni-Coulis.

Pouletbrustrolle mit Ananasfächer · Roulade de poulet et éventail d'ananas

Zutaten

	4 Pers	10 Pers
Pouletbrüstchen, ohne Haut	250 g	550 g
Eiweiß, pasteurisiert	8 g	20 g
Vollrahm, 35%	60 g	150 g
Salz		
Pfeffer, weiß, aus der Mühle		
Nektarinen, Fruchtfleisch	60 g	150 g
Bündner Fleisch	20 g	50 g
Rohschinken	20 g	50 g
Zucchetti, grün, gerüstet	20 g	50 g
Basilikumblätter, frisch	10 g	20 g
Ananas, frisch, geschält	200 g	500 g
Passionsfrüchte	2	5
Erdbeeren, gerüstet	40 g	100 g
Pfefferminzblätter, frisch	5 g	10 g

Sauce

	4 Pers	10 Pers
Hagebuttensauce	120 g	300 g

Vorbereitung

- Pouletbrust zwischen 2 Plastikfolien ca. 8 mm dünn plattieren.
- Pouletbrust rechteckig zuschneiden und auf ein Stück Alufolie legen.
- Pouletabschnitte (ca. 150 g) in 5 mm große Würfel schneiden und kühl stellen.
- Nektarinenfruchtfleisch in 1 cm breite, regelmäßige Schnitze schneiden; die Enden wegschneiden, damit gleichmäßige Einlagenstücke entstehen.
- Bündner Fleisch und Rohschinken in Brunoise (Würfelchen) schneiden.
- Zucchettirandschichten in Brunoise (Würfelchen) schneiden, kurz blanchieren, abkühlen und auf einem Küchenpapier trockentupfen.
- Basilikumblätter waschen und trockentupfen
- Ananas vierteln, den Strunk entfernen und in sehr dünne Scheiben schneiden.
- Passionsfrüchte waschen und vierteln.
- Erdbeeren halbieren.

Zubereitung

- Pouletbrustwürfel mit Eiweiß, Salz und wenig Vollrahm im Kutter fein pürieren.
- Die Masse durch ein Tamis (Haarsieb) streichen.
- Auf einem Eiswasserbad abrühren und den restlichen Vollrahm daruntermischen.
- Bündner Fleisch, Rohschinken und Zucchetti unter die Farce mischen und abschmecken.
- Die plattierten Pouletbrüstchen würzen, mit wenig Farce bestreichen und mit den Basilikumblättern belegen.
- Die restliche Farce mit einem Dressiersack zur Hälfte aufdressieren.
- Die Nektarinenschnitze bündig aneinander legen und mit der restlichen Farce bedecken.
- Pouletbrust satt in die Alufolie einrollen und die Enden fest eindrehen.
- Im Kombisteamer bei 75 °C bis zu einer Kerntemperatur von 65 °C garen.
- Herausnehmen und auskühlen lassen, zum vollständigen Erkalten in den Kühlschrank stellen.
- Nach dem Erkalten in gleichmäßige Tranchen schneiden.

Anrichten

- Ananas fächerartig auf Teller anrichten.
- Pouletbrusttranchen auf den Ananasscheiben anrichten.
- Mit zwei Passionsfruchtvierteln, den halbierten Erdbeeren und Pfefferminzblättchen garnieren.
- Hagebuttensauce separat dazu servieren.

Poulet-Melonen-Cocktail · Cocktail de poulet et melon

Zutaten	4 Pers	10 Pers
Pouletbrüstchen, ohne Haut	240 g	600 g
Geflügelfond, hell	200 g	500 g
Melonenkugeln	240 g	600 g
Brüsseler Endivien, gerüstet	40 g	100 g
Sauce		
Mayonnaise	20 g	50 g
Quark, mager	60 g	150 g
Pfefferkörner, grün (Konserve), abgetropft	8 g	20 g
Cognac	4 g	10 g
Salz		
Vollrahm, 35 %	20 g	50 g

Vorbereitung
- Pouletbrust im heißen Geflügelfond pochieren und im Fond erkalten lassen.
- Pouletbrust herausnehmen, trockentupfen und in Julienne (Streifen) schneiden.
- Brüsseler Endivien waschen, in die einzelnen Blätter zerlegen und trockenschleudern.
- Vollrahm steif schlagen und kühl stellen.

Zubereitung
- Mayonnaise, Magerquark, Salz, Pfeffer und Cognac verrühren.
- Geschlagenen Vollrahm vorsichtig unterheben.
- Pouletstreifen und Melonenkugeln vorsichtig mit der Sauce mischen.
- In einem Cocktailglas anrichten und mit Blättern der Brüsseler Endivien garnieren.

■ WILD

Hirschmostbröckli-Salat mit Eierschwämmen/Pfifferlingen und Makkaroni
Salade de «Mostbröckli» (viande séchée et fumée) de cerf aux chanterelles et maccaroni

Zutaten	4 Pers	10 Pers
Makkaroni, gekocht	120 g	300 g
Hirschmostbröckli	120 g	300 g
Rosenkohl, frisch, gerüstet	120 g	300 g
Olivenöl	15 g	30 g
Schalotten, geschält	15 g	40 g
Eierschwämme/Pfifferlinge, frisch, gerüstet	80 g	200 g
Zucker	20 g	50 g
Marroni/Esskastanien, ganz, geschält, tiefgekühlt	80 g	200 g
Gemüsefond	60 g	150 g
Aceto balsamico bianco (weißer Balsamessig)	15 g	40 g
Distelöl	15 g	40 g
Salz		
Pfeffer, weiß, aus der Mühle		

Vorbereitung
- Rosenkohl vom Strunk befreien und in die einzelnen Blätter zerteilen.
- Rosenkohlblätter im Salzwasser knackig blanchieren, im Eiswasser abschrecken und abschütten.
- Hirschmostbröckli in Julienne (Streifchen) schneiden.
- Eierschwämme waschen, in gleichmäßige Stücke schneiden und abtropfen lassen.
- Schalotten fein hacken.

Zubereitung
- Schalotten im Olivenöl dünsten.
- Eierschwämme beigeben, mitdünsten und mit Salz und Pfeffer würzen.
- Zucker in einer Kasserolle leicht karamellisieren und die Kastanien beigeben.
- Mit Gemüsefond ablöschen und die Kastanien bissfest kochen.
- Kastanien aus dem Fond nehmen und den Fond etwas einkochen lassen.
- Balsamessig und Distelöl beigeben und mit Salz und Pfeffer würzen.
- Makkaroni, Mostbröckli, Rosenkohlblätter, Eierschwämme und Kastanien mit der Sauce vermengen, abschmecken und anrichten.

Rehfiletroulade mit Pilzsalat und Cumberland-Sauce
Roulade de filet de chevreuil avec salade de champignons et sauce Cumberland

Zutaten	4 Pers	10 Pers
Rehrückenfilet, dressiert	240 g	600 g
Gewürzsalzmischung für Wild	4 g	8 g
Pouletbrüstchen, ohne Haut	40 g	100 g
Eiweiß, pasteurisiert	10 g	20 g
Salz		
Pfeffer, weiß, aus der Mühle		
Vollrahm, 35%	20 g	50 g
Pinienkerne	10 g	20 g
Kürbiskerne, geschält	10 g	20 g
Nektarinen, Fruchtfleisch	15 g	30 g
Orangenraps	0,5 g	1 g
Pfefferminze, frisch	1 g	2 g

Salat

	4 Pers	10 Pers
Steinpilze, frisch, gerüstet	80 g	200 g
Eierschwämme/Pfifferlinge, frisch, gerüstet	80 g	200 g
Champignons, frisch, gerüstet	80 g	200 g
Butter	10 g	40 g
Schalotten, geschält	40 g	100 g
Knoblauch, geschält	5 g	10 g
Weißwein	40 g	100 g
Kräuteressig	20 g	50 g
Haselnussöl	40 g	100 g

Weitere Zutaten

	4 Pers	10 Pers
Pfefferminzblätter, frisch	5 g	10 g

Sauce

	4 Pers	10 Pers
Cumberland-Sauce	120 g	300 g

Vorbereitung

- Rehrückenfilets in zwei gleich lange Stücke schneiden.
- Das dickere Stück quer aufschneiden, jedoch nicht ganz durchtrennen (Schmetterlingsschnitt).
- Zwischen 2 Plastikfolien auf eine Dicke von ca. 5 mm plattieren und auf eine Alufolie legen.
- Das zweite Fleischstück würzen, rundherum rasch ansautieren und auf einem Gitter erkalten lassen.
- Pouletbrust in 5 mm große Würfel schneiden und kühl stellen.
- Pinienkerne in einer antihaftbeschichteten Pfanne rösten und erkalten lassen.
- Kürbiskerne im Salzwasser 5 Minuten kochen, abschütten und auf Küchenpapier trockentupfen.
- Nektarinenfruchtfleisch in Brunoise (Würfelchen) schneiden.
- Pfefferminze waschen, zupfen, trockentupfen und fein hacken.
- Pilze waschen, gut abtropfen lassen und in 1 cm große Würfel schneiden.
- Schalotten fein hacken.
- Knoblauch durch die Knoblauchpresse drücken.
- Pfefferminzblätter für die Garnitur waschen und trockentupfen.

Zubereitung Roulade

- Pouletbrustwürfel mit Eiweiß, Salz und wenig Vollrahm im Kutter fein pürieren.
- Die Masse durch ein Tamis (Haarsieb) streichen.
- Auf einem Eiswasserbad abrühren und den restlichen Vollrahm darunterrühren.
- Pinienkerne, Kürbiskerne, Nektarinen-Brunoise, Orangenraps und Pfefferminze beigeben und mit Salz und Pfeffer abschmecken.
- Das plattierte Rehfleisch würzen, die Farce darauf verteilen und glatt streichen.
- Das ansautierte Rehfilet darauf legen, satt in Alufolie einrollen und die Enden eindrehen.
- Im Kombisteamer bei 75 °C bis zu einer Kerntemperatur von 55 °C garen.
- Herausnehmen und auskühlen lassen, zum vollständigen Erkalten kühl stellen.
- Nach dem Erkalten in gleichmäßige Tranchen schneiden.

Zubereitung Salat

- Butter in einer Bratpfanne erhitzen.
- Schalotten und Knoblauch beigeben und glasig dünsten.
- Pilze beigeben und mitdünsten.
- Mit Weißwein ablöschen und mit Salz und Pfeffer würzen.
- Die Dünstflüssigkeit verdampfen lassen und mit Kräuteressig ablöschen.
- Haselnussöl beigeben und herausnehmen.

Anrichten

- Warmen Pilzsalat auf Teller anrichten.
- Rehfiletrouladen dazulegen und mit Pfefferminzblättern ausgarnieren.
- Cumberland-Sauce in einer Sauciere separat dazu servieren.

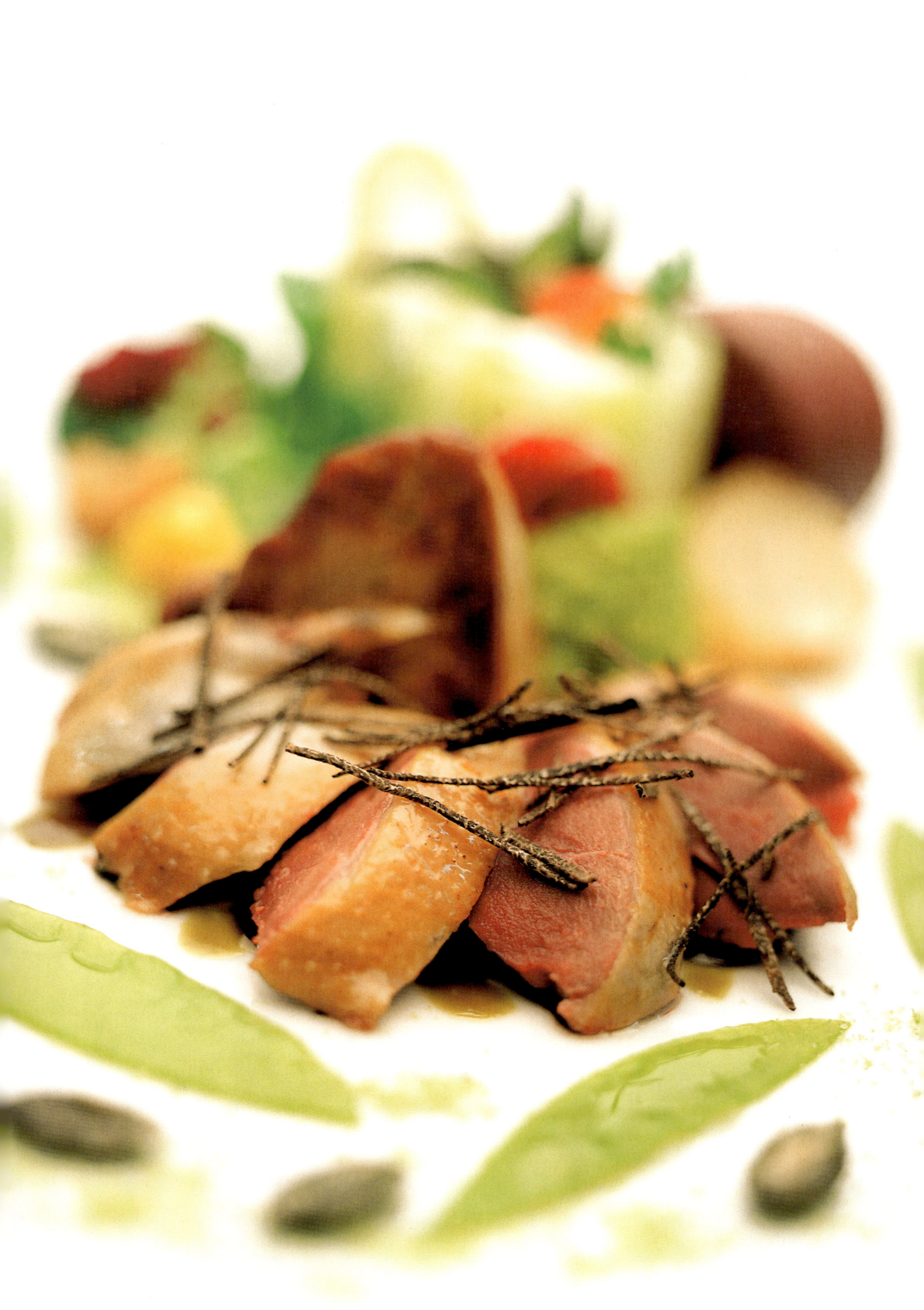

Sautierte Wildentenbrust mit Orangen-Himbeer-Vinaigrette
Magret de canard sauvage sauté et vinaigrette aux framboises et à l'orange

Zutaten	4 Pers	10 Pers
Wildentenbrust, dressiert	400 g	1000 g
Sonnenblumenöl, high oleic	20 g	50 g
Salz	
Pfeffer, weiß, aus der Mühle	

Zutaten Sauce
Orangenfilets | 70 g | 170 g
Himbeeressig | 40 g | 100 g
Distelöl | 60 g | 150 g
Orangensaft, frisch gepresst | 25 g | 60 g
Pfefferkörner, rosa, in Lake | 2 g | 5 g
Salz | |
Pfeffer, weiß, aus der Mühle | |

Weitere Zutaten
Endivien, gekraust, gerüstet | 40 g | 100 g
Chicorée, rot, gerüstet | 40 g | 100 g
Alfalfa-Sprossen | 20 g | 50 g
Blattspinat, frisch, gerüstet | 20 g | 50 g

Vorbereitung
- Wildentenbrust auf der Fettseite leicht einschneiden.
- Himbeeressig, Distelöl, Orangensaft und rote Pfefferkörner mischen und mit Salz und Pfeffer abschmecken.
- Die Orangenfilets halbieren und vorsichtig zur Sauce geben.
- Salate waschen und trockenschleudern.

Zubereitung
- Wildentenbrüste mit Salz und Pfeffer würzen.
- Im heißen Sonnenblumenöl auf der Fettseite zuerst ansautieren, wenden und rosa sautieren.
- Herausnehmen und an der Wärme 5 Minuten abstehen lassen.

Anrichten
- Salatsorten bukettartig auf Teller anrichten.
- Die Wildentenbrust fächerförmig dünn tranchieren und zum Salat anrichten.
- Salatbukett und Wildentenbrust unmittelbar vor dem Servieren mit der Salatsauce beträufeln.

Hinweise für die Praxis
Anstelle von Wildentenbrust eignen sich auch Brüste von hellem und dunklem Mastgeflügel.

Sommerreh-Sashimi mit Wasabi-Creme · Sashimi de chevreuil d'été et crème au wasabi

Zutaten	4 Pers	10 Pers
Rehhuft, dressiert	360 g	800 g
Wasabi-Paste (1)	8 g	20 g
Sojasauce, hell	30 g	120 g
Reiswein, Sake	30 g	70 g
Pfeffer, weiß, aus der Mühle	
Rettich, geschält	40 g	100 g
Karotten, geschält	40 g	100 g
Radieschen, gerüstet	40 g	100 g
Koriander, frisch	6 g	15 g

Wasabi-Creme
Sauerrahm, 35% | 160 g | 400 g
Zitronensaft, frisch | 8 g | 20 g
Zitronenraps | 1 g | 3 g
Wasabi-Paste (2) | 3 g | 8 g
Äpfel, säuerliche Sorte, geschält | 110 g | 270 g
Schalotten, geschält | 15 g | 35 g
Salz | |
Pfeffer, weiß, aus der Mühle | |

Vorbereitung
- Die Rehhuft im Tiefkühler leicht anfrieren lassen.
- Rettich, Karotten und Radieschen in Julienne (Streifchen) schneiden.
- Koriander waschen, zupfen und trockentupfen.
- Äpfel in Brunoise (Würfelchen) schneiden und mit Zitronensaft mischen.
- Schalotten fein hacken.
- Den Sauerrahm mit Wasabi-Paste (2), Zitronensaft und Zitronenraps verrühren.
- Apfelwürfel und gehackte Schalotten unter den Sauerrahm mischen und mit Salz und Pfeffer abschmecken.

Zubereitung
- Wasabi-Paste (1) mit Sojasauce und Reiswein verrühren.
- Angefrorene Rehhuft mit einem scharfen Messer in hauchdünne Tranchen schneiden und direkt auf Teller kreisförmig anrichten.
- Mit einem Pinsel das Fleisch mit der Sojamarinade einstreichen und mit Pfeffer würzen.
- Die Gemüse-Julienne in der Tellermitte anrichten und mit Korianderblättern garnieren.
- Wasabi-Creme in einer Sauciere separat dazu servieren.

Hinweise für die Praxis
Bei der Verwendung von rohem Fleisch für Carpaccio und Sashimi die Hygieneregeln peinlichst beachten und diese Gerichte nur für den unmittelbaren Gebrauch herstellen. Als Alternative kann das rohe Rehfleisch durch ein leicht geräuchertes Stück vom Reh ersetzt werden.

Wildhasen-Kaninchen-Geflügel-Marmor · Marbré de lièvre, lapin et volaille

Zutaten   10 Pers

Hasenrückenfilets, dressiert	300 g
Kaninchenrückenfilets, dressiert	250 g
Salz	
Pfeffer, weiß, aus der Mühle	
Sonnenblumenöl, high oleic	50 g
Pouletbrüstchen, ohne Haut	130 g
Vollrahm, 35%	100 g
Salz	
Pfeffer, weiß, aus der Mühle	
Schweinsnetz	100 g
Basilikum, frisch	10 g
Kidney-Bohnen, gekocht	60 g
Kerbel, frisch	20 g
Petersilie, gekraust, frisch	30 g

Vorbereitung

– Hasen- und Kaninchenfilets mit Salz und Pfeffer würzen.
– Rundherum ansautieren und auf einem Gitter erkalten lassen.
– Schweinsnetz wässern.
– Pouletbrust in 5 mm große Würfel schneiden und kühl stellen.
– Pouletfleisch mit der Hälfte des gekühlten Vollrahms und Salz im Kutter fein pürieren.
– Herausnehmen und durch ein Tamis (Haarsieb) streichen.
– Auf einem Eiswasserbad abrühren, restlichen Vollrahm beigeben und mit Salz und Pfeffer abschmecken.
– Basilikum waschen, zupfen und trockentupfen.
– Kidney-Bohnen abschütten und auf Küchenpapier trockentupfen.
– Kerbel und Petersilie waschen, zupfen, trockentupfen und fein hacken.
– Kidney-Bohnen, wenig Kerbel und Petersilie sorgfältig mit der Farce vermischen.

Zubereitung

– Schweinsnetz trockentupfen und auf Klarsichtfolie auslegen.
– Farce mit einem Dressiersack gleichmäßig auf das Schweinsnetz dressieren.
– Die Basilikumblätter regelmäßig auf die Farce legen.
– Hasen- und Kaninchenfilets auf die Farce legen und mit der restlichen Farce bedecken.
– Marmor straff in die Klarsichtfolie einrollen, anschließend in eine Alufolie satt einrollen.
– Die Enden eindrehen und die Rolle mit einem Zahnstocher in gleichmäßigen Abständen einstechen.
– Im Kombisteamer mit Dampf bei einer Temperatur von 75 °C bis zu einer Kerntemperatur von 70 °C garen.
– Herausnehmen, erkalten lassen und die Klarsichtfolie entfernen.
– Marmor in den gehackten Kräutern wenden und nochmals straff in Klarsichtfolie einrollen.

Hinweise für die Praxis

Marmor mit der Klarsichtfolie mit einem Tranchiermesser schneiden und anschliessend die Folie entfernen (lässt sich mit der Folie besser portionieren).

Kalte Gerichte aus Gemüse, Obst und diverse

Avocadoschaum mit Blutorangen · Mousse d'avocat aux oranges sanguines

Zutaten	4 Pers	10 Pers
Avocados	300 g	750 g
Blutorangenfilets	140 g	350 g
Blutorangensaft	50 g	120 g
Blutorangenzesten	5 g	12 g
Rahmquark	80 g	200 g
Vollrahm, 35%	80 g	200 g
Zitronensaft, frisch	20 g	50 g
Salz		
Pfeffer, weiß, aus der Mühle		

Vorbereitung
- Avocados (Stückgewicht 150 g) waschen, längs halbieren und den Stein entfernen.
- Fruchtfleisch vorsichtig herauslösen, ohne die Schale zu beschädigen.
- Schale für die Weiterverwendung beiseite legen.
- Blutorangenzesten in leichtem Zuckerwasser 2 Minuten kochen und abschütten.
- Vollrahm steif schlagen und kühl stellen.

Zubereitung
- Avocadofruchtfleisch mit Zitronensaft pürieren und durch ein Haarsieb streichen.
- Blutorangensaft unter die Masse rühren.
- Quark und geschlagenen Vollrahm vorsichtig unter die Masse heben.
- Mit Salz und weißem Pfeffer abschmecken.
- Avocadoschaum mit einem Dressiersack in die leeren Avocadoschalen füllen.
- Mit Blutorangenfilets und -zesten garnieren.

Hinweise für die Praxis
Statt Blutorangen können auch Blondorangen oder Grapefruits verwendet werden.

Crostini mit Olivenpaste · Crostini à la pâte d'olives (tapenade)

Zutaten	4 Pers	10 Pers
Champignons, frisch, gerüstet	240 g	600 g
Schalotten, geschält	80 g	200 g
Olivenöl	60 g	150 g
Knoblauch, geschält	8 g	20 g
Oliven, schwarz, entsteint	40 g	100 g
Petersilie, glattblättrig, frisch	5 g	10 g
Salz		
Pfeffer, schwarz, aus der Mühle		
Pariser Brot	120 g	300 g

Vorbereitung
- Champignons waschen und fein hacken.
- Schalotten fein hacken.
- Knoblauch durch die Knoblauchpresse drücken.
- Oliven in kleine Würfel schneiden.
- Petersilie waschen, zupfen, trockentupfen und fein hacken.
- Pariser Brot in 5 mm dicke Scheiben schneiden.

Zubereitung
- Schalotten und Knoblauch im Olivenöl glasig dünsten.
- Champignons beigeben und mitdünsten, bis die Flüssigkeit eingekocht ist.
- Oliven und gehackte Petersilie beigeben, mit Salz und schwarzem Pfeffer abschmecken.
- Brotscheiben unter dem Salamander oder im Backofen goldbraun rösten.
- Brotscheiben mit der Masse bestreichen und sofort servieren.

Hinweise für die Praxis
Die fertigen Crostini können auch mit Parmesan bestreut und unter dem Salamander überbacken werden.

Frische Steinpilze in Olivenöl · Bolets frais à l'huile d'olive

Zutaten	4 Pers	10 Pers
Steinpilze, frisch, gerüstet	320 g	800 g
Zwiebeln, geschält	40 g	100 g
Knoblauch, geschält	6 g	15 g
Olivenöl, kaltgepresst	280 g	700 g
Salz		
Pfeffer, weiß, aus der Mühle		

Vorbereitung
- Steinpilze mit einem Tuch abreiben und in gleichmäßige Scheiben schneiden.
- Zwiebeln in 5 mm dicke Scheiben schneiden.
- Knoblauch in feine Scheibchen schneiden.

Zubereitung
- Steinpilze und Zwiebeln mit wenig Olivenöl bepinseln und grillieren.
- Anschliessend die Pilze mit Salz und Pfeffer würzen.
- Knoblauchscheiben im restlichen Olivenöl in einer Lyoner Pfanne goldgelb rösten.
- Steinpilze, Zwiebeln und Knoblauchscheiben erkalten lassen.
- Steinpilze auf Küchenpapier trockentupfen.
- Pilze, Zwiebeln und Knoblauch in Gläser abfüllen, mit Olivenöl bedecken und verschliessen.
- Abkühlen lassen und im Kühlschrank aufbewahren.

Gefüllte Feigen mit Ziegenfrischkäse · Figues farcies au fromage de chèvre frais

Zutaten	4 Pers	10 Pers
Feigen, blau, frisch	480 g	1200 g
Ziegenfrischkäse	100 g	250 g
Sauerrahm, 35%	120 g	300 g
Knoblauch, geschält	5 g	12 g
Zitronensaft, frisch	25 g	60 g
Zitronenraps	3 g	8 g
Petersilie, glattblättrig, frisch	5 g	15 g
Salz		
Pfeffer, weiß, aus der Mühle		
Weizensprossen	40 g	100 g

Vorbereitung
- Frische Feigen (pro Person 2 Stück à 60 g) waschen und den Stielansatz wegschneiden.
- Knoblauch fein hacken.
- Petersilie waschen, zupfen, trockentupfen und in feine Streifen schneiden.
- Weizensprossen waschen und abtropfen lassen.

Zubereitung
- Ziegenfrischkäse durch ein Sieb streichen und mit Sauerrahm glatt rühren.
- Knoblauch, Zitronensaft, Zitronenraps und Petersilie beigeben und mit Salz und Pfeffer abschmecken.
- Masse in einen Dressiersack mit Sterntülle füllen.

Anrichten
- Weizensprossen in der Tellermitte anrichten.
- Mit der Frischkäsemasse eine Rosette dressieren.
- Feigen in Schnitze schneiden und sternförmig anrichten.

Hinweise für die Praxis
Je nach Konsistenz des Ziegenfrischkäses muss die Zugabe von Sauerrahm erhöht oder reduziert werden.

Gemüse-Cocktail mit Sesam · Cocktail de légumes au sésame

Zutaten	4 Pers	10 Pers
Spargeln, grün, geschält	100 g	250 g
Blumenkohl, gerüstet	50 g	125 g
Zucchetti, gelb, gerüstet	60 g	150 g
Peperoni, rot, entkernt	30 g	80 g
Sonnenblumenöl, high oleic	20 g	50 g
Salz		
Pfeffer, weiß, aus der Mühle		
Grapefruitfilets, rosa	160 g	400 g

Sauce

Zucker	10 g	40 g
Salz	4 g	10 g
Sojasauce, hell	6 g	15 g
Reisessig	6 g	15 g
Gemüsefond	30 g	80 g
Reiswein, Sake	10 g	25 g
Pfeffer, weiß, aus der Mühle		
Quark, mager	60 g	150 g

Weitere Zutaten

Sesamkörner	25 g	60 g

Vorbereitung

- Spargeln leicht schräg in 1 cm lange Stücke schneiden, kurz im Salzwasser blanchieren, abschrecken und abschütten.
- Blumenkohl waschen und in kleine, mundgerechte Röschen zerteilen, kurz im Salzwasser blanchieren, abschrecken und abschütten.
- Zucchetti und Peperoni in 1 cm grosse Würfel schneiden.
- Sesamkörner im Wok oder in einer antihaftbeschichteten Pfanne trocken goldgelb rösten.

Zubereitung

- Saucenzutaten (außer Magerquark) im Mixer vermengen.
- Anschließend den Magerquark untermischen.
- Sonnenblumenöl im Wok erhitzen.
- Gemüse im Wok knackig dünsten, mit Salz und Pfeffer würzen, herausnehmen und auskühlen lassen.
- Die Hälfte der Grapefruitfilets vorsichtig daruntermischen.
- Die Gemüse in einem Cocktailglas anrichten und mit wenig Sauce übergießen.
- Mit den restlichen Grapefruitfilets ausgarnieren und mit geröstetem Sesam bestreuen.

Hinweise für die Praxis
Die Gemüsezutaten können je nach Saison angepasst werden.

Getrocknete-Tomaten-Tatar auf Pariser Brot · Tartare de tomates séchées sur baguette

Zutaten	4 Pers	10 Pers
Tomaten, getrocknet, in Öl, abgetropft	160 g	400 g
Schalotten, geschält	30 g	80 g
Essiggurken, abgetropft	20 g	50 g
Cornichons, abgetropft	15 g	40 g
Oliven, grün, entsteint	5 g	10 g
Kapern, abgetropft	10 g	30 g
Tomaten-Ketchup	40 g	100 g
Dijon-Senf	10 g	20 g
Eigelb, pasteurisiert	25 g	60 g
Cognac	15 g	40 g
Sherry-Essig	15 g	40 g
Paprika, delikatess	1 g	2 g
Pfeffer, weiß, aus der Mühle		
Tabasco, rot		
Pariser Brot	200 g	500 g
Sardellenfilets, abgetropft	40 g	100 g
Dillzweigspitzen	2 g	5 g

Vorbereitung

- Getrocknete Tomaten im Kutter mittelfein hacken (evtl. vorher kurz wässern, wenn sie zu salzig sind).
- Schalotten, Essiggurken, Cornichons, Oliven und Kapern mit dem Gemüsemesser fein hacken.
- Dill waschen und trockentupfen.

Zubereitung

- Tomaten-Ketchup, Dijon-Senf, Eigelb, Cognac, Sherry-Essig und Paprika verrühren.
- Gehackte Tomaten und restliche gehackte Zutaten beigeben und verrühren.
- Mit Pfeffer und Tabasco abschmecken.
- Pariser Brot in ca. 8 mm dicke Scheiben schneiden und toasten.
- Tomatentatar auf die Brotscheiben streichen, mit Sardellenfilet und Dillzweig garnieren.
- Sofort servieren.

Hinweise für die Praxis
Eignet sich sehr gut als Aperitifbeigabe.

Grillierte Steinpilze mit Basilikumpesto und Parma-Schinken
Bolets grillés avec pesto au basilic et jambon de Parme

Zutaten	4 Pers	10 Pers
Steinpilze, frisch, gerüstet	320 g	800 g
Olivenöl		
Salz		
Pfeffer, weiß, aus der Mühle		
Basilikumpesto	15 g	40 g
Sherry-Essig	40 g	100 g
Parma-Schinken	50 g	120 g
Alfalfa-Sprossen	40 g	100 g

Vorbereitung
- Steinpilze mit einem Tuch abreiben und längs in 5 mm dicke Scheiben schneiden.
- Parma-Schinken in Julienne (Streifchen) schneiden.
- Alfalfa-Sprossen waschen und abtropfen lassen.

Zubereitung
- Steinpilze mit Olivenöl bepinseln, auf einem heißen Grill beidseitig grillieren und mit Salz und Pfeffer würzen.
- Basilikumpesto mit Sherry-Essig verrühren.

Anrichten
- Teller mit wenig Basilikumpesto und Sherry-Essig beträufeln.
- Die grillierten Steinpilze anrichten und mit Parma-Schinken und Alfalfa-Sprossen bestreuen.
- Mit der restlichen Sauce beträufeln und lauwarm servieren.

Hummus (arabisches Kichererbsenpüree) · Houmous (purée de pois chiches arabe)

Zutaten	4 Pers	10 Pers
Kichererbsen, getrocknet	80 g	200 g
Sesampaste	30 g	70 g
Meersalz, grob	4 g	10 g
Paprika, delikatess	2 g	5 g
Knoblauch, geschält	10 g	25 g
Limonensaft	10 g	20 g
Olivenöl, kaltgepresst	60 g	150 g
Sesamöl, fermentiert	15 g	40 g
Kreuzkümmel, gemahlen		
Sumach-Pulver		
Pfeffer, weiß, aus der Mühle		

Vorbereitung
- Kichererbsen im kalten Wasser quellen lassen.
- Knoblauch durch die Knoblauchpresse drücken.

Zubereitung
- Kichererbsen im Einweichwasser zugedeckt weich sieden, gelegentlich abschäumen.
- Kichererbsen herausnehmen und mit 200 g Kochwasser, Sesampaste, Meersalz und Paprika fein pürieren.
- Masse durch ein Tamis (Haarsieb) streichen.
- Knoblauch und Limonensaft beigeben.
- Olivenöl und Sesamöl in feinem Faden unter ständigem Rühren beigeben.
- Mit Kreuzkümmel, Sumach-Pulver (Frucht des Färberbaums) und weißem Pfeffer abschmecken.

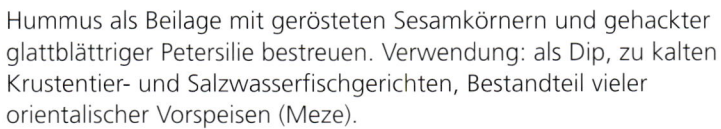

Hinweise für die Praxis
Hummus als Beilage mit gerösteten Sesamkörnern und gehackter glattblättriger Petersilie bestreuen. Verwendung: als Dip, zu kalten Krustentier- und Salzwasserfischgerichten, Bestandteil vieler orientalischer Vorspeisen (Meze).

Marinierte Gemüsescheiben mit geräuchertem Tempeh
Lanières de légumes marinés et tempeh fumé

Zutaten	4 Pers	10 Pers
Gurken, gerüstet	60 g	150 g
Zucchetti, grün, gerüstet	60 g	150 g
Fenchel, gerüstet	60 g	150 g
Moschuskürbis, geschält, entkernt	60 g	150 g
Peperoni, rot, entkernt	40 g	100 g
Parmesan, am Stück	60 g	150 g
Petersilie, gekraust, frisch	8 g	20 g
Tempeh, geräuchert	180 g	450 g
Sauce		
Zitronensaft, frisch	35 g	90 g
Aceto balsamico bianco (weißer Balsamessig)	10 g	30 g
Olivenöl, kaltgepresst	50 g	120 g
Salz		
Pfeffer, weiß, aus der Mühle		
Zucker		

Vorbereitung
- Alle Gemüse in hauchdünne Scheiben schneiden.
- Petersilie waschen, zupfen, trockentupfen und fein hacken.
- Parmesankäse fein hobeln.
- Tempeh in dünne Scheiben schneiden.

Zubereitung
- Zitronensaft, Balsamessig, Salz, Pfeffer und Zucker verrühren und das Olivenöl beigeben.
- Die Gemüse mit der Salatsauce vermischen und auf einem flachen Blech eine halbe Stunde marinieren.

Anrichten
- Marinierte Gemüse und geräuchertes Tempeh auf Teller anrichten.
- Mit dem gehobelten Parmesan und der gehackten Petersilie bestreuen.

Marinierter Tofu mit Gemüsetatar · Tofu mariné et tartare de légumes

Zutaten	4 Pers	10 Pers
Schalotten, geschält	20 g	50 g
Olivenöl, kaltgepresst	20 g	50 g
Gurken, gerüstet	20 g	50 g
Karotten, geschält	25 g	60 g
Peperoni, gelb, entkernt	20 g	50 g
Champignons, frisch, gerüstet	50 g	120 g
Kapern, abgetropft	10 g	20 g
Petersilie, glattblättrig, frisch	4 g	10 g
Eier, gekocht	50 g	120 g
Tofu, geräuchert	320 g	800 g
Chilisauce, süß	60 g	150 g
Zwiebelsprossen	20 g	50 g
Sauce		
Zitronensaft, frisch	15 g	40 g
Aceto balsamico bianco (weißer Balsamessig)	10 g	20 g
Gemüsefond	10 g	20 g
Sojasauce, gesalzen	4 g	10 g
Olivenöl, kaltgepresst	60 g	150 g
Zucker		
Salz		
Pfeffer, weiß, aus der Mühle		

Vorbereitung
- Schalotten fein hacken.
- Gurken, Karotten, Peperoni und Champignons in Brunoise (Würfelchen) schneiden.
- Kapern fein hacken.
- Petersilie waschen, zupfen, trockentupfen und fein hacken.
- Gekochte Eier schälen und mit dem Eischneider in Würfel schneiden.
- Zwiebelsprossen waschen und abtropfen lassen.
- Saucenzutaten zu einer Salatsauce verrühren.

Zubereitung
- Schalotten im Olivenöl andünsten.
- Gemüse-Brunoise beigeben und knackig dünsten.
- Gehackte Kapern und Petersilie beigeben und mit Salz und Pfeffer abschmecken.
- Die Sauce beigeben und vermischen, erkalten lassen und die Eierwürfel beigeben.
- Tofu mit der Aufschnittmaschine in dünne Scheiben schneiden.

Anrichten
- Ausstechring in die Tellermitte setzen und das Gemüsetatar einfüllen, Ring entfernen.
- Tofuscheiben kreisförmig anrichten und mit süßer Chilisauce bestreichen.
- Zwiebelsprossen auf das Gemüsetatar anrichten.

Melonentrio mit Zander und Papaya-Chutney · Trio de melons au sandre et chutney de papayes

Zutaten

	4 Pers	10 Pers
Cavaillon-Melone	240 g	600 g
Galia-Melone, Fruchtfleisch	240 g	600 g
Wassermelone	300 g	800 g
Erdbeeren, gerüstet	40 g	100 g
Kirschen	40 g	100 g
Zanderfilets, mit Haut, pariert	200 g	500 g
Salz		
Pfeffer, weiß, aus der Mühle		
Weißmehl	20 g	50 g
Eiweiß, frisch	50 g	20 g
Sesamkörner	20 g	40 g
Pinienkerne	20 g	40 g
Schnittlauch, frisch	5 g	10 g
Olivenöl	30 g	80 g

Chutney

	4 Pers	10 Pers
Zucker	30 g	80 g
Weißwein	30 g	75 g
Limonensaft	10 g	30 g
Limonenraps	2 g	5 g
Weißweinessig	20 g	50 g
Papaya, Fruchtfleisch	80 g	200 g
Quittengelee	25 g	60 g
Cayenne-Pfeffer, gemahlen		

Vorbereitung

– Cavaillon-Melonen in Schiffchen schneiden und diese halbieren (pro Person ½ Schiffchen).
– Die halben Schiffchen der Cavaillon-Melonen aus der Schale schneiden und längs 5 Einschnitte machen, damit ein Fächer entsteht.
– Auf jeden Fächer mit einem Zahnstocher eine Kirsche aufstecken.
– Galia-Melone ebenfalls in Schiffchen schneiden und diese halbieren (pro Person ½ Schiffchen).
– Mit einem Zahnstocher je eine halbe Erdbeere aufstecken.
– Wassermelone in 7 cm breite Keile schneiden und anschließend in 2 cm dicke Stücke schneiden.
– Die Schale wegschneiden, sodass ein hohes Dreieck entsteht.
– Die Zanderfilets in gleichmäßige Stücke à 50 g pro Person schneiden.
– Pinienkerne fein hacken.
– Schnittlauch fein schneiden.
– Sesamkörner, gehackte Pinienkerne und Schnittlauch vermischen.
– Papaya-Fruchtfleisch in 8 mm große Würfel schneiden.

Zubereitung Chutney

– Zucker in einer Sauteuse zu hellem Karamelll schmelzen und mit Weißwein ablöschen.
– Den hellen Karamell auflösen, anschließend Limettensaft, Limettenraps und Essig beigeben und aufkochen.
– Papaya-Würfel, Quittengelee und Cayenne-Pfeffer beigeben und aufkochen.
– So lange kochen, bis die Papayas weich sind (wie beim Konfitürekochen eine Tropfenprobe auf einem Teller machen).
– Sobald die Flüssigkeit die richtige Konsistenz hat, abkühlen lassen.

Zubereitung Gericht

– Zanderstücke mit Salz und Pfeffer würzen.
– Die Innenseite der Zanderstücke leicht mehlen und mit Eiweiß befeuchten.
– Mit der Sesam-Pinien-Schnittlauch-Mischung einseitig panieren und leicht andrücken.
– Im Olivenöl goldgelb braten und auf Küchenpapier entfetten.

Anrichten

– Melonentrio gruppenartig auf Teller anrichten.
– Gebratene Zanderstücke dazu anrichten.
– Wenig Papaya-Chutney (ca. 30 g pro Person) neben dem Fisch anrichten.

Parmesan-Espuma · Espuma de parmesan

Zutaten
	1 Liter
Vollmilch	600 g
Rosmarin, frisch	5 g
Parmesan, gerieben	200 g
Mascarpone	200 g
Gelatine	6 g
Meersalz, grob	10 g
Pfeffer, weiß, aus der Mühle	
Muskatnuss, gemahlen	

Vorbereitung
- Rosmarin waschen und trockentupfen.
- Gelatine im kalten Wasser quellen lassen.

Zubereitung
- Vollmilch aufkochen, Rosmarin beigeben und 5 Minuten ziehen lassen, anschließend entfernen.
- Parmesan auf kleiner Flamme unter ständigem Rühren in der Vollmilch auflösen.
- Mascarpone beigeben.
- Ausgepresste Gelatine und Meersalz beigeben und auflösen.
- Mit weißem Pfeffer und Muskatnuss abschmecken.
- Flüssigkeit durch ein Haarsieb passieren und in den iSi-Profi-Whip-Behälter einfüllen.
- Zuerst eine Gaspatrone aufschrauben und gut schütteln.
- Anschließend eine zweite Gaspatrone aufschrauben und erneut schütteln.
- Mindestens 6 Stunden im Kühlschrank kalt stellen.

Hinweise für die Praxis
Es ist von Vorteil, das Espuma bereits am Vortag herzustellen und im Kühlschrank kalt zu stellen. Nach jeder aufgeschraubten Gaspatrone den Bläser gut durchschütteln. Nur für den A-la-minute-Gebrauch geeignet, da die Masse zerläuft.

Pilzcocktail · Cocktail de champignons

Zutaten
	4 Pers	10 Pers
Champignons, braun, frisch	110 g	270 g
Eierschwämme/Pfifferlinge, frisch, gerüstet	110 g	270 g
Maronenröhrlinge, gerüstet	110 g	270 g
Schalotten, geschält	30 g	70 g
Knoblauch, geschält	3 g	6 g
Meerrettich, frisch, geschält	8 g	20 g
Eier, gekocht	100 g	250 g
Olivenöl, kaltgepresst	60 g	150 g
Kräuteressig	30 g	70 g
Petersilie, gekraust, frisch	8 g	20 g
Salz		
Pfeffer, weiß, aus der Mühle		
Gartenkresse, gerüstet	120 g	300 g

Vorbereitung
- Pilze waschen, in gleichmäßige Stücke schneiden und gut abtropfen lassen.
- Schalotten fein hacken.
- Frühlingszwiebeln waschen.
- Frühlingszwiebelknollen fein hacken, die grünen Stängel in 5 mm dicke Rondellen schneiden.
- Knoblauch durch die Knoblauchpresse drücken.
- Meerrettich fein reiben.
- Eier schälen und mit dem Eierschneider in Scheiben schneiden.
- Petersilie waschen, zupfen, trockentupfen und fein hacken.
- Gartenkresse waschen und trockenschleudern.

Zubereitung
- Schalotten und Knoblauch in wenig Olivenöl andünsten.
- Pilze und Frühlingszwiebeln beigeben und dünsten.
- Meerrettich beigeben und mit Salz und Pfeffer aus der Mühle würzen.
- Zutaten in eine Schüssel geben und im lauwarmen Zustand Essig, Petersilie und das restliche Olivenöl beigeben und abschmecken.

Anrichten
- Cocktailgläser mit Gartenkresse belegen und die Eischeiben darauf verteilen.
- Lauwarme Pilze beigeben und mit wenig Sauce begießen und servieren.

Tzaziki · Tzaziki

Zutaten

	4 Pers	10 Pers
Vollmilchjoghurt, nature	400 g	1000 g
Gurken, geschält	120 g	300 g
Meersalz, fein		
Pfeffer, weiß, aus der Mühle		
Knoblauch, geschält	20 g	50 g
Olivenöl, kaltgepresst	20 g	50 g

Vorbereitung
- Vollmilchjoghurt über Nacht in einem Kaffeefilter abtropfen lassen (50% Flüssigkeitsverlust).
- Gurke auf einer Bircherraffel reiben und gut auspressen.
- Knoblauch durch die Knoblauchpresse drücken.

Zubereitung
- Abgetropftes Vollmilchjoghurt in eine Schüssel geben.
- Geriebene Gurken, Knoblauch und Olivenöl beigeben und verrühren.
- Mit Meersalz und weißem Pfeffer abschmecken.

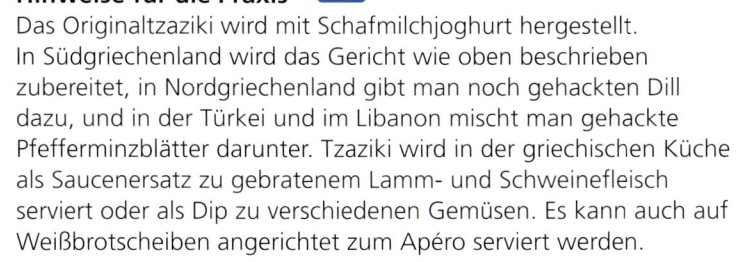

Hinweise für die Praxis
Das Originaltzaziki wird mit Schafmilchjoghurt hergestellt. In Südgriechenland wird das Gericht wie oben beschrieben zubereitet, in Nordgriechenland gibt man noch gehackten Dill dazu, und in der Türkei und im Libanon mischt man gehackte Pfefferminzblätter darunter. Tzaziki wird in der griechischen Küche als Saucenersatz zu gebratenem Lamm- und Schweinefleisch serviert oder als Dip zu verschiedenen Gemüsen. Es kann auch auf Weißbrotscheiben angerichtet zum Apéro serviert werden.

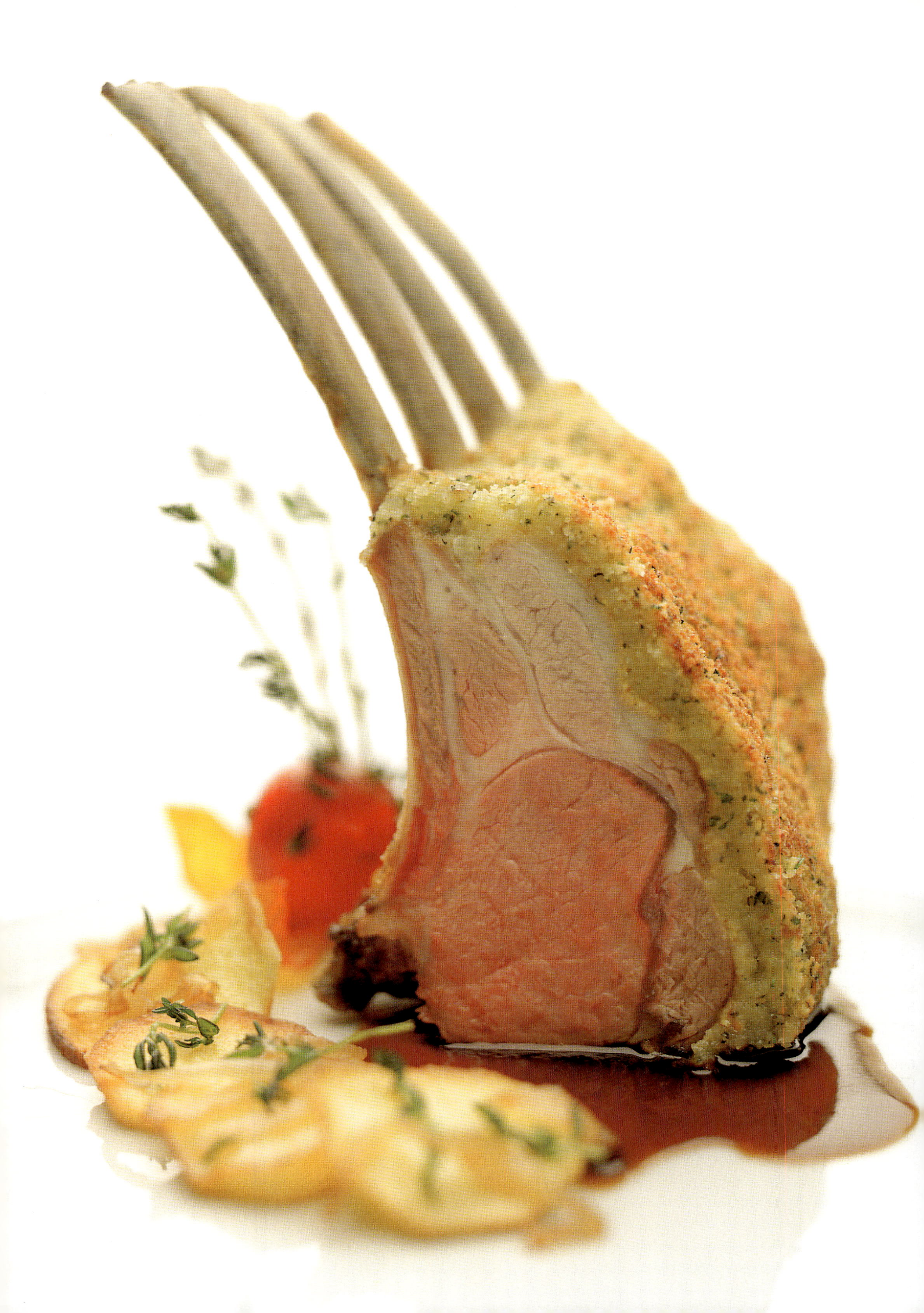

Warme Küche

336	**Warme Snacks**	642	**Wildgerichte**
336	Gebackene Snacks aus Teig	665	**Gerichte aus exotischen Tieren**
351	Frittierte Snacks	669	**Nationalgerichte**
363	Diverse Snacks	680	**Fischgerichte**
376	**Eiergerichte**	680	Garmethode Pochieren im Sud
380	**Käsegerichte**	682	Garmethode Pochieren im Fond
389	**Gemüse- und Pilzgerichte**	702	Garmethode Sautieren
389	Garmethode Sieden	715	Garmethode Frittieren
392	Garmethode Dämpfen/Garen im Vakuum	719	Garmethode Grillieren
395	Garmethode Schmoren	724	Garmethode Backen im Ofen/Garen im Heißrauch/ Garen im Dampf/Garen in einer Hülle
399	Garmethode Dünsten/Glasieren		
409	Garmethode Gratinieren	728	Garmethode Schmoren
411	Garmethode Frittieren	730	**Gerichte aus Krustentieren und Weichtieren**
416	Garmethode Sautieren		
421	Garmethode Grillieren		
424	Gefüllte Gemüse		
434	**Kartoffelgerichte**		
434	Garmethode Sieden/Dämpfen		
436	Garmethode Schmoren		
439	Garmethode Backen im Ofen		
444	Garmethode Braten		
446	Garmethode Sautieren		
449	Garmethode Frittieren		
457	Diverse Gerichte von Kartoffeln und Süßkartoffeln		
468	**Gerichte aus Getreide**		
468	Teigwaren		
481	Teiggerichte		
501	Reis-, Mais- und Weizengerichte		
514	Vollwert-Getreidegerichte und diverse		
520	**Gerichte aus Schlachtfleisch**		
520	Garmethode Sautieren		
540	Garmethode Grillieren		
544	Garmethode Braten		
551	Garen bei Niedertemperatur		
554	Garmethode Poelieren		
556	Garmethode Backen im Ofen		
565	Garmethode Schmoren/Glasieren		
587	Garmethode Dünsten		
594	Garmethode Pochieren/Garen im Dampf/Garen im Vakuum		
600	Garmethode Sieden		
610	**Geflügelgerichte**		

Warme Snacks

■ GEBACKENE SNACKS AUS TEIG

Blätterteigkissen mit Spargelfüllung · Feuilletés aux asperges

Teig	4 Pers	10 Pers
Blätterteig	240 g	600 g
Vollei, pasteurisiert	20 g	50 g
Füllung		
Spargeln, grün, geschält	150 g	375 g
Spargeln, weiß, geschält	150 g	375 g
Schalotten, geschält	30 g	75 g
Butter	30 g	75 g
Weißmehl	15 g	40 g
Spargelfond	200 g	500 g
Vollrahm, 35%	50 g	125 g
Halbrahm, sauer, 25%	50 g	150 g
Schnittlauch, frisch	4 g	10 g
Salz		
Pfeffer, weiß, aus der Mühle		
Weitere Zutaten		
Butter	10 g	20 g
Kerbel, frisch	2 g	5 g

Vorbereitung
– Blätterteig ca. 4 mm dick auswallen.
– In Quadrate von 8 × 8 cm schneiden (pro Person 1 Quadrat) und kühl stellen.
– Auf ein mit Backtrennpapier ausgelegtes Backblech legen und mit Ei bepinseln.
– Im Backofen bei 200 °C ca. 15 Minuten backen.
– Grüne Spargeln in Salzwasser knackig kochen, in Eiswasser abschrecken und abtropfen lassen.
– Weiße Spargeln in Salzwasser knackig kochen und im Fond auskühlen lassen.
– Grüne und weiße Spargeln in 1,5 cm lange Stücke schneiden.
– Den Fond der weißen Spargeln durch ein Sieb passieren und auf die rezeptierte Menge einkochen.
– Schalotten fein hacken.
– Schnittlauch fein schneiden, Kerbel waschen und zupfen.

Zubereitung Füllung
– Schalotten in Butter andünsten.
– Mit Weißmehl stäuben, kurz andünsten und erkalten lassen.
– Mit dem heißen Spargelfond auffüllen.
– Sauce aufkochen, Vollrahm beigeben und etwas einreduzieren lassen.
– Sauren Halbrahm und Spargelstücke zugeben und nochmals kurz erhitzen.
– Schnittlauch beigeben und abschmecken.

Zubereitung Gericht
– Vom warmen Blätterteigkissen vorsichtig den Deckel wegschneiden.
– Unterseite des Blätterteigkissens auf Teller anrichten und mit Spargelragout füllen.
– Deckel leicht schräg aufsetzen, mit flüssiger Butter bestreichen und mit Kerbel garnieren.

Hinweise für die Praxis
Als Garnitur können auch kurz geschnittene Spargelspitzen verwendet werden. Blätterteigkissen können mit beliebigen Füllungen hergestellt werden (Pilz-, Krebs-, Meeresfrüchtefüllung).

Blätterteigkrapfen mit Meeresfrüchten · Rissoles aux fruits de mer

Teig	4 Pers	10 Pers
Halbblätterteig	320 g	800 g
Vollei, frisch	20 g	50 g

Zutaten		
Butter	8 g	20 g
Schalotten, geschält	8 g	20 g
Champignons, frisch, gerüstet	80 g	200 g
Weißwein	40 g	100 g
Fischfond	120 g	300 g
Miesmuscheln, frisch, in Schale, geputzt	200 g	500 g
Seeteufelfilet, pariert	120 g	300 g
Krevetten, gekocht, geschält, in Lake	40 g	100 g
Fischrahmsauce	80 g	200 g
Vollrahm, 35%	40 g	100 g
Zitronensaft, frisch		
Salz		
Pfeffer, weiß, aus der Mühle		

Vorbereitung
- Halbblätterteig auswallen, runde Plätzchen von 14 cm Durchmesser ausstechen und kühl stellen.
- Schalotten fein hacken.
- Champignons waschen, gut abtropfen lassen und vierteln.
- Miesmuscheln von den Byssusfäden befreien, gründlich reinigen, dünsten und aus den Schalen lösen.
- Seeteufelfilet in 1 cm große Würfel schneiden.

Zubereitung Füllung
- Schalotten in Butter andünsten, Champignons beigeben und mitdünsten.
- Mit Weißwein und Fischfond auffüllen und aufkochen.
- Fischwürfel pochieren, Muscheln und Krevetten am Schluss beigeben.
- In ein Sieb schütten, den Fond auffangen und durch ein Drahtspitzsieb passieren.
- Fond zu sirupartiger Konsistenz einkochen und zur Fischrahmsauce geben.
- Vollrahm beigeben und die Sauce dickflüssig einkochen.
- Mit Zitronensaft, Salz und Pfeffer abschmecken.
- Meeresfrüchte auf Küchenpapier gut abtropfen lassen, mit der Sauce mischen und erkalten lassen.

Zubereitung Gericht
- Ränder der Blätterteigplätzchen mit Ei bepinseln.
- Füllung auf eine Teighälfte verteilen, dabei einen Rand frei lassen.
- Unbelegten Teig über die Füllung schlagen.
- Ränder mit einer Gabel leicht andrücken.
- Krapfen mit Ei bepinseln und mit einer Gabel einstechen.
- Im Backofen bei 200 °C während 20–25 Minuten backen.

Blätterteigkrapfen mit Pilzfüllung · Rissoles forestière

Teig	4 Pers	10 Pers
Blätterteig	320 g	800 g
Vollei, frisch	20 g	50 g

Füllung		
Olivenöl	10 g	25 g
Schalotten, geschält	20 g	50 g
Champignons, frisch, gerüstet	80 g	200 g
Eierschwämme/Pfifferlinge, frisch, gerüstet	80 g	200 g
Steinpilze, frisch, gerüstet	80 g	200 g
Weißwein	40 g	100 g
Vollrahm, 35%	40 g	100 g
Petersilie, gekraust, frisch	6 g	15 g
Basilikum, frisch	4 g	10 g
Salz		
Pfeffer, weiß, aus der Mühle		

Vorbereitung
- Blätterteig auswallen, runde Plätzchen von 14 cm Durchmesser ausstechen und kühl stellen.
- Schalotten fein hacken.
- Champignons und Eierschwämme waschen und gut abtropfen lassen.
- Steinpilze mit einem Tuch abreiben.
- Alle Pilze in kleine, gleichmäßige Würfel schneiden.
- Petersilie und Basilikum waschen, zupfen, trockentupfen und fein hacken.

Zubereitung Füllung
- Schalotten in Olivenöl andünsten, Pilze beigeben und mitdünsten.
- Mit Weißwein ablöschen, mit Salz und Pfeffer würzen.
- Flüssigkeit vollständig einreduzieren.
- Vollrahm beigeben und nochmals gut einkochen lassen.
- Gehackte Kräuter beigeben und abschmecken.
- Pilzfüllung auskühlen lassen.

Zubereitung Gericht
- Ränder der Blätterteigplätzchen mit Ei bepinseln.
- Füllung auf eine Teighälfte verteilen, dabei einen Rand frei lassen.
- Unbelegten Teig über die Füllung schlagen.
- Ränder mit einer Gabel leicht andrücken.
- Krapfen mit Ei bepinseln und mit einer Gabel einstechen.
- Im Backofen bei 200 °C während ca. 15 Minuten backen.

Hinweise für die Praxis
Es können auch andere Speisepilze und Kräuter verwendet werden.

Blätterteigkrapfen mit Wildfüllung · Rissoles au salpicon de gibier

Teig	4 Pers	10 Pers
Halbblätterteig	320 g	800 g
Vollei, frisch	20 g	50 g

Zutaten		
Sonnenblumenöl, high oleic	10 g	20 g
Rehschulter ohne Knochen, dressiert	240 g	600 g
Schalotten, geschält	10 g	20 g
Champignons, frisch, gerüstet	80 g	200 g
Cognac	10 g	20 g
Wildfond	120 g	300 g
Stärkemehl	8 g	20 g
Petersilie, gekraust, frisch	4 g	10 g
Salz		
Pfeffer, weiß, aus der Mühle		

Vorbereitung
- Teig auswallen, runde Plätzchen von 14 cm Durchmesser ausstechen und kühl stellen.
- Wildfond etwas einkochen lassen und mit Stärkemehl binden.
- Rehschulter in 8 mm große Würfel schneiden.
- Schalotten fein hacken.
- Champignons waschen und in 5 mm große Würfel schneiden.
- Petersilie waschen, zupfen, trockentupfen und fein hacken.

Zubereitung Füllung
- Rehwürfel im Sonnenblumenöl ansautieren
- Schalotten und Champignons beigeben und dünsten.
- Mit Cognac ablöschen und den eingekochten Wildfond beigeben.
- Fleisch weich garen und die Sauce gleichzeitig stark einkochen lassen.
- Wenn nötig mit Stärkemehl nachbinden, mit Salz und Pfeffer würzen.
- Gehackte Petersilie beigeben und die Füllung auskühlen lassen.

Zubereitung Gericht
- Ränder der Blätterteigplätzchen mit Ei bepinseln.
- Füllung auf eine Teighälfte verteilen, dabei einen Rand frei lassen.
- Unbelegten Teig über die Füllung schlagen.
- Ränder mit einer Gabel leicht andrücken.
- Krapfen mit Ei bepinseln und mit einer Gabel einstechen.
- Im Backofen bei 200 °C 20–25 Minuten backen.

Hinweise für die Praxis
Statt Champignons können auch andere Pilze verwendet werden.

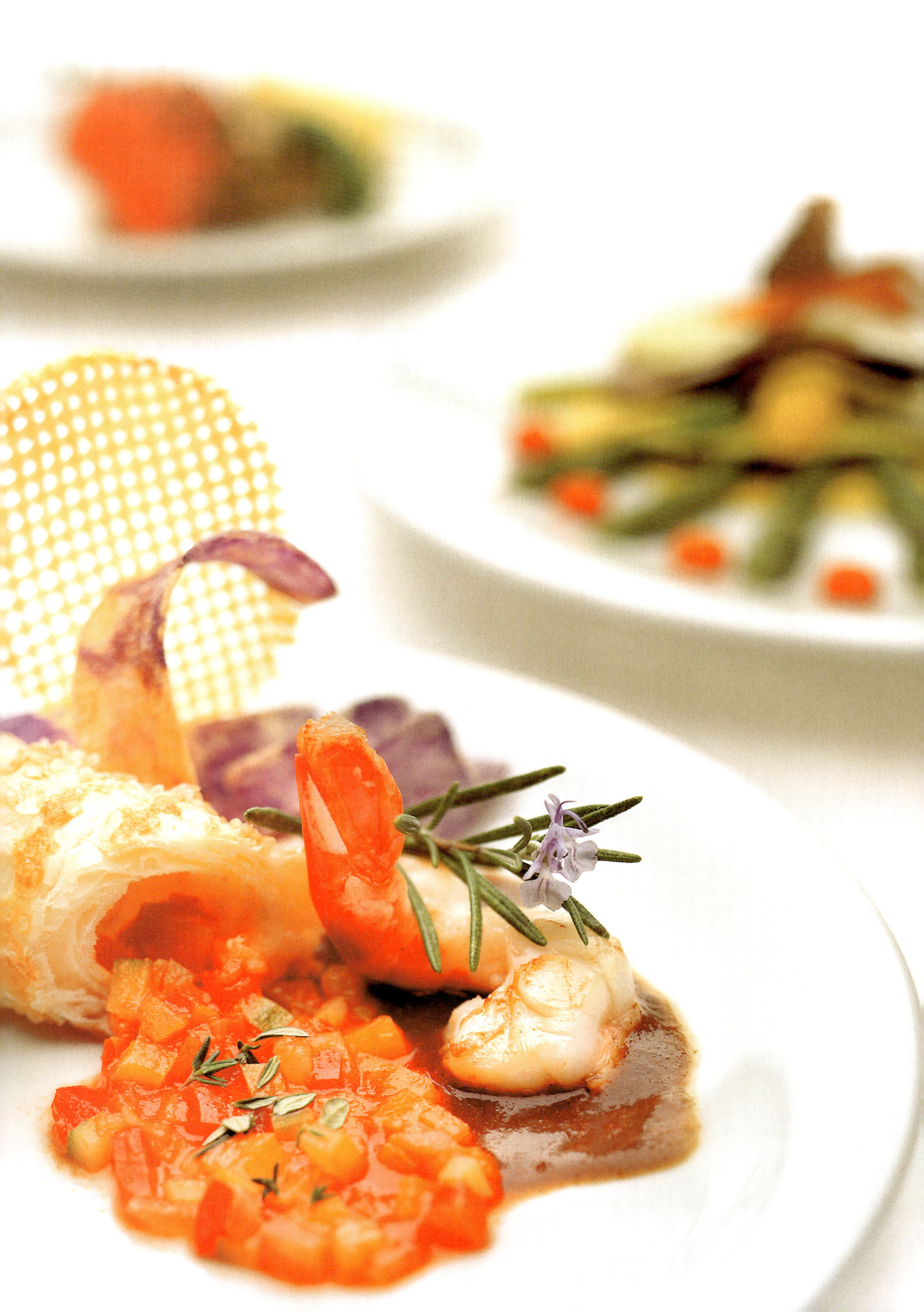

Flammkuchen mit Gemüsestreifen und Fetakäse
Tarte flambée aux lanières de légumes et à la feta

Teig	4 Pers	10 Pers
Weißmehl, Typ 550	200 g	500 g
Salz	3 g	8 g
Hefe	8 g	20 g
Wasser	110 g	275 g
Olivenöl	10 g	25 g
Belag		
Crème fraîche	320 g	800 g
Feta (griechischer Schafskäse)	120 g	300 g
Lauch, grün, gerüstet	20 g	50 g
Karotten, geschält	20 g	50 g
Fenchel, gerüstet	20 g	50 g
Zwiebeln, geschält	20 g	50 g
Salz		
Pfeffer, weiß, aus der Mühle		
Muskatnuss, gerieben		

Vorbereitung
- Fetakäse in 5 mm große Würfel schneiden.
- Lauch längs halbieren und waschen.
- Lauch, Karotten und Fenchel in Julienne (Streifchen) schneiden.
- Gemüse-Julienne in Salzwasser blanchieren oder kurz dämpfen, in Eiswasser abschrecken, abschütten und trockentupfen.
- Zwiebeln quer zum Wurzelansatz emincieren (in feine Scheiben schneiden).

Zubereitung Teig
- Weißmehl sieben.
- Weißmehl und Salz in einer Schüssel mischen.
- Hefe in lauwarmem Wasser auflösen und zusammen mit dem Olivenöl zum Weißmehl geben.
- Zutaten ca. 10 Minuten zu glattem, geschmeidigem Teig kneten.
- Gleichmäßig große Kugeln formen.
- Kugeln mit genügend Abstand auf gemehlte Bleche setzen.
- Mit etwas Olivenöl einpinseln und mit Weißmehl stäuben.
- Mit einem Tuch bedecken und aufgehen lassen.

Zubereitung Gericht
- Teig hauchdünn auswallen (Ø 28 cm) und auf mit Olivenöl bestrichene Backbleche legen.
- Crème fraîche auf den Teig geben (rundum einen Rand aussparen).
- Fetakäse, Gemüse-Julienne und Zwiebeln auf der Crème fraîche verteilen.
- Mit Salz, Pfeffer und Muskatnuss würzen.
- Im sehr heißen Backofen bei 300 °C ca. 5 Minuten backen.
- Sofort servieren.

Hinweise für die Praxis
Die Flammkuchen so schnell und so heiß wie möglich backen. Im Elsass werden dafür die Holzöfen auf über 400 °C erhitzt. Flammkuchen können mit verschiedenen anderen Zutaten belegt werden wie Fisch, Meeresfrüchten, Pilzen. Zusätzlich kann auch noch Reibkäse beigefügt werden (z.B. geriebener Sbrinz).

Flammkuchen mit Zwiebeln und Speck · Tarte flambée aux oignons et au lard

Teig

	4 Pers	10 Pers
Weißmehl, Typ 550	200 g	500 g
Salz	3 g	8 g
Hefe	8 g	20 g
Wasser	110 g	275 g
Olivenöl	10 g	25 g

Belag

	4 Pers	10 Pers
Crème fraîche	320 g	800 g
Zwiebeln, geschält	120 g	300 g
Speck, geräuchert	120 g	300 g
Salz		
Pfeffer, weiß, aus der Mühle		
Muskatnuss, gerieben		

Vorbereitung
- Zwiebeln quer zum Wurzelansatz emincieren (in feine Scheiben schneiden).
- Speck (ohne Knorpel) mit der Aufschnittmaschine in dünne Tranchen und anschließend in 5 mm breite Streifen schneiden.

Zubereitung Teig
- Weißmehl sieben.
- Weißmehl und Salz in einer Schüssel mischen.
- Hefe in lauwarmem Wasser auflösen und zusammen mit dem Olivenöl zum Weißmehl geben.
- Zutaten etwa 10 Minuten zu glattem, geschmeidigem Teig kneten.
- Gleichmäßig große Kugeln formen.
- Kugeln mit genügend Abstand auf gemehlte Bleche setzen.
- Mit etwas Olivenöl einpinseln und mit Weißmehl stäuben.
- Mit einem Tuch bedecken und aufgehen lassen.

Zubereitung Gericht
- Teig hauchdünn auswallen (Ø 28 cm) und auf mit Olivenöl bestrichene Backbleche legen.
- Crème fraîche auf den Teig geben (rundum einen Rand aussparen).
- Zwiebeln und Speck auf der Crème fraîche verteilen.
- Mit Salz, Pfeffer und Muskatnuss würzen.
- Im sehr heißen Backofen bei 300 °C ca. 5 Minuten backen.
- Sofort servieren.

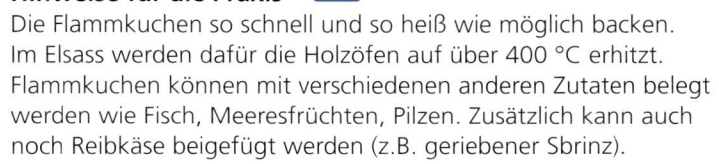

Hinweise für die Praxis
Die Flammkuchen so schnell und so heiß wie möglich backen. Im Elsass werden dafür die Holzöfen auf über 400 °C erhitzt. Flammkuchen können mit verschiedenen anderen Zutaten belegt werden wie Fisch, Meeresfrüchten, Pilzen. Zusätzlich kann auch noch Reibkäse beigefügt werden (z.B. geriebener Sbrinz).

Focaccini mit Kartoffeln und Thymian · Focaccini aux pommes de terre et au thym

Teig

	4 Pers	10 Pers
Weißmehl, Typ 550	200 g	500 g
Salz	3 g	8 g
Hefe	8 g	20 g
Wasser	110 g	275 g
Olivenöl	16 g	40 g

Belag

	4 Pers	10 Pers
Kartoffeln, gekocht, geschält	120 g	300 g
Thymian, frisch	4 g	8 g
Olivenöl	20 g	50 g
Salz		
Pfeffer, weiß, aus der Mühle		

Vorbereitung
- Thymian waschen, zupfen und trockentupfen.

Zubereitung Teig
- Weißmehl sieben.
- Weißmehl und Salz in einer Schüssel mischen.
- Die Hefe im lauwarmen Wasser auflösen.
- Aufgelöste Hefe zusammen mit dem Olivenöl zum Weißmehl geben.
- Die Zutaten etwa 10 Minuten kneten, bis man einen glatten, geschmeidigen Teig erhält.
- Gleichmäßig große Kugeln formen (1–2 Stück pro Person).
- Die Kugeln mit genügend großem Abstand auf gemehlte Bleche setzen.
- Mit etwas Olivenöl einpinseln und mit Weißmehl stäuben.
- Mit einem Tuch bedecken und aufgehen lassen.

Zubereitung Gericht
- Die Teigkugeln nach dem Aufgehen von Hand zu flachen Rondellen drücken.
- Teigrondellen auf mit Olivenöl bestrichene Backbleche geben.
- Die Kartoffeln in gleichmäßige, 3 mm dicke Scheiben schneiden.
- Die Kartoffeln auf den Teigrondellen verteilen.
- Die Thymianblättchen über die Focaccini streuen.
- Mit Salz und Pfeffer abschmecken und mit reichlich Olivenöl beträufeln.
- Im Ofen bei einer Temperatur von 220 °C ca 8–10 Minuten goldbraun backen.

Hinweise für die Praxis

Es können diverse Varianten von Focaccini hergestellt werden (z. B. mit Tomaten, Kräutern, Käse usw.).

Knusprige Pilzrolle · Rouleau croustillant aux champignons

Teig	4 Pers	10 Pers
Frühlingsrollen-Teigblätter	8	20

Füllung		
Champignons, frisch, gerüstet	50 g	125 g
Steinpilze, frisch, gerüstet	50 g	125 g
Austernpilze, frisch, gerüstet	50 g	125 g
Eierschwämme/Pfifferlinge, frisch, gerüstet	50 g	125 g
Schalotten, geschält	30 g	75 g
Olivenöl	15 g	40 g
Weißwein	40 g	100 g
Halbrahm, sauer, 25%	30 g	75 g
Salz		
Pfeffer, weiß, aus der Mühle		
Petersilie, glattblättrig, frisch	6 g	15 g
Mie de pain/weißes Paniermehl	10 g	25 g
Vollei, pasteurisiert	20 g	50 g
Olivenöl	20 g	50 g

Sauce		
Sauerrahmsauce	200 g	500 g
Schnittlauch, frisch	5 g	15 g

Vorbereitung
- Champignons und Eierschwämme unter fließendem Wasser abspülen und gut abtropfen lassen.
- Steinpilze mit einem Tuch abreiben.
- Alle Pilze in gleichmäßige 4 mm dicke Scheiben schneiden.
- Schalotten fein hacken.
- Petersilie waschen, zupfen, trockentupfen und fein hacken.
- Olivenöl erhitzen und die Pilze und Schalotten mit leichter Farbgebung sautieren.
- Petersilie beigeben, mit Salz und Pfeffer abschmecken und mit Weißwein ablöschen.
- Pilze kurz dünsten, abschütten und den Pilzfond auffangen.
- Pilzfond zu einer starken Glace einkochen und den sauren Halbrahm beigeben und verrühren.
- Abschmecken und erkalten lassen.
- Schnittlauch fein schneiden.

Zubereitung
- Die Pilze mit der Glace vermischen und das Vollei sowie das Mie de pain beigeben und vermischen.
- Für eine Pilzrolle 2 Stück Frühlingsrollen-Teigblätter mit wenig Olivenöl bestreichen und übereinander legen (pro Person 1 Pilzrolle).
- Jede Rolle mit ca. 90 g Pilzfüllung belegen.
- Die Seiten einschlagen und satt einrollen.
- Die Pilzrollen auf ein mit Backtrennpapier belegtes Backblech legen und mit Olivenöl bestreichen.
- Im Kombisteamer bei einer Temperatur von 200 °C ca. 12 Minuten backen.
- Die Rollen schräg halbieren und anrichten.
- Sauerrahmsauce erhitzen, Schnittlauch beigeben und separat dazu servieren.

Hinweise für die Praxis
Die Pilze können saisonal angepasst werden.

Meeresfrüchtekuchen mit Safran · Tarte aux fruits de mer au safran

Teig 1 Stück
Halbblätterteig 250 g

Vorbereitung Formen
Butter 10 g
Weißmehl 10 g

Zutaten
Butter 40 g
Schalotten, geschält 30 g
Knoblauch, geschält 5 g
Fenchel, gerüstet 30 g
Lauch, gebleicht, gerüstet 20 g
Karotten, geschält 30 g
Tomaten, geschält, entkernt 70 g
Seeteufelfilet, pariert 300 g
Miesmuscheln, ohne Schale 100 g
Pernod 10 g
Noilly Prat 20 g
Weißwein 125 g
Dill, frisch 5 g
Kerbel, frisch 5 g
Salz
Pfeffer, weiß, aus der Mühle

Guss
Halbrahm, sauer, 25% 100 g
Vollrahm, 35% 50 g
Vollei, pasteurisiert 70 g
Weißmehl 20 g
Salz
Pfeffer, weiß, aus der Mühle
Safran, gemahlen

Vorbereitung
- Kuchenblech (Ø 26 cm) mit Butter ausstreichen und mit Weißmehl bestäuben.
- Halbblätterteig 2–3 mm dick auswallen, die Form auslegen und den Teig mit einer Gabel einstechen.
- Überschüssigen Teig mit dem Rollholz abtrennen, ausgelegte Form kühl stellen.
- Den Teigboden mit Backtrennpapier belegen, mit getrockneten Hülsenfrüchten füllen und bei einer Temperatur von 200 °C und offenem Dampfabzug 10 Minuten blind backen (anschließend Hülsenfrüchte und Backtrennpapier entfernen).
- Schalotten in Streifen schneiden.
- Knoblauch fein hacken.
- Lauch längs halbieren und waschen.
- Schalotten, Fenchel, Lauch und Karotten in Julienne (Streifchen) schneiden.
- Tomaten in 1 cm große Würfel schneiden.
- Seeteufelfilets in 1 cm große Würfel schneiden.
- Dill und Kerbel waschen, zupfen, trockentupfen und hacken.
- Sauren Halbrahm, Vollrahm, Vollei und Weißmehl für den Guss verrühren und mit Salz, Pfeffer und Safran abschmecken.

Zubereitung
- Schalotten, Knoblauch, Fenchel, Karotten und Lauch in Butter andünsten.
- Mit Pernod, Noilly Prat und Weißwein ablöschen und erhitzen.
- Seeteufelwürfel und Miesmuschelfleisch beigeben.
- Leicht würzen und kurz ziehen lassen (Fisch ist noch halb roh).
- Die Füllung auf ein Sieb geben und den Fond auffangen.
- Den Fond zu einer sirupartigen Glace einreduzieren, etwas abkühlen lassen und zum Guss geben.
- Die abgetropfte Füllung mit den Tomatenwürfeln und den Kräutern vermischen und auf dem vorbereiteten Teigboden verteilen.
- Mit dem Guss übergießen und im Ofen bei einer Temperatur von 180 °C rund 30 Minuten backen.

Hinweise für die Praxis
Der Meeresfrüchtekuchen kann auch direkt (ohne das Blindbacken des Teigbodens) mit der Füllung bei entsprechender Unterhitze gebacken werden. Die Meeresfrüchte können beliebig variiert werden.

MEERESFRÜCHTEKUCHEN MIT SAFRAN – STEP BY STEP

1

2

3

4

5

6

7

8

WARME SNACKS   345

Lothringer Speckkuchen · Quiche lorraine

Teig	1 Stück
Geriebener Teig	250 g

Vorbereitung Formen
Butter	10 g
Weißmehl	10 g

Füllung
Butter	10 g
Speck, geräuchert	450 g

Guss
Vollei, frisch	150 g
Eigelb, frisch	50 g
Vollrahm, 35%	250 g
Vollmilch	100 g
Salz	
Pfeffer, weiß, aus der Mühle	
Muskatnuss, gerieben	

Vorbereitung
- Kuchenblech (Ø 26 cm) mit Butter ausstreichen und mit Weißmehl bestäuben.
- Geriebenen Teig 2–3 mm dick ausrollen und das Kuchenblech auslegen.
- Teigränder mit dem Rollholz abtrennen, Teigboden mit einer Gabel einstechen und kühl stellen.
- Mageren Speck (ohne Knorpel) in Julienne (Streifchen) schneiden, blanchieren und abschütten.
- Butter erhitzen und die Speckstreifen in einer Lyoner Pfanne hell sautieren und erkalten lassen.
- Vollei, Eigelb, Vollrahm, Milch, Salz, Pfeffer und Muskatnuss zu einem Guss verrühren.

Zubereitung
- Den Teigboden mit Backtrennpapier belegen, mit getrockneten Hülsenfrüchten füllen und bei einer Temperatur von 200 °C und offenem Dampfabzug 10 Minuten blind backen (anschließend Hülsenfrüchte und Backtrennpapier entfernen).
- Speckstreifen gleichmäßig auf dem Teig verteilen.
- Den Guss gleichmäßig über den Teig verteilen.
- Bei einer Temperatur von 200 °C ca. 20 Minuten fertig backen.
- Vor dem Portionieren kurze Zeit abstehen lassen.

Hinweise für die Praxis
Der Lothringer Speckkuchen kann auch direkt (ohne das Blindbacken des Teigbodens) mit der Füllung bei entsprechender Unterhitze gebacken werden. Die Quiche lorraine, die bekannteste Spezialität Lothringens, hat wie viele Gerichte mit langer Tradition Entwicklungen durchgemacht. Ursprünglich wurde sie mit Brotteig zubereitet und erst später setzte sich der heute gebräuchliche Mürbeteigboden durch. Geriebener Käse und Zwiebeln haben nach Meinung der Lothringer in ihrer Quiche Lorraine nichts zu suchen.

Pastetchen mit feinen Gemüsen · Bouchées jardinière

Teig	4 Pers	10 Pers
Blätterteig	480 g	1200 g
Vollei, frisch	20 g	50 g

Füllung		
Olivenöl	20 g	50 g
Schalotten, geschält	60 g	150 g
Karotten, geschält	70 g	180 g
Kohlrabi, geschält	60 g	150 g
Blumenkohl, gerüstet	60 g	150 g
Bohnen, fein, gerüstet	80 g	150 g
Erbsen, tiefgekühlt	60 g	150 g
Gemüsefond	160 g	400 g
Butter	40 g	100 g
Weißmehl	30 g	70 g
Vollmilch	320 g	800 g
Vollrahm, 35 %	100 g	250 g
Schnittlauch, frisch	6 g	15 g
Salz		
Pfeffer, weiß, aus der Mühle		

Vorbereitung
- Blätterteig 2–3 mm dick auswallen und pro Person 4 Rondellen von 6 cm Durchmesser ausstechen.
- Die Hälfte der ausgestochenen Rondellen vorsichtig auf ein mit Backtrennpapier ausgelegtes Blech legen, wobei die Unterseite nach oben zu liegen kommt.
- Von den verbleibenden Teigrondellen je in der Mitte ein Loch von 3 cm Durchmesser ausstechen.
- Die ausgestochenen Ringe mit Vollei bestreichen und ebenfalls mit der Unterseite nach oben (mit der mit Ei bestrichenen Seite nach unten) deckungsgleich auf die Rondellen legen und kühl stellen.
- Pastetchen mit Vollei bestreichen und ausbacken.
- Schalotten fein hacken.
- Karotten und Kohlrabi in 8 mm große Würfel schneiden.
- Blumenkohl in kleine Röschen zerteilen.
- Bohnen in 1 cm lange Stücke schneiden.
- Milch erhitzen.
- Schnittlauch fein schneiden.

Zubereitung Gericht
- Die Gemüse mit den gehackten Schalotten im Olivenöl andünsten und mit Gemüsefond ablöschen.
- Gemüse nur kurz dünsten (das Gemüse darf nicht ganz gar sein) und abschmecken.
- Die Gemüse herausnehmen, auf einem Blech ausbreiten und abkühlen lassen.
- Den Dünstfond durch ein Sieb passieren.
- Butter in einer Kasserolle schmelzen und das Mehl kurz andünsten und etwas erkalten lassen.
- Mit heißer Milch und heißem Dünstfond auffüllen und auf kleinster Stufe ca. 20 Minuten sieden.
- Vollrahm beigeben und die Sauce mit Salz und Pfeffer abschmecken.
- Gemüse zur Sauce geben, kurz aufkochen und den Schnittlauch beigeben.
- Füllung in die vorgewärmten Pastetchen füllen und die Deckel aufsetzen.
- Sofort servieren.

Hinweise für die Praxis
Restliche Füllung kann separat serviert werden. Die Gemüse können auch im Drucksteamer vorgegart und beliebig variiert werden.

Pizza mit Schinken und Champignons · Pizza au jambon et aux champignons

Teig	4 Pers	10 Pers
Weißmehl, Typ 550	300 g	750 g
Salz	5 g	12 g
Hefe	12 g	30 g
Wasser	165 g	410 g
Olivenöl, kaltgepresst	24 g	60 g

Sauce		
Olivenöl, kaltgepresst	10 g	20 g
Zwiebeln, geschält	15 g	30 g
Knoblauch, geschält	4 g	10 g
Tomatenpüree	10 g	25 g
Tomaten, Pelati, Würfel	240 g	600 g
Origano, frisch	1 g	2 g
Basilikum, frisch	1 g	2 g
Salz		
Pfeffer, weiß, aus der Mühle		

Belag		
Schinken, gekocht	120 g	150 g
Champignons, frisch, gerüstet	40 g	100 g
Origano, frisch	2 g	5 g
Salz		
Pfeffer, schwarz, aus der Mühle		
Mozzarella	180 g	450 g
Olivenöl, kaltgepresst	40 g	100 g

Vorbereitung
- Zwiebeln und Knoblauch fein hacken.
- Origano und Basilikum für die Sauce waschen, zupfen, trockentupfen und hacken.
- Schinken in breite Streifen schneiden.
- Champignons in Scheiben schneiden.
- Origano für den Belag waschen, zupfen, trockentupfen und grob hacken.
- Mozzarella in Scheiben schneiden.

Zubereitung Teig
- Weißmehl sieben.
- Weißmehl und Salz in einer Schüssel mischen.
- Die Hefe im Wasser auflösen.
- Aufgelöste Hefe zusammen mit dem Oliveröl zum Mehl geben.
- Die Zutaten ca. 10 Minuten kneten, bis man einen glatten, geschmeidigen Teig erhält.
- Gleichmäßig große Kugeln zu je 125 g formen.
- Die Kugeln mit genügend Abstand auf gemehlte Bleche setzen.
- Mit etwas Olivenöl einpinseln und mit Weißmehl stäuben.
- Mit einem Tuch bedecken und aufgehen lassen.

Zubereitung Sauce
- Zwiebeln und Knoblauch im Olivenöl andünsten.
- Tomatenpüree zufügen und ebenfalls gut andünsten.
- Mit den Tomatenwürfeln auffüllen und zu einer dickflüssigen Sauce einkochen.
- Origano und Basilikum beigeben, mit Salz und Pfeffer abschmecken und erkalten lassen.

Zubereitung Gericht
- Pizzateig flach drücken, dünn ausrollen und auf ein Backblech legen.
- Den Pizzateig gleichmäßig mit Tomatensauce ausstreichen, dabei ringsherum einen Rand frei lassen.
- Schinken und Champignons gleichmäßig auf der Pizza verteilen.
- Mit Origano bestreuen und mit Salz und Pfeffer würzen.
- Mit Mozzarellascheiben belegen und mit Olivenöl beträufeln.
- Die Pizza im sehr heißen Ofen bei einer Temperatur von ca. 300 °C etwa 5 Minuten backen.

Hinweise für die Praxis
Immer darauf achten, dass die Pizzen nicht mit zu vielen Zutaten belegt werden. Pizzen immer in sehr heißem Ofen bei ca. 300 °C mit starker Unterhitze backen (am besten in einem Holzofen).

Pizza mit Spinat, Lachs und Riesenkrevetten
Pizza aux épinards, au saumon et aux crevettes géantes

Teig	4 Pers	10 Pers
Weißmehl, Typ 550	300 g	750 g
Salz	5 g	12 g
Hefe	12 g	30 g
Wasser	165 g	410 g
Olivenöl, kaltgepresst	24 g	60 g
Sauce		
Olivenöl, kaltgepresst	10 g	20 g
Zwiebeln, geschält	15 g	30 g
Knoblauch, geschält	4 g	10 g
Tomatenpüree	10 g	25 g
Tomaten, Pelati, Würfel	240 g	600 g
Origano, frisch	1 g	2 g
Basilikum, frisch	1 g	2 g
Salz		
Pfeffer, weiß, aus der Mühle		
Belag		
Blattspinat, tiefgekühlt	80 g	200 g
Zwiebeln, gehackt	30 g	80 g
Lachsfilet, pariert	80 g	200 g
Riesenkrevetten, Schwänze, roh, geschält	80 g	200 g
Basilikum, frisch	4 g	10 g
Origano, frisch	2 g	5 g
Salz		
Mozzarella	180 g	450 g
Olivenöl, kaltgepresst	40 g	100 g

Vorbereitung
– Zwiebeln und Knoblauch fein hacken.
– Origano und Basilikum waschen, zupfen, trockentupfen und hacken.
– Blattspinat auftauen, auspressen, mit den gehackten Zwiebeln im Olivenöl andünsten und abschmecken.
– Das Lachsfilet in 1 cm große Würfel schneiden.
– Riesenkrevetten entdarmen und längs halbieren.
– Basilikum und Origano für den Belag waschen, zupfen, trockentupfen und grob hacken.
– Mozzarella in Scheiben schneiden.

Zubereitung Teig
– Weißmehl sieben.
– Weißmehl und Salz in einer Schüssel mischen.
– Die Hefe im Wasser auflösen.
– Aufgelöste Hefe zusammen mit dem Olivenöl zum Mehl geben.
– Die Zutaten ca. 10 Minuten kneten, bis man einen glatten, geschmeidigen Teig erhält.
– Gleichmäßig große Kugeln zu je 125 g formen.
– Die Kugeln mit genügend Abstand auf gemehlte Bleche setzen.
– Mit etwas Olivenöl einpinseln und mit Weißmehl stäuben.
– Mit einem Tuch bedecken und aufgehen lassen.

Zubereitung Sauce
– Zwiebeln und Knoblauch im Olivenöl andünsten.
– Tomatenpüree zufügen und ebenfalls gut andünsten.
– Mit den Pelati-Tomaten auffüllen und zu einer dickflüssigen Sauce einkochen.
– Origano und Basilikum beigeben, mit Salz und Pfeffer abschmecken und erkalten lassen.

Zubereitung Gericht
– Pizzateig flach drücken, dünn ausrollen und auf ein Backblech legen.
– Den Pizzateig gleichmäßig mit Tomatensauce ausstreichen, dabei ringsherum einen Rand frei lassen.
– Den gedünsteten Blattspinat gleichmäßig auf der Pizza verteilen.
– Lachsfiletwürfel und Riesenkrevetten gleichmäßig verteilen.
– Basilikum und Origano auf der Pizza verteilen und mit Salz und Pfeffer würzen.
– Mit Mozzarellascheiben belegen und mit Olivenöl beträufeln.
– Die Pizza im sehr heißen Ofen bei einer Temperatur von ca. 300 °C etwa 5 Minuten backen.

Hinweise für die Praxis
Immer darauf achten, dass die Pizzen nicht mit zu vielen Zutaten belegt werden. Pizzen immer in sehr heißem Ofen bei ca. 300 °C mit starker Unterhitze backen (am besten in einem Holzofen).

Pizza mit Tomaten und Büffelmozzarella · Pizza aux tomates et à la mozzarella de bufflone

Teig	4 Pers	10 Pers
Weißmehl, Typ 550	300 g	750 g
Salz	5 g	12 g
Hefe	12 g	30 g
Wasser	165 g	410 g
Olivenöl, kaltgepresst	25 g	60 g

Sauce		
Olivenöl, kaltgepresst	10 g	20 g
Zwiebeln, geschält	15 g	30 g
Knoblauch, geschält	4 g	10 g
Tomatenpüree	10 g	25 g
Tomaten, Pelati, Würfel	240 g	600 g
Origano, frisch	1 g	2 g
Basilikum, frisch	1 g	2 g
Salz		
Pfeffer, weiß, aus der Mühle		

Belag		
Basilikum, frisch	4 g	10 g
Origano, frisch	2 g	5 g
Salz		
Pfeffer, weiß, aus der Mühle		
Büffelmozzarella	200 g	500 g
Olivenöl, kaltgepresst	25 g	60 g

Vorbereitung
- Zwiebeln und Knoblauch fein hacken.
- Origano und Basilikum für die Sauce waschen, zupfen, trockentupfen und hacken.
- Origano und Basilikum für den Belag waschen, zupfen, trockentupfen und grob hacken.
- Büffelmozzarella in Scheiben schneiden.

Zubereitung Teig
- Weißmehl sieben.
- Weißmehl und Salz in einer Schüssel mischen.
- Die Hefe im Wasser auflösen.
- Aufgelöste Hefe zusammen mit dem Olivenöl zum Mehl geben.
- Die Zutaten ca. 10 Minuten kneten, bis man einen glatten, geschmeidigen Teig erhält.
- Gleichmäßig große Kugeln zu je 125 g formen.
- Die Kugeln mit genügend Abstand auf gemehlte Bleche setzen.
- Mit etwas Olivenöl einpinseln und mit Weißmehl stäuben.
- Mit einem Tuch bedecken und aufgehen lassen.

Zubereitung Sauce
- Zwiebeln und Knoblauch im Olivenöl andünsten.
- Tomatenpüree zufügen und ebenfalls gut andünsten.
- Mit den Pelati-Tomaten auffüllen und zu einer dickflüssigen Sauce einkochen.
- Origano und Basilikum beigeben, mit Salz und Pfeffer abschmecken und erkalten lassen.

Zubereitung Gericht
- Pizzateig flach drücken, dünn ausrollen und auf ein Backblech legen.
- Den Pizzateig gleichmäßig mit Tomatensauce ausstreichen, dabei ringsherum einen Rand frei lassen.
- Basilikum und Origano auf der Pizza verteilen und mit Salz und Pfeffer würzen.
- Mit Mozzarellascheiben belegen und mit Olivenöl beträufeln.
- Die Pizza im sehr heißen Ofen bei einer Temperatur von ca. 300 °C etwa 5 Minuten backen.

Hinweise für die Praxis
Immer darauf achten, dass die Pizzen nicht mit zu vielen Zutaten belegt werden. Pizzen immer in sehr heißem Ofen bei ca. 300 °C mit starker Unterhitze backen (am besten in einem Holzofen).

FRITTIERTE SNACKS

Frittierte malaysische Fleisch-Kartoffel-Taschen
Chaussons frits malaisienne à la viande et aux pommes de terre

Teig	4 Pers	10 Pers
Weißmehl, Typ 550	110 g	275 g
Vollei, frisch	20 g	50 g
Kokosmilch, ungesüßt (1)	55 g	140 g
Salz		
Weißmehl, Typ 550	10 g	25 g
Füllung		
Sonnenblumenöl, high oleic	10 g	25 g
Zwiebeln, geschält	30 g	75 g
Knoblauch, geschält	5 g	15 g
Rindsschulter, dressiert	80 g	200 g
Ingwer, frisch, geschält	10 g	25 g
Kartoffeln, Typ B, geschält	70 g	175 g
Curry, Madras	3 g	8 g
Kokosmilch, ungesüßt (2)	40 g	100 g
Salz	2 g	5 g
Weitere Zutaten		
Ei zum Bestreichen	10 g	25 g
Ölverlust beim Frittieren	60 g	150 g
Beilagen		
Mango-Chutney	100 g	250 g

Vorbereitung
- Weißmehl sieben.
- Weißmehl, Vollei, Kokosmilch (1) und Salz zu einem Teig verarbeiten, kurz kneten und zugedeckt kühl stellen.
- Zwiebeln emincieren (in feine Scheiben schneiden).
- Knoblauch fein hacken.
- Rindfleisch in Streifen schneiden und durch den Fleischwolf drehen (Scheibe H 5).
- Ingwer fein reiben.
- Kartoffeln in 3 mm große Würfel schneiden, blanchieren und abschütten.

Zubereitung
- Zwiebeln und Knoblauch im Sonnenblumenöl andünsten.
- Gehacktes Rindfleisch beigeben und mitdünsten.
- Ingwer und Kartoffeln beigeben und mit Kokosmilch (2) ablöschen.
- Mit Salz und Curry abschmecken, das Fleisch garen und einkochen, bis eine leicht feuchte Masse entsteht.
- Die Füllung erkalten lassen.
- Den Teig mit Weißmehl stäuben und 2 mm dick ausrollen.
- Mit einem Ausstecher 8–9 cm große Rondellen ausstechen (pro Person 2 Rondellen).
- Die Teigrondellen mit je ca. 20 g Fleischmasse füllen.
- Die Teigränder mit Ei bepinseln, halbmondförmig einklappen, mit einer Essgabel leicht andrücken und kühl stellen.
- Bei einer Temperatur von 170 °C goldbraun frittieren.
- Auf einem Küchenpapier abtropfen lassen und heiß servieren.
- Mango-Chutney separat dazu servieren.

Frühlingsrollen mit Schweinefleischfüllung · Rouleaux de printemps à la viande de porc

Zutaten

	4 Pers	10 Pers
Sonnenblumenöl, high oleic	10 g	25 g
Schweinshuft, dressiert	200 g	500 g
Knoblauch, geschält	6 g	15 g
Chilischoten, rot, entkernt	2 g	5 g
Ingwer, frisch, geschält	8 g	20 g
Frühlingszwiebeln, gerüstet	20 g	50 g
Karotten, geschält	20 g	50 g
Chinakohl, gerüstet	20 g	50 g
Sojasprossen	40 g	100 g
Geflügelfond, hell	20 g	50 g
Sojasauce, hell	30 g	75 g
Austernsauce, chinesische	10 g	25 g
Reisessig	6 g	15 g
Maisstärke	6 g	15 g
Sesamöl, fermentiert	10 g	25 g
Glasnudeln, getrocknet	20 g	50 g
Frühlingsrollen-Teigblätter	8	20
Ölverlust beim Frittieren	60 g	150 g

Sauce

Süßsaure Sauce	120 g	300 g

Vorbereitung

- Glasnudeln im lauwarmen Wasser einlegen und mit einer Schere auf 5 cm Länge zerkleinern.
- Schweinshuft in Streifen schneiden und durch den Fleischwolf drehen (Scheibe H 5).
- Knoblauch fein hacken.
- Chilischoten von den Samen befreien und in Brunoise (Würfelchen) schneiden.
- Ingwer fein reiben.
- Frühlingszwiebeln, Karotten und Chinakoh in Julienne (Streifchen) schneiden.
- Maisstärke mit dem Reisessig anrühren.

Zubereitung

- Sonnenblumenöl erhitzen und das gehackte Schweinefleisch ansautieren.
- Knoblauch, Chili, Ingwer, Gemüse-Julienne und Sojasprossen beigeben und dünsten.
- Mit dem Geflügelfond ablöschen, Sojasauce und Austernsauce beigeben und mit der angerührten Maisstärke binden.
- Kurz dünsten (Gemüsezutaten müssen knackig sein) und mit Sesamöl verfeinern.
- Glasnudeln abschütten, auf Küchenpapier trockentupfen, beigeben und gut vermengen.
- Füllung auf einem Blech ausbreiten und erkalten lassen.
- Frühlingsrollen-Teigblatt (20 × 20 cm) mit je ca. 40–50 g Füllung belegen.
- Die Seiten rechts und links einschlagen und anschließend satt aufrollen (pro Person 2 Rollen).
- Den oberen Rand der Frühlingsrolle mit wenig Wasser bestreichen und andrücken, sodass die Rolle zusammenklebt.
- Bei einer Temperatur von ca. 170 °C goldgelb und knusprig frittieren.
- Herausnehmen und auf Küchenpapier abtropfen lassen.
- Anrichten und süßsaure Sauce separat dazu servieren.

Hinweise für die Praxis

Die Füllung darf nicht allzu feucht sein, sonst wird der Teig aufgeweicht und platzt beim Frittieren auf. Das Schweinefleisch kann auch durch Rindfleisch, Geflügelfleisch, Krevetten oder Krabbenfleisch ersetzt werden. Als Alternative zur süßsauren Sauce kann auch eine süße Sojasauce mit wenig geriebenem Ingwer dazu serviert werden.

FRÜHLINGSROLLEN MIT SCHWEINEFLEISCHFÜLLUNG – STEP BY STEP

1
2
3
4
5
6
7
8

WARME SNACKS

Frittierte Pouletflügel amerikanische Art · Ailes de poulet frites à l'américaine

Zutaten	4 Pers	10 Pers
Pouletflügel ohne Flügelspitzen	800 g	2000 g
Ölverlust beim Frittieren	80 g	200 g
Marinade		
Butter	50 g	100 g
Tabasco, rot	10 g	30 g
Salz	5 g	12 g
Paprika, delikatess	2 g	5 g
Cayenne-Pfeffer, gemahlen		
Worcestershire-Sauce	6 g	15 g
Senf, mild	2 g	5 g
Maisstärke	2 g	5 g
Weißweinessig	10 g	25 g
Beilagen		
Stangensellerie, gebleicht, gerüstet	200 g	500 g
Sauce		
Roquefort (Schafskäse)	50 g	125 g
Halbrahm, sauer, 25 %	100 g	250 g
Mayonnaise	50 g	125 g
Zitronensaft, frisch	4 g	10 g
Petersilie, glattblättrig, frisch	5 g	10 g

Vorbereitung
- Sämtliche Zutaten für die Marinade kurz aufkochen und vom Herd ziehen.
- Stangensellerie waschen und allenfalls vorhandene Fasern mit dem Sparschäler entfernen.
- Stangensellerie in 10 cm lange Stäbchen schneiden.
- Roquefort-Käse durch ein grobes Haarsieb streichen.
- Petersilie waschen, zupfen, trockentupfen und fein hacken.
- Roquefort-Käse mit saurem Halbrahm, Mayonnaise, Zitronensaft und gehackter Petersilie verrühren und abschmecken.

Zubereitung
- Pouletflügel bei einer Temperatur von 160 °C goldgelb und knusprig frittieren.
- Herausnehmen und auf Küchenpapier gut abtropfen lassen.
- Die Marinade erhitzen und die Pouletflügel in der sirupartigen Flüssigkeit durch Schwingen überglänzen und abschmecken.
- Aus der überschüssigen Marinade nehmen und anrichten.
- Stangenselleriestäbchen und Roquefort-Dip separat dazu servieren.

Hinweise für die Praxis
Die Zugabe von Tabasco und Cayenne-Pfeffer richtet sich nach gewünschter Schärfe. Das Gericht in der vorliegenden Rezeptur ist als sehr pikant einzustufen. Die Pouletflügel können auch leicht gewürzt im Ofen mit offenem Dampfabzug knusprig gebraten werden.

Gemüse-Samosas · Samosas de légumes

Teig	4 Pers	10 Pers
Frühlingsrollen-Teigblätter	6	15
Füllung		
Sonnenblumenöl, high oleic	20 g	50 g
Karotten, geschält	60 g	150 g
Kartoffeln, Typ B, geschält	60 g	150 g
Erbsen, tiefgekühlt	60 g	150 g
Zwiebeln, geschält	60 g	150 g
Knoblauch, geschält	8 g	20 g
Peperoni, grün, entkernt	60 g	150 g
Ingwer, frisch, geschält	10 g	25 g
Kurkuma, gemahlen	1 g	2 g
Kreuzkümmel, gemahlen	1 g	2 g
Koriander, gemahlen	1 g	2 g
Limonensaft	10 g	25 g
Koriander, frisch	4 g	10 g
Salz	4 g	10 g
Pfeffer, weiß, aus der Mühle		
Ölverlust beim Frittieren	60 g	150 g
Sauce		
Vollmilchjoghurt, nature	100 g	250 g
Koriander, frisch	10 g	25 g
Salz		
Pfeffer, weiß, aus der Mühle		
Kreuzkümmel, gemahlen		

Vorbereitung
- Karotten und Kartoffeln in Brunoise (Würfelchen) schneiden.
- Erbsen blanchieren, abschrecken, abschütten und grob hacken.
- Zwiebeln und Knoblauch fein hacken.
- Peperoni in Brunoise (Würfelchen) schneiden
- Ingwer fein reiben.
- Koriander für die Füllung waschen, zupfen, trockentupfen und fein hacken.
- Koriander für die Sauce waschen, zupfen, trockentupfen und fein hacken.
- Vollmilchjoghurt mit gehacktem Koriander mischen und mit Salz, Pfeffer und Kreuzkümmel abschmecken.

Zubereitung
- Zwiebeln und Knoblauch im Sonnenblumenöl goldgelb sautieren.
- Karotten, Kartoffeln und Peperoni beigeben und knackig dünsten, anschließend Erbsen beigeben.
- Ingwer, Kurkuma, Kreuzkümmel, gemahlenen Koriander, Limonensaft und gehackten Koriander beigeben, kurz schwenken, abschmecken und erkalten lassen.
- Aus dem Frühlingsrollenteig Streifen von 10 cm Breite und 20 cm Länge schneiden (pro Teigblatt 2 Streifen).
- Den unteren Teil des Streifens mit ca. 25 g Füllung belegen und die Ränder mit Wasser bestreichen.
- Samosas zu Dreiecken falten und verschließen (3 Stück pro Person).
- Die fertigen Samosas in der Frittüre bei einer Temperatur von 170 °C goldgelb frittieren.
- Herausnehmen und auf Küchenpapier abtropfen lassen.
- Joghurtsauce mit Koriander als Dip dazu servieren.

Geflügelkroketten · Croquettes de volaille

Zutaten

	4 Pers	10 Pers
Pouletbrüstchen, ohne Haut	240 g	600 g
Geflügelfond, hell	600 g	1500 g
Butter (1)	15 g	40 g
Weißmehl	25 g	60 g
Butter (2)	10 g	20 g
Schalotten, geschält	15 g	40 g
Champignons, frisch, gerüstet	40 g	100 g
Schinken, gekocht	40 g	100 g
Vollrahm, 35%	20 g	50 g
Hartweizengrieß	8 g	20 g
Eigelb, frisch	40 g	100 g
Salz		
Pfeffer, weiß, aus der Mühle		
Weißmehl	40 g	100 g
Vollei, pasteurisiert	40 g	100 g
Paniermehl	80 g	200 g
Ölverlust beim Frittieren	50 g	120 g

Sauce

	4 Pers	10 Pers
Madeira-Sauce	160 g	400 g

Vorbereitung

- Pouletbrüstchen im heißen Geflügelfond pochieren und erkalten lassen.
- Pouletbrüstchen auf Küchenpapier trockentupfen und in Brunoise (Würfelchen) schneiden.
- Mit Weißmehl und Butter (1) einen hellen Roux herstellen und etwas auskühlen lassen.
- Geflügelfond aufkochen (4 Personen 200 g, 10 Personen 500 g), unter Rühren zum Roux geben und kurze Zeit kochen lassen.
- Schalotten fein hacken.
- Champignons waschen, abtropfen lassen und fein hacken.
- Gekochten Schinken in Brunoise (Würfelchen) schneiden.
- Ein Blech mit Backtrennpapier auslegen und mit Öl bestreichen.

Zubereitung

- Schalotten und Champignons in Butter (2) dünsten.
- Poulet-Brunoise und Schinken-Brunoise beigeben und mitdünsten.
- Mit der gebundenen Geflügelsauce auffüllen und Vollrahm beigeben.
- Grieß unter Rühren einrieseln lassen und auf kleiner Flamme 5 Minuten garen und gut abrühren.
- Eigelb beigeben und abrühren, bis die Masse fest ist, und abschmecken.
- Die Masse etwa 1,5 cm dick auf das vorbereitete Blech streichen.
- Ein Backtrennpapier mit Öl bestreichen, die Masse damit zudecken und erkalten lassen.
- Ein Kunststoffbrett mit Weißmehl stäuben und die Masse darauf stürzen.
- In gleichmäßige Rechtecke schneiden, mehlen, im Vollei wenden und panieren.
- Bei einer Temperatur von 170 °C frittieren und auf Küchenpapier abtropfen lassen.
- Auf einer Platte mit Papierserviette anrichten.
- Madeira-Sauce separat in einer Sauciere dazu servieren.

Gemüsekroketten · Croquettes de légumes

Zutaten

	4 Pers	10 Pers
Vollmilch	180 g	450 g
Butter	15 g	30 g
Salz		
Pfeffer, weiß, aus der Mühle		
Muskatnuss, gerieben		
Hartweizengrieß	45 g	115 g
Eigelb, frisch	15 g	40 g
Karotten, geschält	20 g	50 g
Knollensellerie, geschält	30 g	75 g
Zucchetti, grün, gerüstet	40 g	100 g
Tomaten, getrocknet, in Öl, abgetropft	30 g	75 g
Petersilie, glattblättrig, frisch	5 g	12 g
Sbrinz, gerieben	15 g	40 g
Weißmehl	20 g	50 g
Vollei, frisch	40 g	100 g
Paniermehl	40 g	100 g
Ölverlust beim Frittieren	50 g	120 g

Sauce

Tomaten-Coulis	160 g	400 g
Basilikum, frisch	10 g	25 g

Vorbereitung

- Karotten, Knollensellerie und Zucchetti in Brunoise (Würfelchen) schneiden.
- Die Gemüse im Drucksteamer knackig garen oder im Salzwasser knapp weich sieden.
- Gemüse auf einem Küchenpapier gut trocknen.
- Getrocknete Tomaten in Brunoise (Würfelchen) schneiden und auf Küchenpapier abtropfen lassen.
- Petersilie und Basilikum waschen, zupfen, trockentupfen und fein hacken.
- Ein Backblech mit Backtrennpapier auslegen und mit Öl bepinseln.

Zubereitung

- Vollmilch mit Butter, Salz, Pfeffer und Muskat aufkochen.
- Grieß unter Rühren mit dem Schwingbesen einrieseln lassen.
- Zugedeckt auf kleiner Flamme ca. 5 Minuten garen und quellen lassen.
- Eigelb beigeben, nochmals kurz abrühren und vom Herd ziehen.
- Gemüse, getrocknete Tomaten und gehackte Petersilie unter die Grießmasse rühren.
- Geriebenen Sbrinz beigeben und abschmecken.
- Die Masse in einen Dressiersack füllen und ca. 2,5 cm dicke Stangen auf das vorbereitete Backblech dressieren.
- Zudecken und erkalten lassen.
- Die Stangen in 5–7 cm lange Stücke schneiden (ergibt 2–3 Stück pro Person).
- Gemüsekroketten mehlen, im Ei wenden und mit Paniermehl panieren.
- Bei einer Temperatur von 170 °C goldgelb frittieren und auf Küchenpapier abtropfen lassen.
- Tomaten-Coulis erhitzen und das gehackte Basilikum beigeben.

Anrichten

- Gemüsekroketten anrichten, Tomaten-Coulis an der Seite anrichten oder separat dazu servieren.

Gemüse-Tempura · Tempura de légumes

Teig	4 Pers	10 Pers
Vollei, frisch	20 g	50 g
Eiswasser	60 g	150 g
Tempura-Mehl	40 g	100 g

Zutaten		
Zucchetti, grün, gerüstet	50 g	125 g
Auberginen, gerüstet	50 g	125 g
Stangensellerie, gebleicht, gerüstet	40 g	100 g
Spargeln, grün, geschält	40 g	100 g
Kürbis, Musquée de Provence, geschält	40 g	100 g
Broccoli, gerüstet	40 g	100 g
Blumenkohl, gerüstet	40 g	100 g
Salz		
Pfeffer, weiß, aus der Mühle		
Tempura-Mehl	30 g	75 g
Ölverlust beim Frittieren	40 g	100 g

Sauce		
Sojasauce, dunkel, gesalzen	30 g	75 g
Reiswein, Mirin, süß	30 g	75 g
Ingwer, frisch, geschält	10 g	25 g

Zubereitung Teig
- Tempura-Mehl sieben.
- Vollei und Eiswasser mischen und das Tempura-Mehl beigeben und gut verrühren.
- Tempura-Teig auf ein Eiswasserbad stellen und im Kühlschrank 1 Stunde ruhen lassen.

Vorbereitung
- Zucchetti, Auberginen, Stangensellerie, grüne Spargeln und Kürbis in 5 mm dicke und 6 cm lange Stäbchen schneiden.
- Stangensellerie, grüne Spargeln und Kürbis im Salzwasser blanchieren, im Eiswasser abschrecken, abtropfen und auf Küchenpapier gut trocknen.
- Broccoli und Blumenkohl in mundgroße Röschen schneiden, im Salzwasser blanchieren, im Eiswasser abschrecken, abtropfen und auf Küchenpapier gut trocknen.
- Ingwer für die Sauce fein reiben.
- Alle Saucenzutaten in eine Schüssel geben und verrühren.

Zubereitung
- Die Gemüse mit Salz und Pfeffer würzen und mit Tempura-Mehl bestäuben.
- Gemüse durch den Tempura-Teig ziehen und etwas abstreifen.
- In der Frittüre bei einer Temperatur von 170 °C goldgelb und knusprig frittieren.
- Herausnehmen, auf Küchenpapier abtropfen lassen, anrichten und servieren.
- Sojasaucendip separat dazu servieren.

Hinweise für die Praxis
Die Gemüse können saisonal angepasst werden. Tempura sollte stets «à la minute» frittiert werden.

Kichererbsen-Spinat-Kugeln · Boules aux pois chiches et aux épinards

Zutaten

	4 Pers	10 Pers
Kichererbsen, gekocht	200 g	500 g
Blattspinat, tiefgekühlt	120 g	300 g
Butter	20 g	50 g
Knoblauch, geschält	5 g	10 g
Zwiebeln, geschält	40 g	100 g
Kichererbsenmehl (1)	10 g	25 g
Geflügelfond, hell	100 g	250 g
Eigelb, frisch	20 g	50 g
Salz		
Pfeffer, weiß, aus der Mühle		
Koriander, gemahlen		
Kreuzkümmel, gemahlen		
Kichererbsenmehl (2)	30 g	75 g
Vollei, frisch	40 g	100 g
Mie de pain/weißes Paniermehl	40 g	100 g
Ölverlust beim Frittieren	50 g	125 g

Sauce

Tomaten-Coulis	120 g	300 g
Koriander, frisch	5 g	10 g

Vorbereitung

- Gekochte Kichererbsen abspülen, gut abtropfen lassen und im Kutter gleichmäßig zu einer Größe von 1–2 mm zerkleinern.
- Blattspinat blanchieren, im Eiswasser abschrecken, abschütten, sehr gut auspressen und fein hacken.
- Knoblauch und Zwiebeln fein hacken.
- Koriander waschen, zupfen, trockentupfen und hacken.

Zubereitung

- Zwiebeln und Knoblauch in Butter glasig dünsten.
- Gehackte Kichererbsen beigeben und mit dem Kichererbsenmehl (1) stäuben.
- Geflügelfond beigeben und aufkochen.
- Gehackten Spinat beigeben und unter ständigem Rühren erhitzen und gut abrühren.
- Vom Herd ziehen und das Eigelb unter die Masse rühren.
- Mit Salz, Pfeffer, gemahlenem Koriander und Kreuzkümmel abschmecken und die Masse erkalten lassen.
- Mit einem Eisportionierer aus der Masse 20–30 g schwere Kugeln formen (ca. 3 Stück pro Person).
- Die Kugeln mit Kichererbsenmehl (2) stäuben, im Ei wenden und im Mie de pain panieren.
- Bei einer Temperatur von ca. 170 °C goldgelb frittieren.
- Herausnehmen und auf Küchenpapier abtropfen lassen.
- Tomaten-Coulis erhitzen und gehackten Koriander beigeben.

Anrichten

- Kichererbsen-Spinat-Kugeln anrichten, Tomaten-Coulis an der Seite anrichten oder separat dazu servieren oder das Gericht auf einer Platte mit Papierserviette anrichten (Sauce separat dazu servieren).

Hinweise für die Praxis

Größere Mengen Kichererbsen können auch durch den Fleischwolf gedreht werden (Scheibe H 3). Statt Tomaten-Coulis kann auch eine kalte Joghurtkräutersauce dazu serviert werden.

Mexikanische Empanadas mit Rindfleischfüllung · Empanadas mexicaine à la viande de bœuf

Teig

	4 Pers	10 Pers
Maismehl (masa harina)	130 g	325 g
Weißmehl, Typ 550	25 g	65 g
Butter	15 g	40 g
Wasser	170 g	425 g
Salz	2 g	5 g
Backpulver	0,5 g	1 g
Maismehl (masa harina)	10 g	25 g

Zutaten

Sonnenblumenöl, high oleic	10 g	25 g
Rindsschulter, dressiert	130 g	325 g
Zwiebeln, geschält	40 g	100 g
Tomaten, geschält, entkernt	90 g	225 g
Tomatenpüree	5 g	15 g
Sultaninen	40 g	100 g
Chilischoten, rot, entkernt	5 g	12 g
Geflügelfond, hell	50 g	125 g
Salz		

Weitere Zutaten

Ei zum Bestreichen	15 g	40 g
Ölverlust beim Frittieren	70 g	180 g

Sauce

Tomaten, geschält, entkernt	140 g	350 g
Chili, Jalapeño, Dose	10 g	25 g
Zwiebeln, geschält	30 g	75 g
Koriander, frisch	10 g	25 g
Zucker		
Salz		
Pfeffer, schwarz, aus der Mühle		

Vorbereitung
- Maismehl und Weißmehl sieben.
- Butter schmelzen.
- Maismehl, Weißmehl, Butter, Wasser, Salz und wenig Backpulver rasch zu einem Teig verarbeiten (ohne zu kneten) und zugedeckt kühl stellen.
- Rindsschulter in Streifen schneiden und durch den Fleischwolf (Scheibe H 5) drehen.
- Zwiebeln fein hacken.
- Geschälte Tomaten in 5 mm große Würfel schneiden.
- Sultaninen im lauwarmen Wasser einlegen.
- Chilischoten von den Samen befreien und in Brunoise (Würfelchen) schneiden.
- Tomaten für die Sauce in 5 mm große Würfel schneiden.
- Jalapeño-Chilis in Brunoise (Würfelchen) schneiden.
- Zwiebeln für die Sauce fein hacken.
- Koriander waschen, zupfen, trockentupfen und fein hacken.
- Alle Zutaten für die Sauce in eine Schüssel geben und mit Zucker, Salz und Pfeffer abschmecken.

Zubereitung
- Den Teig zwischen zwei Vakuumbeuteln mit etwas Maismehl 2–3 mm dick ausrollen.
- Mit einem Ausstecher Teigrondellen von 11–13 cm Durchmesser ausstechen und kühl stellen.
- Sultaninen abschütten und gut abtropfen lassen.
- Sonnenblumenöl erhitzen und das gehackte Rindfleisch heiß ansautieren.
- Gehackte Zwiebeln beigeben und dünsten.
- Tomatenwürfel und Tomatenpüree beigeben und kurz mitdünsten.
- Sultaninen und Chili beigeben und mit Geflügelfond ablöschen.
- Das Fleisch garen und einkochen, bis eine leicht feuchte Masse entsteht.
- Abschmecken und abkühlen lassen.
- Die Teigrondellen mit ca. 30 g Fleischmasse füllen.
- Die Teigränder mit Ei bepinseln, halbmondförmig einklappen, mit einer Essgabel leicht andrücken und kühl stellen.
- Bei einer Temperatur von 170 °C goldbraun frittieren.
- Auf einem Küchenpapier abtropfen lassen und heiß servieren (pro Person 2 Stück Empanadas).
- Rohe Tomatensauce in einer Sauciere dazu servieren.

Hinweise für die Praxis
Das mexikanische Maismehl ist in Spezialläden erhältlich und wird auch für die Tortillaproduktion verwendet. In Mexiko wird Chipotle-Chili, ein geräucherter Jalapeño-Chili, verwendet, was der Empanada-Füllung ihre spezielle Rauchnote und die ausgeglichene Schärfe gibt.

Mexikanische Maismehlkrapfen mit Käse und Chili
Rissoles mexicaine à la farine de maïs, au fromage et au chili

Zutaten	4 Pers	10 Pers
Maismehl (masa harina)	100 g	250 g
Weißmehl, Typ 550	25 g	65 g
Butter	12 g	30 g
Wasser	130 g	325 g
Salz	2 g	5 g
Backpulver	0,5 g	1 g
Cayenne-Pfeffer, gemahlen		
Maismehl (masa harina)	10 g	25 g

Füllung

Tilsiter aus Rohmilch, entrindet	120 g	300 g
Chili, Jalapeño, Dose	12 g	30 g

Weitere Zutaten

Ei zum Bestreichen	15 g	40 g
Ölverlust beim Frittieren	70 g	180 g

Sauce

Tomaten, geschält	140 g	350 g
Chili, Jalapeño, Dose	10 g	25 g
Zwiebeln, geschält	30 g	75 g
Koriander, frisch	10 g	25 g
Zucker		
Salz		
Pfeffer, schwarz, aus der Mühle		

Vorbereitung

- Maismehl und Weißmehl sieben.
- Butter schmelzen.
  Maismehl, Weißmehl, Butter, Wasser, Salz, Backpulver und Cayenne-Pfeffer rasch zu einem Teig verarbeiten (ohne zu kneten) und zugedeckt kühl stellen.
- Tilsiter reiben.
- Jalapeño-Chili in Julienne (Streifchen) schneiden.
- Geschälte Tomaten in 5 mm große Würfel schneiden.
- Jalapeño-Chili für die Sauce in Brunoise (Würfelchen) schneiden.
- Zwiebeln fein hacken.
- Koriander waschen, zupfen, trockentupfen und fein hacken.
- Alle Zutaten für die Sauce in eine Schüssel geben und mit Zucker, Salz und Pfeffer abschmecken.

Zubereitung

- Den Teig zwischen zwei Vakuumbeuteln mit etwas Maismehl 2–3 mm dick ausrollen.
- Mit einem Ausstecher Teigrondellen von 10 cm Durchmesser ausstechen (pro Person 3 Stück).
- Teigrondellen mit ca. 10 g geriebenem Tilsiter und 1 g Jalapeño-Chili füllen.
- Die Teigränder mit Ei bepinseln, halbmondförmig einklappen, mit einer Essgabel leicht andrücken und kühl stellen.
- Bei einer Temperatur von 170 °C goldbraun frittieren.
- Auf einem Küchenpapier abtropfen lassen und heiß servieren (pro Person 3 Stück).
- Rohe Tomatensauce separat dazu servieren.

Hinweise für die Praxis

Das mexikanische Maismehl ist in speziellen Läden erhältlich und wird auch für die Tortillaproduktion verwendet.

Riesenkrevetten im Tempura-Teig · Crevettes géantes en pâte à tempura

Teig	4 Pers	10 Pers
Vollei, frisch	40 g	100 g
Eiswasser	120 g	300 g
Tempura-Mehl	80 g	200 g
Salz		
Pfeffer, weiß, aus der Mühle		

Zutaten

Riesenkrevetten, Schwänze, roh, geschält	480 g	1200 g
Zitronensaft, frisch	15 g	30 g
Pfeffer, weiß, aus der Mühle		
Salz		
Weißmehl	20 g	40 g
Ölverlust beim Frittieren	70 g	180 g

Sauce

Sojasauce, dunkel, gesalzen	30 g	75 g
Reiswein, Mirin, süß	30 g	75 g
Ingwer, frisch, geschält	10 g	25 g

Vorbereitung

- Tempura-Mehl sieben.
- Vollei und Eiswasser mischen, das Tempura-Mehl beigeben und gut verrühren.
- Tempura-Teig auf ein Eiswasserbad stellen und im Kühlschrank 1 Stunde ruhen lassen.
- Riesenkrevetten vom Rücken her einschneiden und den Darm entfernen.
- Riesenkrevetten mit Zitronensaft und Pfeffer marinieren.
- Ingwer fein reiben.
- Alle Saucenzutaten in eine Schüssel geben und verrühren.

Zubereitung

- Riesenkrevetten auf Küchenpapier trockentupfen und salzen.
- Mehlen, im Tempura-Teig wenden und den überschüssigen Teig abstreifen.
- In der Fritteuse bei einer Temperatur von 170 °C goldgelb und knusprig frittieren.
- Herausnehmen und auf Küchenpapier abtropfen lassen, anrichten und servieren.
- Sojasaucendip separat dazu servieren.

Scampi im Backteig · Scampi en pâte à frire

Teig

	4 Pers	10 Pers
Weißmehl (1), Typ 550	100 g	250 g
Weißwein	100 g	250 g
Erdnussöl	16 g	40 g
Eiweiß, pasteurisiert	40 g	100 g
Salz	2 g	5 g
Pfeffer, weiß, aus der Mühle		

Zutaten

	4 Pers	10 Pers
Scampi, Schwänze, roh, geschält	480 g	1200 g
Zitronensaft, frisch	15 g	30 g
Pfeffer, weiß, aus der Mühle		
Salz		
Weißmehl (2)	20 g	40 g
Ölverlust beim Frittieren	70 g	180 g

Sauce

	4 Pers	10 Pers
Süßsaure Sauce	200 g	500 g

Vorbereitung
- Weißmehl (1) sieben.
- Das Eiweiß mit einer Prise Salz zu einem steifen Schnee schlagen.
- Weißmehl, Weißwein, Erdnussöl, Salz und Pfeffer in eine Schüssel geben und verrühren.
- Das Eiweiß unterheben und den Teig in ein Eiswasserbad stellen.
- Die Scampi vom Darm befreien und mit Zitronensaft und Pfeffer aus der Mühle marinieren.

Zubereitung
- Scampi auf Küchenpapier trockentupfen und salzen.
- Im Weißmehl (2) wenden und durch den Backteig ziehen.
- Überschüssigen Teig abstreifen und die Scampi in der Fritteuse bei 170 °C goldgelb und knusprig frittieren.
- Herausnehmen und auf einem Küchenpapier abtropfen lassen.
- Anrichten und süßsaure Sauce separat dazu servieren.

Hinweise für die Praxis
Der Backteig kann auch mit Dill, Kerbel, Safran, Mohn oder geriebenem Ingwer ergänzt werden. Statt Weißwein kann auch Bier verwendet werden.

Vegetarische Frühlingsrollen · Rouleaux de printemps végétariens

Zutaten	4 Pers	10 Pers
Sonnenblumenöl, high oleic	15 g	35 g
Knoblauch, geschält	6 g	15 g
Ingwer, frisch, geschält	8 g	20 g
Chilischoten, rot, entkernt	2 g	5 g
Frühlingszwiebeln, gerüstet	40 g	100 g
Karotten, geschält	60 g	150 g
Chinakohl, gerüstet	70 g	180 g
Bambussprossen, Dose, abgetropft	30 g	75 g
Shitake-Pilze, getrocknet	5 g	13 g
Sojasprossen	80 g	200 g
Gemüsefond	20 g	50 g
Sojasauce, hell	30 g	75 g
Sojasauce, dunkel, gesalzen	10 g	25 g
Sesamöl, fermentiert	10 g	25 g
Reisessig	6 g	15 g
Maisstärke	6 g	15 g
Frühlingsrollen-Teigblätter	8	20
Ölverlust beim Frittieren	60 g	150 g

Sauce

Süßsaure Sauce	120 g	300 g

Vorbereitung
- Shitake-Pilze im lauwarmen Wasser einweichen.
- Knoblauch fein hacken.
- Ingwer fein reiben.
- Chilischoten von den Samen befreien und in Brunoise (Würfelchen) schneiden.
- Frühlingszwiebeln, Karotten, Chinakohl, Bambussprossen in Julienne (Streifchen) schneiden.
- Shitake-Pilze von den Stielen befreien, auspressen und in Julienne (Streifchen) schneiden.
- Maisstärke mit dem Reisessig anrühren.

Zubereitung
- Sonnenblumenöl erhitzen und Knoblauch, Ingwer und Chili ohne Farbgebung kurz sautieren.
- Frühlingszwiebeln, Karotten, Chinakohl, Bambussprossen, Shitake-Pilze und Sojasprossen beigeben und ebenfalls ohne Farbgebung kurz sautieren.
- Mit dem Gemüsefond ablöschen, helle und dunkle Sojasauce beigeben, mit der angerührten Maisstärke binden und mit Sesamöl verfeinern.
- Füllung auf einem Blech ausbreiten und erkalten lassen (Gemüsezutaten müssen knackig sein).
- Frühlingsrollen-Teigblatt (20 × 20 cm) mit ca. 40–50 g Füllung belegen.
- Die Seiten rechts und links einschlagen und anschließend satt aufrollen (pro Person 2 Rollen).
- Den oberen Rand der Frühlingsrolle mit wenig Wasser bestreichen, sodass die Rolle zusammenklebt.
- Bei einer Temperatur von ca. 170 °C goldgelb und knusprig frittieren.
- Herausnehmen und auf Küchenpapier abtropfen lassen.
- Anrichten und süßsaure Sauce separat dazu servieren.

Hinweise für die Praxis
Die Füllung darf nicht allzu feucht sein, sonst wird der Teig aufgeweicht und platzt beim Frittieren auf. Die Gemüsezutaten können beliebig variiert werden. Als Alternative zur süßsauren Sauce kann auch eine süße Sojasauce mit wenig geriebenem Ingwer dazu serviert werden.

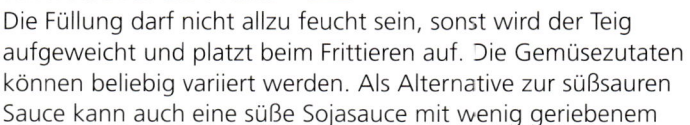

Wontons mit Schweinefleisch und Krevettenfüllung
Wontons à la viande de porc et aux crevettes

Zutaten

	4 Pers	10 Pers
Schweinshuft, dressiert	150 g	375 g
Krevetten, gekocht, geschält, in Lake	100 g	250 g
Frühlingszwiebeln, gerüstet	60 g	150 g
Sesamöl, fermentiert	10 g	25 g
Eigelb, frisch	20 g	50 g
Salz		
Pfeffer, weiß, aus der Mühle		
Wonton-Teigblätter	12	30
Ölverlust beim Frittieren	40 g	100 g

Sauce

	4 Pers	10 Pers
Sojasauce, dunkel, gesalzen	40 g	100 g
Chilischoten, rot, entkernt	3 g	7 g
Ingwer, frisch, geschält	8 g	20 g
Zucker	10 g	25 g

Vorbereitung

- Schweinshuft und Krevetten durch den Fleischwolf drehen (Scheibe H 5).
- Frühlingszwiebeln in Brunoise (Würfelchen) schneiden.
- Chilischoten von den Samen befreien und in Brunoise (Würfelchen) schneiden.
- Ingwer fein reiben.
- Sojasauce, Chili-Brunoise, geriebenen Ingwer und Zucker verrühren.

Zubereitung

- Schweinefleisch, Krevetten, Frühlingszwiebeln, Sesamöl und Eigelb in einer Schüssel verrühren und mit Salz und Pfeffer abschmecken.
- Wonton-Teigblätter (9 × 9 cm) bereitstellen (2–3 Stück pro Person).
- Teigblätter in die Hand nehmen, mit 25–30 g Farce füllen, mit Fingerdruck mit wenig Wasser verschließen und mit einer Drehung zu kleinen Beuteln formen.
- Die Wontons bei einer Temperatur von 170 °C goldgelb und knusprig frittieren.
- Herausnehmen, auf Küchenpapier abtropfen lassen und anrichten.
- Vermischte Saucenzutaten erhitzen und separat zu den Wontons servieren.

Hinweise für die Praxis

Wontons können auch in größeren Mengen produziert und tiefgekühlt werden. Es kann auch eine süßsaure Sauce dazu serviert werden. Wontons können auch als Einlage in einer klaren Geflügelsuppe serviert werden. Diese werden kleiner hergestellt und vorgängig 5–8 Minuten im siedenden Salzwasser gegart.

■ DIVERSE SNACKS

Cevapcici · Cevapcici

Zutaten

	4 Pers	10 Pers
Rind, dicke Schulter, dressiert	240 g	600 g
Schweinsschulter, dressiert	120 g	300 g
Sonnenblumenöl, high oleic	10 g	25 g
Zwiebeln, geschält	25 g	65 g
Knoblauch, geschält	15 g	35 g
Vollei, pasteurisiert	25 g	65 g
Paprika, delikatess	10 g	25 g
Petersilie, glattblättrig, frisch	3 g	8 g
Salz		
Pfeffer, schwarz, aus der Mühle		
Weißmehl	15 g	40 g
Sonnenblumenöl, high oleic	20 g	50 g

Vorbereitung

- Rind- und Schweinefleisch in Streifen schneiden und durch den Fleischwolf drehen (Scheibe H 5).
- Zwiebeln und Knoblauch fein hacken, im Sonnenblumenöl andünsten und erkalten lassen.
- Petersilie waschen, zupfen, trockentupfen und fein hacken.

Zubereitung

- Fleisch mit gedünsteten Zwiebeln, Knoblauch, Vollei, Paprika und Petersilie vermischen und mit Salz und Pfeffer abschmecken.
- Fleischmasse in einen Dressiersack füllen.
- Stränge von 2 cm Durchmesser auf eine mit Weißmehl bestäubte Unterlage dressieren.
- In ca. 6 cm lange und 40 g schwere Stücke schneiden und abrollen.
- Mit Sonnenblumenöl bepinseln und auf dem heißen Grill grillieren (oder in einer Lyoner Pfanne sautieren).

Hinweise für die Praxis

Zu Cevapcici passt ein gemischter Blattsalat. Als Saucendip eignet sich Vollmilchjoghurt.

Couscous mit Gemüse und Kräutern · Couscous aux légumes et aux fines herbes

Couscous	4 Pers	10 Pers
Couscous	120 g	300 g
Wasser	240 g	600 g
Butter	20 g	50 g
Salz	3 g	8 g

Gemüse	4 Pers	10 Pers
Olivenöl	30 g	75 g
Zwiebeln, geschält	20 g	50 g
Knoblauch, geschält	10 g	25 g
Chilischoten, rot, entkernt	5 g	12 g
Karotten, geschält	30 g	75 g
Auberginen, gerüstet	30 g	75 g
Zucchetti, grün, gerüstet	30 g	75 g
Kichererbsen, gekocht	30 g	75 g
Gemüsefond	120 g	300 g
Tomaten, geschält, entkernt	50 g	125 g
Koriander, gemahlen	1 g	3 g
Kreuzkümmel, gemahlen	1 g	3 g
Kurkuma, gemahlen		
Zimtstängel		0,5
Lorbeerblätter		
Salz		
Pfeffer, schwarz, aus der Mühle		
Petersilie, glattblättrig, frisch	3 g	8 g
Koriander, frisch	3 g	8 g
Basilikum, frisch	3 g	8 g
Olivenöl	15 g	40 g

Vorbereitung Couscous
- Wasser, Butter und Salz aufkochen und zum Couscous in eine Schüssel geben.
- Alle Zutaten gut vermengen und mit Plastikfolie zugedeckt auskühlen lassen.

Vorbereitung
- Zwiebeln und Knoblauch fein hacken.
- Chilischote von den Samen befreien und in Brunoise (Würfelchen) schneiden.
- Karotten, Auberginen und Zucchetti in gleichmäßige Keile schneiden.
- Tomaten in 1,5 cm große Würfel schneiden.
- Petersilie, Koriander und Basilikum waschen, zupfen, trockentupfen und grob hacken.

Zubereitung Couscous
- Couscous in einen Siebeinsatz geben und diesen über ein Kochgeschirr mit siedendem Wasser oder heller Bouillon stellen.
- Mit Alu- oder Plastikfolie abdecken und mit einem schweren Deckel beschweren.
- Couscous auf kleinster Hitze ca. 20 Minuten im Dampf garen.

Zubereitung
- Olivenöl erhitzen und Zwiebeln, Knoblauch und Chili-Brunoise andünsten.
- Karotten und Auberginen beigeben und kurz mitdünsten.
- Zucchetti und gekochte abgetropfte Kichererbsen beigeben und mit Gemüsefond ablöschen.
- Zimtstängel und Lorbeerblatt beigeben.
- Zugedeckt ⅔ weich dünsten.
- Tomatenwürfel, gemahlenen Koriander, Kreuzkümmel und Kurkuma beigeben, mit Salz und Pfeffer abschmecken und fertig dünsten.
- Zimtstängel und Lorbeerblatt entfernen.
- Kurz vor dem Servieren die gehackten Kräuter beigeben.

Anrichten
- Mithilfe eines Portionenrings den Couscous als Sockel anrichten.
- Die gedünsteten Gemüse anrichten und mit Olivenöl beträufeln.

Hinweise für die Praxis
Nach der oben beschriebenen Methode kann der Couscous sehr lang warm gehalten werden, ohne zu verkochen. Dieses Gericht kann auch als eigenständiges vegetarisches Gericht serviert werden, wobei der Anteil an Couscous und Gemüse erhöht werden muss. Die Gemüse können saisonal ergänzt oder angepasst werden. Je nach gewünschter Schärfe des Gerichts kann mehr oder weniger Chili zugegeben werden.

Eierschwämme/Pfifferlinge-Tofu-Gulasch mit Serviettenknödeln
Goulache de chanterelles et de tofu avec boulettes en serviette

Serviettenknödel

	4 Pers	10 Pers
Englischbrot	120 g	300 g
Vollmilch	80 g	200 g
Schalotten, geschält	20 g	50 g
Petersilie, glattblättrig, frisch	2 g	5 g
Butter	10 g	20 g
Vollei, pasteurisiert	60 g	150 g
Salz	2 g	5 g
Pfeffer, weiß, aus der Mühle		
Muskatnuss, gerieben		

Sauce

Olivenöl	2 g	5 g
Zwiebeln, rot, geschält	10 g	30 g
Knoblauch, geschält	2 g	5 g
Peperoni, rot, entkernt	40 g	100 g
Tomatenpüree	4 g	10 g
Paprika, delikatess		
Weißwein	20 g	50 g
Gemüsefond	60 g	150 g
Salz	2 g	5 g
Pfeffer, weiß, aus der Mühle		
Halbrahm, sauer, 25 %	40 g	100 g

Weitere Zutaten

Bratbutter	4 g	10 g
Eierschwämme/Pfifferlinge, frisch, gerüstet	160 g	400 g
Tofu	80 g	200 g
Salz		
Pfeffer, weiß, aus der Mühle		
Schnittlauch, frisch	2 g	5 g

Vorbereitung
- Englischbrot in 1 cm große Würfel schneiden und im Backofen bei 180 °C leicht rösten.
- Schalotten fein hacken.
- Petersilie waschen, zupfen, trockentupfen und fein hacken.
- Rote Peperoni waschen und in 1 cm große Würfel schneiden.
- Rote Zwiebeln fein hacken.
- Knoblauch durch die Knoblauchpresse drücken.
- Eierschwämme unter fließendem Wasser abspülen, gut abtropfen lassen und in gleichmäßige Stücke schneiden.
- Tofu in 1,5 cm große Würfel schneiden.
- Schnittlauch fein schneiden.

Zubereitung Serviettenknödel
- Schalotten in Butter andünsten, Petersilie kurz mitdünsten und mit Vollmilch ablöschen.
- Kurz aufkochen und etwas abkühlen lassen.
- Geröstete Brotwürfel mit der warmen Vollmilch übergießen und 20 Minuten quellen lassen.
- Vollei zur Masse geben, gut vermischen und mit Salz, Pfeffer und Muskat abschmecken.
- Probeknödel in kochendem Salzwasser pochieren.
- Masse auf Klarsichtfolie dressieren und satt einrollen (Durchmesser ca. 5 cm).
- Anschließend in Alufolie satt eindrehen.
- Salzwasser auf Pochiertemperatur bringen und die Knödel 30 Minuten pochieren (Kerntemperatur 82 °C).

Zubereitung Sauce
- In Schwenkkasserolle Olivenöl erhitzen.
- Zwiebeln und Knoblauch andünsten, Peperoniwürfel beigeben und mitdünsten.
- Tomatenpüree zugeben und ebenfalls mitdünsten.
- Mit Paprika stäuben, mit Weißwein ablöschen und zu sirupartiger Konsistenz reduzieren.
- Mit Gemüsefond auffüllen, mit Salz und Pfeffer abschmecken.
- Zugedeckt ca. 15 Minuten kochen.
- Sauce mit einem Stabmixer pürieren, sauren Halbrahm beigeben und abschmecken.

Weitere Zubereitung
- Bratbutter im Wok oder in einer antihaftbeschichteten Pfanne erhitzen.
- Eierschwämme und Tofuwürfel kurz heiß sautieren, mit Salz und Pfeffer würzen und in die vorbereitete Sauce geben.

Anrichten
- Sauce mit Eierschwämmen und Tofu anrichten und mit Schnittlauch bestreuen.
- Serviettenknödel aus der Folie nehmen, in 2 cm dicke Scheiben zu ca. 30 g schneiden und darauf anrichten.

Hinweise für die Praxis
Falls die Knödelmasse zu weich ist, kann etwas Paniermehl, Grieß oder Weißmehl beigegeben werden.

Fünfkornpfannkuchen mit Spinatfüllung · Pannequets aux cinq céréales farcis aux épinards

Pfannkuchenmasse	4 Pers	10 Pers
Fünfkorn-Vollkornmehl	75 g	190 g
Vollmilch	150 g	375 g
Vollei, frisch	50 g	250 g
Salz		
Pfeffer, weiß, aus der Mühle		
Muskatnuss, gerieben		
Bratbutter	25 g	60 g
Füllung		
Blattspinat, tiefgekühlt	500 g	1250 g
Butter	15 g	40 g
Schalotten, geschält	20 g	40 g
Knoblauch, geschält	5 g	10 g
Salz		
Pfeffer, weiß, aus der Mühle		
Feta (griechischer Schafskäse)	60 g	150 g
Sauce		
Cremesauce	160 g	400 g
Pecorino sardo, gerieben	20 g	40 g
Butter	15 g	30 g

Vorbereitung
- Fünfkorn-Vollkornmehl, Vollmilch, Vollei, Salz, Pfeffer und Muskat zu einem Pfannkuchenteig verrühren.
- Den Teig zugedeckt im Kühlschrank 30 Minuten ruhen lassen.
- Butter in einer antihaftbeschichteten Pfanne erhitzen.
- Aus dem Pfannkuchenteig pro Person 2 Stück Pfannkuchen (Ø ca. 16 cm) backen, herausnehmen und mit Folie abdecken.
- Spinat blanchieren, im Eiswasser abschrecken, abtropfen lassen und auspressen.
- Schalotten und Knoblauch fein hacken.
- Fetakäse für die Füllung in 5 mm große Würfel schneiden.

Zubereitung
- Schalotten und Knoblauch in Butter weich dünsten.
- Ausgepressten Blattspinat beigeben, mitdünsten und mit Salz und Pfeffer abschmecken.
- Spinat und Fetakäsewürfel vermischen.
- Pro Person 2 Stück Pfannkuchen mit je 50 g Spinatfüllung belegen und zusammenklappen.
- Pfannkuchen anrichten, mit der Cremesauce nappieren, mit Pecorino-Käse bestreuen und mit Butterflocken belegen.
- Im Ofen oder unter dem Salamander goldgelb überbacken.

Gedämpfte Reisbällchen mit Schweinefleischfüllung
Boulettes de riz farcies à la viande de porc et cuites à la vapeur

Zutaten	4 Pers	10 Pers
Jasminreis	70 g	175 g
Schweinsschulter, dressiert	220 g	550 g
Eiweiß, pasteurisiert	15 g	30 g
Sojasauce, hell	20 g	50 g
Ingwer, frisch, geschält	4 g	10 g
Zucker	10 g	20 g
Sherry, trocken	10 g	20 g
Sesamöl, fermentiert	4 g	10 g
Sauce		
Sojasauce, hell	60 g	150 g
Ingwer, frisch, geschält	8 g	20 g

Vorbereitung
- Jasminreis (Klebreis) 6 Stunden im kalten Wasser einweichen.
- Die Schweinsschulter in Streifen schneiden und durch den Fleischwolf drehen (Scheibe H 5).
- Ingwer für die Fleischbällchen fein reiben.
- Ingwer für die Sauce fein reiben und mit der Sojasauce vermischen.
- Gastro-Norm-Dampfeinsatz mit Backtrennpapier auslegen.

Zubereitung
- Den Reis abspülen und abschütten.
- Das gehackte Schweinefleisch mit Eiweiß, Sojasauce, Ingwer, Zucker, Sherry und Sesamöl vermischen (nicht kneten).
- Kleine Bällchen von 20–25 g formen (3 Stück pro Person) und mit dem gut abgetropften Reis panieren.
- Reisbällchen auf den vorbereiteten Dampfeinsatz legen.
- Mit Klarsichtfolie abdecken und im Kombisteamer bei 95 °C mit Dampf ca. 25–30 Minuten garen.
- Reisbällchen anrichten und mit Sojasauce mit Ingwer servieren.

Hinweise für die Praxis
Die Reisbällchen unmittelbar vor dem Gebrauch mit Reis panieren, sonst verfärbt sich der Reis.

Gedämpfte Teigtaschen mit Krevettenfüllung · Chaussons aux crevettes cuits à la vapeur

Teig	4 Pers	10 Pers
Weißmehl, Typ 550 (1)	100 g	250 g
Wasser	50 g	125 g
Weißmehl, Typ 550 (2)	15 g	35 g

Zutaten		
Riesenkrevetten, geschält	250 g	625 g
Frühlingszwiebeln, gerüstet	20 g	50 g
Bambussprossen, Dose, abgetropft	20 g	50 g
Sojasauce, hell	15 g	40 g
Sherry, trocken	10 g	25 g
Sesamöl, fermentiert	4 g	10 g
Schnittlauchhalme, frisch	16	40

Sauce		
Sojasauce, hell	30 g	75 g
Ingwer, frisch, geschält	5 g	10 g
Chilischoten, rot, entkernt	2 g	5 g
Limonensaft	8 g	20 g

Vorbereitung
- Weißmehl (1) sieben und zusammen mit kaltem Wasser zu einem elastischen Teig kneten und kühl stellen.
- Riesenkrevetten am Rücken einschneiden, den Darm entfernen und in 3 mm große Würfel schneiden.
- Frühlingszwiebeln und Bambussprossen in Brunoise (Würfelchen) schneiden.
- Riesenkrevettenwürfel, Frühlingszwiebeln, Bambussprossen, helle Sojasauce, Sherry und Sesamöl vermischen (nicht kneten).
- Schnittlauchhalme blanchieren, im Eiswasser abschrecken und abschütten.
- Ingwer fein reiben.
- Chilischote von den Samen befreien und in Brunoise (Würfelchen) schneiden.
- Alle Saucenzutaten miteinander verrühren.
- Gastro-Norm-Dampfeinsatz mit Backtrennpapier auslegen.

Zubereitung
- Den Teig mit Weißmehl (2) bestäuben und hauchdünn ausrollen.
- Quadrate von 8 cm Seitenlänge schneiden (pro Person 4 Stück à ca. 10 g Teig).
- Die Ränder der Quadrate mit wenig Wasser bestreichen und ca. 20 g Füllung in die Mitte geben.
- Mit beiden Händen die Teigränder gegen oben falten, die Füllung so verschließen, dass die Teigränder nach oben schauen und ein schlanker, halbrunder Beutel entsteht.
- Die Beutel oberhalb der Füllung mit einem Schnittlauchhalm sorgfältig zusammenbinden, die Schnittlauchenden wegschneiden.
- Die Beutel nochmals formen und beachten, dass nicht zu große Teigenden entstehen (ansonsten diese mit einer Schere wegschneiden).
- Auf den vorbereiteten Dampfeinsatz legen und im Kombisteamer ca. 8–10 Minuten im Dampf garen.
- Anrichten und mit Soja-Ingwer-Sauce servieren.

Hinweise für die Praxis
Der Teig soll hauchdünn ausgerollt werden, zum Ausrollen kann auch die Nudelmaschine benutzt werden. Die Füllung kann mit Shitake-Pilzen, gehacktem Seetang oder Schinkenwürfeln ergänzt werden. Die Teigtaschen können auch frittiert werden, sollten dann aber gut verschlossen sein, um ein Eindringen von Öl zu verhindern.

Gedämpfte Teigtaschen mit Rind- und Schweinefleischfüllung
Chaussons à la viande de bœuf et de porc cuits à la vapeur

Teig	4 Pers	10 Pers
Weißmehl, Typ 550 (1)	100 g	250 g
Wasser	50 g	125 g
Weißmehl, Typ 550 (2)	10 g	25 g

Zutaten		
Rindsschulter, dressiert	125 g	320 g
Schweinshuft, dressiert	125 g	320 g
Zwiebeln, geschält	40 g	100 g
Weißkohl, gerüstet	40 g	100 g
Lauch, junger, gerüstet	40 g	100 g
Ingwer, frisch, geschält	15 g	35 g
Sesamöl, fermentiert	20 g	50 g
Sojasauce, hell	25 g	60 g
Maisstärke	6 g	15 g

Sauce		
Sojasauce, dunkel, gesalzen	40 g	100 g
Ingwer, frisch, geschält	5 g	10 g

Vorbereitung
- Weißmehl (1) sieben und zusammen mit dem Wasser in der Rührmaschine zu einem elastischen Teig kneten und zugedeckt kühl stellen.
- Rind- und Schweinefleisch in Streifen schneiden, durch den Fleischwolf drehen (Scheibe H 5) und kühl stellen.
- Lauch längs halbieren und waschen.
- Zwiebeln, Weißkohl und Lauch ebenfalls durch den Fleischwolf drehen (Scheibe H 5).
- Gemüse in ein Etamine (Passiertuch) geben und gut auspressen.
- Ausgepresstes Gemüse zum Fleisch geben.
- Ingwer für die Füllung fein reiben.
- Geriebenen Ingwer, Sesamöl, helle Sojasauce und Maisstärke zur Fleisch-Gemüse-Mischung geben und gut vermischen (nicht kneten).
- Ingwer für die Sauce fein reiben und mit der dunklen Sojasauce vermischen.
- Gastro-Norm-Dampfeinsatz mit Backtrennpapier auslegen.

Zubereitung
- Den Teig mit Weißmehl (2) bestäuben und mit der Nudelmaschine in lange Teigbahnen von ca. 8 cm Breite hauchdünn ausrollen.
- Rondellen von 8 cm Durchmesser ausstechen (pro Person 3–4 Stück à ca. 8 g Teig).
- Jede Rondelle am Rand mit wenig Wasser befeuchten und ca. 20 g Füllung neben die Mitte setzen.
- Die größere Teighälfte über die kleinere Teighälfte klappen und an den Enden zusammenpressen.
- In den oberen Rand zwei Falten kneifen und die Ränder so zusammenpressen, dass eine Halbmondform entsteht.
- Auf den vorbereiteten Dampfeinsatz legen und im Kombisteamer ca. 8–10 Minuten im Dampf garen, bis die Teighülle fast glasig geworden ist.
- Anrichten und Sojasauce mit Ingwer separat dazu servieren.

Hinweise für die Praxis
Die Teigtaschen können auch im leicht siedenden Salzwasser gegart werden (Garzeit 3–5 Minuten).

Indischer Hülsenfrüchteeintopf · Potée indienne aux légumes secs

Zutaten	4 Pers	10 Pers
Kichererbsen, getrocknet	35 g	80 g
Flageolet-Bohnen, getrocknet	35 g	80 g
Soissons-Bohnenkerne, getrocknet	35 g	80 g
Kidney-Bohnen, getrocknet	35 g	80 g
Gemüsefond	400 g	1000 g
Lorbeerblätter	1	1
Gewürznelken	1	1
Bratbutter	55 g	140 g
Kreuzkümmel, ganz	8 g	20 g
Zwiebeln, geschält	80 g	200 g
Knoblauch, geschält	15 g	40 g
Ingwer, frisch, geschält	15 g	40 g
Tomaten, geschält, entkernt	120 g	300 g
Tomatenpüree	10 g	20 g
Chilischoten, rot, entkernt	5 g	15 g
Salz	4 g	8 g
Kurkuma, gemahlen	4 g	10 g
Gemüsefond	40 g	80 g
Garam Masala	4 g	10 g
Koriander, frisch	5 g	15 g

Vorbereitung
– Hülsenfrüchte über Nacht im Kühlschrank im ungesalzenen Gemüsefond einlegen und quellen lassen.
– Zwiebeln emincieren (in feine Scheiben schneiden).
– Knoblauch fein hacken.
– Ingwer fein reiben.
– Tomaten in 1 cm große Würfel schneiden.
– Chilischoten in feine Streifen schneiden.
– Koriander waschen, zupfen, trockentupfen und grob hacken.

Zubereitung
– Hülsenfrüchte im ungesalzenen Gemüsefond mit Lorbeerblatt und Gewürznelken weich sieden, allenfalls Flüssigkeit nachgießen.
– Hülsenfrüchte abschütten und abtropfen lassen (Garflüssigkeit auffangen); Lorbeerblatt und Gewürznelken entfernen.
– Bratbutter erhitzen, Kreuzkümmel und Zwiebeln beigeben und goldgelb sautieren.
– Knoblauch, Ingwer, Tomatenwürfel, Tomatenpüree und Chili beigeben.
– Mit Salz und Kurkuma abschmecken und zugedeckt dünsten.
– Gegarte Hülsenfrüchte beigeben, sorgfältig vermengen und zugedeckt mit wenig Gemüsefond (Garflüssigkeit) erhitzen.
– Kurz vor dem Servieren Garam Masala und gehackten Koriander beigeben und abschmecken.

Hinweise für die Praxis
Die Hülsenfrüchte können beliebig variiert werden. Als Beilagen passen indische Fladenbrote. Bitte beachten, dass Hülsenfrüchte verschiedener Größe auch unterschiedliche Kochzeiten benötigen; Hülsenfrüchte ähnlicher Größe kann man zusammen sieden.

Kichererbsencurry · Curry de pois chiches

Zutaten	4 Pers	10 Pers
Rapsöl	10 g	25 g
Zwiebeln, geschält	40 g	100 g
Knoblauch, geschält	5 g	10 g
Ingwer, frisch, geschält	15 g	35 g
Chilischoten, rot, entkernt	5 g	10 g
Peperoni, rot, entkernt	40 g	100 g
Kichererbsen, gekocht	300 g	750 g
Curry, Madras	5 g	10 g
Garam Masala	2 g	5 g
Kurkuma, gemahlen		
Kaffir-Limonen-Blätter	2	5
Kokosmilch, ungesüßt	150	380 g
Salz		
Koriander, frisch	8 g	20 g

Vorbereitung
– Zwiebeln emincieren (in feine Scheiben schneiden).
– Knoblauch fein hacken.
– Ingwer fein reiben.
– Chilischoten von den Samen befreien und in Julienne (Streifchen) schneiden.
– Peperoni im 8 mm große Würfel schneiden.
– Kichererbsen gut abtropfen lassen.
– Koriander waschen, zupfen, trockentupfen und grob hacken.

Zubereitung
– Zwiebeln, Knoblauch, Ingwer, Chili und Peperoni im Rapsöl dünsten.
– Die gekochten Kichererbsen beigeben und mitdünsten.
– Currypulver, Garam Masala, Kurkuma und Kaffir-Limonen-Blätter beigeben und vorsichtig mitdünsten.
– Mit der Kokosmilch aufgießen, gut vermischen und aufkochen.
– Auf kleinem Feuer zur gewünschten cremigen Konsistenz einkochen und salzen.
– Kaffir-Limonen-Blätter entfernen und vor dem Servieren mit den gehackten Korianderblättern vermischen.

Hinweise für die Praxis
Das Gericht kann mit beliebigen Gemüsen ergänzt und als eigenständiges vegetarisches Gericht serviert werden.

Kichererbsenschnitten · Tranches aux pois chiches

Zutaten	4 Pers	10 Pers
Geflügelfond, hell	400 g	1000 g
Olivenöl, kaltgepresst	25 g	65 g
Kichererbsenmehl	95 g	240 g
Rosmarin, frisch	1 g	2 g
Salz		
Pfeffer, weiß, aus der Mühle		
Eigelb, pasteurisiert	25 g	65 g
Butter	20 g	50 g
Olivenöl	15 g	40 g

Vorbereitung
- Rosmarin waschen, zupfen, trockentupfen und fein hacken.
- Geflügelfond zusammen mit dem kaltgepressten Olivenöl aufkochen.
- Das Kichererbsenmehl unter Rühren mit dem Schwingbesen einrieseln lassen.
- Bei schwacher Hitze im Ofen bei 120 °C zugedeckt 30 Minuten garen.
- Etwas ausdampfen lassen, gehackten Rosmarin und Eigelb unterrühren und mit Salz und Pfeffer abschmecken.
- Die Masse etwa 1–2 cm dick auf ein mit Backtrennpapier belegtes Backblech gleichmäßig ausstreichen und erkalten lassen.

Zubereitung
- Die Kichererbsenmasse halbmondförmig ausstechen oder in beliebige Formen schneiden.
- Olivenöl und Butter erhitzen und die Stücke goldgelb sautieren oder im Ofen regenerieren.

Hinweise für die Praxis
Die angegebenen Mengen entsprechen Beilagenportionen. Die Masse kann auch in geölte Terrinenformen (z. B. Dreiecksform) gefüllt werden und danach in Portionen geschnitten werden.

Kleine Fleischburger · Petits hamburgers de viande

Zutaten	4 Pers	10 Pers
Rindsschulter, dressiert	125 g	315 g
Schweinsschulter, dressiert	125 g	315 g
Semmeln, ohne Rinde	35 g	90 g
Vollmilch	35 g	90 g
Zwiebeln, geschält	25 g	65 g
Petersilie, glattblättrig, frisch	10 g	25 g
Vollei, pasteurisiert	50 g	125 g
Salz	4 g	10 g
Pfeffer, weiß, aus der Mühle		
Sonnenblumenöl, high oleic	20 g	50 g

Vorbereitung
- Semmeln in 1 cm große Würfel schneiden und mit heißer Vollmilch übergießen.
- Rindfleisch und Schweinefleisch in Streifen schneiden.
- Fleisch zusammen mit den eingeweichten Semmeln durch den Fleischwolf drehen (Scheibe H 5).
- Zwiebeln fein hacken, in Butter weich dünsten und erkalten lassen.
- Petersilie waschen, zupfen, trockentupfen und fein hacken.

Zubereitung
- Hackfleischmasse, Vollei, gedünstete Zwiebeln und gehackte Petersilie gut vermischen.
- Mit Salz und Pfeffer abschmecken.
- Aus der Fleischmasse 30–50 g schwere Fleischburger formen.
- In einer Lyoner Pfanne im heißen Öl beidseitig sautieren und servieren.

Kleine marinierte Geflügelspießchen vom Grill
Petites brochettes de volaille marinées et grillées

Zutaten

	4 Pers	10 Pers
Pouletbrüstchen, ohne Haut	400 g	1000 g
Knoblauch, geschält	2 g	5 g
Ingwer, frisch, geschält	2 g	5 g
Pfeffer, weiß, aus der Mühle		
Kurkuma, gemahlen	1 g	4 g
Paprika, delikatess	2 g	6 g
Pfefferminze, frisch	2 g	5 g
Reiswein, Sake	15 g	30 g
Zitronensaft, frisch	10 g	20 g
Vollmilchjoghurt, nature	60 g	150 g
Sonnenblumenöl, high oleic	25 g	60 g

Weitere Zutaten

	4 Pers	10 Pers
Salz	4 g	10 g
Sonnenblumenöl, high oleic	20 g	50 g

Vorbereitung
- Die Pouletbrüstchen in Streifen schneiden und an kleine Spießchen stecken (50 g Pouletfleisch pro Spießchen, pro Person 2 Spießchen).
- Knoblauch fein hacken.
- Ingwer fein reiben.
- Pfefferminze waschen, zupfen, trockentupfen und fein hacken.
- Knoblauch, Ingwer, Pfeffer, Kurkuma, Paprika, Minze, Reiswein, Zitronensaft, Joghurt und Sonnenblumenöl verrühren.
- Die Spießchen mit der Marinade bepinseln und 6 Stunden marinieren.

Zubereitung
- Die Spießchen aus der Marinade nehmen, Marinade etwas abstreifen.
- Salzen, auf dem heißen Holzkohlengrill grillieren und mit Öl bepinseln.

Hinweise für die Praxis
Sehr gut geeignet zu einem Apéro. Dazu kann ein dickflüssiges Vollmilchjoghurt (nature) mit Limettensaft und/oder Mango-Chutney serviert werden. Das Einlegen der Holzspießchen in warmes Wasser vor dem Aufstecken verhindert das Verbrennen auf dem Holzkohlengrill.

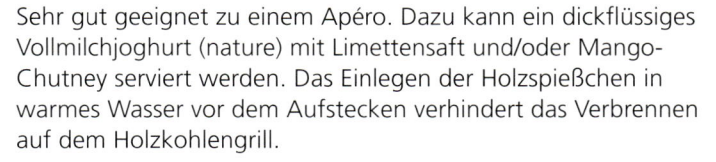

Marinierte Pouletflügel nach asiatischer Art · Ailes de poulet marinées à l'asiatique

Zutaten

	4 Pers	10 Pers
Pouletflügel, ohne Flügelspitzen	800 g	2000 g

Marinade

	4 Pers	10 Pers
Sojasauce, dunkel, gesalzen	75 g	185 g
Bienenhonig	50 g	120 g
Sherry, trocken	15 g	40 g
Ingwer, frisch, geschält	20 g	50 g
Reisessig	15 g	35 g
Five-Spices-Gewürzmischung	3 g	8 g
Sesamöl, fermentiert	20 g	50 g

Sauce

	4 Pers	10 Pers
Sojasauce, hell	60 g	150 g
Ingwer, frisch, geschält	10 g	25 g
Chilischoten, rot, entkernt	2 g	5 g
Limonensaft	10 g	25 g

Vorbereitung
- Ingwer für die Marinade und für die Sauce fein reiben.
- Sämtliche Zutaten für die Marinade gut verrühren und leicht erwärmen.
- Trockene Pouletflügel in die Marinade legen, gut vermengen und kühl stellen.
- Pouletflügel mindestens 2 Stunden marinieren.
- Chilischoten von den Samen befreien und in Brunoise (Würfelchen) schneiden.
- Saucenzutaten verrühren.

Zubereitung
- Pouletflügel aus der Marinade nehmen und auf einem Sieb gut abtropfen lassen.
- Ein Backblech mit Backtrennpapier auslegen und die Pouletflügel darauf legen.
- Bei einer Temperatur von 240 °C und offenem Dampfabzug ca. 10–15 Minuten knusprig garen.
- Kurz abstehen lassen und heiß servieren.
- Sojasaucendip separat dazu servieren.

Puy-Linsen-Küchlein · Galettes de lentilles du Puy

Zutaten

	4 Pers	10 Pers
Puy-Linsen, getrocknet	125 g	315 g
Ruchmehl	50 g	125 g
Vollmilch	100 g	250 g
Vollei, frisch	40 g	100 g
Backpulver	2 g	5 g
Ricotta	70 g	175 g
Petersilie, glattblättrig, frisch	5 g	10 g
Salz		
Pfeffer, schwarz, aus der Mühle		
Olivenöl	30 g	75 g
Butter	20 g	50 g

Vorbereitung

- Linsen weich sieden, abschütten und gut abtropfen lassen.
- Petersilie waschen, zupfen, trockentupfen und fein hacken.
- Ruchmehl, Vollmilch, Vollei und Backpulver in einer Schüssel gut verrühren.
- Linsen, Ricotta und gehackte Petersilie beigeben und mit Salz und Pfeffer abschmecken.

Zubereitung

- Olivenöl und Butter in einer antihaftbeschichteten Pfanne erhitzen.
- Portionenweise Linsenmasse beigeben, zu Küchlein formen und hellbraun sautieren.

Hinweise für die Praxis
Die angegebenen Mengen entsprechen Beilagenportionen.

Satay-Spießchen mit Rindfleisch · Brochettes de bœuf satay

Zutaten

	4 Pers	10 Pers
Rindshuft, 1. Qualität, dressiert	400 g	1000 g
Fenchelsamen, gemahlen	4 g	10 g
Kreuzkümmel, gemahlen	4 g	10 g
Koriander, gemahlen	4 g	10 g
Kurkuma, gemahlen	2 g	5 g
Zimt, gemahlen	2 g	5 g
Zitronengras, gerüstet	10 g	25 g
Ingwer, frisch, geschält	20 g	50 g
Knoblauch, geschält	8 g	20 g
Zucker	15 g	40 g
Kokosmilch, ungesüßt	80 g	200 g
Sonnenblumenöl, high oleic (1)	40 g	100 g

Weitere Zutaten

Salz	3 g	5 g
Sonnenblumenöl, high oleic (2)	30 g	75 g
Kokosmilch, ungesüßt	20 g	50 g
Limonen	80 g	200 g

Sauce

Erdnusssauce	160 g	400 g

Vorbereitung

- Rindshuft in ca. 8 mm große Würfel schneiden und an kleine Spießchen stecken (50 g Rindfleisch pro Spießchen, pro Person 2 Spießchen).
- Fenchel, Kreuzkümmel, Koriander, Kurkuma und Zimt mit dem Sonnenblumenöl (1) vermischen.
- Zitronengras, Ingwer und Knoblauch in Scheiben schneiden.
- Zitronengras, Ingwer, Knoblauch, Zucker und Kokosmilch im Kutter fein pürieren, zu den restlichen Gewürzen geben und verrühren.
- Die Spießchen mit der Marinade bestreichen und 6 Stunden marinieren.
- Limonen in Schnitze schneiden.

Zubereitung

- Die Spießchen aus der Marinade nehmen, Marinade etwas abstreifen.
- Salzen, auf dem heißen Holzkohlengrill grillieren und mit Sonnenblumenöl (2) und Kokosmilch bestreichen.
- Anrichten und mit Limonenschnitzen garnieren.
- Heiße Erdnusssauce separat dazu servieren.

Hinweise für die Praxis
Die überschüssige Marinade kann mehrmals verwendet werden. Das Rezept kann auch für Satay-Spießchen mit Schweinefleisch oder Pouletfleisch verwendet werden.

Schinkenauflauf · Soufflé au jambon

Vorbereitung Formen	4 Pers	10 Pers
Butter	15 g	35 g
Weißmehl	20 g	50 g

Zutaten		
Butter	30 g	75 g
Vollmilch	120 g	300 g
Weißmehl, Typ 550	50 g	125 g
Salz		
Pfeffer, weiß, aus der Mühle		
Muskatnuss, gerieben		
Eigelb, frisch	60 g	150 g
Schinken, gekocht	80 g	200 g
Eiweiß, frisch	160 g	400 g
Stärkemehl	5 g	15 g

Sauce		
Madeira-Sauce	160 g	400 g

Vorbereitung
- Porzellan-Kokotten (100–120 g Inhalt) mit Butter sorgfältig ausstreichen und mit Weißmehl stäuben.
- Gekochten Schinken in Brunoise (Würfelchen) schneiden.

Zubereitung
- Vollmilch, Butter, Salz, Pfeffer und Muskat aufkochen.
- Das Weißmehl im Sturz beigeben.
- Mit einem Spatel die Masse auf dem Herd abrühren, bis sie sich vom Pfannenboden löst.
- Die Masse in eine Schüssel geben und das Eigelb nach und nach unterrühren.
- Schinken-Brunoise beigeben und abschmecken.
- Das Eiweiß zu einem steifen Schnee schlagen und das Stärkemehl beigeben.
- Mit ⅓ des Eischnees die Masse lockern.
- Den restlichen Eischnee mit einem Spatel vorsichtig unter die Masse heben.
- Kokotten bis zu ¾ der Höhe mit der Auflaufmasse füllen.
- In einem heißen Wasserbad rund 30 Minuten vorwärmen.
- Aus dem Wasserbad nehmen und bei einer Temperatur von 180 °C und geschlossenem Dampfabzug ca. 25 Minuten backen.
- Herausnehmen und sofort servieren; Madeira-Sauce separat dazu servieren.

Hinweise für die Praxis
Die Backzeit ist abhängig von der Temperatur der Masse und der Größe der Kokotten. Das Vorwärmen der Soufflé-Masse im Wasserbad kann auf 40–50 Minuten ausgedehnt werden.

Spinatauflauf · Soufflé aux épinards

Vorbereitung Formen	4 Pers	10 Pers
Butter	15 g	35 g
Weißmehl	20 g	50 g
Zutaten		
Butter	30 g	75 g
Vollmilch	120 g	300 g
Weißmehl, Typ 550	50 g	125 g
Salz		
Pfeffer, weiß, aus der Mühle		
Muskatnuss, gerieben		
Eigelb, frisch	60 g	150 g
Blattspinat, tiefgekühlt	120 g	300 g
Schalotten, geschält	25 g	65 g
Butter	20 g	50 g
Eiweiß, frisch	160 g	400 g
Stärkemehl	5 g	15 g
Sauce		
Madeira-Sauce	160 g	400 g

Vorbereitung
- Porzellan-Kokotten (100–120 g Inhalt) mit Butter sorgfältig ausstreichen und mit Weißmehl stäuben.
- Blattspinat blanchieren, im Eiswasser abschrecken, abschütten, gut auspressen und hacken.
- Schalotten fein hacken.
- Schalotten in Butter dünsten, gehackten Spinat beigeben, kurz mitdünsten, würzen und erkalten lassen.

Zubereitung
- Vollmilch, Butter, Salz, Pfeffer und Muskat aufkochen.
- Das Weißmehl im Sturz beigeben.
- Mit einem Spatel die Masse auf dem Herd abrühren, bis sie sich vom Pfannenboden löst.
- Die Masse in eine Schüssel geben und das Eigelb nach und nach unterrühren.
- Gehackten Spinat beigeben.
- Das Eiweiß zu einem steifen Schnee schlagen und das Stärkemehl beigeben.
- Mit ⅓ des Eischnees die Masse lockern.
- Den restlichen Eischnee mit einem Spatel vorsichtig unter die Masse heben.
- Kokotten bis zu ¾ der Höhe mit der Auflaufmasse füllen.
- In einem heißen Wasserbad rund 30 Minuten vorwärmen.
- Aus dem Wasserbad nehmen und bei einer Temperatur von 180 °C und geschlossenem Dampfabzug ca. 25 Minuten backen.
- Herausnehmen und sofort servieren; Madeira-Sauce separat dazu servieren.

Hinweise für die Praxis
Die Backzeit ist abhängig von der Temperatur der Masse und der Größe der Kokotten. Das Vorwärmen der Soufflé-Masse im Wasserbad kann auf 40–50 Minuten ausgedehnt werden.

Warmes Kartoffel-Trüffel-Espuma · Espuma chaude de pommes de terre et truffes

Zutaten	1 Liter
Kartoffeln, Typ B, geschält	600 g
Vollmilch	300 g
Gemüsefond	100 g
Butter	30 g
Trüffelöl	30 g
Meersalz, grob	10 g
Pfeffer, weiß, aus der Mühle	
Muskatnuss, gerieben	

Vorbereitung
- Vollmilch und Gemüsefond aufkochen.

Zubereitung
- Kartoffeln im Drucksteamer garen.
- Die Butter im heißen Milch-Gemüse-Fond auflösen.
- Trüffelöl und Meersalz beigeben.
- Kartoffeln durch ein Passe-vite treiben und die Milchmischung langsam beigeben.
- Mit Pfeffer und Muskatnuss abschmecken und durch ein Haarsieb passieren.
- Heiße Masse in den iSi-Profi-Whip-Behälter füllen und zuerst eine Gaspatrone aufschrauben und gut schütteln.
- Anschließend eine zweite Gaspatrone aufschrauben und erneut schütteln.
- Sofort verwenden oder im Wasserbad warm stellen.

Hinweise für die Praxis
Nach jeder aufgeschraubten Gaspatrone den Bläser gut durchschütteln. Espumas eignen sich sehr gut als «Amuse gueule» zu Beginn eines Menüs oder als leichte, luftige Sättigungsbeilage. Das Espuma kann nach Belieben mit frischen Trüffeln (Scheiben, Streifchen, Würfelchen) ausgarniert werden.

Zander-Krevetten-Küchlein · Galettes de sandre et de crevettes

Zutaten

	4 Pers	10 Pers
Zanderfilet, pariert	160 g	400 g
Riesenkrevetten, geschält	80 g	200 g
Olivenöl	5 g	15 g
Schalotten, geschält	15 g	40 g
Knoblauch, geschält	3 g	8 g
Petersilie, glattblättrig, frisch	5 g	15 g
Dill, frisch	2 g	5 g
Kerbel, frisch	2 g	5 g
Vollei, pasteurisiert	20 g	50 g
Mascarpone	50 g	125 g
Salz	5 g	12 g
Pfeffer, weiß, aus der Mühle		
Zitronensaft, frisch	10 g	25 g
Mie de pain/weißes Paniermehl	30 g	75 g
Sonnenblumenöl, high oleic	40 g	100 g

Sauce

Halbrahm, sauer, 25%	80 g	200 g
Bienenhonig	20 g	50 g
Petersilie, glattblättrig, frisch	3 g	8 g
Dill, frisch	2 g	5 g
Salz		
Pfeffer, weiß, aus der Mühle		
Limonensaft	5 g	15 g

Vorbereitung

– Riesenkrevetten vom Rücken her einschneiden und den Darm entfernen.
– Zanderfilet und Riesenkrevetten nicht zu fein hacken.
– Schalotten und Knoblauch fein hacken.
– Petersilie, Dill und Kerbel waschen, zupfen, trockentupfen und fein hacken.
– Petersilie und Dill für die Sauce waschen, zupfen, trockentupfen und fein hacken.
– Schalotten und Knoblauch im Olivenöl glasig dünsten, Kräuter beigeben und erkalten lassen.
– Saucenzutaten verrühren und mit Salz, Pfeffer und Limonensaft abschmecken.

Zubereitung

– Gehackte Zander-Riesenkrevetten-Mischung mit Schalotten, Knoblauch, Kräutern, Vollei und Mascarpone vermischen.
– Mit Salz, Pfeffer und Zitronensaft abschmecken.
– Küchlein mit einem Stückgewicht von 40–50 g formen (2 Stück pro Person).
– Die Küchlein im Mie de pain wenden.
– Im heißen Sonnenblumenöl sautieren und anrichten.
– Sauerrahmsauce separat dazu servieren.

Hinweise für die Praxis

Die Fischküchlein können auch mit sautierten, gehackten Pilzen, gegarten Fenchel-Brunoise oder gehackten Sardellenfilets ergänzt werden.

Eiergerichte

Eier im Töpfchen mit Pilzen und Kräutern · Œufs en cocotte avec champignons et fines herbes

Zutaten	4 Pers	10 Pers
Vollei, frisch	4	10
Butter	10 g	20 g
Schalotten, geschält	10 g	20 g
Champignons, frisch, gerüstet	80 g	200 g
Steinpilze, frisch, gerüstet	40 g	100 g
Austernpilze, frisch, gerüstet	40 g	100 g
Butter	10 g	30 g
Weißmehl	12 g	30 g
Gemüsefond	240 g	600 g
Vollrahm, 35%	40 g	100 g
Butter	12 g	30 g
Salz		
Pfeffer, weiß, aus der Mühle		
Schnittlauch, frisch	10 g	20 g
Rosmarin, frisch	4 g	10 g
Thymian, frisch	4 g	10 g

Vorbereitung
– Pro Person eine Porzellan-Kokotte mit Butter ausstreichen.
– Eier einzeln in Schälchen oder Tassen aufschlagen, ohne dabei das Eigelb zu verletzen.
– Mit Butter und Weißmehl einen Roux herstellen und erkalten lassen.
– Schalotten fein hacken.
– Champignons waschen, abtropfen lassen und in 1 cm große Würfel schneiden.
– Steinpilze mit einem Tuch abreiben und in 1 cm große Würfel schneiden.
– Austernpilze ebenfalls in 1 cm große Würfel schneiden.
– Gemüsefond aufkochen.
– Schnittlauch fein schneiden.
– Rosmarin und Thymian waschen, zupfen, trockentupfen und fein hacken.

Zubereitung
– Heißen Gemüsefond unter Rühren zum kalten Roux geben, kurze Zeit kochen und den Vollrahm beigeben.
– Schalotten in Butter andünsten.
– Champignons, Stein- und Austernpilze zugeben, gar dünsten und abschmecken.
– Pilze in Sieb schütten und die Dünstflüssigkeit auffangen.
– Dünstflüssigkeit zu Glace einkochen und zur Sauce geben.
– Pilze, Rosmarin und Thymian mit der Sauce vermischen und abschmecken.
– Pilzsauce in die vorbereiteten Kokotten verteilen.
– In jede Kokotte ein Ei obenauf geben und das Eiweiß leicht salzen.
– Im Wasserbad im Backofen ca. 5 Minuten pochieren (das Eiweiß muss leicht pochiert sein, und das Eigelb soll eine leicht fließende Konsistenz aufweisen).
– Kokotten aus dem Wasserbad nehmen und das Eiweiß mit Schnittlauch bestreuen.
– In der Kokotte auf Teller mit Papierserviette servieren.

Hinweise für die Praxis
Wird das Gericht im Kombisteamer zubereitet (78 °C mit Dampf), müssen die Kokotten mit Klarsichtfolie abgedeckt werden, damit sich nicht Wasser mit der Sauce vermischt.

Omelette · Omelette

Zutaten

	4 Pers	10 Pers
Vollei, pasteurisiert	480 g	1200 g
Butter	20 g	50 g
Salz		
Pfeffer, weiß, aus der Mühle		
Butter	8 g	20 g

Vorbereitung

– Vollei in eine Schüssel geben und mit Salz und weißem Pfeffer würzen.

Zubereitung

– Butter in einer antihaftbeschichteten Pfanne erhitzen, ohne zu bräunen.
– Eimasse hineingießen, unter ständigem Rühren mit einem Spatel und Bewegen der Pfanne zu einer feinflockig-cremigen Masse garen.
– Nicht mehr rühren und durch Schräghalten der Pfanne die Masse in den vorderen Pfannenteil gleiten lassen.
– Die verbleibende Bodenschicht nach vorne rollen und die Seiten und Enden nach innen klappen, bis die Omelette eine ovale Form aufweist.
– Die Omelette auf das vorgewärmte Anrichtegeschirr stürzen.
– Mit flüssiger Butter bestreichen.

Hinweise für die Praxis

Eine fachgerecht hergestellte Omelette hat folgende Merkmale:
– eine ovale, vollständig geschlossene Form;
– eine zarte, goldgelbe und glatte Oberfläche;
– das Innere ist von cremiger Konsistenz («baveuse»).
Omeletten können mit gedünsteten Zutaten wie Pilzen, Zucchetti, Spargelspitzen, Tomatenwürfeln, Erbsen, Krevetten, Räucherlachswürfeln, Schinken, Speck ergänzt werden.

Pochierte und gratinierte Eier auf Blattspinat · Œufs pochés sur feuilles d'épinards gratinés

Zutaten

	4 Pers	10 Pers
Vollei, frisch	4	10
Wasser	800 g	2000 g
Weißweinessig	80 g	200 g
Spinat, frisch, gerüstet	400 g	1000 g
Butter	12 g	30 g
Schalotten, geschält	12 g	30 g
Knoblauch, geschält	4 g	10 g
Salz		
Muskatnuss, gerieben		

Sauce

Cremesauce	100 g	250 g
Holländische Sauce	35 g	80 g
Sbrinz, gerieben	20 g	50 g

Vorbereitung

- Essigwasser in einer tiefen Kasserolle auf den Siedepunkt bringen.
- Sehr frische Eier einzeln in Schälchen oder Tassen aufschlagen, ohne das Eigelb zu verletzen.
- Blattspinat waschen, blanchieren, im Eiswasser abschrecken, abtropfen und auspressen.
- Schalotten und Knoblauch fein hacken.

Zubereitung

- Schalotten und Knoblauch in Butter weich dünsten, Spinat beigeben und mitdünsten.
- Spinat mit Salz und Pfeffer würzen und in einer Gratinplatte anrichten.
- Die einzeln aufgeschlagenen Eier sorgfältig in das Essigwasser gleiten lassen.
- 3–4 Minuten pochieren, das Eiweiß muss leicht pochiert, das Eigelb noch leicht flüssig sein.
- Die Eier mit einer Schaumkelle herausnehmen und kurz in heißes Salzwasser tauchen.
- Das überschüssige Eiweiß abtrennen und mit der Schaumkelle auf einem Küchenpapier abtropfen lassen.
- Die pochierten Eier auf dem Blattspinat anrichten.
- Cremesauce erhitzen und vom Herd ziehen.
- Holländische Sauce und geriebenen Sbrinz unter die Cremesauce rühren.
- Die Eier mit der Sauce nappieren (übergießen) und unter dem Salamander gratinieren.

Hinweise für die Praxis

Die Eier können auch zum Voraus pochiert, im Salzwasser abgekühlt und bei Gebrauch darin erwärmt werden. Pochierte Eier können auch auf Toast oder in einem Blätterteig-Tartelette angerichtet werden.

Rührei · Œufs brouillés

Zutaten

	4 Pers	10 Pers
Vollei, pasteurisiert	480 g	1200 g
Salz		
Pfeffer, weiß, aus der Mühle		
Butter	20 g	50 g
Vollrahm, 35 %	60 g	150 g

Vorbereitung

- Vollei in eine Schüssel geben und mit Salz und weißem Pfeffer würzen.

Zubereitung

- Butter in einer Sauteuse schmelzen.
- Eimasse dazugeben und mit einem Spatel bei schwacher Hitze oder im Wasserbad zu einer cremigen, kleinflockigen Masse stocken lassen.
- Vollrahm beigeben, um den Pochiervorgang zu stoppen, und anrichten.

Hinweise für die Praxis

Das Rührei kann mit unterschiedlichen Zutaten kombiniert werden, z.B. mit Käsewürfeln, Tomatenwürfeln, kleinen Krevetten, diversen Gemüsen und Kräutern. Zum Frühstück werden häufig gebratene oder grillierte Schinken- oder Specktranchen oder Cipolatas dazu serviert.

Spanische Tortilla · Tortilla espagnole

Zutaten

	4 Pers	10 Pers
Kartoffeln, Typ B, geschält	300 g	750 g
Zwiebeln, geschält	100 g	250 g
Vollei, frisch	400 g	1000 g
Olivenöl, kaltgepresst	60 g	150 g
Cherry-Tomaten	100 g	250 g
Chorizo (scharfe Paprikawurst)	60 g	150 g
Petersilie, glattblättrig, frisch	20 g	50 g
Salz		
Pfeffer, weiß, aus der Mühle		

Vorbereitung
- Kartoffeln in 3 mm dicke Scheiben schneiden, kurz blanchieren, abschütten und ausdampfen lassen.
- In einer antihaftbeschichteten Pfanne die Kartoffelscheiben im Olivenöl bei schwacher Hitze sautieren, ohne zu bräunen.
- Kartoffeln herausnehmen, das Öl abgießen und beiseite stellen.
- Zwiebeln hacken und im Olivenöl glasig dünsten.
- Cherry-Tomaten waschen und vierteln.
- Chorizos enthäuten und in 2 mm dicke Scheiben schneiden.
- Petersilie waschen, zupfen, trockentupfen und fein hacken.
- Eier aufschlagen und verrühren.
- Kartoffeln, Zwiebeln, Cherry-Tomaten, Chorizos, Petersilie und Eier in eine Schüssel geben.
- Die Masse gut verrühren, abschmecken und 30 Minuten kühl stellen.

Zubereitung
- Die gekühlte Eimasse in eine antihaftbeschichtete Pfanne mit Olivenöl geben (am Anfang, wenn die Masse noch flüssig ist, des Öfteren an der Pfanne rütteln, damit die Eimasse besser stockt).
- Die Tortilla wenden und beidseitig goldbraun sautieren.
- Die Tortilla auf Teller stürzen, mit dem restlichen Olivenöl bestreichen und servieren.

Hinweise für die Praxis
Tortillas können warm und kalt serviert werden. Die Zutaten können beliebig mit Thunfisch, Spargeln, Peperoni oder Artischockenherzen ergänzt werden. Um die Tortillas besser wenden zu können, ist es von Vorteil, kleine, antihaftbeschichtete Pfannen zu verwenden.

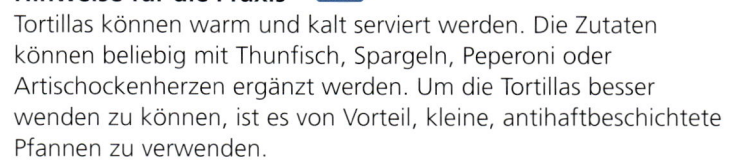

Käsegerichte

Basler Zwiebelwähe · Tarte aux oignons bâloise

Teig	1 Stück
Geriebener Teig	250 g

Vorbereitung Formen	
Butter	10 g
Weißmehl	10 g

Füllung	
Butter	20 g
Zwiebeln, geschält	380 g
Emmentaler Käse, rezent, gerieben	250 g

Guss	
Vollmilch	200 g
Vollrahm, 35%	100 g
Vollei, pasteurisiert	100 g
Weißmehl	40 g
Salz	
Pfeffer, weiß, aus der Mühle	
Muskatnuss, gerieben	

Vorbereitung
- Kuchenblech (Ø 26 cm) mit Butter ausstreichen und mit Weißmehl ausstäuben.
- Geriebenen Teig 2–3 mm dick auswallen und das Kuchenblech damit auslegen.
- Teigränder mit einem Wallholz abtrennen, Teigboden mit einer Gabel einstechen und kühl stellen.
- Teigboden mit Backtrennpapier belegen, mit getrockneten Hülsenfrüchten füllen und bei 200 °C und offenem Dampfabzug 10 Minuten blind backen, anschließend Hülsenfrüchte und Backtrennpapier entfernen.
- Zwiebeln quer zum Wurzelansatz emincieren (in feine Scheiben schneiden).
- Zwiebeln in Butter sautieren, bis sie stark zusammenfallen und leicht Farbe annehmen, anschließend erkalten lassen.
- Sämtliche Zutaten für den Guss verrühren und mit Salz, Pfeffer und Muskat abschmecken.

Zubereitung
- Gedünstete Zwiebeln auf dem Teigboden verteilen.
- Guss mit dem Emmentaler Käse verrühren und gleichmäßig in der Kuchenform verteilen.
- Bei 200 °C ca. 20 Minuten backen.
- Vor dem Portionieren kurze Zeit abstehen lassen.

Fondue mit Gruyère und Emmentaler · Fondue au Gruyère et Emmentaler

Zutaten	4 Pers	10 Pers
Knoblauch, geschält	2 g	5 g
Weißwein	280 g	700 g
Gruyère, gerieben	400 g	1000 g
Emmentaler Käse, gerieben	200 g	500 g
Stärkemehl	15 g	40 g
Kirsch	20 g	50 g
Pfeffer, weiß, aus der Mühle		
Muskatnuss, gerieben		
Paprika, delikatess		
Weißbrot	600 g	1500 g

Vorbereitung
- Stärkemehl mit Kirsch anrühren.
- Weißbrot in mundgroße Stücke schneiden.

Zubereitung
- Fondue-Caquelon mit zerquetschten Knoblauchzehen ausreiben.
- Weißwein beigeben und aufkochen.
- Käsemischung unter ständigem Rühren beigeben.
- Bei gleichmäßiger Hitze zu einer glatten Masse abrühren.
- Fondue mit dem angerührten Stärkemehl binden und mit Pfeffer, Muskat und Paprika würzen.
- Caquelon auf ein vorbereitetes Fondue-Rechaud stellen.
- Brotwürfel separat in einem Brotkorb dazu servieren.

Hinweise für die Praxis
Ein Käse-Fondue sollte eine dickflüssige, cremige, gebundene Konsistenz aufweisen. Je nach verwendetem Käse kann die Menge des Bindemittels variieren. Um den Käse besser reiben zu können, ihn für ca. 30 Minuten in den Tiefkühler stellen. Der verwendete Wein sollte über genügend Säure verfügen. Falsche Weinzugabe (säurearmer Wein) ist einer der häufigsten Gründe, wenn ein Fondue gerinnt. Durch die Zugabe von wenig Zitronensaft kann das Fondue zumeist «gerettet» werden.

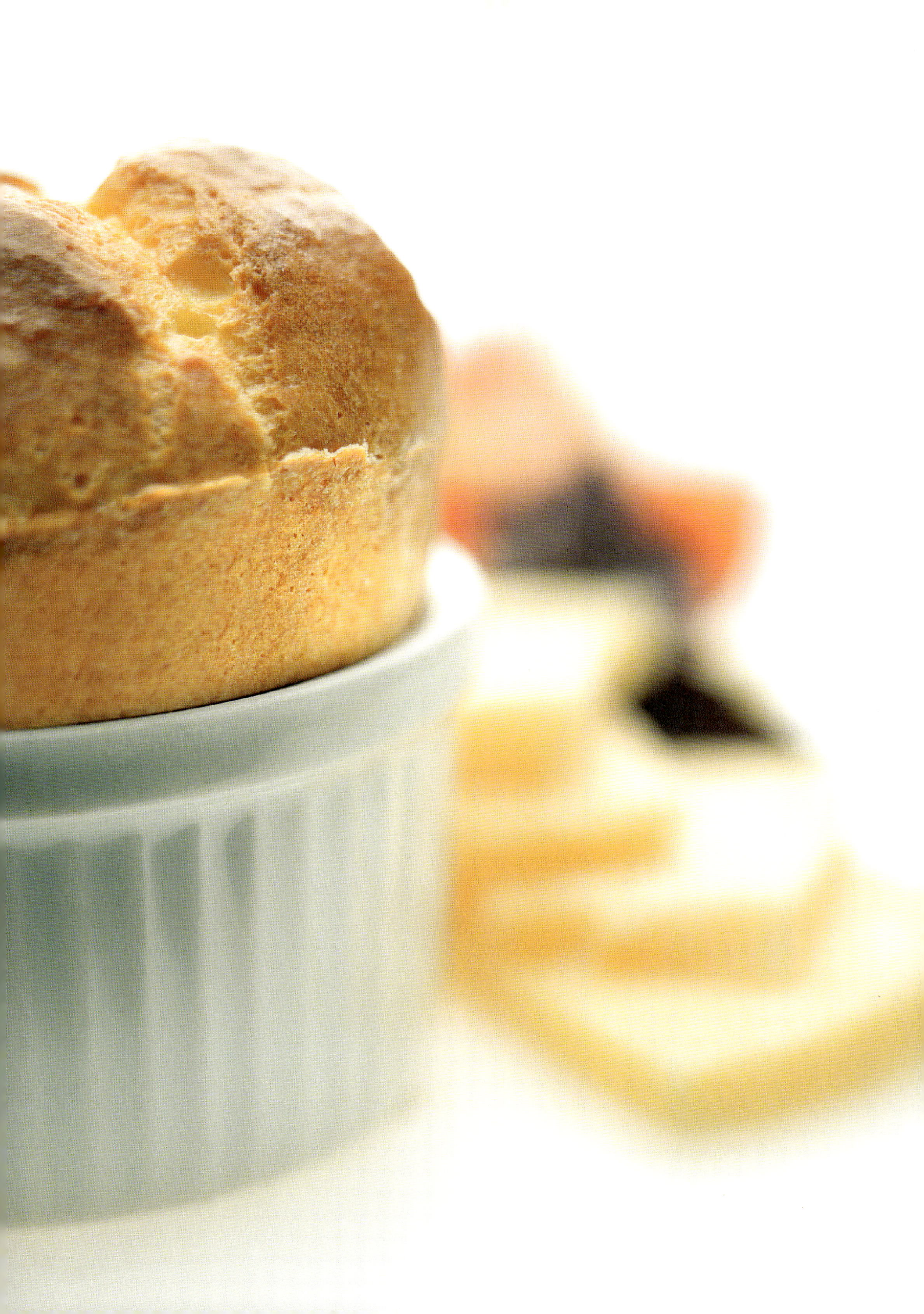

Fondue mit Gruyère, Tilsiter und Appenzeller · Fondue au Gruyère, Tilsit et Appenzell

Zutaten	4 Pers	10 Pers
Knoblauch, geschält	2 g	5 g
Weißwein, Riesling-Silvaner	280 g	700 g
Gruyère, gerieben	280 g	700 g
Tilsiter aus Rohmilch, gerieben	160 g	400 g
Appenzeller Käse, gerieben	160 g	400 g
Stärkemehl	15 g	40 g
Kirsch	20 g	50 g
Pfeffer, weiß, aus der Mühle		
Muskatnuss, gerieben		
Halbweißbrot	600 g	1500 g

Vorbereitung
- Stärkemehl mit Kirsch anrühren.
- Halbweißbrot in mundgroße Stücke schneiden.

Zubereitung
- Fondue-Caquelon mit zerquetschten Knoblauchzehen ausreiben.
- Weißwein beigeben und aufkochen.
- Käsemischung unter ständigem Rühren beigeben.
- Bei gleichmäßiger Hitze zu einer glatten Masse abrühren.
- Fondue mit dem angerührten Stärkemehl binden und mit Pfeffer und Muskat würzen.
- Caquelon auf ein vorbereitetes Fondue-Rechaud stellen.
- Brotwürfel separat in einem Brotkorb dazu servieren.

Hinweise für die Praxis
Ein Käse-Fondue sollte eine dickflüssige, cremige, gebundene Konsistenz aufweisen. Je nach verwendetem Käse kann die Menge des Bindemittels variieren. Um den Käse besser reiben zu können, ihn für ca. 30 Minuten in den Tiefkühler stellen. Der verwendete Wein sollte über genügend Säure verfügen. Falsche Weinzugabe (säurearmer Wein) ist einer der häufigsten Gründe, wenn ein Fondue gerinnt. Durch die Zugabe von wenig Zitronensaft kann das Fondue zumeist «gerettet» werden. Anstelle von Weißwein kann auch Apfelwein verwendet werden.

Fondue moitié-moitié · Fondue moitié-moitié

Zutaten	4 Pers	10 Pers
Knoblauch, geschält	2 g	5 g
Weißwein	300 g	750 g
Freiburger Vacherin, gerieben	300 g	750 g
Gruyère, gerieben	300 g	750 g
Stärkemehl	15 g	40 g
Kirsch	20 g	50 g
Pfeffer, weiß, aus der Mühle		
Muskatnuss, gerieben		
Halbweißbrot	600 g	1500 g

Vorbereitung
- Stärkemehl mit Kirsch anrühren.
- Halbweißbrot in mundgroße Stücke schneiden.

Zubereitung
- Fondue-Caquelon mit zerquetschten Knoblauchzehen ausreiben.
- Weißwein beigeben und aufkochen.
- Käsemischung unter ständigem Rühren beigeben.
- Bei gleichmäßiger Hitze zu einer glatten Masse abrühren.
- Fondue mit dem angerührten Stärkemehl binden und mit Pfeffer und Muskat würzen.
- Caquelon auf ein vorbereitetes Fondue-Rechaud stellen.
- Brotwürfel separat in einem Brotkorb dazu servieren.

Hinweise für die Praxis
Ein Käse-Fondue sollte eine dickflüssige, cremige, gebundene Konsistenz aufweisen. Je nach verwendetem Käse kann die Menge des Bindemittels variieren. Um den Käse besser reiben zu können, ihn für ca. 30 Minuten in den Tiefkühler stellen. Der verwendete Wein sollte über genügend Säure verfügen. Falsche Weinzugabe (säurearmer Wein) ist einer der häufigsten Gründe, wenn ein Fondue gerinnt. Durch die Zugabe von wenig Zitronensaft kann das Fondue zumeist «gerettet» werden.

Frittierter Camembert · Camembert frit

Zutaten	4 Pers	10 Pers
Camembert	200 g	500 g
Weißmehl	20 g	50 g
Vollei, frisch	160 g	400 g
Mie de pain/weißes Paniermehl	120 g	300 g
Petersilie, gekraust, frisch	20 g	50 g
Ölverlust beim Frittieren	32 g	80 g
Beilagen		
Quitten-Chutney	120 g	300 g

Vorbereitung
- Gereiften und gut gekühlten Camembert in Keile schneiden.
- Petersilie waschen, zupfen und abtropfen lassen.

Zubereitung
- Den Camembert mehlen, im Vollei wenden und im Mie de pain panieren.
- Anschließend nochmals im Vollei wenden und nochmals im Mie de pain panieren.
- In der Fritteuse bei einer Temperatur von 170 °C knusprig goldgelb frittieren.
- Herausnehmen und auf Küchenpapier abtropfen lassen.
- Anrichten und mit Petersilie garnieren.
- Quitten-Chutney separat dazu servieren.

Gebackene Käsebuchteln · Buchteln au fromage

Vorbereitung Formen	4 Pers	10 Pers
Butter (1)	10 g	20 g
Weißmehl	10 g	20 g
Teig		
Vollmilch	120 g	300 g
Hefe	14 g	35 g
Salz	3 g	7,5 g
Weißmehl, Typ 550	180 g	450 g
Parmesan, gerieben	60 g	150 g
Vollei, frisch	20 g	50 g
Füllung		
Gruyère, gerieben	80 g	200 g
Weißmehl	20 g	50 g
Vollrahm, 35%	60 g	150 g
Vollmilch	40 g	100 g
Thymian, frisch	1 g	2 g
Paprika, delikatess	1 g	2 g
Pfeffer, schwarz, gemahlen		
Butter (2)	30 g	75 g

Vorbereitung
- Gratinplatte mit Butter (1) ausstreichen und mit Weißmehl stäuben.
- Das Weißmehl für den Teig sieben.
- Thymian waschen, zupfen, trockentupfen und hacken.
- Gruyère, Weißmehl, Vollrahm, Vollmilch, Thymian, Paprika und Pfeffer für die Füllung verrühren.

Zubereitung
- Die Hefe in der Milch auflösen und Salz beigeben.
- Weißmehl und geriebenen Parmesan in eine Schüssel geben.
- Aufgelöste Hefe und Vollei beigeben und zu einem elastischen und glatten Teig kneten.
- Den Teig an der Wärme zugedeckt aufgehen lassen, bis sich sein Volumen verdoppelt hat.
- Aus dem Teig ca. 35 g schwere Kugeln formen.
- Die Kugeln flach drücken, mit 10 g Käsefüllung füllen, den Teig überschlagen und wieder zu Kugeln formen.
- Teigkugeln in die vorbereitete Gratinplatte legen und zur doppelten Größe aufgehen lassen.
- Mit flüssiger Butter (2) bestreichen und in einem vorgeheizten Ofen bei einer Temperatur von 190 °C ca. 15–20 Minuten backen.
- Herausnehmen und in der Gratinplatte servieren.

Hinweise für die Praxis
Die Buchteln können mit beliebigen gegarten Füllungen aus Fisch, Fleisch, Geflügel oder Gemüse gefüllt werden.

Käsekroketten mit Peperonata · Croquettes de fromage et peperonata

Zutaten

	4 Pers	10 Pers
Vollmilch	200 g	500 g
Butter	20 g	50 g
Salz	2 g	5 g
Weißmehl (1)	120 g	150 g
Eigelb, frisch	40 g	100 g
Gruyère, gerieben	160 g	400 g
Salz		
Pfeffer, weiß, aus der Mühle		
Muskatnuss, gerieben		
Weißmehl (2)	40 g	100 g
Vollei, frisch	40 g	100 g
Mie de pain/weißes Paniermehl	50 g	125 g
Ölverlust beim Frittieren	50 g	125 g

Peperonata

	4 Pers	10 Pers
Peperoni, bunt, entkernt	100 g	250 g
Schalotten, geschält	10 g	25 g
Knoblauch, geschält	5 g	12 g
Olivenöl	10 g	25 g
Tomaten, geschält, entkernt	50 g	125 g
Tomatenpüree	8 g	20 g
Gemüsefond	30 g	75 g
Salz		
Pfeffer, weiß, aus der Mühle		
Thymian, frisch	1 g	3 g

Vorbereitung
– Backblech mit Backtrennpapier belegen und mit Öl bestreichen.
– Farbige Peperoni in 5 mm große Würfel schneiden.
– Schalotten und Knoblauch fein hacken.
– Tomaten in 5 mm große Würfel schneiden.
– Thymian waschen, zupfen, trockentupfen und hacken.

Zubereitung Peperonata
– Schalotten und Knoblauch im Olivenöl glasig dünsten.
– Peperoniwürfel beigeben und ohne Farbgebung sautieren.
– Tomatenwürfel und Tomatenpüree beigeben und mit Salz und Pfeffer abschmecken.
– Mit Gemüsefond ablöschen und zugedeckt auf kleiner Hitze 3–5 Minuten dünsten (allenfalls Gemüsefond nachgießen, um eine feuchte Konsistenz zu erhalten).
– Vor dem Servieren den gehackten Thymian beigeben.

Zubereitung Kroketten
– Vollmilch, Butter und Salz zusammen aufkochen.
– Das Weißmehl (1) im Sturz beigeben und mit einem Spatel glatt rühren.
– Auf dem Herd abrühren, bis sich die Masse vom Kasserollenboden löst.
– Brandteig in eine Schüssel geben, Eigelb und Käse unter die Masse rühren und mit Salz, Pfeffer und Muskat abschmecken.
– Die Masse 2 cm dick auf das vorbereitete Blech streichen, zudecken und auskühlen lassen.
– Aus der Masse Kroketten von 4 × 3 cm Größe schneiden (Stückgewicht ca. 30 g, pro Person 3 Stück).
– Kroketten mit Weißmehl (2) stäuben, im Vollei wenden und im Mie de pain panieren (Panade gut andrücken).
– In der Fritteuse bei 170 °C goldgelb und knusprig frittieren.
– Kroketten auf Küchenpapier abtropfen lassen.

Anrichten
Gebackene Käsekroketten anrichten. Die Peperonata daneben anrichten oder in einer Sauciere separat dazu servieren.

KÄSEKROKETTEN MIT PEPERONATA – STEP BY STEP

1

2

3

4

5

6

7

8

KÄSEGERICHTE

Käseauflauf · Soufflé au fromage

Vorbereitung Formen	4 Pers	10 Pers
Butter	15 g	35 g
Sbrinz, gerieben	25 g	65 g

Zutaten		
Butter	30 g	75 g
Vollmilch	120 g	300 g
Weißmehl, Typ 550	50 g	125 g
Salz		
Pfeffer, weiß, aus der Mühle		
Muskatnuss, gerieben		
Eigelb, frisch	60 g	150 g
Gruyère, gerieben	80 g	200 g
Eiweiß, frisch	160 g	400 g
Stärkemehl	5 g	15 g

Sauce		
Tomaten-Coulis	160 g	400 g

Vorbereitung
- Porzellan-Kokotten (100–120 g Inhalt) mit Butter sorgfältig ausstreichen und mit geriebenem Sbrinz ausstreuen.

Zubereitung
- Vollmilch, Butter, Salz, Pfeffer und Muskat aufkochen.
- Das Weißmehl im Sturz beigeben.
- Mit einem Spatel die Masse auf dem Herd abrühren, bis sie sich vom Pfannenboden löst.
- Die Masse in eine Schüssel geben und das Eigelb nach und nach unterrühren.
- Die Masse etwas abkühlen lassen.
- Den geriebenen Käse beigeben und abschmecken.
- Das Eiweiß zu einem steifen Schnee schlagen und das Stärkemehl beigeben.
- Mit 1/3 des Eischnees die Masse lockern.
- Den restlichen Eischnee mit einem Spatel vorsichtig unter die Masse heben.
- Kokotten bis zu ¾ der Höhe mit der Auflaufmasse füllen.
- In einem heißen Wasserbad rund 30 Minuten vorwärmen.
- Aus dem Wasserbad nehmen und bei einer Temperatur von 180 °C und geschlossenem Dampfabzug ca. 25 Minuten backen.
- Herausnehmen und sofort servieren.
- Tomaten-Coulis separat dazu servieren.

Hinweise für die Praxis
Die Backzeit ist abhängig von der Temperatur der Masse und der Größe der Kokotten. Das Vorwärmen der Soufflé-Masse im Wasserbad kann auf 40–50 Minuten ausgedehnt werden.

Käsekuchen mit Birnen · Tarte au fromage et aux poires

Vorbereitung Formen	1 Stück
Butter	20 g
Weißmehl	10 g

Zutaten	
Geriebener Teig	250 g
Gruyère, gerieben	300 g
Birnen, Konserve, abgetropft	300 g
Guss für Käsekuchen mit Birnen	250 g

Vorbereitung
- Kuchenform (Durchmesser 26 cm) mit Butter bestreichen und mit Weißmehl bestäuben.
- Kompottbirnen in 5 mm große Würfel schneiden und auf einem Küchenpapier abtropfen.
- Guss für Käsekuchen mit Birnen bereitstellen.

Zubereitung
- Kuchenteig 2 mm dick ausrollen und die vorbereitete Kuchenform damit auslegen.
- Den geriebenen Gruyère darauf verteilen.
- Die gewürfelten Kompottbirnen gleichmäßig darauf verteilen.
- Guss gut aufrühren und darauf verteilen.
- Im Ofen bei einer Temperatur von 220 °C bei offenem Dampfabzug ca. 40 Minuten backen und warm servieren.

Hinweise für die Praxis
Eignet sich auch vorzüglich in Form kleiner Quiches zum Apéro.

Käseschnitte mit Tomaten und Rohschinken · Croûte au fromage avec tomates et jambon cru

Zutaten

	4 Pers	10 Pers
Englischbrot	200 g	500 g
Bratbutter	40 g	100 g
Weißwein, Fendant	40 g	100 g
Kirsch	20 g	50 g
Rohschinken	160 g	400 g
Tomaten	120 g	300 g
Gruyère, ohne Rinde	200 g	500 g
Pfeffer, schwarz, aus der Mühle		
Paprika, delikatess		

Vorbereitung
- Englischbrot in Scheiben schneiden (1 Scheibe à 50 g pro Person).
- Rohschinken mit der Aufschnittmaschine in dünne Tranchen schneiden.
- Stielansatz der Tomaten entfernen, Tomaten blanchieren, schälen und in Scheiben schneiden.
- Gruyère in dünne Scheiben schneiden.

Zubereitung
- Brotscheiben in Bratbutter goldbraun sautieren und auf eine Gratinplatte legen.
- Die Brotscheiben mit Weißwein und Kirsch beträufeln.
- Mit Rohschinken und Tomaten belegen und mit dem Gruyère abschließen.
- Im Ofen mit starker Oberhitze oder unter dem Salamander gratinieren.
- Mit Pfeffer aus der Mühle und Paprika bestreuen.

Hinweise für die Praxis
Das Englischbrot kann auch durch Vollkornbrot oder Walliser Roggenbrot ersetzt werden.

Käse-Speck-Kuchen · Tarte au fromage et au lard

Teig

	1 Stück
Geriebener Teig	250 g

Vorbereitung Formen

Butter	10 g
Weißmehl	10 g

Zutaten

Butter	15 g
Zwiebeln, geschält	200 g
Speck, geräuchert	200 g
Gruyère, gerieben	250 g

Guss

Vollmilch	200 g
Vollrahm, 35%	100 g
Vollei, frisch	100 g
Weißmehl	20 g
Salz	
Pfeffer, weiß, aus der Mühle	
Muskatnuss, gerieben	

Vorbereitung
- Ein Kuchenblech mit 26 cm Durchmesser mit Butter ausstreichen und mit Weißmehl bestäuben.
- Geriebenen Teig 2–3 mm dick ausrollen und das Kuchenblech auslegen.
- Teigränder mit dem Wallholz abtrennen, Teigboden mit einer Gabel einstechen und kühl stellen.
- Zwiebeln quer zum Wurzelansatz emincieren (in feine Scheiben schneiden).
- Speck ohne Knorpel in Julienne (Streifchen) schneiden.
- Zwiebeln und Speck in Butter mit leichter Farbgebung sautieren und erkalten lassen.
- Vollmilch, Vollrahm, Vollei und Weißmehl zu einem Guss verrühren.

Zubereitung
- Den Teigboden mit Backtrennpapier belegen, mit getrockneten Hülsenfrüchten füllen und bei einer Temperatur von 200 °C und offenem Dampfabzug 10 Minuten blind backen (anschließend Hülsenfrüchte und Backtrennpapier entfernen).
- Speck, Zwiebeln und Käse mit dem Guss vermischen und mit Salz, Pfeffer und Muskat würzen.
- Masse auf dem Teigboden verteilen.
- Im Ofen bei einer Temperatur von 200 °C ca. 20 Minuten backen.
- Vor dem Portionieren kurze Zeit abstehen lassen.

Hinweise für die Praxis
Der Käse-Speck-Kuchen kann auch direkt (ohne das Blindbacken des Teigbodens) mit der Füllung bei entsprechender Unterhitze gebacken werden.

Pfannkuchen mit Käsefüllung · Crêpes au fromage

Pfannkuchenteig	4 Pers	10 Pers
Weißmehl	55 g	140 g
Vollmilch	120 g	300 g
Vollei, frisch	80 g	200 g
Butter (1)	25 g	60 g
Salz		
Muskatnuss, gerieben		
Butter (2)	20 g	50 g

Füllung		
Cremesauce	200 g	500 g
Gruyère, ohne Rinde	100 g	250 g
Tomaten, getrocknet, in Öl, abgetropft	35 g	80 g
Thymian, frisch	2 g	5 g
Eigelb, pasteurisiert	20 g	50 g
Muskatnuss, gerieben		
Pfeffer, weiß, aus der Mühle		

Sauce		
Cremesauce	200 g	500 g
Sbrinz, gerieben	20 g	50 g
Butter	12 g	30 g

Vorbereitung
– Für die Pfannkuchenmasse Vollmilch mit Eiern verrühren.
– Weißmehl dazusieben, flüssige Butter (1) beigeben, gut verrühren und würzen.
– In einer antihaftbeschichteten Pfanne in Butter (2) dünne Pfannkuchen backen (pro Person 2 Pfannkuchen), herausnehmen und mit Folie abdecken.
– Gruyère in 8 mm große Würfel schneiden.
– Getrocknete Tomaten in Brunoise (Würfelchen) schneiden.
– Thymian waschen, zupfen, trockentupfen und fein hacken.
– Gratinplatte mit Butter ausstreichen.

Zubereitung
– Cremesauce für die Füllung erhitzen und vom Herd ziehen.
– Käsewürfel, getrocknete Tomaten, Thymian und Eigelb beigeben, verrühren und mit Muskat und Pfeffer abschmecken.
– Pfannkuchen mit der Masse füllen und in die vorbereitete Gratinplatte einschichten.
– Mit Cremesauce nappieren und mit geriebenem Sbrinz bestreuen.
– Mit zerlassener Butter beträufeln und im Ofen oder unter dem Salamander gratinieren.

Pfannkuchen mit Spinat-Quark-Füllung · Crêpes aux épinards et au séré

Pfannkuchenteig	4 Pers	10 Pers
Weißmehl	55 g	140 g
Vollmilch	120 g	300 g
Vollei, frisch	80 g	200 g
Butter (1)	25 g	60 g
Salz		
Muskatnuss, gerieben		
Butter (2)	20 g	50 g

Füllung		
Butter	15 g	30 g
Schalotten, geschält	30 g	75 g
Knoblauch, geschält	2 g	5 g
Tomaten, getrocknet, in Öl, abgetropft	50 g	125 g
Spinat, gehackt, tiefgekühlt	160 g	400 g
Quark, mager	400 g	1000 g
Eigelb, pasteurisiert	20 g	50 g
Salz		
Pfeffer, weiß, aus der Mühle		
Sbrinz, gerieben	100 g	250 g
Butter	20 g	40 g

Vorbereitung
– Weißmehl sieben.
– Butter (1) schmelzen.
– Für den Pfannkuchenteig die Milch mit dem Vollei verrühren.
– Weißmehl und flüssige Butter beigeben, gut verrühren und mit Salz und Muskat abschmecken.
– In einer antihaftbeschichteten Pfanne in Butter (2) dünne Pfannkuchen backen (pro Person 2 Pfannkuchen).
– Pfannkuchen lagenweise auf Backtrennpapier legen und mit Folie abdecken.
– Schalotten und Knoblauch fein hacken.
– Getrocknete Tomaten in kleine Würfel schneiden.
– Gehackten Spinat in einem Passiertuch gut auspressen.
– Schalotten, Knoblauch und getrocknete Tomaten in Butter andünsten.
– Spinat beigeben, mitdünsten und erkalten lassen.
– Gratinplatte mit Butter ausstreichen.

Zubereitung
– Den kalten Spinat mit Quark und Eigelb mischen und mit Salz und Pfeffer abschmecken.
– Die Pfannkuchen mit der Spinat-Quark-Masse füllen und einrollen.
– In die Gratinplatte schichten, mit geriebenem Sbrinz bestreuen und mit Butter beträufeln.
– Im Ofen erhitzen und gleichzeitig leicht überbacken.

Gemüse- und Pilzgerichte

■ GARMETHODE SIEDEN

Krautstiele an Rahmsauce · Côtes de bettes à la crème

Zutaten	4 Pers	10 Pers
Krautstielrippen, gerüstet	400 g	1000 g
Salz	4 g	10 g
Sauce		
Butter	5 g	10 g
Weißmehl	8 g	20 g
Vollmilch	100 g	250 g
Salz		
Muskatnuss, gerieben		
Pfeffer, weiß, aus der Mühle		
Vollrahm, 35%	30 g	50 g

Vorbereitung
– Krautstielrippen waschen und in 1 cm breite Streifen schneiden.
– Mit Butter und Weißmehl einen hellen Roux herstellen und erkalten lassen.

Zubereitung
– Krautstiele in gesalzenem Wasser ca. 10 Minuten sieden.
– Abschütten und abtropfen lassen.
– Die Vollmilch erhitzen und unter Rühren zum kalten Roux geben und aufkochen.
– Mit Salz, weißem Pfeffer und Muskat abschmecken und kurz sieden.
– Sauce durch ein Drahtspitzsieb passieren und mit Vollrahm verfeinern.
– Die abgetropften Krautstiele beigeben, kurz in der Sauce kochen und abschmecken.

Hinweise für die Praxis
Ein Teil der Milch kann durch die Kochflüssigkeit ersetzt werden. Es können auch die grünen Blattteile der jungen Krautstiele mitverwendet werden.

Maiskolben · Epis de maïs

Zutaten	4 Pers	10 Pers
Maiskolben, frisch, gerüstet	600 g	1500 g
Olivenöl, kaltgepresst	30 g	60 g
Salz		
Pfeffer, weiß, aus der Mühle		

Vorbereitung
– Strunk und Spitze der Maiskolben wegschneiden (pro Person wird 1 Stück à 150 g benötigt).

Zubereitung
– Maiskolben im Salzwasser ca. 30 Minuten sieden oder im Drucksteamer garen.
– Herausnehmen und auf Küchenpapier abtropfen.
– Mit Olivenöl bepinseln und mit Salz und Pfeffer würzen.

Pikante Kichererbsen · Pois chiches piquants

Zutaten	4 Pers	10 Pers
Kichererbsen, getrocknet	200 g	500 g
Zwiebeln, geschält	40 g	100 g
Knoblauch, geschält	5 g	10 g
Sesamöl	5 g	10 g
Ingwer, frisch, geschält	5 g	10 g
Peperoncini, rot, frisch	1 g	5 g
Tomaten, Pelati, Würfel	60 g	150 g
Kurkuma, gemahlen		
Koriander, gemahlen		
Garam Masala		
Salz		
Gemüsefond	100 g	400 g
Limonensaft	10 g	20 g
Koriander, frisch	1 g	3 g

Vorbereitung
– Kichererbsen ca. 6 Stunden im kalten Wasser quellen lassen.
– Zwiebeln fein hacken.
– Knoblauch durch die Knoblauchpresse drücken.
– Ingwer fein reiben.
– Peperoncini waschen und in feine Scheiben schneiden.
– Koriander waschen, zupfen und trockentupfen.

Zubereitung
– Zwiebeln und Knoblauch im Sesamöl andünsten.
– Ingwer, Peperoncini und Tomatenwürfel beigeben und mitdünsten.
– Kichererbsen und Gewürze beigeben und salzen.
– Gemüsefond beigeben und die Kichererbsen zugedeckt weich sieden.
– Limonensaft beigeben und abschmecken.
– Kichererbsen anrichten und mit den gehackten Korianderblättern bestreuen.

Schwarzwurzeln mit Rahmsauce · Salsifis à la crème

Zutaten	4 Pers	10 Pers
Schwarzwurzeln, geschält	400 g	1000 g
Weißmehl	4 g	10 g
Wasser	600 g	1500 g
Salz	4 g	10 g
Zitronensaft, frisch		
Sauce		
Butter	5 g	10 g
Weißmehl	8 g	20 g
Vollmilch	100 g	250 g
Salz		
Muskatnuss, gerieben		
Pfeffer, weiß, aus der Mühle		
Vollrahm, 35%	30 g	50 g

Vorbereitung
- Schwarzwurzeln in 5 cm lange Stücke schneiden und in Zitronenwasser einlegen.
- Blanc de légumes (weißer Sud) aus Wasser, Weißmehl, Salz und Zitronensaft herstellen.
- Aus Weißmehl und Butter einen hellen Roux herstellen und erkalten lassen.

Zubereitung
- Blanc de légumes (weißer Sud) aufkochen, Schwarzwurzeln beigeben und ca. 20 Minuten sieden.
- Schwarzwurzeln abschütten und gut abtropfen lassen.
- Vollmilch erhitzen und unter Rühren zum kalten Roux geben und aufkochen.
- Mit Salz, weißem Pfeffer und Muskatnuss abschmecken und kurz sieden lassen.
- Sauce durch ein Drahtspitzsieb passieren und den Vollrahm beigeben.
- Die abgetropften Schwarzwurzeln beigeben, kurz in der Sauce kochen und abschmecken.

Hinweise für die Praxis
Schwarzwurzeln knackig garen und keinesfalls zu weich kochen, deshalb des Öfteren Garprobe machen.

Spargeln Mailänder Art · Asperges milanaise

Zutaten	4 Pers	10 Pers
Spargeln, weiß, geschält	1400 g	3500 g
Salz	10 g	20 g
Zucker		
Parmesan, gerieben	40 g	100 g
Butter	20 g	50 g

Vorbereitung
- Spargeln portionenweise binden (350 g pro Person).
- Angetrocknete Enden der Spargeln großzügig wegschneiden.

Zubereitung
- Spargeln im Salzwasser mit etwas Zucker ca. 20 Minuten sieden oder im Drucksteamer garen.
- Abtropfen lassen, auf Küchenpapier trockentupfen und anrichten.
- Mit geriebenem Parmesan bestreuen und mit zerlassener Butter beträufeln.

Topinambur mit Kräutern · Topinambours aux fines herbes

Zutaten	4 Pers	10 Pers
Topinambur, geschält	500 g	1200 g
Butter	20 g	50 g
Salz		
Pfeffer, weiß, aus der Mühle		
Schnittlauch, frisch	2 g	4 g
Petersilie, gekraust, frisch	2 g	4 g

Vorbereitung
- Topinambur in gleichmäßige Schnitze schneiden.
- Schnittlauch fein schneiden.
- Petersilie waschen, trockentupfen und fein hacken.

Zubereitung
- Topinambur im Salzwasser weich sieden und abschütten.
- In einer Sauteuse Butter erhitzen, Topinambur beigeben und in Butter schwenken.
- Mit Salz und Pfeffer würzen und die gehackten Kräuter beigeben.

Hinweise für die Praxis
Zum Schälen blanchiert man die Knollen einige Minuten, schreckt sie im kalten Wasser ab und zieht dann die Schale mit dem Messer ab. Topinambur können auch mit einer leichten Bechamel-Sauce oder mit Vollrahm vermischt und mit Reibkäse bestreut gratiniert werden.

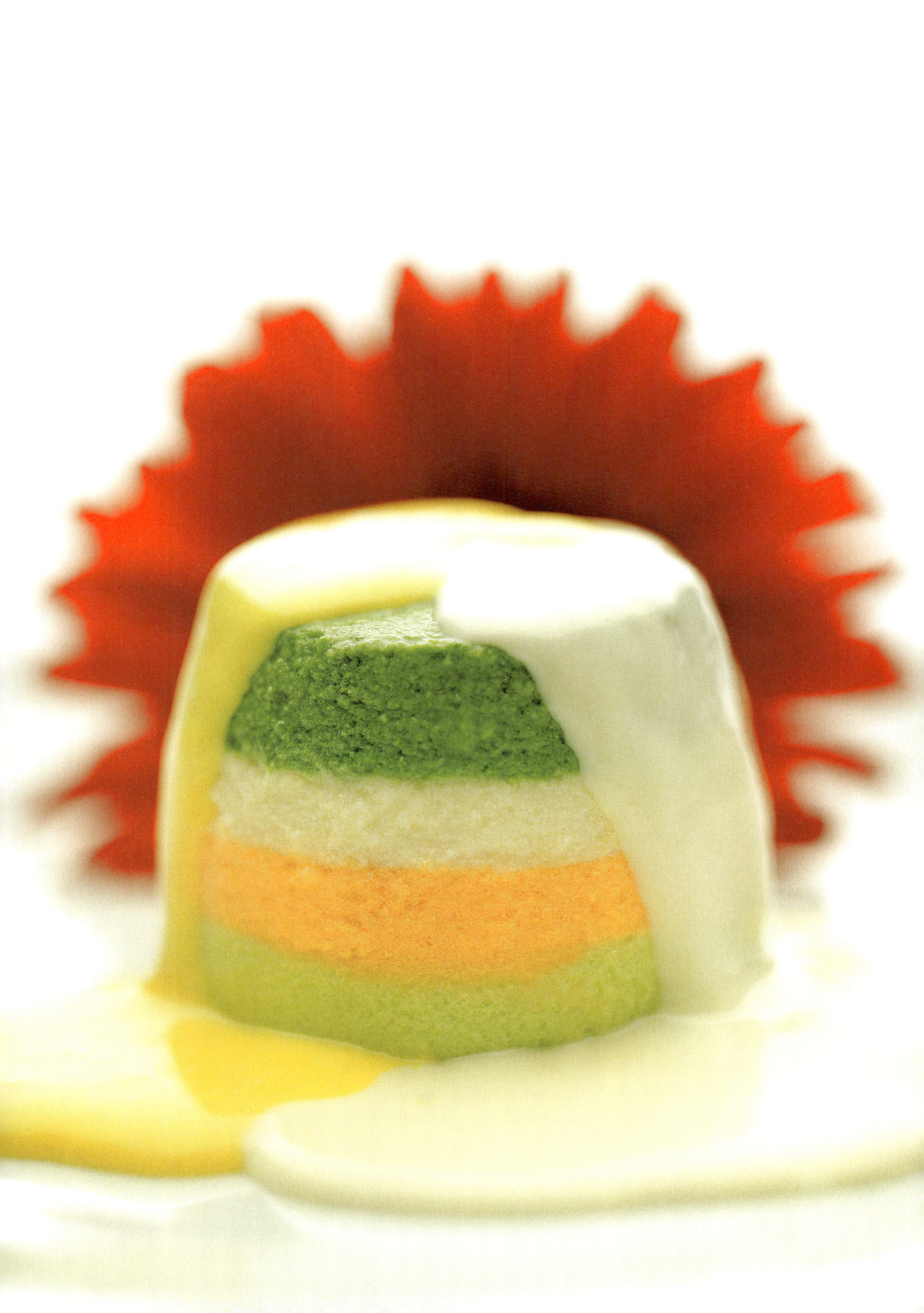

■ GARMETHODE DÄMPFEN/GAREN IM VAKUUM

Artischockenböden (vakuumgegart) · Fonds d'artichauts (sous vide)

Zutaten	4 Pers	10 Pers
Artischockenböden, frisch	400 g	1000 g
Zitronen	0,5	1
Butter	10 g	20 g
Salz	4 g	10 g

Vorbereitung
- Artischockenböden mit Zitrone einreiben.
- Mit Butter und Salz in Vakuumbeutel füllen.

Zubereitung
- Vorbereitete Artischockenböden in der Vakuummaschine zu 99% vakuumieren.
- Im Kombisteamer im Dampfklima bei 97 °C und geringer Ventilatorgeschwindigkeit ca. 30 Minuten garen.
- Im Schnellkühler oder im Eiswasser sofort auf 2 °C Kerntemperatur abkühlen.
- Vakuumbeutel mit Produktions- und Verbrauchsdatum beschriften.
- Im Kühlschrank aufbewahren.
- Je nach Verwendungszweck im Vakuumbeutel oder geöffnet regenerieren.

Hinweise für die Praxis
Das Produkt ist vakuumverpackt im Kühlschrank bei 2 °C (bei optimaler GHP) 28 Tage haltbar.

Brüsseler Endivien (vakuumgegart) · Chicorée (sous vide)

Zutaten	4 Pers	10 Pers
Brüsseler Endivien, gerüstet	500 g	1200 g
Butter	10 g	20 g
Salz	4 g	10 g
Orangensaft, frisch gepresst	80 g	200 g
Orangenzesten	2 g	5 g

Vorbereitung
- Brüsseler Endivien waschen und den bitteren Kern keilförmig ausstechen.
- Orangenzesten blanchieren und abschütten.
- Brüsseler Endivien, Butter, Salz, Orangensaft und Orangenzesten in Vakuumbeutel füllen.

Zubereitung
- Vorbereitete Brüsseler Endivien in der Vakuummaschine zu 99% vakuumieren.
- Im Kombisteamer im Dampfklima bei 97 °C und geringer Ventilatorgeschwindigkeit ca. 45 Minuten garen.
- Im Schnellkühler oder im Eiswasser sofort auf 2 °C Kerntemperatur abkühlen.
- Vakuumbeutel mit Produktions- und Verbrauchsdatum beschriften.
- Im Kühlschrank aufbewahren.
- Je nach Verwendungszweck im Vakuumbeutel oder geöffnet regenerieren.

Hinweise für die Praxis
Das Produkt ist vakuumverpackt im Kühlschrank bei 2 °C (bei optimaler GHP) 28 Tage haltbar.

Fenchel (vakuumgegart) · Fenouil (sous vide)

Zutaten

	4 Pers	10 Pers
Fenchel, gerüstet	500 g	1200 g
Butter	10 g	20 g
Salz	4 g	10 g

Vorbereitung
- Fenchel waschen und halbieren.
- Fenchel, Butter und Salz in Vakuumbeutel füllen.

Zubereitung
- Vorbereiteten Fenchel in der Vakuummaschine zu 99 % vakuumieren.
- Im Kombisteamer im Dampfklima bei 97 °C und geringer Ventilatorgeschwindigkeit ca. 45 Minuten garen.
- Im Schnellkühler oder im Eiswasser sofort auf 2 °C Kerntemperatur abkühlen.
- Vakuumbeutel mit Produktions- und Verbrauchsdatum beschriften.
- Im Kühlschrank aufbewahren.
- Je nach Verwendungszweck im Vakuumbeutel oder geöffnet regenerieren.

Hinweise für die Praxis
Das Produkt ist vakuumverpackt im Kühlschrank bei 2 °C (bei optimaler GHP) 28 Tage haltbar.

Gedämpfter Broccoli mit Parmesan · Brocoli cuit à la vapeur au parmesan

Zutaten

	4 Pers	10 Pers
Broccoli, gerüstet	480 g	1200 g
Parmesan, gerieben	20 g	50 g
Butter	20 g	50 g

Vorbereitung
- Broccoli in gleichmäßige Röschen zerteilen.

Zubereitung
- Broccoli im Drucksteamer knackig garen.
- Anrichten, mit geriebenem Parmesan bestreuen und mit flüssiger Butter beträufeln.

Karamellisierte Kastanien (vakuumgegart) · Marrons caramélisés (sous vide)

Zutaten

	4 Pers	10 Pers
Marroni/Esskastanien, ganz, geschält, tiefgekühlt	400 g	1000 g
Apfelsaft, süß	60 g	150 g
Karamellzucker	60 g	150 g
Orangenzesten	1 g	4 g
Zitronenzesten	1 g	4 g

Vorbereitung
- Orangen- und Zitronenzesten gründlich waschen.
- Marroni, Apfelsaft, Karamellzucker, Orangen- und Zitronenzesten in Sous-vide-Vakuumbeutel abfüllen.

Zubereitung
- Vorbereitete Marroni in der Vakuummaschine zu 99 % vakuumieren.
- Im Kombisteamer im Dampfklima bei 97 °C und geringer Ventilatorgeschwindigkeit ca. 25 Minuten garen.
- Im Schnellkühler oder im Eiswasser sofort auf 2 °C Kerntemperatur abkühlen.
- Vakuumbeutel mit dem Produktions- und Verbrauchsdatum beschriften.
- Im Kühlschrank aufbewahren.
- Geöffnet oder im Vakuumbeutel, je nach Verwendungszweck, regenerieren.

Hinweise für die Praxis
Das Produkt ist vakuumverpackt im Kühlschrank bei 2 °C (bei optimaler GHP) 28 Tage haltbar.

Karottenflan · Flan de carottes

Zutaten
	4 Pers	10 Pers
Butter	5 g	10 g
Karotten, geschält	400 g	1000 g

Sauce
	4 Pers	10 Pers
Butter	5 g	10 g
Weißmehl	10 g	20 g
Vollmilch	100 g	250 g
Salz		
Pfeffer, weiß, aus der Mühle		
Muskatnuss, gerieben		

Weitere Zutaten
	4 Pers	10 Pers
Vollrahm, 35%	20 g	50 g
Vollei, pasteurisiert	80 g	200 g
Salz	1 g	5 g
Pfeffer, weiß, aus der Mühle		

Vorbereitung
- Timbales-Förmchen (150 g Inhalt) mit Butter ausstreichen.
- Karotten in 5 mm dicke Scheiben schneiden und im Drucksteamer garen.
- Mit Butter und Weißmehl einen Roux herstellen und erkalten lassen.

Zubereitung
- Vollmilch erhitzen und unter Rühren zum kalten Roux geben und aufkochen.
- Mit Salz, weißem Pfeffer und Muskatnuss abschmecken und kurz sieden.
- Gedämpfte Karotten, Vollrahm, Bechamel-Sauce und Vollei im Mixer fein pürieren.
- Masse mit Salz und weißem Pfeffer aus der Mühle abschmecken.
- In die vorbereiteten Förmchen füllen und im Drucksteamer garen.
- Herausnehmen und stürzen.

Hinweise für die Praxis
Dieses Rezept kann auch für andere Gemüse verwendet werden. Bei stark wasserhaltigen Gemüsen muss der Eieranteil erhöht werden.

Kohlrabi mit Butter · Choux-pommes au beurre

Zutaten
	4 Pers	10 Pers
Kohlrabi, geschält	480 g	1200 g
Butter	20 g	50 g
Salz		
Pfeffer, weiß, aus der Mühle		
Lauch, grün, gerüstet	10 g	20 g

Vorbereitung
- Mittelgroße Kohlrabi vierteln und in 4 mm dicke Scheiben schneiden.
- Lauch längs halbieren, waschen und in Brunoise (Würfelchen) schneiden.

Zubereitung
- Kohlrabischeiben im Drucksteamer garen.
- In einer Sauteuse Butter erhitzen und Lauch-Brunoise dünsten.
- Kohlrabi beigeben, kurz schwenken und mit Salz und Pfeffer würzen.

■ GARMETHODE SCHMOREN

Geschmorte Brüsseler Endivien · Chicorée braisée

Zutaten

	4 Pers	10 Pers
Butter	15 g	30 g
Schalotten, geschält	40 g	100 g
Orangen, blond	120 g	300 g
Brüsseler Endivien, gerüstet	480 g	1200 g
Salz		
Pfeffer, weiß, aus der Mühle		
Gemüsefond	100 g	200 g
Zitronensaft, frisch	10 g	20 g

Vorbereitung
– Schalotten fein hacken.
– Brüsseler Endivien waschen und den bitteren Keil ausstechen.
– Im Salzwasser mit wenig Zitronensaft blanchieren, im Eiswasser abschrecken und abtropfen lassen.
– Orangenschalen dünn abschälen und beiseite legen.
– Orangen filetieren, Saft separat aufbewahren.

Zubereitung
– Eine Braisiere (Schmortopf) mit Butter ausstreichen.
– Die gehackten Schalotten und die Orangenschalen auf dem Boden verteilen.
– Blanchierte Brüsseler Endivien nebeneinander einlegen und mit Salz und weißem Pfeffer würzen.
– Mit Gemüsefond und Orangensaft aufgießen und zum Siedepunkt bringen.
– Mit Silikonpapier abdecken und mit einem Deckel zudecken.
– Im Ofen bei einer Temperatur von ca. 180 °C weich schmoren.
– Aus dem Ofen nehmen und im Fond erkalten lassen.
– Endivien gut abtropfen lassen, längs halbieren, etwas flach drücken und die Blattspitzen einschlagen.
– Anrichten und mit dem eingekochten und passierten Fond beträufeln.
– Im Drucksteamer oder im Mikrowellenofen erhitzen.
– Anrichten und mit den erwärmten Orangenfilets garnieren.

Geschmorte Dörrbohnen mit getrockneten Birnen · Haricots secs braisés et poires séchées

Zutaten

	4 Pers	10 Pers
Dörrbohnen	80 g	200 g
Birnen, getrocknet	40 g	100 g
Zwiebeln, geschält	40 g	100 g
Knoblauch, geschält	5 g	10 g
Traubenkernöl	5 g	10 g
Weißwein	40 g	100 g
Gemüsefond	160 g	400 g
Gewürzsäcklein	1	1
Salz		
Pfeffer, weiß, aus der Mühle		

Vorbereitung
– Getrocknete Bohnen und Birnen ca. 6 Stunden in kaltem Wasser einweichen.
– Birnen abschütten und in Jardiniere (kleinwürfelig) schneiden.
– Zwiebeln fein hacken.
– Knoblauch durch die Knoblauchpresse drücken.
– Gewürzsäcklein aus Pfefferkörnern, Lorbeerblatt, Gewürznelke und Bohnenkraut bereitstellen.
– Eingeweichte Dörrbohnen abschütten.

Zubereitung
– Traubenkernöl in einem Sautoir oder Rondeau erhitzen.
– Zwiebeln und Knoblauch andünsten.
– Abgetropfte Dörrbohnen und Birnenwürfel beigeben und dünsten.
– Mit Salz und weißem Pfeffer würzen, mit Weißwein ablöschen und mit Gemüsefond auffüllen.
– Gewürzsäcklein beigeben und zum Siedepunkt bringen.
– Zugedeckt im Ofen bei einer Temperatur von ca. 160 °C weich schmoren.
– Gericht abschmecken und das Gewürzsäcklein entfernen.

Hinweise für die Praxis
Wird gesalzenes oder geräuchertes Fleisch mit den Bohnen serviert, ist es von Vorteil, dieses separat zu pochieren und den erhaltenen Fond zum Schmoren der Dörrbohnen zu verwenden (Salzkonzentration des Fonds beachten).

Geschmorter Fenchel · Fenouil braisé

Zutaten

	4 Pers	10 Pers
Zwiebeln, geschält	10 g	20 g
Karotten, geschält	10 g	20 g
Lauch, grün, gerüstet	10 g	20 g
Butter	10 g	20 g
Fenchel, gerüstet	480 g	1200 g
Salz		
Pfeffer, weiß, aus der Mühle		
Gemüsefond	120 g	300 g

Vorbereitung
– Lauch längs halbieren und waschen.
– Zwiebeln, Karotten und Lauch in Matignon schneiden.
– Fenchel waschen, längs halbieren, im Salzwasser blanchieren, im Eiswasser abschrecken und abkühlen.

Zubereitung
– Eine Braisiere (Schmortopf) mit Butter ausstreichen und das Matignon darin verteilen.
– Fenchel mit der flachen Seite nach unten nebeneinander einlegen.
– Mit Salz und weißem Pfeffer aus der Mühle würzen.
– Mit dem Gemüsefond aufgießen und zum Siedepunkt bringen.
– Mit Silikonpapier abdecken und mit einem Deckel zudecken.
– Im Ofen bei einer Temperatur von 180 °C weich schmoren.
– Fenchel herausnehmen und im Fond erkalten lassen.
– Fenchelhälften schräg in Tranchen schneiden und anrichten.
– Mit dem passierten und eingekochten Fond beträufeln.
– Im Drucksteamer oder im Mikrowellenofen erhitzen.

Geschmorter Lattich mit Gemüsen · Laitue braisée aux légumes

Zutaten

	4 Pers	10 Pers
Lattich, gerüstet	600 g	1500 g
Salz	5 g	10 g
Butter	10 g	20 g
Zwiebeln, geschält	20 g	50 g
Karotten, geschält	20 g	50 g
Pfälzer Rüben, geschält	20 g	50 g
Knollensellerie, geschält	20 g	50 g
Salz		
Pfeffer, weiß, aus der Mühle		
Gemüsefond	200 g	500 g

Vorbereitung
– Lattich gründlich waschen und am Stielansatz kreuzweise einschneiden.
– Im Salzwasser blanchieren, im Eiswasser abkühlen und gut abtropfen lassen.
– Zwiebeln hacken.
– Gemüse in Jardiniere (kleinwürfelig) schneiden.

Zubereitung
– Butter in einer Schmorpfanne erhitzen, Zwiebeln und Gemüse-Jardiniere beigeben und dünsten.
– Lattich nebeneinander einlegen und mit Salz und Pfeffer würzen.
– Mit Gemüsefond ablöschen und zum Siedepunkt bringen.
– Mit Silikonpapier abdecken und mit einem Deckel zudecken.
– Im Ofen bei einer Temperatur von ca. 160 °C weich schmoren.
– Lattich herausnehmen und im Fond erkalten lassen.
– Lattich der Länge nach halbieren, flach drücken und den Strunk wegschneiden.
– Gemüsewürfel und Schmorflüssigkeit in eine Sauteuse umleeren und einkochen (evtl. Schmorflüssigkeit mit wenig Kartoffelflocken binden).
– Gemüse auf dem flach gedrückten Lattich verteilen.
– Lattich dressieren (einschlagen) und portionieren.

Hinweise für die Praxis
Weil am Schluss die Schmorflüssigkeit eingekocht wird, sollten der Gemüsefond und der Lattich nur leicht gesalzen werden.

1 Romanesco **2** Artischocken **3** Broccoli **4** Blumenkohl

Geschmorter Rotkohl · Chou rouge braisé

Zutaten	4 Pers	10 Pers
Rotkohl, gerüstet	480 g	1200 g
Äpfel, ohne Kerngehäuse	70 g	180 g
Rotwein	60 g	150 g
Rotweinessig	10 g	30 g
Sonnenblumenöl, high oleic	10 g	20 g
Zwiebeln, geschält	25 g	60 g
Bouillon	120 g	300 g
Gewürzsäcklein	1	1
Reis, Vialone	10 g	25 g
Orangensaft, frisch gepresst	30 g	80 g
Salz	4 g	10 g
Pfeffer, weiß, aus der Mühle		
Birnel	15 g	40 g

Vorbereitung
– Rotkohl mit dem Gemüsehobel (Mandoline) oder mit der Maschine fein hobeln.
– Äpfel vierteln und in feine Scheiben schneiden.
– Zwiebeln hacken.
– Gewürzsäcklein bestehend aus Lorbeerblatt, Gewürznelke, Wacholder und Pfefferkörnern bereitstellen.
– Rotkohl mit den Apfelscheiben, Rotwein und Rotweinessig 3 Stunden marinieren.

Zubereitung
– Sonnenblumenöl in einer Braisiere (Schmortopf) erhitzen.
– Zwiebeln beigeben und dünsten.
– Rotkohl mit der Marinade beigeben, gut vermischen und mitdünsten.
– Mit Bouillon ablöschen, Gewürzsäcklein und Vialone-Reis beigeben und gut vermischen.
– Im Ofen bei einer Temperatur von 175 °C zugedeckt weich schmoren.
– Während des Schmorens öfters umrühren und allenfalls Flüssigkeit nachgießen.
– Kurz vor Ende des Garprozesses Orangensaft und Birnel beigeben und fertig schmoren.
– Gewürzsäcklein entfernen und das Gemüse abschmecken.

Hinweise für die Praxis
Statt mit Reis kann das Gericht am Schluss mit etwas angerührtem Stärkemehl gebunden werden, was einen schönen Glanz ergibt. Der Rotkohl sollte einen säuerlich-süßen Geschmack aufweisen. Eine intensivere rote Farbe erhält man durch die Zugabe von Rotweinessig oder Zitronensaft.

Geschmorter Stangensellerie mit Tomatenwürfeln
Céleri en branches braisé aux tomates concassées

Zutaten	4 Pers	10 Pers
Stangensellerie, gerüstet	480 g	1200 g
Butter	15 g	40 g
Matignon, bunt	120 g	300 g
Gemüsefond	160 g	400 g
Salz	5 g	12 g
Pfeffer, weiß, aus der Mühle		
Zitronensaft, frisch	2 g	5 g
Tomaten, geschält, entkernt	60 g	150 g
Olivenöl	4 g	10 g
Schalotten, geschält	10 g	20 g
Knoblauch, geschält	2 g	5 g
Salz	2 g	5 g
Pfeffer, weiß, aus der Mühle		

Vorbereitung
- Stangensellerie waschen, Fasern mit einem Sparschäler abschälen und am Stielansatz kreuzweise einschneiden.
- Schalotten fein hacken.
- Knoblauch durch die Knoblauchpresse drücken.
- Tomaten in Würfel schneiden.

Zubereitung
- Butter in einem Rondeau oder in einer Braisiere (Schmortopf) erhitzen.
- Das Matignon beigeben und andünsten.
- Stangensellerie darauf legen und mit Salz und Pfeffer würzen.
- Geflügelfond und Zitronensaft beigeben.
- Mit Silikonpapier abdecken und mit einem Deckel zudecken.
- Im Ofen bei einer Temperatur von 175 °C weich schmoren.
- Des Öfteren arrosieren (begießen) und allenfalls Flüssigkeit nachgießen.
- Stangensellerie herausnehmen und im Fond erkalten lassen.
- In ca. 7 cm lange Stücke schneiden und portionenweise anrichten (Herzstücke und Blattstiele mischen).
- Stangensellerie mit wenig passierter Schmorflüssigkeit beträufeln.
- Im Drucksteamer oder im Mikrowellenofen erhitzen.

Zubereitung Tomatenwürfel
- Olivenöl in einer Sauteuse erhitzen, Schalotten und Knoblauch andünsten.
- Tomatenwürfel beigeben, dünsten und mit Salz und Pfeffer abschmecken.
- Tomatenwürfel auf dem Stangensellerie anrichten.

Geschmorter Weißkohl · Chou blanc braisé

Zutaten	4 Pers	10 Pers
Rapsöl	40 g	100 g
Zwiebeln, geschält	40 g	100 g
Speck, geräuchert	40 g	100 g
Weißkohl, gerüstet	480 g	1200 g
Bouillon	200 g	500 g
Gewürzsäcklein	1	1
Salz		
Pfeffer, weiß, aus der Mühle		

Vorbereitung
- Zwiebeln fein hacken.
- Speck (ohne Knorpel) in kleine Würfel schneiden.
- Weißkohl grobblättrig schneiden, waschen und abtropfen lassen.
- Gewürzsäcklein mit Lorbeerblatt, Gewürznelke, Pfefferkörnern und Kümmel bereitstellen.

Zubereitung
- Rapsöl in einer Braisiere (Schmortopf) erhitzen, Zwiebeln und Speck dünsten.
- Weißkohl beigeben und mitdünsten.
- Mit Bouillon ablöschen, das Gewürzsäcklein beigeben und mit Salz und weißem Pfeffer würzen.
- Weißkohl zugedeckt im Ofen bei 180 °C weich schmoren.
- Gewürzsäcklein entfernen und das Gemüse abschmecken.

Hinweise für die Praxis
Die eingekochte Schmorflüssigkeit kann mit wenig angerührtem Stärkemehl leicht gebunden werden, dies ergibt einen schönen Glanz.

Sauerkraut · Choucroute

Zutaten

	4 Pers	10 Pers
Sauerkraut, roh	400 g	1000 g
Zwiebeln, geschält	40 g	100 g
Rapsöl	15 g	40 g
Speck, geräuchert	40 g	100 g
Weißwein	80 g	200 g
Bouillon	200 g	500 g
Gewürzsäcklein	1	1
Kartoffeln, Typ C, geschält	40 g	100 g
Weißwein	40 g	100 g
Salz		
Pfeffer, weiß, aus der Mühle		

Vorbereitung

- Zwiebeln fein hacken.
- Speck (ohne Knorpel) in kleine Würfel schneiden.
- Gewürzsäcklein mit Wacholderbeeren, Senfkörnern, Pfefferkörnern und Lorbeerblatt bereitstellen.
- Kartoffeln mit einer Bircherraffel reiben und mit dem Weißwein vermischen.

Zubereitung

- Rapsöl in einer Braisiere (Schmortopf) erhitzen, Zwiebeln andünsten und die Speckwürfel beigeben.
- Sauerkraut beigeben und mitdünsten.
- Mit Weisswein ablöschen und mit Bouillon auffüllen.
- Gewürzsäcklein beigeben und zugedeckt im Ofen bei 160 °C ca. 1–1½ Stunden schmoren.
- Zum Abbinden die geriebenen Kartoffeln unter das Sauerkraut mischen und fertig garen.
- Das Gewürzsäcklein entfernen und das Sauerkraut abschmecken.

Hinweise für die Praxis

Nach modernen Ernährungserkenntnissen sollte das Sauerkraut nicht gewaschen werden und nicht zu lange gegart werden. Wird gesalzenes oder geräuchertes Fleisch mit dem Sauerkraut serviert, ist es von Vorteil, dieses separat zu pochieren und den erhaltenen Fond zum Schmoren des Sauerkrauts zu verwenden (Salzkonzentration des Fonds beachten).

■ GARMETHODE DÜNSTEN/GLASIEREN

Artischockenragout · Ragoût d'artichauts

Zutaten

	4 Pers	10 Pers
Artischockenböden, groß, frisch	400 g	1000 g
Zitronensaft, frisch	10 g	25 g
Schalotten, geschält	20 g	50 g
Knoblauch, geschält	5 g	10 g
Peperoncini, rot, frisch	2 g	5 g
Olivenöl	10 g	25 g
Weißwein	40 g	100 g
Geflügelfond, hell	80 g	200 g
Salz	2 g	5 g
Pistazienkerne, geschält	10 g	25 g

Vorbereitung

- Artischockenböden in 8 gleich große Schnitze schneiden, mit wenig Zitronensaft beträufeln und mischen.
- Schalotten fein hacken.
- Knoblauch durch die Knoblauchpresse drücken.
- Peperoncini waschen, längs halbieren, Samen entfernen und in Brunoise (Würfelchen) schneiden.
- Pistazienkerne fein hacken.

Zubereitung

- Olivenöl in einer Schwenkkasserolle erhitzen.
- Schalotten, Knoblauch und Peperoncini beigeben und dünsten.
- Artischockenstücke beigeben und mitdünsten.
- Mit Weißwein ablöschen und mit hellem Geflügelfond auffüllen.
- Salzen und zugedeckt weich dünsten.
- In der eingekochten Garflüssigkeit schwenken und mit gehackten Pistazien bestreuen.

Hinweise für die Praxis

Werden statt frischer tiefgekühlte Artischockenböden verwendet, muss die Flüssigkeitsmenge reduziert werden.

Gedünstete Kefen · Pois mange-tout étuvés

Zutaten	4 Pers	10 Pers
Butter	20 g	40 g
Schalotten, geschält	20 g	40 g
Kefen, gerüstet	480 g	1200 g
Salz		
Pfeffer, weiß, aus der Mühle		
Gemüsefond	40 g	100 g

Vorbereitung
- Schalotten fein hacken.
- Kefen kurz im Salzwasser blanchieren, im Eiswasser abkühlen und abtropfen lassen.

Zubereitung
- In einer Sauteuse Schalotten in Butter glasig dünsten, Kefen beigeben und mitdünsten.
- Mit Salz und weißem Pfeffer würzen.
- Mit Gemüsefond ablöschen und zugedeckt knackig dünsten und abschmecken.

Hinweise für die Praxis
Die Kefen sollen eine knackige Konsistenz aufweisen. Sofort servieren oder abkühlen, sonst verlieren die Kefen ihre grüne Farbe. Nach Belieben kann Speck und Knoblauch beigegeben werden.

Gedünstete Morcheln · Morilles étuvées

Zutaten	4 Pers	10 Pers
Butter	20 g	40 g
Schalotten, geschält	10 g	20 g
Morcheln, frisch, gerüstet	240 g	600 g
Salz		
Pfeffer, weiß, aus der Mühle		
Petersilie, gekraust, frisch	2 g	5 g

Vorbereitung
- Schalotten fein hacken.
- Morcheln je nach Grösse längs halbieren oder vierteln, den Stielansatz entfernen und mehrmals gründlich waschen.
- Morcheln im Salzwasser blanchieren, im Eiswasser abkühlen und abtropfen lassen.
- Petersilie waschen und fein hacken.

Zubereitung
- In einer Sauteuse Schalotten in Butter glasig dünsten.
- Morcheln beigeben und mitdünsten.
- Mit Salz und weissem Pfeffer würzen.
- Die Morcheln zugedeckt in der sich bildenden Flüssigkeit dünsten.
- Mit gehackter Petersilie bestreuen.

Gedünsteter Blattspinat mit Pinienkernen · Epinards étuvés aux pignons

Zutaten	4 Pers	10 Pers
Blattspinat, frisch, gerüstet	480 g	1200 g
Butter	10 g	25 g
Schalotten, geschält	15 g	40 g
Knoblauch, geschält	5 g	10 g
Salz	5 g	10 g
Pfeffer, weiß, aus der Mühle		
Muskatnuss, gerieben		
Baumnussöl	10 g	20 g
Pinienkerne	15 g	30 g

Vorbereitung
- Blattspinat gründlich waschen, im Salzwasser blanchieren, im Eiswasser abkühlen und abschütten.
- Blanchierten Spinat auspressen.
- Schalotten fein hacken.
- Knoblauch durch die Knoblauchpresse drücken.
- Pinienkerne im Baumnussöl goldgelb rösten.

Zubereitung
- Schalotten und Knoblauch in Butter dünsten.
- Blattspinat beigeben und mitdünsten.
- Mit Salz, Pfeffer und Muskatnuss abschmecken.
- Blattspinat anrichten und mit den gerösteten Pinienkernen bestreuen.

Gedünsteter Kürbis mit Kokosmilch · Courge étuvée au lait de coco

Zutaten	4 Pers	10 Pers
Kürbiskugeln, Ø 2,5 cm	400 g	1000 g
Kürbiskernöl	4 g	10 g
Rohzucker	4 g	10 g
Weißwein	20 g	50 g
Apfelsaft, süß	40 g	100 g
Kokosmilch, ungesüßt	40 g	100 g
Zitronensaft, frisch	2 g	5 g
Vanilleschote	0,5	1
Gewürznelken, gemahlen		
Meersalz, fein	2 g	5 g
Kokosflocken	4 g	10 g

Vorbereitung
- Vanilleschote längs halbieren und das Mark herauskratzen.

Zubereitung
- In einer Sauteuse Kürbiskernöl und Rohzucker erhitzen.
- Die Kürbiskugeln beigeben, dünsten und mit Weißwein ablöschen.
- Apfelsaft, Kokosmilch und Zitronensaft beigeben.
- Vanillemark, Vanilleschote, Nelkenpulver und Meersalz beigeben.
- Zugedeckt ca. 5 Minuten dünsten.
- Vanilleschote entfernen.
- Getrocknete Kokosflocken beigeben, schwenken und abschmecken.

Gedünsteter Blattmangold mit Lauch · Côtes de bette étuvées aux poireaux

Zutaten	4 Pers	10 Pers
Blattmangold, gerüstet	320 g	800 g
Lauch, gebleicht, gerüstet	160 g	400 g
Butter	15 g	40 g
Schalotten, geschält	15 g	40 g
Knoblauch, geschält	8 g	20 g
Meersalz, fein	4 g	10 g
Cayenne-Pfeffer, gemahlen		

Vorbereitung
- Mangold waschen, im Salzwasser blanchieren, im Eiswasser abkühlen und abtropfen lassen.
- Blanchierten Mangold in 3 cm große Stücke schneiden.
- Lauch längs halbieren, waschen und in 3 cm lange Stücke schneiden.
- Schalotten fein hacken.
- Knoblauch durch die Knoblauchpresse drücken.

Zubereitung
- Butter erhitzen und Schalotten und Knoblauch andünsten.
- Lauch beigeben, salzen und zugedeckt 15 Minuten dünsten.
- Mangold beigeben und 5 Minuten mitdünsten.
- Mit Salz und Cayenne-Pfeffer abschmecken.

Glasierte Gurken · Concombres glacés

Zutaten	4 Pers	10 Pers
Butter	20 g	50 g
Gurken, gerüstet	480 g	1200 g
Zucker		
Salz		
Pfeffer, weiß, aus der Mühle		
Dill, frisch	2 g	5 g

Vorbereitung
- Ungeschälte Gurken waschen und in 3 cm lange Stäbchen schneiden.
- Kerne entfernen und die Gurkenstäbchen leicht abkanten.
- Dill waschen, zupfen, trockentupfen und fein hacken.

Zubereitung
- Butter in einer Sauteuse schmelzen, Gurken beigeben und dünsten.
- Mit Zucker, Salz und Pfeffer würzen.
- Zudecken und ca. 2 Minuten knapp weich dünsten.
- Die noch vorhandene Flüssigkeit verdampfen lassen.
- Gurken unter Schwenken glasieren.
- Mit gehacktem Dill bestreuen und abschmecken.

Glasierte Karotten · Carottes glacées

Zutaten	4 Pers	10 Pers
Butter	20 g	50 g
Karotten, geschält	480 g	1200 g
Zucker	5 g	10 g
Salz		
Gemüsefond	40 g	100 g

Vorbereitung
- Die geschälten Karotten in Stäbchen schneiden und evtl. leicht abkanten.

Zubereitung
- Butter in einer Sauteuse schmelzen, Karotten beigeben und dünsten.
- Mit Zucker und Salz würzen.
- Mit einem hellen Gemüsefond aufgießen und zugedeckt knapp weich dünsten.
- Deckel entfernen und die Karotten durch Schwenken fertig dünsten und glasieren.

Hinweise für die Praxis
Für den sofortigen Gebrauch sollten die Karotten nicht vorgängig blanchiert werden. Werden die Karotten als Mise-en-place benötigt, sollten diese blanchiert werden, um ein Austrocknen zu vermeiden. Die Karotten können auch tourniert werden.

Glasierte Kastanien · Marrons glacés

Zutaten	4 Pers	10 Pers
Marroni/Esskastanien, ganz, geschält, tiefgekühlt	400 g	1000 g
Zucker	60 g	160 g
Gemüsefond	120 g	300 g
Knollensellerie, geschält	40 g	100 g

Vorbereitung
- Knollensellerie in Würfel schneiden.

Zubereitung
- Zucker in einer Sauteuse hell karamellisieren.
- Mit dem Gemüsefond ablöschen und aufkochen.
- Kastanien und Knollensellerie beigeben.
- Kastanien zugedeckt garen, herausnehmen, Knollensellerie entfernen.
- Die Garflüssigkeit sirupartig einkochen.
- Kastanien wieder beigeben und in der eingekochten Flüssigkeit glasieren.

Hinweise für die Praxis
Werden Kastanien in der Schale verwendet, müssen diese vorgängig geschält werden: Kastanien auf der runden Seite mit einem Marronimesser/Kastanienmesser einschneiden, auf einem Blech mit wenig Wasser während 10 Minuten im Ofen erhitzen und anschließend Schale und darunterliegende Haut entfernen.

Glasierte Perlzwiebeln · Petits oignons glacés

Zutaten	4 Pers	10 Pers
Butter	10 g	20 g
Perlzwiebeln, geschält	400 g	1000 g
Gemüsefond	100 g	200 g
Zucker		
Salz		
Pfeffer, weiß, aus der Mühle		
Petersilie, gekraust, frisch	5 g	10 g

Vorbereitung
- Petersilie waschen und fein hacken.

Zubereitung
- Butter in einer Sauteuse schmelzen, gleichmäßig große Perlzwiebeln zugeben und dünsten.
- Mit Zucker, Salz und Pfeffer würzen.
- Mit Gemüsefond aufgießen und zugedeckt knapp weich dünsten.
- Deckel entfernen und die Perlzwiebeln unter Schwenken glasieren.
- Mit der gehackten Petersilie bestreuen.

Hinweise für die Praxis
Die Perlzwiebeln können auch unter Farbgebung (hellbraun sautiert) glasiert werden.

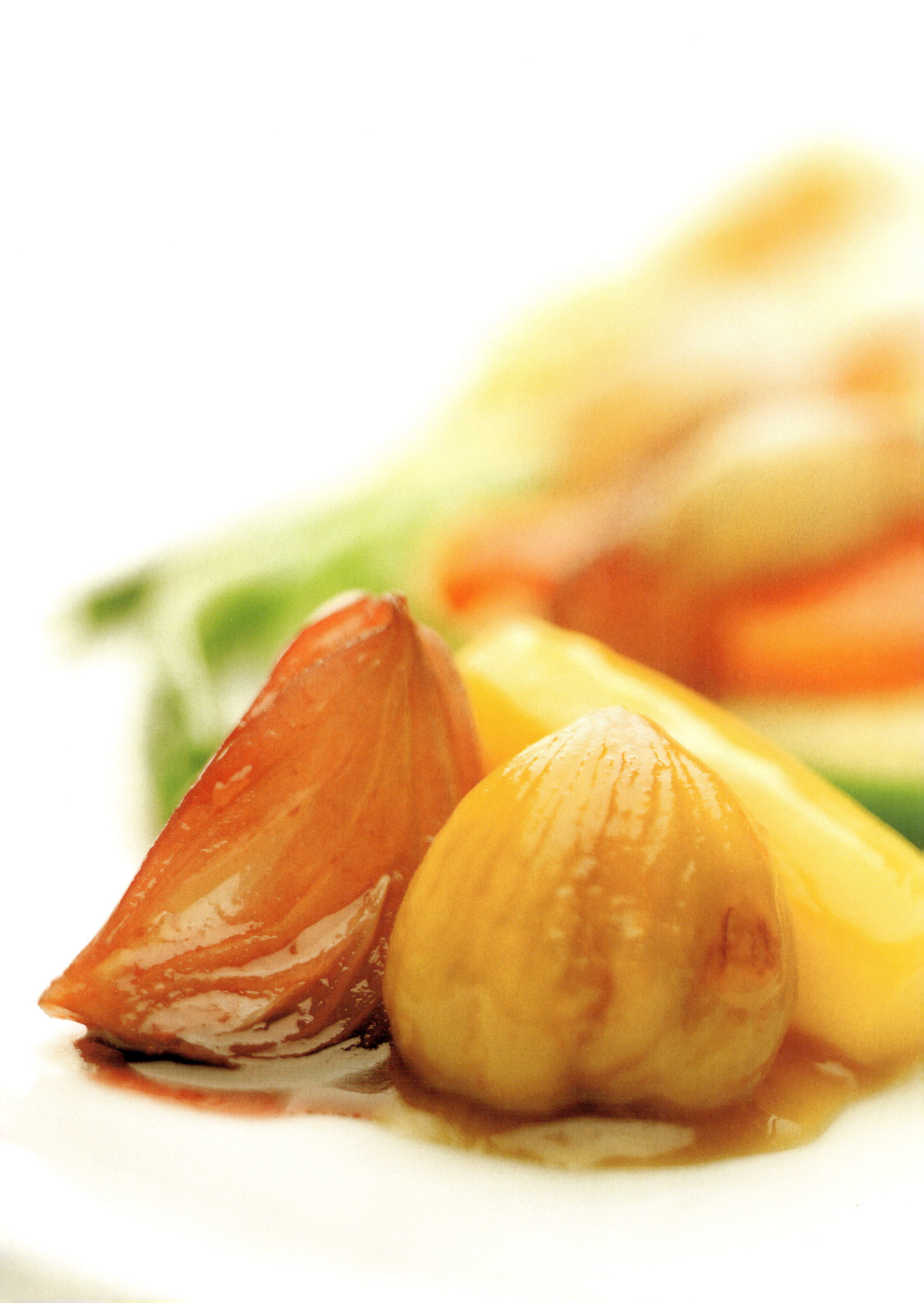

1 Erbsenschoten **2** Stangenbohnen **3** Kenia-Bohnen **4** Coco-Bohnen **5** Kefen/Zuckererbsen

Glasierte Randen/Rote Bete · Betteraves rouges glacées

Zutaten

	4 Pers	10 Pers
Randen/Rote Bete, roh, geschält	480 g	1200 g
Gemüsefond	120 g	300 g
Zuckerrohrmelasse	15 g	40 g
Salz	4 g	10 g
Butter	10 g	20 g
Pfeffer, weiß, aus der Mühle		
Zimt, gemahlen		

Vorbereitung
– Randen in Schnitze à je 15 g schneiden, eventuell die Kanten leicht tournieren.

Zubereitung
– Butter in einer Sauteuse schmelzen, die Randenschnitze beigeben und dünsten.
– Mit Gemüsefond bis zur Hälfte der Höhe der Randen auffüllen.
– Zuckerrohrmelasse beigeben und mit Salz, Pfeffer und wenig Zimt würzen.
– Zugedeckt bei geringer Hitze ca. 25 Minuten garen.
– Deckel entfernen, restlichen Gemüsefond beigeben und weitere 10 Minuten garen.
– Randen in der eingekochten Flüssigkeit durch Schwenken glasieren und abschmecken.

Hinweise für die Praxis
Für dieses Gericht sollten kleine Randen verwendet werden, damit die Schnitze die richtige Größe aufweisen. Bei jungen Randen kann infolge des großen Zuckergehalts der Anteil an Zuckerrohrmelasse reduziert werden.

Glasierter Kürbis · Courge glacée

Zutaten	4 Pers	10 Pers
Butter	10 g	20 g
Kürbis, rotfleischig, geschält	480 g	1200 g
Fruchtzucker	4 g	10 g
Salz		
Pfeffer, weiß, aus der Mühle		
Gemüsefond	100 g	250 g

Vorbereitung
– Kürbisfruchtfleisch in 5 mm dicke, gleichmäßig große Dreiecke schneiden.

Zubereitung
– Butter in einer Sauteuse schmelzen, Kürbisdreiecke beigeben und andünsten.
– Mit Fruchtzucker, Salz und Pfeffer würzen.
– Mit Gemüsefond aufgießen und zugedeckt knapp weich dünsten.
– Flüssigkeit sirupartig einkochen und Kürbis unter Schwenken glasieren.

Gurken mit Dillrahmsauce · Concombres à la crème et à l'aneth

Zutaten	4 Pers	10 Pers
Gurken, gerüstet	480 g	1200 g
Butter	15 g	40 g
Schalotten, geschält	10 g	20 g
Knoblauch, geschält	5 g	10 g
Salz	5 g	10 g
Pfeffer, weiß, aus der Mühle		
Dill, frisch	1 g	2 g

Sauce	4 Pers	10 Pers
Butter	5 g	10 g
Weißmehl	5 g	10 g
Vollmilch	100 g	200 g
Meersalz, fein	1 g	3 g
Pfeffer, weiß, aus der Mühle		
Muskatnuss, gerieben		
Vollrahm, 35%	30 g	75 g

Vorbereitung
– Gurken waschen, längs halbieren und die Kerne entfernen.
– Mit einem Buntschneidemesser in 1 cm dicke Scheiben schneiden.
– Schalotten fein hacken.
– Knoblauch durch die Knoblauchpresse drücken.
– Dill waschen, zupfen, trockentupfen und fein hacken.
– Butter und Weißmehl zu einem hellen Roux andünsten und erkalten lassen.

Zubereitung Sauce
– Heiße Vollmilch unter Rühren zum Roux geben und aufkochen.
– Kurze Zeit kochen lassen, mit Meersalz, Pfeffer und Muskatnuss würzen und mit Vollrahm verfeinern.

Zubereitung
– In einer Sauteuse Schalotten und Knoblauch in Butter andünsten.
– Gurkenstücke beigeben und mit Salz und Pfeffer würzen.
– Zugedeckt knackig dünsten.
– Gurken herausnehmen und die Garflüssigkeit sirupartig einkochen.
– Rahmsauce, Gurken und gehackten Dill beigeben, aufkochen und abschmecken.

Hinweise für die Praxis
Werden die Gurken tourniert, muss die Gurkenmenge erhöht werden.

Junge Erbsen französische Art · Petits pois française

Zutaten	4 Pers	10 Pers
Butter	10 g	20 g
Zucker	4 g	10 g
Perlzwiebeln, geschält	120 g	300 g
Erbsen, tiefgekühlt	320 g	800 g
Gemüsefond	15 g	40 g
Salz		
Pfeffer, weiß, aus der Mühle		
Kopfsalatblätter, gerüstet	4 g	10 g
Weißmehl	2 g	5 g
Butter	2 g	5 g

Vorbereitung
– Kleine Perlzwiebeln im Salzwasser 2 Minuten blanchieren, im Eiswasser abschrecken und abtropfen lassen.
– Kopfsalatblätter waschen und in Chiffonnade (Streifen) schneiden.
– Butter und Weißmehl zu Beurre manié (Mehlbutter) verkneten.

Zubereitung
– Butter in einer Sauteuse erhitzen, Zucker beigeben und glasig erhitzen.
– Perlzwiebeln und Erbsen beigeben und dünsten.
– Mit Gemüsefond ablöschen und mit Salz und Pfeffer aus der Mühle würzen.
– Zugedeckt bei kleiner Hitze ca. 7 Minuten dünsten.
– Deckel abnehmen, Kopfsalat-Chiffonnade beigeben und weitere 2 Minuten ohne Deckel dünsten.
– Garflüssigkeit mit Beurre manié binden und das Gericht abschmecken.

Kastanien-Kürbis-Curry · Curry de marrons et de courge

Zutaten

	4 Pers	10 Pers
Haselnussöl	4 g	10 g
Pinienkerne	4 g	10 g
Cashew-Nusskerne	8 g	20 g
Zwiebeln, geschält	15 g	40 g
Marroni/Esskastanien, ganz, geschält, tiefgekühlt	160 g	400 g
Kürbiskugeln, Ø 2,5 cm	160 g	400 g
Sultaninen	40 g	100 g
Gemüsefond	100 g	250 g
Mango-Chutney	20 g	50 g
Sauerrahm, 35%	40 g	100 g
Curry, Madras		
Paprika, delikatess		
Muskatnuss, gerieben		
Thymianblättchen		
Pfeffer, weiß, aus der Mühle		
Salz	2 g	5 g

Vorbereitung
- Pinienkerne und Cashewnüsse grob hacken.
- Zwiebeln fein hacken.

Zubereitung
- In einer Sauteuse gehackte Pinenkerne und Cashewnüsse im Haselnussöl goldgelb rösten.
- Sauteuse etwas abkühlen lassen, Zwiebeln beigeben und glasig dünsten.
- Restliche Zutaten beigeben und zugedeckt weich dünsten.
- Mit Salz und weißem Pfeffer abschmecken.

Hinweise für die Praxis
Am besten eignen sich Kürbissorten mit rotem oder orangefarbenem Fruchtfleisch. Kürbiskugeln mit einem Durchmesser von 2,5 cm ausstechen (Parisienne-Ausstechlöffel). Kürbisabschnitte für Suppen weiterverwenden.

Ratatouille · Ratatouille

Zutaten

	4 Pers	10 Pers
Olivenöl, kaltgepresst	20 g	50 g
Zwiebeln, geschält	50 g	100 g
Knoblauch, geschält	5 g	10 g
Peperoni, gelb, entkernt	100 g	200 g
Peperoni, rot, entkernt	100 g	200 g
Gemüsefond	50 g	100 g
Auberginen, gerüstet	100 g	200 g
Zucchetti, grün, gerüstet	100 g	200 g
Salz		
Pfeffer, weiß, aus der Mühle		
Thymianblättchen	1 g	2 g
Majoranblättchen, frisch	1 g	2 g
Tomaten-Concassé	80 g	200 g
Tomatenpüree	5 g	10 g
Basilikum, frisch	2 g	4 g

Vorbereitung
- Zwiebeln und Knoblauch fein hacken.
- Gelbe und rote Peperoni waschen und in gleichmäßige Würfel schneiden.
- Ungeschälte Auberginen und Zucchetti waschen und in gleichmäßige Würfel schneiden.
- Basilikum waschen, zupfen, trockentupfen und hacken.

Zubereitung
- Zwiebeln, Knoblauch und Peperoni in Oliveröl dünsten.
- Auberginen und Zucchetti beigeben und mitdünsten.
- Gemüsefond beigeben und zum Siedepunkt bringen.
- Mit Salz, Pfeffer, Thymian und Majoran würzen und zugedeckt ca. 5 Minuten weich dünsten.
- Kurz vor Ende der Garzeit Tomaten-Concassé und Tomatenpüree beigeben.
- Vor dem Servieren Basilikum beigeben und abschmecken.

Hinweise für die Praxis
Ab ca. 15 Personen kann auf die Flüssigkeitszugabe (Gemüsefond) teilweise oder ganz verzichtet werden, da beim Dünsten genügend Flüssigkeit entsteht.

Spinat mit Rahmsauce · Epinards à la crème

Zutaten	4 Pers	10 Pers
Blattspinat, frisch, gerüstet	400 g	1000 g
Butter	5 g	25 g
Zwiebeln, geschält	20 g	50 g
Knoblauch, geschält	5 g	15 g
Salz	4 g	10 g

Sauce

Butter	10 g	20 g
Weißmehl	10 g	25 g
Vollmilch	160 g	400 g
Salz	2 g	5 g
Muskatnuss, gerieben		
Pfeffer, weiß, aus der Mühle		
Saucenhalbrahm, 25%, eingedickt	40 g	100 g

Vorbereitung
– Blattspinat gründlich waschen, im Salzwasser blanchieren, im Eiswasser abkühlen und abschütten.
– Blanchierten Spinat auspressen und hacken.
– Zwiebeln fein hacken.
– Knoblauch durch die Knoblauchpresse drücken.

Zubereitung Sauce
– Butter und Weißmehl zu einem hellen Roux andünsten und etwas abkühlen lassen.
– Unter Rühren die heiße Vollmilch beigeben und aufkochen.
– Mit Salz, Pfeffer und Muskat abschmecken, Saucenhalbrahm beigeben und kurze Zeit kochen lassen.

Zubereitung Gericht
– Butter erhitzen, Zwiebeln und Knoblauch weich dünsten.
– Gehackten Spinat beigeben und mitdünsten.
– Mit der Rahmsauce vermischen, nochmals aufkochen und abschmecken.

Süßsaure Pilze · Champignons à l'aigre-douce

Zutaten	4 Pers	10 Pers
Champignons, weiß, frisch	60 g	150 g
Champignons, braun, frisch	60 g	150 g
Austernpilze, frisch, gerüstet	100 g	250 g
Eierschwämme/Pfifferlinge, frisch, gerüstet	100 g	250 g
Kandiszucker, braun	20 g	50 g
Apfelessig	10 g	20 g
Perlzwiebeln, geschält	100 g	250 g
Kalbsfond, hell	40 g	100 g
Bratbutter	5 g	10 g
Knoblauch, geschält	5 g	10 g
Aceto balsamico di Modena (Balsamessig)	2 g	5 g
Salz		
Pfeffer, weiß, aus der Mühle		

Vorbereitung
– Pilze rüsten, waschen und auf Küchenpapier gut abtropfen.
– Größere Champignons vierteln.
– Austernpilze und Eierschwämme in gleichmäßige Stücke schneiden.
– Knoblauch durch die Knoblauchpresse drücken.

Zubereitung
– Kandiszucker in einer Sauteuse karamellisieren.
– Mit Apfelessig ablöschen und mit hellem Kalbsfond auffüllen.
– Perlzwiebeln beigeben und zugedeckt ca. 3 Minuten weich dünsten.
– Deckel entfernen und die Perlzwiebeln durch Schwenken in der eingekochten Garflüssigkeit glasieren.
– Bratbutter in einer Lyoner Pfanne erhitzen.
– Pilze und Knoblauch beigeben und sautieren.
– Sautierte Pilze zu den glasierten Perlzwiebeln geben.
– Mit Salz, Pfeffer und Balsamessig abschmecken.

Vichy-Karotten · Carottes Vichy

Zutaten	4 Pers	10 Pers
Butter	15 g	40 g
Schalotten, geschält	15 g	40 g
Karotten, geschält	480 g	1200 g
Zucker	5 g	10 g
Salz		
Pfeffer, weiß, aus der Mühle		
Vichy-Wasser	40 g	100 g
Petersilie, gekraust, frisch	2 g	4 g

Vorbereitung
- Schalotten fein hacken.
- Mittelgroße, gleichmäßige Karotten in 4 mm dicke Scheiben schneiden.
- Petersilie waschen, trockentupfen und fein hacken.

Zubereitung
- In einer Sauteuse oder in einem Rondeau Schalotten in Butter andünsten.
- Karotten zugeben und mitdünsten.
- Mit Zucker, Salz und weißem Pfeffer würzen.
- Mit Vichy-Wasser aufgießen, zugedeckt weich dünsten und gleichzeitig die Garflüssigkeit sirupartig einkochen.
- Vichy-Karotten abschmecken, anrichten und mit gehackter Petersilie bestreuen.

Hinweise für die Praxis
Vichy-Wasser gibt diesem Gericht den Namen. Es kann aber auch durch ein beliebiges Mineralwasser oder durch einen Gemüsefond ersetzt werden.

Zucchetti provenzialische Art · Courgettes provençale

Zutaten	4 Pers	10 Pers
Olivenöl, kaltgepresst	10 g	25 g
Zucchetti, grün, gerüstet	400 g	1000 g
Tomaten, geschält, entkernt	50 g	120 g
Zwiebeln, violett, geschält	15 g	40 g
Knoblauch, geschält	8 g	20 g
Oliven, grün, entsteint	15 g	40 g
Oliven, schwarz, entsteint	15 g	40 g
Thymian, frisch	1 g	2 g
Rosmarin, frisch	1 g	3 g
Meersalz, fein	4 g	10 g
Pfeffer, weiß, aus der Mühle		

Vorbereitung
- Zucchetti längs halbieren und in 5 mm dicke Scheiben schneiden.
- Tomaten in 1 cm große Würfel schneiden.
- Zwiebeln fein hacken.
- Knoblauch durch die Knoblauchpresse drücken.
- Grüne und schwarze Oliven längs halbieren.
- Thymian und Rosmarin waschen, trockentupfen und hacken.

Zubereitung
- Olivenöl in einem Rondeau erhitzen, Zwiebeln und Knoblauch andünsten.
- Zucchetti beigeben, salzen und zugedeckt ca. 5 Minuten dünsten.
- Tomatenwürfel, Oliven und Kräuter beigeben und weitere 5 Minuten dünsten.
- Gericht mit Meersalz und Pfeffer aus der Mühle abschmecken.

■ GARMETHODE GRATINIEREN

Gefüllte Tomaten provenzialische Art · Tomates farcies provençale

Zutaten	4 Pers	10 Pers
Tomaten	400 g	1000 g
Salz		
Pfeffer, weiß, aus der Mühle		
Füllung		
Olivenöl	20 g	50 g
Schalotten, geschält	10 g	25 g
Knoblauch, geschält	5 g	10 g
Mie de pain/weißes Paniermehl	40 g	100 g
Petersilie, gekraust, frisch	2 g	5 g
Thymian, frisch	1 g	2 g
Origano, frisch	1 g	2 g
Salz		
Pfeffer, weiß, aus der Mühle		
Sbrinz, gerieben	5 g	10 g

Vorbereitung
- Tomaten (1 Stück pro Person) waschen und den Stielansatz ausstechen.
- Den Deckel 1 cm dick abschneiden und zur Seite legen.
- Tomaten mit einem Ausstechlöffel leicht aushöhlen.
- Tomaten in ein flaches Geschirr legen, die Deckel mit der Innenseite nach oben danebenlegen und mit Salz und Pfeffer würzen.
- Schalotten und Knoblauch fein hacken.
- Kräuter waschen, zupfen, trockentupfen und fein hacken.

Zubereitung
- Schalotten und Knoblauch im Olivenöl dünsten.
- Mie de pain (weißes Paniermehl) und gehackte Kräuter beigeben und kurz mitdünsten.
- Mit Salz und Pfeffer abschmecken und in die vorbereiteten Tomaten füllen.
- Mit geriebenem Sbrinz bestreuen und unter dem Salamander gratinieren und gleichzeitig garen.
- Vor dem Servieren die Deckel schräg aufsetzen.

Gratinierter Blattspinat mit Champignons · Gratin d'épinards aux champignons de Paris

Zutaten	4 Pers	10 Pers
Blattspinat, frisch, gerüstet	400 g	1000 g
Salz	4 g	10 g
Butter	4 g	10 g
Schalotten, geschält	20 g	50 g
Knoblauch, geschält	4 g	10 g
Champignons, weiß, frisch	40 g	100 g
Weißwein	40 g	100 g
Sauce		
Butter	4 g	10 g
Weißmehl	10 g	25 g
Vollmilch	120 g	300 g
Salz	2 g	5 g
Pfeffer, weiß, aus der Mühle		
Muskatnuss, gerieben		
Parmesan, gerieben	20 g	50 g

Vorbereitung
- Spinat gründlich waschen, im Salzwasser blanchieren, im Eiswasser abschrecken und abtropfen lassen.
- Blanchierten Spinat auspressen.
- Schalotten fein hacken.
- Knoblauch durch die Knoblauchpresse drücken.
- Champignons waschen, abtropfen lassen und emincieren (in feine Scheiben schneiden).
- Butter und Weißmehl zu einem hellen Roux andünsten und erkalten lassen.

Zubereitung Sauce
- Heiße Vollmilch unter Rühren zum Roux geben und kurz sieden lassen.
- Sauce mit Salz, Pfeffer und Muskatnuss abschmecken.

Zubereitung
- Butter erhitzen, Schalotten und Knoblauch dünsten.
- Champignons beigeben und mitdünsten.
- Mit Weißwein ablöschen und stark einkochen lassen.
- Blanchierten Spinat beigeben und zugedeckt 2 Minuten dünsten.
- Bechamel-Sauce beigeben, gut vermischen und mit Salz und Pfeffer abschmecken.
- Anrichten und mit geriebenem Parmesan bestreuen.
- Unter dem Salamander oder im Ofen mit starker Oberhitze überbacken.

Gratinierter Blumenkohl · Chou-fleur gratiné

Zutaten	4 Pers	10 Pers
Blumenkohl	400 g	1000 g
Salz	5 g	15 g
Zitronensaft, frisch	5 g	10 g
Sauce		
Weißmehl	5 g	10 g
Butter	5 g	10 g
Vollmilch	80 g	200 g
Vollrahm, 35%	25 g	60 g
Eigelb, pasteurisiert	20 g	40 g
Sbrinz, gerieben	15 g	40 g
Salz	5 g	10 g
Pfeffer, weiß, aus der Mühle		
Muskatnuss, gerieben		
Weitere Zutaten		
Butter	5 g	10 g
Sbrinz, gerieben	10 g	20 g

Vorbereitung
– Blumenkohl waschen und in gleichmässige Röschen zerteilen.
– Butter und Weißmehl zu einem hellen Roux anschwitzen und abkühlen lassen.

Zubereitung Sauce
– Heiße Vollmilch unter Rühren zum Roux geben, kurz aufkochen lassen und vom Herd ziehen.
– Vollrahm, Eigelb und geriebenen Sbrinz unter Rühren in die Sauce geben.
– Mit Salz, Pfeffer und Muskatnuss abschmecken, Sauce nicht mehr auf über 80 °C erhitzen.

Zubereitung
– Blumenkohlröschen im Salzwasser mit Zitronensaft bissfest kochen.
– Abschütten und auf Küchenpapier gut abtropfen lassen.
– Blumenkohl anrichten und mit der Sauce Mornay nappieren (überziehen).
– Mit geriebenem Sbrinz bestreuen und mit Butterflocken belegen.
– Unter dem Salamander oder im Ofen mit starker Oberhitze goldbraun überbacken.

Hinweise für die Praxis
Die Blumenkohlröschen können auch im Drucksteamer gegart werden.

Gratinierter Lauch · Poireau gratiné

Zutaten	4 Pers	10 Pers
Butter	20 g	40 g
Zwiebeln, geschält	50 g	100 g
Lauch, gebleicht, gerüstet	400 g	1000 g
Weißmehl	5 g	10 g
Saucenhalbrahm, 25%, eingedickt	160 g	400 g
Muskatnuss, gerieben		
Salz		
Sbrinz, gerieben	20 g	50 g

Vorbereitung
– Die Zwiebeln fein hacken.
– Lauch längs halbieren, gründlich waschen, abtropfen lassen und in 5 mm breite Streifen schneiden.

Zubereitung
– Butter in einem Rondeau erhitzen und die Zwiebeln andünsten.
– Lauch beigeben, mitdünsten und mit Salz, Pfeffer und Muskat würzen.
– Lauch mit Weißmehl stäuben und den Saucenhalbrahm beigeben.
– Gemüse auf kleiner Flamme unter Rühren ca. 5 Minuten dünsten.
– Ist der Garpunkt erreicht, das Gemüse abschmecken und in einer Gratinplatte anrichten.
– Mit geriebenem Sbrinz bestreuen und unter dem Salamander goldbraun gratinieren.

■ GARMETHODE FRITTIEREN

Frittierte Auberginen mit Haselnüssen mit rotem Peperoni-Coulis
Aubergines frites aux noisettes avec coulis de poivrons rouges

Zutaten	4 Pers	10 Pers
Auberginen	400 g	1000 g
Salz	4 g	10 g
Pfeffer, weiß, aus der Mühle		
Weißmehl	20 g	50 g
Vollei, frisch	40 g	100 g
Haselnusskerne, gemahlen	20 g	45 g
Ölverlust beim Frittieren	40 g	100 g
Coulis		
Peperoni, rot, entkernt	100 g	250 g
Rapsöl	5 g	15 g
Schalotten, geschält	10 g	20 g
Knoblauch, geschält	5 g	10 g
Rosmarinzweige	1 g	3 g
Salz	2 g	5 g
Pfeffer, weiß, aus der Mühle		

Vorbereitung
- Auberginen waschen und in 1 cm dicke Scheiben schneiden.
- Rote Peperoni kurz im heißen Öl frittieren und im kalten Wasser abschrecken.
- Die Haut der Peperoni abziehen und das Fruchtfleisch in kleine Stücke schneiden.
- Schalotten fein hacken.
- Knoblauch durch die Knoblauchpresse drücken.

Zubereitung Coulis
- Schalotten und Knoblauch im Rapsöl andünsten.
- Die geschälten Peperoni beigeben und mitdünsten.
- Rosmarinzweig beigeben, mit Salz und Pfeffer würzen und die Peperoni weich dünsten.
- Rosmarinzweig entfernen.
- Coulis mit einem Stabmixer pürieren und durch ein Drahtsieb streichen.
- Abschmecken und warm stellen.

Weiterverarbeitung
- Auberginenscheiben würzen und im Weißmehl wenden.
- Im Vollei wenden und das überschüssige Ei abstreichen.
- In den gemahlenen Haselnüssen wenden und leicht andrücken.
- In der Fritteuse bei ca. 170 °C goldbraun frittieren.
- Auberginenscheiben herausnehmen und auf Küchenpapier abtropfen lassen.

Anrichten
- Frittierte Auberginenscheiben fächerförmig anrichten.
- Spiegel von Peperoni-Coulis an der Seite anrichten.

Frittierte Champignons · Champignons frits

Zutaten	4 Pers	10 Pers
Champignons, frisch, gerüstet	280 g	700 g
Zitronensaft, frisch	10 g	20 g
Salz		
Pfeffer, weiß, aus der Mühle		
Weißmehl, Typ 550	10 g	20 g
Backteig		
Weißmehl	110 g	280 g
Weißwein	110 g	260 g
Sonnenblumenöl	40 g	100 g
Eigelb, frisch	20 g	40 g
Salz		
Muskatnuss, gerieben		
Kokosflocken	10 g	20 g
Zitronenmelisse, frisch	2 g	4 g
Eiweiß, frisch	50 g	130 g
Ölverlust beim Frittieren	30 g	70 g

Vorbereitung
- Mittelgroße, gleichmäßige Champignons gründlich waschen und abtropfen lassen.
- Champignons mit Zitronensaft marinieren.
- Zitronenmelisse waschen, zupfen, trockentupfen und fein hacken.

Zubereitung
- Weißmehl für den Backteig sieben und in eine Schüssel geben.
- Weißwein, Öl, Eigelb, Salz und Muskatnuss beigeben und zu einem knollenfreien Teig verrühren.
- Kokosflocken und Zitronenmelisse unter den Teig mischen.
- Eiweiß steif schlagen und vorsichtig unter den Teig ziehen.
- Marinierte Champignons mit Salz und Pfeffer würzen und mit Weißmehl stäuben.
- Im Backteig wenden und gut abstreifen.
- In der Fritteuse bei ca. 170 °C goldgelb frittieren.
- Champignons auf Küchenpapier entfetten und sofort servieren.

Hinweise für die Praxis
Auf die gleiche Art können Austernpilze oder Steinpilze zubereitet werden. Statt Weißwein kann auch Bier für den Backteig verwendet werden.

Frittierte Schwarzwurzeln · Salsifis frits

Zutaten	4 Pers	10 Pers
Schwarzwurzeln, geschält	400 g	1000 g
Zitronensaft, frisch	20 g	10 g
Salz	2 g	5 g
Weißmehl	20 g	50 g
Pfeffer, weiß, aus der Mühle		
Ölverlust beim Frittieren	40 g	100 g

Backteig

Weißmehl, Typ 550	120 g	300 g
Bier, hell	100 g	250 g
Sonnenblumenöl	10 g	25 g
Salz	5 g	10 g
Pfeffer, weiß, aus der Mühle		
Kakaopulver		
Eigelb, frisch	40 g	80 g
Eiweiß, frisch	50 g	120 g
Zartbitterschokolade	15 g	40 g

Vorbereitung

– Schwarzwurzeln in 6 cm lange Stücke schneiden, dicke Exemplare längs halbieren oder vierteln.
– Im Salzwasser mit Zitronensaft knackig sieden.
– Schwarzwurzeln abschütten und auskühlen lassen.
– Weißmehl sieben.
– Zartbitterschokolade hacken.

Zubereitung Backteig

– Weißmehl, Bier, Sonnenblumenöl, Salz, Pfeffer, Kakaopulver, Zartbitterschokolade und Eigelb vermischen und zu einem glatten Teig rühren.
– Eiweiß steif schlagen und vorsichtig mit einem Rührspatel unter den Teig ziehen.

Fertigstellung

– Schwarzwurzeln mit Salz und Pfeffer würzen und mehlen.
– Im Backteig wenden und den überschüssigen Teig abstreifen.
– In der Fritteuse bei ca. 170 °C goldgelb frittieren.
– Schwarzwurzeln herausnehmen, auf Küchenpapier entfetten und sofort servieren.

Frittierter Blumenkohl · Chou-fleur frit

Zutaten	4 Pers	10 Pers
Blumenkohl, gerüstet	480 g	1200 g
Salz	5 g	10 g
Zitronensaft, frisch	5 g	15 g
Ölverlust beim Frittieren	50 g	120 g

Backteig

Weißmehl	110 g	280 g
Weißwein, Fendant	105 g	260 g
Rapsöl	40 g	100 g
Eigelb, frisch	30 g	60 g
Salz	5 g	15 g
Pfeffer, weiß, aus der Mühle		
Eiweiß, pasteurisiert	50 g	120 g

Vorbereitung

– Blumenkohl in gleichmäßige Röschen schneiden.
– Das Weißmehl sieben.
– Eiweiß zu einem festen Schnee schlagen.

Zubereitung Backteig

– Weißmehl, Weißwein, Öl, Eigelb und Salz zu einem glatten Teig verrühren.
– Eischnee vorsichtig untermelieren.

Zubereitung

– Salzwasser zum Sieden bringen, Blumenkohlröschen und Zitronensaft beigeben.
– Blumenkohl knackig sieden und abschütten.
– Auf Küchenpapier gut abtropfen lassen und mit wenig Mehl stäuben.
– Blumenkohlröschen in Backteig tauchen und überschüssigen Teig abstreifen.
– In die heiße Fritteuse (Öltemperatur ca. 170 °C) geben und goldgelb frittieren.
– Auf Küchenpapier entfetten und sofort servieren.

Hinweise für die Praxis

Blumenkohlröschen können auch im Drucksteamer gegart werden. Das Weißmehl kann durch Tempura-Mehl oder Gerstenmehl ersetzt werden. Statt Weißwein kann auch Bier für den Backteig verwendet werden.

Frittierter Knollensellerie · Céleri-pomme frit

Zutaten	4 Pers	10 Pers
Knollensellerie, geschält	360 g	900 g
Salz		
Weißmehl	10 g	20 g
Vollei, frisch	30 g	60 g
Maisgrieß, mittelfein	50 g	120 g
Ölverlust beim Frittieren	30 g	70 g

Vorbereitung
– Mittelgroße Sellerieknollen in 5 mm dicke Scheiben schneiden (größere Knollen vorgängig halbieren).

Zubereitung
– Die Selleriescheiben im Drucksteamer knackig garen.
– Selleriescheiben salzen und etwas abkühlen lassen.
– Sellerie im Weißmehl wenden, durch das Ei ziehen und im Maisgrieß panieren.
– In der Fritteuse bei ca. 170 °C goldbraun frittieren.
– Selleriescheiben auf Küchenpapier entfetten und sofort servieren.

Hinweise für die Praxis
Dazu kann ein Tomaten-Coulis serviert werden.

Gemüse-Fritto-Misto im Tempura-Teig · Fritto misto de légumes en pâte à tempura

Zutaten	4 Pers	10 Pers
Spargeln, grün, geschält	80 g	200 g
Blumenkohl, gerüstet	80 g	200 g
Broccoli, gerüstet	60 g	150 g
Peperoni, rot, entkernt	40 g	100 g
Frühlingszwiebeln, gerüstet	60 g	150 g
Maiskölbchen/Baby-Mais, frisch	40 g	100 g
Wasabi-Pulver		
Sesamöl, fermentiert	4 g	10 g
Meersalz, fein	2 g	5 g
Ölverlust beim Frittieren	20 g	50 g
Tempura-Teig		
Weißmehl	30 g	80 g
Maisstärke	15 g	40 g
Reismehl	15 g	40 g
Meersalz, fein	2 g	5 g
Eiswasser	80 g	200 g
Eigelb, frisch	20 g	40 g

Vorbereitung
– Grüne Spargeln waschen und halbieren.
– Blumenkohl und Broccoli waschen und in Röschen zerteilen.
– Rote Peperoni in Streifen schneiden.
– Frühlingszwiebeln waschen und längs halbieren.

Zubereitung Tempura-Teig
– Weißmehl, Maisstärke und Reismehl in eine Schüssel geben.
– Eiswasser mit dem Schneebesen darunterrühren und gründlich vermischen.
– Eigelb beigeben und verrühren.

Zubereitung
– Alle Gemüse im Salzwasser knackig garen, im Eiswasser abschrecken, abschütten und auf Küchenpapier gründlich abtropfen lassen.
– Die Gemüse mit wenig Wasabi-Pulver und Sesamöl kurz marinieren.
– Die Gemüse unmittelbar vor dem Frittieren mit Meersalz würzen.
– Die Gemüsestücke eines nach dem andern durch den Teig ziehen, abstreifen und in der Fritteuse bei ca. 170 °C goldbraun frittieren.
– Auf Küchenpapier entfetten und sofort servieren.

Hinweise für die Praxis
Als Saucen passen ein Chutney oder Sojasauce. Bei der Herstellung von größeren Mengen die Gemüse vorfrittieren und bei Bedarf fertig frittieren.

Im Backteig frittierte Auberginen · Aubergines en pâte à frire (à l'Orly)

Zutaten

	4 Pers	10 Pers
Auberginen, gerüstet	480 g	1200 g
Salz	4 g	10 g
Pfeffer, weiß, aus der Mühle		
Weißmehl	20 g	50 g
Ölverlust beim Frittieren	40 g	100 g

Backteig

Weißmehl, Typ 550	120 g	300 g
Weißwein, Fendant	100 g	250 g
Olivenöl	10 g	25 g
Salz	5 g	10 g
Pfeffer, weiß, aus der Mühle		
Eigelb, frisch	40 g	80 g
Eiweiß, frisch	50 g	120 g

Vorbereitung
- Die Auberginen waschen und in gleichmäßige Scheiben à 25 g schneiden.
- Weißmehl sieben.

Zubereitung
- Weißmehl, Weißwein, Olivenöl, Salz, Pfeffer und Eigelb zu einem knollenfreien Teig rühren.
- Eiweiß zu einem festen Schnee schlagen und vorsichtig unter den Teig melieren.
- Auberginenscheiben mit Salz und Pfeffer würzen und im Weißmehl wenden.
- Auberginen durch den Backteig ziehen und den überschüssigen Teig abstreifen.
- In der Fritteuse bei ca. 170 °C goldgelb frittieren.
- Auberginenscheiben herausnehmen, auf Küchenpapier abtropfen lassen und sofort servieren.

Hinweise für die Praxis
Dazu kann ein Tomaten- oder Peperoni-Coulis serviert werden.
Das Weißmehl kann auch durch Gerstenmehl ersetzt werden.
Statt Weißwein kann auch Bier für den Backteig verwendet werden.

Im Ei frittierter Blumenkohl · Chou-fleur frit à l'œuf

Zutaten

	4 Pers	10 Pers
Blumenkohl, gerüstet	480 g	1200 g
Zitronensaft, frisch	5 g	15 g
Salz	4 g	10 g
Pfeffer, weiß, aus der Mühle		
Gerstenmehl	20 g	50 g
Vollei, frisch	40 g	100 g
Ölverlust beim Frittieren	50 g	120 g

Vorbereitung
- Blumenkohl in gleichmäßige Röschen schneiden.

Zubereitung
- Salzwasser aufkochen und Zitronensaft beigeben.
- Blumenkohlröschen knackig blanchieren, im Eiswasser abkühlen und abschütten.
- Auf Küchenpapier gut abtropfen lassen.
- Blumenkohlröschen mit Salz und Pfeffer würzen und mit Gerstenmehl stäuben.
- Im Vollei wenden und einzeln in der Fritteuse bei ca. 170 °C knusprig frittieren.
- Blumenkohlröschen herausnehmen und auf Küchenpapier entfetten und sofort servieren.

Hinweise für die Praxis
Blumenkohlröschen können auch im Drucksteamer gegart werden.

Pakoras (frittierte Kartoffel-Gemüse-Nocken)
Pakoras (gnocchi de pommes de terre et de légumes frits)

Zutaten

	4 Pers	10 Pers
Kartoffeln, Typ C, geschält	160 g	400 g
Blumenkohl, gerüstet	60 g	150 g
Broccoli, gerüstet	60 g	150 g
Frühlingszwiebeln, gerüstet	20 g	50 g
Peperoni, rot, entkernt	40 g	100 g
Lauch, grün, gerüstet	40 g	100 g
Erbsen, tiefgekühlt	40 g	100 g
Maiskörner (Konserve), abgetropft	40 g	100 g
Knoblauch, geschält	5 g	10 g
Sesamöl, fermentiert	2 g	5 g
Koriandersamen, ganz		1 g
Fenchelsamen		1 g
Sternanis, gemahlen		1 g
Garam Masala		1 g
Kichererbsenmehl	40 g	100 g
Backpulver		1 g
Salz		
Cayenne-Pfeffer, gemahlen		
Kurkuma, gemahlen		
Ölverlust beim Frittieren	40 g	100 g

Vorbereitung

- Kartoffeln in gleichmäßige Würfel schneiden.
- Blumenkohl und Broccoli in 5 mm große Stücke (Röschen) schneiden.
- Frühlingszwiebeln waschen und in 5 mm große Würfel schneiden.
- Peperoni in kleine Würfel schneiden.
- Lauch längs halbieren, waschen und in Paysanne (feinblättrig) schneiden.
- Maiskörner gut abtropfen lassen.
- Knoblauch durch die Knoblauchpresse drücken.
- Korianderkörner und Fenchelsamen grob zerstoßen.

Zubereitung

- Blumenkohl, Broccoli und Erbsen im Salzwasser blanchieren, im Eiswasser abschrecken, abschütten und auf Küchenpapier gut abtropfen lassen.
- Kartoffeln im Salzwasser weich sieden.
- Kartoffeln abschütten, etwas ausdämpfen lassen und durch das Passe-vite treiben.
- Sesamöl in einer Sauteuse erhitzen und Koriander, Fenchel, Sternanis und Garam Masala kurz andünsten.
- Knoblauch, Frühlingszwiebeln, Lauch und Peperoniwürfel beigeben und weich dünsten.
- Kichererbsenmehl mit den blanchierten Gemüsen, den Maiskörnern sowie den gedünsteten Gemüsen vermischen.
- Passierte Kartoffeln beigeben und mit Salz, Cayenne-Pfeffer und Kurkuma abschmecken.
- Die Masse 20 Minuten abstehen lassen.
- Mit 2 Esslöffeln Nocken à 40 g formen (3 Stück pro Person) und auf geöltes Backtrennpapier absetzen.
- In der Fritteuse bei ca. 170 °C goldgelb frittieren.
- Auf Küchenpapier entfetten und sofort servieren.

Hinweise für die Praxis

Als Beilage passt Mango-Chutney. Pakoras können auch mit anderen, beliebigen Gemüsezutaten zubereitet werden.

■ GARMETHODE SAUTIEREN

Kürbis-Mais-Galetten · Galettes de courge et de maïs

Zutaten	4 Pers	10 Pers
Kürbis, rotfleischig, geschält	240 g	600 g
Kürbiskerne, geschält	20 g	50 g
Maisstärke	20 g	50 g
Maisgrieß, mittelfein	80 g	200 g
Backpulver	4 g	10 g
Salz		
Pfeffer, weiß, aus der Mühle		
Lebkuchengewürz	2 g	5 g
Kürbiskernöl	4 g	10 g
Vollei, aufgeschlagen	100 g	250 g
Bratbutter	20 g	50 g

Vorbereitung
– Kürbisfruchtfleisch mit einer Bircherraffel reiben.
– Kürbiskerne in einer antihaftbeschichteten Pfanne ohne Fettstoff rösten und grob hacken.

Zubereitung
– Maisstärke, Maisgrieß, Backpulver, Salz, Pfeffer und Lebkuchengewürz in einer Schüssel mischen.
– Kürbiskernöl und Vollei beigeben und verrühren.
– Geriebenen Kürbis und Kürbiskerne beigeben und vermischen.
– Masse ca. 20 Minuten quellen lassen.
– Galetten mit einem Stückgewicht von ca. 40 g formen.
– In einer antihaftbeschichteten Pfanne in wenig Bratbutter beidseitig knusprig sautieren.

Hinweise für die Praxis
In Kombination mit einem Ratatouille oder einem Gemüse-Coulis als ovo-lacto-vegetabiles Gericht geeignet.

Sauerkrautküchlein · Galettes de choucroute

Zutaten	4 Pers	10 Pers
Sauerkraut, gekocht	200 g	500 g
Kartoffeln, Typ C, geschält	200 g	500 g
Vollei, pasteurisiert	40 g	100 g
Weißmehl	15 g	40 g
Muskatnuss, gerieben		
Salz		
Pfeffer, weiß, aus der Mühle		
Bratbutter	40 g	100 g

Vorbereitung
– Sauerkraut auspressen und grob hacken.
– Kartoffeln mit einer Bircherraffel fein reiben.

Zubereitung
– Sauerkraut, geriebene Kartoffeln, Eier, Weißmehl, Muskat, Salz und Pfeffer vermischen und zu einer Masse verarbeiten.
– Bratbutter in einer antihaftbeschichteten Pfanne erhitzen.
– Aus der vorbereiteten Masse 60 g schwere Küchlein (2 Stück pro Person) formen und in der heißen Bratbutter beidseitig sautieren.
– Bei reduzierter Hitze fertig sautieren.
– Auf Küchenpapier entfetten und sofort servieren.

Sautierte Auberginen im Ei mit Kräutern · Aubergines sautées à l'œuf et aux fines herbes

Zutaten	4 Pers	10 Pers
Auberginen, gerüstet	480 g	1200 g
Salz	6 g	15 g
Pfeffer, weiß, aus der Mühle		
Ruchmehl	15 g	35 g
Vollei, frisch	60 g	150 g
Salbei, frisch	1 g	3 g
Olivenöl	20 g	50 g

Vorbereitung
– Auberginen waschen und in Scheiben zu je 30 g schneiden (4 Scheiben pro Person).
– Salbei waschen, zupfen und fein hacken.

Zubereitung
– Auberginenscheiben mit Salz und Pfeffer würzen und im Weißmehl wenden.
– Vollei mit dem gehackten Salbei mischen.
– Auberginen in der Eimasse wenden und abstreifen.
– Auberginenscheiben im erhitzten Olivenöl in einer Lyoner Pfanne beidseitig goldbraun sautieren.
– Auf Küchenpapier entfetten und sofort servieren.

Sautierte Randen/Rote Bete mit Baumnüssen · Betteraves rouges sautées aux noix

Zutaten	4 Pers	10 Pers
Randen/Rote Bete, roh, geschält	480 g	1200 g
Baumnussöl	10 g	20 g
Baumnusskerne, halbiert	20 g	50 g
Salz	2 g	5 g
Pfeffer, schwarz, aus der Mühle		

Vorbereitung
– Randen in Bâtonnets (Stäbchen, 3 × 0,5 cm) schneiden.
– Baumnüsse grob hacken.

Zubereitung
– Baumnussöl in einer antihaftbeschichteten Pfanne erhitzen.
– Baumnüsse beigeben und leicht rösten.
– Randenstäbchen beigeben und unter Schwenken langsam bei mittlerer Hitze weich sautieren.
– Mit Salz und schwarzem Pfeffer aus der Mühle abschmecken.

Sautierte Steinpilze mit Knoblauch und Kräutern · Cèpes sautés à l'ail et aux fines herbes

Zutaten	4 Pers	10 Pers
Steinpilze, frisch, gerüstet	320 g	800 g
Olivenöl	20 g	40 g
Schalotten, geschält	20 g	50 g
Knoblauch, geschält	5 g	10 g
Tomaten, geschält, entkernt	40 g	100 g
Petersilie, glattblättrig, frisch	1 g	2 g
Basilikum, frisch	1 g	2 g
Thymian, frisch	1 g	2 g
Schnittlauch, frisch	1 g	2 g
Salz		
Pfeffer, schwarz, aus der Mühle		

Vorbereitung
– Steinpilze mit einem Tuch abreiben und in gleichmäßige Stücke schneiden.
– Schalotten und Knoblauch fein hacken.
– Tomaten in 1 cm große Würfel schneiden.
– Petersilie, Basilikum und Thymian waschen, zupfen, trockentupfen und fein hacken.
– Schnittlauch fein schneiden.

Zubereitung
– Olivenöl in einer Lyoner Pfanne erhitzen.
– Steinpilze beigeben und unter leichter Farbgebung sautieren.
– Schalotten und Knoblauch beigeben und mitsautieren.
– Tomatenwürfel und Kräuter beigeben und schwenken.
– Mit Salz und Pfeffer abschmecken und sofort servieren.

Sautierte Zucchetti mit Rucolapesto · Courgettes sautées au pesto de roquette

Zutaten	4 Pers	10 Pers
Zucchetti, grün, gerüstet	400 g	1000 g
Sonnenblumenöl, high oleic	10 g	20 g
Salz		
Pfeffer, weiß, aus der Mühle		
Olivenöl, kaltgepresst	20 g	40 g
Haselnussöl	20 g	40 g
Pinienkerne	10 g	40 g
Rucola, gerüstet	15 g	30 g
Sbrinz, gerieben	10 g	20 g
Salz		
Pfeffer, weiß, aus der Mühle		

Vorbereitung
– Zucchetti waschen und mit einem Buntschneidemesser in 5 mm dicke Scheiben schneiden.
– Rucola waschen, auf Küchenpapier trockentupfen und grob hacken.
– Pesto: Olivenöl, Haselnussöl, Pinienkerne, Rucola und Sbrinz im Mörser zerstoßen oder im Mixer fein mixen und mit Salz und Pfeffer würzen.

Zubereitung
– Sonnenblumenöl in einer antihaftbeschichteten Pfanne erhitzen.
– Zucchettischeiben beigeben und knackig sautieren.
– Mit dem Pesto vermischen, anrichten und servieren.

Sautierte, panierte Zucchettischeiben · Tranches de courgettes panées et sautées

Zutaten	4 Pers	10 Pers
Zucchetti, grün, gerüstet	400 g	1000 g
Zitronensaft, frisch		
Basilikum, frisch	1 g	2 g
Schnittlauch, frisch	1 g	2 g
Salz		
Pfeffer, weiß, aus der Mühle		
Weißmehl	10 g	20 g
Vollei, frisch	20 g	50 g
Paniermehl	40 g	100 g
Sonnenblumenöl, high oleic	20 g	40 g

Vorbereitung
- Zucchetti waschen und leicht schräg in 8 mm dicke Scheiben schneiden.
- Zucchettischeiben mit Zitronensaft beträufeln.
- Basilikum waschen, zupfen, trockentupfen und fein hacken.
- Schnittlauch fein schneiden.
- Basilikum und Schnittlauch über die Zuchettischeiben streuen und etwas andrücken.
- Zuchettischeiben mit Salz und Pfeffer würzen, mehlen, durch das Ei ziehen und im Paniermehl panieren.

Zubereitung
- Sonnenblumenöl in einer antihaftbeschichteten Pfanne erhitzen.
- Panierte Zucchettischeiben beidseitig goldbraun sautieren.

Sautierter Broccoli mit Austernsauce · Broccoli sautés à la sauce aux huîtres

Zutaten	4 Pers	10 Pers
Broccoli, gerüstet	480 g	1200 g
Sesamöl	20 g	50 g
Gemüsefond	15 g	30 g
Pfeffer, weiß, aus der Mühle		
Austernsauce, chinesische	20 g	50 g

Vorbereitung
- Broccoli in kleine, gleichmäßige Röschen schneiden.

Zubereitung
- Sesamöl in einem Wok oder ersatzweise in einer antihaftbeschichteten Pfanne erhitzen.
- Broccoliröschen beigeben und unter Schwenken ca. 2 Minuten sautieren.
- Gemüsebouillon beigeben und nochmals ca. 1 Minute schwenken.
- Austernsauce beigeben, schwenken und abschmecken.

Hinweise für die Praxis
Geeignet als Beilage zu asiatischen Gerichten. Es können auch andere Gemüse wie Chinakohl, Frühlingszwiebeln oder Zucchetti auf die gleiche Weise zubereitet werden.

Sautierter Fenchel in der Sesamkruste · Fenouil sauté en croûte de sésame

Zutaten	4 Pers	10 Pers
Fenchel, gerüstet	480 g	1200 g
Salz	5 g	10 g
Zitronensaft, frisch	5 g	15 g
Weißmehl	20 g	50 g
Vollei, frisch	40 g	100 g
Meersalz, fein	2 g	5 g
Pfeffer, weiß, aus der Mühle		
Sesamkörner	80 g	200 g
Sonnenblumenöl, high oleic	10 g	20 g

Vorbereitung
- Fenchel waschen und am Stielansatz kreuzweise einschneiden (große Knollen halbieren).
- Im Salzwasser mit Zitronensaft knapp weich sieden (oder im Drucksteamer garen) und herausnehmen.
- Abtropfen lassen, mit Folie abdecken und erkalten lassen.

Zubereitung
- Fenchel der Länge nach in Scheiben à 1 cm Dicke schneiden (2 Scheiben pro Person).
- Fenchelscheiben mit Meersalz und weißem Pfeffer aus der Mühle würzen.
- Im Weißmehl wenden, durch das Ei ziehen und mit Sesamkörnern panieren.
- Sonnenblumenöl in einer antihaftbeschichteten Pfanne erhitzen.
- Fenchelscheiben beidseitig goldgelb sautieren.

Hinweise für die Praxis
Als Alternative kann zum Panieren auch schwarzer Sesam oder Leinsamen verwendet werden.

1 Blattspinat **2** Schnittmangold/Blattmangold

Sautierter Rosenkohl · Choux de Bruxelles sautés

Zutaten	4 Pers	10 Pers
Rosenkohl, frisch, gerüstet	480 g	1200 g
Butter	20 g	40 g
Schalotten, geschält	20 g	40 g
Knoblauch, geschält	2 g	5 g
Muskatnuss, gerieben		
Salz		
Pfeffer, weiß, aus der Mühle		

Vorbereitung
- Rosenkohl waschen, 3 Minuten im Salzwasser blanchieren, im kalten Wasser abschrecken und abschütten.
- Schalotten und Knoblauch fein hacken.

Zubereitung
- Rosenkohl im Drucksteamer knackig garen.
- Schalotten und Knoblauch in Butter dünsten.
- Rosenkohl beigeben, sautieren und abschmecken.

Hinweise für die Praxis
Es können auch Speck- oder Schinkenwürfel dazugegeben werden. Es kann auch tiefgekühlter Rosenkohl verwendet werden.

Sellerie-Piccata · Piccata de céleri-pomme

Zutaten	4 Pers	10 Pers
Knollensellerie, geschält	480 g	1200 g
Salz	5 g	10 g
Pfeffer, weiß, aus der Mühle		
Weißmehl	15 g	35 g
Vollei, frisch	50 g	130 g
Sbrinz, gerieben	40 g	100 g
Olivenöl	20 g	50 g

Vorbereitung
- Mittelgroße Knollensellerie in Scheiben zu 25 g schneiden.
- Im Drucksteamer 1 Minute dämpfen.
- Selleriescheiben auf Küchenpapier trockentupfen.
- Vollei mit geriebenem Sbrinz mischen.

Zubereitung
- Selleriescheiben mit Salz und Pfeffer würzen und mit Weißmehl stäuben.
- In die Ei-Käse-Masse geben und abstreifen.
- Olivenöl in einer Lyoner Pfanne erhitzen und die Selleriescheiben goldgelb sautieren.

Hinweise für die Praxis
Als passende Sauce kann dazu ein Tomaten-Coulis serviert werden.

GEMÜSE- UND PILZGERICHTE

Süßsaure Gemüse mit Tofu · Légumes à l'aigre-doux au tofu

Zutaten	4 Pers	10 Pers
Sonnenblumenöl, high oleic	80 g	200 g
Tofu	120 g	300 g
Tamarinden-Paste	20 g	50 g
Sojasauce, süß	20 g	50 g
Knoblauch, geschält	5 g	12 g
Gurken, gerüstet	40 g	100 g
Peperoni, bunt, entkernt	40 g	100 g
Champignons, frisch, gerüstet	50 g	120 g
Maiskölbchen/Baby-Mais, frisch	100 g	250 g
Frühlingszwiebeln, gerüstet	80 g	200 g
Tomaten	60 g	150 g
Ananas, frisch, geschält	25 g	60 g
Zucker	15 g	40 g
Weißwein	40 g	100 g
Weißweinessig	20 g	50 g
Salz		
Maisstärke	10 g	25 g

Vorbereitung
- Tofu in 1,5 cm große Würfel schneiden.
- Tamarinden-Mark und Sojasauce verrühren und den Tofu darin eine Stunde marinieren.
- Knoblauch fein hacken.
- Salatgurke waschen, längs halbieren, das Kerngehäuse entfernen und in 5 mm dicke Scheiben schneiden.
- Farbige Peperoni in Streifen schneiden.
- Champignons waschen und je nach Größe vierteln oder achteln.
- Baby-Mais längs halbieren.
- Frühlingszwiebeln waschen und in 2 cm large Stücke schneiden.
- Tomaten waschen, ausstechen und in 8 mm große Würfel schneiden.
- Ananas (ohne Strunk) in 8 mm große Würfel schneiden.

Zubereitung
- Sonnenblumenöl in einem Wok erhitzen und die Tofuwürfel goldbraun sautieren.
- Tofuwürfel herausnehmen und auf Küchenpapier abtropfen lassen.
- Das Öl abgießen und in wenig frischem Öl die Gemüse und die Ananas kurz ansautieren.
- Zucker beigeben, mit Weißwein und Essig ablöschen und salzen.
- Bei großer Hitze unter Rühren die Zutaten knackig dünsten.
- Maisstärke mit wenig kaltem Wasser anrühren und die Flüssigkeit damit binden.
- Tofuwürfel wieder beigeben, vermischen, nochmals abschmecken und anrichten.

Süßmaisgaletten · Galettes aux grains de maïs

Zutaten	4 Pers	10 Pers
Halbweißmehl	30 g	80 g
Maisgrieß, fein	20 g	50 g
Vollmilch	160 g	400 g
Maiskörner (Konserve), abgetropft	200 g	500 g
Cornflakes, ungesüßt	50 g	120 g
Sultaninen	20 g	50 g
Salz	2 g	5 g
Pfeffer, weiß, aus der Mühle		
Muskatnuss, gerieben		
Rapsöl	20 g	50 g

Vorbereitung
- Halbweißmehl sieben und mit dem Maisgrieß mischen.
- Maiskörner gut abtropfen und grob hacken.
- Ungesüßte Cornflakes zerdrücken.

Zubereitung
- Vollmilch zum Halbweißmehl und Maisgrieß geben und gut verrühren.
- Maiskörner, Cornflakes und Sultaninen beigeben.
- Mit Salz, Pfeffer und Muskatnuss abschmecken.
- Gut vermischen und vor der Weiterverwendung 30 Minuten quellen lassen.
- Rapsöl in einer antihaftbeschichteten Pfanne erhitzen.
- Jeweils 30 g Masse mit einem Esslöffel abstechen, in die Pfanne geben und zu Galetten formen (pro Person 4 Stück à 30 g).
- Beidseitig bei mittlerer Hitze goldbraun sautieren.

Hinweise für die Praxis
Nach Belieben können der Masse auch Trockenfrüchte oder Nüsse beigegeben werden. Maisgaletten eignen sich als Sättigungsbeilage zu Geflügelgerichten.

Wok-Gemüse · Légumes au wok

Zutaten

	4 Pers	10 Pers
Mu-Err-Pilze, getrocknet	4 g	10 g
Blumenkohl, gerüstet	40 g	100 g
Broccoli, gerüstet	40 g	100 g
Peperoni, rot, entkernt	20 g	50 g
Stangensellerie, gerüstet	40 g	100 g
Karotten, geschält	40 g	100 g
Pfälzer Rüben, geschält	40 g	100 g
Maiskölbchen/Baby-Mais, frisch	40 g	100 g
Sojasprossen	60 g	150 g
Wasserkastanien (Konserve), abgetropft	20 g	50 g
Kefen, gerüstet	40 g	100 g
Peperoncini, rot, frisch	4 g	10 g
Sesamöl, fermentiert	8 g	20 g
Geflügelfond, hell	40 g	100 g
Sojasauce	20 g	50 g
Maisstärke	2 g	5 g
Salz		
Pfeffer, weiß, aus der Mühle		

Vorbereitung
- Mu-Err-Pilze im kalten Wasser einweichen, auspressen und in gleichmäßige Stücke schneiden.
- Blumenkohl und Broccoli waschen und in kleine, gleichmäßige Röschen schneiden.
- Peperoni waschen und in 5 mm dicke Streifen schneiden.
- Stangensellerie waschen, Fasern entfernen und in 5 mm dicke Scheiben schneiden.
- Karotten und Pfälzer Rüben in Stäbchen (0,5 × 3 cm) schneiden.
- Maiskölbchen in 3 cm lange Stücke schneiden.
- Wasserkastanien in Scheibchen schneiden.
- Peperonicini waschen und in feine Scheibchen schneiden.
- Maisstärke mit wenig kaltem Geflügelfond anrühren.

Zubereitung
- Sesamöl in einer Wok-Pfanne erhitzen (ersatzweise Lyoner Pfanne oder antihaftbeschichtete Pfanne).
- Sämtliche Gemüse beigeben und unter Rühren und leichter Farbgebung ca. 3 Minuten sautieren.
- Mit Geflügelfond ablöschen und unter Rühren weitere 2 Minuten garen.
- Sojasauce beigeben, gut vermischen und mit der angerührten Maisstärke binden.
- Gericht mit Salz und Pfeffer abschmecken.

Hinweise für die Praxis
In der Regel enthält die Sojasauce genügend Salz, sodass auf das Salzen verzichtet werden kann. Gemüsemischungen können auch mit süßsaurer Sauce zubereitet und serviert werden.

■ GARMETHODE GRILLIEREN

Gemüsespieß vom Grill · Brochette de légumes grillé

Zutaten

	4 Pers	10 Pers
Maiskolben, frisch, gerüstet	120 g	300 g
Zucchetti, grün, gerüstet	120 g	300 g
Champignons, frisch, gerüstet	120 g	300 g
Tomaten	120 g	300 g
Olivenöl	40 g	100 g
Salz		
Pfeffer, weiß, aus der Mühle		

Vorbereitung
- Gerüstete Maiskolben (Stückgewicht 120 g) im Salzwasser 30 Minuten sieden oder im Drucksteamer garen. Maiskolben in 4 cm lange Stücke schneiden.
- Zucchetti waschen und in 4 cm lange Stücke schneiden.
- Große Champignonsköpfe (1 Stück pro Person) waschen.
- Kleine Tomaten (½ Stück pro Person) waschen, Stielansatz entfernen und halbieren.
- Die Gemüsestücke und Pilze mit Olivenöl marinieren und mit Salz und Pfeffer würzen.
- Gemüse und Pilze abwechslungsweise an Grillspieße stecken.

Zubereitung
- Die vorbereiteten Gemüsespieße ca. 15 Minuten grillieren.

Hinweise für die Praxis
Für die Zubereitung ist es wichtig, dass die Gemüsestücke gleichmäßig dick (hoch) geschnitten sind.

1 Krautstiele/Stielmangold **2** Rhabarber **3** Stangensellerie/Staudensellerie, gelb
4 Fenchel **5** Stangensellerie/Staudensellerie, grün

Grillierte Auberginenscheiben · Tranches d'aubergines grillées

Zutaten	4 Pers	10 Pers
Auberginen, gerüstet	480 g	1200 g
Sonnenblumenöl, high oleic	10 g	20 g
Salz	5 g	10 g
Pfeffer, weiß, aus der Mühle		
Rosmarin, frisch		1 g

Vorbereitung
– Auberginen waschen und in 1 cm dicke, ca. 30 g schwere Scheiben schneiden.
– Rosmarin waschen, trockentupfen und Nadeln ablösen.
– Auberginenscheiben mit Sonnenblumenöl bepinseln und mit den Rosmarinnadeln bestreuen.
– 30 Minuten marinieren, anschließend Rosmarinnadeln entfernen.

Zubereitung
– Auberginenscheiben auf dem heißen Grill gitterförmig grillieren.
– Mit Salz und Pfeffer würzen und anrichten.

Grillierte Steinpilze · Cèpes grillés

Zutaten	4 Pers	10 Pers
Steinpilze, frisch, gerüstet	320 g	800 g
Sonnenblumenöl, high oleic	10 g	20 g
Knoblauch, geschält	5 g	10 g
Salz	2 g	5 g
Pfeffer, weiß, aus der Mühle		
Zitronensaft, frisch		

Vorbereitung
– Steinpilze mit einem Tuch abreiben und in 1 cm dicke Scheiben schneiden.
– Knoblauch durch die Knoblauchpresse drücken und mit dem Sonnenblumenöl mischen.

Zubereitung
– Steinpilzscheiben mit Salz und Pfeffer würzen.
– Mit der Knoblauch-Öl-Mischung beidseitig bepinseln.
– Steinpilze auf den heißen Grill legen und gitterartig grillieren.
– Anrichten und mit Zitronensaft beträufeln.

Hinweise für die Praxis
Auf dieselbe Weise können auch Austernpilze und große Champignons zubereitet werden.

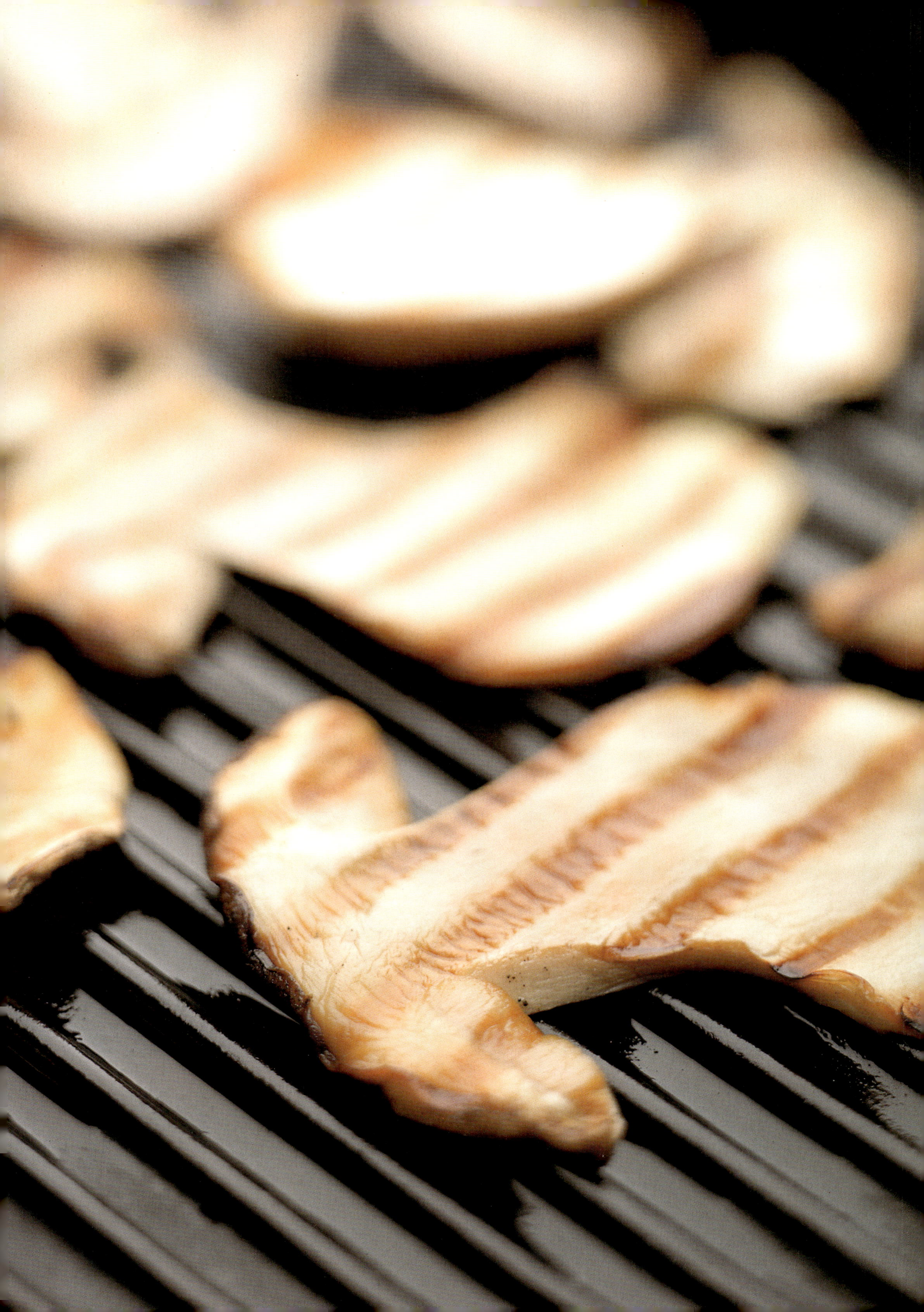

GEFÜLLTE GEMÜSE

Gefüllte Auberginen · Aubergines farcies

Zutaten	4 Pers	10 Pers
Auberginen, gerüstet	320 g	800 g
Füllung		
Olivenöl	10 g	20 g
Schalotten, geschält	20 g	50 g
Knoblauch, geschält	5 g	10 g
Tomaten, geschält, entkernt	40 g	100 g
Champignons, frisch, gerüstet	20 g	50 g
Zitronensaft, frisch	2 g	5 g
Petersilie, gekraust, frisch	2 g	5 g
Hüttenkäse	60 g	150 g
Mie de pain/weißes Paniermehl	20 g	50 g
Parmesan, gerieben	15 g	40 g
Salz	5 g	10 g
Pfeffer, weiß, aus der Mühle		
Paprika, delikatess		

Vorbereitung
– Auberginen mit einem Stückgewicht von ca 160 g waschen und längs halbieren.
– Auf der Innenseite kreuzweise einschneiden und leicht salzen.
– Auf ein geöltes Backblech legen (Schnittfläche nach oben) und im Ofen 10 Minuten bei 170 °C backen.
– Herausnehmen und abkühlen lassen.
– Auberginen mit einem Ausstechlöffel aushöhlen (1 cm Rand belassen).
– Das Auberginenfleisch hacken.
– Schalotten und Knoblauch fein hacken.
– Tomaten in 1 cm große Würfel schneiden.
– Champignons hacken und mit Zitronensaft beträufeln.
– Petersilie waschen, zupfen, trockentupfen und fein hacken.

Zubereitung Füllung
– Schalotten und Knoblauch im Olivenöl dünsten.
– Champignons, gehacktes Auberginenfleisch, Tomatenwürfel und Petersilie beigeben und ca. 3 Minuten dünsten.
– Masse vom Herd nehmen, Mie de pain (weißes Paniermehl), Salz, Pfeffer und Paprika beigeben.
– Masse gut vermischen und abkühlen lassen.
– Hüttenkäse vorsichtig unter die abgekühlte Masse mischen.

Weitere Zubereitung
– Ausgehöhlte Auberginen innen salzen und mit Pfeffer würzen.
– Mit einem Dressiersack oder einem Löffel die Masse einfüllen.
– Mit geriebenem Parmesan bestreuen und mit wenig Olivenöl beträufeln.
– Im Ofen bei einer Temperatur von 200 °C ca. 10 Minuten goldgelb backen.

Hinweise für die Praxis
Auf dieselbe Art lassen sich auch Zucchetti füllen.

Gefüllte Champignons · Champignons de Paris farcis

Zutaten	4 Pers	10 Pers
Champignons, frisch, gerüstet	240 g	600 g
Butter	10 g	25 g
Zitronensaft, frisch	4 g	10 g
Weißwein	40 g	100 g
Salz	2 g	5 g

Füllung		
Schalotten, geschält	20 g	50 g
Knoblauch, geschält	2 g	5 g
Petersilie, glattblättrig, frisch	2 g	5 g
Thymian, frisch		1 g
Olivenöl, kaltgepresst	4 g	10 g
Madeira	4 g	10 g
Kalbsjus, gebunden	40 g	100 g
Mie de pain/weißes Paniermehl	10 g	25 g
Salz		
Pfeffer, weiß, aus der Mühle		
Sbrinz, gerieben	10 g	25 g

Vorbereitung
- Große Champignons (Stückgewicht ca. 30 g) waschen und auf Küchenpapier abtropfen.
- Mit einem Rüstmesser die Haut abziehen und die Stiele konisch wegschneiden.
- Die Champignonstiele fein hacken.
- Butter in einer Sauteuse erhitzen, die Champignonköpfe beigeben und kurz schwenken.
- Zitronensaft und Weißwein beigeben, salzen und zugedeckt 2 Minuten dünsten.
- Champignons aus der Flüssigkeit nehmen, gut abtropfen und in einer Gratinplatte mit Öffnung nach oben anrichten (Garflüssigkeit beiseite stellen).
- Schalotten fein hacken.
- Knoblauch durch die Knoblauchpresse drücken.
- Petersilie und Thymian waschen, zupfen, trockentupfen und fein hacken.

Zubereitung Füllung
- Schalotten und Knoblauch im Olivenöl andünsten, Petersilie und Thymian beigeben.
- Gehackte Champignons beigeben und mitdünsten.
- Mit Madeira ablöschen.
- Garflüssigkeit der Champignons und gebundenen Kalbsjus beigeben und einkochen lassen.
- Mie de pain (weißes Paniermehl) beigeben und die Masse (Duxelles) auf dem Herd abrühren, bis die Flüssigkeit gebunden und die Masse trocken ist.
- Mit Salz und Pfeffer abschmecken.

Weiterverarbeitung
- Duxelles (Füllung) mit einem Esslöffel in die Champignonköpfe einfüllen und mit dem geriebenem Sbrinz bestreuen.
- Unter dem Salamander, nicht zu nahe an den Heizstäben, ca. 2 Minuten gratinieren.

Hinweise für die Praxis
Pro Person sind 2 Stück gefüllte Champignons rezeptiert. Wird eine größere Menge von Champignonköpfen gefüllt, empfiehlt es sich, die Duxelles mit einem Dressiersack in die Köpfe zu dressieren.

1 Schwarzwurzel 2 Kohlrabi 3 Eiszapfen 4 Rettich 5 Radieschen
6 Meerrettich 7 Rande/Rote Bete 8 Pfälzer Rübe 9 Lagerkarotte
10 Bundkarotte/Frühlingskarotte 11 Pastinaken 12 Knollensellerie
13 Weißrübe 14 Bodenkohlrabi 15 Süßkartoffeln

Gefüllte Kohlrabi · Choux-pommes farcis

Zutaten	4 Pers	10 Pers
Kohlrabi, geschält	400 g	1000 g
Gemüsefond (1)	80 g	200 g
Füllung		
Butter	20 g	50 g
Gemüsefond (2)	40 g	100 g
Tomaten, geschält, entkernt	40 g	100 g
Schnittlauch, frisch	2 g	5 g
Salz		
Pfeffer, weiß, aus der Mühle		
Muskatnuss, gerieben		
Weitere Zutaten		
Butter	20 g	40 g

Vorbereitung
– Von den geschälten Kohlrabi (Stückgewicht ca. 100 g, 1 Stück pro Person) den oberen Viertel (Deckel) wegschneiden, die Deckel beiseite legen.
– Den unteren Kohlrabiteil mit einem Ausstechlöffel bis ca. 8 mm an den Rand aushöhlen.
– Kohlrabifleisch in Brunoise (Würfelchen) schneiden.
– Tomaten in 5 mm große Würfel schneiden.

Zubereitung Füllung
– Kohlrabi-Brunoise in Butter andünsten und würzen.
– Mit Gemüsefond (2) ablöschen und ohne Deckel etwa 1 Minute dünsten.
– Tomatenwürfel und Schnittlauch beigeben und mit Salz, Pfeffer und Muskat würzen.

Weiterverarbeitung
– Vorbereitete Kohlrabi innen salzen und füllen.
– Die gefüllten Kohlrabi in einem gebutterten Rondeau anordnen und die Deckel wieder aufsetzen.
– Mit Gemüsefond (1) aufgießen und aufkochen.
– Zugedeckt im Ofen bei einer Temperatur von 160 °C ca. 30 Minuten schmoren.
– Kohlrabi herausnehmen und den Schmorfond in eine Sauteuse passieren.
– Schmorfond einkochen, mit Butterflocken aufmontieren und die Kohlrabi nappieren (übergießen).

Gefüllte Peperoni · Poivrons farcis

Zutaten

	4 Pers	10 Pers
Peperoni, weiß	320 g	800 g
Gemüsefond (1)	80 g	200 g
Salz		
Pfeffer, weiß, aus der Mühle		

Füllung

	4 Pers	10 Pers
Butter	10 g	20 g
Zwiebeln, geschält	20 g	50 g
Knoblauch, geschält	5 g	10 g
Champignons, frisch, gerüstet	40 g	100 g
Steinpilze, frisch, gerüstet	40 g	100 g
Ebly	40 g	100 g
Gemüsefond (2)	80 g	200 g
Salz		
Pfeffer, weiß, aus der Mühle		

Sauce

	4 Pers	10 Pers
Vollrahm, 35 %	40 g	100 g
Cantadou-Frischkäse mit Kräutern und Knoblauch	20 g	50 g
Petersilie, glattblättrig, frisch	1 g	2 g
Salz		

Vorbereitung

– Peperoni (Stückgewicht ca. 80 g, 1 Stück pro Person) waschen und den Stielansatz etwa 3 cm schräg abschneiden.
– Samen der Peperoni entfernen und innen mit Salz und Pfeffer würzen.
– Zwiebeln und Knoblauch fein hacken.
– Champignons waschen und in Brunoise (Würfelchen) schneiden.
– Steinpilze mit einem Tuch abreiben und in Brunoise (Würfelchen) schneiden.
– Petersilie waschen, zupfen, trockentupfen und fein hacken.

Zubereitung Füllung

– Zwiebeln und Knoblauch in Butter andünsten.
– Pilze beigeben und mitdünsten.
– Ebly beigeben und mit Gemüsefond (2) ablöschen.
– Mit Salz und Pfeffer abschmecken und ca. 2 Minuten zugedeckt dünsten.

Weiterverarbeitung

– Vorbereitete Peperoni füllen.
– Die gefüllten Peperoni in einem gebutterten Rondeau anordnen und die Deckel wieder aufsetzen.
– Mit Gemüsefond (1) aufgießen und aufkochen.
– Zugedeckt im Ofen bei einer Temperatur von 160 °C ca. 20 Minuten schmoren.
– Peperoni herausnehmen und den Schmorfond in eine Sauteuse passieren.
– Schmorfond zur Glace einkochen, Vollrahm und Cantadou-Frischkäse mit Knoblauch und Kräutern beigeben und verrühren.
– Sauce abschmecken und die gehackte Petersilie beigeben.
– Saucenspiegel anrichten und gefüllte Peperoni (1 Stück pro Person) darauf anrichten.

Hinweise für die Praxis

Als Alternative zu weißen Peperoni können beliebige (farbige) verwendet werden. Da die Füllung viel Kohlenhydrate enthält, können diese gefüllten Peperoni sowohl als Gemüse als auch als selbstständiges Gericht (Menge erhöhen) wie auch als Sättigungsbeilage dienen.

Gefüllte Wirz-/Wirsingrouladen · Roulades de chou frisé farci

Zutaten	4 Pers	10 Pers
Wirz-/Wirsingblätter, gerüstet	240 g	600 g
Wasser	600 g	1500 g
Salz	2 g	5 g
Füllung		
Kalbsbrät	120 g	300 g
Englischbrot	15 g	40 g
Champignons, frisch, gerüstet	20 g	50 g
Karotten, geschält	20 g	50 g
Pfeffer, weiß, aus der Mühle		
Sonnenblumenöl, high oleic	2 g	5 g
Weißwein	10 g	25 g
Zitronensaft, frisch	2 g	5 g
Salz	2 g	5 g
Butter	5 g	10 g
Matignon, bunt	50 g	120 g
Gemüsefond	60 g	150 g

Vorbereitung
- Wirzblätter im Salzwasser blanchieren, im Eiswasser abschrecken, abschütten und abtropfen lassen.
- Die Blattrippen wegscheiden und auf Küchenpapier trockentupfen.
- Englischbrot in 5 mm große Würfel schneiden und in einer antihaftbeschichteten Pfanne ohne Fettstoff rösten.
- Champignons waschen und in Brunoise (Würfelchen) schneiden.
- Karotten in Brunoise (Würfelchen) schneiden.

Zubereitung Füllung
- Karotten- und Champignons-Brunoise im Sonnenblumenöl andünsten.
- Mit Weißwein und Zitronensaft ablöschen, zugedeckt 2 Minuten dünsten und anschließend auskühlen lassen.
- Kalte Gemüse-Brunoise mit den gerösteten Brotwürfeln und dem Kalbsbrät vermischen und mit Salz und Pfeffer abschmecken.

Weiterverarbeitung
- Wirzblätter (2 Stück pro Person) auslegen und mit Salz und Pfeffer würzen.
- Mit einem Spatel die Füllung aufstreichen (je ca. 40 g) und satt einrollen (bei größeren Mengen die Masse mit einem Dressiersack aufdressieren).
- Butter in einem Rondeau erhitzen und das bunte Matignon andünsten.
- Rouladen darauf setzen und mit dem Gemüsefond ablöschen.
- Mit Pergamentpapier abdecken und mit einem Deckel versehen im Ofen bei 170 °C ca. 40 Minuten schmoren.
- Während des Garprozesses die Rouladen mit der Garflüssigkeit arrosieren (begießen).
- Rouladen herausnehmen und anrichten.
- Garflüssigkeit passieren, einkochen und über die Rouladen geben.

1 Wirz/Wirsing **2** Rotkohl/Rotkabis **3** Chinakohl
4 Federkohl **5** Weißkohl/Weißkabis

Gefüllte Zucchetti · Courgettes farcies

Zutaten	4 Pers	10 Pers
Zucchetti, grün, gerüstet	280 g	700 g
Butter	5 g	10 g
Salz		
Pfeffer, weiß, aus der Mühle		

Füllung		
Olivenöl	5 g	10 g
Pistazienkerne, geschält	10 g	25 g
Haselnusskerne, ganz	10 g	25 g
Schalotten, geschält	20 g	50 g
Knoblauch, geschält	2 g	5 g
Origano, frisch		1 g
Maiskörner (Konserve), abgetropft	80 g	200 g
Peperoni, rot, entkernt	20 g	50 g
Peperoni, grün, entkernt	20 g	50 g
Parmesan, gerieben	20 g	50 g
Salz	2 g	5 g
Pfeffer, weiß, aus der Mühle		

Vorbereitung
– Mittelgroße Zucchetti à ca. 140 g waschen, längs halbieren und mit einem Ausstechlöffel aushöhlen (kleinen Rand belassen).
– Das Zucchettifleisch fein hacken.
– Pistazienkerne und Haselnüsse grob hacken.
– Schalotten fein hacken.
– Knoblauch durch die Knoblauchpresse drücken.
– Origano waschen, zupfen, trockentupfen und fein hacken.
– Rote und grüne Peperoni waschen und in 5 mm große Würfel schneiden.

Zubereitung Füllung
– Butter in einer antihaftbeschichteten Pfanne erhitzen.
– Zucchettihälften auf der Innenseite kurz sautieren, mit Salz und Pfeffer würzen und in eine gebutterte Gratinplatte legen.
– Olivenöl in einer Sauteuse erhitzen und die gehackten Nüsse leicht rösten.
– Schalotten, Knoblauch, Zucchettifleisch und Origano beigeben und dünsten.
– Peperoniwürfel und die abgetropften Maiskörner beigeben und zugedeckt 2 Minuten dünsten.
– Sauteuse vom Herd ziehen, die Füllung mit Salz und Pfeffer abschmecken und gut verrühren.

Weiterverarbeitung
– Die Füllung gleichmäßig in die Zucchettihälften verteilen und mit dem geriebenen Parmesan bestreuen.
– Im Ofen bei einer Temperatur von ca. 200 °C garen und gleichzeitig überbacken.

Lattichroulade · Roulade de laitue

Zutaten

	4 Pers	10 Pers
Lattich, gerüstet	400 g	1000 g
Salz	5 g	10 g
Zwiebeln, geschält	20 g	50 g
Knoblauch, geschält	5 g	10 g
Baumnussöl	5 g	10 g
Kichererbsen, getrocknet	10 g	20 g
Kidney-Bohnen, getrocknet	10 g	20 g
Spalterbsen, gelb, getrocknet	10 g	20 g
Bohnen, weiß, getrocknet	5 g	10 g
Linsen, rot, getrocknet	5 g	10 g
Puy-Linsen, getrocknet	5 g	10 g
Gemüsefond	160 g	400 g
Pekannüsse, geschält, ganz	20 g	50 g
Kartoffelflocken (CF-Produkt)	5 g	10 g
Salz		
Pfeffer, weiß, aus der Mühle		

Vorbereitung

– Hülsenfrüchte am Vorabend im kalten Wasser einweichen und abtropfen lassen.
– Lattich gründlich waschen und am Stielansatz kreuzweise einschneiden.
– Im Salzwasser blanchieren, im Eiswasser abkühlen und gut abtropfen lassen.
– Zwiebeln fein hacken.
– Knoblauch durch die Knoblauchpresse drücken.
– Pekannüsse hacken.

Zubereitung

– Baumnussöl in einer Schmorpfanne (Braisière) erhitzen.
– Zwiebeln und Knoblauch andünsten.
– Hülsenfrüchte beigeben und mitdünsten.
– Lattich nebeneinander legen und würzen.
– Mit Bouillon ablöschen und zum Siedepunkt bringen.
– Mit Silikonpapier abdecken und mit einem Deckel zudecken.
– Im Ofen bei 160 °C ca. 1 Stunde weich schmoren.
– Lattich herausnehmen, der Länge nach halbieren und auf Klarsichtfolie legen.
– Lattich flach drücken und den Strunk wegschneiden.
– Hülsenfrüchte mit der Flüssigkeit in eine Sauteuse umleeren und vollständig einkochen.
– Hülsenfrüchte mit einer Gabel leicht zerdrücken.
– Kartoffelflocken und Pekannüsse beigeben, vermischen und abschmecken.
– Die Masse auf dem flach gedrückten Lattich verteilen.
– Lattich mithilfe der Klarsichtfolie einrollen, Folie entfernen und portionieren.

Hinweise für die Praxis

Weil am Schluss die Schmorflüssigkeit eingekocht wird, sollten der Gemüsefond und der Lattich nur leicht gesalzen werden.

LATTICHROULADE – STEP BY STEP

1
2
3
4
5
6
7
8

GEMÜSE- UND PILZGERICHTE

LATTICHROULADE – STEP BY STEP

9

10

11

12

13

14

15

16

432 GEMÜSE- UND PILZGERICHTE

Kohlköpfchen · Choux farcis

Zutaten	4 Pers	10 Pers
Weißkohl, gerüstet	480 g	1200 g
Salz	5 g	10 g

Füllung		
Speck, geräuchert	40 g	100 g
Zwiebeln, geschält	20 g	50 g
Knoblauch, geschält	2 g	5 g
Lauch, grün, gerüstet	10 g	25 g
Knollensellerie, geschält	20 g	50 g
Karotten, geschält	20 g	50 g
Kümmel, ganz		1 g
Bouillon (1)	200 g	500 g
Salz	2 g	5 g
Pfeffer, weiß, aus der Mühle		
Kartoffelflocken (CF-Produkt)	10 g	25 g
Bouillon (2)	80 g	200 g

Vorbereitung
- Vom Weißkohl den Strunk entfernen.
- Salzwasser aufkochen und den Weißkohl beigeben.
- So lange sieden, bis sich die äußeren Blätter am Stück ablösen lassen (1 großes Blatt reicht für 2 Kohlköpfchen). Die abgelösten Blätter noch 2 Minuten sieden und im Eiswasser abkühlen.
- Von den Blättern die dicken Blattrippen entfernen (es entstehen so Blatthälften von ca. 20 g).
- Restlichen Teil des Kohlkopfes im Eiswasser abkühlen.
- Speck (ohne Knorpel) in 5 mm dicke Streifen schneiden.
- Zwiebeln fein hacken.
- Knoblauch durch die Knoblauchpresse drücken.
- Lauch längs halbieren, gründlich waschen und feinblättrig schneiden (5 mm groß).
- Knollensellerie und Karotten in 5 mm große Würfel schneiden.
- Kabiskopf mit dem Gemüsehobel in 2 mm feine Streifen schneiden.
- Kümmel hacken.

Zubereitung Füllung
- Speckstreifen in einem Rondeau im eigenen Fett knusprig sautieren.
- Zwiebeln und Knoblauch beigeben und dünsten.
- Lauch, Knollensellerie- und Karottenwürfel beigeben und mitdünsten.
- Kohlstreifen und gehackten Kümmel beigeben, mitdünsten und mit Bouillon (1) ablöschen.
- Mit Salz und Pfeffer abschmecken.
- Zugedeckt ca. 15 Minuten dünsten, allfällig vorhandene Restflüssigkeit einkochen.
- Die Kartoffelflocken beigeben und die Füllung damit binden.

Weiterverarbeitung
- Eine Saucenkelle (Inhalt 0,7 dl) mit einem blanchierten Kohlblatt überlappend auslegen.
- Etwa 40 g Füllung beigeben, mit den überlappenden Blättern zudecken und gut anpressen.
- Fertige Kohlköpfchen in ein Rondeau legen, mit Bouillon (2) begießen und zugedeckt im Ofen schmoren.

Hinweise für die Praxis
Pro Person sind 2 Stück Kohlköpfchen rezeptiert. Anstelle der Saucenkelle können die Kohlköpfchen auch in einem Passiertuch geformt und abgedreht werden. Statt Weißkohl kann auch Wirz/Wirsing verwendet werden. Die Blätter werden dazu einzeln abgelöst und im Salzwasser blanchiert.

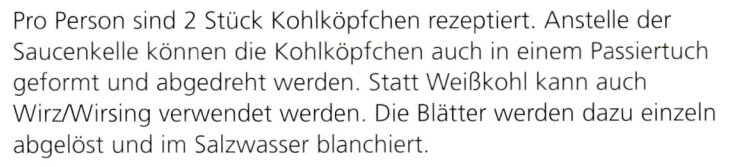

Kartoffelgerichte

■ GARMETHODE SIEDEN/DÄMPFEN

Gratiniertes Kartoffelpüree · Pommes Mont-d'Or

Zutaten	4 Pers	10 Pers
Kartoffeln, Typ C, geschält	450 g	1100 g
Salz	4 g	10 g
Butter (1)	20 g	50 g
Vollmilch	80 g	200 g
Muskatnuss, gerieben		
Salz		
Pfeffer, weiß, aus der Mühle		
Sbrinz, gerieben	15 g	35 g
Butter (2)	10 g	25 g

Vorbereitung
- Kartoffeln in gleichmäßige Würfel schneiden.
- Vollmilch aufkochen.

Zubereitung
- Kartoffelwürfel in heißem Salzwasser sieden (oder im Drucksteamer garen), des Öfteren abschäumen.
- Abschütten, etwas ausdampfen lassen und heiß pürieren.
- Butterflocken (1) und heiße Vollmilch nach und nach dazugeben und glatt rühren.
- Mit Muskat, Salz und Pfeffer abschmecken.
- Mit einem Dressiersack und großer Lochtülle bergartig in eine Gratinplatte dressieren.
- Mit Sbrinz bestreuen, mit Butter (2) beträufeln und im Ofen goldgelb gratinieren.

Hinweise für die Praxis
Im Drucksteamer gegarte Kartoffeln verlieren weniger an Aroma. Die Milchzugabe kann variieren und richtet sich nach der verwendeten Kartoffelsorte, wobei mehlige Sorten vom Kochtyp C vorzuziehen sind.

Kartoffelpüree · Pommes purée

Zutaten	4 Pers	10 Pers
Kartoffeln, Typ C, geschält	450 g	1100 g
Salz	4 g	10 g
Butter	20 g	50 g
Vollmilch	80 g	200 g
Muskatnuss, gerieben		
Salz		

Vorbereitung
- Kartoffeln in gleichmäßige Würfel schneiden.
- Vollmilch aufkochen.

Zubereitung
- Kartoffelwürfel in heißem Salzwasser sieden (oder im Drucksteamer garen), des Öfteren abschäumen.
- Abschütten, etwas ausdampfen lassen und heiß pürieren.
- Butterflocken und heiße Vollmilch nach und nach dazugeben und glatt rühren.
- Mit Muskat und Salz abschmecken.

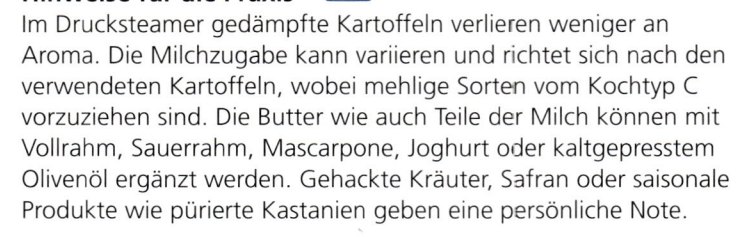

Hinweise für die Praxis
Im Drucksteamer gedämpfte Kartoffeln verlieren weniger an Aroma. Die Milchzugabe kann variieren und richtet sich nach den verwendeten Kartoffeln, wobei mehlige Sorten vom Kochtyp C vorzuziehen sind. Die Butter wie auch Teile der Milch können mit Vollrahm, Sauerrahm, Mascarpone, Joghurt oder kaltgepresstem Olivenöl ergänzt werden. Gehackte Kräuter, Safran oder saisonale Produkte wie pürierte Kastanien geben eine persönliche Note.

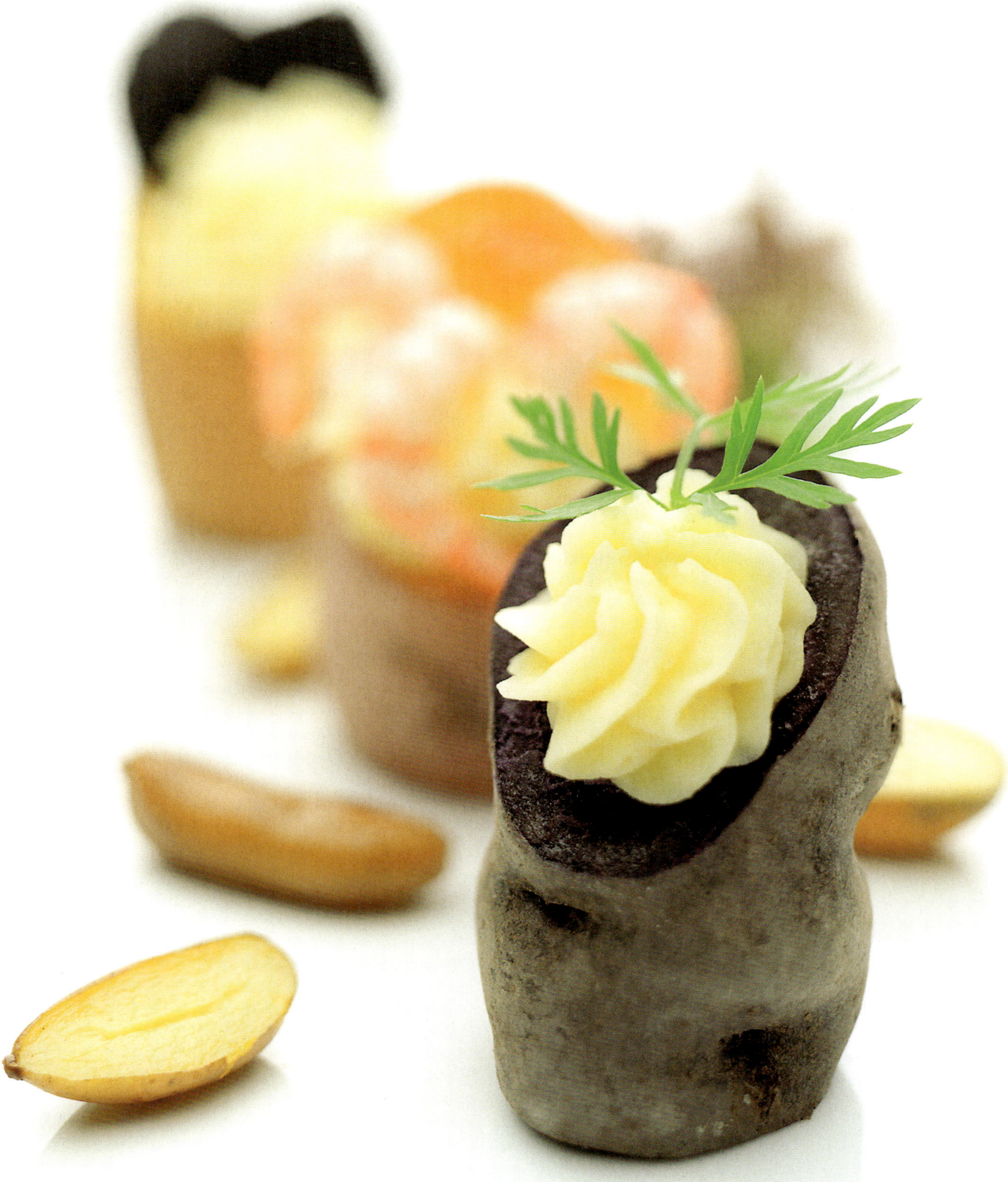

Salzkartoffeln · Pommes nature

Zutaten | 4 Pers | 10 Pers
Kartoffeln, Typ A/B, tourniert | 500 g | 1250 g
Salz | 5 g | 12 g

Zubereitung
- Tournierte Kartoffeln in heißem Salzwasser sieden (oder im Drucksteamer garen), des Öfteren abschäumen.
- Vorsichtig abschütten.

Hinweise für die Praxis
Um große Tournierabschnitte zu vermeiden, Kartoffeln von gleichmäßiger Größe auswählen. Die Tournierabschnitte zweckmäßig weiterverwenden (Suppen, Kartoffelpüree usw.).

Schneekartoffeln · Pommes en neige

Zutaten | 4 Pers | 10 Pers
Kartoffeln, Typ C, geschält | 480 g | 1200 g
Salz | 5 g | 10 g
Butter | 30 g | 75 g
Salz
Muskatnuss, gerieben

Vorbereitung
- Kartoffeln in gleichmäßige Würfel schneiden.

Zubereitung
- Kartoffelwürfel in heißem Salzwasser sieden (oder im Drucksteamer garen), des Öfteren abschäumen.
- Abschütten, etwas ausdampfen lassen und mit Muskat würzen.
- Im heißen Zustand durch ein Passe-vite oder durch eine Kartoffelpresse treiben (pürieren), anrichten und mit Butterflocken belegen.

Hinweise für die Praxis
Die Butter kann auch durch kaltgepresstes Olivenöl oder durch wenige Tropfen Trüffelöl ersetzt werden.

■ GARMETHODE SCHMOREN

Schmelzkartoffeln · Pommes fondantes

Zutaten | 4 Pers | 10 Pers
Kartoffeln, Typ A/B, tourniert | 500 g | 1250 g
Butter (1) | 8 g | 20 g
Bouillon, hell | 300 g | 750 g
Butter (2) | 8 g | 20 g

Vorbereitung
- Gratinschale oder Normschale mit Butter (1) ausstreichen.

Zubereitung
- Tournierte Kartoffeln nebeneinander in das Gargefäß legen.
- Mit heißer, heller Bouillon bis auf ⅔ der Kartoffelhöhe aufgießen.
- Unbedeckt im Ofen bei 180 °C schmoren.
- Während des Garprozesses des Öfteren mit der Garflüssigkeit überpinseln.
- Wenn die Kartoffeln gar sind, muss die Oberfläche goldbraun und die Flüssigkeit fast vollständig aufgesogen sein.
- Vor dem Anrichten mit Butter (2) bestreichen.

Hinweise für die Praxis
Oft werden Schmelzkartoffeln mit Fleischglace bestrichen. Schmelzkartoffeln sollen keine Kruste aufweisen, sondern «schmelzend» sein, wie es der Name sagt.

SCHMELZKARTOFFELN – STEP BY STEP

KARTOFFELGERICHTE 437

Bouillonkartoffeln · Pommes au bouillon

Zutaten

	4 Pers	10 Pers
Kartoffeln, Typ A/B, geschält	500 g	1250 g
Salz	10 g	25 g
Butter	10 g	25 g
Schalotten, geschält	20 g	50 g
Karotten, geschält	10 g	25 g
Lauch, grün, gerüstet	10 g	25 g
Knollensellerie, geschält	10 g	25 g
Bouillon	300 g	750 g
Salz		
Pfeffer, weiß, aus der Mühle		
Petersilie, gekraust, frisch	3 g	6 g

Vorbereitung

- Kartoffeln in gleichmäßige Würfel schneiden, in Salzwasser blanchieren, abschütten und auf einem Blech ausbreiten, um ein Weitergaren zu vermeiden.
- Schalotten fein hacken.
- Lauch längs halbieren und waschen.
- Karotten, Lauch und Knollensellerie in Bruncise (Würfelchen) schneiden.
- Petersilie waschen, zupfen, trockentupfen und fein hacken.

Zubereitung

- Schalotten und Gemüse-Brunoise in einer niedrigen Kasserolle in Butter dünsten.
- Kartoffeln dazugeben und kurz mitdünsten.
- Mit heißer Bouillon knapp bedecken, aufkochen und abschäumen.
- Zudecken und langsam schmoren.
- Mit Salz und Pfeffer abschmecken und vor dem Servieren mit gehackter Petersilie bestreuen.

Hinweise für die Praxis

Die Menge der Flüssigkeit muss so bemessen sein, dass diese am Ende des Garprozesses von den Kartoffeln fast vollständig aufgenommen ist und lediglich wenig Restflüssigkeit zurückbleibt. Bouillon und Butter können für vegetarische Gerichte durch Gemüsefond und Olivenöl ersetzt werden.

Gratinierte Kartoffelscheiben · Pommes savoyarde

Zutaten

	4 Pers	10 Pers
Kartoffeln, Typ B/C, geschält	500 g	1250 g
Butter (1)	10 g	25 g
Bouillon, hell	250 g	600 g
Sbrinz, gerieben	15 g	40 g
Butter (2)	10 g	25 g

Vorbereitung

- Gleichmäßig große Kartoffeln in 2 mm dicke Scheiben schneiden (nicht ganz durchschneiden, sodass die Kartoffeln ganz bleiben).
- Eine Gratinplatte oder Normschale mit Butter (1) ausstreichen.

Zubereitung

- Kartoffeln etwas flach drücken und nebeneinander in das vorbereitete Gefäß einschichten.
- Mit heißer, heller Bouillon bis auf zwei Drittel der Höhe der Kartoffeln aufgießen.
- Unbedeckt im Ofen bei 180 °C schmoren.
- Kurz vor Ende der Garzeit mit Sbrinz bestreuen, mit Butter (2) beträufeln und gratinieren.

Hinweise für die Praxis

Die Menge der Flüssigkeit muss so bemessen sein, dass diese am Ende des Garprozesses von den Kartoffeln fast vollständig aufgenommen wird und lediglich wenig Restflüssigkeit zurückbleibt.

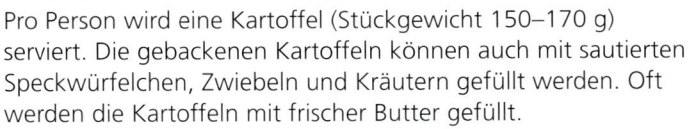

Lauchkartoffeln · Pommes aux poireaux

Zutaten

	4 Pers	10 Pers
Kartoffeln, Typ A, geschält	440 g	1100 g
Butter	10 g	25 g
Lauch, gerüstet	100 g	250 g
Bouillon	260 g	650 g
Salz		
Pfeffer, weiß, aus der Mühle		

Vorbereitung
- Kartoffeln in gleichmäßige Scheiben oder in Würfel schneiden, im Salzwasser blanchieren, abschütten und auf einem Blech ausbreiten, um den Kochprozess zu stoppen.
- Lauch längs halbieren, waschen und in breite Streifen schneiden.

Zubereitung
- Lauch in einem Rondeau in Butter andünsten.
- Kartoffeln beigeben und kurz mitdünsten.
- Mit heißer, heller Bouillon knapp bedecken, aufkochen und abschäumen.
- Zugedeckt langsam weich schmoren und abschmecken.

Hinweise für die Praxis
Die Menge der Flüssigkeit muss so bemessen sein, dass diese am Ende des Garprozesses von den Kartoffeln fast vollständig aufgenommen wird und lediglich wenig Restflüssigkeit zurückbleibt. Nach Belieben können pro Person 20 g Speckwürfel/Julienne zugegeben werden. Statt Lauch können auch saisonale Gemüse wie Wirsing, Mangold oder Spargeln verwendet werden. Für vegetarische Zubereitungen können Gemüsefond und Olivenöl verwendet werden.

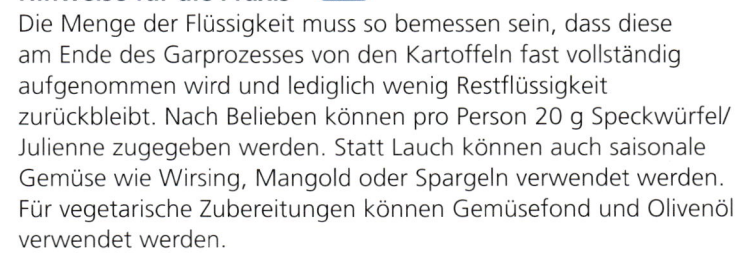

■ GARMETHODE BACKEN IM OFEN

Gebackene Kartoffeln (Baked potatoes) · Pommes au four

Zutaten

	4 Pers	10 Pers
Kartoffeln, Typ B/C, in Schale	600 g	1500 g
Sonnenblumenöl, high oleic	20 g	50 g
Salz		
Pfeffer, weiß, aus der Mühle		
Sauerrahm, 35%	120 g	300 g
Schnittlauch, frisch	20 g	50 g

Vorbereitung
- Extra große Kartoffeln sauber waschen und trockentupfen.
- Kartoffeln mit Öl bestreichen, leicht salzen und in goldfarbene Folie (ersatzweise Alufolie) einwickeln.
- Schnittlauch fein schneiden.
- Sauerrahm glatt rühren und mit dem Schnittlauch vermischen.

Zubereitung
- Vorbereitete Kartoffeln auf ein Ofengitter legen.
- Bei 170–180 °C im Ofen backen (Garpunktbestimmung mittels Nadelprobe).
- Kartoffeln übers Kreuz einschneiden und mit beiden Händen unten zusammendrücken, sodass beim Einschnitt eine Öffnung entsteht.
- Wenig Sauerrahmsauce in die entstandene Öffnung füllen.
- Restliche Sauce in einer Sauciere separat servieren.

Hinweise für die Praxis
Pro Person wird eine Kartoffel (Stückgewicht 150–170 g) serviert. Die gebackenen Kartoffeln können auch mit sautierten Speckwürfelchen, Zwiebeln und Kräutern gefüllt werden. Oft werden die Kartoffeln mit frischer Butter gefüllt.

Duchesse-Kartoffeln · Pommes duchesse

Zutaten

	4 Pers	10 Pers
Kartoffeln, Typ C, geschält	500 g	1250 g
Salz	4 g	10 g
Eigelb, pasteurisiert (1)	25 g	65 g
Butter	10 g	25 g
Salz		
Muskatnuss, gerieben		
Eigelb, pasteurisiert (2)	8 g	20 g
Vollmilch	8 g	20 g

Vorbereitung
- Kartoffeln in gleichmäßig große Würfel schneiden.
- Backblech mit Backtrennpapier auslegen.
- Eigelb (2) und Vollmilch verrühren.

Zubereitung
- Kartoffelwürfel im Drucksteamer garen.
- Etwas ausdampfen lassen und pürieren.
- Eigelb (1) und Butter unter die Kartoffelmasse mischen und abschmecken.
- Mit einem Dressiersack und einer Sterntülle Rosetten auf das Backblech dressieren und auskühlen lassen.
- Mit Eigelb-Vollmilch-Gemisch bestreichen und im heißen Backofen goldgelb backen.

Hinweise für die Praxis
Mit der Duchesse-Masse können auch Kartoffelnestchen oder Bordüren gespritzt werden, die nach dem Backen mit einer beliebigen Füllung gefüllt werden.

Gebackene Kartoffelrosetten mit Tomaten · Pommes marquise

Zutaten

	4 Pers	10 Pers
Kartoffeln, Typ C, geschält	480 g	1200 g
Salz	4 g	10 g
Eigelb, pasteurisiert (1)	30 g	70 g
Butter	10 g	25 g
Tomatenpüree	20 g	50 g
Salz		
Muskatnuss, gerieben		
Eigelb, pasteurisiert (2)	10 g	20 g
Vollmilch	10 g	20 g

Vorbereitung
- Kartoffeln in gleichmäßige Würfel schneiden
- Backblech mit Backtrennpapier auslegen.
- Eigelb (2) und Vollmilch verrühren.

Zubereitung
- Kartoffelwürfel im Drucksteamer garen.
- Etwas ausdampfen lassen und pürieren.
- Eigelb (1), Butter und Tomatenpüree unter die Kartoffelmasse mischen und abschmecken.
- Mit einem Dressiersack mit Sterntülle meringueförmige Rosetten auf das Backblech dressieren.
- Mit Eigelb-Vollmilch-Gemisch bestreichen und im heißen Ofen goldgelb backen.

Hinweise für die Praxis
Durch die Zugabe von wenig Quark oder Mascarpone wird die Kartoffelmasse etwas feuchter und cremiger. Als Ergänzung können gehackte Kräuter beigefügt werden. Das Tomatenpüree kann durch reduzierten Tomaten-Coulis oder durch kleine Würfelchen von geschälten und entkernten Tomaten ersetzt werden.

DUCHESSE-KARTOFFELN – STEP BY STEP

1

2

3

4

5

6

7

8

KARTOFFELGERICHTE

Gestürzte Kartoffeln · Pommes Anna

Zutaten

	4 Pers	10 Pers
Kartoffeln, Typ B/C, geschält	500 g	1250 g
Salz	4 g	10 g
Pfeffer, weiß, aus der Mühle		
Bratbutter	60 g	150 g

Vorbereitung
- Kleine Kartoffeln mit der Mandoline/dem Gemüsehobel in 2 mm dünne Scheiben schneiden (Kartoffelscheiben nicht waschen, damit die Oberflächenstärke erhalten bleibt, welche die Kartoffelscheiben zusammenhält).
- Kartoffelscheiben auf Küchenpapier trockentupfen.
- Timbales-Förmchen mit Bratbutter ausstreichen.

Zubereitung
- Kartoffelscheiben mit Salz und Pfeffer würzen.
- Timbales-Förmchen mit gleichmäßig großen Kartoffelscheiben rosettenartig auskleiden und gut anpressen.
- Restliche flüssige Bratbutter darübergießen.
- Im Ofen bei 200 °C backen und gleichzeitig bräunen (Garpunktbestimmung mittels Nadelprobe).
- Vor dem Stürzen kurze Zeit abstehen lassen, überflüssige Butter ablaufen lassen.

Hinweise für die Praxis
Es empfiehlt sich, den Boden der Förmchen mit einer Backtrennpapier-Rondelle auszulegen, um ein sicheres Stürzen zu gewährleisten.

Kartoffelgratin · Gratin dauphinois

Zutaten

	4 Pers	10 Pers
Kartoffeln, Typ B/C, geschält	450 g	1150 g
Knoblauch, geschält	2 g	5 g
Vollmilch	160 g	400 g
Vollrahm, 35%	60 g	150 g
Salz	4 g	10 g
Pfeffer, weiß, aus der Mühle		
Muskatnuss, gerieben		
Gruyère, gerieben	25 g	65 g
Sbrinz, gerieben	25 g	65 g
Butter	15 g	40 g

Vorbereitung
- Kartoffeln in gleichmäßig dünne Scheiben von 2–3 mm schneiden.
- Knoblauch fein hacken.
- Gratinplatte mit Butter ausstreichen und mit gehacktem Knoblauch ausstreuen.
- Geriebenen Käse (Gruyère und Sbrinz) vermischen.

Zubereitung
- Vollmilch und Vollrahm zusammen aufkochen und mit Salz, Pfeffer und Muskat abschmecken.
- Kartoffelscheiben beigeben, vermischen und aufkochen.
- Die Hälfte des geriebenen Käses unter die Masse geben und in die vorbereitete Gratinplatte geben.
- Mit dem restlichen Käse bestreuen und mit Butter beträufeln.
- Bei 160 °C während ca. 25 Minuten backen und anschließend bei 220 °C gratinieren.
- Vor dem Servieren den Gratin kurze Zeit abstehen lassen.

Hinweise für die Praxis
Das Backen bei tiefen Temperaturen verlängert zwar die Backzeit, erhöht aber die Saftigkeit des Gratins. Zum Servieren kann der Gratin auch ausgestochen werden. Die Flüssigkeitszugabe kann je nach verwendeter Kartoffelsorte variieren.

Mit Gemüse gefüllte Kartoffeln · Pommes farcies aux légumes

Zutaten	4 Pers	10 Pers
Kartoffeln, Typ B/C, in Schale	600 g	1500 g
Sonnenblumenöl	10 g	30 g
Lauch, junger, gerüstet	40 g	90 g
Karotten, geschält	30 g	80 g
Knollensellerie, geschält	30 g	80 g
Butter (1)	10 g	25 g
Eigelb, pasteurisiert	30 g	75 g
Quark, mager	20 g	50 g
Butter (2)	20 g	50 g
Petersilie, gekraust, frisch	8 g	20 g
Salz		
Pfeffer, weiß, aus der Mühle		
Muskatnuss, gerieben		
Sbrinz, gerieben	16 g	40 g
Butter (3)	8 g	20 g

Vorbereitung
– Extra große Kartoffeln sauber waschen und trockentupfen.
– Kartoffeln mit Öl bestreichen, leicht salzen und in goldfarbene Folie (ersatzweise Alufolie) einwickeln.
– Lauch längs halbieren und waschen.
– Lauch, Karotten und Knollensellerie in Brunoise (Würfelchen) schneiden.
– Petersilie waschen, zupfen, trockentupfen und fein hacken.

Zubereitung
– Vorbereitete Kartoffeln auf ein Ofengitter legen.
– Bei 170–180 °C im Ofen backen (Garpunktbestimmung mittels Nadelprobe) und aus der Folie auspacken.
– Auf der flachen Seite der Kartoffeln einen Deckel wegschneiden.
– Die Kartoffeln mit einem Kaffeelöffel zu zwei Dritteln aushöhlen.
– Gemüse-Brunoise in Butter (1) weich dünsten.
– Ausgehöhlte Kartoffelmasse pürieren.
– Gemüse-Brunoise, Eigelb, Magerquark, Butter (2) und Petersilie unter die Kartoffelmasse mischen.
– Abschmecken und die Kartoffelschalen damit füllen.
– Mit geriebenem Sbrinz bestreuen und mit Butter (3) beträufeln.
– Im Ofen backen und gleichzeitig gratinieren.

Hinweise für die Praxis
Pro Person wird eine Kartoffel (Stückgewicht 150–170 g) serviert. Größere saisonale neue Kartoffeln eignen sich auch sehr gut zum Füllen. Die Füllung kann mit Blattspinat, Spargeln oder Pilzen ergänzt werden.

Rosmarinkartoffeln · Pommes au romarin

Zutaten	4 Pers	10 Pers
Kartoffeln, neue, in Schale	500 g	1250 g
Meersalz, fein	4 g	10 g
Pfeffer, schwarz, aus der Mühle		
Rosmarinzweige	20 g	50 g
Olivenöl	40 g	90 g
Rosmarin, frisch	3 g	8 g

Vorbereitung
– Neue Kartoffeln waschen, trockentupfen und je nach Größe längs halbieren oder vierteln.
– Kartoffeln im Drucksteamer blanchieren.
– Auf einem Blech ausbreiten, um den Garprozess zu stoppen.
– Rosmarinzweige waschen und trockentupfen.
– Rosmarin waschen, zupfen, trockentupfen und fein hacken.
– Den fein gehackten Rosmarin mit der Hälfte des Olivenöls vermischen.
– Gratinform mit Olivenöl auspinseln.

Zubereitung
– Blanchierte Kartoffeln in der vorbereiteten Gratinform auslegen.
– Mit Meersalz und schwarzem Pfeffer aus der Mühle würzen und mit Olivenöl bepinseln.
– Kartoffeln mit kleinen Rosmarinzweigen belegen.
– Bei einer Temperatur von 170–180 °C im Ofen backen (Garpunktbestimmung mittels Nadelprobe).
– Kurz vor dem Servieren Rosmarinzweige entfernen und die Kartoffeln mit dem vorbereiteten Rosmarinöl bepinseln.
– Die Kartoffeln nochmals für ein paar Minuten in den Ofen schieben und servieren.

Hinweise für die Praxis
Das Blanchieren der Kartoffeln ist allenfalls für den A-la-carte-Service oder Bankettservice nötig, ansonsten kann darauf verzichtet werden. Als Ergänzung können kurz vor Ende der Backzeit Zucchetti, Auberginen und Cherry-Tomaten beigegeben werden.

■ GARMETHODE BRATEN

Bäckerinkartoffeln · Pommes boulangère

Zutaten	4 Pers	10 Pers
Kartoffeln, Typ A/B, geschält	480 g	1200 g
Bratbutter	30 g	75 g
Salz	4 g	10 g
Pfeffer, weiß, aus der Mühle		
Zwiebeln, geschält	120 g	300 g
Butter	15 g	30 g
Petersilie, gekraust, frisch	2 g	4 g

Vorbereitung
– Kartoffeln in gleichmäßige Scheiben von 3–4 mm Dicke schneiden.
– Im Drucksteamer oder in Salzwasser blanchieren.
– Abschütten und auf einem Blech ausbreiten, um den Garprozess zu stoppen.
– Zwiebeln quer zum Wurzelansatz emincieren (in feine Scheiben schneiden).
– Petersilie waschen, zupfen, trockentupfen und fein hacken.

Zubereitung
– Bratbutter in einer Lyoner Pfanne erhitzen.
– Kartoffeln zugeben, leicht ansautieren, mit Salz und Pfeffer würzen.
– Im Backofen unter zeitweisem Wenden goldgelb sautieren.
– In der überschüssigen Bratbutter die Zwiebe streifen separat hellbraun sautieren.
– Zwiebeln mit der Butter zu den Kartoffeln geben und fertig sautieren.
– Vor dem Servieren mit gehackter Petersilie bestreuen.

Hinweise für die Praxis
Kartoffeln wegen der Bildung von Acrylamid nicht zu stark bräunen.

Bratkartoffeln · Pommes rissolées

Zutaten	4 Pers	10 Pers
Kartoffeln, Typ A, geschält	500 g	1250 g
Sonnenblumenöl, high oleic	20 g	50 g
Salz	4 g	10 g
Pfeffer, weiß, aus der Mühle		
Butter	10 g	25 g

Vorbereitung
– Kartoffeln in ca. 1 cm große Würfel schneiden.
– Kartoffelwürfel im Drucksteamer oder in Salzwasser blanchieren.
– Abschütten und auf einem Blech ausbreiten, um den Garprozess zu stoppen.
– Kartoffelwürfel mit wenig Öl beträufeln.

Zubereitung
– Restliches Öl in einer Lyoner Pfanne erhitzen.
– Kartoffelwürfel beigeben, leicht anbraten, mit Salz und Pfeffer würzen.
– Im Backofen unter zeitweisem Wenden goldgelb braten.
– Überschüssiges Fett abgießen, Butter beigeben und fertig braten.

Hinweise für die Praxis
Zum Schneiden gleichmäßiger Würfel große Kartoffeln verwenden. Kleine geschälte oder ungeschälte ganze Frühkartoffeln können auf die gleiche Weise zubereitet werden. Kartoffeln wegen der Bildung von Acrylamid nicht zu stark bräunen.

Gebratene Kartoffelkugeln · Pommes parisienne

Zutaten

	4 Pers	10 Pers
Kartoffelkugeln, Ø 2,5 cm	500 g	1250 g
Sonnenblumenöl, high oleic	20 g	50 g
Salz	4 g	10 g
Pfeffer, weiß, aus der Mühle		
Butter	10 g	25 g

Vorbereitung
- Kartoffelkugeln aus Kartoffeln Kochtyp A, im Drucksteamer oder im Salzwasser blanchieren.
- Abschütten und auf einem Blech ausbreiten, um den Garprozess zu stoppen.

Zubereitung
- Sonnenblumenöl in einer Lyoner Pfanne erhitzen.
- Kartoffeln zugeben, leicht anbraten und würzen.
- Im Ofen unter zeitweisem Wenden goldgelb braten.
- Überschüssiges Öl abgießen.
- Butter zugeben und fertig braten.

Hinweise für die Praxis
Zum Ausstechen extragroße Kartoffeln verwenden; Kartoffelabschnitte für Suppen weiterverwenden. Kartoffeln wegen der Bildung von Acrylamid nicht zu stark bräunen.

Gebratene Kartoffelwürfel · Pommes Parmentier

Zutaten

	4 Pers	10 Pers
Kartoffeln, Typ A, geschält	500 g	1250 g
Sonnenblumenöl, high oleic	20 g	50 g
Salz	4 g	10 g
Pfeffer, weiß, aus der Mühle		
Butter	10 g	25 g

Vorbereitung
- Kartoffeln in ca. 8 mm große Würfel schneiden.
- Kartoffelwürfel im Drucksteamer oder im Salzwasser blanchieren.
- Abschütten und auf einem Blech ausbreiten, um den Garprozess zu stoppen.

Zubereitung
- Sonnenblumenöl in einer Brat- oder Lyoner Pfanne erhitzen.
- Kartoffeln zugeben, leicht anbraten und würzen.
- Im Ofen unter zeitweisem Wenden goldgelb braten.
- Überschüssiges Öl abgießen.
- Butter zugeben und fertig braten.

Hinweise für die Praxis
Extragroße Kartoffeln verwenden, um gleichmäßige Würfel zu schneiden, Kartoffelabschnitte weiterverwenden. Kartoffeln wegen der Bildung von Acrylamid nicht zu stark bräunen.

Haselnusskartoffeln · Pommes noisettes

Zutaten

	4 Pers	10 Pers
Kartoffelkugeln, Ø 2 cm	500 g	1250 g
Sonnenblumenöl, high oleic	20 g	50 g
Salz	4 g	10 g
Pfeffer, weiß, aus der Mühle		
Butter	10 g	25 g

Vorbereitung
- Haselnussgroße Kartoffelkugeln von Kartoffeln des Kochtyps A ausstechen.
- Kartoffelkugeln im Drucksteamer oder im Salzwasser blanchieren.
- Abschütten und auf einem Blech ausbreiten, um den Garprozess zu stoppen.

Zubereitung
- Sonnenblumenöl in einer Lyoner Pfanne erhitzen.
- Kartoffeln zugeben, leicht anbraten und würzen.
- Im Ofen unter zeitweisem Wenden goldgelb braten.
- Überschüssiges Öl abgießen.
- Butter zugeben und fertig braten.

Hinweise für die Praxis
Zum Ausstechen extragroße Kartoffeln verwenden; Kartoffelabschnitte für Suppen weiterverwenden. Kartoffeln wegen der Bildung von Acrylamid nicht zu stark bräunen.

Maxime-Kartoffeln · Pommes Maxime

Zutaten

	4 Pers	10 Pers
Kartoffeln, Typ A/B, geschält	500 g	1250 g
Sonnenblumenöl, high oleic	20 g	50 g
Salz	4 g	10 g
Pfeffer, weiß, aus der Mühle		
Butter	10 g	25 g

Vorbereitung

- Kartoffeln in ca. 1,5 cm große Würfel schneiden.
- Kartoffelwürfel im Drucksteamer oder im Salzwasser blanchieren.
- Abschütten und auf einem Blech ausbreiten, um den Garprozess zu stoppen.

Zubereitung

- Sonnenblumenöl in einer Lyoner Pfanne erhitzen.
- Kartoffeln zugeben und leicht anbraten.
- Im Öl unter zeitweisem Wenden goldgelb braten und würzen.
- Überschüssiges Öl abgießen.
- Butter zugeben und fertig braten.

Hinweise für die Praxis

Zum Schneiden von gleichmäßigen Würfeln große Kartoffeln verwenden. Kartoffeln wegen der Bildung von Acrylamid nicht zu stark bräunen.

Schlosskartoffeln · Pommes château

Zutaten

	4 Pers	10 Pers
Kartoffeln, Typ A/B, tourniert	500 g	1250 g
Sonnenblumenöl, high oleic	20 g	50 g
Salz	4 g	10 g
Pfeffer, weiß, aus der Mühle		
Butter	10 g	25 g

Vorbereitung

- Tournierte halbmondförmige Kartoffeln von 5 cm Länge mit stumpfen Enden im Drucksteamer oder im Salzwasser blanchieren.
- Kartoffeln abschütten und auf einem Blech ausbreiten, um den Garprozess zu stoppen.

Zubereitung

- Sonnenblumenöl in einer Lyoner Pfanne erhitzen.
- Kartoffeln zugeben, leicht anbraten und würzen.
- Im Ofen unter zeitweisem Wenden goldgelb braten.
- Überschüssiges Öl abgießen.
- Butter zugeben und fertig braten.

Hinweise für die Praxis

Kartoffeln wegen der Bildung von Acrylamid nicht zu stark bräunen.

■ GARMETHODE SAUTIEREN

Kartoffelgaletten · Pommes galettes

Zutaten

	4 Pers	10 Pers
Kartoffeln, Typ C, geschält	500 g	1250 g
Butter	10 g	25 g
Eigelb, pasteurisiert	30 g	70 g
Salz	4 g	10 g
Pfeffer, weiß, aus der Mühle		
Muskatnuss, gerieben		
Kartoffelstärke	20 g	50 g
Bratbutter	40 g	100 g

Vorbereitung

- Kartoffeln in gleichmäßige Würfel schneiden.
- Kartoffelwürfel im Drucksteamer garen oder im Salzwasser sieden.
- Kartoffeln gut ausdampfen lassen und im heißen Zustand pürieren.
- Butter und Eigelb unter die heiße Kartoffelmasse mischen und würzen.
- Unterlage mit Kartoffelstärke bestäuben und runde Stangen von 3,5 cm Durchmesser formen.
- Kühl stellen und fest werden lassen.

Zubereitung

- Kartoffelstangen in 1 cm dicke Scheiben schneiden.
- Mit dem Messerrücken ein gitterförmiges Dekor aufdrücken (oder mithilfe eines Kartoffelstempels).
- Kartoffelgaletten leicht mit Kartoffelstärke bestäuben und in der Bratbutter beidseitig goldgelb sautieren.

Berner Rösti · Rösti bernoise

Zutaten

	4 Pers	10 Pers
Kartoffeln, Typ B/C, in Schale	520 g	1300 g
Bratbutter	50 g	125 g
Zwiebeln, geschält	30 g	75 g
Speck, geräuchert	30 g	75 g
Salz		
Pfeffer, weiß, aus der Mühle		

Vorbereitung
- Kartoffeln in der Schale im Drucksteamer garen oder im Salzwasser sieden (Kartoffeln sollten knapp gar sein).
- Kartoffeln im warmen Zustand schälen und erkalten lassen.
- Kalte Kartoffeln mit einer Röstiraffel grob reiben.
- Zwiebeln fein hacken.
- Speck (ohne Knorpel) in kleine Würfel schneiden.

Zubereitung
- Zwiebeln und Speckwürfel in der Bratbutter goldgelb sautieren.
- Geriebene Kartoffeln mit Salz und Pfeffer würzen und dazugeben.
- Gleichmäßig sautieren und zu Kuchen formen.
- Beidseitig goldgelb knusprig sautieren, auf vorgewärmte Platte stürzen oder portionenweise auf Tellern anrichten und mit einem Butterpinsel überglänzen.

Hinweise für die Praxis
Schalenkartoffeln nach Möglichkeit am Vortag garen, damit sie beim Reiben weniger zusammenkleben. Für Rösti als eigenständiges Gericht werden 250 g Kartoffeln pro Person benötigt. Kartoffeln wegen der Bildung von Acrylamid nicht zu stark bräunen.

Lyoner Kartoffeln · Pommes lyonnaise

Zutaten

	4 Pers	10 Pers
Kartoffeln, Typ A, in Schale	520 g	1300 g
Bratbutter	30 g	80 g
Salz		
Pfeffer, weiß, aus der Mühle		
Butter	10 g	25 g
Zwiebeln, geschält	50 g	125 g
Butter	10 g	25 g
Petersilie, gekraust, frisch	2 g	4 g

Vorbereitung
- Kartoffeln in der Schale im Drucksteamer garen oder im Salzwasser sieden (Kartoffeln sollten knapp gegart sein).
- Die Kartoffeln im warmen Zustand schälen und erkalten lassen.
- Kartoffeln in gleichmäßige, 4 mm dicke Scheiben schneiden.
- Zwiebeln emincieren (in feine Scheiben schneiden).
- Petersilie waschen, zupfen, trockentupfen und fein hacken.

Zubereitung
- Bratbutter in einer Lyoner Pfanne erhitzen.
- Kartoffeln zugeben, leicht ansautieren und mit Salz und Pfeffer würzen.
- Kartoffelscheiben unter öfterem Wenden goldgelb sautieren.
- Zwiebeln separat in Butter goldgelb sautieren und zu den Kartoffeln geben.
- Butter dazugeben und fertig sautieren.
- Vor dem Servieren mit gehackter Petersilie bestreuen.

Hinweise für die Praxis
Schalenkartoffeln nach Möglichkeit am Vortag kochen, damit sie beim Schneiden weniger zerfallen. Kartoffeln wegen der Bildung von Acrylamid nicht zu stark bräunen.

Rösti aus rohen Kartoffeln · Pommes paillasson

Zutaten

	4 Pers	10 Pers
Kartoffeln, Typ B/C, geschält	500 g	1250 g
Bratbutter	50 g	125 g
Salz		
Pfeffer, weiß, aus der Mühle		

Vorbereitung

– Geschälte, rohe Kartoffeln auf Küchenpapier trockentupfen und mit einer Röstiraffel grob reiben.

Zubereitung

– Bratbutter in einer Lyoner Pfanne oder in einer antihaftbeschichteten Pfanne erhitzen.
– Kartoffeln mit Salz und Pfeffer würzen und dazugeben.
– Gleichmäßig ansautieren und zu Kuchen formen (evtl. mit Deckel zudecken und bei Hälfte des Garprozesses den Deckel entfernen).
– Beidseitig goldgelb sautieren und auf vorgewärmte Platte stürzen oder portionenweise auf Teller anrichten und mit einem Butterpinsel überglänzen.

Hinweise für die Praxis

Kartoffeln wegen der Bildung von Acrylamid nicht zu stark bräunen.

Röstkartoffeln · Pommes sautées

Zutaten

	4 Pers	10 Pers
Kartoffeln, Typ A, in Schale	540 g	1350 g
Bratbutter	30 g	75 g
Salz		
Pfeffer, weiß, aus der Mühle		
Butter	20 g	50 g
Petersilie, gekraust, frisch	2 g	4 g

Vorbereitung

– Kartoffeln in der Schale im Drucksteamer garen oder im Salzwasser sieden (Kartoffeln sollten knapp gegart sein).
– Die Kartoffeln im warmen Zustand schälen und erkalten lassen.
– Kartoffeln in gleichmäßige, 4 mm dicke Scheiben schneiden.
– Petersilie waschen, zupfen, trockentupfen und fein hacken.

Zubereitung

– Bratbutter in einer Lyoner Pfanne oder in einer antihaftbeschichteten Pfanne erhitzen.
– Kartoffeln zugeben, leicht ansautieren und würzen.
– Unter öfterem Wenden goldgelb sautieren.
– Butter dazugeben und fertig sautieren.
– Vor dem Servieren mit gehackter Petersilie bestreuen.

Hinweise für die Praxis

Schalenkartoffeln nach Möglichkeit am Vortag kochen, damit sie beim Schneiden nicht zerfallen. Kartoffeln wegen der Bildung von Acrylamid nicht zu stark bräunen.

■ GARMETHODE FRITTIEREN

Birnenkartoffeln · Pommes Williams

Zutaten

	4 Pers	10 Pers
Kartoffeln, Typ C, geschält	500 g	1250 g
Eigelb, pasteurisiert	25 g	65 g
Salz	4 g	10 g
Muskatnuss, gerieben		
Stärkemehl	15 g	30 g
Weißmehl	15 g	40 g
Vollei, pasteurisiert	40 g	100 g
Paniermehl	40 g	100 g
Mandelstifte	4 g	10 g
Ölverlust beim Frittieren	50 g	125 g

Vorbereitung
– Kartoffeln in gleichmäßige Würfel schneiden.

Zubereitung
– Kartoffelwürfel im Drucksteamer garen oder im Salzwasser sieden.
– Kartoffeln ausdampfen lassen und pürieren.
– Eigelb unter die Kartoffelmasse mischen und mit Salz und Muskat abschmecken.
– Zu kleinen Birnen formen oder mit einem Dressiersack birnenförmig auf eine mit Stärkemehl bestreute Unterlage dressieren und auskühlen lassen.
– Birnenkartoffeln mehlen, in zerquirltem Ei wenden und panieren.
– Mandelstäbchen oder Spaghetti als Stiel einsetzen.
– Bei 165–170 °C goldgelb frittieren.
– Auf Küchenpapier gut abtropfen lassen.

Hinweise für die Praxis
Das Paniermehl kann durch Mie de pain (weißes Paniermehl) ersetzt werden. Kartoffeln wegen der Bildung von Acrylamid bei Temperaturen von höchstens 165–170 °C frittieren.

Chips-Kartoffeln · Pommes chips

Zutaten

	4 Pers	10 Pers
Kartoffeln, Typ C, geschält	500 g	1250 g
Salz	3 g	6 g
Ölverlust beim Frittieren	50 g	125 g

Vorbereitung
– Kartoffeln mit der Mandoline (Gemüsehobel) oder mit der Maschine in sehr dünne runde Scheiben schneiden.
– Kartoffelscheiben waschen und die Oberflächenstärke gut abspülen.
– Auf einem Küchenpapier abtropfen lassen und trockentupfen.

Zubereitung
– Kartoffel-Chips partienweise in einen Frittürekorb geben.
– Unter steter Bewegung bei 165–170 °C goldgelb frittieren.
– Herausnehmen und über der Frittüre gut abtropfen lassen.
– Auf Küchenpapier nochmals abtropfen lassen und salzen.

Hinweise für die Praxis
Chips-Kartoffeln können warm oder kalt serviert werden. Nach Belieben kann das Salz mit Paprika, Kräutern oder Curry vermischt werden. Kartoffeln wegen der Bildung von Acrylamid bei höchstens 165–170 °C frittieren.

Dauphine-Kartoffeln · Pommes dauphine

Zutaten

	4 Pers	10 Pers
Kartoffeln, Typ C, geschält	440 g	1100 g
Gesalzener Brandteig	150 g	370 g
Salz	4 g	10 g
Muskatnuss, gerieben		
Erdnussöl	20 g	50 g
Ölverlust beim Frittieren	50 g	135 g

Vorbereitung
- Kartoffeln in gleichmäßige Würfel schneiden.
- Pergamentpapierstreifen mit Öl einstreichen.

Zubereitung
- Kartoffelwürfel im Drucksteamer garen oder im Salzwasser sieden.
- Kartoffeln ausdampfen lassen und pürieren.
- Kartoffelmasse mit dem Brandteig gut vermischen, mit Salz und Muskat abschmecken.
- Mit 2 Esslöffeln exakte, sauber geformte Klöße auf die Pergamentpapierstreifen setzen.
- Papierstreifen mit den Kartoffelklößen in die 165–170 °C heiße Frittüre eintauchen und die Klöße vom Papier gleiten lassen.
- Dauphine-Kartoffeln goldgelb und knusprig frittieren.
- Auf einem Küchenpapier gut abtropfen lassen.

Hinweise für die Praxis

Die geölten Pergamentpapierstreifen so zurechtschneiden, dass jeweils 1–2 Portionen Dauphine-Kartoffeln darauf Platz finden. Kartoffeln wegen der Bildung von Acrylamid bei höchstens 165–170 °C frittieren.

Frittierte Kartoffelkrapfen mit Käse · Pommes Lorette

Zutaten

	4 Pers	10 Pers
Kartoffeln, Typ C, geschält	440 g	1100 g
Salz	4 g	10 g
Gesalzener Brandteig	150 g	380 g
Sbrinz, gerieben	30 g	70 g
Muskatnuss, gerieben		
Erdnussöl	20 g	50 g
Ölverlust beim Frittieren	55 g	135 g

Vorbereitung
- Kartoffeln in gleichmäßige Würfel schneiden.
- Pergamentpapierstreifen mit Öl einstreichen.

Zubereitung
- Kartoffelwürfel im Drucksteamer garen oder im Salzwasser sieden.
- Kartoffeln ausdampfen lassen und pürieren.
- Kartoffelmasse mit dem Brandteig und dem Reibkäse gut vermischen und mit Salz und Muskat abschmecken.
- Die Masse mit einem Dressiersack gipfel- oder ringförmig auf die Pergamentpapierstreifen dressieren.
- Die Papierstreifen mit den Kartoffelkrapfen in die 165–170 °C heiße Frittüre eintauchen und die Krapfen abgleiten lassen.
- Die Kartoffelkrapfen goldgelb und knusprig frittieren.
- Auf einem Küchenpapier gut abtropfen lassen.

Hinweise für die Praxis

Die geölten Pergamentpapierstreifen so zurechtschneiden, dass jeweils 1–2 Portionen Kartoffelkrapfen darauf Platz finden. Kartoffeln wegen der Bildung von Acrylamid bei Temperaturen von maximal 165–170 °C frittieren.

DAUPHINE-KARTOFFELN – STEP BY STEP

1

2

3

4

5

6

7

8

KARTOFFELGERICHTE

Frittierte Kartoffelkugeln mit Schinken · Pommes Saint-Florentin

Zutaten

	4 Pers	10 Pers
Kartoffeln, Typ C, geschält	500 g	1250 g
Salz	4 g	10 g
Eigelb, pasteurisiert	25 g	65 g
Schinken, gekocht	30 g	75 g
Muskatnuss, gerieben		
Weißmehl	20 g	50 g
Vollei, pasteurisiert	40 g	100 g
Fideli/Fadennudeln	30 g	75 g
Ölverlust beim Frittieren	55 g	135 g

Vorbereitung

- Kartoffeln in gleichmäßige Würfel schneiden.
- Gekochten Schinken in Brunoise (Würfelchen) schneiden.
- Fideli/Fadennudeln in einen Vakuumbeutel füllen und in kleine Stücke zerdrücken.

Zubereitung

- Kartoffelwürfel im Drucksteamer garen oder im Salzwasser sieden.
- Kartoffeln ausdampfen lassen und pürieren.
- Eigelb und Schinken-Brunoise (Würfelchen) unter die Kartoffelmasse mischen und abschmecken.
- Mit einem Eisportionierer (3 cm Durchmesser) gleichmäßige Kugeln abstechen oder von Hand formen.
- Geformte Kartoffeln auskühlen lassen.
- Kartoffelkugeln mehlen, in verquirltem Ei wenden und mit den Fideli/Fadennudeln panieren.
- Die Kartoffelkugeln bei Temperaturen von 165–170 °C goldgelb frittieren.
- Herausnehmen und auf einem Küchenpapier abtropfen lassen.

Hinweise für die Praxis

Kartoffeln wegen der Bildung von Acrylamid bei Temperaturen vom maximal 165–170 °C frittieren.

Frittierte Kartoffelstäbe · Pommes Pont-Neuf

Zutaten

	4 Pers	10 Pers
Kartoffeln, Typ C, Stäbe	500 g	1250 g
Ölverlust beim Frittieren	50 g	125 g
Salz	3 g	6 g

Vorbereitung

- Kartoffelstäbe von 2 cm Dicke und 5 cm Länge waschen und die Oberflächenstärke gut abspülen.
- Kartoffeln abtropfen lassen und gut abtrocknen.

Zubereitung

- Frittürekorb knapp zur Hälfte mit den Kartoffelstäben füllen.
- Bei 140 °C vorfrittieren, bis die Kartoffeln weich sind, jedoch noch keine Farbe angenommen haben.
- Kartoffeln herausnehmen, über der Frittüre gut abtropfen lassen und auf einem Blech ausbreiten.
- Auf Abruf bei Temperaturen von 165–170 °C knusprig frittieren.
- Auf Küchenpapier gut abtropfen lassen und salzen.

Hinweise für die Praxis

Extragroße Kartoffeln verwenden, um gleichmäßige Stäbe schneiden zu können. Kartoffelabschnitte weiterverwenden. Kartoffeln wegen der Bildung von Acrylamid bei Temperaturen von maximal 165–170 °C frittieren.

Frittierte Kartoffelwürfel · Pommes bataille

Zutaten	4 Pers	10 Pers
Kartoffeln, Typ C, Würfel	500 g	1250 g
Ölverlust beim Frittieren	50 g	125 g
Salz	3 g	6 g

Vorbereitung
- Kartoffelwürfel von 1 cm Seitenlänge waschen und die Oberflächenstärke gut abspülen.
- Kartoffeln abtropfen lassen und gut abtrocknen.

Zubereitung
- Frittürekorb knapp zur Hälfte mit den Kartoffelwürfeln füllen.
- Bei 140 °C vorfrittieren, bis die Kartoffeln weich sind, jedoch noch keine Farbe angenommen haben.
- Kartoffeln herausnehmen, über der Frittüre gut abtropfen lassen und auf einem Blech ausbreiten.
- Auf Abruf bei Temperaturen von 165–170 °C knusprig frittieren.
- Auf Küchenpapier gut abtropfen lassen und salzen.

Hinweise für die Praxis
Extragroße Kartoffeln verwenden, um gleichmäßige Würfel schneiden zu können. Kartoffelabschnitte weiterverwenden. Kartoffeln wegen der Bildung vom Acrylamid bei Temperaturen von maximal 165–170 °C frittieren.

Frittierte Mandelkartoffelkugeln · Pommes Berny

Zutaten	4 Pers	10 Pers
Kartoffeln, Typ C, geschält	500 g	1250 g
Salz	4 g	10 g
Eigelb, pasteurisiert	25 g	65 g
Périgord-Trüffel, Konserve, abgetropft	15 g	40 g
Muskatnuss, gerieben		
Weißmehl	20 g	50 g
Vollei, pasteurisiert	40 g	100 g
Mandeln, gehobelt, extrafein	40 g	100 g
Ölverlust beim Frittieren	55 g	135 g

Vorbereitung
- Kartoffeln in gleichmäßige Würfel schneiden.
- Périgord-Trüffel fein hacken.
- Gehobelte Mandeln etwas zerdrücken.

Zubereitung
- Kartoffelwürfel im Drucksteamer garen oder im Salzwasser sieden.
- Kartoffeln ausdampfen lassen und pürieren.
- Eigelb mit den gehackten Périgord-Trüffeln unter die Kartoffelmasse mischen und abschmecken.
- Aus der Kartoffelmasse kleine Kugeln mit einem Durchmesser von ca. 2–3 cm formen und auskühlen lassen.
- Kartoffelkugeln mehlen, in verquirltem Ei wenden und mit den zerdrückten Mandeln panieren.
- Mandeln gut andrücken, um das Abfallen der Mandeln während des Frittierens zu verhindern.
- Bei Temperaturen von 165–170 °C goldgelb frittieren.

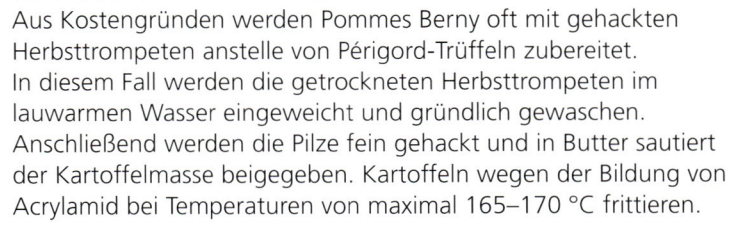

Hinweise für die Praxis
Aus Kostengründen werden Pommes Berny oft mit gehackten Herbsttrompeten anstelle von Périgord-Trüffeln zubereitet. In diesem Fall werden die getrockneten Herbsttrompeten im lauwarmen Wasser eingeweicht und gründlich gewaschen. Anschließend werden die Pilze fein gehackt und in Butter sautiert der Kartoffelmasse beigegeben. Kartoffeln wegen der Bildung von Acrylamid bei Temperaturen von maximal 165–170 °C frittieren.

Kartoffelecken mit Nüssen und Thymian · Triangles de pommes de terre aux noix et au thym

Zutaten	4 Pers	10 Pers
Kartoffeln, Typ C, geschält	450 g	1100 g
Eigelb, pasteurisiert	25 g	65 g
Baumnusskerne, halbiert	15 g	30 g
Haselnusskerne, geschält	15 g	30 g
Pinienkerne	15 g	30 g
Salz	4 g	10 g
Zitronenthymian, frisch	1 g	3 g
Muskatnuss, gerieben		
Pfeffer, weiß, aus der Mühle		
Weißmehl	20 g	50 g
Vollei, pasteurisiert	40 g	100 g
Paniermehl	30 g	75 g
Haselnusskerne, gemahlen	20 g	50 g
Ölverlust beim Frittieren	50 g	125 g

Vorbereitung
- Kartoffeln in gleichmäßige Würfel schneiden.
- Baumnüsse, Haselnüsse und Pinienkerne in einer antihaftbeschichteten Pfanne trocken rösten und hacken.
- Thymian, waschen, zupfen, trockentupfen und fein hacken.
- Paniermehl und gemahlene Haselnüsse vermischen.

Zubereitung
- Kartoffelwürfel im Drucksteamer garen oder im Salzwasser sieden.
- Kartoffeln ausdampfen lassen und pürieren.
- Eigelb, gehackte Nüsse und gehackten Thymian unter die Kartoffelmasse mischen und abschmecken.
- Die Masse 2 cm dick auf Pergamentpapier streichen und leicht anfrieren lassen.
- Mit einem Messer Dreiecke aus Kartoffelmasse schneiden.
- Dreiecke mehlen, in Ei wenden und in der Paniermehl-Haselnuss-Mischung panieren und andrücken.
- Bei Temperaturen von 165–170 °C goldgelb frittieren.
- Herausnehmen und auf Küchenpapier gut abtropfen lassen.

Hinweise für die Praxis
Die Kartoffelmasse kann auch in eine dreieckige Terrinenform dressiert und anschließend geschnitten werden. Kartoffeln wegen der Bildung von Acrylamid bei Temperaturen von maximal 165–170 °C frittieren.

Kartoffelkroketten · Pommes croquettes

Zutaten	4 Pers	10 Pers
Kartoffeln, Typ C, geschält	500 g	1250 g
Salz	4 g	10 g
Eigelb, pasteurisiert	25 g	65 g
Salz		
Muskatnuss, gerieben		
Stärkemehl	15 g	30 g
Weißmehl	20 g	50 g
Vollei, pasteurisiert	40 g	100 g
Paniermehl	40 g	100 g
Ölverlust beim Frittieren	55 g	135 g

Vorbereitung
- Kartoffeln in gleichmäßige Würfel schneiden.

Zubereitung
- Kartoffelwürfel im Drucksteamer garen oder im Salzwasser sieden.
- Kartoffeln ausdampfen lassen und pürieren.
- Eigelb unter die Kartoffelmasse mischen und abschmecken.
- Kartoffelmasse mit einem Dressiersack zu Stangen von 1,5 cm Durchmesser auf eine mit Stärkemehl bestäubte Unterlage dressieren, in 4 cm lange Stücke schneiden und auskühlen lassen.
- Kroketten mehlen, in verquirltem Ei wenden und panieren.
- Bei Temperaturen von 165–170 °C goldgelb frittieren.
- Herausnehmen und auf einem Küchenpapier gut abtropfen lassen.

Hinweise für die Praxis
Das Paniermehl kann durch frisches Mie de pain ersetzt werden. Diverse Panierarten mit Maismehl, Kokosflocken, Leinsamen, Sesam oder Mischungen geben den Kroketten eine persönliche Note, wobei immer ein Anteil Paniermehl verwendet werden sollte, um zu starke Krusten zu verhindern. Kartoffeln wegen der Bildung von Acrylamid bei Temperaturen von maximal 165–170 °C frittieren.

Kartoffelstangen mit Ingwer · Bâtons de pommes de terre au gingembre

Zutaten

	4 Pers	10 Pers
Kartoffeln, Typ C, geschält	480 g	1200 g
Eigelb, pasteurisiert	25 g	65 g
Ingwer, frisch, geschält	10 g	25 g
Salz	4 g	10 g
Koriander, frisch	4 g	8 g
Curry, Madras		
Zündholzkartoffeln	60 g	150 g
Frühlingsrollen-Teigblätter	4	10
Eiweiß, pasteurisiert	10 g	25 g
Ölverlust beim Frittieren	60 g	150 g

Vorbereitung
- Kartoffeln in gleichmäßige Würfel schneiden.
- Zündholzkartoffeln frittieren und auf Küchenpapier gut abtropfen.
- Ingwer fein reiben.
- Koriander waschen, zupfen, trockentupfen und grob hacken.

Zubereitung
- Kartoffelwürfel im Drucksteamer garen oder im Salzwasser sieden.
- Kartoffeln ausdampfen lassen und pürieren.
- Eigelb unter die Kartoffelmasse mischen und mit Salz und wenig Currypulver abschmecken.
- Geriebenen Ingwer, gehackten Koriander und die frittierten Zündholzkartoffeln beigeben.
- Die Kartoffelmasse sorgfältig vermengen.
- Frühlingsrollen-Teigblatt bereitstellen und die Kartoffelmasse mit einem Dressiersack aufdressieren (Länge 14 cm, Dicke 2,5 cm, ca. 100 g Kartoffelmasse pro Rolle).
- Die Ränder mit Eiweiß bestreichen, die Enden einschlagen und wie zu einer Frühlingsrolle satt einrollen.
- Kartoffelstangen bei Temperaturen von 165–170 °C goldgelb frittieren.
- Herausnehmen und auf einem Küchenpapier gut abtropfen lassen.
- Vor dem Servieren leicht schräg aufschneiden.

Hinweise für die Praxis
Kartoffelstangen können auch mit einer passenden Sauce als eigenständiges Gericht serviert werden. Aus einem CF-Frühlingsrollen-Teigblatt kann 1 Rolle zubereitet werden.

Strohkartoffeln · Pommes paille

Zutaten

	4 Pers	10 Pers
Kartoffeln, Typ C, geschält	500 g	1250 g
Ölverlust beim Frittieren	50 g	125 g
Salz	3 g	6 g

Vorbereitung
- Kartoffeln mit einer Mandoline (Gemüsehobel) oder mit der Maschine in Julienne (Streifchen) schneiden.
- Kartoffel-Julienne waschen und die Oberflächenstärke gut abspülen.
- Auf einem Küchenpapier abtropfen lassen und trockentupfen.

Zubereitung
- Strohkartoffeln partienweise in einen Frittürekorb geben.
- Unter steter Bewegung bei Temperaturen von 165–170 °C goldgelb frittieren.
- Herausnehmen und über der Frittüre gut abtropfen lassen.
- Strohkartoffeln auf einem Küchenpapier entfetten und salzen.

Hinweise für die Praxis
Kartoffeln wegen der Bildung von Acrylamid bei Temperaturen von maximal 165–170 °C frittieren.

Waffelkartoffeln · Pommes gaufrettes

Zutaten

	4 Pers	10 Pers
Kartoffeln, Typ C, geschält	500 g	1250 g
Ölverlust beim Frittieren	50 g	125 g
Salz	3 g	6 g

Vorbereitung

- Kartoffeln mit einer Mandoline (Gemüsehobel) abwechslungsweise längs und quer schneiden, sodass ein Waffelmuster entsteht (oder mit einer Maschine mit einem Waffelaufsatz).
- Kartoffelwaffeln waschen und die Oberflächenstärke gut abspülen.
- Auf einem Küchenpapier abtropfen lassen und gut abtrocknen.

Zubereitung

- Waffelkartoffeln partienweise in einen Frittürekorb geben.
- Unter steter Bewegung bei Temperaturen von 165–170 °C goldgelb frittieren.
- Herausnehmen und über der Frittüre gut abtropfen lassen.
- Waffelkartoffeln auf Küchenpapier entfetten und salzen.

Hinweise für die Praxis

Kartoffeln wegen der Bildung von Acrylamic bei Temperaturen von maximal 165–170 °C frittieren.

Zündholzkartoffeln · Pommes allumettes

Zutaten

	4 Pers	10 Pers
Kartoffeln, Typ C, geschält	500 g	1250 g
Ölverlust beim Frittieren	50 g	125 g
Salz	3 g	6 g

Vorbereitung

- Kartoffeln in gleichmäßige Stäbchen in Zündholzform schneiden.
- Zündholzkartoffeln waschen und die Oberflächenstärke gut abspülen.
- Auf einem Küchenpapier abtropfen lassen und gut abtrocknen.

Zubereitung

- Frittürekorb knapp zur Hälfte mit den Zündholzkartoffeln füllen.
- Bei einer Temperatur von 140 °C vorfrittieren, bis die Kartoffeln weich sind, jedoch noch keine Farbe angenommen haben.
- Kartoffeln herausnehmen, über der Frittüre gut abtropfen lassen und auf einem Blech ausbreiten.
- Auf Abruf bei Temperaturen von 165–170 °C knusprig frittieren.
- Zündholzkartoffeln auf einem Küchenpapier gut abtropfen lassen und salzen.

Hinweise für die Praxis

Kartoffeln wegen der Bildung von Acrylamid bei Temperaturen von maximal 165–170 °C frittieren.

■ DIVERSE GERICHTE VON KARTOFFELN UND SÜSSKARTOFFELN

Gefüllte neue Kartoffeln · Pommes nouvelles farcies

Zutaten	4 Pers	10 Pers
Kartoffeln, neue, in Schale	540 g	1350 g
Butter	20 g	50 g
Schalotten, geschält	20 g	50 g
Champignons, frisch, gerüstet	80 g	200 g
Tomaten, getrocknet	5 g	12 g
Limonensaft	4 g	10 g
Eigelb, pasteurisiert	16 g	40 g
Bärlauch, frisch	10 g	25 g
Kerbel, frisch	4 g	10 g
Sauerrahm, 35%	40 g	100 g
Salz		
Pfeffer, weiß, aus der Mühle		
Weißmehl	40 g	100 g
Eiweiß, pasteurisiert	40 g	100 g
Mie de pain/weißes Paniermehl	40 g	100 g
Sesamkörner	10 g	25 g
Leinsamen	10 g	25 g
Ölverlust beim Frittieren	70 g	170 g

Vorbereitung
– Schalotten fein hacken.
– Champignons waschen, abtropfen und fein hacken.
– Getrocknete Tomaten in ungesalzenem Wasser blanchieren und hacken.
– Bärlauch und Kerbel waschen, zupfen, trockentupfen und fein hacken.
– Mie de pain, Sesam und Leinsamen vermischen.

Zubereitung
– Neue, ungeschälte Kartoffeln (Stückgewicht ca. 60–80 g) waschen und im Salzwasser sieden.
– Kartoffeln abschütten, längs halbieren und mit einem Ausstechlöffel sorgfältig aushöhlen.
– Die Kartoffelabschnitte pürieren.
– Gehackte Schalotten in Butter andünsten.
– Champignons, Dörrtomatenwürfel und Limonensaft beigeben.
– So lange bei kleiner Hitze dünsten, bis alle Flüssigkeit verdampft ist.
– Kartoffelpüree, gehackte Kräuter und Eigelb zugeben und etwas erkalten lassen.
– Sauerrahm beigeben und die Masse mit Salz und Pfeffer abschmecken.
– Die Füllung mit einem Dressiersack in die 2 Kartoffelhälften dressieren.
– Jeweils 2 Kartoffelhälften zusammenklappen und leicht andrücken.
– Kartoffeln mehlen, im Eiweiß wenden und 2 Mal in der Paniermischung gut panieren.
– In der Fritteuse bei Temperaturen von 165–170 °C goldgelb frittieren.
– Herausnehmen und auf Küchenpapier gut abtropfen lassen.

Hinweise für die Praxis
Pro Person rechnet man zwei neue Kartoffeln mit einem Stückgewicht von 60–80 g. Die Füllung der Kartoffeln kann saisonal angepasst werden. Das Gericht eignet sich auch sehr gut als «Fingerfood» (hierbei kleinere Kartoffeln verwenden).

Kartoffelauflauf · Soufflé aux pommes de terre

Zutaten	4 Pers	10 Pers
Kartoffeln, Typ C, geschält	270 g	675 g
Bratbutter	10 g	25 g
Weißmehl	10 g	20 g
Eigelb, pasteurisiert	40 g	100 g
Butter	40 g	100 g
Salz	4 g	10 g
Muskatnuss, gerieben		
Salz		
Pfeffer, weiß, aus der Mühle		
Sauerrahm, 35%	40 g	100 g
Eiweiß, pasteurisiert	70 g	175 g

Vorbereitung
- Kartoffeln in gleichmäßige Würfel schneiden.
- Porzellan-Kokotten (Inhalt 100–120 g) mit Bratbutter ausstreichen und mit Weißmehl stäuben.
- Eiweiß mit einer Prise Salz zu einem steifen Schnee schlagen.

Zubereitung
- Kartoffelwürfel im Drucksteamer garen oder im Salzwasser sieden.
- Kartoffeln ausdampfen lassen und pürieren.
- Eigelb und Butter in die heiße Kartoffelmasse einrühren.
- Sauerrahm dazugeben, abschmecken und etwas auskühlen lassen.
- Ein Drittel des Eischnees unter die Masse rühren.
- Den restlichen Eischnee sorgfältig unter die Kartoffelmasse melieren.
- In die vorbereiteten Kokotten zu ¾ der Höhe einfüllen und in einem Wasserbad vorwärmen.
- Bei steigender Hitze von 170 bis 200 °C im Ofen ca. 10–15 Minuten backen und sofort servieren.

Hinweise für die Praxis
Das Rezept kann auch mit frischen Kräutern ergänzt werden.

Kartoffelklöße · Boulettes de pommes de terre à l'allemande

Zutaten	4 Pers	10 Pers
Kartoffeln, Typ C, in Schale	160 g	400 g
Kartoffeln, Typ C, geschält	260 g	650 g
Eigelb, pasteurisiert	30 g	75 g
Semmeln	50 g	120 g
Vollmilch	50 g	120 g
Salz	5 g	12 g
Majoran, frisch	1 g	2 g
Petersilie, glattblättrig, frisch	1 g	2 g
Pfeffer, weiß, aus der Mühle		
Muskatnuss, gerieben		
Butter	30 g	70 g

Vorbereitung
- Schalenkartoffeln im Drucksteamer garen oder im Salzwasser sieden, schälen und pürieren.
- Geschälte Kartoffeln mit einer Bircherraffel in eine Schüssel mit Wasser fein reiben.
- Geriebene Kartoffeln abschütten, in ein Etamine (Passiertuch) geben und gut auspressen.
- Semmeln in kleine, 5 mm große Würfel schneiden und mit wenig Butter goldgelb rösten und die warme Vollmilch dazugießen.
- Majoran und Petersilie waschen, zupfen, trockentupfen und fein hacken.

Zubereitung
- Ausgepresste, geriebene Kartoffeln mit der Kartoffelmasse und Eigelb vermischen.
- Die eingeweichten Brotwürfel und die gehackten Kräuter beigeben und abschmecken.
- Aus der Masse 50–70 g schwere Klöße formen und im Salzwasser pochieren.
- Sobald die Klöße obenauf schwimmen, sorgfältig herausnehmen und auf Küchenpapier abtropfen.
- In einer Gratinplatte anrichten oder kurz in schäumender Butter schwenken.

Hinweise für die Praxis
Kartoffelklöße können auch als eigenständiges Gericht mit sautierten Speckwürfeln, Zwiebelstreifen und Kräutern serviert werden. Wichtig für ein gutes Resultat ist die Wahl der richtigen Kartoffelsorte (Kochtyp C) mit hohem Stärkegehalt.

Kartoffel-Kräuter-Waffeln · Gaufre de pommes de terre aux fines herbes

Zutaten	4 Pers	10 Pers
Kartoffeln, Typ C, geschält	160 g	400 g
Vollei, pasteurisiert	120 g	300 g
Vollrahm, 35 %	30 g	75 g
Quark, mager	40 g	100 g
Hartweizengrieß	15 g	40 g
Weißmehl	50 g	125 g
Salz	4 g	10 g
Pfeffer, weiß, aus der Mühle		
Muskatnuss, gerieben		
Petersilie, gekraust, frisch	1 g	2 g
Kerbel, frisch	1 g	2 g
Basilikum, frisch	1 g	2 g
Schnittlauch, frisch	1 g	2 g
Sonnenblumenöl, high oleic	20 g	50 g

Vorbereitung
- Kartoffeln in gleichmäßige Würfel schneiden.
- Petersilie, Kerbel und Basilikum waschen, zupfen, trockentupfen und fein hacken.
- Schnittlauch fein schneiden.

Zubereitung
- Kartoffelwürfel im Drucksteamer garen oder im Salzwasser sieden.
- Kartoffeln ausdampfen lassen und pürieren.
- Vollei, Vollrahm und Magerquark zu den pürierten Kartoffeln geben, verrühren und abschmecken.
- Kartoffelmasse auskühlen lassen.
- Hartweizengrieß, Weißmehl und die gehackten und geschnittenen Kräuter unter die Masse rühren.
- Waffeleisen erhitzen und mit Sonnenblumenöl einpinseln.
- Etwa 100 g Kartoffelmasse in die Mitte des Waffeleisens geben und verschließen.
- Waffeln goldbraun backen und herausnehmen.

Hinweise für die Praxis
Das Rezept ergibt pro Person eine Waffel à 100 g. Die Waffeln sollten außen goldbraun und innen eine feuchte Konsistenz aufweisen.

Kartoffelküchlein im Knusperteig · Tartelette de pommes de terre

Zutaten	4 Pers	10 Pers
Kartoffeln, neue	320 g	800 g
Butter	30 g	75 g
Schalotten, geschält	20 g	50 g
Knoblauch, geschält	4 g	10 g
Vollmilch	50 g	125 g
Vollei, pasteurisiert	50 g	125 g
Vollrahm, 35 %	50 g	125 g
Weißmehl	5 g	12 g
Salz	5 g	12 g
Pfeffer, weiß, aus der Mühle		
Muskatnuss, gerieben		
Frühlingsrollen-Teigblätter	2	5
Butter	20 g	50 g

Vorbereitung
- Schalotten und Knoblauch fein hacken.
- 4 Rondellen aus einem Frühlingsrollen-Teigblatt von 20 × 20 cm ausstechen.
- Je 2 Rondellen mit geschmolzener Butter bestreichen und zusammenkleben.
- In einer Muffin-Form, Kokotte oder in einer größeren Tartelette-Form je nach Bedarf auslegen.
- Den Teigboden mit Backtrennpapier belegen, mit getrockneten Hülsenfrüchten füllen und bei einer Temperatur von 170 °C und offenem Dampfabzug blind backen (anschließend Hülsenfrüchte und Backtrennpapier entfernen).
- Neue Kartoffeln waschen und mit einer Röstiraffel oder mit der Maschine grob reiben.
- Vollmilch, Vollei, Vollrahm und Weißmehl zu einem Guss verrühren und abschmecken.

Zubereitung
- Gehackte Schalotten und Knoblauch in Butter in einer antihaftbeschichteten Pfanne dünsten.
- Kartoffeln beigeben und zugedeckt unter sorgfältigem Rühren zu $2/3$ garen.
- Kartoffeln abschmecken und auskühlen lassen.
- Die geriebenen Kartoffeln in die gebackenen Frühlingsrollenteig-Tartelettes einfüllen und mit dem Guss auffüllen.
- Im vorgeheizten Ofen bei einer Temperatur von 220 °C ausbacken.

Hinweise für die Praxis
Frühlingsrollen-Teigblätter können auch geviertelt werden und als Quadrate in einer Tartelette-Form gebacken werden. Dies hat den Vorteil, dass keine Abschnitte entstehen.

Kartoffelnocken · Gnocchi piémontaise

Zutaten	4 Pers	10 Pers
Kartoffeln, Typ C, in Schale	440 g	1100 g
Vollei, pasteurisiert	60 g	150 g
Weißmehl	100 g	250 g
Salz		
Pfeffer, weiß, aus der Mühle		
Muskatnuss, gerieben		
Stärkemehl	15 g	30 g
Butter	8 g	20 g
Tomaten-Coulis	240 g	600 g
Sbrinz, gerieben	30 g	75 g
Butter	30 g	75 g

Vorbereitung
- Schalenkartoffeln im Drucksteamer garen oder im Salzwasser sieden (Kartoffeln sollten knapp gegart sein).
- Kartoffeln schälen und pürieren.
- Eier unter die pürierten Kartoffeln mischen, abschmecken und abkühlen lassen.
- Weißmehl unter die erkaltete Kartoffelmasse mischen.

Zubereitung
- Mit einem Dressiersack Stangen auf eine mit Stärkemehl bestäubte Unterlage dressieren.
- Mit einem Spatel oder einem Teighorn gleichmäßige Nocken abstechen.
- Nussgroße Kugeln formen, über eine Essgabel abrollen, um ihnen die typische Form zu geben.
- Während 5 Minuten im Salzwasser pochieren und zum Abtropfen in ein Sieb geben.
- Eine Gratinplatte mit Butter ausstreichen und mit Tomaten-Coulis ausgießen.
- Gnocchi darauf anrichten, mit geriebenem Sbrinz bestreuen und mit Butter beträufeln.
- Gnocchi im Ofen oder unter dem Salamander gratinieren.

Hinweise für die Praxis
Stets mehlige Lagerkartoffeln (Kochtyp C) verwenden, die viel Stärke enthalten. Die Eier- und Mehlzugabe richtet sich nach der Feuchtigkeit der pürierten Kartoffeln. Bei feuchten Kartoffeln nur Eigelb verwenden. Kartoffel-Gnocchi können auch in Butter oder Olivenöl geschwenkt oder leicht sautiert werden. Saisonale Komponenten wie Bärlauch, frische Kräuter, Pesto, Olivenpaste, Pilze und Spargeln können als Kombination zu den Gnocchi serviert werden.

Kartoffelpfannkuchen · Pannequets aux pommes de terre

Zutaten	4 Pers	10 Pers
Kartoffeln, Typ C, geschält	400 g	1000 g
Quark, mager	40 g	100 g
Eigelb, pasteurisiert	50 g	125 g
Schnittlauch, frisch	5 g	15 g
Backpulver	1 g	2 g
Salz		
Pfeffer, weiß, aus der Mühle		
Muskatnuss, gerieben		
Eiweiß, pasteurisiert	80 g	200 g
Bratbutter	20 g	50 g

Vorbereitung
- Kartoffeln mit einer Bircherraffel fein raffeln und etwas auspressen (1000 g Rohgewicht = 600 g ausgepresst)
- Schnittlauch fein schneiden.
- Eiweiß zu einem steifen Schnee schlagen und kühl stellen.
- Magerquark, Eigelb, Schnittlauch und Backpulver unter die geriebenen Kartoffeln mischen und abschmecken.
- Sorgfältig das geschlagene Eiweiß unter die Masse melieren.

Zubereitung
- Bratbutter in einer antihaftbeschichteten Pfanne erhitzen.
- Pfannkuchenmasse (40–60 g) beigeben und verteilen.
- Mit reduzierter Hitze beidseitig goldbraun sautieren (pro Person 2–3 Pfannkuchen).

Hinweise für die Praxis
Pfanne mit den Pfannkuchen vor dem Wenden kurz unter den Salamander oder in den heißen Ofen geben, dies erleichtert das Wenden.

KARTOFFELNOCKEN – STEP BY STEP

1

2

3

4

5

6

7

8

KARTOFFELGERICHTE

Kartoffelmaultaschen · Maultaschen de pommes de terre (raviolis souabes)

Teig

	4 Pers	10 Pers
Kartoffeln, Typ C, in Schale	200 g	500 g
Vollei, pasteurisiert	25 g	60 g
Mascarpone (1)	4 g	10 g
Weißmehl	20 g	50 g
Hartweizengrieß	10 g	25 g
Salz	2 g	5 g
Pfeffer, weiß, aus der Mühle		
Muskatnuss, gerieben		

Füllung

	4 Pers	10 Pers
Olivenöl	10 g	20 g
Schalotten, geschält	10 g	20 g
Spinat, gehackt, tiefgekühlt	20 g	45 g
Petersilie, glattblättrig, frisch	5 g	10 g
Basilikum, frisch	10 g	20 g
Kerbel, frisch	5 g	10 g
Mascarpone (2)	25 g	60 g
Eigelb, pasteurisiert	10 g	20 g
Salz		
Pfeffer, weiß, aus der Mühle		

Weitere Zutaten

	4 Pers	10 Pers
Ei zum Bestreichen	5 g	10 g
Butter	10 g	20 g
Olivenöl	10 g	20 g

Vorbereitung

- Schalenkartoffeln im Drucksteamer garen oder im Salzwasser sieden.
- Kartoffeln schälen und pürieren.
- Vollei und Mascarpone (1) daruntermischen, abschmecken und abkühlen lassen.
- Weißmehl und Hartweizengrieß beigeben und zu einem Teig verrühren.
- Kartoffelteig mit Plastikfolie abdecken und kühl stellen.
- Schalotten fein hacken.
- Gehackten Spinat in einem Etamine (Passiertuch) gut auspressen.
- Petersilie, Basilikum und Kerbel waschen, zupfen, trockentupfen und fein hacken.

Zubereitung Füllung

- Gehackte Schalotten im Olivenöl andünsten.
- Gehackten Spinat beigeben und kurz mitdünsten.
- Die gehackten Kräuter beigeben und erkalten lassen.
- Mascarpone (2) und Eigelb unter die erkaltete Masse rühren und abschmecken.

Zubereitung Gericht

- Kartoffelteig auf einer mit Mehl bestäubten Unterlage 2–3 mm dick ausrollen.
- Runde Formen von 8 cm Durchmesser ausstechen (pro Person 3 Stück).
- Füllung auf die Teigrondellen dressieren (30 g pro Teigrondell).
- Die Ränder mit wenig Ei bepinseln, einschlagen und die Ränder mit einer Essgabel andrücken.
- Maultaschen im Salzwasser pochieren, herausnehmen und abtropfen lassen.
- In einer Butter-Olivenöl-Mischung kurz schwenken, abschmecken und anrichten.

Hinweise für die Praxis

Kartoffelmaultaschen können auch mit einem Tomaten-Coulis serviert werden.

Kartoffel-Sellerie-Schiffchen mit Baumnüssen
Barquettes de pommes de terre et de céleri aux noix

Zutaten

	4 Pers	10 Pers
Kartoffeln, Typ B, geschält	600 g	1500 g
Bouillon	300 g	750 g
Thymianzweige		
Knollensellerie, geschält	50 g	120 g
Baumnusskerne, halbiert	16 g	40 g
Salz		
Pfeffer, weiß, aus der Mühle		
Muskatnuss, gerieben		
Eigelb, pasteurisiert	16 g	40 g
Traubenkernöl	4 g	10 g

Vorbereitung

- Kartoffeln längs halbieren, die Kanten leicht tournieren und mit einem Ausstechlöffel leicht aushöhlen.
- Die Böden ein wenig zuschneiden, sodass die Kartoffelschiffchen standfest sind.
- Kartoffelabschnitte (pro Person ca. 30 g) für die Füllung beiseite legen.
- Knollensellerie in Würfel schneiden (etwa gleiche Größe wie die Kartoffelabschnitte).
- Die ausgehöhlten Kartoffelhälften in Bouillon mit Thymianzweig zugedeckt langsam garen.
- Die gekochten Kartoffelschiffchen in einer gebutterten Gratinplatte anordnen und mit wenig Bouillon umgießen.
- Baumnüsse hacken und leicht rösten.

Zubereitung

- Rezeptierte Menge an Kartoffelabschnitten zusammen mit dem Knollensellerie im Drucksteamer garen.
- Kartoffeln und Sellerie ausdampfen lassen und pürieren.
- Eigelb, Traubenkernöl und gehackte Baumnüsse unter die Masse mischen und abschmecken.
- Mit einem Dressiersack mit einer Lochtülle in die gegarten heißen Kartoffelschiffchen dressieren und im Ofen goldgelb überbacken.

Kartoffelpizokel · Pizokel aux pommes de terre

Zutaten

	4 Pers	10 Pers
Kartoffeln, Typ C, geschält	600 g	1500 g
Weißmehl	150 g	375 g
Salz	5 g	12 g
Pfeffer, weiß, aus der Mühle		
Muskatnuss, gerieben		
Butter	10 g	25 g
Bündner Bergkäse, gerieben	120 g	300 g
Zwiebeln, geschält	120 g	300 g
Butter	20 g	50 g
Speck, geräuchert	60 g	150 g
Petersilie, glattblättrig, frisch	1 g	3 g

Vorbereitung

- Kartoffeln mit einer Bircherraffel oder mit der Maschine fein reiben.
- Geriebene Kartoffeln in einem Etamine (Passiertuch) auspressen.
- Weißmehl sieben und beigeben, Masse gut verrühren, abschmecken und zugedeckt ruhen lassen.
- Zwiebeln emincieren (in feine Scheiben schneiden).
- Geräucherten Speck (ohne Knorpel) in Julienne (Streifchen) schneiden.
- Petersilie waschen, zupfen, trockentupfen und grob hacken.

Zubereitung

- Mit 2 kleinen Löffeln Klößchen von der Kartoffelmasse abstechen.
- Klößchen in genügend heißem Salzwasser 8–10 Minuten pochieren.
- Sobald die Klößchen an die Oberfläche steigen, herausnehmen und abtropfen lassen.
- Kartoffelpizokel in eine gebutterte Gratinplatte geben und mit geriebenem Bergkäse bestreuen.
- Unter dem Salamander oder im Ofen mit starker Oberhitze überbacken.
- Zwiebeln und Speckstreifen in Butter goldbraun sautieren, vor dem Servieren über die Pizokel geben und mit gehackter Petersilie bestreuen.

Hinweise für die Praxis

Beim Pizokelteig lohnt es sich, je nach Kartoffelsorte und Stärkegehalt eine Probe zu machen. Wenn die Pizokel auseinander fallen, etwas mehr Weißmehl beigeben. Die Pizokel können je nach Verwendungszweck auch am Vortag pochiert werden.

Kartoffelstangen mit Marroni/Esskastanien · Bâtons de pommes de terre aux marrons

Zutaten

	4 Pers	10 Pers
Kartoffeln, Typ C, geschält	250 g	620 g
Marroni/Esskastanien, ganz, geschält, tiefgekühlt (1)	150 g	370 g
Eigelb, pasteurisiert	25 g	65 g
Salz	4 g	10 g
Muskatnuss, gerieben		
Weißmehl	20 g	50 g
Vollei, pasteurisiert	40 g	100 g
Marroni/Esskastanien, ganz, geschält, tiefgekühlt (2)	100 g	250 g
Mie de pain/weißes Paniermehl	60 g	150 g
Ölverlust beim Frittieren	50 g	125 g

Vorbereitung
- Kartoffeln in gleichmäßige Würfel schneiden.
- Kartoffelwürfel und Kastanien (1) im Drucksteamer garen.
- Kartoffeln und Kastanien ausdampfen lassen und pürieren.
- Kastanien (2) im Drucksteamer garen, vollständig erkalten lassen, fein hacken und auf einem Backblech unter dem Salamander oder im Ofen leicht trocknen.
- Gehackte Kastanien mit dem Mie de pain vermischen.

Zubereitung
- Eigelb unter die Kartoffel-Kastanien-Masse mischen und abschmecken.
- Mit einem Dressiersack und Lochtülle 1,5–2 cm dicke Stangen auf eine mit Mehl bestäubte Unterlage dressieren.
- Die Masse zu 8 cm langen Stangen schneiden und erkalten lassen.
- Stangen mehlen, im Ei wenden und in der Mie-de-pain-Kastanien-Mischung panieren und gut andrücken.
- Bei Temperaturen von 165–170 °C goldgelb frittieren.
- Herausnehmen, über der Frittüre gut abtropfen lassen und auf Küchenpapier entfetten.

Hinweise für die Praxis
Kartoffeln wegen der Bildung von Acrylamid bei Temperaturen von maximal 165–170 °C frittieren.

Kartoffel-Timbales · Timbales de pommes de terre

Zutaten

	4 Pers	10 Pers
Kartoffeln, Typ C, geschält	250 g	620 g
Butter	10 g	25 g
Vollrahm, 35%	50 g	125 g
Vollmilch	50 g	125 g
Vollei, pasteurisiert	60 g	150 g
Butter	50 g	125 g
Salz	5 g	12 g
Pfeffer, weiß, aus der Mühle		
Muskatnuss, gerieben		
Waffelkartoffeln	40 g	100 g

Vorbereitung
- Kartoffeln in gleichmäßige Würfel schneiden.
- Kartoffelwürfel im Drucksteamer garen oder im Salzwasser sieden.
- Kartoffeln ausdampfen lassen und pürieren
- Hohe Timbales-Förmchen mit Butter ausstreichen.

Zubereitung
- Butter, Vollrahm und Vollmilch erhitzen und mit den pürierten Kartoffeln vermengen.
- Vollei zur Masse geben und abschmecken.
- Kartoffelmasse mit einem Dressiersack in die gebutterten Förmchen abfüllen und mit Plastikfolie abdecken.
- Im Kombisteamer mit Dampfzugabe bei einer Temperatur von 90 °C garen.
- Kartoffel-Timbales etwas abstehen lassen und stürzen.
- Mit frittierten, knusprigen Dreiecken von Kartoffelwaffeln dekorieren.

Hinweise für die Praxis
Kartoffel-Timbales eignen sich zum Regenerieren und können für den Bankettservice vorgängig gegart und gestürzt werden.

Kartoffeltorte mit Artischocken · Tourte aux pommes de terre et aux artichauts

Zutaten	4 Pers	10 Pers
Kartoffeln, Typ C, geschält	280 g	700 g
Eigelb, pasteurisiert	30 g	80 g
Olivenöl	5 g	10 g
Salz		
Muskatnuss, gerieben		
Kartoffeln, Typ A, geschält	100 g	250 g
Gewürzsäcklein	1	1
Gemüsefond	280 g	700 g
Artischockenböden, frisch	100 g	250 g
Tomaten, getrocknet, in Öl, abgetropft	30 g	80 g
Olivenöl	10 g	20 g
Schalotten, geschält	20 g	50 g
Thymian, frisch	2 g	4 g
Petersilie, glattblättrig, frisch	2 g	4 g
Salz		
Pfeffer, weiß, aus der Mühle		
Ei zum Bestreichen	10 g	20 g
Waffelkartoffeln	20 g	50 g

Vorbereitung
– Kartoffeln (Kochtyp C) in gleichmäßige Würfel schneiden.
– Kartoffeln (Kochtyp A) in 1 cm große Würfel schneiden und im Drucksteamer garen.
– Artischockenböden und getrocknete Tomaten in 5 mm große Würfel schneiden.
– Schalotten fein hacken.
– Thymian und Petersilie waschen, zupfen, trockentupfen und fein hacken.
– Schalotten und Artischockenwürfel im Olivenöl dünsten, die gegarten Kartoffelwürfel (Kochtyp A) beigeben und mitdünsten.
– Mit Salz und Pfeffer abschmecken, gehackte Kräuter beigeben und erkalten lassen.
– Ringform (Ø 18 cm) ausbuttern und auf ein mit Backtrennpapier ausgelegtes Backblech legen.

Zubereitung
– Kartoffelwürfel (Kochtyp C) im Drucksteamer garen oder im Salzwasser sieden.
– Kartoffeln abschütten, ausdampfen lassen und pürieren.
– Eigelb und Olivenöl unter die Masse rühren und abschmecken.
– ⅓ der Kartoffelmasse sorgfältig mit den Kartoffel-Artischocken-Würfeln und den getrockneten Tomaten mischen und in die vorbereitete Ringform streichen.
– Die restlichen ⅔ der Kartoffelmasse vorsichtig auf die erste Schicht geben und glatt streichen.
– Kartoffeltorte mit Ei bepinseln und bei einer Temperatur von 220 °C backen.
– Kurze Zeit abstehen lassen, in Portionen schneiden und mit Dreiecken von Kartoffelwaffeln garnieren.

Hinweise für die Praxis
Die Artischocken können auch durch andere saisonale Produkte wie Spargeln, Pilze oder andere Gemüse ersetzt werden. Das Gericht kann auch in Ringformen von 6–8 cm Durchmesser als Einzelportionen zubereitet werden.

Süßkartoffelkreation im Röstimantel · Création de patates douces en manteau de rösti

Zutaten	4 Pers	10 Pers
Süßkartoffeln, geschält	300 g	750 g
Eigelb, pasteurisiert	30 g	75 g
Kerbel, frisch	3 g	7 g
Sonnenblumenkerne	10 g	25 g
Salz		
Cayenne-Pfeffer, gemahlen		
Kartoffeln, Typ B/C, geschält	160 g	400 g
Bratbutter	20 g	50 g

Vorbereitung
– Süßkartoffeln in gleichmäßige Würfel schneiden.
– Kerbel waschen, zupfen und trockentupfen.
– Sonnenblumenkerne in einer antihaftbeschichteten Pfanne goldgelb rösten.

Zubereitung
– Süßkartoffeln im Drucksteamer garen oder im Salzwasser sieden.
– Im Ofen bei einer Temperatur von 120 °C ausdampfen und trocknen lassen.
– Süßkartoffeln heiß pürieren.
– Eigelb, Kerbel und Sonnenblumenkerne unter die Masse mischen und mit Salz und Cayenne-Pfeffer abschmecken.
– Kartoffeln mit der Mandoline (Gemüsehobel) in Streifen schneiden.
– Bratbutter erhitzen und flache Rösti (Ø ca. 10–12 cm) aus rohen Kartoffeln herstellen (Rösti nur kurz sautieren).
– Fertige Rösti auf mit Backtrennpapier belegte Backbleche absetzen.
– Die Süßkartoffelmasse mit Spritzsack auf die eine Röstihälfte dressieren, das Ganze mit einem Spatel einschlagen, überklappen und kühl stellen.
– Die Kartoffelkreation beidseitig goldgelb sautieren und halbieren.

Schupfnudeln · Schupfnudeln (gnocchi de pommes de terre souabe)

Zutaten	4 Pers	10 Pers
Kartoffeln, Typ C, in Schale	380 g	950 g
Eigelb, pasteurisiert	40 g	100 g
Weißmehl	130 g	330 g
Salz	5 g	12 g
Muskatnuss, gerieben		
Butter	30 g	75 g

Vorbereitung
- Schalenkartoffeln im Drucksteamer garen oder im Salzwasser sieden (Kartoffeln sollten knapp gegart sein).
- Kartoffeln schälen, pürieren, Eigelb beigeben und auskühlen lassen.

Zubereitung
- Weißmehl unter die abgekühlte Kartoffelmasse mischen und abschmecken.
- Kartoffelmasse auf einer mit Mehl bestäubten Unterlage zu Rollen von 1–1,5 cm Durchmesser formen.
- Mit einem Teighorn Stücke von 1 cm Länge abstechen.
- Auf einem handlichen, mit Mehl bestäubten Holzbrett die Stücke mit dem Handballen in 4–6 cm lange, seitlich dünn auslaufende Nudeln abschupfen.
- Fertige Schupfnudeln auf Pergamentpapier legen und anschließend im Salzwasser pochieren.
- Wenn die Schupfnudeln obenauf schwimmen, sie herausnehmen und abschütten.
- Butter in einer Lyoner Pfanne erhitzen, die Schupfnudeln beigeben, würzen und unter zeitweisem Wenden goldgelb sautieren.

Hinweise für die Praxis
Der Schupfnudelteig kann mit beliebigen Zutaten wie frischen, gehackten Kräutern, Safran oder Mohnsamen ergänzt werden. Das Weißmehl kann auch durch ein Vollkornmehl ersetzt werden. Das Schupfen der Nudeln will geübt sein und benötigt ein wenig Übung.

Süßkartoffelcurry · Curry de patates douces

Zutaten	4 Pers	10 Pers
Süßkartoffeln, geschält	420 g	1050 g
Schalotten, geschält	15 g	40 g
Ingwer, frisch, geschält	8 g	20 g
Curry, Madras	2 g	5 g
Gemüsefond	50 g	120 g
Kokosmilch, ungesüßt	150 g	370 g
Garam Masala	1 g	2 g
Salz	4 g	10 g
Chilischoten, rot, entkernt	3 g	5 g
Koriander, frisch	4 g	10 g

Vorbereitung
- Süßkartoffeln in 1 cm große Würfel oder in gleichmäßige Schnitze schneiden.
- Schalotten fein hacken.
- Ingwer fein reiben.
- Chilischoten in Julienne (Streifchen) schneiden.
- Die Hälfte des Korianders waschen, zupfen, trockentupfen und fein hacken.
- Restlichen Koriander waschen und zupfen.

Zubereitung
- Schalotten andünsten, Ingwer und Curry beigeben und leicht dünsten.
- Gemüsefond, Kokosmilch und Garam Masala beigeben und aufkochen.
- Süßkartoffeln beigeben und abschmecken.
- Zugedeckt bei schwacher Hitze garen, bis die Süßkartoffeln zu ¾ gar sind (allenfalls Flüssigkeit nachgießen).
- Chili-Julienne und Koriander beigeben.
- Ohne Deckel bei gleichzeitigem Einkochen der Flüssigkeit fertig garen.
- Abschmecken und die gehackten Korianderblätter beigeben.
- Anrichten und mit Korianderblättchen garnieren.

Hinweise für die Praxis
Das Curry sollte eine cremige Konsistenz aufweisen. Das Süßkartoffelcurry kann auch in einem Körbchen aus Frühlingsrollenteig serviert werden. Die Menge der Chilischoten richtet sich nach der gewünschten Schärfe des Gerichts.

Süßkartoffelküchlein mit Kräutern · Galettes de patates douces aux fines herbes

Zutaten

	4 Pers	10 Pers
Süßkartoffeln, geschält	540 g	1350 g
Butter	50 g	125 g
Salz	6 g	15 g
Pfeffer, weiß, aus der Mühle		
Petersilie, glattblättrig, frisch	5 g	12 g
Zitronenthymian, frisch	2 g	5 g
Bratbutter	10 g	25 g

Vorbereitung
– Gastronormschale mit Backtrennpapier auslegen.
– Petersilie und Zitronenthymian waschen, zupfen, trockentupfen und grob hacken.
– Süßkartoffeln auf der Aufschnittmaschine oder mit der Mandoline (Gemüsehobel) in hauchfeine Scheiben schneiden.
– Butter schmelzen.

Zubereitung
– Süßkartoffeln trockentupfen, mit der geschmolzenen Butter vermengen und mit Salz und Pfeffer würzen.
– Auf der vorbereiteten Gastronormschale ausbreiten und bei 180 °C im Ofen 20–30 Minuten backen (Gartest mit der Nadelprobe).
– Leicht auskühlen lassen, auf Plastikfolie stürzen und zu einem Rechteck formen.
– Mit Petersilie und Zitronenthymian bestreuen, allenfalls nochmals abschmecken.
– Zu einer festen Rolle aufrollen und anschließend satt in Alufolie wickeln.
– Mit einer Nadel einstechen und die Folienenden eindrehen, bis Saft und Butterfett austritt.
– Süßkartoffelrolle über Nacht kühl stellen.
– Die Folien entfernen und in etwa 1,5 cm dicke Scheiben schneiden.
– In einer antihaftbeschichteten Pfanne in Bratbutter langsam goldgelb sautieren.

Tarte Tatin von neuen Kartoffeln · Tarte Tatin de pommes nouvelles

Zutaten

	4 Pers	10 Pers
Kartoffeln, neue, kleine, in Schale	480 g	1200 g
Gewürzsäcklein	1	1
Speck, geräuchert, Abschnitte	40 g	100 g
Kümmel, ganz	1 g	2 g
Salz	4 g	10 g
Zucker	30 g	75 g
Butter	10 g	25 g
Gemüsefond	60 g	150 g
Kalbsfond, braun	50 g	125 g
Pinienkerne	12 g	30 g
Thymian, frisch	4 g	10 g
Brickteigblätter	1	3
Dijon-Senf	2 g	5 g
Eigelb, pasteurisiert	4 g	10 g
Fleur de sel		1 g

Vorbereitung
– Gewürzsäcklein aus Lorbeer, Gewürznelke, Thymian- und Petersilienzweiglein bereitstellen.
– Neue kleine Kartoffeln in Schale waschen und im Salzwasser mit dem Gewürzsäcklein, Speckabschnitten, Kümmel und Salz zu ¾ weich sieden.
– Kartoffeln abschütten, anschließend die Enden wegschneiden und in 1 cm dicke Scheiben schneiden.
– Brickteigblätter rund ausstechen (ca. 5 mm größer als die Tartelettes-Förmchen).
– Thymian waschen, zupfen und trockentupfen.

Zubereitung
– Zucker leicht karamellisieren, Butter, Gemüsefond und braunen Kalbsfond zugeben und sirupartig einreduzieren.
– Wenig karamellisierten Fond in jedes Tartelettes-Förmchen (Ø ca. 8 cm) gießen, die Pinienkerne und den Thymian darauf verteilen.
– Die vorgegarten Kartoffelscheiben kreisförmig satt einschichten.
– Ausgestochene Brickteigblätter mit wenig Senf und Eigelb bestreichen und fest auf die Kartoffeln legen.
– Bei einer Temperatur von 190 °C ca. 8–10 Minuten backen und anschließend etwas abstehen lassen.
– Kartoffeln sorgfältig stürzen und mit Fleur de sel würzen.

Hinweise für die Praxis
Die besten Resultate erzielt man mit antihaftbeschichteten Tartelettes-Förmchen.

Gerichte aus Getreide

■ TEIGWAREN

Basilikumnudeln · Nouilles au basilic

Zutaten	**1 kg**
Weißmehl, Typ 550	300 g
Hartweizendunst (1)	300 g
Vollei, aufgeschlagen	150 g
Eigelb, frisch	100 g
Basilikum, frisch	100 g
Olivenöl, kaltgepresst	50 g
Hartweizendunst (2)	50 g

Vorbereitung
- Weißmehl sieben.
- Basilikum waschen, zupfen und trockentupfen.
- Basilikum mit gekühltem Vollei und Eigelb fein mixen.

Zubereitung Variante 1
- Weißmehl und Hartweizendunst (1) zu einem Kranz formen.
- Basilikum-Ei-Masse und Olivenöl in die Kranzmitte geben.
- Von Hand mindestens 10 Minuten zu einem sehr festen, glatten und elastischen Teig kneten.
- Den Teig zugedeckt im Kühlschrank 1 Stunde ruhen lassen.

Zubereitung Variante 2
- Alle Zutaten in einen Rührkessel geben, mit Knethaken zu einem elastischen Teig verarbeiten und während ca. 5 Minuten kneten.
- Den Teig zugedeckt im Kühlschrank 1 Stunde ruhen lassen.

Weiterverarbeitung
- Nudelteig hauchdünn ausrollen; während des Ausrollens immer wieder mit Hartweizendunst (2) bestreuen.
- Die ausgerollten Teigbänder mit der Schnittwalze schneiden.
- Die geschnittenen Nudeln zu losen Nestern legen, damit sie nicht zusammenkleben.
- Nudeln im kochenden Salzwasser al dente kochen (1 Teil Nudeln in 5 Teilen Wasser).
- Nudeln abschütten und in Butter und/oder kaltgepresstem Olivenöl kurz schwenken und abschmecken.

Hinweise für die Praxis

Den fertigen Teig in einen Vakuumbeutel geben und zu 100% vakuumieren. Der Teig wird dadurch geschmeidiger. Die Flüssigkeitszugabe ist von der Mehlqualität abhängig. Um eine intensiv grüne Farbe zu erhalten, können pro Kilo Teig 20 g blanchierter, ausgepresster und fein gehackter Blattspinat (oder Spinatpulver) beigegeben werden. Bei der Variante 1 kann der Teig auch nur kurz geknetet und durch mehrmaliges Durchdrehen durch die Nudelmaschine elastisch gemacht werden. Nudel- und Ravioliteig nie salzen, der ausgewallte Teig wird sonst brüchig.

Buchweizennudeln · Nouilles de sarrasin

Zutaten	1 kg
Buchweizenmehl (1)	360 g
Weißmehl, Typ 550	250 g
Vollei, frisch	350 g
Olivenöl, kaltgepresst	40 g
Buchweizenmehl (2)	50 g

Zubereitung Variante 1
- Buchweizenmehl (1) und Weißmehl zu einem Kranz formen, Vollei und Olivenöl in die Kranzmitte geben.
- Von Hand mindestens 10 Minuten zu einem sehr festen, glatten und elastischen Teig kneten.
- Den Teig zugedeckt im Kühlschrank 1 Stunde ruhen lassen.

Zubereitung Variante 2
- Alle Zutaten in einen Rührkessel geben, mit dem Knethaken zu einem elastischen Teig verarbeiten und während etwa 5 Minuten kneten.
- Den Teig zugedeckt im Kühlschrank 1 Stunde ruhen lassen.

Weiterverarbeitung
- Nudelteig hauchdünn auswallen; während des Ausrollens immer wieder mit Buchweizenmehl (2) bestreuen.
- Ausgewallte Teigbänder mit der Schnittwalze schneiden.
- Geschnittene Nudeln zu losen Nestern legen, damit sie nicht zusammenkleben.
- Nudeln in kochendem Salzwasser al dente kochen (1 Teil Nudeln in 5 Teilen Wasser).
- Nudeln abschütten, in Butter und/oder kaltgepresstem Olivenöl kurz schwenken und abschmecken.

Hinweise für die Praxis
Den fertigen Teig in einen Vakuumbeutel geben und zu 100% vakuumieren. Der Teig wird dadurch geschmeidiger. Bei der Variante 1 kann der Teig auch nur kurz geknetet und durch mehrmaliges Durchdrehen durch die Nudelmaschine elastisch gemacht werden. Nudel- und Ravioliteig nie salzen, der ausgewallte Teig wird sonst brüchig.

Kakaonudeln · Nouilles au cacao

Zutaten

	1 kg
Weißmehl, Typ 550	370 g
Hartweizendunst (1)	100 g
Kakaopulver	100 g
Eigelb, frisch	380 g
Wasser	40 g
Olivenöl, kaltgepresst	30 g
Hartweizendunst (2)	50 g

Zubereitung Variante 1
- Weißmehl sieben.
- Weißmehl, Hartweizendunst (1) und Kakaopulver mischen und zu einem Kranz formen.
- Eigelb, Wasser und Olivenöl in Kranzmitte geben.
- Von Hand mindestens 10 Minuten zu einem sehr festen, glatten und elastischen Teig kneten.
- Den Teig zugedeckt im Kühlschrank 1 Stunde ruhen lassen.

Zubereitung Variante 2
- Alle Zutaten in einen Rührkessel geben, mit dem Knethaken zu einem elastischen Teig verarbeiten und während etwa 5 Minuten kneten.
- Dieser Teig kann direkt, das heißt ohne Ruhezeit, verarbeitet werden.

Weiterverarbeitung
- Nudelteig hauchdünn ausrollen; während des Ausrollens immer wieder mit Hartweizendunst (2) bestreuen.
- Die ausgerollten Teigbänder mit der Schnittwalze schneiden.
- Die geschnittenen Nudeln zu losen Nestern legen, damit sie nicht zusammenkleben.
- Nudeln im kochenden Salzwasser al dente kochen (1 Teil Nudeln in 5 Teilen Wasser).
- Nudeln abschütten und in Butter und/oder kaltgepresstem Olivenöl kurz schwenken und abschmecken.

Hinweise für die Praxis
Den fertigen Teig in einen Vakuumbeutel geben und zu 100% vakuumieren. Der Teig wird dadurch geschmeidiger. Bei der Variante 1 kann der Teig auch nur kurz geknetet und durch mehrmaliges Durchdrehen in der Nudelmaschine elastisch gemacht werden. Nudel- und Ravioliteig nie salzen, der ausgerollte Teig wird sonst brüchig. Kakaonudeln eignen sich speziell für Wildgerichte in Kombination mit Früchten.

Marroninudeln/Kastaniennudeln · Nouilles à la farine de marrons

Zutaten	1 kg
Hartweizendunst (1)	300 g
Weißmehl, Typ 550	150 g
Marronimehl/Kastanienmehl	200 g
Vollei, frisch	200 g
Eigelb, frisch	100 g
Olivenöl, kaltgepresst	30 g
Wasser	20 g
Hartweizendunst (2)	50 g

Zubereitung Variante 1
− Hartweizendunst (1), Weißmehl und Kastanienmehl zu einem Kranz formen.
− Vollei, Eigelb, Olivenöl und Wasser in Kranzmitte geben.
− Von Hand mindestens 10 Minuten zu einem sehr festen, glatten und elastischen Teig kneten.
− Den Teig zugedeckt im Kühlschrank 1 Stunde ruhen lassen.

Zubereitung Variante 2
− Alle Zutaten in einen Rührkessel geben, mit dem Knethaken zu einem elastischen Teig verarbeiten und während etwa 5 Minuten kneten.
− Den Teig zugedeckt im Kühlschrank 1 Stunde ruhen lassen.

Weiterverarbeitung
− Nudelteig hauchdünn ausrollen; während des Ausrollens immer wieder mit Hartweizendunst (2) bestreuen.
− Die ausgerollten Teigbänder mit der Schnittwalze schneiden.
− Die geschnittenen Nudeln zu losen Nestern legen, damit sie nicht zusammenkleben.
− Nudeln im kochenden Salzwasser al dente kochen (1 Teil Nudeln in 5 Teilen Wasser).
− Nudeln abschütten und in Butter und/oder kaltgepresstem Olivenöl kurz schwenken und abschmecken.

Hinweise für die Praxis
Die Wasserzugabe kann je nach Festigkeit des Teiges leicht variieren. Den fertigen Teig in einen Vakuumbeutel geben und zu 100% vakuumieren. Der Teig wird dadurch geschmeidiger. Bei der Variante 1 kann der Teig auch nur kurz geknetet und durch mehrmaliges Durchdrehen in der Nudelmaschine elastisch gemacht werden. Nudel- und Ravioliteig nie salzen, der ausgerollte Teig wird sonst brüchig.

Nudeln · Nouilles (pâte de base)

Zutaten

	1 kg
Weißmehl, Typ 550	320 g
Hartweizendunst (1)	320 g
Vollei, frisch	200 g
Eigelb, frisch	100 g
Olivenöl, kaltgepresst	30 g
Wasser	30 g
Hartweizendunst (2)	50 g

Vorbereitung
– Weißmehl sieben.

Zubereitung Variante 1
– Weißmehl und Hartweizendunst (1) zu einem Kranz formen.
– Vollei, Eigelb, Olivenöl und Wasser in Kranzmitte geben.
– Von Hand mindestens 10 Minuten zu einem sehr festen, glatten und elastischen Teig kneten.
– Den Teig zugedeckt im Kühlschrank 1 Stunde ruhen lassen.

Zubereitung Variante 2
– Alle Zutaten in einen Rührkessel geben, mit dem Knethaken zu einem elastischen Teig verarbeiten und während etwa 5 Minuten kneten.
– Den Teig zugedeckt im Kühlschrank 1 Stunde ruhen lassen.

Weiterverarbeitung
– Nudelteig hauchdünn ausrollen; während des Ausrollens immer wieder mit Hartweizendunst (2) bestreuen.
– Die ausgerollten Teigbänder mit der Schnittwalze schneiden.
– Die geschnittenen Nudeln zu losen Nestern legen, damit sie nicht zusammenkleben.
– Nudeln im kochenden Salzwasser al dente kochen (1 Teil Nudeln in 5 Teilen Wasser).
– Nudeln abschütten und in Butter und/oder kaltgepresstem Olivenöl kurz schwenken und abschmecken.

Hinweise für die Praxis
Die Wasserzugabe kann je nach Festigkeit des Teiges leicht variieren. Bei der Variante 1 kann der Teig auch nur kurz geknetet und durch mehrmaliges Durchdrehen in der Nudelmaschine elastisch gemacht werden. Nudel- und Ravioliteig nie salzen, der ausgewallte Teig wird sonst brüchig. Den fertigen Teig in einen Vakuumbeutel geben und 100% vakuumieren. Der Teig wird dadurch geschmeidiger.

NUDELN – STEP BY STEP

1

2

3

4

5

6

7

8

GERICHTE AUS GETREIDE 473

Pilznudeln · Nouilles aux champignons

Zutaten	1 kg
Weißmehl, Typ 550	320 g
Hartweizendunst (1)	300 g
Butterpilzpulver	20 g
Vollei, frisch	200 g
Eigelb, frisch	100 g
Olivenöl, kaltgepresst	30 g
Wasser	30 g
Hartweizendunst (2)	50 g

Vorbereitung
– Weißmehl sieben.
– Butterpilzpulver mit den gekühlten Eiern mixen.

Zubereitung Variante 1
– Weißmehl und Hartweizendunst (1) zu einem Kranz formen.
– Butterpilz-Ei-Masse, Olivenöl und Wasser in Kranzmitte geben.
– Von Hand mindestens 10 Minuten zu einem sehr festen, glatten und elastischen Teig kneten.
– Den Teig zugedeckt im Kühlschrank 1 Stunde ruhen lassen.

Zubereitung Variante 2
– Alle Zutaten in einen Rührkessel geben, mit dem Knethaken zu einem elastischen Teig verarbeiten und während etwa 5 Minuten kneten.
– Den Teig zugedeckt im Kühlschrank 1 Stunde ruhen lassen.

Weiterverarbeitung
– Nudelteig hauchdünn ausrollen; während des Ausrollens immer wieder mit Hartweizendunst (2) bestreuen.
– Die ausgerollten Teigbänder mit der Schnittwalze schneiden.
– Die geschnittenen Nudeln zu losen Nestern legen, damit sie nicht zusammenkleben.
– Nudeln im kochenden Salzwasser al dente kochen (1 Teil Nudeln in 5 Teilen Wasser).
– Nudeln abschütten und in Butter und/oder kaltgepresstem Olivenöl kurz schwenken und abschmecken.

Hinweise für die Praxis
Die Wasserzugabe kann je nach Festigkeit des Teiges leicht variieren. Den fertigen Teig in einen Vakuumbeutel geben und zu 100% vakuumieren. Der Teig wird dadurch geschmeidiger. Bei der Variante 1 kann der Teig auch nur kurz geknetet und durch mehrmaliges Durchdrehen in der Nudelmaschine elastisch gemacht werden. Nudel- und Ravioliteig nie salzen, der ausgerollte Teig wird sonst brüchig.

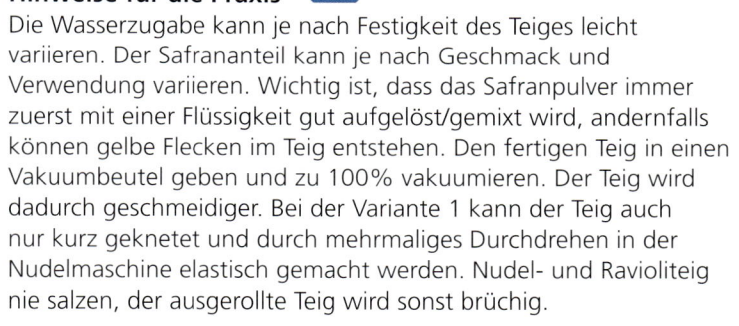

Safrannudeln · Nouilles au safran

Zutaten

	1 kg
Weißmehl, Typ 550	320 g
Hartweizendunst (1)	320 g
Vollei, frisch	200 g
Eigelb, frisch	100 g
Safran, gemahlen	0,2 g
Olivenöl	30 g
Wasser	30 g
Hartweizendunst (2)	50 g

Vorbereitung
- Weißmehl sieben.
- Safranpulver mit den gekühlten Eiern mixen.

Zubereitung Variante 1
- Weißmehl und Hartweizendunst (1) zu einem Kranz formen.
- Eier-Safran-Masse, Olivenöl und Wasser in Kranzmitte geben.
- Von Hand mindestens 10 Minuten zu einem sehr festen, glatten und elastischen Teig kneten.
- Den Teig zugedeckt im Kühlschrank 1 Stunde ruhen lassen.

Zubereitung Variante 2
- Alle Zutaten in einen Rührkessel geben, mit dem Knethaken zu einem elastischen Teig verarbeiten und während etwa 5 Minuten kneten.
- Den Teig zugedeckt im Kühlschrank 1 Stunde ruhen lassen.

Weiterverarbeitung
- Nudelteig hauchdünn ausrollen; während des Ausrollens immer wieder mit Hartweizendunst (2) bestreuen.
- Die ausgerollten Teigbänder mit der Schnittwalze schneiden.
- Die geschnittenen Nudeln zu losen Nestern legen, damit sie nicht zusammenkleben.
- Nudeln im kochenden Salzwasser al dente kochen (1 Teil Nudeln in 5 Teilen Wasser).
- Nudeln abschütten und in Butter und/oder kaltgepresstem Olivenöl kurz schwenken und abschmecken.

Hinweise für die Praxis

Die Wasserzugabe kann je nach Festigkeit des Teiges leicht variieren. Der Safrananteil kann je nach Geschmack und Verwendung variieren. Wichtig ist, dass das Safranpulver immer zuerst mit einer Flüssigkeit gut aufgelöst/gemixt wird, andernfalls können gelbe Flecken im Teig entstehen. Den fertigen Teig in einen Vakuumbeutel geben und zu 100% vakuumieren. Der Teig wird dadurch geschmeidiger. Bei der Variante 1 kann der Teig auch nur kurz geknetet und durch mehrmaliges Durchdrehen in der Nudelmaschine elastisch gemacht werden. Nudel- und Ravioliteig nie salzen, der ausgerollte Teig wird sonst brüchig.

Spinatnudeln · Nouilles aux épinards

Zutaten	1 kg
Weißmehl, Typ 550	300 g
Hartweizendunst (1)	300 g
Vollei, frisch	150 g
Eigelb, frisch	100 g
Olivenöl, kaltgepresst	50 g
Blattspinat, tiefgekühlt	150 g
Hartweizendunst (2)	50 g

Vorbereitung
- Weißmehl sieben.
- Blattspinat auftauen, sehr gut auspressen und hacken.
- Gehackten Blattspinat mit den gekühlten Eiern fein mixen.

Zubereitung Variante 1
- Weißmehl und Hartweizendunst (1) zu einem Kranz formen.
- Spinat-Ei-Masse und Olivenöl in Kranzmitte geben.
- Von Hand mindestens 10 Minuten zu einem sehr festen, glatten und elastischen Teig kneten.
- Den Teig zugedeckt im Kühlschrank 1 Stunde ruhen lassen.

Zubereitung Variante 2
- Alle Zutaten in einen Rührkessel geben und mit dem Knethaken zu einem elastischen Teig verarbeiten und während etwa 5 Minuten kneten.
- Den Teig zugedeckt im Kühlschrank 1 Stunde ruhen lassen.

Weiterverarbeitung
- Nudelteig hauchdünn ausrollen; während des Ausrollens immer wieder mit Hartweizendunst (2) bestreuen.
- Die ausgerollten Teigbänder mit der Schnittwalze schneiden.
- Die geschnittenen Nudeln zu losen Nestern legen, damit sie nicht zusammenkleben.
- Nudeln im kochenden Salzwasser al dente kochen (1 Teil Nudeln in 5 Teilen Wasser).
- Nudeln abschütten und in Butter und/oder kaltgepresstem Olivenöl kurz schwenken und abschmecken.

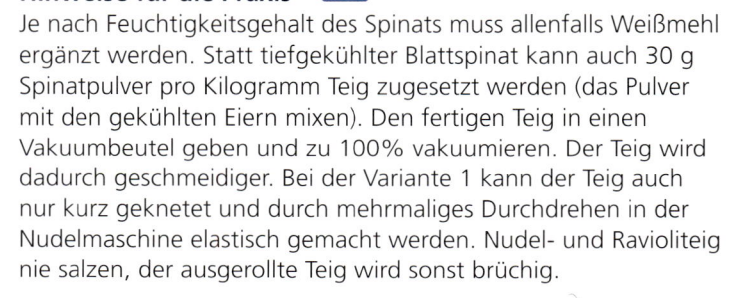

Hinweise für die Praxis
Je nach Feuchtigkeitsgehalt des Spinats muss allenfalls Weißmehl ergänzt werden. Statt tiefgekühlter Blattspinat kann auch 30 g Spinatpulver pro Kilogramm Teig zugesetzt werden (das Pulver mit den gekühlten Eiern mixen). Den fertigen Teig in einen Vakuumbeutel geben und zu 100% vakuumieren. Der Teig wird dadurch geschmeidiger. Bei der Variante 1 kann der Teig auch nur kurz geknetet und durch mehrmaliges Durchdrehen in der Nudelmaschine elastisch gemacht werden. Nudel- und Ravioliteig nie salzen, der ausgerollte Teig wird sonst brüchig.

Tintennudeln · Nouilles à l'encre de seiche (nouilles noires)

Zutaten

	1 kg
Weißmehl, Typ 550	320 g
Hartweizendunst (1)	320 g
Vollei, frisch	200 g
Eigelb, frisch	100 g
Tintengranulat (von Tintenfischen)	15 g
Olivenöl, kaltgepresst	30 g
Wasser	15 g
Hartweizendunst (2)	50 g

Vorbereitung
– Weißmehl sieben.
– Tintengranulat mit den gekühlten Eiern mixen.

Zubereitung Variante 1
– Weißmehl und Hartweizendunst (1) zu einem Kranz formen.
– Ei-Tintengranulat-Masse, Olivenöl und Wasser in Kranzmitte geben.
– Von Hand mindestens 10 Minuten zu einem sehr festen, glatten und elastischen Teig kneten.
– Den Teig zugedeckt im Kühlschrank 1 Stunde ruhen lassen.

Zubereitung Variante 2
– Alle Zutaten in einen Rührkessel geben und mit dem Knethaken zu einem elastischen Teig verarbeiten und während etwa 5 Minuten kneten.
– Den Teig zugedeckt im Kühlschrank 1 Stunde ruhen lassen.

Weiterverarbeitung
– Nudelteig hauchdünn ausrollen; während des Ausrollens immer wieder mit Hartweizendunst (2) bestreuen.
– Die ausgerollten Teigbänder mit der Schnittwalze schneiden.
– Die geschnittenen Nudeln zu losen Nestern legen, damit sie nicht zusammenkleben.
– Nudeln im kochenden Salzwasser al dente kochen (1 Teil Nudeln in 5 Teilen Wasser).
– Nudeln abschütten und in Butter und/oder kaltgepresstem Olivenöl kurz schwenken und abschmecken.

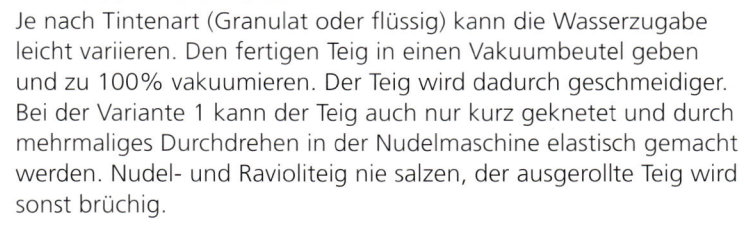

Hinweise für die Praxis
Je nach Tintenart (Granulat oder flüssig) kann die Wasserzugabe leicht variieren. Den fertigen Teig in einen Vakuumbeutel geben und zu 100% vakuumieren. Der Teig wird dadurch geschmeidiger. Bei der Variante 1 kann der Teig auch nur kurz geknetet und durch mehrmaliges Durchdrehen in der Nudelmaschine elastisch gemacht werden. Nudel- und Ravioliteig nie salzen, der ausgerollte Teig wird sonst brüchig.

Spaghetti Bologneser Art · Spaghetti bolognaise

Zutaten

	4 Pers	10 Pers
Spaghetti	240 g	600 g
Salz	20 g	50 g
Olivenöl, kaltgepresst	20 g	40 g

Sauce

	4 Pers	10 Pers
Rindfleisch, gehackt	400 g	1000 g
Olivenöl	20 g	50 g
Tomatenpüree	20 g	50 g
Zwiebeln, geschält	30 g	80 g
Knoblauch, geschält	4 g	10 g
Karotten, geschält	40 g	100 g
Knollensellerie, geschält	20 g	50 g
Rotwein	80 g	200 g
Tomaten, geschält, entkernt	120 g	300 g
Kalbsfond, braun	400 g	1000 g
Basilikum, frisch	4 g	10 g
Origano, frisch	4 g	10 g
Thymian, frisch	2 g	5 g
Lorbeerblätter	0,5	1
Salz		
Pfeffer, weiß, aus der Mühle		
Stärkemehl	8 g	20 g

Beilagen

	4 Pers	10 Pers
Parmesan, gerieben	40 g	100 g

Vorbereitung

- Zwiebeln und Knoblauch fein hacken.
- Karotten und Knollensellerie in Brunoise (Würfelchen) schneiden.
- Tomaten in 1 cm große Würfel schneiden.
- Basilikum, Origano und Thymian waschen, zupfen, trockentupfen und fein hacken.

Zubereitung

- Das gehackte Rindfleisch in heißem Olivenöl anbraten.
- Tomatenpüree beigeben und zur Farbgebung leicht anrösten
- Zwiebeln, Knoblauch und Gemüsewürfelchen beigeben und dünsten.
- Mit Rotwein ablöschen und einkochen lassen.
- Mit dem braunen Kalbsfond auffüllen und abschmecken.
- Hackfleisch weich garen und des Öfteren abschäumen und abfetten.
- Am Ende der Garzeit die Tomatenwürfel und die gehackten Kräuter beigeben (Lorbeerblatt entfernen).
- Sauce mit angerührtem Stärkemehl binden und abschmecken.
- Spaghetti in siedendem Salzwasser al dente kochen.
- Abschütten, im kaltgepressten Olivenöl schwenken und abschmecken.
- Spaghetti mit der Fleischsauce vermischen oder nappieren (übergießen).
- Geriebenen Parmesan separat dazu servieren.

Hinweise für die Praxis

Als Hauptmahlzeit werden 100–120 g rohe Spaghetti pro Person berechnet. Wenn die Spaghetti auf Vorrat gekocht werden, diese mit kaltem Wasser abspülen, anschließend abtropfen, mit wenig Öl vermischen und mit Klarsichtfolie abdecken.

Spaghetti Mailänder Art · Spaghetti milanaise

Zutaten

	4 Pers	10 Pers
Spaghetti	240 g	600 g
Salz	20 g	50 g
Butter	10 g	25 g
Salz		
Olivenöl	8 g	20 g
Schinken, gekocht	60 g	150 g
Champignons, frisch, gerüstet	80 g	200 g
Sbrinz, gerieben	35 g	80 g

Vorbereitung

- Schinken in Julienne (Streifen) schneiden.
- Champignons waschen, abtropfen und in Scheiben schneiden.

Zubereitung

- Spaghetti in siedendem Salzwasser al dente kochen.
- Abschütten, in Butter schwenken und abschmecken.
- Schinkenstreifen und Champignons im Olivenöl sautieren und abschmecken.
- Über die angerichteten Spaghetti geben und mit Sbrinz bestreuen.

Hinweise für die Praxis

Die Menge der Zutaten ist dem jeweiligen Verwendungszweck (Vorspeise, Beilage, Hauptgericht) anzupassen. Als Hauptmahlzeit werden 100–120 g rohe Spaghetti pro Person berechnet.

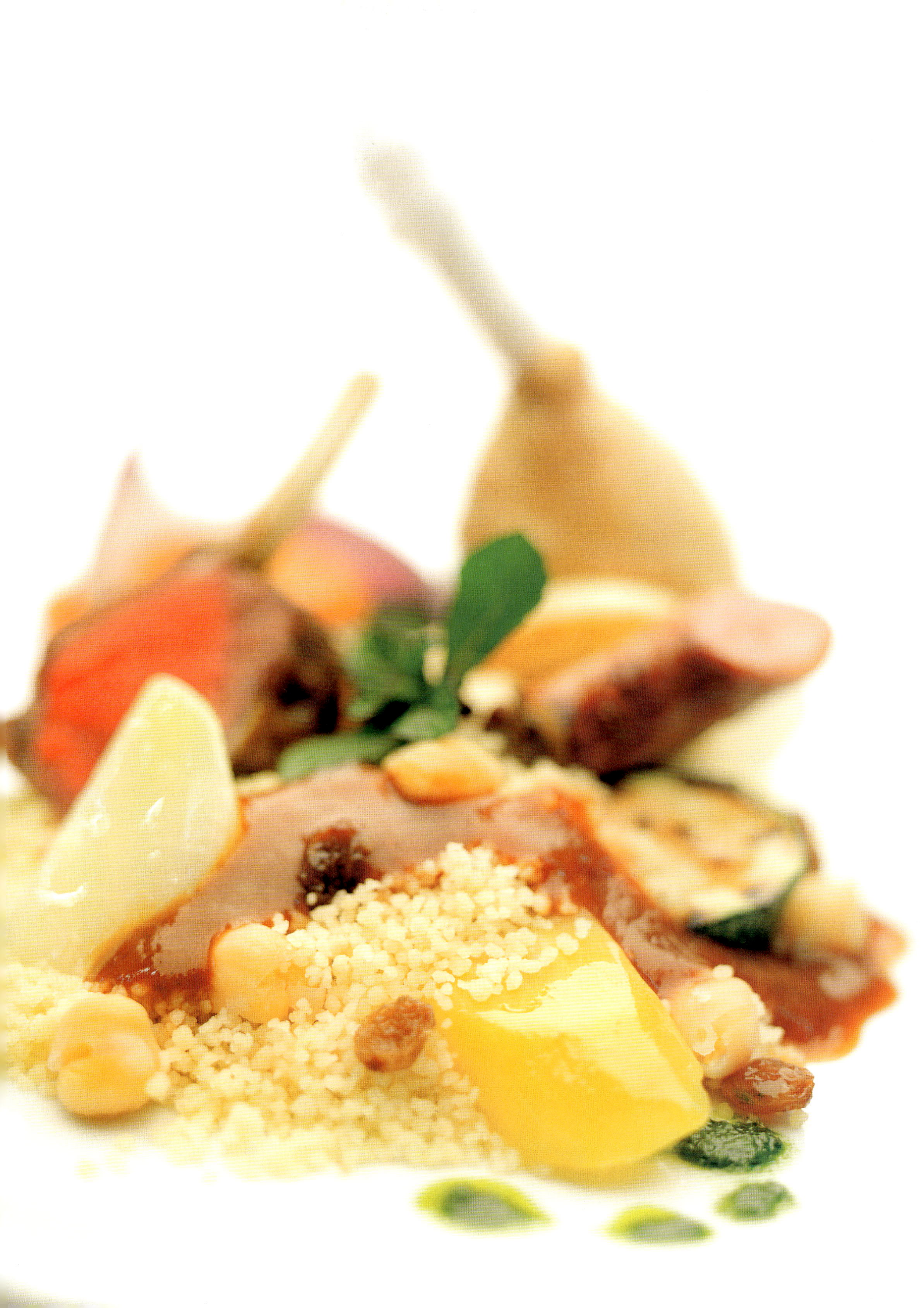

Spaghetti mit Gorgonzola-Sauce · Spaghetti au gorgonzola

Zutaten	4 Pers	10 Pers
Spaghetti	240 g	600 g
Salz	20 g	50 g
Butter	10 g	25 g
Salz		
Muskatnuss, gerieben		
Sauce		
Cremesauce	120 g	300 g
Gorgonzola, ohne Rinde	80 g	200 g
Halbrahm, 25%	30 g	75 g
Salz		
Pfeffer, weiß, aus der Mühle		

Vorbereitung
– Gorgonzola in kleine Würfel schneiden.

Zubereitung
– Spaghetti in siedendem Salzwasser al dente kochen.
– Abschütten, in Butter schwenken und abschmecken.
– Cremesauce mit Gorgonzola und Halbrahm unter Rühren erhitzen und abschmecken.
– Gorgonzola-Sauce mit den Spaghetti vermischen und abschmecken.

Hinweise für die Praxis
Die Menge der Zutaten ist dem jeweiligen Verwendungszweck (Vorspeise, Beilage, Hauptgericht) anzupassen. Als Hauptmahlzeit werden 100–120 g rohe Spaghetti pro Person berechnet.

Spaghetti mit Miesmuscheln · Spaghetti aux moules

Zutaten	4 Pers	10 Pers
Spaghetti	240 g	600 g
Salz	20 g	50 g
Olivenöl	30 g	75 g
Schalotten, geschält	20 g	50 g
Miesmuscheln, frisch, in Schale, geputzt	1000 g	2500 g
Weißwein	200 g	500 g
Sauce		
Olivenöl	40 g	100 g
Knoblauch, geschält	10 g	25 g
Tomaten, geschält, entkernt	120 g	300 g
Chilischoten, rot, entkernt	5 g	12 g
Petersilie, glattblättrig, frisch	10 g	25 g
Basilikum, frisch	10 g	25 g
Zitronensaft, frisch	10 g	25 g
Pfeffer, weiß, aus der Mühle		
Olivenöl, kaltgepresst	20 g	50 g

Vorbereitung
– Schalotten emincieren (in feine Scheiben schneiden).
– Die Miesmuscheln gründlich reinigen und die Byssusfäden entfernen.
– Knoblauch fein hacken.
– Tomaten in 8 mm große Würfel schneiden.
– Chilischote in Brunoise (Würfelchen) schneiden.
– Petersilie und Basilikum waschen, zupfen, trockentupfen und grob hacken.

Zubereitung Miesmuscheln
– Schalotten im Olivenöl andünsten.
– Miesmuscheln in der Schale beigeben und mitdünsten.
– Mit Weißwein ablöschen und zugedeckt bei starker Hitze dünsten, bis sich die Muscheln öffnen.
– Miesmuscheln herausnehmen. Muschelfond sorgfältig durch eine Serviette (oder durch einen Kaffeefilter) passieren und zur Hälfte einkochen lassen.
– $\frac{2}{3}$ der Miesmuscheln aus den Schalen auslösen, die restlichen Muscheln in der Schale belassen.

Zubereitung Gericht
– Knoblauch im Olivenöl andünsten.
– Tomatenwürfel und Chili beigeben und kurz mitdünsten.
– Mit dem eingekochten Muschelfond ablöschen und kurze Zeit kochen lassen.
– Mit Zitronensaft und Pfeffer abschmecken.
– Die ausgelösten und ganzen Muscheln beigeben.
– Spaghetti im Salzwasser al dente sieden und abschütten.
– Spaghetti in der Sauce schwenken, die gehackten Kräuter beigeben, mit dem kaltgepressten Olivenöl verfeinern, anrichten und sofort servieren.

Hinweise für die Praxis
Nur gut verschlossene Muscheln verwenden, geöffnete Muscheln können verdorben sein. Muscheln nie salzen. Die Menge der Zutaten sowie der Spaghetti ist dem jeweiligen Verwendungszweck anzupassen.

Spaghetti mit Tomatensauce · Spaghetti napolitaine

Zutaten	4 Pers	10 Pers
Spaghetti	240 g	600 g
Salz	20 g	50 g
Butter	10 g	25 g
Sauce		
Olivenöl, kaltgepresst	20 g	50 g
Tomaten, Peretti, geschält, entkernt	80 g	200 g
Tomaten-Coulis	200 g	500 g
Basilikum, frisch	4 g	10 g
Salz		
Pfeffer, weiß, aus der Mühle		
Beilagen		
Parmesan, gerieben	40 g	100 g

Vorbereitung
- Peretti-Tomaten in 1 cm große Würfel schneiden.
- Basilikum waschen, zupfen, trockentupfen und in Julienne (Streifchen) schneiden.

Zubereitung
- Tomatenwürfel im Olivenöl andünsten und würzen.
- Tomaten-Coulis beigeben und kurz durchkochen lassen.
- Basilikum beigeben und die Sauce abschmecken.
- Spaghetti in siedendem Salzwasser al dente kochen.
- Abschütten, in Butter schwenken und abschmecken.
- Spaghetti mit der Tomatensauce vermischen oder mit der Sauce nappieren (übergießen).
- Geriebenen Parmesan separat dazu servieren.

Hinweise für die Praxis
Die Menge der Zutaten ist dem jeweiligen Verwendungszweck (Vorspeise, Beilage, Hauptgericht) anzupassen. Als Hauptmahlzeit werden 100–120 g rohe Spaghetti pro Person berechnet.

■ TEIGGERICHTE

Brandteignocken · Gnocchi parisienne

Zutaten	4 Pers	10 Pers
Wasser	90 g	225 g
Butter	30 g	80 g
Salz	2 g	5 g
Muskatnuss, gerieben		
Weißmehl, Typ 550	90 g	225 g
Vollei, frisch	100 g	250 g
Butter	8 g	20 g
Cremesauce	320 g	800 g
Vollmilch	40 g	100 g
Sbrinz, gerieben	40 g	100 g
Butter	24 g	60 g

Vorbereitung
- Wasser mit Butter, Salz und Muskat aufkochen.
- Weißmehl im Sturz beigeben und mit einem Spatel glatt rühren.
- Auf dem Herd abrühren und trocknen, bis sich die Masse vom Kasserollenboden löst.
- Vom Herd nehmen, in eine Schüssel umleeren und leicht auskühlen lassen.
- Eier nach und nach unter starkem Rühren mit einem Spatel unter die Masse arbeiten.
- Rahmsauce aufkochen und mit wenig Vollmilch verdünnen; die Sauce soll eine dünnflüssige Konsistenz aufweisen.

Zubereitung
- Mit einem Dressiersack mit Lochtülle und einer Dressiernadel nussgroße Klößchen in heißes, nicht siedendes Salzwasser abstreifen.
- Pochieren, bis die Nocken obenauf schwimmen und gar sind.
- Herausheben, in kaltem Wasser auskühlen, sorgfältig abschütten und abtropfen lassen.
- Gratinplatte mit Butter ausstreichen und wenig Cremesauce hineingeben.
- Nocken nicht zu eng darauf geben.
- Mit der restlichen Sauce nappieren.
- Mit geriebenem Sbrinz bestreuen und mit Butter beträufeln.
- Im Backofen bei 180–220 °C und steigender Hitze während 20 Minuten backen und goldgelb überkrusten.

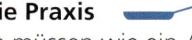

Hinweise für die Praxis
Brandteignocken müssen wie ein Auflauf im Backofen aufgehen und sofort serviert werden, da sie keine Abkühlung vertragen. Brandteignocken können auch mit anderen passenden Saucen kombiniert werden.

Cannelloni mit Rindfleischfüllung · Cannelloni à la viande de bœuf

Teig	4 Pers	10 Pers
Weißmehl, Typ 550	200 g	500 g
Vollei, pasteurisiert	60 g	150 g
Eigelb, pasteurisiert	40 g	100 g
Olivenöl	15 g	35 g
Wasser	5 g	15 g

Füllung	4 Pers	10 Pers
Rindsschulter, dressiert	240 g	600 g
Schalotten, geschält	20 g	50 g
Knoblauch, geschält	1 g	2 g
Olivenöl	20 g	50 g
Tomaten, geschält, entkernt	120 g	300 g
Kalbsjus, gebunden	80 g	200 g
Ricotta	100 g	250 g
Eigelb, pasteurisiert	20 g	50 g
Sbrinz, gerieben	40 g	100 g
Basilikum, frisch	4 g	10 g
Salz		
Pfeffer, weiß, aus der Mühle		

Weitere Zutaten	4 Pers	10 Pers
Mornay-Sauce	200 g	500 g
Sbrinz, gerieben	30 g	75 g
Butter	20 g	50 g

Vorbereitung
- Rindsschulter durch die feine Scheibe des Fleischwolfs (Scheibe H 3) treiben.
- Schalotten und Knoblauch fein hacken.
- Tomaten in kleine Würfel schneiden.
- Basilikum waschen, zupfen, trockentupfen und fein hacken.

Zubereitung Teig
- Weißmehl sieben.
- Weißmehl, Vollei, Eigelb, Olivenöl und Wasser in einem Rührkessel mit dem Knethaken zu einem elastischen Teig verarbeiten und während etwa 5 Minuten kneten.
- Teig vor der Weiterverwendung 1–1½ Stunden zugedeckt im Kühlschrank ruhen lassen.

Zubereitung Füllung
- Rindfleisch mit Schalotten und Knoblauch im Olivenöl andünsten, mit Salz und Pfeffer abschmecken.
- Tomatenwürfel und gebundenen Kalbsjus zufügen und zugedeckt weich schmoren, bis die Flüssigkeit fast vollständig verdampft ist.
- Die Füllung leicht auskühlen lassen.
- Ricotta, Eigelb, Sbrinz und gehacktes Basilikum daruntermischen und abschmecken.

Zubereitung Gericht
- Cannelloniteig dünn auswallen und in ca. 8 × 10 cm große Rechtecke schneiden.
- In Salzwasser al dente kochen, abkühlen, abschütten und gut abtropfen lassen.
- Füllung mit einem Dressiersack mit Lochtülle ca. 1,5 cm dick der Länge nach gleichmäßig auf die Teigstücke dressieren und einrollen (4–5 Rollen pro Person).
- Gratinplatte ausbuttern und mit wenig Mornay-Sauce bedecken.
- Cannelloni nebeineinander in die Gratinplatte schichten.
- Mit der restlichen Mornay-Sauce nappieren.
- Mit geriebenem Sbrinz bestreuen, mit Butter beträufeln, im Backofen backen und gleichzeitig gratinieren.

Hinweise für die Praxis
Cannelloni können auch mit einer der verschiedenen Raviolifüllungen gefüllt und mit anderen Saucen (z. B. Gorgonzola-Sauce) hergestellt werden. Der Cannelloniteig kann auch als CF-Produkt verwendet werden.

Capuns · Capuns

Zutaten	4 Pers	10 Pers
Weißmehl, Typ 550	80 g	200 g
Buchweizenmehl	40 g	100 g
Vollei, frisch	60 g	150 g
Quark, mager	100 g	250 g
Vollmilch	50 g	125 g
Salz	3 g	8 g
Pfeffer, weiß, aus der Mühle		
Muskatnuss, gerieben		
Englischbrot, entrindet	30 g	75 g
Bündner Salsiz	40 g	100 g
Bündner Fleisch	30 g	75 g
Speck, geräuchert (1)	30 g	60 g
Butter	20 g	40 g
Zwiebeln, geschält	30 g	75 g
Petersilie, glattblättrig, frisch	4 g	10 g
Schnittlauch, frisch	4 g	10 g
Blattmangold	350 g	870 g
Butter	20 g	40 g
Bouillon	160 g	400 g
Vollrahm, 35%	50 g	140 g
Speck, geräuchert (2)	30 g	80 g
Bündner Bergkäse, gerieben	50 g	120 g
Schnittlauch, frisch	10 g	25 g

Vorbereitung
- Weißmehl sieben.
- Englischbrot in 3 mm große Würfel schneiden und unter dem Salamander goldgelb rösten.
- Bündner Salsiz, Bündner Fleisch und Speck (1) (ohne Knorpel) in 3 mm große Würfel schneiden.
- Zwiebeln fein hacken, in wenig Butter weich dünsten und erkalten lassen.
- Petersilie waschen, zupfen, trockentupfen und fein hacken.
- Schnittlauch fein schneiden.
- Mangoldblätter waschen, kurz in Salzwasser blanchieren, in Eiswasser abschrecken, abschütten und gut abtropfen lassen.
- Speck (2) für die Garnitur in Julienne (Streifchen) schneiden.
- Schnittlauch in 1 cm lange Stücke schneiden.

Zubereitung
- Eier, Magerquark, Vollmilch und Salz verrühren und zum Weiß- und zum Buchweizenmehl geben, mit Pfeffer und Muskat abschmecken.
- Zu einem leichten, zarten Teig verrühren (nicht schlagen, sonst wird der Teig zäh).
- Englischbrot, Salsiz, Bündner Fleisch, Speck (1), Zwiebeln, Petersilie und Schnittlauch sorgfältig unter die Masse mischen und mit Pfeffer und Muskat abschmecken.
- Blanchierte Mangoldblätter auslegen und die Teigmasse (ca. 40 g) mit einem Löffel gleichmäßig darauf verteilen.
- Blattseiten links und rechts einschlagen und von unten her satt einrollen (ca. 3 Capuns pro Person).
- Gratinplatte mit Butter ausstreichen und die Capuns hineinlegen.
- Bouillon und Vollrahm zusammen aufkochen und über die Capuns geben.
- Im Backofen zugedeckt garen.
- Capuns herausnehmen, Garflüssigkeit durch ein Drahtspitzsieb passieren und leicht einkochen lassen.
- Speck-Julienne (2) ohne Fettzugabe in einer Lyoner Pfanne sautieren und über die Capuns verteilen.
- Capuns mit Bündner Bergkäse bestreuen und unter dem Salamander abschmelzen.
- Capuns mit der eingekochten Flüssigkeit leicht nappieren und mit Schnittlauch bestreuen.

Hinweise für die Praxis
Die Größe der Capuns richtet sich nach der Größe der Mangoldblätter. Blattmangold/Schnittmangold eignet sich besser zur Herstellung von Capuns, da er zartere Blätter und Blattrippen besitzt als Stielmangold/Krautstiele. Capuns können in größeren Mengen hergestellt und tiefgekühlt werden.

Dinkelspätzli · Spätzli à l'épeautre

Teig	4 Pers	10 Pers
Dinkelmehl	185 g	460 g
Vollei, frisch	130 g	325 g
Vollmilch	80 g	200 g
Backpulver	1 g	2 g

Weitere Zutaten		
Butter	30 g	80 g
Salz		

Vorbereitung
- Dinkelmehl sieben.

Zubereitung
- Dinkelmehl mit Backpulver vermischen und in eine Schüssel geben.
- Eier und Vollmilch beigeben.
- Rasch zusammenarbeiten und zu einem sehr glatten, nicht zu dünnen Teig schlagen, bis er Blasen wirft.
- Durch ein Spätzlisieb in siedendes Salzwasser drücken oder von einem Brett schaben.
- Spätzli herausnehmen, sobald sie an die Oberfläche steigen, in Eiswasser abkühlen und abtropfen lassen.
- Spätzli in einer Lyoner Pfanne in Butter mit oder ohne Farbgebung schwenken und abschmecken.

Hinweise für die Praxis
Werden die Spätzli auf Vorrat hergestellt, nach dem Abschütten wenig Öl beigeben und gut damit vermischen, um ein Zusammenkleben zu verhindern. Danach sofort mit Klarsichtfolie abdecken und kühl stellen.

Glarner Spätzli · Spätzli glaronais

Teig	4 Pers	10 Pers
Weißmehl, Typ 550	140 g	350 g
Hartweizendunst	40 g	100 g
Vollei, frisch	100 g	250 g
Schabziger	50 g	125 g
Vollmilch	30 g	80 g
Wasser	30 g	80 g
Salz	4 g	10 g

Weitere Zutaten		
Butter	30 g	80 g
Sultaninen	20 g	40 g
Salz		
Schabziger, gerieben	20 g	40 g

Vorbereitung
- Weißmehl sieben.
- Schabziger in Würfel schneiden und mit dem gekühlten Vollei gut mixen.
- Sultaninen im lauwarmen Wasser einweichen und abschütten.

Zubereitung
- Weißmehl und Hartweizendunst in eine Schüssel geben.
- Vollei mit Schabziger, Vollmilch, Wasser und Salz beigeben.
- Rasch zusammenarbeiten und zu einem sehr glatten, nicht zu dünnen Teig schlagen, bis er Blasen wirft.
- Durch ein Spätzlisieb in siedendes Salzwasser drücken oder von einem Brett schaben.
- Sobald die Spätzli an die Oberfläche steigen, herausnehmen, im Eiswasser abkühlen und abtropfen lassen.
- Spätzli in einer Lyoner Pfanne in Butter mit oder ohne Farbgebung schwenken.
- Eingeweichte Sultaninen beigeben, mitsautieren und abschmecken.
- In einer Gratinplatte anrichten, mit geriebenem Schabziger bestreuen und unter dem Salamander überbacken.

Hinweise für die Praxis
Zu Glarner Spätzli wird häufig ein warmes Apfelkompott serviert. Werden die Spätzli auf Vorrat hergestellt, nach dem Abschütten wenig Öl beigeben und gut vermischen, um ein Zusammenkleben zu verhindern. Danach sofort mit Klarsichtfolie abdecken und kühl stellen.

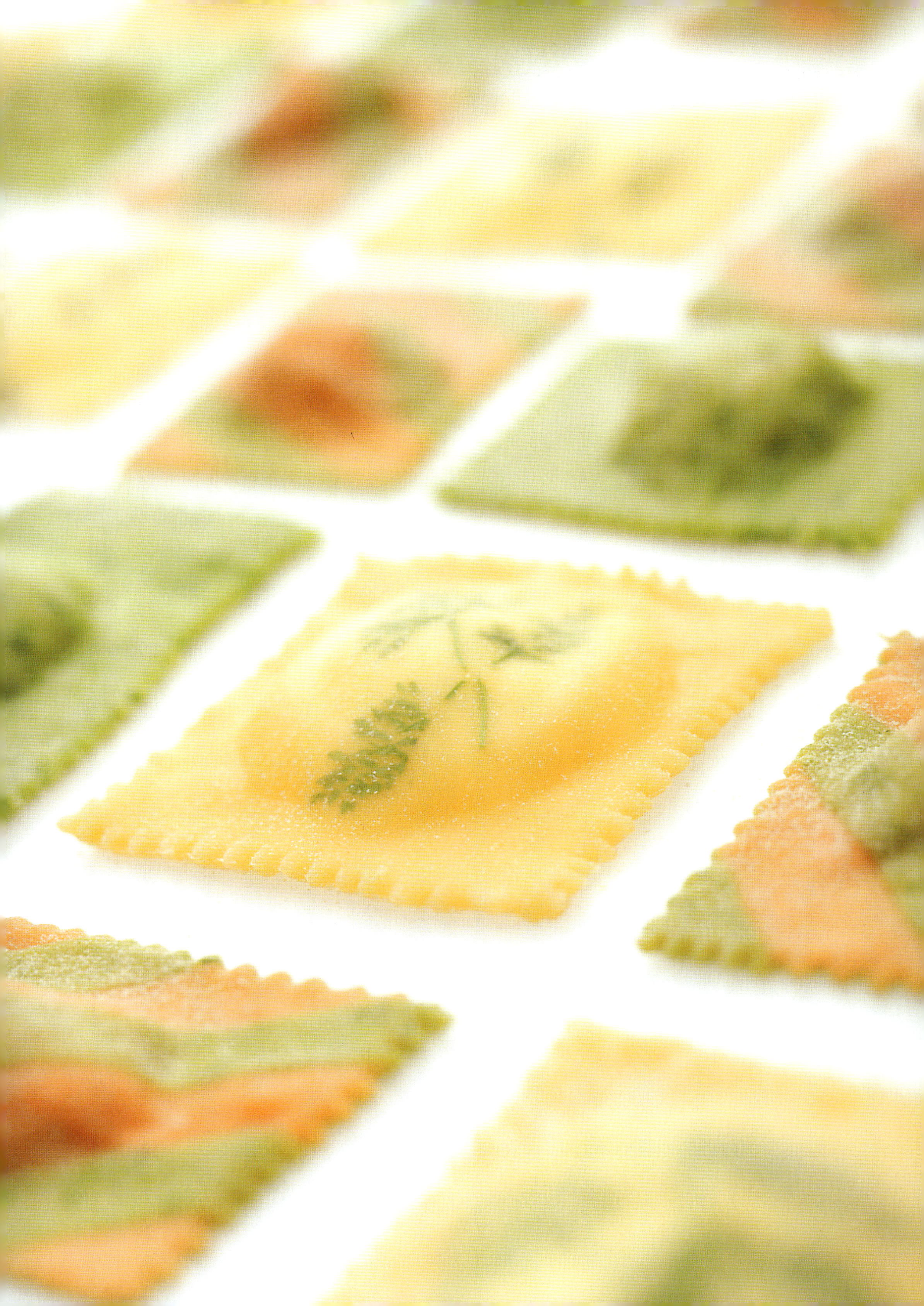

Halbmonde mit Ziegenkäsefüllung und rotem Peperoni-Coulis
Demi-lunes au fromage de chèvre sur coulis de poivrons rouges

Teig	4 Pers	10 Pers
Weißmehl, Typ 550	120 g	300 g
Vollei, frisch	40 g	100 g
Eigelb, frisch	25 g	60 g
Olivenöl, kaltgepresst	10 g	25 g
Wasser	5 g	10 g

Füllung		
Ziegenfrischkäse, Dallenwiler	160 g	400 g
Eigelb, pasteurisiert	25 g	60 g
Sbrinz, gerieben	50 g	120 g
Petersilie, glattblättrig, frisch	2 g	5 g
Schnittlauch, frisch	2 g	5 g
Salz		
Pfeffer, weiß, aus der Mühle		

Sauce		
Peperoni-Coulis, rot	200 g	500 g
Oliven, schwarz, entsteint	20 g	50 g
Thymian, frisch	2 g	5 g
Butter	20 g	50 g

Vorbereitung
- Petersilie waschen, zupfen, trockentupfen und fein hacken.
- Schnittlauch fein schneiden.
- Schwarze Oliven in feine Streifen schneiden.
- Thymian waschen, zupfen und trockentupfen.

Zubereitung Teig
- Weißmehl sieben und zu einem Kranz formen.
- Vollei, Eigelb, Olivenöl und Wasser in die Kranzmitte geben.
- Mehl nach und nach in die Mitte mischen und das Ganze zu einem festen Teig aufarbeiten.
- Den Teig so lange kneten, bis er elastisch wird.
- Vor dem Gebrauch 1–1½ Stunden zugedeckt im Kühlschrank ruhen lassen.

Zubereitung Füllung
- Ziegenfrischkäse durch ein grobmaschiges Haarsieb (Tamis) streichen.
- Eigelb, Sbrinz, Petersilie und Schnittlauch beigeben, mit Salz und Pfeffer abschmecken und verrühren.

Zubereitung Gericht
- Teig sehr dünn ausrollen.
- Teigrondellen ausstechen (pro Person 4–5 Stück, Durchmesser 6–7 cm).
- Ränder zur Hälfte mit wenig Wasser bestreichen.
- Mit der Füllung belegen (10–15 g pro Teigrondell), einklappen und die Ränder gut andrücken.

Fertigstellung
- Halbmonde im Salzwasser unter Zugabe von wenig Öl am Siedepunkt garen.
- Vorsichtig herausnehmen und gut abtropfen lassen.

Anrichten
- Peperoni-Coulis erhitzen und einen Saucenspiegel anrichten.
- Halbmonde auf dem Saucenspiegel anrichten.
- Olivenstreifen und Thymianblättchen in schaumige Butter geben und über die Halbmonde gießen.

HALBMONDE MIT ZIEGENKÄSEFÜLLUNG UND ROTEM PEPERONI-COULIS – STEP BY STEP

1

2

3

4

5

6

7

8

GERICHTE AUS GETREIDE   487

Lasagne verdi mit Fleischfüllung · Lasagne verdi à la viande

Zutaten	4 Pers	10 Pers
Lasagneblätter, grün	200 g	500 g
Salz	20 g	50 g
Olivenöl	20 g	50 g
Butter	8 g	20 g
Sbrinz, gerieben	20 g	50 g
Butter	10 g	25 g
Bologneser Sauce	320 g	800 g
Cremesauce	240 g	600 g
Parmesan, gerieben	30 g	80 g
Butter	20 g	40 g

Vorbereitung
- Lasagneblätter in Salzwasser unter Zugabe von wenig Öl al dente kochen, im Eiswasser abschrecken, abschütten und abtropfen lassen.
- Gratinform mit Butter ausstreichen.

Zubereitung
- Gratinform abwechslungsweise mit Lasagneblättern, Bologneser Sauce und Cremesauce einschichten.
- Zuletzt mit einer Schicht Cremesauce bedecken.
- Lasagne mit geriebenem Parmesan bestreuen und Butterflocken darübergeben.
- Im Ofen bei einer Temperatur von 180–200 °C ca. 30 Minuten (je nach Größe der Formen) backen und zuletzt gratinieren.
- Lasagne portionieren und servieren.

Hinweise für die Praxis
CF-Lasagne-Blätter müssen zum Teil nicht vorgekocht werden (Angaben auf Packungen beachten). Wenn die Lasagneblätter nicht vorgekocht werden, benötigt man mehr Sauce. Lasagne kann aber auf folgende Weise zubereitet werden: Vorgekochte Lasagneblätter abwechslungsweise mit heißer Sauce lose auf den Teller geben und am Schluss unter dem Salamander gratinieren.

Marroni/Kastanien-Spätzli · Spätzli à la farine de marrons

Teig	4 Pers	10 Pers
Weißmehl, Typ 550	145 g	360 g
Marronimehl/Kastanienmehl	70 g	180 g
Vollei, frisch	120 g	300 g
Quark, halbfett	40 g	100 g
Vollmilch	30 g	80 g
Salz	4 g	10 g
Zimt, gemahlen		
Backpulver	1 g	2 g

Weitere Zutaten

Butter	30 g	80 g
Salz		

Vorbereitung
- Weißmehl sieben.

Zubereitung
- Vollei und Quark in einer Schüssel gut verrühren.
- Weißmehl, Kastanienmehl, Vollmilch, Salz, wenig Zimt und Backpulver beigeben.
- Rasch zusammenarbeiten und zu einem sehr glatten, nicht zu dünnen Teig schlagen, bis er Blasen wirft.
- Durch ein Spätzlisieb in siedendes Salzwasser drücken oder von einem Brett schaben.
- Sobald die Spätzli an die Oberfläche steigen, herausnehmen, im Eiswasser abkühlen und abtropfen lassen.
- Kastanienspätzli in einer Lyoner Pfanne in Butter mit oder ohne Farbgebung schwenken und abschmecken.

Hinweise für die Praxis
Werden die Spätzli auf Vorrat hergestellt, nach dem Abschütten wenig Öl beigeben und gut vermischen, um ein Zusammenkleben zu verhindern. Danach sofort mit Klarsichtfolie abdecken und kühl stellen. Beim Sautieren der Spätzli können zusätzlich gehackte, gegarte Kastanien beigegeben werden.

Marroni/Kastanien-Teigtaschen mit Kürbisfüllung und Tamarindensauce
Ravioles à la farine de marrons farcies à la courge, sauce au tamarin

Teig	4 Pers	10 Pers
Weißmehl, Typ 550	35 g	90 g
Hartweizendunst	70 g	175 g
Marronimehl/Kastanienmehl	35 g	90 g
Vollei, frisch	25 g	65 g
Eigelb, pasteurisiert	20 g	45 g
Olivenöl, kaltgepresst	5 g	15 g
Wasser	10 g	20 g

Füllung		
Kürbis, Musquée de Provence, geschält	180 g	450 g
Senffrüchte	40 g	100 g
Amaretti	25 g	60 g
Sbrinz, gerieben	20 g	50 g
Mascarpone	20 g	50 g
Salz		
Pfeffer, weiß, aus der Mühle		
Muskatnuss, gerieben		

Sauce		
Tamarindensauce	200 g	500 g
Butter	40 g	100 g
Kürbiskerne, geschält	15 g	40 g

Vorbereitung
- Die Senffrüchte in Brunoise (Würfelchen) schneiden.
- Die Amaretti fein reiben.

Zubereitung Teig
- Weißmehl sieben.
- Weißmehl, Hartweizendunst und Kastanienmehl zu einem Kranz formen.
- Vollei, Eigelb, Olivenöl und Wasser in die Kranzmitte geben.
- Das Ganze nach und nach in die Mitte mischen und zu einem festen Teig aufarbeiten.
- Den Teig so lange kneten, bis er elastisch ist.
- Den Teig mit Klarsichtfolie abdecken und vor Gebrauch 1–1½ Stunden im Kühlschrank ruhen lassen.

Zubereitung Füllung
- Den geschälten Kürbis mit Salz und Pfeffer würzen und in Alufolie einpacken.
- Bei 160 °C ca. 30 Minuten im Ofen in der Folie garen (das Kürbisfleisch muss weich sein).
- Das weiche Kürbisfleisch durch ein Tamis (Haarsieb) streichen.
- Senffrüchte, Amaretti, Sbrinz und Mascarpone mit dem passierten Kürbisfleisch verrühren und mit Salz, Pfeffer und Muskatnuss abschmecken.

Zubereitung Gericht
- Den Teig sehr dünn in zwei gleich große Stücke ausrollen.
- Auf einem Teigstück die Füllung in kleinen Häufchen dressieren und die Zwischenräume mit Wasser bestreichen.
- Das zweite Teigstück sorgfältig darüber ausbreiten.
- Den Teig zwischen der Füllung mit einem Stab gut andrücken.
- Mit einem Teigrädchen die einzelnen Teigtaschen ausschneiden.

Fertigstellung
- Teigtaschen im Salzwasser unter Zugabe von wenig Öl am Siedepunkt garen.
- Vorsichtig herausnehmen und gut abtropfen lassen.

Anrichten
- Tamarindensauce erhitzen und einen Saucenspiegel anrichten.
- Butter aufschäumen und die Kürbiskerne beigeben.
- Die Teigtaschen auf dem Saucenspiegel anrichten und mit schaumiger Butter mit Kürbiskernen beträufeln.

Hinweise für die Praxis
Die Zugabe von Amaretti und Sbrinz kann je nach Restfeuchtigkeit des Kürbisses variieren.

Pfannengerührtes Nudelgericht · Nouilles sautées aux légumes chinoise

Zutaten

	4 Pers	10 Pers
Eiernudeln, schmal, chinesische	200 g	500 g
Sonnenblumenöl, high oleic	30 g	80 g
Chilischoten, rot, entkernt	4 g	10 g
Ingwer, frisch, geschält	10 g	25 g
Frühlingszwiebeln, gerüstet	20 g	50 g
Broccoli, gerüstet	25 g	60 g
Okras, gerüstet	25 g	60 g
Gemüsefond	20 g	50 g
Sojasprossen	60 g	150 g
Limonensaft	15 g	40 g
Vollei, pasteurisiert	30 g	70 g
Fischsauce, thailändische	20 g	50 g
Gemüsefond	20 g	50 g
Sesamöl, fermentiert	5 g	12 g
Rohzucker	10 g	25 g
Salz		
Koriander, frisch	8 g	20 g
Erdnüsse, geschält, ungesalzen	25 g	60 g
Limonen	1	3

Vorbereitung

- Chinesische Eiernudeln kurz in siedendem Wasser blanchieren, kalt abspülen und abtropfen lassen.
- Chilischoten entkernen und in Brunoise (Würfelchen) schneiden.
- Ingwer in Brunoise (Würfelchen) schneiden.
- Frühlingszwiebeln waschen und in breite Streifen schneiden.
- Broccoli in kleine gleichmäßige Röschen schneiden.
- Okras längs halbieren.
- Limonensaft mit Vollei, Fischsauce, Gemüsefond, Sesamöl, Rohzucker und Salz gut verrühren.
- Koriander waschen, zupfen und trockentupfen.
- Erdnüsse grob hacken und in einer antihaftbeschichteten Pfanne trocken goldgelb rösten.
- Limonen in Schnitze schneiden.

Zubereitung

- Wenig Sonnenblumenöl in einem Wok oder ersatzweise in einer antihaftbeschichteten Pfanne erhitzen.
- Die Nudeln portionenweise ansautieren, herausnehmen und warm stellen.
- Sonnenblumenöl erhitzen, Chili und Ingwer kurz sautieren.
- Frühlingszwiebeln, Broccoli und Okras beigeben, knackig sautieren und mit wenig Gemüsefond ablöschen.
- Nudeln und Sojasprossen beigeben und unter Rühren fertig garen.
- Vom Herd ziehen, gewürzte Eiermischung beigeben, sorgfältig vermengen und abschmecken.
- Anrichten, mit Korianderblättchen und gerösteten Erdnüssen bestreuen.
- Limonenschnitze separat dazu servieren.

Hinweise für die Praxis

Der Gemüseanteil kann variiert und saisonal angepasst werden. Nach Belieben können auch Geflügelfleisch oder Krevetten mitsautiert werden. Statt Fischsauce kann auch eine leichte, helle Sojasauce verwendet werden.

Pizokel Puschlaver Art · Pizokel du Puschlav (Grisons)

Teig

	4 Pers	10 Pers
Weißmehl, Typ 550	100 g	250 g
Buchweizenmehl	100 g	250 g
Vollei, frisch	40 g	100 g
Olivenöl, kaltgepresst	15 g	40 g
Vollmilch	70 g	175 g
Salz	4 g	10 g

Weitere Zutaten

	4 Pers	10 Pers
Kartoffeln, Typ A, geschält	200 g	500 g
Spinat, frisch, gerüstet	120 g	300 g
Bohnen, fein, gerüstet	80 g	200 g
Weißkohl, gerüstet	80 g	200 g
Speck, geräuchert	100 g	250 g
Butter	60 g	150 g
Salz		
Muskatnuss, gerieben		
Sbrinz, gerieben	40 g	100 g

Garnitur

	4 Pers	10 Pers
Zwiebeln, geschält	140 g	350 g
Weißmehl	25 g	60 g
Paprika, delikatess	5 g	10 g
Salz		
Pfeffer, weiß, aus der Mühle		
Ölverlust beim Frittieren	15 g	40 g
Butter	40 g	100 g
Salbei, frisch	8 g	20 g

Vorbereitung

- Weißmehl, Buchweizenmehl, Vollei, Olivenöl, Vollmilch und Salz zu einem glatten Teig kneten und zugedeckt im Kühlschrank ruhen lassen.
- Kartoffeln in 1 cm große Würfel schneiden, im Salzwasser sieden und abschütten.
- Blattspinat waschen, blanchieren, im Eiswasser abschrecken, abschütten und gut auspressen.
- Bohnen halbieren, im Salzwasser knackig sieden, im Eiswasser abschrecken und abschütten.
- Weißkohl in Paysanne (feinblättrig) schneiden, im Salzwasser sieden und abschütten.
- Speck (ohne Knorpel) in 5 mm große Würfel schneiden und blanchieren.
- Zwiebeln auf der Aufschnittmaschine in 3 mm dicke Ringe schneiden.
- Salbei waschen, zupfen, trockentupfen und in Julienne (Streifchen) schneiden.

Zubereitung

- Teig 2–3 mm dünn ausrollen und mit einem Teigrädchen in 1–2 cm breite und 5–7 cm lange Streifen schneiden.
- Buchweizennudeln im Salzwasser al dente kochen, abschütten und unter kaltem Wasser abschrecken.
- Kartoffeln, Spinat, Bohnen, Weißkohl, Speckwürfel und Buckweizennudeln in Butter sautieren und abschmecken.
- Auf einer Gratinplatte anrichten, mit Sbrinz bestreuen und gratinieren.

Zubereitung Garnitur

- Zwiebelringe mit Weißmehl und Paprika vermischen und mit Salz und Pfeffer würzen.
- Zwiebelringe in der Frittüre bei 170 °C goldgelb frittieren und auf Küchenpapier abtropfen lassen.
- Butter in einer Sauteuse aufschäumen, Salbei beigeben, kurz schwenken und mit den Zwiebelringen über die Pizokel verteilen.

Hinweise für die Praxis

Die Menge der Zutaten entspricht einem Hauptgericht.

Quarkpizokel · Pizokel au séré

Teig

	4 Pers	10 Pers
Quark, mager	135 g	340 g
Vollei, frisch	85 g	215 g
Weißmehl, Typ 550	120 g	300 g
Salz	3 g	8 g
Pfeffer, weiß, aus der Mühle		
Muskatnuss, gerieben		

Weitere Zutaten

	4 Pers	10 Pers
Butter	10 g	30 g
Olivenöl	15 g	40 g
Blattspinat, frisch, gerüstet	250 g	625 g
Vollrahm, 35 %	100 g	250 g
Salz		
Pfeffer, weiß, aus der Mühle		
Muskatnuss, gerieben		

Vorbereitung

- Blattspinat waschen, im Salzwasser blanchieren, im Eiswasser abschrecken und abschütten.
- Vollrahm steif schlagen und kühl stellen.

Zubereitung Teig

- Magerquark, Vollei, Weißmehl, Salz, Pfeffer und Muskat in einer Schüssel gut verrühren (nicht schlagen wie bei der Herstellung eines Spätzliteigs).
- Den Teig mit Klarsichtfolie abdecken und 30 Minuten kühl stellen.

Zubereitung Gericht

- Pizokel portionenweise von einem nassen Brett in kochendes Salzwasser schaben (Länge ca. 6 cm, Dicke ca. 1 cm).
- Sobald die Pizokel an die Oberfläche steigen, herausnehmen, im Eiswasser rasch abkühlen und abschütten.
- Den blanchierten Spinat leicht auspressen, in Butter und Olivenöl kurz dünsten und abschmecken.
- Die Pizokel beigeben, kurz mitdünsten und den geschlagenen Vollrahm vorsichtig darunterziehen und kurz erhitzen.
- Pizokel mit Salz, Pfeffer und Muskat abschmecken und servieren.

Hinweise für die Praxis

Junger Blattspinat muss nicht blanchiert werden, sondern kann direkt (gerüstet, gewaschen) in Butter und Olivenöl gedünstet werden. Werden die Quarkpizokel (Teig) auf Vorrat hergestellt, nach dem Abschütten wenig Öl beigeben und gut vermischen, um ein Zusammenkleben zu verhindern. Danach sofort kühl stellen. Quarkpizokel passen sehr gut zu grilliertem Fisch.

Quarkspätzli · Spätzli au séré

Teig

	4 Pers	10 Pers
Weißmehl, Typ 550	160 g	400 g
Hartweizendunst	40 g	100 g
Quark, halbfett	150 g	375 g
Vollei, frisch	150 g	375 g
Backpulver	1 g	2 g
Salz		
Pfeffer, weiß, aus der Mühle		
Muskatnuss, gerieben		

Weitere Zutaten

	4 Pers	10 Pers
Butter	30 g	80 g
Salz		

Vorbereitung

- Weißmehl sieben.

Zubereitung

- Vollei und Quark in einer Schüssel gut verrühren.
- Weißmehl, Hartweizendunst, Backpulver, Salz, Pfeffer und Muskat beigeben.
- Rasch zusammenarbeiten und zu einem sehr glatten, nicht zu dünnen Teig schlagen, bis er Blasen wirft.
- Durch ein Spätzlisieb in siedendes Salzwasser drücken oder von einem Brett schaben.
- Sobald die Spätzli an die Oberfläche steigen, herausnehmen, im Eiswasser abkühlen und abtropfen lassen.
- Quarkspätzli in Butter in einer Lyoner Pfanne mit oder ohne Farbgebung schwenken und abschmecken.

Hinweise für die Praxis

Werden die Spätzli auf Vorrat hergestellt, nach dem Abschütten wenig Öl beigeben und gut vermischen, um ein Zusammenkleben zu verhindern. Danach sofort mit Klarsichtfolie abdecken und kühl stellen.

Ravioli mit Quarkfüllung und Salbeibutter · Ravioli au séré et beurre à la sauge

Teig	4 Pers	10 Pers
Weißmehl, Typ 550	120 g	300 g
Vollei, frisch	40 g	100 g
Eigelb, frisch	25 g	60 g
Olivenöl, kaltgepresst	10 g	25 g
Wasser	5 g	10 g

Füllung		
Quark, halbfett	60 g	150 g
Ricotta	60 g	150 g
Parmesan, gerieben	40 g	90 g
Eigelb, pasteurisiert	20 g	40 g
Butter	8 g	20 g
Schalotten, geschält	10 g	20 g
Karotten, geschält	20 g	40 g
Lauch, gebleicht, gerüstet	20 g	40 g
Knollensellerie, geschält	20 g	40 g
Petersilie, glattblättrig, frisch	5 g	10 g
Salz		
Pfeffer, weiß, aus der Mühle		

Weitere Zutaten		
Butter	20 g	50 g
Salbei, frisch	10 g	20 g
Parmesan, gerieben	40 g	100 g

Vorbereitung
- Ricotta durch ein Tamis (Haarsieb) streichen.
- Schalotten fein hacken.
- Lauch längs halbieren und waschen.
- Karotten, Lauch und Knollensellerie in Brunoise (Würfelchen) schneiden.
- Schalotten in Butter andünsten, Gemüse-Brunoise beigeben und würzen, weich dünsten und erkalten lassen.
- Petersilie waschen, zupfen, trockentupfen und fein hacken.
- Salbei waschen, zupfen, trockentupfen und in Julienne (Streifchen) schneiden.

Zubereitung Teig
- Weißmehl sieben und zu einem Kranz formen.
- Vollei, Eigelb, Olivenöl und Wasser in die Kranzmitte geben.
- Mehl nach und nach in die Mitte mischen und das Ganze zu einem festen Teig aufarbeiten.
- Den Teig so lange kneten, bis er elastisch wird.
- Vor dem Gebrauch 1–1½ Stunden zugedeckt im Kühlschrank ruhen lassen.

Zubereitung Füllung
- Quark mit Ricotta, Parmesan und Eigelb vermischen.
- Gemüsewürfel und gehackte Petersilie beigeben und abschmecken.

Zubereitung Gericht
- Ravioliteig sehr dünn in zwei gleich große Stücke ausrollen.
- Auf ein Teigstück die Füllung in kleinen Häufchen dressieren und die Zwischenräume mit Wasser bestreichen.
- Das zweite Teigstück sorgfältig darüber ausbreiten.
- Den Teig zwischen der Füllung mit einem Stab gut andrücken.
- Mit einem Teigrädchen die einzelnen Ravioli ausschneiden.

Fertigstellung
- Ravioli im Salzwasser unter Zugabe von wenig Öl am Siedepunkt garen.
- Vorsichtig herausnehmen und gut abtropfen lassen.

Anrichten
- Salbei-Julienne in schaumiger Butter kurz schwenken.
- Ravioli auf Platte oder Teller anrichten.
- Mit geriebenem Parmesan bestreuen und mit der Salbeibutter beträufeln.

Ravioli mit Rindfleischfüllung · Ravioli à la viande de bœuf

Teig	4 Pers	10 Pers
Weißmehl, Typ 550	120 g	300 g
Vollei, pasteurisiert	40 g	100 g
Eigelb, pasteurisiert	25 g	60 g
Olivenöl, kaltgepresst	10 g	25 g
Wasser	5 g	10 g

Füllung		
Rindsschulter, dressiert	180 g	450 g
Olivenöl	20 g	50 g
Schalotten, geschält	20 g	50 g
Knoblauch, geschält	4 g	10 g
Rotwein	40 g	100 g
Kalbsjus, gebunden	120 g	300 g
Salz		
Pfeffer, weiß, aus der Mühle		
Petersilie, glattblättrig, frisch	2 g	5 g
Thymian, frisch	2 g	5 g
Majoran, frisch	2 g	5 g
Olivenöl, kaltgepresst	20 g	50 g
Eigelb, pasteurisiert	30 g	75 g

Sauce		
Tomaten-Coulis	280 g	700 g
Basilikum, gehackt	2 g	5 g
Parmesan, gerieben	40 g	100 g
Butter	20 g	50 g

Vorbereitung
- Rindsschulter in 1,5 cm große Würfel schneiden.
- Schalotten und Knoblauch fein hacken.
- Petersilie, Thymian und Majoran waschen, zupfen, trockentupfen und fein hacken.

Zubereitung Teig
- Weißmehl sieben und zu einem Kranz formen.
- Vollei, Eigelb, Olivenöl und Wasser in die Kranzmitte geben.
- Mehl nach und nach in die Mitte mischen und das Ganze zu einem festen Teig aufarbeiten.
- Den Teig so lange kneten, bis er elastisch wird.
- Vor dem Gebrauch 1–1½ Stunden zugedeckt im Kühlschrank ruhen lassen.

Zubereitung Füllung
- Rindfleischwürfel würzen und in Olivenöl anbraten.
- Schalotten und Knoblauch beigeben und dünsten.
- Mit Rotwein ablöschen und sirupartig einkochen.
- Mit dem gebundenen Kalbsjus auffüllen und zugedeckt weich schmoren.
- Das Fleisch herausnehmen, den Jus passieren und danach sirupartig einreduzieren.
- Die geschmorten Rindfleischwürfel durch den Fleischwolf (Scheibe H 3) treiben.
- Die gehackten Kräuter, den stark reduzierten Jus und das Olivenöl zugeben.
- Raviolifüllung mit Eigelb binden, abschmecken und erkalten lassen.

Zubereitung Gericht
Zubereitung mit einem Raviolibrett:
- Raviolibrett mit Weißmehl stäuben und mit einem ausgerollten Teigstück belegen.
- Mit den Fingern den Teig leicht in die Vertiefungen drücken.
- Die Füllung mit einem Dressiersack mit Lochtülle in die Vertiefungen dressieren.
- Die Zwischenräume mit wenig Wasser bestreichen.
- Das zweite Teigstück sorgfältig darüberlegen und mit einem Nudelholz andrücken.
- Das Ganze auf mit Mehl bestäubten Marmor stürzen und die Ravioli mit einem Teigrädchen ausschneiden.

Zubereitung ohne Raviolibrett:
- Ravioliteig sehr dünn in zwei gleich große Stücke ausrollen.
- Auf ein Teigstück die Füllung in kleinen Häufchen dressieren und die Zwischenräume mit Wasser bestreichen.
- Das zweite Teigstück sorgfältig darüber ausbreiten.
- Den Teig zwischen der Füllung mit einem Stab gut andrücken.
- Mit einem Teigrädchen die einzelnen Ravioli ausschneiden.

Fertigstellung
- Ravioli im Salzwasser unter Zugabe von wenig Öl am Siedepunkt garen.
- Vorsichtig herausnehmen und gut abtropfen lassen.

Anrichten
- Tomaten-Coulis erhitzen und das gehackte Basilikum beigeben.
- Die Ravioli auf einem Saucenspiegel anrichten.
- Restliches Tomaten-Coulis über die Ravioli geben.
- Mit geriebenem Parmesan bestreuen und Butterflocken darübergeben und unter dem Salamander leicht gratinieren.

Ravioli mit Steinpilzen · Ravioli aux cèpes

Teig	4 Pers	10 Pers
Weißmehl, Typ 550	120 g	300 g
Vollei, frisch	40 g	100 g
Eigelb, frisch	25 g	60 g
Olivenöl, kaltgepresst	10 g	25 g
Wasser	5 g	10 g

Füllung		
Olivenöl	20 g	50 g
Schalotten, geschält	20 g	50 g
Steinpilze, frisch, gerüstet	180 g	450 g
Basilikum, frisch	5 g	10 g
Vollei, pasteurisiert	20 g	50 g
Eigelb, pasteurisiert	10 g	25 g
Parmesan, gerieben	20 g	50 g
Salz		
Pfeffer, weiß, aus der Mühle		

Weitere Zutaten		
Parmesan, gerieben	40 g	100 g
Butter	30 g	80 g

Vorbereitung
- Schalotten fein hacken.
- Steinpilze mit einem Tuch abreiben und in Paysanne (feinblättrig) schneiden.
- Basilikum waschen, zupfen, trockentupfen und hacken.

Zubereitung Teig
- Weißmehl sieben und zu einem Kranz formen.
- Vollei, Eigelb, Olivenöl und Wasser in die Kranzmitte geben.
- Weißmehl nach und nach in die Mitte mischen und das Ganze zu einem festen Teig aufarbeiten.
- Den Teig so lange kneten, bis er elastisch wird.
- Vor dem Gebrauch 1–1½ Stunden zugedeckt im Kühlschrank ruhen lassen.

Zubereitung Füllung
- Steinpilze im Olivenöl in einer Lyoner Pfanne mit leichter Farbgebung sautieren.
- Schalotten beigeben und mitsautieren.
- Gehacktes Basilikum beigeben, herausnehmen und erkalten lassen.
- Steinpilze mit Vollei, Eigelb und Parmesan vermischen und abschmecken.

Zubereitung Gericht
- Ravioliteig sehr dünn in zwei gleich große Stücke ausrollen.
- Auf ein Teigstück die Füllung in kleinen Häufchen dressieren und die Zwischenräume mit Wasser bestreichen.
- Das zweite Teigstück sorgfältig darüber ausbreiten.
- Den Teig zwischen der Füllung mit einem Stab gut andrücken.
- Mit einem Teigrädchen die einzelnen Ravioli ausschneiden (Ø 4–5 cm).

Fertigstellung
- Ravioli im Salzwasser unter Zugabe von wenig Öl am Siedepunkt garen.
- Vorsichtig herausnehmen und gut abtropfen lassen.

Anrichten
- Ravioli in einer Gratinplatte oder auf Teller anrichten.
- Mit geriebenem Parmesan bestreuen und mit schaumiger Butter beträufeln.

Hinweise für die Praxis
Das Gericht kann zusätzlich mit sautierten Steinpilzen ergänzt werden.

Ravioli mit Zanderfüllung und weißer Buttersauce · Ravioli de sandre au beurre blanc

Teig	4 Pers	10 Pers
Weißmehl, Typ 550	120 g	300 g
Vollei, frisch	40 g	100 g
Eigelb, frisch	25 g	60 g
Olivenöl, kaltgepresst	10 g	25 g
Wasser	5 g	10 g

Füllung		
Zanderfilet, pariert	120 g	300 g
Vollrahm, 35%	100 g	250 g
Eiweiß, pasteurisiert	12 g	30 g
Dill, frisch	2 g	5 g
Salz	2 g	5 g
Pfeffer, weiß, aus der Mühle		

Weitere Zutaten		
Buttersauce, weiß	200 g	500 g
Butter	25 g	60 g
Dillzweigspitzen	5 g	10 g
Pfefferkörner, rosa, in Lake		

Vorbereitung
- Zanderfilets in 5 mm große Würfel schneiden und kühl stellen.
- Dill waschen, zupfen, trockentupfen und fein hacken.
- Dillzweigspitzen für die Garnitur waschen und trockentupfen.

Zubereitung Teig
- Weißmehl sieben und zu einem Kranz formen.
- Vollei, Eigelb, Olivenöl und Wasser in die Kranzmitte geben.
- Weißmehl nach und nach in die Mitte mischen, das Ganze zu einem festen Teig aufarbeiten.
- Kneten, bis der Teig elastisch wird.
- Vor Gebrauch 1–1½ Stunden zugedeckt ruhen lassen.

Zubereitung Füllung
- Die gekühlten Fischwürfel mit Salz, Eiweiß und der Hälfte des Vollrahms im Kutter fein mixen.
- Die Farce aus dem Kutter nehmen, in eine Chromstahlschüssel geben und auf einem Eiswasserbad abrühren.
- Die Farce durch ein nicht zu feines Tamis (Haarsieb) streichen und im Eiswasserbad kühlen.
- Den restlichen Vollrahm leicht schlagen und unter die Farce ziehen.
- Den gehackten Dill beigeben und mit Salz und Pfeffer abschmecken.

Zubereitung Gericht
- Ein Raviolibrett mit Weißmehl stäuben und mit einem dünn ausgerollten Teigstück belegen.
- Mit den Fingern den Teig leicht in die Vertiefungen drücken.
- Die Füllung mit einem Dressiersack mit Lochtülle in die Vertiefungen dressieren.
- Die Zwischenräume mit wenig Wasser bestreichen.
- Das zweite Teigstück dünn ausrollen, sorgfältig darüberlegen und mit dem Nudelholz andrücken.
- Das Ganze auf mit Mehl bestäubten Marmor stürzen und die Ravioli mit einem Teigrädchen ausschneiden.

Fertigstellung
- Ravioli im Salzwasser unter Zugabe von wenig Öl am Siedepunkt garen.
- Vorsichtig herausnehmen und gut abtropfen lassen.

Anrichten
- Ravioli in flüssiger Butter schwenken und auf einem Spiegel von weißer Buttersauce anrichten.
- Mit Dillzweigspitzen und rosa Pfefferkörnern ausgarnieren.

Hinweise für die Praxis
Die Füllung kann mit anderen Fischen oder Krustentieren zubereitet werden. Sie kann auch mit einer Einlage aus Würfeln von Fischen und Krustentieren ergänzt werden.

Ravioliteig · Pâte à ravioli

Zutaten — 1 kg
- Weißmehl, Typ 550 — 610 g
- Vollei, frisch — 200 g
- Eigelb, frisch — 120 g
- Olivenöl, kaltgepresst — 50 g
- Wasser — 20 g

Vorbereitung
- Weißmehl sieben.

Zubereitung Variante 1
- Weißmehl zu einem Kranz formen, Vollei, Eigelb, Olivenöl und Wasser in die Kranzmitte geben.
- Weißmehl nach und nach in die Mitte mischen und das Ganze zu einem festen Teig aufarbeiten.
- Den Teig so lange kneten, bis er elastisch wird.
- Vor dem Gebrauch 1–1½ Stunden zugedeckt im Kühlschrank ruhen lassen.

Zubereitung Variante 2
- Alle Zutaten in einen Rührkessel geben und mit dem Knethaken zu einem elastischen Teig verarbeiten und während etwa 5 Minuten kneten.
- Vor dem Gebrauch 1–1½ Stunden zugedeckt im Kühlschrank ruhen lassen.

Hinweise für die Praxis
Die Wasserzugabe kann variieren und richtet sich nach der Mehlqualität. Ravioli- und Nudelteig nie salzen, der ausgewallte Teig wird sonst brüchig. Den fertigen Teig in einen Vakuumbeutel geben und zu 100% vakuumieren. Der Teig wird dadurch geschmeidiger.

Spätzli · Spätzli/frisettes

Teig — 4 Pers / 10 Pers
- Weißmehl, Typ 550 — 160 g / 400 g
- Hartweizendunst — 40 g / 100 g
- Vollei, frisch — 110 g / 280 g
- Vollmilch — 30 g / 80 g
- Wasser — 30 g / 80 g
- Salz — 4 g / 10 g
- Muskatnuss, gerieben

Weitere Zutaten
- Butter — 30 g / 80 g
- Salz

Vorbereitung
- Das Weißmehl sieben.

Zubereitung
- Weißmehl und Hartweizendunst in eine Schüssel geben.
- Eier, Vollmilch, Wasser, Salz und Muskatnuss verrühren und beigeben.
- Rasch zusammenarbeiten und zu einem sehr glatten, nicht zu dünnen Teig schlagen, bis er Blasen wirft.
- Durch ein Spätzlisieb in siedendes Salzwasser drücken oder von einem Brett schaben.
- Sobald die Spätzli an die Oberfläche steigen, herausnehmen, im Eiswasser abkühlen und abtropfen lassen.
- Spätzli in Butter in einer Lyoner Pfanne mit oder ohne Farbgebung schwenken und abschmecken.

Hinweise für die Praxis
Werden die Spätzli auf Vorrat hergestellt, nach dem Abschütten wenig Öl beigeben und gut vermischen, um ein Zusammenkleben zu verhindern. Danach sofort mit Klarsichtfolie abdecken und kühl stellen.

Schlutzkrapfen · Schlutzkrapfen (agnolotti à l'autrichien)

Teig	4 Pers	10 Pers
Weißmehl, Typ 550	75 g	190 g
Roggenmehl	75 g	190 g
Vollei, frisch	50 g	125 g
Wasser	15 g	30 g
Olivenöl, kaltgepresst	5 g	10 g

Füllung		
Blattspinat, tiefgekühlt	70 g	180 g
Schalotten, geschält	10 g	25 g
Butter	10 g	25 g
Olivenöl	10 g	25 g
Ricotta	100 g	250 g
Sbrinz, gerieben	20 g	50 g
Vollei, pasteurisiert	30 g	75 g
Salz		
Pfeffer, weiß, aus der Mühle		
Muskatnuss, gerieben		

Weitere Zutaten		
Butter	30 g	75 g
Salbei, frisch	4 g	10 g
Salz		
Pfeffer, weiß, aus der Mühle		
Sbrinz, Späne	40 g	100 g

Vorbereitung
- Blattspinat blanchieren, im Eiswasser abschrecken, abschütten und gut auspressen.
- Schalotten fein hacken.
- Salbei waschen, zupfen, trockentupfen und in Julienne (Streifchen) schneiden.

Zubereitung Teig
- Weißmehl zusammen mit dem Roggenmehl sieben und zu einem Kranz formen.
- Vollei, Wasser und Olivenöl in die Kranzmitte geben.
- Das Ganze nach und nach in die Mitte mischen und zu einem festen Teig aufarbeiten.
- Den Teig so lange kneten, bis er elastisch ist.
- Den Teig mit Klarsichtfolie abdecken und vor Gebrauch 1–1½ Stunden im Kühlschrank ruhen lassen.

Zubereitung Füllung
- Butter und Olivenöl erhitzen.
- Gehackte Schalotten andünsten, Blattspinat beigeben und kurz mitdünsten.
- Spinat abschmecken und vom Herd nehmen.
- Ricotta und Sbrinz untermischen und das Vollei langsam unterrühren.
- Die Füllung nochmals abschmecken und erkalten lassen.

Zubereitung Gericht
- Den Teig dünn ausrollen und Rondellen von 10 cm Durchmesser ausstechen.
- Die Füllung auf die Teigrondellen dressieren.
- Den Teigrand mit wenig Wasser bestreichen und die Rondellen halbmondförmig zusammenklappen.
- Den Rand mit einer Gabel andrücken.
- Krapfen im Salzwasser unter Zugabe von wenig Öl am Siedepunkt garen.
- Vorsichtig herausnehmen und gut abtropfen lassen.

Anrichten
- Krapfen auf Teller oder Platte anrichten.
- Butter aufschäumen, Salbei-Julienne beigeben und über die Krapfen geben.
- Über die fertigen Schlutzkrapfen Sbrinzspäne streuen.

Hinweise für die Praxis
Je nach Ausmahlungsgrad des Roggenmehls etwas mehr oder weniger Wasser beifügen.

Tomatenspätzli · Spätzli aux tomates

Teig

	4 Pers	10 Pers
Weißmehl, Typ 550	140 g	350 g
Hartweizendunst	40 g	100 g
Vollei, frisch	130 g	320 g
Tomaten, Pelati (Konserve)	60 g	150 g
Tomatenpüree	40 g	100 g
Olivenöl, kaltgepresst	5 g	10 g

Weitere Zutaten

	4 Pers	10 Pers
Butter	30 g	80 g
Tomaten, getrocknet, in Öl, abgetropft	30 g	80 g
Basilikum, frisch	5 g	10 g
Salz		

Vorbereitung
- Weißmehl sieben.
- Pelati-Tomaten und Tomatenpüree mit dem Vollei fein mixen.
- Getrocknete Tomaten in 5 mm große Würfel schneiden.
- Basilikum waschen, zupfen, trockentupfen und fein hacken.

Zubereitung
- Weißmehl und Hartweizendunst in eine Schüssel geben.
- Tomatenmix mit Vollei und Olivenöl dazugeben.
- Rasch zusammenarbeiten und zu einem sehr glatten, nicht zu dünnen Teig schlagen, bis er Blasen wirft.
- Durch ein Spätzlisieb in siedendes Salzwasser drücken oder von einem Brett schaben.
- Sobald die Spätzli an die Oberfläche steigen, herausnehmen, im Eiswasser abkühlen und abtropfen lassen.
- Tomatenspätzli und Dörrtomatenwürfel in Butter in einer Lyoner Pfanne mit oder ohne Farbgebung schwenken.
- Gehacktes Basilikum beigeben und abschmecken.

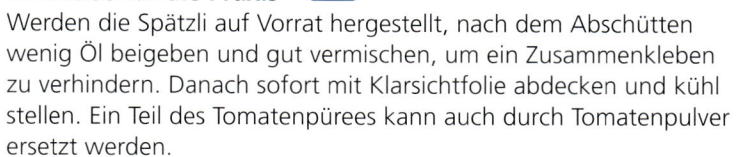

Hinweise für die Praxis
Werden die Spätzli auf Vorrat hergestellt, nach dem Abschütten wenig Öl beigeben und gut vermischen, um ein Zusammenkleben zu verhindern. Danach sofort mit Klarsichtfolie abdecken und kühl stellen. Ein Teil des Tomatenpürees kann auch durch Tomatenpulver ersetzt werden.

Tortellini mit Ricotta-Spinat-Füllung und Pesto · Tortellini aux épinards et à la ricotta au pesto

Teig	4 Pers	10 Pers
Weißmehl, Typ 550	120 g	300 g
Vollei, frisch	40 g	100 g
Eigelb, frisch	25 g	60 g
Olivenöl, kaltgepresst	10 g	25 g
Wasser	5 g	10 g

Füllung		
Blattspinat, tiefgekühlt	100 g	250 g
Schalotten, geschält	10 g	25 g
Butter	10 g	25 g
Ricotta	80 g	200 g
Olivenöl, kaltgepresst	10 g	25 g
Parmesan, gerieben	20 g	50 g
Vollei, pasteurisiert	30 g	70 g
Salz		
Pfeffer, weiß, aus der Mühle		

Pesto		
Basilikum, frisch	20 g	50 g
Petersilie, glattblättrig, frisch	10 g	25 g
Pinienkerne	15 g	40 g
Knoblauch, geschält	5 g	15 g
Parmesan, gerieben	10 g	25 g
Pecorino romano, gerieben	15 g	40 g
Olivenöl, kaltgepresst	60 g	150 g
Pfeffer, weiß, aus der Mühle		

Vorbereitung
– Blattspinat blanchieren, im Eiswasser abschrecken, abschütten, gut auspressen und hacken.
– Schalotten fein hacken.
– Basilikum und Petersilie waschen, zupfen und trockentupfen.

Zubereitung Teig
– Weißmehl sieben und zu einem Kranz formen.
– Vollei, Eigelb, Olivenöl und Wasser in die Kranzmitte geben.
– Weißmehl nach und nach in die Mitte mischen und das Ganze zu einem festen Teig aufarbeiten.
– Den Teig so lange kneten, bis er elastisch wird.
– Vor dem Gebrauch 1–1½ Stunden zugedeckt im Kühlschrank ruhen lassen.

Zubereitung Füllung
– Schalotten in Butter andünsten, gehackten Spinat zugeben und kurz mitdünsten.
– Danach sofort auskühlen lassen und fein hacken.
– Ricotta durch ein Tamis (Haarsieb) streichen.
– Gehackten Spinat, Ricotta, Olivenöl, Parmesan und Vollei vermischen und abschmecken.

Zubereitung Pesto
– Basilikum, Petersilie, Pinienkerne und Knoblauch mit gekühltem Olivenöl fein mixen (oder im Mörser zerstossen).
– Mit geriebenem Parmesan und Pecorino vermischen und mit Pfeffer aus der Mühle abschmecken.

Zubereitung Gericht
– Teig dünn ausrollen und Rondellen von etwa 3–4 cm Durchmesser ausstechen.
– Wenig Füllung darauf dressieren und den Rand mit wenig Wasser befeuchten.
– Halbmonde formen und den Rand gut festdrücken.
– Vorsichtig um einen Finger zu einem Ring biegen, gleichzeitig den zusammengedrückten Rand nach oben biegen, sodass sich eine Vertiefung um die Füllung herum bildet.
– Enden der gebogenen Halbmonde mit den Daumen fest zusammendrücken, sodass sich ein geschlossener Ring bildet.
– Geformte Tortellini auf ein bemehltes Tuch absetzen, damit sie nicht zusammenkleben.

Fertigstellung
– Tortellini im Salzwasser unter Zugabe von wenig Öl am Siedepunkt garen.
– Vorsichtig herausnehmen und gut abtropfen lassen.

Anrichten
– Tortellini auf Platte oder Teller anrichten.
– Wenig Kochwasser mit dem Pesto vermischen und über die angerichteten Tortellini verteilen.

REIS-, MAIS- UND WEIZENGERICHTE

Bulgur-Pilaw mit Gemüse · Boulghour pilaf aux légumes

Zutaten	4 Pers	10 Pers
Bulgur	160 g	400 g
Olivenöl	30 g	80 g
Knoblauch, geschält	10 g	20 g
Schalotten, geschält	25 g	60 g
Peperoni, bunt, entkernt	50 g	120 g
Gemüsefond	400 g	1000 g
Lorbeerblätter	0,5	1
Salz		
Pfeffer, weiß, aus der Mühle		
Koriander, gemahlen		
Tomaten, geschält, entkernt	40 g	100 g
Petersilie, glattblättrig, frisch	4 g	10 g

Vorbereitung
- Bulgur waschen, abspülen und gut abtropfen lassen.
- Knoblauch und Schalotten fein hacken.
- Peperoni in 5 mm große Würfel schneiden.
- Gemüsefond aufkochen.
- Tomaten in 5 mm große Würfel schneiden.
- Petersilie waschen, zupfen, trockentupfen und fein hacken.

Zubereitung
- Knoblauch und Schalotten im Olivenöl andünsten, Peperoniwürfel beigeben und mitdünsten.
- Bulgur beigeben und mitdünsten.
- Mit heißem Gemüsefond auffüllen, aufkochen, Lorbeerblatt beigeben und abschmecken.
- Zugedeckt im Backofen bei 160 °C 20–25 Minuten garen (während dieser Zeit nicht rühren).
- Lorbeerblatt herausnehmen.
- Tomatenwürfel und gehackte Petersilie sorgfältig mit einer Gabel unter den Bulgur mischen.
- Zugedeckt nochmals kurze Zeit abstehen lassen.

Anrichten
Gegarten Bulgur in eine Ringform füllen, leicht pressen und den Ring wieder entfernen.

Hinweise für die Praxis
Die Gemüse können beliebig ersetzt und saisonal angepasst werden.

Camargue-Reis · Riz de Camargue (riz rouge)

Zutaten	4 Pers	10 Pers
Butter	10 g	25 g
Schalotten, geschält	10 g	25 g
Camargue-Reis	200 g	500 g
Gemüsefond	420 g	1050 g
Lorbeerblätter	0,5	1
Butter	10 g	25 g
Salz		
Pfeffer, weiß, aus der Mühle		

Vorbereitung
- Schalotten fein hacken.
- Gemüsefond aufkochen.

Zubereitung
- Schalotten in Butter dünsten.
- Camargue-Reis beigeben und glasig dünsten.
- Mit heißem Gemüsefond aufgießen, aufkochen und Lorbeerblatt beigeben.
- Im Backofen oder im Kombisteamer bei 160 °C ca. 45 Minuten garen.
- Lorbeerblatt herausnehmen.
- Butterflocken beigeben, Reis mit einer Gabel sorgfältig lockern, mit Salz und Pfeffer abschmecken.

Hinweise für die Praxis
Die Flüssigkeitsmenge kann je nach Menge und Qualität des Reises variieren.

Ebly mit Kokosmilch und Gewürzen · Ebly au lait de coco et aux épices

Zutaten

	4 Pers	10 Pers
Butter	10 g	25 g
Schalotten, geschält	20 g	50 g
Chilischoten, rot, entkernt	4 g	10 g
Ingwer, frisch, geschält	10 g	25 g
Ebly	160 g	400 g
Gemüsefond	200 g	500 g
Kokosmilch, ungesüßt	200 g	500 g
Lorbeerblätter	0,5	1
Kaffir-Limonen-Blätter	1 g	2 g
Kardamom, ganz		
Zitronengras, gerüstet	10 g	25 g
Koriander, frisch	5 g	10 g

Vorbereitung

- Schalotten fein hacken.
- Chilischoten in Julienne (Streifchen) schneiden.
- Ingwer in Brunoise (Würfelchen) schneiden.
- Gemüsefond aufkochen.
- Kardamomsamen und Zitronengras zerdrücken.
- Koriander waschen, zupfen, trockentupfen und fein hacken.

Zubereitung

- Schalotten, Chili und Ingwer in Butter andünsten.
- Ebly beigeben und mitdünsten.
- ⅔ des heißen Gemüsefonds, Kokosmilch, Lorbeer, Kaffir-Limonen-Blätter, Kardamom und Zitronengras beigeben.
- Aufkochen und zugedeckt bei kleinster Hitze sieden, bis das Getreide zu ¾ gar ist (allenfalls Gemüsefond nachgießen).
- Deckel entfernen; die Flüssigkeit sollte eingekocht sein, und das Gericht sollte die Konsistenz eines Risotto aufweisen.
- Lorbeerblatt, Kaffir-Limonen-Blätter, Kardamomsamen und Zitronengras herausnehmen.
- Abschmecken und mit gehacktem Koriander vermischen.

Hinweise für die Praxis

Je nach gewünschtem Schärfegrad mehr oder weniger Chili beigeben.

Gedämpfter Parfümreis · Riz parfumé à la vapeur

Zutaten

	4 Pers	10 Pers
Parfümreis	240 g	600 g
Wasser	360 g	900 g

Vorbereitung

- Parfümreis gründlich waschen, abspülen und abtropfen lassen.

Zubereitung

- Parfümreis und kaltes Wasser in eine Kasserolle oder in einen asiatischen Reiskocher geben.
- Aufkochen lassen und einmal umrühren.
- Zugedeckt auf kleinster Hitze ca. 13–15 Minuten zugedeckt garen.
- Vom Herd ziehen und zugedeckt abstehen lassen.
- Zum Anrichten den Reis mit einer Gabel lockern.

Hinweise für die Praxis

Den dicht schließenden Deckel während der letzten Minuten nicht anheben, da ansonsten der gesamte Dampf entweicht und der Reis eine klebrige Konsistenz erhält. Am besten lässt sich Parfümreis in einem asiatischen Reiskocher zubereiten.

Grieß-Dinkel-Ecken · Triangles aux grains d'épeautre

Zutaten	4 Pers	10 Pers
Vollmilch	385 g	960 g
Butter	10 g	25 g
Salz	
Muskatnuss, gerieben	
Hartweizengrieß	75 g	190 g
Dinkelkörner, gekocht	40 g	100 g
Eigelb, pasteurisiert	20 g	50 g
Quark, mager	30 g	75 g
Thymian, frisch	0,5 g	1 g
Bratbutter	20 g	50 g

Vorbereitung
- Thymian waschen, zupfen, trockentupfen und hacken.
- Vollmilch, Butter, Salz und Muskat aufkochen.
- Unter Rühren mit dem Schwingbesen den Grieß einrieseln lassen.
- Bei schwacher Hitze zugedeckt 15 Minuten garen und quellen lassen.
- Vom Herd ziehen und die gegarten Dinkelkörner, Eigelb, Quark und Thymian beigeben.
- Die Masse etwa 1–2 cm dick auf ein mit Backtrennpapier belegtes Backblech gleichmäßig ausstreichen und erkalten lassen.

Zubereitung
- Grießmasse mit dem Messer in gleichmäßige Dreiecke schneiden.
- In Bratbutter goldgelb sautieren.

Hinweise für die Praxis
Der gekochte Dinkel kann auch durch beliebige, gegarte Hülsenfrüchte ersetzt werden.

Grießnocken · Gnocchi romaine

Zutaten	4 Pers	10 Pers
Vollmilch	420 g	1000 g
Butter	20 g	50 g
Salz	3 g	7 g
Muskatnuss, gerieben	
Hartweizengrieß	90 g	220 g
Sbrinz, gerieben (1)	20 g	50 g
Eigelb, pasteurisiert	30 g	75 g
Sonnenblumenöl, high oleic	15 g	30 g
Sbrinz, gerieben (2)	20 g	50 g
Butter	10 g	30 g

Vorbereitung
- Vollmilch, Butter, Salz und Muskat aufkochen.
- Unter Rühren mit dem Schwingbesen Grieß einrieseln lassen.
- Bei schwacher Hitze zugedeckt 15 Minuten garen und quellen lassen.
- Geriebenen Sbrinz (1) und Eigelb daruntermischen.
- Die Masse etwa 1–2 cm dick auf ein mit Sonnenblumenöl bestrichenes Blech gleichmäßig ausstreichen und erkalten lassen.

Zubereitung
- Die erkaltete Grießmasse mit geriebenem Sbrinz (2) gleichmäßig bestreuen.
- Mit einem Ausstecher Halbmonde ausstechen und in einer ausgebutterten Gratinplatte anrichten.
- Mit Butter beträufeln und im Ofen gratinieren.

Hinweise für die Praxis
Der Grieß muss richtig quellen, sonst bindet die Masse nicht ab, und die Nocken zerfallen beim Gratinieren, deshalb die Kochzeit unbedingt einhalten.

Grieß-Timbale mit Champignons · Timbale de semoule aux champignons

Vorbereitung Formen	4 Pers	10 Pers
Butter (1)	15 g	40 g

Zutaten		
Vollmilch	220 g	550 g
Bouillon	100 g	250 g
Butter (2)	20 g	50 g
Salz		
Muskatnuss, gerieben		
Lorbeerblätter	0,5	1
Hartweizengrieß	160 g	400 g
Eigelb, pasteurisiert	60 g	150 g
Olivenöl	10 g	25 g
Schalotten, geschält	25 g	60 g
Knoblauch, geschält	2 g	5 g
Champignons, frisch, gerüstet	200 g	500 g
Zitronensaft, frisch	2 g	5 g
Salz		
Pfeffer, weiß, aus der Mühle		
Petersilie, gekraust, frisch	1 g	2 g
Basilikum, frisch	1 g	2 g
Kerbel, frisch	1 g	2 g

Vorbereitung
- Timbales-Förmchen (Inhalt 160 g) mit Butter (1) ausstreichen.
- Schalotten und Knoblauch fein hacken.
- Champignons waschen, abtropfen lassen und hacken.
- Petersilie, Basilikum und Kerbel waschen, zupfen, trockentupfen und fein hacken.
- Schalotten und Knoblauch im Olivenöl andünsten.
- Gehackte Champignons beigeben, mitdünsten und mit Zitronensaft, Salz und Pfeffer würzen.
- So lange bei kleiner Hitze dünsten, bis alle Flüssigkeit verdampft ist.
- Die gehackten Kräuter beigeben und erkalten lassen.

Zubereitung
- Vollmilch, Bouillon, Butter (2), Salz, Muskat und Lorbeerblatt aufkochen.
- Unter Rühren mit dem Schwingbesen den Grieß einrieseln lassen.
- Bei schwacher Hitze zugedeckt 15–20 Minuten garen und quellen lassen, Lorbeerblatt entfernen.
- Masse vom Herd ziehen und das Eigelb daruntermischen.
- Grießmasse in einen Dressiersack mit Lochtülle füllen.
- Die warme Grießmasse kreisförmig zuerst am Boden und dann am Timbale-Rand hochdressieren, sodass in der Mitte ein Hohlraum entsteht.
- Mit einem Kaffeelöffel die Grießmasse sauber ausstreichen.
- Mit der kalten Pilzduxelles den Hohlraum bis 1 cm unter den Rand füllen.
- Anschließend mit der Grießmasse kreisförmig abschließen und mit einem Spatel den Rand glatt streichen.
- Mit Plastikfolie abdecken und bis zur Verwendung kühl stellen.

Fertigstellung
- Grieß-Timbales im Kombisteamer mit Dampf bei einer Temperatur von 90–95 °C ca. 15 Minuten erhitzen.
- Kurz abstehen lassen und stürzen.
- Beim Anrichten sorgfältig ein kleines dreieckiges Stück herausschneiden.

Hinweise für die Praxis
Die Füllung kann mit saisonalen Pilzen angepasst oder mit Spargeln oder anderen Gemüsen ergänzt werden.

Indischer Gewürzreis · Riz épicé à l'indienne

Zutaten	4 Pers	10 Pers
Reis, Basmati	240 g	600 g
Bratbutter	10 g	25 g
Kreuzkümmel, ganz		
Ingwer, frisch, geschält	4 g	10 g
Zimt, gemahlen		
Chilischoten, rot, entkernt	1 g	2 g
Kardamom, ganz		
Wasser	380 g	950 g
Salz		
Koriander, frisch	2 g	5 g
Butter	10 g	25 g

Vorbereitung
– Den Reis waschen, abspülen, 10 Minuten in kaltes Wasser einlegen, abschütten und abtropfen lassen.
– Ingwer fein reiben.
– Chilischoten in feine Streifen schneiden (die Samen vorher entfernen).
– Koriander waschen, zupfen, trockentupfen und fein hacken.

Zubereitung
– Die Bratbutter in einer Kasserolle erhitzen.
– Kreuzkümmelsamen beigeben und leicht rösten.
– Ingwer, wenig Zimt, Chili und Kardamom beigeben und leicht sautieren.
– Reis beigeben, glasig dünsten und mit Wasser ablöschen.
– Aufkochen, salzen und zugedeckt auf kleinster Hitze ca. 13–15 Minuten garen.
– Zugedeckt vom Herd ziehen und 5 Minuten abstehen lassen.
– Deckel abheben, Koriander und Butterflocken sorgfältig mit einer Gabel unter den Reis heben.

Hinweise für die Praxis
Die Gewürze sind in kleinen Mengen nach eigenem, individuellem Geschmack beizufügen. Wichtig: den dicht schließenden Deckel während der letzten Minuten nicht anheben, ansonsten entweicht der gesamte Dampf und der Reis wird klebrig.

Kokosreis · Riz au coco

Zutaten	4 Pers	10 Pers
Bratbutter	10 g	25 g
Kokosflocken	10 g	25 g
Reis, Basmati	240 g	600 g
Wasser	320 g	800 g
Kokosmilch, ungesüßt	100 g	250 g
Salz		
Zitronengras, gerüstet	10 g	25 g
Kardamom, ganz		
Curryblätter		

Vorbereitung
– Den Reis waschen, abspülen, 10 Minuten in kaltes Wasser einlegen, abschütten und abtropfen lassen.
– Ein Gewürzsäcklein mit Zitronengras, Kardamomsamen und Curryblättern bereitstellen.

Zubereitung
– Die Bratbutter erhitzen und die Kokosflocken goldgelb rösten.
– Basmati-Reis beigeben und glasig dünsten.
– Mit Wasser und Kokosmilch aufgießen und aufkochen.
– Gewürzsäcklein und Salz beigeben und rühren.
– Zugedeckt auf kleinster Hitze ca. 13–15 Minuten garen.
– Zugedeckt vom Herd ziehen und 5 Minuten abstehen lassen.
– Das Gewürzsäcklein entfernen.
– Den Reis behutsam mit einer Gabel durchmischen und evtl. abschmecken.

Hinweise für die Praxis
Den dicht schließenden Deckel während den letzten Minuten nicht anheben, ansonsten entweicht der gesamte Dampf und der Reis wird klebrig. Kokosreis lässt sich auch in einem asiatischen Reiskocher zubereiten.

Mais-Auberginen-Lasagne · Lasagne d'aubergines et de maïs

Zutaten	4 Pers	10 Pers
Auberginen, gerüstet	350 g	880 g
Weißmehl	30 g	75 g
Olivenöl	80 g	200 g
Salz		
Pfeffer, weiß, aus der Mühle		
Tomaten, Pelati, Würfel	380 g	950 g
Maisgrieß, mittelfein	75 g	185 g
Lorbeerblätter	0,5	1
Petersilie, glattblättrig, frisch	1 g	2 g
Salz	4 g	10 g
Pfeffer, weiß, aus der Mühle		
Sbrinz, gerieben	50 g	120 g
Butter	20 g	50 g

Vorbereitung
– Auberginen waschen und mit der Haut längsseits auf der Aufschnittmaschine in 3 mm dicke Scheiben schneiden.
– Tomatenwürfel aus der Dose im Mixer fein pürieren.
– Petersilie waschen, zupfen, trockentupfen und fein hacken.
– Gastro-Norm-Schale mit Alufolie auskleiden.

Zubereitung
– Auberginenscheiben im Weißmehl wenden und gut abklopfen.
– In einer Lyoner Pfanne mit genügend Olivenöl goldgelb sautieren.
– Herausnehmen und auf Küchenpapier entfetten.
– Zum Auskühlen auf ein Gitter legen und mit Salz und Pfeffer würzen.
– Die pürierten Tomaten aufkochen.
– Unter Rühren mit dem Schwingbesen den Maisgrieß einrieseln lassen.
– Lorbeerblatt beigeben, mit Salz und Pfeffer würzen und aufkochen.
– Zugedeckt im Ofen bei 120 °C ca. 40–45 Minuten garen (nicht rühren).
– Herausnehmen und das Lorbeerblatt entfernen.
– Petersilie sowie die Hälfte des geriebenen Sbrinz beigeben und verrühren.
– Die vorbereitete Gastro-Norm-Schale mit heißem Maisgrieß ca. 5–8 mm dick ausstreichen und abwechslungsweise mit Auberginenscheiben lagenweise belegen, bis beide Komponenten aufgebraucht sind.
– Im Ofen bei einer Temperatur von 160 °C backen und auskühlen lassen.
– Mais-Auberginen-Lasagne auf ein Brett stürzen und die Alufolie ablösen.
– Die Lasagne portionieren und in einer gebutterten Gratinplatte anrichten.
– Mit dem restlichen geriebenen Sbrinz bestreuen, mit Butter beträufeln und im Ofen regenerieren.

Hinweise für die Praxis
Das Gericht eignet sich sehr gut zum Vorproduzieren und anschließendem Regenerieren.

Maisroulade mit Spinatfüllung · Roulade de maïs aux épinards

Zutaten	4 Pers	10 Pers
Gemüsefond	200 g	500 g
Vollmilch	185 g	460 g
Butter	10 g	25 g
Salz	3 g	7 g
Lorbeerblätter	0,5	1
Maisgrieß, fein	75 g	185 g
Sauerrahm, 35%	20 g	50 g
Eigelb, pasteurisiert	30 g	75 g
Sbrinz, gerieben	40 g	100 g
Butter	10 g	25 g
Schalotten, geschält	10 g	25 g
Knoblauch, geschält	4 g	10 g
Blattspinat, tiefgekühlt	160 g	400 g
Salz		
Pfeffer, weiß, aus der Mühle		

Vorbereitung
– Schalotten und Knoblauch fein hacken.
– Blattspinat blanchieren, im Eiswasser abschrecken, abschütten und abtropfen lassen.
– Spinat gut auspressen und grob hacken.
– Schalotten und Knoblauch in Butter weich dünsten.
– Gehackten Spinat beigeben, mitdünsten, abschmecken und erkalten lassen.

Zubereitung
– Gemüsefond, Vollmilch, Butter, Salz und Lorbeerblatt aufkochen.
– Unter Rühren mit dem Schwingbesen den Maisgrieß einrieseln lassen und aufkochen.
– Bei schwacher Hitze 10–15 Minuten zugedeckt garen (nicht rühren).
– Lorbeerblatt entfernen, sauren Vollrahm, Eigelb und geriebenen Sbrinz unter die Maismasse rühren und abschmecken.
– Die Maismasse sofort auf einer dicken Plastikfolie gleichmäßig ausstreichen.
– Spinatfüllung gleichmäßig auf der Maismasse verteilen und sofort satt einrollen.
– Maisroulade kühl stellen.
– In Tranchen schneiden, regenerieren und anrichten (Tranchen können auch sautiert werden).

Hinweise für die Praxis
Die Füllung der Roulade ist saisonal anpassbar und kann mit diversen Gemüsen, Pilzen, Kernen, Kräutern oder Sprossen variiert werden.

Mais-Timbale · Timbale de maïs

Zutaten	4 Pers	10 Pers
Vollmilch	125 g	315 g
Bouillon	125 g	315 g
Butter	10 g	25 g
Maisgrieß, fein	40 g	100 g
Lorbeerblätter	0,5	1
Salz		
Pfeffer, weiß, aus der Mühle		
Muskatnuss, gerieben		
Eigelb, pasteurisiert	25 g	60 g
Halbrahm, sauer, 25%	15 g	30 g
Eiweiß, pasteurisiert	50 g	125 g
Butter	10 g	25 g

Vorbereitung
– Timbales-Förmchen mit Butter ausstreichen.
– Eiweiß zu einem steifen Schnee schlagen und kühl stellen.

Zubereitung
– Vollmilch, Bouillon und Butter aufkochen.
– Unter Rühren mit einem Schwingbesen den Maisgrieß einrieseln lassen.
– Lorbeerblatt beigeben und mit Salz, Pfeffer und Muskat würzen.
– Aufkochen und zugedeckt im Ofen bei 120 °C 30–40 Minuten garen (nicht rühren).
– Herausnehmen, Lorbeerblatt entfernen und leicht auskühlen lassen.
– Eigelb und sauren Halbrahm unter die Masse rühren und auskühlen lassen.
– Eischnee unter die Masse melieren, die Timbale-Formen zu ¾ füllen und mit der restlichen Butter beträufeln.
– In einem Wasserbad vorwärmen und bei 200 °C ca. 15–20 Minuten backen.
– Vor dem Stürzen etwas abstehen lassen.
– Sorgfältig stürzen und anrichten.

Hinweise für die Praxis
Es können beliebig Kräuter oder andere saisonale Zutaten als zusätzliche Geschmacksträger beigefügt werden.

GERICHTE AUS GETREIDE

Merlot-Risotto · Risotto au merlot

Zutaten

	4 Pers	10 Pers
Olivenöl	20 g	50 g
Rindsmark, ausgelöst	30 g	70 g
Zwiebeln, geschält	50 g	120 g
Knoblauch, geschält	5 g	10 g
Reis, Carnaroli	240 g	600 g
Rotwein, Merlot	200 g	500 g
Geflügelfond, hell	600 g	1500 g
Butter	50 g	125 g
Parmesan, gerieben	100 g	250 g
Salz		
Pfeffer, weiß, aus der Mühle		

Vorbereitung
- Rindsmark in kleine Würfel schneiden.
- Zwiebeln fein hacken.
- Knoblauch durch die Knoblauchpresse drücken.
- Hellen Geflügelfond aufkochen.

Zubereitung
- Olivenöl erhitzen und die Markwürfel beigeben.
- Zwiebeln glasig dünsten und Knoblauch beigeben.
- Reis dazugeben und unter Rühren glasig dünsten.
- Mit der Hälfte des Rotweins ablöschen und sirupartig einkochen.
- Kochenden Geflügelfond etappenweise beigeben.
- 17–18 Minuten unter ständigem Rühren körnig weich garen.
- Restlichen Rotwein beigeben und fertig garen.
- Vom Herd ziehen, geriebenen Parmesan und Butter beigeben und mit Salz und Pfeffer abschmecken.

Hinweise für die Praxis
Der Flüssigkeitsbedarf schwankt im Volumenverhältnis zum Reis zwischen 1 : 2½ und 1 : 3. Dies ist von der Korngröße der verwendeten Reissorte abhängig. Ein korrekter Risotto ist al dente gegart, leicht fließend und sämig gebunden. Risotto für den Bankettservice: den Risotto nach 10-minütiger Garzeit auf ein Blech flach ausgießen (stoppt den Garprozess). Auf Abruf mit der Restflüssigkeit fertig garen.

Pilaw-Reis · Riz pilaf

Zutaten

	4 Pers	10 Pers
Butter	15 g	40 g
Zwiebeln, geschält	40 g	100 g
Reis, Carolina	240 g	600 g
Bouillon, hell	400 g	1000 g
Lorbeerblätter	0,5	1
Butter	20 g	40 g

Vorbereitung
- Zwiebeln fein hacken.
- Helle Bouillon aufkochen.

Zubereitung
- Zwiebeln in Butter glasig dünsten.
- Reis dazugeben, kurz mitdünsten.
- Mit der heißen Bouillon auffüllen, aufkochen, Lorbeerblatt beifügen.
- Im Ofen bei 200 °C oder im Kombisteamer zugedeckt und ohne zu rühren etwa 10 Minuten garen.
- Kochgefäß herausnehmen und ohne abzudecken 10 Minuten auf ein Rechaud stellen.
- Lorbeerblatt entfernen und mit einer Fleischgabel die Butterflocken locker daruntermischen und abschmecken.

Hinweise für die Praxis
Der Flüssigkeitsanteil kann je nach Reissorte und Menge stark variieren. Das Volumenverhältnis Reis : Fond beträgt ca. 1 : 1,5. Geeignete Reissorten für Pilaw-Reis sind alle Langkornreissorten sowie Langkornreissorten, die mit dem Parboiling-Verfahren behandelt wurden.

Polenta · Polenta

Zutaten	4 Pers	10 Pers
Olivenöl	25 g	60 g
Zwiebeln, geschält	40 g	100 g
Knoblauch, geschält	5 g	10 g
Bouillon	300 g	750 g
Vollmilch	200 g	500 g
Maisgrieß, grob (Bramata)	110 g	270 g
Lorbeerblätter	0,5	1
Salz		
Pfeffer, weiß, aus der Mühle		
Parmesan, gerieben	50 g	120 g

Vorbereitung
- Zwiebeln und Knoblauch fein hacken.

Zubereitung
- Zwiebeln und Knoblauch im Olivenöl glasig dünsten.
- Helle Bouillon und Vollmilch beigeben und zum Siedepunkt bringen.
- Lorbeerblatt beigeben und mit Salz und Pfeffer würzen.
- Groben Mais (Bramata) unter Rühren mit dem Schwingbesen einrieseln lassen.
- Bei schwacher Hitze im Ofen bei ca. 120 °C zugedeckt etwa 1½ Stunden garen (nicht rühren).
- Lorbeerblatt entfernen und den geriebenen Parmesan unter die Polenta mischen.

Hinweise für die Praxis
Je nach Gartemperatur und Qualität des Maisgrießes muss allenfalls noch Bouillon zugegeben werden. Der Bramata-Mais benötigt genügend Zeit zum Quellen und sollte deshalb sehr langsam gegart werden. Traditionell wird die Polenta in einer beschichteten Kupferpfanne über einem offenen Feuer langsam gegart.

Polenta mit Mascarpone · Polenta au mascarpone

Zutaten	4 Pers	10 Pers
Butter	25 g	60 g
Zwiebeln, geschält	40 g	100 g
Knoblauch, geschält	5 g	10 g
Bouillon	400 g	1000 g
Vollmilch	100 g	250 g
Maisgrieß, grob (Bramata)	110 g	270 g
Lorbeerblätter	0,5	1
Salz		
Pfeffer, weiß, aus der Mühle		
Mascarpone	80 g	200 g

Vorbereitung
- Zwiebeln und Knoblauch fein hacken.

Zubereitung
- Zwiebeln und Knoblauch in Butter glasig dünsten.
- Helle Bouillon und Vollmilch beigeben und zum Siedepunkt bringen.
- Lorbeerblatt beigeben und mit Salz und Pfeffer würzen.
- Groben Mais (Bramata) unter Rühren mit dem Schwingbesen einrieseln lassen.
- Bei schwacher Hitze im Ofen bei ca. 120 °C zugedeckt etwa 1½ Stunden garen (nicht rühren).
- Lorbeerblatt entfernen, den Mascarpone unter die Polenta mischen und nochmals erhitzen.

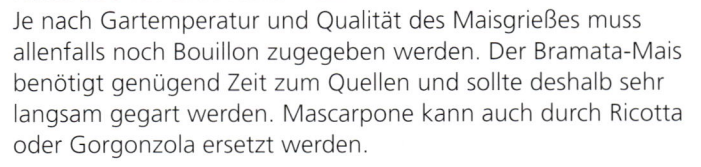

Hinweise für die Praxis
Je nach Gartemperatur und Qualität des Maisgrießes muss allenfalls noch Bouillon zugegeben werden. Der Bramata-Mais benötigt genügend Zeit zum Quellen und sollte deshalb sehr langsam gegart werden. Mascarpone kann auch durch Ricotta oder Gorgonzola ersetzt werden.

Randenrisotto/Rote-Bete-Risotto mit Gorgonzola
Risotto aux betteraves rouges et au gorgonzola

Zutaten	4 Pers	10 Pers
Olivenöl	20 g	50 g
Schalotten, geschält	20 g	50 g
Reis, Carnaroli	240 g	600 g
Weißwein	30 g	70 g
Randensaft/Rote-Bete-Saft	200 g	500 g
Geflügelfond, hell	520 g	1300 g
Lorbeerblätter	0,5	1
Randen/Rote Bete, gekocht, geschält	40 g	100 g
Gorgonzola, ohne Rinde	60 g	150 g
Sauerrahm, 35 %	30 g	75 g
Salz		
Pfeffer, weiß, aus der Mühle		

Vorbereitung
– Schalotten fein hacken.
– Gekochte Randen in Julienne (Streifchen) schneiden.
– Hellen Geflügelfond aufkochen.
– Gorgonzola in 5 mm große Würfel schneiden.

Zubereitung
– Schalotten im Olivenöl dünsten.
– Reis dazugeben und unter Rühren glasig dünsten.
– Mit Weißwein ablöschen und einkochen lassen.
– Mit Randensaft aufgießen, aufkochen und das Lorbeerblatt beigeben.
– Nach und nach mit dem heißen Geflügelfond angießen.
– Unter zeitweisem Rühren ca. 17–18 Minuten körnig weich garen, Lorbeerblatt entfernen.
– Randen-Julienne beigeben.
– Risotto vom Herd ziehen, Gorgonzola und ¾ des sauren Vollrahms beigeben und abschmecken.
– Risotto anrichten und mit dem restlichen sauren Vollrahm mit einem Cornet aus Pergamentpapier feine Streifen über den Risotto filieren.

Hinweise für die Praxis
Der Flüssigkeitsbedarf schwankt im Volumenverhältnis zum Reis zwischen 1 : 2½ und 1 : 3. Dies ist von der Korngröße der verwendeten Reissorte abhängig. Ein korrekter Risotto ist al dente gegart, leicht fließend und sämig gebunden. Risotto für den Bankettservice: den Risotto nach 10-minütiger Garzeit auf ein Blech flach ausgießen (stoppt den Garprozess). Auf Abruf mit der Restflüssigkeit fertig garen. Randenrisotto passt zu grillierten Fischen, Krusten- und Schalentieren.

Rheintaler Ribelmaisschnitten · Tranches de Rheintaler Ribelmais (maïs blanc)

Zutaten	4 Pers	10 Pers
Vollmilch	400 g	1000 g
Butter	15 g	35 g
Salz		
Ribelmais, Rheintaler	100 g	250 g
Lorbeerblätter	0,5	1
Eigelb, pasteurisiert	35 g	85 g
Sbrinz, gerieben	15 g	35 g
Petersilie, glattblättrig, frisch	2 g	5 g
Pfeffer, weiß, aus der Mühle		
Bratbutter	20 g	50 g

Vorbereitung
– Petersilie waschen, zupfen, trockentupfen und fein hacken.

Zubereitung
– Vollmilch, Butter und Salz aufkochen.
– Unter Rühren mit einem Schwingbesen den Ribelmais einrieseln lassen.
– Lorbeerblatt beigeben und aufkochen.
– Bei schwacher Hitze 15–20 Minuten zugedeckt garen (nicht rühren).
– Lorbeerblatt entfernen, Eigelb, Petersilie und geriebenen Sbrinz daruntermischen und abschmecken.
– Die Masse 1–1,5 cm dick auf ein Blech mit geöltem Backtrennpapier ausstreichen und zugedeckt auskühlen lassen.
– Maismasse in gleichmäßige Stücke (Schnitten) schneiden und in Bratbutter goldgelb sautieren.

Hinweise für die Praxis
Beim Ribelmais muss je nach Ausmahlung mehr oder weniger Flüssigkeit zugegeben werden. Der Mais muss richtig quellen, ansonsten bindet die Masse zu wenig und fällt beim Sautieren auseinander.

Rheintaler Ribelmaisstangen · Bâtons de Rheintaler Ribelmais (maïs blanc)

Zutaten	4 Pers	10 Pers
Vollmilch	400 g	1000 g
Butter	15 g	35 g
Salz		
Ribelmais, Rheintaler	105 g	260 g
Lorbeerblätter	0,5	1
Maiskörner, tiefgekühlt	50 g	120 g
Cornflakes, ungesüßt (1)	10 g	25 g
Eigelb, pasteurisiert	35 g	85 g
Petersilie, glattblättrig, frisch	2 g	5 g
Maisgrieß, fein	30 g	75 g
Weißmehl	20 g	40 g
Vollei, pasteurisiert	40 g	100 g
Cornflakes, ungesüßt (2)	50 g	125 g
Ölverlust beim Frittieren	50 g	130 g

Vorbereitung
- Maiskörner blanchieren, abschütten, grob hacken und auf Küchenpapier trocknen.
- Ungesüßte Cornflakes leicht zerdrücken.
- Petersilie waschen, zupfen, trockentupfen und fein hacken.

Zubereitung
- Vollmilch, Butter und Salz aufkochen.
- Unter Rühren mit einem Schwingbesen den Ribelmais einrieseln lassen.
- Lorbeerblatt beigeben und aufkochen.
- Bei schwacher Hitze 15–20 Minuten zugedeckt garen (nicht rühren).
- Lorbeerblatt entfernen und die gehackten Maiskörner dazugeben.
- Eigelb, zerdrückte Cornflakes (1) und Petersilie daruntermischen und abschmecken.
- Mit einem Dressiersack mit Lochtülle Stangen von 2,5 cm Durchmesser auf eine bemehlte Unterlage dressieren, kurz im Maisgrieß rollen und auskühlen lassen.
- Maisstangen in 6–8 cm lange Stücke schneiden.
- Maisstangen mehlen, im Ei wenden und mit Cornflakes (2) panieren, Cornflakes gut andrücken.
- Bei einer Temperatur von 170 °C goldgelb frittieren und auf Küchenpapier abtropfen lassen.

Hinweise für die Praxis
Fein gemahlenes Ribelmaismehl für dieses Gericht verwenden. Der Mais muss richtig quellen, ansonsten bindet die Masse zu wenig und fällt beim Frittieren auseinander.

Risotto · Risotto

Zutaten	4 Pers	10 Pers
Olivenöl	20 g	50 g
Zwiebeln, geschält	30 g	75 g
Knoblauch, geschält	5 g	10 g
Reis, Carnaroli	240 g	600 g
Weißwein	60 g	150 g
Geflügelfond, hell	740 g	1850 g
Lorbeerblätter	0,5	1
Butter	30 g	70 g
Parmesan, gerieben	80 g	200 g
Salz		
Pfeffer, weiß, aus der Mühle		

Vorbereitung
- Zwiebeln und Knoblauch fein hacken.
- Hellen Geflügelfond aufkochen.

Zubereitung
- Zwiebeln und Knoblauch in Olivenöl dünsten.
- Reis dazugeben und unter Rühren glasig dünsten.
- Mit Weißwein ablöschen und einkochen lassen, Lorbeerblatt beigeben.
- Nach und nach mit heißem Geflügelfond angießen.
- Unter zeitweisem Rühren ca. 17–18 Minuten körnig weich garen, Lorbeerblatt entfernen.
- Vom Herd ziehen, Butterflocken und geriebenen Parmesan beigeben und abschmecken.

Hinweise für die Praxis
Der Flüssigkeitsbedarf schwankt im Volumenverhältnis zum Reis zwischen 1 : 2½ und 1 : 3. Dies ist von der Korngröße der verwendeten Reissorte abhängig. Ein korrekter Risotto ist al dente gegart, leicht fließend und sämig gebunden. Risotto für den Bankettservice: den Risotto nach 10-minütiger Garzeit auf ein Blech flach ausgießen (stoppt den Garprozess). Auf Abruf mit der Restflüssigkeit fertig garen. Andere geeignete Reissorten: Vialone, Arborio, Acquerello usw.

Süßmaiskroketten · Croquettes de maïs doux

Zutaten	4 Pers	10 Pers
Butter	10 g	25 g
Schalotten, geschält	10 g	25 g
Bouillon, hell	320 g	800 g
Lorbeerblätter	0,5	1
Maisgrieß, fein	100 g	250 g
Maiskörner, tiefgekühlt	80 g	200 g
Eigelb, pasteurisiert	50 g	120 g
Cornflakes, ungesüßt (1)	20 g	50 g
Salz		
Pfeffer, weiß, aus der Mühle		
Maisgrieß, fein	40 g	100 g
Weißmehl	20 g	40 g
Vollei, pasteurisiert	60 g	150 g
Cornflakes, ungesüßt (2)	80 g	200 g
Ölverlust beim Frittieren	50 g	130 g

Vorbereitung
- Schalotten fein hacken.
- Maiskörner blanchieren, abschütten, grob hacken und auf Küchenpapier trocknen.
- Cornflakes leicht zerdrücken.

Zubereitung
- Schalotten in Butter kurz andünsten.
- Mit heller Bouillon ablöschen und aufkochen.
- Unter Rühren mit einem Schwingbesen den Maisgrieß einrieseln lassen.
- Lorbeerblatt beigeben und aufkochen.
- Bei schwacher Hitze 15–20 Minuten zugedeckt garen (nicht rühren).
- Lorbeerblatt entfernen.
- Gehackte Maiskörner, Eigelb und Cornflakes (1) daruntermischen und abschmecken.
- Mit einem Dressiersack mit Lochtülle Stangen von 2,5 cm Durchmesser auf eine bemehlte Unterlage dressieren, kurz im Maisgrieß rollen und auskühlen lassen.
- Kroketten in 6–8 cm lange Stücke schneiden.
- Kroketten mehlen, im Ei wenden und mit Cornflakes (2) panieren, Cornflakes gut andrücken.
- Bei einer Temperatur von 170 °C goldgelb frittieren und auf Küchenpapier abtropfen lassen.

Hinweise für die Praxis
Der Maisgrieß muss richtig quellen, sonst bindet die Masse zu wenig ab und fällt beim Frittieren auseinander.

Trockenreis/Kreolenreis · Riz créole

Zutaten	4 Pers	10 Pers
Reis, Siam Patna	240 g	600 g
Wasser	1400 g	3500 g
Salz	15 g	40 g
Butter	20 g	50 g

Zubereitung
- Wasser aufkochen und salzen.
- Reis beigeben und 10–12 Minuten sprudelnd sieden.
- Abschütten, mit kaltem Wasser abkühlen und gut abtropfen lassen.
- In einem flachen gebutterten Geschirr ausbreiten.
- Eventuell leicht nachsalzen, Butterflocken darauf geben.
- Mit gebuttertem Backtrennpapier oder Alufolie abdecken.
- Im Ofen, Kombisteamer oder im Mikrowellenofen erhitzen und zwischendurch mit einer Gabel auflockern.

Hinweise für die Praxis
Das Volumenverhältnis Reis : Wasser soll ca. 1 : 5 betragen. Trockenreis kann mit gedünsteten Gemüse-Brunoise (Würfelchen), gerösteten Mandeln oder Pinienkernen sowie sautierten Schinkenwürfeln ergänzt werden. Hinweis: Das Rezept «Trockenreis» darf nicht verwechselt werden mit der «Trockenreis-Anbaumethode».

Weizen-Hirse-Schnitten mit getrockneten Tomaten und Oliven
Tranches de blé et de millet aux tomates séchées et aux olives

Zutaten	4 Pers	10 Pers
Olivenöl	10 g	30 g
Schalotten, geschält	15 g	40 g
Ebly	120 g	300 g
Hirseflocken	60 g	150 g
Bouillon	450 g	1120 g
Lorbeerblätter	0,5	1
Salz		
Pfeffer, weiß, aus der Mühle		
Eigelb, pasteurisiert	35 g	90 g
Tomaten, getrocknet	15 g	30 g
Oliven, schwarz, entsteint	30 g	75 g
Olivenöl	20 g	50 g

Vorbereitung
- Schalotten fein hacken.
- Bouillon aufkochen.
- Getrocknete Tomaten in Brunoise (Würfelchen) schneiden.
- Schwarze Oliven grob hacken.
- Backblech mit Backtrennpapier auslegen.

Zubereitung
- Gehackte Schalotten im Olivenöl andünsten.
- Ebly beigeben und kurz mitdünsten.
- Hirseflocken unter Rühren einstreuen.
- Mit heißer Bouillon ablöschen, aufkochen, Lorbeerblatt beigeben und mit Salz und Pfeffer würzen.
- Bei schwacher Hitze zugedeckt garen, zeitweise umrühren, Lorbeerblatt entfernen.
- Eigelb, Tomaten und Oliven sorgfältig unter die Masse mischen, abschmecken und vom Herd ziehen.
- Die Masse etwa 1–2 cm dick auf ein mit Backtrennpapier belegtes Backblech gleichmäßig ausstreichen und erkalten lassen.
- In Portionen schneiden und im Olivenöl beidseitig goldbraun sautieren.

Hinweise für die Praxis
Ebly muss richtig quellen, sonst bindet die Masse zu wenig ab und zerfällt beim Sautieren. Die Schnitten können auch mit Mie de pain (weißem Paniermehl) paniert oder im Ei gewendet werden. Saisonal können verschiedenste Kräuter beigegeben werden.
Die getrockneten Tomaten und Oliven können durch Dörrfrüchte ersetzt werden (speziell passend zu Wildgerichten).

■ VOLLWERT-GETREIDEGERICHTE UND DIVERSE

Dinkelpizokel · Pizokel à l'épeautre

Zutaten	4 Pers	10 Pers
Dinkelmehl	200 g	500 g
Vollei, frisch	120 g	300 g
Olivenöl, kaltgepresst	12 g	30 g
Vollmilch	65 g	160 g
Knoblauch, geschält	2 g	5 g
Schnittlauch, frisch	2 g	5 g
Petersilie, gekraust, frisch	2 g	5 g
Basilikum, frisch	2 g	5 g
Salz		
Pfeffer, weiß, aus der Mühle		

Weitere Zutaten

Butter	35 g	80 g
Salz		
Pfeffer, weiß, aus der Mühle		

Vorbereitung
- Dinkelmehl sieben.
- Knoblauch durch die Knoblauchpresse drücken.
- Schnittlauch fein schneiden.
- Petersilie und Basilikum waschen, zupfen, trockentupfen und fein hacken.
- Dinkelmehl, Vollei, Olivenöl und Vollmilch in eine Schüssel geben.
- Rasch zusammenarbeiten und zu einem sehr glatten, nicht zu dünnen Teig schlagen, bis er Blasen wirft.
- Die gehackten Kräuter zugeben, mit Salz und Pfeffer abschmecken.
- Teig 30 Minuten zugedeckt im Kühlschrank ruhen lassen.

Zubereitung
- Reichlich Salzwasser zum Kochen bringen.
- Pizokel portionenweise von einem nassen Brett ins kochende Salzwasser schaben.
- Sobald die Pizokel an die Oberfläche steigen, herausnehmen, im Eiswasser abkühlen und sofort abschütten.
- Pizokel in schaumiger Butter schwenken und mit Salz und Pfeffer abschmecken.

Hinweise für die Praxis
Werden die Pizokel auf Vorrat hergestellt, nach dem Abschütten wenig Öl beigeben und gut vermischen, um ein Zusammenkleben zu verhindern. Danach kühl stellen.

Grünkernbratlinge · Galettes de blé vert

Zutaten	4 Pers	10 Pers
Grünkernschrot	140 g	350 g
Schalotten, geschält	30 g	75 g
Olivenöl	20 g	50 g
Gemüsefond	500 g	1250 g
Lorbeerblätter	0,5	1
Eigelb, pasteurisiert	40 g	100 g
Quark, mager	40 g	100 g
Sbrinz, gerieben (1)	40 g	100 g
Mie de pain/weißes Paniermehl (1)	15 g	40 g
Salz		
Pfeffer, weiß, aus der Mühle		
Mie de pain/weißes Paniermehl (2)	15 g	40 g
Sbrinz, gerieben (2)	15 g	40 g
Olivenöl	50 g	125 g

Vorbereitung
- Schalotten fein hacken.
- Schalotten im Olivenöl andünsten, Grünkernschrot beigeben und mitdünsten.
- Mit dem Gemüsefond ablöschen, Lorbeerblatt beigeben und mit Salz und Pfeffer würzen.
- Aufkochen und während 30 Minuten zugedeckt im Ofen bei einer Temperatur von 180 °C garen (Grünkern muss weich sein und die Flüssigkeit eingekocht).
- Lorbeerblatt entfernen.
- Eigelb, Magerquark, Sbrinz (1) und Mie de pain (1) unter das warme Grünkernschrot mischen und abschmecken.

Zubereitung
- Bratlinge mit einem Stückgewicht von ca. 50 g formen (pro Person 2 Stück).
- Mie de pain (2) und Sbrinz (2) mischen.
- Die Bratlinge darin wenden und die Mie-de-pain-Käse-Mischung leicht andrücken.
- Die Bratlinge im Olivenöl beidseitig goldgelb sautieren.

Hinweise für die Praxis
Die Masse kann auch mit frischen, gehackten Kräutern ergänzt werden.

Haferküchlein · Galettes d'avoine

Zutaten	4 Pers	10 Pers
Gemüsefond	400 g	1000 g
Haferflocken, grob	150 g	375 g
Schalotten, geschält	40 g	100 g
Olivenöl	25 g	65 g
Vollkornmehl	20 g	50 g
Eigelb, frisch	45 g	115 g
Salz		
Pfeffer, weiß, aus der Mühle		
Muskatnuss, gerieben		
Butter	35 g	80 g

Vorbereitung
- Gemüsefond aufkochen und die Haferflocken unter Rühren beigeben.
- Bei schwacher Hitze ca. 15 Minuten zugedeckt garen und quellen lassen.
- Schalotten fein hacken und im Olivenöl andünsten.

Zubereitung
- Gedünstete Schalotten unter die Haferflocken mischen.
- Das Vollkornmehl unter die noch warmen Haferflocken mischen.
- Das Eigelb unter die Masse mischen und mit Salz, Pfeffer und Muskat abschmecken.
- Kugeln formen, etwas flach drücken und auf ein gebuttertes Backblech geben.
- Haferküchlein mit Butter bestreichen und im Ofen bei 200 °C etwa 10 Minuten backen.

Hinweise für die Praxis
Die Haferflockenmasse kann mit gedünsteten Gemüse-Brunoise (Würfelchen), gehackten Kräutern, geriebenem Käse oder Kräuterpesto ergänzt werden. Die angegebenen Mengen entsprechen Beilagenportionen.

Hirseklößchen mit Tomaten-Coulis · Quenelles de millet au coulis de tomates

Zutaten	4 Pers	10 Pers
Hirse	100 g	250 g
Gemüsefond	400 g	1000 g
Quark, mager	60 g	150 g
Haferflocken, fein	35 g	90 g
Weißmehl	50 g	125 g
Eigelb, frisch	30 g	75 g
Olivenöl	10 g	25 g
Schnittlauch, frisch	4 g	10 g
Petersilie, glattblättrig, frisch	4 g	10 g
Salz		
Pfeffer, weiß, aus der Mühle		
Muskatnuss, gerieben		
Sauce		
Tomaten-Coulis	240 g	600 g
Butter	20 g	50 g

Vorbereitung
- Gemüsefond aufkochen und Hirse beigeben.
- Im Ofen bei einer Temperatur von 170 °C ca. 40 Minuten garen (die Hirse muss weich sein und die Flüssigkeit vollständig eingekocht).
- Schnittlauch fein schneiden.
- Petersilie waschen, zupfen, trockentupfen und fein hacken.

Zubereitung
- Magerquark, Haferflocken, Weißmehl, Eigelb und Olivenöl unter den Hirsebrei rühren.
- Schnittlauch und gehackte Petersilie beigeben und mit Salz, Pfeffer und Muskatnuss abschmecken.
- Aus der Masse mit 2 Esslöffeln Klößchen formen (pro Person 3 Klößchen à je ca. 40 g).
- Die Klößchen im Salzwasser pochieren, bis sie obenauf schwimmen.
- Herausheben und auf Küchenpapier abtropfen lassen.

Anrichten
- Tomaten-Coulis erhitzen und einen Saucenspiegel dressieren.
- Die Hirseklößchen auf dem Saucenspiegel anrichten und mit schaumiger Butter beträufeln.

Hinweise für die Praxis
Die Rezeptmenge entspricht einer Beilagenportion.

GERICHTE AUS GETREIDE

Hirse-Pilz-Kreation · Création de millet et de champignons

Vorbereitung Formen	4 Pers	10 Pers
Butter	15 g	40 g
Zutaten		
Hirse	150 g	375 g
Olivenöl	20 g	50 g
Thymian, frisch	5 g	10 g
Gemüsefond	300 g	750 g
Quark, mager	50 g	125 g
Eigelb, frisch	50 g	125 g
Salz		
Pfeffer, weiß, aus der Mühle		
Olivenöl	30 g	75 g
Austernpilze, frisch, gerüstet	60 g	150 g
Champignons, braun, frisch	60 g	150 g
Shitake-Pilze, frisch, gerüstet	60 g	150 g
Schalotten, geschält	30 g	75 g
Salz		
Pfeffer, weiß, aus der Mühle		

Vorbereitung
- Portionen-Kokotten (120 g Inhalt) ausbuttern.
- Pilze waschen, gut abtropfen lassen und in gleichmäßige Stücke schneiden.
- Thymian waschen und zupfen.
- Hirse im Olivenöl kurz andünsten und die Thymianblättchen beigeben.
- Mit dem Gemüsefond ablöschen und aufkochen.
- Bei einer Temperatur von 180 °C ca. 30 Minuten zugedeckt garen (die Flüssigkeit muss vollständig eingekocht sein).

Zubereitung
- Die Pilze mit den Schalotten im heißen Olivenöl sautieren und mit Salz und Pfeffer würzen.
- Die Pilze unter die Hirse mischen.
- Magerquark und Eigelb unter die warme Masse mischen und abschmecken.
- Die Masse in die vorbereiteten Kokotten füllen und glatt streichen.
- Bei einer Temperatur von 180 °C während 15 Minuten backen.
- Kurz abstehen lassen und stürzen.

Hinweise für die Praxis
Die Rezeptmenge entspricht einer Beilagenportion. Die Pilze können saisonal angepasst werden. Die Masse kann in beliebige Formen gefüllt und gebacken werden (Kokotten, Darioles, Ringform, Savarin-Form, Terrinenform).

Hirsotto · Risotto de millet

Zutaten	4 Pers	10 Pers
Olivenöl	20 g	50 g
Schalotten, geschält	50 g	125 g
Hirse	200 g	500 g
Gemüsefond	800 g	2000 g
Lorbeerblätter	0,5	1
Vollrahm, 35%	40 g	100 g
Butter	20 g	50 g
Sbrinz, gerieben	40 g	100 g
Salz		
Pfeffer, weiß, aus der Mühle		

Vorbereitung
- Schalotten fein hacken.

Zubereitung
- Schalotten im Olivenöl dünsten, Hirse zugeben und kurz mitdünsten.
- Mit dem Gemüsefond ablöschen und Lorbeerblatt beigeben.
- Langsam auf kleinem Feuer ca. 45 Minuten sieden, bis die Hirse gar ist.
- Vom Herd ziehen, Lorbeerblatt entfernen und den Vollrahm beigeben.
- Butter und geriebenen Sbrinz sorgfältig darunterziehen und das Gericht abschmecken.

Hinweise für die Praxis
Der Hirsotto kann zusätzlich mit Saisongemüse wie z.B. Spargeln versetzt werden. Am Schluss können frische, gehackte Kräuter beigegeben werden.

Rollgerstenküchlein · Pouding d'orge perlé

Vorbereitung Formen	4 Pers	10 Pers
Butter	10 g	25 g
Weißmehl	10 g	25 g
Zutaten		
Rollgerste	100 g	250 g
Olivenöl	15 g	40 g
Lauch, grün, gerüstet	30 g	75 g
Thymian, frisch	5 g	12 g
Gemüsefond	450 g	1125 g
Weißmehl	15 g	40 g
Mascarpone	50 g	125 g
Eigelb, frisch	30 g	75 g
Salz		
Pfeffer, weiß, aus der Mühle		
Eiweiß, frisch	60 g	150 g

Vorbereitung
- Rollgerste im Kühlschrank über Nacht im ungesalzenen Gemüsefond quellen lassen.
- Lauch waschen, längs halbieren und in Brunoise (Würfelchen) schneiden.
- Thymian waschen und zupfen.
- Rollgerste abschütten (den Fond auffangen und passieren).
- Portionen-Kokotten (130 g Inhalt) ausbuttern und mit Weißmehl stäuben.

Zubereitung
- Olivenöl erhitzen und die Lauch-Brunoise andünsten.
- Gerste und Thymian beigeben und mitdünsten.
- Mit Gemüsefond ablöschen und aufkochen.
- Auf kleinster Stufe zugedeckt ca. 35 Minuten garen, bis alle Flüssigkeit vollständig eingekocht ist.
- Vom Herd ziehen und das Weißmehl unterrühren.
- Mascarpone und Eigelb unter die Masse geben und mit Salz und Pfeffer abschmecken.
- Masse in einem Eiswasserbad unter Rühren kühlen.
- Das Eiweiß zu einem steifen Schnee schlagen.
- Zuerst ⅓ des Eischnees unter die kalte Gerstenmasse rühren, den Rest vorsichtig unterheben.
- Die Masse gleichmäßig in die vorbereiteten Förmchen verteilen (ca. 100 g pro Förmchen).
- Förmchen für ca. 10 Minuten in ein heißes Wasserbad stellen.
- Aus dem Wasserbad nehmen und im Ofen bei einer Temperatur von 180 °C während ca. 12 Minuten backen.
- Die Küchlein aus den Formen stürzen und sofort servieren.

Hinweise für die Praxis
Das Rezept entspricht einer Beilagenportion. Der Rollgerstenmasse können auch Brunoise (Würfelchen) von Bünder Fleisch, Rohschinken oder Salsiz beigegeben werden.

Siebenkornküchlein · Galettes aux sept céréales

Zutaten	4 Pers	10 Pers
7-Korn-Equilinia	120 g	300 g
Schalotten, geschält	25 g	65 g
Karotten, geschält	15 g	40 g
Lauch, grün, gerüstet	15 g	40 g
Knollensellerie, geschält	15 g	40 g
Olivenöl	15 g	40 g
Eigelb, pasteurisiert	50 g	120 g
Mie de pain/weißes Paniermehl	25 g	65 g
Sbrinz, gerieben	30 g	75 g
Salz		
Pfeffer, schwarz, aus der Mühle		
Olivenöl	40	100 g

Vorbereitung
- 7-Korn-Equilinia im Salzwasser weich kochen, abschütten und nicht abschrecken.
- Schalotten fein hacken.
- Lauch längs halbieren und waschen.
- Karotten, Lauch und Knollensellerie in Brunoise (Würfelchen) schneiden.
- Schalotten und Gemüse-Brunoise im Olivenöl dünsten.
- Das gegarte, lauwarme 7-Korn-Equilinia in eine Schüssel geben.
- Gemüse-Brunoise, Eigelb, Mie de pain und geriebenen Sbrinz beigeben und mit Salz und Pfeffer abschmecken.

Zubereitung
- Aus der noch warmen Masse kleine Küchlein formen (pro Person 2 Küchlein à je 55 g).
- Olivenöl in einer antihaftbeschichteten Pfanne erhitzen und die Küchlein hellbraun sautieren.

Hinweise für die Praxis
Der Masse können nach Belieben auch Kräuter beigegeben werden. Die angegebenen Mengen entsprechen Beilagenportionen.

Vollkornspätzli · Spätzli à la farine complète

Teig	4 Pers	10 Pers
Vollkornmehl	180 g	450 g
Vollei, frisch	130 g	320 g
Vollmilch	80 g	200 g
Backpulver	0,5 g	1 g
Weitere Zutaten		
Butter	30 g	80 g
Salz		

Zubereitung
- Vollkornmehl, Vollei, Vollmilch und Backpulver in eine Schüssel geben.
- Rasch zusammenarbeiten und zu einem sehr glatten, nicht zu dünnen Teig schlagen, bis er Blasen wirft.
- Durch ein Spätzlisieb in siedendes Salzwasser drücken oder von einem Brett schaben.
- Sobald die Spätzli an die Oberfläche steigen, herausnehmen, im Eiswasser abkühlen und abtropfen lassen.
- Spätzli in Butter in einer Lyoner Pfanne mit oder ohne Farbgebung schwenken und abschmecken.

Hinweise für die Praxis
Werden die Spätzli auf Vorrat hergestellt, nach dem Abschütten wenig Öl beigeben und gut vermischen, um ein Zusammenkleben zu verhindern. Danach sofort mit Klarsichtfolie abdecken und kühl stellen.

Vollreis-Risotto · Risotto de riz complet

Zutaten	4 Pers	10 Pers
Olivenöl	20 g	50 g
Zwiebeln, geschält	40 g	100 g
Knoblauch, geschält	2 g	5 g
Vollreis, Rundkorn	200 g	500 g
Gemüsefond	600 g	1500 g
Lorbeerblätter	0,5	1
Weißwein	40 g	100 g
Sbrinz, gerieben	40 g	100 g
Butter	15 g	30 g
Salz		
Pfeffer, weiß, aus der Mühle		

Vorbereitung
- Zwiebeln und Knoblauch fein hacken.
- Vollreis waschen und abtropfen lassen.

Zubereitung
- Zwiebeln und Knoblauch in Olivenöl andünsten.
- Rundkorn-Vollreis dazugeben und kurz mitdünsten.
- Mit dem Gemüsefond ablöschen.
- Lorbeerblatt beigeben (nicht salzen, sonst bleibt der Reis hart).
- 30–35 Minuten langsam sieden (nicht umrühren, sonst wird der Reis pappig).
- Reis vom Herd ziehen und zugedeckt 10–15 Minuten nachquellen lassen.
- Weißwein, geriebenen Sbrinz und Butterflocken daruntermischen und abschmecken, Lorbeerblatt entfernen.

Hinweise für die Praxis
Als zusätzliche Geschmacksgeber können z. B. Salbeiblätter mitgekocht werden. Nach der Fertigstellung des Vollreis-Risottos können frische, gehackte Kräuter beigefügt werden. Durch die Zugabe von flüssigem Vollrahm kann eine geschmeidige, cremige Konsistenz erreicht werden.

Wildreisschnitten · Tranches de riz sauvage

Zutaten	4 Pers	10 Pers
Wildreis	65 g	160 g
Butter	10 g	20 g
Karotten, geschält	20 g	50 g
Lauch, junger, gerüstet	20 g	50 g
Knollensellerie, geschält	20 g	50 g
Vollmilch	240 g	600 g
Hartweizengrieß	50 g	120 g
Salz	4 g	10 g
Pfeffer, weiß, aus der Mühle		
Eigelb, frisch	10 g	25 g
Weißmehl	15 g	40 g
Bratbutter	20 g	50 g

Vorbereitung
- Wildreis im Salzwasser weich kochen (ca. 45 Minuten), abschütten und zum Ausdampfen auf ein Blech geben.
- Lauch längs halbieren und waschen.
- Karotten, Lauch und Knollensellerie in Brunoise (Würfelchen) schneiden.

Zubereitung
- Gemüse-Brunoise in Butter andünsten.
- Den gut weich gegarten Wildreis beigeben und kurz mitdünsten.
- Vollmilch beigeben und aufkochen.
- Unter Rühren den Hartweizengrieß regenartig einrieseln lassen.
- Bei schwacher Hitze zugedeckt 10–15 Minuten garen.
- Ab und zu umrühren und mit Salz und Pfeffer würzen.
- Eigelb rasch bei schwacher Hitze in die Masse einrühren und vom Herd ziehen.
- Sofort auf eine dicke Plastikfolie 1,5–2 cm dick und 12 cm breit ausstreichen und kühl stellen.
- Die kalte Wildreismasse vorsichtig mit einem Gemüsemesser in 12 × 4 cm große Schnitten schneiden (Stückgewicht ca. 100 g).
- Mit zwei Paletten in eine gleichmäßige Form bringen.
- Kurz vor dem Sautieren im Weißmehl wenden.
- In der Bratbutter beidseitig goldgelb sautieren und servieren.

Hinweise für die Praxis
Wichtig ist, dass der Wildreis gut weich gekocht ist. Die Schnitten können auch paniert werden. Wildreisschnitten passen zu Wild- und Geflügelgerichten sowie zu geschmorten Fleischgerichten.

Gerichte aus Schlachtfleisch

■ GARMETHODE SAUTIEREN

Fohlenfiletgulasch Nowgorod · Goulache de filet de poulain minute Nowgorod

Zutaten

	4 Pers	10 Pers
Fohlenfilet, dressiert	520 g	1300 g
Sonnenblumenöl, high oleic	80 g	200 g
Gewürzsalzmischung für Fleisch	6 g	15 g
Zwiebeln, geschält	80 g	200 g
Steinpilze, frisch, gerüstet	120 g	300 g
Speck, geräuchert	120 g	300 g
Randen/Rote Bete, gekocht, geschält	120 g	300 g
Halbrahm, sauer, 25%	200 g	500 g
Salz		
Pfeffer, schwarz, aus der Mühle		
Schnittlauch, frisch	8 g	20 g

Vorbereitung

- Fohlenfilet in Streifen schneiden (Größe 4 × 1 cm).
- Zwiebeln in Ringe schneiden.
- Steinpilze mit einem Tuch abreiben und emincieren (in feine Scheiben schneiden).
- Speck ohne Knorpel in Bâtonnets (Stäbchen) schneiden und blanchieren.
- Randen in Julienne (Streifchen) schneiden.
- Schnittlauch fein schneiden.
- Sauren Halbrahm salzen, mit Pfeffer würzen und mit dem Schnittlauch vermischen.

Zubereitung

- Fleisch im heißen Öl kurz sautieren, sodass das Fleisch noch saignant (blutig) ist.
- Das Fleisch herausnehmen, würzen und warm stellen.
- Zwiebeln rösten und zum Fleisch geben.
- Steinpilze unter Farbgebung sautieren, Speck beigeben und mitsautieren.
- Randen-Julienne und das Fleisch beigeben und kurz mitsautieren.
- Anrichten und den Sauerrahm löffelweise darübergeben.

Geschnetzeltes Kalbfleisch Zürcher Art · Emincé de veau zurichoise

Zutaten

	4 Pers	10 Pers
Kalbshuft, dressiert	560 g	1400 g
Weißmehl	10 g	20 g
Sonnenblumenöl, high oleic	30 g	75 g
Gewürzsalzmischung für Fleisch	6 g	15 g

Sauce

	4 Pers	10 Pers
Butter	30 g	80 g
Zwiebeln, geschält	30 g	80 g
Champignons, frisch, gerüstet	200 g	500 g
Weißwein	120 g	300 g
Demi-glace	160 g	400 g
Saucenhalbrahm, 25%, eingedickt	80 g	200 g
Vollrahm, 35%	40 g	100 g
Petersilie, gekraust, frisch	4 g	10 g
Salz		
Pfeffer, weiß, aus der Mühle		

Vorbereitung

- Kalbfleisch in feine Scheiben schneiden.
- Zwiebeln fein hacken.
- Champignons waschen, abtropfen lassen und in Scheibchen schneiden.
- Vollrahm steif schlagen und kühl stellen.
- Petersilie waschen, zupfen, trockentupfen und fein hacken.

Zubereitung

- Das Kalbfleisch leicht mit Weißmehl bestäuben.
- Im heißen Öl unter Schwenken sautieren.
- Das Fleisch herausnehmen und würzen.
- Butter beigeben und die Zwiebeln gut andünsten.
- Die Champignons beigeben und mitdünsten.
- Mit Weißwein ablöschen und auf die Hälfte einkochen lassen.
- Demi-glace und den allenfalls vorhandenen Fleischsaft vom Geschnetzelten beigeben und einkochen.
- Anschließend den Saucenhalbrahm beigeben und zur gewünschten Konsistenz einkochen lassen.
- Das Fleisch wieder beigeben und erhitzen, jedoch ohne aufzukochen.
- Den geschlagenen Vollrahm sorgfältig daruntermischen.
- Abschmecken, anrichten und mit der gehackten Petersilie bestreuen.

Hinweise für die Praxis

Es empfiehlt sich, das Fleisch nach dem Sautieren in ein Abtropfsieb zu geben, damit es nicht im Fleischsaft liegt (Fleischsaft der Sauce beigeben). Das Gericht kann auch mit einer fertigen Champignonsauce (Demi-glace-Ableitung) hergestellt werden. Das Originalrezept des Geschnetzelten nach Zürcher Art beinhaltet Kalbsnieren; im Rezeptbuch wurde bewusst darauf verzichtet.

Geschnetzeltes Kaninchenrückenfilet mit Rosmarinrahmsauce und Sauerkirschen
Emincé de filets de lapin, sauce à la crème de romarin et griottes

Zutaten

	4 Pers	10 Pers
Kaninchenrückenfilets, dressiert	560 g	1400 g
Gewürzsalzmischung für Geflügel	4 g	10 g
Bratbutter	20 g	50 g

Sauce

	4 Pers	10 Pers
Weißwein, Riesling-Silvaner	180 g	450 g
Rosmarin, frisch	5 g	10 g
Schalotten, geschält	20 g	50 g
Kalbsjus, gebunden	240 g	600 g
Saucenhalbrahm, 25%, eingedickt	120 g	300 g
Salz		
Pfeffer, weiß, aus der Mühle		

Garnitur

	4 Pers	10 Pers
Kompottsauerkirschen, abgetropft	60 g	150 g
Weißwein, Riesling-Silvaner	40 g	100 g
Rosmarinzweige	4	10

Vorbereitung
- Das Kaninchenrückenfilet leicht schräg in 5 mm dicke Scheiben schneiden.
- Rosmarin für die Sauce waschen, zupfen, trockentupfen und fein hacken.
- Schalotten fein hacken.
- Weißwein, Rosmarin und Schalotten bis zur Hälfte einkochen lassen.
- Den Kalbsjus und den Saucenhalbrahm beigeben und zur gewünschten Konsistenz einkochen.
- Mit dem Stabmixer fein mixen und durch ein Drahtspitzsieb passieren.
- Rosmarinsauce abschmecken und zugedeckt warm stellen.
- Die Sauerkirschen in wenig Weißwein erhitzen.

Zubereitung
- Lyoner Pfanne erhitzen und das Kaninchenfleisch in der Bratbutter unter stetigem Wenden kurz sautieren, sodass das Fleisch inwendig die Garstufe rosa aufweist, anschließend salzen.
- Das Fleisch in ein Sieb abschütten und den Fleischsaft auffangen.
- Den Bratensatz mit Weißwein ablöschen und durch ein Sieb in die Rosmarinsauce geben.
- Den Fleischsaft ebenfalls in die Rosmarinsauce geben und nochmals kurz einkochen lassen.
- Das Kaninchenfleisch in die Sauce geben und kurz erhitzen, ohne aufzukochen.
- Sauerkirschen in wenig eingekochtem Saft erhitzen.

Anrichten
- Das geschnetzelte Kaninchenfleisch anrichten und mit den Sauerkirschen und Rosmarinzweigen garnieren.

Hinweise für die Praxis
Als Beilagen eignen sich Kartoffelpüree oder sautierte Polentaschnitten.

Im Ei sautiertes gefülltes Kalbsschnitzel mit Spinat und Gorgonzola
Escalope de veau farcie aux épinards et au gorgonzola sautée à l'œuf

Zutaten

	4 Pers	10 Pers
Kalbsnuss, dressiert	520 g	1300 g
Gewürzsalzmischung für Fleisch	4 g	10 g
Weißmehl	10 g	25 g
Vollei, pasteurisiert	100 g	250 g
Bratbutter	20 g	50 g
Sonnenblumenöl, high oleic	40 g	100 g

Füllung

Blattspinat, tiefgekühlt	160 g	400 g
Butter	10 g	25 g
Schalotten, geschält	20 g	50 g
Gorgonzola, ohne Rinde	80 g	200 g
Salz		
Pfeffer, weiß, aus der Mühle		

Garnitur

Olivenöl	10 g	25 g
Schalotten, geschält	10 g	30 g
Tomaten, geschält, entkernt	400 g	1000 g
Aceto balsamico bianco (weißer Balsamessig)	10 g	25 g
Salz		
Pfeffer, weiß, aus der Mühle		
Petersilie, glattblättrig, frisch	10 g	30 g

Vorbereitung
– Aus der Kalbsnuss Doppelschnitzel zu jeweils 130 g schneiden (2 × 65 g mit Tasche).
– Spinat blanchieren, im kalten Wasser abschrecken und gut auspressen.
– Schalotten fein hacken.
– Die Schalotten in Butter andünsten und den kalten, blanchierten Spinat beigeben.
– Gorgonzola in 1 cm große Würfel schneiden, dem Spinat beigeben und abschmecken.
– Schalotten für die Garnitur fein hacken.
– Tomaten in 1 cm große Würfel schneiden.
– Petersilie waschen, zupfen, trockentupfen und grob hacken.

Zubereitung
– Die Kalbsschnitzel zwischen 2 Plastikfolien dünn plattieren und mit dem Spinat füllen.
– Die Schnitzel zusammenklappen, an den Enden zusammendrücken und mit dem Fleischklopfer nochmals an den Rändern leicht anklopfen (wie für Cordon bleu).
– Die Schnitzel würzen, leicht mehlen und durch das Ei ziehen.
– In einer antihaftbeschichteten Pfanne Bratbutter und Sonnenblumenöl erhitzen und die Schnitzel bei niedriger Temperatur beidseitig goldgelb sautieren.
– Schnitzel herausnehmen und warm stellen.
– Schalotten im Olivenöl andünsten und die Tomatenwürfel zugeben.
– Würzen und zum Schluss den weißen Balsamessig beigeben.

Anrichten
– Schnitzel schräg anschneiden, auf den Tomaten anrichten und mit der Petersilie bestreuen.

Hinweise für die Praxis
Es soll darauf geachtet werden, dass die Füllung der Schnitzel wirklich heiß ist, sodass der Gorgonzola schmilzt.

Im Wok sautierte Kalbsfiletstreifen asiatische Art
Aiguillettes de filet mignon de veau à l'asiatique sautées au wok

Zutaten	4 Pers	10 Pers
Kalbsfilet, dressiert	560 g	1400 g
Gewürzsalzmischung für Fleisch	4 g	10 g
Sonnenblumenöl, high oleic	20 g	50 g
Marinade		
Peperoncini, rot, frisch	10 g	25 g
Schalotten, geschält	20 g	50 g
Knoblauch, geschält	6 g	15 g
Ingwer, frisch, geschält	6 g	15 g
Kurkuma, gemahlen	6 g	15 g
Curry, Madras	6 g	15 g
Sauce		
Kokosmilch, ungesüßt	80 g	200 g
Zitronengras, gerüstet	2 g	5 g
Sojasauce, gesalzen	10 g	25 g
Garnitur		
Zucchetti, grün, gerüstet	120 g	300 g
Peperoni, rot, entkernt	40 g	100 g
Butter	10 g	25 g
Sesamöl, fermentiert	2 g	5 g
Sesamkörner	2 g	5 g
Salz		
Pfeffer, weiß, aus der Mühle		

Vorbereitung
- Das Kalbsfilet in 1 cm dicke und 3 cm lange Streifen schneiden.
- Peperonicini, Schalotten, Knoblauch, Ingwer, Kurkuma und Curry zu einer feinen Paste mixen.
- Die Kalbsfiletstreifen mit der Gewürzpaste vermischen und 12 Stunden im Kühlschrank marinieren.
- Zitronengras für die Sauce in feine Streifen schneiden.
- Zucchetti in Julienne (Streifchen) schneiden.
- Peperoni in Julienne (Streifchen) schneiden, blanchieren, im Eiswasser abschrecken und abschütten.
- Sesamkörner in einer antihaftbeschichteten Pfanne ohne Fettstoff goldgelb rösten.

Zubereitung
- Kokosmilch, Zitronengras und Sojasauce aufkochen und ca. 5 Minuten auf kleiner Flamme kochen.
- Die Sauce mixen, durch ein Drahtspitzsieb passieren und warm stellen.
- Die Kalbfleischstreifen im heißen Sonnenblumenöl im Wok sautieren (Garstufe rosa) und leicht würzen.
- Das Fleisch in die Sauce geben und nochmals kurz erwärmen, ohne aufzukochen.
- Die Zucchetti- und Peperonistreifen kurz in heißer Butter schwenken.
- Sesamöl und Sesamkörner beigeben und abschmecken.

Anrichten
- Fleisch mit Sauce anrichten.
- Die Garnitur über das Fleisch geben.

Hinweise für die Praxis
Das Gericht kann auch mit Rinds- oder Schweinsfilet sowie mit Geflügelbrustfilets hergestellt werden. Als Beilagen eignen sich asiatische Eiernudeln oder Parfümreis.

Piccata alla milanese · Piccata milanaise

Zutaten	4 Pers	10 Pers
Kalbsfilet, dressiert	480 g	1200 g
Gewürzsalzmischung für Fleisch	4 g	10 g
Weißmehl	20 g	50 g
Vollei, frisch	200 g	500 g
Parmesan, gerieben	120 g	300 g
Bratbutter	40 g	100 g
Garnitur		
Champignons, frisch, gerüstet	80 g	200 g
Schinken, gekocht	40 g	100 g
Butter	10 g	30 g
Sauce		
Demi-glace	160 g	400 g
Marsala	20 g	50 g

Vorbereitung
- Kalbsfilet in 40 g schwere Schnitzel schneiden (pro Person 3 Schnitzel) und leicht plattieren.
- Die Champignons waschen, gut abtropfen und in Scheiben schneiden.
- Den gekochten Schinken in Julienne (Streifchen) schneiden.

Zubereitung
- Das Vollei mit dem Parmesan vermischen.
- Die Kalbsschnitzel würzen, leicht mehlen und in der Käsemasse wenden.
- In der erhitzten Butter beidseitig goldgelb sautieren, herausnehmen und anrichten.
- Die Champignons in Butter sautieren, die Schinkenstreifen beigeben, kurz schwenken und über das Fleisch geben.
- Die Demi-glace erhitzen, mit Marsala verfeinern und separat dazu servieren.

Hinweise für die Praxis
Die Ei-Käse-Masse erst kurz vor Gebrauch herstellen, damit sie nicht zu stark aufquillt und zu fest wird. Als Beilagen eignen sich Safranrisotto oder Spaghetti.

Rindsfiletgulasch Stroganow · Filet de bœuf Stroganov

Zutaten

	4 Pers	10 Pers
Rindsfilet, 1. Qualität, dressiert	640 g	1600 g
Bratbutter	30 g	75 g
Gewürzsalzmischung für Fleisch	12 g	30 g
Peperoni, gelb, entkernt	40 g	100 g
Peperoni, rot, entkernt	40 g	100 g
Essiggurken, abgetropft	40 g	100 g
Zwiebeln, geschält	40 g	100 g
Champignons, frisch, gerüstet	40 g	100 g
Paprika, scharf	16 g	40 g
Rotwein	80 g	200 g
Demi-glace	160 g	400 g
Halbrahm, sauer, 25%	160 g	400 g
Pfeffer, weiß, aus der Mühle		
Tabasco, rot		

Vorbereitung
– Das Rindsfilet in Würfel zu etwa 20 g schneiden.
– Die Peperoni, Essiggurken und Zwiebeln in Julienne (Streifen) schneiden.
– Die Champignons in Scheiben schneiden.

Zubereitung
– Das Fleisch in der Bratbutter kurz und heiß ansautieren, würzen und herausnehmen.
– Die Peperoni, Zwiebeln und Champignons dünsten, Essiggurken dazugeben.
– Mit dem Paprika stäuben und mit dem Rotwein ablöschen.
– Mit der Demi-glace auffüllen und kurze Zeit durchkochen lassen.
– Sauce mit saurem Halbrahm verfeinern, mit Pfeffer und Tabasco abschmecken.
– Das Fleisch in der Sauce kurz erhitzen, ohne jedoch aufzukochen.

Hinweise für die Praxis
Vor dem Servieren kann das Gericht mit etwas geschlagenem Vollrahm oder kleinen Klecksen von saurem Halbrahm garniert werden. Das Gericht kann auch mit Straußenfleisch zubereitet werden.

Saltimbocca alla romana · Saltimbocca alla romana

Zutaten

	4 Pers	10 Pers
Kalbsnuss, dressiert	480 g	1200 g
Salbeiblätter, frisch	6 g	15 g
Rohschinken	50 g	120 g
Gewürzsalzmischung für Fleisch	4 g	10 g
Weißmehl	20 g	50 g
Bratbutter	30 g	80 g
Marsala	40 g	100 g
Kalbsjus, gebunden	160 g	400 g
Butter	12 g	30 g

Vorbereitung
– Salbeiblätter waschen und mit Küchenpapier trockentupfen.
– Das Kalbfleisch in dünne Schnitzel zu ca. 40 g schneiden und mit je einem halben Salbeiblatt belegen.
– Rohschinken in dünne Tranchen schneiden (Scheiben sollten etwas größer sein als die Schnitzel).
– Jedes Schnitzel mit einer Tranche Rohschinken belegen und die Enden unter die Schnitzel klappen.

Zubereitung
– Saltimbocca würzen und mit Mehl bestäuben.
– Die Schnitzel beidseitig in Bratbutter sautieren, herausnehmen und warm stellen.
– Überschüssigen Fettstoff abgießen.
– Den Bratensatz mit Marsala ablöschen.
– Den gebundenen Kalbsjus beigeben und etwas einkochen lassen.
– Sauce abschmecken und mit Butterflocken verfeinern.
– Fleisch anrichten, mit wenig Sauce nappieren (übergießen) und die restliche Sauce separat servieren.

Hinweise für die Praxis
Durch das Einschlagen der Rohschinkenenden werden keine Zahnstocher zur Fixierung benötigt.

Sautierte Engadiner Kalbfleischröllchen · Paupiettes de veau sautées engadinoise

Zutaten

	4 Pers	10 Pers
Kalbseckstück, dressiert	400 g	1000 g
Bündner Fleisch	60 g	150 g
Rohschinken	60 g	150 g
Bündner Bergkäse	80 g	200 g
Schalotten, geschält	20 g	50 g
Salbei, frisch	2 g	5 g
Thymian, frisch	2 g	5 g
Petersilie, glattblättrig, frisch	4 g	10 g
Salz		
Pfeffer, weiß, aus der Mühle		
Sonnenblumenöl, high oleic	20 g	50 g
Rotwein, Blauburgunder	80 g	200 g
Kalbsjus, gebunden	120 g	300 g

Vorbereitung
- Kalbfleisch in 50 g schwere Schnitzel (pro Person 2 Schnitzel) schneiden und zwischen Plastikfolie plattieren.
- Bündner Fleisch, Rohschinken und Bergkäse in Brunoise (Würfelchen) schneiden.
- Schalotten fein hacken.
- Salbei, Thymian und Petersilie waschen, zupfen, trockentupfen und fein hacken.
- Bündner Fleisch, Rohschinken, Käse, Schalotten und gehackte Kräuter mischen.

Zubereitung
- Mischung von Bündner Fleisch, Rohschinken und Bergkäse auf die Kalbsschnitzel verteilen.
- Die Seiten einschlagen und die Schnitzel so einrollen, dass die Füllung nicht auslaufen kann.
- Röllchen mit Bindfaden binden und mit Salz und Pfeffer würzen.
- Im heißen Öl sautieren und im Ofen gar ziehen lassen.
- Röllchen herausnehmen und den Bindfaden entfernen.
- Bratenfett ableeren und den Bratensatz mit Rotwein ablöschen und auf die Hälfte einkochen.
- Mit dem gebundenen Kalbsjus auffüllen, zur gewünschten Konsistenz einkochen lassen und abschmecken.

Anrichten
- Saucenspiegel auf Teller dressieren.
- Kalbfleischröllchen diagonal halbieren und auf dem Saucenspiegel anrichten.

Hinweise für die Praxis
Als Beilagen passen Pizokel oder Spätzli.

Sautierte Kalbsfilet-Mignons mit Steinpilzrahmsauce
Filets mignons de veau sautés aux cèpes à la crème

Zutaten

	4 Pers	10 Pers
Kalbsfilet, dressiert	600 g	1500 g
Gewürzsalzmischung für Fleisch	4 g	10 g
Bratbutter	40 g	100 g
Schalotten, geschält	15 g	40 g
Steinpilze, frisch, gerüstet	120 g	300 g
Weißwein	40 g	100 g
Kalbsjus, gebunden	320 g	800 g
Vollrahm, 35% (1)	80 g	200 g
Vollrahm, 35% (2)	40 g	100 g
Salz		
Pfeffer, weiß, aus der Mühle		

Vorbereitung
- Das Kalbsfilet in 50 g schwere Mignons schneiden (pro Person 3 Stück à 50 g).
- Schalotten fein hacken.
- Steinpilze mit einem Tuch abreiben und in Scheiben schneiden.
- Vollrahm (2) steif schlagen und kühl stellen.

Zubereitung
- Kalbsfilet-Mignons würzen und in der heißen Bratbutter beidseitig sautieren (Garstufe rosa).
- Herausnehmen und warm stellen.
- Steinpilze und Schalotten beigeben und sautieren.
- Mit Weißwein ablöschen und einkochen lassen.
- Gebundenen Kalbsjus und Vollrahm (1) beigeben und zur gewünschten Konsistenz einkochen.
- Sauce abschmecken und mit geschlagenem Vollrahm verfeinern.

Anrichten
- Saucenspiegel anrichten und die Kalbsfilet-Mignons darauf anrichten.

Hinweise für die Praxis
Ist eine fertige Steinpilzsauce vorhanden, kann diese nach dem Ablöschen und Einkochen des Weißweins zugegeben werden.

Sautierte Kalbsleberstreifen mit Lauch und Schalotten
Aiguillettes de foie de veau sautées à l'échalote et au poireau

Zutaten	4 Pers	10 Pers
Lauch, gebleicht, gerüstet	160 g	400 g
Butter	20 g	50 g
Gemüsefond	60 g	150 g
Salz		
Pfeffer, weiß, aus der Mühle		
Kalbsleber	600 g	1500 g
Weißmehl	6 g	15 g
Bratbutter	35 g	80 g
Salz		
Pfeffer, weiß, aus der Mühle		
Schalotten, geschält	20 g	50 g
Cognac	30 g	70 g
Kalbsjus, gebunden	200 g	500 g
Butter	20 g	50 g

Vorbereitung
- Lauch längs halbieren, waschen und in Paysanne (feinblättrig) schneiden.
- Die Kalbsleber häuten und in 3 cm lange und 1 cm dicke Streifen schneiden.
- Schalotten fein hacken.

Zubereitung
- Lauch in einer Sauteuse in Butter andünsten.
- Gemüsefond beigeben und weich dünsten (die Flüssigkeit soll dabei fast vollständig einkochen).
- Lauchgemüse mit Salz und Pfeffer würzen und warm stellen.
- Kalbsleberstreifen leicht mehlen und in der heißen Bratbutter rosa sautieren.
- Herausnehmen, mit Salz und Pfeffer würzen und warm stellen.
- Die Schalotten beigeben und dünsten.
- Mit Cognac ablöschen, einkochen und mit dem Kalbsjus auffüllen.
- Sauce auf die Hälfte einkochen lassen, mit Butterflocken aufmontieren und abschmecken.

Anrichten
- Ein Bett von Lauchgemüse anrichten und die Kalbsleber darauf anrichten.
- Mit der Sauce umgießen und servieren.

Hinweise für die Praxis
Kalbsleber immer erst nach dem Sautieren salzen.

Sautierte Kalbslebertranchen auf gedünsteten Äpfeln und Rosinen
Tranches de foie de veau sautées aux pommes et raisins étuvés

Zutaten	4 Pers	10 Pers
Kalbslebertranchen	560 g	1400 g
Bratbutter	30 g	80 g
Salz		
Pfeffer, weiß, aus der Mühle		
Apfel-Rosinen-Ragout		
Butter	10 g	25 g
Äpfel, Gala	280 g	700 g
Rohzucker	2 g	5 g
Rosinen, hell	30 g	75 g
Apfelsaft, süß	80 g	200 g
Apfelwein	40 g	100 g
Weißwein, Riesling-Silvaner	20 g	50 g
Saucenhalbrahm, 25%, eingedickt	10 g	25 g
Butter	20 g	50 g

Vorbereitung
- Kalbslebertranchen bereitstellen (pro Person 2 Tranchen à 70 g).
- Äpfel waschen und das Kerngehäuse ausstechen.
- Die ungeschälten Äpfel in längliche Schnitze schneiden.
- Die Rosinen 1 Stunde im Apfelsaft einlegen.

Zubereitung
- Die Apfelschnitze in Butter andünsten und mit dem Rohzucker glasieren.
- Mit Apfelwein, Weißwein und Apfelsaft ablöschen und die Apfelschnitze zugedeckt weich dünsten.
- Äpfel aus der Flüssigkeit herausnehmen.
- Rosinen beigeben und die Flüssigkeit bis zum Sirup einkochen.
- Saucenhalbrahm beigeben und nochmals etwas einkochen.
- Butterflocken unter die eingekochte Flüssigkeit montieren.
- Die gegarten Apfelschnitze wieder beigeben, kurz schwenken und warm stellen.
- Bratbutter in einer Lyoner Pfanne erhitzen.
- Kalbslebertranchen beidseitig rosa sautieren und anschließend mit Salz und Pfeffer würzen.

Anrichten
- Die gedünsteten Äpfel und Rosinen anrichten.
- Die sautierten Kalbslebertranchen darauf anrichten.

Hinweise für die Praxis
Das Apfelragout kann auch mit Calvados verfeinert werden.

Sautierte Kalbsmilken/Kalbsbries mit saurem Rahmgemüse
Ris de veau sauté aux légumes à la crème aigre

Zutaten	4 Pers	10 Pers
Herzmilken vom Kalb/Kalbsbries	600 g	1500 g
Wasser	300 g	750 g
Weißwein, Riesling-Silvaner	150 g	375 g
Weißweinessig	150 g	375 g
Meersalz, grob	4 g	10 g
Zwiebeln, geschält	40 g	100 g
Lauch, gebleicht, gerüstet	40 g	100 g
Karotten, geschält	40 g	100 g
Knollensellerie, geschält	40 g	100 g
Sonnenblumenöl, high oleic	30 g	80 g
Rosmarinzweige	2 g	5 g
Thymianzweige	2 g	5 g
Gewürzsalzmischung für Fleisch	4 g	10 g
Weißmehl	40 g	100 g
Saucenhalbrahm, 25%, eingedickt	40 g	100 g
Schnittlauch, frisch	2 g	5 g
Petersilie, glattblättrig, frisch	2 g	5 g
Thymian, frisch	2 g	5 g

Vorbereitung
- Kalbsmilken degorgieren (wässern), um sie von den Blutresten zu befreien, blanchieren und häuten.
- Zwiebeln, Lauch, Karotten und Knollensellerie in 5 mm große Würfel schneiden.
- Schnittlauch fein schneiden.
- Petersilie und Thymian waschen, zupfen, trockentupfen und fein hacken.

Zubereitung
- Gemüsewürfel im Sonnenblumenöl andünsten.
- Mit Weißwein, Wasser und Weißweinessig auffüllen und aufkochen.
- Meersalz, Rosmarin- und Thymianzweige beigeben.
- Die blanchierten Kalbsmilken beigeben und bei einer Temperatur von 80 °C zu $2/3$ pochieren.
- Kalbsmilken im Fond leicht auskühlen lassen.
- Kalbsmilken auf Küchenpapier abtropfen, von den gröberen Häuten befreien und in 1,5 cm dicke Tranchen schneiden.
- Kalbsmilkentranchen würzen, im Weißmehl wenden und im Sonnenblumenöl goldgelb sautieren und warm stellen.
- Gemüsewürfel aus dem Pochierfond nehmen und abtropfen lassen.
- Saucenhalbrahm und wenig Pochierflüssigkeit zur gewünschten Konsistenz einkochen lassen, die Gemüsewürfel beigeben und fertig garen.
- Sauce abschmecken und Schnittlauch, Petersilie und Thymian beigeben.

Anrichten
- Kalbsmilken auf das Gemüsebett anrichten und servieren.

Sautierte Kalbsnierentranchen mit Rotweinschalotten und knusprigen Knoblauchscheiben
Tranches de rognon de veau sautées aux échalottes au vin rouge et à l'ail croustillant

Zutaten	4 Pers	10 Pers
Kalbsnieren, ganz, mit wenig Fett	600 g	1500 g
Gewürzsalzmischung für Fleisch	6 g	15 g
Weißmehl	10 g	25 g
Bratbutter	30 g	75 g
Knoblauch, geschält	10 g	20 g
Sonnenblumenöl, high oleic	10 g	25 g
Bordeleser Sauce	80 g	200 g

Rotweinschalotten

	4 Pers	10 Pers
Butter	20 g	50 g
Schalotten, geschält	120 g	300 g
Zucker	1 g	3 g
Rotwein, Shiraz	120 g	300 g
Salz		
Pfeffer, weiß, aus der Mühle		

Vorbereitung
- Kalbsnieren mit wenig Fett in gleichmäßige Tranchen schneiden.
- Knoblauch in feine Scheiben schneiden und im Sonnenblumenöl goldgelb und knusprig rösten.
- Schalotten in feine Scheiben schneiden.

Zubereitung
- Die Schalottenscheiben in Butter hellbraun sautieren und mit Zucker glasieren.
- Mit dem Shiraz-Rotwein ablöschen und zugedeckt bei niedriger Temperatur weich garen, bis sämtliche Flüssigkeit eingekocht ist.
- Die Rotweinschalotten mit Salz und Pfeffer abschmecken.
- Die Kalbsnierentranchen mit Weißmehl stäuben, in Bratbutter in einem Sautoir rosa sautieren und würzen.
- Kalbsnieren herausnehmen und warm stellen.
- Sautoir mit Küchenpapier ausreiben und die Bordeleser Sauce darin erhitzen.

Anrichten
- Kalbsnieren auf Küchenpapier trockentupfen und anrichten.
- Mit wenig Bordeleser Sauce abglänzen und die Rotweinschalotten darauf anrichten.
- Mit den knusprigen Knoblauchscheiben bestreuen.
- Restliche Bordeleser Sauce in einer Sauciere separat dazu servieren.

Sautierte Kalbsschnitzel mit Rahmsauce · Escalopes de veau sautées à la crème

Zutaten

	4 Pers	10 Pers
Kalbsnuss, dressiert	600 g	1500 g
Gewürzsalzmischung für Fleisch	4 g	10 g
Weißmehl	20 g	50 g
Sonnenblumenöl, high oleic	40 g	100 g
Schalotten, geschält	25 g	60 g
Weißwein	40 g	100 g
Kalbsjus, gebunden	120 g	300 g
Saucenhalbrahm, 25%, eingedickt	80 g	200 g
Vollrahm, 35%	60 g	150 g
Zitronensaft, frisch	5 g	10 g
Salz		
Pfeffer, weiß, aus der Mühle		

Vorbereitung

– Aus der Kalbsnuss Schnitzel von je 75 g schneiden (pro Person 2 Schnitzel).
– Kalbsschnitzel zwischen Plastikfolie leicht plattieren.
– Schalotten fein hacken.
– Den Vollrahm halb steif schlagen und kühl stellen.

Zubereitung

– Kalbsschnitzel würzen und mit Weißmehl stäuben.
– In heißem Öl beidseitig hell sautieren.
– Herausnehmen und warm stellen, das überschüssige Öl abgießen.
– Die Schalotten im Bratensatz andünsten.
– Mit Weißwein ablöschen und vollständig reduzieren.
– Gebundenen Kalbsjus und den Saucenhalbrahm beigeben.
– Sauce kurz durchkochen lassen und durch ein Drahtspitzsieb passieren.
– Sauce mit dem halb geschlagenen Rahm und dem Zitronensaft verfeinern und abschmecken.
– Kalbsschnitzel anrichten und mit einem Teil der Sauce nappieren.
– Restliche Sauce in einer Sauciere separat dazu servieren.

Hinweise für die Praxis

Als Sättigungsbeilagen eignen sich Butternudeln oder Kartoffelstock (im Frühling mit fein geschnittenem Bärlauch).

Sautierte Kalbsschnitzel mit Zitronensauce · Escalopes de veau sautées au citron

Zutaten

	4 Pers	10 Pers
Kalbsnuss, dressiert	600 g	1500 g
Gewürzsalzmischung für Fleisch	12 g	30 g
Weißmehl	20 g	50 g
Sonnenblumenöl, high oleic	40 g	100 g
Weißwein	80 g	200 g
Zitronensaft, frisch	40 g	100 g
Kalbsjus, gebunden	80 g	200 g
Butter	20 g	50 g
Salz		
Pfeffer, weiß, aus der Mühle		
Limonen	120 g	300 g
Limonenzesten	4 g	10 g

Vorbereitung

– Die Kalbsnuss in möglichst runde Schnitzel zu je 50 g schneiden (pro Person 3 Schnitzel) und leicht plattieren.
– Butter in Würfel schneiden und kühl stellen.
– Von den Limonen mit einem Zestenschneider die rezeptierte Menge Zesten entfernen.
– Limonenzesten blanchieren, im Eiswasser abschrecken und abschütten.
– Von den Limonen Schalen und Haut mit einem Filetiermesser wegschneiden.
– Die so vorbereiteten Limonen in dünne Scheibchen schneiden (pro Schnitzel 1 Limonenscheibe).

Zubereitung

– Die Kalbsschnitzel würzen, mehlen und im heißen Sonnenblumenöl sautieren und warm stellen.
– Das Öl abgießen.
– Den Bratensatz mit Weißwein ablöschen und sirupartig einkochen.
– Den Kalbsjus beigeben, zur gewünschten Konsistenz einkochen und durch ein Drahtspitzsieb passieren.
– Die Sauce mit dem Zitronensaft verfeinern.
– Die Sauce mit Butterflocken aufmontieren und mit Salz und Pfeffer abschmecken.

Anrichten

– Kalbsschnitzel anrichten und mit der Sauce nappieren (übergießen).
– Mit den Limonenscheiben belegen und mit den Limonenzesten bestreuen.

Hinweise für die Praxis

Als Variante kann die Sauce mit viel gehackter, glattblättriger Petersilie ergänzt werden. Als Beilagen passen Risotto mit Tomatenwürfeln und Basilikum und gebackene Auberginen- und Zucchettischeiben.

GERICHTE AUS SCHLACHTFLEISCH

Sautierter Kaninchenschenkel mit Sauternes · Cuisse de lapin sautée au Sauternes

Zutaten

	4 Pers	10 Pers
Kaninchenschenkel, dressiert	720 g	1800 g
Gewürzsalzmischung für Fleisch	15 g	30 g
Kerbel, frisch	20 g	50 g
Rosmarin, frisch	8 g	20 g
Weißmehl	15 g	40 g
Sonnenblumenöl, high oleic	40 g	80 g
Matignon, bunt	60 g	150 g
Weißwein, Sauternes	160 g	400 g
Kalbsjus, gebunden	120 g	300 g
Butter	15 g	40 g
Salz		
Pfeffer, weiß, aus der Mühle		
Kerbel, frisch	8 g	20 g

Vorbereitung
- Kerbel waschen, zupfen und trockentupfen.
- Rosmarin waschen und kleine Zweiglein (ein Stück pro Person) bereitstellen.
- Kaninchenschenkel aufschneiden, Oberschenkelknochen auslösen, Haxenknochen belassen.
- Die Innenseite der Schenkel würzen und mit Kerbel belegen.
- Schenkel wieder in die ursprüngliche Form bringen.
- Je ein Rosmarinzweiglein auf die Schenkel legen und mit Bindfaden binden.

Zubereitung
- Die vorbereiteten Kaninchenschenkel würzen, mit Weißmehl bestäuben und im Sonnenblumenöl allseitig ansautieren.
- Das Matignon zu den Schenkeln geben und ca. 15–20 Minuten im Ofen unter zeitweiligem Arrosieren fertig sautieren.
- Das Fleisch herausnehmen, Bindfaden entfernen, warm stellen und das überschüssige Fett abgießen.
- Den Bratensatz mit ¾ des Sauternes-Weines ablöschen.
- Mit dem gebundenen Kalbsjus auffüllen und zur Hälfte einkochen.
- Die Sauce passieren, den restlichen Sauternes-Wein beigeben und nochmals aufkochen.
- Die Sauce mit Butterflocken aufmontieren und abschmecken.

Anrichten
- Saucenspiegel auf einem Teller oder einer Platte anrichten.
- Die Haxe vom Schenkelfleisch trennen und in der Tellermitte aufstellen.
- Das Schenkelfleisch tranchieren und um die Haxe anordnen.
- Mit Kerbelsträußchen ausgarnieren.

Sautierte Lamm-Chops provenzalische Art · Chops d'agneau sautés provençale

Zutaten

	4 Pers	10 Pers
Lammnierstück, dressiert	640 g	1600 g
Thymian, frisch	8 g	20 g
Gewürzsalzmischung für Lamm	12 g	30 g
Olivenöl	20 g	50 g

Sauce

	4 Pers	10 Pers
Schalotten, geschält	20 g	50 g
Knoblauch, geschält	8 g	20 g
Weißwein	80 g	200 g
Kalbsjus, gebunden	160 g	400 g
Tomaten, geschält, entkernt	100 g	250 g
Basilikum, frisch	8 g	20 g
Oliven, schwarz, entsteint	40 g	100 g
Salz		
Pfeffer, weiß, aus der Mühle		
Butter	10 g	20 g
Champignons, frisch, gerüstet	40 g	100 g
Salz		
Pfeffer, weiß, aus der Mühle		

Vorbereitung
- Pro Person 4 Lamm-Chops à je 40 g schneiden.
- Thymian waschen, zupfen, trockentupfen und fein hacken.
- Schalotten und Knoblauch fein hacken.
- Tomaten in 5 mm große Würfel schneiden.
- Basilikum und Petersilie waschen, zupfen, trockentupfen und fein hacken.
- Schwarze Oliven vierteln.
- Champignons waschen, abtropfen lassen und in 3 mm dicke Scheiben schneiden.

Zubereitung
- Die Lamm-Chops mit Thymian und der Gewürzsalzmischung würzen.
- Im Olivenöl rosa sautieren, herausnehmen und warm stellen.
- Das überschüssige Öl abschütten, Schalotten und Knoblauch beigeben und dünsten.
- Mit Weißwein ablöschen und auf 10% einkochen lassen.
- Mit dem Kalbsjus auffüllen und zur gewünschten Konsistenz einkochen.
- Die Tomatenwürfel, Kräuter und Oliven beigeben, kurz durchkochen und abschmecken.
- Die Champignons in Butter sautieren und würzen.

Anrichten
- Saucenspiegel anrichten und die sautierten Champignons darauf verteilen.
- Die Lamm-Chops darauf anrichten und servieren.

Sautierte Lammhuft mit Pommery-Senf-Jus und Origano
Quasi d'agneau sauté au jus de moutarde Pommery et à l'origan

Zutaten

	4 Pers	10 Pers
Lammhuft, dressiert, ohne Zapfen	600 g	1500 g
Gewürzsalzmischung für Lamm	6 g	15 g
Sonnenblumenöl, high oleic	30 g	75 g
Weißwein	100 g	250 g
Pfefferkörner, weiß	0,5 g	2 g
Kalbsfond, braun	160 g	400 g
Pommery-Senf	20 g	50 g
Origano, frisch	2 g	5 g
Salz		
Pfeffer, weiß, aus der Mühle		

Vorbereitung
– Pfefferkörner fein zerdrücken.
– Origano waschen, trockentupfen, zupfen und fein hacken.
– Origanostiele zerkleinern und für die Reduktion verwenden.

Zubereitung
– Lammhuft mit dem Gewürzsalz würzen.
– In einem Sautoir im heißen Sonnenblumenöl beidseitig ansautieren.
– Bei niedriger Temperatur zur gewünschten Garstufe (rosa, Kerntemperatur 55 °C) fertig sautieren.
– Lammhuft herausnehmen und bei ca. 60 °C abstehen lassen.
– Bratensatz mit Weißwein ablöschen, Pfefferkörner und Origanostiele beigeben.
– Reduktion zu einem Drittel einkochen und braunen Kalbsfond beigeben.
– Sauce passieren und zur gewünschten Konsistenz einkochen.
– Pommery-Senf beigeben und nochmals aufkochen.
– Sauce abschmecken und die gehackten Origanoblätter beigeben.

Anrichten
– Saucenspiegel anrichten.
– Lammhuft quer zum Faserverlauf dünn aufschneiden
– Fächerförmig auf dem Saucenspiegel anrichten und mit Butter bepinseln.

Hinweise für die Praxis
Der Huftzapfen sollte entfernt und anderweitig verwendet werden (z.B. für Geschnetzeltes). Als Stärkebeilagen eignet sich ein Kartoffelgratin oder kleine neue Bratkartoffeln.

Sautierte Lammrückenfilets auf Fenchelpüree · Filets d'agneau sautés à la purée de fenouil

Zutaten

	4 Pers	10 Pers
Lammrückenfilets, pariert	640 g	1600 g
Gewürzsalzmischung für Lamm	6 g	15 g
Olivenöl	40 g	100 g
Butter (1)	16 g	40 g
Schalotten, geschält	20 g	50 g
Fenchel, gerüstet	320 g	800 g
Geflügelfond, hell	180 g	450 g
Salz		
Pfeffer, weiß, aus der Mühle		
Zitronensaft, frisch	15 g	40 g
Mehlbutter	8 g	20 g
Fenchelkraut	4 g	10 g
Butter (2)	5 g	10 g

Vorbereitung
- Schalotten fein hacken.
- Fenchel waschen, abtropfen lassen und in Streifen schneiden.
- Fenchelkraut fein hacken.

Zubereitung
- Schalotten in Butter (1) andünsten, Fenchel beigeben und mitdünsten.
- Mit dem Geflügelfond auffüllen und den Fenchel weich garen.
- Das weich gegarte Gemüse mixen und durch ein Haarsieb streichen.
- Das Püree mit Salz, Pfeffer und Zitronensaft abschmecken.
- Mit Mehlbutter (Beurre manié) leicht binden und kurz kochen lassen.
- Das fein gehackte Fenchelkraut beigeben.
- Die Lammrückenfilets würzen und im Olivenöl leicht blutig sautieren.
- An der Wärme etwas abstehen lassen.

Anrichten
- Die Lammrückenfilets leicht schräg in 2 cm dicke Medaillons schneiden.
- Fächerförmig auf das Fenchelpüree anrichten und mit Butter (2) bepinseln.

Hinweise für die Praxis
Anstelle von Fenchelkraut kann auch Pfefferminze verwendet werden, die Menge muss aber auf 50% der Fenchelkrautmenge reduziert werden. Mehlbutter/Beurre manié: Weißmehl und Butter im Verhältnis 1 : 1 verknetet.

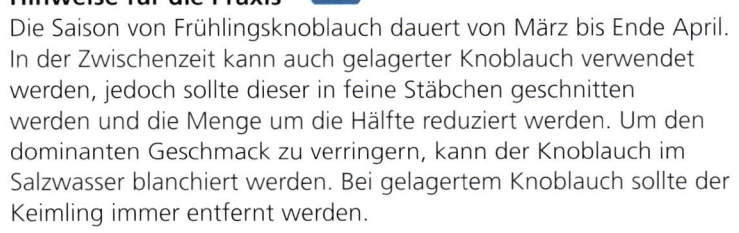

Sautierte Rindsfilet-Mignons mit jungem Knoblauch und Majoran
Filets mignons de bœuf sautés à l'ail frais et à la marjolaine

Zutaten

	4 Pers	10 Pers
Rindsfilet, 1. Qualität, dressiert	600 g	1500 g
Salz		
Pfeffer, schwarz, aus der Mühle		
Sonnenblumenöl, high oleic	30 g	75 g
Rotwein, Merlot	50 g	125 g
Aceto Balsamico di Modena (Balsamessig)	10 g	25 g
Kalbsjus, gebunden	60 g	150 g

Garnitur

	4 Pers	10 Pers
Butter	15 g	40 g
Frühlingsknoblauch, gerüstet	80 g	200 g
Majoran, frisch	2 g	5 g

Vorbereitung
- Aus dem schmalen Teil des Rindsfilets gleichmäßige Mignons schneiden (pro Person 3 Mignons à je 50 g).
- Den Frühlingsknoblauch in Butter hellbraun und knackig sautieren.
- Den gebundenen Kalbsjus zu einer dickflüssigen Sauce einkochen.
- Majoran waschen, zupfen, trockentupfen und fein hacken.

Zubereitung
- Die Rindsfilet-Mignons mit Salz und Pfeffer würzen und im heißen Sonnenblumenöl beidseitig bis zur gewünschten Garstufe sautieren.
- Aus der Pfanne nehmen und auf einem Gitterrost im Rechaud bei 50 °C kurze Zeit abstehen lassen.
- Das überschüssige Sonnenblumenöl abgießen und mit dem Rotwein und dem Balsamessig ablöschen, kurz einkochen lassen und anschließend durch ein feines Sieb in den reduzierten Kalbsjus passieren.

Anrichten
- Saucenspiegel auf Teller anrichten.
- Die Mignons auf dem Saucenspiegel anrichten.
- Den sautierten Knoblauch darauf verteilen und mit dem gehackten Majoran bestreuen.

Hinweise für die Praxis
Die Saison von Frühlingsknoblauch dauert von März bis Ende April. In der Zwischenzeit kann auch gelagerter Knoblauch verwendet werden, jedoch sollte dieser in feine Stäbchen geschnitten werden und die Menge um die Hälfte reduziert werden. Um den dominanten Geschmack zu verringern, kann der Knoblauch im Salzwasser blanchiert werden. Bei gelagertem Knoblauch sollte der Keimling immer entfernt werden.

Sautierte Rindsfilet-Mignons mit Rotweinsauce
Filets mignons de bœuf sautés, sauce au vin rouge

Zutaten	4 Pers	10 Pers
Rindsfilet, 1. Qualität, dressiert	560 g	1400 g
Gewürzsalzmischung für Fleisch	8 g	20 g
Sonnenblumenöl, high oleic	40 g	100 g
Sauce		
Butter (1)	10 g	20 g
Schalotten, geschält	20 g	50 g
Pfefferkörner, schwarz, gebrochen	1 g	2 g
Thymian, frisch	1 g	2 g
Rotwein, Bordeaux	200 g	500 g
Kalbsjus, gebunden	200 g	500 g
Butter (2)	15 g	30 g
Salz		
Pfeffer, weiß, aus der Mühle		

Vorbereitung
- Aus dem Rindsfilet Mignons zu je 70 g schneiden (pro Person 2 Stück).
- Schalotten fein hacken.
- Thymian waschen, zupfen und trockentupfen.
- Die Butter (2) zum Aufmontieren der Sauce in Würfel schneiden und kühl stellen.

Zubereitung
- Die Rindsfilet-Mignons mit dem Gewürzsalz würzen.
- Im heißen Sonnenblumenöl zur gewünschten Garstufe sautieren.
- Das Fleisch herausnehmen, warm stellen und das Öl abgießen.
- Die Butter (1) beigeben und die gehackten Schalotten andünsten.
- Die gebrochenen Pfefferkörner und den Thymian beigeben und mit Rotwein ablöschen.
- Langsam auf ⅓ einreduzieren lassen.
- Mit dem gebundenen Kalbsjus auffüllen und zur gewünschten Konsistenz einkochen lassen (50 g Sauce pro Person).
- Sauce durch ein feines Sieb passieren und die Butterwürfel mit einem Schwingbesen unterrühren.
- Die Sauce abschmecken.
- Die Rindsfilet-Mignons anrichten und mit der Sauce nappieren (übergießen).

Hinweise für die Praxis
Für eine gehaltvolle Sauce unbedingt einen kräftigen, schweren Rotwein verwenden.

Sautierte Tournedos mit dreifarbiger Pfefferbutter mit Rotweinschalotten
Tournedos sautés au beurre de poivres tricolores et aux échalotes au vin rouge

Zutaten	4 Pers	10 Pers
Rindsfilet, 1. Qualität, dressiert	640 g	1600 g
Salz		
Pfeffer, schwarz, aus der Mühle		
Sonnenblumenöl, high oleic	30 g	75 g
Rotwein, Merlot	40 g	100 g
Marsala	30 g	75 g
Kalbsjus, gebunden	60 g	150 g
Pfefferbutter, dreifarbig, mit Rotweinschalotten	80 g	200 g

Vorbereitung
- Vom schmaleren Teil des Rindsfilets gleichmäßige Tournedos zu je 80 g schneiden (pro Person 2 Tournedos).

Zubereitung
- Die Tournedos würzen und im heißen Sonnenblumenöl beidseitig bis zur gewünschten Garstufe sautieren.
- Die Tournedos herausnehmen und auf einem Gitterrost kurz im Rechaud bei 50 °C abstehen lassen.
- Das Öl aus der Pfanne abgießen und den Bratensatz mit Rotwein und Marsala ablöschen, den Kalbsjus beigeben und bis zu einer dickflüssigen Glace einkochen.
- Die Tournedos anrichten, mit der Glace bestreichen und die Pfefferbutter mit Rotweinschalotten obenauf legen.

Hinweise für die Praxis
Die Pfefferbutter mit Rotweinschalotten sollte nicht direkt aus dem Kühlschrank serviert werden (kann auch separat dazu gereicht werden). Pro Tournedos 1 Rosette Pfefferbutter mit Rotweinschalotten à 10 g disponieren.

Sautierte Schweinsfilet-Medaillons mit Äpfeln und Calvados-Sauce
Médaillons de filet mignon de porc sautés aux pommes, sauce au Calvados

Zutaten

	4 Pers	10 Pers
Schweinsfilet, dressiert	480 g	1200 g
Gewürzsalzmischung für Fleisch	8 g	20 g
Weißmehl	15 g	40 g
Sonnenblumenöl, high oleic	40 g	100 g
Butter	15 g	40 g
Äpfel, geschält, ohne Kerngehäuse	240 g	600 g
Zitronensaft, frisch	5 g	10 g
Apfelwein	80 g	200 g
Kalbsjus, gebunden	120 g	300 g
Saucenrahm, 35%	40 g	100 g
Calvados	20 g	50 g
Salz		
Pfeffer, weiß, aus der Mühle		

Vorbereitung
- Schweinsfilet in Medaillons zu je 40 g schneiden (pro Person 3 Medaillons).
- Äpfel in 1 cm dicke Scheiben schneiden (pro Person 3 Apfelscheiben) und mit Zitronensaft beträufeln.

Zubereitung
- Die Schweinsfilet-Medaillons würzen und mit Weißmehl bestäuben.
- Im heißen Öl die Medaillons beidseitig sautieren, herausnehmen und warm stellen.
- Das Öl abgießen.
- Die Butter erhitzen und die Apfelscheiben darin unter leichter Farbgebung weich sautieren.
- Die Apfelscheiben herausnehmen und auf jedes Medaillon eine Apfelscheibe legen.
- Den Bratensatz mit dem Apfelwein ablöschen und sirupartig einkochen lassen.
- Mit dem Kalbsjus auffüllen, kurz kochen lassen und die Sauce durch ein Drahtspitzsieb passieren.
- Sauce zur gewünschten Konsistenz einkochen, den Saucenrahm beigeben und abschmecken.
- Die Sauce mit Calvados parfümieren.

Anrichten
- Schweinsfilet-Medaillons mit Apfelscheiben anrichten und mit der Sauce nappieren.

Hinweise für die Praxis
Als Dekoration können halbierte weiße und blaue Trauben in die Apfelscheiben gelegt werden.

Sautiertes Entrecôte Café de Paris · Entrecôte sautée Café de Paris

Zutaten

	4 Pers	10 Pers
Entrecôtes, dressiert	640 g	1600 g
Gewürzsalzmischung für Fleisch	4 g	10 g
Sonnenblumenöl, high oleic	20 g	50 g
Café de Paris-Butter	160 g	400 g

Garnitur

	4 Pers	10 Pers
Brunnenkresse, gerüstet	20 g	50 g

Vorbereitung
- Entrecôtes portionieren (160 g pro Person).
- Die Café de Paris-Butter in gleichmäßige Scheiben von 5 mm Dicke (40 g pro Person) schneiden.

Zubereitung
- Die Entrecôtes würzen.
- Im erhitzten Öl etwas weniger als die gewünschte Garstufe sautieren.
- Herausnehmen und anrichten und die Café de Paris-Butter gleichmäßig auf dem Fleisch verteilen.
- Unter dem Salamander goldgelb überbacken, mit Brunnenkresse garnieren und sofort servieren.

Hinweise für die Praxis
Beim Garen sollte man bedenken, dass das Fleisch beim Gratinieren noch nachgart, sodass der Gast die gewünschte Garstufe erhält.

Sautiertes Kalbsschnitzel Cordon bleu · Escalope de veau Cordon bleu

Zutaten	4 Pers	10 Pers
Kalbseckstück, dressiert	560 g	1400 g
Gruyère, ohne Rinde	120 g	300 g
Schinken, gekocht	80 g	200 g
Gewürzsalzmischung für Fleisch	6 g	15 g
Weißmehl	20 g	50 g
Vollei, pasteurisiert	60 g	150 g
Mie de pain/weißes Paniermehl	160 g	400 g
Bratbutter	60 g	150 g
Zitronen	2	5

Vorbereitung
– Das Kalbfleisch in Schnitzel zu je 70 g schneiden und zwischen Plastikfolie plattieren.
– Den Schinken in gleich große Tranchen schneiden.
– Den Gruyère in Scheiben schneiden, in die Schinkentranchen einpacken und zwischen zwei Schnitzel legen.
– Zitronen halbieren und die Kerne entfernen.

Zubereitung
– Die gefüllten Kalbsschnitzel würzen, leicht mehlen, durch das Ei ziehen und im Mie de pain (weißes Paniermehl) panieren.
– Die Cordon bleu in der erhitzten Bratbutter beidseitig goldgelb sautieren.
– Schnitzel anrichten und mit halben Zitronen garnieren.

Sautiertes Kalbssteak mit Morchelrahmsauce · Steak de veau sauté aux morilles à la crème

Zutaten	4 Pers	10 Pers
Kalbsnierstück, dressiert	640 g	1600 g
Gewürzsalzmischung für Fleisch	4 g	10 g
Weißmehl	8 g	20 g
Sonnenblumenöl, high oleic	30 g	70 g

Sauce		
Butter	15 g	40 g
Schalotten, geschält	15 g	40 g
Morcheln, ohne Stiel, getrocknet	20 g	50 g
Weißwein, Riesling	120 g	300 g
Cognac	20 g	50 g
Kalbsfond, hell	160 g	400 g
Kalbsjus, gebunden	160 g	400 g
Vollrahm, 35 %	160 g	400 g
Salz		
Pfeffer, weiß, aus der Mühle		

Vorbereitung
– Kalbssteaks zu je 160 g pro Person schneiden.
– Die Morcheln im lauwarmen Wasser einweichen und anschließend je nach Größe halbieren oder vierteln.
– Morcheln mehrmals gründlich waschen.
– Schalotten fein hacken.

Zubereitung
– Die Schalotten in Butter andünsten, die Morcheln beigeben und 5 Minuten mitdünsten.
– Mit Weißwein (2/3 der Menge) ablöschen, einkochen lassen und anschließend den Cognac zugeben.
– Hellen Kalbsfond beigeben und auf die Hälfte einkochen lassen.
– Anschließend den gebundenen Kalbjus und den Vollrahm beigeben und zu einer sämigen Sauce einkochen lassen.
– Die Sauce zugedeckt beiseite stellen.
– Die Kalbssteaks würzen und mit Weißmehl leicht stäuben.
– Sonnenblumenöl erhitzen und die Kalbssteaks beidseitig goldbraun bis zur Garstufe rosa sautieren.
– Das Fleisch herausnehmen und warm stellen.
– Den Bratensatz mit dem restlichen Weißwein ablöschen, durch ein Sieb passieren, der vorbereiteten Morchelsauce beigeben und abschmecken.
– Die Kalbssteaks anrichten und mit der Morchelsauce nappieren.

Hinweise für die Praxis
Sollte eine fertige Morchelsauce verwendet werden, wird nach dem Sautieren der Kalbssteaks der Bratensatz mit Weißwein abgelöscht und mit wenig Kalbjus eingekocht. Anschließend wird die fertige Morchelsauce beigegeben. Die Morchelsauce kann während der Saison auch mit frischen Morcheln zubereitet werden (frische Morcheln vor dem Zubereiten stets blanchieren).

Sautiertes Pfeffersteak vom Pferd · Steak de cheval sauté au poivre

Zutaten

	4 Pers	10 Pers
Pferdefilet, dressiert	640 g	1600 g
Pfefferkörner, bunt, getrocknet	10 g	30 g
Gewürzsalzmischung für Fleisch	4 g	10 g
Sonnenblumenöl, high oleic	20 g	50 g

Sauce

	4 Pers	10 Pers
Butter	20 g	50 g
Schalotten, geschält	40 g	100 g
Rotwein, Shiraz	80 g	200 g
Cognac	40 g	100 g
Demi-glace	200 g	500 g
Saucenhalbrahm, 25 %, eingedickt	60 g	150 g
Petersilie, glattblättrig, frisch	4 g	10 g
Salz		

Vorbereitung
- Pferdefilet zu Steaks à 160 g pro Person schneiden.
- Den getrockneten Pfeffer in einem Vakuumbeutel mit einem Fleischklopfer fein zerdrücken.
- Den Pfeffer zu beiden Seiten der Steaks gut andrücken.
- Schalotten fein hacken.
- Petersilie waschen, zupfen, trockentupfen und in Streifen schneiden.

Zubereitung
- Die Pferdesteaks würzen und in einer Lyoner Pfanne zur gewünschten Garstufe sautieren.
- Das Fleisch herausnehmen und im Rechaud bei ca. 60 °C kurze Zeit abstehen lassen.
- Die Butter in die Lyoner Pfanne geben und die Schalotten kurz dünsten.
- Mit dem Rotwein und Cognac ablöschen, den Bratensatz auflösen, stark einkochen und in eine Sauteuse passieren.
- Die Demi-glace beigeben und zur gewünschten Konsistenz einkochen lassen.
- Den Saucenhalbrahm beigeben und abschmecken; zum Schluss die Petersilie beigeben.

Anrichten
- Einen Saucenspiegel anrichten und das Pferdesteak darauf anrichten.
- Die restliche Sauce in einer Sauciere separat dazu servieren.

Hinweise für die Praxis
Der Sauce können nach Belieben zusätzlich abgetropfte grüne Pfefferkörner beigegeben werden.

Sautiertes Schweinskotelett mit Senfsauce · Côte de porc sautée à la moutarde

Zutaten

	4 Pers	10 Pers
Schweinskoteletts, geschnitten	720 g	1800 g
Salz		
Pfeffer, weiß, aus der Mühle		
Weißmehl	20 g	50 g
Sonnenblumenöl, high oleic	40 g	100 g
Schalotten, geschält	20 g	50 g
Weißwein	80 g	200 g
Demi-glace	160 g	400 g
Meaux-Vollkornsenf	30 g	80 g
Zitronensaft, frisch	12 g	30 g
Salz		
Pfeffer, weiß, aus der Mühle		

Vorbereitung
- Schweinskoteletts à 180 g pro Person bereitstellen.
- Schalotten fein hacken.

Zubereitung
- Die Koteletts würzen und mit Weißmehl bestäuben.
- In einem Sautoir im heißen Öl beidseitig sautieren.
- Die Koteletts herausnehmen und warm stellen.
- Das überschüssige Öl abgießen.
- Die gehackten Schalotten im Bratensatz dünsten.
- Mit Weißwein ablöschen und vollständig einkochen.
- Demi-glace beigeben und kurz aufkochen.
- Mit Meaux-Vollkornsenf und Zitronensaft verfeinern und abschmecken.
- Die Koteletts anrichten und mit der Sauce nappieren oder separat dazu servieren.

Sautiertes Schweinskotelett Walliser Art · Côte de porc sautée valaisanne

Zutaten

	4 Pers	10 Pers
Schweinskoteletts, geschnitten	720 g	1800 g
Gewürzsalzmischung für Fleisch	6 g	15 g
Weißmehl	20 g	50 g
Sonnenblumenöl, high oleic	40 g	100 g
Butter	20 g	50 g
Schalotten, geschält	35 g	90 g
Knoblauch, geschält	2 g	5 g
Tomaten-Concassé	160 g	400 g
Basilikumblätter, frisch	4 g	10 g
Origanoblätter, frisch	4 g	10 g
Salz		
Pfeffer, weiß, aus der Mühle		
Raclette-Käse, ohne Rinde	160 g	400 g
Rosmarinzweige	4	10

Vorbereitung

- Schweinskoteletts à 180 g pro Person bereitstellen.
- Die Schalotten und den Knoblauch fein hacken.
- Basilikum- und Origanoblätter waschen, trockentupfen und fein hacken.
- Raclette-Käse in Scheiben schneiden.
- Rosmarinzweige waschen und trockentupfen.

Zubereitung

- Die Schweinskoteletts würzen, mehlen und im heißen Öl beidseitig sautieren.
- Die Koteletts herausnehmen, warm stellen und das Öl abgießen.
- Die Butter beigeben und die Schalotten und den Knoblauch andünsten.
- Tomaten-Concassés und die gehackten Kräuter beigeben.
- Kurz aufkochen und abschmecken.
- Tomaten-Concassés auf die Koteletts verteilen und je mit einer Scheibe Raclette-Käse belegen.
- Unter dem Salamander überbacken, mit einem Rosmarinzweig garnieren und servieren.

Hinweise für die Praxis

Je nach Beilage kann ein Saucenspiegel von gebundenem Jus unter die Koteletts angerichtet werden.

Sautiertes Schweinssteak mit Paprikarahmsauce
Côte de porc sautée, sauce au paprika à la crème

Zutaten

	4 Pers	10 Pers
Schweinssteaks, dressiert	640 g	1600 g
Gewürzsalzmischung für Fleisch	6 g	15 g
Weißmehl	20 g	50 g
Sonnenblumenöl, high oleic	40 g	100 g
Paprika, delikatess	8 g	20 g
Weißwein	80 g	200 g
Madeira	20 g	50 g
Demi-glace	160 g	400 g
Salz		
Pfeffer, weiß, aus der Mühle		
Saucenhalbrahm, 25%, eingedickt	80 g	200 g
Peperoni, bunt, entkernt	100 g	250 g
Butter	10 g	30 g

Vorbereitung

- Schweinssteaks à 160 g pro Person bereitstellen.
- Bunte Peperoni waschen und in feine Streifen schneiden.
- Die Peperonistreifen in Butter weich dünsten und warm stellen.

Zubereitung

- Schweinssteaks würzen und mit Weißmehl stäuben.
- Die Steaks beidseitig im heißen Öl sautieren, herausnehmen und warm stellen.
- Das Öl abgießen und das Bratgeschirr vom Herd ziehen.
- Den nicht zu heißen Bratensatz mit Paprika stäuben und sofort mit Weißwein und Madeira ablöschen und einreduzieren.
- Die Demi-glace beigeben und zur gewünschten Konsistenz einkochen.
- Die Sauce durch ein Sieb passieren.
- Den Saucenhalbrahm beigeben und kurz aufkochen.
- Die Sauce mit Salz und Pfeffer abschmecken.
- Die Steaks anrichten, mit der Sauce nappieren und die gedünsteten Peperonistreifen darüber verteilen.

Wiener Schnitzel · Escalope viennoise

Zutaten

	4 Pers	10 Pers
Kalbseckstück, dressiert	560 g	1400 g
Gewürzsalzmischung für Fleisch	4 g	10 g
Weißmehl	40 g	100 g
Vollei, frisch	160 g	400 g
Mie de pain/weißes Paniermehl	200 g	500 g
Sonnenblumenöl, high oleic	200 g	500 g
Bratbutter	200 g	500 g

Garnitur

Zitronen	160 g	400 g
Brunnenkresse, gerüstet	20 g	50 g

Vorbereitung

- Vom Kalbseckstück Kalbsschnitzel zu je 140 g schneiden und mit dem Fleischklopfer zwischen zwei Plastikfolien 3 mm dünn plattieren.
- Die Zitronen vierteln und die Kerne entfernen.
- Brunnenkresse waschen und trockenschleudern.

Zubereitung

- Die Kalbsschnitzel würzen, im Weißmehl wenden und gut abklopfen.
- Durch das Ei ziehen, leicht abstreifen, im Mie de pain wenden und gut andrücken.
- Die panierten Schnitzel vor der Zubereitung 5 Minuten ruhen lassen, damit die Panade antrocknen kann.
- In einer Lyoner Pfanne die Mischung aus Sonnenblumenöl/Bratbutter auf ca. 170 °C erhitzen.
- Die Schnitzel unter stetigem Übergießen mit dem Fettstoff goldgelb sautieren, bis die Panade aufgegangen (soufliert) ist und das Fleisch gar ist.
- Herausnehmen und auf einem Küchenpapier das überschüssige Fett abtropfen lassen.
- Anrichten und mit Zitronenvierteln und Brunnenkresse garnieren.

Hinweise für die Praxis

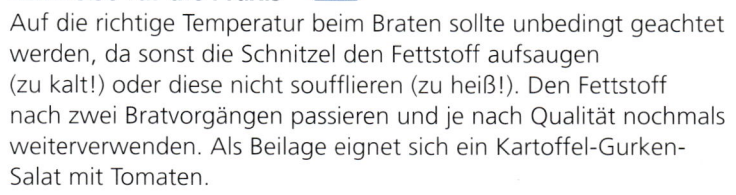

Auf die richtige Temperatur beim Braten sollte unbedingt geachtet werden, da sonst die Schnitzel den Fettstoff aufsaugen (zu kalt!) oder diese nicht soufflieren (zu heiß!). Den Fettstoff nach zwei Bratvorgängen passieren und je nach Qualität nochmals weiterverwenden. Als Beilage eignet sich ein Kartoffel-Gurken-Salat mit Tomaten.

■ GARMETHODE GRILLIEREN

Grilliertes Chateaubriand mit Bearner Sauce · Chateaubriand grillé béarnaise

Zutaten	4 Pers	10 Pers
Rindsfilet, 1. Qualität, dressiert	720 g	1800 g
Thymian, frisch	2 g	5 g
Rosmarin, frisch	1 g	3 g
Pfefferkörner, weiß, zerdrückt		1 g
Sonnenblumenöl, high oleic	40 g	100 g
Salz		
Pfeffer, weiß, aus der Mühle		

Garnitur

Bearner Sauce	160 g	400 g

Vorbereitung
- Das Chateaubriand aus dem Filetkopf oder aus dem Mittelstück schneiden (360 g für 2 Personen) und leicht plattieren.
- Thymian und Rosmarin waschen, trockentupfen und hacken.
- Kräuter mit den zerdrückten Pfefferkörnern und dem Sonnenblumenöl vermengen und das Chateaubriand damit marinieren.

Zubereitung
- Den Grill oder die Grillpfanne erhitzen.
- Das Chateaubriand salzen und beidseitig bis zur gewünschten Garstufe gitterartig grillieren.
- Während des Grillierens das Fleisch mit der Marinade bepinseln.
- Nach dem Grillieren auf einem Gitterrost 5 Minuten abstehen lassen, damit der Fleischsaft beim Tranchieren nicht ausläuft.
- Das Chateaubriand gegen die Fleischfaserung dünn und leicht schräg tranchieren und fächerartig anrichten.
- Die Bearner Sauce separat dazu servieren.

Hinweise für die Praxis
Zu Beginn des Grillierens mit höherer Hitze zeichnen, anschließend bei niedriger Hitze zur gewünschten Garstufe grillieren.
Das Chateaubriand kann auch nach der Gitterzeichnung im Kombisteamer bei 160 °C mit der Kerntemperatursonde bis zur gewünschten Garstufe fertig gegart werden.

Grilliertes doppeltes Kalbskotelett mit Tomatenquarkbutter mit Basilikum
Côte de veau double grillée au beurre de séré aux tomates et au basilic

Zutaten	4 Pers	10 Pers
Kalbskoteletts, dressiert	800 g	2000 g
Olivenöl	40 g	100 g
Basilikum, frisch	10 g	20 g
Pfefferkörner, weiß, zerdrückt	1 g	2 g
Gewürzsalzmischung für Fleisch	6 g	15 g

Garnitur

Brunnenkresse, gerüstet	20 g	50 g
Quarkbutter mit Margarine, getrockneten Tomaten und Basilikum	80 g	200 g
Zitronen	160 g	400 g

Vorbereitung
- Doppeltes Kalbskotelett (500 g für 2 Personen) bereitstellen.
- Basilikum waschen, zupfen und trockentupfen.
- Basilikum mit dem Olivenöl fein mixen.
- Das doppelte Kalbskotelett mit Basilikumöl und den zerdrückten Pfefferkörnern 1 Stunde marinieren.
- Brunnenkresse waschen und trockenschleudern.
- Die Zitronen vierteln und die Kerne entfernen.

Zubereitung
- Grill oder Grillpfanne erhitzen.
- Das Kalbskotelett würzen und auf der einen Seite gitterartig grillieren und wenden.
- Auf der zweiten Seite im gleichen Verfahren bis zur Garstufe rosa weitergrillieren.
- Zwischendurch mit dem restlichen Basilikumöl bepinseln.
- Nach dem Grillieren das Fleisch auf einem Gitterrost im Rechaud 5 Minuten abstehen lassen.
- Das Kalbskotelett auf einer passenden Platte anrichten.
- Mit Brunnenkresse und Zitronenvierteln garnieren.
- Quarkbutter mit getrockneten Tomaten und Basilikum separat dazu servieren.

Hinweise für die Praxis
Die Buttermischung sollte nicht direkt aus dem Kühlschrank serviert werden.

FLEISCH-GARSTUFEN

Rindfleisch, bleu

Rindfleisch, bien cuit

Rindfleisch, saignant

Kalbfleisch, leicht rosa

Rindfleisch, medium

Entenbrust, leicht rosa

Rindfleisch, à point

Lammkarree, rosa

Grilliertes doppeltes Entrecôte Contadino · Entrecôte double grillée Contadino

Zutaten

	4 Pers	10 Pers
Entrecôtes, dressiert	720 g	1800 g
Rindfleischmarinade	40 g	100 g
Gewürzsalzmischung für Fleisch	4 g	10 g

Garnitur

	4 Pers	10 Pers
Olivenöl, kaltgepresst	20 g	50 g
Lauch, gebleicht, gerüstet	30 g	75 g
Artischockenböden, gegart	160 g	400 g
Cherry-Tomaten	160 g	400 g
Oliven, schwarz, entsteint	40 g	100 g
Oliven, grün, entsteint	40 g	100 g
Origano, frisch	2 g	5 g
Salz		
Pfeffer, weiß, aus der Mühle		

Vorbereitung

- Doppeltes Entrecôte (360 g für 2 Personen) mit der Marinade bestreichen und eine Stunde marinieren.
- Lauch waschen und in Rondellen von 4 mm Dicke schneiden.
- Lauchrondellen im Salzwasser blanchieren, im Eiswasser abschrecken und abschütten.
- Artischockenböden in Schnitze schneiden (kleine Artischockenböden vierteln, größere achteln).
- Tomaten waschen und den Stielansatz entfernen.
- Die schwarzen und grünen Oliven quer halbieren.
- Origano waschen, zupfen, trockentupfen und fein hacken.

Zubereitung

- Grill erhitzen und das doppelte Entrecôte würzen, auf der einen Seite gitterartig grillieren und wenden.
- Auf der anderen Seite im gleichen Verfahren bis zur gewünschten Garstufe grillieren.
- Zwischendurch immer wieder mit der Marinade bepinseln.
- Nach dem Grillieren das Fleisch auf einen Gitterrost setzen und im Rechaud bei ca. 60 °C 5 Minuten abstehen lassen.
- In einer antihaftbeschichteten Pfanne die Artischockenschnitze im Olivenöl kurz sautieren.
- Lauchrondellen, Cherry-Tomaten und Oliven beigeben, kurz schwenken, mit Salz und Pfeffer abschmecken und mit Origano bestreuen.
- Das Fleisch tranchieren und zusammen mit der Garnitur anrichten und servieren.

Hinweise für die Praxis

Zu Beginn des Grillierens mit höherer Hitze zeichnen, anschließend bei niedriger Hitze zur gewünschten Garstufe grillieren. Das doppelte Entrecôte gegen die Fleischfaserung tranchieren.

Grilliertes Kalbspaillard mit Zitrone · Paillard de veau grillé au citron

Zutaten

	4 Pers	10 Pers
Kalbseckstück, dressiert	600 g	1500 g
Gewürzsalzmischung für Fleisch	6 g	15 g
Sonnenblumenöl, high oleic	40 g	100 g

Garnitur

	4 Pers	10 Pers
Zitronen	2	5
Petersilie, gekraust, frisch	10 g	25 g

Vorbereitung

- Vom Kalbseckstück 150 g schwere Schnitzel schneiden.
- Die Schnitzel zwischen Plastikfolien vorsichtig dünn plattieren.
- Die Zitronen waschen und halbieren.
- Petersilie waschen, entstielen und zu Buketts zusammenstellen (1 Bukett pro Person).

Zubereitung

- Das Kalbspaillard würzen und leicht mit Öl bepinseln.
- Schnitzel auf einen sehr heißen, sauberen Grill legen.
- Schnitzel so grillieren, dass ein schönes Grillmuster entsteht.
- Fleischstück wenden und gleich verfahren.
- Das grillierte Paillard anrichten und mit halber Zitrone und Petersilienbukett garnieren.
- Da die dünnen Paillards schnell abkühlen, sollten sie sofort serviert werden.

Hinweise für die Praxis

Bei kleineren Fleischstücken (Nuss, Huft usw.) die Schnitzel nicht ganz durchschneiden, aufklappen und anschließend dünn plattieren.

Grilliertes Rumpsteak mit Tomaten und Zwiebeln · Rumpsteak grillé tyrolienne

Zutaten

	4 Pers	10 Pers
Rindshuft, 1. Qualität, dressiert	640 g	1600 g
Salz	4 g	10 g

Marinade

	4 Pers	10 Pers
Sonnenblumenöl, high oleic	30 g	80 g
Thymianblättchen	2 g	5 g
Rosmarin, frisch	2 g	5 g
Pfefferkörner, weiß	1 g	2 g

Garnitur

	4 Pers	10 Pers
Zwiebeln, geschält	180 g	450 g
Tempura-Mehl	20 g	50 g
Salz		
Ölverlust beim Frittieren	20 g	50 g
Butter	10 g	25 g
Schalotten, geschält	30 g	80 g
Tomaten, geschält, entkernt	120 g	300 g
Tomaten, Pelati, Würfel	100 g	250 g
Basilikum, frisch	2 g	5 g
Origanoblätter, frisch	2 g	5 g
Salz		
Pfeffer, weiß, aus der Mühle		
Brunnenkresse	40 g	100 g

Vorbereitung
- Rindshuft in gleichmäßige Steaks von je 160 g schneiden.
- Thymian und Rosmarin waschen, trockentupfen, zupfen und fein hacken.
- Pfefferkörner grob mahlen oder fein zerdrücken.
- Öl mit den gehackten Kräutern und Pfeffer vermischen.
- Die Fleischstücke damit 1 Stunde marinieren.
- Zwiebeln auf der Aufschnittmaschine in gleichmäßige Ringe schneiden.
- Schalotten fein hacken.
- Tomaten in gleichmäßige Würfel schneiden.
- Basilikum und Origano waschen, trockentupfen, zupfen und fein hacken.
- Brunnenkresse rüsten, waschen und trockenschleudern.

Zubereitung Garnitur
- Zwiebelringe salzen und im Tempura-Mehl wenden; überschüssiges Mehl abklopfen.
- Zwiebelringe im heißen Öl frittieren und auf Küchenpapier abtropfen lassen.
- Schalotten in Butter dünsten, Tomatenwürfel und Kräuter zufügen und kurz mitdünsten.
- Pelati-Tomaten beigeben, aufkochen und abschmecken.

Zubereitung Gericht
- Fleisch salzen und beidseitig mit Gittermuster grillieren.

Anrichten
- Rumpsteak anrichten.
- Gedünstete Tomatenwürfel und Zwiebelringe darauf anrichten.
- Mit Brunnenkresse ausgarnieren.

Hinweise für die Praxis
Durch die Verwendung von Tempura-Mehl erhält man besonders knusprige Zwiebelringe.

■ GARMETHODE BRATEN

Gebratene Kaninchenrolle mit Eierschwämmchen/Pfifferlingen und Salbei
Roulade de lapin aux chanterelles et à la sauge

Zutaten	4 Pers	10 Pers
Kaninchenrückenfilets, dressiert	600 g	1500 g
Rohschinken, dünn geschnitten	60 g	150 g
Salbeiblätter, frisch	2 g	5 g
Salz	4 g	10 g
Pfeffer, weiß, aus der Mühle		
Sonnenblumenöl, high oleic	30 g	75 g
Schalotten, geschält	10 g	25 g
Weißwein	40 g	100 g
Marsala	80 g	200 g
Pfefferkörner, weiß, zerdrückt	1 g	3 g
Kalbsjus, gebunden	120 g	300 g

Garnitur		
Butter	20 g	50 g
Schalotten, geschält	10 g	25 g
Eierschwämme/Pfifferlinge, frisch, gerüstet	120 g	300 g
Salz		
Pfeffer, weiß, aus der Mühle		
Salbei, frisch	2 g	5 g

Vorbereitung
– Salbeiblätter waschen, trockentupfen und fein hacken.
– Kaninchenrückenfilets im gehackten Salbei wenden und andrücken.
– 4–5 Filets zu einer Rolle mit einem Durchmesser von ca. 6 cm zusammenlegen und mit dem Rohschinken einwickeln.
– Zur besseren Formgebung in Klarsichtfolie satt einrollen und 30 Minuten im Kühlschrank ruhen lassen.
– Klarsichtfolie entfernen und die Filets im Abstand von 1 cm mit Bindfaden nicht zu eng binden.
– Schalotten für die Sauce sowie für die Garnitur fein hacken.
– Eierschwämme waschen, abtropfen und in gleichmäßige Stücke schneiden.
– Salbei für die Garnitur waschen, trockentupfen und zupfen; Blätter für die Garnitur beiseite legen, Stiele für die Reduktion verwenden.

Zubereitung
– Kaninchenrolle mit Salz und Pfeffer würzen und im Öl in einem Sautoir rundherum anbraten.
– Im Ofen bei einer Temperatur von 170 °C bis zu einer Kerntemperatur von 65 °C fertig braten.
– Kaninchenrolle herausnehmen, Bindfaden entfernen und im Rechaud oder im Hold-O-mat bei einer Temperatur von 60 °C abstehen lassen.
– Fettstoff im Sautoir abgießen.
– Schalotten andünsten und den Bratensatz mit Weißwein ablöschen.
– Marsala, Pfefferkörner und Salbeistiele beigeben und einkochen.
– Reduktion passieren und den gebundenen Kalbsjus beigeben.
– Zur gewünschten Konsistenz einkochen und abschmecken.
– In einer Sauteuse Schalotten in Butter andünsten.
– Eierschwämme beigeben und dünsten, mit Salz und Pfeffer abschmecken.
– Salbeiblättchen ebenfalls kurz in Butter sautieren.

Anrichten
– Saucenspiegel anrichten und die Eierschwämme darauf anrichten.
– Kaninchenrolle schräg in gleichmäßige Tranchen schneiden, mit einem Butterpinsel überglänzen und anrichten.
– Mit den sautierten Salbeiblättchen garnieren.

Hinweise für die Praxis
Zur besseren Formgebung die Kaninchenrolle in Klarsichtfolie bereits am Vortag bereitstellen. Das Gericht kann auch mit Lamm- und Kaninchenrückenfilet gemischt zubereitet werden. Geeignet auch für größere Mengen im Bankettservice. Als Stärkebeilagen eignen sich besonders gut Kartoffel-Gnocchi oder Polentaschnitten.

Gebratener Lammgigot mit rotem Zwiebel-Ingwer-Confit
Gigot d'agneau rôti au confit d'oignons rouges et de gingembre

Zutaten

	4 Pers	10 Pers
Lammgigot, hohl ausgebeint, dressiert	800 g	2000 g
Knoblauch, geschält	20 g	50 g
Gewürzsalzmischung für Lamm	4 g	10 g
Senfkörner, gelbe	4 g	10 g
Bienenhonig	20 g	50 g
Thymian, frisch	2 g	5 g
Kalbsfond, braun	140 g	350 g

Confit

	4 Pers	10 Pers
Zwiebeln, rot, geschält	400 g	1000 g
Ingwer, frisch, geschält	40 g	100 g
Puderzucker	40 g	100 g
Butter	50 g	120 g
Lorbeerblätter	1	2
Rotwein, Merlot	160 g	400 g
Aceto balsamico di Modena (Balsamessig)	40 g	100 g
Weißweinessig	20 g	50 g
Salz		
Pfefferkörner, grün (Konserve), abgetropft	15 g	40 g

Vorbereitung

- Kombisteamer mit Betriebsart Heißluft auf 190 °C vorheizen.
- Am Lammgigot die Haut entfernen, Fett und Sehnen jedoch belassen und in Form binden (bridieren).
- Knoblauch fein hacken.
- Thymian waschen, zupfen, trockentupfen und fein hacken.
- Senfkörner zerstoßen und mit Bienenhonig und Knoblauch vermischen.
- Lammgigot mit Gewürzsalzmischung würzen, auf der Oberseite mit der Gewürzmischung bestreichen und mit Thymian bestreuen.
- Kleine rote Zwiebeln längs in Schnitze schneiden, sodass sie am Wurzelansatz noch zusammenhängen.
- Ingwer fein reiben.

Zubereitung

- Den Lammgigot auf einen Gitterrost legen und in den Kombisteamer schieben.
- Darunter ein Abtropfblech mit dem braunen Kalbsfond platzieren.
- Im Heißluftklima bei einer Temperatur von 180 °C etwa 8 Minuten anbraten.
- Anschließend die Gartemperatur auf 120 °C reduzieren und weitergaren, bis eine Kerntemperatur von 60 °C erreicht ist.
- Lammgigot herausnehmen und warm stellen.
- Den Bratenfond passieren und um 20% einkochen.

Zubereitung Confit

- Butter und Staubzucker karamellisieren und Zwiebeln beigeben.
- Ingwer und Lorbeerblätter beigeben und mit Rotwein ablöschen.
- Balsamessig, Weißweinessig und Pfefferkörner beigeben und abschmecken.
- Zugedeckt bei geringer Hitze weich garen.
- Deckel entfernen, Zwiebeln herausnehmen und Lorbeerblätter entfernen.
- Flüssigkeit sirupartig einkochen und die Zwiebeln wieder beigeben.

Anrichten

- Lammgigot dünn tranchieren, auf einem Saucenspiegel anrichten und mit einem Butterpinsel überglänzen.
- Das Zwiebel-Confit dazu anrichten.
- Restliche Sauce separat dazu servieren.

Hinweise für die Praxis

Hohl ausbeinen: Den Oberschenkelknochen auslösen, ohne den Lammgigot aufzuschneiden. Die Garzeit beträgt ca. 75 Minuten bei einem Gewichtsverlust von ca. 15%.

Gebratenes Kalbskarree mit Portweinsauce und getrockneten Tomaten
Carré de veau rôti, sauce au porto et tomates séchées

Zutaten	4 Pers	10 Pers
Kalbskarree, Kotelettstück, ohne Strehl	800 g	2000 g
Gewürzsalzmischung für Fleisch	8 g	20 g
Sonnenblumenöl, high oleic	30 g	70 g
Tomaten, getrocknet, in Öl, abgetropft	60 g	150 g
Olivenöl	25 g	60 g
Schalotten, geschält	15 g	40 g
Knoblauch, geschält	4 g	10 g
Portwein, weiß	80 g	200 g
Kalbsjus, gebunden	120 g	300 g
Saucenhalbrahm, 25%, eingedickt	80 g	200 g
Zitronensaft, frisch	5 g	10 g
Schnittlauch, frisch	5 g	10 g

Vorbereitung
- Kombisteamer auf 140 °C vorheizen.
- Getrocknete Tomaten auf Küchenpapier abtropfen lassen und in Streifen schneiden.
- Schalotten und Knoblauch fein hacken.
- Schnittlauch fein schneiden.

Zubereitung
- Das Fleisch binden, würzen und im heißen Öl in einem Bratgeschirr rundherum anbraten.
- Zuerst auf die Hautseite und dann auf die Knochenseite wenden.
- Fleisch auf einen Gitterrost mit Abtropfschale legen.
- Das Bratfett abgießen und Olivenöl beigeben.
- Schalotten, Knoblauch und Tomatenstreifen andünsten.
- Bratensatz mit Portwein ablöschen und zur Hälfte einkochen lassen.
- Kalbsjus beigeben und nochmals zur Hälfte einkochen lassen, abschmecken und warm stellen.
- Das Fleisch mit dem Gitterrost und der Abtropfschale in den Kombisteamer schieben.
- Mit Heißluft (trockene Hitze) bei einer Temperatur von 120 °C, offener Abluftklappe und geringer Ventilatorgeschwindigkeit garen, bis eine Kerntemperatur von 66 °C erreicht ist.
- Das Fleisch vor dem Aufschneiden 15 Minuten an der Wärme abstehen lassen, Bindfaden entfernen.
- Sauce nochmals aufkochen, Schnittlauch beigeben und mit Saucenhalbrahm verfeinern.

Anrichten
- Das Fleisch in gleichmäßige Tranchen schneiden, mit einem Butterpinsel überglänzen und auf einem Saucenspiegel anrichten.
- Restliche Sauce in einer Sauciere separat dazu servieren.

Hinweise für die Praxis
Die Garzeit beträgt ca. 70 Minuten; der Gewichtsverlust beträgt ca. 9–11%. Eine Kerntemperatur von 64 °C bei einer Gartemperatur von 120–140 °C entspricht der Garstufe à point (rosa).

Gebratene Spareribs · Spare ribs rôtis

Zutaten	4 Pers	10 Pers
Spareribs vom Schwein	1000 g	2500 g
Wasser	1600 g	4000 g
Salz	16 g	40 g
Gewürzsäcklein	1	1
Marinade		
Tomaten-Ketchup	200 g	500 g
Rotweinessig	60 g	150 g
Waldhonig	20 g	50 g
Worcestershire-Sauce	10 g	25 g
Senf, mild	20 g	50 g
Sambal Oelek	6 g	15 g
Sojasauce, gesalzen	12 g	30 g

Vorbereitung
- Aus Lorbeerblatt, Gewürznelken, Rosmarin, Majoran, Basilikum, Wacholderbeeren und Pfefferkörnern ein Gewürzsäcklein bereitstellen.
- Spareribs im Salzwasser mit Gewürzsäcklein ca. 40 Minuten sieden und abschütten.
- Zutaten für die Marinade gut verrühren.
- Spareribs im warmen Zustand mit der Marinade vermischen und 20 Minuten marinieren.

Zubereitung
- Marinierte Spareribs auf einem Backblech bei einer Temperatur von 180 °C ca. 20–30 Minuten braten.
- Des Öfteren wenden und mit der Marinade arrosieren (übergießen).
- Bei mäßiger Hitze ca. 10 Minuten nachziehen lassen.

Hinweise für die Praxis
Spareribs können auch auf dem Grill (Holzkohlengrill) zubereitet werden. Als Beilage passen Pommes au four (Ofenkartoffeln) mit Sauerrahm. Die Marinade kann weiterverwendet werden.

Gebratenes Lammkarree in der Kräuterkruste · Carré d'agneau à la provençale

Zutaten

	4 Pers	10 Pers
Lammkarree, dressiert	800 g	1600 g
Gewürzsalzmischung für Lamm	6 g	15 g
Sonnenblumenöl, high oleic	20 g	50 g
Matignon, bunt	70 g	180 g
Weißwein	80 g	200 g
Kalbsfond, braun	120 g	300 g
Meaux-Vollkornsenf	15 g	40 g
Thymianzweige	4	10

Kruste

Butter	40 g	100 g
Schalotten, geschält	20 g	50 g
Knoblauch, geschält	15 g	40 g
Mie de pain/weißes Paniermehl	80 g	200 g
Parmesan, gerieben	40 g	100 g
Petersilie, glattblättrig, frisch	15 g	40 g
Thymian, frisch	1 g	3 g
Pfefferminzblätter, frisch	2 g	5 g

Vorbereitung
- Thymianzweige waschen und trockentupfen.
- Schalotten fein hacken.
- Knoblauch durch die Knoblauchpresse drücken.
- Petersilie, Thymian und Pfefferminze waschen, zupfen, trockentupfen und fein hacken.

Vorbereitung Kruste
- Schalotten und Knoblauch in Butter andünsten.
- Das Mie de pain (weißes Paniermehl) und die gehackten Kräuter beigeben und vermischen.
- Abkühlen lassen, den geriebenen Parmesan beigeben, vermischen und abschmecken.

Zubereitung
- Lammkarree würzen und im erhitzten Öl in einem Bratgeschirr rundherum anbraten.
- Fleisch auf einen Gitterrost mit Abtropfblech legen.
- Bratfett abgießen, das Matignon beigeben und andünsten.
- Bratensatz mit Weißwein ablöschen und um 50% einreduzieren.
- Braunen Kalbsfond beigeben und um 30% einreduzieren.
- Bratenjus durch ein Drahtspitzsieb passieren, abfetten und abschmecken.
- Das Fleisch mit dem Gitterrost und Abtropfblech in den Ofen schieben.
- Mit Heißluft (trockene Hitze) bei 80 °C garen, bis die Kerntemperatur von 56 °C erreicht ist.
- Lammkarree herausnehmen und die Oberfläche mit Meaux-Vollkornsenf bepinseln.
- Die Kräuterkruste gleichmäßig darauf verteilen und etwas andrücken.
- Unter dem Salamander langsam überbacken.

Anrichten
- Saucenspiegel anrichten.
- Das Fleisch sorgfältig tranchieren, mit einem Butterpinsel überglänzen und auf einem Saucenspiegel anrichten.
- Mit Thymiansträußchen garnieren.
- Restliche Sauce in einer Sauciere separat dazu servieren.

Gebratenes Rindsfilet am Stück auf mediterranem Bratgemüse
Filet de bœuf rôti aux légumes méditerranéens

Zutaten	4 Pers	10 Pers
Rindsfiletmittelstück, dressiert	640 g	1600 g
Rindfleischmarinade	40 g	100 g
Salz	4 g	10 g
Pfeffer, weiß, aus der Mühle		

Garnitur		
Olivenöl, kaltgepresst	40 g	100 g
Maiskölbchen/Baby-Mais, frisch	80 g	200 g
Zucchetti, gelb, gerüstet	60 g	150 g
Peperoni, orange, entkernt	60 g	150 g
Peperoni, rot, entkernt	50 g	125 g
Auberginen, gerüstet	60 g	150 g
Cherry-Tomaten	60 g	150 g
Salz		
Pfeffer, weiß, aus der Mühle		
Origano, frisch	2 g	5 g
Basilikum, frisch	1 g	3 g

Vorbereitung
- Das Rindsfiletmittelstück mit Bindfaden gleichmäßig binden, mit der Marinade bepinseln und mindestens 1 Stunde marinieren.
- Die Peperoni in gleichmäßige Rauten schneiden und kurz im Salzwasser blanchieren.
- Die Zucchetti längs halbieren, das Kerngehäuse mit einem Ausstechlöffel entfernen und in gleichmäßige Dreiecke von 1,5 cm Seitenlänge schneiden.
- Die Maiskölbchen längs halbieren und im Salzwasser knackig blanchieren.
- Cherry-Tomaten waschen und den Stielansatz entfernen.
- Die Auberginen waschen und in gleichmäßige Bâtonnets (Stäbchen) schneiden, leicht salzen, um das Wasser zu entziehen; anschließend auf Küchenpapier trockentupfen.
- Origano waschen, zupfen, trockentupfen und fein hacken.
- Basilikum waschen, zupfen, trockentupfen und in feine Streifen schneiden.

Zubereitung
- Das Rindsfilet würzen und in einer heißen Lyoner Pfanne rundherum gleichmäßig anbraten.
- Anschließend im Ofen bei 170 °C bis zur gewünschten Garstufe weitergaren.
- Aus der Pfanne nehmen und auf einem Gitter im Rechaud bei 50 °C mindestens 20 Minuten abstehen lassen, Bindfaden entfernen.
- Im Olivenöl zuerst die Peperoni und Maiskölbchen hell ansautieren, die Zucchetti und Auberginen beigeben, würzen und weitersautieren, bis alle Gemüse knackig gegart sind.
- Am Schluss die Cherry-Tomaten, den Origano und die Basilikumstreifen beigeben und abschmecken.

Anrichten
- Gemüsebett auf Teller oder Platte anrichten.
- Das Rindsfilet in feine Tranchen schneiden, mit einem Butterpinsel überglänzen und fächerartig auf das Gemüse anrichten.

Hinweise für die Praxis
Dazu kann ein Bratenjus oder ein Balsamico-Jus serviert werden, jedoch nur in kleinen Mengen, damit das Gemüse seinen Eigengeschmack behält. Bei ganzen Fleischstücken, welche für mehrere Personen (Bankettservice) serviert werden, sollte man auf die Garstufe rosa tendieren (Kerntemperatur 58 °C).

Roastbeef englische Art (nach traditioneller Methode zubereitet)
Roastbeef à l'anglaise (préparation traditionnelle)

Zutaten

	4 Pers	10 Pers
Roastbeef, dressiert	720 g	1800 g
Gewürzsalzmischung für Fleisch	12 g	30 g
Sonnenblumenöl, high oleic	35 g	80 g
Matignon, bunt	70 g	180 g
Rotwein	80 g	200 g
Kalbsfond, braun	120 g	300 g
Kalbsjus, gebunden	80 g	200 g
Salz		
Pfeffer, weiß, aus der Mühle	15 g	40 g
Butter	15 g	40 g

Vorbereitung
- Roastbeef in eine gleichmäßige Form binden und die Fettseite kreuzweise einritzen.
- Butter in Würfel schneiden und kühl stellen.

Zubereitung
- Das Fleisch mit der Gewürzsalzmischung würzen und in einem Bratgeschirr im heißen Sonnenblumenöl rundherum anbraten.
- Unter öfterem Arrosieren (Übergießen mit dem Fettstoff) bei einer Temperatur von 180 °C weiterbraten.
- 10 °C vor Erreichen der gewünschten Kerntemperatur das Fleisch herausnehmen (Garstufe saignant entspricht ca. 56 °C).
- Das Fleisch auf einem Gitterrost im warmen Rechaud abstehen lassen (Bindfaden entfernen).
- Den Fettstoff abgießen und das Matignon anrösten.
- Den Bratensatz mit Rotwein ablöschen und zur Glace einkochen lassen.
- Braunen Kalbsfond und Kalbsjus beigeben und kurze Zeit einkochen lassen.
- Sauce durch ein Drahtspitzsieb passieren, mit Salz und Pfeffer abschmecken und mit Butterflocken aufmontieren.

Anrichten
- Das Roastbeef mit einem Tranchiermesser in dünne, gleichmäßige Scheiben schneiden und mit Butter bepinseln.
- Bratensauce in einer Sauciere separat dazu servieren.

Hinweise für die Praxis
Beim konventionellen Braten eines Roastbeefs entsteht ein Gewichtsverlust von 18–25%.

Schweinsbraten mit Dörrfrüchten · Rôti de porc aux fruits séchés

Zutaten

	4 Pers	10 Pers
Schweinsnierstück, dressiert	720 g	1800 g
Kurpflaumen, ohne Stein	25 g	60 g
Apfelscheiben, getrocknet	25 g	60 g
Aprikosen, getrocknet	25 g	60 g
Baumnusskerne, halbiert	10 g	20 g
Gewürzsalzmischung für Fleisch	8 g	20 g
Sonnenblumenöl, high oleic	30 g	80 g
Matignon, bunt	70 g	180 g
Rosmarinzweige	1	1
Salbei, frisch		1 g
Weißwein	80 g	200 g
Kalbsfond, braun	280 g	700 g
Madeira	40 g	100 g
Salz		
Pfeffer, weiß, aus der Mühle		

Vorbereitung
- Die getrockneten Früchte vierteln und mit den Baumnusskernen vermischen.
- Das Schweinsnierstück mit einem langen, spitzen Tranchiermesser längs in der Mitte durchstoßen.
- Die entstandene Öffnung satt mit den Früchten und Nüssen füllen.
- Das gefüllte Schweinsnierstück binden.

Zubereitung
- Ofen auf 160 °C vorheizen.
- Das Fleisch würzen und in einem Rôtissoire auf dem Herd rundherum im erhitzten Öl anbraten.
- Das Rôtissoire in den Ofen schieben und das Fleisch unter öfterem Arrosieren (Begießen) weiterbraten.
- Ist die Kerntemperatur von 65 °C erreicht, das Fleisch herausnehmen.
- Im warmen Rechaud abstehen lassen und Bindfaden entfernen.
- Das Fett vorsichtig abgießen und das Matignon beigeben und andünsten, Rosmarin und Salbei beigeben.
- Den Bratensatz mit Weißwein ablöschen und zur Hälfte einkochen lassen.
- Mit dem braunen Kalbsfond auffüllen, auf ca. 40 g pro Person einkochen lassen und evtl. mit angerührtem Stärkemehl leicht binden.
- Die Sauce passieren, entfetten, mit Madeira verfeinern und abschmecken.

Anrichten
- Das Fleisch in dünne Tranchen schneiden, anrichten und mit einem Butterpinsel überglänzen.
- Den Bratenjus separat in einer Sauciere dazu servieren.

Hinweise für die Praxis
Die getrockneten Früchte mit wenig Kalbsbrät vermischen, mit dem Dressiersack mit einer Lochtülle eine Wurst in der Länge des Bratens dressieren und tiefkühlen (Durchmesser der Wurst = ca. 2 cm). Die gefrorene Wurst durch das aufgeschnittene Nierstück stoßen.

■ GAREN BEI NIEDERTEMPERATUR

Gebratenes Kalbsnierstück mit Grapefruits · Carré de veau rôti aux pamplemousses

Zutaten

	4 Pers	10 Pers
Kalbsnierstück, dressiert	720 g	1800 g
Dijon-Senf	6 g	15 g
Grapefruitsaft	40 g	100 g
Gewürzsalzmischung für Fleisch	8 g	20 g
Sonnenblumenöl, high oleic	30 g	70 g
Matignon, bunt	70 g	180 g
Weißwein	40 g	100 g
Kalbsjus, gebunden	120 g	300 g
Grapefruitfilets, rosa	160 g	400 g
Butter	5 g	10 g

Vorbereitung
– Das Kalbsnierstück mit dem Grapefruitsaft 12 Stunden marinieren.

Zubereitung
– Den Kombisteamer mit Funktion Heißluft auf 140 °C vorheizen.
– Das Fleisch aus der Marinade nehmen, trockentupfen, mit Dijon-Senf bestreichen und würzen.
– Im erhitzten Sonnenblumenöl im Bratgeschirr rundherum anbraten.
– Kalbsnierstück herausnehmen, auf einen Gitterrost mit Abtropfblech legen und in den Kombisteamer geben.
– Mit Heißluft (trockene Hitze) bei 80 °C ohne Feuchtigkeit, Abluftklappe offen, garen, bis die Kerntemperatur von 66 °C erreicht ist.
– Das Bratfett abgießen, das Matignon in das Bratgeschirr geben und andünsten.
– Bratensatz mit Weißwein ablöschen und auf die Hälfte (50%) einreduzieren.
– Kalbsjus sowie aufgekochte und passierte Marinade beigeben und einkochen.
– Bratensauce passieren und zur gewünschten Konsistenz einkochen.
– Grapefruitfilets kurz in Butter erwärmen.

Anrichten
– Fleisch tranchieren, mit einem Butterpinsel überglänzen und auf einem Saucenspiegel anrichten.
– Mit den Grapefruitfilets ausgarnieren.
– Restliche Sauce separat dazu servieren.

Hinweise für die Praxis
Fleisch vor dem Tranchieren kurz unter dem Salamander erhitzen und überkrusten. Eine Kerntemperatur von 68 °C bei einer Gartemperatur von 80–100 °C entspricht der Garstufe à point (rosa). Die Garzeit beträgt ca. 90 Minuten bei einem Gewichtsverlust von ca. 11%. Bei größeren Fleischmengen empfiehlt es sich, jedes Fleischstück einzeln mit dem Grapefruitsaft zu vakuumieren, um einen besseren Mariniereffekt zu erzielen.

Gebratenes Schweinskotelettstück mit Estragon-Bier-Sauce
Carré de porc rôti, sauce à la bière et à l'estragon

Zutaten	4 Pers	10 Pers
Schweinskotelettstück, ohne Strehl, dressiert	800 g	2000 g
Gewürzsalzmischung für Fleisch	8 g	20 g
Sonnenblumenöl, high oleic	30 g	70 g
Matignon, bunt	80 g	200 g
Bier, hell	100 g	250 g
Bier, dunkel	100 g	250 g
Kalbsjus, gebunden	80 g	200 g
Estragon, frisch	4 g	10 g
Saucenhalbrahm, 25%, eingedickt	100 g	250 g

Vorbereitung
- Kombisteamer mit der Funktion Heißluft auf 100 °C vorheizen.
- Estragon waschen, zupfen und trockentupfen.
- Die Hälfte des Estragons hacken, die andere Hälfte ganz belassen.

Zubereitung
- Das Fleisch würzen und auf dem Herd im Öl rundherum anbraten.
- Fleisch auf einen Gitterrost mit Abtropfschale legen und das Fleisch mit Estragonblättern belegen.
- Fleisch mit Gitterrost und Abtropfschale in den Kombisteamer schieben.
- Mit Heißluft (trockene Hitze) bei 80 °C mit offener Abluftklappe und geringer Ventilatorgeschwindigkeit garen, bis eine Kerntemperatur von 68 °C erreicht ist.
- Das Fleisch herausnehmen und warm stellen.
- Das Bratfett abgießen, das Matignon beigeben und andünsten.
- Den Bratensatz mit hellem und dunklem Bier ablöschen und zur Hälfte einkochen.
- Reduktion durch ein Drahtspitzsieb in eine Sauteuse passieren.
- Den Kalbsjus beigeben und nochmals zur Hälfte einkochen lassen.
- Saucenhalbrahm und den restlichen Estragon beigeben, aufkochen und abschmecken.

Anrichten
- Schweinskotelettstück in Tranchen schneiden, auf einem Saucenspiegel anrichten und mit einem Butterpinsel überglänzen.
- Restliche Sauce in einer Sauciere separat dazu servieren.

Hinweise für die Praxis
Der Gewichtsverlust beim Schweinskotelettstück beträgt beim Niedertemperaturgaren 11–13%.

Roastbeef englische Art (Garen bei Niedertemperatur)
Roastbeef à l'anglaise (cuisson à basse température)

Zutaten

	4 Pers	10 Pers
Roastbeef, dressiert	720 g	1800 g
Gewürzsalzmischung für Fleisch	10 g	20 g
Sonnenblumenöl, high oleic	20 g	50 g
Matignon, bunt	70 g	180 g
Rotwein	60 g	150 g
Kalbsjus, gebunden	120 g	300 g
Salz		
Pfeffer, schwarz, aus der Mühle		

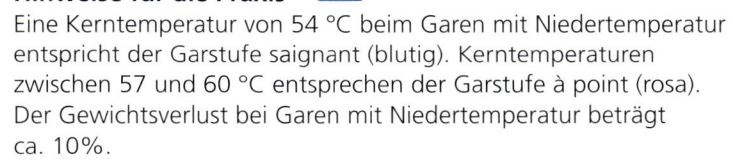

Vorbereitung
– Den Kombisteamer auf Betriebsart Heißluft auf 100 °C vorheizen.

Zubereitung Sauce
– Das Fleisch würzen und im erhitzten Öl im Bratgeschirr rundherum anbraten.
– Fleisch auf einen Gitterrost mit Abtropfblech legen.
– Bratfett abgießen, Matignon in das Bratgeschirr geben und anrösten.
– Bratensatz mit Rotwein ablöschen und zur Hälfte (50%) einreduzieren.
– Gebundenen Kalbsjus beigeben und einreduzieren.
– Bratensauce durch ein Drahtspitzsieb passieren, abfetten und abschmecken.

Zubereitung Gericht
– Das Fleisch mit Gitterrost und Abtropfblech in den Kombisteamer schieben und mit Heißluft bei 80 °C ohne Feuchtigkeit mit offener Abluftklappe garen, bis eine Kerntemperatur von 56 °C erreicht ist (die Garzeit beträgt ca. 90 Minuten).

Anrichten
– Roastbeef tranchieren, anrichten und mit einem Butterpinsel überglänzen.
– Bratenjus separat dazu servieren oder wenig Sauce neben dem Fleisch anrichten.

Hinweise für die Praxis
Eine Kerntemperatur von 54 °C beim Garen mit Niedertemperatur entspricht der Garstufe saignant (blutig). Kerntemperaturen zwischen 57 und 60 °C entsprechen der Garstufe à point (rosa). Der Gewichtsverlust bei Garen mit Niedertemperatur beträgt ca. 10%.

■ GARMETHODE POELIEREN

Poeliertes Kalbsfilet mit Steinpilzen · Filet mignon de veau poêlé aux bolets

Zutaten	4 Pers	10 Pers
Kalbsfilet, dressiert	640 g	1600 g
Gewürzsalzmischung für Fleisch	4 g	10 g
Matignon, bunt	80 g	200 g
Lorbeerblätter	0,5	1
Gewürznelken		1
Rosmarin, frisch	1 g	2 g
Thymian, frisch	1 g	2 g
Bratbutter	30 g	80 g
Weißwein	80 g	200 g
Kalbsfond, braun	200 g	500 g
Stärkemehl	5 g	10 g
Madeira	20 g	50 g

Garnitur

	4 Pers	10 Pers
Steinpilze, frisch, gerüstet	240 g	600 g
Olivenöl	20 g	50 g
Zwiebeln, geschält	20 g	50 g
Knoblauch, geschält	5 g	10 g
Petersilie, gekraust, frisch	5 g	10 g
Salz		
Pfeffer, weiß, aus der Mühle		

Vorbereitung
- Beim Kalbsfilet die Spitze umlegen und zusammenbinden.
- Steinpilze mit einem Tuch abreiben und in gleichmäßige Scheiben schneiden.
- Zwiebeln und Knoblauch fein hacken.
- Petersilie waschen, zupfen, trockentupfen und fein hacken.

Zubereitung
- Ein Rondeau oder eine Braisiere (Schmortopf) mit Matignon und den Kräutern auslegen.
- Das Kalbsfilet würzen, auf das Matignon legen und mit heißer Bratbutter übergießen.
- Das Fleisch im Ofen bei einer Temperatur von 170 °C ohne Deckel kurz andünsten.
- Zugedeckt unter öfterem Arrosieren (Übergießen) bei einer Temperatur von 150–160 °C poelieren.
- Während der letzten 10 Minuten ohne Deckel bei ca. 180 °C leicht Farbe nehmen lassen.
- Das Fleisch herausnehmen, Bindfaden entfernen, warm stellen und den überflüssigen Fettstoff ableeren.
- Den Bratensatz mit Weißwein ablöschen und zur Glace einkochen.
- Braunen Kalbsfond beigeben und auf die Hälfte einkochen lassen.
- Stärkemehl mit Madeira anrühren und die Sauce binden.
- Sauce durch ein Drahtspitzsieb passieren, etwas einkochen lassen und abschmecken.

Zubereitung Garnitur
- Zwiebeln und Knoblauch im Olivenöl glasig dünsten.
- Steinpilze beigeben und mit erhöhter Temperatur sautieren.
- Petersilie beigeben und mit Salz und Pfeffer abschmecken.

Anrichten
- Das Fleisch gleichmäßig tranchieren, mit einem Butterpinsel überglänzen und fächerartig anrichten.
- Mit wenig Sauce umgießen und die Steinpilze daneben anrichten.
- Die restliche Sauce in einer Sauciere separat dazu servieren.

Hinweise für die Praxis
Die Garzeit beträgt ca. 30–35 Minuten bei einer Kerntemperatur von 64–68 °C. Um einen intensiveren Geschmack bei den Steinpilzen zu erreichen, empfiehlt es sich, die Pilze sehr heiß im Olivenöl zu sautieren. Je nach Jahreszeit kann dieses Gericht auch mit frischen Eierschwämmen/Pfifferlingen zubereitet werden.

Poeliertes Kalbsnierstück mit Pilzen · Carré de veau poêlé aux champignons

Zutaten

	4 Pers	10 Pers
Kalbsnierstück, dressiert	720 g	1800 g
Gewürzsalzmischung für Fleisch	10 g	20 g
Matignon, bunt	80 g	200 g
Thymianzweige	1	2
Rosmarinzweige	1	2
Lorbeerblätter	1	2
Bratbutter	40 g	100 g
Weißwein	80 g	200 g
Kalbsfond, braun	200 g	500 g

Garnitur

	4 Pers	10 Pers
Olivenöl	20 g	50 g
Schalotten, geschält	20 g	50 g
Eierschwämme/Pfifferlinge, frisch, gerüstet	100 g	250 g
Champignons, braun, frisch	100 g	250 g
Steinpilze, frisch, gerüstet	100 g	250 g
Salz		
Pfeffer, weiß, aus der Mühle		
Petersilie, glattblättrig, frisch	10 g	20 g

Vorbereitung
- Kräuter waschen und trockentupfen.
- Kalbsnierstück binden.
- Schalotten fein hacken.
- Eierschwämme und Champignons waschen, gut abtropfen und in gleichmäßige Stücke schneiden.
- Steinpilze mit einem Tuch abreiben und in gleichmäßige Stücke schneiden.
- Petersilie waschen, zupfen, trockentupfen und fein hacken.

Zubereitung
- Eine Braisiere (Schmortopf) oder ein Rondeau mit dem Matignon und den Kräutern auslegen.
- Das Fleisch würzen und auf das Matignon legen.
- Zerlassene, heiße Bratbutter über das Fleisch geben.
- Im Ofen bei einer Temperatur von ca. 170 °C ohne Deckel kurz andünsten.
- Zugedeckt unter öfterem Arrosieren (Begießen) bei einer Temperatur von 150–160 °C poelieren.
- Während der letzten 10 Minuten den Deckel entfernen und das Fleisch bei einer Temperatur von 180 °C leicht Farbe nehmen lassen.
- Fleisch herausnehmen und in einem Rechaud abstehen lassen.
- Bratenfett ableeren, den Bratensatz mit Weißwein ablöschen und etwas einkochen lassen.
- Mit dem braunen Kalbsfond auffüllen und mit dem Matignon 5 Minuten kochen lassen.
- Sauce durch ein Drahtspitzsieb passieren und zur gewünschten Konsistenz einkochen.
- Sauce abfetten und abschmecken.
- Schalotten im Olivenöl sautieren.
- Die Pilze beigeben, bei hoher Temperatur unter leichter Farbgebung sautieren und mit etwas Sauce glasieren, mit Salz und Pfeffer abschmecken und die gehackte Petersilie beigeben.

Anrichten
- Das Kalbsnierstück in gleichmäßige Tranchen schneiden, mit einem Butterpinsel überglänzen und anrichten.
- Sautierte Pilze neben dem Fleisch anrichten.
- Sauce in einer Sauciere separat dazu servieren.

Hinweise für die Praxis
Die Garzeit beträgt ca. 55–65 Minuten und ist von der Dicke des Fleischstückes abhängig. Im Kombisteamer zubereitet, beträgt die erforderliche Kerntemperatur ca. 67 °C.

■ GARMETHODE BACKEN IM OFEN

Berner Zungenwurst im Gewürzbrotteig · Saucisse de langue bernoise en pâte à pain épicée

Zutaten	4 Pers	10 Pers
Berner Zungenwurst	600 g	1500 g
Teig		
Vollmilch	120 g	300 g
Hefe	6 g	15 g
Zwiebeln, geröstet	10 g	25 g
Senf, mild	5 g	15 g
Ruchmehl	170 g	420 g
Salz	3 g	8 g
Pfeffer, schwarz, aus der Mühle		
Muskatnuss, gerieben		
Kümmel, gemahlen		
Koriander, gemahlen		

Vorbereitung
- Der Zungenwurst die Haut abziehen.
- Cakeform mit Backtrennpapier auslegen.
- Hefe in der Milch auflösen und in einen Rührkessel geben.
- Geröstete Zwiebeln, Senf, Ruchmehl, Salz und Gewürze beigeben.
- Zu einem geschmeidigen Teig kneten und herausnehmen.
- In einer Schüssel mit Plastikfolie zugedeckt an der Wärme auf das Doppelte aufgehen lassen.
- Teig 4–5 mm dick auswallen und die Wurst darauf legen.
- Teigränder mit etwas Wasser bepinseln.
- Wurst in den Teig einrollen und die Seitenränder nach unten einschlagen.
- In die vorbereitete Form geben und an der Wärme 20–30 Minuten aufgehen lassen.

Zubereitung
- Wurst im Teig im Backofen bei ca. 200 °C in der vorbereiteten Cakeform backen.
- Herausnehmen, etwas abstehen lassen und in gleichmäßige Scheiben schneiden.

Hinweise für die Praxis
Als Beilage eignen sich Lauchgemüse sowie Senfsauce.

Lammrückenfilet mit Kartoffelkruste · Filet de selle d'agneau en croûte de pommes de terre

Zutaten

	4 Pers	10 Pers
Lammrückenfilets, dressiert	480 g	1200 g
Knoblauch, geschält	4 g	10 g
Thymian, frisch	4 g	10 g
Pfeffer, weiß, aus der Mühle		
Olivenöl	15 g	40 g
Salz	6 g	15 g

Sauce

	4 Pers	10 Pers
Matignon, bunt	50 g	120 g
Lammparüren/Abschnitte	40 g	100 g
Thymian, frisch	8 g	20 g
Rotwein, Bordeaux	160 g	400 g
Kalbsjus, gebunden (1)	160 g	400 g
Salz		
Pfeffer, weiß, aus der Mühle		

Duxelles

	4 Pers	10 Pers
Butter	10 g	30 g
Schalotten, geschält	20 g	50 g
Knoblauch, geschält	4 g	10 g
Petersilie, glattblättrig, frisch	8 g	20 g
Austernpilze, frisch, gerüstet	100 g	250 g
Kalbsjus, gebunden (2)	80 g	200 g

Kruste

	4 Pers	10 Pers
Kartoffeln, Bintje, geschält	480 g	1200 g
Halbrahm, sauer, 25%	80 g	200 g
Weißmehl	12 g	30 g
Majoran, frisch	2 g	6 g
Petersilie, glattblättrig, frisch	2 g	6 g
Salz		
Pfeffer, weiß, aus der Mühle		
Bratbutter	10 g	20 g

Garnitur

	4 Pers	10 Pers
Austernpilze, frisch, gerüstet	80 g	200 g
Olivenöl	15 g	30 g

Vorbereitung

– Knoblauch fein hacken.
– Thymian waschen, trockentupfen und fein hacken.
– Knoblauch, Thymian, Pfeffer und Olivenöl mischen und die Lammrückenfilets marinieren.
– Schalotten und Knoblauch für die Duxelles fein hacken.
– Petersilie für die Duxelles waschen, zupfen, trockentupfen und fein hacken.
– Austernpilze für die Duxelles fein hacken.
– Kartoffeln für die Kruste in Julienne (Streifen, 2 mm dick, 40 mm lang) schneiden (nicht wässern).
– Majoran und Petersilie für die Kruste waschen, zupfen, trockentupfen und fein hacken.
– Austernpilze für die Garnitur in Streifen schneiden.

Zubereitung

– Lammrückenfilets salzen, beidseitig kurz anbraten und auf einem Gitter erkalten lassen.
– Lammparüren und Matignon im Bratenfett kurze Zeit rösten.
– Überschüssiges Fett abgießen, mit Rotwein ablöschen, Thymian beigeben und auf 10% einreduzieren.
– Mit dem Kalbsjus (1) auffüllen, 10 Minuten auf kleiner Flamme kochen und durch ein Sieb passieren.
– Sauce zur weiteren Verwendung warm stellen.
– Schalotten und Knoblauch für die Duxelles in Butter andünsten.
– Die gehackten Austernpilze beigeben und mitdünsten.
– Die gehackte Petersilie und den Kalbsjus (2) beigeben, bis zu einer streichfähigen Masse reduzieren und erkalten lassen.
– Die Lammrückenfilets gleichmäßig mit der Duxelles bestreichen.
– Kartoffel-Julienne mit Weißmehl, Petersilie, Majoran und saurem Halbrahm gut vermengen.
– Ein Backblech mit Backtrennpapier belegen und mit Butter bestreichen.
– Die Kartoffelmasse 5 mm dick aufstreichen (in Länge und Breite den Lammrückenfilets angepasst), sodass man die Lammrückenfilets einmal umwickeln kann.
– Die Kartoffelmatten im Ofen bei 200 °C vorbacken, bis sie genügend Stabilität besitzen, um die Lammrückenfilets damit einzupacken.
– Die vorgebackenen Kartoffelmatten vom Backtrennpapier lösen und das Fleisch damit satt einwickeln.
– Die so vorbereiteten Lammrückenfilets im Ofen bei 200 °C bis zu einer Kerntemperatur von 55 °C backen und anschließend abstehen lassen.
– Austernpilzstreifen in Olivenöl sautieren.

Anrichten

– Saucenspiegel auf einen Teller dressieren.
– Sautierte Austernpilzsteifen anrichten.
– Lammrückenfilets leicht schräg schneiden, mit einem Butterpinsel überglänzen und anrichten.

Hinweise für die Praxis

Die Austernpilze können auch durch Steinpilze ersetzt werden.
Die Duxelles kann auch mit Gänseleber ergänzt werden.

Kalbsfilet mit Morcheln und Mascarpone im Sesam-Blätterteig
Filet mignon de veau aux morilles et au mascarpone en pâte feuilletée au sésame

Zutaten

	4 Pers	10 Pers
Kalbsfiletmittelstück, dressiert	600 g	1500 g
Salz		
Pfeffer, weiß, aus der Mühle		
Sonnenblumenöl, high oleic	15 g	40 g

Füllung

Butter	20 g	50 g
Schalotten, geschält	40 g	100 g
Morcheln, ohne Stiel, getrocknet	15 g	40 g
Weißwein	40 g	100 g
Vollrahm, 35%	20 g	50 g
Mascarpone	40 g	100 g
Haselnusskerne, gemahlen	30 g	80 g
Mie de pain/weißes Paniermehl	30 g	80 g
Eigelb, pasteurisiert	30 g	80 g
Salz		
Pfeffer, weiß, aus der Mühle		

Weitere Zutaten

Blätterteig	320 g	800 g
Sesamkörner	15 g	40 g
Ei zum Bestreichen	15 g	30 g
Lauch, grün, gerüstet	80 g	200 g

Sauce

Kalbsjus, gebunden	200 g	500 g
Saucenhalbrahm, 25%, eingedickt	40 g	100 g
Sojasauce, hell	20 g	50 g

Vorbereitung

- Das Kalbsfiletmittelstück mit Salz und weißem Pfeffer würzen, im heißen Öl rundherum gleichmäßig anbraten (ca. 1 Minute) und auf einem Gitter erkalten lassen.
- Schalotten fein hacken.
- Die Morcheln im lauwarmen Wasser einweichen und halbieren.
- Morcheln mehrmals gründlich waschen, auspressen und hacken.
- Die Butter erhitzen, die Morcheln andünsten, mit Weißwein ablöschen und vollständig eindünsten.
- In eine Schüssel geben, Vollrahm, Mascarpone, Haselnüsse, Mie de pain und Eigelb beigeben, abschmecken und gut verrühren.
- Lauch waschen und in 20 cm lange Streifen schneiden.
- Lauch im Salzwasser blanchieren, im Eiswasser abschrecken, abschütten und auf Küchenpapier trockentupfen.
- Backblech mit Backtrennpapier auslegen.

Zubereitung

- Den Blätterteig auf ausgestreuten Sesamkörnern ca. 2 mm dick zu einem Rechteck von 24 cm Breite ausrollen; die Länge richtet sich nach der Länge des Kalbsfilets.
- Den Teig mit den Lauchstreifen belegen und mit der Mascarpone-Haselnuss-Masse bestreichen.
- Die Ränder mit Ei bepinseln.
- Das Kalbsfilet darauf legen, einrollen und mit dem restlichen Teig verzieren.
- Auf das vorbereitete Backblech geben, mit Ei bepinseln und 1 Stunde kühl stellen.
- Im Ofen bei einer Temperatur von 200 °C und offenem Dampfabzug ca. 30–40 Minuten backen, bis eine Kerntemperatur von 65 °C erreicht ist.
- Herausnehmen und vor dem Aufschneiden 10 Minuten abstehen lassen.
- Gebundenen Kalbsjus aufkochen, Sojasauce und Rahm beigeben, etwas einkochen lassen und abschmecken.

Anrichten

Das Kalbsfilet im Teig in gleichmäßige Tranchen schneiden, mit einem Butterpinsel überglänzen und auf einem kleinen Saucenspiegel anrichten, die restliche Sauce separat dazu servieren.

Hinweise für die Praxis

Damit der Blätterteig nicht zu stark aufgeht, vor dem Auswallen zusätzlich eine doppelte Tour geben. Das Gericht kann auch mit einem Rindsfilet zubereitet werden.

KALBSFILET MIT MORCHELN UND MASCARPONE
IM SESAM-BLÄTTERTEIG – STEP BY STEP

GERICHTE AUS SCHLACHTFLEISCH

Rindsfilet Wellington · Filet de bœuf Wellington

Fleisch

	4 Pers	10 Pers
Rindsfiletmittelstück, dressiert	480 g	1200 g
Salz	10 g	20 g
Pfeffer, weiß, aus der Mühle		
Sonnenblumenöl, high oleic	20 g	50 g
Rotwein, Bordeaux	40 g	100 g
Kalbsjus, gebunden	40 g	100 g
Périgord-Trüffel, Konserve, abgetropft	4 g	10 g
Rotwein, Bordeaux	40 g	100 g

Füllung

Butter	15 g	40 g
Schalotten, geschält	15 g	40 g
Champignons, frisch, gerüstet	160 g	400 g
Zitronensaft, frisch	2 g	5 g
Morcheln, ohne Stiel, getrocknet	4 g	10 g
Salz		
Pfeffer, weiß, aus der Mühle		
Petersilie, gekraust, frisch	4 g	10 g
Kalbfleisch-Mousseline-Farce, roh	200 g	500 g
Eigelb, pasteurisiert	20 g	50 g
Gänselebermousse	30 g	75 g
Cognac	2 g	5 g
Salz		
Pfeffer, weiß, aus der Mühle		

Teigmantel

Halbblätterteig	280 g	700 g
Schinken, gekocht	100 g	250 g
Eigelb, pasteurisiert	20 g	50 g
Salz	1 g	2 g

Sauce

Trüffelsauce	240 g	600 g

Vorbereitung

- Das Rindsfiletmittelstück binden.
- Mit Salz und Pfeffer aus der Mühle würzen.
- Im Sonnenblumenöl allseitig anbraten.
- Das Rindsfilet auf einem Gitter auskühlen lassen.
- Das Öl abgießen, mit Rotwein den Bratensatz ablöschen und auflösen.
- Mit dem gebundenen Kalbsjus aufgießen und zu einer Glace (Extrakt) reduzieren und kalt stellen.
- Périgord-Trüffel hacken, mit Rotwein und Trüffeljus zu einer Glace (Extrakt) einkochen und ebenfalls kalt stellen.
- Die Schalotten fein hacken.
- Die Champignons kurz vor der Verwendung waschen, fein hacken und mit Zitronensaft mischen.
- Die getrockneten Morcheln im Wasser einweichen, gründlich waschen und fein hacken.
- Petersilie waschen, zupfen, trockentupfen und fein hacken.
- Gänselebermousse in 5 mm große Würfel schneiden und kalt stellen.
- Gekochten Schinken in dünne Tranchen zu je 25 g schneiden.
- Das Eigelb zum Bestreichen des Filets Wellington mit Salz glatt rühren.

Zubereitung Füllung

- Die Schalotten in Butter andünsten.
- Die gehackten Champignons und Morcheln beigeben und mitdünsten.
- Mit Salz und Pfeffer aus der Mühle würzen.
- Mit der gehackten Petersilie, der kalten Fleischglace und der Trüffelglace vermischen, zu einer trockenen Duxelles reduzieren und kalt stellen.
- Die rohe Kalbfleisch-Mousseline-Farce mit Duxelles, Eigelb und Gänselebermousse gut vermischen.
- Mit Cognac parfümieren und abschmecken.

Zubereitung Gericht
- Den Halbblätterteig auf 2,5 mm Dicke zu einem Rechteck ausrollen.
- Für die Dekoration mit einem gezackten Teigrädchen einige feine Teigstreifen abtrennen.
- Den ausgerollten Halbblätterteig mit den Schinkentranchen abdecken (dient zur Isolation zwischen Teig und Füllung).
- Die Füllung mit einem Spatel 1 cm dick in der Länge und Breite des Rindsfilets auf den Schinken aufstreichen.
- Das von der Küchenschnur befreite Rindsfilet darauf legen und mit der restlichen Füllung rundherum 1 cm dick einstreichen.
- Mit dem Schinken abdecken und mit dem Halbblätterteig einrollen, sodass die Teigenden mindestens um 2 cm überlappen.
- Das eingehüllte Rindsfilet mit der Teignaht nach unten auf ein Backblech mit Backtrennpapier legen.
- Mit einer Essgabel den Teig gleichmäßig verteilt mit mehreren Einstichen versehen (Dampfabzug).
- Mit Eigelb bestreichen und mit den feinen Teigstreifen gitterartig verzieren.
- Nochmals mit Eigelb bestreichen und für 30 Minuten in den Kühlschrank stellen.
- Im Ofen bei 180 °C ca. 50 Minuten bis zu einer Kerntemperatur von 50 °C backen (Dampfabzug geöffnet).
- Vor dem Aufschneiden bei mäßiger Wärme (Wärmeschrank, 55 °C) für 30 Minuten abstehen lassen.
- In gleichmäßige Tranchen schneiden und das Fleisch mit einem Butterpinsel überglänzen.
- Trüffelsauce separat dazu servieren.

Hinweise für die Praxis
Bei größeren Mengen kann die rohe Kalbfleisch-Mousseline-Farce durch frisches Kalbsbrät ersetzt werden. Bei einem mittleren Rindsfiletdurchmesser ergibt dieses Rezept 2 Tranchen von 1,5 cm Dicke pro Person. Zu Rindsfilet Wellington werden meist eine Trüffelsauce und ein Gemüsebukett serviert. Eine Stärkebeilage ist wegen des Blätterteiganteils nicht notwendig.

Rippchen im Brotteig · Carré de porc fumé en pâte à pain

Zutaten

	4 Pers	10 Pers
Rippchen vom Nierstück (gepökelt, geräuchert)	720 g	1800 g

Teig

Ruchmehl	400 g	1000 g
Hefe	15 g	40 g
Vollmilch	280 g	700 g
Salz	8 g	20 g

Sauce

Rahmquark	200 g	500 g
Meerrettich, frisch, geschält	40 g	100 g
Salz	2 g	5 g
Pfefferkörner, rosa, getrocknet	2 g	5 g
Zwiebelsprossen	6 g	15 g

Vorbereitung

- Rippchen im Dampf bei 80 °C angaren, bis eine Kerntemperatur von 30 °C erreicht ist.
- Fleisch auskühlen lassen.
- Kombisteamer mit der Funktion Heißluft auf 200 °C vorheizen.
- Hefe in der Milch auflösen und in einen Rührkessel geben.
- Ruchmehl und Salz beigeben und kneten, bis der Teig Blasen wirft.
- Den Teig an einem warmen Ort zugedeckt 30 Minuten aufgehen lassen.
- Meerrettich fein reiben.
- Rosa Pfefferkörner zerdrücken.
- Zwiebelsprossen grob hacken.

Zubereitung

- Den Teig nochmals kurz durchkneten und anschließend 1 cm dick ausrollen.
- Das kalte Rippchen mit der Oberseite nach unten darauf legen.
- Teigränder mit Wasser befeuchten, das Rippchen einpacken und mit Teigabschnitten verzieren.
- Das Rippchen im Teig auf ein mit Backtrennfolie belegtes Blech legen und 30 Minuten ruhen lassen.
- Das Rippchen in den vorgeheizten Kombisteamer (200 °C) geben und mit reduzierter Ventilatorgeschwindigkeit 6 Minuten anbacken.
- Bei einer Temperatur von 175 °C fertig backen, bis die Kerntemperatur von 58 °C erreicht ist (die Garzeit beträgt insgesamt ca. 50–60 Minuten).
- Aus dem Ofen nehmen und 30 Minuten abstehen lassen.
- Rahmquark, geriebenen Meerrettich, rosa Pfeffer und Salz verrühren.
- Grob gehackte Zwiebelsprossen zuletzt daruntermischen.

Anrichten

- Rippchen mit einem Sägemesser schneiden, anrichten und mit einem Butterpinsel überglänzen.
- Meerrettichquark mit Zwiebelsprossen separat in einer Sauciere dazu servieren.

Schweinsfilet im Birnbrotteig Glarner Art
Filet mignon de porc en pâte à pain aux poires glaronaise

Zutaten	4 Pers	10 Pers
Schweinsfilet, Mittelstück, dressiert	560 g	1400 g
Salz	8 g	20 g
Sonnenblumenöl, high oleic	20 g	50 g
Landrauchschinken	80 g	200 g
Ei zum Bestreichen	10 g	20 g
Butter	10 g	20 g
Teig		
Weißmehl, Typ 550	160 g	400 g
Butter	30 g	70 g
Wasser	35 g	90 g
Vollmilch	40 g	100 g
Hefe	6 g	15 g
Salz	4 g	10 g
Zucker	1 g	2 g
Füllung		
Dörrbirnenpüree	160 g	400 g
Mie de pain/weißes Paniermehl	40 g	100 g
Mascarpone	40 g	100 g
Baumnusskerne, halbiert	40 g	100 g
Eigelb, pasteurisiert	10 g	25 g
Sauce		
Kalbsjus, gebunden	200 g	500 g
Aceto balsamico di Modena (Balsamessig)	20 g	50 g
Mascarpone	20 g	50 g
Schabziger	8 g	20 g

Vorbereitung
– Butter für den Teig schmelzen.
– Flüssige Butter, Wasser, Vollmilch, Hefe, Salz und Zucker zusammen mit dem Weißmehl in die Rührmaschine geben und zu einem geschmeidigen Teig kneten.
– Den Teig mit Plastikfolie abdecken und ca. 20 Minuten bei Raumtemperatur ruhen lassen.
– Schweinsfilet würzen und rundherum im heißen Sonnenblumenöl kurz anbraten.
– Herausnehmen und auf einem Gitterrost abkühlen lassen.
– Den Landrauchschinken in dünne Tranchen schneiden und das Filet damit umwickeln.
– Baumnusskerne grob hacken.
– Die Zutaten für die Füllung gut vermischen und eine halbe Stunde ruhen lassen.
– Schabziger mit der Bircherraffel fein reiben.
– Kombisteamer auf 175 °C vorheizen (trockene Hitze).

Zubereitung
– Den Teig zu einem Rechteck von 20 × 40 cm und einer Dicke von 0,5 cm auswallen (pro Filet ein Rechteck).
– Die Rechtecke bis 5 cm an den Rand mit der Füllung dünn bestreichen.
– Das im Schinken eingewickelte Filet darauf legen.
– Die Ränder mit Ei bepinseln und das Filet einrollen.
– Das Filet im Teig mit Ei bepinseln, trocknen lassen und mit einer Essgabel in regelmässigen Abständen einstechen.
– Filet im Teig auf ein mit Backtrennpapier belegtes Backblech legen und in den Kombisteamer schieben.
– Bei einer Temperatur von 175 °C bei offener Abluftklappe und geringer Ventilatorgeschwindigkeit ca. 30 Minuten backen, bis eine Kerntemperatur von 62 °C erreicht ist.
– Vor dem Tranchieren ca. 10 Minuten an der Wärme abstehen lassen.
– Den gebundenen Kalbsjus aufkochen und mit Balsamessig und Schabziger würzen.
– Den Mascarpone beigeben, mit dem Stabmixer mixen und abschmecken.

Anrichten
– Filet im Teig sorgfältig in gleichmäßige Tranchen schneiden, mit Butter bepinseln und anrichten.
– Sauce in einer Sauciere separat dazu servieren.

Waadtländer Saucisson im Brioche-Teig · Saucisson vaudois en brioche

Zutaten	4 Pers	10 Pers
Waadtländer Saucisson	400 g	1000 g
Wasser	1200 g	3000 g
Zwiebeln, geschält	65 g	160 g
Lorbeerblätter	0,5	1
Gewürznelken	1	2

Teig		
Hefe	12 g	30 g
Malz, flüssig	2 g	5 g
Vollmilch	30 g	80 g
Vollei, pasteurisiert	145 g	360 g
Weißmehl, Typ 550	320 g	800 g
Salz	6 g	15 g
Butter (1)	80 g	200 g

Weitere Zutaten		
Butter (2)	10 g	30 g
Lauch, gebleicht, gerüstet	200 g	500 g
Senf, mild	40 g	100 g
Vollei, pasteurisiert	10 g	30 g
Sesamkörner	4 g	10 g

Vorbereitung
- Zwiebel mit Lorbeerblatt und Gewürznelken spicken.
- Wasser mit gespickter Zwiebel zum Siedepunkt bringen.
- Die Saucisson beigeben und pochieren.
- Saucisson im Fond erkalten lassen, herausnehmen und schälen.
- Lauch längs halbieren, waschen und längs in Bâtonnets (Stäbchen) schneiden.
- Lauch in Butter (2) knackig dünsten, mit Salz und Pfeffer würzen und erkalten lassen.
- Cakeform (Länge 15 cm) mit Backtrennpapier auslegen.

Zubereitung Teig
- Butter (1) aus dem Kühlschrank nehmen.
- Hefe und Malz in der Vollmilch auflösen.
- Weißmehl sieben und Salz beigeben.
- Milchmischung, Vollei und Weißmehl im Rührkessel zu einem Teig kneten.
- Weiche Butter beigeben und fertig kneten.
- Den Teig an der Wärme aufgehen lassen und anschließend zusammenschlagen.

Zubereitung Gericht
- Den Brioche-Teig rechteckig ausrollen und die gedünsteten Lauch-Bâtonnets darauf verteilen.
- Die geschälte Saucisson mit Senf bestreichen und in die Teigmitte legen.
- Die Teigränder mit Ei bestreichen und die Saucisson einpacken.
- In die vorbereitete Cakeform geben.
- Die Teigoberfläche mit Ei bestreichen und mit Sesamkörnern bestreuen.
- Im Wärmeschrank bei 50 °C nochmals aufgehen lassen.
- Im Backofen bei 180 °C ca. 30 Minuten backen (Kerntemperatur 60 °C).
- Vor dem Aufschneiden 20 Minuten ruhen lassen.

GARMETHODE SCHMOREN/GLASIEREN

Fohlensauerbraten mit Luzerner Lebkuchensauce
Epaule de poulain braisée marinée au vin rouge, sauce au pain d'épices lucernois

Zutaten	4 Pers	10 Pers
Fohlenschulter, ohne Knochen, dressiert	800 g	2000 g
Marinade		
Rotwein	320 g	800 g
Rotweinessig	100 g	250 g
Karotten, geschält	40 g	100 g
Zwiebeln, geschält	60 g	150 g
Knoblauch, geschält	4 g	10 g
Lorbeerblätter	1	2
Zitronenschale	8 g	20 g
Gewürznelken	1	2
Pfefferkörner, weiß	1 g	2 g
Weitere Zutaten		
Sonnenblumenöl, high oleic	10 g	30 g
Speck, geräuchert	40 g	100 g
Gewürzsalzmischung für Fleisch	12 g	30 g
Demi-glace	200 g	500 g
Luzerner Lebkuchen, getrocknet	40 g	100 g
Saucenhalbrahm, 25%, eingedickt	40 g	100 g
Salz		
Pfeffer, weiß, aus der Mühle		
Petersilie, gekraust, frisch	8 g	20 g

Vorbereitung
- Das Fleisch in ein tiefes Gefäß legen und mit Rotwein und Rotweinessig aufgießen.
- Die Karotten und Zwiebeln in ein Mirepoix schneiden und in die Marinade geben.
- Knoblauch, Lorbeerblätter, Zitronenschale, Gewürznelken in ein Gewürzsäcklein binden und der Marinade beigeben.
- Das Fleisch 5 Tage in der Marinade belassen, täglich einmal wenden.
- Den getrockneten Lebkuchen fein reiben.
- Den Speck (ohne Knorpel) in 8 mm große Würfel schneiden und kurz blanchieren.
- Das Fleisch nach 5 Tagen aus der Marinade nehmen und gut abtropfen lassen.
- Das Gewürzsäcklein entfernen und Zwiebeln, Karotten und Knoblauch beiseite legen.
- Die Marinade aufkochen und durch ein Etamine (Passiertuch) passieren.
- Petersilie waschen, zupfen, trockentupfen und fein hacken.

Zubereitung
- Das Fleisch würzen und im Sonnenblumenöl allseitig gut anbraten.
- Die Speckwürfel beigeben und kurz mitbraten.
- Karotten, Zwiebeln und Knoblauch beigeben und kurz mitrösten.
- Das überschüssige Öl abschütten.
- Mit der geklärten Marinade ablöschen und um die Hälfte reduzieren.
- Die Demi-glace beigeben und das Fleisch darin zugedeckt weich schmoren.
- Des Öfteren mit der Schmorflüssigkeit begießen und wenden.
- Das Fleisch herausnehmen und warm stellen.
- Die Sauce gut abfetten.
- Den geriebenen Lebkuchen beigeben und 5 Minuten kochen lassen.
- Die Sauce mixen und durch ein feines Sieb passieren.
- Sauce mit dem Saucenrahm verfeinern und abschmecken.

Anrichten
- Der Sauerbraten tranchieren, anrichten und mit der Sauce nappieren (übergießen).
- Vor dem Servieren mit gehackter Petersilie bestreuen.

Hinweise für die Praxis
Die Schmorzeit beträgt ca. 40 Minuten; der Garverlust beträgt ca. 40%. Das Fohlenfleisch kann auch durch Rindfleisch ersetzt werden. Als Variante kann der getrocknete Lebkuchen durch getrocknete weiße Semmeln ersetzt werden.

Geschmorte Rindfleischröllchen Appenzeller Art · Paupiettes de bœuf braisées appenzelloise

Zutaten

	4 Pers	10 Pers
Rindshuft, 2. Qualität, dressiert	560 g	1400 g
Mostbröckli (1)	40 g	100 g

Füllung

Englischbrot, entrindet	80 g	200 g
Vollmilch	55 g	140 g
Vollei, pasteurisiert	20 g	50 g
Vollrahm, 35%	15 g	40 g
Frischkäse Philadelphia	35 g	90 g
Mostbröckli (2)	25 g	60 g
Appenzeller Käse, ohne Rinde	20 g	50 g
Butter	5 g	15 g
Gemüsewürfel (Brunoise)	20 g	50 g
Zwiebeln, gehackt	20 g	50 g
Schnittlauch, frisch	10 g	25 g
Salz		
Pfeffer, weiß, aus der Mühle		
Muskatnuss, gerieben		

Einlage

Knollensellerie, geschält	40 g	100 g
Pfälzer Rüben, geschält	40 g	100 g
Karotten, geschält	40 g	100 g
Appenzeller Käse, ohne Rinde	40 g	100 g
Mostbröckli (3)	20 g	50 g

Weitere Zutaten

Gewürzsalzmischung für Fleisch	8 g	20 g
Sonnenblumenöl, high oleic	30 g	80 g
Gemüse-Jardiniere	80 g	200 g
Tomatenpüree	20 g	50 g
Rotwein	120 g	300 g
Kalbsfond, braun	200 g	500 g
Kalbsjus, gebunden	200 g	500 g
Salz		
Pfeffer, weiß, aus der Mühle		
Petersilie, gehackt	10 g	30 g

Vorbereitung Fleisch
- Rindshuft in Schnitzel zu je 70 g schneiden (pro Person 2 Stück).
- Schnitzel zwischen Plastikfolie dünn plattieren.
- Mostbröckli (1) in Tranchen schneiden; jedes Schnitzel mit je 2 Tranchen Mostbröckli belegen.

Vorbereitung Füllung
- Das Englischbrot in 1 cm große Würfel schneiden.
- Mostbröckli (2) für die Füllung in Brunoise (Würfelchen) schneiden.
- Appenzeller Käse für die Füllung in Würfelchen schneiden (3 mm).
- Gemüse-Brunoise und gehackte Zwiebeln in Butter andünsten.
- Schnittlauch fein schneiden.

Zubereitung Füllung
- Die Vollmilch aufkochen, zum Brot geben, mit einem Spatel gut verrühren und 30 Minuten ruhen lassen.
- Vollei, Vollrahm, Philadelphia, Mostbröckli-Brunoise, Appenzeller-Käse-Brunoise, Schnittlauch sowie die gedünsteten Zwiebeln und die Gemüse-Brunoise zur Brotmasse geben und mit einem Spatel gut vermischen.
- Mit Salz, Pfeffer und Muskatnuss abschmecken und 2 Stunden ruhen lassen.

Vorbereitung Einlage
- Knollensellerie, Pfälzer Rüben, Karotten sowie Appenzeller Käse in Bâtonnets (Stäbchen 8 × 8 × 70 mm) schneiden (pro Person von jeder Sorte 1 Bâtonnet).
- Von jeder Sorte je ein Bâtonnet (Knollensellerie, Pfälzer Rüben, Karotten und Appenzeller Käse) mit einer Tranche Mostbröckli (3) zu einem Wickel rollen.

Zubereitung Fleischröllchen
- Die Füllung auf die Schnitzel verteilen und ausstreichen.
- Je ein Bâtonnets-Wickel in die Mitte der Füllung setzen.
- Schnitzel seitlich einschlagen und zu Röllchen aufwickeln.
- Je 4 Röllchen mit Holzspießchen aufstecken und fixieren.
- Die Fleischröllchen würzen und im heißen Öl beidseitig anbraten.
- Das Fleisch herausnehmen und das überschüssige Öl abgießen.
- Gemüse-Jardiniere beigeben und kurz andünsten.
- Das Tomatenpüree beigeben und anrösten.
- Mit Rotwein ablöschen und sirupartig einkochen lassen.
- Das Fleisch wieder zugeben, mit dem Kalbsfond und Kalbsjus auffüllen, bis das Fleisch knapp bedeckt ist.
- Aufkochen lassen und zugedeckt im Ofen weich schmoren.
- Das Fleisch herausnehmen, von den Holzspießchen lösen und warm stellen.
- Die Sauce abfetten, die Gemüse-Jardiniere entnehmen und warm stellen.
- Die Sauce einkochen und abschmecken und durch ein Etamine (Passiertuch) passieren.

Anrichten
- Je ein wenig der Gemüse-Jardiniere in der Tellermitte anrichten.
- Die Fleischröllchen leicht schräg, diagonal halbieren und kreisförmig um die Jardiniere anrichten.
- Mit Sauce umgießen und mit gehackter Petersilie bestreuen.

Hinweise für die Praxis
Die Füllung für die Fleischröllchen lässt sich gut am Vortag herstellen und muss zuerst hergestellt werden.

Glasierte gefüllte Kalbsbrust mit Laugenbrötchenmasse
Poitrine de veau glacée farcie à la masse de petits pains à la saumure

Zutaten

	4 Pers	10 Pers
Kalbsbrust, dressiert, zum Füllen	520 g	1300 g
Laugenbrötchenmasse mit Rohschinken und Mascarpone	160 g	400 g
Gewürzsalzmischung für Fleisch	6 g	15 g
Bratbutter	20 g	50 g
Mirepoix, bunt	65 g	160 g
Tomatenpüree	12 g	30 g
Weißwein	100 g	250 g
Kalbsfond, braun	160 g	400 g
Kalbsjus	100 g	250 g
Madeira	30 g	80 g
Salz		
Pfeffer, weiß, aus der Mühle		

Vorbereitung
- Die Kalbsbrust mit der Laugenbrötchenmasse füllen und gleichmäßig mit Bindfaden binden, sodass keine Füllung austreten kann.
- Den Backofen auf 170–180 °C (Ober- und Unterhitze) vorwärmen.

Zubereitung
- Die Kalbsbrust würzen und in der Bratbutter allseitig anbraten.
- Fleisch herausnehmen und das Mirepoix (Röstgemüse) anrösten (ohne Lauch).
- Den restlichen Fettstoff abgießen, Tomatenpüree beigeben und mitrösten, Lauch kurz beigeben.
- Mit dem Weißwein ablöschen und einreduzieren.
- Den braunen Kalbsfond und den Kalbsjus beigeben und aufkochen.
- Die Kalbsbrust wieder dazugeben und zugedeckt im Ofen zu ¾ weich garen.
- Des Öfteren arrosieren (begießen) und die Sauce abfetten und abschäumen.
- Im letzten Viertel der Garzeit den Deckel entfernen und die Kalbsbrust durch häufiges Arrosieren (mit einem Sieb) glasieren.
- Die Kalbsbrust herausnehmen, Bindfaden entfernen und warm stellen.
- Die Sauce passieren, zur gewünschten Konsistenz einkochen, mit Madeira verfeinern und abschmecken.

Anrichten
- Kalbsbrust tranchieren, auf einem Saucenspiegel anrichten und mit einem Butterpinsel überglänzen.
- Restliche Sauce separat servieren.

Hinweise für die Praxis
Kalbsbrust vor dem Tranchieren mindestens 20 Minuten an der Wärme abstehen lassen. Von Vorteil eine dicke Kalbsbrust wählen, bei welcher eine Tasche eingeschnitten werden kann.

Geschmorter Rindshuftspitz mit Gemüsen · Aiguillette de bœuf à la mode

Zutaten

	4 Pers	10 Pers
Rindshuftspitz, mit Fett	800 g	2000 g
Gewürzsalzmischung für Fleisch	8 g	20 g
Sonnenblumenöl, high oleic	40 g	100 g
Kalbsfüße, zersägt	200 g	500 g
Mirepoix, bunt	80 g	200 g
Speckschwarten	40 g	100 g
Tomatenpüree	25 g	60 g
Rotwein	120 g	300 g
Gewürzsäcklein	1	1
Kalbsfond, braun	520 g	1300 g
Demi-glace	280 g	700 g
Madeira	20 g	50 g
Stärkemehl	8 g	20 g

Garnitur

	4 Pers	10 Pers
Karotten, geschält	60 g	150 g
Knollensellerie, geschält	60 g	150 g
Weißrüben, geschält	60 g	150 g
Perlzwiebeln, geschält	60 g	150 g
Butter	20 g	50 g
Kalbsfond, hell	80 g	200 g
Zucker		
Salz		
Pfeffer, weiß, aus der Mühle		
Petersilie, glattblättrig, frisch	10 g	25 g

Vorbereitung

- Karotten in Bâtonnets (Stäbchen, Länge 2 cm) schneiden.
- Knollensellerie in Dreiecke von 2 cm Seitenlänge schneiden.
- Weißrüben tournieren.
- Petersilie waschen, zupfen, trockentupfen und fein hacken.

Zubereitung Gericht

- Fleisch würzen und zusammen mit den zerkleinerten Kalbsfüßen in einer Braisière (Schmorpfanne) im heißen Öl allseitig gut anbraten und herausnehmen.
- Das Mirepoix und die Speckschwarten beigeben und ebenfalls gut anrösten.
- Das überschüssige Öl abgießen.
- Tomatenpüree beigeben, zur Farbgebung ebenfalls mitrösten und mit Rotwein ablöschen.
- Fleisch und Kalbsfüße wieder beigeben und zur Glace einkochen.
- Mit braunem Kalbsfond und Demi-glace bis zu einem Drittel der Fleischhöhe auffüllen und das Gewürzsäcklein beigeben.
- Zugedeckt im Ofen unter zeitweisem Wenden und Arrosieren (Übergießen) weich schmoren.
- Zwischendurch allenfalls die eingedünstete Flüssigkeit mit Wasser ergänzen.
- Fleisch herausnehmen und warm stellen.
- Kalbsfüße auslösen und in Streifen schneiden.
- Sauce entfetten, etwas einkochen, mit dem angerührten Stärkemehl binden und abschmecken.
- Sauce passieren, Kalbsfüße in die Sauce geben und mit Madeira verfeinern.

Zubereitung Garnitur

- Karotten, Sellerie, Weißrüben und Perlzwiebeln mit hellem Kalbsfond, Zucker und Salz glasieren und mit Petersilie bestreuen.

Anrichten

- Fleisch tranchieren und mit der Sauce nappieren.
- Glasiertes Gemüse darüber verteilen und mit gehackter Petersilie bestreuen.
- Restliche Sauce separat dazu servieren.

Hinweise für die Praxis

Die klassischen Zutaten Speckschwarte und Kalbsfüße können aus ernährungsphysiologischen Gründen auch weggelassen werden.

GESCHMORTER RINDSHUFTSPITZ MIT GEMÜSEN – STEP BY STEP

1
2
3
4
5
6
7
8

GERICHTE AUS SCHLACHTFLEISCH

Glasierte gefüllte Lammschulter · Epaule d'agneau glacée et farcie

Zutaten

	4 Pers	10 Pers
Lammschulter, ohne Knochen, dressiert	640 g	1600 g
Semmelmasse mit getrockneten Tomaten, Oliven und Basilikum	160 g	400 g
Gewürzsalzmischung für Lamm	6 g	15 g
Bratbutter	25 g	70 g
Mirepoix, bunt	80 g	200 g
Tomatenpüree	15 g	40 g
Weißwein	120 g	300 g
Kalbsfond, braun	200 g	500 g
Kalbsjus	120 g	300 g
Aceto balsamico di Modena (Balsamessig)	15 g	40 g
Salz		
Pfeffer, weiß, aus der Mühle		

Vorbereitung
- Die Lammschulter mit der Semmelmasse füllen und gleichmäßig mit Bindfaden binden, sodass keine Füllung austreten kann.
- Den Backofen auf 170–180 °C (Ober- und Unterhitze) vorwärmen.

Zubereitung
- Die Lammschulter würzen und in der Bratbutter allseitig anbraten.
- Fleisch herausnehmen und das Mirepoix (Röstgemüse) anrösten.
- Den restlichen Fettstoff abgießen, Tomatenpüree beigeben und mitrösten.
- Mit dem Weißwein ablöschen und einreduzieren.
- Den braunen Kalbsfond und den Kalbsjus beigeben und aufkochen.
- Die Lammschulter wieder beigeben und zugedeckt im Ofen zu ¾ weich garen.
- Des Öfteren arrosieren (begießen) und die Sauce abfetten und abschäumen.
- Im letzten Viertel der Garzeit den Deckel entfernen und die Lammschulter durch häufiges Arrosieren (mit einem Sieb) glasieren.
- Die Lammschulter herausnehmen, Bindfaden entfernen und warm stellen.
- Die Sauce passieren und mit Balsamessig verfeinern.
- Sauce zur gewünschten Konsistenz einkochen und abschmecken.

Anrichten
- Lammschulter in dünne, gleichmäßige Tranchen schneiden und auf einem Saucenspiegel anrichten.
- Restliche Sauce separat servieren.

Hinweise für die Praxis
Lammschulter vor dem Tranchieren mindestens 20 Minuten an der Wärme abstehen lassen.

Glasierte Kalbsbrustschnitten mit Ratatouille · Tendrons de veau glacés à la ratatouille

Zutaten

	4 Pers	10 Pers
Kalbsbrust, ohne Knochen, dressiert	720 g	1800 g
Gewürzsalzmischung für Fleisch	4 g	10 g
Weißmehl	10 g	25 g
Sonnenblumenöl, high oleic	30 g	80 g
Mirepoix, bunt	70 g	180 g
Speck, geräuchert	60 g	150 g
Tomatenpüree	20 g	50 g
Weißwein	80 g	200 g
Kalbsfond, braun	400 g	1000 g
Gewürzsäcklein	1	1
Stärkemehl	8 g	20 g

Garnitur

	4 Pers	10 Pers
Olivenöl	20 g	50 g
Zwiebeln, geschält	30 g	75 g
Knoblauch, geschält	2 g	5 g
Peperoni, bunt, entkernt	100 g	250 g
Auberginen, gerüstet	50 g	130 g
Zucchetti, grün, gerüstet	100 g	250 g
Salz		
Pfeffer, weiß, aus der Mühle		
Basilikum, frisch	5 g	15 g
Origano, frisch	2 g	5 g
Tomaten, geschält, entkernt	60 g	150 g

Vorbereitung

- Die Kalbsbrust zu 180 g schweren Tranchen schneiden und zu Tendrons zusammenbinden.
- Den geräucherten Speck (ohne Knorpel) in kleine Würfel schneiden.
- Farbige Peperoni, Auberginen und Zucchetti waschen und in 1 cm große Würfel schneiden.
- Tomaten in 1 cm große Würfel schneiden.
- Basilikum und Origano waschen, zupfen, trockentupfen und fein hacken.
- Gewürzsäcklein aus Lorbeerblatt, Gewürznelke und Thymian bereitstellen.

Zubereitung

- Die Kalbsbrustschnitten würzen und leicht mit Weißmehl bestäuben.
- Die Brustschnitten in einer Braisière (Schmorpfanne) im heißen Öl beidseitig anbraten.
- Das Fleisch herausnehmen und das überschüssige Öl abgießen.
- Das Mirepoix und die Speckwürfel beigeben und anrösten.
- Das Tomatenpüree beigeben, kurz mitrösten, mit Weißwein ablöschen und fast vollständig einkochen lassen.
- Mit einem Viertel des braunen Kalbsfonds auffüllen und nochmals einkochen.
- Das Fleisch wieder beigeben und glasieren.
- Mit dem restlichen Kalbfond auffüllen, bis das Fleisch knapp bedeckt ist und das Gewürzsäcklein beigeben.
- Zugedeckt im Ofen unter zeitweisem Wenden und Arrosieren (Begießen) mit dem eingekochten Fond glasieren.
- Eingedünstete Flüssigkeit allenfalls ergänzen.
- Das Fleisch herausnehmen und das Gewürzsäcklein entfernen.
- Stärkemehl mit wenig kaltem Wasser anrühren und die Sauce binden und abschmecken.
- Die Sauce durch ein Drahtspitzsieb passieren und etwas einkochen lassen.

Zubereitung Garnitur

- Zwiebeln, Knoblauch und Peperoni im Olivenöl andünsten.
- Die Auberginen und Zucchetti beigeben und würzen.
- Zugedeckt bei schwacher Hitze ohne Fremdflüssigkeit weich dünsten.
- Kurz vor Ende der Garzeit Tomatenwürfel, Basilikum und Origano beigeben und abschmecken.

Anrichten

- Bindfaden von den Kalbsbrustschnitten entfernen.
- Kalbsbrustschnitten auf dem Ratatouille anrichten.
- Mit wenig Sauce umgießen.
- Restliche Sauce separat dazu servieren.

Hinweise für die Praxis

Für die Tendrons wenn möglich nur den dicken, gut ausdressierten Teil der Kalbsbrust verwenden. Bei der Zubereitung des Ratatouilles, wenn nötig, etwas Gemüsefond beigeben.

Glasierte Kalbshaxe bürgerliche Art · Jarret de veau glacé bourgeoise

Zutaten

	4 Pers	10 Pers
Kalbshaxe, ganz, ohne Gelenk	1400 g	3500 g
Gewürzsalzmischung für Fleisch	8 g	20 g
Kalbsfüße, zersägt	80 g	200 g
Sonnenblumenöl, high oleic	40 g	100 g
Mirepoix, bunt	140 g	350 g
Tomatenpüree	20 g	50 g
Thymianzweige	2 g	5 g
Salbei, frisch	2 g	5 g
Rosmarinzweige	1	1
Weißwein	80 g	200 g
Kalbsfond, braun	600 g	1500 g
Stärkemehl	4 g	10 g

Garnitur

Karotten, geschält	150 g	360 g
Weißrüben, geschält	120 g	300 g
Perlzwiebeln, geschält	80 g	200 g
Erbsen, tiefgekühlt	40 g	100 g
Butter	20 g	50 g
Gemüsefond	100 g	250 g
Zucker		
Salz		
Pfeffer, weiß, aus der Mühle		
Petersilie, glattblättrig, frisch	15 g	30 g
Butter	10 g	30 g

Vorbereitung
– Die Sehnen und die Haut der Kalbshaxe leicht einritzen.
– Karotten und Weißrüben tournieren oder in Stäbchen schneiden.
– Petersilie waschen, trockentupfen, zupfen und fein hacken.

Zubereitung Kalbshaxen
– Kalbshaxe und Kalbsfüße würzen und allseitig im Sonnenblumenöl nicht zu stark anbraten.
– Fleisch und Kalbsfüße herausnehmen, Öl abgießen, Mirepoix beigeben und leicht anrösten.
– Tomatenpüree beigeben und ebenfalls leicht anrösten.
– Etwas braunen Kalbsfond beigeben und sirupartig einkochen.
– Fleisch, Kalbsfüße und die Kräuter beigeben, mit Weißwein auffüllen und bis zu einem Viertel der Fleischhöhe mit braunem Kalbsfond auffüllen.
– Zugedeckt im Ofen bei einer Temperatur von 160–170 °C unter öfterem Arrosieren (Begießen) weich schmoren.
– Am Schluss der Garzeit mit der eingedünsteten Flüssigkeit fleißig glasieren.
– Fleisch herausnehmen und warm stellen.
– Das gelatinöse Fleisch von den Kalbsfüßen lösen und in Streifen schneiden.
– Schmorflüssigkeit mit restlichem Kalbsfond auffüllen, aufkochen und abfetten.
– Sauce passieren, mit Stärkemehl leicht binden und abschmecken.
– Julienne von Kalbsfüßen in die Sauce geben.

Zubereitung Garnitur
– Karotten, Weißrüben und Perlzwiebeln in Butter andünsten.
– Wenig Zucker beigeben und mit Salz und Pfeffer würzen.
– Gemüsefond beigeben und zugedeckt knapp weich dünsten.
– Deckel entfernen und tiefgekühlte Erbsen beigeben.
– Gemüse durch Schwenken glasieren.
– Abschmecken und mit gehackter Petersilie bestreuen.

Anrichten
– Fleisch vom Knochen lösen und quer zum Faserverlauf tranchieren.
– Fleisch anrichten und mit Butter bepinseln.
– Gemüse anrichten und Sauce separat dazu servieren.

Hinweise für die Praxis
Die Garzeit beträgt je nach Größe der Kalbshaxe 2–2½ Stunden. Beim Tranchieren den runden Teil der Haxe abtrennen und separat tranchieren; dies ergibt schönere Portionenstücke.

Glasierte Kalbskopfbäckchen in Barolo · Joues de veau glacées au Barolo

Zutaten

	4 Pers	10 Pers
Kalbskopfbäckchen, dressiert	800 g	2000 g
Gewürzsalzmischung für Fleisch	4 g	10 g
Sonnenblumenöl, high oleic	20 g	50 g
Mirepoix, bunt	120 g	300 g
Tomatenpüree	40 g	100 g
Rotwein	200 g	500 g
Rotwein, Barolo	200 g	500 g
Kalbsfond, braun	300 g	750 g
Kalbsjus	200 g	500 g
Gewürzsäcklein	1	1

Garnitur

	4 Pers	10 Pers
Englischbrot, entrindet	60 g	150 g
Bratbutter	10 g	25 g
Petersilie, gekraust, frisch	2 g	5 g

Vorbereitung

– Gewürzsäcklein bestehend aus Salbei, Rosmarin, Lorbeerblatt und weißen Pfefferkörnern bereitstellen.
– Das Englischbrot in gleichmäßige Stäbchen von 3 cm Länge und 1 cm Dicke schneiden und in der Bratbutter goldgelb rösten.
– Petersilie waschen, zupfen, trockentupfen und fein hacken.

Zubereitung

– Die Kalbskopfbäckchen würzen und im heißen Sonnenblumenöl rundherum anbraten.
– Anschließend das Fleisch herausnehmen und das Mirepoix anrösten.
– Das restliche Öl ableeren und das Tomatenpüree dunkel mitrösten.
– Mit dem Rotwein ablöschen und zur Glace einkochen; den Barolo zugießen und mit den Kalbskopfbäckchen zur Hälfte einkochen.
– Braunen Kalbsfond, Kalbsjus und das Gewürzsäcklein beigeben und aufkochen.
– Im Ofen bei einer Temperatur von 170 °C zugedeckt weich glasieren, des Öfteren wenden und mit der Glasierflüssigkeit arrosieren (begießen).
– Das Fleisch herausnehmen und warm stellen.
– Sauce durch ein Drahtspitzsieb passieren, zur gewünschten Konsistenz einkochen und abschmecken.
– Fleisch in dünne Tranchen schneiden und anrichten.
– Mit der Sauce nappieren und mit Brot-Croûtons und Petersilie bestreuen.

Hinweise für die Praxis

Als Ergänzung der Garnitur eignen sich sautierte Steinpilze.
Als Beilage eignen sich Bramata-Polenta oder Kartoffel-Gnocchi.

Glasierte Kalbsmilken/Kalbsbries in weißem Portwein mit Äpfeln und Eierschwämmen/Pfifferlingen · Ris de veau glacés au porto blanc, aux pommes et chanterelles

Zutaten	4 Pers	10 Pers
Kalbsmilken/Kalbsbries	600 g	1500 g
Salz		
Pfeffer, weiß, aus der Mühle		
Weißmehl	12 g	30 g
Butter	20 g	50 g
Schalotten, geschält	40 g	100 g
Portwein, weiß	200 g	500 g
Kalbsjus, gebunden	120 g	300 g
Saucenhalbrahm, 25%, eingedickt	80 g	200 g
Salz		
Pfeffer, weiß, aus der Mühle		

Garnitur

	4 Pers	10 Pers
Butter	40 g	100 g
Eierschwämme/Pfifferlinge, frisch, gerüstet	120 g	300 g
Äpfel, Gala, geschält, ohne Kerngehäuse	160 g	400 g
Apfelsaft, süß	80 g	200 g

Vorbereitung
- Kalbsmilken in leicht gesalzenem Wasser wässern (Blutentzug).
- Schalotten fein hacken.
- Eierschwämme waschen, abtropfen lassen und in gleichmäßige Stücke schneiden.
- Äpfel in Bâtonnets (Stäbchen) schneiden.

Zubereitung
- Kalbsmilken im kochenden Salzwasser kurz blanchieren und im Eiswasser abschrecken.
- Allenfalls vorhandene Haut und Fettresten entfernen.
- Kalbsmilken auf Küchenpapier trockentupfen; mit Salz und Pfeffer würzen und im Weißmehl wenden.
- In einem Sautoir in heißer Butter goldgelb ansautieren.
- Kalbsmilken herausnehmen und das Sautoir mit Küchenpapier austupfen.
- Schalotten beigeben und dünsten.
- Mit weißem Portwein ablöschen und Kalbsmilken wieder beigeben.
- Zugedeckt im Ofen bei einer Temperatur von 170 °C ca. 10–15 Minuten glasieren.
- Ab und zu mit der Schmorflüssigkeit arrosieren (übergießen).
- Kalbsmilken herausnehmen und warm stellen.
- Kalbsjus beigeben, Sauce einkochen und passieren.
- Saucenhalbrahm beigeben, zur gewünschten Konsistenz einkochen und abschmecken.
- Für die Garnitur Eierschwämme in Butter dünsten.
- Apfelstäbchen beigeben und mitdünsten.
- Mit Apfelsaft ablöschen und die Flüssigkeit vollständig einkochen lassen.

Anrichten
- Eierschwämme mit Äpfeln anrichten.
- Kalbsmilken tranchieren und fächerartig auf der Garnitur anrichten.
- Mit der Sauce umgießen.

Hinweise für die Praxis
Die Kalbsmilken mit Vorteil bereits am Vortag wässern.
Es können auch andere, säurehaltige Apfelsorten verwendet werden. Als Stärkebeilage eignen sich Salzkartoffeln mit Majoran.

Glasierter Bauernschinken mit süßer Kruste · Jambon de campagne glacé en croûte sucrée

Zutaten

	10 Pers	20 Pers
Bauernschinken, geräuchert, mit Schwarte, ohne Bein	2000 g	4000 g
Gewürznelken	12	24

Pochierfond

Wasser	4000 g	8000 g
Zwiebeln, geschält	100 g	200 g
Lorbeerblätter	2	4
Gewürznelken	2	5
Thymianzweige	3	6

Zum Glasieren

Butter	20 g	40 g
Mirepoix, bunt	200 g	400 g
Weißwein	100 g	200 g
Madeira	50 g	100 g
Kalbsfond, braun	350 g	700 g

Glasur

Meerrettichsenf	5 g	10 g
Vollrohrzucker, grob	5 g	10 g
Bienenhonig	10 g	15 g
Kalbsfond, braun	15 g	30 g
Gewürznelken, gemahlen	0,5 g	1 g
Madeira	5 g	10 g
Majoran, frisch	1 g	2 g
Rohzucker	10 g	20 g

Vorbereitung

- Beinschinken über Nacht in Wasser einlegen, um den Salzgehalt zu reduzieren.
- Zwiebeln mit dem Messer einschneiden und Thymianzweige einstecken; anschließend die Zwiebeln mit Lorbeer und Gewürznelken spicken.
- Das Wasser aufkochen, die gespickten Zwiebeln beigeben und den Schinken bei 85 °C zu ¾ pochieren.
- Anschließend die Schwarte sorgfältig entfernen und die Fettschicht im Abstand von 1 cm gitterartig schräg einschneiden.
- Die Gewürznelken jeweils an den Schnittstellen in gleichmäßigen Abständen einstecken.
- Majoran waschen, zupfen, trockentupfen und fein hacken.
- Für die Glasur alle Zutaten vermischen.

Zubereitung

- Das Mirepoix in Butter in einer Braisiere (Schmorpfanne) andünsten.
- Mit Weißwein und Madeira ablöschen.
- Den Schinken mit der Fettschicht nach oben darauf legen und mit dem braunen Kalbsfond aufgießen.
- Einmal kurz aufkochen lassen und den Schinken im Ofen bei einer Temperatur von 170 °C zugedeckt 30 Minuten schmoren.
- Anschließend den Deckel entfernen und den Schinken unter öfterem Begießen mit dem Fond und gleichzeitigem Einstreichen mit der Glasur (ohne Rohzucker) fertig glasieren.
- Kurz vor Ende der Garzeit die Oberhitze des Backofens auf 200 °C erhöhen, den Schinken mit Rohzucker bestreuen und goldgelb überbacken.
- Den Schinken herausnehmen und warm stellen.
- Die Schmorflüssigkeit durch ein Drahtspitzsieb in eine Sauteuse passieren.
- Zur gewünschten Konsistenz einkochen, allenfalls mit etwas kalt angerührtem Stärkemehl binden und abschmecken.

Anrichten

- Schinken in gleichmäßige Tranchen schneiden und anrichten.
- Sauce in einer Sauciere separat dazu servieren.

Hinweise für die Praxis

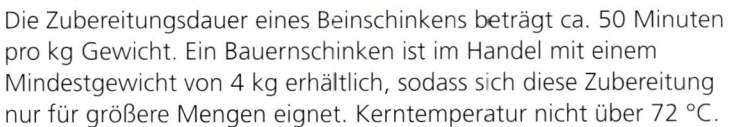

Die Zubereitungsdauer eines Beinschinkens beträgt ca. 50 Minuten pro kg Gewicht. Ein Bauernschinken ist im Handel mit einem Mindestgewicht von 4 kg erhältlich, sodass sich diese Zubereitung nur für größere Mengen eignet. Kerntemperatur nicht über 72 °C.

Glasierter Kaninchenschenkel mit Cantadou-Basilikum-Sauce
Cuisse de lapin glacée, sauce au basilic et au cantadou

Zutaten	4 Pers	10 Pers
Kaninchenschenkel, ohne Knochen, dressiert	640 g	1600 g
Basilikum, frisch	4 g	10 g
Gewürzsalzmischung für Fleisch	4 g	10 g
Weißmehl	4 g	15 g
Sonnenblumenöl, high oleic	20 g	50 g
Matignon, bunt	100 g	250 g
Tomatenpüree	10 g	25 g
Weißwein	100 g	250 g
Kalbsfond, braun	200 g	500 g
Kalbsjus	100 g	250 g
Cantadou-Frischkäse mit Pesto	60 g	150 g
Saucenhalbrahm, 25%, eingedickt	40 g	100 g
Basilikum, frisch	4 g	10 g
Salz		
Pfeffer, weiß, aus der Mühle		

Vorbereitung
– Basilikum waschen, zupfen und trockentupfen.
– Die Kaninchenschenkel auf der Innenseite leicht pfeffern und mit Basilikumblättern belegen.
– Schenkel zusammenrollen und mit Bindfaden in eine gleichmässige Form bringen.
– Basilikum für die Sauce waschen, zupfen, trockentupfen und fein hacken.

Zubereitung
– Die dressierten Kaninchenschenkel würzen und leicht mehlen.
– Ein Rondeau erhitzen, Sonnenblumenöl beigeben und die Kaninchenschenkel rundherum hell anbraten.
– Das Fleisch herausnehmen, das Matignon beigeben und langsam dünsten.
– Das überschüssige Bratfett abgießen, das Tomatenpüree beigeben und zur Farbgebung leicht rösten.
– Mit Weißwein ablöschen und sirupartig einkochen.
– Mit braunem Kalbsfond und Kalbsjus auffüllen.
– Die Sauce aufkochen und die Kaninchenschenkel wieder beigeben.
– Im Ofen bei einer Temperatur von 170 °C glasieren.
– Das Fleisch herausnehmen, Bindfaden entfernen und im Rechaud bei 70 °C warm stellen.
– Die Sauce durch ein Drahtspitzsieb passieren.
– Den Saucenhalbrahm beigeben und zur gewünschten Konsistenz einkochen.
– Den Cantadou-Frischkäse beigeben und mit einem Stabmixer mixen, erhitzen, aber nicht mehr kochen.
– Das gehackte Basilikum beigeben und die Sauce abschmecken.

Anrichten
– Saucenspiegel anrichten.
– Kaninchenschenkel in gleichmäßige Tranchen schneiden und fächerartig auf dem Saucenspiegel anrichten.
– Die restliche Sauce in einer Sauciere separat dazu servieren.

Hinweise für die Praxis
Als Garnitur kann das Gericht mit sautierten Eierschwämmen/ Pfifferlingen ergänzt werden. Als passende Stärkebeilagen eignen sich breite Bandnudeln oder Kartoffel-Gnocchi.

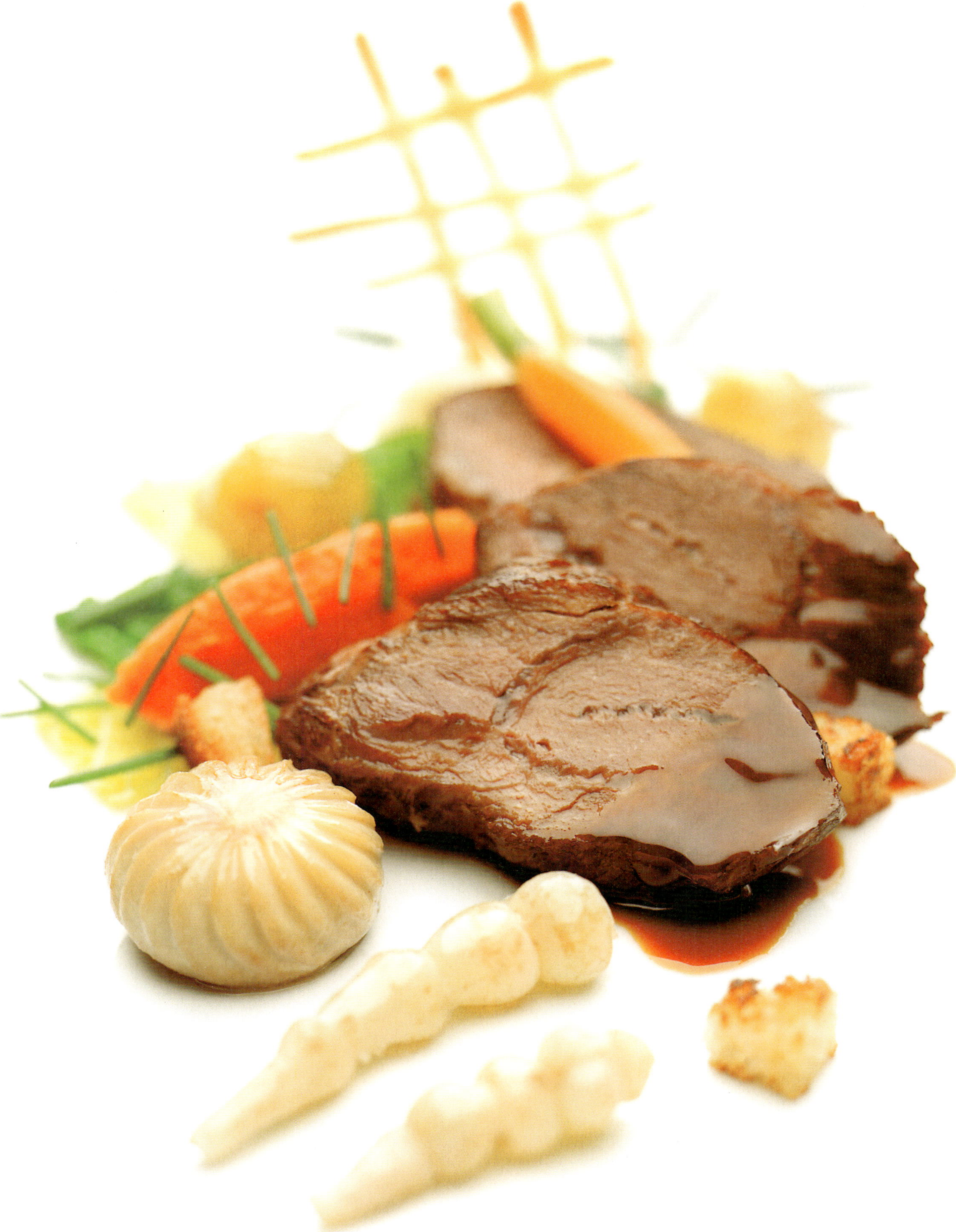

Glasierter Münchner Bierbraten · Cou de porc glacé à la bière munichoise

Zutaten

	4 Pers	10 Pers
Schweinshals, dressiert	680 g	1700 g

Füllung

Butter	5 g	15 g
Zwiebeln, geschält	80 g	200 g
Petersilie, gekraust, frisch	2 g	5 g

Marinade

Rosmarin, frisch	1 g	2 g
Senf, mild	10 g	20 g
Sonnenblumenöl, high oleic	10 g	20 g
Paprika, delikatess	0,5 g	1 g

Weitere Zutaten

Gewürzsalzmischung für Fleisch	6 g	15 g
Bratbutter	20 g	50 g
Mirepoix, bunt	70 g	170 g
Tomatenpüree	10 g	25 g
Weißwein	40 g	80 g
Bier, hell	40 g	80 g
Bier, dunkel	40 g	80 g
Kalbsfond, braun	120 g	300 g
Kalbsjus	80 g	200 g

Vorbereitung

- Zwiebeln hacken, in Butter hellbraun dünsten und auskühlen lassen.
- Petersilie waschen, zupfen, trockentupfen, hacken und zu den Zwiebeln geben.
- Am Schweinshals längs eine Tasche einschneiden und mit der Zwiebelmasse füllen.
- Schweinshals mit Bindfaden binden.
- Rosmarin waschen, zupfen, trockentupfen und fein hacken.
- Aus gehacktem Rosmarin, Senf, Sonnenblumenöl und Paprika eine Marinade herstellen.
- Schweinshals mit der Marinade einstreichen und mindestens 2 Stunden marinieren.

Zubereitung

- Fleisch aus der Marinade nehmen und würzen.
- In einem Rondeau den Schweinshals allseitig in Bratbutter hellbraun anbraten.
- Fleisch herausnehmen.
- Das Mirepoix beigeben und rösten, evtl. vorhandenen Fettstoff abgießen.
- Tomatenpüree beigeben und ebenfalls mitrösten.
- Das Fleisch wieder beigeben, mit Weißwein ablöschen und einreduzieren.
- Das helle und das dunkle Bier beigeben und zur Hälfte einkochen lassen.
- Mit dem braunen Kalbsfond und Kalbsjus auffüllen.
- Schweinshals zugedeckt unter öfterem Begießen im Ofen zu ¾ weich garen.
- Deckel entfernen.
- Den Braten unter häufigem Begießen mit einem Sieb glasieren.
- Braten herausnehmen, Bindfaden entfernen und warm stellen.
- Die Sauce passieren, zur gewünschten Konsistenz einkochen, abfetten und abschmecken.

Anrichten

- Saucenspiegel anrichten.
- Braten tranchieren, mit Butterpinsel überglänzen und auf dem Saucenspiegel anrichten.
- Restliche Sauce separat servieren.

Fertigstellung

Kurz vor dem Servieren kann der Sauce noch etwas dunkles Bier beigegeben werden. Als geschmackliche Ergänzung kann beim Schmoren des Bierbratens etwas Kümmel zugegeben werden. Als Stärkebeilage passen Kartoffelstock oder Semmelknödel.

Kalbsragout Großmutterart · Ragoût de veau grand-mère

Zutaten	4 Pers	10 Pers
Kalbsschulter, ohne Knochen, dressiert	640 g	1600 g
Gewürzsalzmischung für Fleisch	6 g	15 g
Weißmehl	10 g	25 g
Sonnenblumenöl, high oleic	40 g	100 g
Zwiebeln, geschält	40 g	100 g
Knoblauch, geschält	4 g	10 g
Tomatenpüree	20 g	50 g
Weißwein	80 g	200 g
Kalbsfond, braun	400 g	1000 g
Demi-glace	200 g	500 g
Gewürzsäcklein	1	1
Stärkemehl	4 g	10 g
Salz		
Pfeffer, weiß, aus der Mühle		

Garnitur		
Perlzwiebeln, geschält	70 g	180 g
Butter	8 g	20 g
Zucker	2 g	5 g
Salz		
Kalbsfond, hell	40 g	100 g
Speck, geräuchert	60 g	150 g
Champignons, frisch, gerüstet	80 g	200 g
Salz		
Pfeffer, weiß, aus der Mühle		

Vorbereitung
- Kalbsschulter in gleichmäßige Würfel zu 30 g schneiden.
- Zwiebeln und Knoblauch fein hacken.
- Speck (ohne Knorpel) in Lardons (Stäbchen, 2 × 0,5 × 0,5 cm) schneiden und blanchieren.
- Champignons waschen und je nach Größe halbieren oder vierteln.

Zubereitung
- Die Fleischwürfel würzen und leicht mit Weißmehl bestäuben.
- In einer Braisiere (Schmorpfanne) oder in einem Rondeau im heißen Öl allseitig anbraten.
- Überschüssiges Öl abgießen.
- Zwiebeln und Knoblauch beigeben und dünsten.
- Tomatenpüree beigeben und kurz mitrösten.
- Mit Weißwein ablöschen und sirupartig einkochen.
- Mit braunem Kalbsfond und Demi-glace auffüllen, bis das Fleisch knapp bedeckt ist.
- Das Gewürzsäcklein beigeben und zugedeckt im Ofen weich schmoren.
- Das Fleisch mit einer Schaumkelle herausnehmen und die Sauce durch ein Drahtspitzsieb passieren.
- Sauce etwas einkochen und bei Bedarf mit angerührtem Stärkemehl nachbinden.
- Fleisch wieder in die Sauce geben, abschmecken und kurz erhitzen.
- Perlzwiebeln mit Butter, hellem Kalbsfond und Zucker glasieren.
- Speck-Lardons und Champignons in Butter sautieren.

Anrichten
- Kalbsragout mit der Sauce anrichten und die Garnitur über das Gericht geben.

Hinweise für die Praxis
Durch die Zugabe von Kalbsfüßen erhält man einen besseren Geschmack und einen schöneren Glanz der Sauce (die Kalbsfüße auslösen, in Würfel schneiden und der Sauce beigeben). Dabei gilt es, zu beachten, dass die Kalbsfüße eine längere Garzeit haben als das Fleisch. Das Fleisch kann auch im Kombisteamer bei einer Temperatur von 160 °C geschmort werden (Garzeit ca. 45–55 Minuten).

Kalbsragout mit Gemüsen · Ragoût de veau aux légumes

Zutaten

	4 Pers	10 Pers
Kalbsschulter, ohne Knochen, dressiert	640 g	1600 g
Gewürzsalzmischung für Fleisch	6 g	15 g
Weißmehl	10 g	25 g
Sonnenblumenöl, high oleic	40 g	100 g
Knoblauch, geschält	4 g	10 g
Zwiebeln, geschält	40 g	100 g
Tomatenpüree	20 g	50 g
Weißwein	80 g	200 g
Kalbsfond, braun	400 g	1000 g
Demi-glace	200 g	500 g
Gewürzsäcklein	1	1
Salz		
Pfeffer, weiß, aus der Mühle		

Garnitur

	4 Pers	10 Pers
Butter	10 g	20 g
Perlzwiebeln, geschält	40 g	100 g
Salz		
Zucker		
Karotten, geschält	40 g	100 g
Pfälzer Rüben, geschält	80 g	200 g
Knollensellerie, geschält	40 g	100 g
Broccoli, gerüstet	80 g	200 g
Butter	10 g	20 g
Salz		
Pfeffer, weiß, aus der Mühle		

Vorbereitung

- Kalbsschulter in 30 g schwere Würfel schneiden.
- Zwiebeln und Knoblauch fein hacken.
- Perlzwiebeln in Butter mit wenig Zucker und Salz kurz dünsten, mit Wasser ablöschen, weich garen und glasieren.
- Karotten, Pfälzer Rüben und Sellerie in 1 cm große Würfel schneiden und im Drucksteamer weich garen.
- Broccoli in gleichmäßige Röschen teilen und im Salzwasser gut blanchieren, im Eiswasser abschrecken und abschütten.

Zubereitung

- Die Fleischwürfel würzen und leicht mit Weißmehl bestäuben.
- In einem Rondeau im heißen Öl allseitig anbraten.
- Das überschüssige Öl abgießen.
- Zwiebeln und Knoblauch beigeben und dünsten.
- Tomatenpüree beigeben und kurz mitrösten.
- Mit Weißwein ablöschen und einkochen lassen.
- Mit braunem Kalbsfond und Demi-glace auffüllen und das Gewürzsäcklein beigeben.
- Zugedeckt im Ofen weich schmoren, des Öfteren abfetten und abschäumen.
- Das Fleisch mit einer Schaumkelle herausnehmen und das Gewürzsäcklein entfernen.
- Die Sauce durch ein Drahtspitzsieb passieren und allenfalls etwas einkochen lassen.
- Das Fleisch wieder in die Sauce geben und abschmecken.
- Karotten, Pfälzer Rüben, Sellerie und Perlzwiebeln in wenig Butter schwenken und abschmecken.
- Broccoliröschen im Drucksteamer kurz erhitzen und beigeben.

Anrichten

- Kalbsragout mit der Sauce anrichten.
- Gemüse über das Ragout geben und servieren.

Hinweise für die Praxis

Die Garzeit beträgt je nach Fleischqualität 45–55 Minuten.

Kaninchenragout Tessiner Art · Ragoût de lapin tessinoise

Zutaten

	4 Pers	10 Pers
Kaninchen, ganz, ohne Kopf	1200 g	3000 g
Kaninchenleber	120 g	300 g
Salz	8 g	20 g
Pfeffer, weiß, aus der Mühle	1 g	3 g
Speck, geräuchert	100 g	250 g
Bratbutter (1)	20 g	50 g
Knoblauch, geschält	8 g	20 g
Zwiebeln, geschält	50 g	120 g
Karotten, geschält	40 g	100 g
Rosmarin, frisch	1 g	3 g
Majoran, frisch	1 g	2 g
Thymian, frisch	1 g	2 g
Tomatenpüree	15 g	40 g
Weißmehl	20 g	50 g
Rotwein, Merlot	400 g	1000 g
Kalbsfond, braun	300 g	750 g
Bratbutter (2)	10 g	20 g
Steinpilze, frisch, gerüstet	80 g	200 g
Bratbutter (3)	20 g	50 g

Vorbereitung

- Das Kaninchen mit Knochen in Ragoutstücke zerteilen (die Leber beiseite legen).
- Kaninchenleber in gleichmäßige Stücke (gemäß Personenzahl) schneiden.
- Den geräucherten Speck (ohne Knorpel) in 5 mm große Würfel schneiden und blanchieren.
- Rosmarin, Majoran und Thymian waschen, zupfen, trockentupfen und fein hacken.
- Knoblauch fein hacken.
- Die Zwiebeln und die Karotten in 1 cm große Würfel schneiden.
- Die Steinpilze mit einem Tuch abreiben und in Scheiben schneiden.

Zubereitung

- Das Kaninchenragout mit Salz und Pfeffer würzen.
- Fleisch in der erhitzten Bratbutter (1) rundherum anbraten.
- Speck und Gemüsewürfel beigeben und kurz mitsautieren, Knoblauch beigeben.
- Das Tomatenpüree beigeben und anrösten.
- Mit Weißmehl stäuben, kurz dünsten und mit dem Rotwein ablöschen.
- Wein auf die Hälfte einreduzieren und mit braunem Kalbsfond auffüllen.
- Abschmecken und zugedeckt ca. 35 Minuten weich schmoren.
- Kurz vor Ende der Garzeit die Steinpilzscheiben in Bratbutter (2) heiß sautieren.
- Pilze und die gehackten Kräuter zum Ragout geben und kurz mitschmoren.
- Je nach Konsistenz die Sauce mit angerührtem Stärkemehl etwas abbinden.
- Das Ragout abschmecken und anrichten.
- Kaninchenleberschnitten in der Bratbutter (3) kurz rosa sautieren und auf das Ragout anrichten.

Hinweise für die Praxis

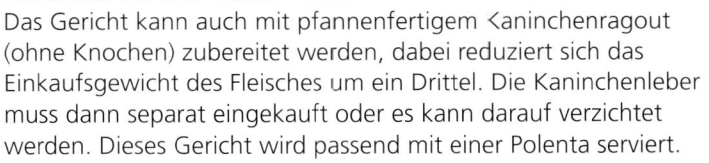

Das Gericht kann auch mit pfannenfertigem Kaninchenragout (ohne Knochen) zubereitet werden, dabei reduziert sich das Einkaufsgewicht des Fleisches um ein Drittel. Die Kaninchenleber muss dann separat eingekauft oder es kann darauf verzichtet werden. Dieses Gericht wird passend mit einer Polenta serviert.

Karbonade von Rindfleisch mit Peperonistreifen · Carbonnade de bœuf aux poivrons

Zutaten

	4 Pers	10 Pers
Rindshuft, 2. Qualität, dressiert	720 g	1800 g
Gewürzsalzmischung für Fleisch	10 g	30 g
Sonnenblumenöl, high oleic	40 g	100 g
Zwiebeln, geschält	60 g	150 g
Weißmehl	25 g	60 g
Bier, dunkel	200 g	500 g
Kalbsfond, braun	200 g	500 g
Gewürzsäcklein	1	1
Salz		
Pfeffer, weiß, aus der Mühle		

Garnitur

Butter	10 g	20 g
Zwiebeln, geschält	40 g	100 g
Peperoni, bunt, entkernt	80 g	200 g
Salz		

Vorbereitung

- Das Fleisch in Schnitzel zu je 90 g schneiden (pro Person 2 Schnitzel).
- Die Zwiebeln für das Fleisch emincieren (in feine Scheiben schneiden).
- Das Weißmehl in einer Lyoner Pfanne trocken hellbraun rösten.
- Gewürzsäcklein mit Lorbeer, Gewürznelken, Pfefferkörnern, Majoran und Thymian bereitstellen.
- Die Zwiebeln für die Garnitur emincieren (in feine Scheiben schneiden).
- Die farbigen Peperoni in feine Streifen schneiden.

Zubereitung

- Die Schnitzel würzen und im heißen Öl beidseitig anbraten.
- Das Fleisch herausnehmen und das überschüssige Fett abgießen.
- Die Zwiebeln beigeben und unter leichter Farbgebung anrösten.
- Mit dem gerösteten Weißmehl stäuben und mit Bier ablöschen.
- Mit dem braunen Kalbsfond auffüllen und das Fleisch wieder beigeben (das Fleisch sollte mit der Flüssigkeit knapp bedeckt sein).
- Das Gewürzsäcklein beigeben und zugedeckt im Ofen weich schmoren.
- Das Fleisch herausnehmen und das Gewürzsäcklein entfernen.
- Die Sauce durch ein Drahtspitzsieb passieren, entfetten, abschmecken und über das Fleisch geben.
- Die Zwiebel- und Peperonistreifen für die Garnitur in Butter weich dünsten und abschmecken.

Anrichten

- Karbonade anrichten und mit der Sauce nappieren (übergießen).
- Die gedünsteten Zwiebel- und Peperonistreifen über das Fleisch geben.

Hinweise für die Praxis

Die Garzeit beträgt je nach Fleischqualität ca. 45 Minuten.
Der Garverlust beträgt ca. 40 %.

Lammragout mit kleinen Gemüsen · Ragoût d'agneau aux petits légumes

Zutaten

	4 Pers	10 Pers
Lammschulter, ohne Knochen, dressiert	720 g	1800 g
Gewürzsalzmischung für Lamm	6 g	15 g
Sonnenblumenöl, high oleic	30 g	80 g
Zwiebeln, geschält	60 g	150 g
Knoblauch, geschält	8 g	20 g
Tomatenpüree	20 g	50 g
Weißwein	80 g	200 g
Kalbsfond, braun	400 g	1000 g
Demi-glace	200 g	500 g
Gewürzsäcklein	1	1
Tomaten, geschält, entkernt	60 g	150 g
Salz		
Pfeffer, weiß, aus der Mühle		

Garnitur

	4 Pers	10 Pers
Perlzwiebeln, geschält	80 g	200 g
Karotten, geschält	160 g	400 g
Weißrüben, geschält	160 g	400 g
Kartoffelkugeln, Ø 2 cm	160 g	400 g
Salz		
Pfeffer, weiß, aus der Mühle		

Vorbereitung

- Lammschulter in 30 g schwere Würfel schneiden.
- Zwiebeln und Knoblauch fein hacken.
- Tomaten in Würfel schneiden.
- Karotten und Weißrüben tournieren oder in Stäbchen schneiden.
- Kartoffelkugeln (Kochtyp A), mit Noisettes-Ausstechlöffel ausgestochen, bereitstellen.

Zubereitung

- Das Fleisch würzen und in einem Rondeau oder in einer Braisiere (Schmortopf) im heißen Öl allseitig anbraten.
- Das überschüssige Öl abschütten.
- Das Tomatenpüree beigeben und zur Farbgebung rösten.
- Die gehackten Zwiebeln und Knoblauch beigeben und dünsten.
- Mit Weißwein ablöschen und einkochen lassen.
- Mit braunem Kalbsfond und Demi-glace auffüllen, bis das Fleisch knapp bedeckt ist.
- Das Gewürzsäcklein beigeben und würzen.
- Das Gericht zugedeckt im Ofen ca. 60 Minuten weich schmoren.
- Das Fleisch herausnehmen und die Sauce durch ein Drahtspitzsieb passieren.
- Fleisch wieder in die Sauce geben, abschmecken und die Tomatenwürfel beigeben.

Zubereitung Garnitur

- Perlzwiebeln, Karotten und Weißrüben separat glasieren.
- Die Kartoffelkugeln weich dämpfen.
- Vor dem Servieren das glasierte Gemüse über dem Fleisch anrichten.
- Die Kartoffelkugeln separat dazu servieren.

Hinweise für die Praxis

Bei größeren Mengen ist die Zubereitung in einer Druckbraisiere zu empfehlen.

Ossobuco cremolata · Osso-buco cremolata

Zutaten

	4 Pers	10 Pers
Kalbshaxen vom Stotzen, portioniert	880 g	2200 g
Gewürzsalzmischung für Fleisch	10 g	20 g
Weißmehl	10 g	25 g
Sonnenblumenöl, high oleic	30 g	80 g
Zwiebeln, geschält	75 g	180 g
Knoblauch, geschält	4 g	10 g
Karotten, geschält	65 g	160 g
Knollensellerie, geschält	40 g	100 g
Lauch, gerüstet	60 g	140 g
Tomatenpüree	20 g	50 g
Weißwein	80 g	200 g
Kalbsfond, braun	400 g	1000 g
Kalbsjus	200 g	500 g
Salbei, frisch	2 g	5 g
Origano, frisch	4 g	10 g
Tomaten, geschält, entkernt	60 g	150 g

Garnitur

Knoblauch, geschält	4 g	10 g
Zitronenschale	4 g	10 g
Petersilie, glattblättrig, frisch	10 g	20 g

Vorbereitung

- Die seitliche Haut der Kalbshaxen (Stückgewicht 220 g) einritzen.
- Die Zwiebeln und den Knoblauch fein hacken.
- Lauch längs halbieren und waschen.
- Karotten, Knollensellerie und Lauch in 5 mm große Würfel schneiden.
- Den Salbei und den Origano fein hacken.
- Knoblauchzehen, Zitronenschale und Petersilie für die Garnitur cremolata fein hacken.

Zubereitung

- Die Kalbshaxen würzen und leicht mit Weißmehl bestäuben.
- In einem Rondeau oder in einer Braisiere (Schmortopf) im heißen Öl beidseitig anbraten.
- Das Fleisch herausnehmen, die Gemüsewürfel beigeben und dünsten.
- Das Tomatenpüree beigeben, zur Farbgebung leicht rösten.
- Mit Weißwein ablöschen und einkochen lassen.
- Die Kalbshaxen wieder beigeben.
- Mit dem braunen Kalbsfond und Kalbsjus auffüllen, bis das Fleisch knapp bedeckt ist.
- Salbei und Origano beigeben, abschmecken und zugedeckt im Ofen glasieren.
- Des Öfteren wenden und arrosieren (begießen).
- Gegen Ende der Garzeit die Tomatenwürfel zugeben.
- Je nach Konsistenz die Sauce etwas einkochen oder allenfalls mit etwas Wasser verdünnen.
- Die Kalbshaxen anrichten, mit der Sauce nappieren und mit der Garnitur cremolata bestreuen.

Hinweise für die Praxis

Bei der Zubereitung in der Druckbraisiere reduziert sich die Garzeit um ca. ein Drittel.

Rindsragout mit Balsamico-Sauce · Ragoût de bœuf, sauce balsamique

Zutaten

	4 Pers	10 Pers
Rindsschulter, ohne Knochen, dressiert	720 g	1800 g
Gewürzsalzmischung für Fleisch	10 g	20 g
Sonnenblumenöl, high oleic	40 g	100 g
Mirepoix, bunt	80 g	200 g
Knoblauch, geschält	5 g	15 g
Rotwein	120 g	300 g
Kalbsfond, braun	400 g	1000 g
Demi-glace	240 g	600 g
Aceto balsamico di Modena (Balsamessig)	50 g	125 g
Salz		
Pfeffer, weiß, aus der Mühle		

Garnitur

	4 Pers	10 Pers
Tomaten, geschält, entkernt	120 g	300 g
Butter	5 g	10 g
Basilikumblätter, frisch	10 g	15 g
Ölverlust beim Frittieren	5 g	10 g

Vorbereitung

- Rindsschulterfleisch in 30 g schwere Würfel schneiden.
- Knoblauch fein hacken.
- Tomaten in Schnitze schneiden.
- Basilikumblätter waschen und auf Küchenpapier trockentupfen.

Zubereitung

- Das Fleisch würzen und in einem Rondeau oder in einer Braisiere (Schmortopf) im heißen Öl allseitig anbraten.
- Überschüssiges Öl abgießen.
- Mirepoix beigeben und mitrösten.
- Knoblauch und Tomatenkerne (von der Garnitur) beigeben und dünsten.
- Mit Rotwein ablöschen und einkochen.
- Mit braunem Kalbsfond und Demi-glace auffüllen.
- Aufkochen, abschmecken und zugedeckt im Ofen weich schmoren.
- Nach ca. 70 Minuten das Fleisch herausnehmen.
- Sauce mit einem Stabmixer mixen und durch ein Drahtspitzsieb passieren.
- Aufkochen, Balsamessig beigeben und eventuell etwas einkochen.
- Das Fleisch wieder in die Sauce geben und abschmecken.

Anrichten

- Tomatenschnitze in Butter kurz erwärmen und abschmecken.
- Basilikumblätter in der Frittüre kurz sehr heiß frittieren und auf Küchenpapier abtropfen.
- Fleisch anrichten, Tomatenschnitze darauf verteilen und mit den frittierten Basilikumblättern garnieren.

Hinweise für die Praxis

Beim Garen im Kombisteamer bei 130 °C mit hoher Luftfeuchtigkeit beträgt die Garzeit ca. 90 Minuten.

Rindsschmorbraten Burgunder Art · Bœuf braisé bourguignonne

Zutaten

	4 Pers	10 Pers
Rindsschulterspitz, dressiert	880 g	2200 g
Rotwein, Burgunder	280 g	700 g
Rotweinessig	40 g	100 g
Mirepoix, bunt	120 g	300 g
Kräuterbündel	1	1
Gewürzsalzmischung für Fleisch	8 g	20 g
Sonnenblumenöl, high oleic	30 g	80 g
Tomatenpüree	25 g	60 g
Kalbsfond, braun	360 g	900 g
Demi-glace	240 g	600 g
Gewürzsäcklein	1	1

Garnitur

	4 Pers	10 Pers
Perlzwiebeln, geschält	80 g	200 g
Kalbsfond, hell	40 g	100 g
Salz		
Zucker		
Champignons, frisch, gerüstet	80 g	200 g
Butter	30 g	75 g
Speck, geräuchert	60 g	150 g
Englischbrot, entrindet	40 g	100 g
Petersilie	10 g	25 g

Vorbereitung

- Rindsschulterspitz eventuell binden.
- Das Fleisch mit Rotwein, Rotweinessig, dem Mirepoix und dem Kräuterbündel einige Tage marinieren.
- Champignons waschen, vierteln, mit Weißwein und wenig Zitronensaft dünsten.
- Speck (ohne Knorpel) in Lardons (dicke Stäbchen, 1 × 2 cm) schneiden und blanchieren.
- Englischbrot in Croûtons (Stäbchen, Seitenlänge 2 cm) schneiden.
- Petersilie waschen, zupfen, trockentupfen und fein hacken.

Zubereitung Gericht

- Fleisch und Mirepoix aus der Marinade nehmen und gut abtropfen lassen.
- Marinade aufkochen und durch ein Passiertuch passieren.
- Fleisch würzen, im erhitzten Sonnenblumenöl allseitig gut anbraten und herausnehmen.
- Mirepoix beigeben und mitrösten, das überschüssige Öl abgießen.
- Das Tomatenpüree beigeben und zur Farbgebung gut anrösten.
- Mit der aufgekochten und passierten Marinade ablöschen und zur Glace einkochen.
- Fleisch beigeben, mit braunem Kalbsfond und Demi-glace bis zu einem Drittel der Fleischhöhe auffüllen und das Gewürzsäcklein beigeben.
- Im Ofen bei einer Temperatur von 180–190 °C unter zeitweisem Wenden und Arrosieren (Übergießen) zugedeckt weich schmoren.
- Fleisch herausnehmen und warm stellen.
- Sauce passieren, etwas einkochen, entfetten, abschmecken und eventuell mit etwas angerührtem Stärkemehl binden.

Zubereitung Garnitur

- Perlzwiebeln mit hellem Kalbsfond, Zucker und Salz glasieren.
- Speck-Lardons und Champignons in Butter sautieren.
- Brot-Croûtons in Butter goldgelb sautieren.

Anrichten

- Fleisch tranchieren und mit der Sauce nappieren.
- Die Garnitur darüber verteilen.
- Zuletzt die Croûtons und die gehackte Petersilie darüberstreuen.
- Restliche Sauce separat in einer Sauciere servieren.

Hinweise für die Praxis

Die Garzeit beträgt je nach Fleischqualität 1½–2 Stunden. Um die Marinierdauer zu verkürzen, die Marinade ohne Essig aufkochen, abkühlen, Essig beigeben und zum Fleisch geben.

GARMETHODE DÜNSTEN

Kalbsfrikassee mit Herbsttrompeten · Fricassée de veau aux cornes d'abondance

Zutaten

	4 Pers	10 Pers
Kalbsschulter, ohne Knochen, dressiert	720 g	1800 g
Salz	4 g	10 g
Pfeffer, weiß, gemahlen	1 g	2 g
Weißmehl	30 g	70 g
Bratbutter	40 g	100 g
Zwiebeln, geschält	80 g	200 g
Weißwein	120 g	300 g
Kalbsfond, hell	600 g	1500 g
Gewürzsäcklein	1	1
Saucenhalbrahm, 25%, eingedickt	80 g	200 g
Zitronensaft, frisch	8 g	20 g
Salz		
Pfeffer, weiß, aus der Mühle		

Garnitur

Butter	10 g	30 g
Herbsttrompeten, getrocknet	4 g	10 g
Schnittlauch, frisch	4 g	10 g
Salz		
Pfeffer, weiß, aus der Mühle		

Vorbereitung
- Die Herbsttrompeten im lauwarmen Wasser einweichen und gründlich waschen.
- Herbsttrompten in gleichmäßige Stücke schneiden und abtropfen lassen.
- Kalbsschulter in 30 g schwere Würfel schneiden.
- Zwiebeln fein hacken.
- Schnittlauch in 1 cm lange Stücke schneiden.

Zubereitung
- Das Fleisch mit Salz und Pfeffer würzen und mit wenig Weißmehl stäuben.
- Bratbutter in einem Rondeau erhitzen und die Zwiebeln ohne Farbgebung andünsten.
- Die Fleischwürfel beigeben und mitdünsten, bis sich ein sirupartiger Saft gebildet hat.
- Mit dem restlichen Weißmehl stäuben und mit dem Weißwein ablöschen.
- Mit dem hellen Kalbsfond auffüllen und aufkochen.
- Abschäumen und das Gewürzsäcklein beigeben.
- Zugedeckt auf dem Herd oder im Ofen bei geringer Hitze weich dünsten.
- Das Fleisch mit einer Schaumkelle herausnehmen, das Gewürzsäcklein entfernen.
- Den Dünstfond zur Hälfte einkochen, mit einem Stabmixer fein mixen und durch ein Drahtspitzsieb passieren.
- Den Saucenhalbrahm und Zitronensaft beigeben und abschmecken.
- Das Fleisch wieder in die Sauce zurückgeben.
- Die Herbsttrompeten in Butter dünsten und abschmecken.

Anrichten
- Kalbsfrikassee mit der Sauce anrichten.
- Die gedünsteten Herbsttrompeten über das Fleisch geben und mit Schnittlauch bestreuen.

Hinweise für die Praxis
Die Garzeit beträgt je nach Fleischqualität 50–60 Minuten.
Je nach Saison können unterschiedliche Pilze als Garnitur verwendet werden.

Lammcurry mit Kichererbsen und roten Peperoni
Curry d'agneau aux pois chiches et aux poivrons rouges

Zutaten

	4 Pers	10 Pers
Lammschulter, ohne Knochen, dressiert	640 g	1600 g
Gewürzsalzmischung für Fleisch	4 g	10 g
Weißmehl	20 g	50 g
Bratbutter	40 g	100 g
Zwiebeln, geschält	100 g	250 g
Äpfel, Boskop, geschält, ohne Kerngehäuse	80 g	200 g
Kokosflocken	6 g	15 g
Curry, Madras	20 g	50 g
Weißwein	120 g	300 g
Kalbsfond, hell	500 g	1250 g
Gewürzsäcklein	1	1
Kokosmilch, ungesüßt	40 g	100 g
Vollrahm, 35%	40 g	100 g
Salz		

Garnitur

	4 Pers	10 Pers
Butter	10 g	25 g
Kichererbsen, getrocknet	30 g	75 g
Peperoni, rot, entkernt	80 g	200 g
Salz		

Vorbereitung

- Kichererbsen am Vortag im kalten Wasser quellen lassen und am Folgetag zugedeckt weich sieden.
- Die Peperoni in Rauten schneiden und im Drucksteamer knackig garen.
- Die Lammschulter in gleichmäßige Würfel von 30 g schneiden.
- Die Zwiebeln hacken.
- Die Äpfel in feine Scheiben schneiden.
- Gewürzsäcklein aus Thymian, Sternanis, Lorbeerblatt und weißen Pfefferkörnern bereitstellen.

Zubereitung

- Das Lammfleisch würzen und mit Weißmehl bestäuben.
- Bratbutter in einem Rondeau erhitzen und die Zwiebeln ohne Farbgebung andünsten.
- Die Fleischwürfel beigeben und mitdünsten, den entstehenden Fleischsaft sirupartig einkochen.
- Apfelscheiben, Kokosflocken und das Currypulver beigeben und mitdünsten.
- Mit dem Weißwein ablöschen und einkochen lassen.
- Den weißen Kalbsfond, die Kokosmilch und das Gewürzsäcklein beigeben.
- Aufkochen lassen und unter öfterem Abschäumen zugedeckt weich dünsten.
- Das Fleisch aus der Sauce herausstechen und warm stellen, das Gewürzsäcklein entfernen.
- Die Sauce mit einem Stabmixer fein mixen, passieren und nochmals aufkochen.
- Den Vollrahm beigeben, zur gewünschten Konsistenz einkochen und abschmecken.
- Das Fleisch und die abgeschütteten Kichererbsen beigeben, erhitzen und anrichten.
- Die Peperoni in Butter kurz sautieren und über das Lammcurry geben.

Hinweise für die Praxis

Als zusätzliche Geschmacksgeber können Zitronengras, Kaffir-Limonen-Blätter und Ingwer zugegeben werden (vor dem Mixen der Sauce entfernen). Zum Verfeinern der Sauce kann etwas Mango-Chutney beigegeben werden.

Lammfrikassee mit Curry · Fricassée d'agneau au curry

Zutaten

	4 Pers	10 Pers
Lammschulter, ohne Knochen, dressiert	640 g	1600 g
Gewürzsalzmischung für Fleisch	6 g	15 g
Weißmehl	20 g	50 g
Bratbutter	40 g	100 g
Zwiebeln, geschält	120 g	300 g
Äpfel, Boskop, geschält, ohne Kerngehäuse	100 g	250 g
Currypaste, rot	10 g	25 g
Reiswein, Sake	80 g	200 g
Kokosmilch, ungesüßt	80 g	200 g
Kalbsfond, hell	400 g	1000 g
Gewürzsäcklein	1	1
Stärkemehl	5 g	10 g
Saucenhalbrahm, 25 %, eingedickt	40 g	100 g
Ingwer, frisch, geschält	5 g	10 g
Salz		

Vorbereitung

- Lammschulter in gleichmäßige Würfel zu 30 g schneiden.
- Zwiebeln und Äpfel in feine Scheiben schneiden.
- Gewürzsäcklein bereitstellen.
- Ingwer fein reiben.

Zubereitung

- Lammfleischwürfel würzen und mit wenig Weißmehl stäuben.
- Bratbutter in einem Rondeau erhitzen.
- Zwiebeln und das Fleisch beigeben und dünsten, bis sich ein sirupartiger Saft gebildet hat.
- Apfelscheiben und rote Currypaste beigeben und mitdünsten.
- Mit dem restlichen Weißmehl stäuben, mit Reiswein ablöschen und einkochen lassen.
- Mit Kalbsfond und Kokosmilch auffüllen und aufkochen.
- Das Gewürzsäcklein beigeben und zugedeckt weich dünsten, des Öfteren abschäumen.
- Das Fleisch mit einer Schaumkelle herausnehmen und das Gewürzsäcklein entfernen.
- Die Sauce mit einem Stabmixer fein mixen und durch ein Drahtspitzsieb passieren.
- Sauce aufkochen und mit dem angerührten Stärkemehl leicht binden.
- Saucenhalbrahm und geriebenen Ingwer beigeben und abschmecken.
- Das Fleisch wieder in die Sauce geben und anrichten.

Hinweise für die Praxis

Als Beilagen passen Trockenreis oder Dampfreis aus Basmati- oder Jasminreis. Dazu können gebackene Bananenstücke oder glasierte Ananasscheiben serviert werden sowie Chutneys.

Rindsdünstragout mit Sojasprossen und Gemüsestreifen
Estouffade de bœuf aux pousses de soja et aux juliennes de légumes

Zutaten

	4 Pers	10 Pers
Rindsschulter, ohne Knochen, dressiert	640 g	1600 g
Gewürzsalzmischung für Fleisch	8 g	20 g
Bratbutter	25 g	60 g
Zwiebeln, geschält	140 g	350 g
Knoblauch, geschält	5 g	10 g
Speck, geräuchert	120 g	300 g
Tomatenpüree	20 g	50 g
Weißmehl	10 g	30 g
Rotwein	120 g	300 g
Kalbsfond, braun	400 g	1000 g
Gewürzsäcklein	1	1

Garnitur

Butter	10 g	20 g
Lauch, gebleicht, gerüstet	40 g	100 g
Karotten, geschält	40 g	100 g
Sojasprossen	40 g	100 g
Salz		
Pfeffer, weiß, aus der Mühle		

Vorbereitung

- Rindsschulter in 30 g schwere Würfel schneiden.
- Zwiebeln und Knoblauch fein hacken.
- Speck (ohne Knorpel) in 1,5 cm große Würfel schneiden und blanchieren.
- Die Sojasprossen kurz blanchieren und abtropfen lassen.
- Gewürzsäcklein aus Rosmarin, Thymian, Lorbeerblatt und Pfefferkörnern bereitstellen.
- Den Lauch längs halbieren und waschen.
- Lauch und Karotten in Julienne (Streifchen) schneiden.

Zubereitung

- Bratbutter in einem Rondeau erhitzen und die Zwiebeln und den Knoblauch andünsten.
- Die Fleischwürfel beigeben und mitdünsten, den entstehenden Fleischsaft sirupartig einkochen.
- Die Speckwürfel und das Tomatenpüree beigeben und mitdünsten.
- Mit dem Weißmehl stäuben.
- Mit Rotwein ablöschen und stark einkochen lassen.
- Mit braunem Kalbsfond auffüllen und das Fleisch knapp bedecken.
- Aufkochen und das Gewürzsäcklein beigeben.
- Im Ofen oder auf dem Herd unter öfterem Abschäumen zugedeckt weich dünsten.
- Eingedünstete Flüssigkeit allenfalls mit braunem Kalbsfond ergänzen.
- Das Fleisch und die Speckwürfel mit einer Schaumkelle herausnehmen.
- Das Gewürzsäcklein entfernen.
- Die Sauce mit einem Stabmixer pürieren und durch ein Drahtspitzsieb passieren, etwas einkochen lassen und eventuell nachbinden.
- Das Fleisch und die Speckwürfel wieder in die Sauce geben und abschmecken.
- Die Gemüsestreifen in Butter knackig dünsten, die Sojasprossen beigeben, mitdünsten und abschmecken.
- Das Fleisch anrichten und das Gemüse ohne Dünstflüssigkeit über das Fleisch geben.

Rindsdünstragout mit Tomaten und Oliven · Estouffade de bœuf aux tomates et aux olives

Zutaten

	4 Pers	10 Pers
Rindsschulter, ohne Knochen, dressiert	640 g	1600 g
Gewürzsalzmischung für Fleisch	4 g	10 g
Bratbutter	15 g	30 g
Zwiebeln, geschält	140 g	350 g
Knoblauch, geschält	10 g	20 g
Speck, geräuchert	120 g	300 g
Tomatenpüree	15 g	30 g
Weißmehl	15 g	30 g
Rotwein	120 g	300 g
Kalbsfond, braun	400 g	1000 g
Gewürzsäcklein	1	1

Garnitur

	4 Pers	10 Pers
Tomaten	150 g	380 g
Oliven, schwarz, entsteint	40 g	100 g
Butter	10 g	30 g
Salz		
Pfeffer, weiß, aus der Mühle		

Vorbereitung

- Rindsschulter in gleichmäßige Würfel von 30 g schneiden.
- Zwiebeln und Knoblauch fein hacken.
- Speck (ohne Knorpel) in 1,5 cm große Würfel schneiden und blanchieren.
- Tomaten in 1 cm große Würfel schneiden.
- Oliven halbieren.

Zubereitung

- Fleischwürfel würzen.
- Butter in einem Rondeau erhitzen, Fleisch, Zwiebeln und Knoblauch beigeben.
- Dünsten, ohne Farbe nehmen zu lassen, bis sich ein sirupartiger Saft gebildet hat.
- Speckwürfel und Tomatenpüree beigeben und mitdünsten.
- Mit Rotwein ablöschen und sirupartig einkochen lassen.
- Mit dem Weißmehl stäuben.
- Mit braunem Kalbsfond knapp bedecken, aufkochen und das Gewürzsäcklein beigeben.
- Zugedeckt im Ofen oder auf dem Herd weich dünsten, des Öfteren abschäumen.
- Starker Flüssigkeitsverlust muss allenfalls mit etwas braunem Kalbsfond ergänzt werden.
- Fleisch und Speckwürfel mit einer Schaumkelle herausnehmen und das Gewürzsäcklein entfernen.
- Die Sauce mit einem Stabmixer pürieren und durch ein Drahtspitzsieb passieren.
- Die Sauce etwas einkochen und eventuell leicht nachbinden.
- Fleisch und Speckwürfel wieder in die Sauce geben und abschmecken.
- Tomatenwürfel und Oliven in der Butter sautieren und abschmecken.

Anrichten

- Dünstragout anrichten und die Garnitur über das Gericht geben.

Szegediner Gulasch · Goulache szégédinoise

Zutaten	4 Pers	10 Pers
Rosenstück vom Schwein	720 g	1800 g
Sonnenblumenöl, high oleic	40 g	100 g
Zwiebeln, geschält	400 g	1000 g
Knoblauch, geschält	10 g	25 g
Salz	10 g	20 g
Pfeffer, weiß, aus der Mühle	2 g	5 g
Paprika, delikatess	20 g	50 g
Lorbeerblätter	0,5	2
Kümmel, gemahlen	1 g	2 g
Bouillon	240 g	600 g
Sauerkraut, gekocht	400 g	1000 g
Halbrahm, sauer, 25%	80 g	200 g
Maisstärke	5 g	10 g

Vorbereitung

- Rosenstück vom Schwein (oder als Alternative Schenkelfleisch) in 30 g schwere Würfel schneiden.
- Zwiebeln quer zum Wurzelansatz emincieren (in feine Scheiben schneiden).
- Knoblauch fein hacken.
- Die Hälfte des sauren Halbrahms mit der Maisstärke vermengen.

Zubereitung

- Das Fleisch im Sonnenblumenöl andünsten.
- Zwiebeln und Knoblauch beigeben und mitdünsten, bis die entstehende Flüssigkeit sirupartig eingedünstet ist.
- Salz, Pfeffer und Paprika, Lorbeerblatt/Lorbeerblätter und Kümmel beigeben.
- Mit der Bouillon auffüllen und aufkochen.
- Zugedeckt 30 Minuten dünsten.
- Das gekochte Sauerkraut beigeben, vermengen und weitere 25–35 Minuten dünsten (evtl. etwas Bouillon nachgießen).
- Das Szegediner Gulasch mit der angerührten Maisstärke binden und abschmecken, Lorbeerblatt/Lorbeerblätter entfernen.
- Den restlichen sauren Halbrahm nach dem Anrichten über das Gericht geben.

Hinweise für die Praxis

Als Beilagen passen Semmelknödel, Salzkartoffeln oder Kartoffelstock. Das Szegediner Gulasch kann auch mit rohem Sauerkraut zubereitet werden. Dieses wird nach dem Andünsten der Zwiebeln beigegeben (das Sauerkraut hat dabei eine noch knackige Konsistenz, da das Sauerkraut eine längere Garzeit hat als das Schweinefleisch).

Ungarisches Gulasch · Goulache hongroise

Zutaten

	4 Pers	10 Pers
Rindsschulter, ohne Knochen, dressiert	800 g	2000 g
Bratbutter	40 g	100 g
Zwiebeln, geschält	400 g	1000 g
Peperoni, gelb, entkernt	40 g	100 g
Peperoni, rot, entkernt	40 g	100 g
Peperoni, grün, entkernt	40 g	100 g
Paprika, delikatess	40 g	100 g
Salz	10 g	20 g
Tomaten, geschält, entkernt	80 g	200 g
Rotwein	80 g	200 g
Bouillon	300 g	750 g
Kartoffeln, Typ A, geschält	200 g	500 g
Pfeffer, weiß, aus der Mühle		
Majoran, frisch	3 g	8 g
Petersilie, gekraust, frisch	4 g	10 g
Zitronenschale	4 g	10 g
Kümmel, ganz	2 g	5 g
Knoblauch, geschält	4 g	10 g

Vorbereitung

- Rindsschulter in 30 g schwere Würfel schneiden.
- Zwiebeln halbieren und quer zum Wurzelansatz emincieren (in feine Scheiben schneiden).
- Peperoni waschen und in feine Streifen schneiden.
- Tomaten in Würfel schneiden.
- Kartoffeln in 1 cm große Würfel schneiden.
- Die Zitronenschale heiß abwaschen.
- Majoran und Petersilie waschen und mit Küchenpapier trockentupfen.
- Zutaten für das Gulaschgewürz (Majoran, Petersile, Zitronenschale, Kümmel, Knoblauch) fein hacken oder mixen.

Zubereitung

- Die Zwiebeln und das Fleisch in der Bratbutter dünsten, bis sich ein sirupartiger Saft bildet.
- Die Peperonistreifen, den Paprika, das Salz und die Tomatenwürfel beigeben und mitdünsten.
- Mit Rotwein ablöschen und einkochen.
- Mit der Bouillon auffüllen, abschmecken und zugedeckt knapp weich dünsten.
- Die Kartoffelwürfel und das Gulaschgewürz beigeben, fertig dünsten und abschmecken.

Hinweise für die Praxis

Die Garzeit beträgt je nach Fleischqualität 1¼–1½ Stunden. Heute werden die Kartoffeln vielfach separat gekocht oder ganz weggelassen. Als Beilage können auch Spätzli serviert werden.

Wiener Kalbsrahmgulasch · Goulache de veau à la crème viennoise

Zutaten

	4 Pers	10 Pers
Kalbsschulter, ohne Knochen, dressiert	640 g	1600 g
Bratbutter	40 g	100 g
Salz		
Pfeffer, weiß, aus der Mühle		
Weißmehl	20 g	50 g
Zwiebeln, geschält	360 g	900 g
Paprika, delikatess	20 g	50 g
Tomaten, geschält, entkernt	120 g	300 g
Knoblauch, geschält	2 g	5 g
Kalbsfond, hell	400 g	1000 g
Halbrahm, sauer, 25 %	120 g	300 g
Zitronensaft, frisch	8 g	20 g
Kümmel, ganz	1 g	3 g
Salz		

Vorbereitung

- Kalbsschulter in 30 g schwere Würfel schneiden.
- Die Zwiebeln halbieren und quer zum Wurzelansatz emincieren (in feine Scheiben schneiden).
- Die Tomaten in Würfel schneiden.
- Den Knoblauch fein hacken.
- Kümmel fein hacken.

Zubereitung

- Die Zwiebeln in Butter dünsten.
- Das Fleisch beigeben und unter stetem Rühren dünsten, bis sich ein sirupartiger Saft bildet.
- Mit Salz und Pfeffer würzen.
- Den Paprika, die Tomatenwürfel und den Knoblauch beigeben und mitdünsten.
- Mit Weißmehl stäuben.
- Mit dem Kalbsfond auffüllen und zugedeckt ca. 1 Stunde weich dünsten.
- Den Sauerrahm, den Zitronensaft und den gehackten Kümmel beigeben und abschmecken.

Hinweise für die Praxis

Das Fleisch kann auch herausgenommen und die Sauce fein gemixt und passiert werden.

■ GARMETHODE POCHIEREN/GAREN IM DAMPF/GAREN IM VAKUUM

Gedämpftes Schweinsfilet im Karottenmantel auf Sherry-Rahmsauce mit Ingwer
Filet mignon de porc à la vapeur en manteau de carottes, sauce à la crème au sherry et au gingembre

Zutaten	4 Pers	10 Pers
Schweinsfilet, Mittelstück, dressiert	480 g	1200 g
Gewürzsalzmischung für Fleisch	6 g	15 g
Sonnenblumenöl, high oleic	10 g	20 g
Karotten, geschält	100 g	250 g
Füllung		
Pouletbrüstchen, ohne Haut	100 g	250 g
Englischbrot, entrindet	20 g	50 g
Eiweiß, pasteurisiert	25 g	60 g
Vollrahm, 35%	80 g	200 g
Salz		
Pfeffer, weiß, aus der Mühle		
Petersilie, gekraust, frisch	3 g	8 g
Kerbel, frisch	2 g	5 g
Spinat, gehackt, tiefgekühlt	25 g	60 g
Sauce		
Weißwein, Riesling-Silvaner	80 g	200 g
Kalbsfond, braun	120 g	300 g
Saucenhalbrahm, 25%, eingedickt	80 g	200 g
Sherry, trocken	15 g	30 g
Ingwer, frisch, geschält	2 g	5 g
Zitronensaft, frisch	2 g	5 g
Salz		
Pfeffer, weiß, aus der Mühle		

Vorbereitung
– Schweinsfiletmittelstück würzen und in einem Sautoir im Öl rundherum anbraten, herausnehmen und auf einem Gitter erkalten lassen (Sautoir mit Bratensatz für die Sauce verwenden).
– Große Karotten auf der Aufschnittmaschine in 2 mm dicke Scheiben schneiden, im Salzwasser 2 Minuten blanchieren, im Eiswasser abschrecken und abschütten.
– Pouletbrüstli in 5 mm große Würfel schneiden und kühl stellen.
– Das Englischbrot in Würfel schneiden und mit Vollrahm einweichen.
– Petersilie und Kerbel waschen, zupfen, trockentupfen und fein hacken.
– Gehackten Spinat auftauen und in einem Passiertuch gut auspressen.
– Gekühlte Pouletwürfel, eingeweichtes Englischbrot, Eiweiß, Vollrahm und Salz im Kutter fein mixen.
– Die Farce aus dem Kutter nehmen und in eine Chromstahlschüssel geben.
– Auf einem Eiswasserbad abrühren, gehackte Kräuter und gehackten Spinat beigeben und abschmecken.
– Die Karottenscheiben auf Küchenpapier gut trockentupfen.
– Karottenscheiben auf Klarsichtfolie auslegen (Breite und Umfang des Schweinsfilets).
– Vorsichtig mit der Farce bestreichen, das Schweinsfilet darauf legen und satt einrollen.
– Das Ganze in eine Alufolie einpacken und satt einrollen, die Enden der Folie eindrehen.
– Ingwer für die Sauce fein reiben.

Zubereitung
– Schweinsfilet im Karottenmantel im Kombisteamer bei einer Temperatur von 85 °C und voller Dampfleistung 15 Minuten garen.
– 10 Minuten ziehen lassen und bis zum Tranchieren warm stellen.
– Den Bratensatz (vom Anbraten des Schweinsfilets) mit Weißwein ablöschen und sirupartig einkochen.
– Braunen Kalbsfond beigeben und zur Hälfte einkochen lassen.
– Saucenhalbrahm und Sherry beigeben und bis zur gewünschten Konsistenz einkochen.
– Sauce durch ein Drahtspitzsieb passieren und den geriebenen Ingwer beigeben.
– Sauce abschmecken und mit Zitronensaft verfeinern.

Anrichten
– Schweinsfilet auspacken, Alufolie und Klarsichtfolie entfernen.
– In gleichmäßige Tranchen schneiden, mit einem Butterpinsel überglänzen und auf einem Saucenspiegel anrichten.

Hinweise für die Praxis
Das Fleisch soll eine Kerntemperatur von 68 °C aufweisen.

Geräuchertes Schweinsnierstück mit Grapparahmsauce
Carré de porc fumé à la crème au grappa

Zutaten

	4 Pers	10 Pers
Schweinsnierstück, geräuchert	720 g	1800 g
Sauce		
Butter	10 g	30 g
Schalotten, geschält	20 g	50 g
Weißwein	50 g	130 g
Kalbsjus, gebunden	120 g	300 g
Saucenhalbrahm, 25%, eingedickt	40 g	100 g
Grappa	15 g	30 g
Sultaninen, hell	20 g	50 g

Vorbereitung
- Schalotten fein hacken.
- Sultaninen im kalten Wasser einweichen.

Zubereitung
- Das geräucherte Schweinsnierstück im kalten Wasser aufsetzen und bei einer Temperatur von 85 °C ca. 1 Stunde pochieren (Kerntemperatur 70 °C).
- Die Schalotten in Butter dünsten.
- Mit Weißwein ablöschen und siruparig einkochen.
- Mit gebundenem Kalbsjus auffüllen und einkochen lassen.
- Saucenhalbrahm beigeben und zur gewünschten Konsistenz einkochen.
- Die Sauce durch ein Drahtspitzsieb passieren, abschmecken und mit Grappa verfeinern.
- Kurz vor dem Servieren die abgeschütteten Sultaninen beigeben.

Anrichten
- Das Fleisch in dünne Tranchen schneiden, mit einem Butterpinsel überglänzen und auf einem Saucenspiegel anrichten.

Hinweise für die Praxis
Als Beilagen eignen sich eine Bramata-Polenta oder Kartoffel-Gnocchi.

Im Rosmarindampf gegartes Lammrückenfilet auf Karotten-Sauerrahm-Sauce
Filet d'agneau à la vapeur de romarin, sauce à la crème acidulée aux carottes

Zutaten

	4 Pers	10 Pers
Lammrückenfilets, dressiert	560 g	1400 g
Rosmarin, frisch	2 g	5 g
Rosmarinsalz	6 g	15 g
Sud		
Kalbsfond, hell	400 g	1000 g
Rosmarin, frisch	10 g	25 g
Pfefferkörner, weiß, zerdrückt	2 g	5 g
Sauce		
Butter	10 g	25 g
Schalotten, geschält	20 g	50 g
Karotten, geschält	160 g	400 g
Gemüsefond	140 g	350 g
Sauerrahm, 35%	100 g	250 g
Salz		
Pfeffer, weiß, aus der Mühle		
Garnitur		
Karotten, jung, geschält	80 g	200 g

Vorbereitung
- Rosmarin waschen, zupfen, trockentupfen und fein hacken.
- Das Lammrückenfilet mit dem fein gehackten Rosmarin 2 Stunden marinieren.
- Schalotten fein hacken.
- Karotten für die Sauce in Paysanne (feinblättrig) schneiden.
- Die jungen Karotten für die Garnitur längs halbieren.

Zubereitung
- Gehackte Schalotten in Butter andünsten, die Karotten-Paysanne beigeben und mitdünsten.
- Mit dem Gemüsefond ablöschen und zugedeckt sehr weich dünsten.
- Den Sauerrahm beigeben, die Sauce mit einem Stabmixer fein mixen, passieren und abschmecken.
- Hellen Kalbsfond, Rosmarin und Pfefferkörner aufkochen.
- Das Lammrückenfilet mit Rosmarinsalz würzen.
- Mit einem Siebeinsatz oder im Bambuskörbchen über dem Rosmarinsud bei niedriger Temperatur (85 °C) bis zur gewünschten Garstufe (rosa) dämpfen.
- Gegen Ende der Garzeit die jungen Karotten für die Garnitur ebenfalls in den Siebeinsatz geben.

Anrichten
- Mit der Karottensauce einen Saucenspiegel anrichten.
- Das Lammrückenfilet in gleichmäßige Tranchen schneiden, fächerartig anrichten und mit einem Butterpinsel überglänzen.
- Mit den jungen Karotten ausgarnieren.

Hinweise für die Praxis
Das Lammrückenfilet kann auch in einem Vakuumbeutel mit einem Rosmarinzweig nach dem Verfahren sous vide zubereitet werden.

Im Rotwein pochiertes Rindsfilet · Filet de bœuf poché au vin rouge

Zutaten	4 Pers	10 Pers
Rindsfilet, 1. Qualität, dressiert	640 g	1600 g
Pfefferkörner, schwarz, feinkörnig	2 g	5 g
Gewürzsalzmischung für Fleisch	4 g	10 g
Sonnenblumenöl, high oleic	20 g	50 g
Schalotten, geschält	80 g	200 g
Karotten, geschält	40 g	100 g
Lauch, grün, gerüstet	40 g	100 g
Knollensellerie, geschält	40 g	100 g
Salz	8 g	20 g
Rotwein, Shiraz	800 g	2000 g
Rosmarin, frisch	4 g	10 g
Kalbsjus, gebunden	80 g	200 g

Vorbereitung
- Rindsfilet in 160 g schwere Steaks schneiden und rundherum binden.
- Fleisch mit Gewürzsalzmischung und dem feinkörnigen Pfeffer würzen.
- Schalotten fein hacken.
- Lauch längs halbieren und waschen.
- Karotten, Lauch und Knollensellerie zu Matignon (kleinwürfelig) schneiden.
- Rosmarin waschen, zupfen, trockentupfen und fein hacken.

Zubereitung
- Sonnenblumenöl in einem Rondeau erhitzen.
- Gehackte Schalotten und das Matignon beigeben und andünsten.
- Mit Rotwein ablöschen und bis zu ⅔ einkochen lassen.
- Die Hälfte des gehackten Rosmarins und das Salz beigeben.
- Rindsfilets in den Pochierfond geben und bei einer Temperatur von 80 °C bis zu einer Kerntemperatur von 54 °C pochieren.
- Filets herausnehmen, Bindfaden entfernen und die Filets warm stellen.
- Pochierfond auf ⅕ einkochen und durch ein Drahtspitzsieb passieren.
- Den gebundenen Kalbsjus beigeben und zur gewünschten Konsistenz einkochen.
- Sauce mit dem restlichen Rosmarin verfeinern und abschmecken.

Anrichten
- Filets schräg zum Faserverlauf in gleichmäßige Tranchen schneiden und mit einem Butterpinsel überglänzen.
- Fächerartig anrichten und den Rand leicht mit Sauce nappieren (übergießen).
- Restliche Sauce in einer Sauciere separat dazu servieren.

Hinweise für die Praxis
Für eine größere Personenzahl können auch ganze Rindsfiletmittelstücke pochiert werden.

Kalbfleischkugeln mit Champignonsauce · Boulettes de veau, sauce aux champignons

Zutaten

	4 Pers	10 Pers
Kalbsschulter, ohne Knochen, dressiert	440 g	1100 g
Kalbsbrät	100 g	250 g
Semmeln, ohne Rinde	40 g	100 g
Vollmilch	40 g	100 g
Butter	10 g	25 g
Petersilie, gekraust, frisch	6 g	15 g
Zwiebeln, geschält	40 g	100 g
Senf, mild	10 g	25 g
Pommery-Senf	10 g	25 g
Salz		
Pfeffer, weiß, aus der Mühle		

Pochierfond

Kalbsfond, hell	600 g	1500 g
Weißwein	200 g	500 g

Sauce

Butter	30 g	75 g
Weißmehl	20 g	50 g
Fond der Kalbfleischkugeln	400 g	1000 g
Saucenhalbrahm, 25%, eingedickt	60 g	150 g
Champignons, frisch, gerüstet	160 g	400 g
Zitronensaft, frisch	2 g	5 g
Salz		
Pfeffer, weiß, aus der Mühle		
Petersilie, gekraust, frisch	4 g	10 g

Vorbereitung

- Die Kalbsschulter in Streifen schneiden und durch den Fleischwolf drehen (Scheibe H 4).
- Die Semmeln in 1 cm große Würfel schneiden und mit der heißen Milch übergießen.
- Petersilie für die Fleischkugeln waschen, zupfen und trockentupfen.
- Zwiebeln fein hacken.
- Die Zwiebeln in Butter andünsten und die gezupfte Petersilie beigeben.
- Die Brotmasse und die erkalteten Zwiebeln mit Petersilie im Kutter fein hacken.
- Das Hackfleisch mit der Masse, dem Kalbsbrät und dem Senf gut durchkneten und abschmecken.
- Mit der Fleischmasse 30 g schwere Kugeln formen.
- Mit der Butter und dem Weißmehl einen hellen Roux herstellen und erkalten lassen.
- Champignons waschen, vierteln und in Butter dünsten, Dünstflüssigkeit zum Pochierfond geben.
- Petersilie für die Sauce waschen, zupfen, trockentupfen und fein hacken.

Zubereitung

- Den Kalbsfond mit dem Weißwein aufkochen.
- Die Kalbfleischkugeln bei einer Temperatur von ca. 80 °C pochieren.
- Die Fleischkugeln herausnehmen und zugedeckt warm stellen, damit diese nicht austrocknen.
- Den Pochierfond passieren.
- Pro Person 100 g des heißen Pochierfonds unter Rühren zum Roux geben und aufkochen.
- Sauce ca. 20 Minuten kochen, des Öfteren abschäumen.
- Die Sauce mit Saucenhalbrahm und Zitronensaft verfeinern.
- Abgetropfte Fleischkugeln und gedünstete Champignons beigeben, nochmals kurz erhitzen und mit Salz und Pfeffer abschmecken.
- Anrichten und mit gehackter Petersilie bestreuen.

Königsberger Klopse · Boulettes de viande hâchée, sauce aux câpres

Zutaten

	4 Pers	10 Pers
Rindsschulter, gehackt, 4 mm	180 g	450 g
Kalbsschulter gehackt, 4 mm	180 g	450 g
Schweinsschulter, gehackt, 4 mm	180 g	450 g
Semmeln	40 g	100 g
Vollmilch	40 g	100 g
Butter	10 g	25 g
Petersilie, gekraust, frisch	6 g	15 g
Zwiebeln, geschält	40 g	100 g
Vollei, pasteurisiert	50 g	125 g
Zitronenraps	1 g	3 g
Sardellenfilets, abgetropft	6 g	15 g
Salz		
Pfeffer, weiß, aus der Mühle		

Pochierfond

Kalbsfond, hell	800 g	2000 g
Lorbeerblätter	1	2

Sauce

Butter	30 g	75 g
Weißmehl	15 g	40 g
Pochierfond der Klopse	400 g	1000 g
Saucenhalbrahm, 25%, eingedickt	60 g	150 g
Kapern, abgetropft	40 g	100 g
Zitronensaft, frisch	2 g	5 g
Salz		
Pfeffer, weiß, aus der Mühle		

Vorbereitung

- Die Semmeln in 1 cm große Würfel schneiden und mit der heißen Milch übergießen.
- Petersilie waschen, zupfen und trockentupfen.
- Zwiebeln hacken.
- Die Zwiebeln in Butter andünsten und die gezupfte Petersilie beigeben.
- Brotmasse, Sardellenfilets und die erkalteten Zwiebeln im Kutter fein hacken.
- Die gehackten Fleischsorten mit der Brotmasse, Zitronenraps und Vollei gut durchkneten und abschmecken.
- Von der Fleischmasse ca. 60 g schwere Kugeln formen.
- Mit der Butter und dem Weißmehl einen hellen Roux herstellen und erkalten lassen.

Zubereitung

- Den Kalbsfond mit Lorbeerblättern aufkochen.
- Die Klopse bei einer Temperatur von ca. 85 °C pochieren.
- Die Klopse herausnehmen und zugedeckt warm stellen, damit diese nicht austrocknen.
- Den Pochierfond durch ein Etamine (Passiertuch) passieren.
- Pro Person 100 g des heißen Pochierfonds unter Rühren zum Roux geben und aufkochen.
- Sauce ca. 20 Minuten kochen, des Öfteren abschäumen.
- Die Sauce mit Saucenhalbrahm verfeinern.
- Die Kapern und den Zitronensaft beigeben und die Sauce abschmecken.
- Abgetropfte Klopse beigeben, nochmals in der Sauce erhitzen und anrichten.

Hinweise für die Praxis

Je nach Geschmack kann auf die Beigabe von Sardellenfilets verzichtet werden. Als Stärkebeilage eignen sich Serviettenknödel.

Kutteln mit Weißweinsauce (vakuumgegart) · Tripes sauce au vin blanc (sous vide)

Zutaten

	4 Pers	10 Pers
Butter	10 g	20 g
Lauch, gebleicht, gerüstet	280 g	700 g
Butter	10 g	20 g
Champignons, frisch, gerüstet	280 g	700 g
Kutteln, vorgekocht, in Streifen geschnitten	800 g	2000 g
Kalbsrahmsauce	1200 g	3000 g
Weißwein, Fendant	120 g	300 g
Kümmel, ganz	2 g	4 g
Salz		
Pfeffer, weiß, aus der Mühle		

Vorbereitung

- Lauch längs halbieren und waschen.
- Lauch in Julienne (Streifchen) schneiden, in Butter dünsten und erkalten lassen.
- Champignons waschen, abtropfen und vierteln.
- Champignons in Butter dünsten und erkalten lassen.

Zubereitung

- Die Kutteln (Pansen) zusammen mit Lauch, Champignons, Kalbsrahmsauce (80 g Weißmehl pro Liter Sauce), Weißwein, Kümmel, Salz und Pfeffer in Sous-vide-Beutel füllen.
- In der Vakuummaschine zu 99% vakuumieren.
- Im Kombisteamer bei 97 °C und geringer Ventilatorgeschwindigkeit 50 Minuten garen.
- Im Schnellkühler rasch auf 2 °C Kerntemperatur abkühlen und mit Produktions- und Verbrauchsdatum beschriften.
- Geöffnet oder im Beutel je nach Verwendungszweck regenerieren.

Hinweise für die Praxis

Das Produkt ist im Kühlschrank bei einer Temperatur von 2 °C (und bei optimaler GHP) 28 Tage haltbar.

Pochiertes Kalbsfilet mit Zitronenschaum
Filet mignon de veau poché au sabayon parfumé au citron

Zutaten

	4 Pers	10 Pers
Kalbsfilet, dressiert	600 g	1500 g
Kalbsfond, hell	1200 g	3000 g
Zwiebeln, geschält	80 g	200 g
Lauch, gebleicht, gerüstet	60 g	150 g
Pfälzer Rüben, geschält	40 g	100 g
Zitronenthymian, frisch	6 g	15 g
Salz		
Pfeffer, weiß, aus der Mühle		

Sabayon

	4 Pers	10 Pers
Pochierfond des Kalbsfilets	150 g	380 g
Kalbsfond, braun	50 g	125 g
Zitronensaft, frisch	30 g	75 g
Zitronenraps	1 g	2 g
Eigelb, pasteurisiert	40 g	100 g
Eiweiß, pasteurisiert	20 g	50 g
Zitronenthymian, frisch	2 g	5 g
Cayenne-Pfeffer, gemahlen		
Salz		
Pfeffer, weiß, aus der Mühle		

Vorbereitung
- Das Kalbsfilet mit Bindfaden zu einer gleichmäßigen Form binden.
- Lauch längs halbieren und waschen.
- Zwiebeln, Lauch, Pfälzer Rüben und Zitronenthymian zu einem Bouquet garni zusammenbinden.
- Hellen Kalbsfond mit dem Bouqet garni 20 Minuten sieden.
- Zitronenthymian für das Sabayon waschen, zupfen und trockentupfen.

Zubereitung
- Das vorbereitete Kalbsfilet in den heißen Pochierfond geben.
- Bei 85 °C bis zu einer Kerntemperatur von 63 °C pochieren.
- Das Kalbsfilet herausnehmen, Bindfaden entfernen und mit wenig Pochierfond zugedeckt warm stellen.
- Rezeptierte Menge des Pochierfonds zusammen mit dem braunen Kalbsfond auf 50% reduzieren (4 Personen = 100 g, 10 Personen = 250 g).
- Eigelb, Eiweiß, Reduktion, Zitronensaft und Zitronenraps vermischen.
- Auf einem warmen Wasserbad zu einem cremigen Sabayon schlagen.
- Mit Salz, Pfeffer und Cayenne-Pfeffer abschmecken und die Zitronenthymianblättchen beigeben.

Anrichten
- Das Kalbsfilet tranchieren, mit einem Butterpinsel überglänzen und am Rand leicht mit dem Sabayon nappieren.
- Restliches Sabayon separat in einer Sauciere servieren.

Schweinshaxe mit Gemüsewürfeln (vakuumgegart) · Jarret de porc aux légumes (sous vide)

Zutaten

	4 Pers	10 Pers
Sonnenblumenöl, high oleic	40 g	100 g
Schweinshaxen, portioniert	640 g	1600 g
Gewürzsalzmischung für Fleisch	8 g	20 g
Weißmehl	20 g	50 g
Tomatenpüree	15 g	40 g
Zwiebeln, geschält	40 g	100 g
Knoblauch, geschält	5 g	10 g
Karotten, geschält	40 g	100 g
Knollensellerie, geschält	40 g	100 g
Lauch, grün, gerüstet	30 g	80 g
Weißwein	60 g	150 g
Majoran, frisch	0,5 g	1 g
Thymian, frisch	0,5 g	1 g
Rosmarin, frisch	0,5 g	1 g
Demi-glace	400 g	1000 g

Vorbereitung
- Schweinshaxen, Stückgewicht 160 g, bereitstellen.
- Zwiebeln und Knoblauch fein hacken.
- Lauch längs halbieren und waschen.
- Karotten, Knollensellerie und Lauch in 5 mm große Würfel schneiden.
- Majoran, Thymian und Rosmarin waschen, zupfen, trockentupfen und hacken.

Zubereitung
- Schweinshaxen würzen, mehlen und im Sonnenblumenöl allseitig anbraten.
- Tomatenpüree beigeben und mitrösten.
- Zwiebeln, Knoblauch und Gemüsewürfel beigeben und dünsten.
- Den Bratensatz mit Weißwein ablöschen.
- Im Schnellkühler alles gut kühlen.
- Danach das Fleisch mit Gemüse, Bratensatz, Kräutern und Demi-glace in Sous-vide-Kochbeutel abfüllen.
- In der Vakuummaschine zu 99% vakuumieren.
- Im Kombisteamer mit Dampfklima bei 97 °C und geringer Ventilatorgeschwindigkeit 90 Minuten garen.
- Den Garpunkt kontrollieren und im Schnellkühler innerhalb von kürzester Zeit auf 2 °C Kerntemperatur abkühlen.
- Mit dem Produktions- und Verbrauchsdatum beschriften (das Produkt ist bei 2 °C und optimaler GHP 28 Tage haltbar).
- Geöffnet oder im Beutel je nach Verwendungszweck regenerieren.

■ GARMETHODE SIEDEN

Gesottene Lammkeule mit Kapernsauce · Gigot d'agneau bouilli, sauce aux câpres

Zutaten

	4 Pers	10 Pers
Lammgigot, hohl ausgebeint, dressiert	720 g	1800 g
Bouillon	1200 g	3000 g
Gemüsebündel (Bouquet garni) für weiße Fonds	70 g	180 g
Gewürzsäcklein	1	1

Sauce

Butter	10 g	20 g
Weißmehl	10 g	25 g
Pochierfond der Lammkeule	160 g	400 g
Vollrahm, 35%	60 g	150 g
Kapern, abgetropft	20 g	50 g
Kapernessig	8 g	20 g
Salz		
Pfeffer, weiß, aus der Mühle		

Beilagen

Butter	30 g	80 g
Karotten, geschält	120 g	300 g
Weißrüben, geschält	120 g	300 g
Wirz/Wirsing, gerüstet	120 g	300 g
Bohnen, fein, gerüstet	120 g	300 g
Salz		
Pfeffer, weiß, aus der Mühle		

Vorbereitung
– Die Lammkeule binden, im heißen Wasser blanchieren, zuerst heiß, dann kalt abspülen.
– Butter und Weißmehl zu einem hellen Roux andünsten und erkalten lassen.
– Die Karotten und die Weißrüben in Bâtonnets (Stäbchen) schneiden.
– Wirz in 2 cm große Würfel schneiden.
– Die Bohnen blanchieren, im Eiswasser abschrecken und abschütten.

Zubereitung
– Die Lammkeule, das Gemüsebündel und das Gewürzsäcklein in die leicht siedende Bouillon geben.
– Unter gelegentlichem Abschäumen und Abfetten knapp unter dem Siedepunkt garen (90–92 °C).
– Lammkeule herausnehmen, Bindfaden entfernen und in wenig Fond warm stellen.
– Heißen Fond unter Rühren zum Roux geben und aufkochen.
– 20 Minuten sieden, des Öfteren abschäumen.
– Vollrahm beigeben und die Sauce mit Salz und Pfeffer abschmecken.
– Vor dem Servieren die Kapern und den Kapernessig beigeben.
– Die Gemüse mit Butter in wenig Lammfond dünsten.

Anrichten
– Die Lammkeule in dünne Tranchen schneiden und mit den Gemüsen anrichten.
– Kapernsauce separat dazu servieren.

Hinweise für die Praxis
Hohl ausbeinen: den Oberschenkelknochen auslösen, ohne den Lammgigot aufzuschneiden.

Irish Stew Gourmet Style · Irish stew Gourmet Style

Zutaten

	4 Pers	10 Pers
Lammschulter, ohne Knochen, dressiert	720 g	1800 g
Gemüsefond	1200 g	3000 g
Salz	10 g	25 g
Knoblauch, geschält	4 g	10 g
Lorbeerblätter		1
Pfefferkörner, weiß		1 g
Gewürznelken		1
Zwiebeln, geschält	80 g	200 g
Weißkohl, gerüstet	80 g	200 g
Knollensellerie, gerüstet	80 g	200 g
Pfälzer Rüben, geschält	80 g	200 g
Karotten, geschält	80 g	200 g
Lauch, grün, gerüstet	80 g	200 g
Kartoffeln, Typ A, geschält	320 g	800 g
Salz		
Pfeffer, weiß, aus der Mühle		
Petersilie, gekraust, frisch	6 g	15 g

Vorbereitung

- Lammfleisch in 30 g schwere Würfel schneiden.
- Lammfleisch im heißen Salzwasser blanchieren.
- Zuerst heiß, dann kalt abspülen.
- Den Knoblauch fein hacken.
- Lorbeerblatt, Pfefferkörner und Gewürznelke in ein Gewürzsäcklein binden.
- Die Zwiebeln und den Weißkohl grobblättrig schneiden.
- Knollensellerie, Pfälzer Rüben und Karotten mit einem Buntschneidemesser in Würfel schneiden (2 cm Seitenlänge).
- Lauch waschen und in Rondellen schneiden.
- Kartoffeln mit einem Buntschneidemesser in Würfel schneiden (2 cm Seitenlänge).
- Petersilie waschen, zupfen, trockentupfen und fein hacken.

Zubereitung

- Den Gemüsefond aufkochen und das Fleisch und das Gewürzsäcklein beigeben.
- Nach und nach die Gemüse beigeben und weich sieden.
- Des Öfteren abschäumen und abfetten.
- Am Schluss die Kartoffeln beigeben und weich sieden.
- Das Gewürzsäcklein entfernen.
- Irish Stew mit Salz und Pfeffer abschmecken.
- Anrichten und mit der gehackten Petersilie bestreuen.

Hinweise für die Praxis

Das traditionelle Irish Stew wird nur mit Weißkohl, Zwiebeln und Kartoffeln zubereitet und mit Worcestershire-Sauce abgeschmeckt.

Kalbsblankett mit buntem Gemüse · Blanquette de veau aux légumes variés

Zutaten

	4 Pers	10 Pers
Kalbsschulter, ohne Knochen, dressiert	720 g	1800 g
Kalbsfond, hell	400 g	1000 g
Weißwein	120 g	300 g
Karotten, geschält	80 g	200 g
Perlzwiebeln, geschält	80 g	200 g
Knollensellerie, geschält	80 g	200 g
Pfälzer Rüben, geschält	80 g	200 g
Lauch, junger, gerüstet	40 g	100 g
Gewürzsäcklein	1	1

Sauce

Butter	15 g	40 g
Weißmehl	20 g	50 g
Saucenhalbrahm, 25%, eingedickt	80 g	200 g
Zitronensaft, frisch	5 g	10 g
Salz		
Pfeffer, weiß, aus der Mühle		
Schnittlauch, frisch	4 g	10 g

Vorbereitung

- Die Kalbsschulter in 30 g schwere Würfel schneiden.
- Das Fleisch im heißen Salzwasser blanchieren, abschütten, zuerst heiß, dann kalt abspülen.
- Karotten, Pfälzer Rüben und Knollensellerie mit einem Buntschneidemesser in 2 × 2 × 1 cm große Stücke schneiden.
- Lauch waschen und in Rauten von 2 cm Seitenlänge schneiden.
- Gewürzsäcklein mit Lorbeerblatt, Gewürznelke, Thymian und weißen Pfefferkörnern bereitstellen.
- Butter schmelzen, das Weißmehl beigeben, leicht dünsten und erkalten lassen.
- Schnittlauch fein schneiden.

Zubereitung

- Kalbsfond, Weißwein und Gewürzsäcklein zusammen aufkochen.
- Das Fleisch dazugeben, aufkochen, abschäumen und ca. 35 Minuten sieden.
- Danach das Gemüse in einem Siebeinsatz zusammen mit dem Fleisch weich sieden (Lauch etwas später beigeben).
- Das Gemüse herausnehmen und zudecken.
- Das Fleisch mit einer Schaumkelle herausnehmen und mit wenig Garflüssigkeit zugedeckt warm stellen.
- Das Gewürzsäcklein entfernen.
- Den Fond um ⅓ einkochen lassen.
- Den heißen Fond unter Rühren zum kalten Roux geben und zum Siedepunkt bringen.
- 20 Minuten kochen lassen, des Öfteren abschäumen.
- Die Sauce durch ein Etamine (Passiertuch) passieren.
- Saucenhalbrahm und Zitronensaft beigeben.
- Fleisch und Gemüse abschütten, in die Sauce geben und abschmecken.
- Blankett anrichten und mit Schnittlauch bestreuen.

Hinweise für die Praxis

Anstelle von Butter und Weißmehl kann auch ein fertiger CF-Roux verwendet werden.

Kalbsblankett mit Gemüsestroh · Blanquette de veau avec paille de légumes

Zutaten

	4 Pers	10 Pers
Kalbsragout (Schulter), Würfel zu 30 g	640 g	1600 g
Kalbsfond, hell	600 g	1500 g
Weißwein	120 g	300 g
Gemüsebündel (Bouquet garni) für weiße Fonds	70 g	160 g
Gewürzsäcklein	1	1

Sauce

	4 Pers	10 Pers
Butter	15 g	40 g
Weißmehl	20 g	50 g
Vollrahm, 35%	100 g	200 g
Zitronensaft, frisch	5 g	10 g
Salz		
Pfeffer, weiß, aus der Mühle		

Garnitur

	4 Pers	10 Pers
Lauch, grün, gerüstet	40 g	100 g
Knollensellerie, geschält	40 g	100 g
Karotten, geschält	40 g	100 g
Pfälzer Rüben, geschält	40 g	100 g
Estragon, frisch	1 g	2 g
Maisstärke	25 g	60 g
Weißwein	15 g	35 g
Ölverlust beim Frittieren	20 g	50 g

Vorbereitung
- Kalbfleischwürfel im heißen Salzwasser blanchieren
- Abschütten, zuerst heiß, dann kalt abspülen.
- Weißes Bouquet garni bereitstellen.
- Lauch für die Garnitur längs halbieren und waschen.
- Alle Gemüse für die Garnitur in Julienne (Streifchen) schneiden.
- Estragon waschen, zupfen und trockentupfen.

Zubereitung
- Kalbsfond und Weißwein zusammen aufkochen.
- Das Fleisch dazugeben, aufkochen und abschäumen.
- Das weiße Gemüsebündel und das Gewürzsäcklein beigeben.
- Am Siedepunkt ca. 1 Stunde weich sieden.
- Fleisch herausnehmen und zugedeckt warm stellen.
- Gemüsebündel und Gewürzsäcklein entfernen.
- Garflüssigkeit um 50% einkochen lassen.
- Die Butter schmelzen, das Mehl beigeben und leicht anschwitzen.
- Den Roux (Mehlschwitze) etwas auskühlen lassen.
- Pro Person 1 dl heißen Fond unter Rühren beigeben.
- Unter öfterem Rühren aufkochen und 5 Minuten sieden lassen.
- Die Sauce durch ein feines Sieb passieren, Vollrahm beigeben und nochmals aufkochen.
- Zitronensaft beigeben und abschmecken.
- Das Fleisch wieder in die Sauce geben, nochmals aufkochen und abschmecken.

Zubereitung Garnitur
- Maisstärke mit dem Weißwein verrühren.
- Gemüsestreifen und Estragonblätter beigeben und gut verrühren.
- Gemüse locker auf eine Frittürekelle legen, etwas abtropfen lassen und kurz frittieren.
- Das Gemüsestroh auf Küchenpapier entfetten und leicht salzen.

Anrichten
- Das Fleisch mit der Sauce anrichten und das Gemüsestroh unmittelbar vor dem Servieren darüberstreuen.

Hinweise für die Praxis
Garen im Kombisteamer: Fleisch im Kombisteamer im Klima Dampf blanchieren, kalt abspülen und im heißen Fond mit Klima Dampf bei 95 °C garen (die Garzeit beträgt ca. 45–50 Minuten), Gewichtsverlust 22%. Durch das Garen bei höheren Temperaturen resultiert ein größerer Gewichtsverlust.

Kalbszunge mit Schnittlauchrahmsauce · Langue de veau, sauce crème à la ciboulette

Zutaten

	4 Pers	10 Pers
Kalbszungen, ungesalzen	640 g	1600 g
Kalbsfond, hell	800 g	2000 g
Gemüsebündel (Bouquet garni) für weiße Fonds	120 g	300 g
Gewürzsäcklein	1	1
Weißwein	80 g	200 g
Butter	8 g	20 g
Weißmehl	12 g	30 g
Vollrahm, 35 %	40 g	100 g
Salz	6 g	15 g
Pfeffer, weiß, aus der Mühle		

Schnittlauchpüree

Schnittlauch, frisch	15 g	30 g
Mascarpone	30 g	70 g

Garnitur

Schnittlauch, frisch	2 g	5 g

Vorbereitung

- Die Kalbszungen blanchieren, abschütten, zuerst heiß, dann kalt abspülen.
- Schnittlauch fein schneiden und mit dem Mascarpone im Kutter zu einem Püree verarbeiten.
- Schnittlauch für die Garnitur fein schneiden.

Zubereitung

- Den Kalbsfond aufkochen.
- Die Zungen, das Bouquet garni, das Gewürzsäcklein und den Weißwein beigeben.
- Knapp am Siedepunkt unter gelegentlichem Abschäumen und Abfetten ca. 90 Minuten weich sieden (Garprobe an der Zungenspitze).
- Kalbszungen schälen und parieren und in wenig Garflüssigkeit warm stellen.

Zubereitung Sauce

- Butter schmelzen, das Mehl beigeben, leicht dünsten und erkalten lassen.
- Den Kalbsfond auf 50 % einkochen.
- Reduzierten Fond zur Mehlschwitze geben und bei kleiner Hitze 30 Minuten zur gewünschten Konsistenz einkochen.
- Vollrahm beigeben und mit dem Schnittlauchpüree verfeinern und abschmecken.

Anrichten

- Kalbszungen längs tranchieren (oder auf der Aufschnittmaschine schneiden).
- Mit der Sauce nappieren und mit Schnittlauch bestreuen.

Hinweise für die Praxis

Beim Garen im Drucksteamer bei 108 °C reduziert sich die Garzeit auf etwa die Hälfte. Das Schnittlauchpüree kann in größeren Mengen produziert und in kleineren Portionen tiefgekühlt werden.

Lammblankett mit Minze · Blanquette d'agneau à la menthe

Zutaten

	4 Pers	10 Pers
Lammschulter, ohne Knochen, dressiert	640 g	1600 g
Kalbsfond, hell	1000 g	2500 g
Weißwein	80 g	200 g
Gemüsebündel (Bouquet garni) für weiße Fonds	80 g	200 g
Gewürzsäcklein	1	1

Sauce

	4 Pers	10 Pers
Butter	20 g	50 g
Weißmehl	20 g	50 g
Saucenhalbrahm, 25%, eingedickt	40 g	100 g
Zitronensaft, frisch	2 g	5 g
Salz		
Pfeffer, weiß, aus der Mühle		
Pfefferminze, frisch	4 g	10 g

Vorbereitung

- Die Lammschulter in gleichmäßige Würfel zu 30 g schneiden.
- Fleischwürfel im kochenden Salzwasser kurz blanchieren, zuerst heiß, dann kalt abspülen.
- Die Pfefferminze waschen, zupfen, trockentupfen und in Chiffonnade (feine Streifen) schneiden (die Stiele beiseite legen).
- Ein Gewürzsäcklein mit Pfefferminzstielen, weißem Pfeffer, Lorbeer, Gewürznelke und Thymian bereitstellen.
- Mit Butter und Weißmehl einen Roux herstellen und erkalten lassen.

Zubereitung

- Den hellen Kalbsfond zusammen mit dem Weißwein aufkochen und das Gewürzsäcklein beigeben.
- Die Fleischwürfel beigeben und unter öfterem Abschäumen weich sieden.
- Nach 30 Minuten Garzeit das weiße Gemüsebündel beigeben und das Fleisch fertig garen.
- Das Fleisch mit einer Schaumkelle herausnehmen und in wenig Fond zugedeckt warm stellen.
- Den Fond passieren.
- Pro Person 100 g des heißen Fonds unter stetem Rühren zum Roux geben und aufkochen.
- 20 Minuten sieden lassen und des Öfteren abschäumen.
- Die Sauce durch ein Drahtspitzsieb passieren und mit Saucenhalbrahm und Zitronensaft verfeinern.
- Das Fleisch ohne Flüssigkeit in die Sauce geben, nochmals aufkochen und abschmecken.
- Anrichten und mit der gehackten Pfefferminze bestreuen.

Hinweise für die Praxis

Als Beilagen eignen sich Peperonata oder Ratatouille und Camargue-Reis.

Lammblankett mit Tomaten und Kräutern
Blanquette d'agneau aux tomates et aux fines herbes

Zutaten

	4 Pers	10 Pers
Lammschulter, ohne Knochen, dressiert	720 g	1800 g
Kalbsfond, hell	640 g	1600 g
Weißwein	120 g	300 g
Gemüsebündel (Bouquet garni) für weiße Fonds	70 g	180 g
Gewürzsäcklein	1	1

Sauce

Butter	15 g	40 g
Weißmehl	20 g	50 g
Saucenhalbrahm, 25%, eingedickt	80 g	200 g
Zitronensaft, frisch	10 g	30 g
Salz		
Pfeffer, weiß, aus der Mühle		

Garnitur

Butter	10 g	20 g
Schalotten, geschält	20 g	50 g
Knoblauch, geschält	2 g	5 g
Tomaten, geschält, entkernt	120 g	300 g
Thymian, frisch	2 g	5 g
Origano, frisch	2 g	5 g
Petersilie, gekraust, frisch	10 g	20 g
Salz		
Pfeffer, weiß, aus der Mühle		

Vorbereitung

– Lammschulter in 30 g schwere Würfel schneiden.
– Lammfleisch im heißen Salzwasser blanchieren, abschütten, zuerst heiß, dann kalt abspülen.
– Die Butter schmelzen, das Weißmehl dazugeben und zu einem hellen Roux anschwitzen und erkalten lassen.
– Schalotten und Knoblauch fein hacken.
– Tomaten in Dreiecke von 1,5 cm Seitenlänge schneiden.
– Thymian, Origano und Petersilie waschen, zupfen, trockentupfen und hacken.

Zubereitung

– Den Kalbsfond zusammen mit dem Weißwein aufkochen.
– Das Lammfleisch beigeben, aufkochen und abschäumen.
– Das Gemüsebündel und das Gewürzsäcklein dazugeben und knapp am Siedepunkt weich sieden.
– Das Fleisch herausnehmen und in wenig Fond warm stellen.
– Pro Person 100 g Lammfond unter Rühren zum Roux geben und aufkochen.
– 20 Minuten leicht kochen lassen und des Öfteren abschäumen.
– Sauce durch ein Drahtspitzsieb passieren.
– Die Sauce mit Saucenhalbrahm und Zitronensaft verfeinern und mit Salz und Pfeffer abschmecken.
– Das Fleisch wieder in die Sauce geben.
– Die gehackten Schalotten und den Knoblauch in Butter dünsten.
– Die Tomatendreiecke beigeben und mitdünsten.
– Die gehackten Kräuter beigeben und mit Salz und Pfeffer abschmecken.

Anrichten

Das Lammblankett anrichten und die Tomaten darübergeben.

Siedfleisch mit Gemüse-Vinaigrette · Bœuf bouilli, sauce vinaigrette aux légumes

Zutaten

	4 Pers	10 Pers
Rindsschulterspitz, dressiert	800 g	2000 g
Gewürzsäcklein	1	1
Bouillon	1800 g	4500 g
Zwiebeln, geschält	50 g	130 g
Karotten, geschält	30 g	80 g
Pfälzer Rüben, geschält	30 g	80 g
Knollensellerie, geschält	80 g	200 g
Lauch, gebleicht, gerüstet	30 g	80 g

Sauce

	4 Pers	10 Pers
Karotten, geschält	30 g	75 g
Pfälzer Rüben, geschält	30 g	75 g
Knollensellerie, geschält	25 g	60 g
Lauch, gebleicht, gerüstet	20 g	50 g
Schalotten, geschält	40 g	100 g
Tomaten, Peretti, geschält, entkernt	60 g	150 g
Sonnenblumenöl	50 g	125 g
Olivenöl, kaltgepresst	30 g	75 g
Birnenessig	40 g	100 g
Aceto balsamico bianco (weißer Balsamessig)	20 g	50 g
Basilikum, frisch	4 g	10 g
Salz		
Pfeffer, weiß, aus der Mühle		

Vorbereitung

- Die Zwiebeln halbieren und die Schnittfläche rösten.
- Aus Karotten, Pfälzer Rüben, Knollensellerie und gebleichtem Lauch ein Bouquet garni (Gemüsebündel) bereitstellen.
- Karotten, Pfälzer Rüben, Knollensellerie und Lauch für die Sauce in Brunoise (Würfelchen) schneiden.
- Gemüse-Brunoise im Drucksteamer garen und erkalten lassen.
- Schalotten fein hacken.
- Tomaten in 5 mm große Würfel schneiden.
- Basilikum waschen, zupfen, trockentupfen und fein hacken.

Zubereitung

- Das Fleisch im heißen Salzwasser blanchieren und abschütten.
- Zuerst heiß und dann kalt abspülen.
- Das Fleisch in die leicht siedende Bouillon geben.
- Knapp am Siedepunkt unter gelegentlichem Abschäumen und Abfetten weich sieden.
- Nach einer halben Stunde das Gemüsebündel, Röstzwiebeln und das Gewürzsäcklein beigeben.
- Schalotten, Essig und Öl vermischen, Gemüse-Brunoise, Tomatenwürfel und Basilikum beigeben.
- Gemüse-Vinaigrette mit Salz und Pfeffer abschmecken.

Anrichten

- Fleisch gegen die Faserrichtung in dünne, gleichmäßige Tranchen schneiden und anrichten.
- Gemüse aus dem Gemüsebündel mit einem Buntschneidemesser in gleichmäßige Stücke schneiden und anrichten.
- Mit wenig Bouillon übergießen.
- Gemüse-Vinaigrette in einer Sauciere dazu servieren.

Hinweise für die Praxis

Die Garzeit beträgt je nach Fleischqualität ca. 1½–2 Stunden.
Der Gewichtsverlust beträgt 30–40%.

Überbackene Kutteln · Tripes gratinées

Zutaten

	4 Pers	10 Pers
Kutteln, vorgekocht, am Stück	800 g	2000 g
Olivenöl	20 g	50 g
Speck, geräuchert	80 g	200 g
Zwiebeln, geschält	80 g	200 g
Pfälzer Rüben, geschält	80 g	200 g
Stangensellerie, gebleicht, gerüstet	80 g	200 g
Tomaten, Pelati, Würfel	400 g	1000 g
Rotwein, Merlot	80 g	200 g
Gewürznelken, gemahlen		
Bouillon	200 g	500 g
Tomaten, getrocknet, in Öl, abgetropft	40 g	100 g
Salz		
Pfeffer, weiß, aus der Mühle		
Pecorino romano, gerieben	120 g	300 g
Butter	30 g	80 g
Pfefferminze, frisch	8 g	20 g

Vorbereitung

– Die Kutteln in 2 cm große Stücke schneiden und im heißen Salzwasser blanchieren.
– Den Speck (ohne Knorpel) in 8 mm große Würfel schneiden und blanchieren.
– Stangensellerie waschen und allenfalls vorhandene Fasern entfernen.
– Zwiebeln, Pfälzer Rüben und Stangensellerie in 8 mm große Würfel schneiden.
– Getrocknete Tomaten in 8 mm große Würfel schneiden.
– Pfefferminze waschen, zupfen, trockentupfen und fein hacken.

Zubereitung

– Den Speck und das Gemüse im Olivenöl in einem Rondeau andünsten.
– Mit Rotwein ablöschen und die Tomatenwürfel und Gewürznelken beigeben.
– Etwas einkochen lassen, die Bouillon beigeben und abschmecken.
– Die Kutteln schichtweise dazugeben und mit Tomatensauce, Dörrtomatenwürfeln, Minze und der Hälfte des Pecorino vermischen, sodass die Kutteln mit Sauce bedeckt sind.
– Die Kutteln zugedeckt im Ofen weich sieden.
– Kutteln anschließend auf eine Gratinplatte anrichten.
– Mit dem restlichen Pecorino bestreuen, mit Butterflocken belegen und unter dem Salamander überbacken.

Hinweise für die Praxis

Als Beilage eignen sich Bramata-Polenta oder Salzkartoffeln.

Überbackenes Siedfleisch mit Zwiebelsauce · Miroton de bœuf

Zutaten

	4 Pers	10 Pers
Rindshohrücken, 2. Qualität, dressiert	880 g	2200 g
Gemüsebündel (Bouquet garni) für Bouillon	80 g	200 g
Bouillon	1800 g	4500 g
Zwiebeln, geschält	40 g	100 g
Gewürzsäcklein	1	1
Salz	4 g	10 g

Sauce

Butter	20 g	50 g
Zwiebeln, geschält	160 g	400 g
Demi-glace	160 g	400 g
Weißweinessig	20 g	50 g
Salz		
Pfeffer, weiß, aus der Mühle		
Englischbrot, entrindet	60 g	150 g
Butter	20 g	50 g

Vorbereitung
- Das Fleisch binden, im heißen Salzwasser blanchieren, zuerst heiß, dann kalt abspülen.
- Die Zwiebeln halbieren und die Schnittfläche in einer Lyoner Pfanne rösten.
- Die Zwiebeln für die Sauce quer zum Wurzelansatz emincieren (in feine Scheiben schneiden).
- Das Englischbrot im Kutter fein zerkleinern.

Zubereitung Gericht
- Bouillon aufkochen, das blanchierte Siedfleisch beigeben und würzen.
- Knapp am Siedepunkt unter gelegentlichem Abschäumen und Abfetten weich sieden.
- Bouquet garni, geröstete Zwiebeln und das Gewürzsäcklein ca. 1 Stunde vor Ende der Kochzeit beigeben.
- Siedfleisch in der Bouillon erkalten lassen, Bindfaden entfernen.

Zubereitung Sauce
- Zwiebeln in Butter gut andünsten.
- Mit der Demi-glace auffüllen.
- Die Sauce kochen, bis die Zwiebeln weich sind, allenfalls etwas Bouillon (vom Siedfleisch) beigeben.
- Essig beigeben und die Sauce abschmecken.

Anrichten
- Eine Gratinplatte mit wenig Zwiebelsauce ausgießen.
- Das Siedfleisch in 5 mm dicke Tranchen schneiden und darauf anordnen.
- Das Fleisch mit der restlichen Zwiebelsauce nappieren und mit geriebenem Weißbrot bestreuen.
- Mit flüssiger Butter beträufeln und unter dem Salamander überbacken.

Geflügelgerichte

Challans-Ente in der Salzkruste · Canard de Challans en croûte de sel

Zutaten

	4 Pers	10 Pers
Challans-Ente, pfannenfertig	1600 g	4000 g
Bienenhonig	50 g	130 g
Rosmarin, frisch	10 g	20 g
Sonnenblumenöl, high oleic	15 g	40 g
Rosmarinzweige	2	5
Meersalz, grob	2000 g	4500 g
Eiweiß, frisch	300 g	450 g
Rucola, gerüstet	160 g	400 g
Baumnuss-Dressing mit Orangensaft	30 g	80 g

Vorbereitung

– Challans-Ente (Stückgewicht ca. 1600 g) inwendig mit Küchenpapier ausreiben und binden.
– Ente rundherum im heißen Sonnenblumenöl anbraten.
– Rosmarin waschen, zupfen, trockentupfen und hacken.
– Rosmarinzweige waschen und trockentupfen.
– Brustseite der Ente mit Honig bestreichen und mit gehacktem Rosmarin bestreuen.
– Meersalz mit dem Eiweiß vermischen.
– Rucola waschen und trockenschleudern.
– Baumnuss-Dressing mit Orangensaft bereitstellen.

Zubereitung

– Ein Backblech mit Alufolie belegen und in der Länge der Ente ca. 2 cm dick mit der Salzmasse auslegen.
– Rosmarinzweige darauf legen.
– Ente mit der Brustseite nach oben darauf legen.
– Ente vollständig mit Salzmasse umhüllen und fest andrücken.
– In der Höhe von 5 cm rundherum mit einem Messerrücken einkerben.
– Ente im Backofen bei 250 °C ca. 60 Minuten backen und anschließend 15 Minuten abstehen lassen.
– Salzkruste der Einkerbung entlang lösen und dem Gast präsentieren.

Anrichten

– Vor dem Gast die Ente aus der Salzkruste herauslösen.
– Entenbrust tranchieren und als ersten Service anrichten.
– Entenkeulen in der Küche nachbraten und mit Rucola-Salat als zweiten Service anrichten.

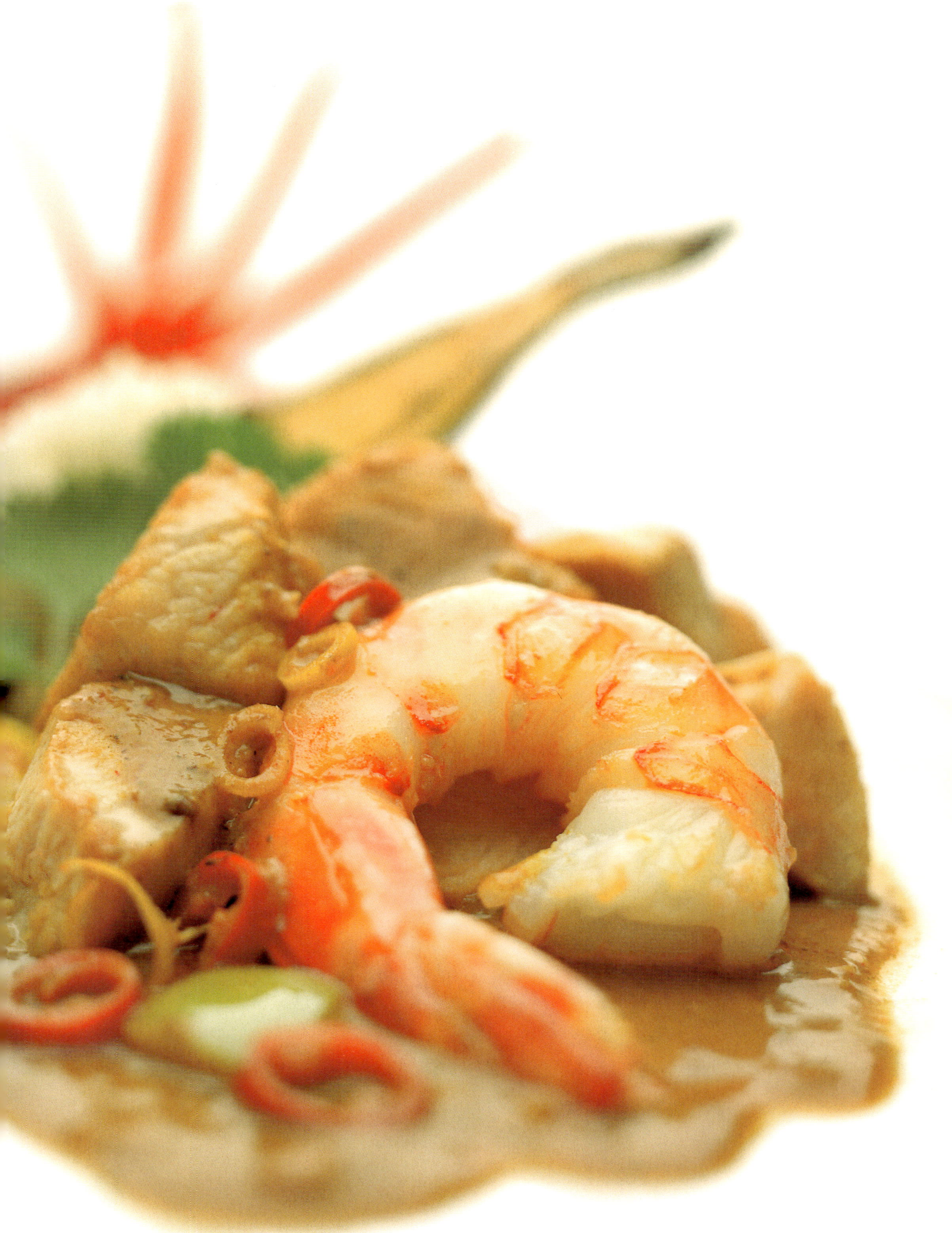

Frittierte Pouletbrüstchen japanische Art · Suprêmes de poulet frits japonaise

Zutaten	4 Pers	10 Pers
Pouletbrüstchen, ohne Haut	480 g	1200 g
Peperoni, bunt, entkernt	320 g	800 g
Marinade		
Sojasauce, gesalzen	40 g	100 g
Reiswein, Sake	40 g	100 g
Ingwer, frisch	10 g	25 g
Teig		
Reismehl	80 g	200 g
Maisstärke	20 g	50 g
Wasser	100 g	250 g
Vollei, frisch	20 g	50 g
Weißwein	4 g	10 g
Sonnenblumenöl	4 g	10 g
Schnittlauch, chinesischer, frisch	20 g	50 g
Ingwer, frisch, geschält	8 g	20 g
Salz	4 g	10 g
Weitere Zutaten		
Maisstärke	60 g	150 g
Ölverlust beim Frittieren	80 g	200 g
Sauce		
Süßsaure Sauce	200 g	500 g

Vorbereitung
- Pouletbrüstchen in quadratische Stücke von 3 cm Seitenlänge schneiden.
- Ingwer für die Marinade fein reiben.
- Sojasauce, Reiswein und geriebenen Ingwer verrühren und die Fleischstücke 30 Minuten marinieren.
- Farbige Peperoni in gleichmäßige Rauten schneiden.
- Schnittlauch fein schneiden.
- Ingwer für den Teig fein reiben.

Zubereitung Teig
- Reismehl, Maisstärke, Wasser, Vollei, Weißwein und Sonnenblumenöl zu einem glatten Teig verrühren.
- Schnittlauch, Ingwer und Salz zugeben und verrühren.

Zubereitung Gericht
- Frittieröl auf 170 °C erhitzen.
- Pouletfleisch aus der Marinade nehmen und in Maisstärke wenden.
- Im Backteig wenden, überschüssigen Teig abstreifen und im heißen Öl knusprig frittieren.
- Herausnehmen und auf Küchenpapier entfetten.
- Peperoni knackig frittieren.
- Herausnehmen, salzen und auf Küchenpapier entfetten.

Anrichten
- Die knusprig gebackenen Pouletstücke und die Peperoni anrichten.
- Süßsaure Sauce separat dazu servieren.

Hinweise für die Praxis
Chinesischer Schnittlauch kann auch durch herkömmlichen Schnittlauch ersetzt werden.

Gebratene Ente asiatische Art · Canard rôti asiatique

Zutaten

	4 Pers	10 Pers
Frühmastente, pfannenfertig	2000 g	5000 g
Salz		
Pfeffer, weiß, aus der Mühle		

Marinade

Sojasauce, dunkel, gesalzen	80 g	200 g
Bienenhonig	50 g	130 g
Five-Spices-Gewürzmischung	8 g	20 g
Knoblauch, geschält	10 g	25 g
Ingwer, frisch, geschält	15 g	35 g
Chilisauce, süß	40 g	100 g

Weitere Zutaten

Geflügelfond, braun	80 g	200 g
Stärkemehl	5 g	10 g

Vorbereitung

- Knoblauch fein hacken.
- Ingwer fein reiben.
- Die Zutaten für die Marinade vermischen.
- Ente mit der Marinade innen und außen einpinseln und 3–4 Tage im Kühlschrank marinieren.
- Die Ente jeden Tag mit der Marinade bepinseln, übrig bleibende Marinade aufbewahren.
- Kombisteamer auf 150 °C Kombidampf (Heißluftdampf) vorheizen.

Zubereitung

- Die marinierte Ente würzen und auf einem Gitterrost mit Abtropfblech in den Kombisteamer schieben.
- In der 1. Phase die Ente bei einer Temperatur von 140 °C 20 Minuten garen.
- In der 2. Phase die Temperatur auf 160 °C erhöhen und die Ente ohne Feuchtigkeit mit offenem Dampfabzug und reduzierter Ventilatorgeschwindigkeit ca. 70 Minuten fertig garen.
- Ente herausnehmen und warm stellen.
- Den Geflügelfond auf ⅔ einkochen und mit angerührtem Stärkemehl binden.
- Die restliche Marinade beigeben und sirupartig einkochen.

Anrichten

- Mit der eingekochten Sauce einen Saucenspiegel anrichten.
- Die Ente tranchieren, anrichten und mit der restlichen eingekochten Sauce leicht bepinseln.

Hinweise für die Praxis

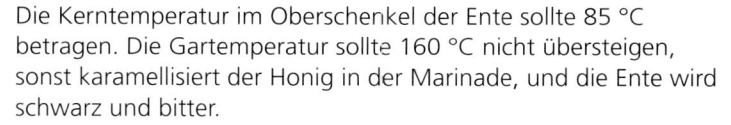

Die Kerntemperatur im Oberschenkel der Ente sollte 85 °C betragen. Die Gartemperatur sollte 160 °C nicht übersteigen, sonst karamellisiert der Honig in der Marinade, und die Ente wird schwarz und bitter.

Gebratene marinierte Gänsebrust · Suprême d'oie mariné rôti

Zutaten	4 Pers	10 Pers
Gänsebrust, mit Haut, dressiert	600 g	1500 g
Sonnenblumenöl, high oleic	10 g	25 g
Geflügelfond, braun	200 g	500 g
Marinade		
Zwiebeln, geschält	80 g	200 g
Knoblauch, geschält	10 g	25 g
Chilischoten, rot, entkernt	4 g	10 g
Pfefferkörner, grün (Konserve), abgetropft	4 g	10 g
Sojasauce, gesalzen	30 g	80 g
Sojasauce, hell	30 g	80 g
Reiswein, Mirin, süß	10 g	25 g
Reiswein, Sake	10 g	25 g
Honigessig	10 g	25 g
Orangenblütenhonig	50 g	125 g
Koriander, frisch	1 g	3 g
Petersilie, glattblättrig, frisch	1 g	3 g
Zitronenthymian, frisch	1 g	3 g

Vorbereitung
- Die Haut der Gänsebrust im Karomuster einschneiden.
- Zwiebeln und Knoblauch fein hacken.
- Chilischoten fein schneiden.
- Kräuter waschen, zupfen, trockentupfen und fein hacken.
- Zutaten für die Marinade verrühren.
- Gänsebrust in die Marinade einlegen und zugedeckt im Kühlschrank 4–6 Stunden marinieren.

Zubereitung
- Gänsebrust aus der Marinade nehmen und gut abtropfen lassen.
- Eine Sauteuse mit Sonnenblumenöl erhitzen.
- Gänsebrust auf der Hautseite zuerst anbraten und wenden, sodass sie im eigenen Fett braten kann.
- Herausnehmen und im vorgeheizten Ofen bei 160 °C fertig garen (Kerntemperatur 58 °C).
- Die gegarte Gänsebrust ca. 10 Minuten an der Wärme abstehen lassen.
- Das in der Sauteuse verbleibende Fett abgießen.
- Mit dem braunen Geflügelfond ablöschen und zur Hälfte einkochen.
- Die Sauce mit der Marinade aufgießen und nochmals einkochen und abschmecken.

Anrichten
- Saucenspiegel anrichten.
- Gänsebrust dünn tranchieren und fächerförmig auf dem Saucenspiegel anrichten.

Hinweise für die Praxis
Als Alternative können auch Entenbrüste verwendet werden.

Gedämpfte Poulardenbrust mit Gemüsestreifen
Suprême de poularde à la vapeur et julienne de légumes

Zutaten

	4 Pers	10 Pers
Poulardenbrust, ohne Haut und Flügelknochen	640 g	1600 g
Gewürzsalzmischung für Geflügel	8 g	20 g
Thymian, frisch	4 g	10 g
Frühlingszwiebeln, gerüstet (1)	60 g	150 g
Peperoncini, rot, frisch	2 g	5 g
Ingwer, frisch, geschält	8 g	20 g
Zitronengras, gerüstet	8 g	20 g
Sonnenblumenöl	15 g	40 g
Weißwein, Riesling-Silvaner	120 g	300 g
Pfeffer, weiß, aus der Mühle		
Geflügelfond, hell	480 g	1200 g
Weißweinessig	20 g	50 g
Maisstärke	8 g	20 g
Sojasauce, hell	40 g	100 g
Salz		

Garnitur

	4 Pers	10 Pers
Frühlingszwiebeln, gerüstet (2)	40 g	100 g
Lauch, junger, gerüstet	60 g	150 g
Karotten, geschält	60 g	150 g
Pfälzer Rüben, geschält	40 g	100 g

Vorbereitung

- Frühlingszwiebeln (1) waschen und in 5 mm große Würfel schneiden.
- Peperoncini in feine Streifen schneiden.
- Ingwer fein reiben.
- Zitronengras in feine Streifen schneiden.
- Frühlingszwiebeln (2) und Lauch längs halbieren und waschen.
- Frühlingszwiebeln (2), Lauch, Karotten und Pfälzer Rüben in Julienne (Streifchen) schneiden.

Zubereitung

- Frühlingszwiebeln (1), Peperoncini, Ingwer und Zitronengras im Sonnenblumenöl andünsten.
- Mit Weißwein ablöschen und mit dem hellen Geflügelfond auffüllen.
- Weißweinessig beigeben und aufkochen.
- Ein Dampfgitter oder Bambuskörbchen auf die kochende Flüssigkeit geben.
- Poulardenbrüstchen würzen
- Auf dem Gitter/Körbchen die Gemüsestreifen verteilen und die gewürzten Poulardenbrüstchen darauf legen.
- Mit Thymianzweigen belegen und zudecken.
- Poulardenbrüstchen dämpfen, bis eine Kerntemperatur von 72 °C erreicht ist.
- Poulardenbrüstchen und Gemüsestreifen warm stellen.
- Dämpfflüssigkeit durch ein Drahtspitzsieb passieren und auf ⅓ einkochen.
- Maisstärke mit wenig kaltem Wasser anrühren und die Flüssigkeit binden.
- Sojasauce beigeben und mit Salz und Pfeffer abschmecken.

Anrichten

- Gemüsestreifen auf Teller anrichten.
- Poulardenbrust fächerartig tranchieren und auf dem Gemüse anrichten.
- Das Gericht mit der Sauce umgießen.

Hinweise für die Praxis

Als Beilage passt Kartoffelschnee.

Geflügelblankett mit frittierten Glasnudeln
Blanquette de volaille aux nouilles transparentes frites

Zutaten

	4 Pers	10 Pers
Poularde, pfannenfertig	1200 g	3000 g
Geflügelfond, hell	600 g	1500 g
Weißwein	120 g	300 g
Gemüsebündel (Bouquet garni) für weiße Fonds	120 g	300 g
Gewürzsäcklein	1	1
Salz	4 g	10 g

Sauce

	4 Pers	10 Pers
Butter	15 g	40 g
Weißmehl	30 g	70 g
Vollrahm, 35%	40 g	100 g
Zitronensaft, frisch	4 g	10 g
Salz	2 g	5 g
Pfeffer, weiß, aus der Mühle		

Garnitur

	4 Pers	10 Pers
Glasnudeln, getrocknet	6 g	15 g
Randenpulver/Rote-Bete-Pulver	4 g	10 g
Tintengranulat (von Tintenfischen)	4 g	10 g
Kurkuma, gemahlen	4 g	10 g
Salz	2 g	5 g
Ölverlust beim Frittieren	10 g	20 g

Vorbereitung

- Die Poularde wie für Poulet sauté in 8 Stücke zerlegen.
- Im heißen Salzwasser blanchieren und abschütten; zuerst heiß, dann kalt abspülen.
- Gewürzsäcklein bestehend aus Lorbeerblatt, Thymian, Rosmarin und weißen Pfefferkörnern bereitstellen.
- Weißmehl in Butter zu einem hellen Roux andünsten und erkalten lassen.
- Randenpulver in wenig Wasser auflösen und ⅓ der Glasnudeln darin 2 Stunden einweichen.
- Tintenfisch-Tinte in wenig Wasser auflösen und ⅓ der Glasnudeln darin 2 Stunden einweichen.
- Kurkuma-Pulver in wenig Wasser auflösen und ⅓ der Glasnudeln darin 2 Stunden einweichen.

Zubereitung

- Geflügelfond, Weißwein, weißes Gemüsebündel und Gewürzsäcklein während 5 Minuten kochen lassen und des Öfteren abschäumen.
- Die blanchierten Poulardenteile dazugeben und knapp am Siedepunkt weich sieden (die Bruststücke haben eine kürzere Garzeit und müssen vorher herausgenommen werden).
- Poulardenteile herausnehmen und zugedeckt warm stellen.
- Geflügelfond mit Gemüsebündel unter Rühren zum Roux geben und aufkochen.
- 20 Minuten leicht sieden lassen, Gemüsebündel und Gewürzsäcklein entfernen.
- Sauce durch ein Drahtspitzsieb passieren.
- Sauce mit Vollrahm und Zitronensaft verfeinern und mit Salz und Pfeffer abschmecken.
- Die Poulardenteile enthäuten und wieder in die Sauce geben, nicht mehr kochen lassen.
- Anrichten und mit der Sauce nappieren.
- Glasnudeln abschütten, auf Küchenpapier trockentupfen und vermischen.
- In der Fritteuse knusprig frittieren, auf Küchenpapier entfetten, leicht salzen und das Gericht unmittelbar vor dem Servieren damit dekorieren.

Hinweise für die Praxis

Die Haut der Poularde kann auch vor dem Garen entfernt werden.

Geflügelfrikassee mit Estragon · Fricassée de volaille à l'estragon

Zutaten	4 Pers	10 Pers
Poulets, frisch, pfannenfertig	1200 g	3000 g
Salz		
Pfeffer, weiß, aus der Mühle		
Weißmehl (1)	30 g	70 g
Bratbutter	30 g	70 g
Zwiebeln, geschält	80 g	200 g
Weißwein	80 g	200 g
Weißmehl (2)	20 g	50 g
Geflügelfond, hell	400 g	1000 g
Gewürzsäcklein	1	1
Saucenhalbrahm, 25%, eingedickt	80 g	200 g
Estragonessig	10 g	20 g
Estragon, frisch	8 g	20 g

Vorbereitung
- Die Poulets wie für Poulet sauté in 8 Stücke zerlegen.
- Die Zwiebeln fein hacken.
- Estragon waschen, zupfen, trockentupfen und grob hacken (Stiele für das Gewürzsäcklein verwenden).
- Gewürzsäcklein aus Estragonstielen, weißen Pfefferkörnern, Lorbeer und Thymian bereitstellen.
- Gehackten Estragon im Estragonessig aufkochen.

Zubereitung
- Die Pouletstücke würzen und mit Weißmehl (1) bestäuben.
- Bratbutter in einem Rondeau erhitzen.
- Zwiebeln und die Pouletstücke hineingeben und dünsten, bis sich ein sirupartiger Saft gebildet hat.
- Mit Weißwein ablöschen und sirupartig einkochen lassen.
- Mit dem restlichen Weißmehl (2) stäuben und mit dem Geflügelfond knapp bedecken und aufkochen.
- Das Gewürzsäcklein beigeben und zugedeckt im Ofen oder auf dem Herd weich dünsten, des Öfteren abschäumen.
- Pouletstücke und Gewürzsäcklein mit einer Schaumkelle herausnehmen (Bruststücke haben eine kürzere Garzeit und müssen vorher herausgenommen werden) und die Haut entfernen.
- Dünstfond mit den Zwiebeln fein mixen und durch ein Drahtspitzsieb passieren.
- Saucenhalbrahm beigeben und zur gewünschten Konsistenz einkochen.
- Die Sauce mit dem Estragonessig (mit den Estragonblättern) verfeinern.
- Pouletstücke wieder in die Sauce geben, erhitzen und servieren.

Hinweise für die Praxis
Die Haut der Pouletstücke kann auch vor dem Zubereiten entfernt werden.

Geflügelfrikassee mit sautiertem Gemüse · Fricassée de volaille aux légumes sautés

Zutaten

	4 Pers	10 Pers
Poulets, frisch, pfannenfertig	1200 g	3000 g
Salz	12 g	30 g
Pfeffer, weiß, aus der Mühle		
Weißmehl (1)	30 g	70 g
Bratbutter	30 g	70 g
Zwiebeln, geschält	70 g	180 g
Weißwein	80 g	200 g
Weißmehl (2)	20 g	50 g
Geflügelfond, hell	400 g	1000 g
Gewürzsäcklein	1	1
Vollrahm, 35%	80 g	200 g

Garnitur

Soissons-Bohnenkerne, frisch	80 g	200 g
Kefen, gerüstet	40 g	100 g
Maiskörner, tiefgekühlt	20 g	50 g
Cherry-Tomaten	30 g	70 g
Butter	15 g	30 g
Salz		
Pfeffer, weiß, aus der Mühle		
Origano, frisch	2 g	5 g

Vorbereitung

- Die Poulets wie für Poulet sauté in 8 Stücke zerlegen.
- Zwiebeln fein hacken.
- Gewürzsäcklein mit Estragonblättern, Pfefferkörnern und Lorbeerblatt bereitstellen.
- Soissons-Bohnenkerne blanchieren und schälen.
- Kefen blanchieren, im Eiswasser abschrecken, abschütten und in Rauten von 2 cm schneiden.
- Maiskörner blanchieren und abschütten.
- Cherry-Tomaten waschen.
- Origano waschen, zupfen und trockentupfen.

Zubereitung Gericht

- Pouletstücke mit Salz und Pfeffer würzen und mit wenig Weißmehl (1) stäuben.
- Bratbutter in einem Rondeau erhitzen, Zwiebeln und Pouletstücke beigeben.
- Dünsten, bis sich ein sirupartiger Saft gebildet hat.
- Mit Weißwein ablöschen und fast vollständig einkochen lassen.
- Mit dem restlichen Weißmehl (2) stäuben und mit dem Geflügelfond auffüllen.
- Aufkochen und das Gewürzsäcklein beigeben.
- Zugedeckt auf dem Herd oder im Ofen weich dünsten, des Öfteren abschäumen.
- Pouletstücke und das Gewürzsäcklein mit einer Schaumkelle herausnehmen (Bruststücke haben eine kürzere Garzeit und müssen vorher herausgenommen werden) und die Haut entfernen.
- Die Pouletstücke warm stellen.
- Dünstfond mit den Zwiebeln mixen und durch ein Drahtspitzsieb passieren.
- Vollrahm beigeben, zur gewünschten Konsistenz einkochen und abschmecken.
- Pouletstücke wieder in die Sauce geben.

Zubereitung Garnitur

- Butter erhitzen und die Soissons-Bohnen, Kefen, Maiskörner und Cherry-Tomaten beigeben und sautieren.
- Mit Salz und Pfeffer würzen und vor dem Servieren mit Origano bestreuen.

Anrichten

- Pouletstücke mit der Sauce anrichten.
- Sautiertes Gemüse über das Gericht geben und servieren.

Hinweise für die Praxis

Die Haut der Pouletstücke kann auch vor dem Zubereiten entfernt werden.

Gefüllte Maispoulardenbrust mit Roquefort · Suprême de poularde farci au roquefort

Zutaten

	4 Pers	10 Pers
Maispoulardenbrust, mit Haut	640 g	1600 g
Gewürzsalzmischung für Geflügel	10 g	20 g
Sonnenblumenöl, high oleic	50 g	100 g
Schweinsnetz	100 g	250 g
Butter	10 g	20 g
Schalotten, geschält	20 g	50 g
Rosmarin, frisch	2 g	5 g
Portwein, weiß	100 g	200 g
Geflügelfond, braun, gebunden	120 g	300 g
Salz		
Pfeffer, weiß, aus der Mühle		
Butter	15 g	25 g

Füllung

Roquefort (Schafskäse)	25 g	60 g
Mascarpone	70 g	180 g
Baumnusskerne, halbiert	5 g	10 g
Rohschinken, dünn geschnitten	20 g	50 g

Garnitur

Rosmarinzweige	4 g	10 g
Baumnusskerne, halbiert	8 g	20 g

Vorbereitung

- Den Kombisteamer mit der Funktion Heißluft auf 140 °C vorheizen.
- Das Schweinsnetz unter dem fließenden Wasser wässern und anschließend auf Küchenpapier trockentupfen.
- Schalotten fein hacken.
- Rosmarin waschen, zupfen, trockentupfen und fein hacken.
- Mascarpone temperieren (aus dem Kühlschrank nehmen).
- Baumnusskerne grob hacken.
- Den Roquefort mit einer Gabel zerdrücken und mit dem Mascarpone und den Baumnüssen mischen.
- Rosmarinsträußchen für die Garnitur bereitstellen.

Vorbereitung Poulardenbrüstchen

- In das Brustfleisch mit einem Filetiermesser längs eine Tasche einschneiden und leicht plattieren.
- Die Poulardenbrüstchen innen mit Salz und Pfeffer würzen.
- Die Roquefort-Füllung mit Rohschinken einwickeln und die Brüstchen damit füllen.
- Mit dem Brustfilet verschließen.
- Poulardenbrüstchen außen würzen und einzeln in das zugeschnittene Schweinsnetz einschlagen.

Zubereitung

- Die Poulardenbrüstchen im erhitzten Sonnenblumenöl im Bratgeschirr beidseitig sautieren.
- Auf einen Gitterrost mit Abtropfblech legen und im Kombisteamer mit Heißluft bei 120 °C (ohne Feuchtigkeit) garen, bis die Kerntemperatur von 65 °C erreicht ist (ca. 10 Minuten).
- Bratfett vom Bratgeschirr abgießen.
- Die gehackten Schalotten in Butter andünsten und den gehackten Rosmarin beigeben.
- Bratensatz mit weißem Portwein ablöschen und zur Hälfte (50%) einreduzieren.
- Gebundenen braunen Geflügelfond beigeben und auf zwei Drittel (60%) einreduzieren.
- Bratensauce durch ein Drahtspitzsieb passieren, abschmecken und mit Butterflocken aufmontieren.

Anrichten

- Mit der Bratensauce einen Saucenspiegel anrichten.
- Poulardenbrüstchen leicht schräg tranchieren und auf dem Saucenspiegel anrichten.
- Mit Baumnusskernen bestreuen und mit Rosmarinsträußchen garnieren.

Geschmortes Masthuhn in Rotwein mit grünen Spargeln, Coco-Bohnen und Morcheln
Poularde au vin rouge, aux asperges vertes, haricots de coco et morilles

Zutaten

	4 Pers	10 Pers
Poularde, pfannenfertig	1200 g	3000 g
Gewürzsalzmischung für Geflügel	8 g	20 g
Weißmehl	12 g	30 g
Sonnenblumenöl, high oleic	20 g	50 g
Cognac	10 g	25 g
Butter	20 g	50 g
Schalotten, geschält	35 g	90 g
Rotwein	240 g	600 g
Geflügelfond, braun, gebunden	200 g	500 g
Salz		
Pfeffer, weiß, aus der Mühle		

Garnitur

	4 Pers	10 Pers
Spargeln, grün, geschält	80 g	200 g
Salz	5 g	10 g
Morcheln, frisch, gerüstet	20 g	50 g
Schalotten, geschält	15 g	30 g
Butter	10 g	20 g
Petersilie, glattblättrig, frisch	2 g	5 g
Coco-Bohnen, gerüstet	40 g	100 g
Karotten, jung, geschält	40 g	100 g

Vorbereitung

- Die Poularde wie für Poulet sauté in 8 Stücke zerlegen.
- Schalotten für die Zubereitung fein hacken.
- Von den grünen Spargeln die Enden wegschneiden.
- Morcheln je nach Größe längs halbieren oder vierteln, gründlich waschen, blanchieren und abtropfen lassen.
- Schalotten für die Garnitur fein hacken.
- Petersilie waschen, zupfen, trockentupfen und fein hacken.
- Coco-Bohnen knackig sieden und in Rauten schneiden (2 cm Seitenlänge).
- Frühlingskarotten im Drucksteamer garen und längs halbieren.

Zubereitung

- Die Poulardenstücke würzen und im Weißmehl wenden.
- Im Sonnenblumenöl hell ansautieren und das Öl abgießen.
- Die Poulardenstücke mit Cognac flambieren und herausnehmen.
- Butter zum Bratensatz geben und die gehackten Schalotten darin andünsten.
- Mit Rotwein ablöschen und sirupartig einkochen lassen.
- Mit dem gebundenen braunen Geflügelfond auffüllen.
- Die Sauce etwas einkochen lassen.
- Zuerst die Schenkelstücke, etwas später die Bruststücke in die Sauce geben.
- Unter dem Siedepunkt im Ofen zugedeckt fertig schmoren.
- Die Poulardenstücke herausnehmen und warm stellen.
- Die Sauce zur gewünschten Konsistenz einkochen, evtl. leicht binden, abschmecken und passieren.
- Die Poulardenstücke anrichten und mit der Sauce nappieren.

Zubereitung Garnitur

- Spargeln im Salzwasser sieden oder im Drucksteamer knackig garen.
- Gut abtropfen lassen und leicht schräg in 2 cm lange Stücke schneiden.
- Schalotten in Butter andünsten, Morcheln beigeben und dünsten.
- Karotten, Coco-Bohnen und Spargeln beigeben, kurz schwenken und mit Salz und Pfeffer würzen.
- Über die Poulardenteile geben und mit gehackter Petersilie bestreuen.

Hinweise für die Praxis

Je nach Saison können andere Pilze oder getrocknete Morcheln verwendet werden.

GESCHMORTES MASTHUHN IN ROTWEIN MIT GRÜNEN SPARGELN,
COCO-BOHNEN UND MORCHELN – STEP BY STEP

1

2

3

4

5

6

7

8

GEFLÜGELGERICHTE   621

Grilliertes Hähnchen amerikanische Art · Poulet grillé à l'américaine

Zutaten

	4 Pers	10 Pers
Poulets, frisch, pfannenfertig	1400 g	3500 g

Marinade

Sonnenblumenöl, high oleic	40 g	100 g
Senfpulver, englisches	4 g	10 g
Cayenne-Pfeffer, gemahlen		
Pfeffer, weiß, gemahlen		
Rosmarin, frisch	2 g	5 g

Weitere Zutaten

Gewürzsalzmischung für Geflügel	10 g	25 g
Mie de pain/weißes Paniermehl	60 g	150 g
Butter	40 g	100 g

Garnitur

Tomaten	320 g	800 g
Salz		
Pfeffer, weiß, aus der Mühle		
Speck, geräuchert	80 g	200 g
Geflügelfond, braun, gebunden	160 g	400 g
Butter	20 g	40 g
Tabasco, rot		

Vorbereitung

- Die Rückenknochen der Poulets (Stückgewicht 700–800 g) herausschneiden und die Brustknorpel entfernen.
- Die Poulets plattieren (flach drücken).
- Die Haut links und rechts des Brustknorpels einschneiden und die Beine durchstecken.
- Den Rosmarin waschen, zupfen, trockentupfen und fein hacken.
- Die Marinadezutaten mit dem Sonnenblumenöl vermischen.
- Die Poulets beidseitig mit der Marinade einstreichen und 15–30 Minuten einwirken lassen.
- Die Tomaten waschen, ausstechen und halbieren.
- Speck in dünne Tranchen schneiden.

Zubereitung

- Die Poulets würzen und mit der Hautseite zuerst auf den heißen Grill legen.
- Unter zeitweisem Wenden beidseitig gitterartig grillieren.
- Die Innenseite mit den Knochen bei reduzierter Hitze garen.
- Die Knöchlein entfernen und nochmals mit Marinade bepinseln.
- Die Poulets auf ein Backblech legen, die Oberseite mit Mie de pain bestreuen und mit Butter beträufeln.
- Im Ofen bei stärkerer Oberhitze überkrusten und gleichzeitig fertig garen.
- Die Tomatenhälften würzen und unter dem Salamander garen.
- Die Speckscheiben grillieren.
- Gebundenen braunen Geflügelfond etwas einkochen, mit Butterflocken aufmontieren und mit wenig Tabasco pikant würzen.

Anrichten

- Poulets tranchieren (Schenkel zuerst abtrennen und halbieren, anschließend die Brust längs halbieren) und anrichten.
- Mit den Tomaten und dem grillierten Speck garnieren.
- Sauce separat dazu servieren.

Grillierte Pouletbrüstchen Teufelsart · Suprêmes de poulet grillés à la diable

Zutaten

	4 Pers	10 Pers
Pouletbrüstchen, mit Haut und Flügelknochen	640 g	1600 g
Sonnenblumenöl, high oleic	10 g	25 g
Gewürzsalzmischung für Geflügel	8 g	20 g
Senfpulver, englisches	5 g	15 g
Weißwein	10 g	20 g
Mie de pain/weißes Paniermehl	35 g	80 g
Butter	20 g	40 g

Sauce

Weißwein	40 g	100 g
Pfefferkörner, weiß	1 g	2 g
Schalotten, geschält	30 g	80 g
Demi-glace	80 g	200 g
Tomatensauce	40 g	100 g
Cayenne-Pfeffer, gemahlen		
Basilikum, frisch	5 g	10 g
Petersilie, glattblättrig, frisch	5 g	10 g

Vorbereitung

– Das Senfpulver mit dem Weißwein anrühren.
– Pfefferkörner zerdrücken.
– Schalotten fein hacken.
– Basilikum und Petersilie waschen, zupfen, trockentupfen und fein hacken.

Zubereitung

– Die Pouletbrüstchen würzen und beidseitig mit Öl bepinseln.
– Auf dem heißen Grill beidseitig kurz gitterförmig grillieren.
– Die Hautseite mit dem angerührten englischen Senf bestreichen.
– Mit dem Mie de pain bestreuen und mit Butter beträufeln.
– Unter dem Salamander oder im Ofen bei starker Oberhitze überkrusten und gleichzeitig fertig garen.

Zubereitung Sauce

– Weißwein, Pfefferkörner und Schalotten sirupartig einkochen.
– Demi-glace und Tomatensauce beigeben und kurz durchkochen.
– Sauce mit Cayenne-Pfeffer abschmecken und die gehackten Kräuter beigeben.

Anrichten

– Saucenspiegel anrichten.
– Pouletbrüstchen halbieren oder ganz belassen und auf dem Saucenspiegel anrichten.
– Restliche Sauce separat servieren.

Maispoulardenbrust gefüllt mit getrockneten Tomaten im Cornflakes-Kleid
Suprême de poularde farci aux tomates séchées, en robe de pétales de maïs

Zutaten	4 Pers	10 Pers
Maispoulardenbrust, ohne Haut, mit Flügelknochen	560 g	1400 g
Tomaten, getrocknet, in Öl, abgetropft	80 g	200 g
Basilikumblätter, frisch	8 g	20 g
Gewürzsalzmischung für Geflügel	6 g	15 g
Pfeffer, weiß, aus der Mühle		
Eiweiß, pasteurisiert	40 g	100 g
Cornflakes, ungesüßt	40 g	100 g
Bratbutter	40 g	100 g

Sauce

	4 Pers	10 Pers
Weißwein	40 g	100 g
Schalotten, geschält	10 g	25 g
Pfefferkörner, weiß, zerdrückt	1 g	3 g
Aceto balsamico di Modena (Balsamessig)	20 g	50 g
Kalbsjus, gebunden	120 g	300 g
Salz		
Pfeffer, weiß, aus der Mühle		

Vorbereitung
- Am Knochenansatz der Poulardenbrust eine kleine Tasche von ca. 3 cm Länge einschneiden.
- Basilikum waschen, zupfen und trockentupfen.
- Ungesüßte Cornflakes leicht zerdrücken.
- Schalotten fein hacken.
- Aus Weißwein, gehackten Schalotten, zerdrückten Pfefferkörnern und Aceto balsamico eine Reduktion herstellen.
- Reduktion mit gebundenem Kalbsjus auffüllen, kurze Zeit kochen und durch ein Sieb passieren.
- Sauce abschmecken.

Zubereitung
- Die vorbereitete Maispoulardenbrust mit getrockneten Tomaten und Basilikumblättern füllen.
- Poulardenbrust mit Salz und Pfeffer würzen und mit Eiweiß bestreichen.
- Mit Cornflakes beidseitig panieren und andrücken.
- Die Panade mindestens 10 Minuten antrocknen lassen.
- Die Poulardenbrust bei niedriger Hitze in Bratbutter beidseitig kurz ansautieren.
- Anschließend im Umluftofen bei 150 °C ca. 10 Minuten fertig garen.

Anrichten
- Maispoulardenbrust tranchieren und anrichten.
- Balsamico-Sauce separat dazu servieren.

Hinweise für die Praxis
Die Kerntemperatur sollte mindestens 76 °C betragen.

Mit Sesam panierte Pouletbrustfilets mit asiatischem Gemüse
Filets de blanc de poulet panés au sésame, légumes asiatiques

Zutaten

	4 Pers	10 Pers
Pouletbrustfilets	480 g	1200 g

Marinade

	4 Pers	10 Pers
Sojasauce, süß	40 g	100 g
Ingwer, frisch, geschält	8 g	20 g

Weitere Zutaten

	4 Pers	10 Pers
Salz		
Pfeffer, weiß, aus der Mühle		
Weißmehl, Typ 550	40 g	100 g
Vollei, frisch	40 g	100 g
Sesamkörner	60 g	150 g
Sonnenblumenöl, high oleic	80 g	200 g

Gemüse

	4 Pers	10 Pers
Sonnenblumenöl, high oleic	20 g	50 g
Ingwer, frisch, geschält	8 g	20 g
Frühlingszwiebeln, gerüstet	60 g	150 g
Peperoni, bunt, entkernt	60 g	150 g
Karotten, geschält	60 g	150 g
Sojasprossen	120 g	300 g
Mu-Err-Pilze, getrocknet	4 g	10 g
Kefen, gerüstet	80 g	200 g
Geflügelfond, hell	100 g	250 g
Sojasauce, hell	60 g	150 g
Maisstärke	5 g	10 g
Palmzucker	10 g	30 g
Salz		
Cayenne-Pfeffer, gemahlen		
Koriander, frisch	10 g	20 g

Vorbereitung
- Pouletbrustfilets in ca. 6 cm lange Stücke schneiden.
- Ingwer für die Marinade fein reiben.
- Sojasauce und Ingwer verrühren und die Pouletbrustfilets damit 30 Minuten marinieren.
- Ingwer für die Gemüsezubereitung fein reiben.
- Frühlingszwiebeln waschen und leicht schräg in 2 cm große Stücke schneiden.
- Peperoni in 1 cm große Rauten schneiden.
- Karotten in 2 mm dicke Scheiben schneiden und blanchieren.
- Mu-Err-Pilze im lauwarmen Wasser einweichen und in gleichmäßige Stücke schneiden.
- Kefen im Salzwasser blanchieren und im Eiswasser abschrecken.
- Koriander waschen, zupfen, trockentupfen und fein hacken.

Zubereitung Pouletbruststreifen
- Pouletbrustfilets aus der Marinade nehmen und mit Salz und Pfeffer würzen.
- Im Weißmehl wenden und gut abklopfen.
- Zuerst im Ei, anschließend im Sesam wenden und leicht andrücken.
- Im heißen Öl halb schwimmend sautieren.
- Herausnehmen und auf Küchenpapier abtropfen lassen.

Zubereitung Gemüse
- Sonnenblumenöl in einem Wok erhitzen und den Ingwer kurz andünsten.
- Frühlingszwiebeln, Peperoni, Karotten und Sojasprossen beigeben und sautieren.
- Mu-Err-Pilze und Kefen beigeben und ebenfalls mitsautieren.
- Mit Geflügelfond und Sojasauce ablöschen und knackig garen.
- Flüssigkeit mit wenig kalt angerührter Maisstärke binden.
- Mit Palmzucker, Salz und Cayenne-Pfeffer abschmecken.

Anrichten
- Gemüse anrichten.
- Pouletbrustfilets darauf anrichten und mit gehacktem Koriander bestreuen.

Pochiertes Pouletbrüstchen mit Gurken · Suprême de poulet poché aux concombres

Zutaten

	4 Pers	10 Pers
Pouletbrüstchen, ohne Haut	480 g	1200 g
Geflügelfond, hell	400 g	1000 g
Gemüsebündel (Bouquet garni) für weiße Fonds	80 g	200 g
Mehlbutter	30 g	80 g
Vollrahm, 35%	80 g	200 g
Zitronensaft, frisch	8 g	20 g
Gurken, geschält	240 g	600 g
Tomaten, geschält, entkernt	80 g	200 g
Butter	20 g	50 g
Dill, frisch	1 g	2 g
Salz		
Pfeffer, weiß, aus der Mühle		

Vorbereitung

- Das weiche Kerngehäuse der Gurken mit einem Ausstechlöffel entfernen.
- Die Gurken anschließend in Stäbchen schneiden.
- Tomaten in Streifen schneiden.
- Dill waschen, zupfen, trockentupfen und fein hacken.

Zubereitung

- Den hellen Geflügelfond zusammen mit dem Gemüsebündel aufkochen.
- Die Pouletbrüstchen hineingeben und bei maximal 85 °C pochieren.
- Herausnehmen und in wenig Geflügelfond warm stellen.
- ⅔ des Pochierfonds aufkochen, mit Mehlbutter binden und den Vollrahm beigeben.
- Zur gewünschten Konsistenz einkochen und mit Zitronensaft verfeinern.
- Die Gurken in Butter dünsten, anschließend die Tomatenstreifen beigeben und kurz schwenken.
- Gehackten Dill beigeben und mit Salz und Pfeffer abschmecken.

Anrichten

- Pouletbrüstchen trockentupfen und fächerartig tranchieren.
- Mit wenig Sauce nappieren und mit dem Gemüse garnieren.
- Restliche Sauce separat dazu servieren.

Hinweise für die Praxis

Bei größeren Mengen empfiehlt es sich, den Pochierfond für die Sauce zur Hälfte einzukochen und dann mit Beurre manié (Mehlbutter) abzubinden.

Poelierte junge Trutenbrust mit Nussfüllung und Portweinsauce
Suprême de dindonneau poêlé farci aux noix, sauce au porto

Zutaten

	4 Pers	10 Pers
Trutenbrust, jung, dressiert	560 g	1400 g
Salz		
Pfeffer, weiß, aus der Mühle		
Bratbutter	25 g	60 g

Füllung

Trutenbrustfleisch	50 g	120 g
Vollrahm, 35%	50 g	120 g
Pistazienkerne, geschält	10 g	20 g
Kürbiskerne, geschält	10 g	20 g
Haselnusskerne, ganz	10 g	20 g
Pekannüsse, geschält, ganz	10 g	30 g
Thymian, frisch	1 g	2 g
Salz		
Pfeffer, weiß, aus der Mühle		

Weitere Zutaten

Bratbutter	10 g	20 g
Perlzwiebeln, geschält	60 g	150 g
Karotten, geschält	60 g	150 g
Pfälzer Rüben, geschält	60 g	150 g
Stangensellerie, gerüstet	80 g	200 g

Sauce

Portwein, rot	60 g	140 g
Kalbsjus, gebunden	240 g	600 g

Vorbereitung
- Trutenbrustfleisch für die Füllung in 5 mm große Würfel schneiden und kühl stellen.
- Thymian waschen, zupfen, trockentupfen und fein hacken.
- Fleisch zusammen mit der Hälfte des Vollrahms und Salz im Kutter fein pürieren.
- Farce durch ein Tamis (Haarsieb) streichen und im Eiswasserbad kühlen.
- Restlichen Vollrahm unterrühren und mit Salz, Pfeffer und Thymian abschmecken.
- Ganze Nusskerne beigeben, unterrühren und kalt stellen.
- Karotten und Pfälzer Rüben in gleichmäßige Rauten (2 × 2 cm) schneiden.
- Stangensellerie waschen, allenfalls vorhandene Fasern abschälen und ebenfalls in Rauten schneiden.

Zubereitung
- In die Trutenbrust längs eine Tasche einschneiden.
- Mit der Nussfüllung füllen und mit Bindfaden zunähen.
- Perlzwiebeln, Karotten, Pfälzer Rüben und Stangensellerie in Bratbutter in einem Rondeau kurz andünsten.
- Trutenbrust mit Salz und Pfeffer würzen, auf das Gemüse legen und mit heißer Bratbutter übergießen.
- Die Trutenbrust zugedeckt bei 160 °C im Ofen zu ¾ poelieren.
- Anschließend den Deckel entfernen und bei 180 °C unter hellbrauner Farbgebung und öfterem Arrosieren (Begießen) bis zu einer Kerntemperatur von 72 °C garen.
- Die Trutenbrust und das Gemüse herausnehmen und warm stellen (Bindfaden entfernen).
- Den Fettstoff abgießen, mit Portwein ablöschen und zur Hälfte einreduzieren.
- Den gebundenen Kalbsjus beigeben und zur gewünschten Konsistenz einkochen.
- Sauce durch ein Sieb passieren und abschmecken.

Anrichten
- Gemüse anrichten.
- Truthahnbrust mit einem dünnen scharfen Tranchiermesser schneiden.
- Fächerförmig auf das Gemüse legen und mit Butter bepinseln.
- Portweinsauce separat dazu servieren.

Hinweise für die Praxis
Trutenbrust nach dem Garen mindestens 20 Minuten im Rechaud abstehen lassen.

Poeliertes junges Perlhuhn mit Gemüsen und Dörrfrüchten
Pintadeau poêlé aux légumes et aux fruits séchés

Zutaten

	4 Pers	10 Pers
Perlhuhn, pfannenfertig	1200 g	3000 g
Spickspeck	80 g	200 g
Salz		
Pfeffer, weiß, aus der Mühle		
Bratbutter	40 g	100 g
Karotten, geschält	80 g	200 g
Perlzwiebeln, geschält	80 g	200 g
Knollensellerie, geschält	80 g	200 g
Speck, geräuchert	40 g	100 g
Dörrzwetschgen, ohne Stein	40 g	100 g
Aprikosen, getrocknet	40 g	100 g
Geflügelfond, braun, gebunden	200 g	500 g
Salz		
Pfeffer, weiß, aus der Mühle		

Vorbereitung

- Das Perlhuhn inwendig mit einem Tuch ausreiben und allenfalls vorhandene Teile von Innereien entfernen.
- Die Brust des Perlhuhns bardieren (mit Spickspeck belegen) und anschließend bridieren (binden).
- Karotten und Sellerie in Bâtonnets (Stäbchen) schneiden.
- Den Speck (ohne Knorpel) in Lardons (2,5 × 0,5 × 0,5 cm) schneiden.
- Die Zwetschgen und Aprikosen halbieren und dann dritteln.

Zubereitung

- Die Braisiere (Schmorpfanne) mit Karotten, Sellerie, Perlzwiebeln und Speck auslegen.
- Das Perlhuhn mit Salz und Pfeffer innen und außen würzen und auf das Gemüse setzen.
- Die heiße Bratbutter über das Perlhuhn geben.
- Im Ofen bei einer Temperatur von 170 °C ohne Deckel kurz andünsten.
- Zugedeckt, unter öfterem Arrosieren bei einer Temperatur von 160 °C poelieren (hellbraun dünsten).
- Während der letzten 10 Minuten den Spickspeck entfernen und das Perlhuhn bei 180 °C leicht Farbe nehmen lassen.
- Das Perlhuhn herausnehmen, auf die Brust legen und warm stellen.
- Die Dörrfrüchte zum Gemüse geben und kurz mitdünsten.
- Den gebundenen braunen Geflügelfond aufkochen.

Anrichten

- Das Perlhuhn tranchieren, die Brust schräg halbieren, die Schenkel halbieren.
- Das Gemüse mit den Dörrfrüchten auf einem Saucenspiegel anrichten.
- Das tranchierte Perlhuhn anrichten (je ein Stück Schenkel und Brust pro Person).
- Restliche Sauce separat dazu servieren.

Hinweise für die Praxis

Der Spickspeck kann in Streifen geschnitten und kurz sautiert ebenfalls über das Perlhuhn gegeben werden. Die Garzeit des Gerichts beträgt ca. 90 Minuten.

POELIERTES JUNGES PERLHUHN MIT GEMÜSEN UND DÖRRFRÜCHTEN – STEP BY STEP

1
2
3
4
5
6
7
8

GEFLÜGELGERICHTE

POELIERTES JUNGES PERLHUHN MIT GEMÜSEN UND DÖRRFRÜCHTEN – STEP BY STEP

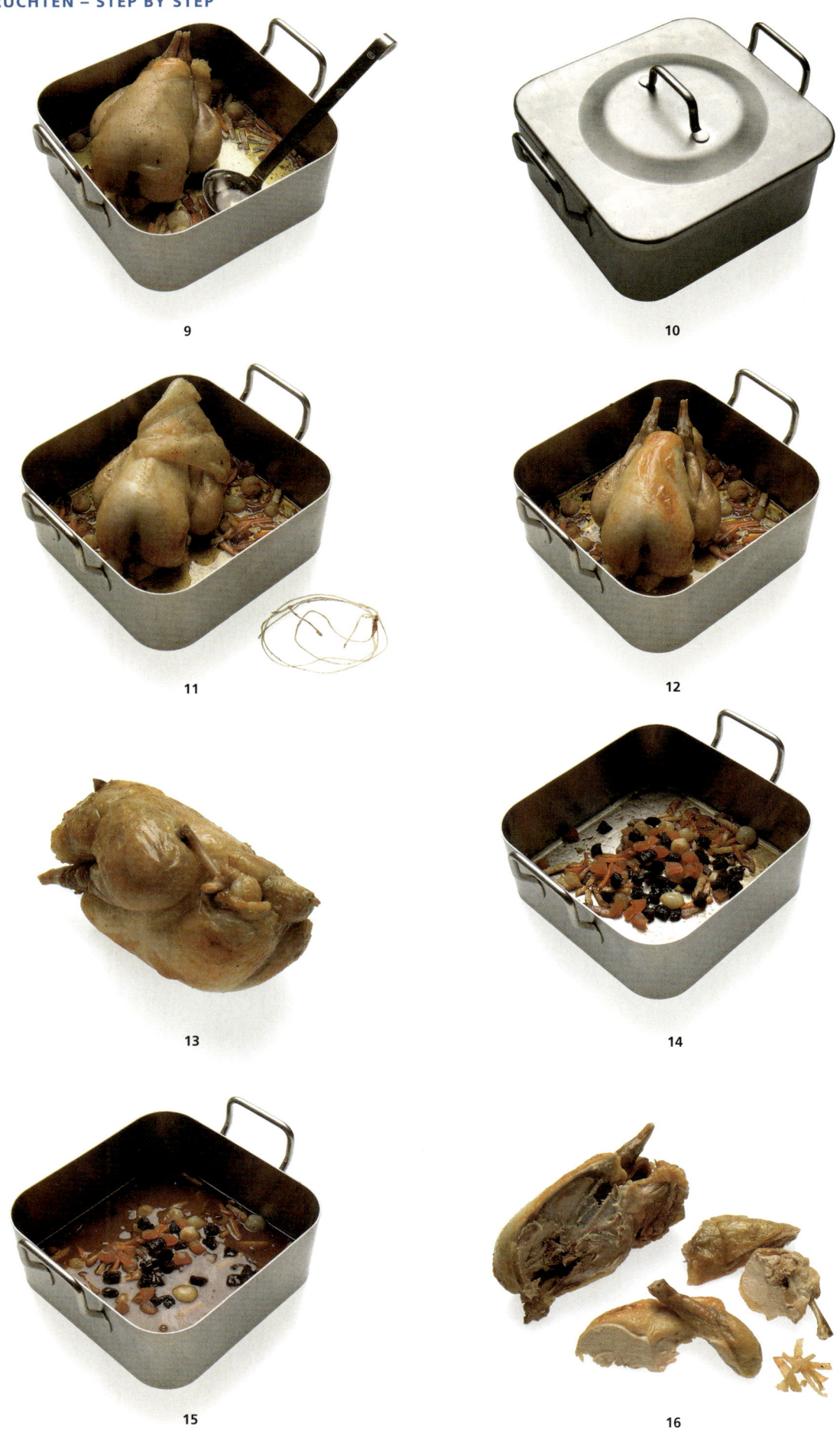

9

10

11

12

13

14

15

16

630 GEFLÜGELGERICHTE

Poeliertes Masthuhn mit Morcheln · Poularde poêlée aux morilles

Zutaten

	4 Pers	10 Pers
Poularde, pfannenfertig	1400 g	3500 g
Gewürzsalzmischung für Geflügel	8 g	20 g
Matignon, bunt	140 g	350 g
Rosmarinzweige	2 g	5 g
Salbei, frisch	2 g	5 g
Bratbutter	40 g	100 g
Weißwein	40 g	100 g
Geflügelfond, braun	240 g	600 g
Morcheln, frisch, gerüstet	200 g	500 g
Butter	20 g	50 g
Schalotten, geschält	25 g	60 g
Salz		
Pfeffer, weiß, aus der Mühle		
Petersilie, gekraust, frisch	10 g	20 g

Vorbereitung

- Die Poularde inwendig mit einem Tuch ausreiben und allenfalls vorhandene Teile von Innereien entfernen, anschließend das Geflügel binden.
- Die Morcheln längs halbieren, gründlich waschen, blanchieren und gut abtropfen lassen.
- Die Schalotten fein hacken.
- Petersilie waschen, zupfen, trockentupfen und fein hacken.
- Kombisteamer mit Betriebsart Heißluft auf 180 °C vorheizen.

Zubereitung

- Eine Braisiere (Schmorpfanne) oder ein Rondeau mit Matignon, Rosmarin und Salbei auslegen.
- Die Poularde würzen und auf das Matignon legen.
- Die heiße Bratbutter über die Poularde gießen.
- Im Kombisteamer bei einer Temperatur von 160 °C ohne Deckel 15 Minuten andünsten.
- Zudecken und unter öfterem Arrosieren (Begießen) bei einer Temperatur von 150–160 °C poelieren.
- Während der letzten 15 Minuten (bei einer Kerntempertur von 70 °C) ohne Deckel leicht Farbe nehmen lassen.
- Bei Erreichen einer Kerntemperatur von 80 °C die Poularde herausnehmen und warm stellen.
- Das Fett abgießen, den Weißwein und den braunen Geflügelfond beigeben und aufkochen.
- Die Sauce passieren, entfetten, zur Hälfte einreduzieren und abschmecken.
- In einer Sauteuse Butter erhitzen und die Schalotten andünsten.
- Die Morcheln beigeben und dünsten.
- Mit wenig Sauce und Petersilie vermischen und abschmecken.
- Die Poularde tranchieren, anrichten, die Morcheln darübergeben und mit Petersilie bestreuen.
- Die Sauce separat dazu servieren.

Hinweise für die Praxis

Das Gericht kann auch mit saisonalen Pilzen oder Mischungen von Pilzen zubereitet werden. Dazu eignen sich Eierschwämme/ Pfifferlinge, Steinpilze, Austernpilze, essbare Röhrlinge wie Maronenröhrlinge oder Birkenröhrlinge und Feldchampignons. Die Garzeit beträgt ca. 70 Minuten bei einer Endkerntemperatur von 80–85 °C. Die Garpunktkontrolle ohne Kerntemperatursonde erfolgt anhand der Farbe des Fleischsaftes aus dem Körperinnern des Geflügels (er sollte klar sein und nicht rosa oder gar blutig).

Pouletbrüstchenroulade mit Riesenkrevetten
Roulade de volaille aux crevettes géantes

Pfannkuchenteig	4 Pers	10 Pers
Vollmilch	60 g	150 g
Weißmehl	25 g	60 g
Butter	4 g	10 g
Basilikum, frisch	5 g	15 g
Blattspinat, tiefgekühlt	30 g	75 g
Vollei, frisch	30 g	75 g
Salz		
Pfeffer, weiß, aus der Mühle		
Butter		

Füllung		
Pouletbrüstchen, ohne Haut	100 g	250 g
Englischbrot, entrindet	20 g	50 g
Vollrahm, 35%	70 g	170 g
Eiweiß, pasteurisiert	25 g	65 g
Thymian, frisch	2 g	4 g
Sherry, trocken	10 g	25 g
Salz		
Pfeffer, weiß, aus der Mühle		

Weitere Zutaten		
Pouletbrust, dressiert	320 g	800 g
Mohnsamen	8 g	20 g
Riesenkrevetten, geschält	100 g	250 g
Eiweiß, pasteurisiert	10 g	25 g
Salz		
Pfeffer, weiß, aus der Mühle		

Sauce		
Geflügelrahmsauce	200 g	500 g
Vollrahm, 35%	50 g	125 g
Salz	2 g	5 g
Cayenne-Pfeffer, gemahlen		
Zitronensaft, frisch	2 g	5 g

Vorbereitung
- Basilikum und Thymian waschen, zupfen, trockentupfen und fein hacken.
- Mohnsamen in einer antihaftbeschichteten Pfanne trocken rösten.
- Riesenkrevetten vom Rücken her einschneiden und den Darm entfernen.

Vorbereitung Teig
- Weißmehl sieben und in eine Schüssel geben.
- Butter schmelzen.
- Spinat sehr fein hacken und in einem Passiertuch gut auspressen.
- Sämtliche Zutaten für den Pfannkuchenteig zu einem knollenfreien Teig verrühren.
- Vor dem Gebrauch zugedeckt eine halbe Stunde ruhen lassen.
- In einer antihaftbeschichteten Pfanne Crêpes (Pfannkuchen) mit ca. 15 cm Durchmesser backen.

Zubereitung Farce
- Pouletbrüstchen in 5 mm große Würfel schneiden.
- Pouletwürfel mit Pfeffer, Thymian und Sherry marinieren und kühl stellen.
- Englischbrot in 5 mm große Würfel schneiden und mit wenig Vollrahm einweichen.
- Fleisch salzen und zusammen mit dem Englischbrot im Kutter fein mixen.
- Die Farce durch ein Tamis (Haarsieb) streichen, auf einem Eisbad abrühren und das Eiweiß beigeben.
- Den restlichen Vollrahm unterrühren und abschmecken.

Zubereitung
- Crêpes (Pfannkuchen) auf Klarsichtfolie auslegen.
- Pfannkuchen 2 mm dick mit der Geflügelfarce bestreichen.
- Pouletbrüstchen längs einschneiden, aufklappen und leicht plattieren.
- Riesenkrevetten würzen und mit Eiweiß bestreichen.
- Riesenkrevetten im gerösteten Mohn wenden und in die Mitte der Pouletbrüstchen legen.
- Pouletbrüstchen auf der Farce ausbreiten und satt einschlagen.
- Roulade bei einer Temperatur von 85 °C im Kombisteamer bei voller Dampfleistung garen (Kerntemperatur 64 °C).
- 10 Minuten abstehen lassen und warm stellen.

Zubereitung Sauce
- Geflügelrahmsauce aufkochen und mit Vollrahm verfeinern.
- Zur gewünschten Konsistenz einkochen und mit Salz, Pfeffer, Cayenne-Pfeffer und Zitronensaft abschmecken.

Anrichten
- Saucenspiegel anrichten.
- Geflügelroulade in gleichmäßige Tranchen schneiden und auf dem Saucenspiegel anrichten.

Pouletroulade mit Mandel-Zitronen-Füllung
Paupiette de poulet farcie aux amandes et au citron

Zutaten	4 Pers	10 Pers
Pouletbrüstchen, ohne Haut	480 g	1200 g
Olivenöl	15 g	30 g
Gewürzsalzmischung für Geflügel	20 g	50 g
Füllung		
Butter	40 g	100 g
Mandelkerne, gemahlen	40 g	100 g
Paniermehl	30 g	80 g
Zitronenthymian, frisch	2 g	6 g
Basilikum, frisch	2 g	6 g
Zitronenraps	1 g	2 g
Zitronensaft, frisch	40 g	100 g
Salz		
Pfeffer, weiß, aus der Mühle		
Sauce		
Weißwein	120 g	300 g
Geflügelfond, hell	120 g	300 g
Noilly Prat	40 g	100 g
Zitronenraps		
Zitronensaft, frisch	10 g	30 g
Sauerrahm, 35 %	120 g	300 g
Zitronenthymian, frisch	4 g	10 g
Salz		
Pfeffer, weiß, aus der Mühle		

Vorbereitung
- Pouletbrüstchen längs einschneiden, aufklappen und zwischen Plastikfolie leicht plattieren, sodass eine gleichmäßige Fläche entsteht.
- Basilikum und Zitronenthymian waschen, zupfen, trockentupfen und fein hacken.
- Butter, Mandeln, Paniermehl, Zitronenraps und Zitronensaft miteinander vermischen.
- Die gehackten Kräuter beigeben und abschmecken.
- Vorbereitete Pouletbrüstchen würzen und mit der Füllung gleichmäßig bestreichen.
- Einrollen und mit einem Bindfaden binden oder mit Zahnstochern fixieren.
- Zitronenthymian für die Sauce waschen, zupfen, trockentupfen und hacken.

Zubereitung
- Pouletroulade würzen und im heißen Olivenöl rundum goldgelb ansautieren.
- Im Ofen bei mittlerer Hitze fertig garen (Kerntemperatur 72 °C).
- Kurze Zeit abstehen lassen und Bindfaden oder Zahnstocher entfernen.

Zubereitung Sauce
- Fettstoff im Bratgefäß ableeren.
- Bratensatz mit Weißwein ablöschen.
- Geflügelfond, Noilly Prat, Zitronenraps und Zitronensaft beigeben und auf ⅓ einkochen.
- Sauerrahm beigeben, mit einem Stabmixer mixen.
- Zitronenthymian beigeben und abschmecken.

Anrichten
- Saucenspiegel anrichten.
- Pouletroulade schräg tranchieren und fächerartig auf dem Saucenspiegel anrichten.

Poulet-Satay-Spießchen · Brochettes de poulet satay

Zutaten

	4 Pers	10 Pers
Pouletbrüstchen, ohne Haut	640 g	1600 g
Sonnenblumenöl, high oleic	15 g	40 g
Salz		

Marinade

	4 Pers	10 Pers
Knoblauch, geschält	4 g	10 g
Galgant, frisch, geschält	10 g	25 g
Zitronengras, gerüstet	10 g	25 g
Fischsauce, thailändische	30 g	75 g
Sojasauce, süß	30 g	80 g
Kokosmilch, ungesüßt	120 g	300 g
Erdnussöl	60 g	150 g
Palmzucker	15 g	40 g
Pfeffer, weiß, aus der Mühle	2 g	5 g
Koriander, frisch	4 g	10 g

Sauce

	4 Pers	10 Pers
Tomaten-Ketchup	40 g	100 g
Fischsauce, thailändische	20 g	50 g
Limonenraps	1 g	2 g
Limonensaft	20 g	50 g
Sojasauce, süß	20 g	50 g
Palmzucker	15 g	40 g
Chilischoten, rot, entkernt	2 g	5 g
Schnittlauch, frisch	5 g	10 g

Vorbereitung

- Pouletbrust in lange, dünne Streifen schneiden und leicht plattieren.
- Pouletfleisch ziehharmonikaartig auf Holzspießchen stecken (4 Spießchen à 40 g pro Person).
- Knoblauch und Galgant fein hacken.
- Zitronengras waschen und in feine Ringe schneiden.
- Koriander waschen, zupfen, trockentupfen und fein hacken.
- Sämtliche Zutaten für die Marinade verrühren.
- Die Pouletspießchen in die Marinade legen und während 1 Stunde marinieren.
- Chili für die Sauce waschen und in feine Streifen schneiden.
- Schnittlauch fein schneiden.
- Sämtliche Zutaten für die Sauce in eine Schüssel geben und verrühren.

Zubereitung

- Pouletspießchen aus der Marinade nehmen, abtropfen lassen und würzen.
- Spießchen auf dem heißen (Holzkohlen-)Grill grillieren.
- Während des Grillierens immer wieder mit der Marinade bepinseln.
- Sauce separat dazu servieren.

Hinweise für die Praxis

Als Variante kann dazu auch eine Erdnusssauce serviert werden.

Pouletbrüstcheneintopf · Pot-au-feu de suprêmes de poulet

Zutaten

	4 Pers	10 Pers
Pouletbrustfilets	400 g	1000 g
Stangensellerie, gebleicht, gerüstet	100 g	250 g
Lauch, gebleicht, gerüstet	100 g	250 g
Karotten, geschält	100 g	250 g
Pak-choi, gerüstet	200 g	500 g
Pfälzer Rüben, geschält	100 g	250 g
Ingwer, frisch, geschält	15 g	40 g
Salz		
Geflügelfond, hell	1480 g	3700 g
Eiernudeln, schmal, chinesische	120 g	300 g
Sesamöl, fermentiert	10 g	25 g
Shitake-Pilze, getrocknet	160 g	400 g
Sojasauce, hell	50 g	125 g
Reiswein, Mirin, süß	50 g	125 g

Vorbereitung

- Stangensellerie waschen, faserige Teile schälen und in Rauten schneiden.
- Lauch in Rauten schneiden und waschen.
- Karotten und Pfälzer Rüben mit einem Buntschneidemesser in gleichmäßige Scheiben schneiden.
- Pak-choi waschen, blanchieren und je nach Größe halbieren oder vierteln.
- Ingwer fein reiben.
- Die Eiernudeln im Salzwasser al dente kochen.
- Ist der Garpunkt erreicht, die Nudeln im kalten Wasser abschrecken und abschütten.
- Die Shitake-Pilze im lauwarmen Wasser einweichen, Stiele entfernen, in grobe Streifen schneiden und im Sesamöl kurz sautieren.

Zubereitung

- Hellen Geflügelfond aufkochen und geriebenen Ingwer beigeben.
- Lauch, Stangensellerie, Pak-choi, Karotten und Pfälzer Rüben beigeben.
- Gemüse weich garen und mit einer Schaumkelle herausnehmen.
- Pouletbrustfilets im Geflügelfond pochieren.
- Herausnehmen, in 4 cm lange Stücke schneiden und warm stellen.
- Fond durch ein Tuch passieren.
- Fond aufkochen und die Shitake-Pilze beigeben.
- Gemüse, Nudeln und Fleisch im Geflügelfond erhitzen.
- Mit Reiswein und Sojasauce abschmecken und anrichten.

Hinweise für die Praxis

Das Gericht kann auch mit Pouletbruststücken oder aus 4 cm großen, ausgebeinten Pouletoberschenkeln zubereitet werden (im zweiten Fall den Namen des Gerichts ändern).

Sautierte Entenbruststreifen mit Ingwer · Aiguillettes de canard au gingembre

Zutaten	4 Pers	10 Pers
Entenbrust, dressiert	480 g	1200 g
Gewürzsalzmischung für Geflügel	8 g	20 g
Knoblauch, geschält	20 g	50 g
Sonnenblumenöl, high oleic	40 g	100 g
Galgant, frisch, geschält	30 g	75 g
Ingwer, frisch, geschält	40 g	100 g
Chilischoten, rot, entkernt	4 g	10 g
Peperoni, rot, entkernt	150 g	380 g
Peperoni, grün, entkernt	150 g	380 g
Ananas, frisch, geschält	320 g	800 g
Frühlingszwiebeln, gerüstet	100 g	250 g
Sojasauce, hell	40 g	100 g
Sojasauce, süß	10 g	25 g
Austernsauce, chinesische	10 g	25 g
Reisessig	5 g	15 g
Geflügelfond, hell	200 g	500 g
Stärkemehl	10 g	25 g
Basilikum, indisches	8 g	20 g

Vorbereitung
- Die Entenbrüste enthäuten und die Haut in dünne Streifen schneiden.
- Das Brustfleisch in dünne Streifen schneiden.
- Knoblauch in hauchdünne Scheiben schneiden.
- Galgant und Ingwer in Julienne (Streifchen) schneiden.
- Chilischoten in feine Streifen schneiden.
- Rote und grüne Peperoni in 1 cm große Stücke schneiden.
- Ananasfruchtfleisch in 1 cm große Würfel schneiden.
- Frühlingszwiebeln waschen und schräg in 2 cm große Stücke schneiden.
- Basilikum waschen, zupfen, trockentupfen und in Julienne (Streifchen) schneiden.

Zubereitung
- Das Sonnenblumenöl im Wok erhitzen, die Entenhautstreifen knusprig sautieren und salzen.
- Herausnehmen und auf Küchenpapier entfetten.
- Entenbruststreifen heiß ansautieren, würzen und herausnehmen.
- Im restlichen Fett Knoblauch, Galgant, Ingwer und Chilistreifen kurz sautieren.
- Peperoni- und Ananaswürfel beigeben und kurz mitsautieren.
- Frühlingszwiebeln beigeben und ebenfalls kurz sautieren.
- Sojasaucen, Austernsauce, Reisessig und Geflügelfond beigeben und aufkochen.
- Stärkemehl mit Wasser anrühren und die Sauce binden.
- Entenbruststreifen beigeben und kurz durchschwenken.
- Anrichten und mit den Entenhautstreifen und Basilikumstreifen bestreuen.

Hinweise für die Praxis
Aus energetischen Gründen kann auf die Verwendung der gebratenen Entenhaut verzichtet werden.

Sautierte Poulardenbrust und grillierte Riesenkrevetten an Krustentiersauce
Suprême de poularde sauté et crevettes géantes grillées, sauce aux crustacés

Zutaten

	4 Pers	10 Pers
Poulardenbrust, dressiert, mit Haut	400 g	1000 g
Salz		
Pfeffer, weiß, aus der Mühle		
Sonnenblumenöl, high oleic	20 g	50 g
Riesenkrevetten, Schwänze, ungeschält	320 g	800 g
Salz		
Pfeffer, weiß, aus der Mühle		
Olivenöl	10 g	20 g
Kerbel, frisch	4 g	10 g

Sauce

Weißwein	20 g	50 g
Krustentierfond	50 g	130 g
Doppelrahm, 45%	100 g	250 g
Cognac	20 g	40 g

Beilagen

Kefen, gerüstet	280 g	700 g
Schalotten, geschält	10 g	20 g
Butter	20 g	50 g
Salz		
Pfeffer, weiß, aus der Mühle		

Vorbereitung
- Die Riesenkrevetten bis auf die Schwanzflosse von der Schale befreien.
- Riesenkrevetten-Schalen grob zerkleinern und für die Sauce verwenden.
- Riesenkrevetten am Rücken einschneiden und den Darm entfernen.
- Kerbel waschen, zupfen und trockentupfen.
- Kefen im Salzwasser blanchieren, abschrecken und abschütten.
- Schalotten fein hacken.

Zubereitung
- Poulardenbrust mit Salz und weißem Pfeffer würzen und in einem Sautoir im Sonnenblumenöl mit wenig Farbgebung sautieren.
- Poulardenbrust herausnehmen und im Ofen bei 120 °C ca. 10 Minuten abstehen lassen.
- Die Riesenkrevetten-Schalen im Bratensatz anrösten.
- Mit Weißwein ablöschen, sirupartig einkochen und mit dem Krustentierfond auffüllen.
- Aufkochen und den Bratensatz auflösen.
- Fond durch ein Drahtspitzsieb passieren und zur gewünschten Konsistenz einkochen lassen.
- Doppelrahm beigeben, nochmals etwas einkochen, mit Cognac verfeinern und abschmecken.
- Riesenkrevetten mit Salz und weißem Pfeffer würzen, mit Olivenöl bepinseln und auf dem heißen Grill garen.
- Schalotten in Butter weich dünsten, Kefen beigeben, knackig garen und abschmecken.

Anrichten
- Die Kefen auf einem Teller kreisförmig anrichten.
- In der Tellermitte einen Saucenspiegel dressieren.
- Poulardenbrust fächerartig dünn aufschneiden und anrichten.
- Mit den grillierten Riesenkrevetten dekorieren und mit Kerbelblättchen bestreuen.
- Restliche Sauce in einer Sauciere separat dazu servieren.

Sautierte Straußenmedaillons mit Rhabarber · Médaillons d'autruche sautés à la rhubarbe

Zutaten	4 Pers	10 Pers
Straußenfilets, dressiert	600 g	1500 g
Salz		
Pfeffer, weiß, aus der Mühle		
Sonnenblumenöl, high oleic	40 g	100 g
Schalotten, geschält	20 g	50 g
Rotwein	60 g	150 g
Demi-glace	200 g	500 g
Zucker	40 g	100 g
Rhabarber, gerüstet	200 g	500 g
Butter	10 g	25 g
Weißwein	30 g	75 g
Orangensaft, frisch gepresst	110 g	275 g

Vorbereitung
- Straußenfilet in 50 g schwere Medaillons schneiden (pro Person 3 Medaillons).
- Schalotten fein hacken.
- Rhabarber von den Fasern befreien und in 1 cm große Würfel schneiden.

Zubereitung
- Zucker in einem Sautoir karamellisieren.
- Butter beigeben, mit Weißwein und Orangensaft ablöschen und so lange kochen, bis der Zucker vollständig aufgelöst ist.
- Rhabarberwürfel beigeben und vorsichtig weich dünsten.
- Rhabarberwürfel herausnehmen und warm stellen.
- Straußenmedaillons würzen und im stark erhitzten Öl sautieren (Garstufe blutig).
- Herausnehmen und warm stellen.
- Überschüssigen Fettstoff ableeren und im Restfettstoff die Schalotten andünsten.
- Mit Rotwein ablöschen und einkochen lassen.
- Mit Demi-glace auffüllen und kurz aufkochen.
- Rhabarbergarflüssigkeit zur Sauce geben und durch ein Drahtspitzsieb passieren.
- Sauce zur gewünschten Konsistenz einkochen und abschmecken.

Anrichten
- Straußenmedaillons auf einem Saucenspiegel anrichten.
- Rhabarberwürfel über die Medaillons geben.
- Restliche Sauce in einer Sauciere separat dazu servieren.

Hinweise für die Praxis
Fleischsaft der Straußenmedaillons der Sauce beigeben. Außerhalb der Saison kann tiefgekühlter Rhabarber verwendet werden.

Sautiertes Entenbrüstchen mit Cassis-Sauce · Magret de canard sauté, sauce aux cassis

Zutaten	4 Pers	10 Pers
Entenbrust, dressiert	640 g	1600 g
Salz	8 g	20 g
Pfeffer, weiß, aus der Mühle	2 g	5 g
Bratbutter	15 g	40 g
Rotwein, Bordeaux	120 g	300 g
Geflügelfond, braun, gebunden	120 g	300 g
Cassis-Likör	40 g	100 g
Butter	20 g	50 g
Johannisbeeren, schwarz	80 g	200 g
Rosmarinzweige	4	10

Vorbereitung
– Die Entenbrüstchen auf der Hautseite kreuzweise einschneiden.
– Rosmarinzweige waschen und trockentupfen.

Zubereitung
– Die Entenbrüstchen salzen, pfeffern und in der Bratbutter erst auf der Hautseite knusprig sautieren.
– Anschließend die Brüstchen auf der Fleischseite bei reduzierter Hitze unter öfterem Arrosieren (Begießen) rosa sautieren.
– Das Fleisch warm stellen.
– Das Bratfett abgießen, den Bratensatz mit Rotwein ablöschen und um ⅔ reduzieren.
– Den gebundenen braunen Geflügelfond beigeben, aufkochen und etwas einreduzieren.
– Cassis-Likör beigeben und nochmals etwas einreduzieren.
– Die schwarzen Johannisbeeren beigeben und in der Sauce erhitzen.
– Die Sauce abschmecken und ohne zu kochen mit Butterflocken verfeinern.
– Entenbrüstchen leicht schräg tranchieren und fächerförmig anrichten.
– Mit der Sauce umgießen und mit Rosmarinsträußchen garnieren.

Hinweise für die Praxis
Die schwarzen Johannisbeeren können je nach Saison auch durch rote Johannisbeeren oder Mandarinenschnitze ersetzt werden.

Straußenfiletwürfel mit Peperoni, Oliven und Tomaten
Minute de filet d'autruche aux poivrons, olives et tomates

Zutaten	4 Pers	10 Pers
Straußenfilets, dressiert	600 g	1500 g
Sonnenblumenöl, high oleic	30 g	70 g
Salz		
Pfeffer, weiß, aus der Mühle		
Paprika, delikatess		
Zwiebeln, geschält	50 g	125 g
Peperoni, rot, gerüstet	50 g	125 g
Peperoni, gelb, gerüstet	50 g	125 g
Peperoni, grün, gerüstet	50 g	125 g
Oliven, schwarz, entsteint	40 g	100 g
Paprika, delikatess	2 g	5 g
Rotwein	50 g	125 g
Demi-glace	120 g	300 g
Vollrahm, 35%	80 g	200 g
Peretti-Tomaten, geschält, in Würfeln	50 g	125 g
Salz		
Pfeffer, weiß, aus der Mühle		

Vorbereitung
– Straußenfilets in 20 g schwere Würfel schneiden.
– Zwiebeln fein hacken.
– Peperoni waschen und in Julienne (Streifchen) schneiden.
– Schwarze Oliven halbieren.
– Vollrahm steif schlagen und kühl stellen.

Zubereitung
– Straußenfiletwürfel in einer Lyoner Pfanne im heißen Öl kurz und heiß saignant (blutig) sautieren, herausnehmen und mit Salz, Pfeffer und Paprika würzen.
– Zwiebeln im Restfettstoff andünsten, Peperonistreifen und Oliven zugeben und mitdünsten.
– Mit Paprika stäuben, mit Rotwein ablöschen und einkochen.
– In eine Sauteuse umleeren, Demi-glace und den Fleischsaft beigeben und zur gewünschten Konsistenz einkochen lassen.
– Tomatenwürfel beigeben.
– Geschlagenen Vollrahm unterheben und mit Salz und Pfeffer abschmecken.
– Fleisch beigeben, nicht mehr kochen lassen und anrichten.

Hinweise für die Praxis
Sautiertes Fleisch in ein Drahtsieb geben und den Fleischsaft der Sauce beifügen.

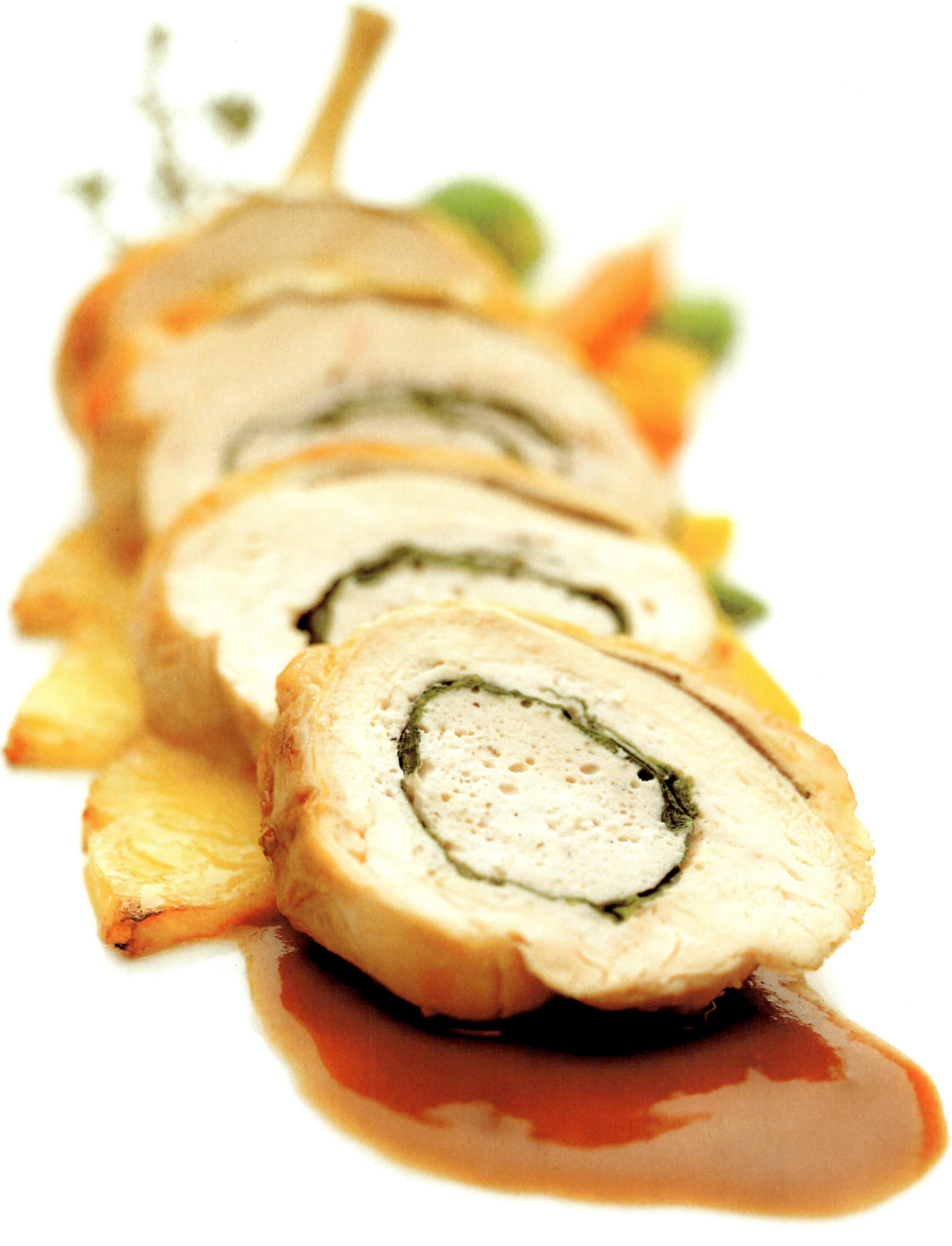

Straußenfilet im Brickteigmantel mit Kefen, Shitake-Pilzen und Maniok-Chips
Filet d'autruche en pâte à brick aux pois mange-tout, shitake et chips de manioc

Zutaten	4 Pers	10 Pers
Straußenfilets, dressiert	480 g	1200 g
Salz		
Pfeffer, weiß, aus der Mühle		
Bratbutter	50 g	130 g
Brickteigblätter	60 g	150 g
Sesamöl, fermentiert	15 g	40 g
Erdnüsse, geschält, ungesalzen	60 g	150 g
Kefen, gerüstet	160 g	400 g
Shitake-Pilze, frisch, gerüstet	80 g	200 g
Maniokwurzel, geschält	100 g	250 g
Ölverlust beim Frittieren	20 g	40 g
Weißwein	100 g	250 g
Schalotten, geschält	40 g	100 g
Kalbsfond, braun	200 g	500 g
Butter	20 g	50 g
Salz		
Pfeffer, weiß, aus der Mühle		

Vorbereitung
- Brickteigblätter (4 Personen = 3 Stück, 10 Personen = 9 Stück) mit Sesamöl bestreichen.
- Die Erdnüsse grob hacken.
- Die Kefen diagonal halbieren und im Salzwasser blanchieren, im Eiswasser abschrecken und abschütten.
- Die Stiele der Shitake-Pilze entfernen, Pilzhut in Streifen schneiden.
- Die Maniokwurzel in dünne Scheiben schneiden.

Zubereitung
- Straußenfilet mit Salz und Pfeffer würzen und rundherum in der Bratbutter kräftig ansautieren.
- Herausnehmen und auf einem Gitter erkalten lassen.
- Je 3 Brickteigblätter aufeinander legen und mit den gehackten Erdnüssen bestreuen.
- Das Straußenfilet darauf legen, satt einrollen und mit einer Schnur fixieren.
- Im Ofen bei einer Temperatur von 180 °C backen, sodass die Filets inwendig noch blutig sind (Kerntemperatur 50 °C).
- Herausnehmen, warm stellen und die Schnur entfernen.
- Die Kefen in Butter knackig dünsten und würzen.
- Shitake-Pilze im restlichen Sesamöl dünsten und würzen.
- Maniokscheiben goldbraun frittieren.
- Weißwein mit den gehackten Schalotten einreduzieren.
- Braunen Kalbsfond beigeben, etwas einkochen lassen, würzen und passieren.
- Sauce mit Butterflocken aufmontieren und mit Salz und Pfeffer abschmecken.

Anrichten
- Die Kefen sternförmig auf Tellern anrichten.
- Die Straußenfilets tranchieren und auf den Kefen anrichten.
- Shitake-Pilze und Maniok-Chips darübergeben.
- Wenig Sauce um das Straussenfilet gießen, restliche Sauce separat dazu servieren.

Truthahncurry mit Riesenkrevetten und Gemüsebananen
Curry de dinde aux crevettes géantes et aux bananes plantains

Marinade

	4 Pers	10 Pers
Sojasauce, hell	20 g	50 g
Reiswein, Sake	20 g	50 g
Ingwer, frisch, geschält	8 g	20 g

Zutaten

	4 Pers	10 Pers
Trutenbrust, dressiert	320 g	800 g
Riesenkrevetten, Schwänze, roh	160 g	400 g
Sonnenblumenöl, high oleic	20 g	50 g
Zwiebeln, geschält	100 g	250 g
Knoblauch, geschält	4 g	10 g
Chilischoten, rot, entkernt	4 g	10 g
Galgant, frisch, geschält	6 g	15 g
Zitronengras, gerüstet	4 g	10 g
Kurkuma, gemahlen	4 g	10 g
Paprika, delikatess	8 g	20 g
Koriander, gemahlen	2 g	5 g
Kreuzkümmel, gemahlen	2 g	5 g
Gemüsebananen, geschält	320 g	800 g
Peperoni, rot, entkernt	60 g	150 g
Peperoni, grün, entkernt	60 g	150 g
Kokosmilch, ungesüßt	400 g	1000 g
Geflügelfond, hell	200 g	500 g
Stärkemehl	10 g	25 g
Salz		
Pfeffer, weiß, aus der Mühle		
Koriander, frisch	4 g	10 g

Vorbereitung

- Trutenbrust in ca. 2 cm große Würfel schneiden.
- Ingwer fein reiben.
- Sojasauce, Reiswein und geriebenen Ingwer über das Fleisch geben, vermischen und 30 Minuten marinieren.
- Die Riesenkrevetten bis auf die Schwanzflosse schälen, vom Rücken her aufschneiden und den Darm entfernen.
- Zwiebeln und Knoblauch fein hacken.
- Chilischoten in feine Streifen schneiden.
- Galgant schälen und fein hacken.
- Zitronengras in feine Ringe schneiden.
- Gemüsebananen längs halbieren und in 2 cm große Würfel schneiden.
- Rote und grüne Peperoni in 1 cm große Würfel schneiden.
- Koriander waschen, zupfen, trockentupfen und fein hacken.

Zubereitung

- Sonnenblumenöl in einem Wok erhitzen, Truthahnfleisch und Riesenkrevetten kurz und heiß ansautieren.
- Aus dem Wok nehmen, gut abtropfen und mit Salz und Pfeffer würzen.
- Zwiebeln und Knoblauch im restlichen Öl dünsten.
- Alle Gewürze beigeben (Galgant, Zitronengras, Chili, Kurkuma, Paprika, Koriander, Kreuzkümmel).
- Gewürze so lange vorsichtig dünsten, bis sie ihren charakteristischen Duft entwickeln.
- Gemüsebananen und Peperoni beigeben und mitdünsten.
- Mit der Kokosmilch und dem Geflügelfond ablöschen und die Temperatur reduzieren.
- Gemüsebananen und Peperoni so lange garen, bis sie weich sind.
- Stärkemehl mit Wasser anrühren und die Sauce binden, mit Salz und Pfeffer abschmecken.
- Fleisch und Riesenkrevetten beigeben und aufkochen.
- Mit gehackten Korianderblättern bestreuen und servieren.

Hinweise für die Praxis

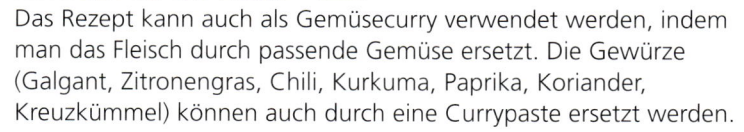

Das Rezept kann auch als Gemüsecurry verwendet werden, indem man das Fleisch durch passende Gemüse ersetzt. Die Gewürze (Galgant, Zitronengras, Chili, Kurkuma, Paprika, Koriander, Kreuzkümmel) können auch durch eine Currypaste ersetzt werden.

Wildgerichte

Dombes-Wachtel-Crepinette mit Sommertrüffeln
Crépinette de caille de Dombes aux truffes d'été

Zutaten	4 Pers	10 Pers
Wachteln, Dombes, pfannenfertig	1000 g	2500 g
Pouletbrüstchen, ohne Haut	80 g	200 g
Vollrahm, 35%	60 g	140 g
Salz		
Pfeffer, weiß, aus der Mühle		
Schweinsnetz	160 g	400 g
Sommertrüffel	8 g	20 g
Eigelb, frisch	25 g	60 g
Mie de pain/weißes Paniermehl	80 g	200 g
Bratbutter	60 g	150 g
Matignon, bunt	80 g	200 g
Weißwein	40 g	100 g
Geflügelfond, braun	160 g	400 g
Butter	20 g	50 g

Vorbereitung
– Von den Wachteln (pro Person 1 Stück zu ca. 250 g) die Schenkel wegschneiden.
– Oberschenkelknochen entfernen, das Fleisch des Oberschenkels über den Unterschenkelknochen stülpen, zu einer Kugel formen und würzen.
– In Klarsichtfolie und anschließend in Alufolie einpacken.
– Wachtelschenkel 15 Minuten im Dampf garen und erkalten lassen.
– Die beiden Wachtelbrüstchen zusammenhängend vom Knochen lösen (Gabelknochen entfernen).
– Pouletbrüstchen in 5 mm große Würfel schneiden und kühl stellen.
– Schweinsnetz wässern, abschütten und auf Küchenpapier trockentupfen.
– Sommertrüffel waschen und in Brunoise (Würfelchen) schneiden.

Zubereitung
– Pouletwürfel mit Salz und wenig Vollrahm im Kutter fein pürieren.
– Masse durch ein Haarsieb streichen und auf einem Eiswasserbad abrühren.
– Restlichen Vollrahm beigeben, mit Salz und Pfeffer würzen und die Trüffel-Brunoise unter die Farce mischen.
– Wachtelbruststücke flach auslegen und auf der Fleischseite mit der Farce bestreichen.
– Bruststücke überschlagen und oval formen.
– In Schweinsnetz einpacken und mit Bindfaden binden.
– Wachtelschenkel aus Klarsichtfolie und Alufolie auspacken, würzen, im Eigelb wenden und mit Mie de pain panieren.
– Wachtelbrust-Crepinette würzen und in der Bratbutter in einem Rondeau ansautieren.
– Herausnehmen, die Bratbutter abgießen und das Matignon kurz anrösten.
– Mit Weißwein ablöschen, einkochen und mit braunem Geflügelfond auffüllen.
– Crepinette beigeben und im Backofen zugedeckt schmoren.
– Bindfaden entfernen und Crepinette warm stellen.
– Sauce durch ein Drahtspitzsieb passieren und zur gewünschten Konsistenz einkochen.
– Mit Butterflocken aufmontieren und abschmecken.
– Panierte Schenkelkugeln goldbraun sautieren.

Anrichten
– Das Crepinette diagonal halbieren, anrichten und mit der Sauce umgießen.
– Gebratene Schenkelkugeln dazu anrichten.

DOMBES-WACHTEL-CREPINETTE MIT SOMMERTRÜFFELN – STEP BY STEP

1

2

3

4

5

6

7

8

WILDGERICHTE 643

DOMBES-WACHTEL-CREPINETTE MIT SOMMERTRÜFFELN – STEP BY STEP

9

10

11

12

13

14

15

16

644 WILDGERICHTE

Gebratene Dombes-Wachteln mit Steinpilzen und Tomaten
Cailles de Dombes rôties aux bolets et aux tomates

Zutaten	4 Pers	10 Pers
Wachteln, Dombes, pfannenfertig	2000 g	5000 g
Salz		
Pfeffer, weiß, aus der Mühle		
Sonnenblumenöl, high oleic	60 g	150 g
Weißwein	40 g	100 g
Wildfond	120 g	300 g
Steinpilze, frisch, gerüstet	200 g	500 g
Olivenöl	20 g	50 g
Schalotten, geschält	20 g	50 g
Knoblauch, geschält	5 g	10 g
Tomaten, geschält, entkernt	80 g	200 g
Basilikum, frisch	5 g	10 g
Petersilie, glattblättrig, frisch	5 g	10 g

Vorbereitung
- Die Wachteln binden (pro Person 2 Stück à ca. 250 g).
- Steinpilze mit einem Tuch abreiben und in 8 mm große Würfel schneiden.
- Schalotten und Knoblauch fein hacken.
- Tomaten in 8 mm große Würfel schneiden.
- Basilikum und Petersilie waschen, zupfen, trockentupfen und fein hacken.

Zubereitung
- Die Wachteln mit Salz und Pfeffer würzen.
- In einer Lyoner Pfanne rundherum anbraten und im Ofen fertig garen (Garstufe rosa).
- Wachteln herausnehmen, Bindfaden entfernen, auf die Brust legen und warm stellen.
- Bratfett abgießen, den Bratensatz mit Weißwein ablöschen und einkochen lassen.
- Wildfond beigeben, bis zur Glace einkochen und herausnehmen.
- Steinpilze, Schalotten und Knoblauch im Olivenöl unter leichter Farbgebung sautieren.
- Die Tomatenwürfel beigeben und kurz schwenken.
- Wildglace beigeben und mit Salz und Pfeffer abschmecken.
- Gehacktes Basilikum und gehackte Petersilie beigeben.

Anrichten
- Steinpilzragout mit Tomaten auf Teller anrichten.
- Die Wachteln halbieren und auf dem Steinpilzragout anrichten.

Gebratener Rehschlegel mit frischen Feigen · Gigue de chevreuil rôtie aux figues fraîches

Zutaten

	4 Pers	10 Pers
Rehschlegel/Rehkeule, dressiert	960 g	2400 g
Gewürzsalzmischung für Wild		
Sonnenblumenöl, high oleic	40 g	100 g
Mirepoix, bunt	100 g	250 g
Rotwein	40 g	100 g
Wildfond	200 g	500 g

Garnitur

Feigen, blau, frisch	260 g	650 g
Zucker	30 g	75 g
Butter	10 g	25 g
Rotwein	40 g	100 g
Portwein, rot	120 g	300 g
Aceto balsamico di Modena (Balsamessig)	20 g	50 g

Vorbereitung
- Feigen waschen und halbieren.

Zubereitung
- Rehschlegel würzen und im heißen Sonnenblumenöl rundherum anbraten.
- Im Ofen bei einer Temperatur von 180–200 °C unter öfterem Arrosieren (Begießen) braten.
- Etwa 10 °C vor Erreichen der gewünschten Kerntemperatur (62–65 °C) herausnehmen und abstehen lassen.
- Das Fett abgießen, das Mirepoix in das Bratgeschirr geben und anrösten.
- Mit Rotwein ablöschen und einkochen lassen.
- Wildfond dazugeben, zur gewünschten Konsistenz einkochen und durch ein Drahtspitzsieb passieren.

Zubereitung Garnitur
- Zucker in einem Sautoir karamellisieren.
- Butter beigeben und mit Rotwein, Portwein und Balsamessig ablöschen.
- Kochen lassen, bis sich der Zucker vollständig aufgelöst hat.
- Feigen beigeben und in der Flüssigkeit vorsichtig garziehen.
- Feigen herausnehmen und zugedeckt warm stellen.
- Garflüssigkeit sirupartig einkochen, zur Wildsauce geben und abschmecken.

Anrichten
- Rehschlegel in gleichmäßige Tranchen schneiden, mit Butter bepinseln und anrichten.
- Warme Feigen dazu anrichten.
- Sauce in einer Sauciere separat dazu servieren.

Hinweise für die Praxis
Die Sauce kann anstelle von Balsamessig mit Feigenessig zubereitet und nach Belieben mit Butterflocken aufmontiert oder mit wenig kalt angerührtem Stärkemehl gebunden werden.

Gebratenes Damhirschrückenfilet provenzalische Art mit Lavendelblüten
Filet de selle de daim rôti provençale aux fleurs de lavande

Zutaten	4 Pers	10 Pers
Damhirschrückenfilet, dressiert, ohne Silberhaut	560 g	1400 g
Bratbutter	25 g	60 g
Salz		
Pfeffer, weiß, aus der Mühle		
Thymian, frisch		
Olivenöl	20 g	50 g
Schalotten, geschält	20 g	50 g
Auberginen, gerüstet	60 g	150 g
Tomaten, geschält, entkernt	100 g	250 g
Rosmarin, frisch		
Thymian, frisch		
Salbei, frisch		
Lavendelblüten, getrocknet	1 g	5 g
Noilly Prat	40 g	100 g
Butter	30 g	80 g
Salz		
Pfeffer, weiß, aus der Mühle		

Vorbereitung
- Damhirschrückenfilet am Stück bereitstellen.
- Schalotten fein hacken.
- Auberginen waschen und in 5 mm große Würfel schneiden.
- Tomaten in 5 mm große Würfel schneiden.
- Frische Kräuter waschen, zupfen, trockentupfen und fein hacken.
- Getrocknete Lavendelblüten fein hacken.

Zubereitung
- Damhirschrückenfilet mit Salz, Pfeffer und Thymian würzen.
- In einem Bratgeschirr Bratbutter erhitzen und das Rückenfilet beidseitig anbraten.
- Bratgeschirr in den ca. 180 °C heißen Ofen schieben und das Fleisch ca. 8 Minuten garen (Garstufe mittel/rosa).
- Fleisch herausnehmen und in einem Rechaud oder im Hold-O-mat bei 65 °C 15 Minuten abstehen lassen.
- Bratfett ableeren, Olivenöl erhitzen und die gehackten Schalotten andünsten.
- Auberginen beigeben und mitdünsten.
- Tomatenwürfel, gehackte Kräuter und Lavendelblüten beigeben und kurz mitdünsten.
- Mit Noilly Prat ablöschen und zugedeckt bei schwacher Hitze dünsten.
- Butterflocken untermischen, sodass das provenzalische Ragout leicht gebunden ist.
- Ragout mit Salz und Pfeffer abschmecken.

Anrichten
- Provenzalisches Ragout auf Teller anrichten.
- Damhirschrückenfilet in 1 cm dicke Tranchen schneiden und fächerförmig auf dem Ragout anrichten.
- Fleisch mit Butter bepinseln.

Hinweise für die Praxis
Anstelle von Damhirschrücken kann auch ein Rotwildkalbsrücken oder ein Sommerrehrücken verwendet werden.

Gebratenes Frischlingskarree mit Meerrettichkruste
Carré de marcassin rôti en croûte de raifort

Zutaten

	4 Pers	10 Pers
Frischlingsnierstück, dressiert, ohne Knochen	640 g	1600 g
Salz		
Pfeffer, weiß, aus der Mühle		
Sonnenblumenöl, high oleic	20 g	50 g
Mie de pain/weißes Paniermehl	20 g	40 g
Butter (1)	40 g	100 g
Meerrettich, frisch, geschält	15 g	35 g
Eigelb, pasteurisiert	10 g	30 g
Salz		
Pfeffer, weiß, aus der Mühle		
Schweinsnetz	100 g	250 g
Apfelwein	120 g	300 g
Wildfond	120 g	300 g
Butter (2)	40 g	100 g
Salz		
Pfeffer, weiß, aus der Mühle		

Vorbereitung

- Butter (1) aus dem Kühlschrank nehmen und in Würfel schneiden.
- Meerrettich fein reiben.
- Mie de pain, weiche Butter (2), geriebenen Meerrettich und Eigelb zu einer geschmeidigen Masse mischen und mit Salz und weißem Pfeffer würzen.
- Schweinsnetz wässern, abschütten und auf Küchenpapier trockentupfen.

Zubereitung

- Das Frischlingskarree mit Salz und weißem Pfeffer würzen und rundum kräftig anbraten.
- Fleisch herausnehmen, mit Küchenpapier trockentupfen und erkalten lassen.
- Das Karree auf der Oberseite und an den Seiten mit der Meerrettichmasse bestreichen.
- Fleisch rundherum satt in das Schweinsnetz einrollen.
- Im Ofen bei einer Temperatur von 180 °C garen.
- Fleisch herausnehmen und warm stellen.
- Bratensatz mit Apfelwein ablöschen und um die Hälfte einkochen lassen.
- Wildfond und den Fleischbratensaft beigeben, nochmals um die Hälfte einkochen lassen und durch ein Drahtspitzsieb passieren.
- Sauce mit Butterflocken (1) aufmontieren und mit Salz und Pfeffer abschmecken.

Anrichten

- Das Frischlingskarree mit der Kruste sorgfältig in 1 cm dicke Tranchen schneiden, anrichten und mit einem Butterpinsel überglänzen.
- Mit wenig Sauce umgießen, restliche Sauce separat servieren.

Hinweise für die Praxis

Anstelle des Meerrettichs können für die Kruste auch gehackte, frische Kräuter verwendet werden.

Gebratenes Hirschkarree mit Eierschwämmen/Pfifferlingen · Carré de cerf rôti aux chanterelles

Zutaten

	4 Pers	10 Pers
Hirsch-Rack, dressiert	880 g	2200 g
Gewürzsalzmischung für Wild		
Sonnenblumenöl, high oleic	40 g	100 g
Mirepoix, bunt	100 g	250 g
Rotwein	70 g	175 g
Wild-Demi-glace	320 g	800 g
Rosmarin, frisch	5 g	10 g

Garnitur

	4 Pers	10 Pers
Schalotten, geschält	15 g	35 g
Tomaten, getrocknet	15 g	35 g
Eierschwämme/Pfifferlinge, frisch, gerüstet	200 g	500 g
Butter	25 g	60 g
Schnittlauch, frisch	2 g	5 g
Salz		
Pfeffer, weiß, aus der Mühle		

Vorbereitung
- Schalotten fein hacken.
- Getrocknete Tomaten blanchieren und in Brunoise (Würfelchen) schneiden.
- Eierschwämme waschen und in gleichmäßige Scheiben schneiden.
- Schnittlauch fein schneiden.

Zubereitung
- Hirsch-Rack würzen und im heißen Sonnenblumenöl anbraten.
- Im Ofen bei einer Temperatur von 170–180 °C unter öfterem Arrosieren (Begießen) braten.
- Etwa 10 °C vor Erreichen der gewünschten Kerntemperatur (62–65 °C) herausnehmen und in einem Rechaud abstehen lassen.
- Das Bratfett abgießen, das Mirepoix in das Bratgeschirr geben und anrösten.
- Mit Rotwein ablöschen und einkochen lassen.
- Wild-Demi-glace beigeben und zur gewünschten Konsistenz einkochen lassen.
- Rosmarin beigeben und ohne zu kochen 5 Minuten in der Sauce ziehen lassen.
- Sauce durch ein Drahtspitzsieb passieren und abschmecken.
- Schalotten und Tomaten in Butter dünsten.
- Eierschwämme beigeben, mitdünsten, mit Salz und Pfeffer würzen.
- Vor dem Servieren Schnittlauch beigeben.

Anrichten
- Hirschkarree in gleichmäßige Tranchen schneiden, mit Butter bestreichen und auf den Eierschwämmen anrichten.
- Sauce in einer Sauciere separat dazu servieren.

Hinweise für die Praxis
Die Flüssigkeit der Eierschwämme kann eingekocht und passiert der Sauce beigegeben werden. Die Sauce kann nach Belieben mit kalten Butterflocken aufmontiert werden.

Geschnetzelte Wildentenbrust mit Wacholderrahmsauce
Emincé de suprême de canard sauvage, sauce à la crème au genièvre

Zutaten

	4 Pers	10 Pers
Wildentenbrust, dressiert, ohne Haut	520 g	1300 g
Salz		
Pfeffer, schwarz, aus der Mühle		
Bratbutter	25 g	60 g
Speck, geräuchert	120 g	300 g
Schalotten, geschält	30 g	80 g
Wacholderbeeren	2 g	4 g
Weißwein	80 g	200 g
Wild-Demi-glace	160 g	400 g
Vollrahm, 35%	80 g	200 g
Thymian, frisch	4 g	10 g
Salz		

Vorbereitung
- Wildentenbrust in gleichmäßige Streifen schneiden.
- Speck (ohne Knorpel) in 5 mm große Würfel schneiden.
- Schalotten fein hacken.
- Wacholderbeeren fein zerstoßen und hacken.
- Vollrahm halb steif schlagen und kühl stellen.
- Thymian waschen, zupfen, trockentupfen und fein hacken.

Zubereitung
- Wildentenbruststreifen mit Salz und Pfeffer würzen und in heißer Bratbutter sautieren.
- Fleisch herausnehmen und das Bratfett abgießen.
- Die Speckwürfel knusprig sautieren, Schalotten und Wacholder beigeben und kurz mitsautieren.
- Mit Weißwein ablöschen und auf die Hälfte einkochen lassen.
- Wild-Demi-glace beigeben und aufkochen.
- Das Fleisch wieder beigeben und erwärmen (nicht mehr kochen).
- Geschlagenen Vollrahm unter das Gericht geben und abschmecken.
- Anrichten und mit dem gehackten Thymian bestreuen.

Gesottene Rehschulter auf grünen Linsen mit Champignons-Tomaten-Ragout
Epaule de chevreuil bouillie sur lentilles vertes et ragoût de champignons et de tomates

Zutaten	4 Pers	10 Pers
Rehschulter ohne Knochen, dressiert	800 g	2000 g
Rehknochen	1000 g	2500 g
Gemüsebündel (Bouquet garni) für Bouillon	100 g	200 g
Gewürzsäcklein	1	1
Salz	5 g	10 g

Garnitur

Puy-Linsen, getrocknet	200 g	500 g
Olivenöl, kaltgepresst	20 g	100 g
Salz		

Zutaten Ragout

Schalotten, geschält	40 g	100 g
Olivenöl	20 g	50 g
Champignons, frisch, gerüstet	80 g	200 g
Tomaten, geschält, entkernt	80 g	200 g
Meaux-Vollkornsenf	20 g	50 g
Noilly Prat	40 g	100 g
Butter	20 g	50 g
Schnittlauch, frisch	20 g	40 g
Salz		
Pfeffer, weiß, aus der Mühle		

Vorbereitung
- Ausgelöste Rehschulter binden.
- Rehknochen wässern.
- Rehschulter und Rehknochen im heißen Wasser blanchieren.
- Abschütten und zuerst heiß, dann kalt abspülen.
- Gewürzsäcklein bereitstellen.
- Schalotten fein hacken.
- Champignons waschen und in dünne Scheiben schneiden.
- Tomaten in 5 mm große Würfel schneiden.
- Schnittlauch fein schneiden.

Zubereitung Gericht
- Rehknochen im kalten Wasser aufsetzen und zum Siedepunkt bringen.
- Unter gelegentlichem Abschäumen und Abfetten 1 Stunde sieden lassen.
- Rehschulter, Gemüsebündel und Gewürzsäcklein in den leicht siedenden Fond geben.
- Am Siedepunkt unter gelegentlichem Abschäumen und Abfetten weich sieden.

Zubereitung Garnitur
- Die Puy-Linsen in kaltem Wasser aufsetzen und 5 Minuten sieden.
- Linsen vom Feuer ziehen und 10 Minuten stehen lassen.
- Linsen abschütten, kaltgepresstes Olivenöl beigeben und mit Salz abschmecken.

Zubereitung Ragout
- Rehfond (10 Personen = 500 g, 4 Personen = 200 g) passieren und um die Hälfte einkochen lassen.
- Schalotten im Olivenöl andünsten.
- Champignons und Tomaten beigeben und mitdünsten.
- Mit Noilly Prat ablöschen, den Vollkornsenf beigeben und einkochen.
- Mit dem eingekochten Rehfond auffüllen und nochmals einkochen.
- Ragout mit Butterflocken aufmontieren, mit Salz und weißem Pfeffer abschmecken und den Schnittlauch beigeben.

Anrichten
- Schnur von der Rehschulter lösen, Rehschulter in dünne Tranchen schneiden und auf einem Bett von Linsen anrichten.
- Das Champignons-Tomaten-Ragout über das Fleisch geben und servieren.

Hinweise für die Praxis
Statt Rehschulter kann auch eine Hirschkalbsschulter verwendet werden.

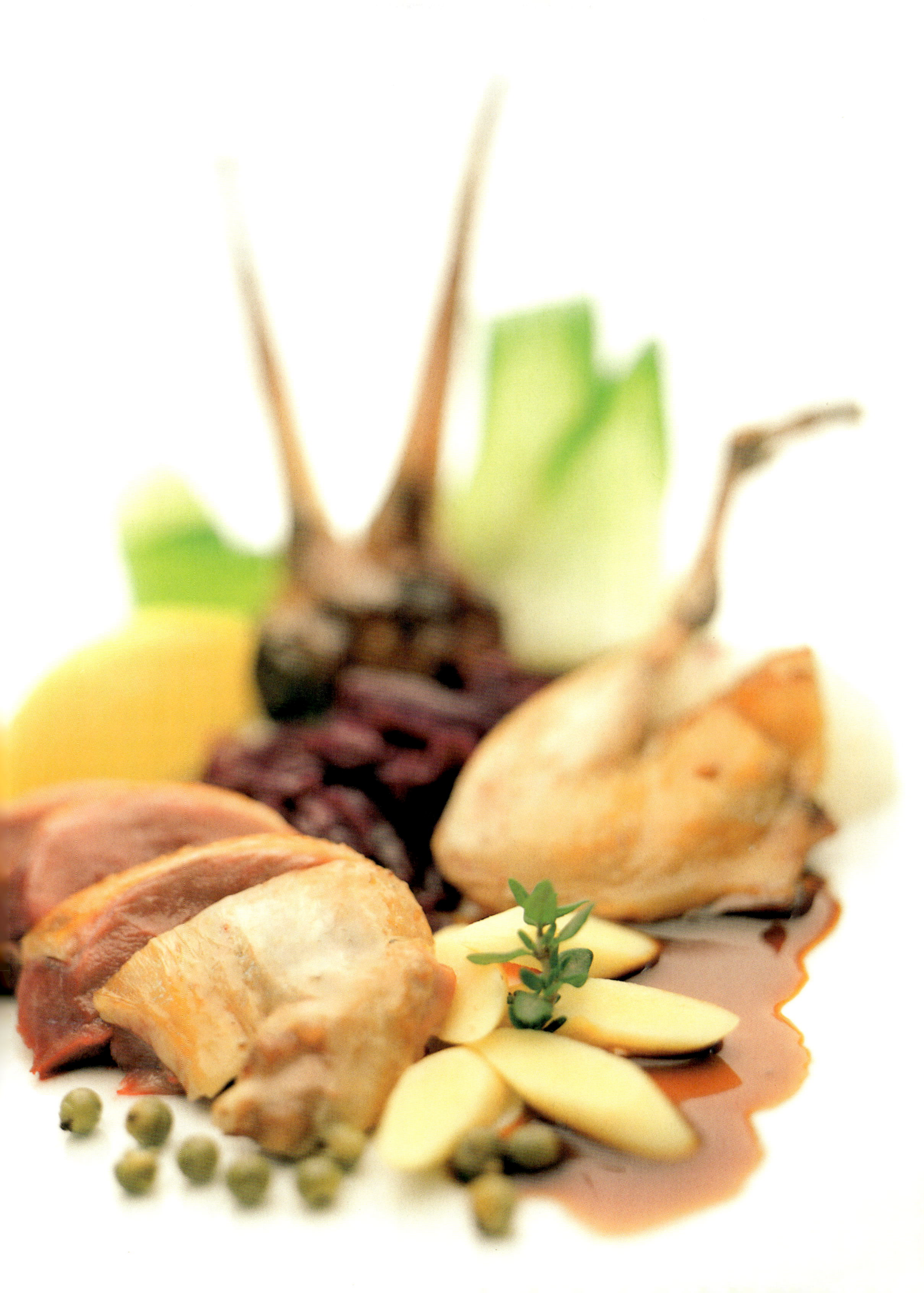

Glasiertes Frischlingseckstück gespickt mit Dörrbirnen und Glühweinsauce
Noix de marcassin glacée piquée de poires séchées, sauce au vin chaud

Zutaten	4 Pers	10 Pers
Frischlingseckstück, dressiert	640 g	1600 g
Birnen, getrocknet	50 g	120 g
Salz		
Pfeffer, weiß, aus der Mühle		
Bratbutter	25 g	60 g
Matignon, bunt	80 g	200 g
Speckschwarten	40 g	100 g

Glühwein

Rotwein	200 g	500 g
Schwarztee	80 g	200 g
Gewürznelken	2	4
Zucker	30 g	80 g
Orangen	40 g	100 g
Zitronen	30 g	80 g

Weitere Zutaten

Wildfond	200 g	500 g
Stärkemehl	4 g	10 g
Butter	10 g	20 g
Salz		
Pfeffer, weiß, aus der Mühle		

Vorbereitung
- Weiche Dörrbirnen (gedämpft) in längliche Streifen schneiden.
- Mit der Messerspitze schmale, tiefe Taschen in die Faserrichtung des Frischlingseckstücks schneiden und die Dörrbirnenstücke hineinstoßen.
- Orangen und Zitronen heiß waschen und mit der Schale in 1 cm große Stücke schneiden.
- Rotwein, Schwarztee, Gewürznelken, Zucker, Orangen- und Zitronenstücke aufkochen und einen Glühwein herstellen.
- 30 Minuten zugedeckt ziehen lassen und durch ein Passiertuch passieren.

Zubereitung
- Das gespickte Frischlingseckstück mit Salz und Pfeffer würzen und in einem Rondeau in der Bratbutter allseitig anbraten.
- Fleisch herausnehmen und das Bratfett ableeren.
- Matignon und Speckschwarten beigeben und leicht anrösten.
- Das Fleisch wieder beigeben und mit dem passierten Glühwein ablöschen.
- Aufkochen und mit dem Wildfond bis ¼ der Fleischhöhe auffüllen.
- Zugedeckt im Ofen unter gelegentlichem Arrosieren (Übergießen) auf den Punkt garen.
- Die letzten 10 Minuten der Garzeit den Deckel entfernen und den Braten glasieren.
- Das Fleisch herausnehmen und warm stellen.
- Schmorflüssigkeit mit restlichem Wildfond auffüllen und aufkochen.
- Sauce durch ein Drahtspitzsieb passieren.
- Stärkemehl mit wenig kaltem Wasser anrühren und die Sauce binden.
- Sauce mit Butterflocken aufmontieren und abschmecken.

Anrichten
- Fleisch tranchieren, mit Butter bestreichen und mit der Sauce umgießen.
- Restliche Sauce in einer Sauciere separat dazu servieren.

Rehhackbraten mit Waldhonigsauce
Rôti de viande hachée de chevreuil, sauce au miel de forêt

Zutaten	4 Pers	10 Pers
Rehfleisch (Schulter, Hals), ohne Knochen	640 g	1600 g
Weißbrot, ohne Rinde	40 g	100 g
Vollmilch	80 g	200 g
Zwiebeln, geschält	60 g	150 g
Bratbutter	10 g	30 g
Thymian, frisch	1 g	3 g
Rosmarin, frisch	1 g	3 g
Petersilie, gekraust, frisch	1 g	3 g
Salbei, frisch	1 g	2 g
Aprikosen, getrocknet	60 g	150 g
Landjäger (geräucherte Rohwurst)	60 g	150 g
Salz	12 g	30 g
Pfeffer, schwarz, aus der Mühle		
Paprika, delikatess		
Schweinsnetz	200 g	500 g
Bratbutter	10 g	30 g
Weißwein	120 g	300 g
Wild-Demi-glace	120 g	300 g
Waldhonig	20 g	50 g
Butter	25 g	60 g
Salz		
Pfeffer, weiß, aus der Mühle		

Vorbereitung
- Rehfleisch von Schulter und Hals in grobe Würfel schneiden.
- Weißbrot in 1 cm große Würfel schneiden und mit der Vollmilch vermischen.
- Zwiebeln in feine Streifen schneiden.
- Thymian, Rosmarin, Petersilie und Salbei waschen, zupfen, trockentupfen und fein hacken.
- Dörraprikosen in 5 mm große Würfel schneiden.
- Landjäger schälen und ebenfalls in 5 mm große Würfel schneiden.
- Schweinsnetz wässern und gut abtropfen lassen.

Zubereitung
- Zwiebeln in der Bratbutter weich dünsten, die gehackten Kräuter beigeben, kurz mitdünsten und erkalten lassen.
- Rehfleisch, Weißbrot, Zwiebeln, Kräuter, Salz und Paprika vermischen und durch die 5-mm-Scheibe des Fleischwolfs drehen.
- Die Fleischmasse gut vermischen, die Aprikosen- und Landjägerwürfel beigeben und tüchtig verkneten.
- Schweinsnetz auf Küchenpapier trockentupfen und auslegen.
- Die Hackfleischmasse in kompakte, ca. 1 kg schwere Laibe ohne Risse formen und in die Schweinsnetze einwickeln.
- In einem Rôtissoire mit Bratbutter sorgfältig anbraten und im Ofen bei einer Temperatur von 180 °C fertig garen.
- Hackbraten herausnehmen und warm stellen.
- Bratfett ableeren.
- Bratensatz mit Weißwein ablöschen, reduzieren und mit Wild-Demi-glace auffüllen.
- Einkochen lassen und durch ein Drahtspitzsieb passieren.
- Waldhonig beigeben, die Sauce mit Butterflocken aufmontieren und abschmecken.

Anrichten
Den Hackbraten in gleichmäßige Tranchen schneiden, mit Butter bestreichen und mit der Sauce umgießen.

Hinweise für die Praxis
Anstelle von Landjägern können auch Wilddauerwürste (Salsiz, Rauchwurst) verwendet werden. Als Beilage passt eine mit Holunderblüten parfümierte Polenta.

Rehpfeffer Jägerart · Civet de chevreuil chasseur

Zutaten

	4 Pers	10 Pers
Rehschulter ohne Knochen, dressiert	800 g	2000 g

Marinade

	4 Pers	10 Pers
Rotwein, Shiraz	400 g	1000 g
Rotweinessig	80 g	200 g
Mirepoix, bunt	80 g	200 g
Gewürzsäcklein	1	1

Sauce

	4 Pers	10 Pers
Sonnenblumenöl, high oleic	40 g	100 g
Salz		
Pfeffer, weiß, aus der Mühle		
Wildfond	400 g	1000 g
Wild-Demi-glace	200 g	500 g
Schweinsblut	80 g	200 g
Salz		
Pfeffer, weiß, aus der Mühle		

Garnitur

	4 Pers	10 Pers
Speck, geräuchert	80 g	200 g
Perlzwiebeln, geschält	80 g	200 g
Champignons, frisch, gerüstet	80 g	200 g
Butter	20 g	50 g
Englischbrot, entrindet	80 g	200 g

Vorbereitung

– Rehschulter in 30 g schwere Würfel schneiden.
– Gewürzsäcklein aus Lorbeerblatt, Gewürznelken, Pfefferkörnern, Wacholderbeeren, Thymian und Rosmarin bereitstellen.
– Sämtliche Zutaten für die Marinade vermischen und das Gewürzsäcklein beigeben.
– Rehfleisch in die Marinade geben und etwa 10 Tage im Kühlschrank marinieren (das Fleisch muss mit der Marinade bedeckt sein).
– Perlzwiebeln kurz blanchieren und im Drucksteamer weich garen.
– Speck (ohne Knorpel) in Lardons (Stäbchen) schneiden und blanchieren.
– Aus dem Englischbrot 2 cm lange Croûtons schneiden und in Butter goldgelb rösten.

Zubereitung

– Rehfleisch und Mirepoix mit einem Sieb über einer Schüssel abschütten und gut abtropfen lassen, die Marinade auffangen.
– Das Fleisch und das Mirepoix trennen.
– Marinade mit dem Gewürzsäcklein aufkochen und durch ein Etamine (Passiertuch) passieren.
– Das Fleisch in heißem Öl rundherum gut anbraten, würzen und herausnehmen.
– Mirepoix beigeben und anrösten, anschließend das Fleisch wieder zugeben.
– Mit der aufgekochten und passierten Marinade auffüllen und sirupartig einkochen.
– Wildfond und Wild-Demi-glace beigeben und zugedeckt weich schmoren.
– Fleisch mit einer Schaumkelle herausnehmen und die Sauce durch ein Drahtspitzsieb passieren.
– Die Sauce mit dem Schweinsblut binden.
– Fleisch wieder in die Sauce geben, abschmecken und nicht mehr kochen lassen.
– Speck, Perlzwiebeln und Champignons in Butter sautieren.

Anrichten

Rehpfeffer anrichten, die Garnitur darübergeben und mit den Brot-Croûtons bestreuen.

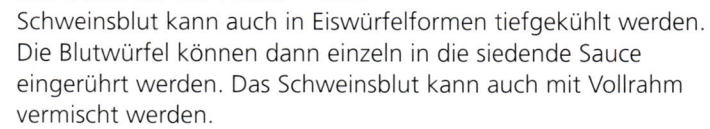

Hinweise für die Praxis

Schweinsblut kann auch in Eiswürfelformen tiefgekühlt werden. Die Blutwürfel können dann einzeln in die siedende Sauce eingerührt werden. Das Schweinsblut kann auch mit Vollrahm vermischt werden.

Rehpfeffer mit Speckpflaumen · Civet de chevreuil aux pruneaux bardés de lard

Zutaten	4 Pers	10 Pers
Rehschulter ohne Knochen, dressiert	1000 g	2500 g
Rotwein, Shiraz	600 g	1500 g
Aceto balsamico di Modena (Balsamessig)	200 g	500 g
Mirepoix, bunt	100 g	250 g
Kräuterbündel	1	1
Gewürzsäcklein	1	1
Bratbutter	60 g	150 g
Wildfond	800 g	2000 g
Butter	30 g	80 g
Weißmehl	40 g	100 g
Salz		
Pfeffer, schwarz, aus der Mühle		
Dörrpflaumen, entsteint	80 g	200 g
Speck, geräuchert	40 g	100 g

Vorbereitung
- Rehschulterfleisch in 30 g schwere Würfel schneiden.
- Mirepoix in ein Passiertuch binden.
- Aus Lorbeer, Thymian und Rosmarin ein Kräuterbündel bereitstellen.
- Ein Gewürzsäcklein aus schwarzen Pfefferkörnern, Gewürznelken und Wacholderbeeren bereitstellen.
- Fleisch, Rotwein, Balsamessig, Mirepoix-Bündel, Kräuterbündel und Gewürzsäcklein in eine Schüssel geben.
- Mindestens 1 Woche im Kühlschrank marinieren, jeden Tag einmal umrühren.
- Aus Weißmehl und Butter einen braunen Roux herstellen.
- Geräucherten Speck (ohne Knorpel) in dünne Tranchen schneiden, die Dörrpflaumen damit einpacken und mit Zahnstochern fixieren.

Zubereitung
- Das Fleisch am Vorabend der Zubereitung im Kühlschrank mit einem Sieb über einer Schüssel abschütten, Marinade auffangen.
- Die Marinade mit dem Mirepoix, dem Kräuterbündel und dem Gewürzsäcklein sorgfältig aufkochen.
- Marinade vorsichtig durch ein Passiertuch passieren.
- Das Fleisch mit Salz und Pfeffer würzen und in der Bratbutter heiß anbraten.
- Mit der geklärten Marinade ablöschen und aufkochen.
- Den Wildfond beigeben und unter öfterem Entfetten und Abschäumen das Fleisch weich schmoren.
- Mit einer Schaumkelle das Fleisch aus der Schmorflüssigkeit nehmen.
- Die Schmorflüssigkeit auf die Hälfte einkochen, mit dem braunen Roux binden und nochmals 15 Minuten kochen lassen.
- Sauce mit Butterflocken aufmontieren und abschmecken, das Fleisch wieder in die Sauce geben.
- Die im Speck eingepackten Dörrpflaumen im heißen Ofen knusprig backen.

Anrichten
- Rehpfeffer auf Platte/Teller anrichten.
- Mit Speck umwickelte Dörrpflaumen anrichten, Zahnstocher entfernen und servieren.

Hinweise für die Praxis
Bei dieser Zubereitung wurde bewusst auf die Verwendung von Schweinsblut verzichtet.

Rehragout à la minute mit grünen Spargeln und Rosmarinsauce
Ragoût de chevreuil minute aux asperges vertes, sauce au romarin

Zutaten

	4 Pers	10 Pers
Rehschnitzelfleisch, dressiert	560 g	1400 g
Salz		
Pfeffer, schwarz, aus der Mühle		
Sonnenblumenöl, high oleic	20 g	50 g
Spargeln, grün, geschält	120 g	300 g
Rotwein	80 g	200 g
Wildfond	160 g	400 g
Rosmarin, frisch	4 g	10 g
Vollrahm, 35 %	80 g	200 g
Salz		
Pfeffer, schwarz, aus der Mühle		
Rosmarinzweige	4 g	10 g

Vorbereitung
- Das Rehfleisch in 15–20 g schwere Würfel schneiden.
- Die Spargeln schräg in 4 cm lange Stücke schneiden.
- Rosmarin waschen, zupfen, trockentupfen und fein hacken.
- Vollrahm steif schlagen und kühl stellen.
- Rosmarinzweige waschen und auf Küchenpapier abtropfen.

Zubereitung
- Spargelstücke im Salzwasser knackig sieden, abschrecken und abschütten.
- Die Rehfleischwürfel mit Salz und schwarzem Pfeffer würzen und im heißen Öl kurz scharf anbraten.
- Herausnehmen und warm stellen (das Fleisch sollte die Garstufe saignant aufweisen).
- Bratensatz mit Rotwein ablöschen und fast vollständig einkochen.
- Wildfond, gehackten Rosmarin und Fleischsaft vom Rehragout beigeben und sirupartig einkochen.
- Fleischwürfel und Spargelstücke beigeben und erhitzen, ohne aufzukochen.
- Geschlagenen Vollrahm unterziehen, mit Salz und Pfeffer abschmecken und anrichten.
- Mit Rosmarinzweigen garnieren.

Rehrücken mit frischen Steinpilzen und Preiselbeerbirne
Selle de chevreuil aux bolets frais et poire aux airelles

Zutaten

	4 Pers	10 Pers
Rehrücken, Kurzschnitt, dressiert	1280 g	3200 g
Salz		
Pfeffer, schwarz, aus der Mühle		
Sonnenblumenöl, high oleic	80 g	100 g
Matignon, bunt	120 g	300 g
Rotwein, Shiraz	100 g	200 g
Wildjus	240 g	600 g
Gin	40 g	100 g
Vollrahm, 35 %	40 g	100 g
Salz		
Pfeffer, schwarz, aus der Mühle		
Steinpilze, frisch, gerüstet	160 g	400 g
Schalotten, geschält	20 g	50 g
Olivenöl	20 g	50 g
Thymian, frisch	2 g	5 g
Rosmarin, frisch	2 g	5 g
Salz		
Pfeffer, weiß, aus der Mühle		

Garnitur

	4 Pers	10 Pers
Birnen, geschält	240 g	600 g
Weißwein	80 g	200 g
Wasser	80 g	200 g
Zitronensaft, frisch	15 g	40 g
Zucker	40 g	100 g
Preiselbeeren, Kompott	80 g	200 g

Vorbereitung
- Steinpilze mit einem Tuch abreiben.
- Schalotten fein hacken.
- Thymian und Rosmarin waschen, zupfen, trockentupfen und fein hacken.
- Birnen längs halbieren und das Kerngehäuse großzügig ausstechen.
- Birnenhälften mit Weißwein, Wasser, Zitronensaft und Zucker pochieren und im Sud erkalten lassen.

Zubereitung
- Rehrücken mit Salz und Pfeffer würzen und im heißen Öl im Ofen anbraten.
- Unter öfterem Arrosieren mit Fettstoff bei reduzierter Hitze fertig braten (Garstufe rosa).
- Rehrücken herausnehmen und in einem warmen Rechaud abstehen lassen.
- Überschüssiges Öl abgießen und das Matignon andünsten.
- Bratensatz mit Rotwein ablöschen und fast vollständig einkochen lassen.
- Mit Wildjus auffüllen, zur Hälfte einkochen lassen und durch ein Drahtspitzsieb passieren.
- Gin und Vollrahm beigeben und die Sauce abschmecken.
- In einer Lyoner Pfanne die Steinpilze und Schalotten unter Farbgebung sautieren.
- Gehackte Kräuter beigeben und mit Salz und Pfeffer abschmecken.

Anrichten
- Rehrücken auf einer Platte anrichten.
- Die gebratenen Steinpilze um den Rehrücken anrichten.
- Birnenhälften auf Küchenpapier abtropfen lassen, mit Preiselbeerkompott füllen und anrichten.
- Wildrahmsauce separat dazu servieren.

Rehrückenfilet mit frischen Feigen und Muskattrauben
Filet de selle de chevreuil aux figues fraîches et aux raisins muscats

Zutaten	4 Pers	10 Pers
Rehrückenfilet, dressiert	600 g	1500 g
Salz		
Pfeffer, weiß, aus der Mühle		
Sonnenblumenöl, high oleic	40 g	100 g
Portwein, rot	80 g	200 g
Wildjus	180 g	450 g
Vollrahm, 35%	60 g	150 g
Butter	20 g	50 g
Salz		
Pfeffer, weiß, aus der Mühle		
Garnitur		
Butter	25 g	60 g
Feigen, blau, frisch	200 g	500 g
Zucker	10 g	20 g
Muskattrauben	160 g	400 g

Vorbereitung
- Feigen waschen und vierteln.
- Muskattrauben waschen, halbieren und entkernen.

Zubereitung
- Rehrückenfilet mit Salz und Pfeffer würzen.
- In einer Lyoner Pfanne im heißen Sonnenblumenöl anbraten und im Ofen fertig garen (Garstufe rosa).
- Das Bratfett abgießen, mit Portwein ablöschen, stark einkochen und in eine Sauteuse umleeren.
- Wildjus beigeben und einkochen lassen.
- Vollrahm beigeben und zur gewünschten Konsistenz einkochen.
- Sauce mit Butterflocken verfeinern und mit Salz und Pfeffer abschmecken.
- Feigen mit wenig Zucker bestreuen, mit Butterflocken belegen und im Ofen erwärmen.
- Muskattrauben in Butter sautieren.

Anrichten
- Saucenspiegel anrichten.
- Rehrückenfilet leicht schräg in gleichmäßige Tranchen schneiden, anrichten und mit Butter bepinseln.
- Mit den warmen Feigenvierteln und den sautierten Muskattrauben garnieren.

Rehrückenfilet mit Waldmeistersabayon, Pak-choi und Wildreisküchlein
Filet de selle de chevreuil au sabayon à l'aspérule, pak-choï et galettes de riz sauvage

Zutaten	4 Pers	10 Pers
Rehrückenfilet, dressiert	520 g	1300 g
Salz		
Pfeffer, schwarz, aus der Mühle		
Bratbutter	30 g	80 g
Pak-choi, gerüstet	800 g	2000 g
Olivenöl, kaltgepresst	20 g	40 g
Fleur de sel	2 g	4 g
Waldmeisterinfusion (Tee)	80 g	200 g
Kalbsfond, hell	40 g	100 g
Eigelb, pasteurisiert	40 g	90 g
Wildreisküchlein		
Butter	10 g	20 g
Wildreis	60 g	150 g
Weißwein	20 g	50 g
Gemüsefond	100 g	250 g
Eigelb, pasteurisiert	25 g	60 g
Eiweiß, pasteurisiert	25 g	60 g
Salz		
Pfeffer, weiß, aus der Mühle		
Butter	25 g	60 g

Vorbereitung
- Rehrückenfilet in Portionen à 130 g schneiden.
- Pak-choi waschen und der Länge nach halbieren.
- Wildreis in Butter glasig dünsten, mit Weißwein ablöschen und mit Gemüsefond auffüllen.
- Auf kleinem Feuer während ca. 1 Stunde weich garen und abkühlen lassen.
- Den kalten Wildreis fein hacken.
- Das Eiweiß steif schlagen und kühl stellen.

Zubereitung
- Rehrückenfilet mit Salz und schwarzem Pfeffer würzen.
- In der Bratbutter blutig braten und warm stellen.
- Den vorbereiteten Pak-choi im Drucksteamer knackig garen (ca. 3 Minuten).
- Den gegarten Pak-choi mit Olivenöl und Fleur de sel würzen.
- Die grünen Blätter um das Pak-choi-Herz wickeln.
- Den gehackten Wildreis mit Eigelb mischen und das steif geschlagene Eiweiß unterziehen.
- In einer antihaftbeschichteten Pfanne in Butter luftige Wildreisküchlein backen und in Stücke schneiden oder Rondellen ausstechen.
- Den Waldmeistertee und den hellen Kalbsfond mit dem Eigelb im heißen Wasserbad zu einem sämigen Sabayon schlagen und abschmecken.

Anrichten
- Rehrückenfilet leicht schräg in 1 cm dicke Tranchen schneiden, anrichten und mit Butter bepinseln.
- Mit Waldmeistersabayon umgießen.
- Pak-choi und Wildreisküchlein anrichten und servieren.

Sautierte Fasanenbrust mit Rahmäpfeln · Suprême de faisan sauté aux pommes à la crème

Zum Glasieren	4 Pers	10 Pers
Fasanenbrust, mit Haut, dressiert	480 g	1200 g
Salz		
Pfeffer, weiß, aus der Mühle		
Wacholderbeeren	2	4
Bratbutter	40 g	100 g
Schalotten, geschält	40 g	100 g
Äpfel, Golden Delicious, geschält, ohne Kerngehäuse	320 g	800 g
Calvados	60 g	150 g
Doppelrahm, 45%	200 g	500 g
Salz		
Pfeffer, weiß, aus der Mühle		
Petersilie, glattblättrig, frisch	5 g	15 g

Vorbereitung
- Wacholderbeeren fein hacken oder im Mörser zerstoßen.
- Schalotten fein hacken.
- Äpfel in gleichmäßige Schnitze schneiden.
- Petersilie waschen, zupfen, trockentupfen und fein hacken.

Zubereitung
- Fasanenbrüstchen mit Salz, Pfeffer und Wacholder würzen und in der Bratbutter rosa sautieren.
- Herausnehmen und warm stellen.
- Schalotten in der restlichen Bratbutter andünsten.
- Die Apfelschnitze beigeben und mitdünsten.
- Mit Calvados ablöschen und den Doppelrahm beigeben.
- Die Apfelschnitze unter gleichzeitigem Einkochen der Garflüssigkeit weich garen.
- Mit Salz und Pfeffer würzen und die gehackte Petersilie beigeben.

Anrichten
- Die Apfelschnitze mit der eingekochten Sauce anrichten.
- Die Fasanenbrüstchen dünn aufschneiden und fächerartig auf den Apfelschnitzen anrichten.

Sautierte gefüllte Fasanenbrust mit Blattspinat und schwarzen Trüffeln
Suprême de faisan farci sauté aux épinards et aux truffes noires

Zutaten	4 Pers	10 Pers
Fasanenbrust, mit Haut, dressiert	520 g	1300 g
Schweinsnetz	200 g	500 g
Blattspinat, frisch, gerüstet	60 g	150 g
Périgord-Trüffel, frisch	4 g	10 g
Salz		
Pfeffer, weiß, aus der Mühle		
Bratbutter	40 g	100 g
Rotwein, Shiraz	80 g	200 g
Wildfond	160 g	400 g
Butter	40 g	100 g
Thymian, frisch		
Salz		
Pfeffer, weiß, aus der Mühle		

Vorbereitung
- Frische Périgord-Trüffel unter fliessendem Wasser abbürsten, mit Küchenpapier trocknen und in feine Scheiben hobeln.
- Blattspinat waschen, Stiele zupfen und trockenschleudern.
- Thymian waschen, zupfen, trockentupfen und fein hacken.
- Schweinsnetz wässern und auf Küchenpapier trockentupfen.
- Schweinsnetz flach auslegen.
- Eine Fasanenbrust mit der Hautseite nach unten auf das Schweinsnetz legen.
- Fasanenbrust mit Blattspinat und Trüffelscheiben belegen.
- Die zweite Fasanenbrust mit der Hautseite nach oben darauf legen.
- Möglichst satt 2 Mal in das Schweinsnetz einhüllen und mit Bindfaden binden.

Zubereitung
- Fasanenbrustpaket mit Salz und Pfeffer würzen.
- In einem Sautoir in der heißen Bratbutter sautieren.
- Sautoir in den ca. 180 °C heißen Ofen schieben und das Fleisch 8–10 Minuten garen (Garstufe hellrosa).
- Fleisch herausnehmen und in einem Rechaud oder im Hold-O-mat bei 65 °C ca. 15 Minuten abstehen lassen.
- Bratfett ableeren, mit Rotwein ablöschen und den gehackten Thymian beigeben.
- Rotwein um die Hälfte einreduzieren und den Wildfond beigeben.
- Nochmals um die Hälfte einkochen lassen und die Sauce passieren.
- Sauce mit Butterflocken aufmontieren und abschmecken.

Anrichten
- Fasanenbrustpaket in 4 gleichmäßig dicke Tranchen schneiden.
- Anrichten, mit Butter bepinseln und mit der Sauce umgießen.

Sautierte Hirschkoteletts mit Heidelbeeren · Côtes de cerf sautées aux myrtilles

Zutaten

	4 Pers	10 Pers
Hirschkotelettstück, dressiert	720 g	1800 g
Salz		
Pfeffer, weiß, aus der Mühle		
Sonnenblumenöl, high oleic	40 g	100 g
Heidelbeeren, frisch	60 g	150 g
Butter	10 g	20 g
Rotwein	80 g	200 g
Wild-Demi-glace	160 g	400 g
Butter	20 g	50 g
Vollrahm, 35%, sauer	70 g	180 g
Johannisbeergelee	20 g	50 g
Salz		
Pfeffer, weiß, aus der Mühle		

Vorbereitung
- Hirschkoteletts portionieren (pro Person ca. 4 Koteletts à 45 g, je nach Größe).
- Heidelbeeren waschen.

Zubereitung
- Hirschkoteletts mit Salz und Pfeffer würzen, im heißen Öl rosa sautieren und warm stellen.
- Überflüssiges Fett abgießen.
- Butter beigeben und Heidelbeeren andünsten (einige Heidelbeeren als Garnitur zurückbehalten).
- Mit Rotwein ablöschen und stark einreduzieren.
- Mit Wild-Demi-glace auffüllen und etwas einkochen.
- Sauce durch ein Drahtspitzsieb passieren und mit Butterflocken aufmontieren.
- Mit Sauerrahm und Johannisbeergelee verfeinern und abschmecken.
- Die zurückbehaltenen Heidelbeeren als Einlage in die Sauce geben.
- Koteletts anrichten und mit der Sauce umgießen.
- Restliche Sauce in einer Sauciere separat dazu servieren.

Sautierte Rebhuhnbrüstchen auf Portweinrisotto
Suprêmes de perdreau sautés, risotto au porto

Zutaten

	4 Pers	10 Pers
Rebhuhnbrüstchen, mit Haut und Flügelknochen, dressiert	720 g	1800 g
Salz		
Pfeffer, weiß, aus der Mühle		
Sonnenblumenöl, high oleic	40 g	100 g
Schalotten, geschält	20 g	50 g
Rotwein	80 g	200 g
Wild-Demi-glace	220 g	550 g

Portweinrisotto

	4 Pers	10 Pers
Olivenöl, kaltgepresst	20 g	50 g
Zwiebeln, geschält	40 g	100 g
Reis, Carnaroli	240 g	600 g
Geflügelfond, hell	660 g	1650 g
Lorbeerblätter		
Butter	20 g	50 g
Parmesan, gerieben	30 g	75 g
Vollrahm, 35%	70 g	175 g
Portwein, rot	70 g	175 g
Salz		
Pfeffer, weiß, aus der Mühle		

Vorbereitung
- Schalotten und Zwiebeln fein hacken.
- Geflügelfond aufkochen.
- Vollrahm steif schlagen und kühl stellen.

Zubereitung
- Rebhuhnbrüstchen (pro Person 180 g) würzen und im heißen Öl sautieren (Garstufe rosa).
- Herausnehmen und warm stellen.
- Überschüssiges Öl abschütten und im Restfettstoff die Schalotten andünsten.
- Mit Rotwein ablöschen, etwas einkochen lassen und mit Wild-Demi-glace auffüllen.
- Sauce zur gewünschten Konsistenz einkochen.
- Sauce durch ein Drahtspitzsieb passieren und abschmecken.
- Zwiebeln im Olivenöl andünsten, Carnaroli-Reis beigeben und glasig dünsten.
- Mit etwas heißem Geflügelfond ablöschen.
- Lorbeerblatt beigeben und nach und nach mit dem heißen Geflügelfond aufgießen.
- Unter öfterem Umrühren sieden und fertig garen.
- Butter, Parmesan, Schlagrahm und Portwein langsam beigeben und mit Salz und Pfeffer abschmecken.

Anrichten
- Rebhuhnbrüstchen tranchieren und fächerartig auf dem Portweinrisotto anrichten.
- Sauce separat dazu servieren.

Hinweise für die Praxis
Anstelle von Rebhuhnbrüstchen können auch Fasanenbrüstchen verwendet werden.

Sautierte Reh-Mignons mit Senfkruste
Mignons de chevreuil sautés en croûte à la moutarde

Zutaten	4 Pers	10 Pers
Rehrückenfilet, dressiert	600 g	1500 g
Salz		
Pfeffer, weiß, aus der Mühle		
Sonnenblumenöl, high oleic	40 g	100 g
Schalotten, geschält	20 g	50 g
Rotwein	80 g	200 g
Wild-Demi-glace	220 g	550 g
Kruste		
Butter	50 g	125 g
Eigelb, pasteurisiert	20 g	50 g
Mie de pain/weißes Paniermehl	10 g	25 g
Cornflakes, ungesüßt	10 g	25 g
Meaux-Vollkornsenf	15 g	40 g
Salz		
Pfeffer, weiß, aus der Mühle		
Cayenne-Pfeffer, gemahlen		
Limonensaft		

Vorbereitung
- Rehrückenfilet in 50 g schwere Mignons schneiden (3 Mignons pro Person) und leicht plattieren.
- Schalotten fein hacken.
- Butter aus dem Kühlschrank nehmen.
- Ungesüßte Cornflakes im Kutter fein hacken.

Zubereitung
- Reh-Mignons würzen und im heißen Öl sautieren (Garstufe blutig).
- Herausnehmen und warm stellen.
- Überschüssiges Öl abschütten und die Schalotten im Restfettstoff andünsten.
- Mit Rotwein ablöschen und einkochen lassen.
- Mit der Wild-Demi-glace auffüllen und zur gewünschten Konsistenz einkochen.
- Sauce durch ein Sieb passieren und abschmecken.
- Weiche Butter mit dem Eigelb schaumig rühren.
- Mie de pain, Cornflakes und Senf beigeben und mit Salz, Cayenne-Pfeffer und Limonensaft abschmecken.
- Die Reh-Mignons mit der Senfmasse bestreichen und unter dem Salamander überbacken.

Anrichten
- Reh-Mignons auf einem Saucenspiegel anrichten.
- Restliche Sauce separat in einer Sauciere dazu servieren.

Hinweise für die Praxis
Als Beilagen passen Kürbisgaletten und Rahmwirsing.

Sautierte Rehnuss Mirza · Sous-noix de chevreuil sautée Mirza

Zutaten	4 Pers	10 Pers
Rehnuss, dressiert	640 g	1600 g
Salz		
Pfeffer, schwarz, aus der Mühle		
Sonnenblumenöl, high oleic	20 g	50 g
Rotwein	120 g	300 g
Wild-Demi-glace	120 g	300 g
Vollrahm, 35%	80 g	200 g
Salz		
Cayenne-Pfeffer, gemahlen		
Garnitur		
Äpfel, geschält	160 g	400 g
Weißwein	80 g	200 g
Zitronensaft, frisch	15 g	30 g
Wasser	80 g	200 g
Zucker	60 g	150 g
Johannisbeergelee	40 g	100 g

Vorbereitung
- Äpfel halbieren und das Kerngehäuse großzügig mit einem Ausstechlöffel ausstechen.
- Weißwein, Zitronensaft, Wasser und Zucker aufkochen und die Apfelhälften (½ pro Person) weich garen.

Zubereitung
- Ganze Rehnuss mit Salz und schwarzem Pfeffer würzen.
- Im heißen Öl beidseitig ansautieren und im heißen Ofen fertig garen (leicht blutig).
- Rehnuss herausnehmen und warm stellen.
- Überschüssiges Öl ableeren, den Bratensatz mit Rotwein ablöschen und einreduzieren.
- Mit der Wild-Demi-glace auffüllen und nochmals leicht einreduzieren.
- Sauce mit Vollrahm verfeinern und mit Salz und Cayenne-Pfeffer abschmecken.

Anrichten
- Rehnuss tranchieren, fächerartig anrichten, mit Butter bestreichen und mit der Sauce umgießen.
- Apfelhälften auf Küchenpapier abtropfen, mit Johannisbeergelee füllen und dazu anrichten.

Hinweise für die Praxis
Anstelle der Rehnuss kann auch das Eckstück oder die Unterspälte verwendet werden.

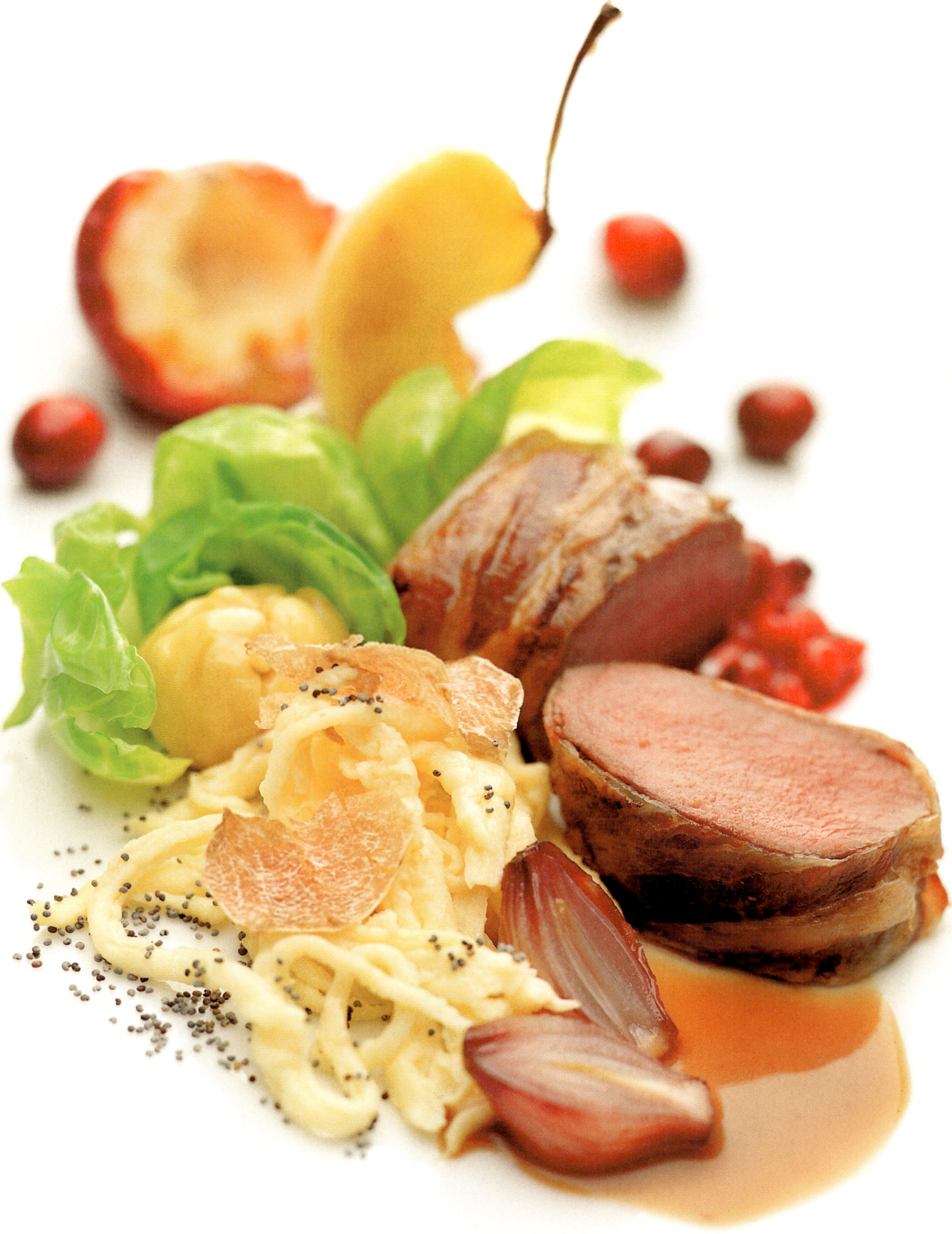

Sautierte Rehschnitzel mit verschiedenen Pilzen
Escalopes de chevreuil sautées aux champignons

Zutaten

	4 Pers	10 Pers
Rehschnitzelfleisch, dressiert	600 g	1500 g
Salz		
Pfeffer, weiß, aus der Mühle		
Sonnenblumenöl, high oleic	40 g	100 g
Schalotten, geschält	20 g	50 g
Weißwein	80 g	200 g
Wild-Demi-glace	140 g	350 g
Vollrahm, 35 %	80 g	200 g
Cayenne-Pfeffer, gemahlen		
Salz		
Zitronensaft, frisch		

Garnitur

	4 Pers	10 Pers
Olivenöl	20 g	50 g
Schalotten, geschält	20 g	50 g
Steinpilze, frisch, gerüstet	80 g	200 g
Eierschwämme/Pfifferlinge, frisch, gerüstet	80 g	200 g
Champignons, braun, frisch	80 g	200 g
Salz		
Pfeffer, weiß, aus der Mühle		
Petersilie, glattblättrig, frisch	10 g	20 g

Vorbereitung

- Aus dem Fleisch Rehschnitzel zu je 50 g schneiden (pro Person 3 Schnitzel) und leicht plattieren.
- Schalotten fein hacken.
- Vollrahm steif schlagen und kühl stellen.
- Steinpilze mit einem Tuch abreiben und in gleichmäßige Scheiben schneiden.
- Eierschwämme und Champignons waschen, abtropfen lassen und in gleichmäßige Scheiben schneiden.
- Petersilie waschen, zupfen, trockentupfen und fein hacken.

Zubereitung

- Rehschnitzel würzen und im heißen Öl sautieren (Garstufe rosa).
- Herausnehmen und warm stellen.
- Überschüssiges Öl ableeren und im Restfettstoff die gehackten Schalotten andünsten.
- Mit Weißwein ablöschen, etwas einkochen lassen und mit Wild-Demi-glace auffüllen.
- Sauce zur gewünschten Konsistenz einkochen und durch ein Sieb passieren.
- Sauce mit geschlagenem Vollrahm verfeinern und mit Salz, Cayenne-Pfeffer und Zitronensaft abschmecken.
- Olivenöl in einer Lyoner Pfanne erhitzen.
- Schalotten und Pilze unter leichter Farbgebung sautieren.
- Mit Salz und Pfeffer abschmecken und vor dem Servieren die gehackte Petersilie beigeben.

Anrichten

- Rehschnitzel auf einem Saucenspiegel anrichten.
- Sautierte Pilze über die Schnitzel geben.
- Restliche Sauce in einer Sauciere separat servieren.

Hinweise für die Praxis

Je nach Jahreszeit können die Pilze beliebig variiert werden.

Sautierte Wildtaubenbrüstchen mit glasierten Marroni/Kastanien und Pinienkernen
Suprêmes de pigeonneau sauvage sautés aux marrons glacés et aux pignons

Zutaten	4 Pers	10 Pers
Wildtaubenbrüstchen, dressiert	640 g	1600 g
Salz		
Pfeffer, weiß, aus der Mühle		
Sonnenblumenöl, high oleic	40 g	100 g
Schalotten, geschält	20 g	50 g
Rotwein	80 g	200 g
Wild-Demi-glace	220 g	550 g
Zucker	20 g	50 g
Butter	10 g	25 g
Orangensaft, frisch gepresst	20 g	50 g
Gemüsefond	60 g	150 g
Marroni/Esskastanien, ganz, geschält, tiefgekühlt	240 g	600 g
Aceto balsamico tradizionale di Modena (Balsamessig)	5 g	10 g
Pinienkerne	15 g	40 g
Salz		
Pfeffer, weiß, aus der Mühle		

Vorbereitung
- Schalotten fein hacken.
- Pinienkerne in einer antihaftbeschichteten Pfanne trocken goldgelb rösten.

Zubereitung
- Taubenbrüstchen würzen und im heißen Öl sautieren (Garstufe rosa).
- Herausnehmen und warm stellen.
- Überschüssiges Öl abschütten und im Restfettstoff die Schalotten andünsten.
- Mit Rotwein ablöschen und einkochen lassen.
- Mit Wild-Demi-glace auffüllen und zur gewünschten Konsistenz einkochen.
- Sauce durch ein Sieb passieren und mit Salz und Pfeffer abschmecken.
- Zucker in einem Sautoir karamellisieren.
- Butter beigeben, mit Orangensaft und Gemüsefond ablöschen.
- Kochen lassen, bis sich der Zucker vollständig aufgelöst hat.
- Kastanien beigeben, zugedeckt garen und gleichzeitig sirupartig einkochen.
- Balsamessig und Pinienkerne beigeben, die Kastanien in der sirupartig eingekochten Flüssigkeit schwenken und mit Salz und Pfeffer abschmecken.

Anrichten
- Taubenbrüstchen fächerartig tranchieren und zusammen mit den Kastanien und Pinienkernen anrichten.
- Sauce in einer Sauciere separat dazu servieren.

Hinweise für die Praxis
Das Gericht kann auch mit Zuchttauben zubereitet werden.

Sautierte Rebhuhnbrüstchen mit Rahmlauch und weißen Trüffeln
Suprêmes de perdreau sautés aux poireaux à la crème et aux truffes blanches

Zutaten

	4 Pers	10 Pers
Rebhuhnbrüstchen, mit Haut und Flügelknochen, dressiert	480 g	1200 g
Salz		
Pfeffer, weiß, aus der Mühle		
Sonnenblumenöl, high oleic	40 g	100 g
Weißwein	40 g	100 g
Lauch, gebleicht, gerüstet	400 g	1000 g
Zwiebeln, geschält	40 g	100 g
Butter	40 g	100 g
Kalbsfond, hell	80 g	200 g
Vollrahm, 35%	40 g	100 g
Doppelrahm, 45%	80 g	200 g
Trüffel, weiß, frisch	8 g	20 g
Salz		
Pfeffer, weiß, aus der Mühle		

Vorbereitung
- Lauch längs halbieren, waschen und in 3 cm lange Stücke schneiden.
- Zwiebeln fein hacken.

Zubereitung
- Gehackte Zwiebeln in Butter andünsten.
- Lauch beigeben, leicht salzen und mitdünsten.
- Mit dem hellen Kalbsfond ablöschen und zugedeckt zu ⅔ weich dünsten.
- Vollrahm und Doppelrahm beigeben und ohne Deckel fertig garen (falls nötig, die Garflüssigkeit zur gewünschten, cremigen Konsistenz einkochen) und mit Salz und Pfeffer abschmecken.
- Rebhuhnbrüstchen mit Salz und Pfeffer würzen und im Sonnenblumenöl rosa sautieren.
- Herausnehmen, warm stellen und das Öl abschütten.
- Den Bratensatz mit Weißwein ablöschen, einkochen und zum Lauch geben.

Anrichten
- Den Rahmlauch auf Teller anrichten.
- Die Rebhuhnbrüstchen fächerartig dünn aufschneiden und auf dem Rahmlauch anrichten.
- Weiße Trüffel mit dem Trüffelhobel in feine Scheibchen hobeln und über das Gericht geben.

Hinweise für die Praxis
Die weißen Trüffel können auch vor dem Gast über das Gericht gehobelt werden.

Gerichte aus exotischen Tieren

Bison-Mignons mit Thymiankruste und Frühlingszwiebelpüree
Mignons de bison en croûte de thym à la purée d'oignons de printemps

Zutaten	4 Pers	10 Pers
Bisonfilet, dressiert	480 g	1200 g
Senfpulver, englisches	15 g	40 g
Weißwein	15 g	40 g
Thymian, frisch	10 g	25 g
Frühlingszwiebeln, ohne Stängel	240 g	600 g
Weißmehl	15 g	40 g
Olivenöl	60 g	150 g
Rotwein	200 g	500 g
Zucker	8 g	20 g
Wild-Demi-glace	200 g	500 g
Salz		
Pfeffer, schwarz, aus der Mühle		
Vollrahm, 35 %	60 g	150 g
Gin	20 g	50 g

Vorbereitung
- Bisonfilet in 60 g schwere Mignons schneiden (2 Mignons pro Person).
- Fleisch auf einer Seite ca. 2 mm tief gitterartig einschneiden.
- Englisches Senfpulver mit Weißwein vermischen und glatt rühren.
- Thymian waschen, zupfen, trockentupfen und fein hacken.
- Frühlingszwiebeln waschen und fein hacken.

Zubereitung
- Bison-Mignons auf der eingeschnittenen Seite mit englischem Senf bestreichen.
- Thymian, ¼ der Frühlingszwiebeln und Weißmehl vermischen, mit Salz und Pfeffer würzen.
- Zwiebel-Thymian-Gemisch auf die mit Senf bestrichene Seite der Medaillons verteilen und gut andrücken.
- Restliche gehackte Frühlingszwiebeln, Rotwein und Zucker kochen, bis die Flüssigkeit sirupartig eingekocht ist.
- Im Mixer fein pürieren und mit Salz und Pfeffer abschmecken.
- Mignons mit Salz und Pfeffer würzen und im Olivenöl bei mittlerer Hitze saignant (blutig) braten.
- Wild-Demi-glace aufkochen, mit Vollrahm und Gin verfeinern und abschmecken.

Anrichten
- Rotes Zwiebelpüree in der Tellermitte anrichten.
- Bison-Mignons mit der Kruste nach oben darauf legen und mit der Sauce umgießen.

Blessbockschnitzel auf Kenia-Bohnen und Ananas mit Kokos-Sesam-Sabayon
Escalopes de blesbock sur haricots du Kenya et ananas, sabayon à la noix de coco et au sésame

Zutaten	4 Pers	10 Pers
Blessbockschnitzelfleisch, dressiert	640 g	1600 g
Bratbutter	60 g	150 g
Salz		
Pfeffer, schwarz, aus der Mühle		
Ananas, frisch, geschält	320 g	800 g
Bohnen, extrafein, gerüstet	160 g	400 g
Butter	60 g	150 g
Kalbsfond, hell	100 g	250 g
Kokosmilch, ungesüßt	100 g	250 g
Sesamkörner, schwarz	4 g	10 g
Eigelb, pasteurisiert	60 g	150 g
Salz		
Pfeffer, weiß, aus der Mühle		
Kokosflocken	15 g	40 g

Vorbereitung
- Fleisch in Schnitzel schneiden (pro Person 2 Schnitzel zu je 80 g).
- Ananasstrunk entfernen und das Fruchtfleisch in 8 mm große Würfel schneiden.
- Bohnen in Salzwasser blanchieren, in Eiswasser abschrecken und abschütten.
- Kokosflocken in einer antihaftbeschichteten Pfanne goldgelb rösten.

Zubereitung
- Ananasstücke in schaumiger Butter sautieren und anrichten.
- Bohnen in Butter knackig dünsten, würzen und über die Ananas geben.
- Blessbockschnitzel mit Salz und Pfeffer würzen und in der Bratbutter saignant (blutig) braten.
- Fleisch auf den Ananas und den Bohnen anrichten.
- Hellen Kalbsfond, Kokosmilch, Sesam und Eigelb in eine Schüssel geben und verrühren.
- Auf einem Wasserbad zu einem Sabayon schlagen, mit Salz und Pfeffer würzen.
- Die Schnitzel mit dem Sabayon umgießen.
- Geröstete Kokosflocken über das Gericht streuen.

Hinweise für die Praxis
Das Gericht kann auch mit frischer Kokosnuss zubereitet werden: Kokosmilch zur Herstellung des Sabayons verwenden und am Schluss das frische Kokosfleisch über das Gericht hobeln.

Gebratene Springbocknuss mit Pfefferkruste auf Tamarillos und Kakaosauce
Sous-noix de springbok rôtie en croûte de poivre sur tamarillos et sauce au cacao

Zutaten	4 Pers	10 Pers
Springbocknuss, dressiert	600 g	1500 g
Pfefferkörner, rot, getrocknet	4 g	10 g
Pfefferkörner, grün, getrocknet	4 g	10 g
Salz		
Bratbutter	50 g	130 g
Tamarillos, frisch	120 g	300 g
Bienenhonig	30 g	80 g
Weißwein	100 g	250 g
Schalotten, geschält	40 g	100 g
Kalbsfond, braun	200 g	500 g
Kakaopulver	4 g	10 g
Butter	20 g	50 g
Salz		
Pfeffer, schwarz, aus der Mühle		

Vorbereitung
- Roten und grünen Pfeffer im Mixer fein mahlen.
- Die Tamarillos einschneiden, kurz blanchieren, im Eiswasser abschrecken und schälen.
- Schalotten fein hacken.

Zubereitung
- Springbocknuss salzen und im gemahlenen Pfeffer wenden und leicht andrücken.
- Bratbutter in einer Lyoner Pfanne erhitzen und die Nuss bei mittlerer Hitze anbraten.
- Im Ofen bei 180 °C fertig garen (Garstufe saignant/blutig).
- Springbocknuss herausnehmen und warm stellen.
- Ein Backblech mit Backtrennpapier belegen und mit Butter bestreichen.
- Tamarillos in gleichmäßige Scheiben schneiden, mit Honig bestreichen und 5 Minuten in den Ofen schieben.
- Weißwein mit den gehackten Schalotten einreduzieren.
- Braunen Kalbsfond und Kakaopulver beigeben und einkochen lassen.
- Sauce passieren und etwas Tamarillo-Honig beigeben; mit Butterflocken aufmontieren und abschmecken.

Anrichten
- Tamarillo-Scheiben anrichten.
- Springbocknuss tranchieren, fächerartig darauf anrichten und mit Butter bepinseln.
- Mit der Kakaosauce umgießen.

Känguru-Geschnetzeltes mit Macadamianüssen und Frühlingszwiebeln
Emincé de kangourou aux noix de macadamia et oignons de printemps

Zutaten	4 Pers	10 Pers
Känguru-Entrecôte, dressiert	560 g	1400 g
Salz		
Pfeffer, weiß, aus der Mühle		
Sonnenblumenöl, high oleic	40 g	100 g
Schalotten, geschält	20 g	50 g
Macadamia-Nusskerne, halbiert	60 g	150 g
Frühlingszwiebeln, Stängel	50 g	125 g
Rotwein	80 g	200 g
Demi-glace	160 g	400 g
Vollrahm, 35 %	80 g	200 g
Cayenne-Pfeffer, gemahlen		
Himbeeressig	10 g	25 g

Vorbereitung
- Känguru-Entrecôte in 3 mm dicke und 4 cm lange Streifen schneiden.
- Schalotten fein hacken.
- Macadamianüsse in einer antihaftbeschichteten Pfanne trocken rösten.
- Stängel der Frühlingszwiebeln waschen, trockentupfen und in 5 mm dicke Rondellen schneiden.
- Vollrahm steif schlagen und kühl stellen.

Zubereitung
- Kängurufleisch trockentupfen, würzen und im heißen Sonnenblumenöl sautieren.
- Fleisch herausnehmen und warm stellen.
- Überschüssiges Öl abschütten und die Schalotten im Restfettstoff andünsten.
- Frühlingszwiebeln zugeben und mitdünsten.
- Macadamianüsse beifügen, mit Rotwein ablöschen und sirupartig einkochen.
- Mit Demi-glace auffüllen und zur gewünschten Konsistenz einkochen.
- Das Fleisch in die Sauce geben, gar ziehen lassen, ohne zu kochen, mit geschlagenen Vollrahm verfeinern und mit Cayenne-Pfeffer und Himbeeressig abschmecken.

Kudu-Entrecôte mit Mohnkruste und Okra-Gemüse auf Peperoni-Coulis
Entrecôte de koudou en croûte de pavot et okra sur coulis de poivrons

Zutaten	4 Pers	10 Pers
Kudu-Nierstück, dressiert	600 g	1500 g
Bratbutter	60 g	150 g
Mohnsamen	50 g	130 g
Mie de pain/weißes Paniermehl	200 g	500 g
Baumnussöl	50 g	130 g
Salz		
Pfeffer, schwarz, aus der Mühle		
Peperoni, rot, entkernt	160 g	400 g
Gemüsefond	100 g	250 g
Salz		
Pfeffer, weiß, aus der Mühle		
Okras, gerüstet	160 g	400 g
Zitronensaft, frisch	15 g	40 g
Butter	20 g	50 g
Weißwein	60 g	150 g
Salz		

Vorbereitung
- Kudu-Nierstück in 150 g schwere Entrecôtes schneiden.
- Mohnsamen im Mixer fein mahlen.
- Mie de pain/weißes Paniermehl, Mohnpüree und Nussöl gut vermischen und abschmecken.
- Okras in Zitronenwasser einlegen.
- Rote Peperoni in 1 cm große Würfel schneiden.

Zubereitung
- Die Kudu-Entrecôtes mit Salz und schwarzem Pfeffer würzen und in der Bratbutter saignant (blutig) sautieren.
- Herausnehmen und mit der Mie-de-pain-Mohn-Masse bestreichen und im Salamander überkrusten.
- Die Okras in Butter kurz dünsten, mit Weißwein ablöschen, abschmecken und knackig garen.
- Rote Peperoni im Gemüsefond weich dünsten und mit einem Stabmixer pürieren.
- Durch ein Haarsieb streichen und mit Salz und Pfeffer abschmecken (das Coulis soll eine dickflüssige Konsistenz aufweisen).

Anrichten
- Peperoni-Coulis auf Teller anrichten.
- Kudu-Entrecôte darauf anrichten.
- Mit den gedünsteten Okras garnieren.

Hinweise für die Praxis
Als Sättigungsbeilage passt eine Polenta aus weißem Maisgrieß.

Sautierte Krokodilschwanzwürfel mit Gemüsestreifen, Shitake-Pilzen und Kokosnussmilch
Minute de crocodile à la julienne de légumes et shitake au lait de coco

Zutaten	4 Pers	10 Pers
Krokodilschwanzfleisch, pfannenfertig	600 g	1500 g
Sojasauce, süß	20 g	50 g
Sojasauce, gesalzen	20 g	50 g
Reisessig	10 g	25 g
Sesamöl, fermentiert	10 g	25 g
Paprika, delikatess	2 g	5 g
Sonnenblumenöl, high oleic	30 g	70 g
Salz		
Pfeffer, weiß, aus der Mühle		
Zwiebeln, geschält	50 g	125 g
Knoblauch, geschält	5 g	12 g
Lauch, junger, gerüstet	50 g	125 g
Karotten, geschält	50 g	125 g
Knollensellerie, geschält	50 g	125 g
Shitake-Pilze, frisch, gerüstet	50 g	125 g
Reiswein, Sake	50 g	125 g
Demi-glace	160 g	400 g
Kokosmilch, ungesüßt	100 g	250 g
Vollrahm, 35%	80 g	200 g
Limonensaft	5 g	12 g
Salz		
Pfeffer, weiß, aus der Mühle		

Vorbereitung
- Krokodilschwanzfleisch in 20 g schwere Würfel schneiden und auf Küchenpapier trockentupfen.
- Fleisch mit den Sojasaucen, Reisessig, Sesamöl und Paprika 1 Stunde marinieren.
- Zwiebeln und Knoblauch fein hacken.
- Lauch längs halbieren und waschen.
- Lauch, Karotten und Sellerie in Julienne (Streifchen) schneiden.
- Shitake-Pilze von den Stielen befreien und in Streifen schneiden.
- Vollrahm steif schlagen und kühl stellen.

Zubereitung
- Das marinierte Krokodilfleisch in ein Sieb schütten und die Marinade auffangen.
- Krokodilfleischwürfel in einer Lyoner Pfanne im Sonnenblumenöl kurz und heiß sautieren, mit Salz und Pfeffer würzen, herausnehmen und warm stellen.
- Zwiebeln und Knoblauch im Restfettstoff andünsten, Gemüsestreifen und Shitake-Pilze beigeben und mitdünsten.
- Mit Reiswein ablöschen, einkochen lassen und in eine Sauteuse umschütten.
- Demi-glace und Marinade beigeben und kurz durchkochen lassen und die Kokosmilch beigeben.
- Krokodilfleisch in ein Sieb schütten, den Fleischsaft der Sauce beifügen, zur gewünschten Konsistenz einkochen und mit Salz und Pfeffer abschmecken.
- Fleisch in die Sauce geben und unter dem Siedepunkt gar ziehen lassen.
- Vor dem Servieren geschlagenen Vollrahm und Limonensaft beigeben.

Nationalgerichte

Berner Platte · Plat bernois

Zutaten	4 Pers	10 Pers
Rindszunge, geräuchert	320 g	800 g
Speck, geräuchert	160 g	400 g
Rippchen vom Nierstück (gepökelt, geräuchert)	200 g	500 g
Berner Zungenwurst	160 g	400 g
Siedfleisch, Hohrücken, dressiert	320 g	800 g
Gemüsebündel (Bouquet garni) für Bouillon	120 g	300 g
Zwiebeln, geschält	40 g	100 g
Lorbeerblätter	0,5	1
Gewürznelken	1	2
Thymianzweige	1	2
Salz	4 g	10 g
Bohnen, fein, gerüstet	400 g	1000 g
Butter	20 g	50 g
Speck, geräuchert	40 g	100 g
Zwiebeln, geschält	40 g	100 g
Bohnenkraut, frisch	2 g	4 g
Bouillon	80 g	200 g
Salz		
Pfeffer, weiß, aus der Mühle		
Kartoffeln, Typ A, geschält	480 g	1200 g
Salz	8 g	20 g

Vorbereitung
– Siedfleisch in heißem Wasser blanchieren.
– Bohnen blanchieren, in Eiswasser abschrecken und abschütten.
– Zwiebeln halbieren und die Schnittflächen in einer Lyoner Pfanne rösten.
– Gewürzsäcklein mit Lorbeerblättern, Gewürznelken und Thymian bereitstellen.
– Speck für die Bohnen in 5 mm große Würfel schneiden.
– Zwiebeln fein hacken.
– Bohnenkraut waschen, zupfen, trockentupfen und fein hacken.
– Kartoffeln in gleichmäßige, ca. 2 cm große Würfel schneiden.

Zubereitung
– Rindszunge und Speck in kaltem Wasser aufsetzen und knapp am Siedepunkt weich sieden.
– Rippchen und Zungenwurst in Wasser bei ca. 82 °C pochieren.
– Siedfleisch in heißem gesalzenem Wasser aufsetzen und knapp am Siedepunkt sieden.
– Nach der Hälfte der Kochzeit Gemüsebündel, Röstzwiebeln und das Gewürzsäcklein beigeben.
– Butter erhitzen, Speckwürfel und gehackte Zwiebeln andünsten.
– Bohnen beigeben und mit Bouillon, Bohnenkraut, Salz und Pfeffer weich dünsten.
– Kartoffelwürfel in Salzwasser weich sieden oder dämpfen.

Anrichten
– Bohnen auf einer Platte anrichten.
– Alle Fleischsorten in gleichmäßige Tranchen schneiden und auf den Bohnen anrichten.
– Salzkartoffeln separat oder direkt auf der Platte anrichten.

Hinweise für die Praxis
Je nach Jahreszeit kann die Berner Platte mit geschmorten Bohnen, Dörrbohnen oder Sauerkraut serviert werden. Speck und Rippchen können auch zusammen mit den Dörrbohnen oder mit dem Sauerkraut gegart werden.
Garzeiten des Fleisches: Siedfleisch ca. 90 Minuten, Rindszunge ca. 120 Minuten, Speck ca. 60 Minuten.

Bollito misto mit Salsa verde · Bollito misto, sauce verte

Zutaten

	4 Pers	10 Pers
Siedfleisch, Huftdeckel, dressiert	400 g	1000 g
Kalbfleisch, dicke Schulter, dressiert	400 g	1000 g
Kalbszunge, ungesalzen	200 g	500 g
Bouillon	1600 g	4000 g
Zwiebel, gespickt	0,5	1
Pfefferkörner, weiß	2 g	5 g
Poulet, frisch, pfannenfertig	560 g	1400 g
Geflügelfond, hell	800 g	2000 g
Zampone	200 g	500 g
Karotten, geschält	240 g	600 g
Knollensellerie, geschält	210 g	520 g
Zwiebeln, geschält	180 g	450 g
Gemüsefond	400 g	1000 g
Salz		
Pfeffer, weiß, aus der Mühle		
Kartoffeln, Typ A, geschält	480 g	1200 g
Salz	6 g	15 g

Sauce

	4 Pers	10 Pers
Petersilie, glattblättrig, frisch	20 g	50 g
Sardellenfilets, abgetropft	6 g	15 g
Knoblauch, geschält	4 g	10 g
Kapern, abgetropft	8 g	20 g
Eigelb, pasteurisiert	20 g	50 g
Olivenöl, kaltgepresst	20 g	50 g
Zitronensaft, frisch	10 g	20 g
Salz		
Pfeffer, weiß, aus der Mühle		

Vorbereitung

- Siedfleisch, Kalbsschulter, Kalbszunge, Poulet und Zampone in siedendem Wasser blanchieren.
- Zuerst heiß, dann kalt abspülen.
- Karotten und Knollensellerie in dicke Stäbchen schneiden (1 x 1 x 4 cm).
- Kartoffeln und Zwiebeln in gleichmäßige längliche Stücke schneiden.
- Petersilie waschen, zupfen und trockentupfen.

Zubereitung Gericht

- Bouillon mit gespickter Zwiebel und Pfefferkörnern aufkochen.
- Rindfleisch, Kalbfleisch und Kalbszunge darin weich sieden (Garzeit Rindfleisch ca. 1½ Stunden, Kalbfleisch und Kalbszunge ca. 1 Stunde).
- Zampone in Salzwasser ca. 50 Minuten garen.
- Poulet separat im Geflügelfond pochieren.
- Gegarte Kalbszunge kurz abschrecken und schälen.
- Gemüsestäbchen im Gemüsefond weich kochen und würzen.
- Kartoffeln ebenfalls im Gemüsefond weich sieden.
- Schenkel und Brüstchen des Poulets auslösen, häuten und tranchieren.

Zubereitung Sauce

- Petersilie, Sardellenfilets, Knoblauch und Kapern zusammen mit dem Eigelb im Mixer fein pürieren.
- Olivenöl in dünnem Strahl einrühren, mit Zitronensaft, Salz und Pfeffer abschmecken.

Anrichten

- Siedfleisch, Kalbsschulter, Kalbszunge und Zampone in Tranchen schneiden und auf einer Platte anrichten.
- Pouletstücke anrichten.
- Mit dem Gemüse und den Kartoffeln garnieren.
- Salsa verde in einer Sauciere separat dazu servieren.

Hinweise für die Praxis

Gemüse können beliebig ergänzt werden, z.B. mit Lauch, Kohlrabi, Wirz und ganzen Zwiebeln. Als weitere typische italienische Beilage werden Senffrüchte (Mostarda) dazu serviert.

Dolmades Avgolemono (gefüllte Weinblätter mit Eier-Zitronen-Sauce)
Dolmades Avgolemono (feuilles de vigne farcies, sauce aux œufs et citrons)

Zutaten

	4 Pers	10 Pers
Weinblätter, frisch	200 g	500 g
Rindfleisch, gehackt	200 g	500 g
Schweinefleisch, gehackt	200 g	500 g
Vollei, frisch	60 g	150 g
Zwiebeln, geschält	40 g	100 g
Knoblauch, geschält	10 g	20 g
Langkornreis, parboiled	80 g	200 g
Petersilie, glattblättrig, frisch	20 g	50 g
Pfefferminze, frisch	10 g	25 g
Salz		
Pfeffer, weiß, aus der Mühle		
Bouillon	600 g	1500 g
Butter	20 g	50 g

Sauce

Zitronensaft, frisch	25 g	60 g
Vollei, frisch	60 g	150 g
Stärkemehl	10 g	25 g

Vorbereitung
– Weinblätter von den Stielen befreien, waschen und in Salzwasser 4 Minuten blanchieren.
– In Eiswasser abschrecken und in Wasser aufbewahren.
– Zwiebeln und Knoblauch fein hacken.
– Petersilie und Pfefferminze waschen, zupfen, trockentupfen und fein hacken.
– Eine niedrige Kasserolle mit der Hälfte der Butter ausstreichen.

Vorbereitung Füllung
– Hackfleisch mit Vollei, Zwiebeln, Knoblauch, Langkornreis (roh), Petersilie und Pfefferminze gut vermischen, mit Salz und Pfeffer würzen.

Zubereitung
– Weinblätter auf trockenes Tuch legen und auf jedes Blatt ein walnussgroßes Häufchen Füllung geben.
– Eine Blattseite darüberklappen, dann die Blätter an den Seiten einschlagen und locker aufrollen, sodass kleine Päckchen entstehen.
– Die Päckchen in der vorbereiteten Kasserolle dicht nebeneinander anordnen und so viele Lagen aufschichten, bis die Masse aufgebraucht ist.
– Weinblätter mit restlicher Butter bepinseln und mit einem umgekehrten Teller beschweren, der möglichst genau in die Kasserolle passt.
– Mit Bouillon bis zum Tellerrand auffüllen und auf dem Herd zum Siedepunkt bringen.
– Ca. 1 Stunde am Siedepunkt garen, evtl. noch etwas Bouillon nachgießen (je nach Flüssigkeitsaufnahme des Reises).
– Fertig gegarte Weinblätter abschütten, Flüssigkeit auffangen und passieren.

Zubereitung Sauce
– Eigelb von Eiweiß trennen.
– Eiweiß mit einem Esslöffel Wasser leicht schaumig schlagen.
– Eigelb, Zitronensaft und Stärkemehl beigeben und gut verrühren.
– 700 g Garflüssigkeit aufkochen und vom Herd ziehen.
– Ei-Zitronensaft-Mischung unter kräftigem Rühren beigeben.
– Nicht über 80 °C erhitzen, da die Sauce sonst gerinnt.

Anrichten
– Gefüllte Weinblätter auf vorgewärmten Tellern anrichten.
– Mit Zitronensauce nappieren.

Hinweise für die Praxis
Die gefüllten Weinblätter können auch am Vortag zubereitet werden. Sie können als warme oder kalte Vorspeise serviert werden.

Bouillabaisse marseillaise · Bouillabaisse marseillaise

Zutaten

	4 Pers	10 Pers
Olivenöl	5 g	10 g
Zwiebeln, geschält	90 g	220 g
Lauch, gebleicht, gerüstet	100 g	250 g
Stangensellerie, gerüstet	100 g	250 g
Fenchel, gerüstet	160 g	400 g
Knoblauch, geschält	10 g	25 g
Orangen, Zeste	5 g	12 g
Peretti-Tomaten, geschält, in Würfeln	360 g	900 g
Chilischoten, entkernt	2 g	6 g
Safranfäden, getrocknet	0,5 g	1 g
Thymianzweige	4 g	10 g
Lorbeerblätter	0,5 g	1 g
Fischfond	1400 g	3500 g
Bouillabaisse-Fischsortiment	1200 g	3000 g
Miesmuscheln, frisch, in Schale, geputzt	300 g	750 g
Fenchelkraut	10 g	25 g
Origanoblätter, frisch	10 g	20 g
Thymianblättchen	2 g	5 g
Pernod	35 g	80 g
Salz		
Cayenne-Pfeffer, gemahlen		

Beilagen

	4 Pers	10 Pers
Pariser Brot, Scheiben	80 g	200 g
Knoblauch, geschält	5 g	10 g
Butter	30 g	80 g
Aïoli-Sauce	80 g	200 g
Rouille-Sauce	80 g	200 g

Vorbereitung

- Zwiebeln emincieren (in feine Scheiben schneiden).
- Lauch längs halbieren, waschen und in Julienne (Streifchen) schneiden.
- Stangensellerie und Fenchel ebenfalls in Julienne schneiden.
- Knoblauch durch die Knoblauchpresse drücken.
- Schalen von ungespritzten Orangen in feine Streifen schneiden.
- Chilischoten fein hacken.
- Fischsortiment (Petermännchen, Seeteufel, Meeraal, Knurrhahn, Meeräsche, Drachenkopf, Zackenbarsch usw.) schuppen, Bauchhöhle auswaschen, Köpfe und Flossen wegschneiden.
- Fische in Portionenstücke schneiden.
- Fischabschnitte und Fischköpfe für den Fischfond verwenden.
- Miesmuscheln von Algen und Byssusfäden befreien und gründlich waschen.
- Fenchelkraut und Origanoblätter hacken.
- Pariser-Brot-Scheiben mit gepresstem Knoblauch und Butter bepinseln und unter dem Salamander toasten.

Zubereitung

- Olivenöl in einer Kasserolle erhitzen.
- Zwiebeln, Lauch, Sellerie, Fenchel und Knoblauch langsam dünsten.
- Orangenschale, Chili, Safran, Thymianzweig und Lorbeerblätter beigeben und mitdünsten.
- Tomaten beigeben und mitdünsten, mit dem Fischfond auffüllen, 5 Minuten sieden.
- Fische beigeben; zuerst die festfleischigen Sorten und am Schluss die weichfleischigen Sorten.
- Fische jeweils ca. 3 Minuten leicht sieden.
- Miesmuscheln, Fenchelkraut, Origano und Thymianblättchen beigeben.
- Nochmals 2 Minuten sieden.
- Fische und Muscheln vorsichtig herausheben und in einer Servierkasserolle anrichten.
- Suppe abschmecken, Pernod beigeben.
- Fische und Muscheln anrichten und mit der Suppe übergießen.

Beilagen

Knoblauch-Croûtons, Aïoli-Sauce und Rouille-Sauce separat dazu servieren.

Hinweise für die Praxis

Das Fischsortiment kann je nach Verfügbarkeit der Fische variieren oder mit weiteren Fischsorten ergänzt werden. Die Bouillabaisse kann auch mit Krustentieren (Hummer, Languste, Scampi oder Riesenkrevetten) ergänzt werden. Vielfach wird heute die Bouillabaisse mit filetierten und entgräteten Fischen angeboten; die Gräten und Abschnitte sollten unbedingt für die Herstellung des Fischfonds verwendet werden. Auch die Fischköpfe sind dafür besonders geeignet.

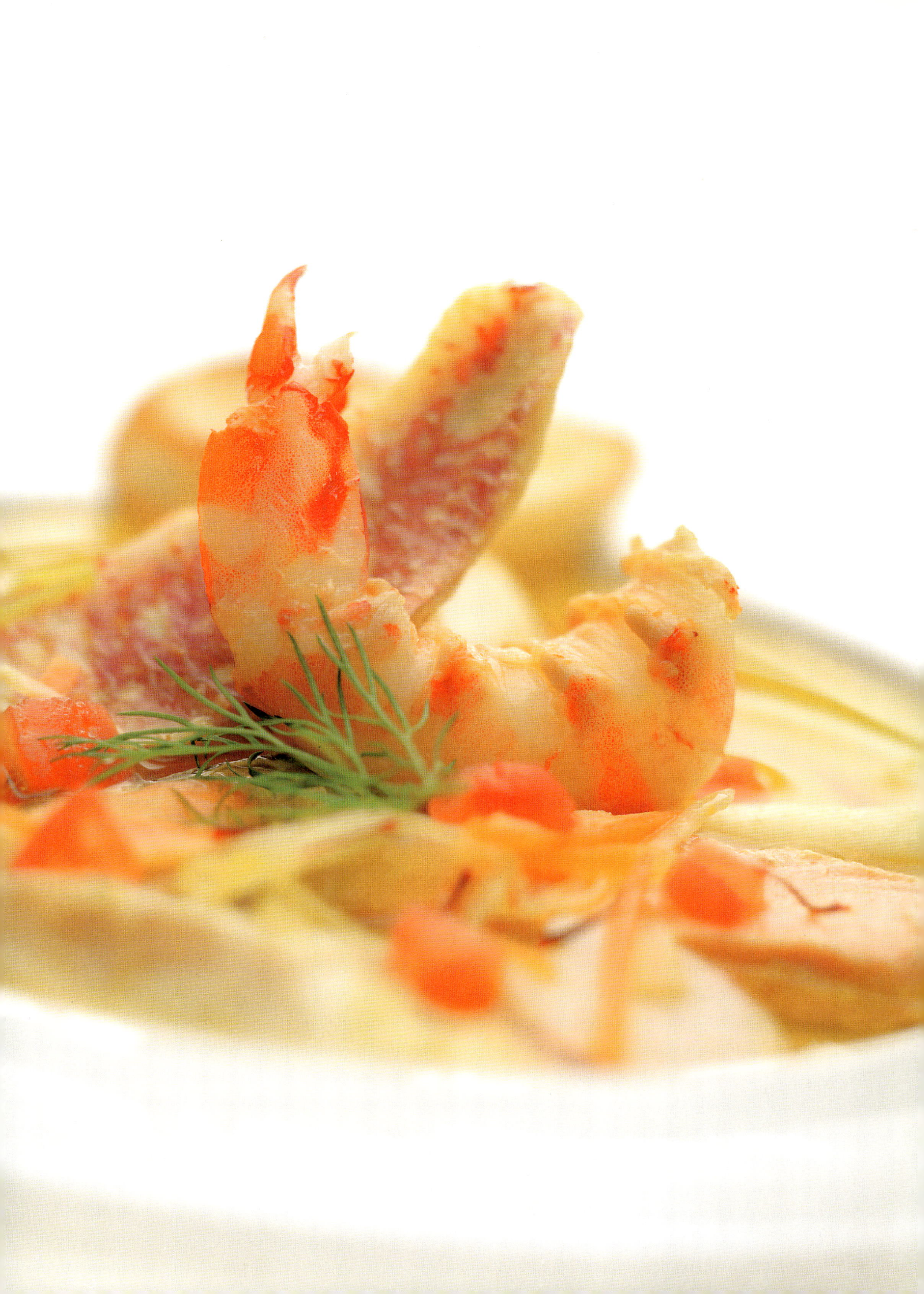

Luzerner Chügelipastete · Vol-au-vent lucernoise

Teig	4 Pers	10 Pers
Blätterteig	480 g	1200 g
Eigelb, frisch	40 g	100 g
Salz		

Füllung		
Kalbsschulterspitz, dressiert	120 g	300 g
Schweinshuft, dressiert	120 g	300 g
Gewürzsalzmischung für Fleisch	10 g	20 g
Weißmehl	20 g	50 g
Sonnenblumenöl, high oleic	20 g	50 g
Apfelwein	100 g	250 g
Kalbsfond, hell	300 g	750 g
Kalbsfond, braun	300 g	750 g
Zwiebel, gespickt	50 g	100 g
Kalbsbrätchügeli/ Kalbfleischklößchen	120 g	300 g
Schweinsbrätchügeli/ Schweinefleischklößchen	120 g	300 g
Butter	25 g	60 g
Weißmehl	30 g	70 g
Champignons, klein, frisch	120 g	300 g
Butter	8 g	20 g
Äpfel, geschält, ohne Kerngehäuse	100 g	250 g
Sultaninen	40 g	100 g
Obstbranntwein (Träsch)	15 g	30 g
Butter	8 g	20 g
Vollrahm, 35%	80 g	200 g
Salz		
Pfeffer, weiß, aus der Mühle		

Vorbereitung
– Feine weiße Papierstreifen zu Halbkugeln von 8 cm Durchmesser formen und in Backtrennpapier einwickeln (pro Person eine Papierhalbkugel).
– Das Kalb- und Schweinefleisch in 1,5 cm große Würfel schneiden.
– Die Äpfel in 1 cm große Würfel schneiden.
– Die Sultaninen (kleine Sorte) im Obstbranntwein (Träsch) marinieren.
– Mit der Butter und dem Weißmehl einen hellen Roux (Mehlschwitze) herstellen und erkalten lassen.
– Eigelb mit Salz verrühren.

Zubereitung Pastetenhaus
– Den Blätterteig 2 mm dick ausrollen.
– Formen von 14 cm Durchmesser und Formen von 17 cm Durchmesser ausstechen (pro Person je 1 Form).
– Die kleineren Teigstücke (Ø 14 cm) auf ein Blech mit Backtrennpapier legen.
– Papierhalbkugeln in die Mitte der Teigstücke legen und die Ränder mit Eigelb bestreichen.
– Die größeren Teigstücke (Ø 17 cm) faltenlos darüberlegen.
– Die Ränder ca. 1 cm breit mit einer Essgabel andrücken.
– Die Ränder rundherum im Abstand von 2 cm mit einem kleinen Einschnitt versehen.
– Das Pastetenhaus mit Eigelb bestreichen.
– Auf die Pastetenkuppel einen Ring von 6 cm legen und einen Teigstreifen von 5 mm Breite darumlegen, leicht andrücken und den Ring wieder entfernen.
– Mit Teigstreifen das Pastetenhaus verzieren und mit Eigelb bestreichen.
– Mit einer Essgabel auf dem Pastetenhaus gleichmäßig verteilt mehrere Einstiche machen, um den Dampfabzug zu gewährleisten.
– Mit Eigelb bestreichen und im Kühlschrank 2 Stunden ruhen lassen.
– Vor dem Backen nochmals mit Eigelb bestreichen und im vorgeheizten Ofen bei einer Temperatur von 180 °C ca. 15–20 Minuten backen.
– Herausnehmen und den Deckel ausschneiden.
– Mit einer langen Pinzette die Papierstreifen und das Backtrennpapier vorsichtig entfernen.
– Nochmals 5 Minuten backen, bis die Innenwände des Pastetenhauses trocken und knusprig sind.

Zubereitung Fleischfüllung

- Das Kalb- und Schweinefleisch würzen, mit Mehl bestäuben und im Sonnenblumenöl ansautieren.
- Mit dem Apfelwein ablöschen und einkochen.
- Mit dem weißen und braunen Kalbsfond auffüllen.
- Die gespickte Zwiebel beigeben und das Fleisch weich garen, des Öfteren abschäumen.
- Die gespickte Zwiebel entfernen und das Fleisch mit einer Schaumkelle herausnehmen.
- Die Kalbs- und Schweinsbrätchügeli (Ø 1 cm) in den Fond geben und einmal aufkochen lassen.
- Brätchügeli mit einer Schaumkelle herausnehmen und zugedeckt warm stellen.
- Pro Person 100 g heißen Fond unter Rühren zum Roux geben.
- Sauce 20 Minuten kochen lassen, abschmecken und durch ein Drahtspitzsieb passieren.
- Die Fleischwürfel und die Brätchügeli in die Sauce geben.
- Die Champignons in Butter dünsten und ohne Flüssigkeit zur Füllung geben.
- Apfelwürfel in Butter knackig dünsten und die marinierten Sultaninen kurz beigeben.
- Apfelwürfel und Sultaninen ebenfalls zur Füllung geben.
- Füllung mit Vollrahm verfeinern und mit Salz und Pfeffer abschmecken.
- Füllung sorgfältig in das warme Pastetenhaus füllen und sofort servieren.

Hinweise für die Praxis

Das Rezept der Luzerner Chügelipastete liegt in zahlreichen Variationen vor. Äpfel und Sultaninen erst unmittelbar vor dem Servieren beigeben, ansonsten erhält die Sauce eine süßliche Note.

Moussaka (griechischer Auberginenauflauf) · Moussaka (gratin d'aubergines grec)

Sauce	4 Pers	10 Pers
Butter	20 g	40 g
Weißmehl	15 g	35 g
Vollmilch	240 g	600 g
Vollrahm, 35%	40 g	100 g
Vollei, frisch	60 g	150 g
Salz		
Pfeffer, weiß, aus der Mühle		
Muskatnuss, gerieben		

Zutaten		
Auberginen, gerüstet	480 g	1200 g
Olivenöl	40 g	100 g
Kartoffeln, Typ B, geschält	120 g	300 g
Lammfleisch, gehackt	240 g	600 g
Olivenöl	20 g	50 g
Zwiebeln, geschält	40 g	100 g
Knoblauch, geschält	10 g	30 g
Tomatenpüree	15 g	40 g
Weißmehl	15 g	40 g
Tomaten, geschält, entkernt	80 g	200 g
Petersilie, glattblättrig, frisch	15 g	40 g
Rotwein	60 g	150 g
Bouillon	60 g	150 g
Salz		
Pfeffer, schwarz, aus der Mühle		
Zucker	2 g	5 g
Origano, frisch	2 g	5 g
Thymian, frisch	2 g	5 g
Zimt, gemahlen		

Vorbereitung
- Auberginen längs in 4 mm dicke Scheiben schneiden.
- Kartoffeln in 3 mm dicke Scheiben schneiden.
- Zwiebeln und Knoblauch fein hacken.
- Tomaten in 5 mm große Würfel schneiden.
- Petersilie waschen, zupfen, trockentupfen und fein hacken.
- Origano und Thymian waschen, zupfen und fein hacken.

Zubereitung Sauce
- Butter schmelzen, das Weißmehl andünsten und erkalten lassen.
- Vollmilch aufkochen und unter Rühren zum kalten Roux geben.
- Aufkochen und 5 Minuten auf kleiner Flamme sieden.
- Vollrahm beigeben und die Bechamel-Sauce mit Salz, Pfeffer und Muskatnuss abschmecken.
- Eier darunterrühren und die Sauce nicht mehr kochen.

Zubereitung Gericht
- Auberginenscheiben nacheinander in der Hälfte des Olivenöls beidseitig ansautieren und leicht salzen.
- Die sautierten Auberginenscheiben auf Küchenpapier auslegen und entfetten.
- Kartoffelscheiben ebenfalls kurz beidseitig ansautieren, leicht salzen und herausnehmen (die Kartoffeln sollen noch nicht weich gegart sein).
- Olivenöl erhitzen und das Lammfleisch sautieren.
- Tomatenpüree beigeben und anrösten.
- Tomatenwürfel und Gewürze beigeben und mit Mehl stäuben.
- Mit Rotwein ablöschen, etwas einkochen lassen und mit Bouillon auffüllen.
- Sauce etwa 40 Minuten auf kleiner Flamme kochen lassen, rühren und abfetten.
- Gehackte Petersilie beigeben und die Sauce abschmecken.
- Gebutterte hohe Gratinform mit Kartoffelscheiben auslegen.
- Auf die Kartoffeln etwas Lammhackfleisch geben und mit einer Lage Auberginen bedecken.
- Wieder mit einer Lage Lammhackfleisch bedecken und lagenweise weiterfahren, bis alle Zutaten aufgebraucht sind (ca. 3 Lagen Auberginen).
- Zum Schluss das Gericht mit der Cremesauce nappieren.
- Im Ofen bei einer Temperatur von 200 °C etwa 30 Minuten backen.
- Vor dem Servieren 30 Minuten abstehen lassen, damit sich das Gericht verfestigt und besser portioniert werden kann.

Hinweise für die Praxis
Das Moussaka kann auch am Vortag zubereitet und am folgenden Tag regeneriert werden.

Nasi Goreng · Nasi Goreng

Zutaten

	4 Pers	10 Pers
Sonnenblumenöl, high oleic	30 g	80 g
Vollei, pasteurisiert	150 g	370 g
Pouletbrüstchen, ohne Haut	80 g	200 g
Zwiebeln, geschält	60 g	150 g
Knoblauch, geschält	10 g	30 g
Ingwer, frisch, geschält	6 g	15 g
Kurkuma, gemahlen	4 g	10 g
Sambal Oelek	5 g	12 g
Krevettenpaste	4 g	10 g
Schinken, gekocht	80 g	200 g
Krevetten, gekocht, geschält, in Lake	80 g	200 g
Peperoni, bunt, entkernt	80 g	200 g
Erbsen, tiefgekühlt	80 g	200 g
Chinakohl, gerüstet	100 g	250 g
Sojasprossen	100 g	250 g
Langkornreis, gekocht	360 g	900 g
Kokosmilch, gesüßt	50 g	120 g
Tamarindenmark	10 g	20 g
Sojasauce, süß	15 g	30 g
Zwiebeln, geröstet	80 g	200 g
Koriander, frisch	8 g	20 g

Vorbereitung

- Zwiebeln und Knoblauch fein hacken.
- Ingwer fein reiben.
- Pouletbrust und Schinken in Streifen schneiden.
- Peperoni in 5 mm große Würfel schneiden.
- Chinakohl in Streifen schneiden.
- Tamarindenmark 1 : 1 mit heißem Wasser verrühren.
- Koriander waschen, zupfen, trockentupfen und grob hacken.

Zubereitung

- Wenig Öl in einem Wok erhitzen, die verquirlten Eier wie ein flaches Omelett sautieren und herausnehmen.
- Omelett etwas abkühlen lassen und in Streifen schneiden.
- Pouletfleisch im restlichen Öl ansautieren, Zwiebeln und Knoblauch beigeben.
- Kurkuma, Sambal Oelek und Krevettenpaste beigeben und dünsten.
- Schinken, Krevetten, Peperoni und Erbsen beigeben und unter ständigem Rühren sautieren.
- Chinakohl und Sojasprossen beigeben und mitsautieren.
- Den körnig gekochten Reis beigeben und kräftig unter stetem Rühren sautieren.
- Kokosmilch, Tamarindenwasser und Sojasauce beigeben und mit Salz und Pfeffer abschmecken.
- Gericht auf Teller oder Platte anrichten.
- Mit Omelettenstreifen, gerösteten Zwiebeln und Koriander bestreuen.

Hinweise für die Praxis

Nasi Goreng ist ein javanisches Gericht, gilt aber in ganz Indonesien als Nationalgericht, von dem es verschiedene Varianten gibt.

Paella valenciana · Paella valencienne

Zutaten	4 Pers	10 Pers
Pouletschenkel	480 g	1200 g
Schweinshuft, dressiert	120 g	300 g
Olivenöl	40 g	100 g
Knoblauchwurst (Chorizo)	120 g	300 g
Calamares-Tubes	80 g	200 g
Zwiebeln, geschält	40 g	100 g
Knoblauch, geschält	5 g	15 g
Peperoni, bunt, entkernt	50 g	125 g
Tomaten, Peretti, geschält, entkernt	80 g	200 g
Reis, Arborio, parboiled	200 g	500 g
Safran, gemahlen	0,4 g	1 g
Weißwein	80 g	200 g
Geflügelfond, hell	1000 g	2500 g
Erbsen, tiefgekühlt	80 g	200 g
Miesmuscheln, frisch, in Schale, geputzt	200 g	500 g
Riesenkrevetten, ganz, roh	120 g	300 g
Salz		
Pfeffer, weiß, aus der Mühle		
Zitronen	200 g	500 g

Vorbereitung
- Pouletschenkel am Gelenk halbieren.
- Schweinshuft in 20 g schwere Würfel schneiden.
- Knoblauchwurst (Chorizo) schälen und in 2 cm dicke Scheiben schneiden.
- Calamares waschen, trockentupfen und in 5 mm dicke Ringe schneiden.
- Zwiebeln in dünne Streifen schneiden.
- Knoblauch fein hacken.
- Farbige Peperoni in 1,5 cm große Würfel schneiden.
- Tomaten in 1 cm große Würfel schneiden.
- Miesmuscheln gründlich waschen und die Byssusfäden entfernen.
- Zitronen halbieren.

Zubereitung
- Pouletschenkel und Schweinefleisch im Olivenöl in einer Paella-Pfanne ansautieren.
- Knoblauchwurst und Calamares-Ringe beigeben und leicht mitsautieren.
- Zwiebeln, Knoblauch und Peperoni beigeben und dünsten, Reis beigeben und kurz dünsten.
- Mit Safran stäuben und mit Weißwein ablöschen.
- Mit Geflügelfond auffüllen.
- Erbsen, Miesmuscheln und Riesenkrevetten dazugeben und zugedeckt garen.
- Kurz vor Schluss die Tomatenwürfel beigeben und abschmecken.
- In der Paella-Pfanne servieren, separat dazu halbierte Zitronen reichen.

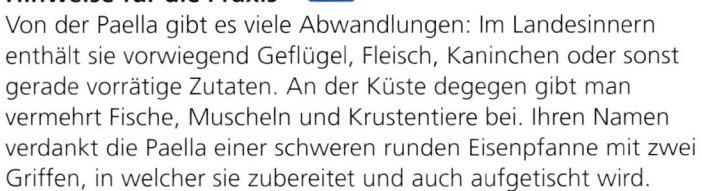

Hinweise für die Praxis
Von der Paella gibt es viele Abwandlungen: Im Landesinnern enthält sie vorwiegend Geflügel, Fleisch, Kaninchen oder sonst gerade vorrätige Zutaten. An der Küste degegen gibt man vermehrt Fische, Muscheln und Krustentiere bei. Ihren Namen verdankt die Paella einer schweren runden Eisenpfanne mit zwei Griffen, in welcher sie zubereitet und auch aufgetischt wird.

Wiener Backhendl · Wiener Backhendl (poulet frit viennoise)

Zutaten	4 Pers	10 Pers
Poulets, frisch, pfannenfertig	1000 g	2500 g
Geflügelleber, pariert	120 g	300 g
Gewürzsalzmischung für Geflügel	12 g	30 g
Weißmehl	60 g	150 g
Vollei, pasteurisiert	120 g	300 g
Mie de pain/weißes Paniermehl	100 g	250 g
Ölverlust beim Frittieren	120 g	300 g

Garnitur		
Zitronen	240 g	600 g
Brunnenkresse	40 g	100 g

Vorbereitung
- Pouletbrüste ausbeinen, Flügelknochen entfernen und jede Brust in zwei gleich große Teile schneiden.
- Pouletschenkel ausbeinen und jeden Schenkel halbieren.
- Zitronen halbieren (eine halbe Zitrone pro Person).
- Brunnenkresse waschen und trockenschleudern.

Zubereitung
- Pouletstücke und Geflügelleber würzen, im Weißmehl wenden und gut abklopfen.
- Zuerst im Ei, anschließend in Mie de pain wenden und nur leicht andrücken.
- Bei 160 °C goldgelb frittieren und auf Küchenpapier gut abtropfen lassen (die Geflügelleber hat eine kurze Garzeit).
- Auf Papierserviette anrichten und mit halben Zitronen und Brunnenkresse garnieren.

Hinweise für die Praxis
Statt Brunnenkresse kann auch frittierte Petersilie dazu serviert werden. Als Beilage passen Kartoffelsalat und Remouladensauce.

Pollo a la chilindrón · Pollo a la chilindrón

Zutaten

	4 Pers	10 Pers
Poulets, frisch, pfannenfertig	1400 g	3500 g
Gewürzsalzmischung für Geflügel	8 g	20 g
Olivenöl	40 g	100 g
Zwiebeln, geschält	80 g	200 g
Peperoncini, rot, frisch	10 g	30 g
Knoblauch, geschält	5 g	20 g
Tomaten, Peretti, geschält, entkernt	360 g	900 g
Rohschinken	40 g	100 g
Oliven, grün, entsteint	40 g	100 g
Salz		
Pfeffer, schwarz, aus der Mühle		

Vorbereitung
- Die Poulets wie für Sauté in 8 Stücke zerlegen.
- Die Zwiebeln emincieren (in feine Scheiben schneiden).
- Peperoncini in feine Streifen schneiden.
- Knoblauch fein hacken.
- Tomaten in 1 cm große Würfel schneiden.
- Rohschinken in 5 mm große Würfel schneiden.
- Die Oliven halbieren.

Zubereitung
- Die Pouletstücke würzen, im Olivenöl zu ¾ fertig sautieren und herausnehmen.
- Zwiebeln, Peperoncini und Knoblauch im restlichen Öl leicht ansautieren.
- Die Tomatenwürfel und die Pouletstücke beigeben und weich dünsten.
- Kurz vor Ende der Garzeit die Rohschinkenwürfel und die Oliven beigeben und abschmecken.
- Die Pouletstücke anrichten und die Sauce und die Garnitur darüber verteilen.

Hinweise für die Praxis
Anstelle von Pouletstücken kann das Gericht auch mit Pouletschenkeln zubereitet werden. Statt mit Poulet kann das Gericht auch mit Kaninchen zubereitet werden.

Stifado (griechisches Rindsragout mit kleinen Zwiebeln)
Stifado (ragoût de bœuf grec aux petits oignons)

Zutaten

	4 Pers	10 Pers
Olivenöl	40 g	100 g
Perlzwiebeln, geschält	600 g	1500 g
Rindsschulter, ohne Knochen, dressiert	640 g	1600 g
Knoblauch, geschält	15 g	30 g
Tomatenpüree	15 g	40 g
Tomaten, geschält, entkernt	260 g	650 g
Lorbeerblätter	1	2
Gewürznelken	1	3
Zimtstängel	0,5	1
Origano, frisch	2 g	5 g
Paprika, delikatess	10 g	20 g
Kreuzkümmel, gemahlen	2 g	5 g
Rotwein	200 g	500 g
Wasser	200 g	500 g
Salz		
Pfeffer, weiß, aus der Mühle		
Zucker		

Vorbereitung
- Rindsschulter in 30 g schwere Würfel schneiden.
- Knoblauchzehen halbieren.
- Tomaten in 1 cm große Würfel schneiden.
- Origano waschen, zupfen, trockentupfen und fein hacken.

Zubereitung
- Olivenöl erhitzen und die Perlzwiebeln unter Farbgebung ansautieren und herausnehmen.
- Das Fleisch beigeben und von allen Seiten kräftig ansautieren.
- Knoblauchzehen und Tomatenpüree beigeben und zur Farbgebung leicht rösten.
- Gewürze und Tomatenwürfel beigeben und kurz mitdünsten.
- Mit Rotwein ablöschen, etwas einkochen lassen und mit Wasser auffüllen, sodass das Fleisch knapp mit Flüssigkeit bedeckt ist.
- Aufkochen, mit Salz, Pfeffer und Zucker würzen und zugedeckt im Ofen weich schmoren.
- Nach etwa 60 Minuten Garzeit die Zwiebeln beigeben und weitere 25 Minuten garen.
- Eventuell noch etwas Flüssigkeit zugeben.
- Die Sauce soll eine sämige Konsistenz aufweisen.

Hinweise für die Praxis
Stifado ist ein griechisches Eintopfgericht, das mit wenig Sauce aufgetragen wird. Es kann auch mit Kaninchen-, Lamm- oder Kalbfleisch zubereitet werden. Als Beilage passen Gefteraki (Gerstenteigwaren in Langkornreisform).

Fischgerichte

■ GARMETHODE POCHIEREN IM SUD

Mittelstück vom Lachs im Sud mit Schaumsauce
Darne de saumon au court-bouillon, sauce mousseline

Zutaten	4 Pers	10 Pers
Lachsmittelstück (Darne)	1000 g	2500 g
Sud		
Wasser	1200 g	3000 g
Weißwein	200 g	500 g
Salz	15 g	40 g
Karotten, geschält	150 g	380 g
Lauch, grün, gerüstet	150 g	380 g
Zwiebeln, geschält	150 g	380 g
Thymianzweige	4 g	10 g
Lorbeerblätter		
Pfefferkörner, weiß	5 g	10 g
Weitere Zutaten		
Holländische Sauce	240 g	600 g
Vollrahm, 35%	60 g	150 g
Zitronen	80 g	200 g

Vorbereitung
- Karotten in feine Scheiben schneiden.
- Lauch waschen und in Ringe schneiden.
- Zwiebeln in Ringe schneiden.
- Thymianzweige waschen.
- Vollrahm steif schlagen und kühl stellen.
- Zitronen vierteln und Kerne entfernen.

Zubereitung
- Wasser mit den Gemüsezutaten in einer Poissonniere (Fischkessel) aufkochen und 10 Minuten sieden.
- Weißwein, Thymian und Lorbeer beigeben und nochmals 10 Minuten leicht sieden.
- Lachsmittelstück und Pfefferkörner beigeben und den Fisch bei 75 °C pochieren.
- Holländische Sauce mit dem geschlagenen Vollrahm verfeinern.

Anrichten
- Lachsmittelstück aus dem Sud nehmen und gut abtropfen lassen.
- Haut und Gräten entfernen, Fisch portionieren und auf Teller anrichten.
- Mit Zitronenvierteln garnieren.
- Schaumsauce in einer Sauciere separat dazu servieren.

Hinweise für die Praxis
Dieses Gericht sollte dem Gast präsentiert und am Gästetisch portioniert und angerichtet werden. Als Sättigungsbeilage passen Kräuterkartoffeln.

Pochierte Meerhechttranchen mit Kapern · Tranches de colin pochées aux câpres

Zutaten	4 Pers	10 Pers
Meerhecht, pfannenfertig	600 g	1500 g
Wasser	800 g	2000 g
Vollmilch	80 g	200 g
Zitronenscheiben, ohne Schale	30 g	75 g
Dill, frisch	5 g	10 g
Lorbeerblätter		
Pfefferkörner, weiß, zerdrückt		
Salz	15 g	40 g
Butter	80 g	200 g
Kapern, abgetropft	30 g	80 g
Petersilie, gekraust, frisch	8 g	20 g

Vorbereitung
- Meerhecht in gleichmäßige Tranchen schneiden.
- Petersilie waschen, zupfen, trockentupfen und fein hacken.
- Wasser, Vollmilch, Dill, Lorbeer, zerdrückte Pfefferkörner und Salz zusammen aufkochen.

Zubereitung
- Temperatur des Sudes auf etwa 75 °C reduzieren.
- Meerhechttranchen und Zitronenscheiben (ohne Schalen) beifügen.
- Fischtranchen etwa 8 Minuten bei 75 °C pochieren.

Anrichten
- Fischtranchen aus dem Sud heben, auf Küchenpapier abtropfen lassen und anrichten.
- Butter in eine Pfanne geben und schaumig heiß werden lassen.
- Kapern zufügen, kurz schwenken und über die Fischtranchen geben.
- Mit Petersilie bestreuen.

1 Dornhai **2** Petersfisch/Heringskönig **3** Seeteufel **4** Makrele **5** Petermännchen
6 Seewolf/Steinbeisser **7** Kugelfisch **8** Scholle/Goldbutt **9** Drachenkopf **10** Flunder
11 Goldbrasse **12** Wolfsbarsch/Meerbarsch **13** Red Snapper **14** Knurrhahn

Steinbuttschnitten im weißen Sud mit Kerbelsauce
Tranches de turbot au court-bouillon blanc, sauce au cerfeuil

Zutaten	4 Pers	10 Pers
Steinbutttranchen	880 g	2200 g
Sud		
Wasser	800 g	2000 g
Vollmilch	80 g	200 g
Salz	15 g	30 g
Zitronenscheiben, ohne Schale	30 g	60 g
Weitere Zutaten		
Fischrahmsauce	280 g	700 g
Vollrahm, 35%	40 g	100 g
Kerbel, frisch	8 g	20 g
Salz		
Pfeffer, weiß, aus der Mühle		
Butter	10 g	25 g

Vorbereitung
– Kerbel waschen, zupfen, trockentupfen und grob hacken.

Zubereitung
– Wasser, Vollmilch, Salz und Zitronenscheiben in einer Poissonniere (Fischkessel) aufkochen.
– Steinbutttranchen (220 g pro Person) beigeben und bei 75 °C pochieren.
– Fischrahmsauce aufkochen, mit Vollrahm verfeinern und den gehackten Kerbel beigeben.

Anrichten
– Saucenspiegel auf Teller anrichten.
– Steinbutttranchen auf Küchenpapier gut abtropfen, Mittelgräte herauslösen und die Haut entfernen.
– Steinbuttschnitten mit Butter bepinseln und auf dem Saucenspiegel anrichten.
– Restliche Sauce separat in einer Sauciere dazu servieren.

■ GARMETHODE POCHIEREN IM FOND

Flunterner Zunft-Fischgericht · Mets de poisson à la Confrérie de Fluntern

Zutaten	4 Pers	10 Pers
Eglifilets/Barschfilets, ohne Haut	360 g	900 g
Salz		
Pfeffer, weiß, aus der Mühle		
Tomaten	400 g	1000 g
Butter	20 g	50 g
Schalotten, geschält	30 g	80 g
Fischfond	100 g	250 g
Weißwein	20 g	50 g
Filo-Teigblätter	80 g	200 g
Butter	20 g	50 g
Schalotten, geschält	20 g	50 g
Champignons, frisch	100 g	250 g
Salz		
Pfeffer, weiß, aus der Mühle		
Weißwein	20 g	50 g
Fischrahmsauce	120 g	300 g
Holländische Sauce	40 g	100 g
Vollrahm, 35%	40 g	100 g
Schnittlauch, frisch	10 g	30 g
Estragonblätter, frisch	10 g	30 g
Dillzweigspitzen	10 g	20 g
Lauch, grün, gerüstet	20 g	50 g
Ölverlust beim Frittieren	5 g	10 g

Vorbereitung
- Von den Tomaten die Deckel wegschneiden und sorgfältig aushöhlen.
- Filo-Teig buttern, 2 Schichten übereinander legen und rund (ø 10 cm) ausschneiden.
- Gebutterte Tartelettes-Förmchen damit auslegen.
- Mit kleineren Tartelettes-Förmchen bedecken und im Backofen blind backen.
- Champignons waschen, rüsten und in Scheiben schneiden.
- Schalotten fein hacken und in Butter dünsten.
- Vollrahm steif schlagen und kühl stellen.
- Schnittlauch schneiden, Estragonblätter hacken.
- Grünen Lauch kurz blanchieren und in die einzelnen Segmente aufteilen.
- Lauch in Julienne (Streifen) schneiden, auf Küchenpapier trockentupfen und knusprig frittieren.

Zubereitung
- Eglifilets (Stückgewicht ca. 90 g) mit Salz und Pfeffer würzen.
- Röllchen formen und mit einem Zahnstocher fixieren.
- Flachkasserolle mit Butter ausstreichen und mit Schalotten ausstreuen, Fischröllchen hineinlegen.
- Weißwein und Fischfond beigeben.
- Mit gebuttertem Pergamentpapier abdecken und zum Pochierpunkt bringen.
- Im Backofen oder auf dem Herd sorgfältig auf den Punkt pochieren.
- Fischröllchen herausnehmen, zugedeckt warm stellen und Zahnstocher entfernen.
- Pochierfond passieren und zu sirupartiger Konsistenz einkochen.
- Fischrahmsauce beigeben und zur gewünschten Konsistenz einkochen.
- In einer zweiten Flachkasserolle Champignons und Schalotten dünsten.
- Mit Weißwein ablöschen und Champignons garen.
- Champignons herausnehmen und trockentupfen.
- ⅓ der Sauce mit den Champignons vermischen und abschmecken.
- Restliche Sauce mit Schnittlauch und Estragon verfeinern und abschmecken.
- Ausgehöhlte Tomaten erhitzen und innen würzen.

Anrichten
- Warme, knusprig gebackene Filo-Teig-Törtchen auf Teller anrichten.
- Ausgehöhlte Tomaten darauf setzen und wenig Champignonsauce darin verteilen.
- Fischröllchen darauf setzen.
- Restliche Champignonsauce mit holländischer Sauce und dem geschlagenen Vollrahm vermischen.
- Fischröllchen mit der Sauce nappieren (übergießen) und unter dem Salamander glasieren.
- Schnittlauch-Estragon-Sauce rundherum dressieren oder als Saucenspiegel anrichten.
- Mit frittierten Lauchstreifen und Dillzweigspitzen garnieren.

Hecht-Lachs-Capuns mit frischer Tomatensauce
Capuns de brochet et de saumon, sauce tomate fraîche

Zutaten

	4 Pers	10 Pers
Hechtfilets, pariert, ohne Haut	320 g	800 g
Vollrahm, 35% (1)	240 g	600 g
Salz	10 g	25 g
Pfeffer, weiß, aus der Mühle	1 g	2 g
Vollrahm, 35% (2)	80 g	200 g
Pernod	30 g	75 g
Fischfond	1000 g	2500 g
Weißwein	25 g	60 g

Sauce

	4 Pers	10 Pers
Olivenöl, kaltgepresst	20 g	40 g
Schalotten, geschält	15 g	40 g
Knoblauch, geschält	5 g	15 g
Tomatenpüree	25 g	60 g
Tomaten, geschält, entkernt	200 g	500 g
Salz	4 g	10 g
Pfeffer, weiß, aus der Mühle	1 g	2 g
Vollrahm, 35% (3)	40 g	100 g
Basilikum, frisch	2 g	5 g
Petersilie, glattblättrig, frisch	2 g	5 g

Weitere Zutaten

	4 Pers	10 Pers
Blattmangold, gerüstet	200 g	500 g
Blattmangold, Blattrippen, gerüstet	20 g	50 g
Räucherlachs, pariert	160 g	400 g
Butter	10 g	25 g
Tomaten, entkernt	40 g	100 g

Vorbereitung

- Hechtfilets in 5 mm große Würfel schneiden und gut durchkühlen.
- Vollrahm (2) steif schlagen und kühl stellen.
- Schalotten und Knoblauch fein hacken.
- Tomaten für die Sauce in 5 mm große Würfel schneiden.
- Basilikum und Petersilie waschen, zupfen, trockentupfen und fein hacken.
- Mangoldblätter waschen, blanchieren und im Eiswasser abkühlen.
- Mangold-Blattrippen waschen, in 5 mm große Würfel schneiden und im Milch-Salz-Wasser weich sieden.
- Die Hälfte des Räucherlachses für die Fischfarce in Brunoise (Würfelchen) schneiden.
- Die andere Hälfte des Räucherlachses in dünne Tranchen schneiden.
- Entkernte Tomaten in Streifen schneiden.

Zubereitung

- Gut gekühlte Hechtwürfel mit Vollrahm (1) und Salz im Kutter fein mixen.
- Fischfarce durch ein nicht zu feines Tamis (Haarsieb) streichen.
- In einer Chromstahlschüssel auf einem Eiswasserbad abrühren und mit Salz, Pfeffer und Pernod abschmecken.
- Am Schluss die Räucherlachswürfelchen sowie den geschlagenen Vollrahm (2) daruntermelieren.
- Die Mangoldblätter zurechtschneiden und eine dünne Tranche Räucherlachs darauf legen.
- Aus der Fischfarce mit einem Esslöffel 40 g schwere Klößchen formen und auf den Räucherlachs legen.
- Klößchen mit einer weiteren dünnen Räucherlachstranche belegen.
- Das Ganze mit dem Mangoldblatt satt einwickeln.
- Weißwein zum Fischfond geben.
- Klößchen im Fischfond bei 75 °C pochieren.

Zubereitung Sauce

- Olivenöl in einer Sauteuse erhitzen.
- Schalotten und Knoblauch beigeben und weich dünsten.
- Tomatenpüree und Tomatenwürfel beigeben und aufkochen.
- Mit Salz und Pfeffer abschmecken und zur gewünschten Konsistenz einkochen.
- Am Schluss mit Vollrahm (3) verfeinern und gehacktes Basilikum und gehackte Petersilie beigeben.

Weitere Zubereitung

- Mangoldwürfel in Butter sautieren.
- Tomatenstreifen unter dem Salamander erhitzen.

Anrichten

- Saucenspiegel anrichten.
- Die Capuns darauf setzen und mit den Mangoldwürfeln und Tomatensteifen garnieren.

In Rotwein pochierte Zanderfilets auf Blattspinat
Filets de sandre pochés au vin rouge sur feuilles d'épinards

Zutaten	4 Pers	10 Pers
Zanderfilets, pariert	520 g	1300 g
Zitronensaft, frisch	10 g	30 g
Salz		
Pfeffer, weiß, aus der Mühle		
Butter (1)	15 g	30 g
Schalotten, geschält	25 g	60 g
Rotwein, Shiraz	160 g	400 g
Fischfond (1)	80 g	200 g
Butter (2)	10 g	25 g
Weißmehl	10 g	25 g
Fischfond (2)	200 g	500 g
Butter (3)	20 g	50 g
Garnitur		
Blattspinat, tiefgekühlt	320 g	800 g
Butter	10 g	25 g
Schalotten, geschält	20 g	50 g
Bouillon	40 g	100 g
Austernsauce, chinesische	20 g	50 g
Salz		
Pfeffer, weiß, aus der Mühle		

Vorbereitung
- Butter (2) und Weißmehl zusammen zu Beurre manié (Mehlbutter) verkneten.
- Fischfond (2) sirupartig zu Fischglace einkochen.
- Schalotten für Fischgericht und für Blattspinat fein hacken.
- Sautoir mit Butter (1) ausstreichen und mit Schalotten ausstreuen.
- Zanderfilets schräg in 65 g schwere Tranchen schneiden.
- Spinat blanchieren, im Eiswasser abschrecken und abschütten.

Zubereitung
- Zanderfilets mit Zitronensaft marinieren und mit Salz und Pfeffer würzen.
- Nebeneinander im Sautoir anordnen und mit Butter bepinseln.
- Rotwein (Shiraz) und Fischfond (1) beigeben.
- Mit gebuttertem Pergamentpapier abdecken und zum Pochierpunkt bringen.
- Im Ofen oder auf dem Herd sorgfältig auf den Punkt pochieren.
- Zanderfilets herausnehmen und zugedeckt warm stellen.
- Pochierfond passieren, mit Beurre manié binden und zur gewünschten Konsistenz einkochen.
- Fischglace beigeben, mit Butterflocken (3) aufschwingen und abschmecken.
- Blattspinat mit Schalotten in Butter dünsten, Bouillon und Austernsauce beigeben und fertig dünsten.
- Mit Salz und Pfeffer abschmecken.

Anrichten
- Spinat gut auspressen und anrichten.
- Zanderfilets auf Spinatsockel anrichten und mit Küchenpapier trockentupfen.
- Mit einem Teil der Sauce nappieren.
- Restliche Sauce separat dazu servieren.

Mit Hummersauce glasierte Hechtklößchen auf Blattspinat
Quenelles de brochet glacées sur feuilles d'épinards, sauce de homard

Zutaten

	4 Pers	10 Pers
Hechtfilets, pariert, ohne Haut	320 g	800 g
Salz		
Pfeffer, weiß, aus der Mühle		
Vollrahm, 35 % (1)	250 g	620 g
Cayenne-Pfeffer, gemahlen		
Vollrahm, 35 % (2)	80 g	200 g
Fischfond	800 g	2000 g

Sauce

Hummersauce	280 g	700 g
Holländische Sauce	60 g	150 g
Vollrahm, 35 % (3)	40 g	100 g

Weitere Zutaten

Blattspinat, tiefgekühlt	400 g	1000 g
Schalotten, geschält	20 g	50 g
Butter	20 g	50 g
Salz		
Pfeffer, weiß, aus der Mühle		
Bouillon	40 g	100 g
Austernsauce, chinesische	20 g	50 g

Vorbereitung
- Hechtfleisch in 5 mm große Würfel schneiden und gut durchkühlen.
- Vollrahm (2) und Vollrahm (3) steif schlagen und kühl stellen.
- Blattspinat kurz blanchieren, im Eiswasser abschrecken und abschütten.
- Schalotten fein hacken.

Zubereitung
- Gut gekühlte Hechtwürfel mit Salz und Vollrahm (1) im Kutter fein mixen.
- Fischfarce durch ein nicht zu feines Tamis (Haarsieb) streichen.
- In einer Chromstahlschüssel auf einem Eiswasserbad abrühren.
- Den geschlagenen Vollrahm (2) vorsichtig unter die Masse heben und mit Salz und Pfeffer abschmecken.
- Mit 2 Esslöffeln aus der Fischfarce gleichmäßige Klößchen formen.
- Fischfond erhitzen und die Klößchen bei 75 °C pochieren.

Weitere Zubereitung
- Gehackte Schalotten in einem Sautoir in Butter andünsten.
- Blattspinat gut auspressen und beigeben, mit Salz und Pfeffer würzen.
- Wenig Bouillon und Austernsauce beigeben und dünsten.

Anrichten
- Blattspinat gut auspressen und als Sockel anrichten.
- Pochierte Hechtklößchen trockentupfen und darauf anrichten.
- Hummersauce aufkochen und vom Herd ziehen.
- Holländische Sauce und geschlagenen Vollrahm unter die Hummersauce ziehen.
- Hechtklößchen mit der Sauce nappieren (überziehen) und unter dem Salamander glasieren.

1 Regenbogenforelle **2** Stör **3** Rotlachs **4** Wels/Waller **5** Hecht **6** Trüsche
7 Flussbarsch/Egli **8** Spiegelkarpfen **9** Keta-Lachs **10** Brachse **11** Zander

Pochierte Eglifilets/Barschfilets mit Limonensauce
Filets de perche pochés, sauce aux citrons verts

Zutaten	4 Pers	10 Pers
Eglifilets/Barschfilets, ohne Haut	600 g	1500 g
Salz		
Pfeffer, weiß, aus der Mühle		
Butter	40 g	100 g
Limonenfilets	80 g	200 g
Zucker	15 g	40 g
Weißweinessig	30 g	75 g
Fischfond	200 g	500 g
Butter	60 g	150 g

Vorbereitung
– Eglifilets (pro Person 3 Filets à 50 g) mit Salz und Pfeffer aus der Mühle würzen.
– Fischfilets mit den Limonenfilets belegen und einrollen.
– Mit einem Zahnstocher fixieren.
– Zucker und Weißweinessig in eine Sauteuse geben und goldgelb karamellisieren.
– Mit dem Fischfond ablöschen, einmal aufkochen lassen und erkalten lassen.

Zubereitung
– Sautoir mit Butter ausstreichen.
– Vorbereitete Fischröllchen nebeneinander legen.
– Mit dem vorbereiteten, erkalteten Fischfond auffüllen.
– Mit gebuttertem Pergamentpapier abdecken und zum Pochierpunkt bringen.
– Im Ofen oder auf dem Herd sorgfältig auf den Punkt pochieren.
– Fischröllchen herausnehmen und zugedeckt warm stellen.
– Pochierfond passieren und sirupartig einkochen.
– Sauce vom Herd ziehen, mit Butterflocken aufmontieren und abschmecken.

Anrichten
– Eglifiletröllchen anrichten, Zahnstocher entfernen und mit Küchenpapier trockentupfen.
– Mit der Sauce nappieren (übergießen).

Pochierte Forellenfilets Hausfrauenart · Filets de truite pochés bonne femme

Zutaten

	4 Pers	10 Pers
Forellenfilets, ohne Haut	520 g	1300 g
Zitronensaft, frisch	15 g	40 g
Salz		
Pfeffer, weiß, aus der Mühle		
Butter	15 g	30 g
Schalotten, geschält	25 g	60 g
Champignons (1), frisch, gerüstet	200 g	500 g
Weißwein	120 g	300 g
Fischfond	120 g	300 g
Fischrahmsauce	160 g	400 g
Holländische Sauce	40 g	100 g
Vollrahm, 35 %	40 g	100 g
Petersilie, gekraust, frisch	10 g	20 g
Salz		
Pfeffer, weiß, aus der Mühle		

Garnitur

Blätterteig	40 g	100 g
Eigelb, frisch	10 g	25 g
Champignons (2), klein, frisch	80 g	200 g
Butter	10 g	20 g
Salz		
Pfeffer, weiß, aus der Mühle		

Vorbereitung
- Schalotten fein hacken.
- Sautoir mit Butter ausstreichen und mit Schalotten ausstreuen.
- Vollrahm halb steif schlagen und kühl stellen.
- Aus Blätterteig Fleurons in Fischform ausstechen, mit Eigelb bestreichen und backen.
- Champignons (1) waschen und in Scheiben schneiden.
- Petersilie waschen, zupfen, trockentupfen und fein hacken.
- Kleine Champignons (2) für Garnitur waschen, rüsten, in Butter dünsten und abschmecken.

Zubereitung
- Forellenfilets mit Zitronensaft marinieren und mit Salz und Pfeffer aus der Mühle würzen.
- Forellenfilets zu Kissen formen, nebeneinander im Sautoir anordnen und mit Butter bepinseln.
- Champignonscheiben über die Fischfilets streuen.
- Weißwein und Fischfond beigeben.
- Mit gebuttertem Pergamentpapier abdecken und auf den Pochierpunkt bringen.
- Im Ofen oder auf dem Herd sorgfältig auf den Punkt pochieren.
- Forellenfilets und Champignons herausnehmen und zugedeckt warm stellen.
- Pochierfond passieren und sirupartig einkochen.
- Fischrahmsauce beigeben und zur gewünschten Konsistenz einkochen.
- Sauce vom Herd nehmen, holländische Sauce und geschlagenen Vollrahm daruntermischen und mit Salz und Pfeffer würzen.

Anrichten
- Forellenfilets mit den Champignons anrichten, mit Küchenpapier trockentupfen und mit gehackter Petersilie bestreuen.
- Fischfilets mit der Sauce nappieren (übergießen) und unter dem Salamander glasieren.
- Mit Fleurons und gedünsteten kleinen Champignons garnieren.

Pochierte Forellenfilets Zuger Art · Filets de truite pochés zougoise

Zutaten	4 Pers	10 Pers
Forellenfilets, ohne Haut	600 g	1500 g
Zitronensaft, frisch	10 g	20 g
Schalotten, geschält	30 g	70 g
Butter	20 g	50 g
Mehlbutter	25 g	60 g
Fischfond	200 g	500 g
Weißwein	120 g	300 g
Vollrahm, 35%	80 g	200 g
Salz		
Pfeffer, weiß, aus der Mühle		
Zitronensaft, frisch	10 g	30 g
Schnittlauch, frisch	5 g	10 g
Kerbel, frisch	5 g	10 g
Estragon, frisch	5 g	10 g
Thymian, frisch	2 g	5 g
Majoran, frisch	2 g	5 g
Dill, frisch	2 g	5 g
Fenchelkraut	2 g	5 g

Vorbereitung
- Forellenfilets mit Zitronensaft marinieren.
- Gehackte Schalotten in wenig Butter weich dünsten.
- Schnittlauch fein schneiden.
- Restliche Kräuter waschen, zupfen, trockentupfen und fein hacken.

Zubereitung
- Sautoir mit Butter ausstreichen und mit den weich gedünsteten Schalotten ausstreuen.
- Forellenfilets mit Salz und Pfeffer würzen.
- Mit der Hautseite nach unten nebeneinander anordnen und mit Butter bepinseln.
- Die Fischfilets mit der Hälfte der Kräuter bestreuen.
- Fischfond und Weißwein beigeben.
- Mit gebuttertem Pergamentpapier abdecken und auf den Pochierpunkt bringen.
- Im Ofen oder auf dem Herd sorgfältig auf den Punkt pochieren.
- Forellenfilets herausnehmen und zugedeckt warm stellen.
- Pochierfond auf die Hälfte einreduzieren.
- Eingekochten Fond mit Mehlbutter binden.
- Vollrahm beigeben und mit Salz, Pfeffer und Zitronensaft abschmecken.
- Zum Schluss die restlichen gehackten Kräuter beigeben.

Anrichten
- Forellenfilets mit Küchenpapier trockentupfen und anrichten.
- Mit der Sauce nappieren und servieren.

Hinweise für die Praxis
Bei größerem Bedarf kann auch eine Zuger Kräuterbutter (Rezept siehe Buttermischungen) hergestellt werden. Die Sauce wird dann am Schluss mit der Kräuterbutter aufmontiert.

Pochierte Hechtklößchen Lyoner Art · Quenelles de brochet pochées lyonnaise

Zutaten Klößchen	4 Pers	10 Pers
Hechtfilets, pariert, ohne Haut	320 g	800 g
Vollrahm, 35% (1)	240 g	600 g
Salz	10 g	25 g
Pfeffer, weiß, aus der Mühle	1 g	2 g
Vollrahm, 35% (2)	80 g	200 g
Pernod	30 g	75 g

Weitere Zutaten		
Fischfond	800 g	2000 g
Weißwein	25 g	60 g
Butter	20 g	50 g
Schalotten, geschält	20 g	50 g
Blattspinat, tiefgekühlt	400 g	1000 g
Gemüsefond	40 g	100 g
Salz		
Pfeffer, weiß, aus der Mühle		
Austernsauce, chinesische	20 g	50 g
Fischrahmsauce	200 g	500 g
Vollrahm, 35% (3)	40 g	100 g
Lauch, grün, gerüstet	40 g	100 g
Ölverlust beim Frittieren	5 g	10 g

Vorbereitung
- Hechtfleisch in 5 mm große Würfel schneiden und gut durchkühlen.
- Vollrahm (2) steif schlagen und kühl stellen.
- Schalotten fein hacken.
- Weißwein zum Fischfond geben, auf Pochiertemperatur bringen.
- Blattspinat blanchieren, im Eiswasser abschrecken und abtropfen lassen.
- Lauch längs halbieren, waschen und in Julienne (Streifchen) schneiden.
- Lauch blanchieren, im Eiswasser abschrecken und abschütten.

Zubereitung
- Gut gekühltes Hechtfleisch mit Vollrahm (1) und Salz im Kutter fein mixen.
- Fischfarce durch ein nicht zu feines Tamis (Haarsieb) streichen.
- In einer Chromstahlschüssel auf einem Eiswasserbad abrühren und mit Salz, Pfeffer und Pernod abschmecken.
- Zum Schluss den geschlagenen Vollrahm vorsichtig unter die Fischfarce mischen.
- Mit 2 Esslöffeln Klößchen formen und im Fischfond bei 70 °C pochieren.
- Blattspinat auspressen und mit Schalotten in Butter dünsten, Gemüsefond beigeben und fertig dünsten.
- Mit Salz, Pfeffer und Austernsauce abschmecken.
- Fischrahmsauce aufkochen und mit Vollrahm (3) verfeinern, abschmecken.
- Lauch-Julienne (Streifen) im heißen Öl frittieren und auf Küchenpapier entfetten.

Anrichten
- Blattspinat gut auspressen und anrichten.
- Die Hechtklößchen auf dem Blattspinat anrichten.
- Mit wenig Fischrahmsauce nappieren, restliche Sauce in einer Sauciere separat servieren.
- Mit den frittierten Lauchstreifen garnieren.

Pochierte Lachsröllchen mit Forellenmousse, Spargeln und Fischrahmsauce
Paupiettes de saumon pochées à la mousse de truite, aux asperges et à la crème de poisson

Zutaten	4 Pers	10 Pers
Lachsfilets, pariert	560 g	1400 g
Salz		
Pfeffer, weiß, aus der Mühle		
Mousse		
Forellenfilets, ohne Haut	50 g	120 g
Vollrahm, 35% (1)	40 g	100 g
Eiweiß, frisch	10 g	25 g
Salz		
Pfeffer, weiß, aus der Mühle		
Weitere Zutaten		
Butter	10 g	25 g
Schalotten, geschält	10 g	25 g
Zitronensaft, frisch	10 g	25 g
Fischfond	60 g	150 g
Weißwein	60 g	150 g
Fischrahmsauce	160 g	400 g
Holländische Sauce	40 g	100 g
Vollrahm, 35% (2)	30 g	80 g
Spargeln, grün, geschält	240 g	600 g
Salz	4 g	10 g

Vorbereitung
- Lachsfilet von der Fettschicht befreien und in 70 g schwere Schnitzel schneiden.
- Mit einem Fleischklopfer zwischen Plastikfolie leicht plattieren.
- Forellenfilets in 5 mm große Würfel schneiden und kühl stellen.
- Die gekühlten Forellenwürfel mit Vollrahm (1), Eiweiß, Salz und Pfeffer im Kutter fein mixen.
- Die Farce aus dem Kutter nehmen, durch ein Tamis (Haarsieb) streichen und abschmecken.
- Schalotten fein hacken und in wenig Butter weich dünsten.
- Lachsfilets mit Salz und Pfeffer würzen und auf der Hautseite mit der Farce bestreichen.
- Fischfilets zu Röllchen formen und mit einem Zahnstocher fixieren.
- Vollrahm (2) steif schlagen und kühl stellen.

Zubereitung
- Grüne Spargeln im Salzwasser knackig sieden, auf 12 cm Länge zuschneiden und warm stellen.
- Sautoir mit Butter ausstreichen und mit den gedünsteten Schalotten ausstreuen.
- Lachsröllchen nebeneinander in das Sautoir legen.
- Mit Zitronensaft beträufeln und mit Butter bepinseln.
- Weißwein und Fischfond beigeben.
- Mit gebuttertem Pergamentpapier abdecken und auf den Pochierpunkt bringen.
- Im Ofen oder auf dem Herd sorgfältig auf den Punkt pochieren.
- Lachsröllchen herausnehmen und zugedeckt warm stellen.
- Pochierfond passieren und sirupartig einkochen.
- Fischrahmsauce beigeben und abschmecken.
- Sauce vom Herd ziehen, holländische Sauce und geschlagenen Vollrahm unter die Sauce rühren.

Anrichten
- Lachsröllchen anrichten, Zahnstocher entfernen und mit Küchenpapier trockentupfen.
- Röllchen sorgfältig mit der Sauce nappieren (übergießen) und unter dem Salamander glasieren.
- Mit gebutterten Spargelspitzen ausgarnieren.

Pochierte Rotzungenfilets mit weißer Portweinsauce und Melonenkugeln
Filets de limande sole pochés, sauce au porto blanc et boules de melons

Zutaten

	4 Pers	10 Pers
Rotzungenfilets, pariert	520 g	1300 g
Salz		
Pfeffer, weiß, aus der Mühle		
Butter	10 g	25 g
Schalotten, geschält	10 g	25 g
Portwein, weiß	120 g	300 g
Fischfond	60 g	150 g
Fischrahmsauce	160 g	400 g
Holländische Sauce	30 g	80 g
Vollrahm, 35 %	40 g	100 g
Melonenkugeln	320 g	800 g
Pistazienkerne, geschält	15 g	30 g

Vorbereitung

- Dreifarbige Melonenkugeln (Wassermelone, Honigmelone, Cantaloup-Melone) bereitstellen.
- Schalotten fein hacken und in wenig Butter weich dünsten.
- Vollrahm halb steif schlagen und kühl stellen.
- Geschälte Pistazien grob hacken.

Zubereitung

- Sautoir mit Butter ausstreichen und mit den gedünsteten Schalotten bestreuen.
- Rotzungenfilets mit Salz und Pfeffer würzen.
- Zu Kissen falten und nebeneinander im Sautoir anordnen.
- ⅔ des weißen Portweins und den Fischfond beigeben.
- Mit gebuttertem Pergamentpapier abdecken und auf den Pochierpunkt bringen.
- Im Ofen oder auf dem Herd sorgfältig auf den Punkt pochieren.
- Fischfilets herausnehmen und zugedeckt warm stellen.
- Pochierfond passieren und sirupartig einkochen.
- Fischrahmsauce beigeben und abschmecken, Sauce vom Herd ziehen.
- Holländische Sauce und geschlagenen Vollrahm unter die Sauce rühren und nicht mehr kochen.
- Melonenkugeln im restlichen Portwein erwärmen.

Anrichten

- Rotzungenfilets mit Küchenpapier trockentupfen und anrichten.
- Mit der Sauce nappieren und unter dem Salamander glasieren.
- Mit den abgetropften Melonenkugeln umlegen.
- Die Sauce mit den gehackten Pistazien bestreuen.

Pochierte Rotzungenröllchen mit grünen Spargelspitzen
Paupiettes de limande sole pochées aux pointes d'asperges vertes

Zutaten	4 Pers	10 Pers
Rotzungenfilets, pariert	520 g	1300 g

Füllung

Hechtfilet, pariert, ohne Haut	50 g	120 g
Vollrahm, 35 % (1)	50 g	120 g
Eiweiß, frisch	10 g	20 g
Sherry, trocken	10 g	20 g
Salz		
Pfeffer, weiß, aus der Mühle		
Schalotten, geschält	10 g	25 g
Champignons, frisch, gerüstet	50 g	120 g
Butter	10 g	25 g
Salz		
Pfeffer, weiß, aus der Mühle		

Weitere Zutaten

Butter	20 g	50 g
Schalotten, gehackt	25 g	60 g
Zitronensaft, frisch	20 g	50 g
Weißwein	120 g	300 g
Fischfond	120 g	300 g
Fischrahmsauce	200 g	500 g
Holländische Sauce	40 g	100 g
Vollrahm, 35 % (2)	20 g	50 g
Spargeln, grün, geschält	240 g	600 g
Salz	4 g	10 g

Vorbereitung

- Rotzungenfilets zwischen Plastikfolie mit dem Fleischklopfer leicht plattieren.
- Hechtfleisch in 5 mm große Würfel schneiden und kühl stellen.
- Die gekühlten Fischwürfel mit Vollrahm (1), Eiweiß, Sherry und Salz im Kutter mixen.
- Die Farce aus dem Kutter nehmen, durch ein Tamis (Haarsieb) streichen und abschmecken.
- Champignons waschen.
- Schalotten und Champignons hacken und in Butter dünsten, bis alle Flüssigkeit verdampft ist.
- Erkalten lassen und unter die Fischfarce mischen.
- Rotzungenfilets mit Salz und Pfeffer würzen und auf der Hautseite mit der Farce bestreichen.
- Fischfilets zu Röllchen formen und mit einem Zahnstocher fixieren.
- Vollrahm (2) halb steif schlagen und kühl stellen.

Zubereitung

- Grüne Spargeln im Salzwasser knackig sieden, auf 12 cm Länge zuschneiden und warm stellen.
- Sautoir mit Butter ausstreichen und mit Schalotten ausstreuen.
- Fischröllchen würzen und nebeneinander in das Sautoir legen.
- Mit Zitronensaft beträufeln und mit Butter bepinseln.
- Weißwein und Fischfond beigeben.
- Mit gebuttertem Pergamentpapier abdecken und auf den Pochierpunkt bringen.
- Im Ofen oder auf dem Herd sorgfältig auf den Punkt pochieren.
- Fischröllchen herausnehmen und zugedeckt warm stellen.
- Pochierfond passieren und sirupartig einkochen.
- Fischrahmsauce beigeben und bis zur gewünschten Konsistenz einkochen.
- Sauce vom Herd nehmen, holländische Sauce und geschlagenen Vollrahm daruntermischen, abschmecken.

Anrichten

- Fischröllchen mit Küchenpapier trockentupfen, Zahnstocher entfernen und anrichten.
- Röllchen sorgfältig mit der Sauce nappieren (übergießen) und unter dem Salamander glasieren.
- Mit gebutterten Spargelspitzen garnieren.

Pochierte Seeteufelmedaillons Matrosenart · Médaillons de baudroie pochés matelote

Zutaten

	4 Pers	10 Pers
Seeteufelfilets, pariert	560 g	1400 g
Zitronensaft, frisch	30 g	70 g
Salz		
Pfeffer, weiß, aus der Mühle		
Butter (1)	15 g	30 g
Schalotten, geschält	25 g	60 g
Rotwein, Shiraz	160 g	400 g
Fischfond (1)	80 g	200 g
Butter (2)	10 g	25 g
Weißmehl	10 g	25 g
Fischfond (2)	200 g	500 g
Butter	20 g	50 g

Garnitur

	4 Pers	10 Pers
Champignons, frisch	120 g	300 g
Butter	10 g	20 g
Perlzwiebeln, geschält	120 g	300 g
Zucker	5 g	15 g
Butter	10 g	20 g
Gemüsefond	50 g	120 g
Krebsschwänze, ausgelöst	60 g	150 g
Englischbrot, entrindet	60 g	150 g

Vorbereitung

- Butter (2) und Weißmehl zusammen zu Beurre manié (Mehlbutter) verkneten.
- Fischfond (2) sirupartig zu Fischglace einkochen.
- Schalotten fein hacken.
- Sautoir mit Butter (1) ausstreichen und mit Schalotten ausstreuen.
- Champignons waschen, rüsten und vierteln.
- Perlzwiebeln unter Farbgebung in Butter sautieren und mit Gemüsefond und Zucker glasieren.
- Englischbrot in Bâtonnets (Stäbchen) schneiden und unter dem Salamander goldbraun rösten.
- Seeteufelfilets in 70 g schwere Medaillons schneiden und zwischen Plastikfolie leicht plattieren.

Zubereitung

- Seeteufelmedaillons mit Zitronensaft marinieren und mit Salz und Pfeffer würzen.
- Nebeneinander in einem Sautoir anordnen und mit Butter bepinseln.
- Rotwein (Shiraz) und Fischfond (1) beigeben.
- Mit gebuttertem Pergamentpapier abdecken und auf den Pochierpunkt bringen.
- Im Ofen oder auf dem Herd sorgfältig auf den Punkt pochieren.
- Seeteufel herausnehmen und zugedeckt warm stellen.
- Pochierfond passieren, mit Beurre manié (Mehlbutter) binden und zur gewünschten Konsistenz einkochen.
- Fischglace beigeben, mit Butterflocken aufschwingen und abschmecken.
- In einer Sauteuse Champignonsviertel in Butter sautieren, glasierte Silberzwiebeln und Krebsschwänze beigeben und mitsautieren.

Anrichten

- Seeteufelmedaillons anrichten und mit Küchenpapier trockentupfen.
- Fischfilets mit der Sauce nappieren (übergießen).
- Champignonsviertel, Silberzwiebeln und Krebsschwänze darübergeben.
- Mit den Brot-Croûtons bestreuen.

Pochierte Seeteufelmedaillons mit Tomaten · Médaillons de baudroie pochés aux tomates

Zutaten

	4 Pers	10 Pers
Seeteufelfilet, pariert	560 g	1400 g
Zitronensaft, frisch	12 g	40 g
Salz		
Pfeffer, weiß, aus der Mühle		
Butter	20 g	40 g
Schalotten, geschält	25 g	60 g
Tomaten, geschält, entkernt	240 g	600 g
Weißwein	120 g	300 g
Fischfond	120 g	300 g
Fischrahmsauce	160 g	400 g
Holländische Sauce	40 g	100 g
Vollrahm, 35%	40 g	100 g

Vorbereitung

- Seeteufelfilet in 70 g schwere Medaillons schneiden und zwischen Plastikfolie leicht plattieren.
- Schalotten fein hacken.
- Sautoir mit Butter ausstreichen und mit den Schalotten ausstreuen.
- Tomaten in Dreiecke schneiden.
- Vollrahm halb steif schlagen und kühl stellen.

Zubereitung

- Seeteufelmedaillons mit Zitronensaft marinieren und mit Salz und Pfeffer würzen.
- Nebeneinander im Sautoir anordnen und mit Butter bepinseln.
- Tomatendreiecke auf den Fischmedaillons anordnen.
- Weißwein und Fischfond beigeben.
- Mit gebuttertem Pergamentpapier abdecken und auf den Pochierpunkt bringen.
- Im Ofen oder auf dem Herd sorgfältig auf den Punkt pochieren.
- Fischmedaillons herausnehmen und zugedeckt warm stellen.
- Pochierfond durch ein Sieb passieren und sirupartig einkochen.
- Fischrahmsauce beigeben und zur gewünschten Konsistenz einkochen.
- Sauce vom Herd ziehen, holländische Sauce und geschlagenen Vollrahm daruntermischen und abschmecken.

Anrichten

- Seeteufelmedaillons mit Tomatendreiecken anrichten und mit Küchenpapier trockentupfen.
- Fischmedaillons sorgfältig mit der Sauce nappieren (übergießen) und unter dem Salamander glasieren.

POCHIERTE SEETEUFELMEDAILLONS MIT TOMATEN – STEP BY STEP

1

2

3

4

5

6

7

8

FISCHGERICHTE

Pochierte Seezungenfilets mit Hummermedaillons in Champagner
Filets de sole pochés aux médaillons de homard au champagne

Zutaten

	4 Pers	10 Pers
Seezungenfilets, pariert	520 g	1300 g
Zitronensaft, frisch	10 g	25 g
Salz		
Pfeffer, weiß, aus der Mühle		
Butter (1)	20 g	50 g
Schalotten, geschält	25 g	60 g
Champagner, brut	80 g	200 g
Fischfond	120 g	300 g
Butter (2)	10 g	25 g
Weißmehl	10 g	25 g
Vollrahm, 35%	80 g	200 g

Garnitur

	4 Pers	10 Pers
Hummerschwanz, gegart, ohne Schale	120 g	300 g
Périgord-Trüffel, Konserve, abgetropft	5 g	10 g
Blätterteig	40 g	100 g
Eigelb, frisch	10 g	25 g
Dillzweigspitzen	2 g	5 g

Vorbereitung

- Schalotten fein hacken.
- Butter (2) und Weißmehl zusammen zu Beurre manié (Mehlbutter) verkneten.
- Sautoir mit Butter (1) ausstreichen und mit Schalotten ausstreuen.
- Vom Hummerschwanz den Darm entfernen und in 30 g schwere Medaillons (Scheiben) schneiden.
- Périgord-Trüffel in dünne Scheiben schneiden.
- Aus Blätterteig Fleurons in Fischform ausstechen, mit Eigelb bestreichen und backen.

Zubereitung

- Seezungenfilets mit Zitronensaft marinieren und mit Salz und Pfeffer würzen.
- Fischfilets zu Kissen formen, nebeneinander im Sautoir anordnen und mit Butter bepinseln.
- Champagner und Fischfond beigeben.
- Mit gebuttertem Pergamentpapier abdecken und auf den Pochierpunkt bringen.
- Im Ofen oder auf dem Herd sorgfältig auf den Punkt pochieren.
- Die Hummermedaillons während der letzten Pochierphase beigeben und erhitzen.
- Seezungenfilets und Hummermedaillons herausnehmen und zugedeckt warm stellen.
- Pochierfond passieren und sirupartig einkochen.
- Vollrahm beigeben und mit Beurre manié (Mehlbutter) binden.
- Zur gewünschten Konsistenz einkochen und abschmecken.

Anrichten

- Seezungenfilets mit Küchenpapier trockentupfen und anrichten.
- Mit der Sauce nappieren (übergießen).
- Mit den Hummermedaillons, Trüffelscheiben und Fleurons garnieren, mit Butter bepinseln und mit den Dillzweigspitzen ausgarnieren.

Pochierte Seezungenfilets mit Krevetten und Miesmuscheln · Filets de sole Marguery

Zutaten

	4 Pers	10 Pers
Seezungenfilets, pariert	520 g	1300 g
Zitronensaft, frisch	10 g	25 g
Salz		
Pfeffer, weiß, aus der Mühle		
Butter	15 g	30 g
Schalotten, geschält	25 g	60 g
Weißwein	120 g	300 g
Fischfond	120 g	300 g
Miesmuscheln, frisch, in Schale, geputzt	320 g	800 g
Krevetten, gekocht, geschält, in Lake	100 g	250 g
Fischrahmsauce	160 g	400 g
Holländische Sauce	40 g	100 g
Vollrahm, 35 %	40 g	100 g

Garnitur

	4 Pers	10 Pers
Blätterteig	40 g	100 g
Eigelb, pasteurisiert	10 g	25 g

Vorbereitung

– Schalotten fein hacken.
– Sautoir mit Butter ausstreichen und mit Schalotten ausstreuen.
– Miesmuscheln von den Byssusfäden befreien, gründlich waschen, dünsten und aus den Schalen nehmen, Dünstfond beiseite stellen.
– Aus Blätterteig Fleurons in Fischform ausstechen, mit Eigelb bestreichen und backen.
– Vollrahm halb steif schlagen und kühl stellen.

Zubereitung

– Seezungenfilets mit Zitronensaft marinieren und mit Salz und Pfeffer würzen.
– Fischfilets zu Kissen formen, nebeneinander im Sautoir anordnen und mit Butter bepinseln.
– Weißwein und Fischfond beigeben.
– Mit gebuttertem Pergamentpapier abdecken und auf den Pochierpunkt bringen.
– Im Ofen oder auf dem Herd sorgfältig auf den Punkt pochieren.
– Ausgelöste Miesmuscheln und Krevetten während der letzten Phase beigeben und erhitzen.
– Seezungenfilets, Miesmuscheln und Krevetten herausnehmen und zugedeckt warm stellen.
– Muscheldünstfond beigeben, passieren und sirupartig einkochen.
– Fischrahmsauce beigeben und zur gewünschten Konsistenz einkochen.
– Sauce vom Herd nehmen, holländische Sauce und geschlagenen Vollrahm daruntermischen und abschmecken.

Anrichten

– Seezungenfilets anrichten, Miesmuscheln und Krevetten darauf anrichten und mit Küchenpapier trockentupfen.
– Fischgericht mit der Sauce nappieren (übergießen) und unter dem Salamander glasieren.
– Mit Fleurons ausgarnieren.

Pochierte Seezungenfilets mit Spargeln · Filets de sole pochés aux asperges

Zutaten

	4 Pers	10 Pers
Seezungenfilets, pariert	520 g	1300 g
Zitronensaft, frisch	10 g	30 g
Salz		
Pfeffer, weiß, aus der Mühle		
Butter	20 g	50 g
Schalotten, geschält	25 g	60 g
Weißwein	120 g	300 g
Fischfond	120 g	300 g
Fischrahmsauce	160 g	400 g
Vollrahm, 35%	40 g	100 g

Garnitur

	4 Pers	10 Pers
Spargeln, weiß, geschält	330 g	1100 g
Salz	4 g	10 g
Blätterteig	40 g	100 g
Eigelb, frisch	10 g	25 g
Dillzweigspitzen	2 g	5 g

Vorbereitung
- Schalotten fein hacken.
- Sautoir mit Butter ausstreichen und mit gehackten Schalotten ausstreuen.
- Fleurons in Fischform ausstechen, mit Eigelb bestreichen und backen.

Zubereitung
- Spargeln im Salzwasser sieden, auf eine Länge von 12 cm zuschneiden und warm stellen.
- Seezungenfilets mit Zitronensaft marinieren und mit Salz und Pfeffer würzen.
- Zu Kissen formen, nebeneinander in einem Sautoir anordnen und mit Butter bepinseln.
- Weißwein und Fischfond beigeben.
- Mit gebuttertem Pergamentpapier abdecken und auf den Pochierpunkt bringen.
- Im Ofen oder auf dem Herd sorgfältig auf den Punkt pochieren.
- Seezungenfilets herausnehmen und zugedeckt warm stellen.
- Pochierfond passieren und sirupartig einkochen.
- Fischrahmsauce und Vollrahm beigeben, zur gewünschten Konsistenz einkochen und abschmecken.

Anrichten
- Seezungenfilets anrichten und mit Küchenpapier trockentupfen.
- Fischfilets sorgfältig mit der Sauce nappieren (übergießen).
- Mit den weißen Spargeln, den Fleurons und den Dillzweigspitzen garnieren.

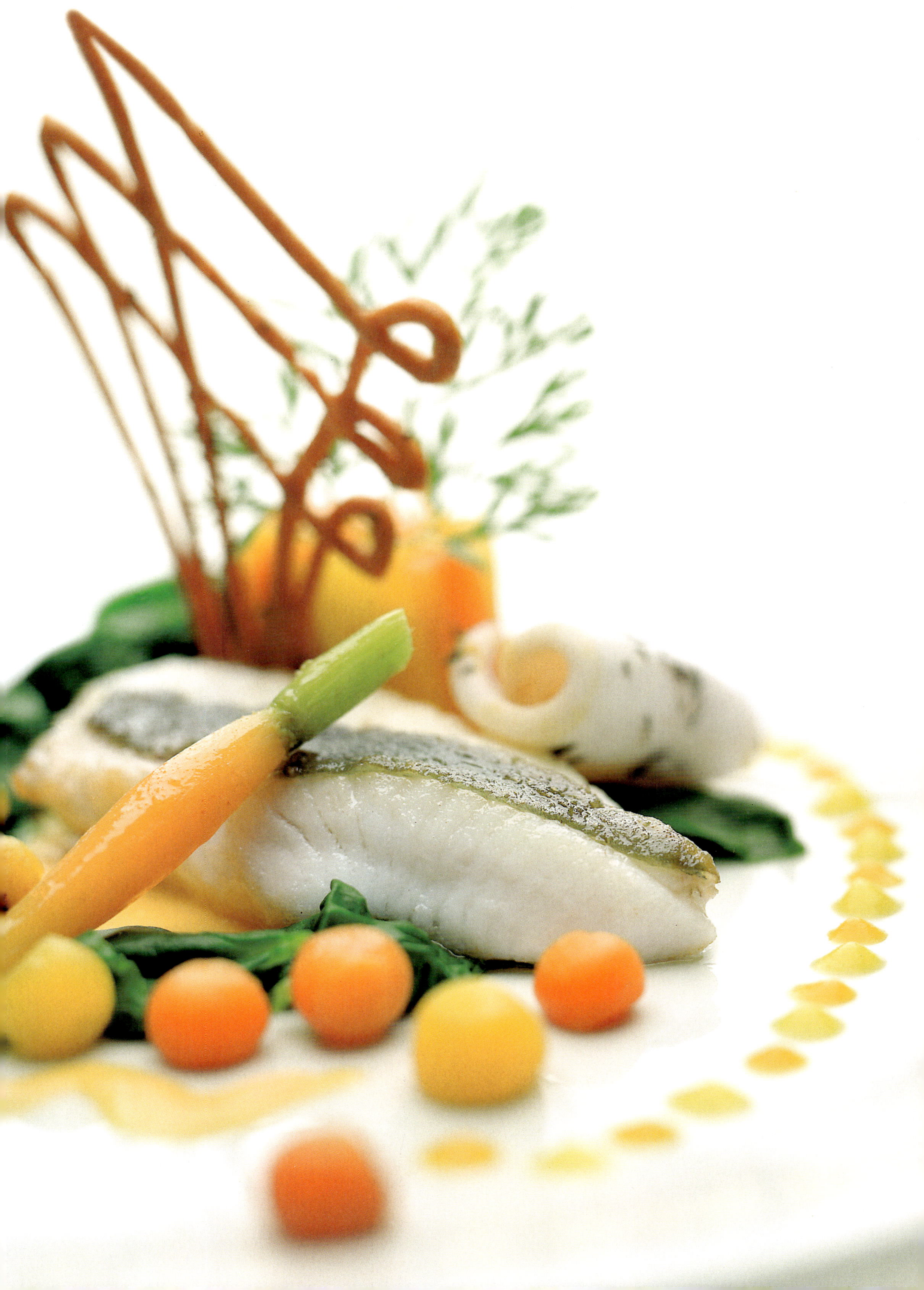

Pochierte Steinbuttfilets mit Safranfäden · Filets de turbot pochés aux pistils de safran

Zutaten	4 Pers	10 Pers
Steinbuttfilet, pariert	520 g	1300 g
Zitronensaft, frisch	10 g	30 g
Salz		
Pfeffer, weiß, aus der Mühle		
Butter (1)	20 g	50 g
Schalotten, geschält	25 g	60 g
Weißwein	120 g	300 g
Fischfond	120 g	300 g
Butter (2)	10 g	25 g
Weißmehl	10 g	25 g
Vollrahm, 35%	120 g	300 g
Safranfäden, getrocknet	0,2 g	0,5 g
Tomaten, geschält, entkernt	120 g	300 g
Butter	10 g	20 g
Lauch, gerüstet	60 g	150 g
Knollensellerie, geschält	40 g	100 g
Karotten, geschält	60 g	150 g

Vorbereitung
- Steinbuttfilet in Tranchen zu 65 g schneiden.
- Schalotten fein hacken.
- Sautoir mit Butter (1) ausstreichen und mit Schalotten ausstreuen.
- Butter (2) und Weißmehl zusammen zu Beurre manié (Mehlbutter) verkneten.
- Tomaten in Streifen schneiden.
- Lauch längs halbieren und waschen.
- Lauch, Sellerie und Karotten in Julienne (Streifchen) schneiden.

Zubereitung
- Gemüsestreifen (ohne Tomaten) in Butter knackig dünsten, würzen und warm stellen.
- Steinbuttfilets mit Zitronensaft marinieren und mit Salz und Pfeffer würzen.
- Fischfilets nebeneinander in einem Sautoir anordnen und mit Butter bepinseln.
- Weißwein und Fischfond beigeben.
- Mit gebuttertem Pergamentpapier abdecken und auf den Pochierpunkt bringen.
- Im Ofen oder auf dem Herd sorgfältig auf den Punkt pochieren.
- Steinbuttfilets herausnehmen und zugedeckt warm stellen.
- Pochierfond passieren und sirupartig einkochen.
- Vollrahm beigeben und mit Beurre manié (Mehlbutter) binden.
- Safranfäden beigeben, zur gewünschten Konsistenz einkochen und abschmecken.
- Tomatenstreifen in Butter kurz dünsten und würzen.

Anrichten
- Steinbuttfilets mit Küchenpapier trockentupfen und auf Gemüse-Julienne (Gemüsestreifchen) anrichten.
- Mit der Sauce nappieren (übergießen).
- Gedünstete Tomatenstreifen darübergeben.

Pochierte Zanderfilets mit Flusskrebsen und Champignons
Filets de sandre pochés aux écrevisses et aux champignons

Zutaten

	4 Pers	10 Pers
Zanderfilets, pariert	520 g	1300 g
Zitronensaft, frisch	10 g	25 g
Salz		
Pfeffer, weiß, aus der Mühle		
Butter (1)	15 g	30 g
Schalotten, geschält	25 g	60 g
Weißwein	120 g	300 g
Fischfond	120 g	300 g
Butter (2)	10 g	25 g
Weißmehl	10 g	25 g
Vollrahm, 35%	120 g	300 g
Krebsbutter	15 g	30 g

Garnitur

	4 Pers	10 Pers
Fischsud, gewöhnlich	800 g	2000 g
Flusskrebse, lebend	400 g	1000 g
Champignons, frisch, gerüstet	120 g	300 g
Butter	15 g	30 g
Salz		
Périgord-Trüffel, Konserve, abgetropft	5 g	10 g
Estragonblätter, frisch	1 g	3 g

Vorbereitung

– Zanderfilets schräg in 65 g schwere Stücke schneiden.
– Schalotten fein hacken.
– Sautoir mit Butter ausstreichen und mit Schalotten ausstreuen.
– Butter (2) und Weißmehl zusammen zu Beurre manié verkneten.
– Fischsud aufkochen, Flusskrebse kopfvoran beigeben und sieden.
– Flusskrebse im Eiswasser abschrecken und das Schwanzfleisch auslösen.
– Krebsschwänze vom Darm befreien.
– Champignons waschen und vierteln.
– Périgord-Trüffel in dünne Scheiben schneiden.
– Estragonblätter waschen und auf Küchenpapier trockentupfen.

Zubereitung

– Zanderfilets mit Zitronensaft marinieren und mit Salz und Pfeffer würzen.
– Nebeneinander im Sautoir anordnen und mit Butter (1) bepinseln.
– Weißwein und Fischfond beigeben.
– Mit gebuttertem Pergamentpapier abdecken und zum Pochierpunkt bringen.
– Im Ofen oder auf dem Herd sorgfältig auf den Punkt pochieren.
– Krebsschwänze während der letzten Phase beigeben und erhitzen.
– Zanderfilets und Krebsschwänze herausnehmen und zugedeckt warm stellen.
– Pochierfond passieren und sirupartig einkochen.
– Vollrahm beigeben, mit Beurre manié (Mehlbutter) binden und zur gewünschten Konsistenz einkochen.
– Champignonsviertel in Butter dünsten und in die Sauce geben.
– Sauce mit Krebsbutter aufschwingen und abschmecken.

Anrichten

– Zanderfilets anrichten, mit den Krebsschwänzen belegen und mit Küchenpapier trockentupfen.
– Mit der Krebsbuttersauce nappieren (übergießen).
– Mit Trüffelscheiben und Estragonblättern garnieren.

Pochiertes Lachskotelett schottische Art · Côtelette de saumon pochée écossaise

Zutaten

	4 Pers	10 Pers
Lachsfilet, ohne Haut	560 g	1400 g
Zitronensaft, frisch	20 g	50 g
Salz		
Pfeffer, weiß, aus der Mühle		
Butter	20 g	50 g
Schalotten, geschält	25 g	60 g
Weißwein	120 g	300 g
Fischfond	120 g	300 g
Fischrahmsauce	160 g	400 g
Vollrahm, 35%	60 g	150 g
Whisky	25 g	60 g
Karotten, geschält	35 g	80 g
Knollensellerie, geschält	20 g	50 g
Lauch, gerüstet	35 g	80 g
Butter	10 g	25 g

Garnitur

	4 Pers	10 Pers
Räucherlachs, pariert	100 g	250 g
Lachsrogen	30 g	75 g
Dillzweigspitzen	1 g	10 g

Vorbereitung

- Lachsfilet von der Fettschicht befreien und in 130 g schwere Koteletts schneiden.
- Schalotten fein hacken.
- Sautoir mit Butter ausstreichen und mit gehackten Schalotten ausstreuen.
- Lauch längs halbieren und waschen.
- Karotten, Knollensellerie und Lauch in Brunoise (Würfelchen) schneiden und in Butter dünsten.
- Räucherlachs dünn schneiden, zu Rosen formen und mit Salmrogen füllen.

Zubereitung

- Lachskoteletts mit Zitronensaft marinieren und mit Salz und Pfeffer aus der Mühle würzen.
- Nebeneinander in einem Sautoir anordnen und mit Butter bepinseln.
- Weißwein und Fischfond beigeben.
- Mit gebuttertem Pergamentpapier abdecken und auf den Pochierpunkt bringen.
- Im Ofen oder auf dem Herd sorgfältig auf den Punkt pochieren.
- Lachskoteletts herausnehmen und zugedeckt warm stellen.
- Pochierfond passieren und sirupartig einkochen, Vollrahm beigeben und nochmals einkochen.
- Fischrahmsauce beigeben und zur gewünschten Konsistenz einkochen.
- Sauce mit Whisky verfeinern, gedünstete Gemüse-Brunoise beigeben und abschmecken.

Anrichten

- Lachskoteletts mit Küchenpapier trockentupfen und anrichten.
- Mit der Sauce nappieren (übergießen).
- Mit den vorbereiteten, gefüllten Räucherlachsrosen und den Dillzweigspitzen garnieren.

■ GARMETHODE SAUTIEREN

Panierte und sautierte Wittlingsfilets · Filets de merlan panés et sautés

Zutaten

	4 Pers	10 Pers
Wittlingsfilets, pariert	560 g	1400 g
Zitronensaft, frisch	30 g	70 g
Worcestershire-Sauce	2 g	5 g
Salz		
Pfeffer, weiß, aus der Mühle		
Weißmehl	30 g	70 g
Vollei, frisch	60 g	150 g
Mie de pain/weißes Paniermehl	100 g	250 g
Bratbutter	80 g	200 g
Zitronen	100 g	250 g
Butter	30 g	75 g
Petersilie, gekraust, frisch	20 g	50 g
Ölverlust beim Frittieren	5 g	10 g

Vorbereitung

- Wittlingsfilets mit Zitronensaft, Worcestershire-Sauce und Pfeffer marinieren.
- Zitronen vierteln und die Kerne entfernen.
- Petersilie waschen, zupfen, trockentupfen, kurz frittieren und auf Küchenpapier entfetten.

Zubereitung

- Wittlingsfilets salzen, mehlen und leicht abklopfen.
- Durch das Ei ziehen und leicht abstreifen.
- Im Mie de pain (weißes Paniermehl) wenden und leicht andrücken.
- Bratbutter erhitzen und die Fische goldgelb sautieren.
- Herausnehmen und auf Küchenpapier entfetten.

Anrichten

- Wittlingsfilets anrichten.
- Mit Zitronenviertel und frittierter Petersilie garnieren.

Sautierte Rotzungenfilets mit Kartoffelkugeln und grünen Spargeln
Filets de limande sole sautés, pommes noisettes et asperges vertes

Zutaten

	4 Pers	10 Pers
Rotzungenfilets, pariert	520 g	1300 g
Zitronensaft, frisch	25 g	60 g
Salz		
Pfeffer, weiß, aus der Mühle		
Weißmehl	20 g	50 g
Sonnenblumenöl, high oleic	30 g	80 g
Butter	20 g	50 g
Zitronensaft, frisch	20 g	50 g
Worcestershire-Sauce	1 g	4 g
Kalbsjus, gebunden	40 g	100 g
Petersilie, gekraust, frisch	15 g	40 g

Garnitur

	4 Pers	10 Pers
Kartoffelkugeln, Ø 2 cm	400 g	1000 g
Salz	4 g	10 g
Butter	15 g	30 g
Champignons, frisch, gerüstet	120 g	300 g
Butter	10 g	20 g
Spargeln, grün, geschält	200 g	500 g
Salz		
Pfeffer, weiß, aus der Mühle		

Vorbereitung
- Rotzungenfilets mit Zitronensaft marinieren.
- Petersilie waschen, trockentupfen, zupfen und fein hacken.
- Kartoffelkugeln im Salzwasser blanchieren, abschütten und in einem flachen Gefäss ausdampfen lassen.
- Champignons waschen und vierteln.

Zubereitung
- Grüne Spargeln im Salzwasser sieden, auf 12 cm Länge zuschneiden und warm stellen.
- Kartoffelkugeln in Butter braten.
- Kurz vor Ende der Garzeit Champignons beigeben und mitsautieren, abschmecken.
- Rotzungenfilets mit Salz und Pfeffer würzen, mehlen und das überschüssige Weißmehl abklopfen.
- In einer Lyoner Pfanne im Sonnenblumenöl beidseitig goldgelb sautieren.
- Fischfilets herausnehmen, auf Küchenpapier entfetten und warm stellen.
- In einer Sauteuse Butter schaumig erhitzen.
- Zitronensaft, Worcestershire-Sauce, Kalbsjus und Petersilie beigeben.

Anrichten
- Rotzungenfilets anrichten.
- Fischfilets mit der Buttermischung nappieren (übergießen).
- Kartoffelkugeln und Champignons darüber verteilen.
- Spargelspitzen mit Butter bepinseln und anrichten.

Sautierte Äschenfilets mit Thymiankruste auf Tomaten-Peperoni-Glace
Filets d'ombre sautés en croûte de thym sur glace à la tomate et aux poivrons

Zutaten	4 Pers	10 Pers
Äschenfilets, pariert	600 g	1500 g
Zitronensaft, frisch	30 g	70 g
Salz		
Pfeffer, weiß, aus der Mühle		
Vollrahm, 35%	40 g	100 g
Mie de pain/weißes Paniermehl	100 g	250 g
Thymian, frisch	20 g	50 g
Bratbutter	50 g	120 g
Tomaten, geschält, entkernt	240 g	600 g
Olivenöl, kaltgepresst	25 g	60 g
Salz		
Pfeffer, weiß, aus der Mühle		
Basilikum, großblättrig	40 g	100 g
Ölverlust beim Frittieren	5 g	10 g
Tomaten-Peperoni-Glace		
Peperoni, rot, entkernt	160 g	400 g
Tomaten	250 g	640 g
Knoblauch, geschält	4 g	10 g
Basilikum, frisch	4 g	10 g
Thymian, frisch	2 g	5 g
Maisstärke	1 g	2 g
Aceto balsamico tradizionale di Modena (Balsamessig)	1 g	3 g
Salz		
Pfeffer, weiß, aus der Mühle		

Vorbereitung
- Äschenfilets mit Zitronensaft, weißem Pfeffer und Vollrahm 10 Minuten marinieren.
- Thymian waschen, zupfen, trockentupfen und fein hacken.
- Tomaten in Streifen schneiden.
- Großblättriges Basilikum waschen, zupfen und trockentupfen.
- Rote Peperoni in Würfel schneiden.
- Tomaten für die Glace waschen und vierteln.
- Knoblauch fein hacken.
- Basilikum und Thymian waschen, zupfen, trockentupfen und fein hacken.

Zubereitung Glace
- Peperoni, Tomaten und Knoblauch im Mixer fein pürieren.
- Flüssigkeit durch ein Passiertuch pressen.
- Die Flüssigkeit auf 250 g (10 Personen), 100 g (4 Personen) einkochen lassen.
- Maisstärke mit wenig kaltem Wasser anrühren und die Flüssigkeit binden.
- Balsamessig, Basilikum und Thymian beigeben und abschmecken.

Zubereitung Gericht
- Mie de pain mit dem gehackten Thymian vermischen.
- Die Marinade von den Äschenfilets abstreifen und die Fischfilets würzen.
- Äschenfilets in der Mie-de-pain-Thymian-Mischung panieren, die Panade leicht andrücken.
- Bratbutter erhitzen und die Äschenfilets goldgelb sautieren.
- Tomatenstreifen im Olivenöl sautieren und würzen.
- Basilikumblätter kurz frittieren und auf Küchenpapier entfetten.

Anrichten
- Mit der Tomaten-Peperoni-Glace einen Saucenspiegel anrichten.
- Äschenfilets darauf anrichten.
- Tomatenstreifen darübergeben und mit frittierten Basilikumblättern garnieren.

Sautierte Eglifilets/Barschfilets auf Avocadocreme · Filets de perche sautés sur crème d'avocat

Zutaten

	4 Pers	10 Pers
Eglifilets/Barschfilets, ohne Haut	480 g	1200 g
Zitronensaft, frisch	10 g	30 g
Salz		
Pfeffer, weiß, aus der Mühle		
Weißmehl	30 g	70 g
Butter	40 g	100 g
Fischrahmsauce	160 g	400 g
Avocados, geschält (1)	160 g	400 g

Garnitur

	4 Pers	10 Pers
Avocados, geschält (2)	200 g	500 g
Zitronensaft, frisch	10 g	30 g
Tomaten, geschält, entkernt	200 g	500 g
Salz		
Mandelkerne, gehobelt	15 g	40 g

Vorbereitung

- Avocados (1) für Sauce in Würfel schneiden und mit Zitronensaft beträufeln.
- Avocados (2) zu einem Fächer schneiden und mit Zitronensaft beträufeln.
- Tomaten in gleichmäßige Würfel schneiden.
- Gehobelte Mandeln auf einem Backblech im Ofen goldgelb rösten.

Zubereitung

- Eglifilets mit Zitronensaft marinieren und mit Salz und Pfeffer würzen.
- Fischfilets mehlen, überschüssiges Mehl abklopfen.
- In einer Lyoner Pfanne in Butter goldgelb sautieren.
- Fischfilets herausnehmen und auf Küchenpapier entfetten.
- In einer Sauteuse Fischrahmsauce mit Avocadowürfeln aufkochen.
- Mit einem Stabmixer pürieren und abschmecken.
- Avocadofächer unter dem Salamander oder im Kombisteamer erwärmen.
- Tomatenwürfel in Butter dünsten und abschmecken.

Anrichten

- In einem tiefen Teller Saucenspiegel mit Avocadocreme dressieren.
- Eglifilets fächerförmig anrichten.
- Mit Avocadofächer und gedünsteten Tomatenwürfeln garnieren.
- Mit den gerösteten Mandeln bestreuen.

Sautierte Eglifilets/Barschfilets auf Melissensauce mit Gemüsestreifen
Filets de perche sautés, sauce à la mélisse et julienne de légumes

Zutaten

	4 Pers	10 Pers
Eglifilets/Barschfilets, ohne Haut	480 g	1200 g
Zitronensaft, frisch	30 g	75 g
Salz		
Pfeffer, weiß, aus der Mühle		
Weißmehl	20 g	50 g
Sonnenblumenöl, high oleic	40 g	100 g

Zutaten Sauce

	4 Pers	10 Pers
Schalotten, geschält	40 g	100 g
Butter	10 g	30 g
Weißwein, Riesling	80 g	200 g
Fischfond	80 g	200 g
Geflügelfond, hell	80 g	200 g
Butter	20 g	50 g
Zitronenmelissenblätter	4 g	10 g
Salz		
Pfeffer, weiß, aus der Mühle		

Garnitur

	4 Pers	10 Pers
Karotten, geschält	40 g	100 g
Lauch, gerüstet	40 g	100 g
Knollensellerie, geschält	40 g	100 g
Butter	15 g	40 g
Salz		
Pfeffer, weiß, aus der Mühle		
Kerbelblätter, frisch	2 g	5 g

Vorbereitung

- Schalotten fein hacken.
- Zitronenmelissenblätter waschen und in Chiffonnade (Streifen) schneiden; einige besonders schöne Blätter für die Dekoration beiseite legen.
- Lauch längs halbieren und waschen.
- Karotten, Lauch, Knollensellerie in Julienne (Streifchen) schneiden.

Zubereitung

- In einer Sauteuse Schalotten in Butter dünsten.
- Mit Riesling, Fischfond und Geflügelfond auffüllen und auf 20% einkochen.
- Mit einem Stabmixer pürieren, Butterflocken beigeben, abschmecken, kurz vor dem Servieren Melissenstreifen beigeben.
- Gemüsestreifen in Butter knackig dünsten.
- Eglifilets mit Zitronensaft marinieren und mit Salz und Pfeffer würzen.
- Fischfilets mehlen, überschüssiges Mehl abklopfen.
- In einer Lyoner Pfanne im Sonnenblumenöl beidseitig goldgelb sautieren.
- Eglifilets herausnehmen und auf Küchenpapier entfetten, warm stellen.

Anrichten

- Saucenspiegel anrichten, restliche Sauce separat servieren.
- Eglifilets fächerförmig auf dem Saucenspiegel anrichten.
- Gemüsestreifen auf den Fischfilets verteilen.
- Mit Kerbel- und Melissenblättern ausgarnieren.

Sautierte Eglifilets/Barschfilets mit Steinpilzen · Filets de perche sautés aux bolets

Zutaten	4 Pers	10 Pers
Eglifilets/Barschfilets, ohne Haut	520 g	1300 g
Zitronensaft, frisch	30 g	75 g
Salz		
Pfeffer, weiß, aus der Mühle		
Weißmehl	20 g	50 g
Sonnenblumenöl, high oleic	40 g	100 g
Garnitur		
Steinpilze, frisch, gerüstet	160 g	400 g
Schalotten, geschält	20 g	50 g
Knoblauch, geschält	1 g	5 g
Butter	20 g	50 g
Salz		
Pfeffer, weiß, aus der Mühle		
Schnittlauch, frisch	10 g	20 g

Vorbereitung
- Steinpilze mit einem Tuch abreiben und in gleichmäßige Scheiben schneiden.
- Schalotten und Knoblauch fein hacken.
- Schnittlauch fein schneiden.

Zubereitung
- Eglifilets mit Zitronensaft marinieren und mit Salz und Pfeffer würzen.
- Fischfilets mehlen, überschüssiges Mehl abklopfen.
- Im Sonnenblumenöl beidseitig goldgelb sautieren.
- Fischfilets auf Küchenpapier entfetten.
- Steinpilze unter Farbgebung mit Schalotten und Knoblauch in Butter sautieren und abschmecken.

Anrichten
- Eglifilets fächerförmig anrichten.
- Sautierte Steinpilze über die Filets verteilen.
- Mit Schnittlauch bestreuen.

Sautierte Felchenfilets mit Kapern und Tomaten · Filets de féra grenobloise

Zutaten	4 Pers	10 Pers
Felchenfilets, ohne Haut, pariert	560 g	1400 g
Zitronensaft, frisch	10 g	25 g
Worcestershire-Sauce	4 g	10 g
Salz		
Pfeffer, weiß, aus der Mühle		
Weißmehl	20 g	50 g
Sonnenblumenöl, high oleic	40 g	100 g
Sauce		
Zwiebeln, geschält	60 g	150 g
Butter	30 g	75 g
Tomaten, geschält, entkernt	120 g	300 g
Kapern, abgetropft	40 g	100 g
Kalbsjus, gebunden	40 g	100 g
Petersilie, gekraust, frisch	20 g	50 g

Vorbereitung
- Zwiebeln fein hacken.
- Tomaten in Würfel schneiden.
- Petersilie waschen und fein hacken.

Zubereitung
- Felchenfilets mit Zitronensaft und Worcestershire-Sauce marinieren.
- Mit Salz und Pfeffer würzen.
- Fischfilets mehlen, überschüssiges Mehl abklopfen.
- In einer Lyoner Pfanne im Sonnenblumenöl beidseitig goldgelb sautieren.
- Felchenfilets herausnehmen und auf Küchenpapier entfetten.
- Lyoner Pfanne mit Küchenpapier ausreiben.
- Zwiebeln in Butter weich dünsten.
- Tomatenwürfel und Kapern beigeben und mitdünsten.

Anrichten
- Gebundenen Kalbsjus auf Anrichtegeschirr dressieren.
- Felchenfilets darauf fächerförmig anrichten.
- Garnitur darüber verteilen und mit gehackter Petersilie bestreuen.

Panierte und sautierte Felchenfilets mit Kartoffelkugeln und gefüllten Tomaten
Filets de féra sautés Saint-Germain

Zutaten	4 Pers	10 Pers
Felchenfilets, ohne Haut, pariert	560 g	1400 g
Zitronensaft, frisch	30 g	70 g
Worcestershire-Sauce	10 g	20 g
Salz		
Pfeffer, weiß, aus der Mühle		
Vollei, frisch	100 g	250 g
Pernod	10 g	25 g
Mie de pain/weißes Paniermehl	100 g	250 g
Butter	30 g	70 g
Kartoffelkugeln, Ø 2 cm	400 g	1000 g
Butter	30 g	70 g
Tomaten	200 g	500 g
Bearner Sauce	240 g	600 g

Vorbereitung
- Felchenfilets mit Zitronensaft und Worcestershire-Sauce marinieren.
- Kartoffelkugeln im Salzwasser blanchieren, abschütten und ausdampfen lassen.
- Vollei aufschlagen und Pernod beigeben.
- Tomaten waschen, Stielansatz entfernen, halbieren und aushöhlen.

Zubereitung
- Felchenfilets mit Salz und Pfeffer würzen.
- Felchenfilets mehlen, durch die Eimasse ziehen und mit Mie de pain panieren.
- Tomaten innen leicht salzen und im Ofen erwärmen.
- In einer Lyoner Pfanne die Felchenfilets in heißer Butter goldbraun sautieren.
- In einer zweiten Lyoner Pfanne die Kartoffelkugeln in heißer Butter goldgelb braten.

Anrichten
- Die Felchenfilets anrichten.
- Tomaten mit Bearner Sauce füllen und anrichten, restliche Sauce in einer Sauciere separat dazu servieren.
- Gebratene Kartoffelkugeln anrichten.

Sautierte Junghechtschnitzel mit Meaux-Senf-Sauce und Blattspinat
Escalopes de brocheton sautées, sauce à la moutarde de Meaux et aux feuilles d'épinards

Zutaten	4 Pers	10 Pers
Junghechtfilets, pariert	600 g	1500 g
Zitronensaft, frisch	15 g	40 g
Worcestershire-Sauce	10 g	25 g
Salz		
Pfeffer, weiß, aus der Mühle		
Weißmehl	30 g	80 g
Butter	30 g	80 g
Fischrahmsauce	160 g	400 g
Meaux-Vollkornsenf	35 g	80 g
Herbsttrompeten, getrocknet	10 g	25 g
Butter	15 g	40 g
Schalotten, geschält (1)	15 g	40 g

Beilagen		
Blattspinat, tiefgekühlt	320 g	800 g
Butter	20 g	50 g
Schalotten, geschält (2)	10 g	25 g
Knoblauch, geschält	2 g	5 g
Gemüsefond	40 g	100 g
Austernsauce, chinesische	20 g	50 g
Salz		
Pfeffer, weiß, aus der Mühle		

Vorbereitung
- Von den Hechtfilets mit einer Zange sämtliche Gabelgräten entfernen und pro Person drei Schnitzel à je 50 g schneiden.
- Junghechtschnitzel mit Zitronensaft und Worcestershire-Sauce marinieren.
- Herbsttrompeten im lauwarmen Wasser einweichen.
- Herbsttrompeten rüsten, waschen, auspressen und in gleich große Stücke schneiden.
- Schalotten (1 und 2) fein hacken.
- Knoblauch durch die Knoblauchpresse drücken.
- Spinat blanchieren, im Eiswasser abschrecken und abtropfen lassen.

Zubereitung
- Schalotten (1) in Butter dünsten, Herbsttrompeten beigeben und weich dünsten.
- Junghechtschnitzel mit Salz und Pfeffer aus der Mühle würzen, im Weißmehl wenden, überschüssiges Mehl abklopfen.
- Junghechtschnitzel in einer Lyoner Pfanne in Butter goldbraun sautieren.
- Fischrahmsauce erhitzen, mit Meaux-Vollkornsenf verfeinern und abschmecken.
- Blattspinat auspressen und mit Schalotten (2) und Knoblauch in Butter dünsten, Gemüsefond beigeben und fertig dünsten.
- Mit Austernsauce, Salz und Pfeffer abschmecken.

Anrichten
- Blattspinat anrichten.
- Junghechtschnitzel an den Blattspinat anlehnend anrichten.
- Senfsauce rundherum dressieren.
- Sautierte Herbsttrompeten auf dem Gericht verteilen.

Sautiertes Lachskotelett mit Räucherlachs-Meerrettich-Kruste
Côtelette de saumon sautée en croûte de saumon fumé et raifort

Zutaten

	4 Pers	10 Pers
Lachsfilet, pariert	520 g	1300 g
Zitronensaft, frisch	30 g	70 g
Worcestershire-Sauce	2 g	5 g

Kruste

Butter	40 g	100 g
Vollrahm, 35%	40 g	100 g
Räucherlachs, pariert	70 g	180 g
Mie de pain/weißes Paniermehl	40 g	100 g
Meerrettich, frisch, geschält	50 g	120 g
Cayenne-Pfeffer, gemahlen		
Koriander, frisch	4 g	10 g

Weitere Zutaten

Butter	40 g	100 g
Sonnenblumenöl, high oleic	20 g	50 g
Fischrahmsauce	200 g	500 g
Vollrahm, 35%	40 g	100 g
Salz		
Pfeffer, weiß, aus der Mühle		

Garnitur

Wonton-Teigblätter	2	5
Butter	5 g	10 g
Mohnsamen	5 g	10 g
Schnittlauch, frisch	5 g	10 g

Vorbereitung

- Lachsfilet zu Lachskoteletts schneiden (130 g pro Person) und mit Zitronensaft und Worcestershire-Sauce marinieren.
- Wonton-Teigblätter diagonal halbieren und mit Butter bestreichen.
- Teigblätter mit Mohnsamen bestreuen und unter dem Salamander beidseitig knusprig backen.
- Schnittlauch in 1cm lange Stäbchen schneiden.

Vorbereitung Kruste

- Räucherlachs in kleine Würfel schneiden.
- Meerrettich fein reiben.
- Koriander waschen, zupfen, trockentupfen und fein hacken.
- Butter für die Kruste schaumig rühren.
- Butter, Räucherlachs und Vollrahm im Kutter fein mixen.
- Mie de pain (weißes Paniermehl) beigeben und zu einer festen Masse verrühren.
- Meerrettich und Koriander beigeben und mit Cayenne-Pfeffer und Salz abschmecken.

Zubereitung

- Lachskoteletts mit Salz und Pfeffer würzen und die Oberseite mit der Räucherlachskruste bestreichen.
- Unter dem Salamander kurz überbacken.
- Sautoir erhitzen, Butter und Sonnenblumenöl erhitzen.
- Lachskoteletts in das Sautoir legen und im Ofen langsam sautieren, ohne dass der Fisch Farbe annimmt.
- Fischrahmsauce separat erhitzen, mit Vollrahm verfeinern und abschmecken.

Anrichten

- Saucenspiegel anrichten.
- Lachskoteletts darauf anrichten.
- Mit gebackenem Wonton-Teigdreieck ausgarnieren und mit Schnittlauchstäbchen bestreuen.

Sautierte Meerhechtfilets an zwei Senfsaucen
Filets de colin sautés aux deux sauces à la moutarde

Zutaten

	4 Pers	10 Pers
Meerhechtfilets, pariert	600 g	1500 g
Zitronensaft, frisch	30 g	70 g
Worcestershire-Sauce	2 g	5 g
Salz		
Pfeffer, weiß, aus der Mühle		
Weißmehl	20 g	50 g
Butter	60 g	150 g
Fischrahmsauce	320 g	800 g
Meaux-Vollkornsenf	20 g	50 g
Dijon-Senf	20 g	50 g
Vollrahm, 35 %	50 g	120 g
Salz		
Pfeffer, weiß, aus der Mühle		

Garnitur

Gurkenkugeln	320 g	800 g
Butter	25 g	60 g
Zucker	15 g	40 g
Geflügelfond, hell	20 g	50 g
Dill, frisch	2 g	5 g
Tomaten, geschält, entkernt	160 g	400 g
Pfefferkörner, rosa, getrocknet	2 g	5 g

Vorbereitung
- Meerhechtfilets in 75 g schwere Tranchen schneiden (2 Tranchen pro Person).
- Mit Zitronensaft, Worcestershire-Sauce und Pfeffer marinieren.
- Fischrahmsauce erhitzen.
- Dill waschen, zupfen, trockentupfen und fein hacken.
- Tomaten in 8 mm große Würfel schneiden.

Zubereitung
- Meerhechtfilets salzen und im Weißmehl wenden.
- In Butter goldgelb sautieren.
- Fischfilets herausnehmen, auf Küchenpapier entfetten und warm stellen.
- Die eine Hälfte der Fischrahmsauce mit Meaux-Vollkornsenf vermischen und einkochen.
- Die andere Hälfte der Fischrahmsauce mit Dijon-Senf vermischen und einkochen.
- Vollrahm zu beiden Saucen zugeben, zur gewünschten Konsistenz einkochen und abschmecken.
- Gurkenkugeln mit Butter, Zucker und Geflügelfond glasieren.
- Mit Salz und Pfeffer abschmecken.
- Am Schluss Dill, Tomatenwürfel und rosa Pfefferkörner beigeben.

Anrichten
- Saucenspiegel mit den beiden Senfsaucen auf vorgewärmte Teller geben.
- Meerhechtfilets auf den Saucenspiegeln anrichten.
- Mit Gurkenkugeln, Tomaten und rosa Pfefferkörnern garnieren.

Sautierte Petersfischschnitzel mit Karottencreme · Escalope de saint-pierre à la crème de carottes

Zutaten

	4 Pers	10 Pers
Petersfischfilets, pariert	520 g	1300 g
Zitronensaft, frisch	30 g	70 g
Salz		
Pfeffer, weiß, aus der Mühle		
Weißmehl	20 g	50 g
Butter	40 g	100 g

Karottencreme

Butter	15 g	30 g
Schalotten, geschält	15 g	40 g
Karotten, geschält	200 g	500 g
Weißwein, Sauternes	60 g	150 g
Fischfond	80 g	200 g
Doppelrahm, 45 %	80 g	200 g
Salz		
Pfeffer, weiß, aus der Mühle		
Zitronensaft, frisch	10 g	25 g

Garnitur

Karotten, jung, geschält	200 g	500 g
Butter	10 g	20 g
Blattspinat, frisch, gerüstet	80 g	200 g
Butter	10 g	20 g
Salz		
Pfeffer, weiß, aus der Mühle		

Vorbereitung
- Petersfischfilets in Schnitzel zu 65 g schneiden (pro Person 2 Schnitzel).
- Schalotten fein hacken.
- Karotten für die Creme in 8 mm große Würfel schneiden.
- Schalotten in Butter andünsten und die Karottenwürfel beigeben.
- Mit ⅔ des Sauternes-Weins ablöschen, mit Fischfond auffüllen und weich dünsten.
- Karotten im Mixer fein pürieren und durch ein Tamis (Haarsieb) streichen.
- Junge Karotten für die Garnitur dämpfen, in Butter schwenken und mit Salz und Pfeffer abschmecken.
- Blattspinat gründlich waschen, im Salzwasser blanchieren, im Eiswasser abschrecken und abtropfen lassen.

Zubereitung
- Petersfischschnitzel mit Zitronensaft marinieren und mit Salz und Pfeffer würzen.
- Im Weißmehl wenden und in Butter sautieren, herausnehmen und auf Küchenpapier entfetten.
- Karottenpüree mit dem restlichen Sauternes-Wein und dem Doppelrahm vermischen.
- Mit Salz und Pfeffer abschmecken und mit Zitronensaft verfeinern.
- Blattspinat gut auspressen, in Butter dünsten und abschmecken.

Anrichten
- Mit der Karottencreme einen Spiegel anrichten.
- Petersfischschnitzel darauf anrichten.
- Mit Spinatbouquets und jungen Karotten garnieren.

Sautierte Seezungenfilets mit Bananen und Joghurtsauce
Filets de sole sautés aux bananes et à la sauce au yaourt

Zutaten	4 Pers	10 Pers
Seezungenfilets, pariert	600 g	1500 g
Zitronensaft, frisch	30 g	70 g
Salz		
Pfeffer, weiß, aus der Mühle		
Weißmehl	40 g	100 g
Butter (1)	60 g	150 g
Mie de pain/weißes Paniermehl	80 g	200 g
Kaffir-Limonen-Blätter	2 g	5 g
Bananen, geschält	340 g	850 g
Bratbutter	40 g	100 g
Sauce		
Frühlingszwiebeln, gerüstet	25 g	60 g
Chilischoten, rot, entkernt	4 g	10 g
Knoblauch, geschält	5 g	15 g
Petersilie, glattblättrig, frisch	4 g	10 g
Koriander, frisch	4 g	10 g
Limonensaft	10 g	20 g
Limonenraps	1 g	2 g
Vollmilchjoghurt, nature	100 g	250 g
Doppelrahm, 45 %	25 g	60 g
Salz		
Pfeffer, weiß, aus der Mühle		

Vorbereitung
– Seezungenfilets mit Zitronensaft und weißem Pfeffer marinieren.
– Limonenblätter waschen, trockentupfen, fein hacken und mit dem Mie de pain vermischen.
– Butter (1) schmelzen.
– Seezungenfilets salzen, im Weißmehl wenden und durch die flüssige Butter ziehen.
– Mit der Mie-de-pain-Limonenblätter-Mischung panieren, Panade leicht andrücken.
– Bananen halbieren, dann längs halbieren.
– Frühlingszwiebeln waschen und in Brunoise (Würfelchen) schneiden.
– Chilischote und Knoblauch fein hacken.
– Petersilie und Koriander waschen, zupfen, trockentupfen und fein hacken.
– Saucenzutaten vermischen und abschmecken.

Zubereitung
– Panierte Seezungenfilets in heißer Bratbutter goldgelb und knusprig sautieren.
– Auf einem Küchenpapier abtropfen lassen und warm stellen.
– Die Bananenstücke leicht mehlen und in Bratbutter goldgelb sautieren.

Anrichten
– Seezungenfilets auf vorgewärmtem Teller oder Platte anrichten.
– Die gebratenen Bananen auf die Seezungenfilets anrichten.
– Kalte Joghurtsauce separat dazu servieren.

Sautiertes Pangasiusfilet mit Tomaten und Steinpilzen
Filet de pangasius sauté aux tomates et aux bolets

Zutaten	4 Pers	10 Pers
Pangasiusfilets, pariert	600 g	1500 g
Zitronensaft, frisch	30 g	70 g
Worcestershire-Sauce	2 g	5 g
Salz		
Pfeffer, weiß, aus der Mühle		
Weißmehl	20 g	50 g
Bratbutter	60 g	150 g
Kalbsfond, braun	100 g	250 g
Zitronensaft, frisch	20 g	50 g
Schalotten, geschält	20 g	50 g
Knoblauch, geschält	5 g	10 g
Steinpilze, frisch, gerüstet	200 g	500 g
Olivenöl	40 g	100 g
Tomaten, geschält, entkernt	200 g	500 g
Petersilie, glattblättrig, frisch	10 g	25 g
Basilikum, frisch	2 g	5 g
Thymian, frisch	2 g	5 g
Salz		
Pfeffer, weiß, aus der Mühle		

Vorbereitung
– Pangasiusfilets in Tranchen zu je 150 g pro Person schneiden.
– Mit Zitronensaft, Worcestershire-Sauce und Pfeffer marinieren.
– Schalotten und Knoblauch fein hacken.
– Steinpilze mit einem Tuch abreiben und in 8 mm große Würfel schneiden.
– Tomaten in 8 mm große Würfel schneiden.
– Kräuter waschen, zupfen, trockentupfen und fein hacken.

Zubereitung
– Pangasiusfilets salzen, im Weißmehl wenden und in der Bratbutter goldgelb sautieren.
– Herausnehmen, auf Küchenpapier entfetten und warm stellen.
– Bratensatz mit Kalbsfond und Zitronensaft auflösen und einkochen.
– Sauce passieren, mit Butterflocken aufmontieren und abschmecken.
– Schalotten und Knoblauch im Olivenöl sautieren.
– Steinpilze beigeben und unter leichter Farbgebung mitsautieren.
– Am Schluss die Tomatenwürfel und Kräuter beigeben und abschmecken.

Anrichten
– Saucenspiegel anrichten.
– Die Pangasiusfilets auf dem Saucenspiegel anrichten.
– Steinpilzragout über die Fischfilets verteilen.

Sautiertes Kabeljaurückenfilet mit Karottenkruste auf Kerbelsauce
Filet royal de cabillaud sauté en croûte de carottes, sauce au cerfeuil

Zutaten

	4 Pers	10 Pers
Kabeljaurückenfilet, pariert	480 g	1200 g
Knoblauch, geschält	3 g	6 g
Salz		
Pfeffer, weiß, aus der Mühle		
Senfpulver, englisches	2 g	5 g
Weißwein	20 g	50 g
Butter (1)	40 g	100 g

Füllung

	4 Pers	10 Pers
Lachsfilet, pariert	100 g	250 g
Eiweiß, frisch	20 g	50 g
Vollrahm, 35%	80 g	200 g
Salz		
Pfeffer, weiß, aus der Mühle		

Weitere Zutaten

	4 Pers	10 Pers
Karotten, geschält	160 g	400 g
Butter (2)	20 g	40 g
Schalotten, geschält	20 g	50 g
Weißwein	30 g	75 g
Fischrahmsauce	160 g	400 g
Vollrahm, 35%	40 g	100 g
Kerbel, frisch	8 g	20 g
Salz		
Pfeffer, weiß, aus der Mühle		
Kerbelblätter, frisch	2 g	5 g

Vorbereitung

- Knoblauch durch die Knoblauchpresse drücken.
- Englischen Senf mit Weißwein anrühren.
- Kabeljaurückenfilet mit Knoblauch einreiben und mit dem angerührten Englischsenf einstreichen.
- Lachsfilet vom Fett befreien, in 5 mm große Würfel schneiden und kalt stellen.
- Die gekühlten Fischwürfel mit Salz und der Hälfte des Vollrahms im Kutter fein mixen.
- Die Farce aus dem Kutter nehmen und durch ein Tamis (Haarsieb) streichen.
- Auf Eis abrühren, den restlichen Vollrahm und das Eiweiß beigeben und abschmecken.
- Karotten mit einer Röstiraffel reiben und leicht salzen.
- Vorbereitete Kabeljaufilets mit der Füllung bestreichen.
- Die geriebenen Karotten darauf verteilen und leicht andrücken.
- Schalotten fein hacken.
- Kerbel waschen, trockentupfen, zupfen und grob hacken.
- Kerbelblätter für die Garnitur waschen und auf Küchenpapier trockentupfen.

Zubereitung

- Schalotten in Butter (2) andünsten.
- Mit Weißwein ablöschen und sirupartig einkochen.
- Vollrahm und Fischrahmsauce beigeben, aufkochen, passieren.
- Sauce zur gewünschten Konsistenz einkochen und abschmecken.
- Kurz vor dem Servieren den gehackten Kerbel beigeben.
- Kabeljaufilet in heißer Butter (1) goldgelb sautieren.

Anrichten

- Saucenspiegel anrichten.
- Kabeljaufilet vorsichtig tranchieren und auf dem Saucenspiegel anrichten.
- Mit Kerbelblättchen garnieren.

Sautiertes Welsfilet mit Zitronen und Kapern · Filet de silure sauté au citron et aux câpres

Zutaten

	4 Pers	10 Pers
Welsfilet, pariert	560 g	1400 g
Zitronensaft, frisch	30 g	70 g
Worcestershire-Sauce	5 g	10 g
Dill, frisch	5 g	10 g
Salz		
Pfeffer, weiß, aus der Mühle		
Weißmehl	20 g	50 g
Bratbutter	60 g	150 g
Zitronen	200 g	500 g
Kapern, abgetropft	40 g	100 g
Butter	20 g	50 g
Petersilie, gekraust, frisch	15 g	30 g
Worcestershire-Sauce	5 g	10 g
Brunnenkresse, gerüstet	40 g	100 g

Vorbereitung
- Dill waschen, zupfen, trockentupfen und hacken.
- Welsfilet mit Zitronensaft, Worcestershire-Sauce und gehacktem Dill marinieren.
- Zitronen mit dem Filetiermesser parieren und filetieren.
- Petersilie waschen, zupfen, trockentupfen und fein hacken.
- Brunnenkresse waschen und trockenschleudern.

Zubereitung
- Welsfilets mit Salz und Pfeffer würzen, im Weißmehl wenden und leicht anklopfen.
- Bratbutter in einer Lyoner Pfanne erhitzen und die Welsfilets beidseitig goldbraun sautieren.
- Herausnehmen und warm stellen.
- Zitronenfilets unter dem Salamander erwärmen.
- Lyoner Pfanne mit Küchenpapier ausreiben, frische Butter beigeben und erhitzen.
- Kapern in der heißen Butter erwärmen.
- Zitronenfilets beigeben und kurz schwenken.
- Gehackte Petersilie und Worcestershire-Sauce beigeben und schaumig heiß über die Welsfilets geben.
- Mit Brunnenkresse ausgarnieren.

Sautiertes Zanderfilet mit Kräuter-Sesam-Kruste
Filet de sandre sauté en croûte de sésame et aux fines herbes

Zutaten

	4 Pers	10 Pers
Zanderfilets, pariert	600 g	1500 g
Zitronensaft, frisch	30 g	70 g
Salz		
Pfeffer, weiß, aus der Mühle		
Weißmehl	30 g	70 g
Bratbutter	25 g	60 g
Senfpulver, englisches	10 g	25 g
Weißwein	15 g	40 g
Dill, frisch	4 g	10 g
Basilikum, frisch	10 g	25 g
Petersilie, glattblättrig, frisch	8 g	20 g
Thymian, frisch	4 g	10 g
Schnittlauch, frisch	5 g	10 g
Sesamkörner	40 g	100 g
Butter	20 g	50 g
Kalbsfond, braun	40 g	100 g
Fischfond	40 g	100 g
Butter	25 g	60 g
Kefen, gerüstet	200 g	500 g
Tomaten, geschält, entkernt	80 g	200 g
Butter	25 g	60 g
Salz		
Pfeffer, weiß, aus der Mühle		

Vorbereitung
- Zanderfilets in 150 g schwere Stücke schneiden und mit Zitronensaft marinieren.
- Englischsenfpulver mit Weißwein anrühren.
- Kräuter waschen, zupfen, trockentupfen und fein hacken.
- Schnittlauch fein schneiden.
- Kräuter und Sesamkörner vermischen.
- Kefen im Salzwasser blanchieren, im Eiswasser abschrecken und abschütten.
- Tomaten in 5 mm große Würfelchen schneiden.

Zubereitung
- Zanderfilets mit Salz und Pfeffer würzen und leicht mehlen.
- In der Bratbutter sautieren, ohne Farbe nehmen zu lassen.
- Die zur Hälfte gegarten Filets in eine gebutterte Gratinplatte legen und mit Englischsenf bepinseln.
- Fischfilets mit der Kräuter-Sesam-Mischung belegen, leicht andrücken und mit Butterflocken belegen.
- Im Ofen bei mittlerer Temperatur garziehen lassen und leicht überkrusten.
- Braunen Kalbsfond zusammen mit dem Fischfond zur Hälfte einkochen lassen.
- Sauce mit Butterflocken aufmontieren, abschmecken und passieren.
- Kefen in Butter knackig dünsten und mit Salz und Pfeffer würzen.
- Tomatenwürfel kurz in Butter sautieren und salzen.

Anrichten
- Die gedünsteten Kefen im Halbkreis anrichten.
- Saucenspiegel in die Mitte dressieren.
- Die gegarten Zanderfilets auf dem Saucenspiegel anrichten.
- Tomatenwürfel auf dem Fisch verteilen.

Seezungenstreifen Murat · Goujons de sole Murat

Zutaten

	4 Pers	10 Pers
Seezungenfilets, pariert	520 g	1300 g
Zitronensaft, frisch	30 g	70 g
Salz		
Pfeffer, weiß, aus der Mühle		
Weißmehl	20 g	50 g
Bratbutter	30 g	70 g

Weitere Zutaten

	4 Pers	10 Pers
Kartoffelkugeln, Ø 2 cm	400 g	1000 g
Artischockenböden, gegart	200 g	500 g
Salz		
Pfeffer, weiß, aus der Mühle		
Bratbutter	30 g	70 g
Kalbsfond, braun	40 g	100 g
Butter	30 g	70 g
Worcestershire-Sauce	2 g	5 g
Zitronensaft, frisch	20 g	50 g
Petersilie, glattblättrig, frisch	10 g	30 g
Tomaten, geschält, entkernt	100 g	250 g
Salz		

Vorbereitung

- Seezungenfilets schräg in Goujons (fingerdicke Streifen) schneiden.
- Seezungenstreifen mit Zitronensaft marinieren.
- Kartoffelkugeln im Salzwasser blanchieren, abschütten und ausdampfen lassen.
- Artischockenböden in ⅛-Stücke schneiden.
- Petersilie waschen, zupfen, trockentupfen und fein hacken.
- Tomaten in gleichmässige Dreiecke schneiden.

Zubereitung

- Die Fischfiletstreifen salzen, im Weißmehl wenden und mit leichtem Druck rollen.
- In einer Lyoner Pfanne in Bratbutter goldgelb sautieren.
- In einer zweiten Lyoner Pfanne die Kartoffeln in Bratbutter goldgelb braten.
- Artischockenschnitze dazugeben, kurz mitsautieren, abschmecken und zu den Seezungenstreifen geben.
- Braunen Kalbsfond erhitzen und in das Anrichtegeschirr geben.
- Seezungenstreifen mit Kartoffeln und Artischocken darauf anrichten.
- Butter erhitzen, Zitronensaft, Worcestershire-Sauce und gehackte Petersilie beigeben.
- Zuletzt die Tomaten beigeben, salzen, kurz schwenken und über das Gericht geben.

Zander-Saltimbocca mit Eierschwämmchen/Pfifferlingen
Saltimbocca de sandre aux chanterelles

Zutaten

	4 Pers	10 Pers
Zanderfilets, pariert	520 g	1300 g
Zitronensaft, frisch	20 g	50 g
Dillzweigspitzen	4 g	10 g
Räucherlachs, pariert	240 g	600 g
Salz		
Pfeffer, weiß, aus der Mühle		
Weißmehl	20 g	50 g
Butter	40 g	60 g
Fischrahmsauce	160 g	400 g
Holländische Sauce	20 g	50 g
Vollrahm, 35%	20 g	50 g
Eierschwämme/Pfifferlinge, frisch, gerüstet	160 g	400 g
Butter	20 g	40 g
Schalotten, geschält	20 g	50 g
Salz		
Pfeffer, weiß, aus der Mühle		

Vorbereitung
- Zanderfilets in Schnitzel zu je 40–50 g schneiden (pro Person 3 Schnitzel).
- Auf jedes Zanderschnitzel ein Dillsträußchen legen.
- Räucherlachs in Tranchen zu je 20 g schneiden und auf die Dillsträußchen legen.
- Räucherlachs mit einem Zahnstocher fixieren.
- Vollrahm steif schlagen und kühl stellen.
- Eierschwämme waschen, auf Küchenpapier abtropfen und in gleichmäßige Stücke schneiden.
- Schalotten fein hacken.

Zubereitung
- Zander-Saltimbocca mit Zitronensaft marinieren.
- Mit Salz und Pfeffer aus der Mühle würzen (nur auf der Seite ohne Lachs).
- Fische mehlen, überschüssiges Mehl abklopfen.
- In einer Lyoner Pfanne die Saltimbocca zuerst auf der Lachsseite in Butter sautieren.
- Zander-Saltimbocca herausnehmen, auf Küchenpapier entfetten, Zahnstocher entfernen und warm stellen.
- Lyoner Pfanne mit Küchenpapier ausreiben, Schalotten in Butter dünsten.
- Eierschwämme beigeben und bei mittlerer Hitze dünsten, mit Salz und Pfeffer abschmecken.
- In einer Sauteuse Fischrahmsauce aufkochen und vom Herd ziehen.

Anrichten
- Holländische Sauce und geschlagenen Vollrahm unter die Fischrahmsauce mischen (nicht mehr kochen).
- Saucenspiegel anrichten und unter dem Salamander leicht glasieren.
- Zander-Saltimbocca fächerförmig anrichten.
- Gedünstete Eierschwämme auf den Fisch-Saltimbocca verteilen.
- Restliche Sauce in einer Sauciere separat servieren.

Hinweise für die Praxis
Zu diesem Gericht passt ein Merlot-Risotto.

■ GARMETHODE FRITTIEREN

Frittierte Eglifilets/Barschfilets im Backteig · Filets de perche à l'Orly

Zutaten

	4 Pers	10 Pers
Eglifilets/Barschfilets, ohne Haut	480 g	1200 g
Zitronensaft, frisch	30 g	70 g
Salz		
Pfeffer, weiß, aus der Mühle		
Weißmehl	20 g	50 g

Teig

Weißmehl	65 g	160 g
Bier, hell	60 g	150 g
Wasser	40 g	100 g
Salz	2 g	5 g
Pfeffer, weiß, aus der Mühle		
Sonnenblumenöl, high oleic	15 g	30 g
Eiweiß, pasteurisiert	10 g	25 g
Ölverlust beim Frittieren	60 g	150 g

Garnitur

Zitronen	80 g	200 g
Petersilie, gekraust, frisch	20 g	50 g
Tomatensauce	240 g	600 g

Vorbereitung
– Eglifilets mit Zitronensaft und Pfeffer marinieren.
– Zitronen in Viertel schneiden und die Kerne entfernen.
– Petersilie waschen, zupfen, trockentupfen, kurz frittieren und auf Küchenpapier entfetten.

Vorbereitung Teig
– Weißmehl sieben und in eine Schüssel geben.
– Bier, Wasser, Öl, Salz und Pfeffer beigeben und zu einem glatten Teig verrühren.
– Kurz vor dem Gebrauch das Eiweiß steif schlagen und unter den Teig heben.

Zubereitung
– Eglifilets salzen und mehlen, Mehl leicht abklopfen.
– Fischfilets durch den Backteig ziehen und leicht abstreifen.
– In der Fritteuse bei 180 °C knusprig frittieren.
– Herausnehmen und auf Küchenpapier entfetten.
– Anrichten und mit Zitronenvierteln und frittierter Petersilie garnieren.
– Tomatensauce separat dazu servieren.

Hinweise für die Praxis
Bei der Herstellung von größeren Mengen ist es von Vorteil, die Eglifilets in der Fritteuse bei 160 °C vorzubacken und bei Bedarf in der Fritteuse bei 180 °C knusprig auszubacken. Für größere Mengen das Mengenrezept des Backteigs verwenden. Statt Tomatensauce kann auch eine Mayonnaise oder eine Ableitung der Mayonnaise dazu serviert werden.

Frittierte Felchenfilets im Bierteig · Filets de féra à l'Orly

Zutaten	4 Pers	10 Pers
Felchenfilets, ohne Haut, pariert	600 g	1500 g
Zitronensaft, frisch	30 g	70 g
Salz		
Pfeffer, weiß, aus der Mühle		
Weißmehl	30 g	70 g

Teig		
Weißmehl	65 g	160 g
Bier, hell	60 g	150 g
Wasser	40 g	100 g
Salz	2 g	5 g
Pfeffer, weiß, aus der Mühle		
Sonnenblumenöl, high oleic	15 g	30 g
Eiweiß, pasteurisiert	10 g	25 g
Ölverlust beim Frittieren	60 g	150 g

Weitere Zutaten		
Zitronen	80 g	200 g
Petersilie, gekraust, frisch	20 g	50 g
Tomatensauce	240 g	600 g

Vorbereitung
- Felchenfilets in 40 g schwere Stücke schneiden und mit Zitronensaft und Pfeffer marinieren.
- Zitronen in Viertel schneiden und die Kerne entfernen.
- Petersilie waschen, zupfen und trockentupfen.

Vorbereitung Teig
- Weißmehl sieben und in eine Schüssel geben.
- Bier, Wasser, Öl, Salz und Pfeffer beigeben und zu einem glatten Teig verrühren.
- Kurz vor dem Gebrauch das Eiweiß steif schlagen und unter den Teig heben.

Zubereitung
- Felchenfilets salzen und mehlen, Mehl leicht abklopfen.
- Fischstücke durch den Backteig ziehen und leicht abstreifen.
- In der Fritteuse bei 180 °C knusprig frittieren.
- Herausnehmen und auf Küchenpapier entfetten.
- Anrichten und mit Zitronenvierteln und Petersilie garnieren.
- Tomatensauce separat dazu servieren.

Hinweise für die Praxis
Bei der Herstellung von größeren Mengen ist es von Vorteil, die Felchenstücke in der Fritteuse bei 160 °C vorzubacken und bei Bedarf in der Fritteuse bei 180 °C knusprig auszubacken.
Für größere Mengen das Mengenrezept des Backteigs verwenden.
Statt Tomatensauce kann auch eine Mayonnaise oder eine Ableitung der Mayonnaise dazu serviert werden.

Frittierte Seezungenstreifen mit Currysauce und Seeigelaroma
Goujons de sole frits, sauce au curry parfumée à l'oursin

Zutaten

	4 Pers	10 Pers
Seezungenfilets, pariert	560 g	1400 g
Zitronensaft, frisch	10 g	25 g
Worcestershire-Sauce	2 g	5 g
Salz		
Pfeffer, weiß, aus der Mühle		
Weißmehl	10 g	25 g
Seeigel, ganz	4	10
Ölverlust beim Frittieren	60 g	120 g

Zutaten Sauce

	4 Pers	10 Pers
Butter	10 g	30 g
Schalotten, geschält	40 g	100 g
Äpfel, geschält, ohne Kerngehäuse	40 g	100 g
Tomaten, geschält, entkernt	30 g	75 g
Kokosflocken	20 g	50 g
Curry, Madras	15 g	30 g
Weißwein	60 g	150 g
Fischfond	160 g	400 g
Ingwer, frisch, geschält	15 g	30 g
Zitronengras, gerüstet	8 g	20 g
Chilischoten, entkernt	2 g	5 g
Koriander, gemahlen	2 g	5 g
Fischrahmsauce	200 g	500 g
Korianderblätter	2 g	4 g

Vorbereitung
– Seezungenfilets in Goujons (fingerdicke Streifen) schneiden.
– Mit Zitronensaft, Worcestershire-Sauce und wenig Zitronengras marinieren.
– Mit einer Schere die Seeigel (1 Stück pro Person) öffnen und die orangefarbenen Keimdrüsen (Zungen) beiseite legen.
– Seeigelzungen durch ein Haarsieb streichen.
– Seeigelflüssigkeit durch ein Sieb gießen und beiseite stellen.
– Schalotten fein hacken.
– Äpfel vierteln und in Scheiben schneiden.
– Tomaten in Würfel schneiden.
– Ingwer, Zitronengras und Chilischoten hacken.
– Korianderblätter waschen, trockentupfen und zupfen.

Zubereitung Sauce
– Schalotten dünsten, Äpfel, Tomatenwürfel und Kokosflocken beigeben und mitdünsten.
– Hitze reduzieren, Currypulver beigeben und kurze Zeit vorsichtig dünsten.
– Mit Weißwein ablöschen und einkochen.
– Fischfond und Seeigelfond beigeben.
– Ingwer, Zitronengras, Chili und Koriander beigeben und ca. 5 Minuten sieden.
– Mit einem Stabmixer fein pürieren und durch ein Haarsieb passieren.
– Fischrahmsauce beigeben, zur gewünschten Konsistenz einkochen und abschmecken.
– Vor dem Servieren mit dem Schwingbesen die pürierten Seeigelzungen unterrühren.

Zubereitung Gericht
– Fisch mit Salz und Pfeffer aus der Mühle würzen.
– Seezungenstreifen mehlen und abrollen, überschüssiges Weißmehl abklopfen.
– In der heißen Fritteuse frittieren und auf Küchenpapier gut abtropfen lassen.

Anrichten
– Saucenspiegel in einen tiefen Teller dressieren.
– Seezungenstreifen auf dem Saucenspiegel anrichten.
– Mit Korianderblättern ausgarnieren.

Seezunge Colbert · Sole Colbert

Zutaten

	4 Pers	10 Pers
Seezunge, ganz	1200 g	3000 g
Zitronensaft, frisch	30	80 g
Salz		
Pfeffer, weiß, aus der Mühle		
Weißmehl	30 g	75 g
Vollei, frisch	60 g	150 g
Mie de pain/weißes Paniermehl	100 g	250 g
Ölverlust beim Frittieren	100 g	250 g

Buttermischung

Butter	80 g	200 g
Estragon, frisch	10 g	20 g
Champignons, frisch, gerüstet	80 g	200 g
Fleischglace	10 g	25 g
Zitronensaft, frisch	20 g	50 g
Salz		
Pfeffer, weiß, aus der Mühle		

Garnitur

Zitronen	100 g	250 g
Petersilie, gekraust, frisch	20 g	50 g

Vorbereitung

- Seezunge häuten.
- Flossensaum und Kopf der Seezungen mit einer Fischschere wegschneiden.
- Innereien und Blutresten entfernen, unter fließendem Wasser reinigen und auf Küchenpapier trockentupfen.
- Seezungen längs des Rückgrats einschneiden und für Colbert vorbereiten (Nettogewicht ca. 220 g pro Stück).
- Seezungen mit Zitronensaft und Pfeffer marinieren.
- Butter für die Buttermischung aus dem Kühlschrank nehmen.
- Champignons waschen, in Scheiben schneiden und in Butter sautieren.
- Champignons erkalten lassen und fein hacken.
- Estragon waschen, zupfen, trockentupfen und fein hacken.
- Zitronen vierteln und die Kerne entfernen.
- Petersilie waschen, trockentupfen, kurz frittieren und auf Küchenpapier abtropfen lassen.

Zubereitung Buttermischung

- Butter mit einem Schwingbesen schaumig rühren.
- Estragon, Champignons und Fleischglace unter die Butter rühren.
- Mit Zitronensaft, Salz und Pfeffer abschmecken.
- Buttermischung in Pergamentpapier zu Rollen formen und kühl stellen.

Weiterverarbeitung

- Seezungen salzen, mehlen und leicht abklopfen.
- Durch das aufgeschlagene Ei ziehen und leicht abstreifen.
- Im Mie de pain wenden und leicht andrücken.
- Bei 170 °C knusprig frittieren, herausnehmen und auf Küchenpapier entfetten.
- Mittelgräte vorsichtig herauslösen.
- Colbert-Butter in Scheiben schneiden und in die Öffnung legen.
- Mit Zitronenschnitzen und frittierter Petersilie garnieren.

■ GARMETHODE GRILLIEREN

Fisch-Potpourri vom Grill mit Blattsalaten und Gemüse-Vinaigrette
Pot-pourri de poissons grillés aux feuilles de salades et vinaigrette aux légumes

Zutaten	4 Pers	10 Pers
Lachsfilet, pariert	160 g	400 g
Steinbuttfilets, pariert	120 g	300 g
Seezungenfilets, pariert	160 g	400 g
Wolfsbarschfilets, mit Haut, pariert	160 g	400 g
Zitronensaft, frisch	40 g	100 g
Salz		
Pfeffer, weiß, aus der Mühle		
Olivenöl, kaltgepresst		
Salat		
Endivien, gekraust, gerüstet	120 g	300 g
Brüsseler Endivien, gerüstet	120 g	300 g
Eichblattsalat, rot, gerüstet	120 g	300 g
Lollo, grün, gerüstet	80 g	200 g
Tomaten	160 g	400 g
Radieschen, gerüstet	40 g	100 g
Schnittlauch, frisch	10 g	40 g
Sauce		
Karotten, geschält	25 g	60 g
Lauch, gebleicht, gerüstet	20 g	50 g
Knollensellerie, geschält	20 g	50 g
Zucchetti, grün, gerüstet	25 g	60 g
Peperoni, rot, entkernt	25 g	60 g
Peperoni, gelb, entkernt	25 g	60 g
Kerbel, frisch	2 g	5 g
Basilikum, frisch	2 g	5 g
Sojasauce	10 g	25 g
Olivenöl, kaltgepresst	70 g	170 g
Molkenessig	40 g	100 g
Salz		
Pfeffer, weiß, aus der Mühle		

Vorbereitung
- Fischfilets in gleichmäßige Stücke schneiden und mit Zitronensaft und Pfeffer marinieren.
- Salate waschen und trockenschleudern.
- Tomaten in gleichmäßige Schnitze schneiden.
- Radieschen in Julienne (Streifchen) schneiden.
- Schnittlauch fein schneiden.
- Lauch längs halbieren und waschen.
- Karotten, Lauch, Sellerie, Zucchetti und Peperoni in Brunoise (Würfelchen) schneiden.
- Gemüse in wenig Olivenöl knackig dünsten.
- Kerbel und Basilikum waschen, zupfen, trockentupfen und fein hacken.

Zubereitung
- Fischtranchen salzen und mit Olivenöl beidseitig bepinseln.
- Auf dem heißen Grill beidseitig gitterförmig grillieren.
- Sojasauce, Olivenöl und Molkenessig miteinander verrühren.
- Gemüsewürfelchen und die gehackten Kräuter beigeben und abschmecken.

Anrichten
- Salate bukettartig dekorativ auf Teller anrichten und mit den Tomatenschnitzen garnieren.
- Salate mit der Sauce beträufeln.
- Salate mit Radieschen und Schnittlauch bestreuen.
- Die grillierten Fischtranchen an der Seite anrichten.
- Gemüse-Vinaigrette in einer Sauciere dazuservieren.

Grillierte Goldbrassenschnitzel auf Nudeln mit Meerrettichsauce
Escalopes de dorade royale grillées sur nouilles, sauce au raifort

Zutaten	4 Pers	10 Pers
Goldbrassenfilets, pariert	560 g	1400 g
Salz		
Pfeffer, weiß, aus der Mühle		
Zitronensaft, frisch	10 g	25 g
Olivenöl	10 g	30 g
Hausmachernudeln	320 g	800 g
Salz		
Butter	20 g	50 g
Meerrettich, frisch, geschält	60 g	150 g
Gemüserahmsauce	120 g	300 g
Vollrahm, 35 %	120 g	300 g
Tomaten, geschält, entkernt	100 g	250 g
Olivenöl, kaltgepresst	10 g	20 g
Salz		
Pfeffer, weiß, aus der Mühle		
Petersilie, glattblättrig, frisch	10 g	30 g

Vorbereitung
- Goldbrassenfilets in Schnitzel zu je 70 g schneiden (pro Person 2 Schnitzel).
- Goldbrassenschnitzel mit Zitronensaft und weißem Pfeffer marinieren.
- Meerrettich fein reiben.
- Tomaten in 8 mm große Würfel schneiden.
- Petersilie waschen, zupfen, trockentupfen und fein hacken.

Zubereitung
- Hausmachernudeln im Salzwasser al dente kochen.
- Abschütten, mit wenig kaltem Wasser abschrecken, würzen, mit Butterflocken vermischen und warm stellen.
- Gemüserahmsauce erhitzen, den geriebenen Meerrettich beigeben, verrühren, mit Vollrahm verfeinern und abschmecken.
- Die Goldbrassenschnitzel salzen und mit Olivenöl bepinseln.
- Auf dem heißen Grill beidseitig mit Gittermuster grillieren.
- Tomatenwürfel im Olivenöl sautieren, gehackte Petersilie beigeben und abschmecken.

Anrichten
- Die Hausmachernudeln in der Tellermitte anrichten.
- Um die Nudeln einen Saucenring dressieren.
- Die grillierten Goldbrassenschnitzel auf den Nudeln anrichten.
- Mit den sautierten Tomatenwürfeln garnieren.
- Restliche Meerrettichsauce separat dazu servieren.

Grillierte Rotbarben mit Ratatouille Nizzaer Art · Rougets grillés et ratatouille niçoise

Zutaten

	4 Pers	10 Pers
Rotbarben, ganz, pfannenfertig	1000 g	2500 g
Zitronensaft, frisch	40 g	100 g
Salz		
Pfeffer, weiß, aus der Mühle		
Bratbutter	40 g	100 g
Thymian, frisch	10 g	25 g
Rosmarin, frisch	30 g	70 g
Petersilie, glattblättrig, frisch	15 g	40 g
Fenchelsamen	2 g	5 g
Butter	20 g	50 g
Ölverlust beim Frittieren	20 g	40 g

Zutaten Gemüse

	4 Pers	10 Pers
Olivenöl	30 g	80 g
Schalotten, geschält	20 g	50 g
Knoblauch, geschält	10 g	20 g
Peperoni, rot, entkernt	160 g	400 g
Auberginen, gerüstet	160 g	400 g
Zucchetti, grün, geschält	160 g	400 g
Tomaten, geschält, entkernt	240 g	600 g
Salz		
Pfeffer, weiß, aus der Mühle		
Thymian, frisch	4 g	10 g
Majoran, frisch	4 g	10 g
Basilikum, frisch	5 g	10 g

Vorbereitung

- Rotbarben schuppen, Flossen entfernen, ausweiden und inwendig gut auswaschen.
- Fische mit Küchenpapier trockentupfen.
- Thymian, Rosmarin und Petersilie waschen, zupfen, trockentupfen und fein hacken.
- Rotbarben mit Zitronensaft, Pfeffer und den Kräutern marinieren (einen Teil der Kräuter in die Bauchhöhle geben).
- Fenchelsamen hacken.
- Schalotten und Knoblauch fein hacken.
- Rote Peperoni kurz frittieren, schälen und in 5 mm große Würfel schneiden.
- Auberginen und Zucchetti ebenfalls in 5 mm große Würfel schneiden.
- Tomaten in 8 mm große Würfel schneiden.
- Thymian, Majoran und Basilikum waschen, zupfen, trockentupfen und fein hacken.

Zubereitung Gemüse

- Schalotten und Knoblauch im Olivenöl andünsten.
- Peperoni, Auberginen und Zucchetti beigeben und mitdünsten.
- Mit Salz und weißem Pfeffer würzen und zugedeckt weich dünsten.
- Kurz vor Ende der Garzeit die Tomatenwürfel und die Kräuter beigeben und abschmecken.

Zubereitung Fisch

- Rotbarben im Weißmehl wenden und gut abklopfen.
- Rotbarben würzen und mit flüssiger Bratbutter bepinseln.
- Auf dem heißen Grill beidseitig mit Gittermuster grillieren.
- Gehackte Fenchelsamen in frischer Butter erhitzen.

Anrichten

- Ratatouille auf Teller anrichten.
- Mit den grillierten Rotbarben belegen.
- Mit wenig Butter mit Fenchelsamen übergießen und servieren.

Hinweise für die Praxis

Rotbarben müssen stets lebendfrisch verarbeitet werden, sonst verändern sich der charakteristische Geschmack und die Farbe sehr rasch.

Grillierte Seeteufelmedaillons im Zucchettimantel auf Pestospaghetti
Médaillons de baudroie grillés en manteau de courgettes sur spaghetti au pesto

Zutaten	4 Pers	10 Pers
Seeteufelfilet, pariert	600 g	1500 g
Zitronensaft, frisch	40 g	100 g
Thymian, frisch	4 g	10 g
Salz		
Pfeffer, weiß, aus der Mühle		
Zucchetti, grün, gerüstet	160 g	400 g
Olivenöl	40 g	100 g
Spaghetti	240 g	600 g
Salz	8 g	20 g
Pfeffer, weiß, aus der Mühle		

Pesto

	4 Pers	10 Pers
Basilikum, frisch	20 g	50 g
Petersilie, glattblättrig, frisch	10 g	20 g
Pinienkerne	25 g	65 g
Knoblauch, geschält	10 g	30 g
Olivenöl, kaltgepresst	10 g	100 g
Parmesan, gerieben	15 g	40 g
Pecorino sardo, gerieben	15 g	40 g
Meersalz, grob	1 g	3 g

Garnitur

	4 Pers	10 Pers
Basilikum, großblättrig	40 g	100 g
Ölverlust beim Frittieren	10 g	20 g

Vorbereitung
- Seeteufelfilet in Medaillons zu je 75 g schneiden (pro Person 2 Medaillons).
- Thymian waschen, zupfen, trockentupfen und fein hacken.
- Seeteufelmedaillons mit Zitronensaft, Thymian und weißem Pfeffer marinieren.
- Die Zucchetti längs auf der Aufschnittmaschine in 1 mm dicke Scheiben schneiden.
- Die Seeteufelmedaillons mit den Zucchettischeiben umwickeln und mit Bindfaden fixieren.
- Basilikum für die Garnitur waschen, zupfen und trockentupfen.

Zubereitung Pesto
- Basilikum und Petersilie waschen, zupfen und trockentupfen.
- Pinienkerne in einer antihaftbeschichteten Pfanne trocken goldgelb rösten.
- Basilikum, Petersilie, Pinienkerne, Knoblauch und grobes Meersalz im Mörser fein zerstoßen (oder fein mixen).
- Nach und nach den geriebenen Parmesan und den Pecorino sardo beigeben.
- Die Masse in eine Schüssel geben und mit dem Olivenöl zu einer cremigen Masse verrühren.

Zubereitung Gericht
- Seeteufelmedaillons würzen und mit Olivenöl bepinseln.
- Auf einem heißen Grill gleichmäßig auf den Punkt grillieren, Bindfaden entfernen.
- Spaghetti im Salzwasser al dente kochen und abschütten.
- Mit wenig kaltem Wasser abschrecken, mit Pesto vermischen und abschmecken.
- Basilikumblätter für die Garnitur im heißen Öl kurz frittieren und auf Küchenpapier entfetten.

Anrichten
- Pestospaghetti anrichten.
- Seeteufelmedaillons auf den Spaghetti anrichten und mit frittierten Basilikumblättern dekorieren.

Grillierte Seeteufeltranche auf Lauchbett · Tranche de baudroie grillée sur lit de poireau

Zutaten	4 Pers	10 Pers
Seeteufel, ganz, ohne Kopf, ohne Haut, pfannenfertig	720 g	1800 g
Zitronensaft, frisch	30 g	70 g
Salz		
Pfeffer, weiß, aus der Mühle		
Sonnenblumenöl, high oleic	40 g	100 g

Weitere Zutaten

	4 Pers	10 Pers
Zwiebeln, geschält	50 g	120 g
Lauch, gebleicht, gerüstet	520 g	1300 g
Butter	30 g	70 g
Kalbsfond, hell	80 g	200 g
Rahmquark	160 g	400 g
Eigelb, pasteurisiert	60 g	150 g
Salz		
Pfeffer, weiß, aus der Mühle		

Vorbereitung
- Seeteufel mit dem Knorpel in Tranchen zu 180 g pro Person schneiden.
- Mit Zitronensaft und Pfeffer marinieren.
- Zwiebeln fein hacken.
- Lauch längs halbieren, waschen und in Paysanne (feinblättrig) schneiden.
- Rahmquark mit Eigelb vermischen.

Zubereitung
- Seeteufeltranchen salzen und mit Öl bepinseln.
- Auf dem heißen Grill auf den Punkt grillieren.
- Zwiebeln in Butter andünsten, Lauch beigeben und kurz mitdünsten.
- Kalbsfond beigeben und zugedeckt weich dünsten, bis alle Flüssigkeit verdampft ist.
- Vom Herd ziehen und die Quarkmasse daruntermischen und abschmecken.
- Lauch anrichten und unter dem Salamander glasieren.
- Grillierte Seeteufeltranchen darauf anrichten.

Grillierte Lachsschnitzel mit Rotweinbutter
Escalopes de saumon grillées au beurre au vin rouge

Zutaten	4 Pers	10 Pers
Lachsfilet, ohne Haut	600 g	1500 g
Zitronensaft, frisch	30 g	70 g
Worcestershire-Sauce	2 g	5 g
Salz		
Pfeffer, weiß, aus der Mühle		
Sonnenblumenöl, high oleic	30 g	80 g
Rotweinbutter	120 g	300 g

Vorbereitung
- Lachsfilet vollständig von der Fettschicht befreien.
- In Schnitzel zu je 70 g (2 Schnitzel pro Person) schneiden.
- Mit Zitronensaft, Worcestershire-Sauce und Pfeffer marinieren.

Zubereitung
- Lachsschnitzel salzen und mit Sonnenblumenöl beidseitig bepinseln.
- Auf einem heißen Grill beidseitig gitterförmig grillieren.
- Lachsschnitzel anrichten und mit Rotweinbutterrosetten garnieren.

Red-Snapper-Filets vom Grill mit Mangosauce und rosa Pfeffer
Filets de vivaneau rouge grillés, sauce à la mangue et au poivre rose

Zutaten	4 Pers	10 Pers
Roter Schnapper (Red Snapper), Filets, pariert, ohne Haut	600 g	1500 g
Zitronensaft, frisch	40 g	100 g
Salz		
Pfeffer, weiß, aus der Mühle		
Bratbutter	60 g	150 g
Sauce		
Mangofruchtfleisch	160 g	400 g
Orangensaft, frisch gepresst	40 g	100 g
Weißwein	60 g	150 g
Salz		
Pfeffer, weiß, aus der Mühle		
Zimt, gemahlen	1 g	3 g
Zitronensaft, frisch	15 g	40 g
Pfefferkörner, rosa, in Lake	4 g	10 g
Weitere Zutaten		
Wasser	60 g	150 g
Zucker	60 g	150 g
Zitronen	80 g	200 g
Mangofruchtfleisch	160 g	400 g
Granatapfelkerne	40 g	100 g
Zitronengras, gerüstet	55 g	140 g
Ölverlust beim Frittieren	10 g	20 g

Vorbereitung
- Red-Snapper-Filets in 150 g schwere Stücke schneiden.
- Mit Zitronensaft und weißem Pfeffer marinieren.
- Mangofruchtfleisch für die Sauce in 8 mm große Würfel schneiden.
- Mangofruchtfleisch für die Garnitur in Schnitze schneiden.
- Zitronengras rüsten, längs halbieren und kurz frittieren.

Kandieren der Zitronenscheiben:
- Zitronen in 3 mm dicke Scheiben schneiden (2 Scheiben pro Person), Kerne entfernen.
- Wasser und Zucker aufkochen, die Zitronenscheiben kurz beigeben.
- Herausnehmen und auf einem Gitter trocknen lassen.
- Zitronenscheiben wieder in die Zuckerlösung geben und wiederum auf einem Gitter trocknen lassen.
- Diesen Vorgang fünf Mal wiederholen, bis die Zitronenscheiben kandiert sind.

Zubereitung
- Mangowürfel, Orangensaft und Weißwein einkochen lassen.
- Sauce durch ein Tamis (Haarsieb) streichen.
- Mit Salz, Pfeffer, Zimt und Zitronensaft abschmecken.
- Vor dem Servieren die roten Pfefferkörner beigeben.
- Red-Snapper-Filets salzen und mit flüssiger Bratbutter bepinseln.
- Auf dem heißen Grill mit Gitterzeichnung grillieren und auf Küchenpapier entfetten.
- Mangoschnitze erwärmen.

Anrichten
- Mit der Mangosauce einen Saucenspiegel anrichten.
- Red-Snapper-Filets auf dem Saucenspiegel anrichten.
- Mangoschnitze anrichten und mit Granatapfelkernen bestreuen.
- Mit frittiertem Zitronengras und kandierten Zitronenscheiben garnieren.

Steinbutttranchen vom Grill mit Choron-Sauce · Tranches de turbot grillés, sauce Choron

Zutaten	4 Pers	10 Pers
Steinbutttranchen	1040 g	2600 g
Salz		
Pfeffer, weiß, aus der Mühle		
Sonnenblumenöl, high oleic	30 g	80 g
Zitronen	100 g	250 g
Brunnenkresse, gerüstet	40 g	100 g
Sauce		
Choron-Sauce	320 g	800 g

Vorbereitung
- Steinbutttranchen (pro Person 2 Tranchen à 130 g) mit Salz und Pfeffer würzen und mit Öl bepinseln.
- Zitronen vierteln und die Kerne entfernen.
- Brunnenkresse waschen und trockenschleudern.

Zubereitung
- Steinbutttranchen auf dem heißen Grill beidseitig gitterförmig grillieren.
- Auf vorgewärmtem Teller anrichten.
- Mit Brunnenkresse und Zitronenvierteln garnieren.
- Choron-Sauce separat dazu servieren.

■ GARMETHODE BACKEN IM OFEN/GAREN IM HEISSRAUCH/GAREN IM DAMPF/GAREN IN EINER HÜLLE

Heiß geräucherter Stör mit Kaviar auf Lauch · Esturgeon fumé à chaud au caviar sur poireau

Zutaten	4 Pers	10 Pers
Störfilet, ohne Haut, pariert	600 g	1500 g
Olivenöl, kaltgepresst	20 g	50 g
Zitronensaft, frisch	10 g	20 g
Rosmarin, frisch	2 g	5 g
Thymian, frisch	2 g	5 g
Salz		
Pfeffer, weiß, aus der Mühle		
Lauch, gebleicht, gerüstet	360 g	900 g
Butter	20 g	50 g
Doppelrahm, 45%	20 g	50 g
Salz		
Fleur de sel		
Kaviar, Ossietra Malossol	40 g	100 g

Vorbereitung
- Störfilet in gleichmäßige Stücke zu je 50 g schneiden (pro Person 3 Tranchen).
- Rosmarin und Thymian waschen und trockentupfen.
- Lauch längs halbieren und gründlich waschen.
- Fischfilets mit Olivenöl, Zitronensaft, Rosmarin- und Thymianzweigen ca. 2 Stunden marinieren.

Zubereitung
- Lauch im Drucksteamer garen, zusammen mit Butter und Doppelrahm zu einem glatten Püree mixen und mit Salz und Pfeffer abschmecken.
- Störfilets mit Salz und Pfeffer würzen.
- Räucherofen auf 100 °C vorheizen, Buchenholz zugeben und warten, bis sich starker Rauch gebildet hat.
- Die Störmedaillons auf jeder Seite ca. 1½ Minuten räuchern und danach bei 70 °C ca. 10 Minuten garziehen lassen.

Anrichten
- Lauchpüree erhitzen und anrichten.
- Pro Person 3 Störmedaillons auf dem Lauchpüree anrichten und mit Fleur de sel bestreuen.
- Den Kaviar zu kleinen Klößchen formen, auf dem Fisch anrichten und sofort servieren.

Petersfischfilets aus dem Dampf mit Kaviarsauce · Filets de saint-pierre à la vapeur, sauce au caviar

Zutaten	4 Pers	10 Pers
Petersfischfilets, pariert	450 g	1500 g
Zitronensaft, frisch	15 g	40 g
Salz		
Pfeffer, weiß, aus der Mühle		
Butter	20 g	40 g
Fischfond	320 g	800 g
Weißwein	80 g	200 g
Dill, frisch	20 g	50 g
Fischrahmsauce	200 g	500 g
Wodka	20 g	50 g
Kaviar, Ossietra Malossol	15 g	40 g

Garnitur

Blätterteig	40 g	100 g
Eigelb, frisch	10 g	25 g
Kefen, gerüstet	160 g	400 g
Butter	20 g	40 g
Salz		
Pfeffer, weiß, aus der Mühle		

Vorbereitung
– Fischfilets mit Zitronensaft marinieren.
– Aus Blätterteig Fleurons in Fischform ausstechen, mit Eigelb bestreichen und backen.

Zubereitung
– Fischfond in passende Kasserolle geben und aufkochen, Weißwein und Dill beigeben.
– Fischfilets mit Salz und Pfeffer aus der Mühle würzen und beidseitig buttern.
– Fisch in Bambuskörbchen legen, Deckel aufsetzen und über dem Fischdampf langsam garen.
– Kefen im Drucksteamer knackig garen, in Butter schwenken und mit Salz und Pfeffer würzen.
– Fischrahmsauce mit etwas Fischfond zur gewünschten Konsistenz einkochen.
– Vor dem Servieren Wodka und Kaviar beigeben (Sauce darf nicht mehr kochen).

Anrichten
– Die Kefen in einem Halbkreis anrichten.
– Fischfilets anrichten.
– Fischfilets mit der Sauce nappieren und mit Fleurons ausgarnieren.

Wolfsbarschfilet mit Kartoffelkruste · Filet de loup de mer en croûte de pommes de terre

Zutaten	4 Pers	10 Pers
Wolfsbarschfilets, ohne Haut, pariert	560 g	1400 g
Zitronensaft, frisch	30 g	70 g
Salz		
Pfeffer, weiß, aus der Mühle		
Weißmehl	30 g	70 g
Butter	30 g	80 g
Schalotten, geschält	20 g	50 g
Blattspinat, tiefgekühlt	180 g	450 g
Kartoffeln, Typ B, geschält	160 g	400 g
Butter	30 g	80 g
Salz		
Pfeffer, weiß, aus der Mühle		

Sauce

Weisse Buttersauce	240 g	600 g

Vorbereitung
– Wolfsbarschfilets in 140 g schwere Stücke schneiden.
– Wolfsbarschfilets mit Zitronensaft und Pfeffer marinieren.
– Aufgetauten Blattspinat kurz blanchieren, im Eiswasser abschrecken und auspressen.
– Schalotten fein hacken und in Butter dünsten.
– Blattspinat beigeben, mitdünsten, abschmecken und erkalten lassen.
– Runde Kartoffelscheiben von 3–4 cm Durchmesser und einer Dicke von 2–3 mm schneiden.
– Kartoffelscheiben in Butter beidseitig kurz sautieren, ohne dass sie Farbe annehmen (Kartoffeln sind noch halbroh).

Zubereitung
– Wolfsbarschfilets salzen, leicht mehlen und in Butter rasch sautieren, dass sie keine Farbe annehmen und innen noch roh sind.
– Fischfilets mit der Innenseite nach oben in eine gebutterte Gratinplatte legen.
– Die Innenseite der Fischfilets gleichmäßig mit Blattspinat belegen.
– Die halbrohen Kartoffelscheiben schuppenartig auf den Blattspinat dressieren.
– Fischfilets bei mittlerer Hitze im Ofen backen.
– Sollten die Kartoffelscheiben am Ende der Garzeit nicht knusprig sein, diese unter dem Salamander fertig garen.
– Wolfsbarschfilets anrichten.
– Weiße Buttersauce erhitzen und separat dazu servieren.

Wolfsbarsch in der Salzkruste mit frischen Kräutern
Loup de mer en croûte de sel aux fines herbes fraîches

Zutaten

	4 Pers	10 Pers
Wolfsbarsch, ganz, ausgenommen	1200 g	3000 g
Dill, frisch	20 g	50 g
Thymian, frisch	8 g	20 g
Basilikum, frisch	20 g	50 g
Meersalz, fein	1600 g	4000 g
Eiweiß, frisch	80 g	200 g
Wasser	140 g	350 g
Butter	10 g	20 g

Sauce

Fischfond	960 g	2400 g
Weißwein	120 g	300 g
Fenchelsamen	3 g	7 g
Zitronenscheiben, ohne Schale	80 g	200 g
Vollei, pasteurisiert	50 g	125 g
Eigelb, pasteurisiert	25 g	65 g
Olivenöl, kaltgepresst	300 g	750 g
Salz		
Pfeffer, weiß, aus der Mühle		

Vorbereitung

- Wolfsbarsch schuppen, von Blutresten befreien, gut auswaschen und mit Küchenpapier trockentupfen.
- Dill, Thymian und Basilikum waschen, zupfen, trockentupfen und fein hacken.
- Meersalz und Eiweiß in einer Schüssel vermengen und Wasser beigeben, sodass die Salzmasse die Konsistenz von feuchtem Sand aufweist.
- Fischfond, Weißwein, Fenchelsamen und Zitronenscheiben stark einkochen lassen (4 Personen = 80 g, 10 Personen = 200 g Flüssigkeit)
- Reduktion durch ein Sieb passieren und erkalten lassen.

Zubereitung

- Die gehackten Kräuter in die Bauchhöhle des Wolfsbarsches füllen.
- Ein Backblech mit Butter bestreichen und mit der Hälfte der Salzmischung ein Bett in der Länge und Breite des Wolfsbarsches formen.
- Wolfsbarsch auf das Salzbett legen und mit der restlichen Salzmischung vollständig umhüllen.
- Am Schluss rundherum einen Rand einziehen, sodass sich nach dem Backen ein Salzdeckel ablösen lässt.
- Bei einer Temperatur von 200 °C im Ofen ca. 20 Minuten backen.

Zubereitung Sauce

- Vollei, Eigelb und Reduktion mit einem Stabmixer zu einer homogenen Masse aufschlagen.
- Das Olivenöl langsam beigeben und mit Salz und Pfeffer abschmecken.
- Die Sauce sollte die Konsistenz einer Mayonnaise aufweisen.

Anrichten

- Fisch in der Salzkruste dem Gast präsentieren und entlang des Randes öffnen, sodass sich ein Salzdeckel abheben lässt.
- Fisch häuten, filetieren und mit den Kräutern anrichten.
- Zitronensauce separat dazu servieren.

Wolfsbarschfilet mit Lachsschaum im Blätterteig
Filet de loup de mer et mousseline de saumon en pâte feuilletée

Zutaten

	4 Pers	10 Pers
Wolfsbarschfilets, ohne Haut, pariert	400 g	1000 g
Zitronensaft, frisch	10 g	20 g
Salz		
Pfeffer, weiß, aus der Mühle		

Zutaten Mousse

	4 Pers	10 Pers
Lachsfilet, pariert	120 g	300 g
Eiweiß, pasteurisiert	10 g	25 g
Vollrahm, 35%	40 g	100 g
Salz		
Pfeffer, weiß, aus der Mühle		

Weitere Zutaten

	4 Pers	10 Pers
Blattspinat, tiefgekühlt	160 g	400 g
Schalotten, geschält	15 g	40 g
Butter	20 g	50 g
Austernsauce, chinesische	5 g	15 g
Salz		
Pfeffer, weiß, aus der Mühle		
Blätterteig	400 g	1000 g
Eigelb, pasteurisiert	15 g	40 g

Zutaten Sauce

	4 Pers	10 Pers
Fischrahmsauce	240 g	600 g
Vollrahm, 35%	80 g	200 g
Dill, frisch	2 g	5 g

Vorbereitung

- Wolfsbarschfilets in Medaillons à je 100 g schneiden und mit Zitronensaft marinieren.
- Lachsfilet in 5 mm große Würfel schneiden und kühl stellen.
- Lachswürfel, gekühlten Vollrahm und Salz im Kutter fein mixen.
- Durch ein Tamis (Haarsieb) streichen und auf einem Eiswasserbad abrühren.
- Eiweiß darunterrühren und mit Salz und Pfeffer abschmecken.
- Schalotten fein hacken, in Butter weich dünsten und den gut ausgepressten Blattspinat beigeben.
- Mit Austernsauce, Salz und weißem Pfeffer abschmecken und erkalten lassen.
- Blätterteig rechteckig auswallen und zu Rechtecken von 12 × 16 cm schneiden (pro Person 2 Rechtecke).
- Dill waschen, zupfen, trockentupfen und fein hacken.

Zubereitung

- Wolfsbarschmedaillons mit Salz und Pfeffer würzen.
- Mit der Lachsmousse kissenförmig bestreichen.
- Blattspinat leicht auspressen.
- Pro Person je ein Teigrechteck mit Blattspinat belegen und das Fischfilet darauf anrichten.
- Die Teigränder mit Eigelb bepinseln.
- Mit einem zweiten Teigrechteck bedecken und die Ränder mit einer Gabel andrücken.
- Die Fischfilets im Blätterteig auf ein Backblech mit Backtrennpapier legen.
- Mit Eigelb bepinseln und im vorgewärmten Ofen bei einer Temperatur von 200 °C ca. 20 Minuten backen (Kerntemperatur 60 °C).
- Fischrahmsauce mit Vollrahm etwas einkochen lassen und abschmecken.
- Vor dem Servieren den gehackten Dill beigeben.

Anrichten

- Wolfsbarschfilets im Blätterteig mit einem scharfen Messer diagonal halbieren und anrichten.
- Sauce in einer Sauciere separat dazu servieren.

■ GARMETHODE SCHMOREN

Geschmorter kleiner Steinbutt mit Buttersauce · Turbotin braisé au beurre blanc

Zutaten	4 Pers	10 Pers
Steinbutt, ganz	1200 g	3000 g
Zitronensaft, frisch	10 g	20 g
Salz		
Pfeffer, weiß, aus der Mühle		
Butter (1)	10 g	30 g
Zwiebeln, geschält	50 g	120 g
Karotten, geschält	50 g	120 g
Stangensellerie, gerüstet	50 g	120 g
Petersilienstiele	10 g	25 g
Lorbeerblatt	0,5	1
Weißwein	100 g	250 g
Fischfond	120 g	300 g
Sauce		
Schalotten, geschält	50 g	125 g
Butter	10 g	30 g
Weißweinessig	15 g	40 g
Weißwein, Chablis	30 g	70 g
Fischfond	40 g	100 g
Vollrahm, 35%	20 g	50 g
Butter (2)	180 g	450 g
Zitronensaft, frisch	20 g	50 g
Salz		
Pfeffer, weiß, aus der Mühle		

Vorbereitung
– Vom Steinbutt den Flossenkranz und den Kopf mit einer Fischschere wegschneiden.
– Vorhandene Eingeweide und Blutresten unter fließendem Wasser entfernen und den Steinbutt mit Küchenpapier trockentupfen.
– Steinbutt mit Zitronensaft marinieren.
– Zwiebeln, Karotten und Stangensellerie in 5 mm große Würfel schneiden, Petersilienstiele zerkleinern.
– Gemüse und Petersilienstiele in Butter andünsten.
– Schalotten fein hacken.
– Butter (2) in Würfel schneiden und kühl stellen.

Zubereitung
– Turbotière (oder ersatzweise ein flaches Rondeau) mit Butter (1) bestreichen und mit den sautierten Gemüsen auslegen.
– Den Steinbutt mit Salz und Pfeffer würzen und auf das Gemüse legen, Lorbeerblatt beigeben.
– Weißwein und Fischfond beigeben und zugedeckt im Ofen schmoren.
– Des Öfteren mit der Schmorflüssigkeit übergießen.
– Steinbutt herausnehmen und auf einer gebutterten Platte zugedeckt warm stellen.
– Schmorflüssigkeit passieren und sirupartig einkochen.
– In einer Sauteuse Schalotten in Butter andünsten.
– Mit Weißweinessig ablöschen, mit Weißwein und Fischfond auffüllen und sirupartig einkochen.
– Reduktion passieren und die eingekochte Schmorflüssigkeit beigeben.
– Vollrahm beigeben und nochmals aufkochen.
– Mit einem Stabmixer die Butterwürfel sorgfältig einmontieren, bis eine sämige Sauce entsteht.
– Zitronensaft beigeben und die Sauce mit Salz und Pfeffer abschmecken.

Anrichten
– Steinbutt auf einer Platte anrichten, die dunkle, obere Haut vorsichtig entfernen und mit Butter bepinseln.
– Weißweinbuttersauce separat dazu servieren.

Hinweise für die Praxis
– Ganze Fische sollten dem Gast präsentiert und am Tisch zerlegt/filetiert und angerichtet werden.

Im Rotwein geschmortes Mittelstück vom Junghecht mit rotem Zwiebel-Confit
Darne de brocheton braisée au vin rouge et confit d'oignons rouges

Zutaten

	4 Pers	10 Pers
Junghecht, Mittelstück	800 g	2000 g
Salz		
Pfeffer, weiß, aus der Mühle		
Zitronensaft, frisch	15 g	40 g
Butter	20 g	50 g
Schalotten, geschält	40 g	100 g
Matignon, weiß	40 g	100 g
Fischfond	100 g	250 g
Rotwein, Shiraz	80 g	200 g
Mehlbutter	15 g	40 g
Vollrahm, 35%	35 g	80 g
Salz		
Pfeffer, weiß, aus der Mühle		

Confit

Zwiebeln, rot, geschält	160 g	400 g
Butter	60 g	150 g
Wasser	10 g	20 g
Rotwein, Shiraz	160 g	400 g
Portwein, rot	15 g	30 g
Salz		
Pfeffer, weiß, aus der Mühle		

Vorbereitung
- Hechtmittelstück waschen und mit Küchenpapier trockentupfen.
- Schalotten in 5 mm große Würfel schneiden.
- Weißes Matignon und Schalotten in Butter andünsten.
- Rote Zwiebeln in grobe Julienne (Streifchen) schneiden.

Zubereitung Confit
- Julienne von roten Zwiebeln in Butter andünsten.
- Mit Wasser ablöschen und die Zwiebeln weich dünsten.
- Rotwein und Portwein separat sirupartig einkochen und zu den Zwiebeln geben.
- Zu Confit einkochen und mit Salz und weißem Pfeffer abschmecken.

Zubereitung Fisch
- Hechtmittelstück mit Salz, Pfeffer und Zitronensaft würzen.
- Poissonniere (Fischkessel) ausbuttern und mit den gedünsteten Gemüsewürfeln auslegen.
- Locheinsatz mit Butter bepinseln.
- Hechtmittelstück auf den Locheinsatz legen, Fischfond und Rotwein beigeben.
- Zugedeckt im Ofen bei mittlerer Hitze schmoren, des Öfteren mit der Schmorflüssigkeit begießen.
- Hechtmittelstück vorsichtig herausheben und auf einer gebutterten Platte warm stellen.
- Schmorflüssigkeit durch ein Drahtspitzsieb in eine Sauteuse passieren und einkochen.
- Mit Beurre manié (Mehlbutter) binden und zur gewünschten Konsistenz einkochen.
- Abschmecken und mit Vollrahm verfeinern.

Anrichten
- Das Zwiebel-Confit auf einer vorgewärmten Platte anrichten.
- Das Hechtmittelstück enthäuten, auf dem Zwiebel-Confit anrichten und mit Butter bepinseln.
- Sauce in einer Sauciere separat dazu servieren.
- Fisch wird vor dem Gast vom Servicemitarbeiter/von der Servicemitarbeiterin portioniert und angerichtet.

Gerichte aus Krustentieren und Weichtieren

Abalonen mit Mu-Err-Pilzen · Ormeaux aux champignons mu-err

Zutaten	4 Pers	10 Pers
Abalonenmuskelfleisch, frisch	800 g	2000 g
Butter	20 g	50 g
Schalotten, geschält	20 g	50 g
Portwein, rot	5 g	10 g
Mu-Err-Pilze, getrocknet	40 g	100 g
Salz		
Pfeffer, weiß, aus der Mühle		
Fischrahmsauce	240 g	600 g

Rotweinschalotten

Schalotten, geschält	20 g	50 g
Rotwein, Merlot	250 g	1000 g

Vorbereitung

- Abalonen in leicht gesalzenem Wasser weich sieden (sie haben eine lange Garzeit).
- Eingeweide und ungenießbare Teile entfernen, Fleisch in dünne Scheiben schneiden.
- Mu-Err-Pilze in lauwarmem Wasser einweichen, in gleichmäßige Stücke schneiden und auf Küchenpapier abtropfen lassen.
- Schalotten fein hacken.
- Rotweinschalotten: Schalotten in 3 mm große Würfel schneiden und mit dem Rotwein vollständig einkochen lassen.

Zubereitung

- Schalotten in Butter dünsten, Pilze beigeben und mitdünsten.
- Mit Portwein ablöschen und zugedeckt dünsten.
- Die Abalonenscheiben beigeben, mit Salz und Pfeffer abschmecken.
- Fischrahmsauce und Rotweinschalotten beigeben und abschmecken.

Hinweise für die Praxis
Frische Abalonen sind in der Schweiz schwer erhältlich. Das Gericht kann auch mit gekochten Abalonen aus der Dose zubereitet werden.

Bärenkrebse mit Ingwer, Frühlingszwiebeln und chinesischen Eiernudeln
Cigales de mer au gingembre, oignons de printemps et nouilles chinoises aux œufs

Zutaten	4 Pers	10 Pers
Bärenkrebsschwänze, geschält	640 g	1600 g
Salz		
Pfeffer, weiß, aus der Mühle		
Maisstärke	15 g	35 g
Ölverlust beim Frittieren	60 g	150 g
Sonnenblumenöl, high oleic	15 g	40 g
Knoblauch, geschält	10 g	25 g
Ingwer, frisch, geschält	40 g	100 g
Frühlingszwiebeln, gerüstet	120 g	300 g
Zucker	10 g	25 g
Sojasauce, dunkel, gesalzen	5 g	10 g
Austernsauce, chinesische	5 g	10 g
Sesamöl, fermentiert	5 g	10 g
Sherry, trocken	35 g	90 g
Geflügelfond, hell	160 g	400 g
Salz		
Pfeffer, weiß, aus der Mühle		
Eiernudeln, schmale, chinesische	200 g	500 g
Salz		
Sesamöl, fermentiert	5 g	10 g

Vorbereitung
- Knoblauch durch die Knoblauchpresse drücken.
- Ingwer in feine Scheiben hobeln.
- Frühlingszwiebeln waschen und in 2,5 cm lange Stücke schneiden.
- In einer Schüssel Zucker, Sojasauce, Austernsauce, Sesamöl und Sherry vermischen.

Zubereitung
- Bärenkrebsschwänze am Rücken einschneiden und Darm entfernen.
- Mit Salz und Pfeffer würzen, mit Maisstärke bestäuben und im heißen Öl frittieren.
- Herausnehmen, auf Küchenpapier entfetten und warm stellen.
- Inzwischen die Eiernudeln in Salzwasser al dente kochen und abschütten (Kochzeit je nach Sorte 1–1½ Minuten).
- Nudeln mit wenig kaltem Wasser abschrecken, salzen, mit wenig Sesamöl vermischen und warm stellen.
- Im Wok das Sonnenblumenöl erhitzen.
- Knoblauch, Ingwer und Frühlingszwiebeln beigeben und kurz sautieren (pfannenrühren).
- Sojasaucenmischung beigeben und kurz dünsten.
- Geflügelfond beigeben und kurze Zeit kochen.
- Maisstärke mit wenig kaltem Wasser anrühren und das Gericht damit binden.
- Bärenkrebse beigeben, kurz schwenken und abschmecken.

Anrichten
- Die gekochten Eiernudeln auf einer vorgewärmten Platte anrichten.
- Das Bärenkrebsgericht dekorativ auf den Nudeln anrichten und mit wenig Sesamöl beträufeln.

Flusskrebse Bordeleser Art · Ecrevisses bordelaise

Zutaten

	4 Pers	10 Pers
Flusskrebse, lebend	2400 g	6000 g
Butter	20 g	50 g
Matignon, weiß	100 g	250 g
Salz		
Cayenne-Pfeffer, gemahlen		
Cognac	20 g	50 g
Weißwein	80 g	200 g
Fischfond	40 g	100 g
Fischrahmsauce	160 g	400 g
Vollrahm, 35%	40 g	100 g
Krustentierbutter	25 g	60 g
Petersilie, glattblättrig, frisch	8 g	20 g

Vorbereitung

- Flusskrebse mit dem Kopf voran in siedendem Salzwasser töten und herausnehmen.
- Krustentierbutter in Würfel schneiden und kalt stellen.
- Petersilie waschen, zupfen, trockentupfen und fein hacken.

Zubereitung

- Matignon in Butter andünsten.
- Flusskrebse beigeben, würzen und mitdünsten.
- Mit Cognac ablöschen.
- Weißwein und Fischfond dazugeben und kurz zugedeckt dünsten.
- Krebse herausnehmen, die Schwänze aus dem Körper drehen und aus der Schale lösen.
- Krebsschwänze vom Rücken her leicht einschneiden, den Darm entfernen und zugedeckt warm stellen.
- Den erhaltenen Fond durch ein Drahtspitzsieb passieren und stark einkochen.
- Fischrahmsauce und Vollrahm beigeben und einkochen.
- Sauce zur richtigen Konsistenz einkochen und mit kalter Krustentierbutter aufschwingen.
- Krebsschwänze beigeben und in der Sauce erhitzen.
- Anrichten und mit gehackter Petersilie bestreuen.

Hinweise für die Praxis

Krebse können auch entdarmt werden, indem nach dem Töten der Tiere das mittlere Segment der Schwanzflosse durch eine drehende Bewegung gelöst und mit dem Darm herausgezogen wird. Die Krebskarkassen können zur Herstellung von Krebs-Bisque oder Krustentierbutter verwendet werden.

Gefüllte Calamares mediterrane Art · Calamars farcis méditerranéenne

Zutaten

	4 Pers	10 Pers
Calamares, mittelgroß, ganz	1000 g	2500 g

Füllung

	4 Pers	10 Pers
Zwiebeln, geschält	80 g	200 g
Knoblauch, geschält	4 g	10 g
Olivenöl	35 g	90 g
Tomaten, geschält, entkernt	240 g	600 g
Mie de pain/weißes Paniermehl	100 g	250 g
Vollmilch	30 g	70 g
Eigelb, frisch	60 g	150 g
Petersilie, glattblättrig, frisch	10 g	25 g

Weitere Zutaten

	4 Pers	10 Pers
Olivenöl	20 g	50 g
Cognac	10 g	25 g
Knoblauch, geschält	4 g	10 g
Sardellenfilets, abgetropft	8 g	20 g
Kapern, abgetropft	12 g	30 g
Petersilie, glattblättrig, frisch	8 g	20 g
Weißmehl	10 g	25 g
Weißwein	30 g	75 g

Vorbereitung

- Calamares säubern, die Arme (Tentakel) entfernen und fein hacken.
- Augen und Mund entfernen und entsorgen.
- Zwiebeln und Knoblauch fein hacken.
- Tomaten in 8 mm große Würfel schneiden.
- Mie de pain mit wenig Milch einweichen.
- Petersilie waschen, zupfen, trockentupfen und fein hacken.
- Sardellenfilets leicht wässern, trockentupfen und hacken.
- Kapern hacken.

Zubereitung Füllung

- Zwiebeln und Knoblauch im Olivenöl andünsten.
- Die gehackten Tintenfisch-Tentakel beigeben und 5 Minuten dünsten und abkühlen.
- In eine Schüssel geben und Tomatenwürfel, eingeweichtes Mie de pain, Petersilie und Eigelb beigeben.
- Füllung gut verrühren und abschmecken.
- Calamares nicht zu stark mit der Farce füllen.
- Calamares mit Bindfaden zunähen oder mit Zahnstocher verschließen.

Zubereitung Gericht

- Calamares würzen und im Olivenöl rundherum ansautieren.
- Cognac beigeben und flambieren.
- Knoblauch, Sardellen, Kapern und Petersilie beigeben und dünsten.
- Mit Weißmehl stäuben und mit Weißwein ablöschen.
- Zugedeckt im Ofen bei einer Temperatur von 170 °C unter öfterem Begießen weich schmoren.
- Herausnehmen und Bindfaden/Zahnstocher entfernen und anrichten.
- Sauce passieren, abschmecken und die gefüllten Calamares mit der Sauce nappieren (begießen).

Gratinierte Austern · Huîtres gratinées

Zutaten	4 Pers	10 Pers
Austern, Belons, in Schale	24	60
Salz		
Fischfond	120 g	300 g
Fischrahmsauce	120 g	300 g
Champagner, brut	30 g	70 g
Vollrahm, 35%	15 g	40 g
Holländische Sauce	20 g	50 g
Cayenne-Pfeffer, gemahlen		
Kaviar, Ossietra Malossol	15 g	40 g
Petersilie, glattblättrig, frisch	20 g	50 g

Vorbereitung
– Austern sorgfältig mit einem Austernmesser öffnen.
– Das Austernfleisch sorgfältig herausheben und in ein Sieb geben, die Flüssigkeit auffangen.
– Untere (bauchige) Hälften der Austernschalen gründlich waschen.
– Schalen auf Salz in passendem Geschirr anrichten (Austernschalen müssen horizontal liegen).
– Vollrahm steif schlagen und kühl stellen.
– Petersilie waschen, trockentupfen und zupfen.

Zubereitung
– Fischfond zusammen mit dem Austernwasser auf Pochiertemperatur bringen.
– Austern ca. 10 Sekunden pochieren, herausnehmen und auf Küchenpapier abtropfen.
– Austern in die leeren Austernschalen geben und zugedeckt warm stellen.
– Pochierflüssigkeit passieren und sirupartig einkochen.
– Fischrahmsauce beigeben und zur gewünschten Konsistenz einkochen, abschmecken.
– Champagner beigeben.
– Sauce vom Herd ziehen, geschlagenen Vollrahm und holländische Sauce beigeben und mit Cayenne-Pfeffer abschmecken.

Anrichten
– Austern mit der Sauce nappieren (übergießen).
– Unter dem Salamander goldgelb überbacken.
– Kaviar auf den Austern verteilen und mit den Petersilienblättern garnieren.

Hummer amerikanische Art · Homard à l'américaine

Zutaten

	4 Pers	10 Pers
Hummer, lebend	2000 g	5000 g
Salz		
Pfeffer, weiß, aus der Mühle		
Sonnenblumenöl, high oleic	25 g	75 g
Schalotten, geschält	40 g	100 g
Knoblauch, geschält	2 g	5 g
Petersilienstiele	10 g	25 g
Thymianblättchen	1 g	5 g
Cognac	20 g	50 g
Weißwein	100 g	250 g
Fischfond	200 g	500 g
Kalbsfond, braun	400 g	1000 g
Tomaten, geschält, entkernt	240 g	600 g
Cayenne-Pfeffer, gemahlen		
Butter	60 g	150 g

Vorbereitung

- Hummer mit dem Kopf voran in kochendes Wasser geben und nach ca. 10 Sekunden herausnehmen.
- Hummer in Stücke zerlegen und die Scheren aufschlagen.
- Eingeweide sowie Mageninhalt entfernen.
- Eierstöcke (Corail) und Leber beiseite legen und durch ein Tamis (Haarsieb) streichen.
- Schalotten fein hacken.
- Knoblauch durch die Knoblauchpresse drücken.
- Tomaten in kleine Würfel schneiden.
- Braunen Kalbsfond bis zur Glace einkochen.

Zubereitung

- Hummerteile mit Salz und Pfeffer aus der Mühle würzen.
- Sonnenblumenöl erhitzen und die Hummerteile sautieren, bis sich die Schalen rot verfärben.
- Schalotten, Knoblauch, Petersilienstängel und Thymian beigeben und dünsten.
- Mit Cognac flambieren und mit Weißwein ablöschen.
- Hummerteile gar dünsten, herausnehmen und zugedeckt warm stellen (Scheren auslösen).
- Allenfalls vorhandene Schalensplitter und Petersilienstängel aus der Dunstflüssigkeit entfernen.
- Fischfond und Fleischglace beigeben und einkochen.
- Tomatenwürfel und Cayenne-Pfeffer beigeben.
- Sauce zur gewünschten Konsistenz einkochen, Leber- und Corail-Püree beigeben und verrühren.
- Sauce mit kalten Butterflocken aufschwingen und abschmecken.

Anrichten

- Hummerteile anrichten und mit der Sauce nappieren.
- Ausgelöste Scheren darauf anrichten.

Hummer Armoricaine · Homard à l'armoricaine

Zutaten

	4 Pers	10 Pers
Hummer, lebend	1600 g	4000 g
Salz		
Pfeffer, weiß, aus der Mühle		
Cayenne-Pfeffer, gemahlen		
Olivenöl	40 g	100 g
Butter	25 g	60 g
Schalotten, geschält	60 g	150 g
Knoblauch, geschält	2 g	5 g
Knollensellerie, geschält	100 g	250 g
Karotten, geschält	120 g	300 g
Cognac	15 g	30 g
Weißwein, Chablis	160 g	400 g
Fischfond	240 g	600 g
Tomaten, geschält, entkernt	300 g	750 g
Fleischglace	30 g	80 g
Estragonblätter, frisch	15 g	40 g
Petersilie, glattblättrig, frisch	10 g	30 g
Vollrahm, 35%	160 g	400 g

Vorbereitung

- Hummer mit dem Kopf voran in kochendes Wasser geben, nach 10 Sekunden herausnehmen.
- Hummer in Stücke zerlegen und die Scheren aufschlagen.
- Eingeweide sowie Mageninhalt entfernen.
- Eierstöcke (Corail) und Leber beiseite legen und durch ein Tamis (Haarsieb) streichen.
- Schalotten und Knoblauchzehen fein hacken.
- Knollensellerie und Karotten in Brunoise (Würfelchen) schneiden.
- Tomaten in kleine Würfel schneiden.
- Estragon und Petersilie waschen und fein hacken.

Zubereitung

- Hummerteile mit Salz und Pfeffer aus der Mühle würzen.
- Olivenöl in einem entsprechend großen Rondeau erhitzen.
- Hummerstücke unter häufigem Wenden sautieren, bis sich die Schalen rot verfärben.
- Das Olivenöl abgießen und die Hälfte der Butter beigeben.
- Schalotten, Knoblauch, Knollensellerie und Karotten beigeben und dünsten.
- Mit Cognac ablöschen und flambieren.
- Weißwein und Fischfond beigeben und etwas einkochen lassen.
- Tomaten, Fleischglace und Estragon beigeben.
- Rondeau zudecken und bei geringer Hitze ca. 5 Minuten garen.
- Hummerteile herausnehmen und warm stellen.
- Sauce zur gewünschten Konsistenz einkochen, Vollrahm beigeben und nochmals einkochen.
- Leber- und Corail-Püree der Sauce beigeben, aufschwingen und abschmecken.

Anrichten

- Hummerteile anrichten und mit der Sauce nappieren (übergießen) und mit gehackter Petersilie bestreuen.

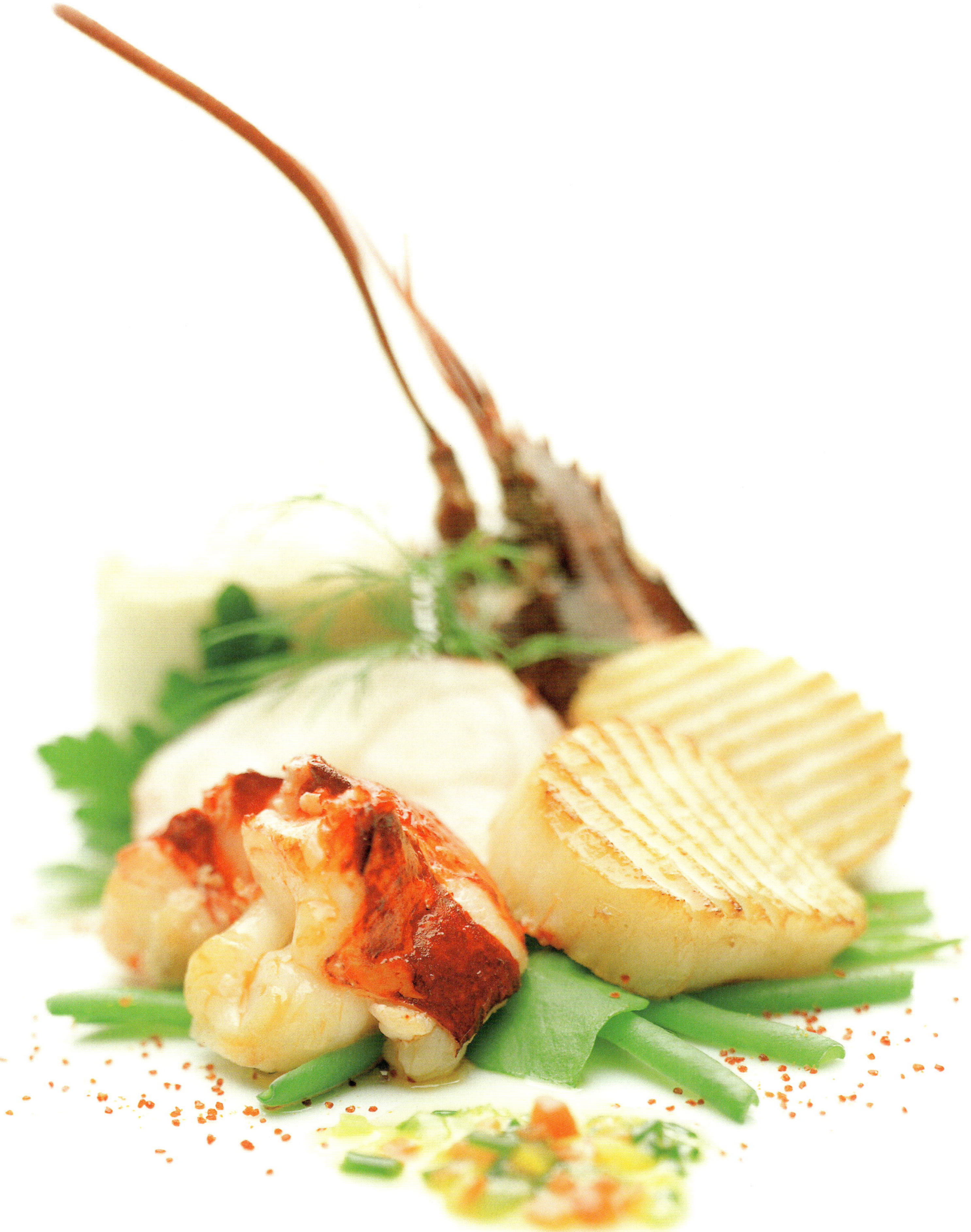

Hummer Thermidor · Homard thermidor

Zutaten

	4 Pers	10 Pers
Hummer, lebend	1200 g	3000 g

Sud

	4 Pers	10 Pers
Wasser	1200 g	3000 g
Weißwein	160 g	400 g
Karotten, geschält	60 g	150 g
Zwiebeln, geschält	60 g	150 g
Petersilienstiele	20 g	50 g
Stangensellerie, gerüstet	60 g	150 g
Thymian, frisch	5 g	15 g
Lorbeerblätter	1	2
Salz		
Pfeffer, weiß, aus der Mühle		

Sauce

	4 Pers	10 Pers
Schalotten, geschält	15 g	30 g
Cognac	20 g	40 g
Weißwein	100 g	250 g
Fischfond	320 g	800 g
Fischrahmsauce	160 g	400 g
Dijon-Senf	10 g	25 g
Salz		
Pfeffer, weiß, aus der Mühle		
Cayenne-Pfeffer, gemahlen		
Vollrahm, 35%	40 g	100 g
Holländische Sauce	20 g	50 g
Parmesan, gerieben	40 g	100 g

Vorbereitung

- Gemüse für den Fischsud zu Matignon schneiden.
- Zutaten für den Fischsud aufkochen und 5 Minuten sieden.
- Hummer mit dem Kopf voran in den kochenden Fischsud geben.
- Je nach Größe 5–10 Minuten am Siedepunkt ziehen lassen.
- Hummer herausnehmen und etwas abkühlen lassen.
- Hummer längs halbieren, den Darm und das Corail (Eierstöcke) entfernen.
- Das Corail durch ein Haarsieb streichen und für die Sauce beiseite stellen.
- Hummerfleisch sorgfältig aus dem Schwanz herauslösen.
- Scheren vorsichtig ausbrechen und ganz belassen.
- Hummerkarkassen auswaschen, trockentupfen, mit Dijon-Senf bepinseln und warm stellen.
- Schalotten fein hacken.
- Vollrahm steif schlagen und kühl stellen.

Zubereitung

- Hummerschwanzfleisch in Medaillons (Scheiben) schneiden.
- Schalotten in Butter andünsten und mit Cognac ablöschen.
- Weißwein beigeben und einkochen.
- Fischfond beigeben und auf ¼ einkochen lassen.
- Fischrahmsauce beigeben und zur gewünschten Konsistenz einkochen.
- Sauce durch ein Sieb passieren, passiertes Corail beigeben und abschmecken.
- Wenig Sauce in die Hummerkarkassen geben.
- Hummermedaillons und Scherenfleisch in der restlichen Sauce erwärmen.
- Sauce vom Herd ziehen, geschlagenen Vollrahm und holländische Sauce unterrühren und abschmecken.
- In die vorbereiteten Karkassen verteilen.
- Mit dem geriebenen Parmesan bestreuen und unter dem Salamander gratinieren.

Hummerfrikassee mit Noilly Prat · Fricassée de homard au Noilly Prat

Zutaten	4 Pers	10 Pers
Hummer, lebend	1600 g	4000 g
Fischsud, gewöhnlich	2000 g	5000 g

Sauce

	4 Pers	10 Pers
Olivenöl	30 g	80 g
Butter	60 g	150 g
Schalotten, geschält	60 g	150 g
Cognac	40 g	100 g
Noilly Prat	80 g	200 g
Fischfond	100 g	250 g
Doppelrahm, 45 %	200 g	500 g
Zitronensaft, frisch	10 g	20 g
Salz		
Cayenne-Pfeffer, gemahlen		

Vorbereitung
- Hummer mit dem Kopf voran in den siedenden Fischsud geben.
- Je nach Größe der Hummer 5–10 Minuten ziehen lassen, herausnehmen und etwas abkühlen lassen.
- Hummer längs halbieren, das Schwanzfleisch herausnehmen, den Darm entfernen und das Corail (Eierstöcke) beiseite legen.
- Die Scheren aufknacken und sorgfältig auslösen.
- Schwanzfleisch in gleichmäßige Teile schneiden.
- Das Corail und die Leber mit der Hälfte der Butter vermischen und durch ein Haarsieb streichen.
- Schalotten fein hacken.

Zubereitung
- Hummerteile würzen und im Olivenöl andünsten.
- Olivenöl ableeren und durch die restliche Butter ersetzen.
- Schalotten beigeben und mitdünsten.
- Cognac beigeben und flambieren.
- Noilly Prat beigeben und sirupartig einkochen.
- Die Hummerteile herausnehmen und warm stellen.
- Fischfond und Doppelrahm beigeben und zur gewünschten Konsistenz einkochen.
- Sauce passieren und die Corail-Butter mit dem Stabmixer einmontieren.
- Zitronensaft beigeben und mit Salz und Cayenne-Pfeffer abschmecken.
- Hummerteile wieder beigeben, kurz in der Sauce erhitzen und anrichten.

Hinweise für die Praxis
Als Beilage eignet sich Parfümreis.

Jakobsmuscheln auf Lauch mit Champagnersauce und Kaviar
Coquilles Saint-Jacques sur poireaux, sauce au champagne et caviar

Zutaten Lauchgemüse

	4 Pers	10 Pers
Lauch, gebleicht, gerüstet	400 g	1000 g
Butter	20 g	50 g
Schalotten, geschält	30 g	80 g
Weißwein	50 g	120 g
Kalbsfond, hell	40 g	100 g
Salz		
Pfeffer, weiß, aus der Mühle		

Zutaten

	4 Pers	10 Pers
Jakobsmuscheln, ausgelöst, ohne Corail	600 g	1500 g
Salz		
Pfeffer, weiß, aus der Mühle		
Butter	30 g	80 g
Champagner, brut	120 g	300 g
Vollrahm, 35%	100 g	250 g
Butter	30 g	70 g

Garnitur

	4 Pers	10 Pers
Kartoffelkugeln, Ø 2 cm	400 g	1000 g
Salz		
Kaviar, Ossietra Malossol	20 g	40 g

Vorbereitung

- Lauch längs halbieren, waschen und in Paysanne (feinblättrig) schneiden.
- Schalotten fein hacken.
- Jakobsmuscheln parieren und von der allenfalls vorhandenen Sehne befreien.

Zubereitung

- Schalotten in Butter dünsten.
- Feinblättrig geschnittenen Lauch beigeben und mitdünsten.
- Mit Weißwein und hellem Kalbsfond ablöschen.
- Kurz garen, bis alle Flüssigkeit verdampft ist, der Lauch soll dabei noch knackig bleiben.
- Jakobsmuscheln mit Salz und Pfeffer aus der Mühle würzen.
- Muscheln in Butter auf den Punkt glasig sautieren.
- Mit Champagner ablöschen und einen Moment ziehen lassen.
- Jakobsmuscheln herausnehmen und zugedeckt warm stellen.
- Fond passieren und auf ein Drittel einkochen.
- Vollrahm beigeben und zur gewünschten Konsistenz einkochen.
- Mit kalten Butterflocken aufmontieren und mit Salz und Pfeffer abschmecken.
- Kartoffelkugeln im Drucksteamer garen, salzen und mit wenig Butter bepinseln.

Anrichten

- Lauchsockel anrichten.
- Jakobsmuscheln darauf anrichten.
- Mit der Champagnersauce nappieren (übergießen).
- Kaviar auf den Jakobsmuscheln anrichten.
- Gedämpfte Kartoffelkugeln um das Gericht anrichten.

Miesmuscheln in Safransauce · Moules à la sauce safran

Zutaten

	4 Pers	10 Pers
Miesmuscheln, frisch, in Schale, geputzt	3200 g	8000 g
Olivenöl	25 g	60 g
Weißwein	120 g	300 g
Butter	25 g	60 g
Schalotten, geschält	20 g	50 g
Knoblauch, geschält	10 g	25 g
Curry, Madras	1 g	4 g
Cognac	20 g	50 g
Weißmehl	20 g	50 g
Vollrahm, 35 %	200 g	500 g
Safranfäden, getrocknet	0,4 g	1 g
Pfeffer, weiß, aus der Mühle		
Petersilie, glattblättrig, frisch	10 g	25 g

Vorbereitung

- Miesmuscheln gründlich waschen und die Byssusfäden entfernen.
- Schalotten und Knoblauch fein hacken.
- Safranfäden mit einem Esslöffel Wasser beträufeln.
- Petersilie waschen, zupfen, trockentupfen und fein hacken.

Zubereitung

- Miesmuscheln im Olivenöl andünsten und mit Weißwein ablöschen.
- Muscheln bei großer Hitze 3–4 Minuten zugedeckt unter gelegentlichem Schütteln dünsten, bis sie sich öffnen.
- Muscheln mit der Garflüssigkeit in ein Sieb schütten und die Garflüssigkeit auffangen.
- Garflüssigkeit etwas abstehen lassen, dekantieren und vorsichtig durch ein Etamine (Passiertuch) oder durch einen Kaffeefilter passieren.
- Muschelfleisch aus den Schalen auslösen und zugedeckt beiseite stellen.
- Schalotten und Knoblauch in Butter andünsten und mit dem Currypulver stäuben.
- Mit Cognac ablöschen und vollständig verdampfen lassen.
- Mit Weißmehl stäuben, dünsten und etwas abkühlen lassen.
- Unter Rühren den heißen Muschelfond beigeben und einkochen.
- Vollrahm und die mit Wasser beträufelten Safranfäden beigeben.
- Die Sauce zur gewünschten Konsistenz einkochen.
- Muschelfleisch und gehackte Petersilie beigeben und mit weißem Pfeffer abschmecken.

Miesmuscheln nach Seemannsart · Moules marinière

Zutaten

	4 Pers	10 Pers
Miesmuscheln, frisch, in Schale, geputzt	3200 g	8000 g
Schalotten, geschält	35 g	80 g
Olivenöl	25 g	60 g
Knoblauch, geschält	5 g	10 g
Petersilie, gekraust, frisch	15 g	30 g
Thymian, frisch	5 g	10 g
Dill, frisch	5 g	10 g
Weißwein	320 g	800 g
Butter	80 g	200 g
Pfeffer, weiß, aus der Mühle		
Zitronensaft, frisch	15 g	40 g

Vorbereitung

- Miesmuscheln gründlich reinigen und die Byssusfäden entfernen.
- Schalotten und Knoblauch fein hacken.
- Petersilie waschen, zupfen, trockentupfen und fein hacken.
- Thymian und Dill waschen und zupfen.
- Butter in Würfel schneiden und kühl stellen.

Zubereitung

- Schalotten und Knoblauch im Olivenöl andünsten.
- Miesmuscheln, Thymian und Dill beigeben, mitdünsten und mit Weißwein ablöschen.
- Muscheln zugedeckt bei großer Hitze unter gelegentlichem Schütteln dünsten, bis sie sich öffnen.
- Muscheln mit der Garflüssigkeit in ein Sieb schütten und die Garflüssigkeit auffangen.
- Garflüssigkeit etwas abstehen lassen, dekantieren und durch ein Etamine (Passiertuch) passieren.
- Die Garflüssigkeit zur Hälfte (50%) einkochen.
- Reduzierten Fond mit kalten Butterwürfeln aufmontieren und abschmecken.
- Zitronensaft und gehackte Petersilie beigeben.
- Muschelfleisch in der einen Schalenhälfte in einer Gratinplatte anrichten und die Muscheln mit der Sauce begießen.

Hinweise für die Praxis

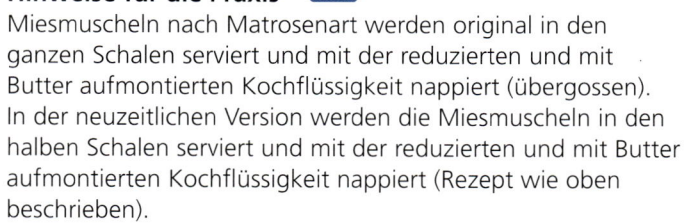

Miesmuscheln nach Matrosenart werden original in den ganzen Schalen serviert und mit der reduzierten und mit Butter aufmontierten Kochflüssigkeit nappiert (übergossen). In der neuzeitlichen Version werden die Miesmuscheln in den halben Schalen serviert und mit der reduzierten und mit Butter aufmontierten Kochflüssigkeit nappiert (Rezept wie oben beschrieben).

Miesmuschelkuchen · Tarte aux moules

Teig

	4 Pers	10 Pers
Weißmehl, Typ 550	115 g	280 g
Salz	2 g	5 g
Butter	35 g	85 g
Schweinefett	35 g	85 g
Wasser	6 g	15 g
Eiweiß, frisch	10 g	25 g

Weitere Zutaten

	4 Pers	10 Pers
Miesmuscheln, frisch, in Schale, geputzt	2000 g	5000 g
Olivenöl	20 g	50 g
Weißwein	25 g	65 g
Petersilie, glattblättrig, frisch	12 g	30 g
Butter	12 g	30 g
Schalotten, geschält	15 g	40 g
Knoblauch, geschält	10 g	25 g
Vollei, frisch	75 g	190 g
Vollrahm, 35%	150 g	375 g
Salz		
Pfeffer, weiß, aus der Mühle		

Vorbereitung
– Weißmehl sieben.
– Butter in Würfel schneiden.
– Miesmuscheln gründlich waschen und die Byssusfäden entfernen.
– Petersilie waschen, zupfen, trockentupfen und fein hacken.
– Schalotten und Knoblauch fein hacken.

Zubereitung Teig
– Gesiebtes Mehl mit dem Salz vermischen.
– Butterwürfel und Schweinefett zugeben und zusammen verreiben.
– Wasser beigeben und kurz durchkneten, bis ein glatter Teig entsteht.
– Teig auswallen und eine Kuchenform von 22 cm Durchmesser und 4 cm Höhe auslegen.
– Teigboden mit einer Gabel einstechen und im Kühlschrank 20 Minuten ruhen lassen.
– Den Teigboden mit Backtrennpapier belegen, mit getrockneten Hülsenfrüchten füllen und bei einer Temperatur von 200 °C und offenem Dampfabzug 10 Minuten blind backen (anschließend Hülsenfrüchte und Backtrennpapier entfernen).
– Teig auf der Innenseite mit Eiweiß bepinseln und nochmals 2–3 Minuten backen.

Weiterverarbeitung
– Miesmuscheln im Olivenöl andünsten, mit Weißwein ablöschen und bei großer Hitze zugedeckt 3–4 Minuten dünsten, bis sich die Schalen öffnen.
– Die Muscheln in ein Sieb schütten und den Fond auffangen.
– Muschelfond etwas abstehen lassen, dekantieren und durch ein Etamine (Passiertuch) passieren.
– Das Muschelfleisch aus der Schale lösen und zugedeckt beiseite stellen.
– Butter erhitzen, Schalotten und Knoblauch beigeben und dünsten.
– Mit dem Muschelfond ablöschen und sirupartig einkochen.
– Eingekochten Fond in eine Schüssel geben und erkalten lassen.
– Vollei, Vollrahm und gehackte Petersilie beigeben und mit Salz und Pfeffer würzen.
– Muschelfleisch auf dem Kuchenboden verteilen und den Guss darübergießen.
– Im Ofen 20–25 Minuten backen.
– Vor dem Portionieren etwas abstehen lassen.

Sautierte Scampi und Kalbsmilken/Kalbsbries auf Gemüsebett mit Morchelbutter
Scampi et ris de veau sautés sur lit de légumes et beurre aux morilles

Zutaten

Zutat	4 Pers	10 Pers
Scampi-Schwänze, in Schale	800 g	2000 g
Salz		
Pfeffer, weiß, aus der Mühle		
Butter	15 g	40 g
Kalbsmilken/Kalbsbries	240 g	600 g
Kalbsfond, hell	400 g	1000 g
Zitronensaft, frisch	30 g	70 g
Salz		
Pfeffer, weiß, aus der Mühle		
Weißmehl	10 g	25 g
Butter	20 g	50 g
Karotten, geschält	80 g	200 g
Lauch, gebleicht, gerüstet	80 g	200 g
Zucchetti, grün, gerüstet	80 g	200 g
Knollensellerie, geschält	80 g	200 g
Butter	15 g	40 g
Kalbsfond, hell	40 g	100 g
Morchelbutter	30 g	80 g
Salz		
Pfeffer, weiß, aus der Mühle		
Kartoffeln, neue, in Schale	400 g	1000 g
Butter	20 g	60 g
Salz		

Vorbereitung

- Große Scampi bis auf die Schwanzflosse von der Schale befreien.
- Entlang des Rückens einen Schnitt anbringen und den Darm entfernen.
- Kalbsmilken im hellen Kalbsfond unter Beigabe von Zitronensaft pochieren und im Fond erkalten lassen.
- Milken herausnehmen, von den Häuten befreien und in 30 g schwere Tranchen schneiden.
- Lauch längs halbieren und waschen.
- Karotten, Lauch, Zucchetti und Sellerie in Julienne (Streifchen) schneiden.
- Morchelbutter nach Rezept zubereiten, zu Stangen formen und kühlen.
- Neue Kartoffeln in Schale waschen und in gleichmäßige Würfel schneiden.
- Kartoffeln blanchieren und auf einem Blech ausdampfen lassen.

Zubereitung

- Gemüse-Julienne (Streifchen) in Butter dünsten.
- Mit hellem Kalbsfond ablöschen, Gemüse knackig dünsten und gleichzeitig Flüssigkeit verdampfen.
- Gemüse mit Salz und Pfeffer abschmecken und warm stellen.
- Kartoffeln in Butter braten, salzen und warm stellen.
- Scampi mit Salz und Pfeffer würzen und in heißer Butter glasig sautieren.
- Kalbsmilkentranchen würzen, im Weißmehl wenden und in Butter beidseitig goldgelb sautieren.

Anrichten

- Gemüse-Julienne anrichten.
- Scampi und Kalbsmilkentranchen abwechslungsweise auf dem Gemüse anrichten.
- Morchelbutterstücke auf dem Gericht verteilen und schmelzen lassen.
- Gebratene Kartoffelwürfel um das Gericht verteilen.

Scampi auf Brüsseler Endivien mit schwarzen Trüffeln · Scampi sur chicorée aux truffes noires

Zutaten	4 Pers	10 Pers
Scampi-Schwänze, in Schale	800 g	2000 g
Salz		
Pfeffer, weiß, aus der Mühle		
Olivenöl	20 g	50 g
Butter	20 g	50 g
Schalotten, geschält	30 g	70 g
Brüsseler Endivien, gerüstet	320 g	800 g
Salz		
Pfeffer, weiß, aus der Mühle		
Weißwein	40 g	100 g
Périgord-Trüffel, Konserve, abgetropft	10 g	25 g
Vollrahm, 35%	200 g	500 g

Vorbereitung
- Große Scampi bis auf die Schwanzflosse von der Schale befreien.
- Entlang des Rückens einen Schitt anbringen und den Darm entfernen.
- Schalotten fein hacken.
- Brüsseler Endivien waschen, längs halbieren und in 3 cm breite Stücke schneiden.
- Trüffel in dünne Scheiben schneiden.

Zubereitung
- Scampi mit Salz und Pfeffer aus der Mühle würzen.
- Im Sautoir in heißer Olivenöl-Butter-Mischung glasig sautieren.
- Scampi herausnehmen und zugedeckt warm stellen.
- Schalotten beigeben und im Restfettstoff dünsten.
- Brüsseler Endivien beigeben und mitdünsten, mit Salz und Pfeffer würzen.
- Die Hälfte der Trüffelscheiben beigeben und mit Weißwein ablöschen und einkochen.
- Vollrahm beigeben, zur gewünschten Konsistenz einkochen und abschmecken.

Anrichten
- Das Gemüse kranzförmig anrichten.
- In der Mitte die sautierten Scampi anrichten und mit Butter bepinseln.
- Mit den restlichen Trüffelscheiben belegen.

Scampi mit Kaviarrahmsauce · Scampi à la sauce crème de caviar

Zutaten	4 Pers	10 Pers
Scampi-Schwänze, in Schale	800 g	2000 g
Salz		
Pfeffer, weiß, aus der Mühle		
Butter	25 g	60 g
Sauce		
Butter	20 g	50 g
Scampi-Schalen		
Schalotten, geschält	30 g	75 g
Tomaten, geschält, entkernt	200 g	500 g
Cognac	20 g	50 g
Weißwein	40 g	100 g
Doppelrahm, 45%	240 g	600 g
Butter	25 g	70 g
Kaviar, Ossietra Malossol	30 g	70 g
Salz		
Pfeffer, weiß, aus der Mühle		

Vorbereitung
- Scampi aus den Schalen lösen.
- Vom Rücken her einen kleinen Einschnitt machen und den Darm entfernen.
- Scampi-Schalen zerkleinern und für die Sauce beiseite legen.
- Schalotten fein hacken.
- Tomaten in kleine Würfel schneiden.

Zubereitung
- Scampi mit Salz und Pfeffer würzen.
- In einem Sautoir in Butter sautieren, ohne dass die Scampi Farbe annehmen.
- Herausnehmen und warm stellen.
- Frische Butter in das Sautoir geben und die Scampi-Schalen leicht anrösten.
- Schalotten beigeben, dünsten und mit Cognac ablöschen.
- Tomatenwürfel beigeben, mitdünsten und mit Weißwein ablöschen und stark einkochen.
- Scampi-Schalen aus der Sauce entfernen.
- Doppelrahm beigeben und die Sauce zur gewünschten Konsistenz einkochen.
- Sauce durch ein feines Sieb streichen und mit Butterflocken aufmontieren.
- Sauce abschmecken.

Anrichten
- Scampi in vorgewärmtem Suppenteller anrichten.
- Sauce mit Kaviar vermischen und nicht mehr aufkochen.
- Scampi mit der Sauce nappieren.

Scampi mit Erbsenravioli auf Krebsbuttersauce
Scampi et ravioli aux petits pois, sauce beurre d'écrevisses

Zutaten

	4 Pers	10 Pers
Scampi-Schwänze, in Schale	800 g	2000 g
Salz		
Pfeffer, weiß, aus der Mühle		
Olivenöl	20 g	50 g
Weißwein	20 g	50 g
Fischrahmsauce	280 g	700 g
Krebsbutter	20 g	50 g
Salz		
Pfeffer, weiß, aus der Mühle		
Erbsenravioli	360 g	900 g
Butter	10 g	30 g
Kerbelblätter, frisch	5 g	10 g

Erbsenravioli

	4 Pers	10 Pers
Ravioliteig	200 g	500 g
Butter	20 g	50 g
Schalotten, gehackt	6 g	15 g
Erbsenpüree	120 g	300 g
Knoblauch, geschält, gehackt	5 g	10 g
Rahmquark	20 g	50 g
Mascarpone	20 g	50 g
Parmesan, gerieben	40 g	100 g
Salz		
Pfeffer, weiß, aus der Mühle		
Muskatnuss, gerieben		
Kardamom, gemahlen		

Vorbereitung

- Große Scampi bis auf die Schwanzflosse von der Schale befreien.
- Entlang des Rückens einen Schnitt anbringen und den Darm entfernen.
- Kerbel waschen, trockentupfen und zupfen.

Zubereitung Erbsenravioli

- Schalotten und Knoblauch in Butter weich dünsten und erkalten lassen.
- Erbsenpüree in einem Passiertuch auspressen und mit Rahmquark, Mascarpone, Parmesan, Schalotten und Knoblauch vermischen.
- Mit Salz, Pfeffer, Muskatnuss und Kardamom abschmecken.
- Sollte es die Konsistenz erfordern, etwas Mie de pain beigeben.
- Ravioliteig hauchdünn in zwei gleich große Stücke ausrollen.
- Füllung mit Zwischenräumen auf das eine Teigstück dressieren und die Zwischenräume mit Wasser bestreichen.
- Das zweite Teigstück darüberlegen.
- Teig zwischen der Füllung mit einem Stab andrücken.
- Mit dem Teigrädchen die einzelnen Ravioli ausschneiden.

Zubereitung

- Scampi mit Salz und Pfeffer aus der Mühle würzen.
- Im Sautoir im heißen Olivenöl glasig sautieren, herausnehmen und warm stellen.
- Sautoir mit Küchenpapier ausreiben, mit Weißwein ablöschen und einkochen.
- Fischrahmsauce beigeben, mit Krebsbutter aufmontieren und abschmecken.
- Erbsenravioli im Salzwasser al dente kochen, abschütten und in wenig Butter schwenken.

Anrichten

- Mit einem Teil der Sauce einen Saucenspiegel anrichten.
- Scampi auf dem Saucenspiegel anrichten.
- Die Erbsenravioli rundherum anrichten.
- Scampi mit der restlichen Sauce nappieren (übergießen).
- Gericht mit Kerbelblättchen dekorieren.

Scampi mit Papaya-Sauce · Scampi à la sauce de papaye

Zutaten

	4 Pers	10 Pers
Butter	30 g	75 g
Schalotten, geschält	60 g	150 g
Knoblauch, geschält	5 g	10 g
Papaya, Fruchtfleisch	160 g	400 g
Zitronengras, gerüstet	20 g	50 g
Weißwein	240 g	600 g
Fischfond	240 g	600 g
Peperoncini, rot, frisch	2 g	5 g
Vollrahm, 35%	160 g	400 g
Scampi-Schwänze, in Schale	800 g	2000 g
Butter	40 g	100 g
Salz		
Pfeffer, weiß, aus der Mühle		
Basilikum, frisch	4 g	10 g

Garnitur

	4 Pers	10 Pers
Papaya-Kugeln, Ø 1 cm	160 g	400 g
Butter	10 g	30 g

Vorbereitung
– Schalotten fein hacken.
– Knoblauch durch die Knoblauchpresse drücken.
– Papaya-Fruchtfleisch fein hacken.
– Zitronengras in feine Scheiben schneiden.
– Peperoncini fein hacken.
– Vollrahm leicht schlagen und kühl stellen
– Scampi in der Schale längs halbieren und den Darm entfernen.
– Basilikum waschen, zupfen, trockentupfen und fein hacken.

Zubereitung
– Schalotten und Knoblauch in Butter dünsten.
– Papaya-Fruchtfleisch und Zitronengras beigeben.
– Mit Weißwein ablöschen, mit dem Fischfond auffüllen, Peperoncini beigeben und aufkochen.
– Flüssigkeit auf ¼ einkochen und des Öfteren abschäumen.
– Flüssigkeit durch ein Sieb streichen und zur gewünschten Konsistenz einkochen.
– Den leicht geschlagenen Rahm beigeben und abschmecken.
– Schampi-Schwänze mit Salz und Pfeffer würzen, in heißer Butter glasig sautieren und herausnehmen.
– Scampi-Fleisch aus den Schalen lösen.
– Papaya-Kugeln in Butter sautieren.

Anrichten
– Scampi anrichten und mit der Papaya-Sauce nappieren (übergießen).
– Papaya-Kugeln anrichten und mit gehacktem Basilikum bestreuen.

Hinweise für die Praxis
Für dieses Gericht sollten aus ökonomischen Gründen große Papayas verwendet werden.

Scampi vom Grill in der Zucchettiblüte auf Kalbskopf mit Tomaten
Fleurs de courgettes farcies aux scampi grillés sur tête de veau aux tomates

Zutaten	4 Pers	10 Pers
Scampi-Schwänze, in Schale	800 g	2000 g
Olivenöl	15 g	30 g
Salz		
Pfeffer, weiß, aus der Mühle		
Zucchetti mit Blüten	4	10
Eierschwämme/Pfifferlinge	60 g	150 g
Englischbrot, entrindet	15 g	40 g
Olivenöl, kaltgepresst	15 g	40 g
Salz		
Pfeffer, weiß, aus der Mühle		
Rosmarin, frisch	1 g	2 g
Thymian, frisch	1 g	2 g
Basilikum, frisch	2 g	5 g
Süßsaure Sauce	15 g	40 g
Kalbskopf, ausgelöst, gepökelt	200 g	500 g
Gemüsebündel (Bouquet garni) für Bouillon	120 g	300 g
Salz		
Weißmehl	10 g	20 g
Ölverlust beim Frittieren	20 g	50 g

Sauce

Olivenöl, kaltgepresst	15 g	40 g
Schalotten, geschält	25 g	60 g
Knoblauch, geschält	5 g	10 g
Flaschentomaten	100 g	250 g
Tomatensauce	200 g	500 g
Salz		
Pfeffer, weiß, aus der Mühle		
Basilikum, frisch	5 g	10 g

Tempura-Teig

Tempura-Mehl	50 g	120 g
Salz		
Eiswasser	60 g	150 g
Eigelb, frisch	15 g	30 g

Vorbereitung
– Kalbskopf blanchieren, im heißen Salzwasser aufsetzen und ca. 2 Stunden weich sieden.
– Des Öfteren abschäumen und in der letzten Stunde das Gemüsebündel beigeben.
– Pro Person 1 großen Scampo in der Schale halbieren und den Darm entfernen.
– Restliche Scampi aus der Schale lösen, Darm entfernen und in 5 mm große Würfel schneiden.
– Zucchettifrüchte von den Blüten entfernen und in 5 mm große Würfel schneiden.
– Eierschwämme waschen, gut abtropfen und in 5 mm große Stücke schneiden.
– Englischbrot in 5 mm große Würfel schneiden.
– Rosmarin, Thymian und Basilikum waschen, zupfen, trockentupfen und hacken.
– Schalotten und Knoblauch fein hacken.
– Flaschentomaten waschen, Stielansatz entfernen und längs halbieren.
– Basilikum für die Sauce waschen, zupfen, trockentupfen und in Chiffonnade (Streifen) schneiden.
– Tempura-Mehl, Eiswasser, Salz und Eigelb verrühren und kühl stellen.

Zubereitung Sauce
– Olivenöl erhitzen, Schalotten und Knoblauch andünsten.
– Halbierte Flaschentomaten beigeben, kurz mitdünsten und die Tomatensauce beigeben.
– Sauce kurz aufkochen, Basilikum beigeben und abschmecken.

Zubereitung
– Olivenöl erhitzen und Eierschwämme, Zucchetti und Englischbrot kurz dünsten und etwas abkühlen lassen.
– Scampiwürfel, süßsaure Sauce und gehackte Kräuter beigeben, gut vermischen und mit Salz und weißem Pfeffer abschmecken.
– Die Zucchettiblüten sorgfältig füllen und die Blütenblätter leicht anpressen.
– Gefüllte Zucchettiblüten leicht mehlen, im Tempura-Teig wenden und knusprig frittieren.
– Herausnehmen und auf Küchenpapier entfetten.
– Scampi in der Schale mit Olivenöl bepinseln und mit Salz und Pfeffer würzen.
– Scampi auf dem heißen Grill grillieren.

Anrichten
– Kalbskopf aus dem Sud nehmen und auf Küchenpapier abtropfen.
– In dünne Scheiben schneiden und anrichten.
– Kalbskopf mit der Tomatensauce übergießen.
– Frittierte Zucchettiblüten sorgfältig längs halbieren und zusammen mit den grillierten Scampi anrichten.

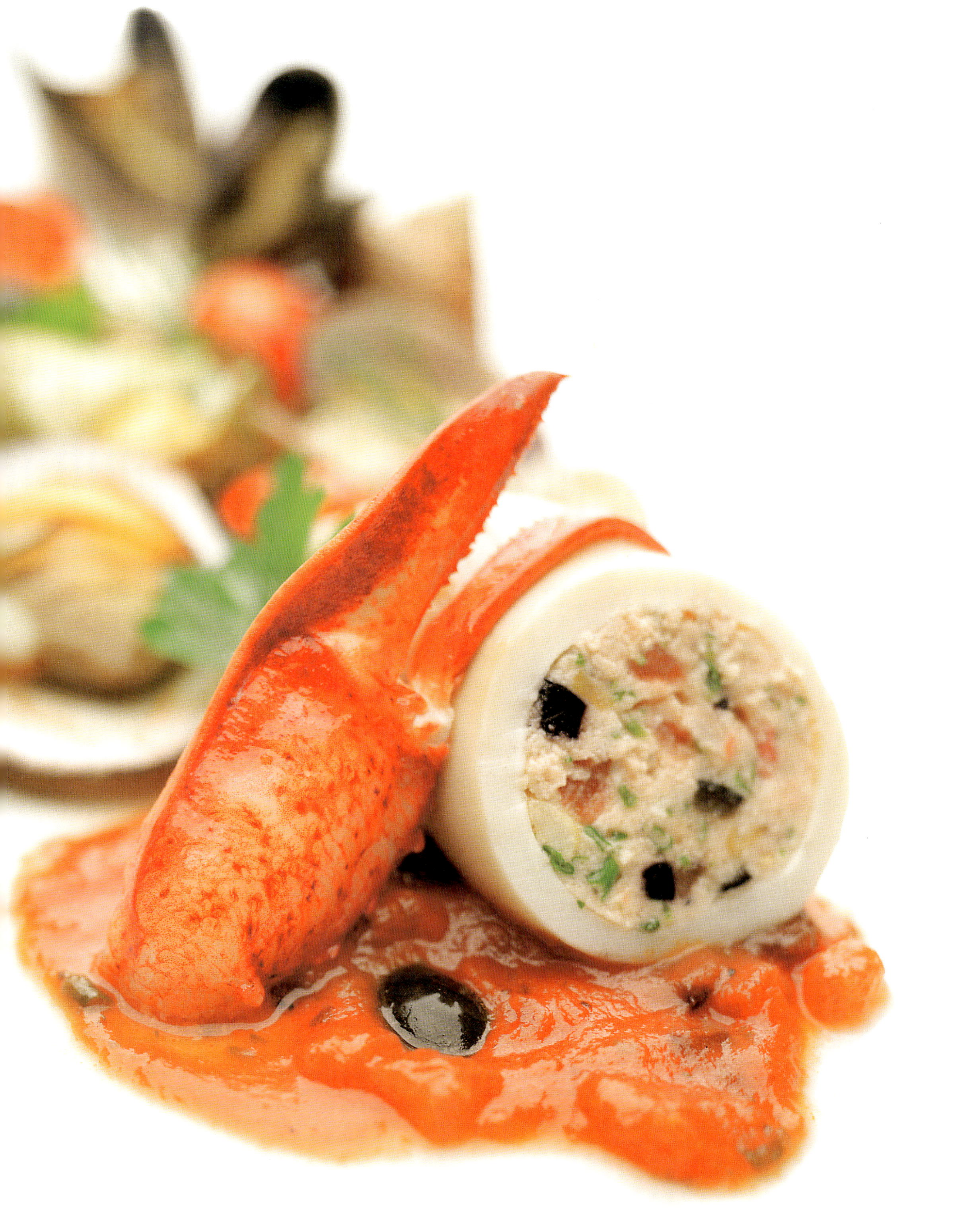

Scampi-Frikassee mit Morcheln und Ingwer · Fricassée de scampi aux morilles et au gingembre

Zutaten	4 Pers	10 Pers
Scampi-Schwänze, in Schale	800 g	2000 g
Salz		
Pfeffer, weiß, aus der Mühle		
Butter	25 g	60 g
Olivenöl	25 g	60 g
Schalotten, geschält	40 g	100 g
Morcheln, ohne Stiel, getrocknet	15 g	40 g
Butter	30 g	70 g
Cognac	40 g	100 g
Ingwer, frisch, geschält	15 g	40 g
Fischrahmsauce	280 g	700 g
Holländische Sauce	40 g	100 g
Vollrahm, 35%	40 g	100 g

Garnitur

	4 Pers	10 Pers
Blätterteig	40 g	100 g
Eigelb, frisch	10 g	25 g
Tomaten, geschält, entkernt	60 g	150 g
Salz		
Pfeffer, weiß, aus der Mühle		
Kerbelblätter, frisch	10 g	30 g

Vorbereitung
- Große Scampi von der Schale befreien.
- Entlang des Rückens einen Schnitt anbringen und den Darm entfernen.
- Schalotten fein hacken.
- Morcheln im lauwarmen Wasser einweichen, halbieren, gründlich waschen und auspressen.
- Jungen Ingwer in Julienne (Streifchen) schneiden.
- Vollrahm steif schlagen und kühl stellen.
- Aus Blätterteig Fleurons in beliebiger Form ausstechen, mit Eigelb bestreichen und backen.
- Tomaten in kleine Würfel schneiden.
- Kerbel waschen, trockentupfen und zupfen.

Zubereitung
- Scampi mit Salz und Pfeffer aus der Mühle würzen.
- Im Sautoir in heißer Olivenöl-Butter-Mischung glasig sautieren, herausnehmen und warm stellen.
- Schalotten beigeben und weich dünsten.
- Morcheln zugeben und mitdünsten.
- Mit Cognac flambieren, Ingwer-Julienne und Fischrahmsauce beigeben.
- Zur gewünschten Konsistenz einkochen und vom Herd ziehen.
- Holländische Sauce und geschlagenen Vollrahm unter die Sauce mischen und abschmecken.
- Tomatenwürfel kurz sautieren und abschmecken.

Anrichten
- Scampi anrichten, Tomatenwürfel über die Scampi geben.
- Mit der Sauce nappieren (übergießen) und unter dem Salamander glasieren.
- Gericht mit Blätterteigfleurons und Kerbelblättchen garnieren.

Schwertmuscheln in weißer Schalottenbuttersauce · Couteaux au beurre blanc d'échalote

Zutaten	4 Pers	10 Pers
Schwertmuscheln, in Schale, geputzt	2000 g	5000 g
Olivenöl	20 g	50 g
Schalotten, geschält	40 g	100 g
Weißwein	60 g	150 g
Fischfond	40 g	100 g
Zitronensaft, frisch	20 g	50 g
Butter	160 g	400 g
Salz		
Pfeffer, weiß, aus der Mühle		

Vorbereitung
- Schwertmuscheln gründlich waschen und abtropfen lassen.
- Schalotten fein hacken.
- Butter in Würfel schneiden und kalt stellen.

Zubereitung
- Schalotten im Olivenöl goldgelb sautieren.
- Schwertmuscheln beigeben, kurz dünsten und mit Weißwein und Fischfond ablöschen.
- Muscheln zugedeckt unter gelegentlichem Schütteln bei großer Hitze dünsten, bis sie sich öffnen.
- Schwertmuscheln mit der Garflüssigkeit in ein Sieb schütten und die Garflüssigkeit auffangen.
- Garflüssigkeit etwas abstehen lassen, dekantieren und vorsichtig durch ein Etamine (Passiertuch) oder durch einen Kaffeefilter passieren.
- Muschelfleisch aus den Schalen lösen, halbieren und zugedeckt beiseite stellen.
- Garflüssigkeit auf die Hälfte (50%) einkochen und Zitronensaft beigeben.
- Mit den kalten Butterwürfeln aufmontieren.
- Die Muscheln wieder beigeben, kurz erhitzen, mit Salz und Pfeffer abschmecken und anrichten.

Spaghetti mit Venusmuscheln · Spaghetti aux praires

Zutaten	4 Pers	10 Pers
Spaghetti	400 g	1000 g
Salz		
Venusmuscheln, in Schale	800 g	2000 g
Wasser	100 g	250 g
Olivenöl, kaltgepresst	30 g	70 g
Knoblauch, geschält	8 g	20 g
Tomaten, geschält, entkernt	260 g	650 g
Petersilie, glattblättrig, frisch	20 g	50 g
Salz		
Pfeffer, weiß, aus der Mühle		

Vorbereitung
- Venusmuscheln gründlich waschen.
- Venusmuscheln im Wasser zugedeckt dünsten, bis sie sich öffnen.
- Die Muscheln mit dem Fond in ein Sieb schütten und den Fond auffangen.
- Muschelfleisch aus den Schalen herauslösen und zudecken.
- Wenn sich der allenfalls vorhandene Sand gesetzt hat, den Fond vorsichtig durch ein Etamine (Passiertuch) passieren (den letzten halben Deziliter weggießen).
- Knoblauch fein hacken.
- Tomaten in 8 mm große Würfel schneiden.
- Petersilie waschen, zupfen, trockentupfen und fein hacken.

Zubereitung
- Knoblauch und die Hälfte der Petersilie im Olivenöl kurz andünsten.
- Den Muschelfond beigeben und sirupartig einkochen.
- Die Tomatenwürfel beigeben und die Sauce zur gewünschten Konsistenz einkochen.
- Mit Salz und Pfeffer abschmecken.
- Die ausgelösten Venusmuscheln beigeben und die Sauce nicht mehr aufkochen.
- Spaghetti im Salzwasser al dente kochen, abschütten und leicht abschrecken.
- Spaghetti mit der Venusmuschelsauce vermengen, restliche Petersilie beigeben.
- Anrichten und sofort servieren.

Hinweise für die Praxis
Die ausgelösten Venusmuscheln nicht mehr kochen, da sie sonst eine gummige Konsistenz aufweisen.

Teppichmuschelgratin mit Spinat · Gratin de palourdes aux épinards

Zutaten	4 Pers	10 Pers
Teppichmuscheln/Vongole, in Schale	3600 g	9000 g
Olivenöl	25 g	60 g
Weißwein	120 g	300 g
Butter	40 g	100 g
Schalotten, geschält	20 g	50 g
Weißmehl	30 g	70 g
Vollrahm, 35%	250 g	620 g
Blattspinat, frisch, gerüstet	500 g	1250 g
Pfeffer, weiß, aus der Mühle		
Parmesan, gerieben	25 g	60 g

Vorbereitung
- Teppichmuscheln gründlich waschen.
- Spinat waschen, im Salzwasser blanchieren, abschrecken und abtropfen lassen.
- Spinat gut auspressen und grob hacken.
- Schalotten fein hacken.

Zubereitung
- Muscheln im Olivenöl andünsten und mit Weißwein ablöschen.
- Muscheln bei großer Hitze 3–4 Minuten unter gelegentlichem Schütteln dünsten, bis sie sich öffnen.
- Muscheln mit der Garflüssigkeit in ein Sieb schütten und die Garflüssigkeit auffangen.
- Garflüssigkeit etwas abstehen lassen, dekantieren und vorsichtig durch ein Etamine (Passiertuch) oder durch einen Kaffeefilter passieren.
- Muschelfleisch aus den Schalen lösen und zugedeckt beiseite stellen.
- Schalotten in Butter weich dünsten.
- Weißmehl beigeben, dünsten und etwas abkühlen lassen.
- Unter Rühren den heißen Muschelfond beigeben und anschließend den Vollrahm.
- Sauce zur gewünschten Konsistenz einkochen und mit weißem Pfeffer würzen.
- Muschelfleisch und Spinat beigeben, vermischen und in einer Gratinplatte anrichten.
- Mit geriebenem Parmesan bestreuen und unter dem Salamander gratinieren.

Überbackene Miesmuscheln · Moules gratinées

Zutaten	4 Pers	10 Pers
Miesmuscheln, frisch, in Schale, geputzt	2800 g	7000 g
Olivenöl	40 g	100 g
Weißwein	40 g	100 g
Knoblauch, geschält	10 g	25 g
Petersilie, glattblättrig, frisch	10 g	25 g
Mie de pain/weißes Paniermehl	40 g	100 g
Parmesan, gerieben	20 g	40 g
Olivenöl, kaltgepresst	20 g	50 g
Salz		
Pfeffer, weiß, aus der Mühle		
Butter	20 g	50 g

Vorbereitung
- Miesmuscheln gründlich waschen und die Byssusfäden entfernen.
- Knoblauch durch die Knoblauchpresse drücken.
- Petersilie waschen, zupfen, trockentupfen und fein hacken.

Zubereitung
- Olivenöl erhitzen und die Miesmuscheln in der Schale andünsten.
- Mit Weißwein ablöschen und zugedeckt dünsten, bis sich die Schalen der Muscheln öffnen.
- Muscheln herausnehmen, abschütten und den Fond auffangen.
- Muschelfond durch ein Passiertuch oder durch einen Kaffeefilter passieren.
- Die eine Schalenhälfte der Miesmuscheln entfernen.
- Knoblauch, Petersilie, weißes Paniermehl, Parmesan und kaltgepresstes Olivenöl vermischen und mit Salz und Pfeffer abschmecken.
- Muschelfond einkochen und mit Butterflocken aufmontieren.
- Sauce in eine Gratinplatte gießen und die vorbereiteten Muscheln in den Schalenhälften flach anrichten.
- Muscheln mit der Kräutermischung bestreuen.
- Unter dem Salamander (oder im Ofen mit starker Oberhitze) überbacken und sofort servieren.

Warme Austern mit Sherry · Huîtres chaudes au sherry

Zutaten

	4 Pers	10 Pers
Austern, Belons, in Schale	24	60
Butter	20 g	50 g
Schalotten, geschält	40 g	100 g
Sherry, trocken	60 g	150 g
Fischfond	40 g	100 g
Vollrahm, 35 % (1)	40 g	100 g
Butter	60 g	150 g
Holländische Sauce	20 g	50 g
Vollrahm, 35 % (2)	60 g	150 g

Vorbereitung

– Austern öffnen und vorsichtig aus der Schale lösen (pro Person 6 Stück).
– Untere (bauchige) Hälften der Austernschalen gründlich waschen und warm stellen.
– Austernfond auffangen und durch ein feines Sieb passieren.
– Schalotten fein hacken.
– Vollrahm (2) steif schlagen und kühl stellen.

Zubereitung

– Austern im eigenen Saft leicht erhitzen und herausnehmen.
– Schalotten in der Butter andünsten.
– Mit Sherry ablöschen, Austernfond, Fischfond und Vollrahm (1) dazugeben.
– Stark einreduzieren und durch ein Drahtspitzsieb passieren.
– Sauce mit Butter aufschwingen und holländische Sauce und geschlagenen Vollrahm darunterziehen.
– Pochierte Austern in den unteren, gewölbten Teil der gereinigten Austernschalen geben und auf einem Salzbett horizontal anrichten.
– Mit der Sauce nappieren und unter dem Salamander glasieren.

Weinbergschnecken mit Steinpilzen und Knoblauch · Escargots aux bolets et à l'ail

Zutaten

	4 Pers	10 Pers
Knoblauch, geschält	40 g	100 g
Vollmilch	60 g	150 g
Olivenöl	30 g	80 g
Steinpilze, frisch, gerüstet	120 g	300 g
Schalotten, geschält	20 g	50 g
Weinbergschnecken (Konserve), abgetropft	400 g	1000 g
Weißwein	40 g	100 g
Kalbsjus, gebunden	60 g	150 g
Butter	15 g	40 g
Salz		
Pfeffer, weiß, aus der Mühle		
Petersilie, glattblättrig, frisch	8 g	20 g
Schnittlauch, frisch	8 g	20 g

Vorbereitung

– Knoblauchzehen vierteln, Keimling entfernen, in Vollmilch weich garen und abschütten.
– Steinpilze mit Küchenpapier abreiben und in 5 mm große Würfel schneiden.
– Schalotten fein hacken.
– Butter in Würfel schneiden und kühl stellen.
– Petersilie waschen, zupfen, trockentupfen und fein hacken.
– Schnittlauch fein schneiden.

Zubereitung

– Olivenöl in einem Sautoir erhitzen und die Steinpilze mit Farbgebung sautieren.
– Schalotten, Knoblauch und Weinbergschnecken beigeben und mitsautieren.
– Herausnehmen und warm stellen.
– Bratensatz mit Weißwein ablöschen und etwas einkochen lassen.
– Gebundenen Kalbsjus beigeben und aufkochen.
– Sauce mit Butterflocken aufmontieren.
– Steinpilze, Schalotten, Knoblauch und Weinbergschnecken wieder zugeben und vermischen.
– Gericht abschmecken und Petersilie und Schnittlauch beigeben, nicht mehr kochen.
– In kleine Kokotten oder Servierkasseröllchen abfüllen und sofort servieren.

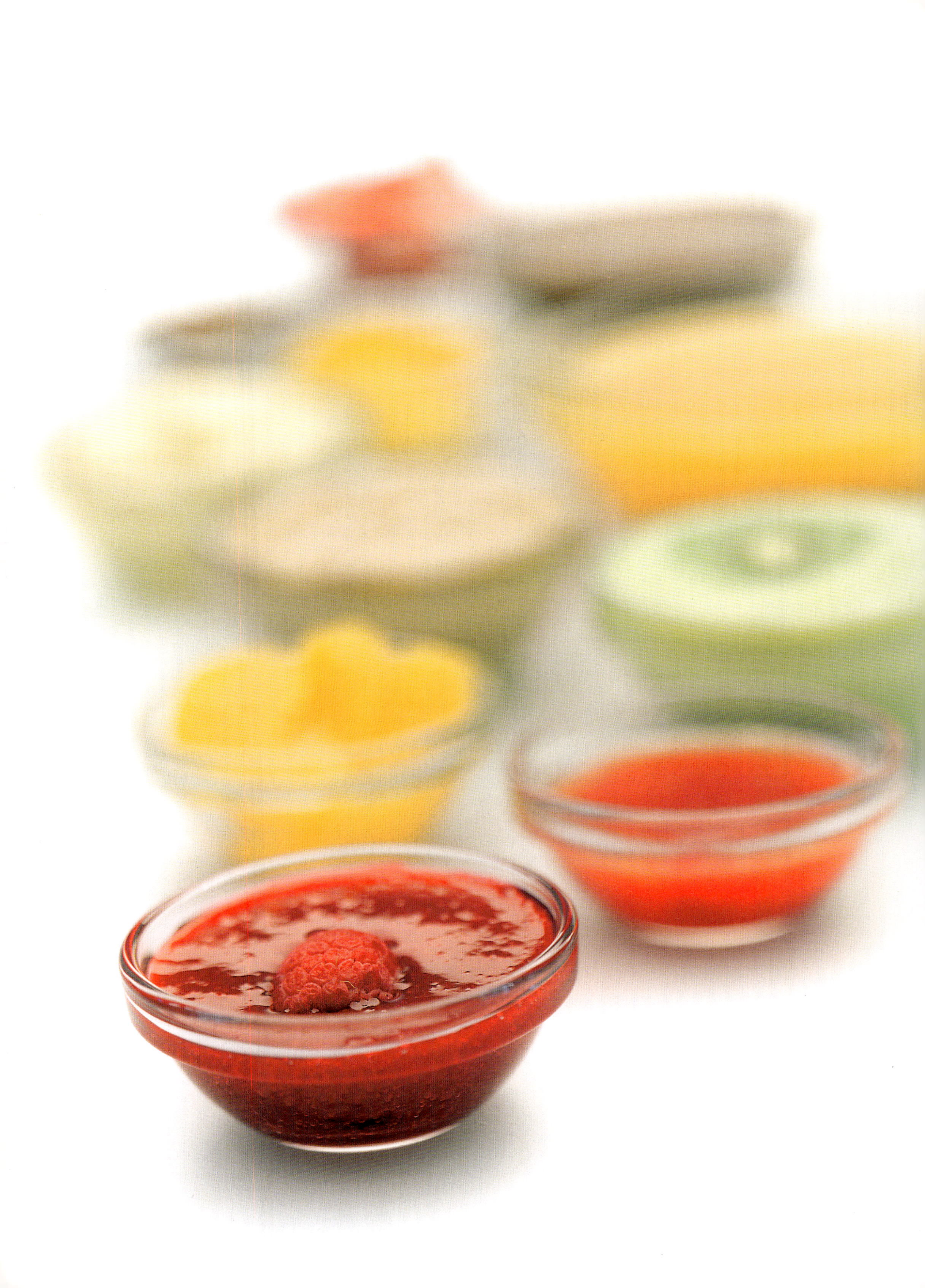

Patisserie, Produktions-Mise-en-place

756	**Teige**
765	**Massen**
770	**Cremen**
776	**Saucen**
779	**Hilfsmittel**

Teige

Backteig/Bierteig · Pâte à frire/pâte à frire à la bière

Zutaten	1 kg
Weißmehl, Typ 550	390 g
Bier, hell	390 g
Sonnenblumenöl, high oleic	60 g
Eiweiß, pasteurisiert	155 g
Salz	8 g

Vorbereitung
- Weißmehl sieben.

Zubereitung
- Bier zum Weißmehl geben und zu einer knollenfreien Masse verrühren.
- Mit Sonnenblumenöl abdecken.
- Eiweiß kurz vor dem Gebrauch steif schlagen und zusammen mit dem Salz vorsichtig unter die Masse ziehen.

Hinweise für die Praxis
Das Bier kann je nach Verwendungszweck durch Wein oder Apfelwein ersetzt werden.

Berliner (Hefesüßteig) · Boules de Berlin (pâte levée sucrée)

Zutaten	1 kg
Vollmilch	210 g
Hefe	65 g
Zucker	60 g
Butter	45 g
Eigelb, pasteurisiert	95 g
Zitronenraps	2 g
Weißmehl, Typ 550	515 g
Salz	10 g
Ölverlust beim Frittieren	100 g
Himbeermarmelade	250 g
Puderzucker	50 g

Vorbereitung
- Butter schmelzen.
- Hefe und Zucker in der Vollmilch auflösen.
- Das Salz im Eigelb auflösen.
- Weißmehl sieben.
- Tiefe Gastro-Norm-Schale mit Plastikfolie belegen.

Zubereitung
- Milchmischung, Butter, Eigelb, Salz und Zitronenraps zum Mehl in einen Rührkessel geben und zu einem Teig zusammenwirken.
- Den Teig auskneten, bis er fein und trocken ist.
- Teigstücke von 40 g abwägen und rund aufschleifen (formen).
- Die Teigstücke in die vorbereitete, mit Plastikfolie ausgelegte Gastro-Norm-Schale legen.
- Mit Plastikfolie abdecken, ohne dass die Folie die Teiglinge berührt.
- Die Teiglinge um das Doppelte aufgehen lassen.
- Bei einer Temperatur von 170 °C im heißen Öl frittieren, 2–3 Mal wenden.
- Abtropfen lassen und zum Entfetten auf Küchenpapier absetzen.
- Erkalten lassen.
- Dressiersack mit einer Berlinertülle mit Himbeermarmelade bereitstellen.
- Berliner füllen und mit Staubzucker stäuben.

Hinweise für die Praxis
Berliner können auch mit Aprikosenmarmelade gefüllt werden.
Sie können auch halbiert und mit Vanillecreme gefüllt werden.

Blinis · Blinis

Zutaten	1 kg
Vollmilch	470 g
Hefe	15 g
Zucker	5 g
Weißmehl, Typ 550	170 g
Buchweizenmehl	170 g
Salz	5 g
Eiweiß, pasteurisiert	70 g
Butter (1)	60 g
Butter (2)	40 g

Vorbereitung
– Vollmilch auf maximal 30 °C erwärmen.
– Hefe und Zucker zur Vollmilch geben und 20 Minuten an einem warmen Ort stehen lassen.
– Weißmehl und Buchweizenmehl sieben, Salz beigeben.
– Eiweiß steif schlagen und kühl stellen.
– Butter (1) schmelzen.

Zubereitung
– Lauwarme Milchmischung zur Mehlmischung geben und verrühren.
– Geschmolzene Butter beigeben und während 2 Stunden an einem warmen Ort zugedeckt aufgehen lassen.
– Eischnee vorsichtig unter die Masse rühren.
– Blinis in kleinen Pfännchen in Butter (2) im Backofen bei 180 °C ausbacken.

Blitzblätterteig/holländischer Blätterteig · Pâte feuilletée rapide/pâte feuilletée hollandaise

Zutaten	1 kg
Weißmehl, Typ 550	430 g
Margarine für Blätterteig	345 g
Wasser	215 g
Salz	10 g

Vorbereitung
– Weißmehl sieben.
– Margarine in ca. 2 cm große Würfel schneiden und kühl stellen.
– Salz im Wasser auflösen.

Zubereitung
– Alle Zutaten rasch zu einem Teig vermischen.
– Die Margarinewürfel sollen möglichst ganz bleiben.
– In kurzen Abständen vier doppelte Touren geben.
– Vor dem Aufarbeiten ca. 30 Minuten zugedeckt im Kühlschrank ruhen lassen.

Brandteig (gesalzen) · Pâte à choux (salée)

Zutaten	1 kg
Vollmilch	185 g
Wasser	190 g
Butter	110 g
Weißmehl, Typ 550	185 g
Salz	6 g
Pfeffer, weiß, gemahlen	
Muskatnuss, gemahlen	
Vollei, pasteurisiert	325 g

Vorbereitung
– Butter aus dem Kühlschrank nehmen.
– Weißmehl sieben und Salz, Pfeffer und Muskat beigeben.

Zubereitung
– Vollmilch, Wasser und Butter zusammen aufkochen.
– Weißmehl, Salz und Gewürze im Sturz auf einmal beigeben und mit einem Spatel bei etwas reduzierter Hitze gründlich abrühren, bis sich die Masse vom Pfannenboden löst.
– Die Masse vom Herd nehmen, in einen Rührkessel geben und leicht abkühlen lassen.
– In der Rührmaschine die Eier nach und nach unter die Masse geben.

Brandteig (für Süßspeisen) · Pâte à choux (pour entremets)

Zutaten	1 kg
Vollmilch	160 g
Wasser	160 g
Butter	160 g
Zucker	20 g
Weißmehl, Typ 550	195 g
Salz	6 g
Vollei, pasteurisiert	315 g

Vorbereitung
– Butter aus dem Kühlschrank nehmen.
– Weißmehl sieben und das Salz beigeben.

Zubereitung
– Vollmilch, Wasser, Butter und Zucker zusammen aufkochen.
– Weißmehl und Salz im Sturz auf einmal beigeben und mit einem Spatel bei etwas reduzierter Hitze gründlich abrühren, bis sich die Masse vom Pfannenboden löst.
– Die Masse vom Herd nehmen, in einen Rührkessel geben und leicht abkühlen lassen.
– In der Rührmaschine die Eier nach und nach unter die Masse geben.
– In einen Dressiersack mit Loch- oder Sterntülle geben und nach Belieben dressieren.
– Bei einer Temperatur von 200–220 °C bei offenem Dampfabzug backen.

Hinweise für die Praxis
Die Masse muss glänzend und geschmeidig sein, damit sie mit dem Dressiersack optimal dressiert werden kann. Soll das Gebäck eine rissige Oberfläche erhalten, muss anfänglich mit Dampf gebacken werden (Dampfabzug geschlossen). Soll die Oberfläche glatt werden, wie beispielsweise zum Glasieren, bei Schwanenhälsen usw., muss ohne Dampf gebacken werden (Dampfabzug offen).

Brioches · Brioches

Vorbereitung Formen	1 kg
Butter (1)	20 g

Zutaten	
Hefe	55 g
Zucker	45 g
Vollmilch	60 g
Vollei, pasteurisiert	185 g
Weißmehl, Typ 550	465 g
Salz	9 g
Butter (2)	185 g
Ei zum Bestreichen	50 g

Vorbereitung
– Briocheförmchen mit Butter (1) ausstreichen.
– Butter (2) aus dem Kühlschrank nehmen.
– Hefe und Zucker in der Vollmilch auflösen.
– Weißmehl sieben und Salz beigeben.

Zubereitung
– Milchmischung, Vollei und Weißmehl im Rührkessel zu einem Teig kneten.
– Butter (2) beigeben und fertig kneten.
– Teig 6–8 Stunden kühl stellen.
– Teigstücke von 35–40 g rund aufwirken.
– Mit der Handkante davon Köpfchen von ca. Fingerkuppengröße abdrücken (nicht abschneiden).
– Das größere Teigstück in der Mitte mit einem Finger eindrücken und das Köpfchen hineinlegen.
– Teigstücke in die gebutterten Förmchen geben und aufgehen lassen.
– Mit Ei bepinseln.
– Im Backofen bei 200–220 °C und offenem Dampfabzug 10–15 Minuten backen.

Dänisch-Plunder-Teig · Pâte danoise

Zutaten	**1 kg**
Vollmilch	180 g
Hefe	35 g
Zucker	35 g
Malz, flüssig	5 g
Weißmehl, Typ 550	390 g
Vollei, pasteurisiert	45 g
Salz	7 g
Zitronenraps	2 g
Kardamom, gemahlen	1 g
Butter	35 g
Butterplatte	275 g

Vorbereitung
- Butter aus dem Kühlschrank nehmen.
- Weißmehl sieben.

Zubereitung
- Hefe, Malz und Zucker in der Vollmilch auflösen, mit dem Weißmehl mischen und in einen Rührkessel geben.
- Salz, Kardamompulver und Zitronenraps mit Vollei vermischen und beigeben.
- Butter in kleinen Stücken beigeben und in der Rührmaschine zu einem glatten Teig kneten.
- Teig rechteckig auswallen und die Butterplatte einschlagen.
- Auf eine Dicke von 10 mm ausrollen und im Abstand von 10 Minuten 2 einfache Touren geben.
- In Plastikfolie einpacken und im Kühlschrank 30 Minuten ruhen lassen.
- Anschließend nochmals eine einfache Tour geben.
- Vor dem Aufarbeiten in Plastikfolie eingepackt mindestens 2 Stunden kühl stellen.
- Bei der Weiterverwendung den Teig nicht dünner als 3 mm ausrollen.

Hinweise für die Praxis

Um das unerwünschte Aufgehen des Teigs vor dem Aufarbeiten zu verhindern, sollten alle Zutaten kühl zusammengemischt werden.
Um ein gleichmäßiges Tourieren des Teiges (gleichmäßig dicke Teig- und Butterschichten) zu gewährleisten, sollte die Butter beim Einschlagen etwa dieselbe Konsistenz aufweisen wie der Teig.
Mögliche Füllungen: Haselnussfüllung, Mandelmasse, Vanillecreme, Früchte oder Marmelade.
Mögliche Formen: Haselnussschnecken, Mandelgipfel, Aprikosennestchen, Brezeln, Cremetörtchen usw.
Backtemperatur: 180–200 °C im Backofen bei offenem Dampfabzug (Kombisteamer: 170–180 °C).
Backzeit: ca. 20 Minuten. Plunder mit Nüssen bestreuen, mit Staubzucker stäuben oder aprikotieren und mit Fondantglasur glasieren.

Deutscher Blätterteig · Pâte feuilletée allemande

Zutaten	1 kg
Weißmehl, Typ 550	420 g
Butter	65 g
Salz	10 g
Wasser	210 g
Margarine für Blätterteig	300 g

Vorbereitung
- Weißmehl sieben.
- Salz im Wasser auflösen.

Zubereitung
- Weißmehl und Butter im Rührkessel fein reiben.
- Salzwasser beigeben und zu einem glatten Teig verarbeiten.
- Vorteig zugedeckt während 30 Minuten im Kühlschrank ruhen lassen.
- Den Vorteig zu einem gleichmäßigen Rechteck von ca. 2 cm Dicke ausrollen.
- Margarine kurz durchkneten, sodass sie die gleiche Konsistenz aufweist wie der Vorteig.
- Zu einem Block formen und auf die Mitte des Teigrechteckes legen.
- Den Teig von beiden Enden über die Mitte der Margarine schlagen und zu einem lang gezogenen, 2 cm dicken Rechteck auswallen.
- Die Teigenden zur Mitte einschlagen, sodass sie sich berühren und eine Naht bilden.
- In der Naht nochmals zusammenfalten (doppelte Tour).
- Sofort eine zweite Doppeltour geben.
- 30 Minuten im Kühlschrank ruhen lassen.
- Anschließend zwei weitere Doppeltouren geben.

Hinweise für die Praxis
Blätterteig kann auch ausschließlich mit Butter hergestellt werden. Butter und Vorteig müssen vor dem Tourieren gut gekühlt und in einem kühlen Raum verarbeitet werden.

Geriebener Teig · Pâte brisée

Zutaten	1 kg
Weißmehl, Typ 550	520 g
Butter	260 g
Wasser	210 g
Salz	10 g

Vorbereitung
- Weißmehl sieben.
- Salz im Wasser auflösen.

Zubereitung
- Kalte Butter in Flocken zum Weißmehl geben und im Rührkessel fein reiben.
- Salzwasser beigeben und rasch zu einem Teig verkneten.
- Den Teig nur kurze Zeit kneten, sonst wird er zäh.
- Vor dem Weiterverarbeiten etwa 1 Stunde zugedeckt im Kühlschrank ruhen lassen.

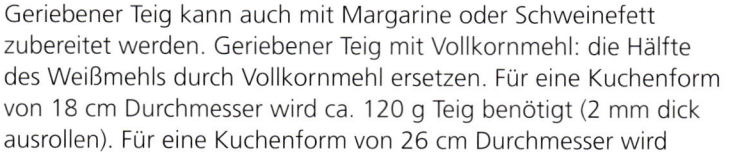

Hinweise für die Praxis
Geriebener Teig kann auch mit Margarine oder Schweinefett zubereitet werden. Geriebener Teig mit Vollkornmehl: die Hälfte des Weißmehls durch Vollkornmehl ersetzen. Für eine Kuchenform von 18 cm Durchmesser wird ca. 120 g Teig benötigt (2 mm dick ausrollen). Für eine Kuchenform von 26 cm Durchmesser wird ca. 220 g Teig benötigt (2 mm dick ausrollen).

Halbblätterteig · Pâte demi-feuilletée

Zutaten — 1 kg
- Weißmehl, Typ 550 — 510 g
- Butter — 75 g
- Wasser — 260 g
- Salz — 12 g
- Margarine für Blätterteig — 155 g

Vorbereitung
- Weißmehl sieben.
- Salz im Wasser auflösen.

Zubereitung
- Mehl und Butter im Rührkessel fein reiben.
- Salzwasser beigeben und zu einem glatten Teig verarbeiten.
- Den Vorteig zugedeckt während 30 Minuten im Kühlschrank ruhen lassen.
- Vorteig zu einem gleichmäßigen Rechteck von etwa 2 cm Dicke ausrollen.
- Margarine kurz durchkneten, sodass sie die gleiche Konsistenz aufweist wie der Vorteig.
- Zu einem Block formen und auf die Mitte des Teigrechteckes legen.
- Den Teig von beiden Seiten über die Mitte der Margarine schlagen und 3 doppelte Touren geben.
- Zwischen den einzelnen Touren jeweils während etwa 20 Minuten kühl stellen.

Linzer Teig · Pâte de Linz

Zutaten — 1 kg
- Vollei, pasteurisiert — 100 g
- Zucker — 170 g
- Zimt, gemahlen — 10 g
- Rum, braun — 5 g
- Salz — 1 g
- Butter — 205 g
- Weißmehl, Typ 550 — 335 g
- Haselnusskerne, gemahlen — 170 g
- Backpulver — 5 g

Vorbereitung
- Gemahlene Haselnüsse auf einem Blech im Ofen hell rösten und abkühlen lassen.
- Weißmehl mit Backpulver und Zimt sieben.
- Butter aus dem Kühlschrank nehmen und in Würfel schneiden.

Zubereitung
- Eier und Zucker im Rührkessel verrühren.
- Butter, Salz und Rum beigeben und weiter rühren.
- Mehlmischung und Haselnüsse beigeben und kurz kneten, bis alle Zutaten gut vermischt sind.
- Vor der Weiterverwendung mit Plastikfolie abdecken und kühl stellen.

Pastetenteig · Pâte à pâtés

Zutaten — 1 kg
- Weißmehl, Typ 550 — 550 g
- Butter — 165 g
- Salz — 10 g
- Vollei, pasteurisiert — 110 g
- Wasser — 165 g

Vorbereitung
- Weißmehl sieben.
- Butter in Würfel schneiden.
- Salz im Wasser auflösen.

Zubereitung
- Weißmehl und Butter im Rührkessel gut verreiben.
- Eier und lauwarmes Wasser mit Salz beigeben und rasch zu einem Teig verkneten.
- Vor der Weiterverwendung zugedeckt eine halbe Stunde ruhen lassen.

Pfannkuchenteig, gesalzen · Masse à crêpes, salée

Zutaten	1 kg
Weißmehl, Typ 550	180 g
Salz	4 g
Vollmilch	445 g
Vollrahm, 35%	145 g
Vollei, pasteurisiert	185 g
Butter	45 g

Vorbereitung
– Weißmehl sieben.
– Butter schmelzen.

Zubereitung
– Weißmehl und Salz im Rührkessel mischen.
– Vollmilch und Vollrahm beigeben und gut verrühren, bis eine knollenfreie Masse entsteht.
– Vollei dazugeben und verrühren.
– Die Masse durch ein Spitzsieb passieren.
– Zerlassene Butter beigeben.
– Die Masse gut mischen oder aufmixen und 30 Minuten ruhen lassen.
– Vor dem Gebrauch nochmals gut verrühren.

Hinweise für die Praxis
Masse ergibt ca. 25 Pfannkuchen mit einem Durchmesser von 15 cm (Stückgewicht 40 g).

Pfannkuchenteig, süß · Masse à crêpes, sucrée

Zutaten	1 kg
Weißmehl, Typ 550	175 g
Zucker	35 g
Salz	1 g
Vollmilch	435 g
Vollrahm, 35%	140 g
Vollei, pasteurisiert	175 g
Butter	45 g
Zitronenraps	1 g
Orangenraps	1 g

Vorbereitung
– Weißmehl sieben.
– Butter schmelzen.

Zubereitung
– Weißmehl, Zucker und Salz im Rührkessel mischen.
– Vollmilch und Vollrahm beigeben und gut verrühren, bis eine knollenfreie Masse entsteht.
– Vollei dazugeben und verrühren.
– Die Masse durch ein Spitzsieb passieren.
– Zerlassene Butter sowie Zitronen- und Orangenraps beigeben.
– Die Masse gut mischen oder aufmixen und 30 Minuten ruhen lassen.
– Vor dem Gebrauch nochmals gut verrühren.

Hinweise für die Praxis
Masse ergibt ca. 25 Pfannkuchen mit einem Durchmesser von 15 cm (Stückgewicht 40 g).

Pizzateig · Pâte à pizza

Zutaten	1 kg
Wasser	320 g
Hefe	25 g
Olivenöl, kaltgepresst	105 g
Weißmehl, Typ 550	540 g
Salz	10 g

Vorbereitung
– Hefe im Wasser auflösen.
– Weißmehl sieben.

Zubereitung
– Weißmehl mit dem Salz im Rührkessel vermischen.
– Die aufgelöste Hefe und das Olivenöl beigeben.
– Zutaten zu einem glatten Teig kneten und herausnehmen.
– Den Teig zugedeckt auf das Doppelte seines Volumens aufgehen lassen.
– Teig ausrollen und belegen.

Savarin-Teig (Hefesüßteig) · Pâte à savarin (pâte levée sucrée)

Zutaten	1 kg
Vollmilch	145 g
Hefe	55 g
Zucker	25 g
Weißmehl, Typ 550	360 g
Vollei, pasteurisiert	285 g
Salz	7 g
Butter (1)	125 g

Vorbereitung Formen
Butter (2) | 30 g
Weißmehl, Typ 550 | 20 g

Vorbereitung
- Butter (1) schmelzen.
- Hefe mit Zucker in der Vollmilch auflösen.
- Weißmehl sieben.
- Formen mit Butter (2) auspinseln und mit Weißmehl stäuben.

Zubereitung
- Milch, Hefe, Zucker und Weißmehl in einen Rührkessel geben.
- Vollei und Salz verrühren und mit der Butter in den Rührkessel geben.
- Zu einem plastischen Teig kneten.
- Dressiersack mit Lochtülle Nr. 12 bestücken und den Teig einfüllen.
- Savarin-Förmchen bis zu ¾ der Höhe füllen.
- Savarin gut aufgehen lassen.
- Im Backofen bei einer Ofentemperatur von 200–220 °C und offenem Dampfabzug ca. 20 Minuten backen.

Hinweise für die Praxis
Masse ergibt ca. 40 Stück Savarins (Formen von 6 cm Durchmesser). Baba: Dem Savarin-Teig am Schluss 75 g gemehlte Korinthen beimischen und in Baba-Formen backen (Korinthen vorgängig blanchieren).

Strudelteig · Pâte à stroudel

Zutaten	1 kg
Weißmehl, Typ 550	555 g
Wasser	280 g
Vollei, pasteurisiert	110 g
Salz	5 g
Rapsöl	55 g

Vorbereitung
- Weißmehl sieben.
- Salz im Wasser auflösen.

Zubereitung
- Wasser mit Salz, Vollei und Rapsöl zum Weißmehl geben.
- In einem Rührkessel zu einem elastischen Teig kneten.
- Den Teig zu einer Kugel formen und die Oberfläche mit Öl einstreichen.
- Zugedeckt 30 Minuten an der Wärme ruhen lassen.
- Teig so dünn als möglich ausrollen.
- Mit den Handrücken papierdünn auseinander ziehen.

Tourierter Hefeteig · Pâte levée tourée

Zutaten	1 kg
Vollmilch	235 g
Hefe	35 g
Zucker	45 g
Malz, flüssig	5 g
Weißmehl, Typ 550	475 g
Vollei, pasteurisiert	25 g
Salz	10 g
Zitronenraps	5 g
Butter (1)	25 g
Butter (2)	145 g

Vorbereitung
- Hefe, Zucker und Malz in der Vollmilch auflösen.
- Weißmehl sieben.
- Butter (1) in Würfel schneiden.

Zubereitung
- Milch, Hefe, Zucker und Malz zum Weißmehl geben und im Rührkessel mischen.
- Eier, Salz und Zitronenraps mischen und beigeben.
- Butterwürfel (1) beigeben und zu einem plastischen Teig kneten.
- Teig zugedeckt im Kühlschrank ca. ½ Stunde ruhen lassen.
- Teig zu einem gleichmäßigen Rechteck von etwa 2 cm Dicke ausrollen.
- Butter (2) kurz durchkneten, sodass sie die gleiche Konsistenz aufweist wie der Vorteig.
- Zu einem Block formen und auf die Mitte des Teigrechteckes legen.
- Den Teig von beiden Enden über die Mitte des Butterblocks schlagen und zu einem lang gezogenen, 1 cm dicken Rechteck ausrollen.
- In Abständen von ca. 15 Minuten 3 einfache Touren geben.

Hinweise für die Praxis
Den Teig zwischen den Touren kühl lagern. Die Teigdicke beim Tourieren sollte 10 mm nicht unterschreiten, sonst werden die Teig- und Butterschichten zerstört. Der Teig kann nach ca. einer Stunde weiterverarbeitet werden.

Zuckerteig · Pâte sucrée

Zutaten	1 kg
Vollei, pasteurisiert	120 g
Zucker	265 g
Vanilleschote	0,5
Zitronenraps	0,5 g
Salz	0,5 g
Butter	180 g
Weißmehl, Typ 550	440 g
Backpulver	5 g

Vorbereitung
- Weißmehl zusammen mit dem Backpulver sieben.
- Vanilleschote längs halbieren und das Mark herauskratzen.
- Butter aus dem Kühlschrank nehmen.

Zubereitung
- Vollei, Zucker, Vanillemark, Zitronenraps und Salz vermischen.
- Weiche Butter beigeben und mischen.
- Weißmehl und Backpulver beigeben.
- Teig nur so lange kneten, bis alle Zutaten gut vermischt sind.
- Vor der Weiterverarbeitung kühl stellen.

Massen

Genueser Biskuit · Génoise

Vorbereitung Formen	1 Stück
Butter	10 g

Zutaten	
Vollei, pasteurisiert	230 g
Salz	0,5 g
Zucker	135 g
Zitronenraps	1 g
Weißmehl, Typ 550	90 g
Kartoffelstärke	45 g
Butter	45 g

Vorbereitung
- Weißmehl und Kartoffelstärke sieben.
- Butter schmelzen.
- Backblech mit Backtrennpapier auslegen.
- Eine Ringform von 22 cm Durchmesser mit Butter ausstreichen.

Zubereitung
- Vollei, Salz und Zucker im Wasserbad aufschlagen und erwärmen, bis sich der Zucker aufgelöst hat (zum Band schlagen, maximal 50 °C).
- In der Rührmaschine bei mittlerer Geschwindigkeit steif schlagen, bis die Masse kalt ist und deutlich an Volumen zugenommen hat.
- Weißmehl und Kartoffelstärke vorsichtig unter die Masse melieren.
- Die flüssige, handwarme Butter sorgfältig unter die Masse ziehen und in die vorbereitete Ringform füllen.
- Im Ofen bei einer Temperatur von 180–200 °C bei offenem Dampfabzug ca. 30 Minuten backen (Nadelprobe).
- Das gebackene Biskuit stürzen, damit es eine glatte Oberfläche erhält.
- Auskühlen lassen.

Hinweise für die Praxis
Ergibt die Masse für eine Ringform von 22 cm Durchmesser. Zur Herstellung von Mandel- oder Haselnussbiskuit die Kartoffelstärke durch Weißmehl ersetzen und 30 g vom Weißmehl durch 90 g fein gemahlene Nüsse ersetzen.

Gratinmasse · Masse à gratin

Zutaten	1 kg
Eigelb, pasteurisiert	335 g
Zucker	250 g
Cointreau, 60 Vol.-%	35 g
Salz	1 g
Zitronenraps	1 g
Zimt, gemahlen	1 g
Vanillecremepulver, instant	75 g
Vollrahm, 35 %	310 g

Vorbereitung
- Vollrahm steif schlagen und kühl stellen.

Zubereitung
- Eigelb, Zucker, Cointreau, Salz, Zitronenraps und Zimt mischen.
- Zusammen mit dem Instant-Vanillecremepulver ca. 5 Minuten schaumig rühren.
- Den geschlagenen Vollrahm unter die schaumige Masse melieren.
- Mit der Gratinmasse zum Beispiel Beeren nappieren und unter dem Salamander gratinieren.

Hinweise für die Praxis
Der Cointreau kann nach Belieben durch einen anderen Likör oder durch ein gebranntes Wasser ersetzt werden. Die vorliegende Gratinmasse eignet sich sehr gut für den Bankettservice, da die Masse sehr stabil ist und sich somit gut vorproduzieren lässt.

Hüppenmasse/Hippenmasse, Variante 1 · Masse à tuiles (1ʳᵉ méthode)

Vorbereitung Formen	**1 kg**
Butter	10 g
Weißmehl, Typ 550	10 g

Zutaten	
Mandelkerne, gemahlen	245 g
Zucker	370 g
Eiweiß, pasteurisiert	180 g
Vollmilch	60 g
Salz	1 g
Weißmehl, Typ 550	150 g

Vorbereitung
- Mandeln sehr fein mahlen.
- Butter aus dem Kühlschrank nehmen.
- Weißmehl sieben.
- Backblech mit Butter bestreichen und mehlen oder mit Backfolie (Thermofolie, Silpat-Matte) belegen.

Zubereitung
- Mandeln, Zucker, Eiweiß, Salz und Vollmilch gut vermischen.
- Weißmehl beigeben und die Masse glatt rühren.
- Mit einer Schablone auf das vorbereitete Blech aufstreichen.
- Vorbacken und kurze Zeit abstehen lassen.
- Fertig backen und aus dem Ofen direkt in die gewünschte Form bringen.
- Die Backtemperatur beträgt 170–180 °C bei offenem Dampfabzug.

Hinweise für die Praxis
Wenn die Masse zu dickflüssig ist, kann mit etwas Milch bis zur gewünschten Konsistenz verdünnt werden (die Masse sollte eine pastenartige Struktur aufweisen). Durch Beigabe von 10–20 g Kakaopulver (die Weißmehlzugabe reduziert sich ebenfalls um 10–20 g) erhält man eine Schokoladen-Hüppenmasse.

Hüppenmasse/Hippenmasse, Variante 2 · Masse à tuiles (2ᵉ méthode)

Vorbereitung Formen	**1 kg**
Butter	10 g
Weißmehl, Typ 550	10 g

Zutaten	
Mandelmasse 1:1	355 g
Zucker	175 g
Eiweiß, pasteurisiert	175 g
Salz	1 g
Vollmilch	80 g
Weißmehl, Typ 550	215 g

Vorbereitung
- Butter aus dem Kühlschrank nehmen.
- Weißmehl sieben.
- Backblech mit Butter bestreichen und mehlen oder mit Backfolie (Thermofolie, Silpat-Matte) belegen.

Zubereitung
- Mandelmasse mit Zucker, Eiweiß und Salz glatt rühren.
- Vollmilch beigeben und gut vermischen.
- Das Weißmehl zugeben und gut verrühren.
- Mit einer Schablone auf das vorbereitete Blech aufstreichen.
- Vorbacken und kurze Zeit abstehen lassen.
- Fertig backen und aus dem Ofen direkt in die gewünschte Form bringen.
- Die Backtemperatur beträgt 170–180 °C bei offenem Dampfabzug.

Hinweise für die Praxis
Wenn die Masse zu dickflüssig ist, kann mit etwas Milch bis zur gewünschten Konsistenz verdünnt werden (die Masse sollte eine pastenartige Struktur aufweisen). Durch Beigabe von 10–20 g Kakaopulver (die Weißmehlzugabe reduziert sich ebenfalls um 10–20 g) erhält man eine Schokoladen-Hüppenmasse.

Japonais-Masse · Masse à japonais

Zutaten	**1 kg**
Eiweiß, pasteurisiert	300 g
Zucker (1)	150 g
Salz	1 g
Haselnusskerne, gemahlen	300 g
Zucker (2)	250 g

Vorbereitung
- Backbleche mit Backfolie (Thermofolie, Silpat-Matte) auslegen.

Zubereitung
- Eiweiß, Zucker (1) und Salz zu einem steifen Schnee schlagen.
- Haselnüsse und Zucker (2) vermischen und sorgfältig unter das geschlagene Eiweiß melieren.
- Mit einer Schablone auf die vorbereiteten Backbleche streichen oder mit einem Dressiersack mit Lochtülle (Nr. 8) aufdressieren.
- Im Ofen bei einer Temperatur von 160 °C und offenem Dampfabzug backen.

Hinweise für die Praxis
Masse ergibt 5 Japonais-Böden à 26 cm Durchmesser oder 7 Japonais-Böden à 22 cm Durchmesser. Haselnüsse können auch durch Mandeln ersetzt werden.

Kalte Schneemasse/Meringuemasse · Meringage à froid

Zutaten	**1 kg**
Eiweiß, pasteurisiert	325 g
Zucker (1)	225 g
Salz	1 g
Zucker (2)	225 g
Zucker (3)	225 g

Vorbereitung
- Backbleche mit Backtrennpapier auslegen.

Zubereitung
- Eiweiß mit dem Zucker (1) schaumig schlagen.
- Zweite Zuckermenge (2) langsam beigeben.
- Dritte Zuckermenge (3) unter das geschlagene Eiweiß melieren.
- Mit einem Dressiersack und Sterntülle (Nr. 12–16) Meringues auf die vorbereiteten Bleche dressieren.
- Im Ofen bei einer Temperatur von 100–120 °C und offenem Dampfabzug je nach Größe ca. 2–4 Stunden backen/trocknen.

Hinweise für die Praxis
Meringues können auch über Nacht im ausgeschalteten Ofen bei absteigender Temperatur mit der Restwärme gebacken/getrocknet werden. 1 kg Masse ergibt ca. 80 Stück Meringues oder 8–9 dressierte Vacherinböden mit einem Durchmesser von 26 cm.

Löffelbiskuits · Pèlerines

Zutaten	**1 kg**
Eigelb, pasteurisiert	200 g
Zucker (1)	80 g
Eiweiß, pasteurisiert	300 g
Zucker (2)	120 g
Weißmehl, Typ 550	150 g
Kartoffelstärke	150 g
Zucker	50 g

Vorbereitung
- Mehl und Kartoffelstärke zusammen sieben.
- Backblech mit Backtrennpapier auslegen.

Zubereitung
- Eigelb und Zucker (1) schaumig rühren.
- Eiweiß mit Zucker (2) zu Schnee schlagen und ⅓ unter das schaumige Eigelb ziehen.
- Mehl, Kartoffelstärke und das restliche Eiweiß unter die Masse melieren.
- Mit einer Lochtülle (Nr. 10–12) zügig Löffelbiskuits dressieren.
- Mit Zucker bestreuen.
- Im Ofen bei einer Temperatur von ca. 200 °C und offenem Dampfabzug ca. 15 Minuten backen.

Rouladenbiskuit · Biscuit à rouler

Zutaten	1 Stück
Eigelb, pasteurisiert	150 g
Zucker	30 g
Wasser	5 g
Zitronenraps	1 g
Eiweiß, pasteurisiert	150 g
Zucker	40 g
Salz	0,5 g
Weißmehl, Typ 550	50 g

Vorbereitung
- Weißmehl sieben.
- Backblech mit Backtrennpapier belegen (1/1-Gastro-Norm-Lochblech ohne Rand).

Zubereitung
- Eigelb, Zucker, Wasser und Zitronenraps stark schaumig schlagen.
- Eiweiß, Zucker und Salz zu einem steifen Schnee schlagen und ⅓ unter die schaumige Eigelbmasse ziehen.
- Weißmehl und das restliche Eiweiß sorgfältig unter die Masse melieren.
- Mit dem Spatelmesser oder mit dem Rouladenaufziehapparat in einer Dicke von 8–10 mm rechteckig auf Backtrennpapier aufstreichen.
- Bei einer Ofentemperatur von 250 °C und offenem Dampfabzug ca. 6–8 Minuten backen.
- Nach dem Backen das Biskuit sofort auf kalte Bleche abschieben, um den Backprozess (und das Austrocknen des Biskuits) zu unterbrechen.
- Mit einer beliebigen Füllung bestreichen und sorgfältig satt einrollen.
- Mit dem Backtrennpapier anpressen und kühl stellen.

Hinweise für die Praxis
Ergibt ein 1/1-Gastro-Norm-Blech (Lochblech ohne Rand). Zur Herstellung von Schokoladenrouladen werden 10 g Weißmehl durch 10 g Kakaopulver ersetzt (dieses mit dem Weißmehl sieben). Zur Herstellung von Mandel-, Haselnuss- oder Baumnussrouladen werden 10 g Weißmehl durch 30 g der entsprechenden fein gemahlenen Nussart ersetzt. Bei Füllungen mit Marmelade nur die Poren des Biskuits füllen, da sonst beim Schneiden die Roulade verschmiert wird. Je nach Füllung die Roulade anfrieren, um die Form beim Schneiden besser zu erhalten.

Schokoladenbiskuit · Génoise au chocolat

Vorbereitung Formen	1 Stück
Butter	10 g

Zutaten	
Vollei, pasteurisiert	230 g
Zucker	135 g
Salz	0,5 g
Weißmehl, Typ 550	75 g
Kartoffelstärke	35 g
Kakaopulver	25 g
Butter	45 g

Vorbereitung
- Weißmehl, Kartoffelstärke und Kakaopulver sieben.
- Butter schmelzen.
- Backblech mit Backtrennpapier auslegen.
- Eine Ringform von 22 cm Durchmesser mit Butter ausstreichen.

Zubereitung
- Vollei, Zucker und Salz im Wasserbad aufschlagen und erwärmen, bis sich der Zucker aufgelöst hat (zum Band schlagen, maximal 50 °C).
- In der Rührmaschine bei mittlerer Geschwindigkeit schaumig schlagen, bis die Masse kalt ist und deutlich an Volumen zugenommen hat.
- Weißmehl, Kartoffelstärke und Kakaopulver vorsichtig unter die Masse melieren.
- Die flüssige, handwarme Butter sorgfältig unter die Masse ziehen und in die vorbereitete Ringform füllen.
- Im Ofen bei einer Temperatur von 180–200 °C bei offenem Dampfabzug ca. 30 Minuten backen (Nadelprobe).
- Das gebackene Biskuit stürzen, damit es eine glatte Oberfläche erhält.

Hinweise für die Praxis
Ergibt die Masse für eine Ringform von 22 cm Durchmesser.

Tulipes-Masse · Masse à tulipes

Zutaten	1 kg
Eiweiß, pasteurisiert	255 g
Zucker	265 g
Vanilleschote	1
Zitronenraps	1 g
Salz	1 g
Weißmehl, Typ 550	265 g
Butter	225 g

Vorbereitung
− Vanilleschote längs halbieren und das Mark herauskratzen.
− Weißmehl sieben.
− Butter schmelzen.

Zubereitung
− Eiweiß im Wasserbad leicht erwärmen (ca. 30 °C).
− Zucker, Vanillemark, Zitronenraps und Salz beigeben und mischen, bis sich der Zucker aufgelöst hat.
− Weißmehl beigeben und unter die Masse mischen.
− Die flüssige (handwarme) Butter beigeben und vermischen.
− Im Kühlschrank 4–5 Stunden gut auskühlen lassen.
− Schablonen dünn mit der Masse ausstreichen.
− Im konventionellen Backofen bei einer Temperatur von 170 °C und offenem Dampfabzug backen.
− Noch heiß (Blech bleibt im Ofen) herausnehmen und in die gewünschte Form bringen.

Hinweise für die Praxis
Im Kombisteamer mit halber Ventilatorgeschwindigkeit wie folgt backen: 170–180 °C bei offenem Dampfabzug (0% Feuchtigkeit). Wenn die Masse nur zum Schablonieren (nicht zum Biegen und Formen) verwendet wird, kann etwas mehr Weißmehl beigegeben werden. Die Masse zerläuft dadurch weniger und wird somit stabiler. Zur Herstellung einer Schokoladen-Tulipes-Masse werden 20 g Weißmehl durch 20 g Kakaopulver ersetzt.

Warme Schneemasse · Meringage à chaud

Zutaten	1 kg
Eiweiß, pasteurisiert	335 g
Puderzucker	670 g

Vorbereitung
− Puderzucker sieben.

Zubereitung
− Eiweiß und Puderzucker im Wasserbad erwärmen (maximal 50 °C), bis sich der Puderzucker aufgelöst hat.
− In der Rührmaschine kaltschlagen.
− Je nach Verwendungszweck auf mit Backtrennpapier belegte Bleche dressieren.
− Bei einer Temperatur von 80–100 °C im konventionellen Ofen bei offenem Dampfabzug oder im Kombisteamer (0% Feuchtigkeit) ca. 2 Stunden backen/trocknen.

Cremen

Bayerische Creme · Crème bavaroise

Zutaten	1 kg
Vollmilch	385 g
Vanilleschote	1
Salz	0,5 g
Eigelb, pasteurisiert	80 g
Zucker	135 g
Gelatine	12 g
Vollrahm, 35%	385 g

Vorbereitung
- Gelatine im kalten Wasser quellen lassen.
- Vollrahm steif schlagen und kalt stellen.
- Vanilleschote längs halbieren und das Mark herauskratzen.

Zubereitung
- Vollmilch, Vanilleschote, Vanillemark und Salz aufkochen.
- Vanilleschote entfernen.
- Eigelb und Zucker in einer Schüssel cremig rühren.
- Die aufgekochte Vollmilch unter ständigem Rühren in die Eigelbmasse gießen.
- In die Kasserolle zurückgießen.
- Bei schwacher Hitze unter ständigem Rühren mit einem Rührspatel vorsichtig zur Rose erhitzen (maximal 85 °C).
- Die Creme vom Herd ziehen und in eine Schüssel umleeren.
- Die ausgepresste Gelatine darin auflösen und sofort durch ein Sieb passieren.
- Auf Eiswasser kaltrühren, bis die Creme leicht zu stocken beginnt.
- Den geschlagenen Vollrahm vorsichtig unter die Creme ziehen.
- Sofort abfüllen oder weiterverarbeiten und im Kühlschrank fest werden lassen.

Hinweise für die Praxis

Ableitungen

Bayerische Schokoladencreme:
In der noch warmen Creme 200 g gehackte oder flüssige dunkle Couverture auflösen.

Bayerische Kaffeecreme:
In der gekochten Milch 10 g Instant-Kaffee auflösen.

Bayerische Himbeercreme:
200 g Himbeeren durch ein Sieb streichen und mit der noch warmen Creme vermischen.

Buttercreme mit Eiweiß · Crème au beurre au blanc d'œuf

Zutaten	1 kg
Eiweiß, pasteurisiert	250 g
Puderzucker	250 g
Butter	500 g

Vorbereitung
- Butter aus dem Kühlschrank nehmen.
- Puderzucker sieben.

Zubereitung
- Weiche Butter in der Rührmaschine schaumig rühren.
- Eiweiß und Puderzucker im Wasserbad unter ständigem Rühren auf 50 °C erwärmen, bis sich der Zucker aufgelöst hat.
- In der Rührmaschine kalt- und gleichzeitig schaumig schlagen.
- Eiweiß unter die schaumige Butter ziehen.

Hinweise für die Praxis
Je nach Wunsch parfümieren oder mit Lebensmittelfarbe färben.

Buttercreme mit Vollei · Crème au beurre à l'œuf entier

Zutaten	**1 kg**
Zucker	230 g
Vollei, pasteurisiert	230 g
Butter	385 g
Puderzucker	155 g

Vorbereitung
- Butter aus dem Kühlschrank nehmen.
- Puderzucker sieben.

Zubereitung
- Die weiche Butter mit Puderzucker im Rührkessel schaumig rühren.
- Zucker und Vollei im Wasserbad unter ständigem Rühren auf ca. 50 °C erwärmen, bis sich der Zucker aufgelöst hat.
- In der Rührmaschine kalt- und gleichzeitig schaumig schlagen.
- Eimasse unter die schaumige Butter ziehen.

Hinweise für die Praxis
Je nach Wunsch parfümieren oder mit Lebensmittelfarbe färben.

Creme mit Marc de Champagne · Crème au marc de Champagne

Zutaten	**4 Pers**	**10 Pers**
Weißwein	80 g	200 g
Zucker	32 g	80 g
Eigelb, pasteurisiert	80 g	200 g
Gelatine	3 g	8 g
Marc de Champagne	15 g	30 g
Eiweiß, pasteurisiert	30 g	80 g
Zucker	32 g	80 g
Salz		0,5 g
Vollrahm, 35%	130 g	325 g

Vorbereitung
- Gelatine in kaltem Wasser quellen lassen.
- Vollrahm zu 90% steif schlagen und kühl stellen.

Zubereitung
- Weißwein und Zucker aufkochen.
- Unter Rühren zum Eigelb geben.
- In die Kasserolle zurückgeben.
- Bei schwacher Hitze unter ständigem Rühren mit Rührspatel vorsichtig zur Rose erhitzen (höchstens 85 °C).
- Vom Herd ziehen und die ausgepresste Gelatine in der heißen Creme auflösen.
- Creme durch ein Drahtspitzsieb passieren und etwas abkühlen lassen.
- Marc de Champagne beigeben.
- Eiweiß mit Zucker und Salz zu einem steifen Schnee schlagen.
- Creme auf Eiswasser abkühlen, bis sie leicht zu stocken beginnt.
- Eiweiß unter die Creme heben und den geschlagenen Vollrahm daruntermelieren.

Diplomatencreme · Crème diplomate

Zutaten	**1 kg**
Vollmilch (1)	470 g
Zucker	55 g
Salz	0,5 g
Vollmilch (2)	115 g
Cremepulver, Vanille	65 g
Vollrahm, 35%	300 g

Vorbereitung
- Vollrahm zu 90% steif schlagen.
- Vanillecremepulver mit kalter Vollmilch (2) anrühren.

Zubereitung
- Vollmilch (1), Zucker und Salz aufkochen.
- Das angerührte Vanillecremepulver dazugeben.
- Unter ständigem Rühren aufkochen, bis die Creme ihre Bindefähigkeit erreicht hat.
- Vanillecreme auf Eiswasser abkühlen.
- Den geschlagenen Vollrahm sofort unter die Creme ziehen.

Hinweise für die Praxis
Für eine schnittfeste Creme (z.B. für Cremeschnitten) pro Liter Creme 10–12 g Gelatine in kaltem Wasser quellen lassen, auspressen, im Wasserbad auflösen und in die noch heiße Creme geben.

Englische Creme · Crème anglaise

Zutaten	4 Pers	10 Pers
Vollmilch	265 g	665 g
Vanilleschote	0,5	1
Eigelb, pasteurisiert	80 g	200 g
Zucker	55 g	135 g

Vorbereitung
- Vanilleschote längs halbieren und das Mark herauskratzen.

Zubereitung
- Vollmilch, Vanilleschote und Vanillemark aufkochen.
- Eigelb und Zucker cremig rühren.
- Milch unter ständigem Rühren zum cremigen Eigelb geben, Vanilleschote herausnehmen.
- Creme zurück in die Pfanne gießen und zur Rose erhitzen (höchstens 85 °C).
- Creme durch ein Drahtspitzsieb passieren.
- Im Eiswasserbad abkühlen und mit Plastikfolie abdecken.

Gebrannte Creme · Crème brûlée

Zutaten	4 Pers	10 Pers
Zucker (1)	50 g	125 g
Wasser	30 g	80 g
Vollmilch	125 g	310 g
Zucker (2)	20 g	45 g
Cremepulver, Vanille	6 g	14 g
Eigelb, pasteurisiert	20 g	45 g
Vollmilch	30 g	75 g
Vollrahm, 35%	125 g	310 g

Vorbereitung
- Vollrahm zu 90% steif schlagen und kalt stellen.

Zubereitung
- Zucker (1) dunkel karamellisieren, mit dem Wasser ablöschen und auflösen.
- Erste Vollmilchmenge zum Karamell geben und aufkochen.
- Zucker (2), Cremepulver und Eigelb mit der restlichen Vollmilch in einer Schüssel verrühren.
- Die heiße Vollmilch unter ständigem Rühren dazugeben.
- In die Kasserolle zurückgießen und unter ständigem Rühren aufkochen.
- Creme durch ein Sieb passieren.
- Sofort auf Eiswasser unter Rühren abkühlen.
- Den geschlagenen Vollrahm unter die kalte Creme ziehen.

Heidelbeer-Joghurtcreme · Crème de yogourt aux myrtilles

Zutaten	4 Pers	10 Pers
Heidelbeermark	80 g	200 g
Zucker	60 g	145 g
Zitronensaft, frisch	8 g	20 g
Vollmilchjoghurt, nature	95 g	240 g
Gelatine	6 g	14 g
Vollrahm, 35%	155 g	385 g

Vorbereitung
- Gelatine im kalten Wasser quellen lassen.
- Vollrahm zu 90% steif schlagen und kalt stellen.

Zubereitung
- Heidelbeermark, Zucker und Zitronensaft verrühren, bis sich der Zucker aufgelöst hat.
- Vollmilchjoghurt beigeben und unterrühren.
- Gelatine auspressen und im Wasserbad auflösen.
- Wenig Joghurtcreme zur Gelatine geben und im Wasserbad zusammen verrühren.
- Unter kräftigem Rühren zur Heidelbeercreme geben.
- Sobald die Creme leicht zu stocken beginnt, den geschlagenen Vollrahm daruntermischen.

Hinweise für die Praxis
Der Creme können auch noch zusätzlich ganze Heidelbeeren beigegeben werden.

Joghurtcreme · Crème de yogourt

Zutaten

	4 Pers	10 Pers
Eigelb, pasteurisiert	30 g	75 g
Zucker	30 g	75 g
Vollmilchjoghurt, nature	155 g	380 g
Gelatine	4 g	10 g
Vollrahm, 35%	185 g	460 g

Vorbereitung
- Gelatine im kalten Wasser quellen lassen.
- Vollrahm steif schlagen und kalt stellen.

Zubereitung
- Eigelb und Zucker schaumig rühren.
- Vollmilchjoghurt beigeben und verrühren.
- Gelatine auspressen und im Wasserbad auflösen.
- Wenig Joghurtcreme zur Gelatine geben und im Wasserbad zusammen verrühren.
- Unter kräftigem Rühren zur Creme geben.
- Sobald die Creme leicht zu stocken beginnt, den geschlagenen Vollrahm darunterziehen.

Hinweise für die Praxis
Diese Grundcreme kann mit frischen, evtl. gezuckerten Beeren oder Früchten ergänzt werden. Das Rezept kann nach Belieben auch mit Früchtejoghurt zubereitet werden, wobei bei der Zubereitung dem Zuckeranteil Rechnung getragen werden muss.

Kaffeecreme · Crème au café

Zutaten

	4 Pers	10 Pers
Vollmilch	80 g	200 g
Kaffeebohnen, geröstet	15 g	40 g
Eigelb, pasteurisiert	40 g	95 g
Zucker	30 g	70 g
Salz		0,5 g
Gelatine	6 g	14 g
Vollrahm, 35%	235 g	585 g

Vorbereitung
- Gelatine im kalten Wasser quellen lassen.
- Vollrahm zu 90% steif schlagen und kalt stellen.

Zubereitung
- Die Vollmilch mit den ganzen gerösteten Kaffeebohnen aufkochen und vom Feuer nehmen.
- 10 Minuten ziehen lassen und die Kaffeemilch durch ein Sieb passieren.
- Durch Milchzugabe wieder auf 200 g bringen und nochmals erhitzen.
- Eigelb, Zucker und Salz cremig rühren.
- Die heiße Kaffeemilch unter Rühren unter das Eigelb geben.
- Die ausgepresste Gelatine in der heißen Creme auflösen und gut verrühren.
- Die noch heiße Creme durch ein Sieb passieren.
- Die Creme auf Eiswasser abkühlen, bis sie leicht zu stocken beginnt.
- Rasch den geschlagenen Vollrahm unter die Creme ziehen.

Mandelcreme · Blanc-manger

Zutaten

	4 Pers	10 Pers
Vollmilch	130 g	330 g
Vanilleschote	0,5	1
Salz		0,5 g
Gelatine	3 g	8 g
Mandelmasse 1:1	65 g	165 g
Vollrahm, 35 %	80 g	200 g

Sauce

Himbeersauce	160 g	400 g

Vorbereitung
- Timbales-Förmchen (Inhalt 90 g) bereitstellen.
- Gelatine im kalten Wasser quellen lassen.
- Vanilleschote längs halbieren und das Vanillemark herauskratzen.
- Vollrahm steif schlagen und kalt stellen.

Zubereitung
- Milch, Vanilleschote, Vanillemark und Salz aufkochen.
- Gelatine auspressen und in der heißen Vollmilch auflösen.
- Mandelmasse beigeben und auflösen, die Vanilleschote entfernen.
- Mit einem Stabmixer fein pürieren und durch ein Sieb passieren.
- Im Eiswasser kaltrühren, bis die Creme leicht zu stocken beginnt.
- Sofort den geschlagenen Vollrahm darunterziehen.
- In Förmchen abfüllen und kalt stellen.
- Förmchen kurz in heißes Wasser tauchen und stürzen.
- Auf einem Spiegel mit Himbeersauce anrichten, restliche Sauce separat dazu servieren.

Hinweise für die Praxis
Die Mandelcreme wird mit frischen Beeren oder Früchten serviert.

Quarkcreme · Crème de séré

Zutaten

	4 Pers	10 Pers
Eigelb, pasteurisiert	30 g	75 g
Zucker	30 g	75 g
Quark, mager	155 g	380 g
Zitronenraps	0,5 g	1 g
Gelatine	4 g	10 g
Vollrahm, 35 %	185 g	460 g

Vorbereitung
- Gelatine in kaltem Wasser quellen lassen.
- Vollrahm steif schlagen und kalt stellen.

Zubereitung
- Eigelb und Zucker schaumig rühren.
- Quark beigeben und verrühren.
- Die Gelatine auspressen und im Wasserbad auflösen.
- Wenig Quarkcreme zur Gelatine geben und im Wasserbad zusammen verrühren.
- Unter kräftigem Rühren zur Creme geben.
- Sobald die Creme leicht zu stocken beginnt, den geschlagenen Vollrahm darunterziehen.

Hinweise für die Praxis
Diese Grundcreme kann mit frischen, evtl. gezuckerten Beeren oder Früchten ergänzt werden. Das Rezept kann nach Belieben auch mit Früchtequark zubereitet werden, wobei bei der Zubereitung dem Zuckeranteil Rechnung getragen werden muss.

Schaumcreme · Crème mousseline

Zutaten	1 kg
Vollmilch	420 g
Zucker	115 g
Eigelb, pasteurisiert	50 g
Vollmilch	50 g
Cremepulver, Vanille	20 g
Gelatine	2 g
Vollrahm, 35%	350 g

Vorbereitung
- Gelatine im kalten Wasser quellen lassen.
- Vollrahm steif schlagen und kühl stellen.

Zubereitung
- Vollmilch und Zucker zusammen aufkochen.
- Eigelb, zweite Vollmilchmenge und Vanillecremepulver verrühren.
- Die heiße Vollmilch unter ständigem Rühren dazugeben.
- In die Kasserolle zurückgießen und unter Rühren nochmals aufkochen, bis die Creme bindet.
- Gelatine auspressen und in der noch heißen Creme auflösen.
- Creme durch ein Sieb passieren.
- Vanillecreme auf einem Eiswasserbad abkühlen.
- Bevor die Creme zu stocken beginnt, den geschlagenen Vollrahm unter die Creme ziehen.

Vanillecreme · Crème à la vanille

Zutaten	4 Pers	10 Pers
Vollmilch	280 g	700 g
Zucker	45 g	115 g
Eigelb, pasteurisiert	25 g	65 g
Vollmilch	30 g	75 g
Cremepulver, Vanille	18 g	45 g

Vorbereitung
- Eigelb mit der zweiten Vollmilchmenge und dem Vanillecremepulver verrühren.

Zubereitung
- Vollmilch und Zucker aufkochen.
- Das angerührte Cremepulver unter Rühren beigeben.
- Unter ständigem Rühren aufkochen, bis die Creme bindet, und durch ein Spitzsieb passieren.
- Vanillecreme sofort im Eiswasser abkühlen.

Zitronencreme · Crème au citron

Zutaten	4 Pers	10 Pers
Vollmilch	115 g	290 g
Zucker	55 g	140 g
Cremepulver, Vanille	12 g	30 g
Eigelb, pasteurisiert	55 g	140 g
Zitronensaft, frisch	50 g	125 g
Zitronenraps	1 g	2 g
Gelatine	5 g	12 g
Eiweiß, pasteurisiert	60 g	145 g
Zucker	45 g	115 g
Salz		0,5 g

Vorbereitung
- Gelatine in kaltem Wasser quellen lassen.

Zubereitung
- Vollmilch, Zucker und Vanillecremepulver in einer Kasserolle zusammen aufkochen.
- Eigelb, Zitronensaft und Zitronenraps zusammen cremig rühren.
- Aufgekochte Vanillecreme unter ständigem Rühren in die cremige Eigelbmasse geben.
- Die Creme in die Kasserolle zurückleeren und nochmals kurz aufkochen.
- Die Gelatine auspressen und in der heißen Creme auflösen.
- Creme durch ein Sieb passieren und im Eiswasser etwas abkühlen.
- Eiweiß, Zucker und Salz zu einem steifen Schnee schlagen und unter die noch warme Creme ziehen.
- Sofort weiterverarbeiten.

Hinweise für die Praxis
Dieses Rezept kann auch mit Orangen statt Zitronen zubereitet werden. Wird die Creme in Gläser abgefüllt, kann die Gelatinebeigabe um ⅓ reduziert werden.

Saucen

Aprikosensauce · Sauce aux abricots

Zutaten — 500 g
- Aprikosen — 305 g
- Wasser — 100 g
- Zucker — 80 g
- Zitronensaft, frisch — 15 g

Vorbereitung
- Aprikosen waschen, halbieren und entsteinen.

Zubereitung
- Wasser, Zucker und Zitronensaft zu einem Sirup kochen.
- Aprikosen im Sirup kochen und erkalten lassen.
- Die Aprikosen zusammen mit dem Sirup mixen und durch ein Sieb passieren.

Hinweise für die Praxis
Nur vollreife Aprikosen verwenden. Je nach Verwendung kann die Sauce mit Aprikosenlikör oder Cognac parfümiert werden.

Cassis-Sauce · Sauce au cassis

Zutaten — 500 g
- Cassis-Mark, ungezuckert — 360 g
- Zucker — 120 g
- Cassis-Likör — 70 g

Vorbereitung
- Cassis-Mark durch ein Haarsieb streichen.

Zubereitung
- Cassis-Mark mit dem Zucker zusammen aufkochen.
- Cassis-Likör beigeben und vermischen.

Erdbeersauce · Sauce aux fraises

Zutaten — 500 g
- Zucker — 65 g
- Wasser — 75 g
- Orangensaft, frisch gepresst — 20 g
- Erdbeeren, gerüstet — 340 g
- Zitronensaft, frisch — 10 g

Vorbereitung
- Erdbeeren im Mixer pürieren und durch ein Haarsieb streichen.

Zubereitung
- Wasser, Zucker und Orangensaft zu einem Sirup kochen und erkalten lassen.
- Erdbeermark und Zitronensaft unter den erkalteten Sirup mischen.

Hinweise für die Praxis
Nur vollreife Erdbeeren verwenden. Je nach Verwendungszweck kann die Sauce mit Cointreau oder Grand Marnier parfümiert werden.

Himbeersauce · Sauce aux framboises

Zutaten — 500 g
- Himbeeren, frisch — 325 g
- Puderzucker — 165 g
- Zitronensaft, frisch — 10 g

Zubereitung
- Himbeeren im Mixer pürieren und durch ein Haarsieb streichen.
- Himbeermark mit dem Zitronensaft und dem Puderzucker vermischen.

Hinweise für die Praxis
Nur vollreife Himbeeren verwenden, außerhalb der Saison tiefgekühlte Himbeeren verwenden. Je nach Verwendungszweck kann die Sauce mit Himbeergeist oder Cointreau parfümiert werden.

Johannisbeersauce · Sauce aux groseilles rouges

Zutaten — 500 g
- Johannisbeeren, rot — 330 g
- Gelierzucker — 200 g

Vorbereitung
- Johannisbeeren waschen und abzupfen (entstielen).

Zubereitung
- Johannisbeeren im Mixer pürieren und durch ein Haarsieb streichen.
- Johannisbeermark mit dem Gelierzucker kurz aufkochen und erkalten lassen.

Hinweise für die Praxis
Nur vollreife Johannisbeeren verwenden.

Kalte Weinschaumsauce · Sabayon froid

Zutaten — 500 g
- Vollei, pasteurisiert — 95 g
- Eigelb, pasteurisiert — 60 g
- Zucker — 95 g
- Gelatine — 2 g
- Vollrahm, 35 % — 145 g
- Weißwein — 100 g
- Zitronensaft, frisch — 5 g

Vorbereitung
- Gelatine im kalten Wasser quellen lassen.
- Vollrahm zu 90 % steif schlagen und kühl stellen.

Zubereitung
- Vollei, Eigelb und Zucker im Wasserbad warmschlagen.
- Gelatine auspressen und in einem Wasserbad auflösen.
- Aufgelöste Gelatine zur Eimasse geben und in der Rührmaschine kaltschlagen.
- Weißwein und Zitronensaft unter den geschlagenen Vollrahm ziehen.
- Rahmmasse vorsichtig unter die Eimasse melieren.
- In Gläser abfüllen und kühl stellen.

Orangensauce mit Honig · Sauce à l'orange au miel

Zutaten — 500 g
- Zucker — 250 g
- Wasser — 50 g
- Orangensaft, frisch gepresst — 240 g
- Bienenhonig — 25 g

Zubereitung
- Zucker mit dem Wasser mischen und goldgelb karamellisieren.
- Mit dem Orangensaft ablöschen und aufkochen, bis sich der Karamell vollständig aufgelöst hat.
- Bienenhonig beigeben und auflösen.
- Sauce durch ein Haarsieb passieren und erkalten lassen.

Rotweinsauce · Sauce au vin rouge

Zutaten — 500 g
- Rotwein — 585 g
- Zucker — 225 g
- Zimtstängel — 0,5
- Gewürznelken — 1
- Orangenzesten — 5 g
- Zitronenschale — 4 g
- Stärkemehl — 12 g
- Wasser — 10 g
- Mandeln, gehobelt, extrafein — 15 g

Vorbereitung
- Orangenzesten blanchieren, abschrecken und abschütten.
- Stärkemehl mit dem Wasser anrühren.
- Mandeln auf einem Backblech im Ofen bei 160 °C goldgelb rösten.

Zubereitung
- Rotwein, Zucker, Gewürze, Orangenzesten und Zitronenschale aufkochen.
- Auf kleiner Flamme um ⅓ einkochen lassen und passieren.
- Orangenzesten beiseite legen.
- Rotweinreduktion mit dem angerührten Stärkemehl binden, aufkochen und passieren.
- Orangenzesten und Mandeln beigeben.

Schokoladensauce · Sauce au chocolat

Zutaten	500 g
Wasser	190 g
Glukosesirup	40 g
Couverture, dunkel, Vanille	270 g

Vorbereitung
- Vanillecouverture in kleine Stücke hacken.

Zubereitung
- Wasser zusammen mit dem Glukosesirup aufkochen.
- Den gekochten Glukosesirup zu der gehackten Vanillecouverture geben und glatt rühren.

Hinweise für die Praxis
An Stelle von Wasser kann auch Vollmilch verwendet werden.

Vanillesauce · Sauce à la vanille

Zutaten	500 g
Vollmilch	360 g
Vanilleschote	0,5
Eigelb, pasteurisiert	90 g
Zucker	50 g
Salz	0,5 g

Vorbereitung
- Vanilleschote längs halbieren und das Vanillemark herauskratzen.

Zubereitung
- Vanilleschote und Vanillemark zur Vollmilch geben und aufkochen.
- Eigelb und Zucker cremig rühren.
- Vanilleschote aus der Vollmilch entfernen.
- Die heiße Vanillemilch unter ständigem Rühren zum Eigelb geben.
- Die Masse in die Pfanne zurückgießen und vorsichtig zur Rose erhitzen (maximal 85 °C).
- Die Sauce durch ein feines Sieb passieren.

Hinweise für die Praxis
Vanille kann auch durch andere Aromen wie Zimt, Ingwer, Instant-Kaffee oder Haselnusspaste ersetzt werden.

Weinschaumsauce · Sabayon

Zutaten	500 g
Weißwein	200 g
Zucker	125 g
Zitronensaft, frisch	15 g
Eigelb, pasteurisiert	120 g
Cognac	40 g

Zubereitung
- Weißwein, Zucker, Zitronensaft und Eigelb im Wasserbad zum Band schlagen.
- Cognac beigeben und in vorgewärmte Ballongläser füllen.

Hinweise für die Praxis
Die Weinschaumsauce kann auch mit Marsala, Portwein, Sherry etc. zubereitet werden. Man ersetzt 75% des Weißweins durch den entsprechenden Dessertwein.

Hilfsmittel

Blätterteigkonfektfüllung mit Lachs · Farce au saumon pour feuilletés

Zutaten	1 kg
Lachsfilet, pariert	715 g
Vollrahm, 35%	145 g
Vollei, pasteurisiert	110 g
Zitronensaft, frisch	20 g
Salz	7 g
Dill, frisch	4 g
Pfeffer, weiß, aus der Mühle	2 g

Vorbereitung
- Lachs durch den Fleischwolf (Scheibe H 8) drehen.
- Dill waschen, zupfen, trockentupfen und fein hacken.

Zubereitung
- Passierten Lachs mit den restlichen Zutaten vermischen und abschmecken.
- Vor der Weiterverwendung kühl stellen.

Blätterteigkonfektfüllung mit Schinken · Farce au jambon pour feuilletés

Zutaten	1 kg
Schinken, gekocht	560 g
Vollrahm, 35%	220 g
Vollei, pasteurisiert	110 g
Senf, mild	110 g
Pfeffer, weiß, aus der Mühle	1 g

Vorbereitung
- Schinken durch den Fleischwolf (Scheibe H 5) drehen.

Zubereitung
- Alle Zutaten miteinander vermischen und abschmecken.
- Vor der Weiterverwendung kühl stellen.

Blätterteigkonfektfüllung mit Speck · Farce au lard pour feuilletés

Zutaten	1 kg
Speck, geräuchert, ohne Schwarte und Knorpel	625 g
Zwiebeln, geschält	125 g
Vollei, pasteurisiert	95 g
Vollrahm, 35%	95 g
Senf, mild	60 g
Pfeffer, weiß, aus der Mühle	1 g

Vorbereitung
- Zwiebeln fein hacken.
- Speck in ca. 1 cm große Würfel schneiden, in einer Lyoner Pfanne im eigenen Fett sautieren, Zwiebeln beigeben, goldgelb sautieren und erkalten lassen.

Zubereitung
- Speck und Zwiebeln durch den Fleischwolf (Scheibe H 5) drehen.
- Restliche Zutaten beigeben, vermischen und abschmecken.
- Vor der Weiterverwendung kühl stellen.

Exotischer Gewürzsud · Court-bouillon exotique aux épices

Zutaten	1 kg
Rohzucker	520 g
Wasser	260 g
Kokosmark	200 g
Passionsfruchtmark (Boiron)	260 g
Limonensaft	120 g
Mangomark	520 g
Vanilleschote	2
Rum, braun	140 g

Vorbereitung
- Vanilleschote längs halbieren und das Mark herauskratzen.

Zubereitung
- Alle Zutaten außer dem Rum aufkochen und zur Hälfte einkochen.
- Vanilleschote aus dem Sud herausnehmen.
- Rum beigeben.

Hinweise für die Praxis
Fruchtmark ist in gleich bleibender Qualität tiefgekühlt erhältlich. Verwendung: zum Marinieren von Früchten und Kompott oder als Bestandteil für Saucen.

Glühwein · Vin chaud

Zutaten	1 kg
Rotwein	460 g
Orangensaft, frisch gepresst	460 g
Himbeersirup	30 g
Zucker	45 g
Zimtstängel	1

Zubereitung
- Alle Zutaten zusammen aufkochen und kurze Zeit ziehen lassen.
- Zimtstängel entfernen.

Hinweise für die Praxis
Nach Belieben können noch weitere Gewürzzutaten wie Gewürznelken oder Muskat beigegeben werden. Verwendung: für Sorbets und Süßspeisen oder als winterliches Getränk.

Holunderblütensirup · Sirop de fleurs de sureau

Zutaten	1 kg
Holunderblütendolden	20 g
Wasser	385 g
Zucker	580 g
Zitronensäurepulver	15 g

Vorbereitung
- Holunderblütendolden (mit Stielen) kurz kalt abspülen.

Zubereitung
- Holunderblütendolden mit kochendem Wasser übergießen und zugedeckt 24 Stunden ziehen lassen.
- Holunderblütensaft durch ein Etamine (Passiertuch) passieren und nochmals erhitzen.
- Im heißen Sud Zucker und Zitronensäure auflösen.
- Im heißen Zustand in saubere, heiß ausgespülte Flaschen abfüllen und kühl und dunkel aufbewahren.

Hinweise für die Praxis
Sirup dient zur Herstellung von Saucen, Sorbets und Mixgetränken.

Käse-Birnen-Kuchenguss · Appareil pour tarte au fromage et aux poires

Zutaten	1 kg
Eigelb, pasteurisiert	130 g
Vollmilch	355 g
Vollrahm, 35%	260 g
Weißwein	130 g
Kirsch	35 g
Salz	6 g
Streuwürze	3 g
Pfeffer, weiß, aus der Mühle	2 g
Knoblauch, geschält	4 g
Weißmehl, Typ 550	80 g

Vorbereitung
- Knoblauch durch die Knoblauchpresse drücken.
- Weißmehl sieben.

Zubereitung
- Alle Zutaten außer dem Weißmehl gut verrühren.
- Weißmehl beigeben, verrühren und mit dem Stabmixer aufmixen.

Hinweise für die Praxis
Kuchenguss vor der Verwendung immer aufrühren.
Geeignet für Käsekuchen und Käse-Birnen-Kuchen.

Kuchenguss, gesalzen · Appareil pour tarte salée

Zutaten	1 kg
Vollei, pasteurisiert	130 g
Vollrahm, 35%	260 g
Vollmilch	520 g
Salz	6 g
Streuwürze	4 g
Pfeffer, weiß, aus der Mühle	2 g
Muskatnuss, gemahlen	1 g
Tabasco, rot	2 g
Weißmehl, Typ 550	80 g

Vorbereitung
- Weißmehl sieben.

Zubereitung
- Alle Zutaten außer dem Weißmehl gut verrühren.
- Weißmehl beigeben, verrühren und mit dem Stabmixer aufmixen.

Hinweise für die Praxis
Kuchenguss vor der Verwendung immer aufrühren. Geeignet für Käse- und Gemüsekuchen sowie Quiches aller Art.

Kuchenguss, süß · Appareil pour tarte sucrée

Zutaten	1 kg
Vollei, pasteurisiert	130 g
Zucker	125 g
Vollrahm, 35%	125 g
Vollmilch	510 g
Salz	1 g
Cremepulver, Vanille	50 g
Weißmehl, Typ 550	65 g

Vorbereitung
– Weißmehl zusammen mit dem Cremepulver sieben.

Zubereitung
– Alle Zutaten außer dem Weißmehl und dem Cremepulver gut verrühren.
– Weißmehl-Cremepulver-Gemisch beigeben, verrühren und mit dem Stabmixer aufmixen.

Hinweise für die Praxis
Kuchenguss vor der Verwendung immer aufrühren. Geeignet für Früchtekuchen aller Art.

Rahmkuchenguss · Appareil pour tarte à la crème sucrée

Zutaten	1 kg
Eigelb, pasteurisiert	205 g
Zucker	85 g
Vollmilch	345 g
Vollrahm, 35%	345 g
Vanilleschote	1
Salz	1 g
Kartoffelstärke	20 g

Vorbereitung
– Vanilleschote längs halbieren und das Mark herauskratzen.
– Kartoffelstärke sieben.

Zubereitung
– Alle Zutaten außer der Kartoffelstärke gut verrühren.
– Kartoffelstärke beigeben, verrühren und mit dem Stabmixer aufmixen.

Hinweise für die Praxis
Kuchenguss vor der Verwendung immer aufrühren. Geeignet für süße Rahmkuchen aller Art.

Savarin-Sirup · Sirop pour savarin

Zutaten	1 kg
Wasser	485 g
Zucker	320 g
Zitronensaft, frisch	30 g
Zitronenschale	5 g
Zimtstängel	1
Rum, braun	160 g

Zubereitung
– Wasser, Zucker, Zitronensaft, Zitronenschale und Zimtstängel aufkochen.
– Rum beigeben und die Savarins gemäß Anleitung im Sirup tränken.

Hinweise für die Praxis
Zitronenschalen von unbehandelten Zitronen verwenden.

Schnee-Eier · Œufs à la neige

Zutaten	10 Pers
Eiweiß, pasteurisiert	40 g
Zucker	20 g
Salz	0,5 g
Zitronenraps	0,5 g
Vollmilch	500 g
Vanilleschote	0,5

Vorbereitung
– Vanilleschote längs halbieren und das Mark herauskratzen.

Zubereitung
– Eiweiß, Salz und Zitronenraps zu einem steifen Schnee schlagen.
– Zucker nach und nach beigeben.
– Vollmilch mit Vanilleschote und Vanillemark aufkochen und die Hitze reduzieren.
– Vom steif geschlagenen Eiweiß mit 2 Esslöffeln Nocken abstechen und in der heißen Vanillemilch beidseitig 2–3 Minuten pochieren.

Waldmeistersirup · Sirop de fleurs d'aspérule

Zutaten	1 kg
Waldmeisterblüten mit Blättern	35 g
Wasser	780 g
Zucker	190 g
Zitronensäurepulver	15 g

Vorbereitung
- Waldmeisterblüten mit Blättern vorsichtig waschen.

Zubereitung
- Waldmeister mit kochendem Wasser übergießen und 5 Minuten ziehen lassen.
- Waldmeistersud durch ein Etamine (Passiertuch) passieren.
- Im heißen Sud Zucker und Zitronensäure auflösen.

Hinweise für die Praxis
Sirup dient zur Herstellung von Sorbets, Schaumgefrorenem, Saucen und Mixgetränken.

Weißweingelee · Gelée au vin blanc

Zutaten	1 kg
Weißwein	685 g
Zucker	270 g
Zitronensaft, frisch	20 g
Gelatine	26 g

Vorbereitung
- Gelatine im kalten Wasser quellen lassen.

Zubereitung
- Weißwein, Zucker und Zitronensaft zusammen aufkochen.
- Gelatine auspressen und im heißen Sud auflösen.
- Durch ein Etamine (Passiertuch) passieren und abkühlen.

Hinweise für die Praxis
Portweingelee:
Die Hälfte des Weißweins durch Portwein ersetzen.
Orangengelee:
Die Hälfte des Weißweins durch Orangensaft ersetzen und mit Cointreau oder Grand Marnier parfümieren.

Zitronenstrauchsirup · Sirop à la verveine citronnelle

Zutaten	1 kg
Zitronenstrauchblätter	20 g
Wasser	680 g
Zucker	325 g

Vorbereitung
- Zitronenstrauchblätter waschen.

Zubereitung
- Wasser aufkochen, die Zitronenstrauchblätter beigeben und zugedeckt 12 Stunden ziehen lassen.
- Zitronenstrauchsud durch ein Etamine (Passiertuch) passieren.
- Sud nochmals aufkochen und den Zucker darin auflösen.
- Im Eiswasser abkühlen.

Hinweise für die Praxis
Sirup dient zur Herstellung von Sorbets, Schaumgefrorenem, Saucen und Mixgetränken.

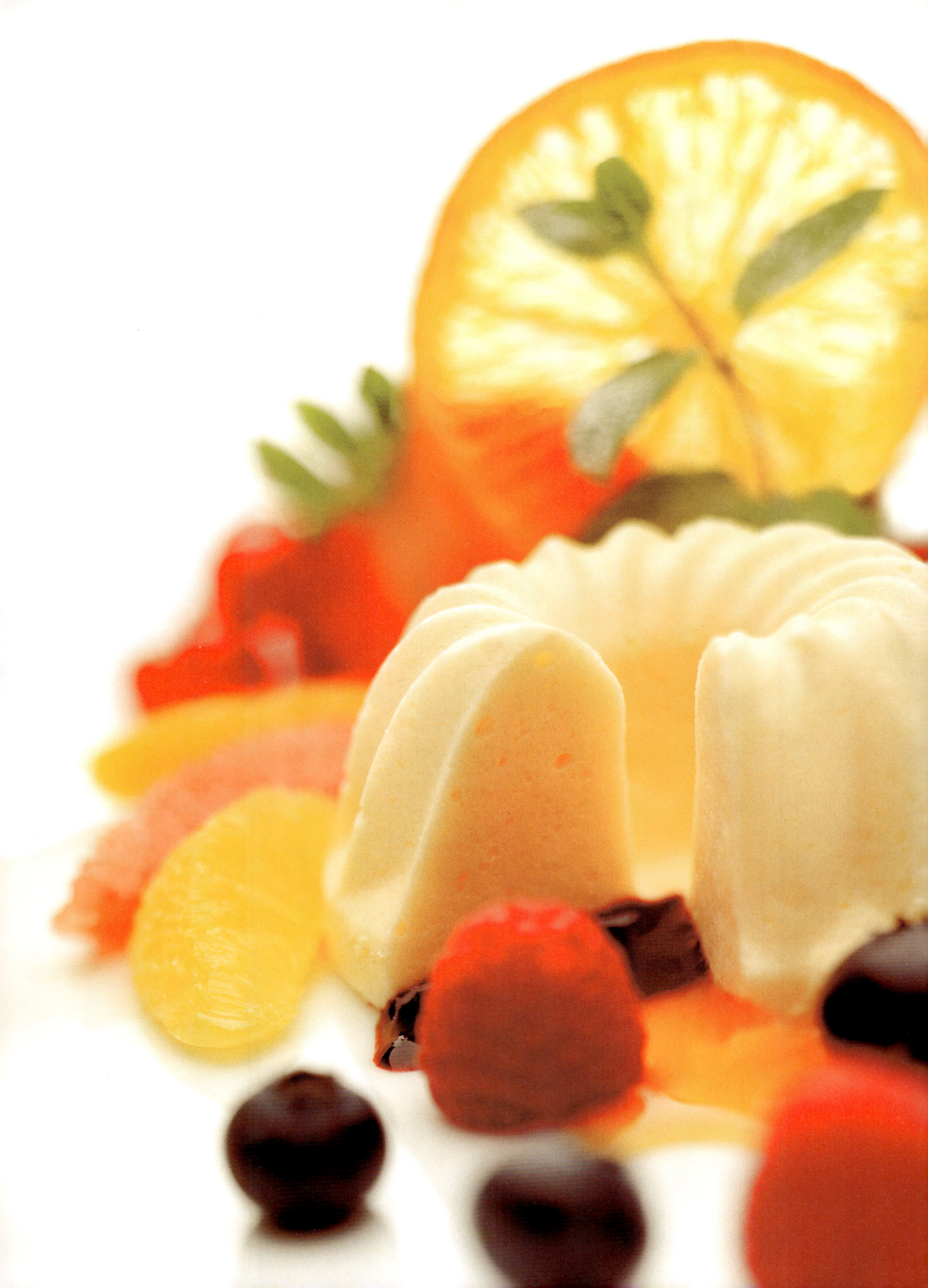

Kalte Süßspeisen

786 **Pochierte Cremen**
787 **Gestürzte Getreidepuddinge**
790 **Mousses und Schäume**
796 **Rahm- und Cremesüßspeisen**
805 **Diverse kalte Süßspeisen**

Pochierte Cremen

Creme französische Art · Crème française

Zutaten	4 Pers	10 Pers
Vollmilch	390 g	825 g
Vanilleschote	1	2
Vollei, pasteurisiert	100 g	250 g
Zucker	50 g	120 g
Salz		0,5 g
Vollrahm, 35%	40 g	100 g

Vorbereitung
– Porzellan-Kokotten (Inhalt 100–120 g) bereitstellen.
– Vanilleschote längs halbieren und das Vanillemark herauskratzen.
– Vollrahm steif schlagen und kühl stellen.

Zubereitung
– Vollmilch mit Vanilleschote und Vanillemark aufkochen.
– Vollei, Zucker und Salz cremig rühren.
– Heiße Vollmilch unter Rühren nach und nach zu den Eiern geben.
– Die Eiermilch durch ein feines Sieb passieren und in Porzellan-Kokotten füllen.
– In 80 °C warmem Wasserbad im Backofen oder im Kombisteamer bei 140 °C 20–30 Minuten pochieren.
– Die Porzellan-Kokotten nach dem Stocken aus dem Wasserbad nehmen und auskühlen lassen.
– Mit Rosetten aus geschlagenem Vollrahm garnieren und in den Porzellan-Kokotten servieren.

Gestürzte Karamellcreme · Crème renversée au caramel

Zutaten	4 Pers	10 Pers
Zucker	80 g	200 g
Wasser	20 g	50 g
Vollmilch	250 g	625 g
Vanilleschote	1	2
Vollei, pasteurisiert	75 g	190 g
Eigelb, pasteurisiert	20 g	50 g
Zucker	40 g	95 g
Salz		0,5 g

Vorbereitung
– Timbales-Förmchen (Inhalt 100–120 g) bereitstellen.
– Zucker hellbraun karamellisieren, mit heißem Wasser ablöschen und den Zucker auflösen.
– Heiß in die Timbales-Förmchen gießen.
– Vanilleschote längs halbieren und das Vanillemark herauskratzen.

Zubereitung
– Vollmilch mit Vanilleschote und Vanillemark aufkochen.
– Vollei, Eigelb, Zucker und Salz cremig rühren.
– Die heiße Milch unter ständigem Rühren unter die Eimasse geben.
– Die Creme durch ein feines Sieb passieren und in die vorbereiteten Förmchen abfüllen.
– In einem 80 °C warmen Wasserbad im Ofen oder im Kombisteamer bei 140 °C ca. 20–30 Minuten pochieren.
– Die Timbales-Förmchen aus dem Wasserbad nehmen und gut auskühlen lassen.
– Karamellcreme stürzen und anrichten.

Hinweise für die Praxis
Vor dem Stürzen die Creme am Rand leicht lösen. Nach Wunsch mit geschlagenem Vollrahm garnieren.

Gestürzte Getreidepuddinge

Flammeri mit Erdbeeren · Flamri aux fraises

Zutaten	4 Pers	10 Pers
Vollmilch	95 g	235 g
Vanilleschote	0,5	1
Zitronenraps	1 g	2 g
Hartweizengrieß	12 g	30 g
Gelatine	3 g	7 g
Eigelb, pasteurisiert	25 g	55 g
Zucker	20 g	50 g
Vollrahm, 35 %	75 g	190 g
Erdbeeren, gerüstet	50 g	110 g
Cognac	10 g	25 g
Sauce		
Erdbeersauce	120 g	300 g
Garnitur		
Erdbeeren, gerüstet	80 g	200 g
Zitronenmelissenblätter	1 g	2 g

Vorbereitung
- Timbales-Förmchen (Inhalt 90 g) bereitstellen.
- Vanilleschote längs halbieren und das Mark herauskratzen.
- Gelatine in kaltem Wasser quellen lassen.
- Vollrahm steif schlagen und kühl stellen.
- Erdbeeren in 5 mm große Würfel schneiden und mit Cognac marinieren.
- Erdbeeren für die Garnitur in Scheiben schneiden.
- Zitronenmelissenblätter waschen und trockentupfen.

Zubereitung
- Vollmilch mit Vanilleschote, Vanillemark und Zitronenraps aufkochen.
- Durch ein Sieb passieren und in das Kochgeschirr zurückgeben.
- Grieß regenartig unter Rühren in die kochende Vollmilch geben und auf kleiner Flamme garen.
- Gelatine auspressen und unter die Masse mischen.
- Auf Eiswasser kaltrühren, bis die Masse leicht zu stocken beginnt.
- Eigelb mit dem Zucker schaumig schlagen und unter die Grießmasse ziehen.
- Den geschlagenen Vollrahm und die marinierten Erdbeeren unter die Masse melieren.
- Sofort in die vorbereiteten Timbales-Förmchen abfüllen.
- Im Kühlschrank gut auskühlen lassen.

Anrichten
- Timbales-Förmchen kurz in heißes Wasser tauchen und stürzen.
- Mit Erdbeersauce umgießen.
- Mit Erdbeerscheiben und Zitronenmelissenblätter ausgarnieren.

Hinweise für die Praxis
Das Rezept kann auch mit Eiweiß statt Eigelb hergestellt werden; das Eiweiß wird zusammen mit dem Zucker im Wasserbad erst warm und dann kalt geschlagen.

Grieß Viktoria · Semoule Victoria

Zutaten	4 Pers	10 Pers
Weißweingelee	40 g	100 g
Vollmilch	100 g	250 g
Vanilleschote	0,5	1
Zitronenraps	1 g	2 g
Salz	0,5 g	0,5 g
Hartweizengrieß	15 g	30 g
Gelatine	3 g	7 g
Eigelb, pasteurisiert	25 g	60 g
Zucker	20 g	50 g
Vollrahm, 35%	80 g	200 g

Sauce

Himbeersauce	120 g	300 g

Vorbereitung
- Timbales-Förmchen (Inhalt 90 g) bereitstellen.
- Weißweingelee zubereiten/erhitzen, in die Timbales-Förmchen abfüllen und kühl stellen.
- Vanilleschote längs halbieren und das Mark herauskratzen.
- Gelatine im kalten Wasser quellen lassen.
- Vollrahm steif schlagen und kühl stellen.

Zubereitung
- Vollmilch mit Vanilleschote, Vanillemark und Zitronenraps aufkochen.
- Durch ein Sieb passieren und in das Kochgeschirr zurückgeben.
- Grieß regenartig unter Rühren in die kochende Vollmilch geben und auf kleiner Flamme garen.
- Gelatine auspressen und unter die Masse mischen.
- Auf Eiswasser kaltrühren, bis die Masse leicht zu stocken beginnt.
- Eigelb mit dem Zucker schaumig schlagen und unter die Grießmasse ziehen.
- Den geschlagenen Vollrahm unter die Masse melieren.
- Sofort in die vorbereiteten Timbales-Förmchen abfüllen.
- Im Kühlschrank gut auskühlen lassen.

Anrichten
- Timbales-Förmchen kurz in heißes Wasser tauchen und stürzen.
- Mit Himbeersauce umgießen.

Hinweise für die Praxis
Die Süßspeise mit saisonalen Früchten ausgarnieren. Das Rezept kann auch mit Eiweiß statt Eigelb hergestellt werden; das Eiweiß wird zusammen mit dem Zucker im Wasserbad erst warm und dann kalt geschlagen.

Reis Kaiserinart · Riz à l'impératrice

Zutaten

	4 Pers	10 Pers
Weißweingelee	40 g	100 g
Vollmilch	110 g	270 g
Vanilleschote	0,5	1
Reis, Arborio	20 g	50 g
Zucker	20 g	45 g
Salz	0,5 g	1 g
Gelatine	3 g	6 g
Cakefrüchte, gewürfelt	20 g	50 g
Kirsch	10 g	20 g
Vollrahm, 35%	65 g	160 g

Sauce

Aprikosensauce	120 g	300 g

Vorbereitung

- Timbales-Förmchen (Inhalt 90 g) bereitstellen.
- Weißweingelee zubereiten/erhitzen, in die Timbales-Förmchen abfüllen und kühl stellen.
- Vanilleschote längs halbieren und das Mark herauskratzen.
- Reis 5 Minuten blanchieren, abschütten und kalt abschrecken.
- Gelatine im kalten Wasser quellen lassen.
- Cakefrüchte mit dem Kirsch marinieren.
- Vollrahm steif schlagen und kühl stellen.

Zubereitung

- Vollmilch mit Vanilleschote und Vanillemark aufkochen.
- Vanilleschote entfernen, den blanchierten Reis beigeben und weich sieden (ca. 30 Minuten).
- Zucker und Salz zum weich gekochten Reis geben.
- Gelatine auspressen, zum Reis geben und darin auflösen.
- Auf Eiswasser kaltrühren, bis die Masse leicht zu stocken beginnt.
- Marinierte Cakefrüchte beigeben und den geschlagenen Vollrahm vorsichtig unter die Masse melieren.
- Sofort in die vorbereiteten Timbales-Förmchen abfüllen.
- Im Kühlschrank gut auskühlen lassen.

Anrichten

- Timbales-Förmchen kurz in heißes Wasser tauchen und stürzen.
- Mit Himbeersauce umgießen.

Hinweise für die Praxis

Die Süßspeise mit saisonalen Früchten ausgarnieren.

Mousses und Schäume

Apfelmousse · Mousse aux pommes

Zutaten	4 Pers	10 Pers
Eiweiß, pasteurisiert	45 g	115 g
Zucker	60 g	155 g
Gelatine	3 g	7 g
Vollrahm, 35%	135 g	340 g
Apfelmus, Konserve	135 g	340 g
Calvados	15 g	40 g
Zitronensaft, frisch	4 g	10 g
Sauce		
Aprikosensauce	120 g	300 g
Garnitur		
Äpfel, Gala, geschält, ohne Kerngehäuse	120 g	300 g
Zitronensaft, frisch	20 g	40 g
Butter	20 g	40 g
Zucker	20 g	40 g
Weißwein	15 g	30 g

Vorbereitung
- Gelatine in kaltem Wasser quellen lassen.
- Vollrahm zu 90% steif schlagen und kühl stellen.
- Äpfel in Schnitze schneiden und mit Zitronensaft beträufeln.

Zubereitung
- Eiweiß und Zucker im Wasserbad warmschlagen.
- Gelatine auspressen und im Wasserbad auflösen.
- Aufgelöste Gelatine zur Eiweißmasse geben und Masse in der Rührmaschine kaltschlagen.
- Apfelmus vorsichtig unter den geschlagenen Vollrahm ziehen.
- Kaltgeschlagenes Eiweiß vorsichtig unter den Apfelrahm melieren.
- Mousse in eine tiefe Schüssel füllen und kühl stellen.
- Butter in einer Sauteuse erhitzen und den Zucker leicht karamellisieren.
- Apfelschnitze beigeben und schwenken.
- Mit Weißwein ablöschen.
- Apfelschnitze in der Garflüssigkeit weich dünsten und erkalten lassen.

Anrichten
- Mit Aprikosensauce einen Saucenspiegel gießen.
- Mit 2 heißen Esslöffeln aus der Apfelmousse Klößchen formen und auf dem Saucenspiegel anrichten.
- Mit den gedünsteten Apfelschnitzen garnieren.

Hinweise für die Praxis
Vollrahm nur zu 90% steif schlagen, da sonst die Gefahr besteht, dass er durch das Melieren «überschlagen» und die Mousse körnig wird.

Dattelmousse · Mousse aux dattes

Zutaten

	4 Pers	10 Pers
Eiweiß, pasteurisiert	50 g	130 g
Zucker	25 g	65 g
Salz		0,5 g
Gelatine	2,5 g	6 g
Vollrahm, 35%	155 g	390 g
Datteln, frisch	105 g	260 g
Vollmilch	55 g	130 g
Wasser	55 g	130 g
Cognac	6 g	15 g
Zitronensaft, frisch	2 g	5 g

Sauce

Orangensauce mit Honig	80 g	200 g

Vorbereitung

– Kerne und Stielansatz der Datteln entfernen.
– Datteln mit Milch und Wasser weich kochen, fein pürieren und durch ein Haarsieb streichen (ergibt 160 g Masse für 4 Personen bzw. 390 g Masse für 10 Personen).
– Masse auf Eiswasser abkühlen.
– Gelatine in kaltem Wasser quellen lassen.
– Vollrahm zu 90% steif schlagen und kalt stellen.

Zubereitung

– Eiweiß mit Zucker und Salz im Wasserbad warmschlagen.
– Gelatine auspressen und im Wasserbad auflösen.
– Aufgelöste Gelatine zur Eiweißmasse geben und anschließend in der Rührmaschine kaltschlagen.
– Dattelmus, Cognac und Zitronensaft vorsichtig unter den geschlagenen Vollrahm melieren.
– Kaltgeschlagenes Eiweiß sorgfältig unter den Dattelrahm ziehen.
– Mousse in eine tiefe Schüssel füllen und kühl stellen.
– Mit 2 heißen Esslöffeln Klößchen abstechen und diese auf einem Orangensaucenspiegel anrichten.
– Restliche Orangensauce separat dazu servieren.

Hinweise für die Praxis

Den Vollrahm nur zu 90% steif schlagen, da sonst die Gefahr besteht, dass er durch das Melieren «überschlagen» und die Dattelmousse körnig wird.

Dunkle Schokoladenmousse · Mousse au chocolat noir

Zutaten

	4 Pers	10 Pers
Vollei, pasteurisiert	60 g	145 g
Zucker	25 g	60 g
Salz		0,5 g
Couverture, dunkel, Vanille	105 g	265 g
Vollrahm, 35%	210 g	530 g
Cognac	2 g	5 g

Sauce

Himbeersauce	80 g	200 g

Garnitur

Doppelrahm, 45%	80 g	200 g

Vorbereitung

– Vanille-Couverture in kleine Stücke hacken und im Wasserbad schmelzen.
– Vollrahm zu 90% steif schlagen, Cognac beigeben und kühl stellen.

Zubereitung

– Vollei, Zucker und Salz zuerst warm-, dann kaltschlagen.
– Aufgelöste und etwas abgekühlte Couverture (35–40 °C) rasch unter die kaltgeschlagene Eimasse ziehen.
– Geschlagenen Vollrahm sofort vorsichtig unter die Masse melieren.
– Mousse in eine tiefe Schüssel füllen und ca. 8 Stunden kalt stellen.

Anrichten

– Mit Himbeersauce einen Saucenspiegel anrichten.
– Mit 2 heißen Esslöffeln Klößchen formen und diese auf dem Saucenspiegel anrichten.
– Doppelrahm in ein Cornet füllen und auf den Klößchen ein Muster dressieren.

Hinweise für die Praxis

Den Vollrahm nur zu 90% steif schlagen, da sonst die Gefahr besteht, dass er durch das Melieren «überschlagen» und die Mousse körnig wird.

Erdbeermousse · Mousse aux fraises

Zutaten	4 Pers	10 Pers
Eiweiß, pasteurisiert	40 g	100 g
Zucker	65 g	160 g
Salz		0,5 g
Gelatine	4 g	9 g
Vollrahm, 35%	135 g	335 g
Erdbeermark, ungezuckert	160 g	390 g
Zitronensaft, frisch	4 g	10 g

Sauce

Erdbeersauce	80 g	200 g

Vorbereitung
- Gelatine in kaltem Wasser quellen lassen.
- Vollrahm zu 90% steif schlagen und kühl stellen.

Zubereitung
- Eiweiß, Zucker und Salz im Wasserbad warmschlagen.
- Gelatine auspressen und im Wasserbad auflösen.
- Aufgelöste Gelatine zur Eiweißmasse geben und anschließend in der Rührmaschine kaltschlagen.
- Erdbeermark und Zitronensaft vorsichtig unter den geschlagenen Vollrahm ziehen.
- Kaltgeschlagenes Eiweiß vorsichtig unter den Erdbeerrahm melieren.
- Mousse in eine tiefe Schüssel füllen und ca. 4 Stunden kühl stellen.

Anrichten
- Mit Erdbeersauce einen Saucenspiegel anrichten.
- Aus der Erdbeermousse mit 2 heißen Esslöffeln Klößchen formen und diese auf dem Saucenspiegel anrichten.

Hinweise für die Praxis
Den Vollrahm nur zu 90% steif schlagen, da sonst die Gefahr besteht, dass er durch das Melieren «überschlagen» und die Mousse körnig wird. Bei tiefgekühltem Erdbeermark ist zu beachten, dass meistens etwa 10% Zucker enthalten sind; dies muss bei der Zuckerbeigabe berücksichtigt werden. Wird die Mousse mit frischen Erdbeeren hergestellt, gilt es zu beachten, dass beim Passieren von frischen Erdbeeren ein Gewichtsverlust von ca. 20% entsteht. Zur Erdbeermousse kann Rhabarberkompott oder halb geschlagener Vollrahm serviert werden.

Himbeermousse · Mousse aux framboises

Zutaten

	4 Pers	10 Pers
Eiweiß, pasteurisiert	40 g	100 g
Zucker	65 g	165 g
Salz		0,5 g
Gelatine	3 g	8 g
Vollrahm, 35%	145 g	360 g
Himbeermark, ungezuckert	145 g	360 g
Zitronensaft, frisch	4 g	10 g

Sauce

Himbeersauce	80 g	200 g

Vorbereitung
- Gelatine im kalten Wasser quellen lassen.
- Vollrahm zu 90% steif schlagen und kühl stellen.

Zubereitung
- Eiweiß, Zucker und Salz im Wasserbad warmschlagen.
- Gelatine auspressen und im Wasserbad auflösen.
- Aufgelöste Gelatine zur Eiweißmasse geben und anschließend in der Rührmaschine kaltschlagen.
- Himbeermark und Zitronensaft vorsichtig unter den geschlagenen Vollrahm ziehen.
- Das kaltgeschlagene Eiweiß vorsichtig unter den Himbeerrahm melieren.
- Mousse in eine tiefe Schüssel abfüllen und etwa 4 Stunden kühl stellen.

Anrichten
- Mit Himbeersauce einen Saucenspiegel anrichten.
- Aus der Himbeermousse mit 2 heißen Esslöffeln Klößchen formen und diese auf dem Saucenspiegel anrichten.

Hinweise für die Praxis
Den Vollrahm nur zu 90% steif schlagen, sonst besteht die Gefahr, dass er durch das Melieren «überschlagen» und die Mousse körnig wird. Bei tiefgekühltem Himbeermark ist zu beachten, dass meistens etwa 10% Zucker enthalten sind; dies muss bei der Zuckerbeigabe berücksichtigt werden. Sollte die Mousse mit frischen Himbeeren hergestellt werden, gilt es zu beachten, dass beim Passieren von frischen Himbeeren ein Gewichtsverlust von ca. 40% entsteht.

Mango-Joghurt-Espuma · Espuma de yogourt aux mangues

Zutaten

	1 Liter
Mangomark	500 g
Gelatine	6 g
Puderzucker	55 g
Eiweiß, pasteurisiert	50 g
Limonensaft	10 g
Vollmilchjoghurt, nature	280 g
Mascarpone	100 g

Vorbereitung
- Gelatine im kalten Wasser quellen lassen.
- Puderzucker und Eiweiß verrühren.
- Vollmilchjoghurt und Mascarpone zusammen glatt rühren.

Zubereitung
- 100 g Mangomark auf 60 °C erhitzen.
- Ausgepresste Gelatine darin auflösen.
- Restliches Mangomark mit Staubzucker, Eiweiß, Limonensaft, Vollmilchjoghurt und Mascarpone verrühren.
- Flüssigkeit in den iSi-Profi-Whip-Behälter einfüllen, zuerst eine Gaspatrone aufschrauben und gut schütteln.
- Anschließend eine zweite Gaspatrone aufschrauben und erneut schütteln.
- Mindestens 6 Stunden im Kühlschrank kalt stellen.

Hinweise für die Praxis
Espuma bereits am Vortag herstellen und über Nacht im Frigor kalt stellen. Nach jeder aufgeschraubten Kapsel den Bläser gut durchschütteln. Nur für den A-la-minute-Gebrauch geeignet, da die Masse zerläuft.

Pina-Colada-Espuma · Espuma de Pina Colada

Zutaten — 1 Liter
Zutat	Menge
Ananasmark	500 g
Kokosmark	350 g
Rum, braun	50 g
Gelatine	12 g
Eiweiß, pasteurisiert	50 g
Puderzucker	50 g

Vorbereitung
- Gelatine im kalten Wasser quellen lassen.
- Eiweiß und Puderzucker verrühren.

Zubereitung
- 100 g Ananasmark auf 60 °C erhitzen.
- Gelatine auspressen und im Ananasmark auflösen.
- Restliches Ananasmark, Kokosmark, Rum, Eiweiß und Puderzucker beigeben.
- Zutaten verrühren und durch ein Drahtspitzsieb passieren.
- Flüssigkeit in den iSi-Profi-Whip-Behälter füllen und zuerst eine Gaspatrone aufschrauben und gut schütteln.
- Anschließend eine zweite Gaspatrone aufschrauben und erneut schütteln.
- Mindestens 6 Stunden im Kühlschrank kalt stellen.

Hinweise für die Praxis
Espuma bereits am Vortag herstellen und über Nacht im Kühlschrank kalt stellen. Nach jeder aufgeschraubten Gaspatrone den Bläser gut durchschütteln. Nur für den A-la-minute-Gebrauch geeignet, da die Masse zerläuft.

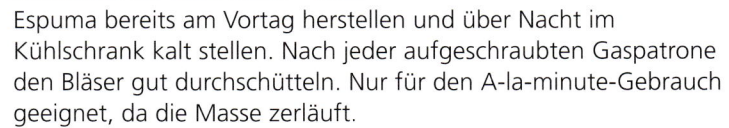

Rummousse · Mousse au rhum

Zutaten
Zutat	4 Pers	10 Pers
Eiweiß, pasteurisiert	75 g	180 g
Zucker	75 g	180 g
Salz		0,5 g
Gelatine	4 g	10 g
Couverture, Milch	35 g	90 g
Rum, braun	30 g	75 g
Zitronensaft, frisch	2 g	5 g
Vollrahm, 35%	185 g	460 g

Sauce
	4 Pers	10 Pers
Orangensauce mit Honig	80 g	200 g

Vorbereitung
- Gelatine im kalten Wasser quellen lassen.
- Vollrahm zu 90% steif schlagen und kühl stellen.
- Milch-Couverture in kleine Stücke hacken.

Zubereitung
- Eiweiß mit Zucker im Wasserbad warmschlagen.
- Gelatine auspressen und in einem Wasserbad auflösen.
- Aufgelöste Gelatine zur Eiweißmasse geben und in der Rührmaschine kaltschlagen.
- Milch-Couverture mit Rum und Zitronensaft im Wasserbad schmelzen und rasch unter das kaltgeschlagene Eiweiß ziehen.
- Den geschlagenen Vollrahm sogleich vorsichtig unter die Masse melieren.
- Mousse in eine tiefe Schüssel abfüllen und kühl stellen.

Anrichten
- Mit Orangensauce einen Saucenspiegel anrichten.
- Aus der Rummousse mit 2 heißen Esslöffeln Klößchen formen und diese auf dem Saucenspiegel anrichten.

Hinweise für die Praxis
Den Vollrahm nur zu 90% steif schlagen, ansonsten die Gefahr besteht, dass er durch das Melieren «überschlagen» und die Mousse körnig wird.

Weißes Schokolade-Joghurt-Espuma · Espuma de yogourt au chocolat blanc

Zutaten — 1 Liter
- Couverture, weiß — 250 g
- Vollmilch — 140 g
- Mascarpone — 200 g
- Vollmilchjoghurt, nature — 200 g
- Schokoladenlikör, weiß — 20 g
- Bienenhonig — 10 g
- Vollrahm, 35% — 190 g

Vorbereitung
- Couverture in kleine Stücke hacken.
- Mascarpone und Vollmilchjoghurt zusammen glatt rühren.

Zubereitung
- Weiße Couverture mit Vollmilch im Wasserbad schmelzen.
- Restliche Zutaten beigeben und durch ein Haarsieb passieren.
- Erkalten lassen und die Flüssigkeit in den iSi-Profi-Whip-Behälter füllen.
- Zuerst eine Gaspatrone aufschrauben und gut schütteln.
- Anschließend eine zweite Gaspatrone aufschrauben und erneut schütteln.
- Mindestens 6 Stunden im Kühlschrank kalt stellen.

Hinweise für die Praxis
Espuma bereits am Vortag herstellen und über Nacht im Kühlschrank kalt stellen. Nach jeder aufgeschraubten Kapsel den Bläser gut durchschütteln. Nur für den A-la-minute-Gebrauch geeignet, da die Masse zerläuft.

Weiße Schokoladenmousse · Mousse au chocolat blanc

Zutaten	4 Pers	10 Pers
Vollei, pasteurisiert	50 g	125 g
Eigelb, pasteurisiert	15 g	40 g
Vanilleschote	0,5	1
Salz		0,5 g
Gelatine	2 g	5 g
Couverture, weiß	100 g	245 g
Vollrahm, 35%	230 g	575 g
Cognac	4 g	10 g
Garnitur		
Aprikosensauce	80 g	200 g
Schokoladenspäne	20 g	50 g

Vorbereitung
- Gelatine im kalten Wasser quellen lassen.
- Weiße Couverture in kleine Stücke hacken und im Wasserbad auflösen.
- Vanilleschote längs halbieren und das Mark herauskratzen.
- Vollrahm zu 90% steif schlagen, den Cognac beigeben und kühl stellen.

Zubereitung
- Vollei, Eigelb, Vanillemark und Salz im Wasserbad warmschlagen.
- Gelatine auspressen und in einem Wasserbad auflösen.
- Aufgelöste Gelatine zur warmen Eimasse geben und in der Rührmaschine kaltschlagen.
- Aufgelöste und etwas abgekühlte weiße Couverture (ca. 35–40 °C) schnell unter die kaltgeschlagene Masse ziehen.
- Den geschlagenen Vollrahm sofort vorsichtig unter die Masse melieren.
- Mousse in eine tiefe Schüssel abfüllen und etwa 4 Stunden kühl stellen.

Anrichten
- Mit Aprikosensauce einen Saucenspiegel anrichten.
- Aus der Schokoladenmousse mit 2 Esslöffeln Klößchen formen und auf dem Saucenspiegel anrichten.
- Mit Schokoladenspänen bestreuen.

Hinweise für die Praxis
Den Vollrahm nur zu 90% steif schlagen, ansonsten die Gefahr besteht, dass er durch das Melieren «überschlagen» und die Schokoladenmousse körnig wird.

Rahm- und Cremesüßspeisen

Charlotte königliche Art · Charlotte royale

Garnitur	4 Pers	10 Pers
Rouladenbiskuit	240 g	640 g
Himbeermarmelade, ohne Kerne	50 g	130 g
Vollrahm, 35 %	80 g	200 g

Zutaten Creme		
Vollmilch	155 g	385 g
Vanilleschote	0,5	1
Salz		0,5 g
Eigelb, pasteurisiert	35 g	80 g
Zucker	55 g	135 g
Gelatine	5 g	12 g
Vollrahm, 35 %	155 g	385 g
Kirsch	10 g	25 g

Weitere Zutaten		
Abricoture	50 g	100 g
Himbeersauce	120 g	300 g

Vorbereitung Garnitur
- Rouladenbiskuit herstellen (für 10 Personen das 1½fache des Grundrezeptes).
- Boden der Charlotte mit einem runden Ausstecher ausstechen.
- Restliches Rouladenbiskuit leicht mit Himbeermarmelade bestreichen.
- Satt einrollen und mit Backtrennpapier zu einer ca. 3 cm dicken Rolle anpressen.
- Im Tiefkühler anfrieren.
- Bombenform mit Frischhaltefolie auslegen.
- Angefrorene Biskuitroulade in 5 mm dicke Scheiben schneiden.
- Vorbereitete Bombenform damit satt (ohne Zwischenräume) auslegen.

Vorbereitung
- Gelatine im kalten Wasser quellen lassen.
- Vollrahm für die Creme steif schlagen und kalt stellen.
- Vanilleschote längs halbieren und das Mark herauskratzen.

Zubereitung Creme
- Vollmilch, Vanilleschote, Vanillemark und Salz aufkochen.
- Vanilleschote herausnehmen.
- Eigelb und Zucker in einer Schüssel cremig rühren.
- Aufgekochte Vollmilch unter ständigem Rühren in die Eigelbmasse gießen.
- In die Kasserolle zurückgießen.
- Bei schwacher Hitze unter ständigem Rühren mit einem Rührspatel vorsichtig zur Rose erhitzen (höchstens 85 °C).
- Creme vom Herd ziehen und in eine Schüssel umleeren.
- Ausgepresste Gelatine darin auflösen und sofort durch ein Sieb passieren.
- Auf einem Eiswasserbad kaltrühren, bis die Creme leicht zu stocken beginnt.
- Geschlagenen Vollrahm und Kirsch vorsichtig unter die Creme ziehen.
- Creme in die mit Roulade ausgelegte Form füllen.
- Biskuitboden einlegen und kühl stellen.

Fertigstellung
- Nach dem Festwerden die Charlotte auf die Anrichteplatte stürzen.
- Roulade mit heißer Abricoture bepinseln.
- Vollrahm für die Garnitur steif schlagen und die Charlotte garnieren.
- Himbeersauce separat dazu servieren.

Hinweise für die Praxis
Mit der Himbeermarmelade sollten nur die Poren des Biskuits gefüllt werden, sonst werden beim Schneiden der Roulade die Konturen mit Marmelade verschmiert und die Charlotte wird unansehnlich. Um das Portionieren zu erleichtern, kann die Charlotte auch in einem Tortenring, einer Cake- oder einer Terrinenform sowie für Einzelportionen in Kokotten zubereitet werden.

CHARLOTTE KÖNIGLICHE ART – STEP BY STEP

1

2

3

4

5

6

RAHM- UND CREMESÜSSSPEISEN

Charlotte russische Art · Charlotte russe

Zutaten Creme

	4 Pers	10 Pers
Vollmilch	155 g	385 g
Vanilleschote	0,5	1
Salz		0,5 g
Eigelb, pasteurisiert	35 g	80 g
Zucker	55 g	135 g
Gelatine	5 g	12 g
Vollrahm, 35 %	155 g	385 g
Maraschino	10 g	25 g

Weitere Zutaten

Löffelbiskuits	60 g	150 g
Vollrahm, 35 %	80 g	200 g
Himbeersauce	120 g	300 g

Vorbereitung
- Gelatine in kaltem Wasser quellen lassen.
- Vollrahm für die Creme steif schlagen und kalt stellen.
- Vanilleschote längs halbieren und das Mark herauskratzen.
- Löffelbiskuits passend zur Form zuschneiden.
- Formen oder Förmchen bereitstellen.

Zubereitung Creme
- Vollmilch, Vanilleschote, Vanillemark und Salz aufkochen.
- Vanilleschote herausnehmen.
- Eigelb und Zucker in einer Schüssel cremig rühren.
- Aufgekochte Vollmilch unter ständigem Rühren in die Eigelbmasse gießen.
- In die Kasserolle zurückgießen.
- Bei schwacher Hitze unter ständigem Rühren mit einem Rührspatel vorsichtig zur Rose erhitzen (höchstens 85 °C).
- Creme vom Herd ziehen und in eine Schüssel umleeren.
- Ausgepresste Gelatine darin auflösen und sofort durch ein Sieb passieren.
- In Eiswasser kaltrühren, bis die Creme leicht zu stocken beginnt.
- Geschlagenen Vollrahm und Maraschino vorsichtig unter die Creme ziehen.
- Creme in die vorbereitete Form (oder in Förmchen) füllen und kühl stellen.

Fertigstellung
- Nach dem Festwerden die Creme auf das Anrichtegeschirr stürzen.
- Löffelbiskuits seitlich an die Creme drücken.
- Vollrahm für die Garnitur steif schlagen und die Charlotte garnieren.
- Mit Himbeersauce oder einer anderen Fruchtsauce servieren.

Hinweise für die Praxis
Die Form kann auch mit Löffelbiskuits ausgelegt und anschließend mit der fertigen Creme aufgefüllt werden (siehe Step-by-Step-Aufnahmen). Die Oberfläche der Charlotte kann auch mit frischen Früchten oder Beeren garniert werden. Um das Portionieren zu erleichtern, können auch Einzelportionen in Timbales-Formen zubereitet werden.

CHARLOTTE RUSSISCHE ART – STEP BY STEP

1

2

3

4

5

6

RAHM- UND CREMESÜSSSPEISEN

Cremeschnitten · Mille-feuilles à la crème

Zutaten

	4 Pers	10 Pers
Blätterteigböden, gebacken	350 g	150 g

Zutaten Creme

	4 Pers	10 Pers
Vollmilch (1)	190 g	470 g
Zucker	25 g	55 g
Salz		0,5 g
Vollmilch (2)	45 g	115 g
Cremepulver, Vanille	25 g	65 g
Gelatine	5 g	12 g
Vollrahm, 35%	120 g	300 g

Weitere Zutaten

	4 Pers	10 Pers
Abricoture	20 g	40 g
Fondant, weiß	65 g	160 g

Vorbereitung

- Blätterteig 2 mm dick auswallen und rechteckig ausschneiden (4 Personen: 40 × 15 cm; 10 Personen: 35 × 35 cm).
- Teigrechteck mit einer Gabel oder einem Teigstupfer einstechen.
- Blätterteig 30 Minuten abstehen lassen, dann goldgelb backen.
- Gebackenen Blätterteigboden zuschneiden (4 Personen: 3 Streifen von je 12 × 10 cm; 10 Personen: 3 Streifen von je 30 × 10 cm).
- Gelatine in kaltem Wasser quellen lassen.
- Vollrahm steif schlagen und kühl stellen.
- Vanillecremepulver mit kalter Vollmilch (2) anrühren.

Zubereitung

- Vollmilch (1), Zucker und Salz aufkochen.
- Das mit der kalten Vollmilch angerührte Vanillecremepulver dazugeben.
- Unter ständigem Rühren aufkochen, bis die Creme ihre Bindefähigkeit erreicht hat.
- Ausgepresste Gelatine beigeben und gut verrühren.
- Vanillecreme in Eiswasser abkühlen, bis die Creme leicht zu stocken beginnt.
- Geschlagenen Vollrahm sofort unter die Creme ziehen.

Fertigstellung

- Blätterteigböden in zwei Lagen mit der Creme füllen (Blätterteigboden, Creme, Blätterteigboden, Creme).
- Letzten Blätterteigboden mit der flachen Seite (Boden) nach oben zuletzt leicht auf die Creme drücken.
- Obersten Blätterteigboden mit heißer Abricoture leicht bepinseln.
- Fondant auf 40–50 °C erwärmen (evtl. mit Sirup etwas verdünnen).
- Cremeschnitten mit dem Fondant glasieren und im Tiefkühler anfrieren.
- Mit scharfem Messer in Tranchen von 3 cm Dicke schneiden.

Eugenia-Torte Melba · Eugénie Melba

Zutaten — 10 Pers
Genueser Biskuit, Ø 22 cm — 1

Zutaten Creme
Vollmilch	385 g
Vanilleschote	1
Salz	0,5 g
Eigelb, pasteurisiert	80 g
Zucker	135 g
Gelatine	12 g
Vollrahm, 35%	385 g
Pfirsichlikör, White Peach	30 g

Garnitur
Pfirsiche (Konserve), abgetropft	200 g
Vollrahm, 35%	200 g

Sauce
Himbeersauce	300 g

Vorbereitung
- Genueser Biskuit herstellen und erkalten lassen.
- Biskuit 2 Mal quer durchschneiden.
- Tortenring (Durchmesser 22 cm) auf einem Blech bereitstellen.
- Gelatine in kaltem Wasser quellen lassen.
- Vollrahm für die Creme zu 90% steif schlagen und kalt stellen.
- Vanilleschoten längs halbieren und das Mark herauskratzen.

Zubereitung Creme
- Vollmilch, Vanilleschote, Vanillemark und Salz aufkochen.
- Vanilleschote herausnehmen.
- Eigelb und Zucker in einer Schüssel cremig rühren.
- Aufgekochte Vollmilch unter ständigem Rühren in die Eigelbmasse gießen.
- In die Kasserolle zurückgießen.
- Bei schwacher Hitze unter ständigem Rühren mit einem Rührspatel vorsichtig zur Rose erhitzen (höchstens 85 °C).
- Creme vom Herd ziehen und ausgepresste Gelatine darin auflösen.
- Sofort durch ein Sieb passieren und auf einem Eiswasserbad kaltrühren.
- Bevor die Creme zu stocken beginnt, geschlagenen Vollrahm und Pfirsichlikör vorsichtig unter die Creme ziehen.

Fertigstellung
- Ersten Biskuitboden in den vorbereiteten Tortenring legen.
- ⅓ der bayerischen Creme darauf verteilen.
- Zweiten Biskuitboden darauf legen und ⅓ der bayerischen Creme darauf verteilen.
- Den letzten Biskuitboden darauf legen und kühl stellen.
- Tortenring vorsichtig mit dem Messer ablösen.
- Torte mit restlicher Creme einstreichen (Oberfläche und Rand).
- Restliche Creme mit etwas Vollrahm verdünnen, die Torte damit überziehen und kühl stellen.
- Pfirsiche in dünne Scheiben schneiden und die Tortenoberfläche damit garnieren.
- Tortenrand mit geschlagenem Vollrahm garnieren.
- Himbeersauce separat dazu servieren.

Ableitungen
- Eugenia-Torte mit Schokolade: Schokoladenbiskuit mit bayerischer Schokoladencreme, mit Schokoladenspänen und geschlagenem Vollrahm garnieren.
- Eugenia-Torte Williams: Schokoladenbiskuit mit bayerischer Creme, parfümiert mit Williams, mit Kompottbirnen und geschlagenem Vollrahm garnieren.

St-Honoré-Torte · Gâteau saint-honoré

Zutaten	10 Pers
Blätterteig	150 g
Ei zum Bestreichen	50 g
Brandteig (für Süßspeisen)	200 g
Bayerische Creme	450 g
Kirsch	45 g
Zucker	200 g
Wasser	40 g

Vorbereitung
- Zwei Backbleche mit Backtrennpapier auslegen.
- Brandteig herstellen.
- Blätterteig auf eine Dicke von 2 mm ausrollen.
- Aus dem Blätterteig einen Boden von 22 cm Durchmesser ausstechen und auf ein vorbereitetes Backblech mit Backtrennpapier legen.
- Den Rand des Blätterteigbodens mit Ei bestreichen.
- Mit einem Dressiersack und einer Lochtülle (Nr. 10) einen Rand von Brandteig aufdressieren.
- In der Mitte des Blätterteigs etwas Brandteig flach aufdressieren, damit der Blätterteigboden flach bleibt.
- Mit dem restlichen Brandteig kleine Choux (10 Stück) auf das zweite Backblech mit Backtrennpapier dressieren.
- Dressierten Brandteigrand und Choux mit Ei bestreichen.
- Im Ofen bei einer Temperatur von 220 °C und offenem Dampfabzug backen.
- Bayerische Creme herstellen und mit Kisch parfümieren.

Zubereitung
- Einen Teil der bayerischen Creme spiralförmig mit einem Dressiersack mit einer Lochtülle (Nr. 12) auf den Blätterteigboden dressieren.
- Mit der restlichen Creme von außen ringförmige Nocken nach innen dressieren.
- Choux von der Unterseite her mit einem Dressiersack mit einer Berlinertülle oder mit einer kleinen Lochtülle mit bayerischer Creme füllen.
- Zucker mit Wasser karamellisieren.
- Die gefüllten Choux mit einer Trempiergabel mit der Oberseite in den heißen Karamell tauchen und sogleich in regelmäßigen Abständen auf den Tortenrand setzen.

Hinweise für die Praxis
Nach Belieben mit geschlagenem Vollrahm und passenden Kompottfrüchten ausgarnieren.

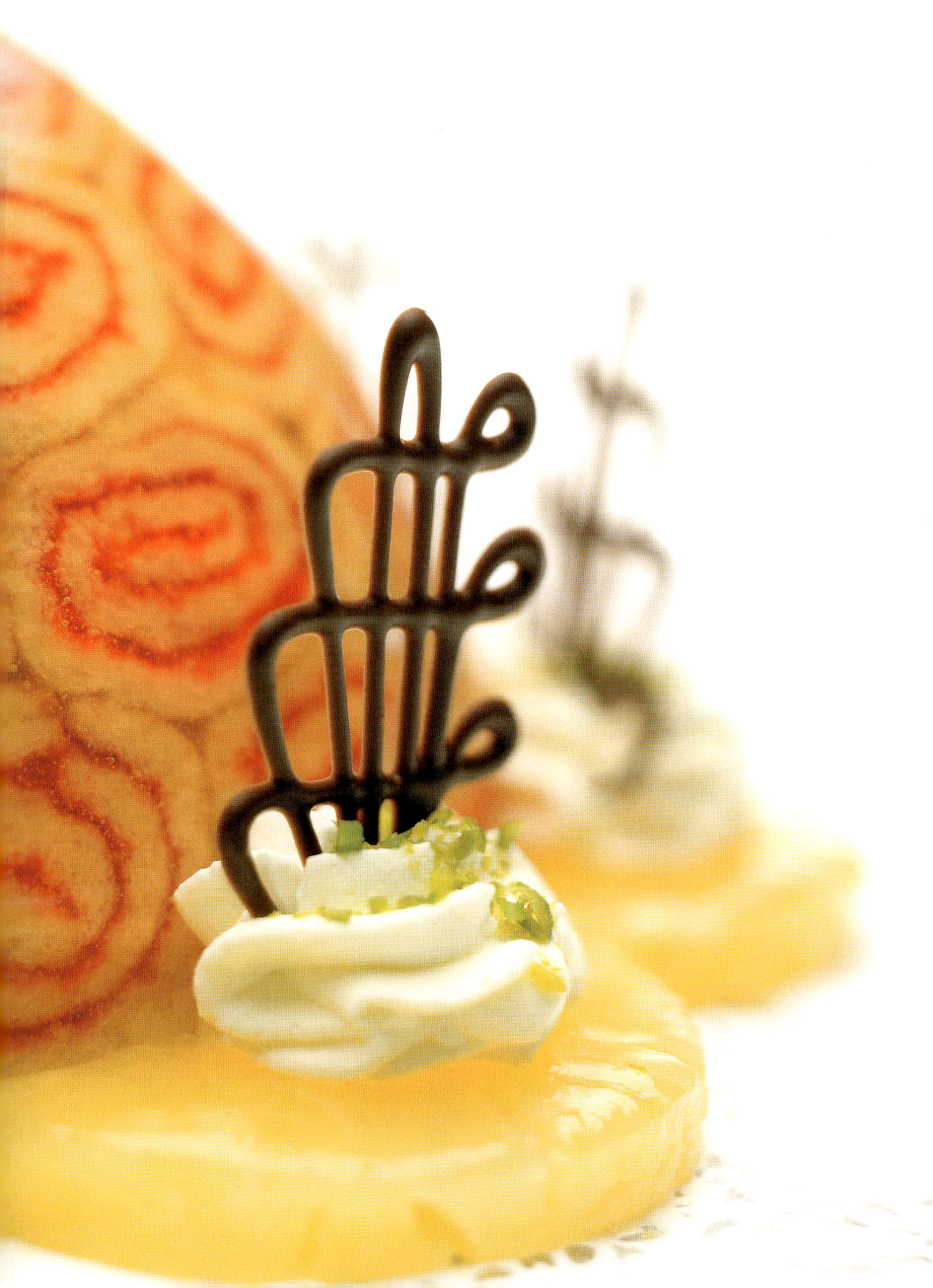

Windbeutel mit Rahm · Choux à la crème

Zutaten	4 Pers	10 Pers
Brandteig (für Süßspeisen)	160 g	400 g
Diplomatencreme	100 g	250 g
Vollrahm, 35%	100 g	250 g
Puderzucker	8 g	20 g

Vorbereitung
- Backblech mit Backtrennpapier auslegen.
- Vollrahm steif schlagen und kühl stellen.

Zubereitung
- Vom Brandteig ca. 20 g schwere Rosetten mit einer Sterntülle (Größe 12) auf das Backtrennpapier dressieren.
- Im Ofen bei einer Temperatur von ca. 200 °C mit geschlossenem Dampfabzug anbacken und anschließend bei geöffnetem Dampfabzug ausbacken.
- Windbeutel erkalten lassen.
- Die erkalteten Windbeutel aufschneiden und den unteren Teil mit Diplomatencreme bis zum Rand füllen.
- Anschließend eine Rosette aus geschlagenem Vollrahm aufdressieren.
- Deckel aufsetzen und mit Puderzucker bestäuben.

Ableitungen

Blitzkrapfen (Eclairs) mit Schokoladencreme:
Vom Brandteig mit einem Dressiersack mit Lochtülle (Größe 15) 10 cm lange Stängel dressieren und backen. Diplomatencreme mit 20% aufgelöster Couverture vermischen und die Blitzkrapfen damit füllen. Anschließend aprikotieren und mit Schokoladenfondant glasieren.

Kleine Windbeutel (Profiteroles) mit Schokolade:
Vom Brandteig mit einem Dressiersack mit Lochtülle (Größe 10) kleine Windbeutel dressieren und backen. Diese mit einer Lochtülle vom Boden her mit geschlagenem Vollrahm füllen und auf einem Spiegel von Schokoladensauce anrichten.

Diverse kalte Süßspeisen

Birchermüesli · Birchermüesli

Zutaten	4 Pers	10 Pers
Äpfel, säuerliche Sorte, ohne Kerngehäuse	400 g	1000 g
Zitronensaft, frisch	40 g	100 g
Birchermüeslimischung	110 g	275 g
Zucker	25 g	60 g
Vollmilchjoghurt, nature	160 g	395 g
Vollmilch	40 g	100 g
Beerenmischung, tiefgekühlt	40 g	100 g
Bananen, geschält	80 g	200 g
Vollrahm, 35%	120 g	300 g

Vorbereitung
- Ausgestochene ungeschälte Äpfel mit einer Bircherraffel reiben.
- Geriebene Äpfel mit Zitronensaft gut vermischen.
- Vollrahm steif schlagen und kühl stellen.
- Bananen in Scheiben schneiden und wenig Zitronensaft beigeben.

Zubereitung
- Alle Zutaten außer dem geschlagenen Vollrahm zu den geriebenen Äpfeln geben und gut vermischen.
- Geschlagenen Vollrahm vorsichtig unter die Masse ziehen.

Hinweise für die Praxis
Je nach Saison mit frischen Beeren, Früchten und geschlagenem Vollrahm garnieren. Statt mit Zucker kann das Birchermüesli auch mit Honig gesüßt werden.

Creme katalanische Art · Crème catalane

Zutaten	4 Pers	10 Pers
Vollrahm, 35%	255 g	630 g
Vollmilch	65 g	160 g
Zimtstängel	0,5	1
Zitronenschale	1 g	3 g
Eigelb, pasteurisiert	65 g	160 g
Zucker	50 g	125 g
Stärkemehl	10 g	25 g
Salz		0,5 g
Rohzucker	40 g	100 g

Vorbereitung
- Schale von ungespritzten Zitronen mit dem Rüstmesser dünn abschälen.

Zubereitung
- Vollrahm, Vollmilch, Zimtstängel und Zitronenschalen aufkochen.
- Zimtstängel und Zitronenschalen herausnehmen.
- Eigelb, Zucker, Salz und Stärkemehl schaumig rühren.
- Unter ständigem Rühren Milchsud zur Eimasse geben.
- Alles zusammen bei geringer Hitze unter Rühren erhitzen, bis die Creme leicht bindet.
- Creme durch Sieb passieren und in Schalen füllen.
- Im Kühlschrank erkalten lassen.
- Mit Rohzucker bestreuen und mit einem Bunsenbrenner karamellisieren.

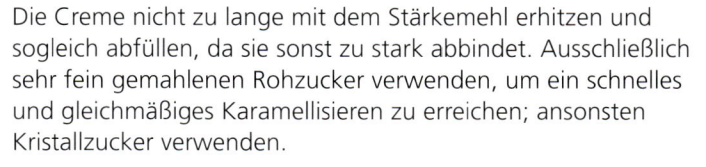

Hinweise für die Praxis
Die Creme nicht zu lange mit dem Stärkemehl erhitzen und sogleich abfüllen, da sie sonst zu stark abbindet. Ausschließlich sehr fein gemahlenen Rohzucker verwenden, um ein schnelles und gleichmäßiges Karamellisieren zu erreichen; ansonsten Kristallzucker verwenden.

Dörrpflaumenkompott · Compote de pruneaux secs

Zutaten	1 kg
Rotwein	300 g
Zucker	60 g
Bienenhonig	60 g
Zimtstängel	1
Orangenschale	4 g
Dörrpflaumen, entsteint	590 g

Vorbereitung
- Schale von ungespritzten Orangen mit einem Rüstmesser dünn abschälen.
- Dörrpflaumen vierteln.

Zubereitung
- Rotwein, Zucker, Bienenhonig, Zimtstängel und Orangenschale aufkochen.
- Sud durch Drahtspitzsieb passieren.
- Dörrpflaumen beigeben und weich kochen.
- In der Flüssigkeit erkalten lassen.

Verwendung
Dörrpflaumenkompott passt zu herbstlichen Süßspeisen wie Zimtparfait, Quarkknödeln, Vanilleglace usw.

Erdbeerquarkschnitte · Tranche au séré et aux fraises

Zutaten	4 Pers	10 Pers
Blätterteig	60 g	140 g
Brandteig (für Süßspeisen)	25 g	60 g
Ei zum Bestreichen	10 g	20 g
Quarkcreme	80 g	200 g
Erdbeeren, gerüstet	100 g	250 g
Erdbeergelee	20 g	50 g

Vorbereitung
- Backblech mit Backtrennpapier auslegen.
- Blätterteig 2 mm dick auswallen und mit einer Gabel einstechen.
- Einen Blätterteigstreifen zuschneiden und auf das Backblech legen (4 Personen: 10 × 18 cm; 10 Personen: 10 × 45 cm).
- Längsseiten des Streifens mit Ei bepinseln.
- Brandteig mit einem Dressiersack und Lochtülle (Nr. 8) den Längsrändern entlang dressieren.
- Blätterteig-Brandteigstreifen mit Ei bepinseln, knusprig backen und auskühlen lassen.
- Erdbeeren halbieren.

Zubereitung
- Quarkcreme mit einem Dressiersack in den Zwischenraum der Schnitte dressieren.
- Halbierte Erdbeeren auf die Creme legen und mit Erdbeergelee bestreichen.
- Schnitte im Kühlschrank gut auskühlen lassen und portionieren.

Frische Feigen in Cassis-Likör mit Vanilleglace
Figues fraîches à la liqueur de cassis et glace vanille

Zutaten	4 Pers	10 Pers
Zucker	120 g	300 g
Wasser	25 g	60 g
Rotwein	200 g	500 g
Cassis-Likör	120 g	300 g
Feigen, blau, frisch	400 g	1000 g
Vanilleglace/Vanilleeis	200 g	500 g

Vorbereitung
- Frische Feigen (pro Person 2 Stück à 50 g) waschen und halbieren.

Zubereitung
- Zucker mit dem Wasser vermischen und goldgelb karamellisieren.
- Karamell mit Rotwein ablöschen, aufkochen und den Zucker auflösen.
- Den Cassis-Likör beigeben.
- Die halbierten Feigen beigeben und vom Herd ziehen.
- Feigen eine Stunde in der Flüssigkeit marinieren und herausnehmen.
- Die Flüssigkeit um ⅓ einkochen und etwas abkühlen lassen.
- Feigen anrichten und mit der Flüssigkeit nappieren (übergießen).
- Mit einer Kugel Vanilleglace servieren.

Fruchtsalat · Macédoine de fruits

Zutaten

	4 Pers	10 Pers
Wasser	50 g	120 g
Zucker	50 g	120 g
Zitronensaft, frisch	30 g	80 g
Äpfel, geschält, ohne Kerngehäuse	90 g	210 g
Birnen, geschält, ohne Kerngehäuse	90 g	210 g
Orangenfilets	130 g	320 g
Kiwis, geschält	100 g	250 g
Ananas, frisch, geschält	100 g	250 g
Pfirsiche, frisch, entsteint	100 g	250 g
Erdbeeren, gerüstet	80 g	200 g

Vorbereitung

– Wasser und Zucker aufkochen und erkalten lassen, Zitronensaft beigeben.

Zubereitung

– Früchte in feine Scheiben schneiden und in den Zitronensirup geben.
– Orangenfilets beigeben und alle Zutaten vorsichtig vermengen und kühl stellen.
– Kurz vor dem Servieren die Erdbeeren beigeben.

Hinweise für die Praxis

Je nach Saison können andere Früchte oder Beeren verwendet werden. Nach Belieben mit Kirsch oder Maraschino parfümieren. Halb geschlagenen Vollrahm separat dazu servieren.

Joghurtschnitte mit Birnen · Tranches au yogourt et aux poires

Zutaten

	4 Pers	10 Pers
Zuckerteig	50 g	120 g
Aprikosenmarmelade	10 g	20 g
Rouladenbiskuit	0,5	1
Mandeln, gehobelt, extrafein	20 g	50 g
Birnen, Konserve, abgetropft	130 g	310 g
Joghurtcreme	140 g	340 g
Läuterzucker	20 g	50 g
Williamine	2 g	5 g

Vorbereitung

– Rouladenbiskuitmasse herstellen, mit gehobelten Mandeln bestreuen und auf einem mit Backtrennpapier belegten Backblech backen.
– Biskuit in Streifen schneiden (4 Personen: 2 Streifen von 8 × 12 cm; 10 Personen: 2 Streifen von 8 × 30 cm).
– Zuckerteig 3 mm dick ausrollen und mit einer Gabel einstechen.
– Zuckerteig in Streifen schneiden (4 Personen: 1 Streifen von 8 × 12 cm; 10 Personen: 1 Streifen von 8 × 30 cm) und backen.
– Kompottbirnen aus der Dose in 5 mm große Würfel schneiden und auf Küchenpapier abtropfen.
– Läuterzucker mit Williamine mischen.
– Schnittenrahmen bereitstellen.

Zubereitung

– Zuckerteigstreifen in den Schnittenrahmen legen und mit Aprikosenmarmelade bestreichen.
– Den ersten Rouladenbiskuitstreifen einlegen und mit dem Williaminesirup tränken.
– Kompottbirnenwürfel gleichmäßig darauf verteilen.
– Joghurtcreme herstellen und gleichmäßig darauf verteilen.
– Den zweiten Rouladenbiskuitstreifen einlegen, mit Williaminesirup tränken und leicht andrücken.
– Die Schnitte im Tiefkühler kurz anfrieren lassen und schneiden.

Panna cotta · Panna cotta

Zutaten	4 Pers	10 Pers
Vollrahm, 35%	325 g	810 g
Zucker	30 g	80 g
Vanilleschote	0,5	1
Zitronenraps	0,5 g	1 g
Salz		0,5 g
Gelatine	4 g	10 g

Sauce

Himbeersauce	80 g	200 g

Vorbereitung
- Timbales-Förmchen (90 g Inhalt) bereitstellen.
- Vanilleschote längs halbieren und das Mark herauskratzen.
- Gelatine im kalten Wasser quellen lassen.

Zubereitung
- Vollrahm, Zucker, Vanilleschote, Vanillemark, Zitronenraps und Salz aufkochen.
- Gelatine auspressen und beigeben.
- Die Creme durch ein Drahtspitzsieb passieren und auf Eiswasser abkühlen.
- Lauwarm in die bereitgestellten Timbales-Förmchen gießen.
- Im Kühlschrank gut auskühlen lassen.

Anrichten
- Timbales-Förmchen kurz in heißes Wasser tauchen und stürzen.
- Mit Himbeersauce servieren.

Hinweise für die Praxis
Zu Panna cotta kann eine beliebige Früchtesauce oder Karamellzucker serviert werden.

Pfirsichkompott · Compote de pêches

Zutaten	1 kg
Pfirsiche	500 g
Wasser	325 g
Zucker	160 g
Zitronensaft, frisch	30 g

Vorbereitung
- Steinlösliche Pfirsiche in heißem Wasser blanchieren, schälen, entsteinen und vierteln.

Zubereitung
- Wasser, Zucker und Zitronensaft aufkochen.
- Pfirsichviertel in den Sirup geben und pochieren.
- Pfirsiche im Sirup erkalten lassen.

Hinweise für die Praxis
Kompott mit Pfirsichlikör parfümieren. Auf die gleiche Art und Weise können frische Kompotte aus Aprikosen, Zwetschgen etc. zubereitet werden.

Portweinbirnen · Poires au porto

Zutaten	4 Pers	10 Pers
Portwein, rot	160 g	400 g
Rotwein	320 g	800 g
Zucker	60 g	150 g
Zimtstängel	0,5	1
Gewürznelken	1	2
Orangenschale	2 g	4 g
Birnen, Gute Luise	480 g	1200 g

Vorbereitung
- Birnen (1 Stück à 120 g pro Person) schälen.
- Kerngehäuse von unten her mit einem Ausstechlöffel ausstechen.
- Schale von ungespritzten Orangen mit einem Rüstmesser dünn abschälen.

Zubereitung
- Portwein, Rotwein, Zucker, Gewürze und Orangenschale aufkochen.
- Birnen im Sud weich kochen.
- Birnen aus dem Sud nehmen und den Sud durch ein Spitzsieb passieren.
- Flüssigkeit zum Sirup einkochen.
- Birnen wieder beigeben und noch warm servieren.

Hinweise für die Praxis
Mit Vanilleglace oder mit Rahmgefrorenem servieren.

Rote Grütze · Soupe aux fruits rouges

Zutaten

	4 Pers	10 Pers
Wasser	210 g	525 g
Zucker	45 g	115 g
Beerenmischung, tiefgekühlt	270 g	675 g
Stärkemehl	25 g	60 g
Wasser	15 g	30 g
Beerenmischung, tiefgekühlt	120 g	300 g
Vollrahm, 35%	80 g	200 g

Vorbereitung
– Gläser zum Anrichten der Grütze vorbereiten.
– Vollrahm steif schlagen und kühl stellen.

Zubereitung
– Wasser und Zucker zusammen aufkochen.
– Den ersten Teil der Beeren beigeben und kurz aufkochen.
– Durch ein Drahtspitzsieb passieren.
– Stärkemehl mit Wasser anrühren.
– Beerensirup aufkochen und mit dem angerührten Stärkemehl binden.
– Die restlichen Beeren tiefgekühlt zum heißen Sirup geben und vermischen.
– Die rote Grütze in die vorbereiteten Gläser abfüllen und kühl stellen.
– Vor dem Servieren mit einer Rosette aus geschlagenem Vollrahm ausgarnieren.

Hinweise für die Praxis
Als Alternative zum geschlagenen Vollrahm kann die rote Grütze auch mit einer Kugel Vanilleglace serviert werden.

Rumtopf · Fruits au rhum

Zutaten

	4 Pers	10 Pers
Ananas, frisch, geschält	40 g	100 g
Birnen, Gute Luise, geschält	40 g	100 g
Aprikosen, entsteint	40 g	100 g
Zwetschgen, frisch, entsteint	40 g	100 g
Weichseln, frisch	40 g	100 g
Pfirsiche, frisch, entsteint	40 g	100 g
Himbeeren, frisch	20 g	50 g
Brombeeren, frisch	20 g	50 g
Melonen, Cavaillon, Fruchtfleisch	20 g	50 g
Kumquats	20 g	50 g
Wasser	35 g	80 g
Zucker	100 g	250 g
Rum, braun	200 g	500 g

Vorbereitung
– Wasser und Zucker kurz zu einem Sirup aufkochen und auf Eiswasser abkühlen.
– Ananas in 1 cm große Würfel schneiden, Birnen sechsteln, das Kerngehäuse entfernen und 5 mm dick schneiden.
– Aprikosen und Zwetschgen in gleichmäßige Schnitze schneiden.
– Weichselkirschen entsteinen.
– Pfirsiche vierteln und 5 mm dick schneiden.
– Melonenfruchtfleisch in 1 cm große Würfel schneiden.
– Kumquats vierteln und die Kerne entfernen.

Zubereitung
– Früchte und Beeren in einen Steinguttopf füllen.
– Zuckersirup mit dem Rum vermischen und über die Früchte gießen.
– Um zu verhindern, dass die Früchte obenauf schwimmen, mit einem Teller beschweren.
– Das Gefäß zudecken und von Zeit zu Zeit umrühren.
– Fortlaufend mit Saisonfrüchten und etwas Rumzuckersirup auffüllen.
– 2 Monate nach der letzten Früchtezugabe ist der Rumtopf servierbereit.

Hinweise für die Praxis
Stets hochprozentigen Rum verwenden (55 Vol.-% oder höher) oder mit Trinkspiritus ergänzen, damit die Früchte nicht zu gären beginnen. Serviert werden Rumfrüchte mit Rahmglacen, Savarins oder als eigenständige Süßspeise mit halbgeschlagenem Vollrahm.

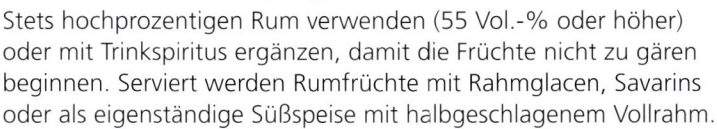

Tiramisu · Tiramisu

Zutaten

	4 Pers	10 Pers
Löffelbiskuits	60 g	145 g
Kakaopulver	10 g	20 g
Tränkflüssigkeit		
Espresso	85 g	215 g
Amaretto	20 g	50 g
Grand Marnier	5 g	10 g
Cognac	5 g	10 g
Creme		
Eigelb, pasteurisiert	25 g	60 g
Zucker	20 g	55 g
Gelatine	1 g	3 g
Mascarpone	115 g	290 g
Eiweiß, pasteurisiert	20 g	45 g
Zucker	10 g	30 g
Salz		0,5 g
Vollrahm, 35%	115 g	290 g

Vorbereitung

- Espresso, Amaretto, Grand Marnier und Cognac vermischen.
- Gelatine im kalten Wasser quellen lassen.
- Vollrahm zu 90% steif schlagen.

Zubereitung

- Form mit den Löffelbiskuits auslegen und mit der Tränkflüssigkeit tränken.
- Eiweiß mit Zucker und Salz steif schlagen und kühl stellen.
- Eigelb und Zucker warmschlagen.
- Gelatine auspressen und in einem Wasserbad auflösen.
- Zur warmen Eigelb-Zucker-Masse geben und kaltschlagen.
- Mascarpone leicht aufrühren und unter die kaltgeschlagene Eimasse mischen.
- Das steif geschlagene Eiweiß vorsichtig darunterziehen.
- Den geschlagenen Vollrahm unter die Masse heben.
- Die Creme über die Löffelbiskuits verteilen und glatt streichen.
- Mit Kakaopulver stäuben und kühl stellen.

Trifle · Trifle

Zutaten

	4 Pers	10 Pers
Löffelbiskuits	60 g	145 g
Sherry, trocken	25 g	65 g
Äpfel, geschält, ohne Kerngehäuse	65 g	160 g
Sultaninen	25 g	65 g
Orangeat	15 g	30 g
Mandelkerne, gehobelt	10 g	20 g
Zimt, gemahlen	1 g	2 g
Zitronensaft, frisch	10 g	30 g
Orangenmarmelade	10 g	30 g
Orangenfilets	100 g	250 g

Sherry-Creme

	4 Pers	10 Pers
Eigelb, pasteurisiert	25 g	65 g
Sherry, trocken	40 g	100 g
Zucker	15 g	40 g
Gelatine	2 g	4 g
Eiweiß, pasteurisiert	25 g	65 g
Zucker	10 g	25 g
Salz		0,5 g
Vollrahm, 35% (1)	50 g	130 g
Vollrahm, 35% (2)	20 g	50 g

Vorbereitung

- Mandeln auf einem Backblech im Ofen bei 160 °C goldgelb rösten.
- Äpfel in 5 mm große Würfel schneiden und mit dem Zitronensaft vermischen.
- Sultaninen, Orangeat, geröstete Mandeln, Zimt und Orangenmarmelade mischen.

Vorbereitung Sherry-Creme

- Gelatine in kaltem Wasser quellen lassen.
- Eiweiß mit Zucker und Salz zu einem steifen Schnee schlagen.
- Vollrahm (1 und 2) steif schlagen und kühl stellen.

Zubereitung Sherry-Creme

- Sherry und Zucker aufkochen, unter Rühren zum Eigelb geben und zur Rose erhitzen.
- Vom Herd ziehen, die ausgepresste Gelatine beigeben und in der Creme auflösen.
- Creme durch ein Sieb passieren und auf einem Eiswasserbad abkühlen.
- Bevor die Creme zu stocken beginnt, geschlagenes Eiweiß und geschlagenen Vollrahm (1) vorsichtig untermelieren.

Zubereitung Gericht

- Form mit Löffelbiskuits auslegen und mit Sherry tränken.
- Die Hälfte der Apfelwürfel gleichmäßig darauf verteilen.
- Die Sultaninen-Orangeat-Mandel-Mischung gleichmäßig darauf verteilen.
- Die restlichen Apfelwürfel darüberstreuen.
- Die Orangenfilets gleichmäßig darauf verteilen (einen Teil für die Garnitur beiseite legen).
- Sherry-Creme darübergeben, glatt streichen und 4 Stunden kühl stellen.
- Mit den restlichen Orangenfilets und Rosetten von geschlagenem Vollrahm (2) ausgarnieren.

Hinweise für die Praxis

Es ist wichtig, dass die Süßspeise in der vorgegebenen Reihenfolge zubereitet wird.

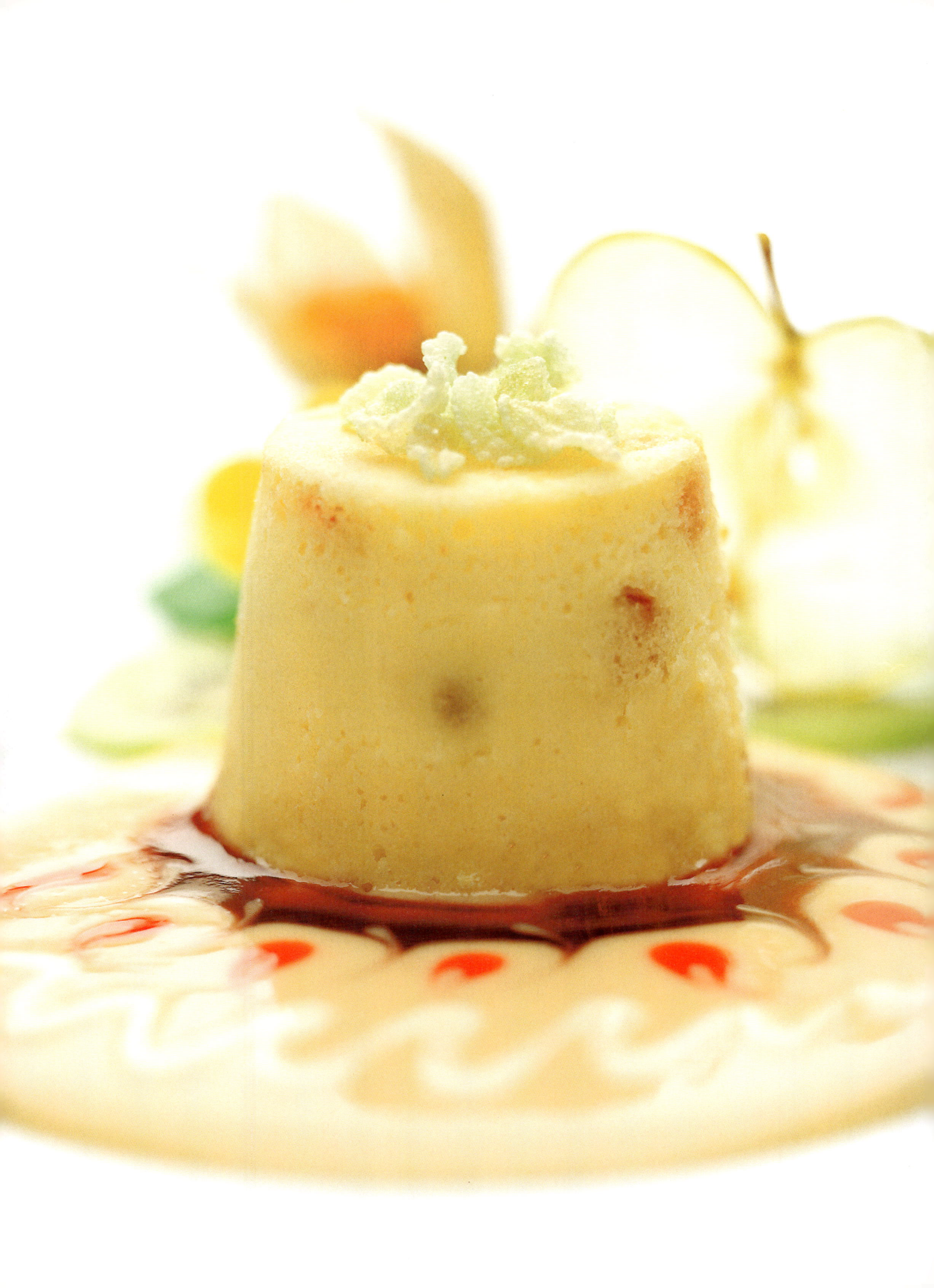

Warme Süßspeisen

814 **Warme Süßspeisen**

Warme Süßspeisen

Apfelauflauf · Soufflé aux pommes

Vorbereitung Formen	4 Pers	10 Pers
Butter	4 g	10 g
Weißmehl, Typ 550	4 g	10 g
Zutaten		
Butter	20 g	50 g
Weißmehl, Typ 550	25 g	60 g
Vollmilch	90 g	230 g
Vanilleschote	0,5	0,5
Zimt, gemahlen	0,5 g	1 g
Salz		0,5 g
Eigelb, pasteurisiert	30 g	70 g
Apfelmus, Konserve	50 g	120 g
Eiweiß, pasteurisiert	50 g	120 g
Zucker	25 g	55 g
Puderzucker	4 g	10 g
Sauce		
Vanillesauce	120 g	300 g

Vorbereitung
- Porzellan-Kokotten (100–120 g Inhalt) mit Butter ausstreichen und mit Weißmehl stäuben.
- Vanilleschote längs halbieren und das Mark herauskratzen.
- Butter schmelzen, Weißmehl beigeben und kurz dünsten.
- Glatt rühren und den Roux etwas auskühlen lassen.
- Eiweiß und Zucker zu steifem Schnee schlagen und kühl stellen.

Zubereitung
- Vanilleschote, Vanillemark, Zimt, Salz und Vollmilch zusammen aufkochen.
- Vollmilch passieren, unter Rühren zum Roux geben und glatt rühren.
- Mit einem Spatel die Masse auf dem Herd abrühren, bis sie sich vom Pfannenrand löst.
- Masse leicht auskühlen lassen.
- Eigelb nach und nach unter die Masse rühren.
- Apfelmus unter die Masse mischen.
- Etwas geschlagenes Eiweiß zur Lockerung unter die Masse mischen.
- Restliches Eiweiß sorgfältig unter die Masse ziehen.
- Masse mit einem Dressiersack bis zu ¾ der Höhe in die Kokotten einfüllen.
- Im heißen Wasserbad auf dem Herd gut erwärmen.
- Auf einem Rost im Backofen bei 200 °C 20–25 Minuten backen (Nadelprobe).
- Mit Puderzucker bestäuben und sofort servieren.
- Vanillesauce separat dazu servieren.

Äpfel Basler Art · Pommes bâloise

Zutaten	4 Pers	10 Pers
Äpfel, geschält	480 g	1200 g
Zucker	40 g	100 g
Butter	20 g	50 g
Weißwein	90 g	225 g
Apfelwein	90 g	225 g
Johannisbeergelee	80 g	200 g
Kirsch	20 g	50 g
Mandeln, gehobelt, extrafein	20 g	50 g
Puderzucker	8 g	20 g
Sauce		
Vanillesauce	120 g	300 g

Vorbereitung
- Äpfel (1 Stück pro Person) halbieren und das Kerngehäuse mit einem Ausstechlöffel entfernen.
- Johannisbeergelee mit Kirsch vermischen.
- Mandeln auf einem Backblech im Ofen bei 160 °C goldgelb rösten.
- Gratinplatte mit Butter ausstreichen.

Zubereitung
- Äpfel mit der Schnittfläche nach oben in die Gratinplatte legen.
- In die Kerngehäusevertiefungen Zucker einfüllen und mit Butterflocken belegen.
- Weißwein und Apfelwein zugießen und im Backofen bei 160–180 °C weich dünsten.
- Äpfel anrichten.
- Flüssigkeit passieren, zu sirupartiger Konsistenz einkochen und über die Äpfel verteilen.
- Parfümiertes Johannisbeergelee in die Vertiefungen der Äpfel füllen.
- Mit gerösteten Mandeln bestreuen, mit Puderzucker stäuben und warm servieren.
- Vanillesauce separat dazu servieren.

Apfelcharlotte · Charlotte aux pommes

Zutaten	4 Pers	10 Pers
Englischbrot, entrindet	350 g	500 g
Butter, geklärt	100 g	160 g
Äpfel, geschält, ohne Kerngehäuse	600 g	1350 g
Butter (1)	8 g	20 g
Zucker	60 g	150 g
Sultaninen	20 g	50 g
Zitronenraps	2 g	4 g
Zimt, gemahlen	0,5 g	1 g
Weißwein	60 g	150 g
Rum, braun	8 g	20 g
Abricoture	40 g	100 g
Sauce		
Aprikosensauce	120 g	300 g

Vorbereitung
- Englischbrot in Scheiben vom 3–5 mm Dicke schneiden.
- Äpfel vierteln und in feine Scheiben schneiden.
- Apfelscheiben mit Butter (1), Zucker, Sultaninen und Zitronenraps andünsten.
- Weißwein beigeben, kurze Zeit zugedeckt dünsten und in ein Sieb abschütten.
- Flüssigkeit zu sirupartiger Konsistenz einkochen und mit Rum parfümieren.
- Soufflé-Form (4 Personen Ø 14 cm, 10 Personen Ø 18 cm) bereitstellen.

Zubereitung
- Boden der Soufflé-Form mit zu Dreiecken geschnittenen und in geklärter Butter getränkten Brotscheiben auslegen (die gleiche Anzahl Dreiecke zum Abdecken der Form vorbereiten).
- Seitenwände mit in geklärter Butter getränkten Brotscheiben so auslegen, dass sich die Scheiben jeweils zur Hälfte überdecken.
- Apfelmasse in die vorbereitete Form füllen und leicht anpressen.
- Eingekochte Dünstflüssigkeit über die Apfelmasse verteilen.
- Mit den restlichen zu Dreiecken geschnittenen Brotscheiben abdecken.
- Im Backofen bei 220 °C und offenem Dampfabzug 30–40 Minuten backen.
- Vor dem Stürzen kurze Zeit abstehen lassen.
- Form auf eine Platte stürzen und mit heißer Abricoture bepinseln.
- Aprikosensauce separat dazu servieren.

Apfelkrapfen · Rissoles aux pommes

Zutaten	4 Pers	10 Pers
Blätterteig	400 g	1000 g
Ei zum Bestreichen	20 g	50 g
Äpfel, geschält, ohne Kerngehäuse	200 g	480 g
Butter	10 g	20 g
Zitronensaft, frisch	15	40 g
Sultaninen	20 g	50 g
Zucker	20 g	50 g
Weißwein	40 g	100 g
Calvados	10 g	25 g
Sauce		
Vanillesauce	120 g	300 g

Vorbereitung
- Äpfel sechsteln und in feine Scheiben schneiden.
- Apfelscheiben mit Butter, Zitronensaft, Sultaninen, Zucker, Weißwein und Calvados kurz dünsten.
- In ein Sieb abschütten und die Flüssigkeit zu einem dickem Sirup einkochen.
- Gedünstete Äpfel mit dem eingedickten Sirup mischen und kühl stellen.
- Backblech mit Backtrennpapier belegen.

Zubereitung
- Blätterteig 2 mm dick ausrollen und runde Plätzchen von 12 cm Durchmesser ausstechen.
- Die Teigränder mit Ei bepinseln.
- Kalte Apfelfüllung auf die Teighälften verteilen und dabei den Rand frei lassen.
- Unbelegte Teighälfte über die Füllung schlagen und andrücken.
- Mit der Oberseite eines Ausstechers den Rand bei der Füllung andrücken.
- Ränder mit einer Gabel andrücken.
- Mit einem passenden gezackten Ausstecher den Aussenrand zur Verzierung ausstechen.
- Krapfen auf das vorbereitete Backblech legen.
- 30 Minuten kühl stellen.
- Mit Ei bepinseln und anschließend mit einer Gabel einstechen.
- Im Backofen bei 200–220 °C und offenem Dampfabzug ca. 20 Minuten backen.
- Vanillesauce separat dazu servieren.

Apfelküchlein · Beignets de pommes

Zutaten	4 Pers	10 Pers
Äpfel, säuerliche Sorte, geschält, ohne Kerngehäuse	390 g	960 g
Zitronensaft, frisch	20 g	50 g
Zucker	20 g	50 g
Weißmehl	40 g	100 g
Backteig/Bierteig	240 g	600 g
Ölverlust beim Frittieren	60 g	150 g
Zucker	40 g	100 g
Zimt, gemahlen	1 g	2 g
Sauce		
Vanillesauce	120 g	300 g

Vorbereitung
- Backteig bereitstellen.
- Äpfel in Scheiben von 5–8 mm Dicke schneiden und mit Zitronensaft und Zucker marinieren.
- Zucker mit Zimt vermischen.
- Fritteuse auf 160–170 °C erhitzen.

Zubereitung
- Apfelscheiben auf einem Gitter abtropfen lassen.
- In Weißmehl wenden und gut abklopfen.
- Apfelscheiben im Backteig wenden und bei 170 °C in der Frittüre goldgelb ausbacken.
- Herausnehmen und auf Küchenpapier gut abtropfen lassen.
- Apfelküchlein im Zimtzucker wenden und warm servieren.
- Warme Vanillesauce dazu servieren.

Hinweise für die Praxis
Auf die gleiche Art lassen sich auch Ananas- oder Bananenküchlein zubereiten.

Apfelstrudel · Stroudel aux pommes

Zutaten	4 Pers	10 Pers
Strudelteig	80 g	200 g
Butter (1)	15 g	30 g
Mie de pain/weißes Paniermehl	25 g	60 g
Äpfel, geschält, ohne Kerngehäuse	480 g	1200 g
Zitronensaft, frisch	10 g	25 g
Zucker	40 g	100 g
Haselnusskerne, gemahlen	20 g	50 g
Sultaninen	15 g	30 g
Zitronenraps	1 g	2 g
Zimt, gemahlen	0,5 g	1 g
Butter (2)	40 g	100 g
Puderzucker	10 g	20 g
Sauce		
Vanillesauce	120 g	300 g

Vorbereitung
- Strudelteig bereitstellen.
- Mie de pain in Butter (1) goldgelb rösten und erkalten lassen.
- Äpfel vierteln, in feine Scheiben schneiden und mit Zitronensaft vermischen.
- Zucker mit Haselnüssen, Sultanien, Zitronenraps und Zimt mischen.
- Backblech mit Backtrennpapier auslegen.
- Butter (2) schmelzen.

Zubereitung
- Strudelteig auf gut gemehltem Tuch ausrollen und von Hand hauchdünn ausziehen (für 4 Personen: 20 × 65 cm; für 10 Personen: 50 × 65 cm).
- ⅔ der Teigfläche mit geröstetem Mie de pain bestreuen, mit den geschnittenen Äpfeln belegen und mit der Zuckermischung bestreuen.
- Das letzte Drittel des Teiges mit flüssiger Butter bepinseln.
- Strudel mit dem Tuch von der belegten Seite her satt aufrollen.
- Strudel mit dem Verschluss nach unten auf das vorbereitete Backblech legen.
- Mit flüssiger Butter bepinseln und im Kombisteamer bei 240 °C und offenem Dampfabzug (0% Feuchtigkeit) 15 Minuten goldgelb backen.
- Nach der halben Backzeit nochmals mit flüssiger Butter bepinseln.
- Nach dem Backen den Strudel noch heiß im Abstand von 10 Minuten mit flüssiger Butter bepinseln.
- Mit Puderzucker bestreuen, in Tranchen schneiden und mit heißer Vanillesauce servieren.

Hinweise für die Praxis
Auf die gleiche Art kann Birnenstrudel zubereitet werden.

APFELSTRUDEL – STEP BY STEP

1
2
3
4
5
6
7
8

WARME SÜSSSPEISEN

Apfel im Schlafrock · Pomme en cage

Zutaten	4 Pers	10 Pers
Blätterteig	320 g	800 g
Mandelmasse 1:1	60 g	150 g
Äpfel, geschält, ohne Kerngehäuse	480 g	1200 g
Zucker	45 g	110 g
Sultaninen	30 g	70 g
Zitronensaft, frisch	5 g	10 g
Zimt, gemahlen	0,5 g	1 g
Ei zum Bestreichen	20 g	50 g

Sauce

Vanillesauce	120 g	300 g

Vorbereitung
- Zucker, Sultaninen, Zitronensaft und Zimt mischen.
- Mischung in die ausgestochenen Äpfel füllen (pro Person 1 Apfel).
- Backblech mit Backtrennpapier belegen.

Zubereitung
- Blätterteig 2 mm dick auswallen und in Quadrate von 15 × 15 cm schneiden (pro Apfel ein Quadrat).
- Mit rundem gezacktem Ausstecher Rosetten von 5–6 cm Durchmesser ausstechen (pro Person 1 Teigrosette).
- Mandelmasse auf die Mitte der Teigquadrate dressieren und die gefüllten Äpfel darauf setzen.
- Teigränder mit Ei bepinseln, nach oben falten und gut andrücken.
- Teigverschluss mit Ei bepinseln und je eine Teigrosette auflegen.
- Die eingepackten Äpfel auf das vorbereitete Backblech setzen.
- 30 Minuten kühl stellen.
- Mit Ei bepinseln.
- Im Backofen bei 200–220 °C und offenem Dampfabzug ca. 30 Minuten goldgelb backen (Nadelprobe).
- Warm servieren, warme Vanillesauce separat dazu servieren.

Auflaufomelette · Omelette soufflée

Vorbereitung Formen

	4 Pers	10 Pers
Butter	10 g	20 g

Zutaten

	4 Pers	10 Pers
Eigelb, pasteurisiert	80 g	195 g
Zucker	45 g	110 g
Zitronenraps	1 g	3 g
Vanilleschote	0,5	1
Eiweiß, pasteurisiert	125 g	315 g
Zucker	20 g	50 g
Salz		0,5 g
Kartoffelstärke	15 g	30 g
Puderzucker	15 g	30 g

Vorbereitung
- Gratinplatte (Gastro-Norm ½) mit Butter ausstreichen.
- Vanilleschote längs halbieren und das Mark herauskratzen.
- Eiweiß mit Zucker und Salz zu steifem Schnee schlagen.

Zubereitung
- Eigelb, Zucker, Zitronenraps und Vanillemark schaumig schlagen.
- Ca. ⅓ des Eischnees unter die Masse mischen.
- Kartoffelstärke mit restlichem Eischnee sorgfältig unter die Masse melieren.
- Einen Teil der Masse in die vorbereitete Gratinplatte geben.
- Restliche Masse mit einem Dressiersack mit Lochtülle (Größe 12) dekorativ aufdressieren.
- Im Kombisteamer bei 200–220 °C backen.
- Mit Puderzucker bestreuen und sofort servieren.

Hinweise für die Praxis
Separat kann dazu Früchtekompott oder Glace serviert werden.

Auflaufpudding · Pouding saxon

Vorbereitung Formen	4 Pers	10 Pers
Butter	4 g	10 g
Weißmehl, Typ 550	4 g	10 g
Zutaten		
Butter	25 g	65 g
Weißmehl, Typ 550	35 g	80 g
Vollmilch	125 g	315 g
Vanilleschote	0,5	1
Salz		0,5 g
Eigelb, pasteurisiert	50 g	120 g
Sultaninen	15 g	40 g
Zitronenraps	1 g	2 g
Eiweiß, pasteurisiert	65 g	160 g
Zucker	30 g	70 g
Sauce		
Cassis-Sauce	120 g	300 g

Vorbereitung
- Porzellan-Kokotten (100–120 g Inhalt) mit Butter ausstreichen und mit Weißmehl stäuben.
- Vanilleschote längs halbieren und Mark herauskratzen.
- Sultaninen waschen.
- Butter schmelzen, Weißmehl beigeben und kurz dünsten.
- Glatt rühren und den Roux etwas auskühlen lassen.
- Eiweiß und Zucker zu steifem Schnee schlagen und kühl stellen.

Zubereitung
- Vanilleschote, Vanillemark und Salz mit der Vollmilch aufkochen.
- Vollmilch passieren, unter Rühren zum Roux geben und glatt rühren.
- Mit einem Spatel die Masse auf dem Herd abrühren, bis sie sich vom Pfannenrand löst.
- Masse leicht auskühlen lassen.
- Eigelb nach und nach unter die Masse rühren.
- Sultaninen und Zitronenraps unter die Masse mischen.
- Etwas geschlagenes Eiweiß zur Lockerung unter die Masse mischen.
- Restliches Eiweiß sorgfältig unter die Masse ziehen.
- Masse mit einem Dressiersack bis zu ¾ der Höhe in die Kokotten füllen.
- Im heißen Wasserbad auf dem Herd gut erwärmen.
- Auf einem Rost im Backofen bei 200 °C 15–20 Minuten backen (Nadelprobe).
- Herausnehmen und etwas abstehen lassen.
- Form stürzen (nach dem Stürzen mit dem Entfernen der Form einen Moment zuwarten).
- Anrichten und Cassis-Sauce oder Vanillesauce separat dazu servieren.

Auflauf Rothschild · Soufflé Rothschild

Vorbereitung Formen	4 Pers	10 Pers
Butter	4 g	10 g
Weißmehl, Typ 550	4 g	10 g
Zutaten		
Butter	25 g	65 g
Weißmehl, Typ 550	25 g	65 g
Vollmilch	125 g	310 g
Vanilleschote	0,5	1
Salz		0,5 g
Eigelb, pasteurisiert	45 g	115 g
Eiweiß, pasteurisiert	60 g	155 g
Zucker	30 g	70 g
Cakefrüchte, gewürfelt	20 g	45 g
Kirsch	10 g	25 g
Puderzucker	4 g	10 g
Sauce		
Erdbeersauce	120 g	300 g

Vorbereitung
- Porzellan-Kokotten (100–120 g Inhalt) mit Butter ausstreichen und mit Weißmehl stäuben.
- Vanilleschote längs halbieren und Mark herauskratzen.
- Cakefrüchte mit Kirsch marinieren.
- Butter schmelzen, Weißmehl beigeben und kurz dünsten.
- Glatt rühren und den Roux etwas auskühlen lassen.
- Eiweiß und Zucker zu steifem Schnee schlagen und kühl stellen.

Zubereitung
- Vanilleschote, Vanillemark, Salz und Vollmilch zusammen aufkochen.
- Vollmilch passieren, unter Rühren zum Roux geben und glatt rühren.
- Mit einem Spatel die Masse auf dem Herd abrühren, bis sie sich vom Pfannenrand löst.
- Masse leicht auskühlen lassen.
- Eigelb nach und nach unter die Masse rühren.
- Marinierte Cakefrüchte daruntermischen.
- Etwas geschlagenes Eiweiß zur Lockerung unter die Masse mischen.
- Restliches Eiweiß sorgfältig unter die Masse ziehen.
- Masse mit einem Dressiersack bis zu ¾ der Höhe in die Kokotten füllen.
- Im heißen Wasserbad auf dem Herd gut erwärmen.
- Auf einem Rost im Backofen bei 200 °C 15–20 Minuten backen (Nadelprobe).
- Mit Puderzucker bestäuben und sofort servieren.
- Erdbeersauce separat dazu servieren.

WARME SÜSSSPEISEN

Birnenjalousie · Jalousie aux poires

Zutaten	4 Pers	10 Pers
Blätterteig	160 g	400 g
Birnen, geschält, ohne Kerngehäuse	220 g	550 g
Butter	10 g	25 g
Zitronensaft, frisch	10 g	20 g
Zucker	15 g	40 g
Sultaninen	15 g	40 g
Weißwein	10 g	25 g
Zimt, gemahlen		0,5 g
Ei zum Bestreichen	10 g	25 g
Puderzucker	5 g	10 g
Sauce		
Vanillesauce	120 g	300 g

Vorbereitung
- Birnen sechsteln und in feine Scheiben schneiden.
- Birnenscheiben mit Butter, Zitronensaft, Zucker, Sultaninen, Weißwein und Zimt kurz dünsten.
- In ein Sieb abschütten und die Flüssigkeit zu einem dicken Sirup einkochen.
- Gedünstete Birnen mit dem eingedickten Sirup mischen und kühl stellen.
- Backblech mit Backtrennpapier auslegen.

Zubereitung
- Blätterteig 2 mm dick auswallen.
- Je einen Streifen von 12 × 20 cm und 15 × 20 cm zuschneiden (4 Personen).
- Je einen Streifen von 12 × 50 cm und 15 × 50 cm zuschneiden (10 Personen).
- Das schmale Band auf das vorbereitete Backblech legen.
- Kalte Birnenfüllung in der Mitte des Streifens verteilen, sodass auf beiden Seiten ein leerer Teigrand von 1,5 cm bleibt.
- Verbleibende Teigränder mit Ei bepinseln.
- Im breiten Streifen im Abstand von 5–10 mm quer Einschnitte von ca. 6 cm Länge anbringen (Jalousie = Fensterladen).
- Eingeschnittenen Teigstreifen aufrollen und über die Birnenfüllung abrollen.
- Seiten gut andrücken und mit einer Gabel oder einem Kneiferrädchen eindrücken.
- Jalousie ca. 30 Minuten kühl stellen.
- Mit Ei bepinseln und im Backofen bei 220 °C und offenem Dampfabzug ca. 30 Minuten goldgelb backen.
- Portionieren und mit Puderzucker bestreuen.
- Warme Vanillesauce dazu servieren.

Hinweise für die Praxis
Auf die gleiche Art können Jalousien mit anderen Früchten hergestellt werden.

Blätterteigkrapfen mit Konfitüre · Rissoles à la confiture

Zutaten	4 Pers	10 Pers
Blätterteig	240 g	600 g
Ei zum Bestreichen	20 g	50 g
Konfitüre	120 g	300 g
Puderzucker	20 g	50 g

Vorbereitung
- Backblech mit Backtrennpapier belegen.

Zubereitung
- Blätterteig 2 mm dick auswallen.
- Runde Plätzchen von 12 cm Durchmesser ausstechen (2 Plätzchen pro Person).
- Teigränder mit Ei bepinseln.
- Mit einem Dressiersack oder Löffel die Konfitüre in die Mitte der Plätzchen dressieren.
- Teigplätzchen halbmondförmig zusammenlegen und die Teigränder andrücken.
- Mit der Oberseite eines Ausstechers den Rand bei der Füllung andrücken.
- Teigränder mit einer Gabel andrücken.
- Mit einem passenden gezackten Ausstecher den Aussenrand zur Verzierung ausstechen.
- Krapfen auf das vorbereitete Backblech setzen und ca. 30 Minuten kühl stellen.
- Mit Ei bepinseln und mit einer Gabel einstechen.
- Im Backofen bei 200–220 °C und offenem Dampfabzug ca. 20 Minuten backen.
- Mit Puderzucker bestreuen.

BIRNENJALOUSIE – STEP BY STEP

WARME SÜSSSPEISEN

Brandteigkrapfen · Beignets soufflés

Zutaten	4 Pers	10 Pers
Brandteig (für Süßspeisen)	160 g	400 g
Ölverlust beim Frittieren	20 g	50 g
Zucker	40 g	100 g
Zimt, gemahlen	1 g	2 g
Sauce		
Vanillesauce	120 g	300 g

Vorbereitung
- Brandteig herstellen.
- Zucker und Zimt vermischen.
- Backblech mit Backtrennpapier auslegen.

Zubereitung
- Brandteig in einen Dressiersack mit Lochtülle (Nr. 12) füllen.
- Auf Backtrennpapier Krapfen von ca. 20 g Gewicht dressieren.
- In der Fritteuse bei 160 °C langsam ausbacken.
- Herausnehmen und auf Küchenpapier entfetten.
- Krapfen im Zimtzucker wenden und anrichten.
- Mit warmer Vanillesauce servieren.

Hinweise für die Praxis
Die Krapfen können auch mit einem in Öl getauchten kleinen Eisportionierer direkt in die Frittüre gegeben werden.

Brot-und-Butter-Pudding · Pouding au pain et au beurre (Bread and Butter Pudding)

Zutaten	4 Pers	10 Pers
Einback	65 g	165 g
Butter	20 g	45 g
Sultaninen	10 g	25 g
Vollmilch	180 g	445 g
Vanilleschote	0,5	1
Vollei, pasteurisiert	50 g	125 g
Zucker	25 g	60 g
Salz		0,5 g
Butter	10 g	20 g
Puderzucker	5 g	10 g

Vorbereitung
- Porzellan-Kokotten (100–120 g Inhalt) bereitstellen.
- Einback mit rundem Ausstecher auf die richtige Größe ausstechen.
- Butter schmelzen.
- Vanilleschote längs halbieren und das Mark herauskratzen.

Zubereitung
- Einbackscheiben in die Porzellan-Kokotten legen und mit der geschmolzenen Butter bepinseln.
- Sultaninen locker darauf streuen.
- Vanilleschote und Vanillemark zusammen mit der Vollmilch aufkochen, Vanilleschote entfernen.
- Vollei und Zucker cremig rühren.
- Heiße Vollmilch unter ständigem Rühren in das cremige Vollei geben.
- Eiermilch sorgfältig über die Einbackscheiben gießen.
- Butterflocken darauf verteilen.
- Im heißen Wasserbad vorwärmen.
- Im Wasserbad bei 140–150 °C im Backofen garen.
- Garpunkt mit der Nadelprobe bestimmen.
- Mit Puderzucker bestreuen und in den Förmchen servieren.

Hinweise für die Praxis
Brot-und-Butter-Pudding kann auch in einer Gratin- oder Puddingform zubereitet werden. Statt Einback kann auch pro Person eine Scheibe Zwieback verwendet werden. Auf das Bestreichen mit Butter kann in diesem Fall verzichtet werden.

Chriesiprägel · Chriesiprägel (soupe aux cerises)

Zutaten

	4 Pers	10 Pers
Orangensaft, frisch gepresst	95 g	235 g
Zucker	30 g	70 g
Zimtstängel	0,5	1
Kartoffelstärke	10 g	25 g
Kirschen, entsteint	360 g	900 g
Einback	95 g	235 g
Butter	20 g	45 g
Zucker	40 g	100 g
Zimt, gemahlen	1 g	2 g

Vorbereitung

– Einback in 5 mm große Würfel schneiden und in Butter goldgelb rösten.
– Zucker mit dem Zimt vermischen.

Zubereitung

– Orangensaft mit Zucker und Zimtstängel aufkochen.
– Kartoffelstärke mit wenig kaltem Wasser anrühren und den Orangensud binden.
– Kirschen beigeben und unter Rühren aufkochen.
– Heißes Kirschenkompott in Suppenteller anrichten.
– Geröstete Einbackwürfel darübergeben und mit Zimtzucker bestreuen.

Hinweise für die Praxis

Der Chriesiprägel kann auch mit einer Kugel Vanilleglace ergänzt werden.

Dörraprikosen-Ravioli · Ravioli aux abricots secs

Zutaten

	4 Pers	10 Pers
Strudelteig	100 g	250 g
Aprikosen, getrocknet	100 g	255 g
Mandelkerne, geschält, gemahlen	20 g	50 g
Zitronensaft, frisch	5 g	15 g
Vollrahm, 35%	30 g	80 g
Mascarpone	50 g	125 g
Zimt, gemahlen	1 g	2 g
Salz	0,5 g	1 g
Puderzucker	30 g	75 g
Sauce		
Vanillesauce	120 g	300 g

Vorbereitung

– Getrocknete Aprikosen in Brunoise (Würfelchen) schneiden.
– Mandeln, Zitronensaft, Vollrahm, Mascarpone, Zimt und Salz mit der Aprikosen-Brunoise mischen.

Zubereitung

– Strudelteig hauchdünn auswallen.
– Mit einem runden Ausstecher (Ø 9 cm) pro Person 2 Teigrondellen ausstechen.
– Mit einem Kaffeelöffel auf jedes Teigrondell 30 g Aprikosenfüllung geben.
– Mit einem rundem Ausstecher (Ø 11 cm) pro Person 2 Teigrondellen ausstechen.
– Teigrand rund um die Masse leicht mit Wasser bepinseln.
– Teigdeckel über die Masse legen und die Ränder gut anpressen.
– Ravioli auf ein mit Backtrennpapier belegtes Blech legen und kühl stellen.
– In der Fritteuse bei 170 °C knusprig frittieren.
– Herausnehmen und auf Küchenpapier abtropfen lassen.
– Auf Teller anrichten, mit Staubzucker bestäuben und mit warmer Vanillesauce servieren.

Englischer Grießpudding · Pouding de semoule anglaise

Vorbereitung Formen	4 Pers	10 Pers
Butter	10 g	20 g

Zutaten		
Vollmilch	400 g	1000 g
Vanilleschote	0,5	1
Salz		0,5 g
Hartweizengrieß	55 g	140 g
Vollei, pasteurisiert	40 g	100 g
Zucker	45 g	110 g
Zitronenraps	2 g	4 g
Puderzucker	5 g	10 g

Sauce		
Aprikosensauce	120 g	300 g

Vorbereitung
- Porzellan-Kokotten (100–120 g Inhalt) mit Butter ausstreichen.
- Vanilleschote längs halbieren und das Mark herauskratzen.

Zubereitung
- Vanilleschote, Vanillemark, Vollmilch und Salz aufkochen.
- Hartweizengrieß einrieseln lassen und breiig weich garen (ca. 10 Minuten).
- Vanilleschote herausnehmen.
- Vollei, Zucker und Zitronenraps schaumig schlagen und unter die Grießmasse ziehen.
- Grießmasse bis zu ¾ der Höhe in die Kokotten füllen.
- Im heißen Wasserbad vorwärmen.
- Im Wasserbad im Backofen bei 220–230 °C ca. 20 Minuten goldgelb überbacken.
- Vor dem Servieren mit Puderzucker bestreuen und in der Form servieren.
- Aprikosensauce separat dazu servieren.

Hinweise für die Praxis
Es kann auch eine andere, beliebige Früchtesauce oder ein Früchtekompott dazu serviert werden.

Frankfurter Pudding · Pouding Francfort

Vorbereitung Formen	4 Pers	10 Pers
Butter	4 g	10 g
Weißmehl, Typ 550	4 g	10 g

Zutaten		
Butter	30 g	70 g
Zucker	30 g	70 g
Eigelb, pasteurisiert	55 g	140 g
Mandelkerne, gemahlen	30 g	75 g
Biskuit, gerieben (Schraps)	30 g	75 g
Sultaninen	15 g	35 g
Kartoffelstärke	10 g	25 g
Zimt, gemahlen	0,5 g	1 g
Zitronenraps	0,5 g	1 g
Eiweiß, pasteurisiert	75 g	180 g
Zucker	10 g	25 g

Sauce		
Rotweinsauce	120 g	300 g

Vorbereitung
- Porzellan-Kokotten (100–120 g Inhalt) mit Butter ausstreichen und mit Weißmehl stäuben.
- Kartoffelstärke sieben.
- Eiweiß mit dem Zucker steif schlagen und kühl stellen.

Zubereitung
- Butter und Zucker schaumig schlagen.
- Eigelb nach und nach beigeben.
- Mandeln, geriebenes Biskuit, Sultaninen, Kartoffelstärke, Zimt und Zitronenraps mischen und unter die Masse ziehen.
- Eischnee unter die Masse melieren.
- Die vorbereiteten Porzellan-Kokotten bis zu ¾ der Höhe mit der Masse füllen.
- Im vorgewärmten Wasserbad bei einer Temperatur von 220 °C im Ofen bei offenem Dampfabzug ca. 40 Minuten backen.
- Etwas abstehen lassen und stürzen.
- Rotweinsauce separat dazu servieren.

Grand-Marnier-Auflauf · Soufflé au Grand Marnier

Vorbereitung Formen	4 Pers	10 Pers
Butter	4 g	10 g
Weißmehl, Typ 550	4 g	10 g

Zutaten	4 Pers	10 Pers
Butter	25 g	65 g
Weißmehl, Typ 550	25 g	65 g
Vollmilch	125 g	315 g
Orangenraps	1 g	2 g
Salz		0,5 g
Eigelb, pasteurisiert	50 g	120 g
Eiweiß, pasteurisiert	60 g	155 g
Zucker	30 g	70 g
Genueser Biskuit	15 g	30 g
Grand Marnier	15 g	30 g

Weitere Zutaten	4 Pers	10 Pers
Puderzucker	4 g	10 g

Sauce	4 Pers	10 Pers
Orangensauce mit Honig	120 g	300 g

Vorbereitung
- Porzellan-Kokotten (100–120 g Inhalt) mit Butter ausstreichen und mit Weißmehl stäuben.
- Genueser Biskuit in 5 mm große Würfel schneiden und mit Grand Marnier tränken.
- Butter schmelzen, Weißmehl beigeben und kurz dünsten.
- Glatt rühren und den Roux etwas auskühlen lassen.
- Eiweiß und Zucker zu einem steifen Schnee schlagen und kühl stellen.

Zubereitung
- Vollmilch mit dem Orangenraps und Salz aufkochen.
- Vollmilch passieren, unter Rühren zum Roux geben und glatt rühren.
- Mit einem Spatel die Masse auf dem Herd abrühren, bis sie sich vom Pfannenrand löst.
- Die Masse leicht auskühlen lassen.
- Eigelb nach und nach unter die Masse rühren.
- Etwas geschlagenes Eiweiß zur Lockerung unter die Masse mischen.
- Das restliche Eiweiß sorgfältig unter die Masse ziehen.
- Die getränkten Biskuitwürfel sorgfältig unter die Masse ziehen.
- Die Masse mit einem Dressiersack bis zu ¾ der Höhe der Kokotten einfüllen.
- In einem heißen Wasserbad auf dem Herd gut erwärmen.
- Auf einem Rost bei einer Ofentemperatur von 200 °C ca. 15–20 Minuten backen (Nadelprobe).
- Mit Puderzucker bestäuben und sofort servieren.
- Orangensauce separat dazu servieren.

Kaiserschmarrn · Kaiserschmarrn

Zutaten	4 Pers	10 Pers
Weißmehl, Typ 550	80 g	195 g
Eigelb, pasteurisiert	35 g	80 g
Vollmilch	100 g	245 g
Zitronenraps	1 g	2 g
Vanilleschote	0,5	0,5
Eiweiß, pasteurisiert	45 g	115 g
Zucker	15 g	35 g
Salz		0,5 g
Rosinen	15 g	30 g

Vorbereitung
- Weißmehl sieben.
- Vanilleschote längs halbieren und das Mark herauskratzen.

Zubereitung
- Weißmehl, Eigelb, Vollmilch, Zitronenraps und Vanillemark zu einem glatten, dickflüssigen Teig rühren.
- Eiweiß, Zucker und Salz zu einem steifen Schnee schlagen.
- Eiweißmasse sorgfältig unter die Teigmasse ziehen.
- Den Teig in eine erhitzte antihaftbeschichtete Pfanne mit Butter geben und mit Rosinen bestreuen.
- Beidseitig goldgelb backen.
- Noch heiß in unregelmäßige Stücke zerpflücken, mit Puderzucker bestreuen und sofort servieren.

Hinweise für die Praxis
Dazu kann ein beliebiges Früchtekompott serviert werden.

Grieß-Quark-Knödel mit Dörrzwetschgen
Quenelles au séré et à la semoule aux quetsches séchées

Zutaten	4 Pers	10 Pers
Hartweizengrieß	80 g	200 g
Weißmehl, Typ 550	75 g	180 g
Butter	60 g	150 g
Quark, mager	145 g	360 g
Zitronenraps	0,5 g	1 g
Salz	0,5 g	1 g
Backpulver		0,5 g
Dörrzwetschgen, ohne Stein	120 g	300 g
Rotwein	80 g	200 g
Mie de pain/weißes Paniermehl	40 g	100 g
Butter	80 g	200 g
Gewürzsud		
Wasser	530 g	1330 g
Zucker	270 g	670 g
Orangenschale	2 g	4 g
Zimtstängel	0,5	1
Vanilleschote	0,5	1

Vorbereitung
- Rotwein aufkochen, die Dörrzwetschgen beigeben und zugedeckt weich dünsten.
- Dörrzwetschgen auf ein Sieb gießen und abtropfen lassen (den Fond auffangen).
- Dörrzwetschgen auskühlen lassen.
- Dünstflüssigkeit der Dörrzwetschgen einkochen.
- Mie de pain in Butter goldgelb rösten.
- Weißmehl sieben.

Zubereitung
- Butterflocken mit dem Hartweizengrieß und dem Weißmehl zerreiben.
- Magerquark, Zitronenraps, Salz und Backpulver dazugeben und kurz zu einem Teig kneten.
- Vom Teig eine Rolle formen und zugedeckt im Kühlschrank 30 Minuten ruhen lassen.
- Die Rolle in gleichmäßige Scheiben schneiden und in jede Scheibe eine Dörrzwetschge einwickeln.
- Mit beiden Händen zu gleichmäßigen Kugeln formen.
- Die Knödel in einem Sud mit Wasser, Zucker, Orangenschale, Zimt und Vanille pochieren.
- Die Knödel herausnehmen und auf Küchenpapier abtropfen lassen.

Anrichten
- Die Knödel anrichten und mit dem gerösteten Mie de pain bestreuen oder im gerösteten Mie de pain wälzen.
- Die eingekochte Dünstflüssigkeit der Dörrzwetschgen in einer Sauciere dazu servieren.

Hinweise für die Praxis
Die Dünstflüssigkeit der Dörrzwetschgen, falls nötig, mit wenig angerührtem Stärkemehl leicht binden.

Omelette Stephanie · Omelette Stéphanie

Zutaten	4 Pers	10 Pers
Eigelb, pasteurisiert	40 g	90 g
Zucker	30 g	75 g
Vanilleschote	0,5	1
Eiweiß, pasteurisiert	65 g	160 g
Salz	0,5	1 g
Weißmehl, Typ 550	20 g	45 g
Vollrahm, 35%	5 g	10 g
Butter	10 g	20 g
Zitronenraps	0,5 g	1 g
Erdbeermarmelade	20 g	50 g
Orangenlikör	20 g	50 g
Butter	5 g	10 g
Puderzucker	5 g	10 g

Vorbereitung
- Butter schmelzen.
- Vanilleschote längs halbieren und das Vanillemark herauskratzen.
- Weißmehl sieben.
- Erdbeermarmelade mit dem Orangenlikör parfümieren.

Zubereitung
- Eiweiß zusammen mit dem Salz steif schlagen und kühl stellen.
- Eigelb, Zucker und Vanillemark schaumig schlagen.
- Eiweiß, Weißmehl, Vollrahm, Butter und Zitronenraps unter die Eigelbmasse melieren.
- Butter in einer Lyoner Pfanne erwärmen.
- Masse beigeben und im heißen Ofen aufgehen lassen.
- Erdbeermarmelade in die Mitte geben.
- Masse umschlagen, d. h., die eine Hälfte auf die andere umlegen.
- Auf einer vorgewärmten Platte anrichten.
- Mit Puderzucker bestäuben und sofort servieren.

Orangengratin mit Vanilleglace · Gratin d'oranges à la glace vanille

Zutaten	4 Pers	10 Pers
Orangenfilets	260 g	650 g
Orangenlikör	20 g	50 g
Puderzucker	10 g	20 g
Eigelb, pasteurisiert	55 g	140 g
Zucker	40 g	100 g
Vollrahm, 35%	55 g	135 g
Orangenlikör	10 g	25 g
Orangenraps	1 g	3 g
Vanilleschote	0,5	0,5
Salz		0,5 g

Weitere Zutaten

Vanilleglace/Vanilleeis	200 g	500 g

Vorbereitung
- Gratinformen (1 Form pro Person) bereitstellen.
- Orangenfilets abschütten, mit Orangenlikör und Puderzucker marinieren und in der Gratinform anrichten.
- Vanilleschote längs halbieren und das Mark herauskratzen.

Zubereitung
- Eigelb, Zucker, Vollrahm, Orangenlikör, Orangenraps, Vanillemark und Salz auf einem Wasserbad schaumig schlagen.
- Marinierte Orangenfilets mit der Gratinmasse nappieren.
- Unter dem Salamander oder im Ofen bei starker Oberhitze goldgelb überbacken.
- Vanilleglace darauf anrichten (oder separat dazu reichen) und sofort servieren.

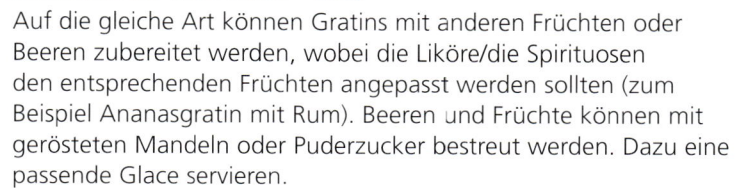

Hinweise für die Praxis
Auf die gleiche Art können Gratins mit anderen Früchten oder Beeren zubereitet werden, wobei die Liköre/die Spirituosen den entsprechenden Früchten angepasst werden sollten (zum Beispiel Ananasgratin mit Rum). Beeren und Früchte können mit gerösteten Mandeln oder Puderzucker bestreut werden. Dazu eine passende Glace servieren.

Pfannkuchen mit Äpfeln · Crêpes aux pommes/Crêpes normande

Zutaten	4 Pers	10 Pers
Pfannkuchenteig, süß	200 g	500 g
Butter (1)	15 g	30 g
Butter (2)	20 g	50 g
Äpfel, geschält, ohne Kerngehäuse	200 g	500 g
Sultaninen	20 g	50 g
Zucker	20 g	50 g
Weißwein	20 g	50 g
Zimt, gemahlen	2 g	5 g
Zitronenraps	1 g	2 g
Puderzucker	10 g	20 g

Sauce

Aprikosensauce	120 g	300 g

Vorbereitung
- In einer antihaftbeschichteten Pfanne pro Person 2 Stück dünne Pfannkuchen in Butter (1) ausbacken (Durchmesser 15 cm).
- Pfannkuchen zugedeckt warm stellen.
- Äpfel sechsteln und in dünne Scheiben schneiden.

Zubereitung
- Äpfel in Butter (2) andünsten.
- Sultaninen, Zucker, Zimt und Zitronenraps beigeben, mit Weißwein ablöschen und weich dünsten.
- Apfelfüllung in die Pfannkuchen verteilen und einschlagen.
- Anrichten, mit Puderzucker bestreuen und unter dem Salamander oder im Ofen bei starker Oberhitze abflämmen und sofort servieren.
- Aprikosensauce separat dazu servieren.

Hinweise für die Praxis
Dazu kann eine beliebige Früchtesauce oder Vanilleglace serviert werden.

Pfannkuchen Suzette · Crêpes Suzette

Zutaten	4 Pers	10 Pers
Pfannkuchenteig, süß	200 g	500 g
Butter (1)	15 g	30 g
Butter (2)	55 g	130 g
Zucker	45 g	110 g
Orangensaft, frisch gepresst	170 g	425 g
Zitronensaft, frisch	35 g	85 g
Orangenzesten	2 g	5 g
Grand Marnier	35 g	90 g
Cognac	25 g	60 g

Weitere Zutaten

Vanilleglace/Vanilleeis	200 g	500 g

Vorbereitung
– In einer antihaftbeschichteten Pfanne pro Person 2 Stück dünne Pfannkuchen in Butter (1) ausbacken (Durchmesser 15 cm).

Zubereitung
– Butter (2) in einer Flambierpfanne schmelzen.
– Zucker beigeben und karamellisieren.
– Mit Orangen- und Zitronensaft ablöschen und den Zucker auflösen.
– Orangenzesten beigeben.
– Die Pfannkuchen darin erwärmen und zusammenfalten.
– Grand Marnier und Cognac beigeben und flambieren.
– Auf vorgewärmten Tellern anrichten, mit einer Kugel Vanilleglace garnieren und sofort servieren.

Hinweise für die Praxis
Crêpes Suzette werden häufig vor dem Gast von kundigen ServicemitarbeiterInnen zubereitet und flambiert.

Pudding Diplomatenart · Pouding diplomate

Vorbereitung Formen	4 Pers	10 Pers
Butter	4 g	10 g
Weißmehl	4 g	10 g

Zutaten		
Vollmilch	240 g	600 g
Zucker	35 g	90 g
Vanilleschote	0,5	1
Salz		0,5 g
Vollei, pasteurisiert	100 g	250 g
Genueser Biskuit	60 g	150 g
Sultaninen, hell	20 g	50 g
Orangeat	10 g	25 g
Zitronat	10 g	25 g
Rum, braun	10 g	20 g

Sauce		
Orangensauce mit Honig	120 g	300 g

Vorbereitung
– Porzellan-Kokotten (100–120 g Inhalt) mit Butter ausstreichen und mit Weißmehl stäuben.
– Vanilleschote längs halbieren und das Mark herauskratzen.
– Orangeat, Zitronat und Sultaninen mit dem Rum marinieren.
– Genueser Biskuit in 5 mm große Würfel schneiden.

Zubereitung
– Vanilleschote, Vanillemark mit Vollmilch, Zucker und Salz aufkochen.
– Vanilleschote entfernen.
– Vollei cremig schlagen und die heiße Vollmilch unter ständigem Rühren beigeben.
– Biskuitwürfel und die marinierten Früchte beigeben und gut vermischen.
– Masse bis zu ¾ der Höhe der Porzellan-Kokotten abfüllen.
– Im heißen Wasserbad vorwärmen.
– Im Wasserbad bei einer Temperatur von 140–150 °C im Ofen backen.
– Garpunkt mit den Nadelprobe bestimmen.
– Stürzen, jedoch mit dem Entfernen der Kokotten einen Moment warten.
– Anrichten und Orangensauce separat dazu servieren.

Hinweise für die Praxis
Als Alternative kann auch eine andere Früchte- oder eine Vanillesauce dazu serviert werden.

Quarkauflauf · Soufflé au séré

Vorbereitung Formen	4 Pers	10 Pers
Butter	4 g	10 g
Weißmehl, Typ 550	4 g	10 g
Zutaten		
Quark, halbfett	195 g	485 g
Stärkemehl	30 g	75 g
Eigelb, pasteurisiert	45 g	115 g
Zucker	30 g	75 g
Zitronenraps	0,5 g	1 g
Salz		0,5 g
Eiweiß, pasteurisiert	30 g	75 g
Zucker	15 g	30 g
Puderzucker	4 g	10 g
Sauce		
Aprikosensauce	120 g	300 g

Vorbereitung
- Porzellan-Kokotten (100–120 g Inhalt) mit Butter ausstreichen und mit Weißmehl stäuben.
- Eiweiß und Zucker zu einem steifen Schnee schlagen und kühl stellen.

Zubereitung
- Quark mit dem Stärkemehl verrühren.
- Eigelb, Zucker, Zitronenraps und Salz schaumig rühren und unter die Quarkmasse mischen.
- Das geschlagene Eiweiß sorgfältig unter die Masse ziehen.
- Die Masse mit einem Dressiersack bis zu ¾ der Höhe der Kokotten einfüllen.
- In einem heißen Wasserbad auf dem Herd gut erwärmen.
- Auf einem Rost bei einer Ofentemperatur von 200 °C ca. 15–20 Minuten backen (Nadelprobe).
- Mit Puderzucker bestäuben und sofort servieren.
- Aprikosensauce separat dazu servieren.

Quarkauflaufpudding · Pouding soufflé au séré

Vorbereitung Formen	4 Pers	10 Pers
Butter	5 g	10 g
Weißmehl	10 g	20 g
Zutaten		
Vollmilch	65 g	165 g
Vanilleschote	0,5	1
Salz		0,5 g
Butter	25 g	55 g
Weißmehl, Typ 550	35 g	85 g
Eigelb, pasteurisiert	35 g	90 g
Quark, halbfett	45 g	115 g
Sultaninen	10 g	25 g
Eiweiß, pasteurisiert	45 g	110 g
Zucker	25 g	55 g
Sauce		
Orangensauce mit Honig	120 g	300 g

Vorbereitung
- Porzellan-Kokotten (100–120 g Inhalt) mit Butter ausstreichen und mit Weißmehl stäuben.
- Vanilleschote längs halbieren und das Mark herauskratzen.
- Butter schmelzen, Weißmehl beigeben, kurz dünsten und den Roux etwas auskühlen lassen.
- Eiweiß und Zucker zu einem steifen Schnee schlagen und kühl stellen.

Zubereitung
- Vanilleschote, Vanillemark, Salz und Vollmilch aufkochen.
- Vollmilch durch ein Sieb passieren, zum Roux geben und mit dem Schwingbesen glatt rühren.
- Mit einem Rührspatel auf dem Herd abrühren, bis sich die Masse von der Kasserolle löst.
- Die Masse leicht abkühlen lassen und das Eigelb unter die Masse rühren.
- Quark und Sultaninen beigeben und verrühren.
- Das steif geschlagene Eiweiß sorgfältig unter die Masse ziehen.
- Die Masse bis zu ¾ der Höhe der Porzellan-Kokotten einfüllen.
- Im heißen Wasserbad vorwärmen.
- Mit dem Wasserbad bei einer Temperatur von 180 °C ca. 20 Minuten im Ofen backen.
- Stürzen, jedoch mit dem Entfernen der Kokotte einen Moment warten.
- Anrichten und die Orangensauce separat dazu servieren.

Hinweise für die Praxis
Es kann auch eine Vanillesauce oder eine beliebige Früchtesauce dazu serviert werden.

Quarkknödel · Quenelles au séré

Zutaten

	4 Pers	10 Pers
Butter	25 g	55 g
Zucker	25 g	65 g
Vollei, pasteurisiert	55 g	140 g
Eigelb, frisch	15 g	35 g
Salz	0,5 g	1 g
Zitronenraps	1 g	2 g
Quark, mager	110 g	275 g
Ricotta	110 g	275 g
Mie de pain/weißes Paniermehl	55 g	140 g
Kartoffelstärke	5 g	15 g

Gewürzsud

	4 Pers	10 Pers
Wasser	530 g	1330 g
Zucker	270 g	670 g
Zitronenschale	2 g	4 g
Vanilleschote	0,5	1
Sternanis	1	3

Vorbereitung
- Magerquark über Nacht in einem Kaffeefilter abtropfen lassen.
- Butter aus dem Kühlschrank nehmen.

Zubereitung
- Butter und Zucker schaumig rühren.
- Vollei, Eigelb, Zitronenraps und Salz vermischen und beigeben.
- Den abgetropften Magerquark und den Ricotta unter die Masse rühren.
- Mie de pain und Kartoffelstärke vermischen und unter die Masse rühren.
- Die Knödelmasse im Kühlschrank 1 Stunde ruhen lassen.
- Mit einem Eisportionierer Kugeln von ca. 50 g formen.
- Zutaten für den Gewürzsud aufkochen und die Knödel darin pochieren.

Hinweise für die Praxis
Je nach Feuchtigkeitsgehalt muss mehr Mie de pain beigegeben werden. Zu Quarkknödeln passen Zimt-Rahmgefrorenes oder Cassis-Schaumgefrorenes.

Quarkkrapfen · Rissoles au séré

Zutaten

	4 Pers	10 Pers
Blätterteig	400 g	1000 g
Ei zum Bestreichen	20 g	50 g
Quark, halbfett	160 g	400 g
Zucker	20 g	50 g
Hartweizengrieß	15 g	30 g
Eigelb, pasteurisiert	15 g	40 g
Sultaninen	20 g	50 g
Mandelkerne, geschält, gemahlen	15 g	30 g
Zitronenraps	1 g	4 g
Zimt, gemahlen	0,5 g	1 g
Puderzucker	20 g	50 g

Sauce

	4 Pers	10 Pers
Himbeersauce	120 g	300 g

Vorbereitung
- Quark, Zucker, Hartweizengrieß, Eigelb, Sultaninen, Mandeln, Zitronenraps und Zimt mischen.
- Die Quarkmasse ca. 1 Stunde kühl stellen, damit der Grieß quellen kann.
- Backblech mit Backtrennpapier belegen.

Zubereitung
- Blätterteig 2 mm dick ausrollen.
- Runde Plätzchen von 12 cm Durchmesser ausstechen (pro Person 2 Plätzchen).
- Die Teigränder mit Ei bestreichen.
- Auf die Mitte der Plätzchen die Quarkfüllung geben.
- Teigplätzchen halbmondartig zusammenlegen und die Teigränder andrücken.
- Mit der Oberseite eines Ausstechers den Rand der Füllung andrücken.
- Die Ränder mit einer Gabel andrücken.
- Mit einem passenden, gezackten Ausstecher den Außenrand zur Verzierung ausstechen.
- Krapfen auf das vorbereitete Backblech legen und ca. 30 Minuten kühl stellen.
- Mit Ei bestreichen und mit einer Gabel einstechen.
- Im Ofen bei einer Temperatur von 200–220 °C bei offenem Dampfabzug ca. 20 Minuten backen.
- Mit Puderzucker bestreuen.
- Himbeersauce separat dazu servieren.

Quarkstrudel · Stroudel au séré

Zutaten

	4 Pers	10 Pers
Strudelteig	80 g	200 g
Butter (1)	35 g	85 g
Zucker	20 g	50 g
Zitronenraps	1 g	2 g
Salz	0,5 g	1 g
Eigelb, pasteurisiert	35 g	85 g
Quark, halbfett	170 g	430 g
Mie de pain/weißes Paniermehl	70 g	175 g
Vollmilch	90 g	220 g
Eiweiß, pasteurisiert	40 g	100 g
Zucker	25 g	55 g
Butter (2)	40 g	100 g
Puderzucker	10 g	20 g

Sauce

	4 Pers	10 Pers
Vanillesauce	120 g	300 g

Vorbereitung
- Strudelteig bereitstellen.
- Butter (1), Zucker, Zitronenraps und Salz schaumig schlagen.
- Eigelb nach und nach beigeben.
- Mie de pain in der Milch einweichen.
- Quark und eingeweichtes Mie de pain unter die Masse ziehen.
- Eiweiß und Zucker steif schlagen und vorsichtig unter die Masse ziehen.
- Butter (2) zum Bestreichen schmelzen.
- Backblech mit Backtrennpapier auslegen.

Zubereitung
- Strudelteig auf einem gut gemehlten Tuch ausrollen und von Hand anschließend hauchdünn ausziehen (4 Personen: 20 × 65 cm; 10 Personen: 50 × 65 cm).
- Zwei Drittel der Teigfläche mit der Quarkmasse bestreichen.
- Das letzte Drittel des Teiges mit flüssiger Butter bepinseln.
- Den Strudel mit dem Tuch von der belegten Seite her satt aufrollen.
- Den Strudel mit dem Verschluss nach unten auf das vorbereitete Backblech legen.
- Mit flüssiger Butter bepinseln und im Kombisteamer bei 240 °C bei offenem Dampfabzug (0% Feuchtigkeit) 15 Minuten goldgelb backen.
- Nach der halben Backzeit nochmals mit flüssiger Butter bepinseln.
- Nach dem Backen den Strudel noch heiß im Abstand von 10 Minuten mit flüssiger Butter bepinseln.
- Mit Puderzucker bestreuen, in Tranchen schneiden und mit heißer Vanillesauce servieren.

Reisauflaufpudding · Pouding soufflé au riz

Vorbereitung Formen

	4 Pers	10 Pers
Butter	5 g	10 g
Weißmehl, Typ 550	5 g	10 g

Zutaten

	4 Pers	10 Pers
Vollmilch	120 g	295 g
Vanilleschote	0,5	1
Reis, Vialone	25 g	60 g
Sultaninen	15 g	35 g
Butter	10 g	25 g
Zitronenraps	1	3 g
Eigelb, pasteurisiert	35 g	90 g
Eiweiß, pasteurisiert	60 g	145 g
Zucker	20 g	50 g
Salz		0,5 g

Sauce

	4 Pers	10 Pers
Himbeersauce	120 g	300 g

Vorbereitung
- Vanilleschote längs halbieren und das Mark herauskratzen.
- Vialone-Reis 5 Minuten blanchieren, abgießen und kalt abschrecken.
- Porzellan-Kokotten (100–120 g Inhalt) mit Butter ausstreichen und mit Weißmehl bestäuben.

Zubereitung
- Vanilleschote, Vanillemark zusammen mit der Vollmilch aufkochen.
- Blanchierten Reis beigeben und weich sieden (ca. 30 Minuten), Vanilleschote entfernen.
- Sultaninen, Butter und Zitronenraps beigeben.
- Eigelb unter die Reismasse rühren.
- Eiweiß, Zucker und Salz zu einem steifen Schnee schlagen und sorgfältig unter die Masse ziehen.
- Masse bis zu ¾ der Höhe der Porzellan-Kokotten einfüllen.
- Im heißen Wasserbad vorwärmen.
- Im Wasserbad bei einer Temperatur von 220 °C ca. 20 Minuten im Ofen backen.
- Garpunkt mit der Nadelprobe bestimmen.
- Stürzen, jedoch mit dem Entfernen der Kokotte einen Moment warten.
- Anrichten und die Himbeersauce separat dazu servieren.

Hinweise für die Praxis
Es kann auch eine Vanillesauce oder eine beliebige Früchtesauce dazu serviert werden.

Salzburger Nockerln · Noques viennoises/Noques de Salzbourg

Vorbereitung Formen	4 Pers	10 Pers
Butter	10 g	20 g

Zutaten		
Eiweiß, pasteurisiert	125 g	305 g
Zucker (1)	25 g	60 g
Salz		0,5 g
Eigelb, pasteurisiert	90 g	220 g
Vanilleschote	0,5	1
Zitronenraps	2 g	5 g
Zucker (2)	15 g	35 g
Weißmehl, Typ 550	30 g	75 g
Puderzucker	15 g	40 g

Weitere Zutaten		
Vanillesauce	120 g	300 g

Vorbereitung
- Gratinplatte (Gastro-Norm ½) mit Butter ausstreichen.
- Vanilleschote längs halbieren und das Mark herauskratzen.
- Weißmehl sieben.

Zubereitung
- Eiweiß, Zucker (1) und Salz zu einem steifen Schnee schlagen.
- Eigelb mit Vanillemark, Zucker (2) und Zitronenraps cremig rühren.
- Etwa ⅓ des Eischnees unter die Eigelbmasse mischen.
- Weißmehl und den restlichen Eischnee vorsichtig unter die Masse melieren.
- Mit einem Teighorn große Nocken abstechen und locker pyramidenförmig in die vorbereitete Gratinplatte setzen.
- Im Kombisteamer bei einer Temperatur von 200–220 °C ca. 15 Minuten hellbraun backen.
- Mit Puderzucker bestäuben und sofort servieren.
- Vanillesauce separat dazu servieren.

Hinweise für die Praxis
Als Alternative kann auch Schokoladen- oder Erdbeersauce dazu serviert werden.

Vanilleauflauf · Soufflé à la vanille

Vorbereitung Formen	4 Pers	10 Pers
Butter	4 g	10 g
Weißmehl, Typ 550	4 g	10 g

Zutaten		
Butter	30 g	70 g
Weißmehl, Typ 550	35 g	85 g
Vollmilch	135 g	340 g
Vanilleschote	0,5	1
Salz		0,5 g
Eigelb, pasteurisiert	40 g	100 g
Eiweiß, pasteurisiert	70 g	170 g
Zucker	35 g	80 g
Puderzucker	4 g	10 g

Sauce		
Vanillesauce	120 g	300 g

Vorbereitung
- Porzellan-Kokotten (100–120 g Inhalt) mit Butter ausstreichen und mit Weißmehl stäuben.
- Vanilleschote längs halbieren und das Mark herauskratzen.
- Butter schmelzen, Weißmehl beigeben und kurz dünsten.
- Glatt rühren und den Roux etwas auskühlen lassen.
- Eiweiß und Zucker zu einem steifen Schnee schlagen und kühl stellen.

Zubereitung
- Vanilleschote, Vanillemark, Salz und Vollmilch zusammen aufkochen.
- Vollmilch passieren, unter Rühren zum Roux geben und glatt rühren.
- Mit einem Spatel die Masse auf dem Herd abrühren, bis sie sich vom Pfannenrand löst.
- Die Masse leicht auskühlen lassen.
- Eigelb nach und nach unter die Masse rühren.
- Etwas geschlagenes Eiweiß zur Lockerung unter die Masse mischen.
- Das restliche Eiweiß sorgfältig unter die Masse ziehen.
- Die Masse mit einem Dressiersack bis zu ¾ der Höhe der Kokotten einfüllen.
- In einem heißen Wasserbad auf dem Herd gut erwärmen.
- Auf einem Rost bei einer Ofentemperatur von 200 °C ca. 15–20 Minuten backen (Nadelprobe).
- Mit Puderzucker bestäuben und sofort servieren.
- Vanillesauce separat dazu servieren.

Hinweise für die Praxis
Ableitungen
Mokka-Auflauf: Mit der Vollmilch 10 g lösliches Kaffeepulver aufkochen.
Schokoladenauflauf: 25 g Kakaopulver mit dem Eigelb unter die Grundmasse mischen.

VANILLEAUFLAUF – STEP BY STEP

1

2

3

4

5

6

7

8

WARME SÜSSSPEISEN 833

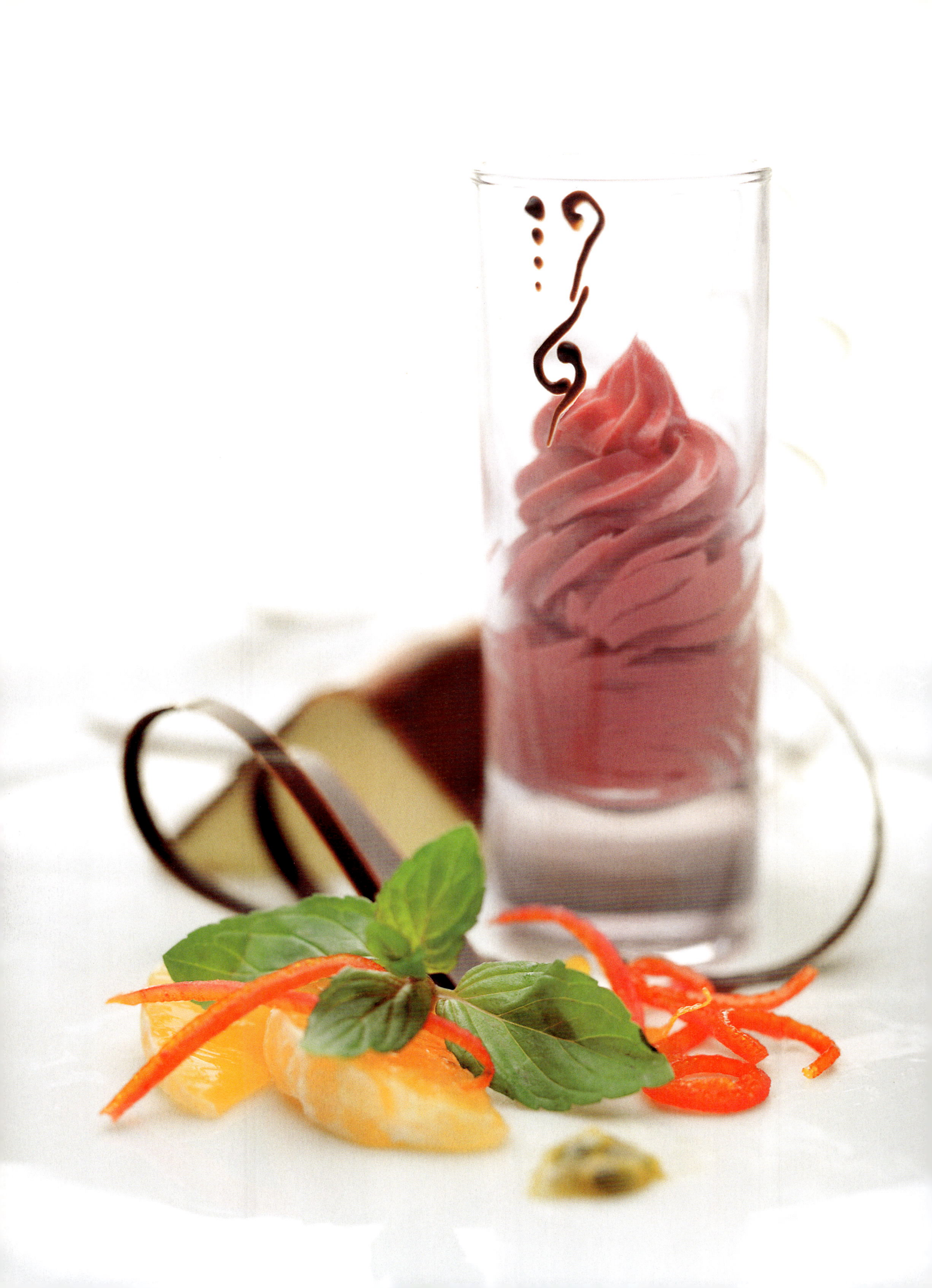

Gefrorene Süßspeisen

836 **Gefrorene Süßspeisen**

Gefrorene Süßspeisen

Apfelsorbet · Sorbet aux pommes

Zutaten — 2 Liter
- Apfelwein — 600 g
- Zucker — 250 g
- Glukosesirup — 100 g
- Zimtstängel — 1
- Apfelmark — 1000 g
- Zitronensaft, frisch — 60 g
- Mineralwasser

Vorbereitung
- Apfelwein, Zucker, Glukosesirup und Zimtstängel aufkochen.
- Durch ein Drahtspitzsieb passieren und Zitronensaft beigeben.

Zubereitung
- Apfelmark mit Apfelweinsirup vermischen und den Zuckergehalt messen.
- Zuckergehalt muss 16 °Bé aufweisen: Bei zu hohem Zuckergehalt Mineralwasser, bei zu geringem Zuckergehalt weiteren Zuckersirup beigeben.
- Mischung in Eiswasser abkühlen und im Freezer gefrieren.

Hinweise für die Praxis
Als Bindemittel kann am Schluss (nach dem Anfrieren des Sorbets) pro Liter Sorbet ca. 75 g warme Schneemasse beigegeben werden.

Aprikosenglace · Glace à l'abricot

Zutaten — 2 Liter
- Wasser — 320 g
- Zucker — 365 g
- Glukosesirup — 75 g
- Aprikosenmark, ungezuckert — 1000 g
- Vollrahm, 35% — 275 g
- Zitronensaft, frisch — 60 g

Vorbereitung
- Wasser, Zucker und Glukosesirup kurz aufkochen.
- Zitronensaft beigeben, durch ein Drahtspitzsieb passieren und in Eiswasser abkühlen.

Zubereitung
- Aprikosenmark und Vollrahm mit dem Sirup mischen.
- Im Freezer gefrieren.

Bananen-Sauerrahmglace (Pacojet) · Glace à la banane et à la crème acidulée (Pacojet)

Zutaten — 1,5 Liter
- Bananen, geschält — 450 g
- Vollrahm, 35% — 180 g
- Halbrahm, sauer, 25% — 700 g
- Zitronensaft, frisch — 30 g
- Zucker — 160 g

Vorbereitung
- Bananen in Würfel schneiden.

Zubereitung
- Vollrahm, sauren Halbrahm, Zitronensaft und Zucker mit den gewürfelten Bananen mischen.
- Gleichmäßig in 2 Pacojet-Behälter abfüllen und bei −20 °C vollständig tiefkühlen.
- Im Pacojet pacossieren.

Basilikumglace (Pacojet) · Glace au basilic (Pacojet)

Zutaten	1,5 Liter
Vollmilch	980 g
Vollrahm, 35%	280 g
Zucker	190 g
Glukosesirup	60 g
Gelatine	4 g
Basilikum, frisch	90 g

Vorbereitung
- Gelatine in kaltem Wasser quellen lassen.
- Basilikum waschen, zupfen, trockentupfen und hacken.

Zubereitung
- Vollmilch, Vollrahm, Zucker und Glukosesirup aufkochen.
- Gelatine auspressen und in heißer Vollmilch auflösen.
- Basilikum beigeben.
- 5 Minuten ziehen lassen, durch ein Sieb passieren und im Eiswasserbad abkühlen.
- Gleichmäßig in 2 Pacojet-Becher abfüllen und bei –20 °C vollständig tiefkühlen.
- Im Pacojet pacossieren.

Hinweise für die Praxis
Nach dem Anrichten mit Basilikumblatt garnieren.

Brombeerglace · Glace aux mûres

Zutaten	2 Liter
Wasser	320 g
Zucker	365 g
Glukosesirup	75 g
Brombeermark, ungezuckert	1000 g
Vollrahm, 35%	275 g
Zitronensaft, frisch	60 g

Vorbereitung
- Wasser, Zucker und Glukosesirup kurz aufkochen.
- Zitronensaft beigeben, durch ein Drahtspitzsieb passieren und in Eiswasser abkühlen.

Zubereitung
- Brombeermark und Vollrahm mit dem Sirup mischen.
- Im Freezer gefrieren.

Caipirinha-Sorbet · Sorbet caipirinha

Zutaten	2 Liter
Wasser	280 g
Rohzucker	240 g
Glukosesirup	65 g
Limonensaft	550 g
Cachaça (Zuckerrohrschnaps)	330 g
Mineralwasser	550 g
Limonenraps	2 g

Vorbereitung
- Wasser, Rohzucker und Glukosesirup aufkochen und Limonensaft beigeben.

Zubereitung
- Cachaça, Mineralwasser und Limonenraps mit dem Sirup vermischen und den Zuckergehalt messen.
- Zuckergehalt muss 8 °Bé aufweisen: Bei zu hohem Zuckergehalt Mineralwasser beigeben, bei zu geringem Zuckergehalt weiteren Zuckersirup beigeben.
- Mischung in Eiswasser abkühlen und im Freezer gefrieren.

Hinweise für die Praxis
Als Bindemittel kann am Schluss (nach dem Anfrieren des Sorbets) pro Liter Sorbet ca. 75 g warme Schneemasse beigegeben werden.

Cassata napoletana · Cassata napolitaine

Zutaten	10 Pers
Erdbeerglace	500 g
Vanilleglace/Vanilleeis	450 g
Schokoladenglace	400 g
Eiweiß, pasteurisiert	30 g
Zucker	25 g
Gelatine	0,5 g
Cakefrüchte, gewürfelt	20 g
Maraschino	5 g
Mandelkerne, gehobelt	10 g
Vollrahm, 35%	100 g

Vorbereitung
- Cassataform (Länge 30 cm) im Tiefkühler gut vorkühlen.
- Gelatine in kaltem Wasser quellen lassen.
- Cakefrüchte mit Maraschino marinieren.
- Gehobelte Mandeln auf einem Backblech im Backofen goldgelb rösten.
- Vollrahm steif schlagen und kühl stellen.

Zubereitung
- Cassataform aus dem Tiefkühler nehmen und die erste Schicht mit weicher Erdbeerglace gleichmäßig auschemisieren (ausstreichen).
- Cassataform zurück in den Tiefkühler stellen und die Erdbeerglace anfrieren lassen.
- Die zweite Schicht mit weicher Vanilleglace gleichmäßig auschemisieren.
- Cassataform zurück in den Tiefkühler stellen und die Vanilleglace anfrieren lassen.
- Weiche Schokoladenglace gleichmäßig auschemisieren.
- Cassataform zurück in den Tiefkühler stellen und die Schokoladenglace anfrieren lassen.
- Eiweiß und Zucker warmschlagen.
- Gelatine auspressen, im Wasserbad auflösen und zur warmen Eiweißmasse geben.
- Eiweißmasse kaltschlagen.
- Marinierte Cakefrüchte und die erkalteten Mandeln daruntermischen.
- Geschlagenen Vollrahm vorsichtig unter die Masse melieren.
- In die Aussparung der Cassataform füllen, glatt streichen und gefrieren lassen.

Hinweise für die Praxis
Zum Stürzen der Cassata vorne und hinten mit einem Messer lösen, die Form mit warmem Wasser übergießen und die Cassata aus der Form drehen.

Champagnersorbet · Sorbet au champagne

Zutaten	2 Liter
Wasser	780 g
Zucker	350 g
Glukosesirup	120 g
Zitronensaft, frisch	65 g
Champagner, brut	700 g
Mineralwasser	

Vorbereitung
- Wasser, Zucker und Glukosesirup kurz aufkochen.
- Zitronensaft beigeben und durch ein Drahtspitzsieb passieren.

Zubereitung
- Champagner mit dem Sirup vermischen und den Zuckergehalt messen.
- Der Zuckergehalt muss 12 °Bé aufweisen: Bei zu hohem Zuckergehalt Mineralwasser, bei zu geringem Zuckergehalt weiteren Zuckersirup beigeben.
- Mischung im Eiswasser abkühlen und im Freezer gefrieren.

Hinweise für die Praxis
Als Bindemittel kann am Schluss (nach dem Anfrieren des Sorbets) pro Liter Sorbet ca. 75 g warme Schneemasse beigegeben werden.

GEFRORENE SÜSSSPEISEN

Eisauflauf Grand Marnier · Soufflé glacé au Grand Marnier

Zutaten	4 Pers	10 Pers
Zucker	35 g	90 g
Wasser	25 g	60 g
Eigelb, pasteurisiert	60 g	150 g
Gelatine	0,5 g	1 g
Vollrahm, 35%	195 g	480 g
Grand Marnier	25 g	55 g
Orangenraps	1 g	2 g
Kakaopulver	8 g	20 g

Vorbereitung
- Porzellan-Kokotten (Inhalt 100 g) mit vorgeschnittenen Kunststoff- oder Backpapierstreifen umkleben, sodass sie den Rand der Form um 2 cm überragen.
- Gelatine in kaltem Wasser quellen lassen.
- Vollrahm zu 90% steif schlagen und kühl stellen.

Zubereitung
- Zucker und Wasser aufkochen.
- Eigelb cremig schlagen.
- Heißen Sirup langsam unter ständigem Rühren in das cremige Eigelb geben.
- Gelatine auspressen, im Wasserbad auflösen und zur warmen Eimasse geben.
- Eimasse in der Rührmaschine kaltschlagen.
- Grand Marnier und Orangenraps unter den geschlagenen Vollrahm ziehen.
- Parfümierten geschlagenen Vollrahm vorsichtig unter das kaltgeschlagene schaumige Eigelb ziehen.
- Mit einem Dressiersack mit großer Lochtülle in die vorbereiteten Kokotten füllen und gefrieren lassen.
- Vor dem Servieren mit Kakaopulver stäuben und den Kunststoff- oder Backpapierstreifen entfernen.

Hinweise für die Praxis
Nach Belieben mit einem Ausstechlöffel ein Loch ausstechen und vor dem Gast mit Grand Marnier auffüllen.

Eisbiskuit Jamaika · Biscuit glacé Jamaïque

Zutaten	10 Pers
Pralinenglace	500 g
Vollei, pasteurisiert	50 g
Zucker	25 g
Gelatine	2 g
Makronen mit Haselnüssen	45 g
Rum, braun	45 g
Vollrahm, 35% (1)	185 g
Garnitur	
Makronen mit Haselnüssen	150 g
Vollrahm, 35% (2)	100 g

Vorbereitung
- Eine Cakeform (25 × 9 cm) mit Klarsichtfolie auslegen und tiefkühlen.
- Gelatine in kaltem Wasser quellen lassen.
- Haselnussmakronen für die Masse in 5 mm große Würfel schneiden und mit Rum marinieren; Haselnussmakronen für die Garnitur ganz belassen.
- Vollrahm (1) und (2) steif schlagen und kühl stellen.

Zubereitung
- Tiefgekühlte Cakeform mit Pralinenglace auschemisieren (ausstreichen) und wieder tiefkühlen.
- Vollei und Zucker warmschlagen.
- Gelatine auspressen, im Wasserbad auflösen und zur warmen Eimasse geben.
- Eimasse kaltschlagen.
- Marinierte Haselnussmakronen mit geschlagenem Vollrahm (1) unter die kaltgeschlagene Masse ziehen.
- Masse in die chemisierte Cakeform füllen, glatt streichen und tiefkühlen.
- Zum Stürzen die Form kurz in heißes Wasser tauchen und das Eisbiskuit vorsichtig aus der Form ziehen.
- Mit Makronen und geschlagenem Vollrahm (2) garnieren.

Eisbombe Aida · Bombe glacée Aïda

Zutaten — 10 Pers
Vanilleglace/Vanilleeis	1000 g
Eiweiß, pasteurisiert	75 g
Zucker	75 g
Salz	0,5 g
Gelatine	2 g
Vollrahm, 35% (1)	300 g
Erdbeermark, ungezuckert	300 g
Erdbeeren, gerüstet	250 g
Maraschino	100 g
Zitronensaft, frisch	15 g

Garnitur
Erdbeeren, gerüstet	200 g
Vollrahm, 35% (2)	100 g

Vorbereitung
- Bombenform (Inhalt 2 Liter) tiefkühlen.
- Erdbeeren für die Masse in 5 mm große Würfel schneiden und mit Maraschino marinieren.
- Erdbeeren für die Garnitur beiseite legen.
- Vollrahm (1) und (2) steif schlagen und kühl stellen.

Zubereitung
- Tiefgekühlte Bombenform mit Vanilleglace chemisieren (ausstreichen) und wieder tiefkühlen.
- Eiweiß, Zucker und Salz warmschlagen.
- Gelatine auspressen, im Wasserbad auflösen und zur warmen Eiweißmasse geben.
- Eiweißmasse kaltschlagen.
- Erdbeermark, Erdbeeren und Zitronensaft unter den geschlagenen Vollrahm (1) ziehen.
- Parfümierten geschlagenen Vollrahm vorsichtig unter die kaltgeschlagene Eiweißmasse ziehen.
- Masse in die chemisierte Bombenform füllen, glatt streichen und tiefkühlen.
- Zum Stürzen die Form kurz in heißes Wasser tauchen und die Eisbombe vorsichtig aus der Form drehen.
- Mit Erdbeeren und geschlagenem Vollrahm (2) garnieren.

Erdbeerglace/Erdbeereis · Glace aux fraises

Zutaten — 2 Liter
Wasser	320 g
Zucker	365 g
Glukosesirup	75 g
Erdbeermark, ungezuckert	1000 g
Vollrahm, 35%	275 g
Zitronensaft, frisch	60 g

Vorbereitung
- Wasser, Zucker und Glukosesirup kurz aufkochen.
- Zitronensaft beigeben, durch ein Drahtspitzsieb passieren und in Eiswasser abkühlen.

Zubereitung
- Erdbeermark und Vollrahm mit dem Sirup mischen.
- Im Freezer gefrieren.

Himbeersorbet (Pacojet) · Sorbet aux framboises (Pacojet)

Zutaten — 1,5 Liter
Himbeermark	750 g
Zitronensaft, frisch	40 g
Wasser	530 g
Zucker	180 g
Glukosesirup	40 g

Zubereitung
- Himbeermark, Zitronensaft, Wasser, Zucker und Glukosesirup aufkochen.
- Im Eiswasserbad abkühlen.
- Gleichmäßig in 2 Pacojet-Behälter abfüllen und bei −20 °C vollständig tiefkühlen.
- Im Pacojet pacossieren.

Joghurtglace (Pacojet) · Glace au yogourt (Pacojet)

Zutaten — 1,5 Liter
Vollmilchjoghurt, nature	800 g
Puderzucker	245 g
Halbrahm, 25%	400 g
Zitronensaft, frisch	15 g
Kaffeerahm, 15%	45 g

Vorbereitung
- Puderzucker sieben.

Zubereitung
- Vollmilchjoghurt, Puderzucker, Halbrahm und Zitronensaft vermischen, bis sich der Puderzucker vollständig aufgelöst hat.
- In 2 Pacojet-Becher gleichmäßig abfüllen und bei −20 °C vollständig tiefkühlen.
- Im Pacojet mit wenig Kaffeerahm (15 g pro Becher) pacossieren.

Joghurtglace mit Cassis · Glace au yogourt et au cassis

Zutaten	2 Liter
Wasser	240 g
Zucker	370 g
Glukosesirup	60 g
Vollmilchjoghurt, nature	730 g
Cassismark, ungezuckert	610 g

Vorbereitung
- Wasser, Zucker und Glukosesirup aufkochen und im Eiswasser abkühlen.

Zubereitung
- Vollmilchjoghurt, Cassismark und Sirup vermischen.
- Im Freezer gefrieren.

Hinweise für die Praxis
Auf die gleiche Art und Weise lassen sich auch andere Frucht- und Joghurtglacen herstellen.

Mangosorbet · Sorbet à la mangue

Zutaten	2 Liter
Wasser	400 g
Zucker	310 g
Glukosesirup	65 g
Mangomark	1250 g
Zitronensaft, frisch	65 g
Mineralwasser	

Vorbereitung
- Wasser, Zucker und Glukosesirup kurz aufkochen und Zitronensaft beigeben.

Zubereitung
- Mangomark mit dem Sirup vermischen und den Zuckergehalt messen.
- Der Zuckergehalt muss 18 °Bé aufweisen.
- Bei zu hohem Zuckergehalt Mineralwasser beigeben.
- Bei zu geringem Zuckergehalt weiteren Zuckersirup beigeben.
- Mischung im Eiswasser abkühlen und im Freezer gefrieren.

Hinweise für die Praxis
Als Bindemittel kann am Schluss (nach dem Anfrieren des Sorbets) pro Liter Sorbet ca. 75 g warme Schneemasse beigegeben werden.

Melonensorbet · Sorbet au melon

Zutaten	2 Liter
Wasser	320 g
Zucker	300 g
Glukosesirup	65 g
Cavaillon-Melonen-Fruchtfleisch	1270 g
Zitronensaft, frisch	50 g
Mineralwasser	

Vorbereitung
- Cavaillon-Melonen-Fruchtfleisch fein mixen (nur vollreife Melonen verwenden).
- Wasser, Zucker und Glukosesirup kurz aufkochen.

Zubereitung
- Melonenmark und Zitronensaft mit dem Sirup mischen und den Zuckergehalt messen.
- Der Zuckergehalt muss 16 °Bé aufweisen.
- Bei zu hohem Zuckergehalt Mineralwasser beigeben.
- Bei zu geringem Zuckergehalt weiteren Zuckersirup beigeben.
- Mischung im Eiswasser abkühlen und im Freezer gefrieren.

Hinweise für die Praxis
Als Bindemittel kann am Schluss (nach dem Anfrieren des Sorbets) pro Liter Sorbet ca. 75 g warme Schneemasse beigegeben werden.

Pfirsichglace · Glace à la pêche

Zutaten	2 Liter
Wasser	320 g
Zucker	365 g
Glukosesirup	75 g
Pfirsichmark, ungezuckert	1000 g
Vollrahm, 35 %	275 g
Zitronensaft, frisch	60 g

Vorbereitung
- Wasser, Zucker und Glukosesirup kurz aufkochen.
- Zitronensaft beigeben, durch ein Drahtspitzsieb passieren und im Eiswasser abkühlen.

Zubereitung
- Pfirsichmark und Vollrahm mit dem Sirup mischen.
- Im Freezer gefrieren.

Quarkglace (Pacojet) · Glace au séré (Pacojet)

Zutaten	1,5 Liter
Wasser	470 g
Zucker	335 g
Quark, halbfett	675 g
Limonensaft	25 g

Zubereitung
- Wasser und Zucker zusammen aufkochen und im Eiswasserbad erkalten lassen.
- Restliche Zutaten beigeben und vermischen.
- Gleichmäßig in 2 Pacojet-Becher abfüllen und bei –20 °C vollständig tiefkühlen.
- Im Pacojet pacossieren.

Rahmgefrorenes mit Eiercognac · Parfait glacé au cognac aux œufs

Zutaten	4 Pers	10 Pers
Vollei, pasteurisiert	50 g	120 g
Zucker	30 g	75 g
Salz		0,5 g
Gelatine	1 g	2 g
Vollrahm, 35%	190 g	475 g
Eiercognac	20 g	45 g
Cognac	10 g	25 g

Vorbereitung
- Für 10 Personen 2 Terrinenformen von je 600 g Inhalt (für 4 Personen eine entsprechend kleinere Form wählen) mit kaltem Wasser ausspülen und mit Plastikfolie faltenfrei auslegen.
- Gelatine in kaltem Wasser quellen lassen.
- Vollrahm zu 90% steif schlagen und kühl stellen.

Zubereitung
- Vollei mit Zucker und Salz im Wasserbad warmschlagen.
- Gelatine auspressen, im Wasserbad auflösen und zur warmen Eimasse geben.
- Eimasse in der Rührmaschine kaltschlagen.
- Eiercognac und Cognac unter den geschlagenen Vollrahm ziehen.
- Parfümierten geschlagenen Vollrahm vorsichtig unter das kaltgeschlagene schaumige Vollei ziehen.
- Mit einem Dressiersack mit großer Lochtülle in die vorbereiteten Terrinenformen füllen und gefrieren.

Rahmgefrorenes mit Haselnüssen · Parfait glacé aux noisettes

Zutaten	4 Pers	10 Pers
Vollei, pasteurisiert	50 g	125 g
Zucker	35 g	80 g
Salz		0,5 g
Gelatine	1 g	2 g
Vollrahm, 35%	200 g	490 g
Haselnusspaste, ohne Zucker	20 g	50 g

Vorbereitung
- Für 10 Personen 2 Terrinenformen von je 600 g Inhalt mit kaltem Wasser ausspülen und mit Plastikfolie faltenfrei auslegen (für 4 Personen eine entsprechend kleinere Form wählen).
- Gelatine im kalten Wasser quellen lassen.
- Vollrahm zu 90% steif schlagen und kühl stellen.

Zubereitung
- Vollei mit Zucker und Salz in einem Wasserbad warmschlagen.
- Gelatine auspressen, im Wasserbad auflösen und zur warmen Eimasse geben.
- Eimasse in der Rührmaschine kaltschlagen.
- Haselnusspaste mit wenig geschlagenem Vollrahm mischen und vorsichtig unter den restlichen geschlagenen Vollrahm ziehen.
- Den parfümierten geschlagenen Vollrahm vorsichtig unter das kaltgeschlagene, schaumige Vollei ziehen.
- Mit einem Dressiersack mit großer Lochtülle in die vorbereiteten Terrinenformen füllen und gefrieren.

Rahmgefrorenes mit Safran · Parfait glacé au safran

Zutaten	4 Pers	10 Pers
Vollei, pasteurisiert	50 g	130 g
Zucker	35 g	85 g
Salz		0,5 g
Gelatine	1 g	2 g
Vollrahm, 35 %	205 g	515 g
Grand Marnier	2 g	5 g
Zitronensaft, frisch	4 g	10 g
Safran, gemahlen	0,1 g	0,3 g

Vorbereitung
- Für 10 Personen 2 Terrinenformen von je 600 g Inhalt mit kaltem Wasser ausspülen und mit Plastikfolie faltenfrei auslegen (für 4 Personen eine entsprechend kleinere Form wählen).
- Gelatine im kalten Wasser quellen lassen.
- Vollrahm zu 90 % steif schlagen und kühl stellen.

Zubereitung
- Vollei mit Zucker und Salz in einem Wasserbad warmschlagen.
- Gelatine auspressen, im Wasserbad auflösen und zur warmen Eimasse geben.
- Eimasse in der Rührmaschine kaltschlagen.
- Grand Marnier mit Zitronensaft und Safranpulver mischen und unter den geschlagenen Vollrahm ziehen.
- Den parfümierten geschlagenen Vollrahm sofort vorsichtig unter das kaltgeschlagene, schaumige Vollei ziehen.
- Mit einem Dressiersack mit einer großen Lochtülle in die vorbereiteten Terrinenformen füllen und gefrieren.

Rahmgefrorenes mit Schokolade · Parfait glacé au chocolat

Zutaten	4 Pers	10 Pers
Vollei, pasteurisiert	45 g	115 g
Zucker	30 g	75 g
Salz		0,5 g
Couverture, dunkel, Vanille	30 g	70 g
Vollrahm, 35 % (1)	10 g	20 g
Cognac	2 g	5 g
Vollrahm, 35 % (2)	185 g	460 g

Vorbereitung
- Für 10 Personen 2 Terrinenformen von je 600 g Inhalt mit kaltem Wasser ausspülen und mit Plastikfolie faltenfrei auslegen (für 4 Personen eine entsprechend kleinere Form wählen).
- Vanillecouverture mit Vollrahm (1) und Cognac auf einem Wasserbad schmelzen.
- Vollrahm (2) zu 90 % steif schlagen und kühl stellen.

Zubereitung
- Vollei mit Zucker und Salz in einem Wasserbad warmschlagen.
- Masse in der Rührmaschine kaltschlagen.
- Die geschmolzene Vanillecouverture etwas abkühlen lassen (30–35 °C) und sofort unter das schaumig geschlagene Vollei mischen.
- Den geschlagenen Vollrahm sofort vorsichtig unter die Masse melieren.
- Mit einem Dressiersack mit einer großen Lochtülle in die vorbereiteten Terrinenformen füllen und gefrieren.

Rahmgefrorenes mit Trüffeln · Parfait glacé aux truffes

Zutaten

	4 Pers	10 Pers
Vollei, pasteurisiert	50 g	130 g
Zucker	35 g	85 g
Sommertrüffel	5 g	10 g
Salz		0,5 g
Gelatine	1 g	2 g
Vollrahm, 35%	210 g	520 g
Zitronensaft, frisch	2 g	5 g
Trüffelöl	1 g	3 g

Vorbereitung

- Für 10 Personen 2 Terrinenformen von je 600 g Inhalt mit kaltem Wasser ausspülen und mit Plastikfolie faltenfrei auslegen (für 4 Personen eine entsprechend kleinere Form wählen).
- Sommertrüffel waschen und fein hacken.
- Gelatine im kalten Wasser quellen lassen.
- Vollrahm zu 90% steif schlagen und kühl stellen.

Zubereitung

- Vollei mit Zucker und Salz in einem Wasserbad warmschlagen.
- Gelatine auspressen, im Wasserbad auflösen und zur warmen Eimasse geben.
- Eimasse in der Rührmaschine kaltschlagen.
- Zitronensaft und Trüffelöl mischen und zusammen mit den gehackten Sommertrüffeln unter den geschlagenen Vollrahm ziehen.
- Den parfümierten geschlagenen Vollrahm sofort vorsichtig unter das kaltgeschlagene, schaumige Vollei ziehen.
- Mit einem Dressiersack mit einer großen Lochtülle in die vorbereiteten Terrinenformen füllen und gefrieren.

Rahmgefrorenes mit Zimt · Parfait glacé à la cannelle

Zutaten

	4 Pers	10 Pers
Vollei, pasteurisiert	50 g	125 g
Zucker	35 g	80 g
Salz		0,5 g
Gelatine	1 g	2 g
Vollrahm, 35%	205 g	510 g
Zimt, gemahlen	2 g	5 g
Grand Marnier	4 g	10 g
Zitronensaft, frisch	4 g	10 g

Vorbereitung

- Für 10 Personen 2 Terrinenformen von je 600 g Inhalt mit kaltem Wasser ausspülen und mit Plastikfolie faltenfrei auslegen (für 4 Personen eine entsprechend kleinere Form wählen).
- Gelatine im kalten Wasser quellen lassen.
- Vollrahm zu 90% steif schlagen und kühl stellen.

Zubereitung

- Vollei mit Zucker und Salz in einem Wasserbad warmschlagen.
- Gelatine auspressen, im Wasserbad auflösen und zur warmen Eimasse geben.
- Eimasse in der Rührmaschine kaltschlagen.
- Zimt mit Grand Marnier und Zitronensaft mischen und unter den geschlagenen Vollrahm ziehen.
- Den parfümierten geschlagenen Vollrahm sofort vorsichtig unter das kaltgeschlagene, schaumige Vollei ziehen.
- Mit einem Dressiersack mit einer großen Lochtülle in die vorbereiteten Terrinenformen füllen und gefrieren.

Rhabarbersorbet (Pacojet) · Sorbet à la rhubarbe (Pacojet)

Zutaten

	1,5 Liter
Rhabarber, gerüstet	750 g
Wasser	500 g
Zucker	250 g
Glukosesirup	40 g

Vorbereitung

- Rhabarber in 5 mm große Würfel schneiden.

Zubereitung

- Rhabarberwürfel, Wasser, Zucker und Glukosesirup zusammen aufkochen.
- Im Eiswasserbad abkühlen.
- Gleichmäßig in 2 Pacojet-Behälter abfüllen und bei −20 °C vollständig tiefkühlen.
- Im Pacojet pacossieren.

Rosenglace · Glace à la rose

Zutaten — 2 Liter
- Wasser — 370 g
- Zucker — 360 g
- Glukosesirup — 75 g
- Vollmilch — 750 g
- Rosenblüten — 3
- Sauerrahm, 35% — 370 g
- Rosenwasser — 50 g
- Cointreau, 60 Vol.-% — 35 g

Vorbereitung
- Wasser, Zucker und Glukosesirup kurz aufkochen und im Eiswasser abkühlen.
- Rosenblüten einer stark duftenden Sorte fein schneiden und in der Vollmilch kurz aufkochen.
- Rosensud 5 Minuten ziehen lassen, durch ein Etamine (Passiertuch) passieren und im Eiswasser abkühlen.

Zubereitung
- Rosensud mit dem Sirup mischen.
- Sauerrahm, Rosenwasser und Cointreau beigeben und vermischen.
- Im Freezer gefrieren.

Hinweise für die Praxis
Bitte beachten, dass ungespritzte Rosenblüten verwendet werden. Am besten eignen sich die Blüten von stark cuftenden Teehybriden.

Rotwein-Granité · Granité au vin rouge

Zutaten — 2 Liter
- Wasser — 400 g
- Zucker — 300 g
- Zitronensaft, frisch — 100 g
- Rotwein — 1200 g

Vorbereitung
- ½-Gastro-Norm-Schale in den Tiefkühler stellen.

Zubereitung
- Wasser, Zucker und Zitronensaft kurz aufkochen.
- Rotwein mit dem Sirup vermischen und den Zuckergehalt messen.
- Der Zuckergehalt muss 6 °Bé aufweisen.
- Mischung im Eiswasser abkühlen und in die vorbereitete Gastro-Norm-Schale gießen.
- In den Tiefkühler stellen.
- Durch mehrmaliges Durchrühren der gefrierenden Flüssigkeit wird die gewünschte grobe Kristallisation erreicht.

Hinweise für die Praxis
Noch nicht ganz gefroren in Gläser abfüllen oder ganz durchfrieren lassen, mit einem Löffel abschaben und in Gläser abfüllen.

Sausersorbet · Sorbet au moût de raisin

Zutaten — 2 Liter
- Wasser — 440 g
- Zucker — 390 g
- Glukosesirup — 100 g
- Sauser, rot — 870 g
- Rotwein — 160 g
- Zitronensaft, frisch — 40 g
- Mineralwasser

Vorbereitung
- Wasser, Zucker und Glukosesirup kurz aufkochen und Zitronensaft beigeben.

Zubereitung
- Sauser und Rotwein mit dem Sirup vermischen und den Zuckergehalt messen.
- Der Zuckergehalt muss 15 °Bé aufweisen.
- Bei zu hohem Zuckergehalt Mineralwasser beigeben.
- Bei zu geringem Zuckergehalt weiteren Zuckersirup beigeben.
- Mischung im Eiswasser abkühlen und im Freezer gefrieren.

Hinweise für die Praxis
Als Bindemittel kann am Schluss (nach dem Anfrieren des Sorbets) pro Liter Sorbet ca. 75 g warme Schneemasse beigegeben werden.

Schaumgefrorenes · Mousse glacée

Zutaten	4 Pers	10 Pers
Eiweiß, pasteurisiert	50 g	125 g
Zucker	35 g	85 g
Salz		0,5 g
Gelatine	1 g	2 g
Vollrahm, 35%	200 g	500 g
Zitronensaft, frisch	4 g	10 g

Vorbereitung
- Für 10 Personen 2 Terrinenformen von je 600 g Inhalt mit kaltem Wasser ausspülen und mit Plastikfolie faltenfrei auslegen (für 4 Personen eine entsprechend kleinere Form wählen).
- Gelatine im kalten Wasser quellen lassen.
- Vollrahm zu 90% steif schlagen und kühl stellen.

Zubereitung
- Eiweiß mit Zucker und Salz in einem Wasserbad warmschlagen.
- Gelatine auspressen, im Wasserbad auflösen und zur warmen Eiweißmasse geben.
- Eiweißmasse in der Rührmaschine kaltschlagen.
- Zitronensaft unter den geschlagenen Vollrahm ziehen.
- Den parfümierten geschlagenen Vollrahm vorsichtig unter den kaltgeschlagenen Eiweißschnee ziehen.
- Mit einem Dressiersack mit einer großen Lochtülle in die vorbereiteten Terrinenformen füllen und gefrieren.

Schaumgefrorenes mit Cassis · Mousse glacée au cassis

Zutaten	4 Pers	10 Pers
Eiweiß, pasteurisiert	40 g	100 g
Zucker	40 g	95 g
Salz		0,5 g
Gelatine	1 g	2 g
Vollrahm, 35%	160 g	400 g
Cassismark, ungezuckert	40 g	100 g
Zitronensaft, frisch	2 g	5 g

Vorbereitung
- Cassismark auftauen.
- Für 10 Personen 2 Terrinenformen von je 600 g Inhalt (für 4 Personen eine entsprechend kleinere Form wählen) mit kaltem Wasser ausspülen und mit Plastikfolie faltenfrei auslegen.
- Gelatine in kaltem Wasser quellen lassen.
- Vollrahm zu 90% steif schlagen und kühl stellen.

Zubereitung
- Eiweiß mit Zucker und Salz im Wasserbad warmschlagen.
- Gelatine auspressen, im Wasserbad auflösen und zur warmen Eiweißmasse geben.
- Eiweißmasse in der Rührmaschine kaltschlagen.
- Cassismark und Zitronensaft unter den geschlagenen Vollrahm ziehen.
- Parfümierten geschlagenen Vollrahm vorsichtig unter den kaltgeschlagenen Eischnee ziehen.
- Mit einem Dressiersack mit großer Lochtülle in die vorbereiteten Terrinenformen füllen und gefrieren.

Schaumgefrorenes mit Joghurt und Zitrone · Mousse glacée au yogourt et au citron

Zutaten	4 Pers	10 Pers
Eiweiß, pasteurisiert	40 g	100 g
Zucker	40 g	95 g
Salz		0,5 g
Gelatine	1 g	2 g
Vollrahm, 35%	110 g	270 g
Vollmilchjoghurt, nature	60 g	140 g
Zitronensaft, frisch	40 g	95 g

Vorbereitung
- Für 10 Personen 2 Terrinenformen von je 600 g Inhalt mit kaltem Wasser ausspülen und mit Plastikfolie faltenfrei auslegen (für 4 Personen eine entsprechend kleinere Form wählen).
- Gelatine im kalten Wasser quellen lassen.
- Vollrahm zu 90% steif schlagen und kühl stellen.

Zubereitung
- Eiweiß mit Zucker und Salz in einem Wasserbad warmschlagen.
- Gelatine auspressen, im Wasserbad auflösen und zur warmen Eiweißmasse geben.
- Eiweißmasse in der Rührmaschine kaltschlagen.
- Geschlagenen Vollrahm, Vollmilchjoghurt und Zitronensaft sorgfältig mischen.
- Den Joghurt-Zitronen-Schlagrahm vorsichtig unter den kaltgeschlagenen Eiweißschnee ziehen.
- Mit einem Dressiersack mit einer großen Lochtülle in die vorbereiteten Terrinenformen füllen und gefrieren.

Schaumgefrorenes mit Mango · Mousse glacée à la mangue

Zutaten	4 Pers	10 Pers
Eiweiß, pasteurisiert	40 g	95 g
Zucker	35 g	85 g
Salz		0,5 g
Gelatine	1 g	2 g
Vollrahm, 35%	150 g	380 g
Mangomark	50 g	125 g
Zitronensaft, frisch	6 g	15 g

Vorbereitung
- Mangomark auftauen.
- Für 10 Personen 2 Terrinenformen von je 600 g Inhalt mit kaltem Wasser ausspülen und mit Plastikfolie faltenfrei auslegen (für 4 Personen eine entsprechend kleinere Form wählen).
- Gelatine im kalten Wasser quellen lassen.
- Vollrahm zu 90% steif schlagen und kühl stellen.

Zubereitung
- Eiweiß mit Zucker und Salz in einem Wasserbad warmschlagen.
- Gelatine auspressen, im Wasserbad auflösen und zur warmen Eiweißmasse geben.
- Eiweißmasse in der Rührmaschine kaltschlagen.
- Mangomark und Zitronensaft unter den geschlagenen Vollrahm ziehen.
- Den parfümierten geschlagenen Vollrahm vorsichtig unter den kaltgeschlagenen Eiweißschnee ziehen.
- Mit einem Dressiersack mit einer großen Lochtülle in die vorbereiteten Terrinenformen füllen und gefrieren.

Schaumgefrorenes mit Rhabarber · Mousse glacée à la rhubarbe

Zutaten	4 Pers	10 Pers
Eiweiß, pasteurisiert	40 g	95 g
Zucker	35 g	85 g
Salz		0,5 g
Gelatine	1 g	2 g
Vollrahm, 35%	150 g	380 g
Rhabarber, gekocht	50 g	125 g
Weißwein	8 g	20 g

Vorbereitung
- Gekochte Rhabarber mit einem Stabmixer pürieren und durch ein Sieb streichen.
- Rhabarbermark auf Eiswasser abkühlen lassen.
- Für 10 Personen 2 Terrinenformen von je 600 g Inhalt mit kaltem Wasser ausspülen und mit Plastikfolie faltenfrei auslegen (für 4 Personen eine entsprechend kleinere Form wählen).
- Gelatine im kalten Wasser quellen lassen.
- Vollrahm zu 90% steif schlagen und kühl stellen.

Zubereitung
- Eiweiß mit Zucker und Salz in einem Wasserbad warmschlagen.
- Gelatine auspressen, im Wasserbad auflösen und zur warmen Eiweißmasse geben.
- Eiweißmasse in der Rührmaschine kaltschlagen.
- Rhabarbermark und Weißwein unter den geschlagenen Vollrahm ziehen.
- Den parfümierten geschlagenen Vollrahm vorsichtig unter den kaltgeschlagenen Eiweißschnee ziehen.
- Mit einem Dressiersack mit einer großen Lochtülle in die vorbereiteten Terrinenformen füllen und gefrieren.

Überraschungsomelette · Omelette surprise

Zutaten	10 Pers
Genueser Biskuit	200 g
Fruchtsalat	300 g
Maraschino	50 g
Vanilleglace/Vanilleeis	250 g
Fruchtglace	250 g
Eigelb, pasteurisiert	120 g
Zucker	100 g
Zitronenraps	2 g
Vanilleschote	0,5
Salz	0,5 g
Eiweiß, pasteurisiert	200 g
Zucker	50 g
Puderzucker	20 g

Vorbereitung
- Genueser Biskuit in 1 cm dicke Lagen schneiden.
- Für den Boden der Überraschungsomelette ein Oval von 12 × 15 cm schneiden.
- Fruchtsalat (ohne Flüssigkeit) mit Maraschino marinieren.
- Vanilleschote längs halbieren und das Mark herauskratzen.

Zubereitung
- Biskuitboden auf eine feuerfeste Platte legen.
- Vanille- und Fruchtglace abwechslungsweise Schicht für Schicht aufdressieren, dabei in der Mitte eine Öffnung freihalten.
- Marinierten Fruchtsalat in die freigehaltene Öffnung füllen.
- Das Ganze sofort mit dem restlichen Biskuit einkleiden und im Tiefkühler anfrieren lassen (nur kurze Zeit, sonst gefriert der Fruchtsalat).
- Eigelb, Zucker, Zitronenraps, Vanillemark und Salz schaumig schlagen.
- Eiweiß und Zucker schaumig schlagen und unter die Eigelbmasse ziehen.
- Das angefrorene Oval mit der Auflaufmasse einstreichen und mit einem Dressiersack mit Lochtülle ausgarnieren.
- Mit Puderzucker stäuben und im heißen Ofen bei einer Temperatur von 250 °C und offenem Dampfabzug ca. 5–6 Minuten abflämmen.

Vanilleglace/Vanilleeis · Glace à la vanille

Zutaten	2 Liter
Vollmilch	1160 g
Vanilleschote	2
Eigelb, pasteurisiert	265 g
Zucker	310 g
Salz	0,5 g
Vollrahm, 35%	270 g

Vorbereitung
- Vanilleschote längs aufschneiden und das Mark herauskratzen.

Zubereitung
- Vollmilch mit Vanilleschote und Vanillemark aufkochen.
- Vanilleschote herausnehmen.
- Eigelb, Zucker und Salz in einer Schüssel cremig rühren.
- Die aufgekochte Vollmilch unter ständigem Rühren in die Eigelbmasse gießen.
- Alles zusammen zurück in die Pfanne gießen.
- Bei schwacher Hitze unter ständigem Rühren mit einem Rührspatel vorsichtig zur Rose (maximal 85 °C) erhitzen.
- Durch ein Drahtspitzsieb passieren und Vollrahm beigeben.
- Masse im Eiswasser abkühlen.
- Im Freezer gefrieren.

Hinweise für die Praxis
Ableitungen der Vanilleglace
- Haselnussglace: 180 g ungezuckerte Haselnusspaste unter die noch heiße Eimasse mischen.
- Mokkaglace: 180 g Instant-Kaffee mit der Milch aufkochen.
- Schokoladenglace: 300 g gehackte dunkle Couverture in der noch heißen Eimasse auflösen.
- Stracciatellaglace: 450 g fein geraspelte dunkle Couverture während des Gefrierens beigeben.
- Pistazienglace: 225 g fein gemahlene Pistazien und 200 g Mandelmasse unter die noch heiße Eimasse mischen.
- Nougatglace: 450 g feinen Nougat während des Gefrierens beigeben.
- Pralinenglace: 225 g Pralinenmasse unter die noch heiße Eimasse mischen.

Waldmeistersorbet · Sorbet à l'aspérule

Zutaten — 2 Liter

Wasser	270 g
Zucker	270 g
Glukosesirup	60 g
Waldmeistersirup	1100 g
Weißwein	325 g
Zitronensaft, frisch	20 g
Mineralwasser	

Vorbereitung
- Wasser, Zucker und Glukosesirup aufkochen und Zitronensaft beigeben.

Zubereitung
- Waldmeistersirup und Weißwein mit dem Sirup vermischen und den Zuckergehalt messen.
- Der Zuckergehalt muss 15 °Bé aufweisen.
- Bei zu hohem Zuckergehalt Mineralwasser beigeben.
- Bei zu geringem Zuckergehalt weiteren Zuckersirup beigeben.
- Mischung im Eiswasser abkühlen und im Freezer gefrieren.

Hinweise für die Praxis
Als Bindemittel kann am Schluss (nach dem Anfrieren des Sorbets) pro Liter Sorbet ca. 75 g warme Schneemasse beigegeben werden.

Zitronensorbet · Sorbet au citron

Zutaten — 2 Liter

Wasser	580 g
Zucker	580 g
Glukosesirup	130 g
Zitronensaft, frisch	580 g
Orangensaft, frisch gepresst	120 g
Cointreau, 60 Vol.-%	20 g
Mineralwasser	

Vorbereitung
- Wasser, Zucker und Glukosesirup kurz aufkochen, Zitronen- und Orangensaft beigeben.

Zubereitung
- Sirup mit dem Cointreau vermischen und den Zuckergehalt messen.
- Der Zuckergehalt muss 15 °Bé aufweisen.
- Bei zu hohem Zuckergehalt Mineralwasser beigeben.
- Bei zu geringem Zuckergehalt weiteren Zuckersirup beigeben.
- Mischung im Eiswasser abkühlen und im Freezer gefrieren.

Hinweise für die Praxis
Als Bindemittel kann am Schluss (nach dem Anfrieren des Sorbets) pro Liter Sorbet ca. 75 g warme Schneemasse beigegeben werden.

Zitronenstrauchsorbet · Sorbet à la verveine citronnelle

Zutaten — 2 Liter

Zitronenstrauchblätter	30 g
Wasser	1150 g
Zucker	500 g
Glukosesirup	110 g
Weißwein	230 g
Zitronensaft, frisch	30 g
Mineralwasser	

Vorbereitung
- Zitronenstrauchblätter waschen.
- Wasser aufkochen, Zitronenstrauchblätter beigeben und 30 Minuten ziehen lassen.
- Durch ein Etamine (Passiertuch) passieren.
- Zitronenstrauchsud aufkochen, Zucker und Glukosesirup auflösen und erkalten lassen.

Zubereitung
- Zitronenstrauchsirup mit Weißwein und Zitronensaft vermischen und den Zuckergehalt messen.
- Der Zuckergehalt muss 16 °Bé aufweisen.
- Bei zu hohem Zuckergehalt Mineralwasser beigeben.
- Bei zu geringem Zuckergehalt weiteren Zuckersirup beigeben.
- Mischung im Eiswasser abkühlen und im Freezer gefrieren.

Hinweise für die Praxis
Als Bindemittel kann am Schluss (nach dem Anfrieren des Sorbets) pro Liter Sorbet ca. 75 g warme Schneemasse beigegeben werden.

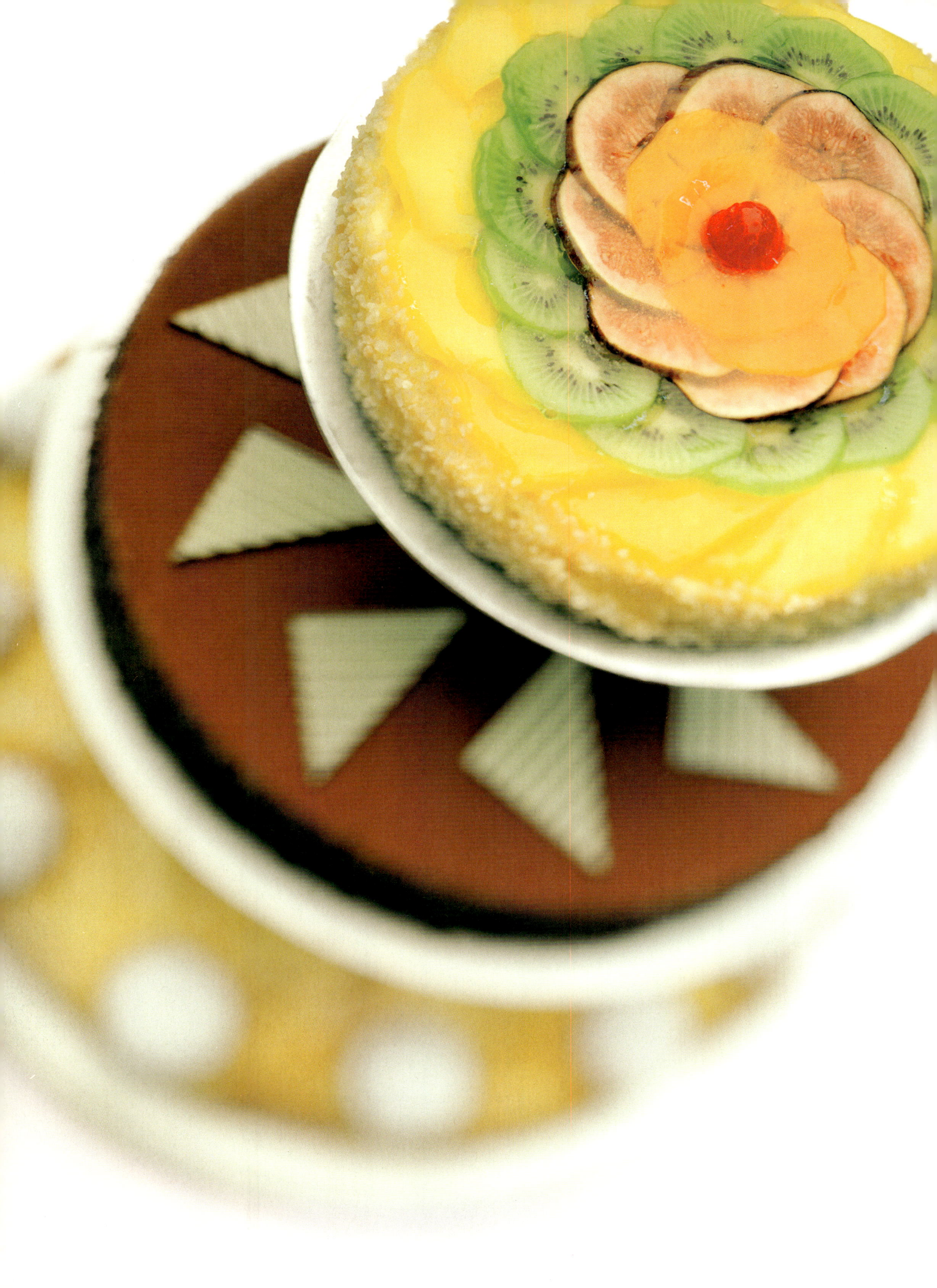

Kuchen und Torten

852　**Kuchen und Torten**

Kuchen und Torten

Aargauer Rüeblitorte · Gâteau aux carottes argovienne

Zutaten	10 Pers
Butter	150 g
Zucker	100 g
Zitronenraps	2 g
Salz	1 g
Zimt, gemahlen	1 g
Eigelb, pasteurisiert	100 g
Karotten, geschält	220 g
Eiweiß, pasteurisiert	100 g
Zucker	50 g
Mandelkerne, gemahlen	100 g
Weißmehl, Typ 550	170 g
Backpulver	15 g
Butter	10 g
Abricoture	80 g
Fondant, weiß	120 g
Mandeln, gehobelt, extrafein	40 g

Vorbereitung
- Butter aus dem Kühlschrank nehmen.
- Tortenring von 22 cm Durchmesser mit Butter ausstreichen und auf ein mit Backtrennpapier ausgelegtes Backblech legen.
- Karotten mit einer Bircherraffel fein raffeln.
- Gehobelte Mandeln auf einem Blech im Ofen goldgelb rösten.
- Weißmehl mit dem Backpulver sieben und mit den gemahlenen Mandeln mischen.
- Eiweiß zu steifem Schnee schlagen und kühl stellen.

Zubereitung
- Weiche Butter, Zucker, Zitronenraps, Salz und Zimt schaumig schlagen.
- Eigelb nach und nach beigeben.
- Geraffelte Karotten unter die Masse ziehen.
- ⅓ des Eischnees unter die Masse heben.
- Weißmehl mit Backpulver und Mandeln sowie restlichen Eischnee vorsichtig unter die Masse melieren.
- Masse in den vorbereiteten Tortenring füllen.
- Im Backofen bei 200–220 °C und offenem Dampfabzug ca. 45 Minuten backen.
- Torte nach dem Backen auskühlen lassen und mit einem Messer aus dem Tortenring schneiden.
- Mit heißer Abricoture bestreichen und mit weißem Fondant glasieren.
- Rand mit gerösteten Mandeln bestreuen.

Hinweise für die Praxis
Als Garnitur können kleine Marzipankarotten aufgelegt werden.

Apfelkuchen · Tarte aux pommes

Vorbereitung Formen	10 Pers
Butter	20 g

Zutaten	
Geriebener Teig	250 g
Haselnusskerne, gemahlen	30 g
Äpfel, geschält, ohne Kerngehäuse	700 g
Zucker	50 g
Zimt, gemahlen	1 g
Abricoture	100 g

Vorbereitung
- Butter aus dem Kühlschrank nehmen.
- Kuchenblech von 26 cm Durchmesser mit weicher Butter ausstreichen.
- Zucker und Zimt mischen.

Zubereitung
- Geriebenen Teig 2 mm dick auswallen und das Kuchenblech damit auslegen.
- Teig mit einer Gabel einstechen und mit den gemahlenen Haselnüssen ausstreuen.
- Äpfel in Schnitze schneiden und diese ringförmig satt anordnen.
- Zimtzucker gleichmäßig über die Apfelschnitze streuen.
- Im Backofen bei 220–230 °C und offenem Dampfabzug backen.
- Abricoture erhitzen und den Kuchen damit überglänzen.

Hinweise für die Praxis
Auf dieselbe Art können Kuchen mit verschiedenen Früchten zubereitet werden.

Apple Pie · Apple pie

Vorbereitung Formen — 10 Pers
Butter — 20 g

Zutaten
Äpfel, geschält, ohne Kerngehäuse	800 g
Zucker	200 g
Zitronenraps	4 g
Zimt, gemahlen	2 g
Ingwer, gemahlen	2 g
Butter	20 g
Geriebener Teig	700 g
Ei zum Bestreichen	30 g

Vorbereitung
- Äpfel vierteln und in dünne Scheiben schneiden.
- Geschnittene Äpfel mit Butter, Zucker, Zitronenraps, Zimt und Ingwer gut andünsten.
- Gedünstete Äpfel in ein Sieb schütten und die Flüssigkeit auffangen.
- Apfelfüllung erkalten lassen.
- Dünstflüssigkeit zu einem dickem Sirup einkochen und erkalten lassen.
- Kuchenblech von 26 cm Durchmesser mit Butter ausstreichen.

Zubereitung
- Geriebenen Teig 3 mm dick auswallen und das vorbereitete Kuchenblech damit auslegen, sodass der Teig etwas über den Rand fällt.
- Kalte Apfelfüllung einfüllen, etwas andrücken und eingekochten kalten Sirup darübergießen.
- Teigdeckel ausschneiden und in der Mitte mit einem runden Ausstecher ein Loch von 3 cm Durchmesser ausstechen.
- Kuchenrand mit Ei bepinseln und Teigdeckel auflegen.
- Kuchenrand gut andrücken und überlappenden Teig wegschneiden.
- Teigoberfläche mit Ei bepinseln.
- Aus dem restlichen Teig schmale Bänder schneiden und den Deckel damit garnieren.
- Alles nochmals mit Ei bepinseln.
- Im Backofen bei 180–200 °C und offenem Dampfabzug ca. 40 Minuten backen.

Hinweise für die Praxis
In England werden für Pies spezielle Formen aus Porzellan verwendet.

Aprikosenkuchen mit Guss · Tarte aux abricots avec appareil

Vorbereitung Formen — 10 Pers
Butter — 20 g

Zutaten
Geriebener Teig	250 g
Haselnusskerne, gemahlen	30 g
Aprikosen, entsteint	500 g
Vollei, pasteurisiert	35 g
Zucker	30 g
Vollrahm, 35%	30 g
Vollmilch	130 g
Salz	0,5 g
Cremepulver, Vanille	15 g
Weißmehl, Typ 550	15 g
Puderzucker	10 g
Vollrahm, 35%	100 g

Vorbereitung
- Butter aus dem Kühlschrank nehmen.
- Kuchenblech von 26 cm Durchmesser mit weicher Butter ausstreichen.
- Cremepulver zusammen mit dem Weißmehl sieben.
- Vollrahm steif schlagen und kühl stellen.

Zubereitung
- Teig 2 mm dick auswallen und das Kuchenblech damit auslegen.
- Mit einer Gabel einstechen und mit gemahlenen Haselnüssen ausstreuen.
- Aprikosen vierteln und ringförmig satt anordnen.
- Vollei, Zucker, Vollrahm, Vollmilch und Salz mischen, mit Cremepulver und Weißmehl verrühren und gut mixen.
- Kuchenguss über die Aprikosen geben.
- Im Backofen bei 220–230 °C und offenem Dampfabzug backen.
- Herausnehmen und erkalten lassen.
- Nach dem Auskühlen mit Puderzucker bestreuen.
- Kuchen mit Rosetten aus steif geschlagenem Vollrahm garnieren.

Hinweise für die Praxis
Der Aprikosenkuchen kann auch mit Abricoture überglänzt werden. Auf die gleiche Art können Kuchen mit verschiedenen Früchten zubereitet werden.

KUCHEN UND TORTEN

Aprikosenquarktorte · Gâteau au séré et aux abricots

Zutaten — 10 Pers
Zuckerteig	150 g
Aprikosenmarmelade	60 g
Genueser Biskuit, Ø 22 cm	0,5
Kompottsirup (von Aprikosen)	80 g
Aprikosen, Konserve, abgetropft	200 g
Quarkcreme	500 g
Vollrahm, 35%	150 g
Mandeln, gehobelt, extrafein	40 g

Garnitur
Aprikosen, Konserve, abgetropft	100 g

Vorbereitung
- Zuckerteig 3 mm dick auswallen, mit einer Gabel einstechen und mit einem Tortenring von 22 cm Durchmesser ausstechen.
- Zuckerteigboden auf mit Backtrennpapier ausgelegtes Backblech legen und im Backofen bei 160–180 °C goldgelb backen.
- Erkalten lassen.
- Mandeln auf einem Backblech im Backofen goldgelb rösten.
- Aprikosen in ein Sieb schütten und gut abtropfen lassen.
- Genueser Biskuit in der Mitte quer durchschneiden.
- Vollrahm steif schlagen und kühl stellen.

Zubereitung
- Tortenring von 22 cm Durchmesser auf mit Backtrennpapier ausgelegtes Blech setzen.
- Gebackenen erkalteten Zuckerteigboden mit Aprikosenmarmelade bestreichen und in den Ring legen.
- Einen halben Biskuitboden darauf legen und mit Aprikosenkompottsirup leicht tränken.
- Aprikosen vierteln und kreisförmig so auf das Biskuit legen, dass außen und innen ein Ring frei bleibt.
- Quarkcreme herstellen und über die Aprikosen in den Tortenring füllen.
- Masse mit einem großen Spatel glatt streichen und im Kühlschrank fest werden lassen.
- Tortenring entfernen, Tortenrand mit geschlagenem Vollrahm einstreichen und mit gerösteten Mandeln bestreuen.
- Torte mit restlichen Aprikosen und Rosetten aus geschlagenem Vollrahm garnieren.

Erdbeerkuchen · Tarte aux fraises

Zutaten — 10 Pers
Blätterteig	250 g
Ei zum Bestreichen	30 g
Zucker	20 g
Erdbeeren, gerüstet	500 g
Erdbeergelee	60 g
Vollrahm, 35%	100 g

Vorbereitung
- Backblech mit Backtrennpapier auslegen.
- Blätterteig 2 mm dick auswallen.
- Mit einem Tortenring von 26 cm Durchmesser einen Boden ausstechen und mit einer Gabel einstechen.
- Rand des Bodens mit Ei bepinseln.
- Ein 3 cm breites Blätterteigband schneiden und rundherum auflegen.
- Den aufgelegten Teigrand mit Ei bepinseln und in Abständen von 2 cm die Hälfte des Bandes bis auf das Blech einschneiden.
- Den ganzen Boden mit Zucker bestreuen und knusprig backen.
- Blätterteigboden auskühlen lassen.
- Vollrahm steif schlagen und kühl stellen.

Zubereitung
- Erdbeegelee erhitzen.
- Erdbeeren halbieren und fächerförmig auf den Blätterteigboden legen.
- Erdbeeren mit heißem Erdbeergelee bestreichen.
- Erdbeerkuchen mit Rosetten von steif geschlagenem Vollrahm garnieren.

Hinweise für die Praxis
Als Alternative kann der Blätterteigboden vor dem Belegen mit Vanillecreme gefüllt werden.
Kuchen kurz vor dem Gebrauch fertig stellen, da die Creme den Blätterteig sonst aufweicht.

Gerührter Gugelhopf · Kouglof (masse battue)

Vorbereitung Formen	**1 Stück**
Butter (1)	20 g
Mandelkerne, gehobelt	25 g

Zutaten	
Butter (2)	200 g
Zucker	180 g
Zitronenraps	5 g
Vanilleschote	0,5
Salz	0,5 g
Vollei, pasteurisiert	180 g
Vollmilch	100 g
Weißmehl, Typ 550	250 g
Kartoffelstärke	55 g
Backpulver	15 g
Sultaninen	110 g

Vorbereitung
- Butter (1 und 2) aus dem Kühlschrank nehmen.
- Gugelhopfform (20–22 cm Durchmesser) mit Butter (1) ausstreichen und mit den gehobelten Mandeln ausstreuen.
- Weißmehl, Kartoffelstärke und Backpulver sieben und die Sultaninen daruntermischen.
- Vanilleschote längs halbieren und das Mark herauskratzen.

Zubereitung
- Butter (2), Zucker, Zitronenraps, Vanillemark und Salz in einem Rührkessel gut schaumig rühren.
- Das nicht zu kalte Vollei nach und nach beigeben und weiter schaumig rühren.
- Vollmilch und Mehl-Sultaninen-Mischung unter die schaumige Masse ziehen und in die vorbereitete Gugelhopfform abfüllen.
- Im Backofen bei einer Temperatur von 190–200 °C und offenem Dampfabzug ca. 45–60 Minuten backen (Nadelprobe).
- Nach dem Backen kurz abstehen lassen, aus der Form nehmen und zum Abkühlen auf ein Gitter stellen.

Gleichschwercake · Cake quatre-quarts

Vorbereitung Formen	**1 Stück**
Butter	20 g

Zutaten	
Butter	170 g
Zucker	170 g
Zitronenraps	5 g
Salz	0,5 g
Vollei, pasteurisiert	170 g
Weißmehl, Typ 550	170 g
Backpulver	6 g

Vorbereitung
- Butter aus dem Kühlschrank nehmen.
- Eine Cakeform (25 × 9 cm) mit Butter ausstreichen oder mit Backtrennpapier auslegen.
- Weißmehl und Backpulver zusammen sieben.

Zubereitung
- Butter, Zucker, Zitronenraps und Salz im Rührkessel gut schaumig rühren.
- Das nicht zu kalte Vollei beigeben und weiter schaumig rühren.
- Weißmehl und Backpulver mit einem Rührspatel unter die schaumige Masse ziehen.
- Die Masse in die vorbereitete Form abfüllen.
- Ein Teighorn in Öl tauchen und in der Mitte der Masse ca. 1 cm tief eindrücken, um eine kontrollierte Rissbildung zu erhalten.
- Im Backofen bei einer Temperatur von 190–200 °C und offenem Dampfabzug ca. 45–60 Minuten backen (Nadelprobe).
- Nach dem Backen kurz abstehen lassen, aus der Form nehmen und zum Abkühlen auf ein Gitter stellen.

Hinweise für die Praxis
Nach dem Auskühlen nach Wunsch «nature» belassen oder aprikotieren und glasieren.

Hefegugelhopf · Kouglof en pâte levée

Vorbereitung Formen	**1 Stück**
Butter (1)	20 g
Weißmehl, Typ 550	20 g

Zutaten	
Vollmilch	250 g
Hefe	40 g
Zucker	30 g
Butter (2)	125 g
Eigelb, pasteurisiert	75 g
Zitronenraps	1 g
Weißmehl, Typ 550	500 g
Salz	7 g
Sultaninen	200 g
Rum, braun	25 g
Puderzucker	50 g

Vorbereitung
- Sultaninen im Rum marinieren.
- Butter (2) schmelzen.
- Gugelhopfform (20–22 cm Durchmesser) mit Butter (1) ausstreichen und mehlen.
- Weißmehl sieben und das Salz daruntermischen.
- Hefe und Zucker in der Vollmilch auflösen.

Zubereitung
- Milchmischung, geschmolzene Butter, Eigelb und Zitronenraps zusammen mit dem Weißmehl in einen Rührkessel geben.
- Alles zusammen zu einem geschmeidigen Teig kneten.
- Sultaninen mehlen (damit sie weniger absinken) und zuletzt unter den Teig mischen.
- Den Teig in die vorbereitete Gugelhopfform abfüllen und an der Wärme aufgehen lassen.
- Im Ofen bei einer Temperatur von 180–200 °C und offenem Dampfabzug 30–40 Minuten backen (Nadelprobe).
- Den Gugelhopf auf ein Gitter stürzen und erkalten lassen.
- Mit Puderzucker stäuben.

Hinweise für die Praxis
Ergibt 1 Hefegugelhopf (Formdurchmesser 20–22 cm). Die Form nach dem Stürzen nicht sofort entfernen; besser 5 Minuten abstehen lassen. Die Form löst sich anschließend viel besser vom Gugelhopf.

Hefekranz · Couronne de pâte levée

Vorbereitung Formen — 1 Stück
Butter	20 g

Zutaten
Vollmilch	180 g
Hefe	25 g
Backmalzpulver	5 g
Zucker	35 g
Vollei, pasteurisiert	20 g
Butter (1)	20 g
Weißmehl, Typ 550	365 g
Salz	7 g
Zitronenraps	2 g
Butter (2)	110 g
Weißmehl, Typ 550	35 g

Füllung
Mandelmasse 1:1	250 g
Eiweiß, pasteurisiert	30 g
Sultaninen	100 g
Mandelkerne, gehobelt	50 g

Glasur
Abricoture	100 g
Puderzucker	150 g
Eiweiß, pasteurisiert	40 g

Vorbereitung
- Einen Ring von 26 cm Durchmesser mit Butter bestreichen und auf ein mit Backtrennpapier belegtes Backblech legen.
- Butter (1) schmelzen.
- Weißmehl sieben und Salz und Zitronenraps daruntermischen.
- Hefe, Backmalzpulver und Zucker in der Vollmilch auflösen.
- Mandelmasse mit Eiweiß zu einer streichfähigen Masse vermischen.
- Für die Glasur das Eiweiß mit dem Puderzucker zu einer dickflüssigen, schaumigen Masse rühren.

Zubereitung
- Milchmischung, Vollei und Butter (1) zum Weißmehl in einen Rührkessel geben.
- Zu einem geschmeidigen Teig kneten und kühl stellen.
- Feste Butter (2) mit dem Weißmehl durchkneten.
- Wie zur Blätterteigherstellung in den gekühlten Teig eintourieren: Im Abstand von 15 Minuten 3 einfache Touren geben und anschließend 1 Stunde kühl stellen.
- Teig in ein Rechteck von 40 × 50 cm auswallen.
- Mit der Mandelmasse bestreichen und mit den Sultaninen und den gehobelten Mandeln bestreuen.
- Zu einer Roulade einrollen und auf eine Länge von 65 cm nachrollen.
- Die Roulade in der Mitte der Länge nach aufschneiden.
- Beide Teile miteinander verschlingen und zu einem Kranz formen.
- In die vorbereitete Ringform legen und mit Plastikfolie abdecken.
- Hefekranz etwas aufgehen lassen.
- Im Backofen bei einer Temperatur von 200 °C und offenem Dampfabzug ca. 30–40 Minuten backen.
- Herausnehmen, im warmen Zustand aprikotieren und mit Eiweißglasur bepinseln.

Hinweise für die Praxis
Der Hefekranz kann auch mit einem dünnflüssigen weißen Fondant glasiert werden.

Königskuchen · Gâteau des rois

Zutaten

	1 kg
Vollmilch	235 g
Hefe	35 g
Zucker	35 g
Levit	12 g
Malz, flüssig	5 g
Weißmehl, Typ 550	465 g
Salz	10 g
Vollei, pasteurisiert	25 g
Zitronenraps	2 g
Butter	80 g
Mandelmasse	35 g
Sultaninen	70 g

Vorbereitung
– Butter aus dem Kühlschrank nehmen.
– Sultaninen im kalten Wasser einweichen.
– Weißmehl sieben.

Zubereitung
– Hefe, Zucker, Levit und Malz in der Vollmilch auflösen.
– Zusammen mit dem Weißmehl in einen Rührkessel geben und zu einem Teig kneten.
– Das Salz mit den Eiern und dem Zitronenraps verrühren und langsam beigeben.
– Die weiche Butter und die Mandelmasse beigeben.
– Den Teig so lange kneten, bis er dehnbar und plastisch ist.
– Am Schluss die eingeweichten Sultaninen beigeben.
– 60–90 Minuten zugedeckt aufgehen lassen.
– Kranzteile formen (siehe Hinweise für die Praxis): Mittelstück zu einer Kugel formen (aufschleifen), Kranzteile ebenfalls zu Kugeln formen (aufschleifen) und in gleichmäßigen Abständen um das Mittelstück anordnen.
– Im Kombisteamer bei 170 °C und offenem Dampfabzug (0% Feuchtigkeit) ca. 20 Minuten backen.

Hinweise für die Praxis

Gewichte	6er-Kuchen	8er-Kuchen	10er-Kuchen
Mittelstück	90 g	160 g	230 g
Kranzteile à 40 g	240 g	320 g	400 g
Total	330 g	480 g	630 g

In einen Kranzteil einen König einstecken.

Linzer Torte · Tarte de Linz

Zutaten — 10 Pers
- Linzer Teig — 450 g
- Himbeermarmelade, ohne Kerne — 280 g
- Ei zum Bestreichen — 50 g
- Butter — 10 g

Vorbereitung
- Die Butter aus dem Kühlschrank nehmen.
- Einen Tortenring von 22 cm Durchmesser mit Butter ausstreichen.
- Ein Backblech mit Backtrennpapier auslegen.
- Himbeermarmelade glatt rühren.

Zubereitung
- Linzer Teig 5 mm dick ausrollen und mit einem Tortenring (Ø 22 cm) ausstechen.
- Teigboden auf das vorbereitete, mit Backtrennpapier ausgelegte Backblech legen.
- Die Himbeermarmelade auf den Teig dressieren, dabei außen einen Rand von ca. 1,5 cm frei lassen.
- Den restlichen Teig 3 mm dick ausrollen und lange Streifen von ca. 1 cm Breite schneiden.
- Die Streifen gitterförmig auf die Himbeermarmelade legen.
- Den mit Butter ausgestrichenen Tortenring über die Torte legen und dabei den überlappenden Teig des Teiggitters abtrennen.
- Mit den Teigresten eine Rolle von ca. 1,5 cm Dicke formen.
- Den frei gelassenen Teigrand mit Ei bepinseln und die Teigrolle rundherum auf den Tortenrand legen.
- Den Rand der Teigrolle mit einer Gabel eindrücken und zusammen mit dem Teiggitter mit Ei bepinseln.
- Bei einer Temperatur von 220 °C und offenem Dampfabzug 20–30 Minuten backen.

Hinweise für die Praxis
Um die Teigbänder leichter gitterförmig übereinander zu legen, den ausgerollten Teig auf ein Backtrennpapier legen, die Bänder zuschneiden und im Tiefkühler kurz fest werden lassen.

Osterkuchen · Gâteau de Pâques

Vorbereitung Formen — 10 Pers
- Butter — 20 g

Zutaten
- Blätterteig — 250 g
- Aprikosenmarmelade — 50 g
- Butter — 40 g
- Zucker — 50 g
- Vollei, pasteurisiert — 50 g
- Zitronenraps — 2 g
- Salz — 1 g
- Milchreis, gekocht — 250 g
- Mandelkerne, geschält, gemahlen — 50 g
- Kokosflocken — 5 g
- Backpulver — 6 g
- Eiweiß, pasteurisiert — 75 g
- Zucker — 15 g
- Puderzucker — 15 g

Vorbereitung
- Butter aus dem Kühlschrank nehmen.
- Backpulver sieben.
- Gemahlene Mandeln, Kokosflocken und Backpulver vermischen.
- Ein Kuchenblech mit 26 cm Durchmesser mit weicher Butter ausstreichen.

Zubereitung
- Den Blätterteig 2 mm dick ausrollen und das Kuchenblech damit auslegen.
- Teigboden mit einer Gabel einstechen und mit Aprikosenmarmelade bestreichen.
- Butter, Zucker, Eigelb, Zitronenraps und Salz schaumig schlagen.
- Milchreis unter die Masse ziehen.
- Mandeln, Kokosflocken und Backpulver untermelieren.
- Eiweiß mit Zucker steif schlagen und unter die Masse melieren.
- Die Masse in das vorbereitete Kuchenblech abfüllen.
- Im Backofen bei einer Temperatur von 180–200 °C und offenem Dampfabzug backen.
- Osterhasenschablone auflegen und mit Puderzucker bestreuen.

Hinweise für die Praxis
Anstelle von Blätterteig kann auch ein Zuckerteig verwendet werden.

Pfarrhaustorte · Gâteau de la cure

Zutaten	10 Pers
Butter	150 g
Zucker	100 g
Zitronenraps	2 g
Salz	0,5 g
Eigelb, pasteurisiert	80 g
Zucker	50 g
Eiweiß, pasteurisiert	120 g
Mandelkerne, geschält, gemahlen	125 g
Weißmehl, Typ 550	100 g
Backpulver	5 g
Äpfel, geschält, ohne Kerngehäuse	270 g
Zucker	10 g
Abricoture	20 g
Puderzucker	10 g

Vorbereitung
- Die Butter aus dem Kühlschrank nehmen.
- Einen Tortenring von 22 cm Durchmesser mit Butter ausstreichen und auf ein mit Backtrennpapier ausgelegtes Backblech legen.
- Äpfel halbieren und gleichmäßig einschneiden, ohne dass sie auseinander fallen, und im Zucker (10 g) wenden.
- Das Weißmehl zusammen mit dem Backpulver sieben.
- Eiweiß und Zucker zu einem steifen Schnee schlagen und kühl stellen.

Zubereitung
- Butter, Zucker, Zitronenraps und Salz schaumig rühren.
- Eigelb nach und nach beigeben.
- ⅓ des Eischnees unter die Masse ziehen.
- Das Weißmehl mit dem Backpulver sowie den restlichen Eischnee sorgfältig unter die Masse melieren.
- Die Masse in den vorbereiteten Tortenring abfüllen.
- Die gezuckerten Apfelhälften mit der runden Seite nach oben in gleichmäßigem Abstand in die Masse legen und leicht andrücken.
- Im Ofen bei einer Temperatur von 180–200 °C und offenem Dampfabzug ca. 30 Minuten backen.
- Nach dem Backen die Äpfel mit heißer Abricoture bestreichen und die Torte mit Puderzucker stäuben.

Hinweise für die Praxis
Als Alternative kann diese Torte auch mit Birnen, Zwetschgen oder Aprikosen hergestellt werden.

Plum-Cake · Plum cake

Vorbereitung Formen	1 Stück
Butter	20 g

Zutaten	
Butter	110 g
Zucker	110 g
Vollei, pasteurisiert	110 g
Salz	0,5 g
Zitronenraps	2 g
Weißmehl, Typ 550	155 g
Backpulver	4 g
Cakefrüchte, gewürfelt	140 g
Sultaninen	40 g
Rum, braun	30 g

Vorbereitung
- Eine Cakeform (25 × 9 cm) mit Butter aussteichen oder mit Backtrennpapier auslegen.
- Cakefrüchte und Sultaninen in Rum marinieren.
- Weißmehl und Backpulver zusammen sieben.

Zubereitung
- Butter, Zucker, Salz und Zitronenraps im Rührkessel gut schaumig rühren.
- Das Vollei nach und nach abwechselnd mit dem Weißmehl und dem Backpulver unter die Masse rühren.
- Die marinierten Cakefrüchte unter die Masse heben und in die Cakeform abfüllen.
- Ein Teighorn in Öl tauchen und in der Mitte der Masse ca. 1 cm tief eindrücken, um eine kontrollierte Rissbildung zu erhalten.
- Im Backofen bei einer Temperatur von 190–200 °C und offenem Dampfabzug ca. 45–60 Minuten backen (Nadelprobe).
- Herausnehmen, ca. 5 Minuten abstehen lassen und danach zum Abkühlen auf ein Gitter stellen.

Hinweise für die Praxis
Nach dem Auskühlen des Cakes je nach Wunsch aprikotieren und glasieren oder «nature» belassen.

Sachertorte · Tourte Sacher

Zutaten	10 Pers
Butter	100 g
Zucker	30 g
Vanillezucker	2 g
Salz	1 g
Eigelb, pasteurisiert	95 g
Couverture, dunkel, Vanille	100 g
Eiweiß, pasteurisiert	145 g
Zucker	125 g
Weißmehl, Typ 550	100 g
Aprikosenmarmelade	150 g
Abricoture	80 g
Fettglasur/Überzugsmasse	200 g
Butter	10 g

Vorbereitung
- Butter aus dem Kühlschrank nehmen.
- Einen Tortenring von 22 cm Durchmesser mit Butter bestreichen und auf ein mit Backtrennpapier belegtes Backblech legen.
- Vanillecouverture hacken und im Wasserbad unter ständigem Rühren auflösen.
- Weißmehl sieben.
- Eiweiß und Zucker zu einem steifen Schnee schlagen.
- Fettglasur im Wasserbad erwärmen.

Zubereitung
- Butter, Zucker, Vanillezucker und Salz schaumig rühren.
- Eigelb nach und nach beigeben.
- Aufgelöste Vanillecouverture auf ca. 35–40 °C abkühlen und unter die Masse mischen.
- ⅓ des steif geschlagenen Eiweißes unter die Masse ziehen.
- Weißmehl mit dem restlichen Eischnee unter die Masse melieren.
- Die Masse in den vorbereiteten Tortenring füllen.
- Bei einer Temperatur von 200 °C und offenem Dampfabzug ca. 30 Minuten backen (Nadelprobe).
- Biskuit herausnehmen und erkalten lassen.
- Biskuit in der Mitte quer durchschneiden und mit der Aprikosenmarmelade füllen.
- Abricoture erhitzen und die Torte aprikotieren.
- Torte auf ein Überzugsgitter stellen und mit der Fettglasur überziehen.

Hinweise für die Praxis
Die Sachertorte kann auch mit dunkler Couverture oder mit einer anderen Schokoladenglasur überzogen werden.

Schokoladen-Birnentorte · Tourte aux poires et au chocolat

Zutaten

	10 Pers
Japonais-Böden, Ø 22 cm	1
Couverture, dunkel, Vanille	60 g
Genueser Biskuit, Ø 22 cm	1
Wasser	20 g
Zucker	15 g
Williamine (1)	10 g
Birnen, Konserve, abgetropft	200 g
Eiweiß, pasteurisiert	90 g
Zucker	35 g
Salz	0,5 g
Gelatine	4 g
Couverture, dunkel, Vanille	160 g
Vollrahm, 35% (1)	320 g
Williamine (2)	5 g

Garnitur

Vollrahm, 35% (2)	150 g
Vermicelles-Streusel	50 g
Birnen, Konserve, abgetropft	100 g

Vorbereitung

- Vanillecouverture im Wasserbad schmelzen.
- Aus dem Biskuit zwei Böden von 1 cm Dicke quer durchschneiden.
- 200 g abgetropfte Kompottbirnen in 5 mm große Würfel schneiden.
- 100 g abgetropfte Kompottbirnen zum Ausgarnieren in Schnitze schneiden.
- Wasser und Zucker aufkochen, abkühlen lassen und Williamine (1) beigeben.
- Vollrahm (1 und 2) steif schlagen und kühl stellen.
- Gelatine im kalten Wasser quellen lassen.

Zubereitung

- Einen Tortenring von 22 cm Durchmesser auf ein mit Backtrennpapier ausgelegtes Blech legen.
- Japonais-Boden mit flüssiger Couverture bestreichen und in den Ring legen.
- Den ersten Biskuitboden darauf legen und mit dem Williaminesirup leicht tränken.
- Birnenwürfel auf dem Biskuit gleichmäßig verteilen.
- Eiweiß, Zucker und Salz im Wasserbad warmschlagen.
- Gelatine auspressen, im Wasserbad auflösen und zur warmen Eiweißmasse geben.
- Eiweißmasse anschließend in der Rührmaschine kaltschlagen.
- Geschmolzene Couverture auf 30–35 °C abkühlen und unter die kaltgeschlagene Eiweißmasse ziehen.
- Geschlagenen Vollrahm (1) mit Williamine (2) mischen und vorsichtig unter die Masse melieren.
- Die Schokoladencreme über die Birnenwürfel streichen.
- Den zweiten Biskuitboden darauf legen, leicht anpressen und mit Williaminesirup gleichmäßig tränken.
- Die restliche Schokoladencreme einfüllen und mit einem großen Spatelmesser glatt streichen.
- Torte in den Kühlschrank stellen und fest werden lassen.
- Den Tortenring anschließend entfernen.
- Den Tortenrand mit geschlagenem Vollrahm (2) einstreichen und mit den Vermicelles-Streuseln einstreuen.
- Die Torte mit dem restlichen geschlagenen Vollrahm und den Birnenschnitzen ausgarnieren.

Schwarzwälder Torte · Tourte Forêt-Noire

Zutaten — 10 Pers
Schokoladenbiskuit, Ø 22 cm	1
Wasser	40 g
Zucker	60 g
Kirsch	70 g
Vollrahm, 35% (1)	550 g
Kirsch	30 g
Gelatine	3 g
Weichseln, entsteint, abgetropft	100 g
Schokoladenspäne	70 g

Garnitur
Vollrahm, 35% (2)	100 g

Vorbereitung
- Wasser und Zucker zu einem Sirup kochen, abkühlen lassen und den Kirsch beigeben.
- Das Schokoladenbiskuit zweimal quer durchschneiden, sodass 3 gleich dicke Böden entstehen.
- Die Weichselkirschen gut abtropfen und halbieren.
- Die Gelatine im kalten Wasser quellen lassen.
- Vollrahm (1) steif schlagen und den Kirsch dazugeben.
- Gelatine auspressen, im Wasserbad auflösen, mit wenig geschlagenem Vollrahm verrühren und nochmals erwärmen, anschließend rasch unter den geschlagenen Vollrahm mischen.
- Vollrahm (2) steif schlagen und kühl stellen.

Zubereitung
- Den ersten Biskuitboden leicht mit Kirschsirup tränken.
- Mit parfümiertem geschlagenem Vollrahm bestreichen und die halbierten Weichselkirschen regelmäßig darauf verteilen.
- Den zweiten Biskuitboden auflegen, leicht andrücken und mit Kirschsirup tränken.
- Mit parfümiertem geschlagenem Vollrahm bestreichen.
- Den dritten Biskuitboden auflegen, leicht andrücken und wiederum mit Kirschsirup tränken.
- Die Torte mit dem restlichen parfümierten geschlagenen Vollrahm einstreichen und mit Schokoladenspänen einstreuen.
- Torte mit Rosetten aus geschlagenem Vollrahm ausgarnieren.

Tarte Tatin · Tarte Tatin

Zutaten — 10 Pers
Butter	50 g
Zucker	120 g
Äpfel, geschält, ohne Kerngehäuse	900 g
Blätterteig	200 g

Weitere Zutaten
Vanilleglace/Vanilleeis	400 g

Vorbereitung
- Butter aus dem Kühlschrank nehmen.
- Gerüstete Äpfel halbieren und in 1,5 cm dicke Schnitze schneiden.
- Blätterteigboden von 28 cm Durchmesser 2 mm dick ausrollen.
- Blätterteigboden mit einer Gabel einstechen und kühl stellen.

Zubereitung
- Kuchen- oder Gratinform mit weicher Butter ausstreichen.
- Zucker in die Form streuen.
- Apfelschnitze satt mit der runden Seite nach unten in die Form legen.
- Die Äpfel im Backofen bei einer Temperatur von 180–200 °C bei offenem Dampfabzug backen, bis sie halb durchgegart sind und der Zucker kurz vor dem Karamellisieren ist.
- Kuchenform aus dem Ofen nehmen und den Blätterteigboden auf die Oberfläche auflegen.
- Im Ofen bei gleicher Temperatur fertig backen.
- Kuchen stürzen und portionieren.
- Warm mit einer Kugel Vanilleglace servieren.

Hinweise für die Praxis
Es ist darauf zu achten, dass der Blätterteigboden nicht zu spät auf die vorgegarten Äpfel gelegt wird (der Teig benötigt ca. 15–20 Minuten Backzeit). Beim zu frühen Auflegen des Teigbodens ist der Zucker am Ende nicht karamellisiert; bei zu spätem Auflegen des Teigbodens kann der Zucker verbrennen.

Tiroler Cake · Cake tyrolienne

Vorbereitung Formen	1 Stück
Butter (1)	20 g

Zutaten	
Vollei, pasteurisiert	170 g
Zucker	135 g
Mandelmasse 1:1	70 g
Salz	0,5 g
Weißmehl, Typ 550	135 g
Backpulver	4 g
Couverture, dunkel, Vanille	70 g
Haselnusskerne, gemahlen	50 g
Butter (2)	70 g
Mandelkerne, gehobelt	5 g
Puderzucker	15 g

Vorbereitung
- Butter (1) aus dem Kühlschrank nehmen.
- Eine Cakeform (25 × 9 cm) mit Butter (1) ausstreichen oder mit Backtrennpapier auslegen.
- Gehobelte Mandeln auf dem Boden der Form gleichmäßig ausstreuen.
- Butter (2) schmelzen.
- Weißmehl und Backpulver zusammen sieben.
- Vanillecouverture fein hacken (ca. 5 × 5 mm).

Zubereitung
- Vollei, Zucker, Mandelmasse und Salz im Rührkessel schaumig rühren.
- Weißmehl, Backpulver, gehackte Vanillecouverture, gemahlene Haselnüsse und die flüssige Butter mit einem Rührspatel unter die schaumige Masse ziehen.
- Masse in die vorbereitete Form abfüllen.
- Im Backofen bei einer Temperatur von 190–200 °C und offenem Dampfabzug ca. 45–60 Minuten backen (Nadelprobe).
- Nach dem Backen kurz abstehen lassen, aus der Form nehmen und zum Abkühlen auf ein Gitter stellen.
- Mit Puderzucker stäuben.

Weihnachtsstollen · Stollen de Noël

Vorteig	1 kg
Vollmilch	70 g
Hefe	25 g
Weißmehl, Typ 550	95 g

Weitere Zutaten	
Weißmehl, Typ 550	275 g
Butter	140 g
Vollei, pasteurisiert	45 g
Rum, braun	15 g
Wasser	10 g
Salz	6 g
Zucker	35 g
Invertzucker	5 g
Vanillezucker	5 g
Zitronenraps	1 g
Koriander, gemahlen	1 g
Fiore di Sicilia	1 g
Rosinen	115 g
Cakefrüchte, gewürfelt	90 g
Mandelkerne, ungeschält	70 g

Fertigung	
Butter	100 g
Zucker	50 g
Puderzucker	10 g

Vorbereitung
- Weißmehl sieben.
- Ungeschälte Mandelkerne grob hacken.

Zubereitung Vorteig
- Hefe in Vollmilch auflösen und dem Weißmehl für den Vorteig beigeben.
- Gut vermischen und bei Zimmertemperatur ca. 20 Minuten aufgehen lassen.

Zubereitung
- Alle weiteren Zutaten mit Ausnahme von Weißmehl und Butter mischen.
- Weißmehl und Butter in einen Rührkessel geben und mit dem Vorteig mischen.
- Die restlichen Zutaten beigeben und zu einem glatten Teig kneten.
- Den Teig zugedeckt zweimal aufgehen lassen und durchkneten (aufziehen).
- Den Teig zu einer Kugel formen und etwas längs ausrollen.
- Mit dem Wallholz in der Mitte abdrücken und leicht anrollen, danach den Teig so anordnen, dass beide Wülste nebeneinander liegen.
- Im konventionellen Backofen bei ca. 180–200 °C bei offenem Dampfabzug 50–60 Minuten backen.
- Nach dem Backen die Stollen im warmen Zustand mit flüssiger Butter bepinseln.
- Mit einer Mischung aus Zucker und Puderzucker bestreuen.

Zitronencake · Cake au citron

Vorbereitung Formen	**1 Stück**
Butter	20 g

Zutaten	
Butter	170 g
Zucker	170 g
Zitronenraps	6 g
Salz	0,5 g
Vollei, pasteurisiert	170 g
Weißmehl, Typ 550	170 g
Backpulver	6 g

Zitronensirup	
Zucker	25 g
Wasser	25 g
Zitronensaft, frisch	60 g

Vorbereitung
- Butter aus dem Kühlschrank nehmen.
- Eine Cakeform (25 × 9 cm) mit Butter ausstreichen oder mit Backtrennpapier auslegen.
- Zucker und Wasser aufkochen, erkalten lassen und den Zitronensaft beigeben.

Zubereitung
- Butter, Zucker, Zitronenraps und Salz im Rührkessel gut schaumig rühren.
- Das nicht zu kalte Vollei beigeben und weiter schaumig rühren.
- Weißmehl und Backpulver mit einem Rührspatel unter die schaumige Masse ziehen.
- Die Masse in die vorbereitete Form abfüllen.
- Ein Teighorn in Öl tauchen und in der Mitte der Masse ca. 1 cm tief eindrücken, um eine kontrollierte Rissbildung zu erhalten.
- Im Backofen bei einer Temperatur von 190–200 °C und offenem Dampfabzug ca. 45–60 Minuten backen (Nadelprobe).
- Nach dem Backen etwas auskühlen lassen und von oben her mit einer dicken Nadel Löcher einstechen.
- Mit dem Zitronensirup tränken.

Hinweise für die Praxis
Nach dem Auskühlen nach Wunsch «nature» belassen oder mit Zuckerglasur überglänzen.

Zuger Kirschtorte · Tourte de Zoug

Zutaten	**10 Pers**
Japonais-Böden, Ø 22 cm	2
Buttercreme mit Vollei	350 g
Genueser Biskuit, Ø 22 cm	1
Wasser	85 g
Zucker	75 g
Kirsch	100 g
Mandeln, gehobelt, extrafein	40 g
Puderzucker	25 g

Vorbereitung
- Gehobelte Mandeln auf einem Backblech im Ofen goldgelb rösten.
- Wasser und Zucker zu einem Sirup kochen, abkühlen lassen und den Kirsch beigeben.
- Den Kirschsirup in eine flache Form von ca. 26 cm Durchmesser füllen.
- Aus dem Genueser Biskuit einen Boden von 2,5 cm Dicke quer durchschneiden.
- Buttercreme gut durchrühren.

Zubereitung
- Den ersten Japonais-Boden einseitig mit Buttercreme bestreichen.
- Den Biskuitboden kurz in die mit Kirschsirup gefüllte Form legen, herausnehmen, wenden und wieder hineinlegen, sodass das Biskuit gleichmäßig mit Sirup getränkt ist.
- Den getränkten Biskuitboden auf den mit Buttercreme bestrichenen Japonais-Boden legen.
- Den zweiten Japonais-Boden mit Buttercreme bestreichen und mit der bestrichenen Seite auf das Biskuit legen.
- Mit der restlichen Buttercreme die Oberfläche und die Seiten der Torte einstreichen.
- Den Tortenrand mit gehobelten Mandeln einstreuen.
- Die Tortenoberfläche mit Puderzucker stäuben und mit einem Messerrücken mit einem gitterartigen Muster versehen.

Hinweise für die Praxis
Die Buttercreme kann je nach Wunsch mit roter Lebensmittelfarbe leicht rosa eingefärbt werden.

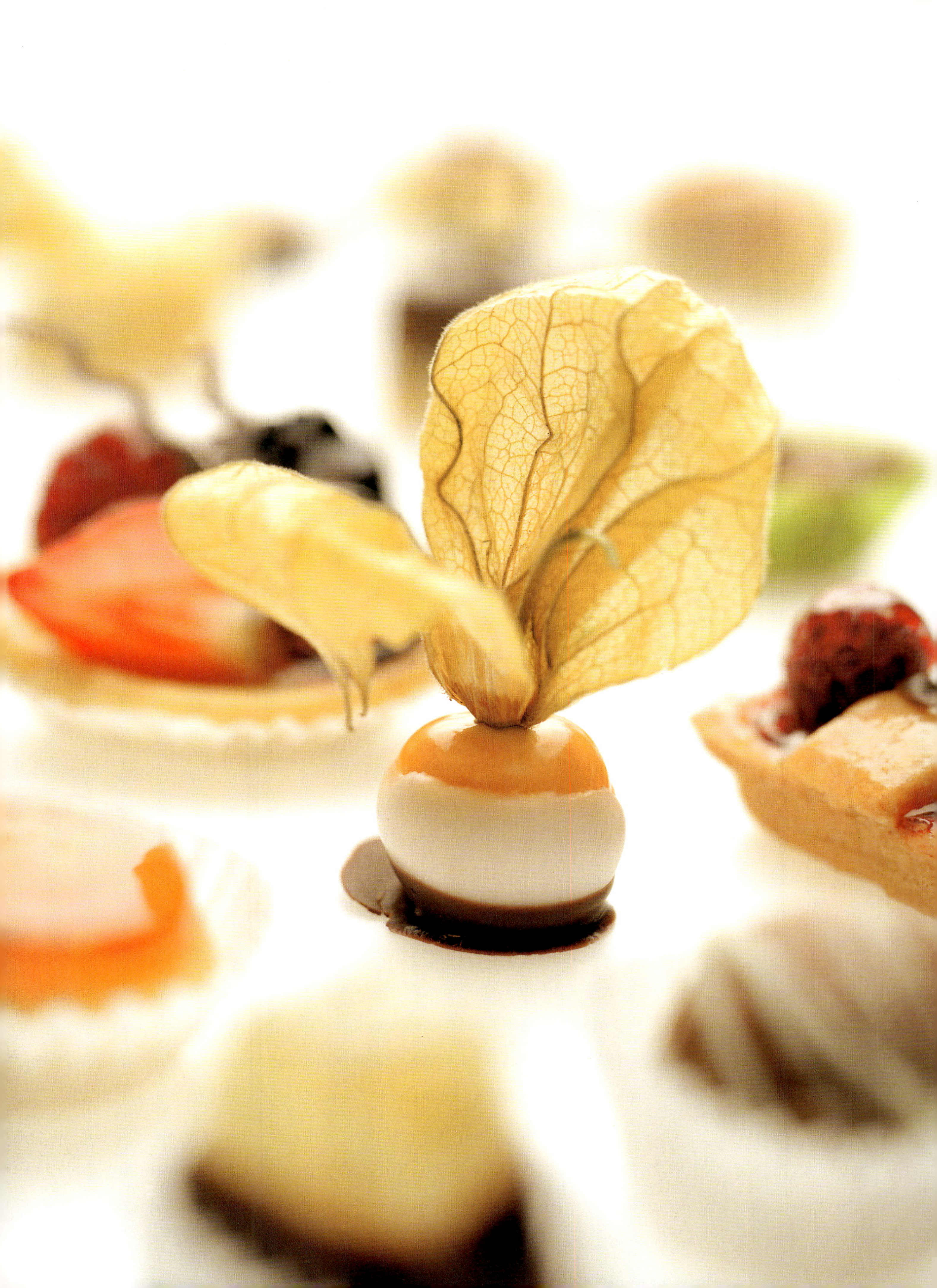

Konfekt und Pralinen

868 **Konfekt**
883 **Pralinen**

Konfekt

Amaretti · Amaretti

Zutaten	1 kg
Eiweiß, pasteurisiert	180 g
Zucker	360 g
Wasser	12 g
Zitronenraps	6 g
Salz	0,5 g
Mandelkerne, geschält, gemahlen	180 g
Mandelkerne, ungeschält, gemahlen	120 g
Weißmehl, Typ 550	95 g
Bittermandelaroma	35 g
Invertzucker	12 g
Puderzucker	80 g

Vorbereitung
– Weißmehl sieben.

Zubereitung
– Eiweiß mit Zucker, Wasser, Zitronenraps und Salz im Rührkessel schaumig schlagen.
– Mandeln, Weißmehl, Bittermandelaroma und Invertzucker unter die schaumige Masse ziehen.
– Masse in einen Dressiersack mit Lochtülle füllen.
– Auf Backtrennpapier runde Tupfen von ca. 3 cm Durchmesser dressieren.
– Mit Puderzucker stäuben und ca. 6 Stunden antrocknen lassen.
– Die Amaretti mit den fünf Fingern einer Hand seitwärts leicht eindrücken.
– Im Backofen bei 200–220 °C und offenem Dampfabzug backen.

Hinweise für die Praxis
Backen im Kombisteamer: bei 180 °C mit halber Ventilatorgeschwindigkeit und offenem Dampfabzug (0% Feuchtigkeit).
1 kg Masse ergibt ca. 160 Amaretti mit einem Stückgewicht von ca. 6 g.

Badener Chräbeli · Badener Chräbeli

Zutaten	1 kg
Vollei, pasteurisiert	135 g
Eigelb, pasteurisiert	60 g
Puderzucker	395 g
Salz	0,5 g
Weißmehl, Typ 550	395 g
Anis, gemahlen	15 g

Vorbereitung
– Puderzucker und Weißmehl sieben.

Zubereitung
– Vollei, Eigelb und Puderzucker im Rührkessel schaumig schlagen.
– Weißmehl und Anis daruntermischen.
– Teig auf ca. 10 mm Dicke auswallen.
– Mit Chräbeliausstecher ausstechen.
– Ca. 2 Stunden im Wärmeschrank bei 30–40 °C trocknen.
– Im Backofen bei ca. 220 °C und offenem Dampfabzug backen.

Hinweise für die Praxis
Backen im Kombisteamer: bei 180 °C mit halber Ventilatorgeschwindigkeit und offenem Dampfabzug (0% Feuchtigkeit). Sobald der Boden des Gebäcks leicht Farbe annimmt, aus dem Backofen nehmen, um ein Austrocknen des Gebäcks zu vermeiden.

Brownies · Brownies

Zutaten	1 kg
Couverture, dunkel, Vanille	145 g
Butter	165 g
Invertzucker	30 g
Rohzucker	210 g
Vanillezucker	2 g
Salz	0,5 g
Vollei, pasteurisiert	165 g
Baumnusskerne, halbiert	150 g
Weißmehl, Typ 550	125 g
Backpulver	8 g

Vorbereitung
– Butter aus dem Kühlschrank nehmen.
– Couverture im Wasserbad schmelzen.
– Baumnüsse grob hacken.
– Weißmehl zusammen mit dem Backpulver sieben.

Zubereitung
– Weiche Butter, Couverture, Invertzucker, Rohzucker, Vanillezucker und Salz im Rührkessel leicht schaumig schlagen.
– Nicht zu kaltes Vollei nach und nach beigeben.
– Gehackte Baumnüsse beigeben.
– Weißmehl mit dem Backpulver unter die Masse melieren.
– In eine mit Backtrennpapier ausgelegte Kapsel (Blech mit 4–5 cm hohem Rand) streichen.
– Im Backofen bei 180–200 °C und offenem Dampfabzug ca. 35–45 Minuten backen.
– Erkalten lassen und in beliebige Stücke schneiden.

Hinweise für die Praxis
Backen im Kombisteamer: bei 180 °C mit halber Ventilatorgeschwindigkeit und offenem Dampfabzug (0% Feuchtigkeit). Die gebackenen Brownies zum Schneiden tiefkühlen.

Brunsli · Brunsli

Zutaten	1 kg
Mandelkerne, ungeschält, gemahlen	465 g
Zucker (1)	155 g
Invertzucker	60 g
Eiweiß, pasteurisiert	110 g
Puderzucker	90 g
Kakaopulver	5 g
Salz	0,5 g
Couverture, dunkel, Vanille	115 g
Zucker (2)	30 g

Vorbereitung
– Vanillecouverture im Wasserbad schmelzen.
– Staubzucker zusammen mit dem Kakaopulver sieben.

Zubereitung
– Alle Zutaten außer Zucker (2) vermischen.
– Teig zugedeckt über Nacht im Kühlschrank ruhen lassen.
– Teig auf 10–12 mm Dicke auswallen und mit Zucker (2) bestreuen.
– Mit dem Riffelholz zeichnen und mit dem Brunsliausstecher ausstechen.
– Im Backofen bei ca. 230 °C und offenem Dampfabzug backen.
– Sobald der Boden des Gebäcks leicht Farbe zeigt, aus dem Backofen nehmen, um ein Austrocknen des Gebäcks zu vermeiden.

Hinweise für die Praxis
Sind die Mandeln zu grob gemahlen, kann der Teig mit einer Marmorwalze feiner gerieben werden.

Butterplätzchen · Butterplätzchen (biscuits au beurre)

Zutaten	1 kg
Eiweiß, pasteurisiert	210 g
Salz	0,5 g
Butter	250 g
Zucker	250 g
Vanillezucker	35 g
Weißmehl, Typ 550	250 g

Vorbereitung
- Butter aus dem Kühlschrank nehmen.
- Weißmehl sieben.
- Backblech mit Backtrennpapier belegen.

Zubereitung
- Eiweiß mit dem Salz steif schlagen und kühl stellen.
- Butter, Zucker und Vanillezucker im Rührkessel schaumig rühren.
- Mehl mit einem Rührspatel vorsichtig unter die Masse melieren.
- Eischnee unter die Masse ziehen.
- Masse in einen Dressiersack mit Lochtülle (Nr. 6) füllen.
- Flache Tupfen auf das vorbereitete Backblech dressieren.
- Im Backofen bei 180–200 °C und offenem Dampfabzug ca. 10 Minuten backen.

Hinweise für die Praxis
Von Tupfen zu Tupfen mindestens 4 cm Abstand lassen, da der Teig stark auseinander läuft.

Cornets und Rollen · Cornets et cigarettes

Zutaten	1 kg
Hüppenmasse/Hippenmasse, Variante 1	400 g
Haselnuss-Gianduja	500 g
Couverture, dunkel, Vanille	100 g
Butter	100 g
Weißmehl, Typ 550	50 g

Vorbereitung
- Backblech mit Backfolie (Thermofolie, Silpatmatte) auslegen.
- Dunkle Vanillecouverture im Wasserbad auflösen.

Zubereitung
- Hüppenmasse für Cornets mit runder Schablone (5 cm Durchmesser) auf die vorbereiteten Bleche aufstreichen.
- Hüppenmasse für Rollen mit quadratischer Schablone (5 cm Seitenlänge) auf die vorbereiteten Bleche aufstreichen.
- Im Backofen bei 170–180 °C und offenem Dampfabzug wie folgt backen:
- Hüppen zuerst vorbacken und aus dem Backofen nehmen, sobald sie Farbe annehmen.
- Kurz abkühlen lassen und danach fertig backen.
- Die fertig gebackenen Hüppen im Backofen Stück für Stück nacheinander auf Cornet-Holz oder Rundhölzchen aufrollen und die Enden leicht andrücken.
- Haselnuss-Gianduja mit der aufgelösten Couverture mischen, evtl. etwas abkühlen lassen.
- Dressiersack mit Sterntülle (Nr. 4–6) bereitstellen.
- Masse in der richtigen Konsistenz in die Hüppen-Cornets füllen.
- Rollen ebenfalls mit Haselnuss-Gianduja füllen, Masse anziehen lassen.
- Rollen auf beiden Seiten durch Eintauchen in temperierte Couverture verschließen.

Gianduja-Züngli · Langues de chat au gianduja

Zutaten — 1 kg

Eiweiß, pasteurisiert	230 g
Zucker (1)	140 g
Salz	1 g
Zucker (2)	230 g
Mandelkerne, ungeschält, gemahlen	365 g
Butter	45 g
Gianduja	600 g

Vorbereitung
– Butter schmelzen und etwas abkühlen.

Zubereitung
– Eiweiß mit Zucker (1) im Rührkessel schaumig schlagen.
– Zucker (2) mit den Mandeln mischen und mit der handwarmen, flüssigen Butter unter die Masse melieren.
– Die fertige Masse mit dem Spatelmesser auf Backtrennpapier in die speziellen Zünglimatten streichen.
– Im Backofen bei 170–180 °C und offenem Dampfabzug backen.
– Mit Gianduja füllen (Füllmenge ca. 3 g pro Züngli).

Hinweise für die Praxis
Backen im Kombisteamer: bei 160 °C mit halber Ventilatorgeschwindigkeit und offenem Dampfabzug (0% Feuchtigkeit).
1 kg Masse ergibt je nach Größe ca. 400 Stück Züngli oder 200 Stück gefüllte Züngli. Als Alternative kann das Gebäck auch mit Pralinenmasse gefüllt werden (Füllmenge ca. 3 g pro Züngli).

Haselnuss-Cantucci · Cantucci aux noisettes

Zutaten — 1 kg

Vollei, pasteurisiert	145 g
Zucker	285 g
Salz	0,5 g
Vanillezucker	1 g
Haselnusskerne, ganz	285 g
Weißmehl, Typ 550	285 g
Backpulver	5 g
Ei zum Bestreichen	100 g

Vorbereitung
– Backblech mit Backtrennpapier auslegen.
– Haselnüsse rösten, schälen und leicht brechen.
– Weißmehl zusammen mit dem Backpulver sieben.

Zubereitung
– Vollei, Zucker, Salz und Vanillezucker im Rührkessel schaumig schlagen.
– Haselnüsse, Weißmehl und Backpulver beigeben und zu einem Teig kneten.
– Lange Stangen von ca. 4 cm Dicke rollen.
– Auf Backtrennpapier legen und zweimal mit Ei bepinseln.
– Im Backofen bei 180–200 °C und offenem Dampfabzug backen.
– Im heißen Zustand ca. 1,5–2 cm dick, rautenförmig mit dem Messer schneiden.

Hinweise für die Praxis
Backen im Kombisteamer: bei 170–180 °C mit halber Ventilatorgeschwindigkeit und offenem Dampfabzug (0% Feuchtigkeit).

KONFEKT

Haselnussbögli · Perticus

Zutaten	1 kg
Butter	280 g
Zucker	205 g
Haselnusskerne, gemahlen	205 g
Salz	0,5 g
Zimt, gemahlen	0,5 g
Eiweiß, pasteurisiert	40 g
Weißmehl, Typ 550	280 g
Fettglasur/Überzugsmasse	200 g

Vorbereitung
- Backblech mit Backtrennpapier auslegen.
- Butter aus dem Kühlschrank nehmen.
- Weißmehl sieben.
- Fettglasur im Wasserbad erwärmen.

Zubereitung
- Weiche Butter, Zucker, Haselnüsse, Salz und Zimt im Rührkessel schaumig schlagen.
- Eiweiß nach und nach beigeben und weiterschlagen.
- Weißmehl unter die Masse melieren.
- Masse in einen Dressiersack mit Sterntülle (Nr. 6–8) füllen.
- Auf Backbleche mit Backtrennpapier hufeisenförmige Bögen dressieren.
- Im Backofen bei 160–180 °C bei offenem Dampfabzug backen.
- Nach dem Erkalten die Spitzen der Bögen in dunkle Fettglasur tauchen.

Hinweise für die Praxis
Backen im Kombisteamer: bei 160 °C mit halber Ventilatorgeschwindigkeit und offenem Dampfabzug (0% Feuchtigkeit).

Haselnussmakronen · Macarons aux noisettes

Zutaten	1 kg
Haselnusskerne, gemahlen	270 g
Zucker	540 g
Eiweiß, pasteurisiert	195 g
Salz	0,5 g

Vorbereitung
- Backblech mit Backtrennpapier auslegen.

Zubereitung
- Haselnüsse, Zucker, Eiweiß und Salz im Rührkessel schaumig rühren.
- Masse in einen Dressiersack mit Lochtülle (Nr. 10–12) füllen.
- Auf Backtrennpapier Tupfen von 2–3 cm Durchmesser dressieren.
- Im Backofen bei 180–200 °C und offenem Dampfabzug backen.

Hinweise für die Praxis
Backen im Kombisteamer: bei 170–180 °C mit halber Ventilatorgeschwindigkeit und offenem Dampfabzug (0% Feuchtigkeit).
1 kg Teig ergibt ca. 80–100 Stück Haselnussmakronen mit einem Stückgewicht von 10–12 g. Auf dieselbe Art können auch Mandelmakronen zubereitet werden.

Heidelbeer-Muffins · Muffins aux myrtilles

Zutaten	1 kg
Weißmehl, Typ 550	210 g
Backpulver	3 g
Natron	2 g
Vanillezucker	8 g
Salz	2 g
Vollei, pasteurisiert	105 g
Rohzucker	260 g
Vollmilch	105 g
Sonnenblumenöl	95 g
Zitronenraps	2 g
Heidelbeeren, tiefgekühlt	210 g

Vorbereitung
- Weißmehl, Backpulver, Natron und Vanillezucker zusammen sieben.
- In die Vertiefungen eines Muffin-Bleches Papierbackförmchen setzen.

Zubereitung
- Vollei im Rührkessel leicht aufschlagen.
- Rohzucker, Vollmilch, Sonnenblumenöl und Zitronenraps beigeben und gut vermischen.
- Weißmehl, Backpulver, Natron, Vanillezucker und Salz unter die Masse mischen.
- Am Schluss vorsichtig die tiefgekühlten Heidelbeeren unter die Masse ziehen.
- Teig mit einem Esslöffel in die vorbereiteten Förmchen füllen.
- Im Backofen bei 200–220 °C und offenem Dampfabzug ca. 30 Minuten backen.

Hinweise für die Praxis
Backen im Kombisteamer: bei 170–180 °C mit halber Ventilatorgeschwindigkeit und offenem Dampfabzug (0% Feuchtigkeit).

Karamell-Tuiles · Tuiles au caramel

Zutaten	1 kg
Zucker	305 g
Vollrahm, 35%	155 g
Butter	120 g
Glukosesirup	120 g
Mandeln, gehobelt, extrafein	305 g

Vorbereitung
- Backblech mit Backtrennpapier auslegen.

Zubereitung
- Zucker, Vollrahm, Butter und Glukosesirup auf 110 °C erhitzen.
- Gehobelte Mandeln beigeben.
- Masse etwas erkalten lassen.
- Mit einem Esslöffel kleine Häufchen mit genügend Abstand auf Backtrennpapier formen.
- Häufchen etwas flach drücken.
- Im Backofen bei 180–200 °C und offenem Dampfabzug backen.
- Die fertig gebackenen Tuiles noch heiß in eine Tunnelform legen und formen.

Hinweise für die Praxis
Um gleichmäßig runde Tuiles zu erhalten, werden die zerlaufenden Plätzchen bei halber Backzeit mit einem runden Ausstecher (Ø ca. 6 cm) zusammengeschoben. Backen im Kombisteamer: bei 170 °C mit halber Ventilatorgeschwindigkeit und offenem Dampfabzug (0% Feuchtigkeit).

Katzenzüngli · Langues de chat

Zutaten	1 kg
Vollrahm, 35%	195 g
Puderzucker	255 g
Vanillezucker	10 g
Eiweiß, pasteurisiert	225 g
Weißmehl, Typ 550	325 g

Vorbereitung
- Weißmehl sieben.
- Backblech mit Backtrennpapier auslegen.

Zubereitung
- Vollrahm, Puderzucker und Vanillezucker vermischen.
- Eiweiß zu Schnee schlagen.
- Weißmehl und Eischnee abwechselnd und vorsichtig unter die Rahmmasse ziehen.
- Mit einer Lochtülle (Nr. 7) ca. 6 cm lange Streifen auf das vorbereitete Backblech dressieren.
- Im Backofen bei 180–200 °C und offenem Dampfabzug backen.

Hinweise für die Praxis
Backen im Kombisteamer: bei 160–180 °C mit halber Ventilatorgeschwindigkeit und offenem Dampfabzug (0% Feuchtigkeit).

Kokosmakronen · Macarons à la noix de coco

Zutaten	1 kg
Zucker	455 g
Kokosflocken	230 g
Eiweiß, pasteurisiert	230 g
Zitronenraps	1 g
Salz	0,5 g
Weißmehl, Typ 550	90 g

Vorbereitung
- Weißmehl sieben.
- Backblech mit Backtrennpapier auslegen.

Zubereitung
- Zucker, Eiweiß und Kokosflocken mischen und auf dem Herd abrühren, bis die Masse bindet (ca. 70 °C).
- Weißmehl beigeben und etwas erkalten lassen.
- Masse in einen Dressiersack mit Sterntülle (Nr. 11–15) füllen.
- Auf Backtrennpapier Rosetten dressieren.
- Im Backofen bei 200–210 °C und offenem Dampfabzug hell backen.

Hinweise für die Praxis
Backen im Kombisteamer: bei 180–200 °C mit halber Ventilatorgeschwindigkeit und offenem Dampfabzug (0% Feuchtigkeit).

Kokos-Tuiles · Tuiles à la noix de coco

Zutaten

	1 kg
Eiweiß, pasteurisiert	305 g
Puderzucker	350 g
Mandelkerne, geschält, gemahlen	85 g
Kokosflocken	260 g
Zitronenraps	2 g
Salz	0,5 g

Vorbereitung
- Puderzucker sieben.
- Backblech mit Backtrennpapier auslegen.

Zubereitung
- Alle Zutaten gut vermischen.
- Mit einem Esslöffel kleine Häufchen mit genügend Abstand auf Backtrennpapier dressieren.
- Die Häufchen etwas flach drücken.
- Im Backofen bei 170–180 °C und offenem Dampfabzug backen.
- Die fertig gebackenen Tuiles im heißen Zustand in eine Tunnelform legen und formen.

Hinweise für die Praxis
Backen im Kombisteamer: bei 160–170 °C mit halber Ventilatorgeschwindigkeit und offenem Dampfabzug (0% Feuchtigkeit). Um gleichmäßig dünne Kokos-Tuiles zu erhalten, kann die Masse auch auf ein Backtrennpapier aufgestrichen und mit einer zweiten Folie abgedeckt und anschließend mit dem Wallholz dünn ausgerollt werden. Das obere Backtrennpapier vorsichtig entfernen und die Tuiles goldgelb backen. Im heißen Zustand mit der Schneidewalze in Quadrate schneiden und beliebig formen.

Mailänderli · Milanais

Zutaten

	1 kg
Vollei, pasteurisiert	105 g
Zucker	220 g
Butter	240 g
Salz	1 g
Zitronenraps	1 g
Weißmehl, Typ 550	440 g
Ei zum Bestreichen	50 g

Vorbereitung
- Butter aus dem Kühlschrank nehmen.
- Weißmehl sieben.

Zubereitung
- Vollei und Zucker vermischen.
- Weiche Butter, Zitronenraps und Salz beigeben und zusammen mit dem Weißmehl zu einem Teig wirken.
- Den Teig zugedeckt über Nacht im Kühlschrank ruhen lassen.
- Den Teig auf 10–12 mm Dicke ausrollen und mit dem Riffelholz zeichnen.
- Beliebige Formen ausstechen und zweimal mit Ei bestreichen.
- Im Backofen bei ca. 180–200 °C und offenem Dampfabzug backen.

Hinweise für die Praxis
Backen im Kombisteamer: bei 160–170 °C mit halber Ventilatorgeschwindigkeit und offenem Dampfabzug (0% Feuchtigkeit).

Mandelbiskuits · Biscuits aux amandes

Zutaten	1 kg
Butter	350 g
Puderzucker	135 g
Vanillezucker	1 g
Salz	1 g
Weißmehl, Typ 550	435 g
Mandelkerne, gehobelt	85 g

Vorbereitung
- Gehobelte Mandeln goldgelb rösten und erkalten lassen.
- Weißmehl sieben.
- Butter aus dem Kühlschrank nehmen.
- Backblech mit Backtrennpapier auslegen.

Zubereitung
- Butter, Zucker, Vanillezucker und Salz im Rührkessel mischen.
- Weißmehl beigeben und nur kurz zu einem Teig zusammenwirken.
- Die gerösteten Mandeln sorgfältig darunterkneten.
- Stangen von 3–4 cm Durchmesser rollen und kühl stellen.
- Die fest gewordenen Rollen in Scheiben von ca. 5 mm (5–6 g) schneiden und auf die vorbereiteten Backbleche absetzen.
- Im Ofen bei einer Temperatur von 170–180 °C bei offenem Dampfabzug ca. 15–20 Minuten backen.

Hinweise für die Praxis
Zur Herstellung von Haselnussbiskuits die Mandeln durch gehobelte Haselnüsse ersetzen.

Mandel-Marmeladenplätzchen · Puits d'amour aux amandes

Zutaten	1 kg
Butter	250 g
Puderzucker	90 g
Zucker	50 g
Vollei, pasteurisiert	60 g
Weißmehl, Typ 550	275 g
Mandelkerne, ungeschält, gemahlen	275 g
Salz	1 g
Vanillezucker	1 g
Ei zum Bestreichen	30 g
Himbeermarmelade	250 g

Vorbereitung
- Butter aus dem Kühlschrank nehmen.
- Puderzucker sieben.
- Weißmehl sieben.
- Backblech mit Backtrennpapier auslegen.

Zubereitung
- Weiche Butter, Puderzucker, Zucker und Vollei im Rührkessel kurz mischen, jedoch nicht schaumig rühren.
- Weißmehl, Mandeln, Salz und Vanillezucker beigeben und kurz im ersten Gang der Rührmaschine vermischen.
- Teig herausnehmen, flach drücken und zugedeckt im Kühlschrank 3 Stunden kalt stellen.
- Den Teig auf ca. 3 mm Dicke ausrollen.
- Mit beliebigen Ausstechern die eine Hälfte zu Böden und die andere Hälfte zu Deckeln ausstechen.
- Die Deckel nach Belieben in der Mitte mit einem Ausstecher ausstechen und auf Backtrennpapier aufsetzen.
- Böden und Deckel mit Ei bepinseln.
- Im Backofen bei 160–170 °C und offenem Dampfabzug ca. 10–12 Minuten im mittleren Einschub goldgelb backen.
- Die Plätzchen mit Himbeermarmelade füllen und zusammensetzen.

Hinweise für die Praxis
Backen im Kombisteamer: bei 160 °C mit halber Ventilatorgeschwindigkeit und offenem Dampfabzug (0% Feuchtigkeit).
1 kg Teig ergibt ca. 130 Stück Mandelplätzchen.

Mit Cointreau-Ganache gefüllte Törtchen · Tartelettes à la ganache au cointreau

Zutaten	50 Stück
Vollrahm, 35%	120 g
Glukosesirup	20 g
Couverture, Milch	300 g
Cointreau, 60 Vol.-%	30 g
CF-Bödeli	50
Orangenscheiben, kandiert	60 g

Vorbereitung
– Milch-Couverture hacken.
– CF-Bödeli auf Bleche setzen.

Zubereitung
– Vollrahm und Glukosesirup aufkochen.
– Milch-Couverture beigeben und auflösen.
– Cointreau beigeben und gut vermischen.
– Ganache kühl stellen und anziehen lassen.
– Ganache auf Raumtemperatur erwärmen.
– Mit Rührspatel durcharbeiten.
– Ganache in Dressiersack mit Sterntülle (Nr. 8–10) füllen.
– Gleichmäßige Rosetten in die CF-Bödeli dressieren.
– Mit Stücken kandierter Orangenscheiben garnieren.

Ochsenaugen · Yeux de bœuf

Zutaten	1 kg
Vollei, pasteurisiert	40 g
Puderzucker	150 g
Butter	305 g
Salz	0,5 g
Zitronenraps	1 g
Mandelkerne, geschält, gemahlen	150 g
Weißmehl, Typ 550	370 g
Aprikosenmarmelade	350 g

Vorbereitung
– Butter aus dem Kühlschrank nehmen.
– Weißmehl sieben.
– Backblech mit Backtrennpapier auslegen.

Zubereitung
– Vollei und Puderzucker im Rührkessel aufrühren.
– Weiche Butter, Salz und Zitronenraps beigeben.
– Mandeln und Weißmehl beigeben und kurz zu einem Teig wirken.
– Teig zugedeckt kühl stellen.
– Den Teig auf 3 mm Dicke ausrollen und mit einem runden Ausstecher von 3,5–4 cm Durchmesser Plätzchen ausstechen.
– Auf Backtrennpapier absetzen.
– Bei der Hälfte der Plätzchen (den Deckeln) mit einem runden Ausstecher in der Mitte ein Loch ausstechen.
– Im Backofen bei 160–170 °C und offenem Dampfabzug ca. 15 Minuten hell backen.
– Die Deckel auf die Böden legen.
– Aprikosenmarmelade erhitzen und mit dem Portionentrichter die Aussparungen füllen.

Hinweise für die Praxis
Backen im Kombisteamer: bei 160 °C mit halber Ventilatorgeschwindigkeit und offenem Dampfabzug (0% Feuchtigkeit).
Sollte kein Portionentrichter vorhanden sein, erwärmte Marmelade in einen Dressiersack füllen und eindressieren.

Preußen · Cœurs de France/Prussiennes

Zutaten	1 kg
Blätterteig	800 g
Zucker	200 g

Vorbereitung
- Blätterteig mit Zucker ausrollen, 1 einfache Tour geben und kühl stellen.
- Backblech mit Backtrennpapier auslegen.

Zubereitung
- Blätterteig halbieren.
- Beide Teile mit dem restlichen Zucker auf je 20 × 40 cm ausrollen.
- Das erste Teigrechteck von beiden Seiten her in die Mitte legen und nochmals von außen in die Mitte legen.
- Die beiden zusammengelegten Teile aufeinander legen und mit einem Stab leicht andrücken.
- Mit dem zweiten Teigstück gleich wie oben beschrieben verfahren.
- Die fertigen Stränge im Tiefkühler kurz anfrieren.
- Scheiben von 6–8 mm Dicke schneiden und auf die vorbereiteten Backbleche absetzen.
- Preußen im Ofen bei einer Temperatur von 200–220 °C und offenem Dampfabzug backen.
- Sobald der Zucker auf der Unterseite geschmolzen ist, auf dem Blech wenden, um eine beidseitige schöne Karamellisation zu erreichen.

Hinweise für die Praxis
Backen im Kombisteamer: bei 180–200 °C mit halber Ventilatorgeschwindigkeit und offenem Dampfabzug (0% Feuchtigkeit).
Preußen lassen sich auch auf die folgende Weise herstellen:
Die Teigenden von beiden Seiten satt in die Mitte einrollen, aufeinander legen und mit einem Stab andrücken.

Sablés · Sablés

Zutaten	1 kg
Butter	310 g
Puderzucker	155 g
Eiweiß, pasteurisiert	60 g
Vanilleschote	1
Salz	1 g
Weißmehl, Typ 550	480 g
Eiweiß, pasteurisiert	30 g
Zucker	40 g

Vorbereitung
- Butter aus dem Kühlschrank nehmen.
- Vanilleschote längs halbieren und Mark herauskratzen.
- Puderzucker und Weißmehl sieben.

Zubereitung
- Butter und Puderzucker im Rührkessel vermischen.
- Eiweiß, Vanillemark und Salz beigeben.
- Mit dem Weißmehl zu einem Teig zusammenwirken.
- Im Kühlschrank etwas erkalten lassen.
- Den Teig in Stangen von ca. 3 cm Durchmesser rund ausrollen und im Kühlschrank fest werden lassen.
- Die Stangen mit Eiweiß bepinseln, im Zucker rollen und in Scheiben schneiden.
- Bei einer Temperatur von 170 °C bei offenem Dampfabzug hell backen.

Hinweise für die Praxis
Durch Zugabe von Kakaopulver können verschiedene Muster (Mosaik, Marmor) erstellt werden.

Schenkeli · Cuisses de dames

Zutaten	1 kg
Butter	95 g
Zucker	235 g
Vollei, pasteurisiert	190 g
Zitronenraps	2 g
Salz	1 g
Weißmehl, Typ 550	475 g
Backpulver	4 g

Vorbereitung
- Butter aus dem Kühlschrank nehmen.
- Weißmehl und Backpulver zusammen sieben.

Zubereitung
- Weiche Butter im Rührkessel schaumig rühren.
- Zucker, Vollei, Zitronenraps und Salz beigeben und daruntermischen.
- Weißmehl und Backpulver beigeben und kurz zu einem Teig kneten.
- Teig zu Stangen rollen, Stücke von 15 g Gewicht schneiden und formen.
- Im heißen Frittierfett goldgelb backen und auf Küchenpapier entfetten.

Hinweise für die Praxis
1 kg Teig ergibt 65 Stück Schenkeli mit einem Stückgewicht von 15 g.

Schokoladenrosetten · Rosettes au chocolat

Zutaten	1 kg
Butter	285 g
Puderzucker	140 g
Mandelmasse 1:1	95 g
Salz	1 g
Vollei, pasteurisiert	95 g
Weißmehl, Typ 550	250 g
Kartoffelstärke	95 g
Kakaopulver	40 g
Marzipan	150 g
Kirsch	30 g
Fettglasur/Überzugsmasse	100 g

Vorbereitung
- Backblech mit Backtrennpapier auslegen.
- Weißmehl, Kartoffelstärke und Kakaopulver zusammen sieben.
- Marzipan mit Kirsch mischen und glatt rühren.
- Fettglasur im Wasserbad erwärmen.

Zubereitung
- Butter, Puderzucker, Salz und Mandelmasse im Rührkessel schaumig rühren.
- Vollei nach und nach beigeben.
- Das Weißmehlgemisch sorgfältig unter die Masse ziehen.
- Mit einer Sterntülle (Nr. 10) Rosetten auf Backtrennpapier dressieren.
- Im Backofen bei 170–180 °C und offenem Dampfabzug backen.
- Nach dem Erkalten je zwei Hälften mit wenig Marzipanmasse bestreichen und zusammensetzen.
- Bis zur Hälfte in die Fettglasur tauchen und auf Backtrennpapier absetzen.

Hinweise für die Praxis
Backen im Kombisteamer: bei 160–170 °C mit halber Ventilatorgeschwindigkeit und offenem Dampfabzug (0% Feuchtigkeit).
1 kg Masse ergibt ca. 300 Stück Schokoladenrosetten oder 150 Stück gefüllte Schokoladenrosetten.

Spitzbuben · Miroirs

Zutaten	1 kg
Butter	315 g
Puderzucker	155 g
Vollei, pasteurisiert	30 g
Eigelb, pasteurisiert	25 g
Zitronenraps	1 g
Salz	0,5 g
Weißmehl, Typ 550	475 g
Himbeermarmelade	300 g
Puderzucker	50 g

Vorbereitung
- Butter aus dem Kühlschrank nehmen.
- Puderzucker sieben.
- Weißmehl sieben.

Zubereitung
- Butter und Puderzucker im Rührkessel verrühren.
- Vollei, Eigelb, Zitronenraps und Salz beigeben.
- Weißmehl zugeben und sorgfältig zu einem Teig wirken.
- Vor dem Aufarbeiten im Kühlschrank durchkühlen.
- Teig auf eine Dicke von ca. 3 mm auswallen.
- Mit einem runden Ausstecher (3,5–4 cm Durchmesser) Plätzchen ausstechen.
- Auf Bleche mit Backtrennpapier absetzen.
- Bei der Hälfte der ausgestochenen Plätzchen (den Deckeln) mit einer Lochtülle (Nr. 6–8) je drei Löcher ausstechen.
- Im Backofen bei ca. 160–170 °C und offenem Dampfabzug ca. 15 Minuten hell backen.
- Auf die Böden Himbeermarmelade dressieren.
- Die Deckel mit Puderzucker stäuben und auf die mit Himbeermarmelade belegten Böden legen.

Hinweise für die Praxis
Backen im Kombisteamer: bei 160 °C mit halber Ventilatorgeschwindigkeit und offenem Dampfabzug (0% Feuchtigkeit). Zur Herstellung von Schokoladenspitzbubenteig werden 20 g Weißmehl durch 20 g Kakaopulver ersetzt (dieses mit dem Weißmehl sieben).

Spritzkonfekt · Petits-fours dressés

Zutaten	1 kg
Butter	270 g
Puderzucker	190 g
Salz	0,5 g
Zitronenraps	2 g
Vollei, pasteurisiert	135 g
Weißmehl, Typ 550	405 g

Vorbereitung
- Butter aus dem Kühlschrank nehmen.
- Puderzucker sieben.
- Weißmehl sieben.

Zubereitung
- Butter, Puderzucker, Zitronenraps und Salz im Rührkessel schaumig rühren.
- Vollei beigeben und schaumig rühren.
- Weißmehl beigeben und kurz zu einem Teig zusammenwirken.
- Teig in einen Dressiersack mit Loch- oder Sterntülle einfüllen.
- Rondellen oder beliebige Formen auf Backtrennpapier dressieren.
- Im Backofen bei 160–170 °C und offenem Dampfabzug backen.

Hinweise für die Praxis
Backen im Kombisteamer: bei 160 °C mit halber Ventilatorgeschwindigkeit und offenem Dampfabzug (0% Feuchtigkeit).

Vanillebrezeln · Brezels à la vanille

Zutaten

	1 kg
Butter	305 g
Puderzucker	145 g
Vanilleschote	1
Vollei, pasteurisiert	100 g
Weißmehl, Typ 550	490 g

Zutaten Glasur

Puderzucker	500 g
Wasser	100 g

Vorbereitung

- Butter aus dem Kühlschrank nehmen.
- Puderzucker sieben.
- Vanilleschote längs halbieren und das Mark herauskratzen.
- Weißmehl sieben.
- Backblech mit Backtrennpapier auslegen.
- Puderzucker im heißen Wasser vollständig auflösen.

Zubereitung

- Weiche Butter, Puderzucker und Vanillemark im Rührkessel schaumig rühren.
- Vollei beigeben und rühren, bis sich eine kompakte Masse bildet.
- Mit einem Spatel das Weißmehl untermelieren.
- Masse in einen Dressiersack mit einer Lochtülle (Nr. 6–8) füllen.
- Auf Backtrennpapier Brezel dressieren (Durchmesser ca. 5 cm, Stückgewicht ca. 8 g)
- Im Backofen bei 160–170 °C und offenem Dampfabzug backen.
- Nach dem Backen die Brezeln im heißen Zustand mit der Wasserglasur bestreichen.
- Zum Trocknen auf Gitter absetzen.

Hinweise für die Praxis

Backen im Kombisteamer: bei 160 °C mit halber Ventilatorgeschwindigkeit und offenem Dampfabzug (0% Feuchtigkeit). 1 kg Masse ergibt ca. 120–125 Stück Brezeln. Zur Herstellung von Schokoladenbrezeln werden 30 g Weißmehl durch 30 g Kakaopulver ersetzt. Nach dem Erkalten in Fettglasur tauchen.

Vanillegipfel · Croissants à la vanille

Zutaten

	1 kg
Butter	275 g
Zucker	125 g
Eigelb, pasteurisiert	70 g
Vanilleschoten (1)	3
Salz	1 g
Mandelkerne, geschält, gemahlen	135 g
Weißmehl, Typ 550	385 g

Weitere Zutaten

Puderzucker	150 g
Vanilleschoten (2)	2

Vorbereitung

- Butter aus dem Kühlschrank nehmen.
- Vanilleschoten (1 und 2) längs halbieren und das Mark herauskratzen.
- Weißmehl sieben.
- Backbleche mit Backtrennpapier auslegen.
- Aus Puderzucker und dem Vanillemark (2) Vanillezucker herstellen.

Zubereitung

- Butter und Zucker im Rührkessel vermischen.
- Eigelb, Vanillemark (1) und Salz beigeben und unter die Masse rühren.
- Gemahlene Mandeln und Weißmehl beigeben und kurz zu einem Teig zusammenwirken.
- Teig zu Stangen rollen und gleich große Stücke von ca. 10–12 g schneiden.
- Teigstücke zu Gipfeln rollen und auf die vorbereiteten Backbleche absetzen.
- Im Backofen bei 160–170 °C und offenem Dampfabzug 12–15 Minuten backen.
- Gipfel im noch warmen Zustand im Vanillezucker wenden.

Hinweise für die Praxis

1 kg Teig ergibt ca. 90 Stück Vanillegipfel mit einem Stückgewicht von 10–12 g.

Vanillemüscheli · Coquilles à la vanille

Zutaten

	1 kg
Butter	260 g
Puderzucker	50 g
Mandelmasse	310 g
Vollei, pasteurisiert	80 g
Salz	0,5 g
Vanilleschote	1
Weißmehl, Typ 550	310 g
Aprikosenmarmelade	200 g
Fettglasur/Überzugsmasse	200 g

Vorbereitung
- Butter aus dem Kühlschrank nehmen.
- Puderzucker sieben.
- Vanilleschote längs halbieren und das Mark herauskratzen.
- Weißmehl sieben.
- Backblech mit Backtrennpapier auslegen.
- Fettglasur im Wasserbad erwärmen.

Zubereitung
- Weiche Butter und Puderzucker im Rührkessel mischen.
- Mandelmasse beigeben und mischen, bis sich eine knollenfreie Masse bildet.
- Vollei, Salz und Vanillemark beigeben und kurz verrühren.
- Weißmehl beigeben und kurz zu einem Teig wirken.
- Mit einer Sterntülle (Nr. 10–12) Muscheln auf Backtrennpapier dressieren.
- Im Backofen bei ca. 160–170 °C und offenem Dampfabzug backen.
- Je zwei Muscheln mit etwas Aprikosenmarmelade zusammenkleben.
- Die Spitzen der Muscheln in Fettglasur tauchen und zum Erstarren auf Backtrennpapier absetzen.

Hinweise für die Praxis
Backen im Kombisteamer: bei 160 °C mit halber Ventilatorgeschwindigkeit und offenem Dampfabzug (0% Feuchtigkeit).

Zimtsterne · Etoiles à la cannelle

Zutaten

	1 kg
Mandelkerne, ungeschält, gemahlen	480 g
Zucker	335 g
Zimt, gemahlen	10 g
Salz	1 g
Eiweiß, pasteurisiert	100 g
Invertzucker	75 g

Zutaten Glasur

Puderzucker	200 g
Eiweiß, pasteurisiert	40 g

Vorbereitung
- Backblech mit Backtrennpapier auslegen.
- Puderzucker und Eiweiß für die Glasur leicht schaumig rühren.

Zubereitung
- Alle Zutaten im Rührkessel vermischen.
- Den Teig zugedeckt über Nacht im Kühlschrank ruhen lassen.
- Den Teig auf eine Dicke von ca. 10 mm ausrollen und dünn mit der Glasur bestreichen.
- Den Teig im Tiefkühler kurz anfrieren lassen (Sterne lassen sich besser ausstechen).
- Mit einem Zimtsterneausstecher ausstechen und auf Backtrennpapier absetzen.
- Im Backofen bei 220–230 °C und offenem Dampfabzug backen.
- Sobald die Böden der Zimtsterne leicht Farbe annehmen, herausnehmen, um ein Austrocknen zu vermeiden.

Hinweise für die Praxis
Die Glasur sollte nicht zu dünn und nicht zu schaumig sein, um ein Weglaufen und Abspringen der Glasur zu vermeiden.

Pralinen

Duchesses · Duchesses

Zutaten — 1 kg
- Creme mit Mandeln — 415 g
- Couverture, Milch (1) — 380 g
- Orangenscheiben, kandiert — 125 g
- Mandelkerne, gehobelt — 50 g
- Pistazienkerne, geschält — 30 g
- Couverture, Milch (2) — 600 g

Vorbereitung
- Milch-Couverture (1) klein hacken und im Wasserbad oder im Trempierapparat schmelzen.
- Orangenscheiben in 4 mm große Würfel schneiden.
- Mandeln goldgelb rösten.
- Pistazien grob reiben.
- Backblech mit Backtrennpapier auslegen.
- Milch-Couverture (2) klein hacken und im Wasserbad oder im Trempierapparat schmelzen.

Zubereitung
- Mandelcreme mit der Milch-Couverture mischen.
- Orangenwürfel darunterziehen.
- Geröstete Mandeln und Pistazien sorgfältig unter die Masse mischen.
- Masse auf Backtrennpapier zwischen zwei Metallstäbe von 1,5 cm Höhe ausstreichen.
- Mit einem zweiten Backtrennpapier abdecken und mit einem Wallholz gleichmäßig dick abrollen.
- Die Masse anziehen lassen.

Weiterverarbeitung
- Obere und untere Seite der aufgestrichenen Masse mit temperierter Milch-Couverture (2) dünn bestreichen.
- Nach dem Erstarren der Couverture die Platte in Streifen von 3 cm schneiden.
- Streifen mit Milch-Couverture (2) trempieren (überziehen).
- Mit Trempiergabel schräge Muster zeichnen und erstarren lassen (dauert ca. 5 Minuten).
- Mit dünnem Messer 1,5 cm dicke Stücke schneiden.

Hinweise für die Praxis
Pralinen in einer lichtundurchlässigen Dose bei 16–18 °C und 65% relativer Luftfeuchtigkeit vor Fremdgerüchen geschützt aufbewahren.

Framboises · Framboises

Zutaten

	1 kg
Vollrahm, 35%	165 g
Glukosesirup	15 g
Milch-Couverture (1)	160 g
Couverture, dunkel, Vanille	320 g
Himbeersirup	320 g
Truffes-Hohlkugeln, Milch, Ø 26 mm	126
Milch-Couverture (2)	600 g

Vorbereitung
- Milch-Couverture (1) und Vanillecouverture klein hacken.
- Zwei Lagen Truffes-Hohlkugeln, Milch, à 26 mm Durchmesser vorbereiten (eine Lage = 63 Stück).
- Milch-Couverture (2) klein hacken und im Wasserbad oder im Trempierapparat schmelzen.

Zubereitung Ganache
- Vollrahm mit Glukosesirup aufkochen.
- Gehackte Milch- und Vanillecouverture beigeben und verrühren.
- Himbeersirup beigeben und die Masse glatt rühren.

Weiterverarbeitung
- Ganache auf 26–28 °C abkühlen und mit einem Dressiersack in die Truffes-Hohlkugeln abfüllen.
- Über Nacht bei Raumtemperatur (18–20 °C) anziehen lassen (nicht im Kühlschrank).
- Die gefüllten Hohlkugeln mit temperierter Milch-Couverture (2) verschließen.
- Die Kugeln mit Milch-Couverture (2) trempieren (überziehen) und mit der Trempiergabel zeichnen oder im Kakaopulver rollen.

Hinweise für die Praxis
Der Himbeersirup kann auch durch einen anderen Sirup, z. B. Orangensirup, ersetzt werden. Die Ganache soll bei einer Temperatur von 26–28 °C abgefüllt werden. Zu kalt abgefüllte Ganachen gerinnen (grenieren) beim Anziehen in der Kugel und erhalten eine sandige Struktur. Zu hohe Abfülltemperaturen lassen die Hohlkugeln schmelzen, was zum Auslaufen der Ganache oder Kleben der Hohlkugeln in den Formen führt. Pralinen in einer lichtundurchlässigen Box bei einer Temperatur von 16–18 °C und einer relativen Luftfeuchtigkeit von 65% geschützt vor Fremdgeruch aufbewahren. Das Rezept ergibt ca. 126 Stück Truffes.

Früchtegeleewürfel · Gelée de fruits

Zutaten

	1 kg
Fruchtmark	360 g
Zucker (1)	55 g
Gelbbandpektin	25 g
Glukosesirup	180 g
Zucker (2)	360 g
Zitronensäure 1:1	22 g
Zucker (3)	100 g

Vorbereitung

- Mit 4 Metallstäben von 1,5 cm Höhe auf einem Marmortisch ein Quadrat bilden.
- Gelbbandpektin und Zucker (1) vermischen.

Zubereitung

- Fruchtmark und Pektinmischung gut verrühren und aufkochen.
- Glukosesirup beigeben.
- Nachdem die Glukose aufgelöst ist, Zucker (2) beigeben und unter ständigem Rühren auf 104–106 °C kochen.
- Mit einem Rührspatel einen Tropfen vom gekochten Gelee auf einen kalten Teller geben und mit den Fingern verstreichen.
- Wenn sich der Gelee leicht gummig anfühlt, ist er genügend gekocht.
- Flüssige Zitronensäure beigeben, gut vermischen und nicht mehr kochen.
- In das vorbereitete Quadrat aus Metallstäben gießen.
- Früchtegelee auf dem Marmor auskühlen lassen.

Weiterverarbeitung

- Gelee in eine Box mit Zucker (3) legen und mit Zucker bestreuen.
- Gelee mit der Pralinenharfe oder mit einem langen Messer in gleichmäßige Würfel schneiden.
- Geleewürfel in die Box mit Zucker zurücklegen und die einzelnen Würfel voneinander trennen.
- Die Würfel in Zucker allseitig wenden, damit sie nicht aneinander kleben.
- Die Geleewürfel in ein grobes Sieb geben, um den überschüssigen Zucker zu entfernen, und über Nacht etwas antrocknen lassen.

Hinweise für die Praxis

Unter Zitronensäure 1:1 versteht man 1 Teil Wasser und 1 Teil Zitronensäurepulver. Das Zitronensäurepulver wird im kochend heißen Wasser aufgelöst und sofort abgekühlt.

Ganache-Rollen · Cigarettes parisiennes

Zutaten	1 kg
Vollrahm, 35%	360 g
Glukosesirup	35 g
Couverture, dunkel, Vanille (1)	570 g
Butter	35 g
Couverture, dunkel, Vanille (2)	400 g
Puderzucker	150 g

Vorbereitung
- Butter aus dem Kühlschrank nehmen.
- Vanillecouverture (1) klein hacken.
- Backblech mit Backtrennpapier auslegen.
- Vanillecouverture (2) klein hacken und im Wasserbad oder im Trempierapparat schmelzen.

Zubereitung
- Vollrahm mit dem Glukosesirup aufkochen.
- Die gehackte Vanillecouverture beigeben und verrühren.
- Weiche Butter beigeben und die Masse gut verrühren.
- Ganache in eine Schüssel geben und im Kühlschrank auskühlen lassen.

Weiterverarbeitung
- Die kalte Ganache aus dem Kühlschrank nehmen und bei Raumtemperatur (ohne zu erwärmen) auf 20–22 °C bringen.
- Mit einem Rührspatel die Ganache kurz vermischen.
- Ganache in einen Dressiersack mit Lochtülle Nr. 17–18 füllen.
- Auf Backtrennpapier regelmäßige Stangen dressieren.
- Stangen im Kühlschrank erstarren lassen.
- Stangen aus dem Kühlschrank nehmen und im kalten Zustand mit einem heißen Messer in gleichmäßige Stücke von 3 cm Länge schneiden.
- Die Ganache-Rollen in temperierter Vanillecouverture (2) trempieren (überziehen) und im Puderzucker oder im Kakaopulver rollen.
- Die Rollen im Puder 4–6 Stunden ruhen lassen, da sie etwas aufreißen.
- In einem groben Sieb mit einem großen, weichen Pinsel auspudern.

Hinweise für die Praxis
Ganache kann auch z. B. mit Instant-Kaffee (im Rahm aufgelöst) ohne Rezeptänderung aromatisiert werden. Zu kalt aufgerührte Ganachen gerinnen (grenieren). Pralinen in einer lichtundurchlässigen Box bei einer Temperatur von 16–18 °C und einer relativen Luftfeuchtigkeit von 65% geschützt vor Fremdgeruch aufbewahren.

Gianduja · Gianduja

Zutaten	1 kg
Haselnuss-Gianduja, dunkel, ausrollbar	600 g
Mandel-Gianduja, hell, ausrollbar	400 g
Kakaobutter	60 g
Couverture, dunkel, Vanille	400 g

Vorbereitung
- Gianduja bei Raumtemperatur (20–22 °C) abstehen lassen, um sie optimal ausrollen zu können.
- Kakaobutter schmelzen.
- Backblech mit Backtrennpapier auslegen.
- Vanillecouverture klein hacken und im Wasserbad oder im Trempierapparat schmelzen.

Zubereitung
- Haselnuss-Gianduja und Mandel-Gianduja auf je 3 mm Dicke ausrollen.
- Von der Haselnuss-Gianduja drei gleich große Rechtecke ausschneiden.
- Von der Mandel-Gianduja zwei Rechtecke gleicher Größe wie Haselnuss-Gianduja ausschneiden.
- Die 5 gleich großen Gianduja-Rechtecke werden wie folgt zusammengesetzt:
- Erste Lage: Haselnuss-Gianduja auf Backtrennpapier legen und mit warmer Kakaobutter (40–50 °C) bepinseln.
- Zweite Lage: Mandel-Gianduja darauf legen, sorgfältig andrücken und mit warmer Kakaobutter bepinseln.
- Dritte Lage: Haselnuss-Gianduja darauf legen, sorgfältig andrücken und mit warmer Kakaobutter bepinseln.
- Abwechslungsweise weiterfahren wie oben beschrieben, bis alle Schichten platziert sind.
- Das zusammengesetzte Gianduja-Rechteck im Kühlschrank 45 Minuten kalt stellen.
- Die oberste Lage mit temperierter Vanillecouverture gleichmäßig dünn bestreichen und kühl stellen.
- Nach dem Erstarren der Couverture das Gianduja-Rechteck wenden und in Streifen von 3 cm Dicke schneiden.
- Die Gianduja-Streifen mit einem dünnen Messer in Dreiecke schneiden.

Hinweise für die Praxis
Pralinen in einer lichtundurchlässigen Box bei einer Temperatur von 16–18 °C und einer relativen Luftfeuchtigkeit von 65% geschützt vor Fremdgeruch aufbewahren.

Mandel-Rochers · Rochers aux amandes

Zutaten	**1 kg**
Mandelstifte	665 g
Zucker	12 g
Wasser	25 g
Puderzucker	90 g
Kakaobutter	45 g
Couverture, dunkel, Vanille	240 g

Vorbereitung
- Zuckersirup: Zucker und Wasser zusammen aufkochen und erkalten lassen.
- Mandelstifte mit dem Puderzucker mischen, Zuckersirup beigeben und vermischen.
- Die gezuckerten Mandeln auf ein mit Backtrennpapier belegtes Backblech flach verteilen.
- Im Ofen bei einer Temperatur von 170–180 °C unter mehrmaligem Wenden goldgelb rösten.
- Auf einem Blech Pralinenpapierkapseln auslegen.
- Kakaobutter schmelzen.
- Vanillecouverture temperieren.

Zubereitung
- Mandelstäbchen auf Raumtemperatur abkühlen.
- Mandelstäbchen in kleinen Quantitäten (in 3–4 Chargen) in eine vorgewärmte Schüssel (30 °C) geben und nur so viel Kakaobutter beigeben, bis alle Mandelstäbchen leicht damit bedeckt sind.
- Temperierte Vanillecouverture beigeben und mit den Mandelstäbchen gut vermischen.
- Nur so viel Couverture beigeben, bis alle Mandelstäbchen damit bedeckt sind (dies verhindert ein Herunterlaufen der Couverture).
- Masse mit einem Kaffeelöffel in die vorbereiteten Kapseln abfüllen.
- Kurz im Kühlschrank auskühlen lassen (maximal 10 Minuten).

Hinweise für die Praxis
Es können als Alternativen zusätzlich Sultaninen und/oder gewürfelte Dörraprikosen beigegeben werden. Pralinen in einer lichtundurchlässigen Box bei einer Temperatur von 16–18 °C und einer relativen Luftfeuchtigkeit von 65% geschützt vor Fremdgeruch aufbewahren.

Rahm-Truffes, dunkel · Truffes noires à la crème

Zutaten	1 kg
Vollrahm, 35%	395 g
Glukosesirup	40 g
Couverture, dunkel, Vanille (1)	470 g
Butter	75 g
Truffes-Hohlkugeln, dunkel, Ø 26 mm	126
Couverture, dunkel, Vanille (2)	600 g

Vorbereitung
- Butter aus dem Kühlschrank nehmen.
- Vanillecouverture (1) klein hacken.
- Zwei Lagen Truffes-Hohlkugeln, dunkel, à 26 mm Durchmesser vorbereiten (eine Lage = 63 Stück).
- Vanillecouverture (2) klein hacken und im Wasserbad oder im Trempierapparat schmelzen.

Zubereitung Ganache
- Vollrahm mit dem Glukosesirup aufkochen.
- Gehackte Vanillecouverture beigeben und verrühren.
- Weiche Butter beigeben und die Masse glatt rühren.

Weiterverarbeitung
- Ganache auf 26–28 °C abkühlen und mit einem Dressiersack in die Truffes-Hohlkugeln abfüllen.
- Über Nacht bei Raumtemperatur (18–20 °C) anziehen lassen (nicht im Kühlschrank).
- Die gefüllten Hohlkugeln mit temperierter Vanillecouverture verschließen.
- Die Kugeln mit Vanillecouverture (2) trempieren (überziehen), über ein Gitter rollen (stacheln) oder mit einer Trempiergabel zeichnen.

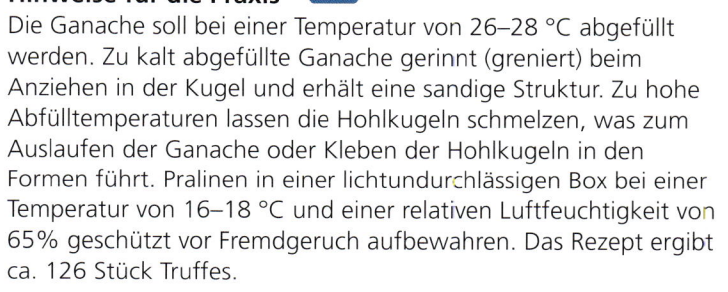

Hinweise für die Praxis
Die Ganache soll bei einer Temperatur von 26–28 °C abgefüllt werden. Zu kalt abgefüllte Ganache gerinnt (greniert) beim Anziehen in der Kugel und erhält eine sandige Struktur. Zu hohe Abfülltemperaturen lassen die Hohlkugeln schmelzen, was zum Auslaufen der Ganache oder Kleben der Hohlkugeln in den Formen führt. Pralinen in einer lichtundurchlässigen Box bei einer Temperatur von 16–18 °C und einer relativen Luftfeuchtigkeit von 65% geschützt vor Fremdgeruch aufbewahren. Das Rezept ergibt ca. 126 Stück Truffes.

Rahm-Truffes, hell · Truffes au lait à la crème

Zutaten

	1 kg
Vollrahm, 35%	300 g
Glukosesirup	30 g
Couverture, Milch (1)	590 g
Butter	60 g
Truffes-Hohlkugeln, Milch, Ø 26 mm	126
Couverture, Milch (2)	600 g

Vorbereitung
- Butter aus dem Kühlschrank nehmen.
- Milch-Couverture (1) klein hacken.
- Zwei Lagen Truffes-Hohlkugeln, Milch, à 26 mm Durchmesser vorbereiten (eine Lage = 63 Stück).
- Milch-Couverture (2) klein hacken und im Wasserbad oder im Trempierapparat schmelzen.

Zubereitung Ganache
- Vollrahm mit dem Glukosesirup aufkochen.
- Gehackte Milch-Couverture beigeben und verrühren.
- Weiche Butter beigeben und die Masse glatt rühren.

Weiterverarbeitung
- Ganache auf 26–28 °C abkühlen und mit einem Dressiersack in die Truffes-Hohlkugeln abfüllen.
- Über Nacht bei Raumtemperatur (18–20 °C) anziehen lassen (nicht im Kühlschrank).
- Die gefüllten Hohlkugeln mit temperierter Milch-Couverture verschließen.
- Die Kugeln mit Milch-Couverture (2) trempieren (überziehen), über ein Gitter rollen (stacheln) oder mit der Trempiergabel zeichnen.

Hinweise für die Praxis
Die Ganache soll bei einer Temperatur von 26–28 °C abgefüllt werden. Zu kalt abgefüllte Ganache gerinnt (greniert) beim Anziehen in der Kugel und erhält eine sandige Struktur. Zu hohe Abfülltemperaturen lassen die Hohlkugeln schmelzen, was zum Auslaufen der Ganache oder Kleben der Hohlkugeln in den Formen führt. Pralinen in einer lichtundurchlässigen Box bei einer Temperatur von 16–18 °C und einer relativen Luftfeuchtigkeit von 65% geschützt vor Fremdgeruch aufbewahren. Das Rezept ergibt ca. 126 Stück Truffes.

Rahm-Truffes weiß · Truffes blanches à la crème

Zutaten

	1 kg
Vollrahm, 35%	290 g
Glukosesirup	30 g
Couverture, weiß (1)	575 g
Butter	60 g
Kirsch	25 g
Truffes-Hohlkugeln, weiß, Ø 26 mm	126
Couverture, weiß (2)	600 g

Vorbereitung
– Butter aus dem Kühlschrank nehmen.
– Weiße Couverture (1) klein hacken.
– Zwei Lagen Truffes-Hohlkugeln, weiß, à 26 mm Durchmesser vorbereiten (eine Lage = 63 Stück).
– Weiße Couverture (2) klein hacken und im Wasserbad oder im Trempierapparat schmelzen.

Zubereitung Ganache
– Vollrahm mit dem Glukosesirup aufkochen.
– Gehackte weiße Couverture beigeben und verrühren.
– Weiche Butter beigeben und die Masse glatt rühren.
– Zuletzt den Kirsch unterrühren.

Weiterverarbeitung
– Ganache auf 26–28 °C abkühlen und mit einem Dressiersack in die Truffes-Hohlkugeln abfüllen.
– Über Nacht bei Raumtemperatur (18–20 °C) anziehen lassen (nicht im Kühlschrank).
– Die gefüllten Hohlkugeln mit temperierter weißer Couverture verschließen.
– Die Kugeln mit weißer Couverture (2) trempieren (überziehen), über ein Gitter rollen (stacheln) oder mit der Trempiergabel zeichnen.

Hinweise für die Praxis
Die Ganache soll bei einer Temperatur von 26–28 °C abgefüllt werden. Zu kalt abgefüllte Ganache gerinnt (greniert) beim Anziehen in der Kugel und erhält eine sandige Struktur. Zu hohe Abfülltemperaturen lassen die Hohlkugeln schmelzen, was zum Auslaufen der Ganache oder Kleben der Hohlkugeln in den Formen führt. Pralinen in einer lichtundurchlässigen Box bei einer Temperatur von 16–18 °C und einer relativen Luftfeuchtigkeit von 65% geschützt vor Fremdgeruch aufbewahren. Rezept ergibt ca. 126 Stück Truffes.

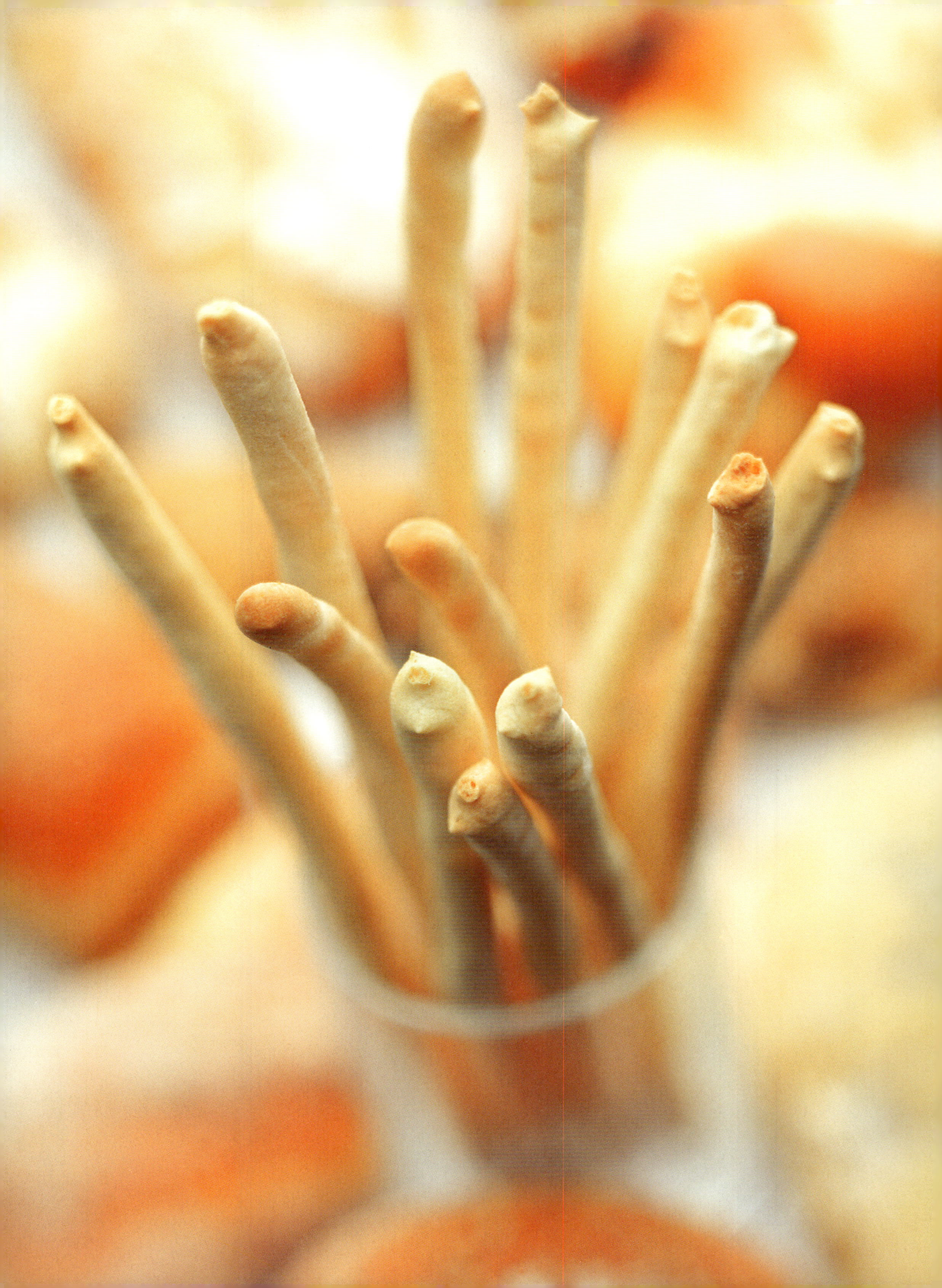

Brote

894 **Brote**

Brote

Baumnussbrot · Pain aux noix

Zutaten	1 kg
Wasser	335 g
Hefe	20 g
Levit	7 g
Bienenhonig	15 g
Ruchmehl, Typ 1100	475 g
Salz	13 g
Baumnusskerne, halbiert	135 g

Vorbereitung
- Baumnusskerne grob hacken.
- Hefe im Wasser auflösen.

Zubereitung
- Wasser, Hefe, Levit, Bienenhonig und Ruchmehl im Rührkessel zu einem Teig kneten.
- Nach der halben Knetzeit Salz beigeben und fertig kneten (die Knetzeit beträgt je nach Mehlqualität ca. 15 Minuten).
- Zum Schluss die grob gehackten Baumnusskerne beigeben.
- Teig 1 Mal aufgehen lassen und danach nochmals kurz durchkneten (aufziehen).
- Teig in 4 gleich große Stücke schneiden und lange Rollen formen.
- Je 2 Stränge zusammendrehen, mit Mehl stäuben und auf Bleche setzen.
- Teiglinge nochmals aufgehen lassen.
- Backen im Kombisteamer bei halber Ventilatorgeschwindigkeit: 5 Minuten bei 220 °C mit kurzer Dampfzugabe und geschlossenem Dampfabzug (100% Feuchtigkeit), anschließend 40 Minuten bei 180 °C und offenem Dampfabzug (0% Feuchtigkeit).
- Backen im Backofen: 10 Minuten bei 250 °C und geschlossenem Dampfabzug, anschließend 30–40 Minuten bei 180–200 °C und offenem Dampfabzug.

Hinweise für die Praxis
Die ideale Teigtemperatur nach dem Kneten beträgt 22–24 °C.
Um dem Teig die nötige Stabilität und Triebfähigkeit zu verleihen, wird er während des Gärens 1 Mal durchgeknetet (aufgezogen).
Um die Qualität des Gebäcks zu verbessern, können Backmittel wie Levit beigegeben werden.
Hefebeigabe bei kurzer Triebführung von 1–3 Stunden:
Großbrote 40–60 g pro Liter Schüttflüssigkeit,
Klein- und Spezialbrote 60–80 g pro Liter Schüttflüssigkeit.

Focaccia · Focaccia

Zutaten	1 kg
Hefe	30 g
Wasser	320 g
Olivenöl, kaltgepresst	25 g
Weißmehl, Typ 550	485 g
Salz	9 g
Oliven, schwarz, entsteint	130 g
Kräutermischung, italienische	2 g
Olivenöl	40 g

Vorbereitung
- Oliven vierteln und auf Küchenpapier trockentupfen.
- Hefe in Wasser auflösen.
- Weißmehl sieben.

Zubereitung
- Kaltgepresstes Olivenöl zur aufgelösten Hefe geben.
- Weißmehl und Salz mischen und mit der Flüssigkeit im Rührkessel zu einem plastischen Teig kneten.
- Kräutermischung und Oliven beigeben und nochmals kurz verkneten.
- In einer Schüssel, mit Plastikfolie abgedeckt, aufgehen lassen und wieder zusammenschlagen.
- Diesen Vorgang noch 2 bis 3 Mal wiederholen, um eine bessere Geschmacksnote zu erhalten.
- Teig flach drücken (1–2 cm dick), mit den Fingern eindrücken und mit Olivenöl bestreichen.
- Teiglinge nochmals aufgehen lassen.
- Backen im Kombisteamer bei halber Ventilatorgeschwindigkeit: 5 Minuten bei 220 °C mit kurzer Dampfzugabe und geschlossenem Dampfabzug (100% Feuchtigkeit), anschließend 40 Minuten bei 180 °C und offenem Dampfabzug (0% Feuchtigkeit).
- Backen im Backofen: 10 Minuten bei 250 °C und geschlossenem Dampfabzug, anschließend 30–40 Minuten bei 180–200 °C und offenem Dampfabzug.

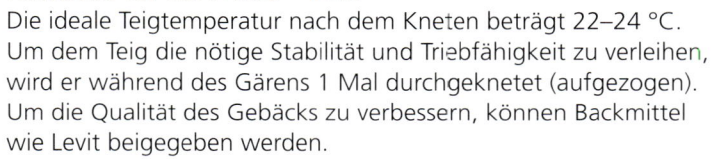

Hinweise für die Praxis
Die ideale Teigtemperatur nach dem Kneten beträgt 22–24 °C.
Um dem Teig die nötige Stabilität und Triebfähigkeit zu verleihen, wird er während des Gärens 1 Mal durchgeknetet (aufgezogen).
Um die Qualität des Gebäcks zu verbessern, können Backmittel wie Levit beigegeben werden.
Hefebeigabe bei kurzer Triebführung von 1–3 Stunden:
Großbrote 40–60 g pro Liter Schüttflüssigkeit,
Klein- und Spezialbrote 60–80 g pro Liter Schüttflüssigkeit.

Früchtebrot · Pain aux fruits

Zutaten	1 kg
Aprikosen, getrocknet	70 g
Pflaumen, getrocknet	50 g
Feigen, getrocknet	85 g
Sultaninen	105 g
Orangeat	35 g
Zitronat	35 g
Zitronensaft, frisch	20 g
Zitronenraps	1 g
Haselnusskerne, geröstet	70 g
Rohzucker	85 g
Salz	1 g
Gewürznelken, gemahlen	0,2 g
Ingwer, gemahlen	0,2 g
Muskatnuss, gemahlen	0,2 g
Zimt, gemahlen	0,2 g
Vollmilch	210 g
Ruchmehl, Typ 1100	210 g
Weizenkleie	20 g
Backpulver	10 g

Vorbereitung
- Haselnüsse grob hacken.
- Getrocknete Aprikosen, Pflaumen und Feigen in 5 mm große Würfel schneiden.
- Ruchmehl zusammen mit dem Backpulver sieben.

Zubereitung
- Alle Zutaten außer Ruchmehl, Weizenkleie und Backpulver im Rührkessel gut vermischen.
- Das gesiebte Ruchmehl und Backpulver untermischen.
- Den Teig in Biskuitkapseln, Cakeformen oder Patisserierahmen abfüllen.
- Im Backofen bei 180 °C und offenem Dampfabzug ca. 60 Minuten backen.

Hinweise für die Praxis
Durch Hinzufügen oder Austauschen von Trockenfrüchten lassen sich neue Kreationen verwirklichen.

Grissini · Grissini

Zutaten	1 kg
Wasser	235 g
Hefe	50 g
Olivenöl	115 g
Weißmehl, Typ 550	585 g
Salz	15 g

Vorbereitung
- Weißmehl sieben und mit dem Salz mischen.
- Hefe im Wasser auflösen.

Zubereitung
- Aufgelöste Hefe mit dem Olivenöl in die Weißmehl-Salz-Mischung geben.
- Zusammen im Rührkessel zu einem plastischen Teig kneten.
- Den Teig zugedeckt um das Doppelte aufgehen lassen.
- Den Teig nochmals zusammenkneten (aufziehen).
- Zu einer Dicke von 4–5 mm rechteckig ausrollen.
- Streifen von ca. 5 mm Dicke schneiden und gleichmäßig rollen.
- Backblech mit Backtrennpapier auslegen und die Rollen absetzen.
- Im Backofen bei 180 °C und geschlossenem Dampfabzug ca. 15 Minuten backen.
- Auf die gewünschte Länge zuschneiden.

Hinweise für die Praxis
Als Variante lassen sich die Teigstreifen mit Wasser bepinseln und mit Parmesan oder Kräutern bestreuen.

Haferflockenbrot · Pain aux flocons d'avoine

Zutaten	1 kg
Haferflocken, fein (1)	110 g
Vollmilch	170 g
Wasser (1)	220 g
Hefe	15 g
Levit	10 g
Malz, flüssig	10 g
Baumnussöl	10 g
Weißmehl, Typ 550	220 g
Dinkelmehl, Typ 630	220 g
Salz	15 g
Wasser (2)	30 g
Haferflocken, fein (2)	30 g

Vorbereitung
- Haferflocken (1) zusammen mit der Vollmilch ca. 30 Minuten quellen lassen.
- Hefe im Wasser (1) auflösen.
- Weißmehl und Dinkelmehl sieben.

Zubereitung
- Wasser (1), Vollmilch, Hefe, Levit und Malz im Rührkessel mischen.
- Eingeweichte Haferflocken dazugeben und mit dem Weiß- und Dinkelmehl zu einem Teig kneten.
- Etwa 5 Minuten kneten und das Baumnussöl und Salz beigeben.
- Den Teig weitere 10 Minuten schonend auskneten (Gesamtknetzeit je nach Mehlqualität ca. 15 Minuten).
- Den Teig zugedeckt 1 Mal aufgehen lassen und nochmals zusammenkneten.
- Den Teig in 2 Stücke schneiden, längs aufwirken, mit Mehl stäuben und auf Bleche absetzen.
- Das Brot mit Wasser (2) bepinseln und mit Haferflocken (2) bestreuen.
- Teiglinge nochmals aufgehen lassen und mit dem Messer längs einschneiden.
- Backen im Kombisteamer bei halber Ventilatorgeschwindigkeit: 5 Minuten bei 220 °C mit kurzer Dampfzugabe und geschlossenem Dampfabzug (100% Feuchtigkeit), anschließend 40 Minuten bei 180 °C und offenem Dampfabzug (0% Feuchtigkeit).
- Backen im Backofen: 10 Minuten bei 250 °C und geschlossenem Dampfabzug, anschließend 30–40 Minuten bei 180–200 °C und offenem Dampfabzug.

Hinweise für die Praxis
Die ideale Teigtemperatur nach dem Kneten beträgt 22–24 °C.
Um dem Teig die nötige Stabilität und Triebfähigkeit zu verleihen, wird er während des Gärens 1 Mal durchgeknetet (aufgezogen).
Um die Gebäcksqualität zu verbessern, können Backmittel wie Levit beigegeben werden.
Hefebeigabe bei kurzer Triebführung von 1–3 Stunden:
Großbrote 40–60 g pro Liter Schüttflüssigkeit,
Klein- und Spezialbrote 60–80 g pro Liter Schüttflüssigkeit.

Mandelgupfbrot · Pain «Gupf» aux amandes

Zutaten

	1 kg
Wasser	340 g
Hefe	25 g
Levit	10 g
Malz, flüssig	5 g
Weißmehl, Typ 550	370 g
Halbweißmehl, Typ 720	170 g
Salz	13 g
Mandelkerne, gehobelt	70 g

Vorbereitung
- Mandeln hellbraun rösten.
- Hefe im Wasser auflösen.
- Weißmehl und Halbweißmehl sieben.

Zubereitung
- Wasser, Hefe, Levit, Malz, Weißmehl und Halbweißmehl im Rührkessel zu einem Teig kneten.
- Nach 5 Minuten Knetzeit Salz beigeben.
- Den Teig weitere 10 Minuten kneten (Gesamtknetzeit je nach Mehlqualität ca. 15 Minuten).
- Geröstete Mandeln beigeben und untermischen.
- Den Teig zugedeckt 1 Mal aufgehen lassen und nochmals zusammenkneten.
- Den Teig in 2 Stücke schneiden, von denen wieder je ⅓ abgetrennt wird.
- Die großen Teigstücke der Länge nach zu Strängen ausrollen.
- Die kleineren Teigstücke zu etwas kürzeren Strängen ausrollen und mit der Handkante Kerben einrollen.
- Die großen Teigstücke der Länge nach in der Mitte mit einem Wallholz eindrücken.
- Die kleinen Teigstränge einlegen.
- Die Teiglinge mit Mehl stäuben, auf Lochbleche absetzen und nochmals aufgehen lassen.
- Backen im Kombisteamer bei halber Ventilatorgeschwindigkeit: 5 Minuten bei 220 °C mit kurzer Dampfzugabe und geschlossenem Dampfabzug (100% Feuchtigkeit), anschließend 40 Minuten bei 200 °C und offenem Dampfabzug (0% Feuchtigkeit).
- Backen im Backofen: 10 Minuten bei 250 °C und geschlossenem Dampfabzug, anschließend 30–40 Minuten bei 180–200 °C und offenem Dampfabzug.

Hinweise für die Praxis

Die ideale Teigtemperatur nach dem Kneten beträgt 22–24 °C.
Um dem Teig die nötige Stabilität und Triebfähigkeit zu verleihen, wird er während des Gärens 1 Mal durchgeknetet (aufgezogen).
Um die Gebäcksqualität zu verbessern, können Backmittel wie Levit beigegeben werden.
Hefebeigabe bei kurzer Triebführung von 1–3 Stunden:
Großbrote 40–60 g pro Liter Schüttflüssigkeit,
Klein- und Spezialbrote 60–80 g pro Liter Schüttflüssigkeit.

Roggenbrot · Pain de seigle

Zutaten	**1 kg**
Wasser	225 g
Vollmilch	160 g
Hefe	25 g
Levit	15 g
Roggenmehl, Typ 997	420 g
Ruchmehl, Typ 1100	145 g
Salz	13 g

Vorbereitung
- Hefe im Wasser auflösen.
- Roggenmehl und Ruchmehl sieben.

Zubereitung
- Wasser, Vollmilch, Hefe, Levit, Roggenmehl und Ruchmehl im Rührkessel zu einem Teig kneten.
- 5 Minuten kneten und das Salz beigeben.
- Den Teig weitere 10 Minuten schonend kneten (Gesamtknetzeit je nach Mehlqualität ca. 15 Minuten).
- Den Teig aufgehen lassen und nochmals zusammenkneten.
- Den Teig in 2 gleich große Stücke schneiden und rund aufwirken.
- Teiglinge in gemehlte Teigkörbchen geben und nochmals aufgehen lassen.
- Teiglinge aus den Körbchen nehmen und auf Backbleche absetzen.
- Backen im Kombisteamer bei halber Ventilatorgeschwindigkeit: 5 Minuten bei 220 °C mit kurzer Dampfzugabe und geschlossenem Dampfabzug (100% Feuchtigkeit), anschließend 40 Minuten bei 200 °C und offenem Dampfabzug (0% Feuchtigkeit).
- Backen im Backofen: 10 Minuten bei 250 °C und geschlossenem Dampfabzug, anschließend 30–40 Minuten bei 180–200 °C und offenem Dampfabzug.

Hinweise für die Praxis
Die ideale Teigtemperatur nach dem Kneten beträgt 22–24 °C.
Um dem Teig die nötige Stabilität und Triebfähigkeit zu verleihen, wird er während des Gärens 1 Mal durchgeknetet (aufgezogen).
Um die Gebäcksqualität zu verbessern, können Backmittel wie Levit beigegeben werden.
Hefebeigabe bei kurzer Triebführung von 1–3 Stunden:
Großbrote 40–60 g pro Liter Schüttflüssigkeit,
Klein- und Spezialbrote 60–80 g pro Liter Schüttflüssigkeit.

Ruchbrot · Pain bis

Zutaten

	1 kg
Wasser	365 g
Hefe	25 g
Ruchmehl, Typ 1100	600 g
Salz	12 g

Vorbereitung
- Hefe im Wasser auflösen.
- Ruchmehl sieben.

Zubereitung
- Wasser, Hefe und Ruchmehl in einen Rührkessel geben und zu einem Teig kneten.
- Nach 5 Minuten Knetzeit Salz beigeben.
- Weitere 10 Minuten kneten (Gesamtknetzeit je nach Mehlqualität ca. 15 Minuten).
- Den Teig zugedeckt 1 Mal aufgehen lassen und nochmals zusammenkneten.
- Den Teig in 2 Stücke schneiden und der Länge nach ausrollen.
- Auf Bleche absetzen und nochmals aufgehen lassen.
- Mit einem Messer flach seitwärts einschneiden.
- Backen im Kombisteamer bei halber Ventilatorgeschwindigkeit: 5 Minuten bei 220 °C mit kurzer Dampfzugabe und geschlossenem Dampfabzug (100% Feuchtigkeit), anschließend 40 Minuten bei 200 °C und offenem Dampfabzug (0% Feuchtigkeit).
- Backen im Backofen: 10 Minuten bei 250 °C und geschlossenem Dampfabzug, anschließend 30–40 Minuten bei 180–200 °C und offenem Dampfabzug.

Hinweise für die Praxis
Die ideale Teigtemperatur nach dem Kneten beträgt 22–24 °C.
Um dem Teig die nötige Stabilität und Triebfähigkeit zu verleihen, wird er während des Gärens 1 Mal durchgeknetet (aufgezogen).
Um die Gebäcksqualität zu verbessern, können Backmittel wie Levit beigegeben werden.
Hefebeigabe bei kurzer Triebführung von 1–3 Stunden:
Großbrote 40–60 g pro Liter Schüttflüssigkeit,
Klein- und Spezialbrote 60–80 g pro Liter Schüttflüssigkeit.

Sesambrot · Pain au sésame

Zutaten	1 kg
Wasser	330 g
Hefe	25 g
Levit	10 g
Bienenhonig	15 g
Sesamkörner (1)	65 g
Weißmehl, Typ 550	330 g
Halbweißmehl, Typ 720	200 g
Salz	13 g
Sesamkörner (2)	15 g

Vorbereitung
– Weißmehl und Halbweißmehl sieben.
– Sesamkörner (1) für die Teigzugabe goldgelb rösten und auskühlen lassen.
– Hefe im Wasser auflösen.

Zubereitung
– Wasser, Hefe, Levit, Bienenhonig, Weißmehl und Halbweißmehl im Rührkessel zu einem Teig kneten.
– Nach 5 Minuten Knetzeit Salz beigeben.
– Den Teig weitere 10 Minuten kneten (Gesamtknetzeit je nach Mehlqualität ca. 15 Minuten).
– Die gerösteten Sesamkörner beigeben und untermischen.
– Den Teig zugedeckt 1 Mal aufgehen lassen und nochmals zusammenkneten.
– Den Teig in 2 gleich große Stücke schneiden und längs ausrollen.
– Mit Wasser bepinseln, mit den ungerösteten Sesamkörnern (2) bestreuen und nochmals aufgehen lassen.
– Die Teiglinge mit dem Messer schräg einschneiden.
– Backen im Kombisteamer bei halber Ventilatorgeschwindigkeit: 5 Minuten bei 220 °C mit kurzer Dampfzugabe und geschlossenem Dampfabzug (100% Feuchtigkeit), anschließend 40 Minuten bei 200 °C und offenem Dampfabzug (0% Feuchtigkeit).
– Backen im Backofen: 10 Minuten bei 250 °C und geschlossenem Dampfabzug, anschließend 30–40 Minuten bei 180–200 °C und offenem Dampfabzug.

Hinweise für die Praxis
Die ideale Teigtemperatur nach dem Kneten beträgt 22–24 °C.
Um dem Teig die nötige Stabilität und Triebfähigkeit zu verleihen, wird er während des Gärens 1 Mal durchgeknetet (aufgezogen).
Um die Gebäcksqualität zu verbessern, können Backmittel wie Levit beigegeben werden.
Hefebeigabe bei kurzer Triebführung von 1–3 Stunden:
Großbrote 40–60 g pro Liter Schüttflüssigkeit,
Klein- und Spezialbrote 60–80 g pro Liter Schüttflüssigkeit.

Sonnenblumenbrot · Pain aux graines de tournesol

Zutaten

	1 kg
Wasser	300 g
Hefe	20 g
Levit	15 g
Bienenhonig	25 g
Ruchmehl, Typ 1100	300 g
Dinkelmehl, Typ 630	120 g
Sonnenblumenkerne, gehackt	120 g
Salz	12 g
Butter	30 g
Sonnenblumenkerne, geschält	60 g
Wasser	30 g

Vorbereitung
– Hefe im Wasser auflösen.
– Ruchmehl und Dinkelmehl sieben.

Zubereitung
– Wasser, Hefe, Levit und Bienenhonig zusammen vermischen.
– Zusammen mit dem Ruch- und Dinkelmehl in einen Rührkessel geben und zu einem Teig kneten.
– Nach 5 Minuten Knetzeit Salz und feste Butter beigeben.
– Weitere 10 Minuten kneten (Gesamtknetzeit je nach Mehlqualität ca. 15 Minuten).
– Die gehackten Sonnenblumenkerne beigeben und untermischen.
– Den Teig zudecken, 1 Mal aufgehen lassen und nochmals zusammenkneten.
– Den Teig in Stücke zu ⅓ und ⅔ schneiden und längs aufwirken.
– Das dickere Teigstück mit dem Wallholz der Länge nach eindrücken.
– Das dünnere Teigstück hineinlegen und auf ein Blech setzen.
– Teigling mit Wasser bepinseln, mit den Sonnenblumenkernen bestreuen und nochmals aufgehen lassen.
– Backen im Kombisteamer bei halber Ventilatorgeschwindigkeit: 5 Minuten bei 220 °C mit kurzer Dampfzugabe und geschlossenem Dampfabzug (100% Feuchtigkeit), anschließend 40 Minuten bei 200 °C und offenem Dampfabzug (0% Feuchtigkeit).
– Backen im Backofen: 10 Minuten bei 250 °C und geschlossenem Dampfabzug, anschließend 30–40 Minuten bei 180–200 °C und offenem Dampfabzug.

Hinweise für die Praxis
Die ideale Teigtemperatur nach dem Kneten beträgt 22–24 °C.
Um dem Teig die nötige Stabilität und Trebfähigkeit zu verleihen, wird er während des Gärens 1 Mal durchgeknetet (aufgezogen).
Um die Gebäcksqualität zu verbessern, können Backmittel wie Levit beigegeben werden.
Hefebeigabe bei kurzer Triebführung von 1–3 Stunden:
Großbrote 40–60 g pro Liter Schüttflüssigkeit,
Klein- und Spezialbrote 60–80 g pro Liter Schüttflüssigkeit.

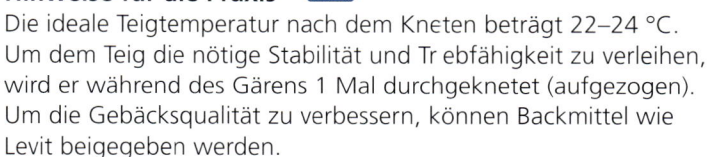

Zopf · Tresse

Zutaten	**1 kg**
Vollmilch	270 g
Hefe	25 g
Zucker	10 g
Butter	80 g
Vollei, pasteurisiert	55 g
Salz	10 g
Weißmehl, Typ 550	540 g
Ei zum Bestreichen	30 g

Vorbereitung
- Hefe und Zucker in der Vollmilch auflösen.
- Butter schmelzen und lauwarm (max. 35 °C) weiterverarbeiten.
- Weißmehl sieben.

Zubereitung
- Lauwarme Butter zur Milch-Hefe-Zucker-Mischung geben und Eier und Salz beigeben.
- Im Rührkessel die Flüssigkeit zum Weißmehl geben und zu einem elastischen Teig kneten (die Knetzeit beträgt je nach Mehlqualität ca. 15 Minuten).
- Zugedeckt in einer Schüssel auf das Doppelte des Volumens aufgehen lassen.
- Um die Hefetätigkeit zu fördern, nach 30 Minuten nochmals kurz durchkneten (aufziehen).
- Den Teig zu Zöpfen flechten und aufgehen lassen.
- Vor dem Backen 2 Mal mit Ei bestreichen.
- Backen im Kombisteamer bei halber Ventilatorgeschwindigkeit: 5 Minuten bei 220 °C mit kurzer Dampfzugabe und geschlossenem Dampfabzug (100% Feuchtigkeit), anschließend 30 Minuten bei 180 °C und offenem Dampfabzug (0% Feuchtigkeit).
- Backen im Backofen: 10 Minuten bei 220 °C und geschlossenem Dampfabzug, anschließend 20 Minuten bei 180 °C und offenem Dampfabzug.

Hinweise für die Praxis
Die ideale Teigtemperatur nach dem Kneten beträgt 22–24 °C. Um dem Teig die nötige Stabilität und Triebfähigkeit zu verleihen, wird er während des Gärens 1 Mal durchgeknetet (aufgezogen). Hefebeigabe bei kurzer Triebführung von 1–3 Stunden: Großbrote 40–60 g pro Liter Schüttflüssigkeit, Klein- und Spezialbrote 60–80 g pro Liter Schüttflüssigkeit.

Anhang

Folgende Fachmitarbeiterin und folgende Fachmitarbeiter haben mitgewirkt

Amberg Hans
eidg. dipl. Küchenchef
eidg. dipl. Berufsschullehrer

- Hotel Waldhaus Dolder, Zürich
- Parkhotel, Zug
- Hotel Hofgarten, Luzern
- Gewerblich-Industrielles Bildungszentrum Zug

Bättig Pascal
eidg. dipl. Küchenchef/Produktionsleiter

- Hotel Palace, Luzern
- Hotel Vogelsang, Eich
- Calida AG, Personalrestaurant, Sursee
- Berufsbildungszentrum Luzern

Bayl Dieter
eidg. dipl. Küchenchef
eidg. dipl. Betriebsausbilder

- Portledge Hotel, Bideford, Devon, England
- Hotel Schweizerhof, Luzern
- Schlosshotel, Pontresina
- Hotel des Balances, Luzern

Benz Sébastien
Chef Patissier

- Hotel Drei Könige, Basel
- Restaurant zum Schützenhaus, Basel
- Restaurant Drei Könige, Basel

Boillat Thierry
Berufslernender (Koch)

- Bethesda-Spital, Basel

Bühlmann Bernhard
Gastronom

- Hotel Kulm, St. Moritz
- Restaurant Chex Max, Zollikon
- Restaurant Aklin, Zug
- Restaurant Pinte, Baden-Dättwil

Diethelm Patrick
CHE – Certified Hospitality Educator
Culinary Instructor

- Hotel Cortina Inn, Killington, USA
- Windstar Sail Cruises, Bahamas, USA
- Seminarhotel Römerturm, Filzbach
- DCT-International Hotel & Business Management School, Vitznau

Freudrich Michael
Küchenchef, ÜK-Instruktor

- Grand Hotel au Lac, Lugano
- Grand Hotel Hof Ragaz, Bad Ragaz
- Hilton Hotel, Berlin, Deutschland
- Hotel Walter Relais & Châteaux, Pontresina

Gick Alfred
eidg. dipl. Küchenchef
Diätkoch

- Hotel Schweizerhof, Bern
- Beau Rivage Palace, Lausanne
- Palace Hotel, Gstaad
- Royal Viking Sun

Gonzales Armando
eidg. dipl. Konditormeister

- Bethesda-Spital, Basel
- Coop Pfauen, Basel
- Restaurant Les Quatre Saisons, Basel
- Hotel International, Basel

Grossert Fritz
eidg. dipl. Küchenchef

- Hyatt Hotel, Hongkong
- Kingsgate-Hyatt Hotel, Sydney, Australien
- Dusit Thani Hotel, Bangkok, Thailand
- Suvretta-House, St. Moritz

Hitz Werner
Chef Patissier

- Confiserie Bachmann, Luzern
- Confiserie Speck, Zug
- Confiserie Honold, Zürich
- Swiss Re Guest Services, Zürich

Hofmann René
eidg. dipl. Küchenchef
eidg. dipl. Betriebsleiter
der Gemeinschaftsgastronomie

- Basel Hilton, Basel
- Red Sea Palace Hotel, Jeddah, Saudi-Arabien
- Franke Kochtechnik, Aarburg
- Spital Zofingen, Zofingen

Hunn Anita
Berufslernende (Köchin)

- Gasthof Bären, Birmenstorf

Jöhri Roland
Gastronom

- Grand Hotel Dolder, Zürich
- Hotel Bellevue Palace, Bern
- Hotel Paradies, Ftan
- Jöhri's Talvo, Champfèr

Keller Hans
eidg. dipl. Küchenchef
Diätkoch

- Hotel Baur au Lac, Zürich
- Hotel Savoy Baur en Ville, Zürich
- Dolder Grand Hotel, Zürich
- Restaurant Kronenhalle, Zürich

Kemmler Hansruedi
Spital- und Heimkoch
mit eidg. Fachausweis

- Hotel Derby, Wil
- Grand-Hotel Belvédère, Davos
- Post- und Sporthotel, Arosa
- Spital Flawil, Flawil

Lang Richard
Gastronomiekoch mit eidg. Fachausweis

- Hotel Maison Blanche, Leukerbad
- Hotel Eden Roc, Ascona
- Hotel Al Porto, Lachen

Ludwig Silvio
eidg. dipl. Küchenchef/Produktionsleiter

- ÜK-Instruktor, Luzern
- Fachlehrer, Weggis
- Spitalzentrum, Biel
- Klinik Sonnenhof, Bern

Lutz Dieter
eidg. dipl. Küchenchef

- Carlton-Tivoli-Hotel, Luzern
- Palace Hotel, Montreux
- Parkhotel Bürgenstock
- Hotel Montana, Luzern

Reiser Edgar
eidg. dipl. Küchenchef

- Hotel National, Zermatt
- Hotel Hecht, Appenzell
- Hotel Belvédère, Hergiswil
- Personalrestaurant Pistor, Rothenburg

Rickert Christian
eidg. dipl. Küchenchef
eidg. dipl. Berufsschullehrer

- Wappenbetriebe Neumünster, Deutschland
- Restaurant im Schloss, Kiel, Deutschland
- Hotel Waldhaus, Horw
- Restaurant Braustube Hürlimann, Zürich

ANHANG 905

Roth Marcel
eidg. dipl. Küchenchef

- Basel Hilton, Basel
- Tel Aviv Hilton, Israel
- Berlin Hilton, Berlin, Deutschland
- Galle Face Hotel, Colombo, Sri Lanka

Rüfli Roland
Küchenchef, Schulungsleiter

- Hotel Carlton Tivoli, Luzern
- Hotel Seehof, Davos
- Sheraton Hotel, Boston, USA
- Marianne Kaltenbach's Raben, Luzern

Schuhmacher Werner
eidg. dipl. Küchenchef
eidg. dipl. Berufsschullehrer

- Kulm Hotel, St. Moritz
- Restaurant Kronenhalle, Zürich
- Hote Baur au Lac, Zürich
- Hotel Nova Park, Zürich

Stalder Josef
eidg. dipl. Küchenchef

- Hotel Montreux Palace, Montreux
- Hotel Maison Blanche, Leukerbad
- Mitglied der Schweizer Kochnationalmannschaft
- Kantonsspital Baden

Wandeler Anton
eidg. dipl. Küchenchef

- Bahnhofbuffet Aarau
- Grand Hotel Kronenhof, Pontresina
- Hotel Schweizerhof, Bern
- Bethesda-Spital, Basel

Wicky Jean-Claude
Küchenchef

- Restaurant Kunsthalle, Basel
- Restaurant Centenario, Locarno
- Restaurant Bruderholz, Basel
- Hotel Drei Könige, Basel

Wöhrle Hansjörg
Gastronom

- Hotel Bad Schinznach
- Palace Hotel, Bürgenstock
- Palace Hotel, St. Moritz

Zigerli René
eidg. dipl. Küchenchef

- Hotel Jungfrau Viktoria, Interlaken
- Hilton Hotel, Glattbrugg
- Hotel Waldhaus, Sils-Maria
- Fachlehrer an interkantonalen Fachkursen

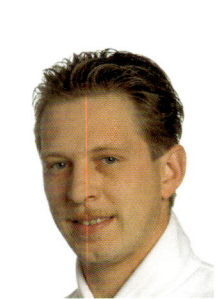

Zimmermann Gregor
eidg. dipl. Küchenchef/Produktionsleiter

- Restaurant Schloss Schadau, Thun
- Restaurant Alte Post, Aarburg
- Restaurant Müli, Mülligen
- Hotel Bellevue Palace, Bern

Gall Erhard
eidg. dipl. Küchenchef
eidg. dipl. Berufsschullehrer

- Restaurant Du Théâtre, Bern
- Hotel Schweizerhof, Bern
- Palace Hotel, Gstaad
- Palace Hotel, St. Moritz

Saxer Karl
Konzept und Erstellung der Software

Inhaber der Firma Carosoft (Entwicklung und Vertrieb von Gastronomie-Software)

Beyerle Dieter
eidg. dipl. Küchenchef
eidg. dipl. Berufsschullehrer

- Hotel Gotthard, Zürich
- Hotel du Golf, Crans-Montana
- Restaurant Binninger Schloss, Binningen
- Hotel Continental, Lausanne

Eberli Oscar
eidg. dipl. Küchenchef
eidg. dipl. Berufsschullehrer

- Restaurant Le Manoir, Luzern
- Hotel Mayfair Regent, Chicago, USA
- Auberge de Misery, FR
- Hotel Management School Les Rochers, Bluche

Wissmann Marcel
eidg. dipl. Küchenchef
Berufsschullehrer

- Hotel Castello del Sole, Ascona
- Hotel Montreux Palace, Montreux
- Carlton Hotel, St. Moritz
- Inhaber der Firma Food & Technic

Friedli Martin
Bildkonzept und Fotografie

Selbstständiger Werbefotograf mit Studio in Basel

Glossar

Abalone
Die Abalone ist eine Meeresschnecke, die auch roh gegessen werden kann. Gegessen wird der Saugmuskel der Abalone.

Abricoture, Aprikotur
Überzugsmasse aus eingedicktem Fruchtsaft, Obstmark, Pektin und Zucker. Wird als Überzug für Torten verwendet, bevor man sie mit einer Glasur überzieht.

Aceto balsamico biancho (weißer Balsamessig)
Wird in der Regel aus Weinessig und Traubenmostkonzentrat hergestellt. Keine geschützte Ursprungsbezeichnung.

Aceto balsamico di Modena (Balsamessig)
Wird in der Regel aus Weinessig und eingedicktem Traubenmost unter Zugabe von karamellisiertem Zucker hergestellt. Bei besserer Qualität wird eine kleine Menge Aceto balsamico tradizionale zugegeben. Keine geschützte Ursprungsbezeichnung.

Aceto balsamico tradizionale di Modena (Balsamessig)
Nach speziellem Verfahren aus eingedicktem Traubenmost hergestellt und in verschiedenen Holzfässern (Eiche, Kirsche, Kastanie, Wacholder, Maulbeer) jahrelang gereift (mindestens zwölf Jahre). Wird erst nach strengen Qualitäts- und Geschmacksprüfungen freigegeben und ausschließlich in der charakteristischen Flaschenform (100 ml) verkauft. Geschützte Ursprungsbezeichnung.

Agar-Agar
Vegetabiles Geliermittel, das aus verschiedenen Rotalgen gewonnen wird. Die Gelierkraft von Agar-Agar ist dabei bedeutend höher als die der Gelatine.

Alfalfa-Sprossen
Sprossen einer Kleeart. Alfalfa-Sprossen sind feinwürzig im Geschmack und eignen sich für Salate und als Garnituren.

Amaretti
Italienisches Mandelgebäck mit Bittermandeln oder Bittermandelessenz.

Amaretto
Italienischer Likör, der aus Mandel- und Aprikosenkernen hergestellt und mit Gewürzen wie Vanille verfeinert wird.

Armagnac
Französischer Weinbrand mit kontrollierter Ursprungsbezeichnung aus der Region der Gascogne.

Arrosieren
Ein Bratgut mit Fettstoff oder Garflüssigkeit übergießen.

Aufschleifen
Das manuelle oder maschinelle Rundformen eines Teiges; dabei erhält der Teig eine glatte, faltenfreie Oberfläche.

Austernpilz, Austernseitling, Pleurotus
Blaugrauer oder fast weißer Speisepilz, der heute vorwiegend auf Birkenstämmen gezüchtet wird.

Austernsauce
Austernsauce oder Oyster-Sauce ist eine dickflüssige, dunkelbraune, süß-salzige Würzsauce. Sie wird aus dem Fleischextrakt der Auster hergestellt. Dazu wird dieser Extrakt mit Sojasauce vermischt, die vorher mit Salz, Knoblauch und Zwiebeln eingekocht wurde.

Auswallen
Teig oder Marzipan mit dem Wallholz oder mit der Ausrollmaschine bis zur gewünschten Dicke auswallen.

Backen (im Ofen)
Garprozess bei trockener Hitze ohne Fettstoff und ohne Flüssigkeit.

Backpulver
Backpulver ist eine Mischung aus Natron (Natriumhydrogencarbonat) und einem Säuerungsmittel (Zitronensäure, Weinsteinsäure). Als Trennmittel dieser zwei aktiven Substanzen wird Stärke beigefügt. Durch Hitze und Feuchtigkeit reagiert das Natron mit der Säure und setzt Kohlendioxid CO_2 frei, wodurch kleine Gasbläschen entstehen und der Teig aufgelockert wird.

Bambussprossen
Um die reifen Bambussprossen zu ernten, müssen sie wie Spargeln aus der Erde gestochen werden. Der gerüstete Sprossansatz wird anschließend in Stücke geschnitten und bissfest gekocht. Bambussprossen müssen gekocht werden, sie enthalten Blausäureglykosid, welches durch Kochen unschädlich gemacht wird.

Bärlauch
Bärlauch oder Waldknoblauch wächst in frühjahrsfeuchten, schattigen Wäldern, Gebüschen und Parks. Man erntet die jungen Blätter der noch nicht blühenden Pflanze.

Basmati-Reis
Intensiv duftender Reis. Der Basmati ist ein lockerer, langkörniger Reis aus Indien, der in den höheren Regionen des Himalaja angebaut wird.

Bâtonnets
Stäbchen von Gemüsen, Kartoffeln oder Speck, Länge ca. 3 cm, Breite ca. 5 mm.

Baumé (Bé)
Maßeinheit für die Dichte einer Zuckerlösung. Der französischen Pharmazeut und Chemiker Antoine Baumé (1728–1804) entwickelte das Baumé-Aräometer für das Messen der Dichte in Flüssigkeiten.

Birnel
Eingedickter Birnensaft.

Bisque
Französische Bezeichnung für eine Cremesuppe aus Krustentieren.

Blanc-battu
Leichtes, quarkähnliches Produkt mit 0,2% Fettgehalt. Wird vor allem für energiereduzierte Gerichte verwendet.

Blanchieren
Kurzes Erhitzen (Überwellen) in kochendem Wasser; dient zur Inaktivierung der Enzyme und verhindert unerwünschte oxidative Bräunung.

Blinis
Kleine Pfannkuchen aus Buchweizenmehl und Hefe.

Bouillabaisse
Französische Fischsuppe mit Safran.

Braisiere
Zumeist rechteckige Schmorpfanne mit Deckel.

Bramata-Mais
Grober Maisgrieß für die Polenta-Herstellung.

Brandiger Teig
Fehlerhaft verarbeiteter Teig, bei dem die Butter ausscheidet und der Teig nicht bindet, weil die Butter zu warm verarbeitet oder der Teig zu lange geknetet wurde.

Braten
Garprozess mit Fettstoff, ohne Flüssigkeit und ohne Deckel auf dem Herd, im Ofen oder am Spieß.

Bries
Thymusdrüse vom Kalb, auch Milken genannt.

Brunoise
Kleine Würfelchen von Gemüse oder Obst (Durchmesser ca. 3 mm).

Büffelmozzarella
Italienischer Frischkäse, der aus der Milch von Büffelkühen hergestellt wird. Mozzarella ist porzellanweiß, hat eine teigige Konsistenz und ist von faseriger Struktur.

Bulgur
Vorgekochtes Weizenprodukt. Der Weizen wird eingeweicht und danach bis zu 3 Stunden im Wasser gekocht. Anschließend wird er an der Luft getrocknet und grob zerkleinert. Bulgur gehört im Nahen und Mittleren Osten zu den Grundnahrungsmitteln.

Cachaça
Hochprozentiger brasilianischer Zuckerrohrschnaps.

Calvados
Bernsteinfarbener Apfelbranntwein aus der Normandie. Der Name des Getränks leitet sich von der Ursprungsregion Calvados ab.

Camargue-Reis
Rötliche Reissorte, die im Rhone-Delta (Carmargue) angebaut wird. Der bissfeste, körnige, nussig schmeckende Reis hat eine Kochzeit von ca. 40 Minuten.

Camembert
Weißschimmelkäse aus Kuhmilch, der ursprünglich aus der Normandie (Frankreich) stammt. Camembert wird heute nicht nur in Frankreich hergestellt. Als «Camembert de Normandie» darf nur der in dem gleichnamigen Ort der Normandie hergestellte Käse bezeichnet werden.

Carnaroli-Reis
Italienischer Mittelkornreis mit konsistentem Korn; bestens geeignet zur Herstellung von Risotto.

Cassis
Französische Bezeichnung für schwarze Johannisbeeren. Kurzbezeichnung für einen Likör mit schwarzem Johannisbeersaft.

CCP
Critical Control Point; kritischer Kontrollpunkt innerhalb der Hygieneselbstkontrolle, bei dessen Nichtbeachtung es zu einer Gefährdung der Gesundheit kommen kann.

CF
Abkürzung für Convenience-Food; vorgefertigte Nahrungsmittel.

Chemisieren
Süßspeisen: Ausstreichen der Innenwände einer Form mit gefrorenen Eissorten, bevor sie mit einer anderen Komposition gefüllt werden; ausgießen einer Form mit Weißweingelee.
Kalte Küche: das Auskleiden der Innenwände einer Form mit Sulze.

Chiffonnade
Streifen von Kräutern, Kopfsalat oder Kohlblättern.

Ciabatta
Flaches italienisches Hefeteigbrot. Weshalb dieses Brot als «alter, ausgetretener Hausschuh» (Ciabatta) bezeichnet wird, ist nicht klar.

Cipolatas
Kleine Würstchen (Brühwürste) aus zumeist Kalbsbrät.

Coco-Bohnen
Stangenbohne mit flachen, breiten Hülsen.

Cointreau
Französischer Orangenlikör, hergestellt aus Orangen, Bitterorangen und Cognac.

Concassé
Kommt von «Zerkleinern» und wird vor allem bei Tomaten angewendet. Geschälte, halbierte und von den Kernen befreite Tomaten in Würfelchen von ca. 8 mm Kantenlänge geschnitten.

Corail
Als Corail wird der Rogen von weiblichen Krustentieren sowie der orangefarbene Rogensack der Jakobsmuschel bezeichnet. Bei Krustentieren ist der Rogen im ungekochten Zustand grün bis schwarzgrün. Erst nach dem Erhitzen färbt er sich korallenrot (franz. corail = Koralle).

Coulis
Konzentrierte Gemüse- oder Früchtesauce.

Crème fraîche
Mit Milchsäurebakterien geimpfter Rahm von fester, streichfähiger Konsistenz mit einem Fettgehalt von mindestens 30%.

Croûtons
In Butter geröstete Brotwürfel oder Brotscheiben.

Curaçao
Fruchtaromalikör aus den Schalen von Pomeranzen (Bitterorangen) mit feinem Aroma und leicht bitterem Geschmack.

Curryblätter
Curryblätter haben ein Aroma, das dem Currypulver ziemlich ähnlich ist. Sie stammen von einem Baum, der im Himalajagebiet wild wächst. Curryblätter sind nicht unbedingt ein Bestandteil des Currypulvers. Sie werden meistens frisch an indische Gerichte gegeben.

Dämpfen
Im Dampf garen: ohne Druck im Kombisteamer, mit Druck im Dampfkochtopf oder im Drucksteamer.

Degorgieren
Wässern eines Nahrungsmittels, zum Beispiel Kalbsmilken (Bries) oder Mark.

Degraissieren
Abfetten, das Entfernen von Fettpartikeln an Oberflächen von Flüssigkeiten mit einer Schöpfkelle oder mit einem Küchenpapier.

Dekantieren
Eine Flüssigkeit von einem auf dem Gefäßboden abgesetzten, meist festen Stoff abgießen.

Demidoff-Messer
Buntschneidemesser; eingekerbtes Messer zum dekorativen Schneiden von Gemüse.

Dünsten
Garprozess ohne oder nur mit wenig Fremdflüssigkeit ohne Farbgebung.

Duxelles
Gehackte Pilze, Schalotten und Kräuter, die als Füllung dienen.

Ebly
Vorgekochter Weizen, der sich zu vielseitigen Gerichten verwenden lässt.

Eierschwamm
Pfifferling. Trichterartig gewellter, blasser oder kräftig dottergelber Speisepilz.

Einback
Langes, eingekerbtes, in Formen gebackenes, weißes Weizen-Hefebrot mit Milch, Zucker, Butter und Salz.

Emincieren
In feine Streifen schneiden (Zwiebeln, Schalotten oder Fleisch).

Etamine
Feinmaschiges Tuch zum Passieren von Flüssigkeiten, Passiertuch.

Farce
Pürierte Masse aus rohem oder gegartem Schlachtfleisch, Wild, Geflügel, Fisch, Krustentieren, Gemüsen oder Pilzen.

Fermentation
Die Veredelung pflanzlicher Rohstoffe (z.B. Tabak, Kakao, Schwarztee, Vanille) durch Gärungsprozesse.

Feta
Aus Griechenland stammender Käse aus Schaf- oder Ziegenmilch, nach traditioneller Methode hergestellt.

Fettglasur
Schokoladenähnliche Masse, bei der die natürliche Kakaobutter durch ein anderes Pflanzenfett ersetzt worden ist.

Fiore di Sicilia
Essenz aus den ätherischen Ölen von Zitrusfrüchten (vor allem Zitronenarten), gelöst in Alkohol.

Five-Spices
Fünfgewürz. Gewürzmischung aus Südchina, bestehend aus Szechuan-Pfeffer, Zimt (Kassia-Zimt), Gewürznelken, Fenchel und Sternanis.

Flageolets-Bohnen
Grüne Bohnenkerne, die vor allem in Frankreich angebaut und verwendet werden.

Flambieren
Speisen zur Geschmacksverfeinerung mit Alkohol übergießen und diesen anzünden.

Fleischglace
Konzentrierte Bratensauce.

Fleur de sel
«Königin des Salzes». Fleur de sel wird nicht maschinell, sondern von Hand gewonnen. Salzgärtner setzen dabei Meerwasser der Sonne und dem Wind aus, bis eine Sole entsteht. An der Oberfläche bildet sich, sobald die richtige Konzentration erreicht ist, die «Fleur de sel», die Salzblume, die vorsichtig abgeschöpft wird. Enthält einen besonders hohen Anteil an Magnesium.

Fond
Grundbrühe; vom Ansetzen und der richtigen, sorgfältigen Behandlung hängen Qualität und Geschmack der später daraus entstehenden Gerichte ab.

Fondant
Zuckermasse von plastischer Konsistenz. Durch mikrofeine Kristalle und die hohe Qualität der eingesetzten Rohstoffe erhält Fondant einen zarten Schmelz und ein schneeweißes Aussehen. Fondant wird zur Herstellung von Glasuren und Füllungen verwendet.

Freezer
Maschine zum Gefrieren von Creme- und Fruchtglacen sowie Sorbets.

Frittieren
Garprozess in einem Fettbad (Frittüre).

Galgant
Tropisches Gewürz aus der Familie der Ingwergewächse mit scharfem und bitter-aromatischem Geschmack. Die Wurzeln werden getrocknet und zu Pulver verarbeitet. Frische Galgantwurzeln sind in Asia-Shops erhältlich.

Garam Masala
Indische Gewürzmischung. Das bräunliche Pulver besteht hauptsächlich aus Koriander, Kreuzkümmelsamen, schwarzem Pfeffer, Kardamom, Gewürznelken, Muskatblüte und Zimt.

Gaufrettes
Waffeln.

Gelatine
Aus Tierknochen und Tierhäuten gewonnenes Bindemittel. Gelatine wird im Handel als Pulver oder als Blätter angeboten und ist geruch- und farblos.

Gelierzucker
Zucker mit Zusatz von Pektin zur Verbesserung der Gelierfähigkeit bei der Herstellung von Konfitüren und Gelees.

Gewürzdekor, rustikales
Gewürzmischung, bestehend aus geschrotetem Pfeffer, Koriander, Petersilie, Kümmel und Paprikagranulat.

GHP
Abkürzung für «Gute Herstellungspraxis». Hierunter versteht man die Hygienemaßnahmen während des gesamten Herstellungsprozesses.

Gianduja
Masse, bestehend aus gerösteten, geriebenen Mandeln oder Haselnüssen, Puderzucker und aufgelöster Couverture. Wird unter anderem zu Pralinenfüllungen verwendet.

Gin
Getreidebranntwein mit Wacholderaroma, auch Genever genannt.

Glace
Konzentrierte, eingekochte Flüssigkeit; der Ausdruck wird auch für Speiseeis verwendet.

Glasnudeln
Glasnudeln sind dünne, durchsichtige Nudeln aus gemahlenen Sojabohnen. Im Handel werden sie in aufgewickelten Strängen angeboten.

Glukosesirup
Glukosesirup ist ein eingedickter, sehr süß schmeckender Saft, der aus Stärke gewonnen wird und vor allem aus Traubenzucker besteht. Glukosesirup verhindert das Auskristallisieren von Rübenzucker und wird überwiegend in der Süßwarenindustrie eingesetzt.

Glutamat
Salz der Glutaminsäure; wird in der Küche als Geschmacksverstärker eingesetzt.

Gluten
Getreideprotein. Es beeinflusst die Wasserbindung in einem Teig, die Krumen- und Krustenbildung sowie die Elastizität des Teiges.

Granatapfel
Dickschalige Früchte des Granatapfelbaumes. Unter der Schale befinden sich viele Samenkörner im saftigen Fruchtfleisch. Aus dem Saft wird Grenadine-Sirup hergestellt.

Grappa
Branntwein aus Trestern (Traubenpressrückständen).

Gratinieren
Garprozess mit starker Oberhitze unter dem Salamander oder im Backofen. In der Regel werden nur vorgegarte Speisen gratiniert (Ausnahmen: Tomaten und Beeren).

Gravad Lax
Durch Marinieren mit Salz, Zucker, Pfeffer und Dill haltbar gemachter Lachs.

Grenieren
Flockigwerden von Cremen, Mousses, Ganaches oder Buttermassen.

Griddleplatte
Thermostatisch regulierbare Bratplatte mit Fettauffangschale.

Grillieren
Garprozess auf einem erhitzten Rost (Grill) oder in einer Grillpfanne.

Grünkern
Unreifer Dinkel. Die Dinkelkörner werden 2–3 Wochen vor der Reife geerntet und in Heißluftanlagen getrocknet und teilweise geräuchert.

Haarsieb
Feinmaschiges Sieb mit Holz- oder Metallrahmen zum Passieren von Farcen.

Haben, haben lassen
Einen Hefeteig an der Wärme aufgehen lassen.

HACCP-Konzept
Hazard Analysis Critical Control Point; vorbeugendes Sicherheitssystem, das die Herstellung von gesundheitlich unbedenklichen Lebensmitteln gewährleistet. Es ersetzt nicht das übliche Hygienekonzept, sondern ist ein Teil dessen.

Hagelzucker
Grober, weißer Zucker zum Bestreuen und Verzieren von Backwaren. Bei der Herstellung wird der Zucker angefeuchtet, gepresst und getrocknet. Die trockene Zuckermasse wird dann zu hagelkornähnlichen Stücken zerstoßen.

Hartweizendunst
Mahlstufe des Hartweizens (zwischen Grieß und Mehl), wird vorwiegend zur Teigwarenherstellung benötigt.

Hebel, Vorteig
Stufenweise Hefeteigherstellung zur Bildung von Gärsubstanzen zur Geschmacksbildung.

Herbsttrompeten, Totentrompeten
Speisepilz mit einem dicken, trompeten- oder trichterförmigen bis an die Stielbasis offenen Fruchtkörper ohne Lamellen. Die Pilze haben eine graue bis schwarzbraune Farbe.

Himbeergeist
Branntwein, der aus mit Alkohol mazerierten Himbeeren destilliert wird.

Hüttenkäse
Frischkäse aus Kuhmilch. Besteht aus kleineren, wasserhaltigen Körnern und schmeckt leicht säuerlich.

Ingwer
Gewürz aus der Familie der Ingwergewächse. Sein süßscharfer Geschmack und der Duft seiner unverwechselbaren ätherischen Öle geben vor allem asiatischen Gerichten ihre besondere Note.

Invertzucker
Invertzucker ist ein Sirup aus Rübenzucker oder Stärke, der mit Hilfe von Enzymen (Invertase) oder durch Säure zu einem Gemisch aus gleichen Teilen Traubenzucker und Fruchtzucker wurde.

Jalapeño-Chilis
Mexikanische Chilis von 5–7 cm Länge und mit abgerundeten Enden von grüner, gelber oder roter Farbe. Getrocknet und geräuchert auch als «Chipotles» im Handel.

Jardiniere
Kleinwürfelig geschnittenes Gemüse mit einer Kantenlänge von ca. 5 mm.

Jus, Jus de rôti
Ungebundene, kräftige Fleischsauce oder Bratensaft.

Kaffir-Limone
Zitrusfrucht mit knorriger, intensiv duftender Schale und praktisch ohne Saft. Die Schale und die Blätter werden in der asiatischen Küche für viele Gerichte verwendet.

Kalamansi
Philippinische stark aromatische Zitronenart; in der Schweiz als Kalamansi-Mark erhältlich.

Kaltschale
Erfrischende Suppe aus Obst, Saft, Wein oder Vollrahm, kalt serviert.

Kandieren
Überziehen von Früchten mit einer dünnen, hermetisch abschließenden Schicht von Zuckerkristallen.

Karambole
Sternfrucht. Stammt ursprünglich aus Südostasien. Karambolen werden roh und frisch verzehrt.

Kardamom
Schilfartige Gewürzpflanze, deren unreife grüne Samenkapseln als Gewürz dienen. Wird zumeist für Gewürzmischungen verwendet.

Karkassen
Knochengerüst von Geflügel oder Panzer von Krustentieren.

Kidney-Bohnen
Nierenförmige, kräftig rote Bohnen von mehliger, aber dennoch fest kochender Konsistenz. Berühmt geworden sind diese Bohnen als wichtiger Bestandteil des «Chili con Carne».

Kleber
Getreideprotein. Es beeinflusst die Wasserbindung in einem Teig, die Krumen- und Krustenbildung sowie die Elastizität des Teiges.

Kleie, Weizenkleie
Kleie besteht aus dem Keimling und den Randschichten und Schalen des Weizen-/Getreidekorns. Kleie enthält zur Hälfte Ballaststoffe (Rohfaserstoffe) und ist reich an Vitaminen, Proteinen und Mineralstoffen. Je höher der Ausmahlungsgrad eines Mehles, desto mehr Kleie enthält es. Vollkornmehl enthält noch die gesamte Kleie.

Kochen
Garprozess am Siedepunkt (sprudelnd).

Koriander
Gewürzpflanze, deren Samenkörner und Blätter zum Würzen verwendet werden.

Korinthen
Dunkelblaue, fast schwarze, getrocknete, kleine, kernlose Beeren einer griechischen Traubensorte.

Kreuzkümmel
Kreuzkümmel ist ein sehr altes Gewürz und wird heute vor allem in Indien und Indonesien angebaut. In der arabischen, der orientalischen und vor allem in der indischen Küche ist der Kreuzkümmel ein unentbehrliches Gewürz. Der Geschmack ist leicht bitter, scharf und warm.

Kumquat
Zwergorange. Kumquats werden frisch und als Ganzes verzehrt. Die dünne Schale schmeckt süß-aromatisch und ist unbehandelt. Zusammen mit dem herb-säuerlichen Fruchtfleisch ergibt sich ein interessantes Geschmackserlebnis.

Kurkuma
Südostasiatisches Ingwergewächs. Der geschälte und getrocknete Wurzelstock liefert das Kurkuma. Auch Gelbwurz, Turmeric oder Haldi genannt.

Kutter
Küchenmaschine zum Zerkleinern und Pürieren. Zur Herstellung von Farcen und Saucen.

Läuterzucker
Gesättigte Zuckerlösung; 1500 g Zucker und 1 Liter Wasser zusammen aufgekocht (29 °Bé).

Lebkuchengewürz
Gewürzmischung, bestehend aus Sternanis, Gewürznelken, Koriander, Piment, Zimt, Muskatnuss, Muskatblüte, Ingwer und Kardamom.

Leinsamen
Samen des Flachs.

Levit
Getrockneter Sauerteig, der Backwaren zur Geschmacksgebung beigegeben wird.

Liaison
Mischung von Eigelb und Vollrahm zum Binden von heißen Flüssigkeiten.

Liebstöckel
Mehrjährige Gewürzpflanze, deren Blätter in der Küche verwendet werden, mit charakteristischem an Maggi-Würze erinnerndem Geschmack.

Limonenblätter
Blätter der Limonenpflanze, in Spezialgeschäften und in Asia-Shops erhältlich.

Limonenraps
Fein geriebene Schale von unbehandelten Limonen.

Lyoner Pfanne
Kochgeschirr zum Sautieren, Braten und Rösten, vorwiegend aus Stahl oder Gusseisen.

Macadamia-Nuss
In Australien beheimatete Nuss mit einem leicht süßen Aroma. Die sehr harten Schalen müssen maschinell aufgeknackt werden.

Madeira
Portugiesischer Süßwein von der Insel Madeira.

Maizena
Bindemittel aus Maisstärke.

Malossol
Russisch für «leicht gesalzen».

Mandelmasse
Mit Zucker geriebene Mandeln. Mandelmasse wird für Füllungen und Massen verwendet.

Mandoline
Multifunktionelles Schneidegerät für Gemüse und Kartoffeln.

Mango-Chutney
Würzsauce aus süß-sauren Mangofrüchten mit Zugabe von Ingwer.

Mangold
Blattgemüse. Es gibt zwei geringfügig abweichende Arten von Mangold: der Schnittmangold mit seinen spinatähnlichen Blättern und der Stielmangold (Krautstiele), der bis zu 50 cm lange, blasenartig gewellte Blätter hat.

Maniok
Das Fleisch der Maniokwurzel ist reich an Stärke, Protein und Mineralstoffen. Die Maniokwurzel wird zu Tapioka, Mehl oder Stärke verarbeitet und vor allem in Südamerika angebaut.

Maraschino
Klarer, trockener Fruchtlikör, der aus Marasca-Kirschen hergestellt wird, die mit den Kernen zerkleinert werden und daher ein feines Mandelaroma ergeben.

Marc
Destillat, das aus den Trestern von gepressten Weintrauben gebrannt wird.

Maronenröhrling
Beliebter Speisepilz aus der Familie der Röhrlinge mit kastanienbraunem Hut, der in ganz Mitteleuropa vorkommt. Wird auch Braunkappe genannt.

Marinade
Gesäuerter Aufguss, in dem Lebensmittel zur Konservierung und/oder zur Geschmacksverbesserung (Fleisch, Fisch) eingelegt werden; wird auch Beize genannt.

Marinieren
Lebensmittel in eine Marinade (Beize) einlegen.

Marzipan
Gemisch aus fein geriebenen Mandeln, Bittermandeln und gekochtem Zucker. Marzipan wird zum Modellieren, für Pralinen, Torten und Patisserie verwendet.

Mascarpone
Frischkäse, der aus Vollrahm hergestellt und mittels Säure (Zitronensaft, Zitronensäure) zum Gerinnen gebracht wird.

Matignon
Kleinwürfelig oder feinblättrig geschnittenes Gemüse. Die Grösse der Schnittart ist abhängig von der Garzeit des Gerichts.

Meaux
Stadt in Frankreich, Departement Seine-et-Marne.

Mehlbutter, Beurre manié
Butter und Weißmehl werden im Verhältnis 1:1 verknetet. Wird zum Eindicken von kleinen Mengen von Saucen und Suppen verwendet.

Melasse
Melasse ist ein Nebenprodukt der Zuckerherstellung. Es bezeichnet den honigartigen, dunkelbraunen Zuckersirup, welcher als Nebenprodukt anfällt. Melasse enthält ca. 50% Zucker, der aber nicht mehr kristallisiert werden kann. Zuckerrohrmelasse kann als Brotaufstrich verwendet werden. Rübenmelasse wird hauptsächlich industriell verwertet (Hefefabrikation, Alkohol, Viehfutter).

Melieren
Sorgfältiges Mischen, Einrühren oder Unterziehen von Zutaten in fertig gerührte Massen, z. B. Eiweiß, warme Butter, Mehl usw.

Mie de pain
Geriebenes Weißbrot ohne Rinde.

Milken, Kalbsmilken
Thymusdrüse vom Kalb, auch Bries genannt.

Mirepoix
In gleichmäßige Würfel geschnittenes Röstgemüse (Zwiebeln, Knollensellerie, Karotten), die Würfelgröße richtet sich nach der Garzeit.

Miso
Japanische Sojabohnenpaste.

Mörser
Schale, in der Lebensmittel mit einem Kolben (Pistill) zerrieben werden.

Mostbröckli, Appenzeller
Trocken gesalzenes und geräuchertes Rindfleisch vom Stotzen. Eine Spezialität aus dem Appenzell (geschützte Ursprungsbezeichnung).

Mu-Err-Pilz
Mu-Err-Pilze stammen aus dem chinesischen Raum und werden in der chinesischen Küche häufig verwendet. Der Pilz wächst auf Birken- oder Holunderbäumen und wird bei uns getrocknet angeboten.

Muskatblüte
Samenmantel der Muskatnuss. Kommt getrocknet als Muskatblüte oder Macis in den Handel.

Nadelprobe
Backprobe/Garprobe bei Puddingen und Biskuits: An der Nadel darf beim Herausziehen keine Masse haften.

Nappieren
Gleichmäßig mit Sauce oder Sulze übergießen oder überziehen.

Natron, Natriumhydrogencarbonat
Triebmittel. Weißes Pulver mit leicht salzig-laugigem Geschmack. Bestandteil von Backpulver.

Nesvital
Pflanzliches Bindemittel aus Johannisbrotkernmehl.

Noilly Prat
Trockener Wermuth aus Frankreich.

Nori
Getrocknete und gepresste Seetangblätter zur Herstellung von Sushi und verschiedenen Garnituren.

Nüsslisalat
Feldsalat, Ackersalat.

Okra
Die Okraschote wächst an einem Strauch und stammt ursprünglich aus Afrika. Die sechs- bis achteckigen Kapseln haben eine grüne Schale, die dicht mit feinen, kurzen Haaren bedeckt ist. Okras sondern beim Kochen eine schleimige Flüssigkeit ab und sind dadurch nicht jedermanns Geschmack. Weitere Namen: Eibisch, Gombo, Lady's Finger, Gumbo.

Orangeat
Orangeat wird durch das Kandieren einer Orangenart, der Pomeranze (Bitterorange), gewonnen. Pomeranzen haben eine wesentlich dickere Schale als andere Orangenarten. Die Schale hat aufgrund des hohen Gehalts an ätherischen Ölen einen intensiv bittersüßen Geschmack.

Orangenraps
Fein geriebene Schale von unbehandelten Orangen.

Orangenzesten
Feine Streifen von Orangenschale. Schale mit einem Sparschäler entfernen und in feine Streifen schneiden oder mit einem Zestenmesser direkt ab der Frucht schneiden.

Ossietra, Osietra
Waxdick oder Ossietra-Stör. Ossietra-Kaviar hat ein kleines Korn von nussartigem Geschmack. Die Farbskala des Ossietra-Kaviars ist vielfältig und geht von goldbraun bis graubraun.

Pacossieren
Im Pacojet im tiefgekühlten Zustand mittels rotierenden Messern fein zerkleinern.

Pak-choi
Senfkohl. Der Pak-choi bildet lose Blätter, die in Aussehen und Form dem Mangold ähneln. Die dunkelgrünen Blätter mit den hellen Blattrippen schmecken leicht bitter und spielen in der asiatischen Küche (China, Korea, Japan) eine wichtige Rolle.

Palmzucker
Zuckerart, die aus den Blütenständen von Palmen (Attapalme, Zuckerpalme) gewonnen wird. Der Palmsaft wird durch Kochen eingedickt.

Parfümieren
Würzen oder Geschmack geben.

Parfümreis
Intensiv duftender Reis für die asiatische Küche.

Parieren
Zurechtschneiden, von unerwünschten Bestandteilen befreien.

Parüren
Abschnitte von Fleisch.

Passieren
Zutaten durch ein Sieb oder Passiertuch treiben um eine feine Konsistenz zu erhalten.

Pastetengewürz
Gewürzmischung aus weißem Pfeffer, Lorbeer, Ingwer, Macis (Muskatblüte) und Zimt.

Paysanne
Gemüseschnittart, feinblättrig.

Pecorino romano
Italienischer Hartkäse aus Schafsmilch.

Pecorino sardo
Italienischer Hartkäse aus Schafsmilch von charakteristischem Geschmack und geschützter Ursprungsbezeichnung (Sardinien). Wird als Reibkäse oder als Dessertkäse verwendet.

Pekannuss
Der Walnuss ähnliche, fettreiche Frucht von länglicher Form. Die Nüsse enthalten kein Cholesterin und lassen sich ohne Nussknacker öffnen.

Pernod
Aus echtem Wermut, Sternanis, Minze, Koriander, Fenchel und anderen Kräutern destilliertes alkoholisches Getränk.

Petersilienwurzel
Wurzelgemüse mit einem würzig-herben Geschmack. Das weißfleischige Gemüse wird ab Oktober auf Märkten angeboten und lässt sich vielseitig verwenden (Gemüse, Suppen, Pürees). Die Blätter der Pflanze können wie Petersilie verwendet werden.

Pfälzer Rübe
Lagerkarotte von gelber Farbe.

pH-Wert
Maßeinheit mit der Aussage, ob etwas sauer, neutral oder alkalisch ist.

Plattieren
Gleichmäßig flach klopfen.

Pochieren
Schonender Garprozess bei Temperaturen zwischen 65 °C und 80 °C im Wasser oder Fond, im Wasserbad oder in wenig Flüssigkeit (Fond).

Poelieren
Garprozess für zarte Fleischstücke oder Geflügel im Fettstoff mit Mirepoix bei schwacher Hitze im Ofen, mit Deckel.

Portwein
Portugiesischer Süßwein, der nach der Hafenstadt Porto benannt ist. Portweine lagern in Eichenholzfässern. Portweine gibt es von roten und weißen Trauben.

Porung
Durch Lockerung erzielte große oder kleine Luftlöcher in Gebäcken und Broten.

Praliné-Masse
Masse aus karamellisiertem Zucker, gerösteten und fein geriebenen Mandeln oder Haselnüssen. Wird für Cremen, Glacen und Füllungen verwendet.

Prosecco
Schaumwein, der vor allem im Nordosten Italiens (Veneto) aus der gleichnamigen Traubensorte hergestellt wird. Im Unterschied zum Champagner wird der Schaumwein nicht in der aufwändigen Flaschengärung, sondern in Tankgärung hergestellt.

Puy-Linsen
Aus Frankreich stammende, grün-blau gesprenkelte Linsenart. Sie gilt als eine der aromatischsten Linsen wegen ihres kräftigen Aromas und des leicht nussigen Geschmacks.

Quimiq®
Mit Speisegelatine verdickter Halbrahm (15%), in der Küche universell einsetzbar.

Randen
Rote Bete. Für die rote Farbe ist der Farbstoff Betanin verantwortlich. Als Varietäten sind auch gelbe, rot-weiße und weiße Randen erhältlich.

Reduktion, reduzieren, einreduzieren
Konzentrat, einkochen, konzentrieren.

Ricotta
Frischkäse aus Schafs-, Büffel- oder Kuhmolke.

Rohzucker
Brauner Zucker oder Rohzucker ist ein Halbfertigprodukt des Rohr- oder Rübenzuckers. Seine Zuckerkristalle sind noch nicht vollständig vom anhaftenden Sirup befreit, daher erhält er seine braune Farbe.

Roquefort
Höhlengereifter, kräftiger Blauschimmelkäse aus Frankreich, der aus Schafsmilch hergestellt wird. Die Reifung und Lagerung findet in Felshöhlen statt.

Rösten
Garprozess bei mittlerer bis großer Hitze mit Fettstoff oder mit trockener Hitze.

Rôtissoire
Bratgeschirr aus Stahlblech oder Chromnickelstahl mit rechteckiger Form mit abgerundeten Ecken.

Roux
Mehlschwitze. Wird durch Dünsten, Anschwitzen oder Rösten von Weißmehl mit Fettstoff hergestellt.

Rucola, Rauke, Runke
In den letzten Jahren immer beliebter gewordene Salat- und Würzpflanze. Die Blätter haben ein würziges, leicht scharfes Aroma mit hohem Anteil an Senfölen und Bitterstoffen.

Sake
Japanisches Nationalgetränk, ursprünglich aus China stammend. Eigentlich ist Sake kein Wein, sondern eher ein bierähnliches Getränk. Dabei wird mit Hilfe von Schimmelpilzkulturen und Hefepilzen die Reisstärke zu Alkohol vergärt. Sake schmeckt, bedingt durch die Milchsäure, leicht säuerlich. Es gibt zahlreiche Varianten von trocken bis süß.

Salamander
Kochgerät zum Gratinieren und Überbacken mit Hochleistungsoberhitze und regulierbarer Temperatur. Die Distanz zwischen Kochgut und Heizelement ist stufenlos verstellbar.

Salmrogen
Noch nicht abgelaichte Eier vom Lachs/Salm. Salmrogen wird gesalzen und hat eine orange-rote Farbe.

Salsiz
Rohwurst aus Rind- und Schweinefleisch aus dem Kanton Graubünden.

Sambal Oelek
Sehr scharfe indonesische Würzpaste aus zerstoßenen Chilischoten und Salz.

Sauerampfer
Sauerampfer wächst wild in Wiesen und wird in Gärtnereien angebaut. Gewürzpflanze mit säuerlichem Geschmack, die zu Fisch und Fischsaucen passt. Sauerampfer enthält Oxalsäure und Kaliumoxalat, das, in großen Mengen genossen, zu Magen- und Nierenstörungen führen kann.

Sauteuse
Schwenkkasserolle mit schrägen, unten abgerundeten Seitenwänden zum Glasieren, Dünsten und Sautieren.

Sautieren, ansautieren, mitsautieren
Garprozess unter Schwenken oder Wenden in erhitztem Fettstoff.

Schabziger
Reibkäse aus der Schweiz, der aus Kuhmilch und Molke hergestellt und mit Zigerklee (Bockshornklee) aromatisiert wird.

Schalotten
Zwiebelart mit kleinen, knoblauchartigen, violetten Zehen. Im Geschmack feiner als Zwiebeln.

Schillerlocken
Geräucherte, in Streifen geschnittene Bauchlappen des Dornhais.

Schmoren
Garprozess in wenig Flüssigkeit, mit Deckel im Ofen.

Schraps
Gemahlenes, getrocknetes Biskuit.

Schrot
Schrot ist das Mahlprodukt des ganzen Getreidekornes, das in verschiedenen Feinheitsgraden hergestellt wird. Schrot ist reich an Ballaststoffen (Rohfaserstoffen), Mineralstoffen und Vitaminen.

Sherry, Jerez
Spanischer Dessertwein mit einem alkoholischen Zusatz aus Weindestillat.

Sieden
Garprozess knapp unter dem Siedepunkt (nicht sprudelnd).

Silpat-Matte
Abwaschbare Backmatte.

Soisson-Bohnen
Große, weiße Bohnenkerne, Riesenbohnen.

Spatel
Rührwerkzeug aus Kunststoff oder aus Holz.

Spickspeck
Rückenspeck des Schweins.

Sternanis
Sternförmig angeordnete, holzige Früchte eines immergrünen tropischen Baumes, der in Vietnam und China angebaut wird. Sternanis wird hauptsächlich für Gewürzmischungen verwendet (Five-Spices).

Stockgare
Liegezeit eines ganzen Teigstücks, bevor es portioniert wird.

Stückgare
Liegezeit eines geformten Teigstückes, bevor es in den Ofen kommt und gebacken wird.

Stürzen
Ein Produkt aus der Form nehmen.

Sultaninen
Getrocknete, kernlose Beeren der Sultana-Traube, die zum großen Teil in der Türkei angebaut wird. Braune Sultaninen sind unbehandelt, helle Sultaninen werden mit schwefliger Säure behandelt.

Sumach
Früchte des Färberbaumes. Diese werden getrocknet, geschrotet oder zu Pulver gemahlen. Das Gewürz hat einen säuerlich-herben Geschmack und entwickelt im Mund eine astringierende (zusammenziehende) Wirkung.

Süßholz
Das Süßholz ist eine bis zu 2 m hoch wachsende Staude. Die Wurzel hat einen süßen Geschmack. Aus der Süßholzwurzel wird Lakritze hergestellt.

Tamarinde
Fruchtfleisch der reifen Hülsen eines tropischen Baumes aus der Familie der Johannisbrotgewächse. Im Handel als frische Hülsen oder als Fruchtfleischkonzentrat (Tamarinden-Paste) erhältlich.

Tamis
Feinmaschiges Sieb mit Holz- oder Metallrahmen zum Passieren von Farcen.

Teigling
Ungebackenes, portioniertes und bereits geformtes Teigstück.

Tempeh
Ein aus Indonesien stammendes Lebensmittel. Gekochte, geschälte Sojabohnen und/oder Getreidekörner werden mit einem Edelschimmelpilz beimpft und fermentiert. Tempeh ist eine ausgezeichnete Quelle für hochwertiges, cholesterinfreies pflanzliches Protein.

Temperieren
Fachgemäßes Unterkühlen und Wiedererwärmen der Couverture zum Überziehen (Trempieren) von Pralinen und in Formen gießen.

Tequila
Agaven-Branntwein aus Mexiko.

Teriyaki-Sauce
Die aus der asiatischen Küche stammende Teriyaki-Sauce ist eine dünnflüssige, dunkelbraune Würzsauce, die aus Sojasauce, Reisessig, Reiswein, Ingwer, Zwiebel, Knoblauch und Salz hergestellt wird.

Tofu
Produkt aus Sojabohnen. Dazu lässt man die Bohnen quellen und zerquetscht sie. Anschließend werden sie mit Wasser gekocht und danach gefiltert. Die so gewonnene Sojamilch wird mit Bittersalzen zum Gerinnen gebracht.

Tomaten-Concassé
Geschälte, entkernte und in Würfel geschnittene Tomaten; gedünstete Tomatenwürfel.

Topinambur
Warzige Knollenfrucht mit hohem Wassergehalt von erdigem, leicht an Weißrüben erinnerndem Geschmack.

Tourieren
Teige mit eingeschlagenem Fettstoff wiederholt auswallen und zusammenlegen, wodurch eine schichtweise Zusammensetzung des Teiges erreicht wird.

Tournieren
Gemüse oder Kartoffeln mit einem Tourniermesser in eine gleichmäßige, länglich-ovale Form bringen.

Tournierabschnitte
Abschnitte, die beim Tournieren von Gemüse oder Kartoffeln anfallen, die für Suppen, Fonds und Saucen weiterverwendet werden können.

Trempieren
Überziehen mit Couverture oder Fondant oder Tauchen oder Bepinseln eines Gebäcks mit aromatisiertem Zuckersirup.

Vichy-Wasser
Französisches Mineralwasser.

Vieille Prune
Destillat aus vergorenen Zwetschgen.

Waldhonig
Mineralstoffreicher Honigtau von Laub- und Nadelbäumen. Die Farbe variiert von Bernstein über dunkles Rotbraun bis hin zu grünlich-schwarz.

Waldmeister
Waldmeister ist eine einheimische Pflanze und bildet große, duftende Teppiche. Er blüht vom April bis Mai mit zarten, kleinen, weißen Blüten. Die Blüten werden zu Tee, Essenzen oder zu Waldmeisterbowle verwendet.

Wasabi
Meerrettichartige, hellgrüne Wurzel einer japanischen Pflanze. Sie wird geschält, gerieben, getrocknet zu Pulver oder Paste verarbeitet. Traditionell wird Wasabi zu Sushi und Sashimi gereicht.

Wasserkastanie
Sumpfpflanze mit dunkler Sprossknolle und hellem Fruchtfleisch, die bei uns vor allem gekocht als Konserve in asiatischen Lebensmittelläden erhältlich ist. Die Wasserkastanie ist nicht mit der Kastanie verwandt.

Wildreis
Wasserpflanze. Der aus Nordamerika stammende Wildreis wächst an kanadischen Seeufern und im Mississippi-Delta. Das Rispengras, ehemals Hauptnahrungsmittel der indianischen Ureinwohner, wird von Kanus aus geerntet. Wegen der aufwändigen Erntemethode gehört Wildreis zu den teuren Nahrungsmitteln.

Williamine
Destillat aus vergorenen Williamsbirnen.

Wirz, Wirsing
Kohlart mit gekrausten Blättern und lockerem Kopf.

Wodka
Destillat aus Getreide oder Kartoffeln.

Zitronat
Zitronat wird durch Kandieren der Zedrat-Zitrone hergestellt. Die Früchte werden bis zu 3 kg schwer. Zitronat findet als Backzutat Verwendung, beispielsweise in Christstollen.

Zitronengras
Grasartige Gewürzpflanze. Die Namensgebung erfolgte durch den zitronenähnlichen Duft, den das Gras beim Zerreiben entfaltet. Der Stängel wird in vielen asiatischen Gerichten mitgekocht.

Zitronenraps
Fein geriebene Schale von unbehandelten Zitronen.

Zitronenzesten
Feine Streifen von Zitronenschale. Schale mit einem Sparschäler entfernen und in feine Streifen schneiden oder mit einem Zestenmesser direkt ab der Frucht schneiden.

Zum Band schlagen
Vorgang, bei dem Eier oder Eigelb und weitere Zutaten über einem Wasserbad mit einem Schwingbesen schaumig geschlagen werden, bis die Masse zu stocken beginnt; die Temperatur der Masse beträgt ca. 50 °C.

Zur Rose erhitzen
Milch, Zucker und Eier werden auf 83 °C bis höchstens 85 °C erhitzt und zu einer Creme abgebunden.

Index

A

Aargauer Rüeblitorte 852
Abalonen mit Mu-Err-Pilzen 730
Aida-Eisbombe 840
Aïoli-Sauce 93
Albufera-Sauce 669
Amaretti 868
amerikanische Salatsauce (French Dressing) 226
andalusischer Salat 217
Anna-Kartoffeln 442
Äpfel Basler Art 814
Apfel im Schlafrock 818
Apfelauflauf 814
Apfelbeignets 816
Apfelcharlotte 815
Apfelcremesauce 100
Apfeldressing 226
Apfel-Ingwer-Suppe 167
Apfelkaltschale mit Champagner 195
Apfelkrapfen 815
Apfelkuchen 852
Apfelküchlein 816
Apfelmousse 790
Apfelpfannkuchen 827
Apfelsalatsauce 226
Apfelsauce 100
Apfelsorbet 836
Apfelsoufflé 814
Apfelstrudel 816
Apple Pie 853
Aprikosenglace 836
Aprikosenkuchen mit Guss 853
Aprikosenquarktorte 854
Aprikosensauce 776
arabisches Kichererbsenpüree 329
Aromaten 33–36
Artischockenböden (vakuumgegart) 392
Artischockencremesuppe 135
Artischockenparfait mit Trutenbrustrollen und Gemüsesalat 288
Artischockenragout 399
Artischockenrahmsuppe 135
Artischocken-Räucherlachs-Aspik mit Flusskrebsen und Pernod 301
Äschenfilets, sautiert, mit Thymiankruste auf Tomaten-Peperoni-Glace 704
asiatische Gemüsesuppe mit geräuchertem Tofu 128
asiatischer Glasnudelsalat mit grillierten Riesenkrevetten 246
asiatischer Thunfischsalat 217
Aspik mit Artischocken, Räucherlachs, Flusskrebsen und Pernod 301
Aspik von Meerfischen 303
Aspiktorte mit Seezungenröllchen und Rauchlachsmousse 302
Auberginen, frittiert, mit Haselnüssen mit rotem Peperoni-Coulis 411
Auberginen, gefüllt 424
Auberginen, im Backteig frittiert 414
Auberginen, sautiert, im Ei mit Kräutern 416
Auberginenauflauf 676
Auberginenscheiben, grilliert 423
Auflauf Grand Marnier (warm) 825
Auflauf mit Äpfeln 814
Auflauf mit Quark 829
Auflauf mit Schinken 373
Auflauf mit Spinat 374
Auflauf mit Vanille 832
Auflauf Rothschild 819
Auflauf von Käse 386
Auflaufomelette 818
Auflaufpudding 819
Auflaufpudding mit Quark 829
Auflaufpudding mit Reis 831
Austern mit Sherry, warm 753
Austern, gratiniert 734
Austernpilzcremesuppe mit Steinpilz-Cornet 136
Austernpilzrahmsuppe 136
Avocadodressing 226
Avocadosalat mit Krevetten 218
Avocadoschaum mit Blutorangen 326

B

Backerbsen 122
Bäckerinkartoffeln 444
Backhendl, Wiener 678
Backteig/Bierteig 756
Badener Chräbeli 868
Baked potatoes 439
Balsamico-Sauce 72
Bananen-Mais-Salat, pikant 223
Bananen-Sauerrahmglace (Pacojet) 836
Bärenkrebse mit Ingwer, Frühlingszwiebeln und chinesischen Eiernudeln 731
Bärlauchcremesuppe mit Morcheln 137
Bärlauchpesto 33
Barschfilets, frittiert, im Backteig 715
Basilikumglace (Pacojet) 837
Basilikumnudeln 468
Basilikumpesto 33
Basler Mehlsuppe (Schweiz) 179
Basler Zwiebelwähe 380
Bauernart, Suppe 129
Bauernschinken, glasiert, mit süßer Kruste 575
Baumnussbrot 894
Baumnuss-Dressing mit Orangensaft 227
Bavaroise 770
bayerische Creme 770
Bearner Sauce 83
Bechamelsauce 66
Beefsteak Tatar 308
Beize für Schlachtfleisch und Wildbret 40
Berliner (Hefesüßteig) 756
Berner Märitsuppe (Schweiz) 179
Berner Platte 669
Berner Rösti 447
Berner Zungenwurst im Gewürzbrotteig 556
Berny-Kartoffeln 453
Bierbraten 578
Bierteig 756
Birchermüesli 805
Birnen in Portwein 808
Birnenjalousie 820
Birnenkaltschale mit Williamine 196
Birnenkartoffeln 449
Biskuit mit Schokolade 768
Biskuit, Genueser 765
Bison-Mignons mit Thymiankruste und Frühlingszwiebelpüree 665
Bisque 168
Blanc manger 774
Blanc-battu-Salatsauce 227
Blankett aus Kalbfleisch mit buntem Gemüse 602
Blankett aus Kalbfleisch mit Gemüsestroh 603
Blankett mit Lammfleisch und Minze 605
Blankett mit Lammfleisch, Tomaten und Kräutern 606
Blankett von Geflügel mit frittierten Glasnudeln 616
Blätterteig 761
Blätterteig, deutscher 760
Blätterteig, holländischer 757
Blätterteigkissen mit Spargelfüllung 336
Blätterteigkonfektfüllung mit Lachs 779
Blätterteigkonfektfüllung mit Schinken 779
Blätterteigkonfektfüllung mit Speck 779
Blätterteigkrapfen mit Konfitüre 820
Blätterteigkrapfen mit Meeresfrüchten 337
Blätterteigkrapfen mit Pilzfüllung 338
Blätterteigkrapfen mit Wildfüllung 338
Blätterteigschnitte mit Hüttenkäse und Lamm-Carpaccio 315
Blattsalat mit Frühlingsrollen 199
Blattspinat mit Champignons, gratiniert 409
Blattspinat, gedünstet, mit Pinienkernen 400
Blessbockschnitzel auf Kenia-Bohnen und Ananas mit Kokos-Sesam-Sabayon 666
Blinis 757
Blitzblätterteig/holländischer Blätterteig 757
Blumenkohl, frittiert 412
Blumenkohl, gratiniert 410
Blumenkohl, im Ei frittiert 414
Blumenkohlcremesuppe 138
Blumenkohlsalat 211
Bohnenpüreesuppe 162
Bohnensuppe mit roten Bohnen 161
Bohnensuppe mit weißen Bohnen 162
Bohnensuppe, griechische 183
Bollito misto mit Salsa verde 670
Bordeleser Sauce (Rotweinsauce) 73
Borschtsch (russische Randensuppe) 180
Bouillabaisse marseillaise 672
Bouillon 42
Bouillonkartoffeln 438
Bouquet garni 32
Brandteig (für Süßspeisen) 758
Brandteig (gesalzen) 757
Brandteigkrapfen 822
Brandteignocken 481
Bratkartoffeln 444
Bratlinge aus Grünkernschrot 514
braune Champignonsauce 73
braune Saucen 72–80
brauner Geflügelfond 43
brauner Kalbfond 48
Bread and Butter Pudding 822

Brennnesselsuppe mit Blätterteigstreifen 138
Brezeln mit Vanille 881
Brioches 758
Broccoli, gedämpft, mit Parmesan 393
Broccoli, sautiert, mit Austernsauce 418
Broccolicremesuppe 139
Brombeerglace 837
Brote 894–902
Brot mit Baumnüssen 894
Brot mit Früchten 896
Brot mit Haferflocken 896
Brot mit Mandeln 897
Brot mit Roggenmehl 898
Brot mit Ruchmehl 899
Brot mit Sesam 900
Brot mit Sonnenblumenkernen 901
Brot-und-Butter-Pudding 822
Brownies 869
Brunsli 869
Brüsseler Endivien (vakuumgegart) 392
Brüsseler Endivien mit Krevetten und rosa Grapefruit 199
Brüsseler Endivien, geschmort 395
Buchweizennudeln 469
Buchweizenpfannkuchen (Blinis) 757
Bulgur-Pilaw mit Gemüse 501
Bündner Gerstensuppe (Schweiz) 180
buntes Matignon 32
buntes Mirepoix 33
Buttercreme mit Eiweiß 770
Buttercreme mit Vollei 771
Buttermischungen 51–57
Butterplätzchen 870
Buttersaucen 83–86
Buttersauce, rot 106
Buttersauce, weiß 108

C

Café de Paris-Butter 51
Caipirinha-Sorbet 837
Cakes 855, 860, 864, 865
Cake mit Zitronen 865
Calamares, gefüllt, mediterrane Art 733
Calamares, mariniert, mit Peperoni-Basilikum-Vinaigrette 244
Caldo verde (Portugal) 181
Camargue-Reis 501
Camembert, frittiert 383
Cannelloni mit Rindfleischfüllung 482
Capuns 484
Capuns von Hecht und Lachs mit frischer Tomatensauce 683
Carpaccio mit frischen Steinpilzen 304
Carpaccio von Steinbutt und Lachsforelle, eingerollt, mit Salatbukett 233
Cäsar-Salat mit Pouletbrüstchen 200
Cäsar-Salatsauce 227
Cassata napoletana 838
Cassis-Sauce 776
Cassis-Schaumgefrorenes 846
Célestine 125
Cevapcici 363
CF-Bödeli gefüllt mit Cointreau-Ganache 877

ANHANG 915

Challans-Ente in der Salzkruste 610
Champagnersorbet 838
Champignoncremesauce 70
Champignoncremesuppe 140
Champignonrahmsauce 70
Champignons, frittiert 411
Champignons, gefüllt 425
Champignonsauce, braun 73
Charlotte königliche Art 796
Charlotte mit Äpfeln 815
Charlotte russische Art 798
Chateaubriand, grilliert, mit Bearner Sauce 540
Chicorée-Salat, rot, mit Falafel 203
Chips-Kartoffeln 449
Choron-Sauce 84
Choux mit Rahm 804
Chriesiprägel 823
Chügelipastete, Luzerner Art 674
Chutney 96, 98
Clam Chowder 187
Cocktail mit Pilzen 332
Cocktail mit Poulet und Melonen 321
Cocktail mit Riesenkrevetten 251
Cocktail von Gemüsen mit Sesam 328
Cocktail von Riesenkrevetten 251
Cocktailsauce 90
Contadino-Entrecôte, doppeltes, grilliert 542
Cordon bleu 536
Cornets und Rollen 870
Court-bouillon 46
Couscous mit Gemüse und Kräutern 364
Crema Catalana 805
Cremen 770–775
Creme Caramel 786
Creme diplomate 771
Creme französische Art 786
Creme katalanische Art 805
Creme mit Joghurt 773
Creme mit Kaffee 773
Creme mit Mandeln 774
Creme mit Marc de Champagne 771
Creme mit Quark 774
Creme mit Zitronen 775
Creme nach Diplomatenart 771
Creme nach englischer Art 772
Creme, gebrannte 772
Cremeschnitten 800
Crêpes mit Äpfeln 827
Crêpes Suzette 828
Crepinette von Dombes-Wachtel mit Sommertrüffeln 642
Crostini mit Olivenpaste 326
Cumberland-Sauce 94
Curry mit Kastanien und Kürbis 406
Curry mit Kichererbsen 369
Curry mit Süßkartoffeln 466
Curry mit Truthahnfleisch, Riesenkrevetten und Gemüsebananen 641
Curry vom Lamm mit Kichererbsen und roten Peperoni 588
Curry-Apfel-Dressing 228
Currybutter mit schwarzem Sesam 51
Currymischung Sri Lanka 34
Currysauce 101

D

Damhirschpastete 256
Damhirschrückenfilet, gebraten, provenzalische Art mit Lavendelblüten 647
Danieli-Butter 52
Dänisch-Plunder-Teig 759
Dattelmousse 791
Dauphine-Kartoffeln 450
Demi-glace 74
deutscher Blätterteig 760
Diablotins (Käseschnittchen) 124
Dijon-Sauce 84
Dill-Senf-Sauce 90
Dinkel-Pizokel 514
Dinkelspätzli 485
Diplomatencreme 771

Dolmades Avgolemono (gefüllte Weinblätter mit Eier-Zitronen-Sauce) 671
Dombes-Wachtel-Crepinette mit Sommertrüffeln 642
Dombes-Wachteln, gebraten, mit Steinpilzen und Tomaten 645
doppelte Kraftbrühe 112
dörfliche Art, Gemüsesuppe 128
Dörraprikosen-Ravioli 823
Dörrbohnen, geschmort, mit getrockneten Birnen 395
Dörrpflaumenkompott 806
Dörrtomatentatar auf Pariser Brot 328
dreifarbige Frühlingsgemüsemousse mit Forellenfilet auf Roggenbrot 290
dreifarbige Mousse mit Frühlingsgemüse und Forellenfilet auf Roggenbrot 290
dreifarbige Pfefferbutter mit Rotweinschalotten 52
Dressing, French 226
Duchesse-Kartoffeln 440
Duchesses 872
dunkle Rahm-Truffes 889
dunkle Schokoladenmousse 791
Dünstragout vom Rind mit Sojasprossen und Gemüsestreifen 590
Dünstragout vom Rind mit Tomaten und Oliven 591

E

Ebly mit Kokosmilch und Gewürzen 502
Eglifilets/Barschfilets, frittiert, im Backteig 715
Eglifilets/Barschfilets, pochiert, mit Limonensauce 686
Eglifilets/Barschfilets, sautiert, auf Avocadocreme 705
Eglifilets/Barschfilets, sautiert, auf Melissensauce mit Gemüsestreifen 705
Eglifilets/Barschfilets, sautiert, mit Steinpilzen 706
Eier im Töpfchen mit Pilzen und Kräutern 376
Eier, pochiert und gratiniert, auf Blattspinat 378
Eiercognac-Rahmgefrorenes 842
Eierschwämmchensuppe/Pfifferlingsuppe mit Brandteigdekor 142
Eierschwämme/Pfifferlinge-Tofu-Gulasch mit Serviettenknödeln 365
Eierstich (Royale) 123
Eier-Vinaigrette 87
einfache Salatsauce 228
eingerolltes Carpaccio von Steinbutt und Lachsforelle mit Salatbukett 233
Eintopf mit Pouletbrüstchen 634
Eisauflauf Grand Marnier 839
Eisbergsalat mit Pouletbruststreifen und exotischen Früchten 200
Eisbiskuit Jamaika 839
Eisbombe Aida 840
Empanadas mit Rindfleischfüllung, mexikanische 359
energiereduzierte Salatsauce 227
Engadiner Kalbfleischröllchen, sautiert 526
englische Creme 772
englischer Grießpudding 824
Ente in der Salzkruste 610
Ente, gebraten, asiatische Art 613
Entenbrust, geräuchert, mit Kumquats 318
Entenbrust, geräuchert, mit Zwergorangen 318
Entenbrust, lauwarm, mit mediterranen Gemüsen 318
Entenbrüstchen, sautiert, mit Cassis-Sauce 635
Entenbruststreifen, sautiert, mit Ingwer 635
Entrecôte Café de Paris, sautiert 535

Entrecôte Contadino, doppeltes, grilliert 542
Entrecôte vom Kudu mit Mohnkruste und Okra-Gemüse auf Peperoni-Coulis 667
Erbsen, jung, französische Art 405
Erdbeereis 840
Erdbeerflammeri 787
Erdbeerglace/Erdbeereis 840
Erdbeerkuchen 854
Erdbeermousse 792
Erdbeerquarkschnitte 806
Erdbeersauce 776
Erdnusssauce 101
Espuma mit Mango und Joghurt 793
Espuma mit Parmesan 332
Espuma mit Pina Colada 794
Espuma mit weißer Schokolade und Joghurt 795
Espuma von Kartoffeln und Trüffeln 374
Esskastanien, glasiert 402
Esskastanien, karamellisiert 393
Esskastaniennudeln 471
Estouffade vom Rind mit Sojasprossen und Gemüsestreifen 590
Estouffade vom Rind mit Tomaten und Oliven 591
Eugenia-Torte Melba 801
exotischer Gewürzsud 779

F

Farce aus Wildfleisch 64
Farce aus Wildfleisch (Pacojet) 65
Farcen 58–65
Fasanenbrust, sautiert mit Rahmäpfeln 658
Fasanenbrust, sautiert, gefüllt, mit Blattspinat und schwarzen Trüffeln 658
Fasanenterrine mit Waldpilzen 264
Feigen, frisch, in Cassis-Likör mit Vanilleglace 806
Feigen, gefüllt, mit Ziegenfrischkäse 327
Felchenfilets Grenobler Art 706
Felchenfilets in Rotweinmarinade 247
Felchenfilets, frittiert, im Bierteig 716
Felchenfilets, paniert, sautiert, mit Kartoffelkugeln und gefüllten Tomaten 707
Felchenfilets, sautiert, mit Kapern und Tomaten 706
Feldsalat mit Ziegenfrischkäse 202
Feldsalatcremesuppe mit geräuchertem Wildschweinschinken 150
Fenchel (vakuumgegart) 393
Fenchel, geschmort 396
Fenchel, sautiert, in der Sesamkruste 418
Fenchelcremesuppe 141
Fenchel-Kräuter-Sauce 94
Fenchelsalat, roh 207
Frikassee von Geflügel mit Estragon 617
Frikassee von Geflügel mit sautiertem Gemüse 618
Filet im Teig (Filet Wellington) 560
Filet vom Wolfsbarsch mit Kartoffelkruste 725
Filet vom Wolfsbarsch mit Lachsschaum im Blätterteig 727
Filet Wellington 560
Filetgulasch (Fohlen) Nowgorod 520
Filetgulasch Stroganow 525
Filets vom Red-Snapper vom Grill mit Mangosauce und rosa Pfeffer 723
Filets vom St. Petersfisch aus dem Dampf mit Kaviarsauce 725
Fischcremesuppe 131
Fischcremesuppe mit Muscheln 131
Fischfond 44
Fischfumet 44
Fischgericht, Flunterner Zunft 682

Fischkraftbrühe 112
Fisch-Mousseline-Farce, roh 60
Fisch-Mousseline-Farce, roh (Pacojet) 61
Fischpastete, asiatische Art 255
Fisch-Potpourri vom Grill mit Blattsalaten und Gemüse-Vinaigrette 719
Fischrahmsauce 68
Fischrahmsauce mit Fenchel und Safranfäden 68
Fischrahmsauce mit Trauben 69
Fischrahmsuppe 131
Fisch-Sabayon 102
Fischsud 46
Fischsud, gewöhnlich 46
Fischsud, weiß 50
Fischsuppe 131
Fischsuppe marseillaise 672
Fladenbrot 895
Flädli 125
Flammeri mit Erdbeeren 787
Flammkuchen mit Gemüsestreifen und Fetakäse 340
Flammkuchen mit Zwiebeln und Speck 341
Fleischbouillon 113
Fleischbrühe 113
Fleischburger, kleine 370
Fleisch-Kartoffel-Taschen, frittiert, malaysische Art 351
Flunterner Zunft-Fischgericht 682
Flusskrebse Bordeleser Art 732
Focaccia 895
Focaccini mit Kartoffeln und Thymian 342
Fohlenfiletgulasch Nowgorod 520
Fohlensauerbraten mit Luzerner Lebkuchensauce 565
Fond aus Krustentieren 47
Fonds 42–50
Fondue mit Gruyère und Emmentaler 380
Fondue mit Gruyère, Tilsiter und Appenzeller 382
Fondue moitié-moitié 382
Forellenfilet, geräuchert, auf Saisonsalat mit Tomaten-Vinaigrette 239
Forellenfilets, pochiert, Hausfrauenart 687
Forellenfilets, pochiert, Zuger Art 688
Forellenmosaik mit frischem Basilikum 266
Forellensalat, lauwarm, mit Sprossen und Zucchetti 248
Foyot-Sauce 86
Framboises 884
Frankfurter Pudding 824
französische Salatsauce 228
French Dressing 226
Frikassee mit Kalb mit Herbsttrompeten 587
Frikassee vom Lamm mit Curry 589
Frikassee vom Hummer mit Noilly Prat 739
frische Feigen in Cassis-Likör mit Vanilleglace 806
frische Nudeln 472
frische Nudeln aus Kastanienmehl 471
frische Nudeln mit Basilikum 468
frische Nudeln mit Buchweizen 469
frische Nudeln mit Kakao 470
frische Nudeln mit Pilzen 474
frische Nudeln mit Safran 475
frische Nudeln mit Spinat 476
frische Steinpilze in Olivenöl 327
Frischlingseckstück, glasiert, gespickt mit Dörrbirnen und Glühweinsauce 652
Frischlingskarree, gebraten, mit Meerrettichkruste 648
frittierte Auberginen mit Haselnüssen mit rotem Peperoni-Coulis 411
frittierte Champignons 411
frittierte Eglifilets/Barschfilets im Backteig 715
frittierte Felchenfilets im Bierteig 716

frittierte Kartoffelkrapfen mit Käse 450
frittierte Kartoffelkugeln mit Schinken 452
frittierte Kartoffelstäbe 452
frittierte Kartoffelwürfel 453
frittierte malaysische Fleisch-Kartoffel-Taschen 351
frittierte Mandelkartoffelkugeln 453
frittierte Pouletbrüstchen japanische Art 612
frittierte Pouletflügel amerikanische Art 354
frittierte Scampi im Backteig 361
frittierte Schwarzwurzeln 412
frittierte Seezungenstreifen mit Currysauce und Seeigelaroma 717
frittierter Blumenkohl 412
frittierter Blumenkohl im Ei 414
frittierter Camembert 383
frittierter Knollensellerie 413
Fritto misto von verschiedenen Gemüsen im Tempura-Teig 413
Früchte 200
Früchtebrot 896
Früchte-Curry-Salat 218
Früchtegeleewürfel 885
Fruchtsalat 807
Frühlingsgemüsemousse, dreifarbig, mit Forellenfilet auf Roggenbrot 290
Frühlingsrollen mit Schweinefleischfüllung 352
Frühlingsrollen, vegetarisch 362
Frühlingszwiebelsuppe mit sautierter Entenbrust 144
Füllung für Blätterteigkonfekt mit Lachs 779
Füllung für Blätterteigkonfekt mit Schinken 779
Füllung für Blätterteigkonfekt mit Speck 779
Füllungen 58–65
Fünfkornpfannkuchen mit Spinatfüllung 366

G

Galantine mit Geflügel 282
Galantine mit Hecht 284
Galantine mit Tauben 286
Galantine mit Zander 287
Galetten mit Kürbis und Mais 416
Galetten mit Süßmais 420
Galettes-Kartoffeln 446
Gämsterrine mit Rot- und Weißweinbirnen 267
Ganache-Rollen 886
Gänsebrust, gebraten, mariniert 614
Gazpacho 192
gebackene Kartoffeln (Baked potatoes) 439
gebackene Kartoffelrosetten mit Tomaten 440
gebackene Käsebuchteln 383
gebrannte Creme 772
gebratene Dombes-Wachteln mit Steinpilzen und Tomaten 645
gebratene Ente asiatische Art 613
gebratene Kaninchenrolle mit Eierschwämmchen/Pfifferlingen und Salbei 544
gebratene Kartoffelkugeln 445
gebratene Kartoffelwürfel 445
gebratene Lammhuft mit Hummus 316
gebratene marinierte Gänsebrust 614
gebratene Spareribs 538
gebratene Springbocknuss mit Pfefferkruste auf Tamarillos und Kakaosauce 666
gebratene Wachteln mit Steinpilzen und Tomaten 645
gebratener Lammgigot mit rotem Zwiebel-Ingwer-Confit 545
gebratener Rehschlegel mit frischen Feigen 646
gebratenes Damhirschrückenfilet provenzalische Art mit Lavendelblüten 647
gebratenes Frischlingskarree mit Meerrettichkruste 648
gebratenes Hirschkarree mit Eierschwämmen/Pfifferlingen 649
gebratenes Kalbskarree mit Portweinsauce und getrockneten Tomaten 546
gebratenes Kalbsnierstück mit Grapefruits 551
gebratenes Lammkarree in der Kräuterkruste 547
gebratenes Rindsfilet am Stück auf mediterranem Bratgemüse 548
gebratenes Schweinskotelettstück mit Estragon-Bier-Sauce 552
gebundener Kalbsjus 74
gedämpfte Poulardenbrust mit Gemüsestreifen 615
gedämpfte Reisbällchen mit Schweinefleischfüllung 366
gedämpfte Teigtaschen mit Krevettenfüllung 367
gedämpfte Teigtaschen mit Rind- und Schweinefleischfüllung 368
gedämpfter Broccoli mit Parmesan 393
gedämpfter Parfümreis 502
gedämpftes Schweinsfilet im Karottenmantel mit Sherry-Rahmsauce mit Ingwer 594
gedünstete Kefen 400
gedünstete Morcheln 400
gedünsteter Blattmangold mit Lauch 401
gedünsteter Blattspinat mit Pinienkernen 400
gedünsteter Kürbis mit Kokosmilch 401
Geflügelblankett mit frittierten Glasnudeln 616
Geflügelcremesauce 69
Geflügelcremesuppe 132
Geflügelcremesuppe mit Curry 132
Geflügelfond, braun 43
Geflügelfond, hell 43
Geflügelfrikassee mit Estragon 617
Geflügelfrikassee mit sautiertem Gemüse 618
Geflügelgalantine mit getrockneten Früchten 282
Geflügelkraftbrühe 113
Geflügelkroketten 355
Geflügelmarinade 36
Geflügelrahmsauce mit Champignons 70
Geflügelrahmsuppe 132
Geflügelsauce 70
Geflügelspießchen, klein, mariniert, vom Grill 371
Geflügelsuppe 188
gefüllte Auberginen 424
gefüllte Calamares mediterrane Art 733
gefüllte Champignons 425
gefüllte Feigen mit Ziegenfrischkäse 327
gefüllte Kalbsbrust, glasiert 567
gefüllte Kohlrabi 426
gefüllte Maispoulardenbrust mit Roquefort 619
gefüllte neue Kartoffeln 457
gefüllte Peperoni 427
gefüllte Tomaten provenzialische Art 409
gefüllte Trutenbrust 627
gefüllte Weinblätter mit Eier-Zitronen-Sauce 671
gefüllte Wirz-/Wirsingrouladen 428
gefüllte Zucchetti 429
gegarte Gemüsesalate 211–214
gegarter Karottensalat 211
gekochter Randensalat/Rote-Bete-Salat 211
Gelberbsensuppe 159
Gelee mit Weißwein 782
Geleewürfel von Früchten 885
gemischter Spargelsalat mit Scampi 212
Gemüse, süßsauer, mit Tofu 420
Gemüse, zubereitet im Wok 421
Gemüsebündel (Bouquet garni) für Bouillon 32
Gemüsebündel (Bouquet garni) für weiße Fonds 32
Gemüsebündel für Bouillon 32
Gemüsebündel für weiße Fonds 32
Gemüse-Cocktail mit Sesam 328
Gemüsecremesuppen 135–158
Gemüsefond 44
Gemüse-Fritto-Misto im Tempura-Teig 413
Gemüsekroketten 356
Gemüsepastetchen 347
Gemüserahmsauce 66
Gemüserahmsauce mit Gemüsewürfelchen und Safran 67
Gemüsesalat mit Poulet-Satay-Spießchen 201
Gemüsesalat, roh 207
Gemüse-Samosas 354
Gemüsescheiben, mariniert, mit geräuchertem Tempeh 330
Gemüsespieß vom Grill 421
Gemüsesuppen 128–130
Gemüsesuppe dörfliche Art 128
Gemüsesuppe mit Muscheln, spanische 182
Gemüse-Tempura 357
Gemüseterrine 268
Gemüseterrine mit Senfpüreesauce, mediterrane Art 274
Gemüse-Vinaigrette 87
Genueser Biskuit 765
gepfefferter Heilbutt auf roh marinierten Gemüse 247
geräucherte Entenbrust mit Kumquats 318
geräucherte Entenbrust mit Zwergorangen 318
geräucherter Stör mit Kaviar auf Lauch 724
geräucherter Stör mit Pilzklößchen und Blinis 234
geräuchertes Lammrückenfilet mit Kürbis-Chutney 316
geräuchertes Schweinsnierstück mit Grapparahmsauce 595
geriebener Teig 760
Germiny-Suppe 167
Gerstensuppe 163
Gerstensuppe, Bündner 180
gerührter Gugelhupf 855
gesalzene Löffelbiskuits 40
gesalzener Brandteig 757
gesalzener Kuchenguss 780
gesalzener Pfannkuchenteig 762
geschmorte Brüsseler Endivien 395
geschmorte Dörrbohnen mit getrockneten Birnen 395
geschmorte Rindfleischröllchen Appenzeller Art 566
geschmorter Fenchel 396
geschmorter kleiner Steinbutt mit Buttersauce 728
geschmorter Lattich mit Gemüsen 396
geschmorter Rindshuftspitz mit Gemüsen 568
geschmorter Rotkohl 397
geschmorter Stangensellerie mit Tomatenwürfeln 398
geschmorter Weißkohl 398
geschmortes Masthuhn in Rotwein mit grünen Spargeln, Coco-Bohnen und Morcheln 620
geschmortes Wildentenbrust mit Wacholderrahmsauce 649
geschnetzeltes Kalbfleisch Zürcher Art 521
geschnetzeltes Kaninchenrückenfilet mit Rosmarinrahmsauce und Sauerkirschen 522
Geschnetzeltes mit Känguru, Macadamia-Nüssen und Frühlingszwiebeln 667
gesottene Lammkeule mit Kapernsauce 600
gesottene Rehschulter auf grünen Linsen mit Champignons-Tomaten-Ragout 650
gestürzte Karamellcreme 786
gestürzte Kartoffeln 442
Getreidesuppen 163–166
Getrocknete-Tomaten-Tatar auf Pariser Brot 328
gewöhnlicher Fischsud 46
Gewürzbutter 57
Gewürzreis, indischer 505
Gewürzsäcklein 34
Gewürzsalzmischung für Fisch 35
Gewürzsalzmischung für Fleisch 35
Gewürzsalzmischung für Geflügel 35
Gewürzsalzmischung für Lamm 35
Gewürzsalzmischung für Wild 36
Gewürzsud, exotischer 779
Gianduja 887
Gianduja-Züngli 871
Glace mit Aprikosen 836
Glace mit Basilikum (Pacojet) 837
Glace mit Brombeeren 837
Glace mit Erdbeeren 840
Glace mit Joghurt (Pacojet) 840
Glace mit Pfirsichen 841
Glace mit Rosenaroma 845
Glarner Spätzli 485
glasierte gefüllte Kalbsbrust mit Laugenbrötchenmasse 567
glasierte gefüllte Lammschulter 570
glasierte Gurken 401
glasierte Kalbsbrustschnitten mit Ratatouille 571
glasierte Kalbshaxe bürgerliche Art 572
glasierte Kalbskopfbäckchen in Barolo 573
glasierte Kalbsmilken/Kalbsbries in weißem Portwein mit Äpfeln und Eierschwämmen/Pfifferlingen 574
glasierte Karotten 402
glasierte Kastanien 402
glasierte Perlzwiebeln 402
glasierte Randen/Rote Bete 404
glasierte Tendrons mit Ratatouille 571
glasierter Bauernschinken mit süßer Kruste 575
glasierter Kaninchenschenkel mit Cantadou-Basilikum-Sauce 576
glasierter Kürbis 405
glasierter Münchner Bierbraten 578
glasiertes Frischlingseckstück, gespickt mit Dörrbirnen und Glühweinsauce 652
Glasnudelsalat, asiatischer, mit grillierten Riesenkrevetten 246
Gleichschwercake 855
Glühwein 780
Gnocchi mit Grieß 503
Gnocchi Piemonteser Art 460
Goldbrassenschnitzel, grilliert, mit Nudeln und Meerrettichsauce 720
Grand-Marnier-Auflauf 825
Grand-Marnier-Eisauflauf 839
Granité mit Rotwein 846
Gratin mit Orangen und Vanilleglace 827
gratinierte Austern 734
gratinierte Kartoffelscheiben 438
gratinierte Schwarzwurzelcremesuppe mit Äpfeln und Speck 145
gratinierte Zwiebelsuppe (Frankreich) 183
gratinierter Blattspinat mit Champignons 409
gratinierter Blumenkohl 410
gratinierter Lauch 411
gratiniertes Kartoffelpüree 434
Gratinmasse 765
Gravad-Lax-Marinade 38
griechische Bohnensuppe 183
griechischer Aubergineauflauf 676
griechischer Salat 220
griechischer Salat mit Safran 220
griechisches Rindsragout mit kleinen Zwiebeln (Stifado) 679

Grieß Viktoria 788
Grieß-Dinkel-Ecken 503
Grieß-Gnocchi 503
Grießklößchen 123
Grießnocken 503
Grießpudding, englischer 824
Grieß-Quark-Knödel mit Dörrzwetschgen 826
Grießsuppe mit Gemüsewürfelchen 163
Grießtimbale mit Champignons 504
grillierte Auberginenscheiben 423
grillierte Fischfilets mit Blattsalat und Gemüse-Vinaigrette 719
grillierte Goldbrassenschnitzel mit Nudeln und Meerrettichsauce 720
grillierte Lachsschnitzel mit Rotweinbutter 723
grillierte Pouletbrüstchen Teufelsart 623
grillierte Rotbarben mit Ratatouille Nizzaer Art 721
grillierte Seeteufelmedaillons im Zucchettimantel auf Pestospaghetti 722
grillierte Seeteufeltranche auf Lauchbett 722
grillierte Steinpilze 423
grillierte Steinpilze mit Basilikumpesto und Parma-Schinken 329
grilliertes Chateaubriand mit Bearner Sauce 540
grilliertes doppeltes Entrecôte Contadino 542
grilliertes doppeltes Kalbskotelett mit Tomatenquarkbutter mit Basilikum 540
grilliertes Hähnchen amerikanische Art 622
grilliertes Kalbspaillard mit Zitrone 542
grilliertes Poulet amerikanische Art 622
grilliertes Rumpsteak mit Tomaten und Zwiebeln 543
Grissini 896
grüne Sauce 91
grüner Papaya-Salat 201
Grünerbsensuppe 160
Grünerbsensuppe (Pacojet) 160
Grünkernbratlinge 514
Grünkernsuppe mit Passionsfrucht 164
Grütze, rot 809
Gugelhopf 856
Gugelhopf, gerührt 855
Gulasch mit Eierschwämmen/Pfifferlingen, Tofu und Serviettenknödeln 365
Gulasch, Szegediner 592
Gulasch, ungarisches 593
Gulaschsuppe (Ungarn) 184
Gurken mit Dillrahmsauce 405
Gurken, glasiert 401
Gurkensalat 206
Guss 780, 781
Guss für Käsekuchen mit Birnen 780

H

Hackbraten vom Reh mit Waldhonigsauce 653
Haferflockenbrot 896
Haferflockensuppe 164
Haferküchlein 515
Hafer-Lauch-Suppe mit Croûtons 165
Hafersuppe 165
Hagebuttensauce 95
Hähnchen, grilliert, amerikanische Art 622
Halbblätterteig 761
Halbmonde mit Ziegenkäsefüllung und rotem Peperoni-Coulis 486
Harira (Marokko) 184
Haselnussbögli 872
Haselnussbutter 53
Haselnuss-Cantucci 871
Haselnusskartoffeln 445
Haselnussmakronen 872
Haselnussrahmgefrorenes 842
Hausfrauenart, Suppe 130
Hausterrine im Lauchmantel 269
Hecht, jung, Mittelstück, im Rotwein geschmort, mit rotem Zwiebel-Confit 729
Hechtgalantine 284
Hechtklößchen mit Hummersauce glasiert auf Blattspinat 685
Hechtklößchen, pochiert, Lyoner Art 689
Hecht-Lachs-Capuns mit frischer Tomatensauce 683
Hechtschnitzel mit Meaux-Senf-Sauce und Blattspinat 707
Hefegugelhopf 856
Hefekranz 857
Hefesüßteig (Berliner) 756
Hefesüßteig (Savarin-Teig) 763
Hefeteig, touriert 764
Heidelbeer-Joghurtcreme 772
Heidelbeer-Muffins 873
Heilbutt, gepfeffert, auf roh mariniertem Gemüse 247
heiß geräucherter Stör mit Kaviar auf Lauch 724
hellbraune Rahmsauce 102
helle Rahm-Truffes 890
heller Geflügelfond 43
heller Kalbsfond 48
Heringssalat nach isländischer Art 234
Hilfsmittel 40–41
Himbeerdressing mit Haselnussöl 229
Himbeermousse 793
Himbeersauce 776
Himbeersorbet (Pacojet) 840
Hirschkarree, gebraten, mit Eierschwämmen/Pfifferlingen 649
Hirschkoteletts, sautiert, mit Heidelbeeren 659
Hirschmostbröckli-Salat mit Eierschwämmen/Pfifferlingen und Makkaroni 321
Hirschrückenfilet (Damhirsch) provenzalische Art mit Lavendelblüten 647
Hirseklößchen mit Tomaten-Coulis 515
Hirse-Pilz-Kreation 516
Hirse-Weizen-Schnitten mit getrockneten Tomaten und Oliven 513
Hirsotto 516
holländische Sauce 84
holländischer Blätterteig 757
Holunderblütenkaltschale mit Champagner 196
Holunderblütensirup 780
Holundersauce 95
Hülsenfrüchteeintopf, indischer 369
Hülsenfrüchtesalate 215–216
Hülsenfrüchtesuppen 159–162
Hummer amerikanische Art 735
Hummer Armoricaine 736
Hummer Thermidor 738
Hummer-Bisque 168
Hummerfond 46
Hummerfrikassee mit Noilly Prat 739
Hummerkraftbrühe 116
Hummersauce 103
Hummus (arabisches Kichererbsenpüree) 329
Hüppenmasse/Hippenmasse, Variante 1 766
Hüppenmasse/Hippenmasse, Variante 2 766

I

im Backteig frittierte Auberginen 414
im Ei frittierter Blumenkohl 414
im Ei sautiertes gefülltes Kalbsschnitzel mit Spinat und Gorgonzola 523
im Rosmarindampf gegartes Lammrückenfilet auf Karotten-Sauerrahm-Sauce 595
im Rotwein geschmortes Mittelstück vom Junghecht mit rotem Zwiebel-Confit 729
im Rotwein pochiertes Rindsfilet 596
im Wok sautierte Kalbsfiletstreifen asiatische Art 524
in Rotwein pochierte Zanderfilets auf Blattspinat 684
indischer Gewürzreis 505
indischer Hülsenfrüchteeintopf 369
Ingwercremesuppe 145
Irish Stew Gourmet Style 601
Italian Dressing 229
italienische Salatsauce 229

J

Jägersauce 75
Jakobsmuscheln auf Lauch mit Champagnersauce und Kaviar 740
Jalousie mit Birnen 820
Jamaika-Eisbiskuit 839
Japonais-Masse 767
Joghurtcreme 773
Joghurtcreme mit Heidelbeeren 772
Joghurtglace (Pacojet) 840
Joghurtglace mit Cassis 841
Joghurt-Nuss-Sauce 95
Joghurtsauce 95
Joghurtschnitte mit Birnen 807
Johannisbeersauce 777
Johannisbeersauce aus schwarzen Johannisbeeren 776
Johannisbeersauce, rot 777
junge Erbsen französische Art 405
Junghecht, Mittelstück, im Rotwein geschmort, mit rotem Zwiebel-Confit 729
Junghechtschnitzel, sautiert, mit Meaux-Senf-Sauce und Blattspinat 707

K

Kabeljau-Rückenfilet, sautiert, mit Karottenkruste auf Kerbelsauce 711
Kabissalat 208, 210
Kaffeecreme 773
Kaiserschmarrn 825
Kakao-Lebkuchen-Sabayon 103
Kakaonudeln 470
Kalbfleisch, geschnetzelt, Zürcher Art 521
Kalbfleischcremesuppe 133
Kalbfleischkugeln mit Champignonsauce 597
Kalbfleisch-Mousseline-Farce, roh 62
Kalbfleisch-Mousseline-Farce, roh (Pacojet) 61
Kalbfleischpastete mit getrockneten Früchten 258
Kalbfleischrahmsuppe 133
Kalbfleischröllchen, sautiert, Engadiner 526
Kalbfleischterrine mit Apfelsalat 270
Kalbsbäckchen 573
Kalbsblankett mit buntem Gemüse 602
Kalbsblankett mit Gemüsestroh 603
Kalbsbraten, kalt, mit Haselnüssen 309
Kalbsbries, glasiert, in weißem Portwein mit Äpfeln und Eierschwämmen/Pfifferlingen 574
Kalbsbries, sautiert, mit saurem Rahmgemüse 528
Kalbsbrust, glasiert, gefüllt, mit Laugenbrötchenmasse 567
Kalbsbrustschnitten, glasiert, mit Ratatouille 571
Kalbsfilet mit Morcheln und Mascarpone im Sesam-Blätterteig 558
Kalbsfilet, pochiert, mit Zitronenschaum 599
Kalbsfilet, poeliert, mit Steinpilzen 554
Kalbsfilet-Mignons, sautiert, mit Steinpilzrahmsauce 526
Kalbsfiletstreifen, im Wok sautiert, asiatische Art 524
Kalbsfond, braun 48
Kalbsfond, hell 48
Kalbsfrikassee mit Herbsttrompeten 587
Kalbshaxe, glasiert, bürgerliche Art 572
Kalbsjus, gebunden 74
Kalbskarree, gebraten, mit Portweinsauce und getrockneten Tomaten 546
Kalbskopf 573
Kalbskopfbäckchen, glasiert, in Barolo 573
Kalbskotelett, doppeltes, grilliert, mit Tomatenquarkbutter mit Basilikum 540
Kalbsleberstreifen, sautiert, mit Lauch und Schalotten 527
Kalbslebertranchen, sautiert, auf gedünsteten Äpfeln und Rosinen 527
Kalbsmilken/Kalbsbries, glasiert, in weißem Portwein mit Äpfeln und Eierschwämmen/Pfifferlingen 574
Kalbsmilken/Kalbsbries, sautiert, mit saurem Rahmgemüse 528
Kalbsnierentranchen, sautiert, mit Rotweinschalotten und knusprigen Knoblauchscheiben 528
Kalbsnierstück, gebraten, mit Grapefruits 551
Kalbsnierstück, poeliert, mit Pilzen 555
Kalbspaillard, grilliert, mit Zitrone 542
Kalbsragout Großmutterart 579
Kalbsragout mit Gemüsen 580
Kalbsrahmgulasch, Wiener Art 593
Kalbsrahmsauce 71
Kalbsrahmsauce mit Kräutern 71
Kalbsrahmsauce mit Senf 71
Kalbsrahmschnitzel 529
Kalbsschnitzel Cordon bleu, sautiert 536
Kalbsschnitzel, im Ei sautiert, gefüllt, mit Spinat und Gorgonzola 523
Kalbsschnitzel, sautiert, mit Rahmsauce 529
Kalbsschnitzel, sautiert, mit Zitronensauce 529
Kalbssteak, sautiert, mit Morchelrahmsauce 536
Kalbsvoressen Großmutterart 579
Kalbsvoressen mit Gemüsen 580
Kalbszunge mit Schnittlauchrahmsauce 604
kalte Karotten-Rhabarber-Suppe 193
kalte Kartoffelsuppe 193
kalte Schneemasse/Meringuemasse 767
kalte Suppen 192–194
kalte Tomatensuppe mit Ananas und Gin 194
kalte Weinschaumsauce 777
kalter Kalbsbraten mit Haselnüssen 309
kaltes mariniertes Rippchen mit Kichererbsensalat 313
kaltes Siedfleisch mit Linsensalat und Meerrettich-Senf-Sauce 305
kaltes Siedfleisch mit marinierten Gemüsen 306
Kaltschalen 195–198
Kaltschale mit Äpfeln und Champagner 195
Kaltschale mit Birnen und Williamine 196
Kaltschale mit Holunderblüten und Champagner 196
Kaltschale mit Melonen, Mango und Zitronenmelisse 197
Kaltschale mit Nektarinen und Prosecco 197

Kaltschale mit Zwetschgen und Joghurt 198
Känguru-Geschnetzeltes mit Macadamia-Nüssen und Frühlingszwiebeln 667
Kaninchencremesuppe 133
Kaninchencremesuppe mit Rosmarin 133
Kaninchenpastete, Luzerner Art 674
Kaninchenragout Tessiner Art 581
Kaninchenrahmsuppe 133
Kaninchenrolle, gebraten, mit Eierschwämmchen/Pfifferlingen und Salbei 544
Kaninchenrückenfilet, geschnetzeltes, mit Rosmarinrahmsauce und Sauerkirschen 522
Kaninchenschenkel, glasiert, mit Cantadou-Basilikum-Sauce 576
Kaninchenschenkel, sautiert, mit Sauternes 530
Kaninchenterrine mit Melonen-Kürbis-Chutney 271
Karamellcreme, gestürzte 786
karamellisierte Kastanien (vakuumgegart) 393
Karamell-Tuiles 873
Karbonade von Rindfleisch mit Peperonistreifer 582
Karotten, glasiert 402
Karotten, Vichy 408
Karottencremesuppe 147
Karottencremesuppe (Herstellung im Drucksteamer) 147
Karottencremesuppe mit Kaninchenfilet, zweifarbig 158
Karottenflan 394
Karottenmousse 291
Karottenmousse mit geräuchertem Kaninchenfilet, Salatbukett und Kürbis-Datteln-Pickles 292
Karotten-Rhabarber-Suppe, kalt 193
Karottensalat, gegart 211
Karottensalat, roh 206
Karottensuppe 158
Karottentorte 852
Kartoffelauflauf 458
Kartoffelcremesuppe 148
Kartoffelecken mit Nüssen und Thymian 454
Kartoffelgaletten 446
Kartoffel-Gemüse-Nocken, frittiert 415
Kartoffelgratin 442
Kartoffelklöße 458
Kartoffelkrapfen mit Käse, frittiert 450
Kartoffel-Kräuter-Waffeln 459
Kartoffelkroketten 454
Kartoffelküchlein im Knusperteig 459
Kartoffelkugeln mit Schinken, frittiert 452
Kartoffelkugeln, gebraten 445
Kartoffelmaultaschen 462
Kartoffelmousse mit Kaviar 291
Kartoffeln mit Rosmarin 443
Kartoffeln, gebacken (Baked potatoes) 439
Kartoffeln, gestürzt 442
Kartoffeln, mit Gemüse gefüllt 443
Kartoffeln, neue gefüllt 457
Kartoffelnocken 460
Kartoffelpfannkuchen 460
Kartoffel-Pizokel 463
Kartoffelpüree 434
Kartoffelpüree, gratiniert 434
Kartoffelrosetten, gebacken, mit Tomaten 440
Kartoffelsalat mit Mayonnaise 213
Kartoffelsalat mit Speck 212
Kartoffelscheiben, gratiniert 438
Kartoffel-Sellerie-Schiffchen mit Baumnüssen 462
Kartoffelsoufflé 458
Kartoffelstäbe, frittiert 452
Kartoffelstangen mit Ingwer 455
Kartoffelstangen mit Kastanien 464

Kartoffelstangen mit Marroni/Esskastanien 464
Kartoffelstock 434
Kartoffelsuppe, kalt 193
Kartoffel-Timbales 464
Kartoffeltorte mit Artischocken 465
Kartoffel-Trüffel-Espuma, warm 374
Kartoffelwürfel, frittiert 453
Kartoffelwürfel, gebraten 445
Käseauflauf 386
Käse-Birnen-Kuchenguss 780
Käsebuchteln, gebacken 383
Käsekroketten mit Peperonata 384
Käsekuchen mit Birnen 386
Käseschnittchen 124
Käseschnitte mit Tomaten und Rohschinken 387
Käse-Speck-Kuchen 387
Kastanien, glasiert 402
Kastanien, karamellisiert (vakuumgegart) 393
Kastanien-Kürbis-Curry 406
Kastaniennudeln/Marroninudeln 471
Kastanienspätzli 488
Kastanien-Teigtaschen mit Kürbisfüllung und Tamarindensauce 489
katalanische Creme 805
Katzenzüngli 874
Kefen, gedünstet 400
Kekse 868–882
Kerbelrahmsauce 67
Kichererbsen, pikant 389
Kichererbsencurry 369
Kichererbsenpüree 329
Kichererbsensalat mit Pfefferminze 215
Kichererbsenschnitten 370
Kichererbsen-Spinat-Kugeln 358
Kirschtorte, Zuger 865
Kissen aus Blätterteig mit Spargelfüllung 336
klare Ochsenschwanzsuppe 169
kleine Fleischburger 370
kleine marinierte Geflügelspießchen vom Grill 371
kleine Windbeutel 124
Klopse nach Königsberger Art 598
Klößchen aus Hechtfleisch 685
Klößchen aus Hirse mit Tomaten-Coulis 515
Klöße mit Kalbfleisch mit Champignonsauce 597
Knoblauchmayonnaise 93
Knoblauchsauce 75
Knödel aus Grieß und Quark mit Dörrzwetschgen 826
Knödel mit Quark 830
Knollensellerie, frittiert 413
knusprige Pilzrolle 343
Kohlköpfchen 433
Kohlrabi mit Butter 394
Kohlrabi, gefüllt 426
Kokosmakronen 874
Kokosmilchsuppe mit Shitake-Pilzen und Meerbrassenstreifen 170
Kokosreis 505
Kokosschaumsuppe 171
Kokos-Tuiles 875
Kompott aus Pfirsichen 808
Kompott von Dörrpflaumen 806
Konfekt 868–882
Konfekt mit Heidelbeeren 873
Königsberger Klopse 598
Königskuchen 858
Koteletts vom Hirsch mit Heidelbeeren 659
Kraftbrühe (Herstellung im Drucksteamer) 114
Kraftbrühe, doppelte 112
Krapfen aus Blätterteig mit Konfitüre 820
Krapfen aus Blätterteig mit Meeresfrüchten 337
Krapfen aus Blätterteig mit Pilzfüllung 338
Krapfen aus Blätterteig mit Wildfüllung 338
Krapfen aus Brandteig 822

Krapfen mit Äpfeln 815
Krapfen mit Quarkfüllung 830
Kräuterbündel 36
Kräuterbutter 53
Kräutersauce 71
Krautstiele an Rahmsauce 389
Kreation von Lachs- und Zanderfilet im Pfannkuchenmantel 236
Kreolenreis 512
Kressecremesuppe (Pacojet) 148
Krevetten (Riesenkrevetten) auf Limonenjoghurt 251
Krevetten-Cocktail mit Avocado 248
Krevettensauce 69
Kroketten aus Süßmais 512
Kroketten mit Geflügel 355
Kroketten mit Gemüse 356
Kroketten von Käse, mit Peperonata 384
Krokodilschwanzwürfel, sautiert, mit Gemüsestreifen, Shitake-Pilzen und Kokosnussmilch 668
Krustentierbutter 54
Krustentierbuttersauce 104
Krustentiercremesuppe 168
Krustentierfond 47
Krustentiersauce 104
Kuchen mit Äpfeln 852
Kuchen mit Aprikosen 853
Kuchen mit Erdbeeren 854
Kuchen mit Meeresfrüchten und Safran 344
Kuchen mit Miesmuscheln 743
Kuchen mit Speck (Lothringer) 346
Kuchenguss, gesalzen 780
Kuchenguss, süß 781
Küchlein aus Hafer 515
Küchlein aus Rollgerste 517
Küchlein mit Sauerkraut 416
Küchlein von Puy-Linsen 372
Küchlein von Zander und Krevetten 375
Kudu-Entrecôte mit Mohnkruste und Okra-Gemüse auf Peperoni-Coulis 667
Kürbis, gedünstet, mit Kokosmilch 401
Kürbis, glasiert 405
Kürbis-Chutney 96
Kürbiscremesuppe mit Orangenrahm 149
Kürbisketchup 96
Kürbis-Mais-Galetten 416
Kürbis-Mousse mit roh marinierten Randen/roten Beten und Sprossen 293
Kürbisschaumsauce 105
Kutteln mit Weißweinsauce (vakuumgegart) 598
Kutteln, überbacken 608

L

Lachs- und Zanderfilet im Pfannkuchenmantel 236
Lachs, geräuchert, mit Maisflocken, Apfel-Stangensellerie-Salat mit Baumnüssen 240
Lachs, Mittelstück, im Sud mit Schaumsauce 680
Lachs, roh, mariniert, mit Linsensalat und Salatbukett 241
Lachskotelett, pochiert, schottische Art 702
Lachskotelett, sautiert, mit Räucherlachs-Meerrettich-Kruste 708
Lachsröllchen, pochiert, mit Forellenmousse, Spargeln und Fischrahmsauce 690
Lachsschnitzel, grilliert, mit Rotweinbutter 723
Lachs-Zander-Tatar mit Gemüsesalat und Radieschen-Vinaigrette 237
Lammblankett mit Minze 605
Lammblankett mit Tomaten und Kräutern 606
Lamm-Chops, sautiert, provenzalische Art 530
Lammcurry mit Kichererbsen und roten Peperoni 588
Lammfleischmarinade 38

Lammfleischsuppe 184
Lammfrikassee mit Curry 589
Lammgigot, gebraten, mit rotem Zwiebel-Ingwer-Confit 545
Lammhuft, gebraten, mit Hummus 316
Lammhuft, sautiert, mit Pommery-Senf-Jus und Origano 531
Lammhuft-Tempura auf Mango-Avocado-Salat 317
Lammkarree, gebraten, in der Kräuterkruste 547
Lammkeule, gesotten, mit Kapernsauce 600
Lammragout mit kleinen Gemüsen 583
Lammrückenfilet mit Kartoffelkruste 557
Lammrückenfilet, geräuchert, mit Kürbis-Chutney 316
Lammrückenfilet, im Rosmarindampf gegart, auf Karotten-Sauerrahm-Sauce 595
Lammrückenfilet, lauwarm, mit Tomaten und Oliven auf Eisbergsalat 317
Lammrückenfilets, sautiert, auf Fenchelpüree 532
Lammschulter, glasiert, gefüllt 570
Lammvoressen mit kleinen Gemüsen 583
Lasagne mit Mais und Auberginen 506
Lasagne verdi mit Fleischfüllung 488
Lasagne von Saibling und Kohlrabi mit Macadamia-Papaya-Dressing 238
Lattich, geschmort, mit Gemüsen 396
Lattichroulade 430
Lauch, gratiniert 410
Lauchkartoffeln 439
Laugenbrötchenmasse mit Rohschinken und Mascarpone 41
lauwarme Entenbrust mit mediterranen Gemüsen 318
lauwarmer Forellensalat mit Sprossen und Zucchetti 248
lauwarmer Meeresfrüchtesalat Talvo 249
lauwarmes Lammrückenfilet mit Tomaten und Oliven auf Eisbergsalat 317
Linsen-Lauch-Terrine 272
Linsenpüreesuppe 161
Linsensalat 215
Linsensuppe 161
Linzer Teig 761
Linzer Torte 859
Löffelbiskuits 787
Löffelbiskuits, gesalzen 40
Lorette-Kartoffeln 450
Lothringer Speckkuchen 346
Luzerner Chügelipastete 674
Lyoner Kartoffeln 447

M

Madeira-Sauce 76
Mailänderli 875
Mais-Auberginen-Lasagne 506
Mais-Cappuccino mit Kaninchen und getrockneten Aprikosen 172
Maiscremesuppe mit Seeteufelfiletwürfeln 149
Maisgrießsuppe mit Oliven und Knoblauch-Croûtons 165
Maiskolben 389
Maismehlkrapfen mit Käse und Chili, mexikanische 360
Maispoulardenbrust gefüllt mit getrockneten Tomaten im Cornflakes-Kleid 624
Maispoulardenbrust, gefüllt, mit Roquefort 619
Maisroulade mit Spinatfüllung 507
Maissuppe 172
Maistimbale 507
Makronen mit Haselnüssen 872

malaysische Fleisch-Kartoffel-Taschen, frittiert 351
Malteser Sauce 86
Mandelbiskuits 876
Mandelcreme 774
Mandelgupfbrot 897
Mandelkartoffelkugeln, frittiert 453
Mandel-Marmeladenplätzchen 876
Mandelpudding (Frankfurter Pudding) 824
Mandel-Rochers 888
Mandelsuppe 187
Mango-Joghurt-Espuma 793
Mangold, gedünstet, mit Lauch 401
Mangoschaumgefrorenes 847
Mangosorbet 841
Marc-de-Champagne-Creme 771
Marinade für Geflügel 36
Marinade für Gravad Lax 38
Marinade für Lammfleisch 38
Marinade für Rindfleisch 38
Marinade für sautierte oder frittierte Fische 38
Marinade für sautierte oder grillierte Krustentiere 39
Marinade für Schlachtfleisch und Wildbret 40
Marinade für Schweinefleisch 39
Marinade/Beize für Schlachtfleisch und Wildbret 40
marinierte Calamares mit Peperoni-Basilikum-Vinaigrette 244
marinierte Gemüsescheiben mit geräuchertem Tempeh 330
marinierte Pouletflügel nach asiatischer Art 371
mariniertes kaltes Rippchen mit Kichererbsensalat 313
marinierter Tofu mit Gemüsetatar 330
Märitsuppe, Berner 179
Marmor von Seeforelle und Seezunge in grünen Kleid mit Fisch-Tatar und Salatbukett 250
Marmor von Wildhasen, Kaninchen und Geflügel 325
Marroni, glasiert 402
Marroni, karamellisiert 393
Marroni/Kastanien-Spätzli 488
Marroni/Kastanien-Teigtaschen mit Kürbisfüllung und Tamarindensauce 489
Marroninudeln/Kastaniennudeln 471
Masse für Gratin 765
Masse für Japonais 767
Masthuhn, geschmort in Rotwein, mit grünen Spargeln, Coco-Bohnen und Morcheln 620
Masthuhn, poeliert, mit Morcheln 631
Matelote von Seeteufel 693
Matignon, bunt 32
Matignon, weiß 32
Maultaschen aus Kartoffeln 462
Maxime-Kartoffeln 446
Mayonnaise-Saucen 90–93
Mayonnaise-Sauce mit Gemüsewürfelchen 91
Mayonnaise-Sauce mit Oliven und Sardellen 91
Mayonnaise-Sauce mit Tomatenwürfeln 92
Meaux-Senf-Butter 54
Medaillons vom Schweinsfilet, sautiert, mit Äpfeln und Calvados-Sauce 535
mediterrane Gemüseterrine mit Senfpüreesauce 274
Meeresfrüchtekuchen mit Safran 344
Meeresfrüchtesalat mit Balsamessig 221
Meeresfrüchtesalat Talvo, lauwarm 249
Meerfisch-Aspik 303
Meerfische in Champagnersulze 303
Meerhechtfilets, sautiert, an zwei Senfsaucen 709

Meerhechttranchen, pochiert, mit Kapern 680
Meerrettichsauce 105
Meerrettichschaum 96
Mehlsuppe, Basler 179
Melonen-Mango-Kaltschale mit Zitronenmelisse 197
Melonen-Relish 97
Melonensorbet 841
Melonentrio mit Zander und Papaya-Chutney 331
Meringuemasse 767
Merlanfilets, paniert, sautiert 702
Merlot-Risotto 508
mexikanische Empanadas mit Rindfleischfüllung 359
mexikanische Maismehlkrapfen mit Käse und Chili 360
mexikanischer Salat 221
Miesmuschel-Germiny mit frischem Koriander 173
Miesmuschelkuchen 743
Miesmuscheln in Safransauce 741
Miesmuscheln nach Seemannsart 742
Miesmuscheln, überbacken 752
Mignons vom Bison mit Thymiankruste und Frühlingszwiebelpüree 665
Mignons vom Reh mit Senfkruste 660
Milchsauce 66
Mille fanti 124
Minestrone (Italien) 185
Mirepoix, bunt 33
Mirepoix, weiß 33
mit Cointreau-Ganache gefüllte Törtchen 877
mit Gemüse gefüllte Kartoffeln 443
mit Hummersauce glasierte Hechtklößchen auf Blattspinat 685
mit Sesam panierte Pouletbrustfilets mit asiatischem Gemüse 625
Mittelstück vom Junghecht, im Rotwein geschmort, mit rotem Zwiebel-Confit 729
Mittelstück vom Lachs im Sud mit Schaumsauce 680
Morchelbutter 55
Morcheln, gedünstet 400
Morchelrahmsauce 76
Mornay-Sauce 67
Moussaka (griechischer Auberginenauflauf) 676
Mousse aus Äpfeln 790
Mousse aus Datteln 791
Mousse aus Erdbeeren 792
Mousse aus Himbeeren 793
Mousse mit Frühlingsgemüse 290
Mousse mit Karotten 291
Mousse mit Karotten und geräuchertem Kaninchenfilet 292
Mousse mit Kartoffeln 291
Mousse mit Kürbis 293
Mousse mit Rum 794
Mousse mit Schabziger 293
Mousse mit Schinken 294
Mousse mit Spargeln 296
Mousse mit Tilsiter 297
Mousse mit Tomaten 298
Mousse, weiß, mit Spargeln 300
Mousseline-Sauce 86
Mozzarella-Terrine 275
Muffins mit Heidelbeeren 873
Mulligatawny-Suppe (Indien) 186
Münchner Bierbraten, glasiert 578
Muschelessenz 117
Muschelgratin 752

N
Nasi Goreng 677
Nationalsuppen 179–188
neapolitanische Sauce 81
Nektarinenkaltschale mit Prosecco 197
New England Clam Chowder (USA) 187
Nizza-Salat 222
Nocken aus Kartoffeln 460
Nockerln, Salzburger 832

Noisettes-Kartoffeln 445
Nudelgericht, pfannengerührt 490
Nudeln aus Kastanienmehl 471
Nudeln mit Basilikum 468
Nudeln mit Buchweizen 469
Nudeln mit Kakao 470
Nudeln mit Pilzen 474
Nudeln mit Safran 475
Nudeln mit Spinat 476
Nudeln mit Tintenfischtinte 477
Nudeln, frische 472
Nüsslisalat/Feldsalat mit Ziegenfrischkäse 202
Nüsslisalatcremesuppe/Feldsalatcremesuppe mit geräuchertem Wildschweinschinken 150

O
Ochsenaugen 877
Ochsenschwanzsuppe 169
Omelette Stephanie 826
Orangengratin mit Vanilleglace 827
Orangensauce mit Honig 777
Orangensauce mit Portwein und Demi-glace 77
Ossobuco cremolata 584
Osterkuchen 859
Oxtail clair (klare Ochsenschwanzsuppe) 169

P
Pacojet 61, 65, 148, 151, 160
Paella valenciana 678
Pakoras (frittierte Kartoffel-Gemüse-Nocken) 415
Pangasiusfilet, sautiert, mit Tomaten und Steinpilzen 710
panierte und sautierte Felchenfilets mit Kartoffelkugeln und gefüllten Tomaten 707
panierte und sautierte Merlanfilets 702
panierte und sautierte Wittlingsfilets 702
Panna cotta 808
Papaya-Salat, grün 201
Paprikasauce 72
Parfait mit Artischocken 288
Parfait mit Eiercognac 842
Parfait mit Haselnüssen 842
Parfait mit Safran 843
Parfait mit Schokolade 843
Parfait mit Trüffeln 844
Parfait mit Zimt 844
Parfümreis, gedämpft 502
Parisienne-Kartoffeln 445
Parmentier-Kartoffeln 445
Parmesan-Espuma 332
Parmesan-Schaumsuppe 174
Pastetchen mit feinen Gemüsen 347
Pastete mit Kalbfleisch und getrockneten Früchten 258
Pastete, Damhirsch 256
Pastete, Fisch, asiatische Art 255
Pastetenteig 761
Peperoni, gefüllt 427
Peperoni-Coulis 107
Peperonisalat mit Omelettenwürfeln 222
Perlhuhn, jung, poeliert, mit Gemüsen und Dörrfrüchten 628
Perlhuhnessenz 118
Perlhuhnkreation (Tiramisu) 319
Perlzwiebeln, glasiert 402
Pesto genovese 36
Pesto Genueser Art 36
Pesto mit Bärlauch 33
Pesto mit Basilikum 33
Petersfischfilets aus dem Dampf mit Kaviarsauce 725
Petersfischschnitzel, sautiert, mit Karottencreme 709
Petersiliensuppe mit Spinat und Gemüse 174
Petersilienwurzelsuppe mit frittierten Krevetten 175
pfannengerührtes Nudelgericht 490

Pfannkuchen aus Fünfkornmehl mit Spinatfüllung 366
Pfannkuchen mit Äpfeln 827
Pfannkuchen mit Käsefüllung 388
Pfannkuchen mit Spinat-Quark-Füllung 388
Pfannkuchen Suzette 828
Pfannkuchenstreifen/Flädli 125
Pfannkuchenteig, gesalzen 762
Pfannkuchenteig, süß 762
Pfarrhaustorte 860
Pfeffer vom Reh Jägerart 654
Pfeffer vom Reh mit Speckpflaumen 655
Pfefferbutter, dreifarbig, mit Rotweinschalotten 52
Pfeffersauce 80
Pfeffersteak vom Pferd, sautiert 537
Pferde-Pfeffersteak, sautiert 537
Pfifferlingsuppe mit Brandteigdekor 142
Pfirsichglace 841
Pfirsichkompott 808
Pflanzerart, Suppe 130
Piccata alla milanese 524
Piccata aus Sellerie 419
Piccata Mailänder Art 524
pikante Kichererbsen 389
pikante Sauce 77
pikanter Bananen-Mais-Salat 223
Pilaw mit Bulgur und Gemüse 501
Pilaw-Reis 508
Pilze, süßsauer 407
Pilzcocktail 332
Pilzeln 474
Pilzrahmsuppe 136
Pilzrolle, knusprige 343
Pilzsalat 223
Pilzterrine im Pfälzer-Rüben-Mantel 276
Pina-Colada-Espuma 794
Pizokel aus Kartoffeln 463
Pizokel mit Dinkel 514
Pizokel mit Quark 492
Pizokel Puschlaver Art 491
Pizza mit Schinken und Champignons 348
Pizza mit Spinat, Lachs und Riesenkrevetten 349
Pizza mit Tomaten und Büffelmozzarella 350
Pizzateig 762
Plätzchen mit Mandeln und Marmelade 876
Plum-Cake 860
Plunderteig 759
pochierte Eglifilets/Barschfilets mit Limonensauce 686
pochierte Forellenfilets Hausfrauenart 687
pochierte Forellenfilets Zuger Art 688
pochierte Hechtklößchen Lyoner Art 689
pochierte Lachsröllchen mit Forellenmousse, Spargeln und Fischrahmsauce 690
pochierte Meerhechttranchen mit Kapern 680
pochierte Rotzungenfilets mit weißer Portweinsauce und Melonenkugeln 691
pochierte Rotzungenröllchen mit grünen Spargelspitzen 692
pochierte Seeteufelmedaillons Matrosenart 693
pochierte Seeteufelmedaillons mit Tomaten 694
pochierte Seezungenfilets mit Hummermedaillons in Champagner 696
pochierte Seezungenfilets mit Krevetten und Miesmuscheln 697
pochierte Seezungenfilets mit Spargeln 699
pochierte Steinbuttfilets mit Safranfäden 700
pochierte und gratinierte Eier auf Blattspinat 378
pochierte Zanderfilets mit Flusskrebsen und Champignons 701

pochiertes Kalbsfilet mit Zitronenschaum 599
pochiertes Lachskotelett schottische Art 702
pochiertes Pouletbrüstchen mit Gurken 626
poeliertes junge Trutenbrust mit Nussfüllung und Portweinsauce 627
poelierte Poularde mit Morcheln 631
poeliertes junges Perlhuhn mit Gemüsen und Dörrfrüchten 628
poeliertes Kalbsfilet mit Steinpilzen 554
poeliertes Kalbsnierstück mit Pilzen 555
poeliertes Masthuhn mit Morcheln 631
Polenta 509
Polenta mit Mascarpone 509
Pollo a la chilindrón 679
Pommes Chips 449
portugiesische Sauce 81
Portweinbirnen 308
Potpourri von grillierten Fischen mit Blattsalaten und Gemüse-Vinaigrette 719
Poulade, poeliert, mit Morcheln 631
Poulardenbrust, gefüllt mit getrockneten Tomaten im Cornflakes-Kleid 624
Poulardenbrust, gedämpft, mit Gemüsestreifen 615
Poulardenbrust, sautiert, und grillierte Riesenkrevetten an Krustentiersauce 636
Poulet, grilliert, amerikanische Art 622
Pouletbrüstchen, frittiert, japanische Art 612
Pouletbrüstchen, grilliert, Teufelsart 623
Pouletbrüstchen, pochiert, mit Gurken 626
Pouletbrüstcheneintopf 634
Pouletbrüstchenroulade mit Riesenkrevetten 632
Pouletbrustfilets, mit Sesam paniert, mit asiatischem Gemüse 625
Pouletbrustrolle mit Ananasfächer 320
Pouletflügel, frittiert, amerikanische Art 354
Pouletflügel, mariniert, nach asiatischer Art 371
Poulet-Melonen-Cocktail 321
Pouletroulade mit Mandel-Zitronen-Füllung 633
Poulet-Satay-Spießchen 634
Pralinen Duchesses 883
Pralinen Framboises 884
Pralinen Ganache-Rollen 886
Pralinen Gianduja 887
Pralinen Mandel-Rochers 888
Pralinen Rahm-Truffes, dunkel 889
Pralinen Rahm-Truffes, hell 890
Pralinen Rahm-Truffes, weiß 891
Preiselbeersauce 97
Preußen 878
provenzalische Sauce 81
Pudding 819, 822, 829, 831
Pudding Diplomatenart 828
Pudding Frankfurter Art 824
Pudding Saxon 319
Püreesuppe von roten Bohnen 161
Püreesuppe von weißen Bohnen 162
Puschlaver Pizokel 491
Puy-Linsen-Küchlein 372

Q

Quarkauflauf 829
Quarkauflaufpudding 829
Quarkbutter mit Margarine, getrockneten Tomaten und Basilikum 55
Quarkcreme 774
Quarkglace (Pacojet) 842
Quarkklößchen mit Speck 125
Quarkknödel 830
Quarkkrapfen 830
Quarkmayonnaise 92
Quarkpizokel 492
Quarkravioli mit Salbeibutter 493
Quarkschnitte mit Erdbeeren 806
Quarkspätzli 492
Quarkstrudel 831
Quarktorte mit Aprikosen 854
Quiche lorraine 346
Quitten-Chutney 98
Quittensauce 106

R

Ragout vom Rind mit Balsamico-Sauce 585
Ragout von Artischocken 399
Rahmgefrorenes mit Eiercognac 842
Rahmgefrorenes mit Haselnüssen 842
Rahmgefrorenes mit Safran 843
Rahmgefrorenes mit Schokolade 843
Rahmgefrorenes mit Trüffeln 844
Rahmgefrorenes mit Zimt 844
Rahmkuchenguss 781
Rahmsalatsauce mit Orangen 229
Rahmsauce, hellbraun 102
Rahmschnitzel 529
Rahmsuppe mit gelben Peperoni, Ingwer und Zitronengras 176
Rahm-Truffes, dunkel 889
Rahm-Truffes, hell 890
Rahm-Truffes, weiß 891
Randen/Rote Bete, glasiert 404
Randen/Rote Bete, sautiert, mit Baumnüssen 417
Randenrisotto/Rote-Bete-Risotto mit Gorgonzola 510
Randensalat/Rote-Bete-Salat, gekocht 211
Randensalat/Rote-Bete-Salat, roh 207
Randensuppe, russische 180
Ratatouille 406
Ratatouille-Cremesuppe (Pacojet) 151
Ratatouillesuppe mit geräucherten Riesenkrevetten 152
Räucherforellenfilet auf Saisonsalat mit Tomaten-Vinaigrette 239
Räucherlachs mit Maisflocken, Apfel-Stangensellerie-Salat mit Baumnüssen 240
Räucherlachsrosen mit Sauerrahm im Nudelnest 240
Ravigote-Sauce 88
Ravioli mit Dörraprikosen 823
Ravioli mit Quarkfüllung und Salbeibutter 493
Ravioli mit Rindfleischfüllung 494
Ravioli mit Steinpilzen 495
Ravioli mit Zanderfüllung und weißer Buttersauce 496
Raviolifüllung mit Auberginen 58
Raviolifüllung mit Quark 58
Raviolifüllung mit Rindfleisch 59
Raviolifüllung mit Steinpilzen 59
Raviolifüllung mit Zander 59
Raviolifüllung mit Ziegenkäse 60
Ravioliteig 497
Rebhuhnbrüstchen, sautiert, auf Portweinrisotto 659
Rebhuhnbrüstchen, sautiert, mit Rahmlauch und weißen Trüffeln 664
Red-Snapper-Filets vom Grill mit Mangosauce und rosa Pfeffer 723
Rehfiletroulade mit Pilzsalat und Cumberland-Sauce 322
Rehhackbraten mit Waldhonigsauce 653
Rehkeule, gebraten, mit frischen Feigen 646
Reh-Mignons, sautiert, mit Senfkruste 660
Rehnuss Mirza, sautiert 660
Rehpastete 260
Rehpfeffer Jägerart 654
Rehpfeffer mit Speckpflaumen 655
Rehragout à la minute mit Rosmarinsauce und grünen Spargeln 656
Rehrücken mit frischen Steinpilzen und Preiselbeerbirne 656
Rehrückenfilet mit frischen Feigen und Muskattrauben 657
Rehrückenfilet mit Waldmeistersabayon, Pak-choi und Wildreisküchlein 657
Rehschlegel/Rehkeule, gebraten, mit frischen Feigen 646
Rehschnitzel, sautiert, mit verschiedenen Pilzen 662
Rehschulter, gesottene, auf grünen Linsen mit Champignons-Tomaten-Ragout 650
Reis Kaiserinart 789
Reis mit Kokos 505
Reisauflaufpudding 831
Reisbällchen, gedämpft, mit Schweinefleischfüllung 366
Reiscremesuppe mit Kokosmilch 166
Remouladensauce 92
Rettichsalat mit kandierter Papaya 206
Rhabarbercreme mit Ingwer 176
Rhabarbercremesuppe mit Ingwer 176
Rhabarber-Papaya-Chutney 98
Rhabarberschaumgefrorenes 847
Rhabarbersorbet (Pacojet) 844
Rheintaler Ribelmaisschnitten 510
Rheintaler Ribelmaisstangen 511
Ribelmaisschnitten, Rheintaler 510
Ribelmaisstangen, Rheintaler 511
Riesenkrevetten im Tempura-Teig 360
Riesenkrevetten mit exotischen Früchten und Limonenjoghurt 251
Riesenkrevetten mit Limonenjoghurt 251
Riesenkrevetten-Cocktail 251
Rindfleischkarbonade mit Peperonistreifen 582
Rindfleischmarinade 38
Rindfleischravioli 494
Rindfleischröllchen, geschmort, Appenzeller Art 566
Rindfleisch-Satay-Spießchen 372
Rindsdünstragout mit Sojasprossen und Gemüsestreifen 590
Rindsdünstragout mit Tomaten und Oliven 591
Rindsfilet am Stück, gebraten, auf mediterranem Bratgemüse 548
Rindsfilet Wellington 560
Rindsfilet, im Rotwein pochiert 596
Rindsfiletgulasch Stroganow 525
Rindsfilet-Mignons, sautiert, mit jungem Knoblauch und Majoran 533
Rindsfilet-Mignons, sautiert, mit Rotweinsauce 534
Rindshuftspitz, geschmort, mit Gemüsen 568
Rindsragout mit Balsamico-Sauce 585
Rindsragout, griechisch 679
Rindsschmorbraten 568
Rindsschmorbraten Burgunder Art 586
Rindsvoressen mit Balsamico-Sauce 585
Rippchen im Brotteig 562
Rippchen, mariniert, kalt, mit Kichererbsensalat 313
Rippli im Brotteig 562
Rippli mit Grapparahmsauce 595
Rippli, mariniert, kalt, mit Kichererbsensalat 313
Risotto 511
Risotto aus Vollreis 519
Risotto mit Merlot 508
Risotto mit Randen/Roter Bete und Gorgonzola 510
Roastbeef englische Art (Garen in Niedertemperatur) 553
Roastbeef englische Art (nach traditioneller Methode zubereitet) 549
Rocklobster, sautiert, mit Rosmarin und Speck mit Frühlingskarotten-Pickles 252
Rocklobster-Salat mit grillierten Jakobsmuscheln und feinen Bohnen 252
Roggenbrot 898
roh marinierter Lachs mit Linsensalat und Salatbukett 241
rohe Fisch-Mousseline-Farce 60
rohe Fisch-Mousseline-Farce (Pacojet) 61
rohe Kalbfleisch-Mousseline-Farce 62
rohe Kalbfleisch-Mousseline-Farce (Pacojet) 61
rohe Mousseline-Farce 60–62
roher Fenchelsalat 207
roher Karottensalat 206
roher Randensalat/Rote-Bete-Salat 207
roher Zucchettisalat 207
Rohschinken mit Zigerschaum und Nüssen mit frittiertem Basilikum 314
Rollen und Cornets 870
Rollgerstenküchlein 517
Roquefort-Salatsauce 230
Rosenglace 845
Rosenkohl, sautiert 419
Rosmarinkartoffeln 443
Rösti aus rohen Kartoffeln 448
Rösti Berner Art 447
Röstkartoffeln 448
Rotbarben, grilliert, mit Ratatouille Nizzaer Art 721
rote Buttersauce 106
rote Grütze 809
rote Johannisbeersauce 777
Rote-Bete-Salat 211
Rote-Bete-Salat, roh 207
Rote-Bete-Suppe, russische 180
Rote-Bohnen-Suppe 161
roter Chicorée-Salat mit Falafel 203
rotes Peperoni-Coulis 107
Rotkabissalat/Rotkohlsalat 208
Rotkohl, geschmort 397
Rotkohlsalat/Rotkabissalat 208
Rotweinbutter 56
Rotwein-Granité 846
Rotweinsauce 73, 777
Rotzungenfilets, pochiert, mit weißer Portweinsauce und Melonenkugeln 691
Rotzungenfilets, sautiert, mit Kartoffelkugeln und grünen Spargeln 703
Rotzungenröllchen, pochiert, mit grünen Spargelspitzen 692
Rouille-Sauce 99
Roulade mit Lattich 430
Roulade mit Pouletbrüstchen und Riesenkrevetten 632
Roulade mit Pouletfleisch und Mandel-Zitronen-Füllung 633
Roulade von Rehfilet mit Pilzsalat und Cumberland-Sauce 322
Rouladenbiskuit 768
Royale 123
Royale von Eierschwämmen/Pfifferlingen und Romanesco mit Lachscarpaccio 242
Royale von Pfifferlingen und Romanesco mit Lachscarpaccio 242
Ruchbrot 899
Rucolacremesuppe 153
Rucola-Salat mit panierten, sautierten Mozzarellascheiben 204
Rüeblitorte 852
Rührei 378
Rummousse 794
Rumpsteak, grilliert, mit Tomaten und Zwiebeln 543
Rumtopf 809
russische Randensuppe 180
russische Rote-Bete-Suppe 180
russischer Salat 213
rustikaler Siedfleischsalat 224

S

Sablés 878
Sachertorte 861
Safrannudeln 475
Safranrahmgefrorenes 843
Salat aus gemischten Bohnenkernen 215
Salat aus grünen Linsen 215
Salat aus weißen Bohnen 216
Salat mit Fetakäse 220
Salat mit Hirschmostbröckli, Eierschwämmen/Pfifferlingen und Makkaroni 321
Salat mit Kalbsbries und Pfifferlingen 310
Salat mit Kalbsmilken/Kalbsbries und Eierschwämmchen/Pfifferlingen 310
Salat mit Safran, griechischer 220
Salat mit Siedfleisch 224
Salat von grünen Bohnen 214
Salat, andalusischer 217
Salat, griechischer 220
Salat, mexikanischer 221
Salat, pikant 223
Salat, russisch 213
Salat, sommerlicher, mit Honigmelonen und sautierten Pouletbruststreifen 205
Salatbukett mit sautierten Jakobsmuscheln 204
Salatsaucen 226–232
Salatsauce mit Speckstreifen 230
Salatsauce, amerikanische (French Dressing) 226
Salatsauce, einfache 228
Salatsauce, französische 228
Salatsauce, italienische 229
Saltimbocca alla romana 525
Saltimbocca von Zander 714
Salzburger Nockerln 832
Salzkartoffeln 436
Samosas mit Gemüse 354
Sashimi vom Sommerreh mit Wasabi-Creme 324
Satay-Spießchen mit Poulet 634
Satay-Spießchen mit Rindfleisch 372
Sauce béarnaise 83
Sauce mit Erdbeeren 776
Sauce mit Himbeeren 776
Sauce mit Preiselbeeren 97
Sauce, grün 91
Sauce, holländische 84
Sauce, neapolitanische 81
Sauce, pikant 77
Sauce, portugiesische 81
Sauce, provenzalische 81
Sauce, süßsauer 100
Saucisson im Brioche-Teig 564
Sauerampfercremesuppe mit Lachs und kandierten Orangen 154
Sauerampfersuppe 167
Sauerbraten aus Fohlenfleisch mit Luzerner Lebkuchensauce 565
Sauerkraut 399
Sauerkrautcremesuppe 155
Sauerkrautküchlein 416
Sauerkrautsalat 208
Sauerrahmglace mit Bananen 836
Sauerrahmsalatsauce 231
Sauerrahmsauce 107
Sausersorbet 846
sautierte Äschenfilets mit Thymiankruste auf Tomaten-Peperoni-Glace 704
sautierte Auberginen im Ei mit Kräutern 416
sautierte Eglifilets/Barschfilets auf Avocadocreme 705
sautierte Eglifilets/Barschfilets auf Melissensauce mit Gemüsestreifen 705
sautierte Eglifilets/Barschfilets mit Steinpilzen 706
sautierte Engadiner Kalbfleischröllchen 526
sautierte Entenbruststreifen mit Ingwer 635
sautierte Fasanenbrust mit Rahmäpfeln 658
sautierte Felchenfilets mit Kapern und Tomaten 706
sautierte gefüllte Fasanenbrust mit Blattspinat und schwarzen Trüffeln 658
sautierte Hirschkoteletts mit Heidelbeeren 659
sautierte Junghechtschnitzel mit Meaux-Senf-Sauce und Blattspinat 707
sautierte Kalbsfilet-Mignons mit Steinpilzrahmsauce 526
sautierte Kalbsleberstreifen mit Lauch und Schalotten 527
sautierte Kalbslebertranchen auf gedünsteten Äpfeln und Rosinen 527
sautierte Kalbsmilken/Kalbsbries mit saurem Rahmgemüse 528
sautierte Kalbsnierentranchen mit Rotweinschalotten und knusprigen Knoblauchscheiben 528
sautierte Kalbsschnitzel mit Rahmsauce 529
sautierte Kalbsschnitzel mit Zitronensauce 529
sautierte Krokodilschwanzwürfel mit Gemüsestreifen, Shitake-Pilzen und Kokosnussmilch 668
sautierte Lamm-Chops provenzalische Art 530
sautierte Lammhuft mit Pommery-Senf-Jus und Origano 531
sautierte Lammrückenfilets auf Fenchelpüree 532
sautierte Meerhechtfilets an zwei Senfsaucen 709
sautierte Petersfischschnitzel mit Karottencreme 709
sautierte Poulardenbrust und grillierte Riesenkrevetten an Krustentiersauce 636
sautierte Randen/Rote Bete mit Baumnüssen 417
sautierte Rebhuhnbrüstchen auf Portweinrisotto 659
sautierte Rebhuhnbrüstchen mit Rahmlauch und weißen Trüffeln 664
sautierte Reh-Mignons mit Senfkruste 660
sautierte Rehnuss Mirza 660
sautierte Rehschnitzel mit verschiedenen Pilzen 662
sautierte Rindsfilet-Mignons mit jungem Knoblauch und Majoran 533
sautierte Rindsfilet-Mignons mit Rotweinsauce 534
sautierte Rocklobster mit Rosmarin und Speck mit Frühlingskarotten-Pickles 253
sautierte Rotzungenfilets mit Kartoffelkugeln und grünen Spargeln 703
sautierte Scampi und Kalbsmilken/Kalbsbries auf Gemüsebett mit Morchelbutter 744
sautierte Schweinsfilet-Medaillons mit Äpfeln und Calvados-Sauce 535
sautierte Seezungenfilets mit Bananen und Joghurtsauce 710
sautierte Steinpilze mit Knoblauch und Kräutern 417
sautierte Straußenmedaillons mit Rhabarber 637
sautierte Taubenbrüstchen mit glasierten Marroni/Kastanien und Pinienkernen 663
sautierte Tournedos mit dreifarbigem Pfefferbutter mit Rotweinschalotten 534
sautierte Wildentenbrust mit Orangen-Himbeer-Vinaigrette 324
sautierte Zucchetti mit Rucolapesto 417
sautierte, panierte Zucchettischeiben 418
sautierter Broccoli mit Austernsauce 418
sautierter Fenchel in der Sesamkruste 418
sautierter Kaninchenschenkel mit Sauternes 530
sautierter Rosenkohl 419
sautiertes Entenbrüstchen mit Cassis-Sauce 638
sautiertes Entrecôte Café de Paris 535
sautiertes Kabeljaurückenfilet mit Karottenkruste auf Kerbelsauce 711
sautiertes Kalbsschnitzel Cordon bleu 536
sautiertes Kalbssteak mit Morchelrahmsauce 536
sautiertes Lachskotelett mit Räucherlachs-Meerrettich-Kruste 708
sautiertes Pangasiusfilet mit Tomaten und Steinpilzen 710
sautiertes Pfeffersteak vom Pferd 537
sautiertes Schweinskotelett mit Senfsauce 537
sautiertes Schweinskotelett Walliser Art 538
sautiertes Schweinssteak mit Paprikarahmsauce 538
sautiertes Welsfilet mit Zitronen und Kapern 712
sautiertes Zanderfilet mit Kräuter-Sesam-Kruste 712
Savarin-Sirup 781
Savarin-Teig (Hefesüßteig) 763
Scampi auf Brüsseler Endivien mit schwarzen Trüffeln 745
Scampi auf Kalbskopf 749
Scampi im Backteig 361
Scampi mit Erbsenravioli auf Krebsbuttersauce 746
Scampi mit Kaviarrahmsauce 745
Scampi mit Papaya-Sauce 747
Scampi und Kalbsmilken/Kalbsbries, sautiert, auf Gemüsebett mit Morchelbutter 744
Scampi vom Grill in der Zucchetti-blüte auf Kalbskopf mit Tomaten 749
Scampi vom Grill in Zucchettiblüte 749
Scampi-Frikassee mit Morcheln und Ingwer 750
Schabzigermousse mit Mostbröckli 293
Schalotten-Confit 108
Schaumcreme (crème mousseline) 775
Schaumgefrorenes mit Cassis 846
Schaumgefrorenes mit Joghurt und Zitrone 846
Schaumgefrorenes mit Mango 847
Schaumgefrorenes mit Rhabarber 847
Schenkeli 879
Schinkenauflauf 373
Schinkenmousse mit Linsen- und Stangenseleriesalat 294
Schlosskartoffeln 446
Schlutzkrapfen 498
Schmelzkartoffeln 436
Schmorbraten vom Rind Burgunder Art 586
Schneckenbutter 56
Schnee-Eier 781
Schneekartoffeln 436
Schneemasse, warm 769
Schneemasse/Meringuemasse, kalt 767
Schnitten aus Wildreis 519
Schnitten mit Kichererbsen 370
Schnitzel vom Blessbock auf Kenia-Bohnen und Ananas mit Kokos-Sesam-Sabayon 666
Schokolade-Joghurt-Espuma, weiß 795
Schokoladen-Birnentorte 862
Schokoladenbiskuit 768
Schokoladenmousse, dunkel 791
Schokoladenmousse, weiß 795
Schokoladenparfait 843
Schokoladenrahmgefrorenes 843
Schokoladenrosetten 879
Schokoladensauce 778
Schupfnudeln 466
schwarze Johannisbeersauce 776
Schwarzwälder Torte 863
Schwarzwurzelcremesuppe 145
Schwarzwurzelcremesuppe mit Äpfeln und Speck, gratiniert 145
Schwarzwurzeln mit Rahmsauce 390
Schwarzwurzeln, frittiert 412
Schweinefleischmarinade 39
Schweinsbraten mit Dörrfrüchten 550
Schweinsfilet im Birnbrotteig Glarner Art 563
Schweinsfilet, gedämpft, im Karottenmantel auf Sherry-Rahmsauce mit Ingwer 594
Schweinsfiletpastete mit Dörrpflaumen 262
Schweinshaxe mit Gemüsewürfeln (vakuumgegart) 599
Schweinskotelett, sautiert, mit Senfsauce 537
Schweinskotelett, sautiert, Wallser Art 538
Schweinskotelettstück, gebraten, mit Estragon-Bier-Sauce 552
Schweinsnierstück, geräuchert, mit Grapparahmsauce 595
Schweinssteak, sautiert, mit Paprikarahmsauce 538
Schwertmuscheln in weißer Schalottenbuttersauce 750
Seeforelle-Seezungen-Marmor im grünen Kleid mit Fisch-Tatar und Salatbukett 250
Seeteufelmedaillons, grilliert, im Zucchettimantel auf Pestospaghetti 722
Seeteufelmedaillons, pochiert, Matrosenart 693
Seeteufelmedaillons, pochiert, mit Tomaten 694
Seeteufelsalat mit grünen Sparçeln 254
Seeteufelterrine mit Jakobsmuscheln und Riesenkrevetten im Seetangkleid 278
Seeteufeltranche, grilliert, auf Lauchbett 722
Seezunge Colbert 718
Seezungenfiletrolle mit roten Bohnen 245
Seezungenfilets Marguery 697
Seezungenfilets, pochiert, mit Hummermedaillons in Champagner 696
Seezungenfilets, pochiert, mit Krevetten und Miesmuscheln 697
Seezungenfilets, pochiert, mit Spargeln 699
Seezungenfilets, sautiert, mit Bananen und Joghurtsauce 710
Seezungenröllchen im Aspik mit Rauchlachsmousse 302
Seezungenstreifen Murat 713
Seezungenstreifen, frittiert, mit Currysauce und Seeigelaroma 717
Sellerie-Piccata 419
Selleriesalat 208
Semmelmasse mit getrockneten Tomaten, Oliven und Basilikum 41
Semmelmasse mit Philadelphia-Frischkäse und Kräutern 41
Senfbutter, Meaux-Senf 54
Senfmayonnaise 93
Senfsauce für Gravad Lax 99
Senfschaumsuppe mit Zitronenmelisse 177
Sesambrot 900
Siebenkornburger 518
Siedfleisch mit Gemüse-Vinaigrette 607
Siedfleisch, kalt, mit Linsensalat und Meerrettich-Senf-Sauce 305
Siedfleisch, kalt, mit marinierten Gemüsen 306
Siedfleisch, überbacken, mit Zwiebelsauce 609

Siedfleischsalat 224
Siedfleischsalat, rustikal 224
Siedfleischterrine mit Sauerkraut 307
Sirup aus Waldmeisterblüten 782
Sirup für Savarin 781
Sirup mit Holunderblüten 780
sommerlicher Salat mit Honigmelonen und sautierten Pouletbruststreifen 205
Sommerreh-Sashimi mit Wasabi-Creme 324
Sonnenblumenbrot 901
Sopa de almendras (spanische Mandelsuppe) 187
Sorbet mit Champagner 838
Sorbet mit Himbeeren 840
Sorbet mit Mango 841
Sorbet mit Melonen 841
Sorbet mit Sauser 846
Sorbet mit Waldmeister 849
Sorbet mit Zitronen 849
Soufflé mit Äpfeln 814
Soufflé Rothschild 819
Spaghetti Bologneser Art 478
Spaghetti Mailänder Art 478
Spaghetti mit Gorgonzola-Sauce 480
Spaghetti mit Miesmuscheln 480
Spaghetti mit Tomatensauce 481
Spaghetti mit Venusmuscheln 751
spanische Mandelsuppe 187
spanische Tortilla 379
Spareribs, gebraten 538
Spargelcremesuppe 155
Spargelessenz mit Kaffir-Limonen-Blättern 119
Spargelmousse mit geräuchertem Stör 296
Spargelmousse, weiß, mit Schillerlocken 300
Spargeln Mailänder Art 390
Spargelsalat, gemischt 212
Spätzli 497
Spätzli aus Vollkornmehl 518
Spätzli mit Dinkel 485
Spätzli mit Marroni/Kastanien 488
Spätzli mit Quark 492
Spätzli mit Tomaten 499
Spätzli nach Glarner Art 485
Speck vom Wollschwein mit lauwarmem Kartoffelsalat 314
Speckkuchen, Lothringer 346
Spezialsuppen 167–178
Spießchen, Satay, mit Rindfleisch 372
Spinat mit Rahmsauce 407
Spinatauflauf 374
Spinatcremesuppe 156
Spinatnudeln 476
Spitzbuben 880
Springbocknuss, gebraten, mit Pfefferkruste auf Tamarillos und Kakaosauce 566
Spritzkonfekt 880
Stangensellerie, geschmort, mit Tomatenwürfeln 398
Steinbutt, klein, geschmort, mit Buttersauce 728
Steinbuttfilets, pochiert, mit Safranfäden 700
Steinbuttschnitten im weißen Sud mit Kerbelsauce 681
Steinbutttranchen vom Grill mit Choron-Sauce 724
Steinpilzcremesauce 78
Steinpilze, frisch, in Olivenöl 327
Steinpilze, grilliert 423
Steinpilze, grilliert, mit Basilikumpesto und Parma-Schinken 329
Steinpilze, sautiert, mit Knoblauch und Kräutern 417
Steinpilzessenz mit Blätterteighaube 120
Steinpilzklößchen 126
Steinpilzrahmsauce 78
Steinpilzravioli 495
St-Florentin-Kartoffeln 452
St-Honore-Torte 802
Stifado (griechisches Rindsragout mit kleinen Zwiebeln) 679
Stör, geräuchert, mit Pilzklößchen und Blinis 234

Stör, heiß geräuchert, mit Kaviar auf Lauch 724
Straußenfilet im Brickteig-Mantel mit Kefen, Shitake-Pilzen und Maniok-Chips 640
Straußenfiletwürfel mit Peperoni, Oliven und Tomaten 638
Straußenmedaillons, sautiert, mit Rhabarber 637
Stroganow, Filetgulasch 525
Strohkartoffeln 455
Strudel mit Äpfeln 816
Strudel mit Quarkfüllung 831
Strudelteig 763
Suppe Bauernart 129
Suppe flämische Art 129
Suppe Hausfrauenart 130
Suppe mit Kartoffeln, kalt 193
Suppe Pflanzerart 130
Suppeneinlage: Mille fanti 124
Suppeneinlagen: Backerbsen 122
Suppeneinlagen: Eierstich/Royale 123
Suppeneinlagen: Flädli 125
Suppeneinlagen: Grießklößchen 123
Suppeneinlagen: Käseschnittchen/Diablotins 124
Suppeneinlagen: kleine Windbeutel/Profiteroles 124
Suppeneinlagen: Quarkklößchen mit Speck 125
Suppeneinlagen: Steinpilzklößchen 126
süßer Kuchenguss 781
süßer Pfannkuchenteig 762
Süßkartoffelcurry 419
Süßkartoffelkreation im Röstimantel 465
Süßkartoffelküchlein mit Kräutern 467
Süßmaisgaletten 420
Süßmaiskroketten 512
Süßmaissalat 214
süßsaure Gemüse mit Tofu 420
süßsaure Pilze 407
süßsaure Sauce 100
Sweetcornsalat, Maissalat 214
Szegediner Gulasch 592

T

Tamarindensauce 78
Tarte Tatin 863
Tarte Tatin von neuen Kartoffeln 467
Tatar von getrockneten Tomaten auf Pariser Brot 328
Tatar-Beefsteak 308
Tatarensauce 93
Tauben-Galantine mit Gänseleber und Weinbeeren 286
Teige 756–764
Teig, geriebener 760
Teigtaschen mit Marroni/Kastanien mit Kürbisfüllung und Tamarindensauce 489
Teigtaschen mit Schweinefleisch und Krevettenfüllung 363
Teigtaschen, gedämpft, mit Krevettenfüllung 367
Teigtaschen, gedämpft, mit Rind- und Schweinefleischfüllung 368
Tempura mit Gemüsen 357
Tempura von Lammhuft auf Mango-Avocado-Salat 317
Tempura von Riesenkrevetten 360
Tendrons, glasiert, mit Ratatouille 571
Teppichmuschelgratin mit Spinat 752
Terrine im Lauchmantel 269
Terrine mit Gemüse 268
Terrine mit Kalbfleisch 270
Terrine mit Kaninchenfleisch 271
Terrine mit Linsen und Lauch 272
Terrine mit Mozzarella 275
Terrine mit Pilzen im Pfälzer-Rüben-Mantel 276
Terrine mit Seeteufel, Jakobsmuscheln und Riesenkrevetten im Seetangkleid 278

Terrine mit Siedfleisch 307
Terrine mit Wachteln und Morcheln 277
Terrine von Gemüsen, mediterrane Art, mit Senfpüreesauce 274
Terrine von Zander mit Ratatouille und Miesmuscheln im Pfälzer-Rüben-Mantel 281
Terrine von Zander und Lachs im Karottenkleid 280
Terrine, Fasan, mit Waldpilzen 264
Terrine, Gämse 267
Terrine, Zander 281
Thai-Dressing 233
Thai-Limonen-Gewürzbutter 57
Thunfisch, Tuna-Tataki mit Gurken-Rettich-Spaghetti 243
Thunfischsalat, asiatischer 217
Tilsitermousse 297
Timbale mit Grieß und Champignons 504
Timbale mit Mais 507
Tintennudeln 477
Tiramisu 810
Tiramisu vom Perlhuhn 319
Tiroler Cake 864
Tofu, mariniert, mit Gemüsetatar 330
Tomaten mit Mozzarella und Basilikum 225
Tomaten, gefüllt, provenzialische Art 409
Tomaten-Concassé 82
Tomaten-Coulis 82
Tomatencremesuppe 157
Tomatendressing 232
Tomatenessenz mit Seeteufelmedaillons 121
Tomatenmousse mit Kaninchenfiletröllchen 298
Tomatensalat mit Basilikum 210
Tomatensalatsauce 232
Tomatensaucen 81–83
Tomatenspätzli 499
Tomatensuppe 194
Tomatensuppe mit Ananas und Gin, kalt 194
Tomaten-Vinaigrette 88
Topinambur mit Kräutern 390
Topinambur-Cremesuppe mit Haselnüssen 156
Törtchenböden, gefüllt mit Cointreau-Ganache 877
Torte Melba, Eugenia 801
Torte mit Kirsch, Zuger Art 865
Torte mit Quark und Aprikosen 854
Torte mit Schokolade und Birnen 862
Torte St-Honoré 802
Tortellini mit Ricotta-Spinat-Füllung und Pesto 500
Tortilla, spanische 379
tourierter Hefeteig 764
Tournedos, sautiert, mit dreifarbigem Pfefferbutter mit Rotweinschalotten 534
Tranche von Steinbutt vom Grill mit Choron-Sauce 724
Tranchen vom Steinbutt im weißen Sud 681
Trifle 811
Trio von Melonen, Zander und Papaya-Chutney 331
Trockenreis/Kreolenreis 512
Trüffelparfait 844
Trüffelrahmgefrorenes 844
Trüffelsauce 79
Truffes, dunkel 889
Truffes, hell 890
Truffes, weiß 891
Trutenbrust, gefüllt 627
Trutenbrust, jung, poeliert, mit Nussfüllung und Portweinsauce 627
Truthahncurry mit Riesenkrevetten und Gemüsebananen 641
Tuiles 873
Tulipes-Masse 769
Tuna-Tataki mit Gurken-Rettich-Spaghetti 243
Tzaziki 333

U

überbackene Kutteln 608
überbackene Miesmuscheln 752
überbackenes Siedfleisch mit Zwiebelsauce 609
Überraschungsomelette 848
ungarisches Gulasch 593

V

Vanilleauflauf 832
Vanillebrezeln 881
Vanillecreme 775
Vanilleeis 848
Vanillegipfel 881
Vanilleglace/Vanilleeis 848
Vanillemüscheli 882
Vanillesauce 778
Vanillesoufflé 832
vegetarische Frühlingsrollen 362
Venusmuscheln mit Spaghetti 751
Vichy-Karotten 408
Vichyssoise 193
Vinaigrette mit Gemüse 87
Vinaigrette mit gerösteten Kernen 90
Vinaigrette-Sauce 88
Vinaigrette-Sauce mit gerösteten Kernen 90
Vitello tonnato 312
Vollkornspätzli 518
Vollreisrisotto 519

W

Waadtländer Saucisson im Brioche-Teig 564
Wachtel-Crepinette mit Sommertrüffeln 642
Wachteln (Dombes), gebraten, mit Steinpilzen und Tomaten 645
Wachtelterrine mit Morcheln 277
Waffelkartoffeln 456
Waldmeistersirup 782
Waldmeistersorbet 849
Waldorf-Salat 210
warme Austern mit Sherry 753
warme Meringuemasse 769
warme Schneemasse 769
warmer Grand-Marnier-Auflauf 825
warmer Kartoffel-Trüffel-Espuma 374
Weihnachtsstollen 864
Weinbergschnecken mit Steinpilzen und Knoblauch 753
Weinblätter, gefüllt, mit Eier-Zitronen-Sauce (Dolmades Avgolemono) 671
Weincremesuppe mit Auvernier 134
Weinrahmsuppe 134
Weinschaumsauce 778
Weinschaumsauce, kalt 777
weiße Buttersauce 108
weiße Champignoncremesauce 70
weiße Champignonrahmsauce 70
weiße Rahm-Truffes 891
weiße Schokoladenmousse 795
Weiße-Bohnen-Suppe 162
weißer Fischsud 50
weißes Matignon 32
weißes Mirepoix 33
weißes Schokolade-Joghurt-Espuma 795
weißes Spargelmousse mit Schillerlocken 300
Weißkohl, geschmort 398
Weißkohlsalat/Weißkabissalat 210
Weißweingelee 782
Weizen-Hirse-Schnitten mit getrockneten Tomaten und Oliven 513
Welsfilet, sautiert, mit Zitronen und Kapern 712
Wiener Backhendl 678
Wiener Kalbsrahmgulasch 593
Wiener Schnitzel 539
Wiener Gulasch 593
Wildcremesuppe
Wildcremesuppe mit Herbsttrompeten 134

Wild-Demi-glace 79
Wildentenbrust, geschnetzelte, mit Wacholderrahmsauce 649
Wildentenbrust, sautiert, mit Orangen-Himbeer-Vinaigrette 324
Wildfarce 64
Wildfarce (Pacojet) 65
Wildfond 50
Wildhasen-Kaninchen-Geflügel-Marmor 325
Wildkraftbrühe 122
Wildpfeffersauce 80
Wildrahmsauce 80
Wildrahmsuppe 134
Wildreisschnitten 519
Wildsauce 80
Wildschweinkarree (Frischling) mit Meerrettichkruste 648
Wildtaubenbrüstchen, sautiert, mit glasierten Marroni/Kastanien und Pinienkernen 663
Williams-Kartoffeln 449
Windbeutel mit Rahm 804
Windbeutel, kleine 124
Wirsingrouladen, gefüllt 428
Wirz-/Wirsingrouladen, gefüllt 428
Wittlingsfilets, paniert, sautiert 702
Wok-Gemüse 421
Wokgericht mit Bärenkrebsen, Ingwer, Frühlingszwiebeln und chinesischen Eiernudeln 731

Wolfsbarsch in der Salzkruste mit frischen Kräutern 726
Wolfsbarschfilet mit Kartoffelkruste 725
Wolfsbarschfilet mit Lachsschaum im Blätterteig 727
Wollschweinspeck mit lauwarmem Kartoffelsalat 314
Wontons mit Schweinefleisch und Krevettenfüllung 363
Würfel von Früchtegelee 885

Z

Zanderfilet, sautiert, mit Kräuter-Sesam-Kruste 712
Zanderfilets, in Rotwein pochiert, auf Blattspinat 684
Zanderfilets, pochiert, mit Flusskrebsen und Champignons 701
Zandergalantine nach moderner Art 287
Zander-Krevetten-Küchlein 375
Zander-Lachs-Terrine im Karottenkleid 280
Zanderravioli mit weißer Buttersauce 496
Zander-Saltimbocca mit Eierschwämmchen/Pfifferlingen 714

Zander-Saltimbocca mit Pfifferlingen 714
Zanderterrine mit Ratatouille und Miesmuscheln im Pfälzer-Rüben-Mantel 281
Zigerschaum mit Rohschinken, Nüssen und frittiertem Basilikum 314
Zimtparfait 844
Zimtrahmgefrorenes 844
Zimtsterne 882
Zitronencake 865
Zitronencreme 775
Zitronengrassuppe mit Jakobsmuscheln 178
Zitronen-Joghurt-Schaumgefrorenes 846
Zitronensorbet 849
Zitronenstrauchsirup 782
Zitronenstrauchsorbet 849
Zitronensuppe (Griechenland) 188
Zopf 902
Zucchetti provenzialische Art 408
Zucchetti, gefüllt 429
Zucchetti, sautiert, mit Rucolapesto 417
Zucchettisalat, roh 207
Zucchettisalat, zweifarbig 214
Zucchettischeiben, sautiert, paniert 418
Zuckerteig 764

Zuger Kirschtorte 865
Zuger Kräuterbutter (für Fischgerichte Zuger Art) 57
Zündholzkartoffeln 456
Zungenwurst, Berner, im Gewürzbrotteig 556
Zürcher Geschnetzeltes 521
zweifarbige Karottencremesuppe mit Kaninchenfilet 158
zweifarbiger Zucchettisalat 214
Zwetschgenkaltschale mit Joghurt 198
Zwiebelcremesuppe 144
Zwiebelkuchen, Basler Art, Kuchen mit Zwiebeln, Basler Art 380
Zwiebelpüreesauce zum Gratin eren 109
Zwiebelsauce 80
Zwiebelsuppe 144
Zwiebelsuppe, gratiniert (Frankreich) 183
Zwiebelwähe, Basler Art 380